PUBLIKATIONEN DER GESELLSCHAFT
FÜR RHEINISCHE GESCHICHTSKUNDE

LXXXII

Eberhard von Groote:
Tagebuch 1815–1824

Zweiter Band: Tagebuch 1816

Bearbeitet von Barbara Becker-Jákli

BÖHLAU VERLAG WIEN KÖLN WEIMAR

Gedruckt mit freundlicher Unterstützung des Landschaftsverbandes Rheinland und des Kulturamtes der Stadt Köln.

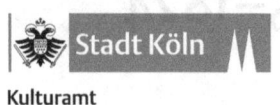

LVR
Qualität für Menschen

Stadt Köln
Kulturamt

Bibliografische Information der Deutschen Nationalbibliothek:
Die Deutsche Nationalbibliothek verzeichnet diese Publikation in der
Deutschen Nationalbibliografie; detaillierte bibliografische Daten
sind im Internet über http://dnb.de abrufbar.

© 2020 by Böhlau Verlag GmbH & Cie, Lindenstraße 14, D-50674 Köln
Alle Rechte vorbehalten. Das Werk und seine Teile sind urheberrechtlich geschützt.
Jede Verwertung in anderen als den gesetzlich zugelassenen Fällen bedarf der vorherigen schriftlichen Einwilligung des Verlages.

Umschlagabbildung: Eberhard von Groote, um 1840 (Kölnisches Stadtmuseum; Rheinisches Bildarchiv)

Korrektorat: Dore Wilken, Freiburg
Satz und Layout: pagina GmbH, Tübingen
Druck und Bindung: Hubert & Co. BuchPartner, Göttingen
Printed in the EU

Vandenhoeck & Ruprecht Verlage | www.vandenhoeck-ruprecht-verlage.com

ISBN 978-3-412-51708-3

Für Jürgen Müller
1959–2019

Inhaltsübersicht

Einleitung	9
Alte und neue Herausforderungen	17
Tagebuch 1. Januar bis 18. Februar 1816	47
Reise nach Berlin	83
Tagebuch 19. Februar bis 5. März 1816	85
In Berlin	97
Tagebuch 5. März bis 4. Juli 1816	116
Mit Karl Friedrich Schinkel nach Heidelberg	234
Tagebuch 5. bis 18. Juli 1816	238
In Heidelberg	255
Tagebuch 19. Juli bis 8. August 1816	262
Von Heidelberg nach Köln	288
Tagebuch 8. bis 21. August 1816	292
Zurück in Köln	312
Tagebuch 22. August bis 31. Dezember 1816	333
Briefe und Schriften	415
Anhang	
Bibliografie	547
Abkürzungen	576
Dank	578
Personenregister	579
Ortsregister	632

Einleitung

Kölnische Zeitung, Titelseite von Sonntag, 5. Mai 1816:

„Lob der neuen Ordnung der Dinge.

Die trüben Zeiten sind nicht mehr,	Des Franken Joch drückt nun nicht mehr
Da Trug und Arglist galten,	Das Alter und die Jugend,
Die Wahrheit darf nun schön und hehr	Und seine Worte, glatt und leer,
Das Richteramt verwalten;	Verstummen vor der Tugend;
Es kehrt mit lang entbehrtem Glück	Gerettet ist das Vaterland,
Die deutsche Redlichkeit zurück.	Geknüpfet sey das neue Band!
Chor. Wir wollen Deutsche seyn.	Chor. Wir wollen Brüder seyn."[1]

Eberhard von Groote im Jahr 1816 – das war nicht nur ein präziser, neugieriger, manchmal misstrauischer, manchmal naiver Beobachter und Kommentator der Ereignisse, das war auch ein engagierter Akteur, der sich auf lokaler, regionaler und nationaler Ebene hartnäckig für die Interessen Kölns – und seine eigenen – einsetzte. An Herausforderungen war dieses Jahr nicht arm. Geprägt durch die bitteren Erfahrungen einer langen Periode von Kriegen, in denen in Europa Hunderttausende von Menschen in Kämpfen, durch Hunger und Epidemien umgekommen waren, war 1816 das erste Friedensjahr und, wie man hoffte, der Beginn einer „neuen Zeit". Gerade im Rheinland, in dem der preußische Staat dabei war, sich endgültig zu etablieren, erwarteten viele einen politischen, gesellschaftlichen und kulturellen Aufbruch, andere wünschten sich eine Rückkehr zu alten Traditionen und Strukturen.

In diesem vielschichtigen Spannungsfeld zwischen Reform und Restauration, preußisch-deutsch-nationalen Zielen und stadtkölnischen Forderungen, zwischen Zukunftsvision und Ernüchterung befand sich der 27-jährige Eberhard von Groote, Sohn einer Kölner Familie der Oberschicht und studierter Jurist. Er wollte die „neue Zeit" mitgestalten und dabei für sich selbst einen „Lebensweg" mit politischem Einfluss und literarisch-wissenschaftlichen Erfolgen finden. Faszinierend anschaulich geben Tagebuchaufzeichnungen, Briefe und Schriften Grootes Einblick in die Lebenswelt eines Kölners dieser unruhigen Umbruchzeit. Neben dem Vermerk von Banalem wie die Bezahlung der Wäscherin oder der Kauf von Tabak, Emotionalem wie psychische und sexuelle Nöte,[2] erläuterte Groote seine Zielsetzungen, notierte Aktivitäten und Begegnungen. In rascher Folge

---
[1] Die ersten beiden Strophen von insgesamt sieben (Köln. Zeitung, Nr. 5, 5. Mai 1816. Anonym).
[2] Andere Alltagsbereiche finden kaum oder keine Erwähnung: So schildert Groote nie seine Mahlzeiten; Essen ist für ihn kein Thema, das eine Niederschrift verdiente, lediglich die meist kleinen Summen, die er dafür in Gasthäusern ausgeben musste, protokolliert er penibel. Ähnliches gilt für Körperhygiene: Wann er sich wäscht, rasiert oder badet ist nur selten vermerkt.

und fast wie auf einer Bühne lassen Grootes Aufzeichnungen eine weite Bandbreite von Personen erscheinen, über die er sich nüchtern, begeistert oder spitz äußerte und dabei gelegentlich ganz neue Perspektiven auf Persönlichkeiten eröffnet, deren Namen und Werk uns noch heute bekannt sind. In Köln beziehen sich seine Notizen vor allem auf die Mitglieder der Familie von Groote und auf Frauen und Männer ihres gesellschaftlichen Kreises, auf städtische Amtsträger und Honoratioren, Künstler, Kunstliebhaber und Sammler. In Koblenz traf Groote auf preußische Militärs und reformorientierte Gruppierungen, in Berlin auf die Mächtigen des preußischen Staates sowie auf regierungskritische Akteure, aber ebenso auf die jungen Männer, die in den folgenden Jahrzehnten die Politik Preußens – auch am Rhein – bestimmen sollten. Er begegnete Gelehrten und Literaten, berühmten Salonnièren, Angehörigen des Adels und des königlichen Hofes; selbst Kronprinz Friedrich Wilhelm empfing ihn zu einer Audienz. Mit Karl Friedrich Schinkel reiste Groote im kulturpolitischen Auftrag der Regierung nach Heidelberg und begleitete ihn von dort nach Köln. Im Sommer 1816 wurde Groote schließlich Assessor bei der neugeschaffenen Regierungsbehörde in Köln und damit selbst Teil des preußischen Verwaltungsapparats. Zudem war er nun auch verantwortlich für Grundbesitz und Finanzen seiner Familie. Und er war immer noch ohne nähere emotionale oder sexuelle Beziehung zu einer Frau; er unterhielt weder eine lose Verbindung noch hatte er konkrete Aussicht auf eine Heirat. Immerhin gelang es ihm während des ganzen Jahres, seine literarischen Projekte zu verfolgen, zu denen vor allem die Arbeit an der Edition der mittelalterlichen Handschrift des *Tristan* von Konrad von Würzburg gehörte.

1816 war also für Eberhard von Groote ein ereignisreiches Jahr mit einer Reihe von entscheidenden Entwicklungen – für ihn und für Köln.

Zur Edition dieses Bandes

Der zweite Band des Tagebuchs von Eberhard von Groote umfasst die Zeit vom 1. Januar bis zum 31. Dezember 1816. Editionsgrundsätze und Aufbau des Bandes richten sich nach der vorangegangenen Publikation: Die Tagebuchaufzeichnungen Grootes sind untergliedert und jeweils durch spezielle Einführungen eingeleitet. Ein zweiter Teil enthält Briefe und Texte Grootes aus dem Jahr 1816.

Annotationen und erläuternde Einführungen zu 1816 sind umfangreicher als die zu seinen Aufzeichnungen von 1815. Gründe hierfür sind die komplexen Vorgänge, an denen Groote 1816 in verschiedenen oder auch sich überschneidenden sozialen Netzwerken teil- und Anteil nahm, sowie die große Anzahl von Menschen, mit denen er in Verbindung trat. Zahlreiche Personen, denen Groote 1816 begegnete, waren selbst Verfasser von Briefen, Tagebüchern oder anderen Texten. Als Zitate aus dieser fast unübersehbaren Menge von Quellen wurden Ausschnitte gewählt, die Aspekte von Grootes Aufzeichnungen vertiefen oder eine abweichende Sicht auf besonders prägnante Weise zeigen. Genutzt wurden Briefe von Personen, mit denen Groote korrespondierte, also Schreiben, die unmittelbar aus seiner Korrespondenz stammten und an ihn gerichtet waren.[3] Wichtigster Briefpartner war sein Bruder Joseph, mit dem er eine stetige Korrespondenz unterhielt. Während viele der Schreiben Eberhard von Grootes erhalten sind, konnten jedoch nur wenige der Briefe Josephs aufgefunden werden. Darüber hinaus wurde auch aus Briefen zitiert, die nicht an Groote gerichtet waren, die sich aber auf ihn bezogen oder auf Themen, mit denen er sich befasste. Als weitere Quellen kommen Tagebücher und Memoiren von Personen aus dem zeitweiligen Umfeld Grootes hinzu.[4]

Eine intensiv für diesen Band verwendete Quellenart sind auch Publikationen der zeitgenössischen Reiseliteratur. In der Zeit um 1816 befand sich diese auf einem ersten Höhepunkt, da nun, nach dem Ende der langen Kriege, eine sich vor allem in den wachsenden bürgerlichen Schichten schnell verbreitende Reiselust einsetzte. Dieses Interesse am Kennenlernen fremder Landschaften und Städte, von „romantischen" Gegenden, historischen Bauwerken und berühmten Kunstwerken rief einen Boom an Reiseführern hervor, die unter Titeln wie „Handbuch für Reisende", „Anleitung zu einer Reise ..." oder „Beschreibung von ..." auf den Markt kamen. Gerade Reisen an den und auf dem Rhein wurden bald zu einem internationalen Trend mit einer vielfältigen, das Image des romantischen Rheins verbreitenden Literatur.[5] Der begeisterte Vielleser Eberhard von Groote machte von diesem neuen Literaturzweig intensiven Gebrauch; mehrfach vermerkte er im Tagebuch den Kauf aktueller Schriften zu Regionen und Orten, die er 1816 auf seinen Reisen besuchte. Insbesondere diese Publikationen wurden zur Erläuterung seiner Notizen herangezogen, darüber hinaus aber auch andere um 1816 entstandene Reisebeschreibungen, die Grootes Eindrücke illustrieren bzw. kontrastieren. Dazu zählen die Schilderungen der Schriftstellerin und „Reisejournalistin" Johanna Schopenhauer, die im Sommer 1816, beinahe zur selben Zeit und teilweise auf derselben Strecke wie Groote unterwegs war. Sie veröffentlichte ihre Erfahrungen 1818 unter dem Titel *Ausflucht an den Rhein und dessen nächste Umgebungen im Sommer des ersten friedlichen Jahres.*[6] Einige Reisebeschreibungen dieser Jahre hatten einen persönlichen Bezug zu Groote, da sie von Autoren, die er kannte, stammten. Helmina von Chézy, die Groote einige Jahre zuvor kennengelernt hatte, und die sich 1815 und 1816 zeitweise in Köln aufhielt, publizierte 1816 die Schrift *Gemälde von Heidelberg, Mannheim, Schwetzingen, dem Odenwalde und dem Neckerthale;*[7] Wilhelm Smets, Verfasser des 1818 veröffentlichten *Taschenbuch für Rheinreisende,*[8] war ein Bekannter Grootes ebenso wie Franz Elsholtz,

---

[3] Zu diesen Briefpartnern zählen u.a. Sulpiz Boisserée, August Neidhardt von Gneisenau, Jakob Grimm, Karl Friedrich Schinkel und Friedrich Ludwig Christian zu Solms-Laubach.

[4] Tagebücher von Sulpiz Boisserée, Ernst Ludwig von Gerlach und Carl Maria von Weber sowie Lebenserinnerungen, etwa von Ernst Moritz Arndt, Karoline von Rochow und Theodor Ferdinand von Stosch.

[5] Zu Literatur der Rheinreisen und Rheinromantik: Schultz, Das literarische Leben, S. 386–403; Westfehling, Stadtführer, S. 9–32; Herres, Köln, S. 23; Steckner, Kölner Bilder, S. 179–181; Zimmermann, Kölner Dom, 1983; Schäfke/Bodsch, Lauf des Rheines, 1993; Blum, Rheinland, 1969; Haberland: Zwischen Kunst und Kommerz, 2005; Hohmann/Bunzel/Sarkowicz, Romantik, 2014.

[6] J. Schopenhauer, Ausflucht an den Rhein und dessen nächste Umgebungen im Sommer des ersten friedlichen Jahres, Leipzig 1818.

[7] H. von Chézy, Gemälde von Heidelberg, Mannheim, Schwetzingen, dem Odenwalde und dem Neckerthale. Wegweiser für Reisende und Freunde dieser Gegenden, Heidelberg 1816.

1816 Sekretär bei der Regierung in Köln und Autor des Buches *Wanderungen durch Köln am Rhein und seine Umgegend*.[9] Als Quelle nicht zu vergessen ist Johann Wolfgang von Goethes lang erwartete und im Frühjahr 1816 erschienene Schrift *Ueber Kunst und Alterthum in den Rhein und Main Gegenden*,[10] die Groote in Berlin sofort nach ihrem Erscheinen mit großem Ärger las.[11]

Zeitgenössische Reise- und Stadtführer, Architektur- und Kunstbeschreibungen wurden überdies genutzt, um Orte, Gebäude und Einrichtungen in Grootes Köln anschaulich werden zu lassen. Dies legitimiert sich auch dadurch, dass Groote diese Schriften sicherlich kannte und selbst öfters für Besucher Kölns – 1816 etwa für Karl Friedrich Schinkel und Carl Philipp Heinrich Pistor – die Rolle eines Stadtführers übernahm, der die Sehenswürdigkeiten Kölns erläuterte.[12] Eine detailfreudige Quelle ist zudem die medizinische Topographie der Stadt Köln, die der Kölner Arzt Dr. Bernhard Elkendorf[13] 1825 verfasste. Elkendorf, ebenfalls ein Schüler Ferdinand Franz Wallrafs, gehörte nach seiner Rückkehr von Paris 1813 als Akademiker und Geschichtsinteressierter zum Kreis um Eberhard von Groote.

Um einen genaueren Einblick in sein soziales Umfeld zu erhalten, wurde sowohl versucht, eine möglichst große Zahl der von Groote erwähnten Personen zu identifizieren, wie auch Orte und Gebäude, die Groote aufsuchte, Straßen, in denen er sich aufhielt, zu bestimmen und so seine Wege nachvollziehbar und seine konkreten Umgebungen anschaulich zu machen. Da es für diese Jahre generell schwierig ist, die Wohnadressen von Personen zu einem präzisen Zeitpunkt zu ermitteln, gelang dies allerdings nur begrenzt. Die Recherchen zu den Adressen der Bekannten Grootes in Köln, Berlin, Heidelberg und anderen Orten erbrachten also nicht immer sichere Angaben, oft lassen sich dennoch die von ihm notierten Wege nachzeichnen.

---

[8] W. Smets, Taschenbuch für Rheinreisende. Historisch, topographisch und poetisch bearbeitet, Koblenz 1818. Zu Smets: Wegener, Literarisches Leben, Teil 2, S. 308–311.

[9] Fr. Elsholtz, Wanderungen durch Köln am Rhein und seine Umgegend. In einer Reihe von Briefen an Sophie, Erstes Heft, Verlag J. P. Bachem, Köln 1820.

[10] J. W. von Goethe, Ueber Kunst und Alterthum in den Rhein und Main Gegenden, Stuttgart 1816.

[11] Groote las zunächst Auszüge der Schrift im Morgenblatt für gebildete Stände (E. von Groote, Tagebuch, 16. Apr. 1816), einige Wochen darauf kaufte er die Schrift (E. von Groote, Tagebuch, 21. Mai 1816).

[12] Neben diesen Schriften wurden u.a. herangezogen: J. A. Demian, Statistisch-politische Ansichten und Bemerkungen auf einer Reise durch einen Theil der neuen preussischen Provinzen am Nieder- und Mittelrheine, Verlag H. Rommerskirchen, Köln 1815. Demian hatte die Reise 1814 unternommen. J. D. Fiorillo, Geschichte der zeichnenden Künste in Deutschland und den vereinigten Niederlanden, Bd. 1, Hannover 1815. Groote las dieses Buch im August 1816 (Tagebuch, 7. Aug. 1816). Schließlich wurde auch aus dem Reiseführer: Köln und Bonn mit ihren Umgebungen. Für Fremde und Einheimische zitiert. Er war von drei Kölnern, ebenfalls Bekannte Grootes, verfasst: K. G. Jacob, Lehrer am Gymnasium, M. J. DeNoel, Kaufmann, Maler und enger Freund F. Fr. Wallrafs, sowie dem Geologen J. J. Nöggerath. Der Reiseführer erschien 1828 im Kölner Verlag J. P. Bachem; in bearbeiteter Version wurde er neu ediert: Westfehling, Der erste Kölner Stadtführer, 1982. Zu Kölner Kunstsammlungen in Reiseführern: Steckner, Kölner Sammlungen, S. 169–171.

[13] Die Topografie verfasste Elkendorf im Auftrag der preuß. Regierung. Zur medizinischen Topografie und zur Biografie B. Elkendorfs: Becker-Jákli, Köln, 1999.

Tatsächlich existieren einige zeitgleich entstandene visuelle Dokumente, also Illustrationen im buchstäblichen Sinn, von Grootes topografischem Umfeld. Zwei Reisen, von Berlin nach Heidelberg und von Heidelberg nach Köln, unternahm Groote im Jahr 1816 als Begleiter Schinkels, der während der Reisen und während seines Aufenthalts in Köln eine Reihe von Zeichnungen anfertigte. Aufgrund der Vermerke Grootes kann die Entstehung einiger Arbeiten Schinkels nun genauer dokumentiert werden. Die Zeichnungen sind in verschiedenen Publikationen veröffentlicht und online über die Website des Berliner Kupferstichkabinetts abzurufen.[14]

Groote informierte sich kontinuierlich durch regionale wie überregionale Zeitungen über Politik, Kultur, Ereignisse und Personen. Mehrfach ließen sich von Groote gelesene Artikel identifizieren; darüber hinaus konnten viele seiner im Tagebuch geäußerten Wahrnehmungen und Interessen durch Zeitungsartikel näher beleuchtet und in einen größeren Kontext gestellt werden. Er selbst verfasste 1816 offenbar keinen Beitrag für eine Zeitung. Insgesamt las Groote mit weitgefächerten Interessen, deren Schwerpunkt auf Literatur, Kunst und Geschichte lag und oft ganz aktuelle Publikationen umfasste. Verzeichnisse der von ihm gelesenen Bücher und der Theateraufführungen, Opern und Konzerte, die er besuchte, befinden sich im Anhang.[15] Dort sind auch Angaben zu den von Groote erwähnten und eindeutig zu identifizierenden Gemälden vermerkt.

1816 veröffentlichte bzw. verfasste Eberhard von Groote vier längere Texte: Die Ende 1815/Anfang 1816 erstellte *Denkschrift zugunsten der Kölner Universität 1815/16*,[16] die umfangreiche Publikation *(Faust's) Versöhnung mit dem Leben,* die 1816 im Verlag Du-Mont-Schauberg in Köln erschien,[17] außerdem drei weitere Schriften mit kulturpolitischer Zielsetzung: Im Juni 1816, während seines Aufenthalts in Berlin, entstand der Text *Köln als Universität bloß ökonomisch betrachtet,*[18] im November 1816, als er bereits Assessor an der Kölner Regierung war, der *Bericht, die Bildung einer Central Kommission für Kunst und Alterthum in den Rheinprovinzen betreffend,*[19] und Ende Dezember der Bericht *Die von dem Herrn Bibliothekar Wyttenbach in Trier zurückgeforderten Bücher betreffend.*[20]

---

[14] Kupferstichkabinett der Staatlichen Museen zu Berlin: www.museumsportal-berlin.de/de/ museen/kupferstichkabinett. Zugriff 30. Aug. 2019.
[15] Nicht genutzt wurden Archive der Adelsfamilien, mit denen Groote verwandt oder bekannt war. Eine Auswertung dieses umfangreichen Quellenmaterials hätte den Rahmen der vorliegenden Arbeit weit überschritten.
[16] E. von Groote, Denkschrift zugunsten der Kölner Universität 1815/16 (HAStK, Best. 1553, A 1/32–37). Siehe Briefe und Schriften. Mit kleineren Abweichungen gedr. in: Quarg, Gutachten, S. 229–239.
[17] Zu dieser Publikation vor allem: Spiertz, Groote, S. 57–59.
[18] E. von Groote, Köln als Universität bloß ökonomisch betrachtet, Juni 1816 (GStA PK, I HA Rep. 76 Kultusministerium, Va Sekt. 3 Tit. I Nr. 2, Bl. 133–136). Siehe Briefe und Schriften.
[19] E. von Groote, Bericht, die Bildung einer Central Kommission für Kunst und Alterthum in den Rheinprovinzen betreffend, Köln, 6. Nov. 1816 (Landesarchiv NRW R, BR 0002 Nr. 404, Bl. 56–58). Siehe Briefe und Schriften. Vgl. den Entwurf des Berichts: HAStK, Best. 1553, A 1/40–43; gedr. nach dem Entwurf in: Feldmann, Anfänge, S. 235–247.
[20] Die von dem Herrn Bibliothekar Wyttenbach in Trier zurückgeforderten Bücher betreffend, Köln, 31. Dez. 1816 (Landesarchiv NRW R, BR 0002 Nr. 404, Bl. 69 f.).

Alle vier Texte sind im zweiten Teil der Edition *Briefe und Schriften* wiedergegeben. Anders als in den vorangegangenen Jahren schrieb Groote 1816 offenbar nur einige Gedichte.[21]

Seitdem der erste Band des Tagebuchs 2015 erschien, wurden neue Publikationen zur Geschichte Kölns am Anfang des 19. Jahrhunderts vorgelegt, speziell auch zur Kölner Kultur- und Gesellschaftsgeschichte. Hier ist insbesondere auf neue Ansätze zu Leben, Werk und Wirkung Ferdinand Franz Wallrafs zu verweisen, da sie für das Verständnis des Umfelds Eberhard von Grootes von Bedeutung sind. Zu nennen sind vor allem *Wallraf digital*, das Online-Projekt von Gudrun Gersmann und Stefan Grohé: *Ferdinand Franz Wallraf (1748–1824) – eine Spurensuche in Köln*[22] mit ausführlichen Artikeln zu verschiedenen Aspekten der Zeit um 1800, und das Online-Projekt von Elisabeth Schläwe und Sebastian Schlinkheider, *Letzter Wille mit großer Wirkung – die Testamente Ferdinand Franz Wallrafs (1748–1824)*.[23] Im Rahmen dieser Projekte wurden zusätzliche Online-Angebote entwickelt: So sind Masterarbeiten zu Wallraf und seinem Umkreis einsehbar, eine App führt durch *Wallrafs Köln*; Videos und ein Blog geben weitere Informationen. Auch die 2018 im Wallraf-Richartz-Museum & Fondation Corboud präsentierte Ausstellung *Wallrafs Erbe. Ein Bürger rettet Köln* mit ihrem umfangreichen Begleitband boten bzw. bieten die Ergebnisse neuer Forschungen. Zur Geschichte der Familie von Groote sind vor allem die Websites der Familie zu empfehlen. Wichtigste Publikation zu Leben und Werk Eberhard von Grootes ist weiterhin die 2007 entstandene Arbeit von Willi Spiertz.[24]

Bis Anfang 2019 waren die Akten zur Familie von Groote, die sich im Historischen Archiv der Stadt Köln befanden, entweder als Deposita der Familie oder als eigene Bestände, zu einem großen Teil wieder entdeckt und benutzbar. Die Hefte des Groote'schen Tagebuchs sind fast unbeschädigt erhalten und zugänglich, ebenso ein Teil der Korrespondenz. Auch andere Archivbestände, die für die Edition des ersten Bandes nicht eingesehen werden konnten, sind nun im Historischen Archiv oder online verfügbar.[25]

Die der Transkription von Tagebuch, Briefen und Schriften zugrunde gelegten Regeln sind in Band 1 des Tagebuchs beschrieben.[26]

---

[21] Groote vermerkte lediglich drei Gedichte: Mayenglöckchen, Rosenblättchen (23. Juni 1816; im Tagebuch ist der ganze Text gegeben); Liebessehnsucht (9. Okt. 1816; im Tagebuch ist nur der Titel genannt) und Meine Lehrjahre (12. Dez. 1816; im Tagebuch ist nur der Titel genannt). Vgl. Spiertz, Groote, S. 322 f.

[22] Gersmann/Grohé, Ferdinand Franz Wallraf (1748–1824) – eine Spurensuche in Köln, 2016 online gestellt.

[23] Schläwe/Schlinkheider (Hg.), Letzter Wille mit großer Wirkung – Die Testamente Ferdinand Franz Wallrafs, 2018 online gestellt.

[24] Spiertz, Groote, 2007. Vgl. auch: Giesen, Groote, 1929 sowie die Zusammenstellung der Literatur von und zu Groote: Wegener, Literarisches Leben, Teil 2, S. 289–292.

[25] Die Briefe E. von Grootes an S. Boisserée (HAStK, Best. 1018, A 118) konnten nun wieder eingesehen werden, sodass nicht mehr auf unveröffentlichte Transkriptionen (Dietze, Prolegomena, 1976) zurückgegriffen werden musste.

[26] Groote, Tagebuch, Bd. 1, S. 35–37.

# TAGEBUCH 1816

TAGEBUCH 1818

Alte und neue Herausforderungen

Als Eberhard von Groote am 1. Januar seinen ersten Eintrag für das Jahr 1816 schrieb, hatte er spannungsreiche Monate hinter sich. Am 22. Dezember 1815 war er von „seinem Feldzug" – den Erfahrungen als Stabsoffizier im III. preußischen Armeekorps, dem Einzug in Paris, dem Einsatz für die Restitution der geraubten rheinischen Kunstgüter und der anschließenden Reise durch die Niederlande – nach Köln zurückgekehrt. Die Ereignisse der folgenden Wochen und Monate wurden kaum weniger aufregend für ihn, denn Anfang 1816 stand das im Jahr zuvor vom preußischen Staat annektierte Rheingebiet vor großen Veränderungen mit weitreichenden Auswirkungen auf die Stadt Köln und ihre Bewohner. Für Groote wie für alle Kölner stellten sich nun vor allem Fragen, die den Status Kölns innerhalb Preußens betrafen. Würden die neuen Machthaber die ökonomischen Interessen der Stadt genügend berücksichtigen? Würde Köln Sitz eines Oberpräsidiums und eines Erzbistums werden? Wohin würden wichtige Kunstsammlungen gehen? Und insbesondere: Welchen Standort würde man für die vom preußischen Staat geplante rheinische Universität wählen – Köln oder Bonn? Mit Misstrauen blickte man auch auf die Personalpolitik Preußens in den neuen Provinzen, da es noch unklar war, ob nur „Alt-preußen" oder auch „Eingeborene" in die Ämter am Rhein berufen würden.[1] Darüber hinaus stand eine Entscheidung aus, auf die man nicht nur in den Rheingebieten, sondern im ganzen Staat mit Ungeduld wartete: Friedrich Wilhelm III. hatte in seiner *Verordnung über die zu bildende Repräsentation des Volkes* vom 22. Mai 1815 eine Verfassung in Aussicht gestellt, mit der die absolutistische Ordnung Preußens reformiert werden sollte.[2] Im Frühjahr 1816 hielten viele die baldige Einberufung von Vertretern der Provinzen zu einer beratenden Versammlung in Berlin als erstem Schritt zur Erfüllung des königlichen „Verfassungsversprechens" für wahrscheinlich.

Eberhard von Groote, der an diesen Überlegungen großen Anteil nahm, beklagte das geringe Engagement der Kölner Bürger in der Vertretung der Interessen Kölns gegenüber

---

[1] Zu den Kölner Vorstellungen über die Zukunft ihrer Stadt: Herres, Köln, S. 45–53; Faber, Rheinlande, S. 83–109, 261–294; Mettele, Bürgertum, S. 111–117.

[2] In der Verordnung v. 22. Mai 1815 hieß es: „§ 1. Es soll eine Repräsentation des Volks gebildet werden. § 2. Zu diesem Zwecke sind: a) die Provinzialstände, wo sie mit mehr oder minder Wirksamkeit noch vorhanden sind, herzustellen, und dem Bedürfnisse der Zeit gemäß einzurichten; b) wo gegenwärtig keine Provinzialstände vorhanden, sind sie anzuordnen. § 3. Aus den Provinzialständen wird die Versammlung der Landes-Repräsentanten gewählt, die in Berlin ihren Sitz haben soll" (in: Bönisch, Köln und Preußen, S. 39). Der Rheinische Provinziallandtag wurde erst 1823 realisiert. Vgl. Hansen, Das politische Leben, S. 632–652; Gerschler, Oberpräsidium, S. 66–70; Herres, Köln, S. 60–64; Mettele, Bürgertum, S. 117–119. Zur preuß. Verfassungsfrage ausführlich etwa: Schmitz, Vorschläge, 2010. Während des Jahres 1816 vollzog sich die Konstituierung des Deutschen Bundes (Bundesversammlung, Bundestag) als Gremium der Mitgliedstaaten, die von Gesandten der Regierungen vertreten wurden. Der Bundestag, von dem fortschrittliche Kräfte Veränderungen erhofften, trat erstmals am 5. Nov. 1816 in Frankfurt a. M. zusammen. Auch die Kölner Zeitungen berichteten während des gesamten Jahres über die Verhandlungen zur Konstituierung.

der neuen Regierung.³ Wie schon in den Jahren zuvor sah er es als seine Aufgabe an, aktiv auf die politischen Geschehnisse, vor allem auf die Entscheidung über den Universitätsstandort, einzuwirken.⁴ Seit 1814 hatte er sich für dieses Ziel eingesetzt und es auch 1815 in Paris in seinen Begegnungen mit preußischen Funktionsträgern propagiert.

Als Anfang November 1815 eine Entscheidung für Bonn gefallen zu sein schien,⁵ hatte Groote beinahe resigniert. Auf Anraten des Generals August Neidhardt Graf von Gneisenau, einem Befürworter der Kölner Belange, setzte er jedoch seine Bemühungen fort, fasste die Argumente für den Standort Köln in einer Denkschrift zusammen und legte sie Gneisenau und Staatskanzler Karl August Fürst von Hardenberg vor. Darüber hinaus beantragte er noch von Paris aus bei der stadtkölnischen Obrigkeit, dem Kommissarischen Oberbürgermeister Karl Joseph von Mylius⁶ und dem Stadtrat, offiziell zu Verhandlungen nach Berlin geschickt zu werden.⁷ Er betonte die Unterstützung dieses Wunsches durch Gneisenau und Hardenberg und erklärte, Gneisenau habe darauf hingewiesen, dass der preußische Staat in Kürze eine „nationale Versammlung" einberufen werde, um Vertreter der Provinzen an der Planung für deren Zukunft zu beteiligen. Seine Reise nach Berlin betrachtete Groote somit auch als einen Vorgriff auf die Abordnung zu dieser künftigen Verfassungsversammlung. Im Kölner Rat fand Grootes Antrag zunächst keine Zustimmung, da, wie Mylius in einem Schreiben vom 23. November ausführte, die Stadt keine Kompetenz zu einer Abordnung Grootes habe. Er erklärte gleichzeitig:

„Angenehm würde es der Stadt seyn, wenn Euer Hochwohlgeboren durch Ihre Verbindungen sich in den Stand gesetzt sehen, dahin zu wirken, daß eine solche Anforderung baldigst an Sie erlassen werde."⁸

---

[3] So schrieb Groote Ende 1814 an seinen Freund Sulpiz Boisserée: „Es ist schrecklich, daß so wenig Tüchtigkeit und einstimmige Thatkraft in unserer Stadt herrscht, und daß, so gerne einzelne, so wie ich auch, alles thun und bearbeiten möchten, damit etwas zu stande komme, man nur so schwer irgend jemand von Gewichte und Autorität für sich gewinnt, mit dem zusammen oder unter dessen Namen man irgend etwas betreiben könnte" (E. von Groote an S. Boisserée, Köln, 5. Nov. 1814; HAStK, Best. 1018, A 118; in: S. Boisserée, Briefwechsel, Bd. I, S. 236 f.).

[4] Die Diskussion um die Einrichtung einer rheinischen Universität in den Jahren 1810 bis 1818 ist in der Literatur ausführlich behandelt. Vgl. für 1814 bis 1817 insbesondere: Renger, Gründung, S. 24–60; Koltes, Rheinland, S. 272–282; Pabst, Universitätsgedanke, S. 64–87; Klein, Solms-Laubach, S. 106–128; Klein, Bemühungen, S. 348–383; Bezold, Geschichte, vor allem S. 17–51; Höroldt, Rivalität, S. 197–203; Fiegenbaum, Konkurrenz, 2016. Zu Grootes Engagement für eine Kölner Universität: Groote, Tagebuch, Bd. 1, S. 44–46 u. vielerorts; Spiertz, Groote, S. 81–90; Giesen, Groote, S. 92–102.

[5] Eine Kabinettsorder vom 22. Okt. 1815 hatte der Stadt Bonn Versprechungen gemacht; Groote erfuhr davon Anfang November. Zum Folgenden: Groote, Tagebuch, Bd. 1, 5. bis 10. Nov. 1815, S. 237–243. Siehe auch: Quarg, Gutachten, S. 227 f.; Spiertz, Groote, S. 86–88; Klein, Bemühungen, S. 366 f.

[6] Zu K. J. von Mylius: Romeyk, Verwaltungsbeamten, S. 645.

[7] E. von Groote an Bürgermeister u. Rat der Stadt Köln, Paris, 11. Nov. 1815 (HAStK, Best. 400, A 667, Bl. 1 f.; gedr. in: Groote, Tagebuch, Bd. 1, S. 328–330).

[8] K. J. von Mylius an E. von Groote, Köln, 23. Nov. 1815, Entwurf (HAStK, Best. 400, A 667, Bl. 3 f.).

Groote sollte sich also selbst um seine Delegierung nach Berlin bemühen. Doch zehn Tage später, Groote war noch nicht in Köln eingetroffen, stimmte der Rat dem Antrag zu – obgleich keine Genehmigung der übergeordneten Behörden vorlag.[9] Die geringe Tragfähigkeit des Ratsbeschlusses wurde Groote jedoch nach seiner Rückkehr rasch bewusst, zudem zeigte sich, dass er das Interesse der preußischen Amtsträger für den Universitätsstandort Köln überschätzt hatte. „Doch ist wegen der Universitaet wieder einiges schief gegangen", notierte er am 22. Dezember 1815 in sein Tagebuch, nachdem er eine Aufforderung Gneisenaus erhalten hatte, ihm die bereits einmal vorgelegte Schrift zur Universitätsfrage erneut zuzuschicken.[10] Am 26. Dezember sandte er den Bericht, zusammen mit einem Exemplar des von ihm und seinem Jugendfreund Friedrich Wilhelm Carové edierten und gerade erst erschienenen *Taschenbuchs für Freunde altdeutscher Zeit und Kunst auf das Jahr 1816*, ab.[11]

Währenddessen lebte sich Eberhard von Groote rasch in den familiären und gesellschaftlichen Kölner Alltag ein. Er wohnte bei seinem 1815 verwitweten Vater Everhard Anton von Groote zu Kendenich und seinen Geschwistern in der Marzellenstr. 82, einem Haus, das die Familie schon 1802, nach ihrer Rückkehr aus dem rechtsrheinischen Exil, angemietet hatte. Das im 12. Jahrhundert errichtete und im 16. Jahrhundert in Teilen neugebaute Anwesen gehörte mit imposanter Loggia, spitzbogigem Tor, gewölbter Durchfahrt und einem 25 Meter hohen Treppenturm zu den prächtigsten Renaissancebauten Kölns.[12] Den markanten Turm zeichnete Karl Friedrich Schinkel bei seinem Aufenthalt in Köln im Sommer 1816.[13] Die Grootes wohnten also in einem herrschaftlichen Gebäude,[14] das entsprechend anderer Stadtpalais' der Kölner Patrizier[15] viele Räumlich-

---

[9] Protokoll der Sitzung des Kölner Stadtrates, 13. Dez. 1815 (HAStK, Best. 400, A 667, Bl. 5 f.). Vgl. Groote, Tagebuch, Bd. 1, S. 275. Am 15. Febr. 1816 notiert Groote im Tagebuch, er erhalte von der Stadt zur Reise 1.200 Francs.

[10] Groote, Tagebuch, Bd. 1, 22. Dez. 1815, S. 278.

[11] Groote, Tagebuch, Bd. 1, 26. Dez. 1815, S. 280; zum Taschenbuch: ebd., vielerorts.

[12] Nachdem Landgraf Ernst von Hessen das Gebäude 1688 gekauft hatte, wurde es Hessenhof, der Turm Hessenturm genannt. Ende des 19. Jh.s erwarb die Reichsbahn das Gelände und ließ den Hof 1906 größtenteils abbrechen, die verbliebenen Teile wurden im 2. Weltkrieg zerstört. Zur Marzellenstr. 82 (nach französischer Zählung Nr. 3074): Vogts, Kölner Wohnhaus, Bd. I, S. 48, 157, 162, 344; Bd. II, S. 465, 470, 784; Grundriss, Aufriss und Zeichnung, S. 474 f. Vgl. auch: Busse, Marzellenstraße, S. 122 f., hier eine Fotografie des Hessenhofs kurz vor dem Abriss.

[13] K. Fr. Schinkel, Köln. Blick auf den Hessenturm, Feder in Schwarz, über Vorzeichnung mit Graphitstift, 1816 (Berlin, Kupferstichkabinett; Inv.-Nr.: SM SKB F.008 = SM Skb.F Nr. 1).

[14] Eine nähere Beschreibung des Hauses und seines Inventars ist bisher nicht bekannt; auch den Aufzeichnungen E. von Grootes sind keine Einzelheiten zu entnehmen. Lediglich zwei Entwürfe aus dem Jahr 1812 zu einer Verlängerung des Mietverhältnisses ließen sich auffinden (Entwürfe zu einem Mietvertrag für das Haus Marzellenstr. 82, 1812; Stadtarchiv Hürth, Best. 3.01, Nr. 348, Bl. 16 f. u. Bl. 14 f.). Danach mietete Ev. A. von Groote das Gebäude mit großem Garten auf sechs Jahre für 200 Rtlr. jährlich vom Eigentümer, dem in Düsseldorf lebenden Appellationsgerichtsrat Michael Hermann von Sieger. Entsprechend diesen Entwürfen hatte der Mieter „die Fenstersteuer und Einquartirungslasten" zu zahlen. Der Vermieter übernahm die Grundsteuer sowie „alle Hauptreparaturen und Unkosten, welche jetzt oder in der Folge erforderlich seyn können, um das Haus in einen bewohnbaren Stande zu setzen und darin zu erhalten, als nehmlich die in Stand-

keiten, eine gute funktionale Ausstattung, eine eindrucksvolle Innengestaltung und elegantes Mobiliar aufwies. Alles diente dazu, den Status der Familie widerzuspiegeln und den häufigen Gästen ein repräsentatives und komfortables Ambiente zu bieten.[16]

Bis zu seiner Flucht[17] 1794 ins Rechtsrheinische hatte Ev. A. von Groote als Kaiserlicher Oberpostmeister der Thurn- und Taxischen Post mit seiner Familie in der Glockengasse 25–27 gewohnt, wo sich seit 1709 der Sitz des Thurn- und Taxischen Oberpostamts befand. Diese Gebäude, das „Posthaus" oder der „Posthof", wurden auch während der Franzosenzeit für die Belange der Post genutzt,[18] allerdings stand es Ev. A. von Groote nach seiner Rückkunft ohne Amt[19] nicht mehr zur Verfügung. Mit der Übernahme der Rheinlande durch Preußen und die vorläufige Wiederaufnahme der Thurn- und Taxischen Post wurde Ev. A. von Groote 1814 zwar zunächst als Leiter der Kölner Post und daher in einer seiner vorherigen Position entsprechenden Stellung eingesetzt, seine weitere Tätigkeit entschied sich jedoch erst Mitte 1816.[20]

In den ersten Wochen nach seiner Rückkehr besuchte Eberhard von Groote Verwandte und Freunde, machte einen Ausflug zur Kitzburg bei Brühl, dem Eigentum seiner Familie, und schloss sich dem geselligen Leben der Kölner tonangebenden Kreise an. Er besuchte

---

setzung und Unterhaltung des Dachs, des Mauerwerks, der Fensterrahmen, u. Fensterladen, der Fußböden und Stubenthüren, die Reinigung der Abtritte und des Regensarges"(Behälter zum Sammeln des Regenwassers). Der Mieter konnte allerdings „niemahls eine Entschädigung für dasjenige fordern, welches er zur Verschönerung des Hauses oder Gartens, oder zur eigenen Bequemlichkeit theils bisher hat verwendet, und theils während der Miethzeit noch daran verwenden würde, im Gegentheil ist er verpflichtet, solches bei dem Austritte in seinem Zustande zu lassen, jedoch mit Vorbehalt des in den Küchen befindlichen doppelten Comfoids und Waschkessels welches alles der Anmiether mit Vorwissen und Genehmigung des damaligen Geschäftsführers auf seine Kosten und mit Vorbehalt des Eigenthums, zu errichten verbunden war, weil xx Hauseigenthümer das in den Küchen befindliche abnehmen, und nach Düsseldorff abführen ließ" (ebd., Bl. 16). Geschäftsführer des Michael Hermann von Sieger war der Kölner Johann Christian Bochem.

[15] Zu den Stadthöfen der Kölner Oberschicht kurz: Müller, Köln, S. 256 f. Zu den Kölner Stadthöfen im 17. u. 18. Jh.: Rößner-Richarz/Langbrandtner, Stadthof, 2011. Zu den Wohnverhältnissen in Köln um 1800: Ebeling, Bürgertum, S. 118–133.

[16] Vgl. Angaben zum Geyr'schen Haus Breite Str. 92 (zeitweise hatte das Gebäude die Nr. 98) und zum ehemaligen Groote'schen Haus Glockengasse 3: Vogts, Kölner Wohnhaus, Bd. I, S. 54; Ebeling, Bürgertum, S. 121.

[17] Zur Geschichte des Exils der Familie von Groote: Trippen, Oberpostmeister, 1987; Groote, Tagebuch, Bd. 1, S. 12–14. Zur Kölner Post vom 17. bis zum Anfang des 19. Jh.s: Frielingsdorf, Post- und Verkehrswesen, 1921; Klaes, Post, 2001; Sautter, Post, 1898; Müller, Köln, S. 225–227.

[18] Auch andere Einrichtungen der Post waren in reichsstädtischer wie französischer Zeit in der Glockengasse ansässig: Glockengasse 13 befand sich 1813 die Posthalterei der Familie Pauli, die in ihren Stallungen rund achtzig Pferde bereithielt; Glockengasse 15 war das „Bureau correspondant avec l'entreprise génerale des messageries Imperiales á Paris", das von Franz Diehl, dem „directeur de messageries", geleitet wurde (Kölner Adressbuch 1813).

[19] Schon im Nov. 1794 hatten die Franzosen Jean Kreyer als Postdirektor eingesetzt.

[20] Zur Entwicklung der Post im Linksrheinischen: Ueber die von 1798 bis 1822 in den Provinzen jenseits des Rheins bestandenen Privat-Posten und deren Aufhebung, 1839 (GStA PK, I. HA Rep. 103 Generalpostmeister bzw. Generalpostamt, Nr. 1224).

Soupers, Konzerte und Versammlungen des „Olymp", der um 1809 gegründeten Olympischen Gesellschaft,[21] die sich um den Gelehrten und Kunstsammler Ferdinand Franz Wallraf[22] gruppierte. Gezielt nutzte Groote diese Kontakte zu den Kölner Honoratioren, von denen nicht wenige zu seinen Verwandten zählten, um für seine Initiative zu werben und Gegner seiner Berlinreise zu überzeugen. So führte er Gespräche mit Oberbürgermeister von Mylius sowie mit einer Reihe von Stadträten: dem Kaufmann Jakob Johann Lyversberg, dem Bankier Johann Abraham Anton Schaaffhausen, dem Kaufmann und Juristen Johann Jakob Hermann von Wittgenstein; außerdem mit Cornelius Joseph von Geyr zu Schweppenburg, dem Verleger Marcus DuMont, mit Wallraf und mit Mitgliedern der Familien des regionalen Adels: zur Lippe-Biesterfeld, von Monschaw und von Wolff-Metternich. Überdies hatte er Gelegenheit, einige der Männer zu treffen, die in der preußischen Verwaltung schon eine wichtige Rolle spielten, etwa die Juristen Heinrich Gottfried Wilhelm Daniels[23] und Johann Daniel Ferdinand Neigebaur sowie den Pädagogen Karl Friedrich August Grashof.[24] Auch den Schriftsteller und Historiker Ernst Moritz Arndt, den Groote aus Paris kannte und der sich seit Mitte 1815 in Köln aufhielt, sah er wieder. Arndt[25] war in der Universitätsfrage ein entschiedener Gegner Kölns. Anfang Dezember 1815 hatte er in einem Brief an den Berliner Verleger Georg Andreas Reimer vor der Errichtung der Universität in Köln gewarnt und dabei auch auf die Haltung Grootes hingewiesen:

> „In Köln wird sie [die Universität] ein unserm jetzigen teutschen Streben widerwärtiges Ding: der alte Katholicismus wird sich ihrer unrettbar bemeistern; also wird sie ein todter Hund für die jetzige Zeit. Der junge de Grote – es soll ein wackerer Mensch seyn – es ist der Pariser – wird, wie ich höre, bald deswegen nach Berlin kommen, um für seine Vaterstadt Köln zu arbeiten. Seine Gesinnungen kenne ich aus einem Manuskript, das mir einer seiner Freunde mitgetheilt hat. Er ist ein brennender Zelot, und meint darin, ohne Jesuiten und jesuitische Arbeiten gehe die ganze Christenheit unter."[26]

---

[21] Zur Olympischen Gesellschaft: Spiertz, Groote, S. 125–129; Deeters, Wallraf, S. 72; Wegener, Leben, Teil I, S. 150–177; Giesen, Groote, S. 34–39; Ennen, Gesellschaft, 1880.
[22] Aus der Vielfalt an Literatur zu Person und Werk F. Fr. Wallrafs: Ennen, Zeitbilder, 1857; Deeters, Wallraf, 1974; Böhm, Wallrafs Sammlung, 1974; Thierhoff, Wallraf, 1997; Czymmek, Wallraf im Bild, 2008; Müller, Wallraf, 2017; zuletzt: Wallraf im Fokus. Wallrafs Erbe, 2018; Schmitt, Wallraf digital, 2018; Gersmann/Grohé, Ferdinand Franz Wallraf (1748–1824), 2016.
[23] Zur Biografie H. G. W. Daniels: Liermann, Daniels, 1969; Reisinger-Selk, Daniels, 2008.
[24] K. Fr. A. Grashof war seit 1814 Direktor des öffentlichen Unterrichts am Niederrhein und damit für den Aufbau eines öffentlichen Schulwesens auch in Köln zuständig. Mit der Neuordnung der Provinzen und der Einrichtung eines Konsistoriums wurde Grashof im März 1816 zum Konsistorial- und Schulrat ernannt. Zu Grashof: Grashof, Aus meinem Leben, 1839; Buschmann, Schulwesen, S. 26–29; Limper, Wallraf und Grashof, 1939; Apel, Grashof, 1988.
[25] E. M. Arndt gab in Köln 1815/1816 die Zeitschrift Der Wächter, eine Zeitschrift in zwanglosen Heften heraus. Sie wurde im Kölner Verlag Heinrich Rommerskirchen gedruckt. Zu Arndt: Dühr, Arndt, 1971; Braubach, Arndt, 1977; Alvermann/Garbe, Arndt, 2011.
[26] E. M. Arndt an G. A. Reimer, Köln, 1. Dez. 1815 (in: Dühr, Arndt, Bd. 1, S. 484); vgl. auch: E. M. Arndt an Fr. L. Chr. zu Solms-Laubach, Köln, 25. Nov. 1815: „Daß aber nach Köln die Universität gelegt wird, dafür kann ich nach meinem Gefühl und meiner Ansicht des teutschen akademischen

Um eine Zustimmung für die Entsendung Grootes zu erhalten, wandte sich Mylius am 19. Dezember 1815 an die preußischen Behörden. Er hielt sich dabei an die Hierarchie der Behörden, wie sie Mitte 1815 als provisorische Strukturen entstanden waren.[27] Oberste Verwaltungseinheiten im Rheingebiet waren das Generalgouvernement Nieder- und Mittelrhein und das Generalgouvernement Jülich-Kleve-Berg. Die Leitung beider Gebiete hatte man, ebenfalls vorläufig, dem Juristen Johann August Sack übergeben, der seinen Sitz in Aachen hatte. Ihm, als höchsten preußischen Funktionsträger im Rheinland, unterstand der Kommissar des Generalgouvernements Moritz von Bölling,[28] ebenfalls in Aachen angesiedelt. Als untere, lokale Institution war dem Aachener Generalgouvernement die Kreisbehörde in Köln zugeordnet, als deren Direktor Franz Gottfried von Maercken amtierte. Entsprechend diesem Verwaltungsaufbau beantragte Mylius die Genehmigung des Ratsbeschlusses vom 13. Dezember 1815 bei Kreisdirektor von Maercken, dem er zugleich mitteilte, man gedenke, die Reisekosten Grootes durch einen Kredit zu finanzieren:

> „Der hiesige Stadtrath hat [...] die Verdienste anerkannt, welche unser Mitbürger Herr Everhard von Groote bey seinem Aufenthalt in Paris im Dienste des Vaterlands, sich um hiesige Stadt in mancherlei Hinsicht, und vorzüglich zur künftigen Errichtung einer Universität in derselben, erworben hat; Diese und die gütige Aufnahme, welche Herr v. Groote bey den ersten Beamten der Preussischen Monarchie bereits gefunden hat, haben den Stadtrath veranlaßt, denselben nach Berlin zu senden, um rücksichtlich eines Gegenstandes, der für die künftige Wohlfarth der Bewohner dieser Stadt von der größten Wichtigkeit ist; nämlich die Errichtung einer Universität xx fortwährend unser Interesse wahrzunehmen. Zur Bestreitung der nöthigen Reise Kosten wurde auf den Credit der diesjährigen Ueberschüße der städtischen Einkünfte eine Summe von fünftausend Franken angewiesen."[29]

Maercken erklärte wenige Tage darauf in einem Schreiben an Kommissar von Bölling:

Lebens nicht stimmen. Gelehrsamkeit kann hier wohl gedeihen, Freude und Freiheit für die Jugend, worauf das meiste ankömmt, schwerlich. Köln ist zu theuer, ist eine Festung, wird immer viele reiche Leute und viele Officiere haben, die Natur ist nicht schön, auf 3 Stunden Weite kaum ein Baum – da wird die fröhliche Jugend nicht aufkommen können, sie wird unterdrückt werden; und daß die Geister hier gelüftet werden, thut vor allem Noth. Von der nächsten Generation muß aber die Verjüngung ausgehen. Sonst ist Köln eine der bravsten und treuesten teutschen Städte am Rhein" (Privatarchiv d. Grafen zu Solms-Laubach, XVII, 112, Nr. 5). An Gneisenau schrieb Arndt: „Daß man die Universität hieher lege, wie viele meinen und wofür so viele arbeiten, dafür kann ich gar nicht stimmen, so wie die Umstände stehen und wie meine Ansichten von der Zeit und von der Bestimmung dieser Universität sind. Daß die katholische Parthei dafür eifert (z.B. Haxthausen, de Grote) hat seinen guten Grund; aber eben deswegen muß die preußische Regierung sich hüten, daß sie das Heft über die Geister nicht aus der Hand giebt" (E. M. Arndt an N. A. von Gneisenau, Köln, 18. Dez. 1816; in: Dühr, Arndt, Teil 1, S. 487). Den im Innenministerium für Unterrichts- und Hochschulfragen zuständigen Johann Wilhelm Süvern hatte Arndt schon im Okt. 1815 vor der Errichtung der Universität in Köln gewarnt (Klein, Bemühungen, S. 380).

[27] Vgl. etwa: Bär, Behördenverfassung, S. 119–138.
[28] Zu M. von Bölling: Bär, Behördenverfassung, S. 84, 175.
[29] K. J. von Mylius an F. G. von Maercken, Köln, o. D. (vermutlich 19. Dez. 1815), Kopie (HAStK, Best. 400, A 667, Bl. 7). Zu F. G. von Maercken: Romeyk, Verwaltungsbeamten, S. 752.

„Inzwischen darf bey den vielseitigen Kenntnißen, dem regen thätigen Eifer und dem biedern graden Charakter, die Herr von Groote besitzt, sich gewiß alles gute und Nützliche für diese Stadt von seiner Verwendung rücksichtlich der Errichtung einer Universität in hiesiger Stadt erwarten lassen, besonders indem er bey Seiner Durchlaucht dem Herrn Staats-Kanzler eine gütige Aufnahme gefunden haben soll."

Er fügte jedoch hinzu: Da es offenbar zur baldigen Einberufung einer „Tagsatzung"[30] kommen werde, sei es sinnvoller, auf offizielle Bestimmungen dazu zu warten, falls nicht „die Sendung wegen der Universität für äußerst dringlich angesehen werden mögte".[31]

Zum Zeitpunkt dieser Korrespondenz wurde der zukünftige Standort der rheinischen Universität innerhalb der Behörden immer noch kontrovers diskutiert. Zwar empfand man die Frage auch in Berlin zunehmend als dringlich, doch wollte man sich von keiner der unmittelbar interessierten Seiten unter Druck setzen lassen. Hinzu kam, dass Generalgouverneur Sack, entgegen seiner noch kurz zuvor für Köln geneigten Haltung, Ende 1815 gegenüber seinen vorgesetzten Stellen eindeutig für eine Universität in Bonn votierte.[32] Als Ausgleich für Köln schlug er die Errichtung einer Akademie für altdeutsche Kunst vor, in der die Sammlungen Wallrafs, Gerhard Cunibert Fochems und der Brüder Sulpiz und Melchior Boisserée[33] vereinigt werden sollten. Als möglichen Leiter der Akademie nannte er Sulpiz Boisserée.

Böllings Antwort an Maercken vom 26. Dezember[34] enthielt daher eine deutliche Absage an den Kölner Vorstoß, der als anmaßender Schritt und Eingriff in die Angelegenheiten der Regierung bewertet wurde. Bölling führte aus:

„Ohne den patriotischen so wie den wissenschaftlichen Sinn und Eifer, und die dadurch zugleich wohl erworbenen Ansprüche des Herrn Eberhard von Groote auf die dankbare Anerkennung seiner Vaterstadt verkennen zu wollen, dringt [drängt] sich doch die Bemerkung von selbst auf, daß ein Gegenstand von solchem wichtigen allgemeinen Interesse, als die Errichtung einer Landes Universitaet, nicht als Sache einer einzelnen Commüne, und

---

[30] Tagsatzung: die erwartete Verfassungsversammlung.
[31] F. G. von Maercken an M. von Bölling, Köln, 21. Dez. 1815 (Landesarchiv NRW R, AA 0635 Generalgouvernement Nieder- und Mittelrhein Nr. 1507, Bl. 2 f.). Am Rand des Schreibens befindet sich der Entwurf zur Antwort Böllings an Maercken vom 26. Dez. 1815.
[32] Im Auftrag des Innenministers Friedrich von Schuckmann hatte Süvern Ende 1815 sowohl J. A. Sack wie Fr. L. Chr. zu Solms-Laubach zu einer Stellungnahme hinsichtlich der Universitätsfrage aufgefordert. Beide legten Gutachten vor. Zu Sacks Denkschrift zur Universitätsfrage, Aachen, 31. Dez. 1815 ausführlich: Renger, Gründung, S. 34–43; Klein, Bemühungen, S. 377–379; Pabst, Universitätsgedanke, S. 70 f.; zum Gutachten von Solms-Laubach vom 28. Dez. 1815: Renger, Gründung, S. 35 f.
[33] Aus der Reihe von Quellenpublikationen und Literatur zur Sammlung Boisserée und ihren Gründern: S. Boisserée, Tagebücher, Bd. I–V, 1978–1995; S. Boisserée, Briefwechsel, Bd. I u. II, 1862; S. Boisserée, Briefwechsel mit Moller, Schinkel und Zwirner, 2008; Heckmann, Sammlung, 2003; Braunfels, Boisserée, 1970; Weitz, Sammlung Boisserée, 2011; sowie den Sammelband: Gethmann-Siefert, Sammlung Boisserée, 2011.
[34] M. von Bölling an F. G. von Maercken, Aachen, 26. Dez. 1816 (Landesarchiv NRW R, AA 0635 Generalgouvernement Mittel- u. Niederrhein Nr. 1507, Bl. 1).

mithin nicht aus dem einseitigen beschränkten Gesichts-Punkt eines für diese etwa daraus entspringenden Vortheils betrachtet und betrieben werden könne."

In dieser Frage könnten, so Bölling, nur Gründe berücksichtigt werden, „die aus dem Zweck und aus der Natur der Sache selbst" hervorgingen,

> „und diese aufzufinden muß einer weisen, überall mit Umsicht handelnden Regierung um so mehr überlassen werden, als diese die Männer selbst am beßten kennen und auszuwählen wissen wird, deren Rath und Einsicht in dieser wichtigen Angelegenheit vorall zu hören seyn möchte, ohne daß es dazu einer besonderer Deputation bedürfen würde."

Vor allem auch finanzielle Bedenken sprachen gegen die Entsendung Grootes:

> „Wenn nun hierzu ferner noch der zu der vorgeschlagenen Sendung erforderliche Kosten Betrag einerseits, und andererseits der bedrängte Zustand der städtischen Finanzen, und die vielen noch unbefriedigten Gläubiger in Erwägung gezogen wird, welche letztere ohnstreitig die nächsten und billigsten Ansprüche auf die ohnehin noch zweifelhaften Ueberschüsse des diesjährigen Budgets haben möchten, so finde ich mich nach allem diesem außer Stande, den Antrag des dortigen Magistrats, weder einstweilen gutzuheißen, noch dessen schließliche Genehmigung höhern und höchsten Orts nachzusuchen."

Maercken gab diese Entscheidung Böllings nicht sofort an Oberbürgermeister Mylius weiter, sodass dieser am 1. Januar noch keine Antwort auf seinen Antrag erhalten hatte, er also formell nicht über die Ablehnung unterrichtet war.[35] Zu diesem Zeitpunkt beschloss Groote, sich selbst für die Zustimmung der Behörden einzusetzen.[36] Am 2. Januar reiste er nach Aachen.

Grundlage seiner Verhandlungen war ein Brief, den Mylius unmittelbar an Generalgouverneur Sack richtete. Da das Schreiben bei Grootes Abreise noch nicht fertig war, sandte Mylius es diesem zu, sodass es Groote am 3. Januar in Aachen erreichte.[37] Darin hieß es:

> „Der hiesige Stadtrath hat sich veranlaßt gefunden, den Herrn Everhard v. Groote, welcher sich während seinem Aufenthalt in Paris um unsere Stadt in mancherlei Hinsicht so sehr verdient gemacht hat, nach Berlin zu deputiren, um dort die Gründe geltend zu machen, welche unsere Stadt zur Errichtung der Rheinischen Universität in derselben anführen zu dürfen glaubt. Da der Zeitpunkt der Entscheidung über die Frage, an welchem Ort diese

---

[35] Eine mündliche Benachrichtigung durch den in Köln wohnenden Maercken ist jedoch durchaus denkbar.
[36] Vgl. E. von Groote an A. N. von Gneisenau, Aachen, 4. Jan. 1816 (GStA PK, VI. HA, NL Gneisenau, August Graf Neidhardt von). Siehe Briefe und Schriften.
[37] So ist der Vorgang vermutlich zu rekonstruieren. Mylius' Schreiben erhielt Groote durch Herrn von Haysdorf, Oberpostdirektor in Aachen. Vgl. Groote, Tagebuch, 1. u. 3. Jan. 1816 u. E. von Groote an J. von Groote, Aachen, 3. Jan. 1816 (Archiv Haus Londorf, Herr von Groote, Familienbriefe, 1.1., Nr. 42). Siehe Briefe und Schriften.

Universität errichtet werden soll, nicht mehr entfernt seyn dürfte, und daher diese Angelegenheit sehr drängend ist, auch Herr von Groote zur Antretung seiner Reise nach Berlin bereit ist. So wage ich es einen Gegenstand der für die künftige Wohlfarth der Bewohner Cöllns von der größten Wichtigkeit ist, Euer Exzellenz mit der ergebensten Bitte zu empfehlen, den Antrag des Stadtrathes, in so fern derselbe Euer Exzellenz vorgelegt werden sollte, hochgefälligst genehmigen [...] zu wollen."[38]

In persönlichen Treffen mit Bölling und Sack am selben Tag wurde Groote die Zurückweisung seines Wunsches deutlich gemacht.[39] Immerhin jedoch erklärte sich Sack bereit, Groote bei Staatskanzler von Hardenberg als Deputierten zu einer zukünftigen Tagsatzung zu empfehlen. Darüber hinaus riet er Groote, sich selbst schriftlich an Hardenberg zu wenden oder diese Bitten durch General von Gneisenau vermitteln zu lassen. Unverzüglich schrieb Groote daher an Gneisenau[40] und an die stadtkölnische Obrigkeit.[41] Am 5. Januar kehrte er nach Köln zurück, am nächsten Tag berichtete er Mylius in einem weiteren Brief über sein Gespräch mit dem Generalgouverneur[42] und überbrachte gleichzeitig ein Antwortschreiben Sacks auf Mylius' Brief von Anfang Januar. Darin erklärte Sack, dass er die Deputation Grootes für „äußerst zweckmäßig" hielte – wenn die „demnächst" „zu erwartende Resolution des Staats Kanzlers Durchlaucht wegen der zur Mitberathung über die Grundsätze unserer künftigen Verfaßung nach Berlin zu sendenden Deputirten hiesiger Provinzen" eingetroffen sei. Er fügte hinzu:

„Die jezt schon intendirte spezielle Deputation nach Berlin, kann ich aber auf keine Weise billigen, und die dafür in Vorschlag gebrachte Kommunal Ausgabe nicht genehmigen, theils, weil ich selbige, bei dem wahrlich nicht glänzenden Zustande der dortigen Städtischen Finanzen, nicht zu rechtfertigen mir getraue, theils weil ich eine von andern Städten zu machende Exemplifikation besorge, und ein solches Deputiren nach der Hauptstadt für spezielle Kommunalzwecke doch eigentlich gegen alle bestehende Ordnung ist."[43]

---

[38] K. J. von Mylius an J. A Sack, Köln, o. D. [Jan. 1816], Kopie (HAStK, Best. 400, A 667, Bl. 8).
[39] Zu diesem Gespräch: E. von Groote an J. von Groote, Aachen, 3. Jan. 1816 (Archiv Haus Londorf, Herr von Groote, Familienbriefe, 1.1., Nr. 42). Siehe Briefe und Schriften.
[40] E. von Groote an A. N. von Gneisenau, Aachen, 4. Jan. 1816 (GStA PK, VI. HA, NL Gneisenau, August Graf Neidhardt von). Siehe Briefe und Schriften.
[41] E. von Groote an den Kommissarischen Oberbürgermeister K. J. von Mylius und den Rat der Stadt Köln, Aachen, 4. Jan. 1816 (HAStK, Best. 400, A 667, Bl. 11). Siehe Briefe und Schriften.
[42] E. von Groote an K. J. von Mylius, Köln, 6. Jan. 1816 (HAStK, Best. 400, A 667, Bl. 13). Siehe Briefe und Schriften.
[43] J. A. Sack an K. J. von Mylius, Aachen, 4. Jan. 1816 (HAStK, Best. 400, A 667, Bl. 14). Maercken hatte am 3. Januar an Mylius – ganz im Sinne von Böllings Auftrag – geschrieben: Bölling habe am 26. Dez. 1815 zur beantragten Absendung Grootes nach Berlin erklärt, „daß ohne dessen wissenschaftlichen Sinn und Eifer und dessen wohlerworbene Ansprüche auf die dankbare Anerkennung seiner Vaterstadt verkennen zu wollen, ein Gegenstand von solchem allgemeinen Interesse als die Errichtung einer Landes-Universität, nicht als Sache einer einzelnen Gemeinde und in Berücksichtigung von deren Vortheil betrachtet werden könne. Einer weisen Regierung müsse die Abwiegung der Gründe um so mehr überlassen werden, als diese die Männer selbst am Besten kennen würde, deren Rath in dieser Angelegenheit vorab zu hören seyn möchte, ohne daß es dazu

In seinem Brief an Mylius kündigte Groote auch an, ihm eine Abschrift seines *Berichtes für die Universität in Cöln* zuzuschicken.[44] Am 8. Januar notierte er in sein Tagebuch: „Ich schreibe meinen Bericht über die Universität für Mylius u. für mich selbst nochmal zurecht", am 10. Januar schickte er eine Abschrift an Mylius, die zweite behielt er selbst.[45] Während dieser Tage verfasste Mylius eine umfangreiche Schrift, die circa zwei Wochen später anonym unter dem Titel *Einige Worte über den künftigen Sitz der Rheinischen Universität. Von einem Cölner* im Verlag Marcus DuMont-Schauberg veröffentlicht wurde.[46] Unmittelbar nach Erscheinen dieses Textes schrieb Mylius an Groote, er habe

> „die Ehre, Ihre mir gütigst mitgetheilte sehr interessante Schrift über den künftigen Sitz der Universität anbey zu remittiren. Was ich aber den nemlichen Gegenstand gelegentlich gesagt habe, werden Sie aus dem beyliegenden Exemplar einer Denkschrift entnehmen [...]. Sehr leid thut es mir, Ihre Schrift nicht früher gekannt zu haben. Meine Arbeit würde offenbar dadurch gewonnen haben."[47]

Groote empfand diesen Brief als „schmeichelhaft".[48]

Zur gleichen Zeit sandte Mylius seine Schrift u.a. an Gneisenau,[49] Staatskanzler von Hardenberg, Generalgouverneur Sack und Kommissar von Bölling. Im Begleitschreiben an Hardenberg erklärte er:

---

einer besondern Deputation bedürfe. Ferner müsse der Kosten-Betrag und der bedrängte Zustand der städtischen Finanzen und so viele noch unbefriedigte Gläubiger in Erwägung gezogen werden, welche letzte die nächste Ansprüche auf die ohnehin noch Zweifelhafte Ueberschüße des diesjährigen Budgets hätten." Daher sehe sich die Behörde „außer Stand, den erwähnten Antrag gut zu heißen, noch dessen Genehmigung höhern und höchsten Orts nachzusuchen" (F. G. von Maercken an K. J. von Mylius, Köln, 3. Jan. 1816; HAStK, Best. 400, A 667, Bl. 9).

[44] E. von Groote an K. J. von Mylius, Köln, 6. Jan. 1816 (HAStK, Best. 400, A 667, Bl. 13). Siehe Briefe und Schriften.

[45] E. von Groote, Denkschrift zugunsten der Kölner Universität 1815/16 (HAStK, Best. 1553, A 1/32–37). Siehe Briefe und Schriften. Zu Grootes Texten zur Universität: Quarg, Gutachten, 1987; Spiertz, Groote, S. 86–88.

[46] [Karl Joseph von Mylius], Einige Worte über den künftigen Sitz der Rheinischen Universität. Von einem Cölner, Köln 1816 (HAStK, Best. 400, A 667, Bl. 24–32). Vgl. Klein, Bemühungen, S. 359–361; Bezold, Geschichte, S. 36 f.

[47] K. J. von Mylius an E. von Groote, Köln, 26. Jan. 1816, Entwurf (HAStK, Best. 400, A 667, Bl. 21).

[48] Groote, Tagebuch, 26. Jan. 1816.

[49] Mylius schrieb an Gneisenau: „Euer Excellenz beehre ich mich, eine kleine Druckschrift mitzutheilen worin ein Cöllner bemüht gewesen, die Ansprüche seiner Vaterstadt auf den Besitz der Rheinischen Universität näher auseinanderzusetzen und eine in dieser Hinsicht zu Gunsten der Stadt Bonn im verwichenen Jahr erschienene ziemlich verbreitete Schrift zu widerlegen. Die huldreichen Gesinnungen, welche Euer Excellenz für das Wohl der hiesigen Stadt bey mancher Gelegenheit zu äußern geruhet haben, berechtigen mich zu der frohen Hofnung daß Hochdieselben die in dieser Schrift entwickelten Gründe einiger Aufmerksamkeit würdigen und das Gesuch der Stadt Cölln hochgeneigst unterstützen werden. Indem ich Euer Excellenz diese und jede andere Angelegenheit hiesiger Stadt empfehle, verharre ich in tiefster Ehrfurcht Euer Exzellenz Gehorsamster Diener" (K. J. von Mylius an A. N. von Gneisenau, Köln, o. D. (Jan. 1816); HAStK, Best. 400, A 667, Bl. 42).

„Der Gegenstand dieser Denkschrift hat eine so große Wichtigkeit für alle dießeitigen Königlichen Provinzen, und steht in so enger Beziehung mit den Fortschritten der Anwachsenden und der zukünftigen Generazionen in wissenschaftlicher Erkenntniß, daß Eure Hochfürstliche Durchlaucht derselben Ihrer Höchsteigenen sorgfältigen Prüfung nicht unwürdig halten dürften. [...] Für die darinn angeführten unstrittigen Rechtsgründe, wodurch die hiesige Stadt sich als unwiderrufliche Eigenthümerinn der zur Dotation der rheinischen Universität vorzüglich geeigneten Fonds legitimiren kann, eine geneigte Berücksichtigung zu erbitten, halten wir uns vermöge unseres Amtes insbesondere für verpflichtet mit fester Zuversicht darauf bauend, daß die Gemeinde, der wir vorstehen, dieser Fonds verlustig zu werden, nunmehr weniger als jemals befürchten darf."[50]

Hardenberg antwortete kurz:

„Den Herrn Ober-Bürgermeister und die Herren Beygeordneten der Stadt Cölln benachrichtige ich vorläufig, daß die in Ihrem Schreiben vom 23. vorigen Monats mit der dazu gehörigen Beilage erörterten Ansprüche der Stadt Cölln auf den Besitz der zufolge eines anderweiten Vorschlags in Bonn zu gründenden Universität mit Sorgfalt geprüft und demnächst in dieser wichtigen Angelegenheit ein Beschluß gefaßt werden wird."[51]

---

[50] K. J. von Mylius u. Beigeordnete der Stadt Köln an K. A. von Hardenberg, Köln, 22./23. Jan. 1816, Entwurf (HAStK, Best. 400, A 667, Bl. 17 f.). Vgl. Mylius an Bölling: „Eine Schrift über den künftigen Sitz der Rheinischen Universität, welche im vorigen Jahr verbreitet wurde, und worin die Ansprüche der Stadt Bonn auf den Besitz derselben auseinandergesetzt wurden, haben einen Cöllner veranlaßt, diese Schrift zu widerlegen, und die Vorzüge seiner Vaterstadt in dieser Hinsicht näher zu beleuchten. Euer Hochwohlgeboren beehre ich mich in der Anlage ein Exemplar dieser Schrift ergebenst mitzutheilen und die gehorsame Bitte hinzuzufügen Euer Hochwohlgeboren wollen auch ferner das Wohl der hiesigen Stadt beherzigend die Ansprüche derselben höhern Orts gefälligst geltend machen" (K. J. von Mylius an M. von Bölling, Köln, 23./24. Jan. 1816, Entwurf; HAStK, Best. 400, A 667, Bl. 19). Ganz ähnlich: K. J. von Mylius an J. A. Sack, Köln, 26. Jan. 1816, Entwurf (HAStK, Best. 400, A 667, Bl. 20). Mylius hatte am 23. Jan. 1816 auch an Finanzminister von Bülow geschrieben, der ihm am 8. Febr. 1816 antwortete: „Euer Hochwohlgebohrnen bin ich für die Mittheilung, der mit dem Schreiben vom 23. vorigen Monats eingesandten Denkschrift, über den künftigen Sitz der Rheinischen Universität sehr verbunden. Ich halte mich auch überzeugt, daß auf den Inhalt derselben und die darin für die Stadt Coelln geltend gemachten Ansprüche, bey Entscheidung der Frage, an welchem Orte die künftige Rheinische Universität zu errichten sein wird, unfehlbar gehörige Rücksicht genommen werden wird, obgleich übrigens die Entscheidung dieser Frage nicht zu meinem Ressort gehört, sondern principaliter von dem Königlichen Ministerio des Innern erfolgen muß" (L. Fr. V. H. von Bülow an K. J. von Mylius, Berlin, 8. Febr. 1816; HAStK, Best. 400, A 667, Bl. 45).

[51] K. A. von Hardenberg an K. J. von Mylius, Berlin, 8. Febr. 1816 (HAStK, Best. 400, A 667, Bl. 43). Am 15. Febr. schrieb Schuckmann an den Kölner Rat: „Das Ministerium des Innern eröffnet dem Magistrate der Stadt Cölln, auf die von des Herrn Staatskanzlers Durchlaucht anher abgegebene Vorstellung vom 23. vorigen Monats, daß bei der Entscheidung über den Sitz der zu errichtenden Rheinischen Universität auch die für die Stadt Cölln in der eingereichten Druckschrift aufgestellten Gründe einer genauen und unpartheiischen Prüfung werden unterworfen werden" (Fr. von Schuckmann an den Stadtrat von Köln, Berlin, 15. Febr. 1816; HAStK, Best. 400, A 667, Bl. 57). Am 24. Febr. 1816 ließ Mylius E. von Groote Unterlagen zukommen und bat ihn, ein beiliegendes Schreiben und die von Mylius verfasste Denkschrift zur Universität an den Innenminister weiter-

Inzwischen hatte Eberhard von Groote nachdrücklich eine erneute und definitive Delegierung durch den Rat, auch ohne Zustimmung der Aachener Behörden, gefordert. Nachdem er den Ratsherrn Lyversberg überzeugt hatte, sich für ihn einzusetzen, bestätigte der Rat am 31. Januar[52] die Abordnung Grootes. Doch Groote wollte sich auch auf diesen Entscheid nicht verlassen und hatte bereits seinen nächsten Schritt geplant: ein Gespräch mit General von Gneisenau in Koblenz. Am 2. Februar reiste er von Köln ab und erreichte sein Ziel am Abend des folgenden Tages.

Groote war nun im Zentrum preußischer Macht am Rhein angekommen, ein Zentrum, das zugleich Mittelpunkt kritischer reformorientierter Strömungen war. Kristallisationsfigur dieser Strömungen war Gneisenau, 1815 Generalstabschef von Feldmarschall Blücher im Feldzug gegen Napoleon. Gneisenau hatte im Oktober 1815 das in Koblenz angesiedelte Generalkommando der Truppen am Rhein übernommen. Seither hatte sich um ihn ein Kreis gebildet, in dem sich hohe Militärs, Beamte und Intellektuelle zusammenfanden. Sitz des Oberkommandos und zugleich Ort vieler politischer und geselliger Treffen waren die repräsentativen Gebäude des von der Leyen'schen Hofs, in dem Gneisenau auch seine Wohnräume hatte. In den Berliner restaurativen Hof- und Regierungskreisen sprach man ironisch von „Gneisenaus Tafelrunde" und „Wallensteins Lager am Rhein"[53] und beobachtete die Aktivitäten in Koblenz mit zunehmendem Misstrauen.

Die Bekanntschaft einiger Offiziere aus dem Kreis um Gneisenau hatte Groote schon während des Feldzugs 1815 gemacht; unter ihnen waren Carl von Clausewitz, Stabschef Gneisenaus auch in Koblenz, sowie Carl von der Groeben, Heinrich Wilhelm Gerhard von Scharnhorst und Theodor Ferdinand von Stosch, die nun ebenfalls im Hauptquartier stationiert waren.[54] Stosch beschrieb das gesellschaftliche Leben um Gneisenau, von dem auch Groote fasziniert war:

> „Unmittelbar nach dem Kriege waren noch Diplomaten und Militärs aller Nationen unterwegs. Alle rasteten in Koblenz und erfreuten sich im Generalkommando der gastlichen Aufnahme. Das Haus war die frühere [französische] Präfektur, und war es dem General eine Genugtuung, in dem Bette Bonapartes zu schlafen und auf dem Thronsessel des Kaisers der

---

zureichen (K. J. von Mylius an den Minister des Innern, Köln, 24. Febr. 1816, Entwurf (HAStK, Best. 400, A 667, Bl. 55 f.). Vgl. die Unterlagen: J. P. J. Fuchs an E. von Groote, Köln, 24. Febr. 1816, Kopie (HAStK, Best. 400, A 667, Bl. 56a).

[52] Vgl. Groote, Tagebuch, 30., 31. Jan. u. 1. Febr. 1816. Eine Ratssitzung mit diesem Beschluss ließ sich nicht belegen.

[53] Vgl. M. von Schenkendorfs Gedicht „Die Tafel am Rhein", entstanden in Koblenz 1816. Erste Strophe: „Der Sänger kommt zur guten Stunde / Und ihn empfängt ein holder Gruß, / Den Feldherrn und die Tafelrunde / Erblickt er an dem grünen Fluß. / Der Feldherr läßt den Becher füllen / mit altem Wein von Rüdesheim: / Du kannst, o Herr, die Sehnsucht stillen, / Ein frischer Trunk weckt frischen Reim."

[54] Th. F. von Stosch in seinen Erinnerungen: Gneisenau „war es gelungen, den Obersten v. Clausewitz als Chef des Generalstabes zu erhalten, und bestanden die übrigen Offiziere seines Stabes fast nur aus früheren Bekannten und Vertrauten. Die dienstlichen Geschäfte wurden mit großem Eifer und mit Liebe betrieben, und jeder war bemüht, in der neuerworbenen Provinz dem preußischen Namen Ehre zu machen" (in: Thiele, Gneisenau, S. 317).

Franzosen, der in keinem Präfekturgebäude fehlen durfte, zu ruhen. Die sämtlichen Umgebungen aßen täglich an der Tafel des Generals, welche stets durch mehrere geladenen Gäste vergrößert wurde. Nachmittags wurde mit den Frauen Partien in die schöne Umgebung gemacht, und der Abend vereinigte die Gesellschaft wieder – anfangs am Teetisch der Frau v. Clausewitz, später, als die Familie des Generals eingetroffen war, bei dieser. Gneisenau hatte sich und seine Familie auf wenige Räume eingeschränkt und dagegen dem Obersten Clausewitz, dem Obersten Grafen Gröben und mir hinreichend Wohnungen überlassen. Mit dem Frühling [1816] beschränkte er sich sogar auf einige kleine Gartenzimmer im Orangerie-Gebäude und arbeitete oft an einem Tische im Freien unter grünem Laubdache."[55]

Mit Joseph Görres, einem weiteren einflussreichen Koblenzer, war Groote nicht nur bekannt, sondern auch befreundet. Görres war seit 1814 Herausgeber des *Rheinischen Merkurs*, des publizistischen Forums für patriotische und freiheitliche Ideen dieser Jahre. 1814 hatte man Görres auch eine Position in der provisorischen preußischen Verwaltung übertragen – er wurde als Direktor des öffentlichen Unterrichts im Generalgouvernement Mittelrhein eingesetzt.[56] Eberhard von Groote hatte Görres und seine Frau, die aus der angesehenen Koblenzer Familie Lassaulx stammte, Ende 1814 kennengelernt. Während des Jahres 1815 verfasste er einige Artikel für den Merkur; Görres wiederum veröffentlichte in den Ausgaben vom 4. und 5. Januar 1816 eine äußerst lobende Rezension des von Groote und Carové herausgegebenen Buchs,[57] in dem Görres selbst einen Beitrag über altdeutsche Minnelieder geschrieben hatte.[58] Die Endredaktion des Beitrags hatte seine Frau ausgeführt,[59] mit der sich Groote ebenfalls angefreundet hatte. Johann Nepomuk von Ringseis, langjähriger Freund der Familie und ein Bekannter Grootes, charakterisierte Maria Katherina Görres:

„Frau Görres empfing die Besuchenden in ihrer Sophaecke, sprach wenig, aber klug; wenn man nicht Acht gab, konnte man leicht übersehen, welch bedeutende, hervorragend unterrichtete Frau es sei, die unter den lebhaft Redenden scheinbar so phlegmatisch saß – sie, die in sieben Sprachen ihre Lektüre wählte."[60]

Besuche bei dem Ehepaar Görres waren für Groote immer anregend, denn das Haus der Görres' in der Schloßstr. 7 war der Ort vieler und vielseitiger Begegnungen, in dessen informellem Rahmen sich Politiker, Beamte, Wissenschaftler, Literaten und Kunstinteressierte fast aller Richtungen trafen. Zu ihnen gehörte auch der Jurist und Dichter Max von Schenkendorf, der seit Ende 1815 als Regierungsrat in Koblenz tätig war. Mit ihm hatte Groote ebenfalls Freundschaft geschlossen.[61]

---
[55] Th. F. von Stosch, in: Thiele, Gneisenau, S. 317 f.
[56] Aus der umfangreichen Literatur zu Görres: Fink-Lang, Görres, hier besonders S. 165–176; Raab, Görres, 1980; Raab, Görres. Leben und Werk, besonders S. 94–127. Zu E. von Grootes Beziehung zu Görres: Groote, Tagebuch, Bd. 1, vielerorts; Spiertz, Görres, S. 297–301; Giesen, Groote, S. 46–54; Wrede, Görres und Groote, 1926.
[57] Rh. Merkur, Nr. 354, 4. Jan. 1816, u. Nr. 355, 6. Jan. 1816.
[58] J. Görres, Altdeutsche Minnelieder, in: Groote/Carové, Taschenbuch für Freunde, S. 117–140.
[59] Fink-Lang, Görres, S. 173.
[60] J. N. von Ringseis, in: Raab, Görres, S. 700.

Eberhard von Groote fühlte sich in dieser Umgebung anerkannt und bis zu einem gewissen Grad zugehörig. Er sah sich selbst längst – seit 1814/15 – als deutsch-preußisch gesinnten Patrioten, der von Preußen vor allem eine Berücksichtigung der Interessen des Rheinlands erwartete. Ende Dezember 1815 hatte er bei dem Kölner Schneidermeister Führer[62] einen „deutschen Rock" bestellt, der ihm am 6. Januar 1816 geliefert wurde.[63] Groote schloss sich somit einer, während der Befreiungskriege entstandenen, Mode an, die patriotische, deutsch-nationale Gesinnung demonstrieren sollte. Diese „altdeutsche", meist dunkle oder schwarze Tracht, die sich an Kleidung und Frisuren des 16. Jahrhunderts orientierte und gelegentlich sehr phantasiereich gestaltet war, bestand bei Männern meist in einer langen engen Jacke und einem großen Barett aus Samt; das Haar wurde lang getragen.[64] Einer der Befürworter der altdeutschen Kleidung war Arndt, viele Zeitgenossen allerdings empfanden die Mode als lächerlich. So meinte die Schriftstellerin Johanna Schopenhauer bei ihrem Besuch in Heidelberg 1816 angesichts von Studenten in dieser neuen Tracht ironisch:

„Sie ziehen sich wunderliche Jacken an, die sie altdeutsch nennen, setzen sammtne Damenhüte auf, und nennen sie Baretts, binden sich allerlei seltsam gezackte Kragen um den nackten Hals, und wem die gütige Natur einen Schnurrbart verleiht, der läßt ihn wachsen und dankt dem Himmel dafür. So sehen diese jungen Leute denn freilich ziemlich maskenartig aus, aber sie denken damit einen gewaltigen Schritt zum ächten Deutschthum zu thun, und die Freude ist ihnen zu gönnen. Wenn sie einmal Accessisten, Kanzellisten, Kandidaten oder so etwas werden, giebt sich der Spaß von selbst."[65]

Anfang Februar 1816 hatten die Koblenzer Reformanhänger noch Hoffnung auf tiefgreifende Veränderungen der politischen und gesellschaftlichen Strukturen. Doch die Reformgegner in Berlin gewannen an Einfluss, sodass Gneisenau und Görres immer mehr zum Ziel von Angriffen wurden.[66] Nachdem Gneisenau im April seinen Abschied eingereicht hatte, genehmigte ihm der König zunächst einen „Urlaub auf unbestimmte Zeit". Im Juli 1816 schließlich verließ Gneisenau Koblenz endgültig.[67]

---

[61] Zur Beziehung Grootes zu M. von Schenkendorf: Spiertz, Groote, S. 307–311; Giesen, Groote, S. 39–46. Schenkendorf hatte zwei Gedichte zum Taschenbuch für Freunde beigetragen: Vor dem Dom und Der Dom zu Köln, in: Groote/Carové, Taschenbuch für Freunde, S. 258–261.

[62] Matthias Führer, Schneider, Unter Goldschmied 25 oder Vincent Führer, Schneider, Breite Str. 14 (Vgl. Kölner Adressbuch 1813 u. 1822).

[63] Groote, Tagebuch, 7. Jan. 1816.

[64] Zur deutschen Kleidung: Rh. Merkur, Nr. 261, 30. Juni 1815; Groote, Tagebuch, Bd. 1, 30. Apr. 1815, S. 68.

[65] Schopenhauer, Ausflucht, S. 146 f. Vgl. die Beschreibung der gelegentlich grotesken Tracht Heidelberger Studenten 1816: Pagenstecher, Student, S. 39 f.

[66] Gneisenau hatte man schon in der sogenannten Affäre Schmalz massiv beschuldigt. Der preuß. Jurist Th. A. H. von Schmalz behauptete 1815 in einer Schrift, in Preußen gäbe es geheime, staatsgefährdende Organisationen. Die Schrift führte zu einer heftigen öffentlichen Auseinandersetzung. Groote las die Schmalz'sche Schrift am 3. Okt. 1815 (Groote, Tagebuch, Bd. 1., S. 213, 239). Vgl. Thiele, Gneisenau, S. 307–327.

[67] A. N. von Gneisenau an K. A. von Hardenberg, Koblenz, 26. März 1816: „Mit meinem Austritt aus

Görres' Position war Anfang 1816 schon entscheidend geschwächt, denn eine Kabinettsorder vom 3. Januar hatte den *Rheinischen Merkur* verboten.[68] In der Order hieß es, Görres habe sich „ohnerachtet der an ihn ergangenen Warnungen nicht entsagen können, durch zügellosen Tadel und offenbare Aufforderung an das Volk die Unzufriedenheit desselben gegen die Regierung zu erregen."[69] Die letzte Ausgabe des *Merkur* wurde am 10. Januar 1816 ausgeliefert, wenige Monate später entließ man Görres auch aus seinem Amt als Direktor des Schuldienstes.[70]

Damit traf Eberhard von Groote in Koblenz mit Unterstützern seines Anliegens zusammen, deren Einfluss auf die preußische Politik im Schwinden begriffen war. Diese Entwicklung musste ihm bewusst sein, dennoch sah er weiterhin die Möglichkeit, auf Entscheidungen der Regierung einwirken zu können. Die Haltung Gneisenaus, den er persönlich am 6. und 7. Februar traf, stärkte seine Hoffnungen. Bereits am 3. Februar hatte Gneisenau den Erhalt der Denkschrift von K. J. von Mylius in einem an diesen gerichteten Brief bestätigt und zugleich angemerkt:

---

der Armee, hochverehrter Fürst, ist es ernstlich" (in: Thiele, Gneisenau, S. 204). Am 9. April bat er den König formell um Entlassung aus dem Dienst. Zu den Konflikten und Diskussionen um Gneisenau Ende 1815 bis Ende Aug. 1816: Delbrück, Leben, Bd. 5, S. 57–143. Nachfolger Gneisenaus beim Oberkommando in Koblenz war Generallieutenant Karl Georg Albrecht Ernst von Hake. Am 31. März 1816 war im Beiblatt der Köln. Zeitung, Nr. 3, auf der Titelseite ein langes Gedicht erschienen, das mit der Widmung begann: „Seiner Excellenz dem Königlich Preußischen General der Infanterie, kommandirenden General der Rheinarmee und in Frankreich, Ritter vieler hohen Orden, Herrn Grafen von Gneisenau, bei seiner Anwesenheit in Köln" und begann: „Heil Dir, dreifaches Heil, und jubelnder Dank und Bewundrung, / Held im Rathe durch schaffenden Geist, in der Schlacht durch Triumphe!" Autor war Peter Ludwig Willmes.

[68] Die Köln. Zeitung, Nr. 23, 10. Febr. 1816 meldete als Nachricht der Berliner Zeitungen: „Die Fortsetzung der in Coblenz ausgegebenen Zeitschrift: der Rheinische Merkur, ist auf Allerhöchsten Befehl für die Zukunft untersagt worden, weil der Verfasser, der an ihn wiederholentlich ergangenen Warnungen und Weisungen ohngeachtet, fortfuhr, sich öfters in seinen Blättern gegen auswärtige Höfe und ihre Regierungen anstößige und beleidigende Aeußerungen zu erlauben, die das gute Vernehmen zwischen befreundeten Staaten, und die gegenseitigen Verhältnisse ihrer Unterthanen beeinträchtigen konnten, und folglich der Allerhöchsten Willensmeinung Seiner Majestät des Königs, und den Grundsätzen Ihrer Regierung ganz zuwider liefen." Vgl. A. N. von Gneisenau an Fr. E. D. Schleiermacher, Koblenz, 20. Jan. 1816: „Dem hiesigen Zensor Görres, dessen Meinungen ich übrigens nicht zur Hälfte verfechten mochte, hat man nun auch das Schreiben verboten. Es tut mir dies um unseres Namens willen leid; denn das auswärtige Publikum glaubt wahrhaftig, die Preßfreiheit habe auf dem Kontinent noch ein Asyl in Preußen gefunden" (in: Thiele, Gneisenau, S. 308). Zum Verbot des Rh. Merkur: Fink-Lang, Görres, S. 161–164.

[69] Kabinettsorder v. 3. Jan. 1816 (in: Fink-Lang, Görres, S. 163).

[70] Fink-Lang, Görres, S. 165 f. Scharfer Gegner von Görres in Koblenz war der Bruder des Generalgouverneurs J. A. Sack, Regierungsrat Ernst Heinrich Sack, „der allgemein und zwar mit Recht vom Volke gehaßt wird" (C. von der Groeben an Leopold von Gerlach, Düsseldorf, 29. Apr. 1816; in: Aus Gneisenaus Hauptquartier, S. 245). Solms-Laubach hatte im Dez. 1815 vorgeschlagen, Görres mit der Neuorganisation der Rheinprovinzen zum Konsistorial- und Schulrat zu ernennen. Schuckmann erklärte dazu: „Görres ist auf keine Weise zum Schulrat qualifiziert. Das Gouvernement hat ihn zwar einstweilen als Studiendirektor angesetzt, er hat aber als solcher nichts geleistet" (in: Raab, Görres. Leben und Werk, S. 116).

„Euer Hochwohlgeboren geehrte Zuschrift, nebst anliegender Druckschrift über die Verlegung der neuen rheinischen Universität nach Cölln habe ich richtig zu erhalten die Ehre gehabt und sage ich Ihnen dafür den verbindlichsten Dank. Erwähnte Druckschrift habe ich nach Berlin dem Herrn Geheimen Staatsrath Niebuhr und Herrn Professor Schleiermacher übersendet, zweier Männer, die bei Gründung der Universität zu Berlin höchst verdienstlich mitgewirkt, ein weises Urtheil über den Gegenstand an und für sich demnach zu fällen geeignet sind, und deren Gerechtigkeitsliebe die Ansprüche Ihrer hochberühmten Stadt unpartheiisch prüfen wird."[71]

Durch seine Begegnungen in Koblenz fühlte sich Groote in seinem Entschluss bestätigt. In Vorbereitung seines Berlinaufenthalts ließ er sich u.a. von Marie von Clausewitz und von Gneisenau Empfehlungsbriefe geben, mit denen er sich in Berlin einführen konnte.

Am 8. Februar kehrte Groote nach Köln zurück. Am selben Tag schrieb Staatskanzler von Hardenberg aus Berlin an die städtische Obrigkeit:

„Den Herrn Ober-Bürgermeister und die Herren Beygeordneten der Stadt Cölln benachrichtige ich vorläufig, daß die in Ihrem Schreiben vom 23. vorigen Monats mit der dazu gehörigen Beilage erörterten Ansprüche der Stadt Cölln auf den Besitz der zufolge eines anderweiten Vorschlags in Bonn zu gründenden Universität mit Sorgfalt geprüft und demnächst in dieser wichtigen Angelegenheit ein Beschluß gefaßt werden wird."[72]

In der Diskussion um die rheinische Universität wurde als Argument für Köln immer wieder die Bedeutung der Wallraf'schen und Boisserée'schen Kunstsammlungen vorgebracht. Insbesondere Eberhard von Groote engagierte sich für die Verbindung der drei Einrichtungen und ihre Ansiedlung in Köln. Einer Realisierung der Kölner Wünsche, dies erfuhr Groote nur zu deutlich, standen allerdings erhebliche Hindernisse entgegen: der unschlüssige Wallraf, die undurchschaubaren Boisserées und die unkalkulierbaren preußischen Amtsträger mit ihren ausgesprochenen wie unausgesprochenen Interessen.[73]

Über die Zukunft der Sammlung Wallrafs, die sich aus einer immensen Zahl von Gemälden, Kupferstichen, Büchern, Münzen, Medaillen und Naturartefakten zusammensetzte, war seit Jahren spekuliert und verhandelt worden. Schon um 1800 hatte Wallraf überlegt, in seinem Wohnsitz, der ehemaligen Dompropstei[74] in unmittelbarer Nähe des Doms (heute: Wallraf-Platz), ein Museum und „eine kleine Akademie für Zeichen- und Baukunst" einzurichten. Doch dieser Plan ließ sich nicht realisieren, ebenso wenig wie

---

[71] A. N. von Gneisenau an K. J. von Mylius, Koblenz, 3. Febr. 1816 (HAStK, Best. 400, A 667, Bl. 41). Vgl. A. N. von Gneisenau an K. A. von Hardenberg, Koblenz, 5. Febr. 1816 (in: Delbrück, Leben, S. 76 f.).

[72] K. A. von Hardenberg an Oberbürgermeister u. Rat der Stadt Köln, Berlin, 8. Febr. 1816 (HAStK, Best. 400, A 667, Bl. 43).

[73] Zusammenfassend zu den Kölner Kunstsammlungen und Kunsthändlern in Französischer Zeit: Müller, Köln, S. 375–406.

[74] Wallraf wohnte seit 1789 in der ehemaligen Domprobstei, die ihm sein Förderer Franz Wilhelm von Oettingen-Baldern zur Verfügung stellte. 1804 wurde sie ihm zur lebenslänglichen Nutzung überlassen. Zum Folgenden: Thierhoff, Wallraf, S. 55–59; Schlinkheider, Aus der Probstei, 2018.

eine Reihe ähnlicher Ansätze in den folgenden Jahren. Immerhin einigte Wallraf sich mit den städtischen Behörden darauf, einen Teil seiner Sammlung in Räumen des ehemaligen Jesuitenkollegs in der Marzellenstr. 32[75] aufzustellen, andere Teile verblieben in der Dompropstei oder waren in anderen Gebäuden gelagert. Mitte 1810 lag auch ein erstes, noch recht oberflächliches Verzeichnis der Gemäldesammlung vor.[76] Einen anschaulichen Eindruck von Wallrafs Wohnsitz und Lebensweise gibt der 1805 in Köln geborene Ernst Weyden in seinen Erinnerungen:

„Mit Mühe wand man sich auf den Gängen und in den Zimmern durch die hier aufgestapelten Massen von Gemälden, Kunstgegenständen, Antiquitäten und Büchern; durch das ganze weite Haus wehte ein eigentümlicher Moderduft, dem Professor die angenehmste Atmosphäre, denn selbst um sich und auf seinem schlichten Nachtlager türmten sich im tollsten Bunterlei Bücher, Kupferstiche, Kuriositäten und Antiquitäten aller Gattungen. [...] Mit welchen Argus-Augen überwachte er jeden, der ihn besuchte, und der Besuche waren viele, seitdem wir wieder deutsch geworden, unter denselben auch Goethe!"[77]

In Hinblick auf die Sammlung Wallrafs konnte Groote schon Ende 1814 erste Resultate erzielen: Als der beim Generalgouvernement in Aachen tätige Jurist Neigebaur von Generalgouverneur Sack beauftragt wurde, über die schulischen und wissenschaftlichen Einrichtungen in Köln zu berichten, riet ihm Groote, auch auf die Bedeutung der Wallraf'schen Sammlung für Bildung und Wissenschaft hinzuweisen.[78] Nachdem das, ver-

---

[75] Das ehemalige Jesuitenkolleg, in der Marzellenstraße gegenüber der Jesuitenkirche St. Mariä Himmelfahrt gelegen, war ein umfangreicher, im Hauptteil dreistöckiger Bau, in dem seit 1811 die Sekundärschule untergebracht war, seit April 1815 das neugegründete Gymnasium (Schmidt, Anfänge, S. 91–99). In den Gebäuden befanden sich noch große Teile der Sammlung des 1773 aufgelösten Jesuitenordens, insbesondere naturwissenschaftliche Objekte und Geräte. Die bedeutende Kupferstichsammlung der Jesuiten war von den Franzosen nach Paris verschleppt und 1815 von E. von Groote teilweise zurückgebracht worden. Zur Sammlung im Jesuitenkolleg: Quarg, Sammlungen, 1991; Quarg, Inventar, 1995; Quarg, Naturwissenschaftliche Sammlungen, 315 f.; Nebelung, Exkurs, 2016.

[76] Gemäldeverzeichnis von 1810 (HAStK, Best. 1105, A 55; in: Thierhoff, Wallraf, S. 139–143). Den Wert der Gemälde und Objekte hatten die Kölner Maler Maximilian Heinrich Fuchs und Josef Hoffmann, Freunde Wallrafs, geschätzt. Zu den Katalogen der Wallraf'schen Sammlung zuletzt: Plassmann, Virtuelle Ordnungen, 2018. Zu Wallrafs Sammlung und Museumsplänen von 1810 bis 1816: Thierhoff, Wallraf, S. 58–66.

[77] Weyden, Köln, S. 156. Auch die Beschreibung des englischen Pfarrers Henry Barry, der Wallraf 1822 in der Probstei besuchte, ist eindrücklich: Wallraf „hat die letzten 20 Jahre in einem Haus mit einem großen Garten und Anlagen verlebt. [...] Das Gebäude ist groß, düster und im Aeußeren einem Gefängnis nicht unähnlich. [...] Das Innere ist angefüllt mit ungeordneten Altertümern, die wie die Froschplage in Aegypten sogar bis in sein Schlafzimmer dringen und sogar in sein Bett, wenn seine bescheidene Schlafstätte den Namen überhaupt verdient, und den Staub Roms und Konstantinopels absetzen auf Wolldecken, Stuhl und Sofa. Die Zimmer waren bis zum Ueberfluß angefüllt mit Bildern alter Könige und Kaiser, mit Bildchen, Penaten, Tränengläsern und Vasen von seltsamsten Formen und unbekanntem Zweck, die meist eben erst angekommen waren und auf die Beförderung in das Museum des Jesuitenklosters warteten" (Barry, Excursion, S. 198).

[78] Deeters, Wallraf, S. 90 f.; Thierhoff, Wallraf, S. 63 f.; Groote, Tagebuch, Bd. 1, S. 45 f.

mutlich unter Mitwirkung Grootes entstandene, Gutachten Neigebaurs den Erwerb der Sammlung vorgeschlagen hatte, erklärte Sack, es sei wichtig, dass die Sammlung in Köln bliebe und „weder vereinzelt noch ins Ausland" verkauft werde. Zugleich wünschte er:

> „durch den Ankauf derselben dem Professor Wallraf eine wohlverdiente Anerkennung [...], der guten Stadt Köln aber auf die künftige Stiftung einer Universität in ihren Mauern durch den Besitz dieses Schatzes einen gegründeten Anspruch mehr zu verschaffen."[79]

Da Sack als Voraussetzung für den Erwerb ein genaues Werkverzeichnis mit Angaben zum Wert der Objekte forderte, erarbeiteten Groote, Neigebaur und der Kölner Naturwissenschaftler Franz Peter Cassel[80] innerhalb weniger Wochen einen neuen Katalog der Sammlung und empfahlen als Gegenleistung im Fall eines Ankaufs die Zahlung einer Rente an Wallraf.[81] Die politischen und militärischen Ereignisse des nächsten Jahres unterbrachen zwar einen raschen Fortgang der Entwicklung, doch schon Mitte 1815 nahmen die preußischen Behörden die Sammlungen Wallrafs und der Boisserées wieder in den Blick – zusammen mit der Universitätsfrage und der Frage der Errichtung einer Kunstanstalt im Rheinland.[82] In Bezug auf die Wallraf'sche Sammlung[83] unternahm die regionale Regierung in Aachen Anfang 1816 einen Vorstoß, indem sie Wallraf Vorschläge für eine Übergabe an die Stadt Köln unterbreitete. Kreisdirektor von Maercken schrieb am 22. Januar an Wallraf: Falls dieser seine Sammlung der Stadt „unter gewissen noch zu bestimmenden Bedingnißen" überließe, sei es angemessen, wenn er ein Kapital „aus städtischen Mitteln" erhielte, „ferner eine lebenslängliche Gehaltszulage statt Zinnsen und endlich, daß der Betrag bestimmt würde", der seinen Erben „einst übermacht werden sollte".[84] Zwei Wochen darauf präzisierte Bölling in einem Brief an Wallraf:

---

[79] J. A. Sack an J. D. F. Neigebaur, 3. Okt. 1814, Kopie (in: Deeters, Wallraf, S. 90).
[80] Zur Biografie Franz Peter Cassels: Braubach, Cassel und Schmitz, S. 340–364; Quarg, Naturwissenschaftliche Sammlungen, S. 318 f.
[81] Vgl. Thierhoff, Wallraf, S. 63; Groote, Tagebuch, Bd. 1, S. 45 f.
[82] Zur Kunstpolitik und zur Bedeutung von Kunst für Selbstverständnis und Selbstdarstellung des preuß. Staats nach 1815 vgl. Holtz, Kultusministerium, vor allem S. 405–431; Mölich, Kulturpolitik, 1995.
[83] Auch Goethe hatte sich bei seinem Besuch in Köln 1815 von der Bedeutung der Wallraf'schen Sammlung für die Allgemeinheit überzeugt: „Vorzüglich aufmerksam auf Römische Altertümer, Bildwerke, Münzen, geschnittene Steine und Inschriften, hat er [Wallraf] zugleich neuere Kunstwerke aller Art, Gemälde, Handzeichnungen und Kupferstiche, Bücher, Handschriften, selbst sehr bedeutende Mineralien, an sich gebracht. Dieser, wegen Mannichfaltigkeit und Verwicklung, schwer zu übersehende Vorrath konnte weder zu eigenem Genuß, noch zum Unterricht anderer jemals geordnet werden, weil selbst die dem Sammler späterhin gestattete freye Wohnung nicht Raum hat, so viel zu fassen, geschweige gesondert aufzustellen. Wünschenswerth wär' es daher, wenn man baldmöglichst dem gemeinen Wesen diesen Schatz zueignete, damit die Jahre, welche dem würdigen Besitzer gegönnt sind, benutzt werden könnten, diese kostbaren Gegenstände mit Genauigkeit zu übernehmen, zu ordnen, genießbar und nutzbar zu machen. Dieses aber setzt ein hinreichendes Local voraus, welches in der weitläufigen Stadt gar wohl zu finden wäre" (Goethe, Ueber Kunst, S. 10 f.). Zur Beziehung von Wallraf, Goethe und S. Boisserée bzw. Wallraf und Boisserée: Tausch, Liebhaber und Künstler, 2018; Nebelung/Nguyen, Wallraf, 2016.
[84] Fr. G. von Maercken an F. Fr. Wallraf, Köln, 22. Jan. 1816 (HAStK, Best. 1105, A 68, fol. 57). Zu

"Es ist mir sehr angenehm gewesen, aus Euer Wohlgeboren gerechtem Schreiben vom 26ten Januar dieses Jahres zu sehen, daß Sie im Allgemeinen mit dem Plan, Ihre Kunstsammlungen an die Stadt Cöln abzutreten, zufrieden sind. Es ist also xxxxx ein Verzeichniß oder Inventar nöthig; desto eher dies verfertigt wird, desto eher können beiderseitige Wünsche erfüllt werden. Ich werde heute die Städtische Behoerde nochmals erinnern diese Angelegenheit durch Anweisung eines Vorschusses zu Aufstellung des Inventars möglichst zu beschleunigen; und so hoffe ich werden Euer Wohlgeboren in Ihrer arbeitsvollen Laufbahn noch den doppelten Genuß von Ihrer Mühe erlangen, die Sammlung in guten Händen zu wissen, und daraus eine verdiente Unterstützung zu ziehen."[85]

Auch das Berliner Innenministerium äußerte sich. Grashof, Direktor des öffentlichen Unterrichts am Niederrhein, drängte Wallraf im Auftrag von Süvern:[86]

"Der Staatsrath Süvern [...] hat mir aufgetragen, daß Sie Ihre Bedingungen wegen Überlassung Ihrer Sammlungen ihm gefälligst angeben möchten, auf welche er schon lange warte, und ohne welche er keinen Schritt in der Sache weiter thun könne. Ich ersuche Sie um Ihrer Vaterstadt und um Ihrer selbst willen, diese Bedingungen unverzüglich aufzusetzen, und mir [...] zuzusenden. Finden Sie wegen der Unentschiedenheit über den Sitz einer künftigen rheinischen Universität noch irgend ein Bedenken, so dürfen Sie ja in Ihrer Eingabe nur dies zur ausdrücklichen Bedingung machen, daß Sie diese Ihre Sammlungen dem Staate nur dann überlassen würden, wenn Köln der Sitz dieser Universität zu sein sich gewürdigt fände."[87]

Eberhard von Groote, der Wallraf in diesen Wochen häufig sah, war über die Entwicklung nicht nur informiert, sondern wurde vermutlich, wie so oft, von Wallraf zu Rate gezogen. Groote hatte somit Mitte Februar 1816, vor seiner Abreise nach Berlin, den Eindruck, dass sich die Zukunft der Wallraf'schen Sammlung allmählich klärte. – Tatsächlich aber sollten sich die Verhandlungen noch lange hinziehen.

Zumindest ebenso kompliziert verliefen die Verhandlungen über die Sammlung Boisserée. Ihre Begründer und Besitzer, die Brüder Melchior und Sulpiz Boisserée, Söhne einer Kölner Kaufmannsfamilie, und ihr Freund Johann Baptist Bertram, die 1804 in Köln begonnen hatten, eine Sammlung vorwiegend „altdeutscher" Gemälde zusammenzutragen, lebten nicht mehr in Köln. Sie waren 1810 nach Heidelberg gezogen, von wo aus ihre Sammlung rasch überregional berühmt wurde. Groote, der mit Sulpiz Boisserée befreundet war und von 1809 bis 1811 in Heidelberg studiert hatte, hoffte zunächst auf eine Rückkehr der Boisserées und ihrer Sammlung nach Köln.[88] Die Boisserées selbst hatten

---

den Vorschlägen u. Diskussionen in diesen Wochen: Deeters, Wallraf, S. 91 f.; Thierhoff, Wallraf, S. 64 f.
[85] M. von Bölling an F. Fr. Wallraf, Aachen, 7. Febr. 1816 (HAStK, Best. 1105, A 2, fol. 33).
[86] Zur Biografie J. K. Süvern: Mast, Süvern, 1987.
[87] K. Fr. A. Grashof an F. Fr. Wallraf, Aachen, 8. Febr. 1816 (HAStK, Best. 1105, A 7, fol. 155). Vgl. Deeters Wallraf, S. 91 f.; Limper, Wallraf und Grashof, S. 134 f.
[88] Vgl. etwa: E. von Groote an S. Boisserée: „Dich kann ich daher nur beschwören, lieber Freund, deine alte Liebe und deinen Eifer für unser Cöln nicht erkalten zu lassen. Möchtest Du erst hier

ebenfalls an diese Lösung gedacht und dabei schon 1813 eine Verbindung ihrer Sammlung mit der Errichtung der Universität und einer mit ihr verknüpften „Kunst-Anstalt", einer Art Kunstakademie, überlegt. Auch eine Lehrtätigkeit Sulpiz Boisserées im Bereich kunsthistorischer Vorlesungen war erwogen worden.[89] Dass Sulpiz Boisserée noch Anfang 1816 eine Rückkehr nach Köln – unter bestimmten Bedingungen – nicht ausschloss, zeigt ein Schreiben an Wallraf im Januar:

> „Es könnte uns drey Köllner nichts lieberes begegnen, als wenn uns in diesem Jahr das aufblühende Glück der Vater Stadt wieder mit Ihnen vereinigen möchte und zwar so, daß wir uns auf lange Zeiten eines folgereichen Zusammen Wirkens für Kunst und überhaupt für Vaterländische Bildung erfreuen dürften [...]; die Verdrießlichen Händel mit Bonn wegen der Universitaet haben freylich unsere Freude, aber ich kann nicht sagen, unsere Hoffnungen getrübt; [...] und dann haben wir, meyne ich, sobald sie nur ohne Mißgunst und Engherzigkeiten vorgetragen werden, die überwiegenden Gründe für uns;" es „müßte die neue Anstalt eine glänzende Vereinigung der ausgezeichnetsten Männer, es müßte eine Universitaet vom ersten Range seyn. Sollte unser zukünftiger Landes-Herr sie dazu nicht erheben wollen und Bonn behielte den Vorzug, dann bleibt uns nur eine Kunst Anstalt gewiß."[90]

Für die Boisserées stand jedoch nicht die Rückkehr nach Köln oder in die Rheinlande im Vordergrund ihrer Wünsche, sondern die möglichst große Wirkung ihrer Sammlung. Die Entscheidung für Köln war für sie deshalb abhängig von der Errichtung einer Universität und dem dadurch erhofften Aufschwung Kölns als Stadt der Kultur und Wissenschaft. Darüber hinaus erwarteten sie für die Übereignung ihrer Gemälde hohe finanzielle Gegenleistungen. Das preußische Interesse am Ankauf der Sammlung für Berlin, das ihnen schon Mitte 1815 vermittelt worden war, hatte durchaus ihre Aufmerksamkeit erregt,[91]

---

seyn, und könnte sich dann ein thätiger enger Verein bilden, der das nur zu erbärmlich verwaltete Wohl unserer armen, guten alten Stadt recht mit Wärme betriebe!" (E. von Groote an S. Boisserée, Köln, 5. Nov. 1814; HAStK, Best. 1018, A 118). Vgl. auch: S. Boisserée, Briefwechsel, Bd. 1, S. 236 f.)

[89] So hatte sich S. Boisserée Anfang 1814 in einem Brief an seinen Freund Otto August Rühle von Lilienstern entschieden für Köln als Standort der Universität ausgesprochen und betont, man könne mit der Universität ein Studium von Altertum und deutscher Kunst verknüpfen. Er hatte hinzugefügt: „Daß wir in diesem Fall mit unserer Sammlung wieder dahin zurückkehren, und gern nach unsern Kräften wirken würden, können Sie sich denken" (S. Boisserée an O. A. Rühle von Lilienstern, Heidelberg, 1. Febr. 1814 (in: S. Boisserée, Briefwechsel, Bd. I, S. 202).

[90] S. Boisserée an F. Fr. Wallraf, Heidelberg, 6. Jan., o. J. [1816] (HAStK, Best. 1105, A 2, fol. 76 f.).

[91] S. Boisserée hatte am 21. Dez. 1815 an Goethe geschrieben: „Der Verführer, der Waswas, ist in unserem Hause gewesen, ich meine dießmal den preußischen Staatsrath Eichhorn. Er besuchte uns vor acht Tagen mit dem Minister Altenstein, welcher selber versicherte, seinen Weg von Paris nach Berlin unsertwegen über hier genommen zu haben. Es hieß nun, der preußischen Regierung sey nicht nur um unsere Sammlung, sondern ebenso sehr um uns zu thun; man würde gerne einwilligen, daß wir lebenslänglich die Besitzer der Sammlung blieben, wir sollten nur unsere Wünsche äußern, was wir wünschten, wünsche die Regierung auch, denn sie habe unsere Verdienste in dem Fache erkannt u.s.w. Nur sollten wir nach Berlin kommen, da seyen der Tannen so viele, da hinge der ganze Himmel voller Geigen! Man habe dort so heißes Verlangen, so viel

doch inzwischen war die Wertschätzung der Sammlung immens gewachsen und rief ernsthafte Konkurrenten – unter ihnen einige Landesherren – auf den Plan, sodass ein Verkauf in andere Territorien möglich schien.

In dieser Situation hielt Groote den raschen Erwerb der Sammlung durch den preußischen Staat nun für eine akzeptable Notlösung, unabhängig, an welchem Ort die Sammlung angesiedelt werden sollte. Bei seinem Besuch in Koblenz sprach Groote daher mit Gneisenau auch über die Boisserée'sche Sammlung und schickte am 5. Februar einen beschwörenden Brief an Sulpiz Boisserée mit der Bitte, keine Entscheidung zu treffen, ohne vorher mit Gneisenau in Verbindung getreten zu sein.[92] Am selben Tag schrieb dieser an Staatskanzler Hardenberg, um ihn zum Ankauf der Sammlung zu drängen. Da er gehört habe, erklärte Gneisenau,

„daß den Gebrüdern Poiseré von anderen Höfen Anträge zum Verkauf ihrer Gemählde-Sammlung gemacht worden, halte ich mich verpflichtet, Euer Durchlaucht hievon Anzeige zumachen. Canova ist in Heidelberg gewesen und hat diese Gemählde-Sammlung mit Erstaunen gesehen. Er hat erklärt, Italien habe Nichts dem ähnliches aufzuweisen. Mit welchem Interesse der Kaiser Franz, ein großer Kunstkenner, diese einzige Kunstsammlung gesehen, wissen Euer Durchlaucht bereits. Es ist Gefahr im Verzug. Zum Trost bin ich hinreichend ausgerüstet, um Euer Durchlaucht sagen zu können, daß kein baares Geld dazu gehört, um die Erwerbung dieser Sammlung für den Staat zumachen. Mit einer Leibrente oder Gehalt für die beiden Brüder und mit einem gelehrten Titel für selbige kann sie gewonnen werden, und in ihr ein Kunstschatz, wie er in Europa nirgends vorhanden ist."[93]

Gneisenau betonte, dass inzwischen verschiedene preußische Amtsträger mit der Frage befasst waren und die Lage dadurch unübersichtlich geworden war:

„Euer Durchlaucht beehrten mich in Paris mit dem Auftrag, die Einleitung zu einer Unterhandlung mit den Gebrüdern Poiseré über ihre altdeutsche Gemählde-Sammlung zutreffen und deren Gesinnungen darüber erforschen zulassen. Da der damalige Kammergerichtsrath Eichhorn in Bekanntschaft mit den genannten Brüdern steht, so ersuchte ich diesen, an den einen derselben, in dieser Angelegenheit sich zu wenden. Ich weiß nicht, wie es gekommen, daß der eine dieser Gebrüder über dieselbe Angelegenheit mit dem Grafen von Solms-Laubach in Briefwechsel steht. Es würde mich sehr erfreuen, wenn Euer Durchlaucht vielleicht letzteren den Auftrag gemacht hätten, die Erwerbung der erwähnten Sammlung zumachen."[94]

Sehnsucht nach ächter vaterländischer Kunst und Alterthum!" (S. Boisserée an J. W. von Goethe, Heidelberg, 21. Dez. 1815; in: S. Boisserée, Briefwechsel, Bd. II, S. 89 f.); vgl. S. Boisserée an J. W. von Goethe, Heidelberg, 9. Jan. 1816; ebd., S. 98). Kurz dazu: S. Boisserée, 14. Dez. 1815 (in: S. Boisserée, Tagebücher, Bd. I, S. 294).

[92] E. von Groote an S. Boisserée, Koblenz, 5. Febr. 1816 (HAStK, Best. 1018, A 118). Siehe Briefe und Schriften.

[93] A. N. von Gneisenau an K. A. von Hardenberg, Koblenz, 5. Febr. 1816 (in: Delbrück, Leben, Bd. 5, S. 76 f.).

[94] A. N. von Gneisenau an K. A. von Hardenberg, Koblenz, 5. Febr. 1816 (in: Delbrück, Briefe, Bd. 5,

Anfang 1816 war der Verbleib der Boisserée'schen Sammlung also noch nicht entschieden, doch eine Rückkehr nach Köln war unwahrscheinlich geworden. Das führte dazu, dass die Sammlung der Boisserées weder in Grootes Denkschrift zur Universität noch in der Denkschrift von Mylius als Argument für den Standort Köln genannt wurde. Aber auch die Wallraf'sche Sammlung erwähnte Groote in seiner Schrift lediglich in einem kurzen Nebensatz,[95] bei Mylius war nicht einmal dies gegeben. Allerdings hoben beide Denkschriften die Existenz wissenschaftlicher, medizinischer und pädagogischer Einrichtungen in Köln als günstige Voraussetzung für eine Universität hervor. So hießt es in Mylius' Schrift: Es gebe in Köln bereits viele wichtige Anstalten der Wissenschaft, nicht nur „ein sehr gutes Seminarium" „für die katholischen theologischen Studien", hier seien auch „eine reiche Bibliothek, ein vortrefflicher botanischer Garten, ein ausgesuchtes physikalischen Kabinet, ein gut eingerichtetes Gebärhaus, große Militär- und Civil-Spitäler" vorhanden. Verbinde man diese Situation damit,

> „daß alle öffentlichen Sammlungen in dem so schönen und gut erhaltenen Jesuiten-Gebäude auf's zweckmäßigste aufgestellt werden können, daß zudem einzelne Freunde der Wissenschaften in jeder Hinsicht merkwürdige Sammlungen von Kunstgegenständen oder andern Seltenheiten besitzen, so wird gewiß nicht in Abrede gestellt werden können, daß nirgend in den hiesigen Gegenden die Wissenschaften so viele Hülfsmittel finden werden, als in Cöln."[96]

Während diese für Köln so wichtigen Fragen ungeklärt waren, traten in der Verwaltung der Rheinlande entscheidende Änderungen ein, da nun die bereits geplante Neueinteilung der rheinischen Provinzen und Regierungsbezirke wie die Neubesetzung der Ämter an ihrer Spitze realisiert wurden. Am 10. Januar – Groote hatte gerade seine Gespräche mit Generalgouverneur Sack geführt – wurde in Berlin entschieden, dass dieser nach Pommern versetzt werden sollte.[97] In Köln erfuhr man Ende Januar von der Versetzung

---

S. 76 f.). S. Boisserée hatte Solms-Laubach im Sept. 1815 in Frankfurt a. M getroffen. Er notierte am 4. Sept. 1815 in seinem Tagebuch: „Der Graf wünscht, daß wir uns nicht einlassen auf fremde Anträge und unserer Vaterstadt den Vorzug geben. Ich sagte, wir wollten überhaupt warten, was für den Rhein geschähe, denn ohne bedeutende Anstalten, Universität u. dgl. könne dort nichts gedeihen" (in: S. Boisserée, Briefwechsel, Bd. I, S. 274). Vgl. S. Boisserée an Fr. P. Schmitz, Heidelberg, 6. Dez. 1815 (in: S. Boisserée, Briefwechsel, Bd. I, S. 297–299); Groote, Tagebuch, Bd. 1, S. 250 f., Anm. 548. Am 9. Febr. 1816 vermerkte S. Boisserée, er habe Briefe von Altenstein und Eichhorn erhalten. „Einladung nach Berlin" (S. Boisserée, Tagebücher, Bd. I, S. 302); am 8. April 1816 vermerkte er: „Solms läßt […] sagen, daß er uns nach Köln wünscht" (S. Boisserée, Tagebücher, Bd. I, S. 317).

[95] Groote wies darauf hin, dass „mehrere große Kunst- und Antiquitäten-Kabinette (unter diesen das des Prof. Dr. Wallraf)" bestanden (E. von Groote, Denkschrift zugunsten der Kölner Universität 1815/16 (HAStK, Best. 1553, A 1/32–37). Siehe Briefe und Schriften.

[96] Mylius, Einige Worte, S. 7 f.

[97] Kabinettsorder vom 10. Jan. 1816. Im Tagebuch schrieb Groote am 10. Jan. 1816: „Die Berliner u. andere Zeitungen melden die Berufung Sacks zu den Schwedisch Pommerschen Provinzen." Generalgouverneur Sack hatte beide provisorischen rheinischen Gouvernements seit Juli 1815 allein verwaltet. Für eine Neueinteilung hatte man zunächst vorgesehen, dass Sack die

Sacks und der Ernennung von Friedrich Ludwig Christian zu Solms-Laubach zunächst als „Gerücht",[98] schließlich als Zeitungsmeldung. Der *Welt- und Staatsbote zu Köln* meldete am 21. Januar kurz:

> „Köln vom 20. Januar. Die Nachricht, daß des Herrn Grafen von Solms-Laubach Exzellenz die Stelle des Ober-Präsidenten in der hiesigen Königlichen Rhein-Provinz einnehmen werde, hat sich durch ein hier eingelaufenes Schreiben von einer hohen Hand de dato Berlin den 10. dieses Monats bestätigt."[99]

Damit war ein ganz wesentlicher Wunsch der Stadt Köln erfüllt: Sie wurde Sitz eines Oberpräsidiums.[100] Zum Wechsel an der Verwaltungsspitze allerdings hatte man auch in

---

Leitung einer der beiden neu definierten Provinzen übernehmen sollte, doch seit Ende 1815 wurden massive Einsprüche gegen ihn laut. Vgl. vor allem: Herres, „Und nenne Euch Preußen", S. 122 f.; Klein, Solms-Laubach, S. 44–58. W. von Haxthausen an Solms-Laubach: „Die allgemeine Klage gegen ihn [Sack] ist durchgedrungen. Der früher nach Pommern bestimmte Präsident von Ingersleben kommt an den Rhein. Eine neue Eintheilung ist im Werke. Sie werden Cöln und die Universität um so leichter erhalten können, da es jezt gleichgültig ist, ob Ingersleben die untere oder obere Rheinprovinz erhält. Er kennt weder die eine noch die andere, und Sie alle beide. [...] Cöln soll Hauptsitz der untern, Coblenz der obern werden! Doch ist noch nichts fest entschieden u. Sie müßen, wie mir scheint unwandelbar auf Cöln und der Universität bestehen. Das andere wird sich finden" (W. von Haxthausen an Fr. L. Chr. zu Solms-Laubach, Berlin, Hotel Stadt Rom, Unter den Linden, 9. Jan. 1816; Privatarchiv d. Grafen zu Solms-Laubach, XVII, 111, Nr. 24); vgl. Klein, Solms-Laubach, S. 58 u. W. von Haxthausen an Fr. L. Chr. zu Solms-Laubach, Berlin, 23. u. 30. Jan. 1816 (Archiv Solms-Laubach, XVII, 111, Nr. 25 u. Nr. 26). Zu Sacks Haltung Ende 1815/Anfang 1816 vgl. seine Korrespondenz mit Gneisenau und Stein (in: Steffens, Briefwechsel, S. 107–126).

[98] Groote, Tagebuch, 21. Jan. 1816.
[99] Welt- und Staatsbote zu Köln, Nr. 12, 21. Jan. 1816. Die Köln. Zeitung, Nr. 13, 23. Jan. 1816 berichtete: „Nach den neu verfügten Eintheilungen verbleibt unsre Stadt, der frühern Bestimmung gemäß, unter der Oberpräsidentschaft Seiner Excellenz des Herrn Grafen von Solms-Laubach, und sie wird der Sitz des Oberpräsidiums seyn. Das Nähere über die Organisation steht ehestens zu erwarten."
[100] Die Organisation der Verwaltung in den neuen Provinzen vollzog sich in mehreren Schritten; dazu ausführlich: Renger, Gründung, S. 31–42; Klein, Bemühungen. S. 30–65; Beusch, Standespolitik, S. 40–51. Solms-Laubach war am 25. Apr. 1815 zum Oberpräsidenten der provisorischen Provinz Niederrhein ernannt worden und hatte zugleich den Auftrag erhalten, vor seinem Amtsantritt eine endgültige Verwaltungsorganisation für den Regierungsbezirk Köln vorzulegen. Seit Sommer 1815 hatte er sich, unterstützt von Werner Moritz von Haxthausen, darum bemüht, diese Vorlage zu erarbeiten. Um die Region kennenzulernen, reiste Solms-Laubach im Aug. 1815 durch die Rheinlande, vom 15. bis 21. Aug. 1815 hielt er sich in Köln auf. Der mit Hilfe von Haxthausen erstellte Organisationsbericht wurde am 1. Nov. 1815 eingereicht, fand aber keine Berücksichtigung, ebenso wenig wie das von Sack vorgelegte Gutachten. Die Kabinettsorder vom 9. Nov. 1815 teilte die Region ein: in die Provinz Jülich-Kleve-Berg unter Oberpräsident Sack in Düsseldorf (mit den Regierungsbezirken Aachen, Düsseldorf, Kleve und Köln) und in die Provinz Niederrhein unter Oberpräsident von Solms-Laubach in Koblenz (mit den Regierungsbezirken Koblenz und Trier). Die Order trat allerdings nicht in Kraft. Zur Biografie von Solms-Laubach vgl. auch: Herrmann, Graf zu Solms-Laubach, 1909.

Köln eine zwiespältige Haltung. Einerseits war man mit Sack unzufrieden gewesen, da er die Interessen Köln zu wenig zu fördern schien,[101] andererseits baten Mylius und die Beigeordneten der Stadt den König noch Ende Januar 1816 um ein Verbleiben Sacks im Amt.[102]

Die Kabinettsorder vom 10. Januar war nur ein erster Schritt in der Neuorganisation der Verwaltung, weitere Entscheidungen standen noch aus, sodass Initiativen der verschiedenen Beteiligten in Berlin durchaus auf Ergebnisse hoffen konnten. Für Köln schien sich mit der Ernennung von Solms-Laubach eine Stärkung in der Universitätsfrage zu ergeben; überdies plädierte dieser dafür, in den neuen Behörden möglichst Männer aus dem Rheingebiet anzustellen, um damit die Akzeptanz der preußischen Verwaltung in den neuen Provinzen zu erleichtern,[103] eine Einstellung, die auch auf die Zukunft der Brüder Eberhard und Joseph von Groote Auswirkungen hatte.

Einer der engsten Mitarbeiter von Solms-Laubach war der Westfale Werner Moritz von Haxthausen,[104] den Groote 1815 in Paris kennengelernt hatte. Haxthausen war bereits

---

[101] Sack hatte sich in seinem Gutachten vom 31. Dez. 1815 klar für Bonn als Universitätsstandort ausgesprochen (Renger, Gründung, S. 39–43).

[102] Klein, Solms-Laubach, S. 79. Vgl. Groote, Tagebuch, 30. Jan. u. 1. Febr. 1816. Eine Ratssitzung Ende Jan. 1816 mit diesem Beschluss ließ sich nicht belegen. Solms-Laubach schrieb im Febr. 1816 an Staatskanzler von Hardenberg: „Die Kabinets-Ordre Seiner Majestät vom 10ten Januar hat mir die Bestimmung nach Kölln gegeben, und da die Bewohner dieser Stadt mich schon früher mit unverdienter Güte aufgenommen, und mich neuerdings aufgefordert haben, ihre Bitte, daß Kölln der Sitz der Oberpräsidentur verbleibe, bei Euer Durchlaucht zu unterstützen, indem sie befürchten, daß Düßeldorf in seinen, ihren Wünschen entgegen laufenden Bemühungen glücklich seyn könte, so fühle ich mich verpflichtet, meine Bitte mit der der Köllner zu vereinigen. Ich habe früher geglaubt, daß es beßer sey, wenn Düßeldorf der Haupt-Ort einer eigenen Oberpräsidentur werde; wenn aber dieses nicht geschehen soll, und es nur auf die Entscheidung der Frage ankommt, welche von beiden Städten die meisten Ansprüche auf den Sitz der Oberpräsidentur besizze, so kann wohl Köln der Rang nicht streitig gemacht werden; Bevölkerung, Reichtum und Einfluß auf die öffentliche Meinung räumen Kölln unstreitig den Vorzug vor Düßeldorf ein. In der von dem Oberbürgermeister und den Beigeordneten der Stadt Köln an Euer Durchlaucht am 31. Januar erlaßenen Vorstellung sind diese Gründe näher entwickelt und da ich die gute Meinung, welche die Kölner von mir haben, vor der Hand durch nichts, als durch mein Bestreben, den Wünschen der Stadt beförderlich zu seyn, erwiedern kann, so werden Euer Durchlaucht mir es nicht als Zudringlichkeit auslegen, wenn ich den Wunsch ausdrükke: Die Weisung zu erhalten, in Kölln meine Stelle als Oberpräsident recht bald anzutreten" (Fr. L. Chr. zu Solms-Laubach an K. A. von Hardenberg, Frankfurt a. M., 10. Febr. 1816, Abschrift; GStA PK, I. HA Rep 74 Staatskanzleramt, J III Nr. 32, Vol. 1, Bl. 194 f.).

[103] Mit dieser Haltung stand er in Übereinstimmung mit Staatskanzler von Hardenberg, der 1815 erklärt hatte, es sollten „vorzüglich auch solche Eingeborenen angestellt werden, welche Landeskenntniß, öffentliche Achtung und Zutrauen bei ihren Landsleuten haben, und geeignet sind, die Preußische Regierung beliebt zu machen" (Ausführungsbestimmung zur Verordnung wegen verbesserter Einrichtung der Provinzialbehörden v. 30. Apr. 1815; in: Klein, Personalpolitik, S. 12). Zur Personalpolitik von Solms-Laubach vor allem: Klein, Personalpolitik, S. 10–63. Generell zur preuß. Personalpolitik im Rheinland: Herres/Holtz, Rheinland und Westfalen, S. 122–127.

[104] Zu W. von Haxthausen: Klein, Solms-Laubach, S. 36–38; Klein, Bemühungen, S. 370–374; Klein, Haxthausen, 1954; Spiertz, Groote, S. 302–304; Schaden, Haxthausen, 1995; Renger, Gründung, S. 47–50; Wegener, Literarisches Leben, Teil 2, S. 35–38; Heßelmann/Gödden, Haxthausen, 1992.

dort zum Regierungsrat für die Rheinprovinzen ernannt worden und hatte sich sofort für deren Belange engagiert. Groote sah den vielseitigen Juristen und Mediziner, Verwaltungsfachmann, Reisenden, Musiker und Sammler in Berlin wieder, denn Solms-Laubach hatte Haxthausen im Dezember 1815 beauftragt, in Berlin seine Interessen zu vertreten. Beide, Solms-Laubach wie Haxthausen, glaubten in den ersten Monaten des Jahres 1816, eine Entscheidung für den Standort Köln sei noch durchsetzbar. Am 4. Januar 1816 hatte Solms-Laubach das von der Regierung angeforderte Gutachten zum Universitätsstandort nach Berlin geschickt,[105] wo es Schuckmann und Hardenberg um den 10. Januar erreichte. Am 16. Januar fügte Haxthausen diesem Gutachten eine eigene Stellungnahme an das Innenministerium hinzu, das die Argumente für Köln unterstrich und – anders als Solms-Laubach – für eine katholische Universität votierte, da der stark angewachsene katholische Bevölkerungsteil Preußens darauf einen Anspruch habe.[106] Darüber hinaus plädierte er für die Errichtung eines Kunstmuseums und einer Kunstakademie in Köln. An Solms-Laubach schrieb Haxthausen aus Berlin:

„Unsere Geschäfte, liebster Graf! sind noch nicht beendigt; es scheint ausgemacht daß Sack den Abschied nehmen wird. Cöln und die Universität werden Sie erhalten; das scheint eben so ausgemacht. [...] Die Universität soll, wie es heißt nach Cöln und ganz nach Ihrer Ansicht als eine große Landesuniversität eingerichtet werden. Es ist, wie Sie wissen, gegen meine Ueberzeugung, da ich glaubte und noch glaube, daß für die vielen catholischen Unterthanen des Königs auch etwas geschehen, und öffentlich ausgesprochen werden müsse. [...] Es muß uns daran gelegen sein, auch unter den Catholiken, selbst des übrigen Deutschlands, eine bedeutende Stimme für uns zu gewinnen; und die wäre durch eine große katholische Universität am Rhein am leichtesten, und sichersten erworben und gebildet zu werden."[107]

Süvern, der grundsätzlich zum Standort Köln neigte, äußerte am 24. Januar in einem Schreiben an Solms-Laubach Kritik an der kompromisslosen Haltung der Kölner und der intensiven Vertretung ihrer Interessen:

„Inzwischen vertritt hier Herr v. Haxthausen die Sache der Köllner lebhaft und mit Geist. Der junge de Groote wird noch dazu erwartet. Das heiße ich recht schweres Geschütz auffahren! Es ist schlimm, daß die Köllner die Sache so leidenschaftlich nehmen, und Bonn immer nur im Gegensatz mit sich, nicht vielmehr als einen Theil von sich betrachten. [...] Es ist wahr, das freundliche, helle Bonn ist gewissermaßen der Südpol gegen das ernste finstere Kölln, und während aus diesem der mystische Geist des Mittelalters, weht aus jenem die klare Luft der neuen Zeit einem entgegen, was aber die Köllner wohl wittern, und was sie so reizt!"[108]

---

[105] Vgl. Solms-Laubach, Erste Denkschrift zur Universitätsfrage, 28. Dez. 1815; in: Gotthardt, Gründungsgeschichte, S. 460–465. Dazu: Renger, Gründung, S. 35–39; Klein, Solms-Laubach, S. 118 f.; Klein, Bemühungen, S. 373–376.
[106] W. von Haxthausen, Stellungnahme zur Universitätsfrage, 16. Jan. 1816; vgl. Renger, Gründung, S. 47 f.; Klein, Bemühungen, S. 372 f.; Bezold, Geschichte, S. 40–42; Pabst, Universitätsgedanke, S. 71 f.; Brandt, Katholische Universität, S. 38–51.
[107] W. von Haxthausen an Fr. L. Chr. zu Solms-Laubach, Berlin, 13. Jan. 1816 (Privatarchiv d. Grafen zu Solms-Laubach, XVII, 111, Nr. 23); vgl. Klein, Solms-Laubach, S. 144 f. Vgl. W. von Haxthausen an F. Fr. Wallraf, Berlin, 18. Febr. 1816 (HAStK, Best. 1105, Nr. 8, fol. 29).

In Köln las Groote in der *Kölnischen Zeitung* vom 25. Januar einen aus einer Berliner Zeitung übernommenen Artikel,[109] der sich ausdrücklich für ein Kunstmuseum in Köln aussprach und die Bedeutung der Kunstschätze Kölns betonte: Keine Stadt habe unter den Franzosen so sehr gelitten wie Köln, „weil keine so viel Köstliches zu verlieren hatte. Doch trotz großer und unvergeßlicher Verluste und unheilbarer Zerstörungen von Herrlichkeiten" sei „in den Kirchen und im Privatbesitz noch ein unendlicher Reichthum übrig". Der Text verwies auf die Brüder Boisserée und den Wunsch der Kölner, „daß sie mit ihren einzigen Schätzen wieder in die liebe Vaterstadt zurückkehren mögen", und „daß in Köln eine Kunstsammlung angelegt und eine Kunstschule eingerichtet werden möge". Weiter hieß es:

> „Die Herren Boisserée kämen gewiß gern in ihre Vaterstadt zurück, und brächten ihre Schätze mit, und weiheten sie der Vaterstadt und der Kunst, wenn ihnen billige irdische Vortheile geboten würden [...], und wenn ihre Sammlung der Landschaft und Stadt als unverrückliches und unantastbares Eigenthum feierlich übergeben und bestätigt würde. Zu dieser Kunstschule bedürfte es gar keines unerschwinglichen Aufwandes von Kosten und Geräthen und Personen. Eines der noch stehenden Klostergebäude der Stadt zur Gallerie und zu Lehrsälen eingerichtet, ein Garten dabei mit stillen und freundlichen Bäumen und Blumen, einige Lehrer, die sich unter den hiesigen Künstlern schon finden würden, und die Boisserées als Hüter, Priester und Mehrer des Heiligthums – und das Uebrige würde sich dann von selbst machen. [...] Wenn Regierung des Landes und Verwaltung der Stadt sich gemeinschaftlich die Hand böten und ein Werk begännen, was den Forderungen der Zeit gemäß, die im deutschen Leben und in deutscher Art nach langem starren Winterschlaf wieder aufgrünen will, begonnen werden muß, so würde Manches an das Licht treten, was nun noch verborgen ist, und die Kunstliebe und Vaterlandsliebe würden eine Anstalt mehren, welche Allen anzugehören schiene."[110]

Gut eine Woche nach diesem Artikel veröffentlichte die *Kölnische Zeitung* einen mehrseitigen Beitrag, der sich auf ein großangelegtes Projekt Sulpiz Boisserées bezog und von Groote, der mit dem Vorhaben seines Freundes vertraut war, sicherlich ebenfalls mit Interesse gelesen wurde. Sulpiz Boisserée hatte sich seit 1808 intensiv mit Geschichte und Architektur des Doms befasst und war nun dabei, eine umfangreiche Publikation vorzubereiten, die in aufeinander folgenden Bänden Außen- und Innenansichten, Konstruktions- und Rekonstruktionszeichnungen enthalten sollte.[111] Eine der wichtigsten

---

[108] J. W. von Süvern an Fr. L. Chr. zu Solms-Laubach, Berlin, 24. Jan. 1816 (in: Klein, Solms-Laubach, S. 146).
[109] Für das Folgende: Köln. Zeitung, Nr. 14, 25. Jan. 1816. Groote vermutete, dass der Artikel von Süvern stammte (Groote, Tagebuch, 25. Jan. 1816).
[110] Köln. Zeitung, Nr. 14, 25. Jan. 1816.
[111] Der 1. Band des riesigen und bahnbrechenden Domwerks erschien Anfang der 1820er Jahre: S. Boisserée, Ansichten, Risse und einzelne Theile des Doms von Köln, mit Ergänzungen nach dem Entwurf des Meisters nebst Untersuchungen über die alte Kirchen-Baukunst und vergleichenden Tafeln der vorzüglichsten Denkmale, Stuttgart 1821. Der vierte und letzte Band wurde 1831 publiziert. (Neuauflage: A. Wolff, Boisserée, 1979). Der Textband zum 1. Band erschien 1823:

Quellen zu diesem Werk war der originale, aus dem 13. Jahrhundert stammende Fassadenplan der Westseite des Doms. Seit der Zeit der französischen Besatzung Kölns war dieser mehrteilige Plan zunächst verschollen gewesen, 1814 wurden jedoch durch Zufall einige Risse in Darmstadt entdeckt, weitere Teile fanden sich 1815/16 völlig unverhofft bei einem Antiquar in Paris. *Die Kölnische Zeitung* konnte daher melden:

> „Den rastlosen Bemühungen unsres um die vaterländische Kunst hochverdienten Sulpiz Boisserée ist es gelungen, bisher ganz unbekannte, unschätzbare und sehr lehrreiche Original-Risse des hiesigen Dom-Gebäudes aufzufinden. […] Man kannte bisher nur zwei Zeichnungen, die sich ehemals im Dom-Archiv befanden, den Aufriß nämlich, von etwas mehr als der Hälfte der Vorderseite mit dem für die nördliche (oder linke) Seite des Haupteingangs entworfenen Thurm, und dann den Grundriß der ganzen Kirche. […] Das Hauptstück von den neuerdings aufgefundenen Rissen stellt gleichfalls die Vorderseite des Doms dar, nur mit dem Unterschied, daß hier der südliche Thurm, und der ganze anschließende Kirchengiebel sammt Mittelthüre und Mittelfenster vorkommt."[112]

Eberhard von Groote sollte diese neu aufgefundenen Risse wenige Wochen später in Berlin zu Gesicht bekommen.[113]

Neben seinem Engagement für die Stadt Köln verfolgte Groote ganz persönliche Ziele. Sein intensiver Einsatz für eine Universität in Köln war auch mit dem Wunsch verknüpft, selbst an dieser Universität lehren zu können. In Vorgriff auf die mögliche Errichtung der Universität in Köln hatte die Stadt Anfang 1815 sogenannte Propädeutische Kurse geschaffen, an denen Groote einige Wochen lang – bis zu seinem Auszug als Freiwilliger im April 1815 – Philosophie unterrichtete. Seither verstand er sich als „Professor der Philosophie" und stellte sich auch in Berlin mit dieser Bezeichnung vor. Die Lehrkurse wurden allerdings nach 1815 nicht wieder aufgenommen. Umso wichtiger wurde es für Groote angesichts der schwebenden Universitätsfrage, Ausschau nach realistischen Lösungen für seine Zukunft zu halten, und das bedeutete, nach einer Beschäftigung innerhalb der preußischen Verwaltung und Politik zu suchen. Nachdem ihm zunächst wohl eine einflussreiche Position vorgeschwebt hatte, war er Anfang 1816 in seinen Hoffnungen bereits nüchterner geworden. Vorsichtig vermied er es, in diesen Wochen in einen politisch-gesellschaftlichen Konflikt einbezogen zu werden, der um die Schriftstellerin Helmina von Chézy, einer Bekannten aus seiner Studienzeit in Heidelberg, entstand.[114] Chézy hatte sich

---

S. Boisserée, Geschichte und Beschreibung des Doms von Köln, nebst Untersuchungen über die alte Kirchenbaukunst, als Text zu den Ansichten, Rissen und einzelnen Theilen des Doms von Köln, Stuttgart 1823. Aus der umfangreichen Literatur zu Boisserées Domwerk: Wolff, Dombau, S. 23–28; Wolff, Ansichten, Risse und einzelne Theile des Doms, 2011; Wolff, S. Boisserée, 2008; Kramp/Euler-Schmidt/Schock-Werner, Der kolossale Geselle, 2011.

[112] Köln. Zeitung, Nr. 18, 1. Febr. 1816.
[113] Groote, Tagebuch, 9. März 1816.
[114] Eberhard und Joseph von Groote hatten die Schriftstellerin und Übersetzerin Helmina von Chézy während ihres Studiums in Heidelberg kennengelernt. 1814 dachte E. von Groote daran, sie um einen Beitrag für das Taschenbuch der Freunde zu bitten (E. von Groote an S. Boisserée, Köln, 6. Juni 1814; HAStK, Best. 1018, A 118). Zeitweise kannte er H. von Chézy wohl auch näher. Vgl.

bereits 1815 in den Lazaretten der Kriegsgebiete für die Versorgung verwundeter Soldaten engagiert und sich anschließend auch in den Lazaretten in Düsseldorf und Köln für Verbesserungen in der Betreuung Verletzter eingesetzt.[115] Als sie in Köln erhebliche Missstände aufdeckte, wurde sie von Seiten der militärischen Verantwortlichen scharf abgewiesen. Am 10. Januar forderte sie General von Gneisenau auf, einzugreifen und den Missständen abzuhelfen. Ihrem Schreiben war die Eingabe einer Anzahl Verwundeter beigegeben. Anders als in den glorifizierenden Artikeln und Gedichten, die in Grootes Umkreis zu Ehren der „Helden" verfasst und gelesen wurden, schrieb sie in klaren Worten von verstümmelten und zerschossenen Männern, von Misshandlungen, Armut und trostlosem Jammer:

> „Von herber Sorge um die tapfern Krieger, die bei Ligny und Wavre sanken, ganz niedergebeugt, ruft mir ein Genius Ihren Namen zu, vaterländischer Held und Retter, und ich hoffe wieder. Von den zu Gott emporschreienden Ungerechtigkeiten, welche hier gegen diese wackeren Soldaten, jetzt, da sie invalide abgehen, begangen werden, ist in Köln keine Hülfe zu hoffen; ich rufe zu Ihnen, der sie in Tod und Sieg geführt, Sie werden mich hören. [...] Ihr Körper ist siech und entkräftet, irgendeines ihrer Glieder hat durch den Schuß seine Thätigkeit verloren; sie sind ausgeplündert und nur nothdürftig bekleidet; man gibt ihnen abgetragene knappe Mäntel und Leinwandhosen, sie gehen hin mit dem herben Gefühl, daß sie alles für das Vaterland hingegeben und nicht einmal Dank dafür erhalten, und dies ist schmerzlicher als das Elend selbst, das ihrer wartet."[116]

Nachdem Gneisenau ihre Beschwerde zur Prüfung an die zuständigen Stellen in Köln geschickt hatte, wurde H. von Chézy wegen Beleidigung königlicher Behörden angeklagt und vor das Zuchtpolizeigericht in Köln vorgeladen. In ihren Erinnerungen schildert sie die verzweifelte Situation, in der sie sich in Köln befand, „hämischen Blicken" und „triumphirenden Mienen" ausgesetzt. Unterstützung für ihre Kritik an den preußischen Behörden fand sie nicht.[117] Die Haltung Grootes, der ein Treffen mit ihr vermied und einen Brief, in dem sie ihn zu sich einlud, verbrannte,[118] stand also in Übereinstimmung mit dem Verhalten der übrigen Kölner Honoratioren.

Eberhard von Grootes literarische Projekte entwickelten sich Anfang 1816 recht aussichtsreich. Das *Taschenbuch für Freunde altdeutscher Zeit und Kunst* war Ende 1815 erschienen, sodass Groote nun auf Reaktionen wartete. Görres' lange Rezension im *Rheinischen Merkur* Anfang Januar war eine erste Bestätigung seiner Ambitionen. Darüber hinaus stand die Veröffentlichung eines zweiten, diesmal von ihm allein verfassten Buches kurz bevor. Groote hatte mit der Arbeit an der Schrift *(Faust's) Versöhnung mit dem Leben. Meinen Jugendfreunden zum Andenken gewidmet* schon 1812 begonnen.[119] In

---

Groote, Tagebuch, Bd. 1, 18. Juli 1815, S. 139; Chézy, Unvergessenes, Teil 2, S. 265. Zu H. von Chézy grundlegend: Savoy, Chézy, 2009.
[115] Chézy, Unvergessenes, Teil 2, S. 330–337.
[116] Chézy, Unvergessenes, Teil 2, S. 337 f.
[117] Chézy, Unvergessenes, Teil 2, S. 342–346.
[118] Groote, Tagebuch, 14. Jan. 1816.
[119] Zu dieser Publikation: Spiertz, Groote, S. 57 f.; Wegener, Literarisches Leben, Teil 2, S. 25–27.

diesem umfangreichen, ambitionierten Text, in dem er seine persönlichen Werte und Empfindungen offenlegte, versuchte der 26-jährige Groote nichts weniger, als eine Art Lehre des richtigen Lebens zu formulieren. Dieses Leben sei, so erläuterte er in einer die Wirklichkeit überhöhenden, oft pathetischen Sprache, nur durch eine Hingabe an Kunst, Liebe und Religion zu erreichen, denn nur so könne eine innere Harmonie geschaffen und der faustische Drang nach Erkenntnis gezähmt werden. Groote hatte das Buchmanuskript nach seiner Rückkehr Ende 1815 fertiggestellt, und sofort Verhandlungen mit Marcus DuMont über eine Veröffentlichung in dessen Verlag geführt. Dabei wünschte er, ganz im Sinne seiner „altdeutschen" Vorstellungen, den Druck in „deutscher", nicht in lateinischer Schrift ausgeführt. Am 30. Januar 1816 erhielt Groote die ersten gedruckten Bögen zur Korrektur.

Dieser Tag war auch für ein weiteres, diesmal literarisch-wissenschaftliches Projekt ein wichtiges Datum, denn Groote begann nun damit, „Tristan ins Reine zu schreiben". Bereits im September 1815 in Paris hatte Groote eine Handschrift des Tristan gekauft, ein zweites Manuskript brachte ihm am 6. Januar 1816 Rektor Fochem, mit dem er einen Tausch vereinbart hatte: Fochem überließ ihm sein 1814 erworbenes Manuskript gegen zwei Kunstobjekte aus Grootes Besitz.[120] Es war diese zweite Handschrift, die Groote nun transkribierte. Der entscheidende Schritt zu seiner ersten germanistischen Arbeit, die ihn die nächsten Jahre begleiten sollte, war getan.[121]

Während aller dieser Aktivitäten und Projekte blieb das Selbstgefühl Eberhard von Grootes äußerst brüchig. Wie schon in seinen Aufzeichnungen im Lauf des Jahres 1815 wiederholt sich der Vermerk, er fühle sich „unwohl", ihn plage seine „hypochondrische Lichtscheue mit allen ihren finstern Bildern"; eine „finstere Hypochondrie" wälze sich „im Innern noch viel schwärzer", als sie sich äußerlich zeige. Diese „schrecklichen, hypochondrischen Leiden", die als Depressionen und Angstzustände zu verstehen sind, prägten viele seiner Tage, machten ihm das Leben bitter und verhinderten – so sah er es auch selbst – Lebensgenuss, Freude und oft aktive Teilnahme am Geschehen. Gegenüber seinen Gesprächspartnern – auch gegenüber seiner Familie – war er jedoch immer um selbstsicheres Auftreten bemüht.

---

[120] Groote hatte am 20. Sept. 1815 in Paris zwei Handschriften gekauft: Eine Tristan-Handschrift (HAStK, Best. 7020, W*, Handschriften, Nr. 87) und ein Manuskript der Lieder von Muskatblut (HAStK, Best. 7020, W* Handschriften, Nr. 8). Die von Fochem erworbene Tristan-Handschrift (HAStK, Best. 7020, W*, Handschriften, Nr. 88) enthält auch die Fortsetzung des Gedichts durch Ulrich von Türheim; sie wurde die Grundlage von Grootes Edition. Groote hinterließ alle drei Manuskripte später der Stadt Köln. Zu den Tristan-Manuskripten: E. von Groote an Chr. P. W. Beuth, 22. Aug. 1814, Entwurf (HAStK, Best. 1552, A 22); Groote, Tagebuch, Bd. 1, S. 47; Spiertz, Groote, S. 164–166, 290 f.
Zur Handschrift des Muskatblut: Groote, Tagebuch, Bd. 1, S. 28 u. 20. Sept. 1815, S. 201. Vgl. auch: Spiertz, Groote, S. 265–268.
[121] Zum Tristan des Gottfried von Straßburg: Marold, G. von Straßburg, Bd. I u. II, 2004; Tomasek, Einführung, S. VII–XLIV.

Tagebuch: 31. Dezember 1815 und 1. Januar 1816 (HAStK, Best. 1552, A 1/6)

|A 1/6–11; 2r| **Tagebuch 1. Januar bis 18. Februar 1816**

Den 1. Januar 1816.

Früh schon ist der Rektor wieder bey mir, mit dem ich rücksichtlich der Bilder so einig werde, daß ich ihm die Bilder alle überlasse, für die [er die] Summe von 592 (statt 598 Fr., die er mir nach Paris schickte) erhält, – nach welcher Annahme ich die beyden in Paris gekauften Manuscripte quasi für mich behalte![1] – Ich erhalte |2v| sogar von ihm die Zusage, daß ich für die kleine Kirche[2] u. ein Bild, welches Joseph noch irgend los bringen soll, den Tristan haben solle.[3] – Ringseisen[4] kommt von Paris, frühstückt u. ißt bey uns mit Arndt u. einem Lieutnant Canitz. Ich gehe mit Joseph zu Geyr, Mylius, Nagel u. Ernst Lippe,[5] welcher letztrer sehr fidel ist. Abends gehe ich nochmal wieder zu Mylius,[6] der mir den Brief an den General Gouverneur nach Aachen nachschicken will;[7] dann zu v. Nagel,[8] der mich sehr freundlich empfängt, u. gescheut mit mir spricht, wegen der Geschäfte. Der Rektor will meinen Schimmel für eine Dame! kaufen. – Er läßt Abends meine kleinen Bilder hohlen, u. ich muß für ihn nach Paris schreiben, daß Begaß[9] noch die beyden andern in der Rue Jean Jacques Rousseau[10] kaufen solle. – Ich habe Levin Wenge ein Taschenbuch[11] geschickt. Ich will morgen nach Aachen, u.

---

[1] Die beiden am 20. Sept. 1815 von Groote gekauften Manuskripte: Tristan-Handschrift (HAStK, Best. 7020, W*, Handschriften, Nr. 87) und Lieder von Muskatblut (HAStK, Best. 7020, W* Handschriften, Nr. 8).

[2] Kleine Kirche: Groote hatte das Gemälde im Juli 1815 im Schloss von Compiègne entwendet (Groote Tagebuch, Bd. 1, S. 140).

[3] Rektor Gerhard Cunibert Fochem und E. von Groote vereinbarten also einen Tausch: Fochem tauschte die Handschrift des Tristan, die er 1814 von Lieblein erworben hatte, gegen zwei Kunstobjekte Grootes. Vgl. Groote, Tagebuch, Bd. 1, S. 47; Spiertz, Groote, S. 165 f. u. 290 f. Zu Fr. J. Lieblein siehe unten.

[4] Groote hatte den Mediziner Johann Nepomuk von Ringseis 1815 während des Aufenthalts in Paris getroffen. Ringseis befand sich seit 1812 auf Studienreisen.

[5] Wilhelm Ernst Graf zur Lippe-Biesterfeld, seit 1803 verheiratet mit Dorothea Christina Modeste von Unruh. Das Ehepaar wohnte Hohe Str. 47.

[6] Die Familie des Oberbürgermeisters K. J. von Mylius wohnte in der Machabäerstr. 17 (Haus des Grafen von Hompesch), das während der Franzosenzeit auf einen Wert von 18.000 Francs geschätzt wurde und damit auf Platz sechs der Werteskala für Kölner Wohnhäuser stand (Vogts, Kölner Wohnhaus, Bd. I, S. 346).

[7] K. J. von Mylius an J. A. Sack, o. D. [Jan. 1816], Kopie (HAStK, Best. 400, A 667, Bl. 8). Siehe oben.

[8] Vermutlich: Franz Adolph Joseph Freiherr von Nagel zur Gaul. Er war „Dirigent" (Vorsitzender) des Verwaltungsrats des 1815 gründeten Kölner Stiftungs- und Verwaltungsrats; er wohnte Schildergasse 70.

[9] Der Maler C.J. Begas, den Groote 1815 in Paris oft getroffen hatte, hielt sich dort noch mehrere Jahre auf.

[10] In der Rue Jean-Jacques Rousseau No. 6, einer Kunsthandlung, hatte Groote am 31. Aug. 1815 Gemälde angesehen (Groote, Tagebuch, Bd. 1, 31. Aug. 1815, S. 184).

[11] Groote/Carové, Taschenbuch für Freunde, 1815.

ordne dazu meine Sachen, habe auch schon einen Platz auf dem Wagen. Meinem Burschen gebe ich auf sein Verlangen etwas Geld. |:2 Fr.:| Man läßt mich in den Maynzer Hof[12] rufen. Es sind da Groeben u. Scharnhorst.[13] Ersterer will auch Morgen nach Aachen u. hat schon auf demselben Wagen seinen Platz genommen. – Ich hohle bey Geyr[14] die Schwester ab. Abends läßt mir Groeben noch durch Scharnhorst schreiben, sein Mantelsack sey verloren oder gestohlen; ich möge ihm also Wäsche u. Westen etc. mitbringen. Ich packe zusammen bis nach 11 U.

Am 2. Januar [1816]. Aachen.

Morgens nach 4 U. hohle ich Groeben ab, u. wir fahren mit einigen andern Leuten nach Bergheim. Groeben ist sehr angeregt. Er erwartet, Selma u. den General Doernberg[15] in Aachen zu finden. In Bergheim Frühstück. |:16 S.:| Wir fahren singend und erzählend bis Jülich, wo ich |3r| bey Axer[16] Netz u. Kreilsheim finde, die eben meine Briefe lesen. Netz[17] scheint sehr wohl zu seyn. Ich esse mit ihnen, Netz will bey meiner Rückkehr mit nach Cöln, ich fahre bald weiter. In Aachen werden wir von Herrn[18] Sturz,[19] wo der Wagen anfährt, freundlich emp-

---

[12] Der Mainzer Hof, Glockengasse 14–20, war eines der besten Kölner Hotels. Im Apr. 1815 hatte hier Feldmarschall G. L. von Blücher gewohnt (Bayer, Köln, S. 202, Anm. 90).

[13] Carl von der Groeben war als Oberstlieutenant beim Generalkommando in Koblenz, Heinrich Wilhelm Gerhard von Scharnhorst, Sohn des Militärreformers Gerhard Johann David von Scharnhorst, als Major.

[14] Die Familie von Cornelius Joseph von Geyr zu Schweppenburg wohnte im Geyr'schen Palais, Breite Str. 92 (zeitweise mit der Nr. 98 bezeichnet). Das Palais enthielt: „im Erdgeschoß eine Dienerwohnung, ein Vestibül, einen Nebeneingang, einen Flur, einen Saal, zwei große und vier kleinere Zimmer, zwei Kabinette, zwei überwölbte Räume (Archiv und Kontor), Küche, Waschküche, Remisen und Ställe, im ersten Obergeschoß einen Saal, sechs Wohnzimmer und sechs Kabinette, im zweiten Obergeschoß einen Saal, sieben Zimmer und fünf Kammern" (Vogts, Kölner Wohnhaus, Bd. I, S. 54). Nach einer Schätzung während der Französischen Zeit gehörte es mit einem Wert von 20.000 Francs zu den drei wertvollsten Kölner Wohngebäuden (Vogts, Kölner Wohnhaus, Bd. I, S. 346 u. Bd. II, S. 754). Zur Ausstattung des Hauses vgl. Creutz, Kölner Wohnhaus, S. 127–130. Hier auch Fotografien der Innenausstattung: Gartensaal mit eleganter Stuckverzierung der Decke und Tapisserien aus Aubusson, die „Darstellungen in reicher Parklandschaft, Schäferszenen und Spiele" zeigten (ebd., S. 127) sowie Sitzmöbel mit Tapisseriebezügen (ebd., S. 128). Vgl. auch: Müller, Köln, S. 257. Das Gebäude wurde um 1832 an den preuß. Staat verkauft, bis 1911 als Oberzolldirektion genutzt und 1912 niedergelegt.

[15] Carl von der Groeben heiratete am 8. Juni 1816 auf Schloss Hausen bei Bad Hersfeld, dem Familienbesitz der Dörnbergs, Selma Thusnelda von Dörnberg, Tochter des Generals Wilhelm Kaspar Ferdinand von Dörnberg.

[16] Friedrich Axer, Gastwirt und Weinhändler. Er betrieb das „Haus zu den heiligen drei Königen", das zu den besten Gasthäusern in Jülich gehörte. Ich danke dem Stadtarchiv Jülich für diesen Hinweis.

[17] Aus der Korrespondenz zwischen den Freunden E. von Groote und August von Netz sind lediglich zwei Briefe von Netz aus dem Jahr 1815 nachweisbar: A. von Netz an E. von Groote, Jülich, 7. Jan. 1815 u. Jülich, 23. März 1815; irrtümlich als 1816 vermerkt (HAStK, Best. 1552, A 38).

[18] Die Bezeichnung „Herr" u. „Herrn", die Groote unterschiedlich und oft undeutlich abkürzt, wird

fangen. Condukteur. |:1.10:| – Der General Doernberg ist noch nicht angekommen, sondern erst in Brüssel. Groeben wird von seinen alten Hausleuten Heusch in der Annastraße[20] mit unendlichem Jubel empfangen, u. wird wieder bey ihnen wohnen. – Ihn dränget gewaltig die Eröffnung einer Kriegsschule in Coblenz, wobey er Taktik lesen soll.[21] Abends lese ich noch einige Briefe u. Lieder der Schwägerinn Groebens (Ida),[22] schreibe das Weihesonett[23] in unser Taschenbuch, das Groeben Selma giebt, u. sehe u. ärgere mich über das (dumme) Frauentaschenbuch.[24]

Den 3. Januar [1816]. Aachen.

Wir lassen unsre Kleider etwas zurecht machen. |:1 Fr.:| Groeben zieht zu seinen ehmaligen Hausleuten. Auch von ihm will Sturz kein Geld nehmen. Wir gehen in den Dom,[25] von da auf die Post, Groeben geht nicht mit zu v. Haisdorff. Letzter empfängt mich freundlich, giebt mir den Brief des v. Mylius[26] nebst einem von

---

in seinen handschriftlichen Texten zu Herr u. Herrn aufgelöst.

[19] Die Aachener Familie Stürtz/Sturz (Johann Franz Heinrich und Joseph) unterhielt einen Gasthof und ein Fahrunternehmen. Ihre Wagen fuhren von Lüttich nach Köln und retour. Vgl. Ueber die von 1798 bis 1822 in den Provinzen jenseits des Rheins bestandenen Privat-Posten und deren Aufhebung, 1839 (GStA PK, I. HA Rep. 103, Nr. 1224).

[20] Die Aachener Einwohnerliste von 1812 verzeichnet als wohnhaft in der Annastraße: Gerard Joseph Heusch, teinturier (Färber), seine Frau Françoise und Tochter Luise. Ich danke dem Stadtarchiv Aachen für diesen Hinweis.

[21] Auf Wunsch von General von Gneisenau und Carl von Clausewitz, Chef des Generalstabs beim Generalkommando in Koblenz, gab Carl von der Groeben von Ende Januar bis Ende April 1816 in Koblenz Landwehroffizieren, die in das stehende Heer eintreten wollten, Unterricht in Kriegsführung. Im April wurde er Vorsitzender der Prüfungskommission. C. von der Groeben an Leopold von Gerlach, Koblenz, 29. Dez. 1815: „Was sagst Du aber dazu, daß mich Clausewitz und Gneisenau zu einem Professor der Strategie und Taktik machen wollen? Schicke mir nur schnell ein geflügeltes Roß, damit ich mit etwas davonreiten kann, ich fürchte mich vor dem Reden mehr als vor dem Tun. Nun, wie Gott will, auch das muß gut sein!" (in: Schoeps, Aus den Zeiten, S. 555). Vgl. auch: C. von der Groeben an Leopold von Gerlach, Herborn, 30. März 1816, u. Düsseldorf, 29. Apr. 1816 (in: Schoeps, Aus den Jahren, S. 558 f.). Das Morgenblatt für gebildete Stände, Nr. 87, 10. Apr. 1816 zu der in Koblenz errichteten Kriegsschule: „Diese Anstalt hat zum Zweck, denjenigen jungen Offizieren und Fähnrichen, welche die nöthigen Vorkenntnisse besitzen, Gelegenheit zu ihrer fernern kriegswissenschaftlichen Ausbildung zu geben. [...] Der Unterricht wird größtentheils von den Offizieren des Generalstabes ertheilt."

[22] Ida von der Groeben, geb. von Auerswald, Witwe des 1813 in der Schlacht von Großgörschen getöteten Wilhelm Johann Heinrich von der Groeben, war eine pietistische Schriftstellerin.

[23] Welches Weihesonett gemeint ist, ließ sich nicht klären.

[24] Möglicherweise: Friedrich Heinrich Karl de la Motte-Fouqué (Hg.), Frauentaschenbuch für das Jahr 1816, Nürnberg 1816 oder Aloys Schreiber (Hg.), Cornelia, Taschenbuch für deutsche Frauen auf 1816, Heidelberg 1815.

[25] Der Aachener Dom, um 800 errichtet, ist Grabeskirche Karls des Großen. Er weist karolingische, gotische und barocke Bauelemente auf. E. von Groote hatte sich 1815 in Paris für die Rückführung der von den Franzosen aus dem Dom geraubten Objekte, vor allem der Säulen, eingesetzt.

[26] Vermutlich: K. J. von Mylius an J. A. Sack, Köln, o. D. [Jan. 1816], Kopie (HAStK, Best. 400, A 667,

der Frau v. Clausewitz[27] und ich gehe zu Boelling, der noch in einer Conferenz |3v| sitzt. Ich sehe inzwischen v. Münch,[28] Sand, Ritz. Endlich kann ich zu Boelling hingehen.[29] Er unterhält sich lange von meinen Geschäften in Paris,[30] u. als ich ihn endlich auf die Sendung nach Berlin bringe, macht er Schwierigkeit, u. sagt, die Stadt sey noch nicht authorisirt, einen Bevollmächtigten nach Berlin zu schikken; ausser einer solchen Authorisation aber, könne sie eine so bedeutende Ausgabe nicht machen etc. Genug, ich sehe, daß Er mit diesen Planen nicht aufgeschickt[31] ist. Meine Briefe, meint er, könne ich am Besten Abends um 6 U. dem General Gouverneur bringen.

Ich gehe nun zu Haisdorf, der mich bey Waltheri[32] gebethen hat, u. mir unter andern sagt, daß er an die Fürstinn wegen meiner Virginia[33] geschrieben. Dann besorge ich das Geld von Herrn v. Geyr zu Herrn Goerissen[34] u. die Taschenbücher bey Maler Scheuren,[35] wo ich einige alte Bilder sehe. Ich suche Groeben in seinem Hause, und in den Gasthöfen auf, wo er seyn könnte, finde ihn aber nicht. Bald kommt er zu mir nach Hause, u. wir reden ab, ich soll ihn später bey sich, oder bey v. Houttem aufsuchen. Ich gehe zum General Gouverneur,[36] wo ich Neigebaur finde. Ich gebe ihm |4r| meinen Brief,[37] kann aber wegen vieler

---

Bl. 8). Es ist vermutlich der Brief gemeint, den Mylius am 1. Januar Groote versprochen hatte nachzusenden, damit dieser ihn Sack aushändigen konnte.

[27] E. von Groote hatte sich 1815 mit Marie von Clausewitz, der Ehefrau von C. von Clausewitz, angefreundet.

[28] Wohl: Franz Theodor von Münch-Bellinghausen, geboren 1787, späterer Landrat von Mülheim.

[29] Vermutlich suchte Groote die Vertreter der preuß. Verwaltung im Londoner Hof, Kleinkölnstraße auf, einem Stadtpalais aus dem 18. Jh., das von 1800 bis 1814 Sitz der Präfektur des Roer-Departements gewesen war, danach Sitz der neuen Regierung wurde.

[30] Geschäfte in Paris: E. von Grootes Engagement für die Reklamation der geraubten Kunstwerke.

[31] Nicht aufgeschickt, hier vermutlich: nicht betraut.

[32] Mathieu Joseph Walthery, in der Aachener Einwohnerliste von 1812 als „aubergiste" (Gastwirt) verzeichnet. Ich danke dem Stadtarchiv Aachen für seine Hinweise.

[33] E. von Groote hatte 1812 ein Drama verfasst (Virginia, Römisches Trauerspiel), dessen Manuskript er 1815 an die Fürstin Therese Matilde Amalie von Thurn und Taxis schickte. Er erhielt keine Antwort. Siehe Groote, Tagebuch, Bd. 1, 15. Apr. 1815, S. 54; Spiertz, Groote, S. 54 f.

[34] Möglicherweise: Martin Gorissen, Gastwirt und Getreidehändler.

[35] Aegidius Johann Peter Joseph Scheuren, Maler und Lithograf in Aachen, verkaufte offenbar auch Bücher. Groote hatte ihn beauftragt das „Taschenbuch für Freunde" anzubieten. Im Journal des Nieder- und Mittel-Rheins, Nr. 3, 6. Jan. 1816 erschien die Anzeige: „Bei Unterzeichnetem ist das eben erschienene: Taschenbuch für Freunde altdeutscher Zeit und Kunst, Köln. 1816 zu haben. Es empfiehlt sich dasselbe durch ein geschmackvolles Aeussere, durch Kupfer nach Gemälden der altdeutschen Schule, besonders nach dem berühmten Dombilde in Köln, und die Beschreibung desselben von Hr. Prof. Wallraf, und durch Dichtungen und Aufsätze, die für jeden Freund des deutschen Vaterlandes das höchste Interesse haben müssen. Preis 3 Rthlr, 20 Stüber. Aachen, 4. Januar 1816. J. P. Scheuren, Maler, auf der grossen Marschierstrasse No. 466."

[36] Sitz des Generalgouverneurs war Anfang 1816 das ehemalige bischöfliche Palais in der Ursulinerstraße.

[37] Vermutlich der Brief, den Mylius ihm nachgeschickt hatte (K. J. von Mylius an J. A. Sack, Köln, o. D. [Jan. 1816], Kopie (HAStK, Best. 400, A 667, Bl. 8).

Menschen, die da sind, u. weil er immer von andern Sachen spricht, nicht von meinen Geschäften mit ihm reden, u. ehe ich mich dessen versehe, geht er fort, u. kommt nicht wieder. Ich nehme mir also vor, morgen wieder zu ihm hinzugehen. Zu Hause schreibe ich an Joseph[38] u. an Netz, daß ich erst übermorgen kommen könne. –

Den 4. Januar [1816]. Aachen.

v. Münch kommt zu mir. Ich bringe jene Briefe zur Post, u. gehe mit Herrn v. Haisdorff zu dem Generalsecretaire[39] des Herrn v. Sack, mit ihm über meine Sachen zu reden. Dann gehe ich zum General Gouverneur, der mir wiederholt, was eigentlich Boelling schon gesagt, daß er nehmlich die Stadt nicht zu meiner Sendung autorisiren könne, da sich andere Städte dadurch zurückgesetzt, oder zu gleichem Rechte befugt, glauben könnten. Er will aber an den StaatsKanzler[40] schreiben, um dieß zu thun, auch den Stadtrath ersuchen, ich aber soll durch General Gneisenau oder direct betreiben, daß ich von dem StaatsKanzler zu jener Deputation bestimmt werde. Er verspricht mir Briefe nach Cöln, u. ladet mich zu Tische. Ich gehe zu Ritz, mit ihm wegen eines Auftrags zu reden, den mir Lieversberg gegeben, u. erhalte günstigen Bescheid darüber. Ich schreibe auf v. Münchs Bureau an den |4v| General Gneisenau[41] u. an den Stadtrath.[42]

Dann bringe ich diese Briefe zur Post, gehe zu Groeben, der ganz allein in seinem Hause zu Mittag ißt, u. an seinen Vorlesungen schreibt. Ich lasse mich rasiren |: 10 S.:| und gehe nach Hause, wo ich mich ein wenig zurecht mache u. dann zum General Gouverneur gehe. Mit Neigebauer esse ich daselbst. Nach Tische kommt Frau Kelleter, die sich meiner wohl erinnert. Mit dem Gouverneur rede ich noch manches über meine Sachen u. er giebt mir Briefe an den Bürger-Meister[43] u. an die Herausgeber des TaschenBuchs für Freunde altdeutscher Zeit u. Kunst.[44] Ich sitze noch eine Weile bey ihm. Boelling kommt; dann schiebe ich mich,[45] gehe nach Hause, wo ich den Schuster für Groebens Stiefel u. meinen Commissionair bezahle. |:1 Fr.:|

---

[38] E. von Groote an J. von Groote, Aachen, 3. Jan. 1816 (Archiv Haus Londorf, Herr von Groote, Familienbriefe, 1.1., Nr. 42). Siehe Briefe und Schriften.
[39] Vermutlich: Generalsekretär Dr. Hoestermann.
[40] Groote schrieb „Staatskanzler" oder „StaatsKanzler". Da eine Unterscheidung beider Versionen oft schwierig ist, wurde für die Transkription durchgängig die Version „StaatsKanzler" gewählt.
[41] E. von Groote an A. N. von Gneisenau, Aachen, 4. Jan. 1816 (GStA PK, VI. HA, NL Gneisenau, August Graf Neidhardt von). Siehe Briefe und Schriften.
[42] E. von Groote an den Kommissarischen Oberbürgermeister und den Rat der Stadt Köln, Aachen, 4. Jan. 1816 (HAStK, Best. 400, A 667, Bl. 11). Siehe Briefe und Schriften.
[43] J. A. Sack an K. J. von Mylius, Aachen, 4. Jan. 1816 (HAStK, Best. 400, A 667, Bl. 14).
[44] Das heißt, Briefe an E. von Groote selbst und an Fr. W. Carové, die Herausgeber des „Taschenbuchs".
[45] Sich schieben, hier: sich verdrücken.

Ich gehe zu Groeben, bringe ihm 2 Hemden, 4 Halstücher u. 3 Schnupftücher, so daß er nun 3 Hemden, 5 Halstücher, 4 Schnupftücher u. 1 Weste von mir hat. Er arbeitet wieder über seinen Vorlesungen. Bald aber gehen wir aus, zu einem blessirten Offizier Winterfeld, u. nachher auf die Redoute,[46] wo wir Münch finden, u. etwas trinken. |: 5 Fr. :| Aus meinem Plane, zu v. Houttem zu gehen, wird so wenig etwas, als aus meinem Besuch bey Bettendorff,[47] Rühl,[48] u. Scheuren. Beym Gouverneur war Sprache von den Aachener Säulen, welche v. Houttem in Paris zu transportiren übernommen.[49] Die Mutter hat sich nehmlich |5r| geweigert, die 2.400 Fr. Transportkosten zu tragen. – Groeben begleitet mich nach Hause.

Den 5. Januar [1816]. Cöln.

Ich bezahle früh um 5 in Aachen mein Trinkgeld an den Hausknecht, |: 5 Fr. :| da Herr Sturz kein Geld annehmen will, u. fahre in Gesellschaft zweyer Flammänder u. dreyer höchst widriger gemeiner Husaren aus den Rheingegenden, die in Englischen Diensten gestanden, von Aachen ab. In Jülich erwartet mich Netz, u. wünscht, ich solle bis morgen dort bleiben, u. mit ihm u. seinen Sachen dann nach Cöln 2ten Vorspann fahren. Allein, ich eile nach Cöln, u. da auf dem Wagen

---

[46] Die Alte Redoute befand sich in der Komphausbadstr. 11, die Neue Redoute in Nr. 19. Nicht lange vor dem Besuch Grootes waren die Redouten Schauplätze eines großen Festes gewesen: Am 7. Dez. 1815 hatte man in Aachen die Rückkehr der von den Franzosen geraubten Kunstschätze – darunter auch die von Groote so hartnäckig reklamierten Aachener Säulen – gefeiert (Braubach, Verschleppung, S. 144 f.).

[47] Der Aachener Weinhändler Franz Theodor Bettendorf war Begründer einer umfangreichen Gemäldesammlung, die nach seinem Tod 1809 seine Witwe Johanna Maria Thekla, geb. Denys erbte. Verwaltet wurde die Sammlung von den Söhnen, vor allem von Jakob Leopold Bettendorf, einem vermögenden Tuchfabrikanten. Sitz der Familie in Aachen war das Haus Schwarzer Adler am Markt, in der sie einen Gasthof betrieb. Die Gemäldesammlung befand sich in diesem Haus und wurde hier auch Interessenten gezeigt. Die Familienmitglieder wohnten jedoch um 1816 wohl nicht mehr dort. Ab ca. 1816 dachte die Familie an einen Verkauf der Sammlung. Zu Familie und Sammlung Bettendorf: Huyskens, Gemäldesammlung, 1928. Vgl. K. Fr. Schinkel an K. S. Fr. vom Altenstein, Berlin, 15. Okt. 1816: „Von Cöln ging ich nach Aachen; hier ist die mir bis jetzt nach der Boisserée'schen am wichtigsten erschienene Sammlung altniederländischer Gemälde die Sammlung des Herren Bettendorf. Sie enthält etwa hundert Bilder. [...] Die vorzüglichsten Bilder dieser Art sind eine große Kreuzabnahme, auf Goldgrund von Rogier van der Weyde, Schüler des Joh. van Eyck, [...] außerdem ein wunderbares Flügelbild, angeblich von Albrecht Dürer, [...] zwei schöne große Köpfe von Dürer und einem Schüler desselben; zwei vortreffliche Hemlings [...]" (in: Wolzogen, Schinkel's Nachlaß, Bd. 2, S. 195). Zu Verzeichnissen der Gemäldesammung Bettendorf: Huyskens, Gemäldesammlung, S. 53–61.

[48] Otto August Rühle von Lilienstern, der sich wie eine Reihe anderer Offiziere Anfang 1816 in Aachen aufhielt, war 1816 als Oberstlieutenant im Generalstab der preuß. Armee am Rhein. Der literatur- und kunstinteressierte Rühle trug eine bedeutende Kollektion von Gemälden zusammen.

[49] Heinrich von Houtem, Textilfabrikant in Aachen, hatte 1815 zugesagt, den Rücktransport von 16 der von den Franzosen aus dem Aachener Dom geraubten Säulen zu finanzieren. Siehe Groote, Tagebuch, Bd. 1, 7. Nov. 1815, S. 239.

für seine Sachen u. noch minder für Ihn Platz ist, so bleibt er, u. will heute bis Bergheim, morgen bis Cöln auf Vorspannwagen fahren. In Bergheim esse ich bey Nelles[50] mit Lieblein, |:2.16:| der hoch u. theuer versichert, sein Manuscript von der Tafelrunde Solms nicht verkauft, sondern nur geliehen zu haben.[51] Um 7 U. komme ich in Cöln an, |:10 S.:| bringe meine Sachen nach Hause, trinke mit dem Vater u. den Schwestern Thee, schreibe Brouillons[52] zu meinen Briefen an den Bürgermeister u. an Lieversberg, u. gehe müde zu Bette.

Den 6. Januar [1816].

Der Rektor kommt früh. Er hat mir den Tristan geschickt, den ich wohl behalten werde. Es sind Briefe von dem Fürsten Taxis u. von dem Kronprinz von Bayern, denen die Taschenbücher geschickt worden waren, angekommen; diese werden mit dem des Oberpräsidenten Sack vorgelesen.[53] Ich schicke meine Briefe an Mylius[54] u. Lieversberg u. gehe |5v| in den Dom,[55] von da zu Rommerskirchen[56] mit Neigebauers Briefen,[57] dann Wallraf zu suchen, der krank seyn soll. Ich finde ihn bey Herrn Hardy,[58] woselbst viele Herrn zum Namenstagsglückwunsch ver-

---

[50] Gastwirtschaft von Peter Nelles, Hauptstr. 65 (Bergheim, Bevölkerungsliste von 1799). Ich danke dem Stadtarchiv Bergheim für diese Auskunft.
[51] Fr. J. Lieblein/Liebelein, Domänenempfänger in Bergheim. Groote bezog sich hier auf die Pergamenthandschrift von Wirnt von Gravenberg, Wigalois, der Ritter mit dem Rade, aus dem 13. Jh. Ausführlich zur Handschrift: Spiertz, Groote, S. 290 f. Vgl. Groote, Tagebuch, Bd. 1, S. 303. Siehe auch einen Brief von Solms-Laubach an Lieblein, in dem er um die Leihgabe einer seltenen Handschrift des Artus bittet (Fr. L. Chr. zu Solms-Laubach an Fr. J. Lieblein, o. D., wohl Anfang 1816 (Privatarchiv d. Grafen zu Solms-Laubach, XVII, 111, Nr. 59). Vgl. E. M. Arndt an Fr. L. Chr. zu Solms-Laubach, Köln, 4. Okt. 1815 (in: Dühr, Arndt, Bd. 1, S. 477) u. E. von Groote an J. Grimm, Berlin, 29. Apr. 1816. Siehe Briefe und Schriften. Das Original im Brüder Grimm-Museum Kassel konnte aus dortigen organisatorischen Gründen bis Anfang 2019 nicht eingesehen werden.
[52] Brouillon: Entwurf.
[53] Vermutlich: J. A. Sack an K. J. von Mylius, Aachen, 4. Jan. 1816 (HAStK, Best. 400, A 667, Bl. 14).
[54] E. von Groote an den Kommissarischen Oberbürgermeister K. J. von Mylius, Köln, 6. Jan. 1816 (HAStK, Best. 400, A 667, Bl. 13). Siehe Briefe und Schriften.
[55] Der 6. Januar ist der Namenstag der Heiligen Drei Könige (Kaspar, Melchior und Balthasar) und, da ihr Reliquienschrein im Kölner Dom steht, für Köln ein besonderer Festtag. Smets, Taschenbuch, S. 78 f.: Im Chor des Doms hinter dem Hochaltar „steht das sogenannte Dreikönigen-Chörchen, wo in einem kostbaren Sarge die Häupter der drei Weisen [des] Morgenlands aufbewahrt werden; gleich einem Palladium verehren die Köllner dieses Grabmal, zu dessen Verzierung sie nicht Geringes an edeln Steinen, Perlen, Gold, Silber und Antiken hergaben."
[56] Der Verlag des Buchdruckers und -händlers Heinrich Rommerskirchen befand sich Unter Fettenhennen 13.
[57] Der Jurist und Schriftsteller Johann Daniel Ferdinand Neigebaur war als preuß. Offizier in franz. Kriegsgefangenschaft geraten. Briefe aus seiner Gefangenschaft ließ er beim Verlag Rommerskirchen veröffentlichen: J. D. F. Neigebaur, Briefe eines preußischen Offiziers während seiner Kriegsgefangenschaft in Frankreich, in den Jahren 1813 und 1814, 2 Bde., Köln 1816/18.
[58] Caspar Bernhard Hardy, Domvikar, Wachsbossierer und Maler, wohnte Margarethenkloster 4. Er feierte am 6. Januar seinen Namenstag (Caspar), am 26. August seinen 90. Geburtstag. Zu Hardy:

sammelt sind. Wallrafs Büste u. Hardys seine sind daselbst zu sehen, von Imhof gemacht.[59] Zu Hause finde ich Netz, der bey uns speist, nebst Prof. Hamm. Nach Tisch sorge ich, Netzens Quartier zu berichtigen,[60] ziehe daselbst mit ihm ein u. gehe dann, Punschsyrop[61] u. einige Kuchen, zu dem Feste zu kaufen, welches Joseph u. ich auf dem Olymp geben wollen.[62] – Joseph Dahlen kommt zu mir, der bey der Landwehr stand. Er wünscht, mit mir nach Berlin zu gehen. Im Olymp sind ziemlich viele Membra.[63] Der Punschsyrop ist ohne Rhum, ich muß dessen noch kaufen.[64] |: 5 Fr.:| Wir bleiben ziemlich fidel bis gegen 11 Uhr. Joseph kommt nicht hin.

Puls, Hardy, 2018; Merlo, Künstler, S. 326–330. Goethe hatte bei seinem Kölnaufenthalt 1815 nicht versäumt, „den Herrn Dom-Vicarius Hardy zu besuchen, einen merkwürdigen achtzigjährigen muntern Greis, der, bey angebornem, entschiedenem Talent und Kunsttrieb, von Jugend auf sich selbst bildete, physikalische Instrumente künstlich ausarbeitete, sich mit Glasschleifen beschäftigte, vorzüglich aber von der bildenden Kunst angezogen Emaille zu malen unternahm, welches ihm aufs glücklichste gelang. Am meisten jedoch hat er sich dem Wachsbossiren ergeben". Er bossierte „halbe Figuren in Wachs, [...] von der lebenslustigen Gärtnerin [...] bis zum frommen Sterbenden. Diese Gegenstände, hinter Glas, in ohngefähr fußhohen Kästchen, sind mit buntem Wachs harmonisch, dem Charakter gemäß colorirt. Sie eignen sich dereinst in einem Cölnischen Museum sorgfältig aufbewahrt zu werden" (Goethe, Ueber Kunst, S. 22–24).

[59] Vgl. J. P. J. Fuchs, Stadtchronik: „Am drei Königstage wurde seine [Hardys] von Bildhauer Jos. Imhof angefertigte Büste auf einer bedeutsam verzierten Ara im Hause des Ehrwürdigen Hardy aufgestellt und Ihm von den hiesigen Verehrern der vaterländischen Kunst feierlich gewidmet" (HAStK, Best. 7030, Nr. 215, Bd. I, S. 30). Weder der Verbleib der Büste, die Peter Joseph Imhoff von Hardy herstellte, noch seine Büste von Wallraf sind offenbar erhalten. Dazu: Czymmek, Wallraf im Bild, S. 282 f. Die beiden „sehr gelungenen in gebranntem Thon, lebensgroß ausgeführten Büsten" wurden in Köln 1817 bei der Ausstellung der Kölnischen Industrie- und Kunst-Erzeugnisse anlässlich des Besuchs des Königs präsentiert (Beiblatt der Köln. Zeit, Nr. 20, 19. Okt. 1817).

[60] berichtigen, hier wohl: festmachen oder bezahlen.

[61] Vgl. Welt- und Staatsbote zu Köln, Nr. 3, 6. Jan 1816: „Bei Conditor Maus, aufm Heumarkt Nro. 1720, ist ächter Jamaica Rhum die große Flasche zu 45 Stüb., Punschsirup die große Flasche zu 80 St., Bischoff-Essenz das Fläschgen zu 20 St., und extra schöne Maronen das Pfund zu 14 Stüber zu haben."

[62] Die Treffen der Olympischen Gesellschaft fanden in Räumlichkeiten der ehemaligen Dompropstei, dem Wohnsitz Wallrafs, statt. Ennen, Olympische Gesellschaft, S. 6: Meist fanden „die Sitzungen Samstags Nachmittags statt; man trat in der Regel um 6 Uhr zusammen, um sich erst um Mitternacht zu trennen. Die materiellen Bedürfnisse des Vereins waren sehr bescheiden; eine Tasse Thee genügte. Ebenso einfach war die Organisation; sie ruhte auf zwei Commissaren, welche das Geschäftliche leiteten, und auf dem Sekretär." Vgl. Deeters, Wallraf, S. 72; Mettele, Bürgertum, S. 97 f. Ich danke Elisabeth Schläwe für ihre Hinweise.

[63] Membra: Mitglieder.

[64] B. Elkendorf schrieb: „Punsch wird häufig und besonders im Winter bei fröhlichen Zirkeln getrunken. Derselbe wird gewöhnlich aus Thee, Rum oder Arak und Zitronensaft bereitet. Nicht minder häufig und beliebt ist bei solchen Veranlassungen Bischof, ein warmes Getränk, welches gewöhnlich aus rothem Weine und der bekannten Bischofessenz bereitet wird" (in: Becker-Jákli, Köln, S. 88).

Den 7. Januar [1816]. Sonntag.

Ich bezahle Friedrich[65] zwey lange Pfeiffenrohr und ½ Elle Medaillband,[66] das er für mich gekauft.|:1.19:|Ich erhalte meinen deutschen Rock. Es kommt das Blatt des Rheinischen Merkurs vom 4. Januar an mit der Rezension unsres Taschenbuchs.[67] Ich lese die Correspondenz Josephs mit Haxthausen u. Sulpitz Boisserée.[68] – In der schönen Dommesse[69] stehe ich bey Arndt. Nach Tische kommt Herr Lieversberg, den ich zu der morgigen Sitzung des Stadt Raths vorbereite. Mit Netz gehe ich in den Dom, woselbst sehr feyerliche Musik ist. Abends schreibe ich meinen Entwurf zu einem Briefe an Fürst Hardenberg zur Präsentation des Taschenbuchs, um ihn wegen der übrigen Geschäfte zu ködern.

Den 8. Januar [1816].

Der Rektor kommt, mir wegen des Namenstages[70] Glück zu wünschen, u. freut sich über den Merkur, von dem das zweyte Blatt mit dem Beschluß der |6r| Rezension ankommt.[71] Klein u. Stockhausen kommen. Ausser diesen noch einige

---

[65] Friedrich war seit 1815 E. von Grootes Bursche.

[66] Die Medaille zu diesem Band erhielt Groote im Mai 1816 in Berlin ausgehändigt (Groote, Tagebuch, 15. Mai 1816).

[67] Im Rh. Merkur, Nr. 354 u. Nr. 355, 4. und 6. Jan. 1816 veröffentlichte J. Görres eine mehrere Seiten umfassende Rezension des „Taschenbuchs". Der erste Teil der Rezension beginnt: „In die Pforten des neuen Jahres hat sich dieß liebliche geflügelte Kind gestellt, ansagend als ein Himmelsbothe, nachdem die hadervollen, streitbewegten Tage vorübergegangen, den Einzug der bessern Zeit, Palmen vor ihr streuend und Blumen bietend dem Volke, das versammelt steht, damit es zu ihrem Empfange sich würdig schmücken möge. Von Kölln ist es uns hergekommen, der würdig alten Stadt, durch die so viele Jahrhunderte durchgezogen. [...] Gar vortrefflich, sicher eines der Besten [Gedichte] in der ganzen Sammlung, erscheint das folgende Jubellied von de Groote; der Wohllaut spielt in ihm gar zierlich und lieblich in kleinen silbernen Tonwellchen, wie wenn im Sommer in den höchsten Lufträumen die Lichtwölkchen über den Himmel geflockt erscheinen; es ist der Gesang, der aus solchem Gewölke zu Weihnachten zu den Hirten hinab ertönte" (Rh. Merkur, Nr. 354, 4. Jan. 1816).

[68] Zu einem Brief von J. von Groote an S. Boisserée siehe Groote, Tagebuch, Bd. 1, S. 104. Vgl. auch: S. Boisserée an Fr.P. Schmitz in Köln, Heidelberg, 6. Dez. 1815 (in: S. Boisserée, Briefwechsel, Bd. I, S. 299 f.).

[69] Franz Elsholtz, 1816 Regierungssekretär in Köln, schilderte in seinem Reisebericht von 1820 eine Messe im Dom: „Ich trat hinein; – wie aber soll ich den Eindruck beschreiben, den das riesenhafte Gebäude, die feierliche Haltung des Gottesdienstes, die geschmückten Priester am Altare, die gleichsam vom Himmel herabtönende Musik auf mich machten." Ich trat „in das, nur während des Gottesdienstes geöffnete Chor der Kirche, dem einzigen der Vollendung nahe gediehenen Theile derselben, welcher, so wie er da steht, ein eignes Ganzes ausmacht. – Auf hohen gothischen Säulen ruhet die Kuppel, durch deren gemalte Glasscheiben das Licht in tausend Farben-Abstufungen in die Kirche fällt. Schauet man empor an diese bunte Decke, so findet man in den zahllosen Bildern und mannigfachen Phantasieen, den Stoff zu stundenlangen Betrachtungen" (Elsholtz, Wanderungen, S. 28 f.). Groote besuchte sonntags meist die Messe im Dom.

[70] Der 8. Januar ist Namenstag von Eberhard/Everhard.

[71] J. Görres fasste im zweiten Teil seiner Rezension einige Beiträge des „Taschenbuchs" zusammen:

Herrn. Ich sende den Brief an den Fürsten ab, u. gehe mit Netz zu Major Bork, an dem er einen alten Freund findet. – Nach Tisch geht Joseph zu Dumont,[72] der morgen einen Artikel über meine Arbeiten in Paris u. über die Freude der Kölner über meine Rückkehr in die Zeitung rücken will.[73] Auch erklärt er sich, mein Heft[74] verlegen zu wollen, u. mir über die ihm gemachten Bedingungen eine schriftliche Antwort, die ich mir ausgebethen, geben zu wollen. Ich schreibe meinen Bericht über die Universität für Mylius u. für mich selbst nochmal zurecht.[75] – Ich kaufe ein Scheermesser. |:4 Fr.:|

Den 9. Januar [1816].

Ich vollende meinen Bericht. Brief von Levin v. Wenge. Carové kommt, u. ist ziemlich frohen Muthes. – Er sagt mir, daß ich in Coblenz sehnlich erwartet werde. – Wegen meiner steht in der Zeitung noch nichts, sondern Wallraf hat darin über Hardy's 90ten Namenstag geschrieben.[76] Nach Tisch kommt Wallraf u. hält mich in mancherley Erzählungen[77] bey mir u. zum Thee bey den Schwe-

---

„Yta von Toggenburg. Eine saubere Federzeichnung der alten einfältigen Legende auf geglättetem Pergamente mit allem Fleiße ausgeführt. Drey Gedichte von M. v. Schenkendorf; wie alles was von diesem Dichter ausgegangen, rechtes Lebensmark um die jungen Adler des folgenden Geschlechtes groß zu ziehen, und zum Sonnenfluge sie zu stärken. Hugdietrich und Hildburg, das bekannte Lied aus dem Heldenbuche, hier in der alten, wuchtigen, gemessen daherschreitenden Form von v. d. Hagen hergestellt. Ein Mährchen von Grimm anmuthig gesetzt, mehrere kleinere Gedichte wie Funken hingestreut, endlich zuletzt der wackere Wallraff, der über das Dombild, dieß großen Werks so recht kaiserlich gethan, sich vernehmen läßt. Das Alter hat ihn nicht erkältet, ja es mochte scheinen, wenn man ihn noch so jugendlich von dem Gegenstande reden hört, das Bild sey ihm zur Quelle geworden, aus der er sich wieder jung getrunken. Bey ihm, wie im ganzen Buche, läßt sich das gute rheinische Blut verspüren, das in heller, lichter Röthe blüht und solche Lebensgeister nährt und treibt" (Rh. Merkur, Nr. 355, 6. Jan. 1816).

[72] Der Verleger Marcus Theodor DuMont war Herausgeber der Köln. Zeitung. Adresse 1816: Auf der Brücke 8 (Brückenstr. 8), ab Herbst 1816: Hohe Str. 133, im Haus „Unter Golden-Wagen". Vgl. eine Annonce in der Köln. Zeitung, Nr. 153, 24. Sept. 1816: „Das sehr geräumige Haus, No. 8, auf der Brücke, mit großen Kellern und einem Garten versehen, steht aus freier Hand zu verkaufen. Nähere Nachricht daselbst." Zum Verlag DuMont-Schauberg in der Zeit um 1816: Weinhold, Verlag, S. 47–84.

[73] Der Beitrag erschien in der Köln. Zeitung, Nr. 6, 11. Jan. 1816. Siehe unten.

[74] E. von Groote verhandelte mit Marcus DuMont über den Druck seiner Schrift: (Faust's) Versöhnung mit dem Leben. Sie erschien im Verlag DuMont-Schauberg im Apr. 1816.

[75] E. von Groote, Denkschrift zugunsten der Kölner Universität 1815/16 (HAStK, Best. 1553, A 1/33–37). Siehe Briefe und Schriften. Mit kleineren Abweichungen gedr. in: Quarg, Gutachten, S. 229–239).

[76] F. Fr. Wallraf über C. B. Hardy: „Unser längst berühmter, ehrwürdiger Domvikar Hardy erlebte am heiligen Dreikönigentage zum neunzigsten Male sein Namensfest. Noch vor vier Wochen war sein Leben durch einen bösen Zufall gefährdet. Jetzt ist er nicht nur gesunder, als er lange war, sondern wirklich fast wieder jugendlich munter, gesellschaftlich und empfänglich fürs Schöne [...]. Am mehrsten zu bewundern ist seine fortdauernde Arbeitsamkeit in neuen Kunstproduktionen, die er zum Ausruhen mit Lektur (ohne Brille) unterbricht" (Köln. Zeitung, Nr. 5, 9. Jan. 1816).

[77] In diesen Wochen machte die Regierung in Aachen Wallraf erste konkretere Vorschläge zur Über-

stern, bis gegen 8 U. hin. Mein Bericht gefällt ihm ziemlich wohl, besonders der Schluß.

Den 10. Januar [1816].

Ich sende den Bericht an v. Mylius, erhalte einen Brief von Dr. Lange u. schreibe an Groeben nach Aachen. Bey Mosler[78] bezahle ich den Punschsyrop u. Kuchen, den ich für den Olymp nahm, |:17 Fr.:| u. gehe zu Herrn Lieversberg,[79] wo ich höre, daß im Stadtrathe von meiner Reise nach Berlin nichts vorgekommen. Lieversberg giebt mir einige Emailes |:Emailes:| mit unserm Wappen mit dem Commandeurkreutz, die von Meßgefäßen herrühren sollen. – Von ihm gehe ich zu Arndt,[80] der mir mehrere schwedische Romanzen[81] vorliest. Wir sind |6v| zu Frau Grashof gebethen.[82] Nach Tisch schreibe ich an v.d. Wenge, u. lese Kluge über den Magnetismus.[83] Abends gehe ich mit Joseph, Klein u. Carové zu Frau Grashof, wo Frau v. Geyr, Mlle Schetz etc. Wir bleiben bey Gesang, Thee u. Wein bis gegen 11 U. Die Berliner u. andere Zeitungen melden die Berufung Sacks zu den Schwedisch Pommerschen Provinzen.[84]

---

gabe seiner Sammlung an die Stadt Köln. Die Schreiben der Regierung waren sicherlich Thema der Gespräche zwischen Wallraf und E. von Groote.

[78] Der Zuckerbäcker und Wirt Johann Mosler/Moseler (später seine Witwe) führte am Marsplatz 4 ein Kaffeehaus, Wirtshaus.

[79] J. J. N. Lyversberg und seine Frau Anna Elisabeth, geb. Bennerscheid lebten seit 1795 im Haus Heumarkt 10 (Haus Starkenberg), das der Familie Lyversberg seit 1765 gehörte. Das imposante Gebäude im Stil des Rokoko entstand Ende des 18. Jh.s; romanische, spätgotische und barocke Bauelemente wurden in den Neubau einbezogen. Das Gebäude wurde 1907 niedergelegt. Vgl. Vogts, Kölner Wohnhaus, Bd. I, S. 231 f., Bd. II, S. 418 f., 767; Mädger, Lyversberg, S. 194 f.; Wagner, Geschlechter, S. 131 f.

[80] E. M. Arndt wohnte in Köln bei Herrn Stadtler (Dühr, Arndt, S. 499). Der Kaufmann Georg Stadler nahm in seinem Haus am Altermarkt 44 Logisgäste auf.

[81] E. M. Arndt, der 1804 Schweden bereist hatte, war an der Dichtung in Skandinavien sehr interessiert. Vgl. E .M. Arndt, Ernst Moritz Arndt's Reise durch Schweden im Jahr 1804, Berlin 1806. Arndt schrieb am 4. Juni 1816 aus Berlin an einen Freund: „Ich bin hier seit 14 Tagen, reise übermorgen in meine Heimath nach Stralsund und Rügen, und von dort bald auf mehrere Monate ins alte Skandinavien, mir einige literarische Schätze zusammenzusuchen" (in: Dühr, Arndt, S. 508).

[82] K. Fr. A. Grashof war im Apr. 1815 von Aachen nach Köln gezogen, im Juni folgten ihm seine Frau Dorothea Luisa, geb. Brüder mit Familie. Vgl. Limper, Wallraf und Grashof, S. 112. Das Kölner Adressbuch 1822 nennt als Wohnung der Familie Severinstr. 225.

[83] Carl Alexander Ferdinand Kluge, Versuch einer Darstellung des animalischen Magnetismus als Heilmittel, Berlin 1811. Groote befasste sich also mit der in den Jahren um 1815 zu einer weitverbreiteten Mode gewordenen Theorie und Praxis des Magnetismus. In Berlin sollte er einen ihrer Vertreter, den Mediziner Karl Christian Wolfart, kennenlernen. Auch Görres beschäftigte sich mit den medizinisch-spekulativen Strömungen der Zeit. Vgl. etwa Fink-Lang, Görres, S. 63–87.

[84] Die Kabinettsorder zur Versetzung des bisherigen Oberpräsidenten Sack nach Pommern wurde am 10. Jan. 1816 erlassen.

Den 11. Januar [1816].

Ich sende an Herrn v.d. Wenge nebst einem Briefe 3 Taschen Bücher. Der Rektor ist bis gegen 10 Uhr bey mir. In der Kölnischen Zeitung steht eine Ehrenmeldung,[85] u. in dem gestrigen Verkündiger ein Sonett auf mich von Wilhelm Smets.[86] Ich bringe Carové meinen Muscaplut[87] u. ein Taschen Buch für Graf Solms. – Er liest mir einiges Brauchbares für ein nächstes Taschen Buch. – Nach Tisch sehe ich die Akten des Generalvikars v. Caspars an den Berliner Hof durch.[88] Im Conzert spielt Stockhausen[89] nichts besonderes.

Den 12. Januar [1816].

Ich fahre fort, den Dr. Kluge über den Magnetismus zu lesen. Friedrich nöthigt mich, ihm ein Paar Stiefel anzuschaffen. |:9 Fr.:| Ich esse bey v. Geyr, gehe nachher zu Dumont, der mir den Anfang zu der Rezension Kreusers[90] über das

---

[85] Die Köln. Zeitung, Nr. 6, 11. Jan. 1816 veröffentlichte einen Leitartikel zu Ehren des Rückkehrers E. von Groote: „Unter den Mitbürgern, die an dem letzten Feldzuge in Frankreich einen Antheil nahmen, dessen das Vaterland und besonders unser Köln sich ewig dankbar erinnern muß, verdient der seit zwei Wochen wieder hier anwesende Herr Eberhard von Groote eine ganz vorzügliche Meldung." Der Artikel wies vor allem auf die Rolle Grootes bei den Reklamationen in Paris hin und schloss: „Mit herzlichem Danke heißt daher jeder, der uneigennütziges Streben für Recht und Gemeinwohl zu würdigen weiß, in unserer Mitte willkommen den Mann, der aus eigenem freiem Triebe die beschwerliche Kriegsbahn zu durchlaufen sich entschloß, um so edel seiner Vaterstadt zu dienen. Möge ihm, der eine solche Probe hochsinnigen Eifers [...] abgelegt, auch fernere Gelegenheit nicht mangeln, für das Wohl dieser Stadt zu wirken, um auf die Knospen ihrer Hoffnungen den belebenden Stral herbeizurufen, der sie zu Blüth und Frucht gestalten soll."

[86] Wilhelm Smets, Sonett: „An E. v. Groote. In diesen Tagen, wo ich heimgekehret / Zu wohlbekannten lieben Freundesgrüssen, / Hab' ich wie angehaucht von Flammenküssen / Dein mildes heilerfülltes Lied verehrt; / Noch kannt' ich nie dich Jüngling schön verkläret / In frommer Lieder stillen Herzergüssen, / wo Geister deinem Zauber folgen müssen, / der Engelgleich den heitern Glauben lehrt; / Und als des Domes Feier ich geschauet, / Ob der Geschenkebringenden Gekrönten, / Wie war mein Blick ernst nach dir hingewendet- / Und ich vom Heiligenscheine sanft geblendet, / Gewahrte wie die Tränen mir gethauet, / Weil deine Lieder mich wie Lieb' umtönten" (Der Verkündiger, Nr. 204, 10. Jan. 1816).

[87] Muscaplut, Muskatblut: Siehe oben.

[88] Nach der Auflösung des Erzbistums Köln 1801 verwaltete Generalvikar Johann Hermann Joseph von Caspars zu Weiss den verbliebenen Teil des Erzbistums in den rechtsrheinischen Gebieten. 1821 wurde das Erzbistum Köln wieder eingerichtet, 1824 Ferdinand August von Spiegel als Kölner Erzbischof eingesetzt. Zur Geschichte des Erzbistums Köln von 1801 bis 1814: Hegel, Erzbistum Köln zwischen Barock, vor allem S. 493–512. Zu von Caspars: ebd., S. 494 f., 497 u. 537. Die Stadt Köln gehörte zum Bistum Aachen, Generalvikar in Aachen war Martin Wilhelm Fonck.

[89] Der Kölner Musiker Franz Anton Stockhausen gab 1816 mehrere Konzerte in Köln.

[90] Eine Rezension des „Taschenbuchs" durch Johann Peter Balthasar Kreuser konnte nicht nachgewiesen werden. Kreuser war 1816 21 Jahre alt und Hilfslehrer am Marzellengymnasium, 1817 begann er ein Studium an der Universität in Berlin. Zur Biografie Kreusers: Bartsch, Kreuser, 1991; Wegener, Literarisches Leben, Teil 2, S. 298–300.

Taschenbuch giebt. Den Abend fahre ich mit Geyr zu Mylius u. da ich später Lippe nicht zu Hause finde,[91] gehe ich zu Geyr Hendrix,[92] wo ich mit Joseph bis nach 9 bleibe.

Den 13. Januar [1816].

Der Rektor kommt noch jeden Tag. Netz wohnt bey Schlosser u. ißt meist bey uns. Mehrere Leute besehen meine Pferde, doch keiner kauft sie.[93] Caspar DeGroote ist mit den Landwehren wiedergekommen. Dumont schickt mir den Rest jener elenden Rezension, den ich Carové zeigen will; da ich diesen aber nicht finde, so bringe ich ihn an Dumont zurück, wo ihn aber Dr. Schmitz[94] |7r| so schlecht findet, daß er Dumont räth, ihn gar nicht einzurücken. Kreuser hat erklärt, er würde auf den Fall, daß Dumont nicht wolle, die Rezension in den Staatsbothen[95] rücken lassen. Ich erhalte zwey Blätter der Berliner Zeitung, in welchen über das Dombild von Voelker u. Hirt geredet wird,[96] diese nehme ich in den Olymp mit.

---

[91] Die Familie von Johann Carl Graf zur Lippe-Biesterfeld wohnte in Köln in dem von ihr 1810 gekauften Lippe'schen Palais, Blaubach 30. Nach dem Vorbesitzer des Gebäudes, Sigismund Graf zu Salm-Reifferscheidt, der es 1785 erworben hatte, wurde es auch als Palais Salm-Reifferscheidt bezeichnet. Das um 1750 errichtete Gebäude wurde 1893 abgebrochen. Vgl. Vogts, Kölner Wohnhaus, Bd. II, S. 566, 568–571, 752; Mosler, Beckenkamp, S. 70. 1792/97 ließ Joseph zu Salm-Reifferscheidt-Dyck das Palais Salm'scher Hof, Eigelstein 37, bauen, das nach einer Schätzung in der Franzosenzeit mit einem Wert von 18.000 Francs zu den acht teuersten Wohngebäuden Kölns gehörte. Das Gebäude wurde 1932 abgebrochen. Vogts, Kölner Wohnhaus, Bd. I, S. 346; Bd. 2, S. 597 f., 759. Zur Beziehung der Familie Salm-Reifferscheidt-Dyck zur Stadt Köln: Sachse, Dyck, S. 41 f.

[92] Maria Agnes von Geyr zu Schweppenburg, geb. Hendrickx war Witwe des 1814 gestorbenen Joseph Heinrich Emanuel von Geyr zu Schweppenburg. Sie wohnte Breite Str. 92.

[93] Groote bot die beiden Pferde, mit denen er Ende 1815 in Köln eingetroffen war, zum Verkauf an.

[94] Zur Biografie von Dr. Franz Palmatius Schmitz, einem engen Freund von Sulpiz Boisserée: Braubach, Cassel und Schmitz, S. 364–375. S. Boisserée machte K. Fr. Schinkel vor dessen Kölnbesuch im Sommer 1816 auf Schmitz aufmerksam: „Es ist der Medicus Dr. Schmitz, ein junger Mann von der erprobtesten Rechtschaffenheit, der ausgezeichnetsten Bildung und der klarsten, besonnensten Ansicht der Dinge. [...] Sie werden ihn gewiss gleich durch Groote sehen" (S. Boisserée an K. Fr. Schinkel, Heidelberg, 14. Aug. 1816; in: Wolff, Boisserée, Briefwechsel, S. 71 f.).

[95] Welt- und Staatsbote zu Köln.

[96] Dombild: Stephan Lochner, Altar der Stadtpatrone/Dreikönigsaltar, um 1445. Am 23. Nov. 1815 erschien in den Berlin. Nachr. ein kurzer Artikel von Völcker (vermutlich der Maler Johann Gottfried Völcker). Er bezieht sich auf einen Text von Aloys Hirt, in dem es um die Bedeutung des Danziger Bildes [Hans Memling, Das Jüngste Gericht, um 1470; siehe unten] und seine Zuschreibung zu einem Maler ging. Völkter erwähnte das Kölner Dombild: „Ich fühle mich dadurch veranlaßt, ein Bild anzuführen, welches im Dom zu Cöln vorhanden ist. [...] Die Composition ist groß und erhaben [...]. Ich finde in der Ausführung allerdings viel ähnliches mit dem Danziger Bilde; aber, aufrichtig zu gestehen, ist es wohl schwer, bei Kunstwerken die man so selten sieht, und nicht neben einander vergleichen kann, zu bestimmen, ob sie von demselben Meister sind. Allein ich erlaube mir die Bemerkung, daß jenes erwähnte im Dom zu Kölln aufbewahrte Bild, welches Philipp Kalf im Jahre 1410 gemalt hat, ein vortreffliches Meisterwerk ist" (Berlin. Nachr., Nr. 140,

Den 14. [Januar 1816]. Sonntag.

Früh bringt mir mein Vater schon Briefe von Groeben, die dieser auf seiner Durchreise durch Cöln in dem Posthause[97] Nachts 2 Uhr geschrieben hat. Sie sind so, daß jeder glaubt, er wolle sich todt schießen. Ein Brief an seine Braut, die ich heute oder morgen hier erwarten soll, sind [richtig: ist] darin. Im Dom sehe ich die Chezy.[98] Als ich von Wittgenstein[99] u. Schaaffhausen,[100] wo ich Besuch machte, zurück kam, fand ich ein Billet von ihr zu Hause, worin sie mich zu sich einladet, da sie bald wegwolle. Ich verbrenne es, u. werde nicht zu ihr gehn. – Hedemann speist bey uns. Ein Postknecht bringt meine Wäsche von Groeben. Nachmittag gehe ich zu Harff,[101] den ich nicht finde; bei Zuydtwyck[102] ist große Gesellschaft, u. Souper; sie laden mich dazu, ich gehe aber zu Geyr, wo ebenfalls großer Cirkel ist.[103]

---

23. Nov. 1815). A. Hirt antwortete in der folgenden Ausgabe der Zeitung, Nr. 141, 25. Nov. 1815: „In Beziehung auf die Anzeige des Herrn Völker im vorigen Stücke". Die Geschichte des Danziger Bildes wurde in dem von Friedrich Christoph Förster 1818 herausgegebenen Buch: Die Sängerfahrt. Eine Neujahrsgabe für Freunde der Dichtkunst und Mahlerey, zusammengefasst (S. II–VI). Zu Hirt: Sedlarz, Aloys Hirt, 2004. Ein Maler Philipp Kalf ist nicht nachgewiesen, Anfang des 19. Jahrhundert vermutete man seine Existenz.

[97] Posthaus: Glockengasse 25–27.

[98] Die Schriftstellerin Helmina von Chézy, 1816 bereits sehr bekannt, war die Tochter der Schriftstellerin Caroline Louise von Klencke und Enkelin der Schriftstellerin Anna Louisa Karsch. Zu ihr siehe oben.

[99] Der Kaufmann Johann Jakob Hermann von Wittgenstein wohnte im Wittgenstein'schen Hof, Trankgasse 9; das Haus erhielt später die Nr. 6; 1822: Trankgasse 6.

[100] Der Bankier Johann Abraham Schaaffhausen wohnte Trankgasse 25, in einem herrschaftlichen Palais, das er 1794 erworben hatte. Das Palais hatte der Familie zu Salm-Reifferscheidt-Dyck gehört und war prachtvoll ausgestattet. Es gehörte nach einer Schätzung in der Französischen Zeit mit einem Wert von 20.000 Francs zu den fünf teuersten Häusern Kölns (Vogts, Kölner Wohnhaus, Bd. I. S. 346). Zum Haus auch: Vogts, Kölner Wohnhaus, Bd. II, S. 623; Sachse, Dyck, S. 41 f.

[101] Vermutlich: Familie des 1814 gestorbenen Franz Ludwig von Harff zu Dreiborn, d.h. dessen Witwe Clara Elisabeth und Sohn Clemens Wenceslaus Philipp Joseph von Harff-Dreiborn. Die Familie wohnte Johannisstr. 59, im Harffer Hof.

[102] Das Palais Zuydtwyck, Gereonstr. 12 (zeitweise Nr. 18) wurde um 1758 von Johann Balthasar Joseph von Mülheim errichtet; seit ca. 1775 war es im Besitz der Familie Heereman von Zuydtwyck. Es enthielt „im Erdgeschoß des Hauptteils eine Bibliothek mit Archiv, einen Saal, ein Vorhaus mit Treppenhaus, zwei Speisezimmer, eine Küche, eine Nebentreppe, ein Bedientenzimmer, ein Bügelzimmer und zwei Wohnzimmer, im Obergeschoß acht Zimmer" (Vogts, Kölner Wohnhaus, Bd. I, S. 54, Grundriss: ebd., S. 52). Das Palais war eines der prächtigsten Wohnhäuser und nach einer Schätzung während der Französischen Zeit mit einem Wert von 24.000 Francs das wertvollste Wohnhaus in Köln (Vogts, Kölner Wohnhaus, Bd. I, S. 346). Hier wohnten Napoleon und Kaiserin Marie-Louise bei ihrem Besuch in Köln 1811 und der russische Kaiser 1814 (Demian, Ansichten, S. 260). Fernandine von Haxthausen, Schwester von Werner Moritz von Haxthausen, hatte 1805 Engelbert Heereman von Zuydtwyck geheiratet. Das Ehepaar lebte im Palais, an das sich ein großes Gartenareal anschloss. 1824 erwarb es der preuß. Staat und stellte es dem Kölner Erzbischof als Residenz zur Verfügung (Vogts, Kölner Wohnhaus, Bd. I, S. 121, Bd. II, S. 572–575).

[103] Vgl den Leitartikel der Köln. Zeitung, Nr. 8, 14. Jan. 1816: „Heute feiern wir das zweite Jahrge-

Den 15. Januar [1816].

Früh kommt der Rektor. Joseph läßt ein Bild holen, welches einem Herrn Fils gehört. Wir gehen mit Carové zum Rektor hin,[104] um seine Bilder zu sehn. Nachmittag kommt Herr Pastor Heinen, mich zu besuchen, u. bleibt bey uns. Ich erkundige mich nach General Doernberg, der wohl erst am 17.–18. kommen wird. – Mit Netz überlege ich künftige Reiseplane.

Den 16. Januar [1816].

Ich schreibe wegen Groeben u. wegen meiner Sachen an Schenkendorf.[105] – Mir ist hypochondrisch zu Muthe. – Abends gehe ich zu Carové. |7v| [Neun Zeilen Text sind gestrichen, die Schrift ist nur zum Teil zu lesen: zu Madame Grashof gebethen. Nach Tisch schreibe ich an v.d. Wenge u. lese Kluge über den Magnetismus. – Abends gehe ich mit Pastor Klein u. Carové zu Frau Grashof, woselbst die Frau v. Geyr. Wir bleiben bey Gesang, Thee u. Wein da bis gegen 11 Uhr. Den 17. Januar. Ich sende an v.d. Wenge nebst meinem Briefe 3 Taschen-Bücher. In der Kölnischen Zeitung steht eine Ehrenmeldung, in dem gestrigen Verkündiger ein Sonett von Dr. Smets. Ich gehe, Carové meinen Muscaplut u.]

Den 17. [Januar 1816].

Ich habe Kluge, über den Magnetismus zu Ende gelesen. Mit dem Rektor gehe ich, ein Bild des Obrist Rül[106] bey Fuchs zu sehen,[107] dann in die PetersKirche,[108]

---

dächtniß unserer Befreiung aus dem Franzen-Joche durch die Ankunft der verbündeten Truppen. Wohl mag uns dieser denkwürdige Tag zur Freude begeistern, wenn wir einen Rückblick in die Vergangenheit werfen, und den unendlichen Jammer, den er uns erspart hat, mit den Aussichten der Gegenwart im Geiste zusammenstellen."

[104] Rektor G. C. Fochem wohnte am St. Katharinengraben 3.

[105] Max von Schenkendorf hielt sich seit Ende 1815 in Koblenz auf und wartete auf die Entscheidung über seine Anstellung als preuß. Staatsbeamter. Er wurde im Nov. 1816 bei der Regierung in Koblenz vereidigt. Vgl. Schoof, Schenkendorfbriefe, S. 165 f. Am 17. Jan. 1816 schrieb er an die mit ihm befreundete Henriette von Reden: „Wie es in der Politik zugeht, und wie in Preußenland? Ich schweige lieber davon, weil ich manches Einzelne was in den letzten Tagen vorgegangen nicht vertreten mag noch kann, aber zuviel Ehrfurcht und Liebe zu dem Vaterlande habe um öffentlich zu schelten, was ich im Herzen beklage. Darum gebe ich nichts verloren und lasse Muth und Haupt nicht einen Augenblick sinken. Viele meinen, Preußen thäte jetzt Rückschritte und jubeln darüber – ein kleiner Nachwinter, ein Nachtfrost der auch wohl im schönen Blüthenmond kömmt ist darum noch kein Rückschritt, und man kann darum doch nicht aufhören an den Frühling zu glauben" (M. von Schenkendorf an H. von Reden, 17. Jan. 1816; in: Schoof, Schenkendorfbriefe, S. 171).

[106] O. A. Rühle von Lilienstern wurde zwischen 1805 und 1815 von Gerhard von Kügelgen porträtiert; vermutlich sah Groote jedoch ein Porträt Rühles, das als Lithografie publiziert war.

[107] Wahrscheinlich ist der Maler und Restaurator Maximilian Heinrich Fuchs gemeint, der in der Sternengasse 64 (Haus zum Engel) wohnte.

[108] Die Anfang des 16. Jh.s erbaute Kirche St. Peter war für E. von Groote von besonderer Bedeutung, weil sich hier das Gemälde von P. P. Rubens, Die Kreuzigung des Petrus, befand. Siehe unten.

in die Apostelkirche[109] u. Taback kaufen.|: 3.10:|[gestrichen: Abends sitze ich bey Carové] Ich wollte Nachmittag zu Carové u. mit ihm zu Dumbeck gehn, allein, das [gestrichen: mir ist – zum Theil aus eigener Schuld – schlecht zu Muthe] Wetter ist uns zu wüst. Bey Dumont u. bey Mosler[110] suche ich die Berliner Zeitung vom 26. October 1815[111] umsonst. Abends erhalte ich noch Briefe von Groeben, u. bald nachher wird mir die Ankunft der Frau von Doernberg gemeldet. Ich gehe zu ihr in den Kaiserlichen Hof,[112] u. bleibe bis spät dort.

---

[109] St. Apostelnkirche. Siehe unten.

[110] Bei Buchhändler und Verleger DuMont sowie bei Zuckerbäcker und Wirt Mosler/Moseler konnten offenbar aktuelle Zeitungen eingesehen werden.

[111] In den Berlin. Nachr., Nr. 128, 26. Okt. 1815 erschien der Artikel: „Nothwendige Empfindungen und fromme Wünsche bei dem Anblick der wiedereroberten preußischen Kunstschätze." Der Text vergleicht die zeitgenössische franz. und deutsche Kunstentwicklung und äußert die Hoffnung auf eine Erneuerung der deutschen Kunst. Als notwendige Bedingung dazu wird die Einrichtung eines zentralen Kunstmuseums in Berlin gefordert: „Wir dürfen nur das Bedürfniß dazu fühlen, und lebendig genug fühlen, um darum zu bitten, so wird unser guter König, der die Macht und den Werth der Künste so mannigfach zu bewundern Gelegenheit hatte, gewiß seiner treuen Stadt Berlin, jetzt dem Mittelpunkt des lebendigsten Deutschlands, die Errichtung eines zugänglichen Museums nicht versagen, von welchem es allein abhängt unsern wohlgesinnten Kunstjüngern einen Sporn und ein Ziel zu geben, ihre Bestrebungen zu entwickeln. [...] In den Schlössern zerstreut sind sie todt, und nichts, und ohne Wirkung, das haben wir erlebt. Es ist ein trauriger Gedanke, daß die Werke der größesten Menschen nichts hervorbringen sollen, als irgend einem Aufseher dann und wann ein Trinkgeld. [...] Wir haben nicht Kunstwerke genug, sie zerstreuen zu können, wenn wir sie vereinen, haben wir genug, um zu lernen. Wenn sie wieder getrennt werden, sind sie nicht viel besser, als wieder verloren. Man muß sie zusammen haben, aus allen zusammen nur kann man Eines ganz verstehen. [...] Bitten wir unsern Herrn, seinem Volke in Mitten des Friedens mit diesen gerechten Wiedereroberungen des Kriegs einen Kunsttempel im Herzen seines Staats, in Berlin, auszuschmücken, so werden die einzelnen Städte mit Freuden sich erbieten, was ihnen im Einzelnen höchstens eine Kuriosität ist, die dem vorzeigenden Küster zwölf Groschen einträgt, im Museum des Staats als ein Kapital aufzustellen, dessen Zinsen dem Staate eine ewige Quelle der Bildung werden, und nur so ihnen auch von lebendigem Nutzen seyn werden." Ein zweiter Teil des Artikels wurde fünf Tage später publiziert: „Worte des Danziger Bildes, das jüngste Gericht vorstellend, an seine Freunde." Hier heißt es: „Dieses Bild ist kein Gegenstand lutherisch-christlicher Andacht [...]. Dieses Bild ist durchaus Gegenstand der Kunst geworden, und zwar der lehrenden Kunst, in einer Kirche aber ist der Ort nicht, die Kunst zu studieren. Wäre der Gegenstand dieses Bildes irgend ein großer Moment der Danziger Geschichte, so gehörte es nothwendig nach Danzig. Aber dieses Bild ist ein hoher reicher Inbegriff der lehrenden Mahlerei, und sollte also platterdings da stehen, wo der Staat den Mittelpunkt aller Lehre hat, in Berlin." Das Danziger Bild selbst, so der Text, fordert auf: „Ersucht euren Herrn und König, diese Trophäen des Kriegs zur Kunstbelebung des Friedens in einem preußischen deutschen Museum aufzustellen" (Berlin. Nachr., Nr. 130, 31. Okt. 1815). Die Artikel sind nicht unterzeichnet, möglicherweise stammten sie von Clemens Brentano. Siehe unten. Zur Entwicklung der Kunstmuseen im 18. bis zu Beginn des 19. Jh.s vgl. den Sammelband: Savoy, Tempel der Kunst, 2006.

[112] Das Kaiserliche Hof befand sich seit 1794 in der Breite Str. 36. Demian, Ansichten, S. 331: „Die vorzüglichsten Gasthöfe in Köln sind gegenwärtig der kaiserliche Hof auf der Breitstrasse; die Stadt Prag auf dem Neumarkt; die Stadt Mainz in der Klöckergasse, der fahrenden Post gegenüber; der weisse Thurm auf der Breitstraße; die Krone aufm Heumarkt; der heilige Geist auf dem

Den 18. [Januar 1816]. Friedensfest. [113]
Mir ist – zum Theil aus eigner Schuld – ∼∼ schlecht zu Muthe. Mit Dörnbergs gehe ich in den Dom, woselbst Tedeum[114] ist. |: 9 S. :| Die Gräfinn Lippe ist dort. Nachher kommt der General Doernberg an. Nach Tische fahre ich mit ihnen zum Rektor, |: 3.10 :| wo Selma ein krampfhaftes Uebel bekommt, woraus ich mir Groebens Unmuth erklären kann.[115] Am Abend fahren wir zu meinen Schwestern, woselbst Frau v. Geyr Henriks u. Jette u. Nette Geyr |8r| u. Carové hinkommen. Es ist mir höchst unwohl, u. fieberhaft lege ich mich zu Bette. Carové nimmt den Kluge u. den Wilhelm v. Oranse[116] mit.

Thurnmarkt und der grosse Rheinberg bei dem Markmannsgassenthor, an der Anfahrt zur fliegenden Brücke." Im Kaiserlichen Hof war 1814 der Kronprinz von Preußen abgestiegen, 1815 wohnten hier J. W. von Goethe und Fr. K. vom und zum Stein (Bayer, Köln, S. 201, Anm. 78). Der Engländer Henry Barry berichtete über seinen Aufenthalt im Hotel 1822: Die table d'hôte „war wirklich ausgezeichnet. Die Karpfen und die köstlichen Rheinfische, die deutschen Suppen, Rehbockbraten und Wildschwein wurden in endlosem Ueberfluß aufgetischt. Rehbock- und Wildschweinbraten kündet der Wirt mit lauter Stimme selbst an; sie werden jedem Gast zweimal angereicht, damit man sie nicht irrtümlich oder versehentlich vorbeigehen läßt. Die weißen und roten Rheinweine sind von hervorragender Güte. Die schönsten duftigen Blumen wurden im Laufe des Mittagsmahles rundgetragen, und das Ohr ergötzte sich an den lebhaften und feinen Klängen zweier Mandolinen und einer von einer jungen Dame gespielten Harfe" (Barry, Excursion, S. 189).

[113] Am 18. Jan. 1816 feierte man in vielen deutschen Orten ein „Friedensfest", das an die Toten der Kriege von 1813, 1814 und 1815 erinnern sollte. Auch in Köln gab es an diesem Tag eine Reihe von Feiern. Im Welt- und Staatsboten zu Köln, Nr. 10, 18. Jan. 1816, inserierte der Weinzäpfer und Wirt Richard Lieber, Komödienstr. 34: „Heute bei Gelegenheit des frohen Friedensfestes wird die erste Abonnements-Redoute bei mir eröfnet, welches ich einem geehrten Publikum hiemit anzeige." Friedrich Schirmer, 1815 und 1816 Direktor des Kölner Theaters, warb in derselben Ausgabe: „Heute Donnerstag den 18. Jan., zur Friedensfeier und zum Besten der verunglückten Bewohner Danzigs: Ein Prolog von C. M. Bläsing. Hierauf: Deutsche Treue, Ritterschauspiel in 5 Abtheilungen. Zum Beschluß: Der Preussen Losungsworte, nach Schillers drei Worten, von E. Stein, in Musik gesezt von einem hiesigen Tonkünstler." Ganz ähnlich: Köln. Zeitung, Nr. 9, 16. Jan. 1816. Gespielt wurde im Kölner Theater in der Schmiergasse/Komödienstraße. Vgl. Merlo, Geschichte, S. 196-198. (In Danzig hatte die Explosion eines Pulverturms viele Opfer gefordert). Nach der Feier berichtete der Welt- und Staatsbote: Zur Feier des Friedensfests „hat die hiesige zahlreiche aus Kavallerie, Pioniers, Artillerie, vier Rheinischen Ersatz-Bataillons und zwei Rheinischen Landwehr-Infanterie-Regimentern bestehende Garnison sich Morgens vor 10 Uhr auf dem hiesigen Neumarkt versammelt, von wo ab selbige zu Abhaltung des Gottesdienstes jeder nach seinem Glaubensbekenntniß, nach der Minoriten- und St. Apostel-Kirche geführt wurde [...]. Nach Beendigung des beiderseitigen Gottesdienstes paradirte die Garnison auf dem Neumarkt, es wurde unter präsentirtem Gewehr: Es lebe der König! ausgerufen, worauf ein dreimaliges Hurrah unter Abfeurung des Geschützes und klingendem Spiel erfolgte, und nachher en Parade vorbeimarschirt wurde. Im Dom war feierlicher Gottesdienst und Te Deum, welchem die hiesigen Lokalbehörden und die Bürgermilitz in großer Haltung beiwohnten. Möge dieser Friede von langer Dauer seyn!" (Welt- und Staatsbote zu Köln, Nr. 11, 20. Jan. 1816).
[114] Te Deum Laudamus: Anfang eines christlichen Gesangs zum Lobe Gottes.
[115] C. von der Groeben an Leopold von Gerlach, Düsseldorf, 29. Apr. 1816: „Auf den Juni hoffe ich zu heiraten, weil Selma sich gebessert hat. Ich gehe mit unbefangenem Herzen meiner Seligkeit oder meinem Leiden, das am Ende doch zu ersterem führt, entgegen" (in: Aus Gneisenaus Hauptquartier, S. 246).

Den 19. [Januar 1816].

Es ist mir noch nicht besser. Der Rektor kommt früher. Tolle Briefe von Schenkendorf u. Groeben, die sich über meine Angst wegen Groebens Brief ärgern u. kränken, quälen mich noch mehr. Mit Netz gehe ich später nach Deutz, zum Generalvicar,[117] der mich hat zu sich bitten lassen, in der Voraussetzung meiner baldigen Reise nach Berlin. |:5 S.:| Ich sehe General Doernberg noch, der mit seinem Regiment herüber kommt. – Joseph ist mit meinem Braunen nach Brühl geritten. – Nach Tisch kommt Wallraf. – Doernberg hat mir noch einige Sachen für Groeben geschickt. Ich schreibe ihm dazu.

Den 20. [Januar 1816].

Louis Boeking bringt mir eine Bittschrift wegen seiner Mühle, die ich berichtigen soll. Louis Mirbach, Klein u.a. kommen zu mir. Nachmittag gehe ich zu Lieversberg, der mir sagt, die Sachen wegen meiner Reise seien im Stadtrath vorgebracht, aber stille ad acta gelegt worden. Wegen der Beybehaltung Sacks solle eine Bittschrift eingereicht werden. – Bey Carové sehe ich schöne Bücher; die dänischen Mähren von Grimm,[118] Hagens Grundriß,[119] etc. – Abends ist im Olymp nichts besonderes.

Den 21. [Januar 1816].

Netz geht fort. Ich muß ihm noch etwas Geld zur Reise geben. |:5 Fr.:| Er fährt nach Wesel, wo er das weitere über unsre Berliner Reise erwarten will. Er läßt mir seinen Taback von Amsterdam.[120] – Ich lese Goerres Physiologie.[121] Nach der Messe im Dom gehen wir zur Frau v. Geyr, Glück zu wünschen.[122] Es verbreitet sich das Gerücht, daß Graf Solms kommen werde. Ich habe Briefe von Selma Doernberg, welche Bücher verlangt, die sie vergessen, aber die ihr Vater später mitgenommen. |8v| Auch von Gröben erhalte ich Briefe an sie. – Hedemann[123] läßt mich zu sich bitten, und als ich gegen 5 Uhr gehe, bringt er mir mit Krassheit

---

[116] Wilhelm von Oranse (Willehalm von Oranse) oder der Heilige, Althochdeutsches Gedicht.
[117] Der erzbischöfliche Generalvikar J. H. J. von Caspars zu Weiss hatte seinen Amtssitz 1816 in Deutz, im Haus Im Bäumchen/Im Grünen Baum (Simons, Geschichte, S. 171; Hegel, Erzbistum Köln zwischen Barock, S. 537).
[118] Wilhelm Grimm, Altdänische Heldenlieder, Balladen und Märchen, 1811.
[119] Friedrich Heinrich von der Hagen, Johann Gustav Gottlieb Büsching, Literarischer Grundriß zur Geschichte der Deutschen Poesie von der ältesten Zeit bis in das sechzehnte Jahrhundert, Berlin 1812.
[120] Vgl. Groote, Tagebuch, Bd. 1, 15. Dez. 1815, S. 272.
[121] Joseph Görres, Exposition der Physiologie, Koblenz 1805.
[122] Der 21. Januar ist der Namenstag der Heiligen Agnes. Vermutlich handelte es sich um Glückwünsche zum Namenstag von Maria Agnes von Geyr zu Schweppenburg, geb. Hendrickx.
[123] Zu Lieutenant Hedemann ließen sich keine weiteren Informationen finden.

vor, er liebe meine Schwester. Ich finde ihn kurz ab, und werde ihn bald ganz zurecht bringen. – Abends schreibe ich den Bericht für Boeking, u. antworte auf einen Brief Jacobis, der mich wegen den Zeitungsartikeln rücksichtlich der Kunstreklamationen zu Rede stellt.[124]

Den 22. [Januar 1816].

Ich schreibe an Selma u. an Gröben. Boeking holt seinen Bericht. Mit Rektor u. Joseph konferire ich wegen des Heyrathsantrags, die ihn toll finden, u. glauben, er müsse kurz abgethan werden. Ich nehme ein Billet für das Guittarrekonzert von Carmelo.[125] |:2 Fr.:| Nach Tisch reite ich selbst mit zu sehen, daß meinem Braunen 2 Hintereisen ordentlich aufgeschlagen werden. Der Tod des Herrn Friedrich v. Mylius wird gemeldet.[126] Im Conzert spielt Herr Carmelo künstlicher als angenehm.

Den 23. [Januar 1816].

Joseph reitet auf dem Braunen nach Rheindorf. Ich packe meinen Taback in Töpfe, u. lese die alte geschriebene Geschichte der 4 Haimonskinder.[127] – In der

---

[124] Dies bezieht sich wohl auf die Artikel, die während des Jahres 1815 im Rh. Merkur zum Thema der Rückerstattung der von Frankreich geraubten Kunstwerke erschienen waren. An der Entstehung einiger dieser Artikel war Groote beteiligt. Möglicherweise war der erwähnte Brief von dem 1815 in Paris mit den Reklamationen für Preußen betrauten Kriegskommissar Jacobi/Jakobi.

[125] Annonce im Welt- und Staatsboten zu Köln, Nr. 8, 14. Jan. 1816: „Montag, den 22. dieses Monats, wird Unterzeichneter ein Vokal- und Instrumental-Konzert zu geben die Ehre haben. Einige seiner in hiesiger Stadt gebildeten Schüler werden dabei von seiner Lehrmethode Beweise ablegen, er selbst aber sich auf einer mit 36 Saiten bezogenen Guitarre hören lassen. Die Musikfreunde, so nicht subscribirt haben, können jedoch für den Eintrittspreis von 2 Franks diesem Konzerte beiwohnen. Das Lokal wird näher angezeigt werden. P. Carmelo, Professor aus Neapel." Einige Tage darauf präzisierte eine Anzeige: Das Konzert wird „im Saale des Herrn Lempertz" stattfinden, „Billete sind im italiänischen Kaffeehause zu haben" (Welt- und Staatsbote zu Köln, Nr. 10, 18. Jan. 1816). Bereits 1815 war Carmelo, der sich seit 1813 in Europa auf Konzertreise befand, in Köln aufgetreten und hatte in der Köln. Zeitung, Nr. 117, 18. Juli 1815 annonciert: „Herr Carmel wird unter andern ein Stück, betitelt, die Schlacht bei Paris, den Herrn Offizieren gewidmet, auf der Guitarre ausführen." Der Saal des „Weinzäpfer[s] u. Caffe-Schenk[s]" Johann Peter Lempertz, Domhof 9 war ein beliebter Ort für Bälle und andere Veranstaltungen. Demian, Ansichten, S. 332: „Die besuchtesten Bälle werden bei Lemperz auf dem Domhofe und bei Sittmann im Kuhberge gehalten." Das Lokal „Der alte Kuhberg" lag in der Schnurgasse.

[126] Der Geistliche Georg Friedrich von Mylius starb am 22. Jan. 1816. Totenzettel: „Betet für die Seele des im 75ten Jahr Seines Alters am 22ten Monats Januar 1816, Abends nach fünf Uhr, verstorbenen Herrn Georg Friedrich von Mylius, gewesenen Domkapitulars zu Köln und Erzpriesters in Aachen. Er ward gebohren den 28. Mai 1741; Er starb an einem kurzen mit höchster Ergebung in den Willen Gottes überstandenen Katarrhal-Nervenfieber, nachdem Er mit größter Auferbaulichkeit, durch die heiligen Sakramente der Sterbenden vorbereitet war. Seine Seele ruhe im Frieden!" (Totenzettelsammlung, Universitäts- und Stadtbibliothek Köln).

[127] Das Buch mit der Erzählung zu den vier Haimonskindern „in holländischer alter Sprache" hatte Groote am 16. Dez. 1815 in Utrecht gekauft (Groote, Tagebuch, Bd. 1, S. 272 f.).

Zeitung steht schon, daß Graf Solms unser Ober Präsident wird.[128] Ein Preußischer Postmeister Mittag[129] scheint sich als Post Commissar zur Uebernahme des Posten legitimirt zu haben, u. reicht zu beantwortende Artikel ein. Abends sitzt Carové bey mir, u. wir reden mancherley über unsere Plane für die Zukunft.

Den 24. [Januar 1816].

Ich fahre mit dem Vater, Carl u. Herrn Sieger nach Kitzburg. Joseph u. Herr Bachem sind da, u. wir sind daselbst munter zusammen, bis gegen 4 Uhr, wo jene zurückreiten, jene fahren. Stille Oerter, die ich im Garten u. im Hause schnell nochmal einsam durchlaufe, regen in mir manche Erinnerung friedlich in ihnen durchlebter Vergangenheit wieder auf. – Abends hören wir die Entbindung der Frau v. Mylius von einem Sohne.[130] Pferderezepte. |9r|

Den 25. [Januar 1816]. Donnerstag.

Ich lese die Physiologie von Görres zu Ende, u. sehe einige alte Sachen nach. Später gehe ich auf den Neumarkt[131] u. bey Mosler, um die Berliner Zeitung wegen des Aufsatzes über die nothwendige Empfindung etc. zu haben, allein, auch dort finde ich sie nicht. In der Kölnischen Zeitung steht ein Aufsatz aus der Berliner über Köln, wahrscheinlich von StaatsRath Süvern.[132] – Nachmittag kommt Dumont zu mir wegen meines Buchs. Ich gebe seiner Bitte nach, es mit lateinischer Schrift zu drucken, weil er auf die deutsche zu lang warten müsse. Dann sind ihm 25 Frey Exemplare zu viel, u. ich lasse mich mit 10 begnügen. Allein, auf das Honorar von 14 Louisd'or halte ich fest. Im heutigen Conzert will er mir seine endliche Entschließung sagen. Das: Hingabe an die Täuschung, will ihm bey dem Capitel über die Religion zu grell bedünken, u. ich will ihm, weil [er] es sehr zu wünschen scheint, nachgeben, nun Hingabe an die Kunst, Liebe u. Religion zu setzen. – Im Conzert stellt mir Dumont nochmal vor, wie ich ihn doch als einen Anfänger so glimpflich als möglich behandeln müsse, und nachdem er sehr bittet, sage ich ihm die Schrift zu 10 Louisd'or zu, u. wiederhole nur nochmal die Erklärung, daß es mir weit angenehmer seyn würde, sie mit deutschen Lettern gedruckt zu sehen. – So bleibt es einstweilen.

---

[128] Vgl. Welt- und Staatsbote zu Köln, Nr. 12, 21. Jan. 1816 u. Köln. Zeitung, Nr. 13, 23. Jan. 1816.
[129] Mittag wurde in Koblenz als Post-Organisations-Commissarius, später als Oberpostdirektor eingesetzt; vgl. Die Post zu Coblenz, S. 15.
[130] 24. Jan. 1816: Geburt von Hermann Anton Balthasar von Mylius, Sohn von K. J. von Mylius u. Maria Agnes Walburga, geb. von Geyr zu Schweppenburg. Vgl. Der Verkündiger, Nr. 220, 7. März 1816.
[131] Seit 1815/16 wurden die umfangreichen Gebäude am Neumarkt 2 (ehemals Nesselroderhof) und 4 (ehemals Blankenheimerhof) von der preuß. Armee als Kasernen genutzt. Hier befand sich auch ein Offizierskasino, in dem vermutlich aktuelle Zeitungen eingesehen werden konnten. Vgl. Rohde, Kasernen, S. 50–58. Ich danke Jens Rohde für weitere Erläuterungen.
[132] Köln. Zeitung, Nr. 14, 25. Jan. 1816. Siehe oben.

Den 26. [Januar 1816].

Ich versuche eine Umsetzung des Schwanenritters aus dem altholländischen ins deutsche.[133] Carové kommt |9v| und wir bereden mancherley über künftige Arbeiten. Ich wollte auf den Abend zu ihm kommen. Allein, bald nach Tische kommt Schillings u. später Hedemann, die bis nach 7 sitzen bleiben. Der Bürgermeister v. Mylius schickt mir seinen Aufsatz über die Universitaet[134] und auch den meinigen[135] mit einem schmeichelhaften Briefe.[136] Jenen von Mylius bringe ich meinem Vater.

Den 27. [Januar 1816].

Schillings kommt bey Zeiten zu mir zum Frühstück. Nach ihm der Rektor. Joseph erhält Briefe von Sulpitz.[137] Critik über das Taschenbuch,[138] Nachricht über alte Dom-Risse etc.[139] Später gehe ich mit Schillings in den Dom zum Begräbniß des Herrn v. Mylius, dann an den Rhein u. später zu Herrn Verkenius,

---

[133] Groote hatte in Utrecht am 16. Dez. 1815 die in „holländischer alter Sprache" verfasste Sage vom Schwanenritter gekauft (Groote, Tagebuch, S. 272 f.).

[134] [K. J. von Mylius], Einige Worte über den künftigen Sitz der Rheinischen Universität. Von einem Cölner, Köln 1816. Hinweis: Groote nutzte in seiner Schreibweise vor allem in Namen für den Umlaut ä und ae oft auch ee. Die Schreibweisen ae und ee sind häufig nicht klar zu unterscheiden. In der Transkription wird durchgängig ae verwendet.

[135] E. von Groote, Denkschrift zugunsten der Kölner Universität 1815/16 (HAStK, Best. 1553, A 1/33–37). Siehe Briefe und Schriften.

[136] K. J. von Mylius an E. von Groote, Köln, 26. Jan. 1816, Entwurf (HAStK, Best. 400, A 667, Bl. 21).

[137] S. Boisserée notierte in seinem Tagebuch am 21. Jan. 1816: „Brief an Groote geschlossen" (S. Boisserée, Tagebücher, Bd. I, S. 299).

[138] Über das „Taschenbuch" hatte Goethe an S. Boisserée geschrieben: „Im Ganzen kann ich jedoch trotz aller Frömmelei keine wahre Frömmigkeit, d.h. nicht Ernst noch Kritik noch Methode darin finden. Behalten Sie diese Meinung für sich, wir überlassen billig das Uebrige einer geliebten Lesewelt, sowie barmherzigen und unbarmherzigen Recensenten" (J. W. von Goethe an S. Boisserée, Weimar, Dez. 1815; in: S. Boisserée, Briefwechsel, Bd. II, S. 93). S. Boisserée hatte das „Taschenbuch" am 15. Dez. 1815 erhalten (S. Boisserée, Tagebücher, Bd. I, S. 294). In Boisserées Brief an Goethe vom 21. Dez. 1815, der sich mit dem Goethes an ihn gekreuzt hatte, hieß es: „Das kölnische Taschenbuch für Freunde altdeutscher Kunst, wird gewiß auch schon zu Ihnen gekommen seyn und Ihnen eine ähnliche Schadenfreude gewährt haben, wie jene heilige Familie in altdeutscher Toilette bei Schlosser. Wir sagen hier abermals, Herr, bewahre uns vor solchen Freunden, mit unsern Feinden wollen wir schon fertig werden! Was mich am meisten bei der Sache freut, ist, daß ich zu der erbaulichen Bruderschaft keinen Beitrag gegeben habe" (S. Boisserée an J. W. von Goethe, Heidelberg, 21. Dez. 1815; in: S. Boisserée, Briefwechsel, Bd. II, S. 91). Insbesondere den Aufsatz Wallrafs im „Taschenbuch" über das Dombild (Stephan Lochner, Altar der Stadtpatrone/Dreikönigsaltar, um 1445) kritisierte er spöttisch: „O du liebe, heilige Albernheit! Wallraf mag Gott danken, daß ich ein so guter Gesell bin und das Alter ehre, sonst würde ich nicht unterlassen, mein Pritschholz zu schwingen!" (ebd., S. 92).

[139] Möglicherweise hatte S. Boisserée in seinen Briefen an Joseph von Groote kritische Bemerkungen zum „Taschenbuch für Freunde" geäußert und auch über die kurz zuvor in Paris entdeckten Domrisse berichtet.

der Berliner Zeitung wegen. Zu Hause finde ich Hedemann, Pater Anastasius u. der Bürgermeister DeGroote[140] ist wieder da. Nach Tische lese ich in Lucii Paleotimi, Summa originum ecclesiasticarum[141] u. gehe dann auf den Neumarkt, wo ich aus der Rezension über Fiorillo eine Stelle über das Dombild kopiere,[142] das Oracle über die Untersagung des Merkurs,[143] u. in der Berliner Zeitung die Ordensvertheilung u. StandesErhöhung mancher hiesiger Herrn lese.[144] – Im Olymp sagt mir Dr. Cassel,[145] wie er Morgen den Prof. Hauf zu kapituliren[146] gedenke, weil er von Kaspar, den er in der Schule geschimpft u. mißhandelt, da dieser sich verantwortet, nach Satisfaction verlange. Ich habe ein Billet zu Stockhausens Harfenkonzert nehmen müssen.[147] |:3 Fr.:| – Mir ist noch immer so unsicher, unmuthich, hipochondrisch zu Muthe. –

---

[140] Heinrich Joseph Anton Melchior von Groote, genannt „Bürgermeister de Groote/Degroote".
[141] Lucii Paleotimi, Antiquitatum Sive Originum Ecclesiasticarum Summa: Ex Probatissimis Scriptoribus Desumta. Accessit Noviter Ichnographia Veteris Templi Christianorum, Vindelicorum 1767.
[142] Johann Domenicus Fiorillo hatte 1815 den 1. Band seiner Geschichte der zeichnenden Künste in Deutschland und den vereinigten Niederlanden veröffentlicht. Drei weitere Bände erschienen bis 1820. Groote las eine Rezension des 1. Bandes, in dem auch das Dombild besprochen wurde, im Aug. 1816 las er das Werk selbst. Über das Dombild schrieb Fiorillo: Die „Krone" der „höchst merkwürdigen Kunstalterthümer" in Köln ist „ein großes Bild in drei Abtheilungen, sehr reich an Figuren in voller Lebensgröße, auf Goldgrund, welches ehedem in der Kapelle des Rathhauses befindlich war. [...] Es war unstreitig die Aufgabe und Absicht, die Schutzpatrone der Stadt vereinigt vorzustellen. Dieses Bild ist einzig in seiner Art, wie auch der unvollendete Dom zu Cölln einzig in seiner Art, mehr noch wegen der hohen einfachen Schönheit des Styls, als wegen der Größe der Anlage" (Fiorillo, Geschichte, Bd. 1, S. 415). Ebd., S. 417: „In einem Werke, wie dieses, liegt die ganze Kunst beschlossen; und etwas Vollkommneres, von Menschenhänden gemacht, kann man nicht sehen." Das Gemälde befindet sich seit 1810 im Kölner Dom.
[143] Groote bezog sich auf das Verbot des Rh. Merkur vom 3. Jan. 1816.
[144] Die Berlin. Nachr., Nr. 9, 20. Jan. 1816 berichteten ausführlich über die feierliche Ordensverleihung, die am 17. Januar in Berlin stattgefunden hatte. Der Artikel nennt die Verleihungen des Adlerordens, des Eisernen Kreuzes und andere Orden und Ehrenzeichen sowie Titelerteilungen und Standeserhöhungen. Weitere Berichte dazu folgten in: Nr. 10 u. 11, 23. u. 25. Jan. 1816. Auch die Köln. Zeitung, Nr. 16, 28. Jan. 1816 widmete dem Thema einen langen Artikel.
[145] Der Naturwissenschaftler und Mediziner Fr. P. Cassel unterrichtete von 1806 bis 1817 an der Kölner Zentralschule bzw. am Gymnasium. Auch Prof. Hauff lehrte dort. Vermutlich war es zu einem Konflikt mit Eberhard von Grootes jüngerem Bruder Caspar Joseph Heinrich, geboren 1798, gekommen.
[146] kapitulieren, hier vermutlich: zur Rede stellen.
[147] Annonce in der Köln. Zeitung, Nr. 16, 28. Jan. 1816: „Unterzeichneter wird die Ehre haben, während seines Besuchs in seiner Vaterstadt, auf gütiges Begehren, Dinstag den 30ten Jänner, im Lempertzschen Saale auf dem Domhof, Konzert auf der Harfe zu geben, wozu er alle Musikfreunde höflichst einladet. Eingangs-Karten sind zu haben bei Herrn Lüttgen unter Fettenhennen, No. 17. Eingangspreis 3 Franken. Franz Stockhausen."

Den 28. [Januar 1816]. Sonntag.

Nach der Dommesse erfahre ich, daß General Thielmann[148] im Kaiserlichen Hof gestern Abend angekommen seyn soll. Ich suche ihn dort u. bey Lippe, ohne ihn zu finden. Von Ernst Lippe geht |10r| der Hofrath Fuchs mit mir nach Hause, meinen Bericht über die Universität zu lesen. Er ist ein freundlicher, verständiger lieber Mann. – Ernst Lippe hat mich nicht zu Tisch, sondern nachher zu sich geladen. Bey uns speist der Preußische Postmeister Mittag, Carové u. Wallraf. In einer Untersuchung des Locals in dem Jesuiten Collegium für Wallrafs Sachen, ist einstweilen wieder ausgemacht worden, nichts zu thun, da man noch nicht wisse, was bey einer künftigen Universität über das Gebäude beschlossen werden dürfte!

Nach Tisch kommt Georg Rolshausen zu mir, der nach Berlin will. Ich gehe zu Ernst Lippe, wo der General mich gar freundlich empfängt, u. obgleich ich noch nicht viel mit ihm reden kann, mir doch bedeutet, daß Er mein Betragen nicht im mindesten tadelt. Er fährt zu Frau v. Harff, ich gehe zu Carl Lippe, der mir vorwerfen will, warum ich ihn nicht besucht habe, u. sich sehr wundert, da ich ihm bezeugen lasse, daß ich 4–5 mal da war, ohne ihn zu finden. Seine Frau[149] sieht sehr schön u. wohl aus. – Bald kommt der General hin, u. da auch Carl mich nicht bittet zu bleiben, so gehe ich gegen 9 U. fort. Der General will, ich solle morgen mit ihm zur PetersKirche, zu Wallraf u. dem Rektor fahren. Zu diesem gehe ich, um ihn zu benachrichtigen. Carl Lippe ladet mich auf morgen zu Tisch.

Den 29. [Januar 1816].

Der Rektor kommt schon früh. Um 10 U. gehe ich zum General, dem ich unser Taschenbuch bringe, da er das erste nur erst in Münster erhalten kann. Wir fahren umsonst in die Kirche, da man uns das Bild während der Messen nicht zeigen kann. Den Rektor begrüßt der General mit viel Freundlichkeit, und sieht seine Bilder nochmal an. Um 11 hat er versprochen, mit General Ende um die Vestungswerke zu fahren.[150] Ich fahre nochmal mit ihm zum Kaiserlichen Hof; wo er mir für den Rektor einen Abdruck des Siegelrings von Kaiser Otto (Oddo rex) giebt, welchen Ring |10v| der Obrist Rühl gekauft hat, u. dann zeigt er mir zwey Gemälde seiner Frau[151] auf Sammet. Ich führe Ihn zu General Ende, u. gehe zu Carové, wo Klein u. Elkendorf.[152] Diese überlegen eine gemeinschaftli-

---

[148] E. von Groote war im Feldzug 1815 als Freiwilliger dem III. preuß. Armeekorps unter Kommandant Johann Adolph von Thielmann zugeteilt. Dieser war Ende 1815 zum Kommandierenden General in Westfalen ernannt worden.
[149] Bernhardine Agnete Klara Luise zur Lippe-Biesterfeld, geb. Sobbe.
[150] Eine Kabinettsorder des preuß. Königs vom 11. März 1815 hatte den Ausbau Kölns zur Festungsstadt verfügt. Generalmajor Friedrich Albrecht Gotthilf von Ende war von 1815 bis 1825 Kommandant von Köln.
[151] Wilhelmine von Thielmann, geb. von Charpentier.
[152] Dr. Bernard Elkendorf, 1789, im selben Jahr wie E. von Groote geboren, war ebenfalls Schüler von

che Reise nach Berlin, aus der mir aber nichts zu werden scheint. – Hosenschnalle. |: 6 S. :| –

Bey Lippe finde ich um 2 Uhr den General Ende, Wallraf, die Ernst Lippische Familie, Carl Geyr etc. – Der General spricht viel mit mir, besonders auch über die Unbilligkeit, daß man Wallraf keinen Orden gegeben, über meine Befugniß, die Medaille zu tragen;[153] fragt mich auch über meine ferneren Absichten, u. erlaubt mir, mich darüber künftig an ihn zu wenden, wenn er mir zu etwas helfen könne. Ueberhaupt ist er mir zuvorkommend artig, so wie von jeher. – Da um 6 Uhr alles sich wegbegiebt, und mich Ernst Lippe, obschon ich weiß, daß der General, Geyr etc. den Abend bey ihm zubringen werden, nicht zu Tisch bittet, so gehe ich mit Wallraf fort, u. zwar zu Schaafhausen, wo ich zufällig viel Gesellschaft, unter diesen den Herrn v. Pfeil aus Düsseldorff finde. Ich bleibe, bis man sich zum Spiele setzt, u. gehe dann zu Frau Grashof, wo ich den Prof. Dumbeck,[154] einen Offizier Loeve (Nebe?) u. einen Verwandten von Grashof finde. Dumbeck ist ein eifriger Student, der Offizier ein netter witziger Kerl, der andere noch sehr jung, Artillerieunteroffizir. Die Kerle scheinen mir gut zu seyn. Ich bleibe bis nach 9 Uhr.

Wallraf. Er hatte in Paris Medizin studiert und dort 1813 promoviert. Kurz nach der Promotion kehrte er nach Köln zurück und begann zu praktizieren. 1819 wurde er zum Stadtphysikus ernannt, 1825 schrieb er im Auftrag der preuß. Regierung eine medizinische Topografie der Stadt Köln (Becker-Jákli, Köln, 1999).

[153] Groote bemühte sich, für seinen Dienst während des Feldzugs und der Besetzung von Paris 1815 mit einer „Medaille" ausgezeichnet zu werden und befragte General von Thielmann nach dieser Möglichkeit. Am 13. Febr. 1816 meldete die Köln. Zeitung, Nr. 25: „Des Königs Majestät hat geruhet, die Urkunde über die Stiftung der Kriegsdenkmünze auch auf solche Personen auszudehnen, die eigentlich nicht zum fechtenden Stande der Armee gehören, aber doch durch ihren Beruf veranlaßt worden sind, die Gefahren und Anstrengungen der Krieger zu theilen. Auf die desfalls von der General-Ordenskommission geforderten Vorschläge ist höchsten Orts bestimmt worden, daß diese Denkmünze aus Gußeisen, ohne silberne Einfassung, in länglich runder Form, nach einer besondern Zeichnung mit der Inschrift: ‚für Pflichttreue im Kriege,' verfertigt und an einem Bande getragen werden soll, welches in der Mitte einen breiten weißen Streifen, an jedem der beiden Ränder aber zwei schmale schwarze und orange Streifen hat. Zur Tragung dieser Denkmünze sind nach der Allerhöchsten Absicht alle die Beamten berechtigt, welche des Dienstes wegen der fechtenden Armee ins Feld gefolgt sind, in so fern sie mit Eifer und Treue gedient haben, und darüber die Zeugnisse ihrer Vorgesetzten beibringen können." Vgl. Groote, Tagebuch, 14. Mai 1816. Ein Eisernes Kreuz erhielt Groote nicht.

[154] Aloys Franz Joseph Dumbeck war Historiker und Dichter, mit großem Interesse für mittelalterliche Dichtung. Im Jan. 1816 gründete er, 25 Jahre alt, eine literarische Gesellschaft in Köln. An S. Boisserée schrieb er: „Ich habe gesucht, in Cölln einen literarischen Verein zu stiften, er blüht schon ganz artig; wir haben 22 Mitglieder, einsweilen 12 gelehrte Schriften, Seber ist Praeses, ich bin Secretair, und Consistorial Rath Dr. Grashof und der nun nach Schweden abgereiste Arndt sind Ehrenmitglieder. Wir erhalten jeden Tag Zuwachs, und die neuen Regierungsräthe (worunter beinahe kein Cöllner) werden uns bald vermehren" (A. Fr. J. Dumbeck an S. Boisserée, Köln, 23. Apr. 1816; in: Wegener, Literarisches Leben, 2. Teil, S. 56). Dumbeck übernahm 1817 eine Professur in Löwen, der Verein hörte vermutlich bald danach auf zu existieren.

Den 30. [Januar 1816].

Um 8 gehe ich noch an den Kaiserlichen Hof, aber schon um 7 ist der General abgefahren. Später kommt Carové zu mir, u. kündigt mir an, daß er Nachricht habe, er sey wieder angestellt,[155] u. es werde daher aus seiner Reise nach Berlin wohl nichts werden. Dumont sagt mir, der ½ Corekturbogen sey fertig, u. bringt mir denselben bald, mit lateinischer Schrift klein 8, u. wir korrigiren ihn. Ich höre, daß |11r| andern Tags soll Stadtrath gehalten werden, um eine Adresse an Hardenberg zu schicken, zum Danke, daß Solms komme, u. wir den Sitz des Gouvernements erhalten! Erst im letzten sollte für die Beybehaltung Sacks supplizirt werden, da man eben erfuhr, Solms werde kommen! Im Conzert des Herrn Stockhausen sage ich daher Herrn Lieversberg, daß ich dieß Verfahren nicht billigen könne, u. es für viel klüger halte, man schicke jemand mit der Adresse nach Berlin, der erst zusehe, ob dem Alles so wäre, u. dann auch noch weiter sorgen könne. Er sagt mir gleich, ein Hundsfott, wenn ich dieß nicht morgen proponire. – Ich bin mit den Pferden weit ausgeritten, u. habe dann angefangen, den Tristan in's Reine zu schreiben.[156]

Den 31. [Januar 1816].

Ich schreibe an Groeben, wegen des Stadtraths u. wegen der Ordensgeschichte, was mir Thielmann aufgetragen, daß nehmlich keinem wahrhaft verdienten Manne etwas zu Theil geworden. – Dann schreibe ich am Tristan fort, als Lieversberg herein kommt, u. mir als Abgeordneter des Stadtraths ankündigt, man habe beschlossen, mir zu meiner Reise nach Berlin einen anständigen Kostenbeytrag zu geben u. mir Accreditivschreiben, u. andere Geschäftssachen mitzugeben; ich müsse also gleich fort. Ich besinne mich, übersehe die letzte Correktur des ersten ½ Bogens meiner Schrift, u. gehe, mit meinem Vater von der Sache zu reden. Dieser wünscht vor allem, daß ich eine allgemeine Vollmacht auf meinen Bruder stelle,[157] wegen allem, was vorgehen könne, wenn ich nicht hier sey.

Nach Tisch gehe ich, den Bürgermeister aufzusuchen, den ich nur auf der Straße finde, der mir aber kurzum sagt, die Adresse habe er auf der Post an Hardenberg geschickt![158] Da der Stadtrath es aber wünsche, so werde man mir Briefe u. Instruktionen u. einen Beytrag zu meinen Reisekosten in einigen Tagen zustellen. Ich sage ihm, ich werde also nach Coblenz gehn, um dort bey General Gneisenau noch einiges zu berichten u. hoffe, wenn ich wiederkomme, hier alles in |11v| Ordnung zu finden. Dann gehe ich, Merlo wegen der Vollmacht zu

---

[155] Carové wurde im Febr. 1816 in Andernach als Einnehmer der Rheinschifffahrtsgebühren eingestellt. Er verließ diese Stellung im Aug. 1816, um in Heidelberg zu studieren.
[156] Damit begann Groote mit der Abschrift des Tristan-Manuskripts. Vgl. Spiertz, Groote, S. 169.
[157] Die Vollmacht wurde bei Notar Nikolaus Merlo, Unter Fettenhennen 15 erstellt. Siehe unten.
[158] K. J. von Mylius u. Beigeordnete der Stadt Köln an K. A. von Hardenberg, 22./23. Jan. 1816, Entwurf (HAStK, Best. 400, A 667, Bl. 17 f.).

sprechen, u. wieder zu meinem Vater, ihm die jetzige Lage der Sache vorzustellen. Auf der Postwagen-Expedition[159] höre ich, daß erst Freytag (den 2. Februar) wieder ein Wagen nach Coblenz fahre; ich gehe nochmal zu Lieversberg, der mir wegen der Gelder alles verspricht, u. da es mein Vater so gut findet, bestimme ich auch nicht gleich, wie ich erst wollte, mit Extrapost, sondern Freytag mit dem Wagen nach Coblenz zu fahren. Abends kommt Hedemann, u. biethet Pommrische Spickgänse zum Präsent. – Später gehn wir zu v. Geyr, die Schwestern abzuhohlen.

Den 1. Februar [1816].

~Ich mache dummes Zeug. Der Rektor kommt, während ich an v. Netz u. an Groeben schreibe. Nach Coblenz soll ich 2 Mannskirsch[160] Landschaften mitnehmen, für die dem Rektor ein Bild von Scorel versprochen ist, wovon er das Pendant schon hat. Ich gehe, die Sachen in Empfang zu nehmen, die bey Frau Mumm noch für die Frau v. Clausewitz liegen. – Bey Herrn v. Wittgenstein erhalte ich eine neue Bestättigung, daß man im StadtRath meine Reise nach Berlin allgemein gewünscht, und dazu das Geld aufzubringen sich vereinbart. Wegen der Adresse an den König sey übrigens der StadtRath nicht versammelt gewesen, sondern diese habe der Bürgermeister mit den Adjunkten allein besorgt, u. besorgen können. Dann gehe ich die v. Geyr auf dem Domkloster zu besuchen. Die Herrn sind verreist. Bey der Frau ist die Frau v. Monschaw, welche von der Gefangenschaft u. der Rückkehr ihres Sohnes Edmund erzählt. Ich bestelle nun den Postwagen für morgen. –

Nach Tische lese ich in dem Conversations Lexikon den interessanten Artikel über die Freymaurer. Später kommt Carové, u. nach ihm Schillings zu mir. Im Conzert scheint mir die Frau v. Zuydtwyck äußerst gnädig beygethan. – Dumont läßt unaufhaltsam an meinem Buche arbeiten, wovon schon heute der zweyte Bogen fertig wird. |12r|

Den 2. Februar [1816]. Bonn.

Der Rektor hat mir die Landschaften geschickt. Von Lange[161] erhalte ich Briefe aus Coblenz, wegen einer Wohnung. – Am Tribunal[162] wird die xxxxxxxxxxxx

---

[159] Postwagen-Expedition: Sitz der Postwagen-Unternehmung, die von Köln nach Koblenz fuhr. Vermutlich handelte es sich um das Unternehmen von Franz Christian Dihl/Diel in der Glockengasse 15, der 1816 auch die Postwagen-Expedition nach und von Aachen bzw. Bonn betrieb.
[160] Gemälde von Mitgliedern der Malerfamilie Manskirch/Manskirsch, etwa Jakob Manskirsch (1710–1766); Bernhard Gottfried Manskirsch (1736–1817); Franz Joseph Manskirsch (1768–1830). Zu Wallraf und den Malern der Familie Manskirsch: Thierhoff, Wallraf, S. 89–91.
[161] Vermutlich: Friedrich Lange, 1816 in das Konsistorium Koblenz berufen.
[162] 1814/15 wurde Köln, neben Düsseldorf und Trier, Sitz eines der drei preuß. Appellationsgerichts-

von Herrn Moll contra Hartung abgethan.[163] Bey Herrn v. Heinsberg[164] erfahre ich, daß das Haus desselben, welches Lange früher beziehen wollte, schon vermiethet ist. – Nun packe ich schnell zu hause, bringe meine Sachen in Ordnung, u. fahre gegen 3 Uhr mit dem Postwagen, nach Bonn, |:6 Sols:| wo wir nach 6 ankommen. Nur ein Landwehr Offizier ist mein Reisegenoß. In Bonn zahle ich Trinkgeld, |:9 Sols:| u. suche den Herrn v. Frenz[165] umsonst auf, da er bey Belderbusch[166] ist. Nach einem langweiligen Abendessen gehe ich bald zu Bette.

Den 3. Februar [1816]. Coblenz.

Erst gegen 8 Uhr fahren wir von Bonn weg, und halten in Remagen wieder gegen 3 Stunden. Postillion.|:4 Fr.,10:| Es wird daselbst der Coblenzer Wagen erwartet, und wir essen Mittag. In Andernach wird wieder langsam umgespannt, und erst gegen 8 Uhr kommen wir in Coblenz an, wo ich bey Maass[167] still im Wirzhaus bleibe und zu keinem mehr gehe, um so weniger, da ich höre, daß Ball u. Conzert ist. Ich finde den Postdirektor Mittag im Wirthshause, u. esse mit ihm zu Nacht. |:–8 S.; 2–8; –8–; –8–:| –

---

höfe. Das Kölner Gericht war dem Revisionshof in Koblenz untergeordnet. 1819 wurden die drei Appellationsgerichtshöfe im Appellationsgerichtshof Köln zusammengelegt. Das franz. Tribunal (tribunal de première instance) befand sich im Erzbischöflichen Hof (auch Kölnischer Hof genannt) in der Trankgasse Nr. 7, wo in preuß. Zeit das Kreisgericht und ab 1820 das Landgericht untergebracht wurde. Der provisorische Appellationsgerichtshof tagte seit 1815 in einigen Räumen des Spanischen Baus am Rathausplatz. Der Neubau des großen Gerichtsgebäudes am Appellhofplatz wurde 1824 fertiggestellt. Zur Geschichte des Appellationsgerichtshofes: Strauch, Französisches Recht, S. 26–34, 47 f.; Arntz, Der Appellhof, S. 47–49; Klein, Die rheinische Justiz, S. 126–157; Herres, Köln, S. 75–84. Im Gebäude Trankgasse Nr. 7 wurde 1827 das Wallrafianum, das Museum für Wallrafs Sammlungen, eingerichtet. 1863 wurde der Bau abgebrochen. Zur Planung des Museums in der Trankgasse kurz: Kramp, Marzellenstraße und Trankgasse, 2014.

[163] Welcher Fall hier gemeint ist, ließ sich nicht klären.
[164] Der Jurist Goswin Joseph Anton Heinsberg wohnte 1813: Rue Large 137/Breite Str. 137.
[165] von Frenz/Frentz: ein Mitglied der kölnisch-rheinischen Adelsfamilien Raitz von Frentz von und zu Schlenderhan oder Raitz von Frentz zu Kellenberg. Ich danke Elisabeth Schläwe für ihren Hinweis.
[166] Anton Maria Karl Graf von Belderbusch war seit 1805 Maire, von 1816 bis 1820 Bürgermeister von Bonn. Er war einer der Bonner, die „ansehnliche Gemälde-, Alterthum's- und Mineraliensammlungen" besaßen (Smets, Taschenbuch, S. 66). Zu Belderbusch: Romeyk, Verwaltungsbeamten, S. 352 f.
[167] Franz Maas führte den Gasthof Drei Reichskronen und das Postamt in Koblenz (vgl. zum Gasthof eine Annonce, in: Köln. Zeitung, Nr. 86, 30. Mai 1816). Adresse der Post war: Entenpfuhl 21. Schreiber empfahl in seinem Reiseführer 1816 die Koblenzer Gasthöfe: „1. Die Post; 2. zu den drey Schweizern; 3. zum goldenen Apfel; 4. zum schwarzen Bären; 5. zum Kölnischen Hof" (Schreiber, Anleitung, S. 192).

Den 4. Februar [1816]. Sonntag. Coblenz.

Ich schicke die Landschaften mit den Briefen an den Maler Neuberg in Stalkrenb.[168] |:1 Fr.:|, gehe in 2 Kirchen u. von da zu Goerres,[169] wo ich freundlich aufgenommen, u. gleich in Quartier gebethen werde. Goerres spricht mir von seinem Mercur u. dem Injurienprozess, den er deshalb mit Sack hat.[170] Lange kommt hin. Mit ihm gehe ich |12v| zu Groeben, wo ich Schenkendorf finde. Auch Jasmund[171] sehe ich u. Schulsky. Ich bin beym General [Gneisenau] schriftlich zu Tisch gebethen, u. erhalte einen Brief von ihm. Ich gehe zu Clausewitz; die Obristinn[172] schreibt an Briefen, die ich nach Berlin mitnehmen soll. – Ich gehe, meine Sachen bey Maass abzuhohlen, u. schicke sie zu Goerres. |:6 Fr.,15:| General Gneisenau sagt mir sehr freundlich: Nun, wie geht es Ihnen, lieber Groote, sie sind in ihrer Vaterstadt mit dem Deutschen Rock u. langen Haarlocken nur noch schöner geworden. Nach Tische unterhält er sich lange mit mir, u. verspricht mir Briefe nach Berlin.[173] Nachher gehe ich mit Groeben, Lange u. Schenkendorf zu Maass, wo wir den würdigen Grafen Kesselstadt, Domdechant von Trier, sehen. Lange ist als RegierungsRath nicht bestättigt. – Stosch ist mit seiner Frau[174] hier, u. bittet uns alle auf morgen Abend. Den Abend bringen wir bey Goerres zu. – Mir ist nicht recht wohl. –

Den 5. Februar [1816].

Ich gehe frühe aus zu Max, u. mit ihm bald in Groebens Vorlesung. Nach diesem gehe ich mit Groeben spaziren, u. nachher zu Goerres, wo ich bis nach Tische

---

[168] Vermutlich: Starkenburg an der Mosel, Gemeinde Traben-Trabach.
[169] J. Görres wohnte mit seiner Familie in der Schloßstr. 7. Ludwig Emil Grimm, Bruder von J. und W. Grimm, zu seinem Besuch bei Familie Görres 1815: „Ich blieb bei Görres, mein Zimmer war seine Bibliothek, wo ich die ersten Nächte kaum schlafen konnte, so machten die Ratten einen Spektakel; morgens hatten sie gewöhnlich mein ganzes Nachtlicht gefressen; ich warf manchmal mitten in der Nacht mit Folianten nach ihnen, aber sie kümmerten sich wenig darum. Die Frau Görres war eine sehr liebe, freundliche Frau; Görres war damals Studiendirektor, hatte viel zu tun und schrieb manchmal auf der Bodentreppe am Rheinischen Merkur" (Grimm, Lebenserinnerungen; in: Raab, Görres. Leben und Werk, S. 111).
[170] J. Görres' Opponent in Koblenz war der Kommissar des Generalgouvernements, Ernst Heinrich Sack, Bruder von Johann August Sack. Als E. H. Sack den Drucker des Rh. Merkur verhaften ließ, kritisierte Görres diesen Vorgang als ungesetzlich, worauf Sack ihn wegen Beamtenbeleidigung anklagte. Nach einem langen Verfahren wurde Görres freigesprochen. Vgl. Fink-Lang, Görres, S. 165 f.
[171] Carl Wilhelm Friedrich Theodor Gustav von Jasmund war 1815/16 Adjutant Gneisenaus in Koblenz.
[172] Zum Leben von Marie von Clausewitz in Koblenz: Bellinger, M. von Clausewitz, S. 162–175. M. von Clausewitz übernahm gelegentlich die Rolle der Gastgeberin bei Einladungen Gneisenaus, wenn dessen Ehefrau nicht anwesend war.
[173] Briefe nach Berlin: Empfehlungsbriefe.
[174] Karoline von Stosch, geb. Waltersdorf.

bleibe. Ich erhalte Briefe von meinem Bruder, gehe wegen des Mercurs Titelblättern zu Siegel, dann wegen des Rektors Bild in den Thal[175] und auf die Veste Ehrenbreitenstein.[176] |:1.4:| – Der General begegnet mir auf dem Rückweg, ist sehr gütig, u. verlangt, daß ich morgen zu Tisch komme. Seinetwegen habe ich an Sulpitz Boisserée geschrieben.[177] – Bey Goerres sehe ich die schönen Köpfe aus Raphaels Schule von Athen,[178] und gehe später zu Stosch, wohin viele Offiziere kommen. Dort bleiben wir bis gegen 11 Uhr. Clausewitz habe ich heute nicht gefunden. |13r|

Den 6. Februar [1816].

Ich lese Goerres Rezension des Jean Paul.[179] Ich sitze bey Görres bis gegen 12. Clausewitz finde ich nicht, bleibe also bey Groeben, wo ich die Reisen der Päbste[180] lese bis zu Tisch, wo Minister Stein ist, der freundlich mit mir redet. Nach Tisch gehe ich zu Frau v. Jasmund,[181] später zu Goerres, wo Groeben[182] u. Schenkendorf, mit diesen später zum General, der uns gebethen. Stein bleibt nicht lang;[183] wir langweilig später bis gegen 11 Uhr.

---

[175] Auf dem rechten Rheinufer, unterhalb des Ehrenbreitsteins, also im Tal, liegt der Ort Tal bzw. Tal-Ehrenbreitstein, heute ein Stadtteil von Koblenz.
[176] Zu Grootes Eindrücken von Ehrenbreitstein siehe Groote, Tagebuch, 17. Aug. 1816.
[177] E. von Groote an S. Boisserée, Koblenz, 5. Febr. 1816 (HAStK, Best. 1018, A 118). Siehe Briefe und Schriften. Vgl. A. N. von Gneisenau an K. A. von Hardenberg, Koblenz, 5. Febr. 1816 (in: Delbrück, Briefe, S. 76 f.).
[178] J. Görres hatte begonnen, Kunstwerke und Handschriften zu sammeln. Zu seiner Handschriftensammlung: Meckelnborg, Handschriften, S. 32–35. Groote sah vermutlich Kupferstiche, die an das Fresko Raphaels Die Schule von Athen, 1510/11 angelehnt waren.
[179] Vermutlich: J. Görres, Ueber Jean Paul Friedrich Richter's sämmtliche Schriften; in: Heidelbergische Jahrbücher der Litteratur, 4. Jg., 1811, Bd. 2, Nr. 76 (S. 1201–1216), Nr. 77 (S. 1217–1232) u. Nr. 78 (S. 1233–1239).
[180] (Johannes von Müller), Die Reisen der Päpste, 1782.
[181] Emma Marie Hedwig von Jasmund, Tochter des bedeutenden Göttinger Zoologen und Anthropologen Johann Friedrich Blumenbach, war mit Marie von Clausewitz befreundet (Bellinger, M. von Clausewitz, S. 167).
[182] C. von der Groeben an Leopold von Gerlach, Düsseldorf, 29. Apr. 1816: „Sonst geht es mir überaus wohl. Gneisenau und die ganze Welt verwöhnt mich, besonders die prächtige Familie von Görres, wo ich spiele, weine und lache wie ein Kind vom Hause, auch die anderen Rheinländer sind sehr freundlich und zuvorkommend; wenn man nur nicht verlangt, daß man als bloßer Preuße auf Händen getragen wird. Was haben wir denn am Ende für sie getan?" (in: Aus Gneisenaus Hauptquartier, S. 246).
[183] M. von Schenkendorf an Fr. L. Chr. zu Solms-Laubach, 8. Febr. 1816: „Herr von Stein war vorgestern zum Besuch hier – ich habe ihn zwar Mittags und Abends bei dem General, wo er auch alle Zwischenzeit zugebracht, gesprochen, aber gar nicht allein" (in: Schoof, Schenkendorfbriefe, S. 190).

Den 7. Februar [1816].

Ich lese die Rezension zu Ende, u. bleibe bey Goerres bis nach 11 Uhr. Dann gehe ich zu Frau v. Clausewitz, wo ich meine 54 Fr. erhalte für das EaudeCologne von Paris.[184] Sie redet mir manchfaltig von Berlin, dem dortigen Treiben, der Prinzess Wilhelm[185] u.s.w. – Ich gehe zu Groeben, und mit ihm beym General zu Tisch. Es ist dort meist nur von Kriegsgeschichten die Rede. Groeben sagt mir von seinen bevorstehenden Duellgeschichten. Mit dem General rede ich von meiner morgigen Abreise, u. er verspricht mir Briefe. Von dort gehe ich, den Postwagen zu bestellen, |:12.10:| u. mit Groeben und Max u. Lange, die uns begegnen, in den Trierer Hof, u. von da zu Görres, wo ich bleibe, von den Berliner Geschichten u. von den dummen Vorschriften des Kanzlers wegen des Merkurs redend bis gegen 8 Uhr. Wir sind alle zu Clausewitz gebethen. Dort erhalte ich Briefe von Frau v. Clausewitz an die Prinzessin Wilhelm, u. viele andere von dem General,[186] von Lange etc. Lange erzählt viele Fedengeschichten. Gegen 1 Uhr nehme ich von Allen Abschied. Schenkendorf giebt mir noch allerley mit nach Köln, u. ich setze mich nun nach Hause an den Ofen. – Trinkgeld daselbst. |:10 Fr.:||13v|

Den 8. Februar [1816].

Schon um 2 ½ Uhr kommt jemand von der Post, mich abzuhohlen. Allein, erst nach 4 fahren wir weg. Trinkgelder an die Postillons. |:1 Fr.:||:2 Fr.:| In Remagen erhalte ich mit meinen Reisegefährten (xxxxx Passagire) noch 2 Franzosen u. andre Kerle, in den Wagen. Nach dem Essen |:2.8:| fahren wir ziemlich rasch nach Cöln. Dort nehme ich meine Sachen, bezahle Postillon u. Träger u. Conduktor, |:3 Fr.:| u. ziehe nach Hause, wo ich die Meinigen beym Abendessen recht wohl finde.

---

[184] Zu Eau de Cologne für Marie von Clausewitz siehe Groote, Tagebuch, Bd. 1, 29. Sept. 1815, S. 210.

[185] Zu Prinzess Wilhelm (Prinzessin Marianne von Preußen) siehe unten.

[186] Einer der Empfehlungsbriefe Gneisenaus war an Carl von Savigny gerichtet: „Erlauben Euer Hochwohlgeboren, daß ich Ihnen einen jungen Gelehrten vorstelle und Ihrem Schutz empfehle, der desselben höchst würdig ist. Es ist dies Herr Professor de Groote aus Cölln, der unsern lezteren Feldzug mit uns als freiwilliger Offizier mitgemacht hat. In Paris habe ich ihm die Beschlagnahme der uns vorenthaltenen Kunstwerke übertragen und er hat dabei eine sehr nützliche Thätigkeit und Beharrlichkeit entwickelt. Die Tüchtigkeit seiner Gesinnung, seine Liebenswürdigkeit, seine Kenntnisse und die seltne Reinheit seiner Seele haben ihm unser Aller Achtung erworben. Er ist ein Abgeordneter seiner Vaterstadt für mancherlei Zwecke und namentlich auch für den, die Verlegung der neuen Rhein Universität nach Cölln zu reden" (A. N. von Gneisenau an Fr. C. von Savigny, Koblenz, 6. Febr. 1816; Universitätsbibliothek Marburg, Ms. 725/333).

Den 9. Februar [1816].

Ich erhalte den lange umher gelaufenen Brief von Herrn v. Mylius als Antwort auf mein Schreiben an den Stadtrath, von Paris.[187] Dann andere von Netz, von Jacobi, von Benzenberg.[188] Dann ein sehr verbindliches, einladendes Schreiben von Hardenberg. Die Abschrift von diesem schicke ich nebst den beyden Zeitungen über Boisserée an Gneisenau.[189] Von Dumont erhalte ich den 2. u. 3. fertigen Bogen meines Buchs. Lieversberg hat inzwischen mit all seinem Gerede in meinen Sachen nichts gethan. Der Bürgermeister aber verspricht mir, bis Sonntag mir alles, was ich haben solle, zu übergeben. – Der Rektor und Wallraf kommen, mein Bild zu sehen,[190] u. loben es. Ich entwerfe ein Schreiben an den Ober Präsidenten Sack, und |14r| schreibe an Benzenberg.[191] – Für Zeitungsgebühr. |:–16 S.:| Bei Meister Führer bestelle ich meine Kleidergeschichten u. bringe zu Merlo den Brouillon zu der Vollmacht, die ich auf meinen Bruder ausstellen soll. Nach Tische lese ich von Arndt die Worte von 1814–15,[192] u. entwerfe einen Brief an den OberPräsidenten Sack.[193] Abends gehe ich zu Frau v. Mylius, wo ich spielen muß.[194] – |:3.4:|

---

[187] Vgl. Grootes Schreiben an den Bürgermeister und Rat der Stadt Köln, Paris, 11. Nov. 1815; in: Groote, Tagebuch, Bd. 1, S. 328–330. Als Antwort: K. J. von Mylius an E. von Groote, Köln, 23. Nov. 1815, Entwurf (HAStK, Best. 400, A 667, Bl. 3 f.).

[188] Groote hatte sich mit dem Physiker und Schriftsteller Johann Friedrich Benzenberg, mit dem ihn gemeinsame Interessen verbanden, 1815 in Paris angefreundet. Benzenberg hatte 1810 eine Schrift zum Kölner Dom veröffentlicht: Benzenberg, Der Dom in Cöln, Dortmund 1810. Die darin enthaltenen Kupferstiche stammten von Ernst Carl Thelott, der 1815 auch für das von Groote und Carové herausgegebene Taschenbuch für Freunde gearbeitet hatte. Benzenberg sprach sich allerdings gegen eine Universität in Köln aus; vgl. Klein, Bemühungen, S. 381.

[189] Es könnte sich 1. um den Artikel in der Köln. Zeitung, Nr. 14, 25. Jan. 1816 handeln, der sich auf die Bedeutung der Kunstschätze in Köln und die Sammlung Boisserée; sowie 2. um den Bericht über die Tätigkeit der Boisserées zur Erforschung des Kölner Doms in der Köln. Zeitung, Nr. 18, 1. Febr. 1816. Siehe oben.

[190] Gemeint ist entweder eines der Gemälde, die Groote 1815 erworben, oder das Porträt, das Carl Joseph Begas 1815 in Paris von ihm angefertigt hatte.

[191] Im Nachlass Benzenberg im Heinrich-Heine-Institut, Düsseldorf, befindet sich keine Korrespondenz zwischen Groote und Benzenberg. Ich danke dem Institut für die Auskunft.

[192] Ernst Moritz Arndt, Das Wort von 1814 und das Wort von 1815 über die Franzosen, o. O. 1815.

[193] Groote fragte bei Generalgouverneur Sack wegen eines Passes an. Vgl. Groote, Tagebuch, 14. Febr. 1816.

[194] Kartenspiele, auch um Geld, waren oft Teil geselliger Treffen. Groote besuchte wahrscheinlich die Wöchnerin Maria Agnes Walburga von Mylius, die am 24. Januar ein Kind geboren hatte. B. Elkendorf stellte 1825 fest: „Die bei den katholischen Wöchnerinnen der bemittelten und wohlhabenden Stände gleich mit der Kindtaufe verbundenen Schmausereien und überhäufte Wochenvisiten, welche so oft Veranlassung zu Diätfehlern, zur Ruhestörung der Wöchnerinnen und der neugebornen Kinder gaben, sind mit Recht während der letzten Jahre in Verfall geraten" (in: Becker-Jäkli, Köln, S. 101).

Den 10. Februar [1816].

Ich vollende meine Briefe an Sack u. Benzenberg. Bey Dumont erhalte ich die ersten 3 Bogen über die Universität zu Köln, die schon lange gedruckt sind.[195] Ich besehe eine Chaise bey Godard.[196] Abends lese ich. Willmes kommt. Im Olymp sind Stockhausen u. Weyer.[197] –

Den 11. Februar [1816]. Sonntag.

Ich erhalte einen Brief von General Gneisenau, wegen Sammt für seine Frau,[198] u. wegen der Heidelberger Manuscripte [oder: des Heidelberger Manuscripts]. Nach der Dommesse gehe ich mit Joseph zu Buschmann u. zu Carové[199] wegen der Bücher, die sein Sohn nach Andernach mitgenommen. Ich schreibe an letzteren. Von den Verhandlungen des Stadtraths höre ich nichts. Netzen soll ich

---

[195] Es handelte sich um die ersten Bögen von Wallrafs Denkschrift in Bezug auf die Gründung einer Rhein-Universität, an der er seit 1815 arbeitete und von der letztlich nur 88 Seiten gedruckt wurden; daher wurde sie auch als Wallrafs Fragment bezeichnet. Zu Entwürfen, handschriftlicher Druckvorlage und Druck: HAStK, Best. 1105, A 131 u. A 132; gedr. in: Richartz, Ausgewählte Schriften, S. 224–283. Vgl. Groote, Tagebuch, Bd. 1, vielerorts; Limper, Wallraf und Grashof, S. 121 f., 132–135; Deeters, Wallraf, S. 88; Fiegenbaum Universitätsdenkschrift, 2016.

[196] Der Sattler und Wagenbauer Claude Godard wohnte Neumarkt 9.

[197] Johann Peter Weyer, fünf Jahre jünger als E. von Groote und ebenfalls Schüler Wallrafs, hatte in Paris Architektur studiert. Im Verkündiger erschien Ende Januar die Annonce: „Wünsche eines kölnischen Kunstfreundes. (Eingesandt.) In einigen Tagen soll der junge Künstler Weyer, der auf der Akademie in Paris, in vier der ersten Fächer der Baukunst die ersten Preise erhalten hat, in seine Vaterstadt Köln zurückkommen. Man fürchtet, daß sein hiesiger Aufenthalt kurz seyn wird. Wäre hier nicht eine schöne Gelegenheit, die in einem Berliner Blatte aufgestellte, in Nr. 14 der Köln. Zeitung aufgenommene Hoffnungen, zum Theil schon zur Wirklichkeit zu erheben, und diesen talentvollen jungen Mann für seine Vaterstadt in dem schönen Fache der Baukunst festzuhalten? M." (Der Verkündiger, Nr. 209, 28. Jan. 1816). Heinrich Josef Weyer, Vater von J. P. Weyer, annoncierte kurz darauf, ebenfalls im Verkündiger, dass er sich durch „Bescheidenheit" gedrängt sehe, die Bezeichnung „Künstler" für seinen Sohn zurückzuweisen (Der Verkündigers, Nr. 210, 1. Febr. 1816). Im Febr. 1816 bot J. P. Weyer Unterricht „in den Zeichnungen der Baukunst und dem Steinschnitte" an (Köln. Zeitung, Nr. 31, 24. Febr. 1816). J. P. Weyer wurde vom Kölner Rat am 16. Mai 1816 als Gehilfe des Kölner Stadtbaumeisters Peter Schmitz angestellt. Vgl. J. P. J. Fuchs, Stadtchronik (HAStK, Best. 7030, Nr. 215, Bd. I, S. 16 f.). 1822 folgte die Ernennung Weyers zum Stadtbaumeister. Das Stadtbild Kölns wurde in den folgenden Jahrzehnten maßgeblich durch ihn geprägt. Zu Leben und Werk Weyers: Schäfke, Weyer, Bde. 1 u. 2, 1994; Adenauer, Weyer, 1993; Vey, Weyer, 1966; Bollenbeck, Weyer, 1969; Bollenbeck, Auf krummen Linien, 1994; Fraquelli, Schatten, S. 29–46, 65–69.

[198] Gneisenau hatte Groote gebeten, in Köln Samt für seine Frau zu kaufen. Groote schickte Gneisenau am 18. Febr. 1816 den Samt zusammen mit einem Artikel aus der Köln. Zeitung vom 13. Februar, den, so Groote, Gneisenau selbst verfasst hatte. Siehe Briefe und Schriften. Dieser Artikel konnte nicht identifiziert werden.

[199] Der Inspektor und Haupteinnehmer des Rheinschifffahrtsoktroi Johann Philipp Alexander Carové, Vater von Grootes Freund Fr. W. Carové, wohnte 1813 Petite Cour du Palais 38; 1822: Thurnmarkt 42 (AK 1813 u. 1822).

heute hier erwarten. Mit Godard gehe ich, mehre Gefähre anzusehen. Später in den Dom und dann zum Präses,[200] der mir Sulzers Warheit in Liebe[201] leiht.

Den 12. Februar [1816].

Wallraf kommt, mir einen Theil seines Manuskripts wegen der Universität zu lesen.[202] Dumont holt den Zeitungsartikel wegen der vatikanischen Bibliothek.[203] Nach Tisch kommt Netz. Ich gehe mit Dumont, ihn bey Carové wegen Solms zu empfehlen. Abends kommen Klein, Elkendorf u. Hedemann u. wir trinken Thée. Später mache ich mit Netz unsre Reiseplane.

Den 13. Februar [1816].

Ich schreibe an Carové u. erhalte Briefe von Görres.[204] Gegen Mittag gehe ich mit Netz, Stiefel zu bestellen. Bey Mylius hohle ich den Brief von Hardenberg wieder ab, u. erfahre immer von meinen Sachen noch nichts Bestimmtes. Ich künde ihm aber an, daß ich Freytag reisen will. |14v| Mittags kommt Hedemann. Lieversberg suche ich später umsonst auf. Wir sitzen ruhig zu Hause. Spät in die Nacht rede ich mit Joseph über unsere Familiensachen, u. wir scheiden trübe, da nicht alles ist, wie es sollte.

Den 14. Februar [1816].

Ich gehe mit Netz die Beschreibung der Maurerey im Picard[205] durch. Mirbach besucht mich. Ich gehe mit Netz u. Hedemann zum Rektor. Dessen Plane, Pastor

---

[200] Ludwig Brouhon war Präses der von Groote'schen Katecheten-Stiftung, seit 1812 Präses des Erzbischöflichen Priesterseminars in Köln.

[201] Johann Anton Sulzer, Wahrheit in Liebe in Briefen über Katholicismus und Protestantismus an den Herrn D. Johann Heinrich Jung, genannt Stilling, Konstanz 1810.

[202] Wallraf las vermutlich aus einem noch ungedruckten Textteil zu seiner Denkschrift in Bezug auf die Gründung einer Rhein-Universität vor.

[203] Am nächsten Tag berichtete die Köln. Zeitung über die Verhandlungen mit dem Vatikan bezüglich der Rückgabe der Bibliotheca Palatina (Pfälzische Bibliothek) nach Heidelberg (Köln. Zeitung, Nr. 25, 13. Febr. 1816). Siehe unten.

[204] Görres schrieb an Groote: „Beyliegend zwey Briefe, deren Einen ich mitzunehmen, den Andern auf die Post zu geben bitte. Der Letzte wird eine Ausgabe machen, die ich erstatten will. In Berlin viel Grüße an Alles was grüßbar ist; Haxthausen wünscht Ihre baldige Ankunft, damit jemand hier für die Kölner das Wort führe; die einstimmig der Bigotterie, der Protestantenfeindschaft und der Jesuitenliebe angeklagt werden. Auch diese Jämmerlichkeit muß mit den Andern jetzt wieder hervorgesucht werden. Fragen Sie einmal nach in Berlin, ob Reimer bey der Realschulbuchhandlung meinen Perser Schah Nameh 40–50 Bogen übernehmen will. Gott befohlen und Glück auf der Reiße nach Großschözzenstadt" (J. von Görres an E. von Groote, Koblenz, vermutlich 10. [Febr.] 1816; HAStK, Best. 1552, A 18).

[205] Louis Benôit Picard, Ceremonies et Coutumes religieuses des peuples idolâtres, Amsterdam 1723.

zu werden. – Ich höre, daß Lieversberg noch immer sammelt zu meiner Reise. Ich habe meine kleine Pfeiffe zurecht machen lassen. |: 1.4 S.:| Nach Tisch verkaufe ich an den Paulus, Halfen[206] zu Kendenich, meinen Braunen u. den Rappen zusammen für 48 Pistolen.[207] – Abends bleibe ich ruhig mit Netz auf meiner Stube. Joseph geht auf den Ball, den die Offiziere geben. Bölling schreibt mir, daß ich keinen Paß von Aachen brauche, worum ich bey Sack angefragt.

Den 15. Februar [1816].

Es kommt mein Muskaplut u. Musenalmanach u.s.w. von Andernach zurück, wohin es Carové mitgenommen. Meine 2 Pferde werden abgeholt. Ich gehe zu Meister Führer wegen des Sammtes, dann zu Heyman, die Flötenuhr[208] zu sehn. In Andrés Fabrick[209] sehe ich schönen Sammt, den ich wohl erhalten werde. Bey Hofrath Fuchs hohle ich meinen Universitätsbericht zurück.[210] Nach Tisch gehe ich mit Netz, das Petrusbild[211] zu sehn, dann den Korbwagen bey Godard, der uns nicht recht gefällt; dann den bey Firmenich.[212] Abends im Conzert höre ich, daß ich von der Stadt wohl 1.200 Fr. erhalten werde, u. informire mich über den Wagen von Schieffer.[213] Nachher ordne ich bey Dr. Schmitz die Cataloge von Wallraf.[214] Auf morgen ladet mich Dr. Nückel[215] zum Nachtessen. |15r|

Groote hatte sich das mehrbändige Werk 1815 in Frankreich als „Beute" angeeignet. Vgl. Groote, Tagebuch, Bd. 1, 4. Juli 1815.

[206] Halfe oder Halbwinner: ursprünglich Bezeichnung für einen Pächter, der seinen Ertrag zur Hälfte an den Grundbesitzer abführen musste. Zum Landbesitz und den Verpachtungen der Familie von Groote siehe unten.

[207] Pistole: Goldmünze, die Anfang des 19. Jh.s einige Taler wert war.

[208] Flöten- oder Orgeluhr: mechanische Uhr, die auf Walzen gespeicherte Musikstücke abspielen kann.

[209] Die Fabrik für Seiden- und Samtgewebe der Familie Andreae war eine der erfolgreichsten Textilfirmen Kölns. Demian, Ansichten, S. 333: „Zu Mülheim am Rhein besuche man besonders die Seiden- und Sammetfabrik des Herrn Andreä, welche zu den grössten und ausgezeichnetsten Anstalten dieser Art gehört." Um 1816 wohnte Karl Christian Andreae, Teilhaber der Firma, Maximinstr. 24. Vgl. Becker-Jákli, Protestanten, S. 144.

[210] Der Jurist Johann Baptist Fuchs wohnte Unter Goldschmied 40.

[211] In der Anfang des 16. Jh.s errichteten Kirche St. Peter befand (und befindet) sich das Gemälde von P. P. Rubens, Die Kreuzigung des Petrus, das die Franzosen 1794 geraubt hatten und dessen Restitution E. von Groote 1815 in Paris betrieben hatte. Am 18. Okt. 1815 war das Bild feierlich in die Kirche zurückgebracht worden. Die Restitution des Bildes ist in seinem Tagebuch, Bd. 1 ausführlich dargestellt. Vgl. dort auch Literatur. In der Köln. Zeitung, Nr. 76, 12. Mai 1816 wurde der Kupferstich des Bildes zur Subskription angeboten: „Kölns Bewohnern und ihren Nachkommen zum unvergeßlichen Denkmal des herrlichen Festes am 18. Okt. 1815 gewidmet."

[212] Der Jurist Dr. Johann Laurenz Firmenich wohnte Brückenstr. 10.

[213] Möglicherweise: Heinrich Schieffer, Kaufmann und Sammler.

[214] Anfang 1816 gab es ein 1810 angefertigtes, allerdings nur sehr oberflächliches Verzeichnis der Wallraf'schen Sammlung (Gemäldeverzeichnis von 1810; HAStK, Best. 1105, A 55; in: Thierhoff, Wallraf, S. 139–143; siehe auch: ebd., S. 60, 64 f.). Darüber hinaus existierten die Listen, die von

Den 16. Februar [1816].

Netz u. ich gehn mit Werkleuten, Gefähre bey Schieffer und bey Godard anzusehen, die wir aber zu theuer finden. Mehr gefällt uns das bey Dr. Firmenich zu 25 Louisd'or. Die 15 Ellen Sammt für des Generals Gneisenau Frau werden gebracht. Nach Tisch mache ich die Chaise so gut als fest, und schreibe an Carové, an den General etc. Abends sind wir, Joseph u. ich, Wallraf, Arndt[216] u. viele andere bey Nückel ziemlich fidel. Es wird getrunken u. gesungen bis gegen 2 Uhr in der Nacht. Ich habe heute ein Paar neue Stiefel erhalten. |: 27 Fr. :|

Den 17. Februar [1816].

Ich lasse den Wagen hohlen. Der Schmiedt u. der Sattler nehmen ihn in Reparatur. Dann gehe ich zu Merlo, die Vollmacht zu unterschreiben.[217] Meine Pfeif-

---

J. D. F. Neigebaur und Groote Ende 1814 erstellt worden waren. Kommissar von Bölling hatte Anfang Jan. 1816 nochmals ein genaues Verzeichnis der Sammlungen Wallrafs angefordert (M. von Bölling an F. G. von Maercken, Aachen, 9. Jan. 1816; HAStK, Best. 1105, A 68, fol. 57, Bl. 58).

[215] Dr. Joseph Adolph Nückel, Jurist und Advokatanwalt, Sohn des Juristen Johann Caspar Nückel, wohnte Unter Goldschmied 48.

[216] E. M. Arndt, der sich seit Mitte 1815 in Köln aufhielt, blieb noch einige Wochen in der Stadt; Groote sah ihn am 24. Mai in Berlin wieder. Wallraf verfasste am 26. Apr. 1816 einen Abschiedsgruß für Arndt: „Im Namen unserer altehrwürdigen Colonia Agrippina sei dir, edler teutscher Arndt, am Tage deines Abscheidens von uns Dank für den so langen Genuß deines Hierseins. [...] Lebe wohl, lebe hoch, bester Arndt, [...] wir werden bemerken, was Du in der Ferne von uns sprichst und was wir durch dein deutsches Wort gewonnen haben und gewinnen können" (in: Deeters, Wallraf, S. 102 f.). In seinen Erinnerungen schrieb Arndt: „Ich habe den ganzen Sommer und Herbst 1815 und den Winter 1816 in Köln gelebt, die politischen Schmerzen und Wehen abgerechnet, wohl gelebt. Ich fand die alte Reichsstadt und ihre Bewohner ganz anders als sie mir in früherer Jugend, vor beinahe zwanzig Jahren, gedeucht hatte, wo sie (nämlich im Sommer 1799) freilich durchaus ein totes und wüstes Ansehen hatte und einen finsteren und trübseligen Eindruck machte. [...] Hier ging es mir denn inmitten deutscher Gastlichkeit und Freundlichkeit sehr wohl, und ich konnte mir auch die kölnischen Witze und Späße über mich schon gefallen lassen. Denn im Karneval bekam ich meinen Teil ab. Was war von einer andern Seite her schon ziemlich ernsthaft gegen mich geplänkelt. [...] Indessen, es kam mir als nichts Neues; ich war darauf vorbereitet [...]. Doch als ich mich im Winter 1816 mit meinem Freunde Schenkendorf einige Tage in der Kölner Karnevalsluft umhertummelte, wurden mir meine demagogischen Konterfeie [...] lustig parodisch in allerlei Gestalten vorgeführt" (Arndt, Erinnerungen, S. 310 f.).

[217] E. von Groote bevollmächtigte seinen Bruder Joseph „um ihn in allen seinen Verhältnissen vollkommen zu vertreten, sein jetziges und zukünftiges Vermögen zu verwalten, Schenkungen und Vermächtniße zu akzeptiren; Erbschaften, die dem Herrn Komparant schon anerfallen sind, und noch anheim fallen könnten, [...] anzunehmen, oder aber auszuschlagen, der Anlegung und Abnahme der Siegel, dem Inventarisations-Schätzungs- und Teilungs-Geschäfte beizuwohnen, und dabei alle nötigen Vorkehrungen zu treffen; mo- und immobiliar Gegenstände zu verkaufen; Forderungen zu übertragen; oder die Eine und Andere zu erwerben für einen Preis und unter Bedingungen, wie der Herr Bevollmächtigte sie für dienlich finden wird" (Stadtarchiv Hürth, Best. 3.01, Nr. 348, Bl. 4). Das Blatt ist schwer beschädigt, die Schrift nur teilweise vorhanden.

fenköpfe. Hosen zuschneiden. |: 3 Fr.; 1 Fr. :| Nach Tisch suche ich Lieversberg u. Mylius, ohne einen zu finden. Von Dumont erhalte ich für mein Heft 10 Louisd'or (232 Fr.). Abends sitze ich mit Netz u. Joseph, welcher letztrer berechnet, wie er mir das Geld für die Pferde geben will. Für die beyden verkauften will er mir die 48 Pistolen, 696 Fr., vorschießen, u. mir für den Schimmel 18 Friedrichdor geben; zusammen 52 Friedrichd'or, 9 Fr.

Den 18. Februar [1816]. Sonntag.

Ich gehe zeitig zu dem Bürgermeister, bey dem ich u.a. Lieversberg finde. Letztrer bringt ihm Geld für mich. Meine Papiere für die Stadt sind noch nicht fertig. Nachher gehe ich in den Dom; dann zu Geyr. Nach Tisch kommt Mylius zu mir. Da wir aber am Einpacken sind, u. mehrere Leute da sind, so giebt er mir nichts, sondern, da ich ihm versprochen, Abends noch zu ihm zu kommen, geht er wieder fort. Ich packe drauf u. drauf ein. Für die Wagenreparatur muß ich dem Schmiedt viel |: 30 Fr. :| |15v| zahlen. Abends gehe ich zu den Frl. v. Kettler in die Pension, u. später zum Vater. Bey Mylius finde ich Geyrs, Frenz u.a., u. als ich weggehen will, giebt er mir 80 Friedrichdor, die ich lubens acccpto fero.[218] Abends wird noch alles gepackt, geordnet, u. so sind wir ziemlich zur Reise fertig.

---

[218] die ich lubens accepto fero: die ich gerne annehme.

Reise nach Berlin

Am 19. Februar 1816, „gegen 8 Uhr" verließ Eberhard von Groote Köln, um nach Berlin zu reisen. Während der vorangegangenen Tage hatte er sorgfältige Vorbereitungen getroffen: Er hatte seine finanziellen Mittel geklärt, einen Wagen erworben und Gepäck aufgeladen. Auch ein Paket von Exemplaren des *Taschenbuchs für Freunde alter Zeit und Kunst* hatte er verstaut, um sie unterwegs und in Berlin Buchhändlern und anderen Interessenten zu verkaufen. Wie bereits bei seiner Reise durch die Niederlande Ende 1815 wurde Groote von August von Netz begleitet, der wieder für die gemeinsame Reisekasse zuständig war. Diesmal allerdings reisten die beiden Freunde nicht mit Reit- und Packpferden, sondern konnten im eigenen Wagen Platz nehmen. Da sie aber, anders als 1815, ohne „Burschen" waren, mussten sie für die Zugpferde, den Pferdewechsel und die Bezahlung an den jeweiligen Stationen selbst sorgen. Auf großen Teilen der Strecke bereitete ihnen die Witterung erhebliche Probleme, denn häufiger Regen und Schnee weichten die meist unbefestigten Wege auf, sodass der Wagen oft nur mühsam vorwärts kam. Im Allgemeinen wurde er von drei, bei schwer passierbaren Wegen von bis zu sechs Pferden gezogen. Trotz dieser schwierigen Reisebedingungen gestalteten sich Groote und Netz die Fahrt so angenehm wie möglich, vertrieben sich die Zeit mit Gesprächen oder lasen sich vor. Zur Übernachtung wählten sie renommierte Gasthöfe, in denen ihnen Bequemlichkeit und gute Mahlzeiten geboten wurden.

Groote und Netz hatten eine zügige Reise mit kurzen, gelegentlich zweitägigen Aufenthalten geplant, bei denen sie Bekannte besuchen und Sehenswürdigkeiten besichtigen wollten. Groote war vor allem an mittelalterlicher Architektur und „altdeutschen" Gemälden interessiert und versuchte in der knappen Zeit, die ihm zu Verfügung stand, möglichst viele Eindrücke zu sammeln. Seine Aufzeichnungen aus diesen Tagen zeigen seine Wissbegier, doch machen die Beurteilungen historischer Bauten und Kunstobjekte auch deutlich, wie begrenzt seine Kenntnisse noch waren.

Nach dem Aufbruch von Köln fuhren die beiden Reisegenossen über Deutz und Langenfeld nach Elberfeld, ihrer ersten Station. Am nächsten Tag passierten sie zunächst Hamm und fuhren von dort „durch die schrecklichsten Wege nach Münster zu". Hier fanden sie ein reges gesellschaftliches Leben vor, da sich die Stadt, seitdem sie preußisch geworden war, zu einem Mittelpunkt für Militärs, Mitglieder der neuen Beamtenschaft und die alteingesessene regionale Aristokratie entwickelt hatte. Groote traf daher eine Reihe Bekannter aus dem Feldzug von 1815 sowie Angehörige der in oder um Münster lebenden adeligen Familien. Darüber hinaus besichtigte er Sehenswürdigkeiten und sah im Theater die Aufführung einer berühmten Pantomimin. Am 23. Februar machten sich die Freunde erneut auf den Weg, pausierten in Osnabrück und erreichten nach einer Fahrt durch „bodenlose Hayde" am 25. Februar Minden, zwei Tage darauf Hannover, das Groote vor allem mit seinen Marställen und Pferden beeindruckte.

Die Weiterfahrt nach Braunschweig war „äußerst schlimm"; dafür hinterließ die Stadt mit Rathaus, Dom und Schloss auf Groote „einen sehr angenehmen Eindruck". Nach kurzem Halt in Wolfenbüttel kamen die beiden Reisenden am 29. Februar im „schändlichsten Schneewetter" in Halberstadt an, besichtigten die „herrliche Domkirche" mit ihrer „Menge schöner, meist aber verdorbener altdeutscher Bilder" und reisten bald darauf weiter. Am 1. März abends trafen sie in Magdeburg ein, am 3. März in Brandenburg. Nach der Besichtigung des Doms am folgenden Tag fuhren sie auf Potsdam zu, wo sie „in schändlichem Wetter" ankamen. Der Regen erlaubte ihnen kaum auszugehen, dennoch besuchte Groote das Theater, das eine Aufführung des Königlichen Schauspiels Berlin zeigte. Am Morgen des 5. März sahen sie sich „einige der schönsten Gebäude Potsdams" an und kauften eine Beschreibung der Stadt Berlin mit Stadtplan. Vermutlich handelte es sich dabei um den Ende 1815/Anfang 1816 erschienenen *Wegweiser für Fremde und Einheimische*, der in den Berlinischen Nachrichten bereits im November 1815 angekündigt worden war:

„Wegweiser für Fremde und Einheimische durch die Residenzstädte Berlin und Potsdam und die umliegende Gegend. Ganz neue bis zu diesem Augenblick berichtigte Auflage mit einem Plan von Berlin und XV Ansichten beider Städte. Gebunden 2 Thaler, Exemplare ohne die Ansichten, jedoch mit dem Grundriß 1 Thaler 8 Gr. Dieses jedem Fremden und Einheimischen so nützliche, ja fast unentbehrliche Handbuch, giebt eine gedrängte aber genaue Uebersicht aller Sehenswürdigkeiten dieser Königsstädte in systematischer Ordnung. Ein tabellarisch eingerichtetes Inhalts-Verzeichniß läßt mit einem Blick die große Masse der Merkwürdigkeiten übersehen und erleichtert das Nachschlagen und Aufsuchen desjenigen, was man eben zu wissen bedarf. Eine große Anzahl, nach den Haus-Nummern angegebener Adressen, kommen noch, bei dem jetzigen Mangel eines vollständigen Adreßbuches, sehr zu statten. Nicolaische Buchhandlung, Brüderstraße Nr. 13."[219]

Ausgestattet mit dieser aktuellen, detaillierten Stadtbeschreibung fuhren sie „sehr schnell mit 4 Pferden auf 2 Stationen nach Berlin". Am Nachmittag „gegen 3 Uhr" kamen Groote und Netz dort an und stiegen im Hotel St. Petersburg, Unter den Linden ab.

---

[219] Beilage zum 132. Stück der Berlin. Nachr. vom 4. Nov. 1815. Vgl. eine ähnliche Anzeige der Nicolaischen Buchhandlung: Berlin. Nachr., Nr. 74, 20. Juni 1816. Im Folgenden wird aus dieser Ausgabe von 1815/1816 zitiert.

|A 1/6–12; 16r| **Tagebuch 19. Februar bis 5. März 1816**

Den 19. Februar 1816. Elberfeld.

Gegen 8 Uhr ist Alles zur Abreise fertig. Louis Boecking holt uns ab. Joseph begleitet uns nach Deutz. Wir nehmen Abschied, u. fahren mit 3 Pferden fort. Zu Deutz besuche ich Herrn v. Caspars einen Augenblick. Joseph kehrt zurück. Wir fahren bis halb Weg Langenfeld, wo uns eine Extrapost mit 2 Pferden, in welcher Crantz ist, begegnet, mit der wir wechseln, u. nun viel schneller fahren. In Langenfeld Mittag. Netz führt die Kassa. Böcking fährt mit. Vor Elberfeld brechte [bricht] schon eines der Eisen, die ich in Köln zur Befestigung des Koffers habe machen lassen, u. 2 Schrauben sind weg. Ich muß sie repariren lassen.|:2.10:| Wir suchen Laar auf; gehn dann mit einem Herrn v. der Beck, den Boeking kennt, in eine Gesellschaft. Laar holt mich ins Museum ab, wo er mich seiner Frau Eller vorstellt, die von meinem Taschenbuch entzückt ist. Büschlern[1] finde ich in dem Wirthshause, u. er beklagt sich, daß er keine Taschenbücher erhalten könne. Ich lasse ihm 1 von denen, die ich mitgenommen habe, u. schreibe gleich an meinen Bruder.[2] Laar bleibt bis 11 Uhr. Ich schreibe ihm noch einige Sonette[3] auf. Netz hat seinen Fußsack von Düsseldorf erhalten.

Den 20. Februar [1816]. Hamm.

Louis Boecking bleibt in Elberfeld. Wir fahren mit 3 Pferden von dort durch die Gemarke u. Barmen nach Hagen, u. lesen unter Weges die Undine von Fouquet.[4] In Hagen nehmen wir 4 Pferde, die aber äußerst schlecht sind, u. nach kleinem Frühstück fahren wir weiter. In Unna |16v| erhalten wir wieder 4 Pferde, fahren aber auf Anrathen des Postmeisters Wüstenhof nur bis Hamm, weil die Wege zu schlecht sind. Von hier haben wir nur noch 8 Meilen nach Münster, wo wir also morgen zu guter Zeit ankommen können.

---

[1] Heinrich Büschler, Buchdrucker in Elberfeld.
[2] E. von Groote an J. von Groote, Elberfeld, 19. Febr. 1816 (Archiv Haus Londorf, Herr von Groote, Familienbriefe, 1.1., Nr. 43). Siehe Briefe und Schriften.
[3] Welche Sonette Groote aufschrieb, konnte nicht geklärt werden.
[4] Friedrich Heinrich Karl de la Motte-Fouqué, Undine, 1811. Die „Zauber-Oper" Undine nach de la Motte-Fouqué mit der Musik von E. T. A Hoffmann und Dekorationen von K. Fr. Schinkel wurde in Berlin am 3. Aug. 1816 uraufgeführt (vgl. Dramat. Wochenbl., Nr. 7, 17. Aug. 1816, S. 55 f. und Nr. 8, 24. Aug. 1816, S. 57–64). Groote war zu diesem Zeitpunkt nicht mehr in Berlin.

Den 21. Februar [1816]. Münster.

Wir fahren gegen 7 Uhr von Hamm durch die schrecklichsten Wege nach Münster zu. In einem Sumpfe bleiben wir beynahe stecken. Gegen 4 Uhr kommen wir in Münster an. Wir trinken Kaffe, ziehen uns an, u. ich gehe zu Metternich. Die Gräfinn finde ich auf der Straße fahrend mit ihren Töchtern. Ich gehe zum Grafen,[5] bringe ihm Briefe und Orden, u. gehe bald mit ihm in's Theater, wo die Frau Schütz-Haendel in kleinen Stücken spielt.[6] Ich lerne Tresette Wenge[7] kennen! Sehr viele Bekannte, unter ihnen Nettchen Wenge,[8] der General, Landsbergs, Schreckenstein. Nach diesem gehe ich mit dem Grafen nach Hause, wo wir zu Nacht essen. Rückfahrt mit Kettlers u. den beyden Frl. v. Wenge[9] nach Hause! – Ich schreibe an Joseph. Netz war auch im Theater. |: Theater 3.4 :|

Den 22. Februar [1816].

Graf Metternich läßt sein Geld hohlen. Ich gehe zu den Frl. v. Wenge, wo ich bleibe bis gegen 10 Uhr, wo sie mich ihrem Alten[10] vorstellen, und mich zu Tische

---

[5] Vermutlich: Maximilian Werner Joseph Anton Graf Wolff-Metternich zur Gracht. Er hatte 1795 Maria Franziska von der Wenge zur Beck geheiratet, die bereits 1800 starb. Einziges Kind des Ehepaars war Maria Louise von Wolff-Metternich zur Gracht (1800–1837). In 2. Ehe heiratete er 1805 seine Schwägerin Mathilde Clementine Marie Freiin von der Wenge zur Beck. Welche Töchter hier gemeint sind, ist unklar.

[6] Annette von Droste-Hülshoff an Anton M. Sprickmann, 27. Febr. 1816: „Ich bin vor einigen Tagen auf einige Tage in Münster gewesen, um die berühmte mimische Künstlerin Madame Händel-Schütz zu sehen, die sich jetzt dort aufhält, und auch wohl einige Zeit bleiben wird (sollte Sie dies wundern, so müssen Sie wissen, dass Münster wohl noch nie so glänzend gewesen wie jetzt, da alle möglichen Zivil- und Militärbüros der neuen Provinzen, und also auch die Familien der Beamten derselben, nebst einem Teil des paderbörnischen, sauerländischen und kölnischen Adels sich dort aufhält)" (in: Online Projekt: www.nach100Jahren.de; Zugriff April 2019). Henriette Hendel-Schütz, geb. Schüler war Musikerin, Sängerin, Schauspielerin und berühmte Pantomimin. Seit 1811 war sie mit dem Historiker Friedrich Karl Julius Schütz verheiratet, mit dem sie auf Tournee ging.

[7] Maria Theresia (Tresette) von der Wenge zur Beck, Tochter von Clemens August Franz von der Wenge zur Beck und Maria Ludovica, geb. von Eynatten, heiratete 1820, nach dem Tod ihrer Schwester Antoinette, deren Witwer Franz Thaddäus Joseph Graf von Waldburg-Zeil.

[8] Antoinette (Nette, Nettchen) von der Wenge zur Beck heiratete 1818 Graf von Waldburg-Zeil. Sie starb bereits 1819.

[9] Die Familien von Ketteler, von der Wenge und von Haxthausen waren miteinander verwandt; so hatte Franziska Clementine Maria von der Wenge zur Beck (1778–1844) 1801 in 2. Ehe Maximilian Friedrich von Ketteler (1779–1832) geheiratet. Franz Philipp Wenzel von Wolff-Metternich zur Gracht (1770–1852) war mit Dorothea Wilhelmine von Haxthausen (1780–1854) verheiratet, Tochter von Werner Adolph von Haxthausen und Maria Anna von Wendt zu Papenhausen; Schwester von Werner und August von Haxthausen.

[10] Clemens August Franz von der Wenge zur Beck (1740–1818); seine 1. Frau Maria Ludovica, geb. von Eynatten war bereits 1803 gestorben. In 2. Ehe war er mit Klara Pocke verheiratet.

einladen.[11] Nun gehe ich mit Netz zum General, der uns freundlich aufnimmt, u. uns zu Tische ladet, was wir aber ausschlagen. Dann gehen wir wegen Friedrichs rückständigen Geldern zu Major Reitzenstein u. Herrn Hauptmann v. Reiche.[12] Diese Sache wird geordnet. Dann gehen wir, einige Kirchen zu besehen, St. Lambert,[13] u. den Dom.[14] Ich gehe zu General v. Wenge zu Tische. Zu dem heutigen Balle giebt sich keiner der Besen[15] sich irgend Mühe, mich zu bringen. Nach Tische gehe ich zu Netz u. mit ihm wegen Friedrichs |17r| Geldern nochmal zu v. Reiche, dann zu Metternich, wo sich alles zum Balle bey v. Vinke[16] bereitet. Abends gehe ich nochmal zu Netz, der nun Alles berichtigt hat, u. wieder zu Nettchen Wenge, bey der ich bis nach 9 bleibe, mit ihrem Vater zu Nacht esse, u. mich nach Haus begebe. Sie haben mir ein Tuch für in meinen Koffer geschickt u. eine Pfeife! – Es wäre zu wünschen, daß alle guten Mädchen gute Männer erhielten! – Ich habe einen Brief von Joseph erhalten.

Den 23. Februar [1816]. Osnabrück.

Wir sehen noch den berühmten Friedenssaal[17] in Münster mit den vielen Portraits der Gesandten, den alten Rüstungen, u. dergl. u. nachdem wir unsre Zeche berichtigt, fahren wir nach 9 U. von Münster ab. Mir ist seltsam zu Muthe. Einen goldnen Ring, u. eine eiserne Kette habe ich zu Münster nicht gelassen, weil sie mir nicht Fessel werden sollten: nun ist mir, als hätte ich sie mit Unrecht wieder mitgenommen! – Ich sinne hin u. her über meine Zukunft, u. rede mit Netz über mein Buch und über meine Idee, mit der Preußischen Gesandtschaft nach Rom zu gehen. Dann fangen wir an, Gallettis Geschichte von Spanien u. Portugall[18] zu lesen. Abends kommen wir nach 8 in Osnabrück an, wo wir im Kaiser[19] absteigen, an großer Tafel zu Nacht essen, u. uns zur Ruhe begeben.

---

[11] Die Familie von der Wenge besaß in Münster an der Hörsterstraße einen Stadthof; seit 1808 gehörte das Anwesen Friedrich Florenz von der Wenge zur Beck. Zu Familie und Stadthof: Weidner, Landadel, Teil 2, S. 1038–1041.

[12] Friedrich war 1815 während Grootes militärischem Dienst dessen Bursche gewesen und hatte noch Sold zu erhalten.

[13] St. Lamberti am Prinzipalmarkt, errichtet ab 1375, ist der bedeutendste westfälische Kirchenbau der Spätgotik. Die Innenausstattung, also auch die dort vermutlich vorhandenen gotischen Gemälde, wurden während des Täuferreichs Anfang der 1530er Jahre zerstört.

[14] Der St. Paulus-Dom wurde seit dem 13. Jh. auf dem Areal zweier Vorgängerkirchen gebaut. Er enthält romanische und gotische Elemente. Die in der Nähe stehende Kirche St. Jacobi sah E. von Groote nicht mehr, sie war 1812 abgerissen worden.

[15] Besen: umgangssprachlich, studentisch: Mädchen, Frau.

[16] Die Familie von Vincke wohnte im Schloss Münster, einem eindrucksvollen Barockbau, der bis 1803 die Residenz des Fürstbischofs gewesen war. Friedrich Ludwig von Vincke war seit 1815 Oberpräsident der Provinz Westfalen.

[17] Der Friedenssaal befindet sich im gotischen Rathaus von Münster. Er war einer der historischen Orte, an denen der Westfälische Friede von Münster und Osnabrück zur Beendigung des Dreißigjährigen Krieges ausgehandelt und 1648 unterzeichnet wurde.

[18] Johann August Galletti, Geschichte von Spanien und Portugal, 3 Bde., Erfurt 1809–1810.

[19] Vermutlich handelte es sich um den Gasthof Römischer Kaiser, Markt 10. Ich danke dem Niedersächsischen Landesarchiv Osnabrück für diese Auskunft.

Den 24. Februar [1816]. Schalttag. [20] *Diepenau.*

In Osnabrück besuchen wir den Friedenssal,[21] woselbst eben die Portraits wie in Münster, ein schöner gläßerner Pokal mit dem deutschen Reichswappen, u. schöne Bücher mit den Portraits der Bischöfe sind. Wir sehen die Dom-Kirche,[22] die im Styl der St. Georgs Kirche[23] zu Köln gebaut ist, u. einige alte Gemälde enthält; dann das Äußere des Schloßes[24] u. die St. Marienkirche,[25] die zwar dem lutherischen Gottesdienste eingeräumt, aber schön in gothischem Styl, u. im Innern ganz erhalten ist. |17v| Der schöngeschnitzte Hochaltar wird mit Thüren verschlossen, die in Haemmlings Manier[26] gemalt sind. Gegen 9 ½ fahren wir weg, allein, auf der zweyten Station, wo wie 4 Pferde erhalten, werden die Wege so schlecht, daß wir auf einer 4–6 Stunden langen, sumpfigen Haide befahren,[27] stecken zu bleiben. Statt nach Minden zu kommen, bleiben wir in Diepenau, in einer schlechten Kneipe. In meine Wagenlaternen habe ich Licht angeschafft. Netz erhält zur Reise, nachdem 15 Friedrichd'or verbraucht sind, andere 20. – Ich muß bey ihm im selben Bette liegen.

Den 25. Februar [1816]. Minden. Sonntag.

Durch eine bodenlose Hayde fahren wir von Diepenaw mit 4 Pferden gen Minden. Auf halbem Wege müssen wir noch 2 Pferde vorspannen, u. kommen so mit 6 gegen 1 Uhr in Minden an. Nach dem Mittag ziehn wir uns um, u. gehn, die Domkirche zu sehen, die ausser der buntscheckigsten Verzierung mehre schöne geschnitzte Altäre und alte Bilder enthält.[28] Man erzählt davon, sie solle mit der Weserbrücke hierselbst gleichzeitig, u. die Kosten derselben von denen der Brücke nur um einen GGroschen geringer gewesen seyn, daher man in den

---

[20] Der ursprüngliche Schalttag in Schaltjahren war der 24. Februar.

[21] Auch im Friedenssaal des Osnabrücker spätgotischen Alten Rathauses fanden Verhandlungen zum Westfälischen Frieden statt. Neben drei Porträts von beteiligten Herrschern sind auch heute noch 42 Porträts der Gesandten zu sehen.

[22] Der Osnabrücker Dom St. Peter umfasst Bauteile aus romanisch-spätromanischer wie aus gotischer und spätgotischer Zeit. Groote sah eine im Barock stark veränderte Innenausstattung.

[23] Köln, St. Georgskirche: romanische Kirche St. Georg am Georgsplatz. Vgl. etwa: Kier/Krings, Die romanischen Kirchen im Bild, S. 120–145.

[24] Das um 1673 in barockem Stil erbaute Osnabrücker Schloss wurde seit 1803 als Verwaltungsgebäude genutzt.

[25] Die gotische Kirche St. Marien am Osnabrücker Marktplatz war um 1440 fertiggestellt, die zwölf Gemälde des Flügelaltars, die die Geschichte Jesu darstellen, wurden um 1520 in Antwerpen angefertigt.

[26] Als Hämmling, Hämling, Hemling bezeichnete man Anfang des 19. Jh.s den niederländischen Maler Hans Memling.

[27] Befahren, hier vermutlich: in Gefahr sein.

[28] Der Mindener Dom St. Gorgonius und St. Petrus ist ein romanisch-gotischer Bau. Groote sah im Kircheninneren vermutlich den spätgotischen Flügelaltar (heute als Matthiasaltar bezeichnet) mit dreizehn geschnitzten Figuren. Der Altar ist nur zum Teil erhalten.

Thurmknopf[29] einen Groschen gelegt, der sich auch bey einer vor kurzem vorgenommenen Reparatur des Thurms noch soll vorgefunden haben. Wir [gehen] zur Frau Polizeykommissarinn Rohtert, sind aber kaum bey ihr einige Minuten, als ihr längsterwarteter Mann von Wesel zu ihrer größten Freude ankommt. Wir bleiben dort ziemlich lange und gehen Abends mit ihnen auf die sogenannte Ressource, wo es aber ziemlich krass ist. Wir bleiben bis 10 ½.

Den 26. Februar [1816]. Nenndorff [Nenndorf].

Wir ziehen uns an u. erwarten Herrn Rohtert bis gegen 10 U. umsonst. Dann gehen wir in sein Haus u., da er nicht da ist, bleiben wir bey seiner |18r| Frau bis gegen 12, wo Rohtert kommt. Wir bleiben fidel zum Essen, und fahren gegen 2 U. ab über Bückeburg nach Nenndorf. Hier ist wieder eins der Eisen, auf denen mein Koffer steht, entzwey. Wir kehren an diesem Badeort bey einem Franzosen, der deutsch versteht u. Gastwirth ist, ein, u. ergötzen uns, seine hübsche spröde Tochter zuviel anzusehen.

Den 27. Februar [1816]. Fastnacht. Hanover [Hannover].

Ausser jenem Eisen, ist auch an meinem Koffer einiges los. Ich muß auspacken, u. es wird fast 9 U., ehe alles fertig ist. Wir fahren nun auf meist sehr schlechtem Wege, noch immer unsre Geschichte von Spanien lesend, gen Hanover. Hier kommen wir gegen 2 Uhr an, u. kehren in der Londoner Schenke[30] ein. Alles ist sehr voll, weil viele Truppen angekommen sind. Die Wirthsleute, besonders die kleine Tochter, welche dem Frl. v. Kempis gleicht, sind recht gefällig. Nach Tische gehen wir die Königlichen Marställe, die schönen Pferde u. die Reitschule, dann die Esplanade, u. am Ende derselben den runden Tempel mit Leibnitzens Büste in Marmor[31] zu sehen. Im Theater wird der lustige Schuster[32] schlecht gegeben. Da das Wetter sehr schlecht ist, sind wir froh, nach Hause zu kommen, wo wir uns nach dem Nachtessen bald zur Ruhe begeben.

---

[29] Turmknopf, Turmkugel, Turmknauf: Metallkapsel auf der Spitze eines Kirch- oder Schlossturms, in die traditionell Gegenstände zur Erinnerung gelegt und die so als eine Art Zeitkapsel genutzt wurde.
[30] Die London-Schenke entstand Ende des 17. Jh.s als Gast- und Konzerthaus. Der Fachwerkbau mit Nebengebäuden lag an der Neuen Brücke gegenüber den Marställen.
[31] Leibniztempel: Rundbau im Georgengarten, errichtet Ende des 18. Jh.s zur Erinnerung an den Philosophen und Mathematiker Gottfried Wilhelm Leibniz.
[32] Franz Andreas Holly, Der lustige Schuster, Komische Oper, uraufgeführt 1770.

Den 28. Februar [1816]. Braunschweig.

In Preyne [Peine] muß ich schon wieder eine Schraube machen lassen, die am Koffer verloren gegangen. Wir lesen immer noch unsre Geschichte von Spanien fort. Erst sehr spät |18v| kommen wir nach Braunschweig, wo wir bey Rennekendorf, hôtel d'Angleterre[33] logiren. Wir sind von Hannover bis hierhin mit 4 Pferden gefahren, doch haben wir nur 3 bezahlt. Die letzte Station war äußerst schlimm.

Den 29. Februar [1816]. Halberstadt.

Wir sehen in Braunschweig das alte Rathhaus,[34] eine alte Kirche[35] nahe dabey, dann den Dom,[36] worin Heinrich des Loewen Monument,[37] dann andre Alterthümer,[38] ein altes Bild, angeblich von Kranach,[39] die Begräbnisse der Herzöge

---

[33] Das Hotel d'Angleterre, das von der Familie Rönkendorf geführt wurde, befand sich in der Breite Straße und gehörte zu den angesehenen Gasthöfen Braunschweigs.

[34] Heute: Museum Altstadtrathaus.

[35] Der Bau der Martinikirche (St. Martini) wurde Ende des 12. Jh.s begonnen und umfasst romanische und gotische Bauelemente. Um 1720 wurde ein barocker Hochaltar errichtet, der noch heute vorhanden ist.

[36] Der in romanisch-spätgotischem Stil erbaute Braunschweiger Dom (St. Blasius) wurde von Heinrich dem Löwen gestiftet. Vgl. zum Folgenden die Publikation, die Groote an diesem Tag für sich kaufte: Chr. Fr. Görges, Der von Heinrich dem Löwen, Herzoge von Sachsen und Bayern, erbauete Sanct Blasius Dom zu Braunschweig, Braunschweig 1815.

[37] Das Grabmal Heinrichs des Löwen und seiner Frau Mathilde von England wurde um 1230 errichtet. Görges, St. Blasius Dom, S. 5: „Hier unter diesen großen Steinplatten, auf welchen die Bildnisse Heinrichs und Mathildens in Lebensgröße ausgehauen sind, ruht der große, gewaltige und streitbare Fürst Heinrich der Löwe neben seiner Gemalinn. Im rechten Arm hält er seinen Dom im Bildnisse, in der Linken sein Streitschwert. Mathilde hat voll Andacht die Hände auf der Brust gefaltet; die Stellung ist ganz gestreckt." Ebd., S. 8: „Das Grabmal selbst bildet ein längliches Viereck von 8 Fuß 3 ½ Zoll Länge, 5 Fuß 3 Zoll Breite und 2 Fuß 8 Zoll Höhe. Ein antikes eisernes Geländer umschließt es und ragt darüber um 1 Fuß 9 Zoll hervor. Den Eingang verschließen zwei große Decksteine von der Länge des Grabmals, deren Stärke 1 Fuß 6 ½ Zoll betragen. In diese Steine sind die beiden Bildsäulen erhaben gearbeitet, deren Länge 7 ½ Fuß und Höhe 1 Fuß ausmachen."

[38] Görges, St. Blasius Dom, S. 36: „Den größesten Schatz birgt ein mit Seide künstlich ausgelegtes, aus den Mönchszeiten herstammendes Kästchen. Man findet darin der Maria Brautkrone, Halsschmuck von Perlemutter und blausammtnen sehr geräumigen Strickbeutel. Ehrwürdig ist vorzüglich dieser, denn auf ihrer Flucht nach Aegypten hatte sie das Jesuskind darin und glücklich rettete sie es, da Niemanden auf die entferntste Weise in den Sinn kam, den Heiland der Welt in einem Strickbeutel zu suchen."

[39] Görges, St. Blasius Dom, S. 36 f.: Wir wenden „uns zu dem kunstvollen Altarblatte, von Lucas Kranach im Jahre 1506 gemalt. Seit dem Jahre 1789 hängt es an der Südmauer dieses Flügels. [...] Die Arbeit lässt nicht bezweifeln, daß man Kranach dies schöne Gemälde zu verdanken habe. Man bewundert daran die ihm eigene Geschicklichkeit, Farben gut zu gründen und gleichsam zu verschmelzen, wodurch das frische Ansehn seiner Stücke seit 300 Jahren erhalten ist. Es gehöret nicht zu Kranachs besten Arbeiten, denn diese lieferte er von 1520 bis 1540."

von Braunschweig⁴⁰ u.s.w. Der Kantor zeigt uns das Alles, u. verkauft uns seine wohlgeschriebene Erklärung darüber. Vor der Kirche steht der eherne Löwe.⁴¹ Die ganze Kirche ist sehr merkwürdig. – Auf einem freyen Platz steht ein schön gearbeiteter bleyerner Springbrunnen.⁴² Mehrere alte Kirchen können wir aus Mangel an Zeit nicht sehen. Das Herzogliche Schloß⁴³ scheint groß u. schön zu seyn. Die ganze Stadt macht einen sehr angenehmen Eindruck.

Wir fahren nun weg gen Wolffenbüttel [Wolfenbüttel], wo wir stillhalten u. die Pferde füttern lassen. Da die Straße nicht durch die Stadt, sondern vorbey geht, so gehen wir hinein, sehen aber ausser dem Äußern zweyer protestantischer Kirchen nicht viel. Das Schloß ist unbedeutend.⁴⁴ Nach langem Suchen entdekken wir das Monument Lessings⁴⁵ am Eingang, – wahrscheinlich – des Bibliothekgebäudes.⁴⁶ –

Wir fahren nun weiter, jene Beschreibung des Braunschweiger Doms lesend, und kommen nach zwey langen Stationen in dem schändlichsten Schneewetter gegen 10 U. nach Halberstadt, wo wir im König von Pohlen einen schrecklich renommirenden Offizier, Schaefer genannt, finden. Als er uns sieht, scheint er noch einmal recht loszulegen. Er ist uns widrig und mehr noch lächerlich. – |19r|

Den 1. Maerz [1816]. Magdeburg.

In Halberstadt besuchen wir die herrliche Domkirche in ihrer schönen Steinfarbe.⁴⁷ Sie ist zum Protestantischen Dienst eingerichtet, nur auf dem Chor sieht

---

⁴⁰ Die Grabstätten der Braunschweigischen Fürsten befinden sich in der Krypta des Doms.
⁴¹ Der Braunschweiger Löwe, Wahrzeichen der Stadt, wurde um 1166 aus Bronze errichtet. Er steht auf dem Platz vor dem Dom. Görges, St. Blasius Dom, S. 56 f.: Den ehernen Löwen sieht man „fast mitten auf dem Burgplatze, auf einem hohen steinernen Fußgestelle, die Brust nach dem Mosthause gewandt. […] In frühern Zeiten belustigten sich Personen des Fürstlichen Hofes, von dem Altane des Schlosses, Geldstücke in den offenen Rachen desselben [des Löwen] zu werfen, welches durch eine in der Brust befindliche Thür wieder herausgenommen wurde."
⁴² Marienbrunnen auf dem Altmarkt, entstanden 1408.
⁴³ E. von Groote sah das Braunschweiger Residenzschloss, das Ende des 18. Jh.s fertiggestellt wurde. Es brannte 1830 während der Braunschweiger Revolution nieder.
⁴⁴ Schloss Wolfenbüttel war bis Mitte des 18. Jh.s herzogliche Residenz. Wieso Groote über diesen großen Gebäudekomplex mit wuchtigem barockem Portal abfällig urteilt, ist nicht ganz verständlich, lässt sich vermutlich aber auf seine Ablehnung „moderner" Stile zurückführen.
⁴⁵ Das Monument (eine Stele mit Porträtbüste) zu Ehren Gotthold Ephraim Lessings, von 1770 bis 1781 Bibliothekar in Wolfenbüttel, wurde 1796 fertiggestellt. 1816 stand die Stele im Vestibül der Herzog August Bibliothek und war nur durch das Gitter des Eingangs zu sehen.
⁴⁶ Die Herzog August Bibliothek, eine der bedeutendsten Bibliotheken ihrer Zeit, befand sich seit dem Beginn des 18. Jh.s in einer Art Rundbau, der sogenannten Rotunde. In den 1880er Jahren wurde ein Neubau errichtet.
⁴⁷ Im Herbst 1817 unternahm der Archäologe und Mediävist Johann Gustav Gottlieb Büsching zur Besichtigung von Kirchen eine Reise durch das nördliche Deutschland. 1819 veröffentlichte er seine Beobachtungen, die detaillierte Beschreibungen der Gebäude und ihrer Ausstattung enthielten. Im Folgenden wird aus dieser Publikation zitiert. Während des Jahres 1816 las E. von

man noch Altar u. Chorbücher von dem letzten katholischen Dienste her.[48] Eine Menge schöner, meist aber verdorbener altdeutscher Bilder stehen hier, auf den vielen alten Altären. Eins ist besonders merkwürdig, u. schließt sich gewiß an die Zeit unseres Kölner Dombildes[49] [an]. Ein anderes, etwa aus der Hälfte des XVI. Jahrhunderts enthält auf dem Rahmen, ausser andern frommen Erklärungen des Gegenstandes, auch: Rophan ab Einbeck (ein Städtchen im Harz, unweit Göttingen) me per fecit,[50] oder dergl. Viele dieser Bilder scheinen von derselben Hand zu seyn; viele andere noch auf mit Tuch überzogenem u. gypsirtem Grunde. Leider sind sehr viele durchaus vermodert. Auch viel altes Schnitzwerk ist auf den Altären. Der Chor der Kirche ist noch, so wie auch in Münster, ganz von der Kirche abgeschlossen,[51] durch eine gothische Wand, auf die eine Treppe zur Verkündung der Epistel u. des Evangeliums führt; die Meinung also, daß in der alten Zeit die Messe vom Volke nur gehört, nicht gesehen wurde, ist ganz erwiesen. Diese Bilder müssen gerettet werden.[52] Ausserdem sehen wir noch eine andre hübsche Kirche,[53] in welcher eben lutherisches Nachtmahl gehalten wird. Die älteste sehr schöne, unseren Mauritz-[54] u. Apostel-Kirchen ähnlich und

---

Groote eine Reihe der Veröffentlichungen Büschings, er war somit an dessen Forschungsergebnissen sehr interessiert. Büsching, Reise S. 225: „In Halberstadt geht wohl ein jeder zuerst nach dem trefflichen Dome, dessen vollkommene Ansicht man von drei Seiten genießt, und der in Hinsicht seines Innern und seiner glatten und zierlichen Ausführung zu den schönsten Denkmählern der Baukunst gehört, welche ich sah." Ebd., S. 232: „Die hohe Vortrefflichkeit des Domgebäudes zeigt sich nun besonders im Innern; es ist groß, höchst prachtvoll und merkwürdig gebaut und ebenfalls eine Quelle nicht so leicht aufhörender Forschungen".

[48] Büsching, Reise, S. 236: „Auf Pulten und auf der Erde liegen überaus viele und zum Theil sehr große Meßbücher, auf Thierhaut geschrieben, die wohl einer Untersuchung verdienen, ob sich unter ihnen keine Blätter alter abgekratzter Handschriften befinden."

[49] Dombild: Stephan Lochner, Altar der Stadtpatrone, um 1442; siehe oben.

[50] me per fecit: durch mich gemacht. Büsching, Reise, S. 251: „Die ganze untere Seite der Schrift, über beide Thüren und das Hauptbild gehend, lautet merkwürdigerweise so: Anno domini millesimo quingentesimo octavo presens opus per me Johannem Raphon in Embeck est completum pariter et fabricatum. Wie ist nun diese wichtige Unterschrift zu verstehen? Unbestreitbar ist wohl Johann Raphon aus Eimbeck für den Maler des Bildes anzunehmen".

[51] Büsching, Reise, S. 232 f.: „Die Reihe der einzelnen Theile erscheint nun innerhalb so: Ganz gegen Morgen das alte, einfache Chor, niedriger als das Hauptschiff, kapellenartig behandelt, dreiseitig geschlossen, dann die Chor-Abseite beträchtlich niedriger als das Chor".

[52] Büsching beschrieb neben Gemälden und Schnitzereien auch Wandteppiche: „Sonst sind herum alte merkwürdige Teppiche, mit eingewebten Gestalten, befestigt, die durch ihr Alterthum, ihre Arbeit und Bewahrung der Farben und Darstellungen gleich merkwürdig sind" (Büsching, Reise, S. 234). Manche von ihnen sind „höchst merkwürdige Reste alter Teppichwirkerei; und es ist sehr zu wünschen, daß sie auf das sorgfältigste bewahrt werden, damit sie nicht ein Raub der Motten und des Staubes werden" (ebd., S. 236).

[53] St. Martini, Martinikirche. Büsching, Reise, S. 265: „Die Martini-Kirche fällt schon vor dem Eintritt in Halberstadt wohlgefällig in die Augen; sie liegt ungefähr mitten in der Stadt, auf einer kleinen Erhöhung. [...] Ueber der Thüre gegen Mittag ist ein altes sehr großes Steinbild, vorstellend den heiligen Martin zu Pferde".

[54] Die Kirche St. Mauritius in Köln wurde um 1140 fertiggestellt. Der romanische Bau erhielt später

gleichzeitig, liegt auf demselben Platz dem Dom gegenüber, u. ist ein Magazin. Sie heißt Marienkirche,[55] u. es liegt ein gleichzeitiges Kloster, mit einer Kapelle dabey.[56] Wir können nichts |19v| vom Innern sehen. Jener Platz aber, an welchem 2 sehr schöne Kirchen liegen, u. von welchem man die dritte sehr wohl sehen kann, wäre wohl werth, gezeichnet zu werden. – Wir sehen noch eine große Bildsäule am Markte, vielleicht eine sogenannte Irman- oder Rolandssäule?[57] Es ist ein etwa 15 Fuß hoher Ritter, der einen Schild mit dem Doppel-Adler hält. Es sind viele alte Gebäude in dieser interessanten Stadt.

Nun fahren wir in zwey Stationen auf ziemlich gutem Wege nach Magdeburg, wo wir gegen 5 Uhr Abends ankommen. Die Stadt zeigt sich mit ihren hohen Thürmen sehr schön. Wir kehren in der Stadt London[58] ein. Netz findet hier sein Regiment, u. sucht alte Bekannte auf. Ich gehe in's Theater, wo ein Lustspiel, das Räuschchen,[59] ziemlich gut gegeben wird. Abends essen wir mit einem Freunde Netzens: Herrn v. Puttkammer zusammen. Ich finde Schwerin. Obrist Monhaupt ist auch hier.

Den 2. Maerz [1816]. Magdeburg.

Netz geht nach seinen Bekannten. Ich schreibe an Joseph. Dann besuche ich den Obrist v. Monhaupt, u. hole Netz auf der Parade ab. Wir gehen in den schönen, merkwürdigen Dom,[60] der von Otto I. erbaut ist, wenigstens diejenige Kirche,

---

gotische Änderungen, im Barock eine neue Innenaustattung. 1802 wurde die Kirche säkularisiert, 1830 teilweise abgebrochen, 1859 völlig niedergelegt. 1865 entstand ein neugotischer Neubau, der im 2. Weltkrieg weitgehend zerstört wurde. In den 1950er Jahren errichtete man ein neues Kirchengebäude.

[55] Liebfrauenkirche. Büsching, Reise, S. 264: „Auf dem herrlichen Domplatze steht gegen Abend noch eine zweyte Kirche, die Unser lieben Frauen; ich sah sie nur von auswendig, da auch sie das ärgerliche Schicksal gehabt hat, ein Vorrathshaus zu werden." Vgl. K. Fr. Schinkel, Die vier Türme der Liebfrauenkirche in Halberstadt, Zeichnung, Feder in Schwarz, über Vorzeichnung mit Graphitstift, 1816 (Berlin, Kupferstichkabinett; Inv.-Nr.: SM SKB F.020=SM Skb.F Nr. 7).

[56] Büsching, Reise, S. 265: „Es stößt ein Gebäude (das alte Klostergebäude?) daran [an die Marienkirche], in gleicher Linie mit der Mittagsseite, und an diesem Gebäude steht gegen Morgen eine achtseitige Kapelle, die aus Bruchsteinen aufgerichtet ist."

[57] Halberstädter Roland, aufgestellt 1433.

[58] In der Leipziger Zeitung, Nr. 200, 12. Okt. 1815 hatte der „Gastwirth zur Stadt London" annonciert: „Eröffnung eines neuen Gasthauses in Magdeburg. Mein auf dem breiten Wege No. 7 allhier im Gebäude der ehemaligen Ressource etablirter neuer Gasthof, genannt zur Stadt London, steht den reisenden Herrschaften zu Befehl. Prompte Bedienung und billige Behandlung werden dieß neue Etablissement mehr als seine bequeme und elegante Einrichtung empfehlen."

[59] Christoph Friedrich Bretzner, Das Räuschchen, Lustspiel, 1786.

[60] Groote kaufte an diesem Tag die 1815 im Magdeburger Verlag W. Heinrichshofen erschienene Schrift des Dompredigers und Konsistorialrats J. Fr. W. Koch, Der Dom zu Magdeburg. Darin wurde festgestellt: „Ein Fremder verlässt nicht leicht Magdeburg, ohne, wenn auch nur von aussen, den Dom gesehen; – und er sieht ihn nicht, ohne ihn bewundert zu haben. Dies verdient er aber auch wirklich, nicht blos als ein ehrwürdiges Denkmal der grauen Vorzeit, sondern auch und

welche zuerst an dieser Stelle stand, u. deren angebliches Modell von 12 Seiten[61] sich noch, etwa 11 Fuß hoch u. breit, bey der Kanzel im linken Nebenschiffe der Kirche befindet. Merkwürdig ist das alte Monument Ottos und seiner Gemahlinn Editha;[62] das bronzene, von dem Rothgießer[63] Fischer in Nürnberg 1497 gegoßene Monument des Bischofs Ernestus.[64] Die Sage der Frau v. Asseburg ähnlich mit der der todten Frau zu Köln.[65] Das Ganze ist ein gar herrliches Gebäude.

---

vornehmlich als ein Meisterstück der alten Baukunst. Dafür halten ihn alle Kenner der Architectur, und, je mehr sie in die einzelnen Theile dieses Prachtgebäudes eingehen, desto mehr finden sie, dass dasselbe von den Eigenthümlichkeiten des, – wie man sagt – ‚gothischen' Geschmacks in der Baukunst eine ziemlich vollständige Anschauung gebe. Man sollte aber sagen: des ‚altdeutschen' Geschmacks." Denn das „ganz rohe Nomadenvolk der Gothen" wusste nichts „von dieser Kunst [...]. Der Geschmack, in welchem der Dom erbauet ist, ist deutsch, und entstand in den mittlern Jahrhunderten; hielt sich rein von fremder Beymischung, und unterscheidet sich durch einen eigenthümlichen Charakter" (ebd., S. 13 f.).

[61] So im Text.

[62] Koch, Dom, S. 94: „Das ganz einfache Grabmal Otto's des Grossen steht fast mitten im hohen Chore. Es ist nichts als ein aufgemauertes Grab, mit einer weissgestreiften Marmorplatte bedeckt, und mit einer einfachen hölzernen Einfassung umgeben". Ebd., S. 98: „In der hintersten Halle, welche offen ist, befindet sich das sehenswerthe Grabmal der Kayserin Editha, der ersten Gemahlin Kaysers Otto des Grossen und der vornehmsten Wohlthäterin Magdeburgs, welche am 27. Januar 947 gestorben ist. Es ist das älteste Stück des Doms, eine Reliquie von demjenigen Kloster, das ehemals auf dieser Stelle stand, von einem festen Sandstein, für jene Zeit sehr kunstreich und geschmackvoll gearbeitet".

[63] Rothgießer, auch Rotschmied oder Messinggießer: Handwerker und Künstler in der Messingproduktion und -verarbeitung.

[64] Grabtumba des Erzbischofs Ernst II. von Sachsen, Stifter der „Ernesti Capelle", von Peter Vischer dem Älteren. Koch, Dom, S. 27: „Sehenswerth ist sie [die Kapelle] vornehmlich wegen des, die höchste Bewunderung erregenden, Grabmahls ihres Stifters. Dieses besteht aus einem von Erz gegossenen, offenen, 5 Fuss hohen, sargähnlichen Monument, in welchem das Bildniss des Erzbischofs Ernst, sehr zart und ausdrucksvoll gearbeitet, in Lebensgrösse im vollen Ornate liegt". Ebd., S. 29: „An dem Fussende ganz unten liest man noch: Gemacht zu Nürnberg von mir Peter Fischer Rothgießer und ist vollbracht worden da man zalt 1497 Jar."

[65] Koch, Dom, S. 47 f. zum Porträt der Sophie von Asseburg und ihrer drei Kinder: Eine Sage gibt an, „die Frau von Asseburg sey als eine Scheintodte im Gewölbe beygesetzt; habe von dem Todtengräber beraubt werden sollen; sey durch die unsanfte Berührung desselben erwacht und dem in Todesschrecken Entfliehenden, welcher Leiter und Laterne zurückgelassen habe, gefolgt und hinterher noch Mutter von den drey abgebildeten Kindern geworden, welche zugleich ihre bleiche Todesfarbe geerbt hätten". Groote bezieht sich in seinem Vergleich auf die Kölner Sage der Frau Richmodis. Vgl. Grootes Romanze „Wie eine todte Frau wieder vom Grabe erstand" (in: Groote/Carové, Taschenbuch für Freunde, S. 19–42). Dazu Görres in seiner Rezension des Taschenbuchs: „Die vielgestaltete, überall verbreitete Sage, wie der Tod, der er als seine Beute heimgeführt, hat wiedergeben müssen, und wie die Entronnene, die den tiefsten Ernst der Unterwelt hat verstanden, fortan ein gottergeben Leben führt, und kein Lächeln ferner mehr um ihre Lippen spielt: alles gut, edel und einfach hinerzählt, und in gedämpftem Licht und grauer Beschattung vom Dichter trefflich wohl gehalten" (Rh. Merkur, Nr. 354, 4. Jan. 1816).

Nach diesem geht Netz noch einige Besuche zu machen. Ich schreibe meinen Brief fertig. Mittags essen wir bey Capitain Glasenap mit vielen andern Offiziren, Netzens ehemaligen Cameraden. v. Puttkammer läßt sich |20r| in Disputation ein, u. zeigt sich als ausgemachter Fichtianer. Mir ist seit ein Paar Tagen wieder viel zu hypochondrisch zu Muthe, als daß ich irgend mit reden könnte, obschon manche meiner Lieblingsthemen zur Sprache kommen. Nachher sehen wir noch die Statue Kaisers Otho, reitend vorgestellt, auf dem Alten Markt an.[66] Dann geht Netz noch zu Leuten, bey denen er einst 1806 blessirt gelegen. In der Heinrichshofenschen Buchhandlung kaufe ich die Beschreibung des Doms, u. bringe in Commission zu 25 % 6 Taschenbücher an. Ich packe meinen reparirten Koffer. Wir sind wieder zu Glasenap gebethen. Netz kommt erst nach 9 Uhr. Wir bleiben mit einigen Offizieren bey Glasenap bey Essen und Trinken bis gegen 2 Uhr. Mir ist immerfort gar schlecht zu Muthe.

Den 3. Maerz [1816]. Brandenburg.

Ehe wir uns heute zu Recht gefunden u. gepackt haben, wird es fast 8 Uhr. Wir fahren rasch in 3 Stationen, die beyden letzten mit 4 nebeneinander gespannten Pferden über Ciesar [Ziesar], u. treffen schon gegen 8 ½ Uhr in Brandenburg ein. Meine Hypochondrie quält mich fast zu Tode! – Nach kleinem Nachtessen begeben wir uns bald zur Ruhe. –

Den 4. Maerz [1816]. Potsdam.

Diesen Morgen sehen wir in Brandenburg noch einen Theil der von der weitaustretenden Havel sehr durchströmten Stadt, die große Rolandssäule auf dem Markt,[67] den Burgthurm von 1411 von gebackenen Steinen[68] so wie den Dom und mehrere andere alte Kirchen. Der Dom scheint nach der Bauart und mehrern alten Inschriften aus dem XIV. Jahrhundert zu seyn.[69] Schön ist der, auf

---

[66] Der Magdeburger Reiter, entstanden Mitte des 13. Jh.s, befindet sich heute im Kunsthistorischen Museum Magdeburg. In der Stadtbeschreibung von Wilhelm Lohmann aus dem Jahr 1817 ist zu lesen: „Der alte Markt, dessen östliche Seite das Rathhaus einnimmt, ist ein längliches Viereck und größtentheils mit schönen ansehnlichen und geschmackvollen Häusern umschlossen. Dem Rathhause gegenüber steht das […] Monument des Kaisers Otto von Sandstein. Der Kaiser ist zu Pferde vorgestellt, mit dem kaiserlichen Mantel umhüllt und die Krone auf dem Haupte" (Lohmann, Geschichte, S. 35).
[67] Die 1474 errichtete, mehr als 5 Meter hohe Rolandsfigur aus Sandstein stand seit 1716 vor dem Neustädtischen Rathaus. Sie befindet sich heute vor dem Altstädtischen Rathaus.
[68] Neustädtischer Mühlentorturm; der spätgotische Backsteinbau, ehemals Teil der Wehranlagen, wurde 1411 errichtet.
[69] Der Grundstein zum Brandenburger Dom St. Peter und Paul wurde 1165 gelegt. Der romanische Bau wurde mehrfach umgebaut und war schließlich Mitte des 15. Jh.s im Innern weitgehend gotisiert. In den 1830er Jahren führte Schinkel eine umfassende Restaurierung des Gebäudes durch.

dem sehr hohen Chor stehende hohe Altar. Das Innere stellt die Heilige Maria mit den Aposteln Peter u. Paul in Schnitzwerk vor, welches von zwey großen innerlich und äußerlich gemalten Flügeln verschlossen wird. Der Altar trägt die Jahrzahl 1518.[70] Die Bilder sollen angeblich von Lucas Cranach seyn. |20v| Sie enthalten auf jeder Seite 2 Figuren. Die Inneren sind Sancta Magdalena, Sanct Benedict, Sanct Augustin, Sancta Ursula, fast in Lebensgröße auf Goldgrund.[71] Lucas Cranachs Handzeichen[72] ist nicht vorzufinden. Ausser diesen sehr schönen Gemälden stehen [hier] noch eine Menge kleinerer Bilder auf Goldgrund, zum Theil noch älter, als jene. Alle sind merkwürdig genug. –

Nun fahren wir bald in 2 schnellen Stationen nach Potsdam, wo wir in schändlichem Wetter, gegen 3 ¼ ankommen. Das Wetter erlaubt nicht, irgend was zu besehen. Wir gehen zur Mutter u. zur Schwester einer Frau v. Kreilsheim, an die Netz Briefe von Wesel aus hat. Später in's Theater,[73] wo von den Berliner Schauspielern der 24. Februar von Werner[74] u. die Radikalkur von der Frau v. Weissenthurn sehr vortrefflich gegeben werden.[75]

---

[70] Der Marienaltar befand sich ursprünglich im Kloster Lehnin, bis er 1552 im Dom aufgestellt wurde. Büsching, Reise S. 38 f.: „Der Haupt-Altar zieht besonders den Blick auf sich und enthält die trefflichste Malerei, welche Brandenburg aufzuweisen hat und vielleicht überhaupt in der Mark in irgend einer Kirche aus altdeutscher Schule gefunden wird. Das Innere des Altares besteht aus Schnitzwerk; auf Goldgrund sind goldene Gestalten: Maria, welche von zwei Engeln gekrönt wird. Sie steht mit dem linken Fuße auf einer Mondscheibe, dessen Spitzen in die Höhe gekehrt sind und an der ein Gesicht ausgeschnitzt ist. Auf der einen Seite sieht man Petrus, die Schüssel des Himmelreichs und ein aufgeschlagenes Buch haltend, auf der andern Paulus mit dem Schwert. An dem obern vielfach verschlungenen altdeutschen Schnitzwerke erscheinet die Jahreszahl 1518. Das Trefflichste daran sind nun die Thüren, auf Goldgrund sechszehn herrliche Gestalten enthaltend, an denen die Gluth der Farben in Gewanden und Schmuck, die Zartheit der Fleischtheile, besonders der Köpfe, die Bewunderung eines jeden erregen müssen und werden."
[71] Dazu detailliert: Büsching, Reise, S. 39–41.
[72] Cranachs Signatur ist eine Schlange.
[73] Wegweiser für Fremde, S. 265: „Das neue Schauspielhaus [wurde] von Friedrich Wilhelm II. erbauet. Deutsche Komödien werden zuweilen von der Schauspielergesellschaft aus Berlin auf Befehl des Königs aufgeführt." Ebd., S. 244: „Es hat drei Geschosse, und kann 700 Menschen fassen."
[74] Friedrich Ludwig Zacharias Werner, Die Schuld oder der vier und zwanzigste Februar, Drama, uraufgeführt 1809. Die Aufführung am 4. März 1816 in Potsdam wurde von den Schauspielern des Berliner Schauspielhauses präsentiert.
[75] Johanna Franul von Weißenthurn, Die Radikalkur, Lustspiel, Wien 1809. Die Aufführung am 4. März 1816 in Potsdam wurde ebenfalls von den Schauspielern des Berliner Schauspielhauses gezeigt. Vgl. die Rezension der Aufführung am 10. Febr. 1816 in Berlin (Dramat. Wochenbl., Nr. 7, 17. Febr. 1816, S. 54). Hier heißt es zu den Schauspielern: „Herr Mauer giebt den Eifersüchtigen unverbesserlich und es gehört ein so kräftiges Talent wie das seinige dazu, um nicht unter der Rolle zu erliegen oder zu langweilen. Mademoiselle Willmann spielt die Friederike so wahr und zart, daß man […] sich über ihr Schicksal leider mit nichts anderem trösten kann, als damit, daß sie dem Eifersüchtigen nicht – wirklich zu Theil wird."

In Berlin

Das Berlin, in dem Eberhard von Groote am 5. März 1816 eintraf, war eine Stadt von circa 200.000 Einwohnern, darunter etwa 16.000 Militärpersonen. Sie befand sich nach der Befreiung von der napoleonischen Herrschaft in einer Phase der Neuorientierung, in der sich Reformbewegungen und restaurative Strömungen in einer Auseinandersetzung um die Gestaltung der Zukunft gegenüberstanden. In Berlin als Hauptstadt eines nach dem Wiener Kongress flächenmäßig größer gewordenen preußischen Staates wurden die Verwaltungsstrukturen für diesen Staat festgelegt und die Integration der neuen Provinzen organisiert. Berlin war somit der Mittelpunkt preußischer Politik und Verwaltung, zudem war es im Begriff, ein bedeutendes Zentrum von Wissenschaft, Literatur und Kunst zu werden. Insbesondere die Gründung der Universität 1810 führte in vielen Bereichen rasch zu einem wissenschaftlichen Aufschwung. Angesichts der sich allmählich stabilisierenden Verhältnisse entwickelte sich auch das von Hof, Aristokratie und bürgerlicher Oberschicht geprägte kulturelle Leben der Stadt. Theater und Oper[76] boten jeden Tag Aufführungen und zogen unter dem 1815 zum Generalintendanten der Königlichen Schauspiele ernannten Karl Graf von Brühl hervorragende Künstlerinnen und Künstler an. Schriftsteller wie E. T. A. Hoffmann, Adalbert von Chamisso und Friedrich Heinrich Karl de La Motte Fouqué lebten hier, Karl Friedrich Schinkel hatte seine Karriere als stilprägender Architekt gerade begonnen.

Berlin im Jahr 1816 war also eine äußerst anregende Stadt,[77] ein Ort, an dem sich eine Vielzahl interessanter Männer und Frauen aufhielt und in privatem Umfeld sowie in zahlreichen halböffentlichen Klubs, Zirkeln und Salons zusammenkam. Für Eberhard von Groote war es eine verwirrende Lebenswelt, die seinen Intellekt, seine Gefühle und sein Selbstverständnis stark herausforderte. Er wusste, dass er sich im komplexen Netzwerk der Funktionsträger rasch zurechtfinden musste, denn es blieb nur wenig Zeit, bis man in Berlin über die Zukunft Kölns und der Rheinlande entscheiden würde. Entsprechend seiner psychischen Konstitution befand sich Eberhard von Groote daher während seines gesamten Aufenthalts in Berlin in innerer Anspannung.

Äußerst günstig für Groote war, dass er eine beträchtliche Anzahl von preußischen Militärs, Staatsbeamten und Politikern 1815 während des Feldzugs und in Paris kennengelernt hatte. An diese Kontakte konnte er anknüpfen und über sie weitere einflussreiche Personen kennenlernen. So stellte er etwa am 9. März fest, Legationsrat Eichhorn habe ihn sehr freundlich aufgenommen und ihm „mancherley Anweisung" gegeben, wie er „mit den hiesigen verschiedenartig gesinnten Männern" umgehen sollte.[78] An seinen Bruder schrieb Groote:

---

[76] Zur Berliner Musikkultur Ende des 18./Anfang des 19. Jh.s vgl. den Sammelband: Mutschelknauss, Urbane Musikkultur, 2011.

[77] Um Grootes Eindrücke von Berlin zu illustrieren, wird im Folgenden aus dem von ihm am 5. März 1816 in Potsdam gekauften Stadtführer: Wegweiser für Fremde sowie aus dem zehn Jahre zuvor erschienenen Lexicon von Berlin und der umliegenden Gegend (Gädicke, Lexicon von Berlin, 1806) zitiert.

[78] Groote, Tagebuch, 9. März 1816.

„Man muß es sich hier zum Geschäfte machen, immer fort von einem zum andern zu wandern, um wie ein Bußprediger die Meinungen der Menschen zu berichtigen, u. sie für sich zu gewinnen. Es sind mit unter gar pfiffige Cameraden darunter, die jedes Wort auf die Goldwage legen, was man von sich giebt. Diese gehen auch in ihren Raisonnements gewaltig tief u. man kann sie nur schwer behandeln."[79]

Groote hatte gute Chancen, sich das Berlin der Mächtigen zu erschließen; und tatsächlich gelang es ihm, mit vielen Entscheidungsträgern zusammenzutreffen sowie mit zahlreichen jungen Männern, die in den folgenden Jahrzehnten die preußische Politik und Kultur – auch im Rheinland – bestimmen sollten. Eine Aufzählung der Personen, denen Groote in Berlin begegnete, gleicht also einem Who's Who der preußischen Politik, Verwaltung, Wissenschaft, Literatur und Kunst dieser Jahre.[80]

Es ist nicht überraschend, dass Groote in Berlin nicht mit jüdischen Mitgliedern des Berliner Bürgertums zusammentraf. Zum einen konnten sie ihm in den Kreisen der preußischen Beamtenschaft und der Universitätslehrer nicht begegnen, da Juden zu diesen Berufen nicht zugelassen waren.[81] Zum anderen aber lässt sich aus gelegentlichen Bemerkungen Grootes ersehen, dass er gegenüber Juden generell Fremdheit, Misstrauen und Abneigung empfand, die aus tiefverwurzelten katholischen Traditionen stammten und mit einem Gefühl der Überlegenheit gegenüber Nichtreligiösen und Nichtkatholiken – also auch Protestanten – verbunden waren. Mit Sicherheit suchte Groote selbst keinen Kontakt zu Juden, überdies war eine Anzahl der Männer, mit denen er in Berlin in Kontakt trat, gegenüber Juden ablehnend oder sogar feindlich eingestellt.[82]

---

[79] E. von Groote an J. von Groote, Berlin, 12. März 1816 (HAStK, Best. 1552, A 20/6). Siehe Briefe und Schriften.

[80] Groote begegnete in Berlin auch Helmina von Chézy, und „sorgte, sie los zu werden" (Groote, Tagebuch, 19. Mai 1816). Sie hatte Köln am 24. Februar fluchtartig verlassen, um gerichtlichen Maßnahmen zu entgehen und sich in Berlin gegen die Vorwürfe zu verteidigen. Die Untersuchung wurde von E. T. A. Hoffmann durchgeführt, der schließlich einen Freispruch für sie erzielte (Chézy, Unvergessenes, Teil 2, S. 351–365).

[81] Dem Mediziner und persönlichem Vertrauten des Staatskanzlers von Hardenberg, Johann Ferdinand Koreff, der 1816 vom Judentum zum Christentum konvertierte, begegnete Groote mehrfach. Einen jüdischen Kunstsammler oder Kunsthändler suchte er in Berlin auf; Ludwig Robert, Bruder von Rahel Varnhagen von Ense, geb. Levin, sah er in Berlin einmal zufällig bei Tisch.

[82] Die 1811 gegründete Deutsche Tischgesellschaft ließ als Mitglieder ausdrücklich nur Personen zu, die „in christlicher Religion geboren" waren. Zu den Mitgliedern gehörten viele der Berliner Bekannten Grootes: u.a. Clemens Brentano, Christian Peter Wilhelm Beuth, Friedrich August Staegemann, Friedrich Schleiermacher, Friedrich Carl von Savigny und Karl Friedrich Schinkel. Zur Tischgesellschaft: Nienhaus, Deutsche Tischgesellschaft, 2003, zu den antijüdischen Tendenzen in Berlin, insbesondere in der Tischgesellschaft und ihrem Umfeld: ebd., S. 204–292; Nienhaus, Deutsche Tischgesellschaft, 2015; vgl. auch: Busch, Hitzig, S. 65–71. Ein äußerst judenfeindlicher Artikel erschien in der Beilage der Köln. Zeitung, Nr. 2, 17. März 1816. In einer Vorstellung des Buches Deutschlands Forderungen an den deutschen Bund, Mainz 1816; von einem anonymen Autor, zitierte das Beiblatt ausführlich aus dem Kapitel Die Juden: „Sie sind in ihrem jetzigen Zustande Wucherpflanzen, die die Staatskräfte aussaugen, indem sie sich ausbreiten; die, bei den ihnen in den neuesten Zeiten eingeräumten Vortheilen, Verderben über die Länder bringen, und

Trotz seiner andauernden quälenden „Hypochondrie" nahm Groote die Möglichkeiten, die Berlin bot, begierig auf.[83] Er las literarische und philosophische Neuerscheinungen, hörte Vorlesungen an der Universität, war bei Diskussionen zu aktuellen Themen präsent und versuchte, sich kompetent daran zu beteiligen. Mehrfach lud man ihn in den kurz zuvor gegründeten „Maikäferklub" ein,[84] außerdem in die Gesetzlose Gesellschaft[85] und die Deutsche Gesellschaft.[86] Groote besuchte Theater, Konzerte und Opern und erlebte dabei eine Reihe historischer Höhepunkte in Musik und Drama. So war er bei Aufführungen neuer Werke Ludwig van Beethovens und Carl Maria von Webers anwesend sowie bei einer Aufführung von Mozarts *Zauberflöte* mit den bis heute berühmten Dekorationen Schinkels; er hörte Angélica Catalani und Anna Pauline Milder-Hauptmann, die zu den bekanntesten Sängerinnen der Zeit zählten, und sah den beliebten Schauspieler Ludwig Devrient als König Lear und als Franz Moor. Er besuchte Kunstsammlungen und pädagogische Einrichtungen, katholische wie auch einige protestantische Gottesdienste und den Übungsplatz der Turnerbewegung in der Hasenheide. Selbst eine der ersten Dampfmaschinen in Preußen konnte er wahrscheinlich besichtigen.[87] Mit allen diesen Unternehmungen versuchte Groote, sich ein möglichst umfangreiches Bild von Preußens Gesellschaft und Regierung zu machen; zugleich strengte er sich an, in diesem komplexen Milieu, das ihn teils anzog, teils abstieß, anerkannt zu werden und einen Platz für sich selbst zu finden. Dabei plagte ihn immer wieder das Gefühl, man schätze ihn nicht genügend und behandle ihn abwertend.

---

der Sittlichkeit der Einwohner, die sie zugleich arm machen, höchst gefährlich werden." Eine Reihe von Maßnahmen, „um die Juden unschädlich zu machen", wird genannt, deren Realisierung man vom Deutschen Bund forderte.

[83] Zu den Orten und Einrichtungen, die Groote in Berlin aufsuchte, vgl. die kompakte, detailreiche Publikation: Hahn, Schauplatz, 2005.

[84] Maikäferei, Maikäferklub, Maikäfer-Gesellschaft, nach dem Namen des ersten Wirts, Mai, benannt, wurde Ende 1815/Anfang 1816 gegründet und existierte bis 1818. Versammlungsort war u.a. das Café Bony im Tiergarten. Zur Gesellschaft zählten 1816 etwa zehn bis fünfzehn junge Männer, darunter die drei Brüder von Gerlach, Clemens Brentano, Carl von Voss, Carl von Rappard, August Wilhelm Goetze, Fr. C. von Bülow und Albrecht von Alvensleben. Die Teilnehmer der Maikäferei gehörten im Wesentlichen christlich-konservativen Kreisen an. Bei den Treffen diskutierte man, sang Lieder und las Gedichte vor. Zur Maikäferei: Pravida, Maikäferklub, 2015. Vgl. auch Spiertz, Groote, S. 131.

[85] Anfang des 19. Jh.s wurden zwei Gesellschaften in Berlin gegründet (1806 und 1809), die zeitweise den Namen Gesetzlose Gesellschaft führten. Groote wurde wahrscheinlich in die 1806 entstandene Gruppe eingeladen, zu deren Gründern Legationsrat Johann Albrecht Friedrich von Eichhorn gehörte. Viele Mitglieder der politischen, wissenschaftlichen und kulturellen Elite Berlins zählten zu diesem Kreis, der sich u.a. im Englischen Haus in der Mohrenstraße traf. Zur Gesellschaft von 1806: Motschmann, Gesetzlose Gesellschaft (Nr. 1), 2015; zur Gesellschaft von 1809: Voß/Motschmann, Gesetzlose Gesellschaft (Nr. 2), 2015; Hoppe, Gesellschaft, 1959. Vgl. auch Spiertz, Groote, S. 131.

[86] Ziel der Deutschen Gesellschaft, gegründet Ende 1814 u.a. von Johann August Zeune, war die Erforschung der deutschen Sprache. Nach 1825 wurde die Gesellschaft in Berlinische Gesellschaft für deutsche Sprache umbenannt. Vgl. Gessinger, Berlinische Gesellschaft, 2015.

[87] Während dieses Sommers, am 12. Juni 1816, traf das erste Dampfschiff, ein englisches Schiff, von Rotterdam kommend, in Köln ein. Vgl. v. Looz-Corswarem, An Düsseldorf vorbei, S. 145 f., 150–154.

Seit dem Januar 1816 klagte Groote in seinen Aufzeichnungen immer wieder über „wüstes", „schlechtes", „elendes" und „schändliches" Wetter. Diese Wahrnehmung entsprach der Realität, denn die Klimaverschlechterung, die schon 1815 die Ernte im Rheinland wie in vielen europäischen Regionen stark beeinträchtigt hatte,[88] setzte sich 1816 fort. Kälte und Regen, von Groote vielfach vermerkt, bestimmten auch in den nächsten Monaten das Wetter, sodass bald eine erneute Missernte und damit der Beginn einer Teuerung zu befürchten war. Obgleich Zeitungsartikel über die drohende Entwicklung berichteten und von Seiten lokaler und regionaler Behörden erste Hilfsmaßnahmen einsetzten, äußerte sich Groote zu diesem Thema im Sommer 1816 nicht.

Während seiner Abwesenheit von Köln blieb Groote kontinuierlich mit seinem Bruder Joseph als seinem engsten Vertrauten in Briefkontakt. Eine Verbindung durch Korrespondenz war allerdings nicht einfach, da die Post von Berlin nach Köln und umgekehrt nur an bestimmten Wochentagen abging, mehrere Tage dauerte und ein Erreichen des Ziels unsicher war. Der 1812 in Berlin geborene und aufgewachsene Felix Eberty erinnerte sich:

> „Damals lohnte es immerhin, ordentliche Briefe zu schreiben; auch ergriff man jede Gelegenheit, seine Correspondenz durch die Güte eines nach dem Bestimmungsort Reisenden besorgen zu lassen, was aber, wenn es entdeckt wurde, strenge Bestrafung nach sich zog. In Berlin gab es weder eine Stadtpost noch Briefkasten, und der schriftliche Verkehr war den Menschen überhaupt nicht bequem gemacht. Jeder Brief mußte in ein selbstangefertigtes Couvert gesteckt, versiegelt und persönlich oder durch einen Boten nach dem Generalpostamt in der Königstraße getragen werden. Fertige Briefcouverts konnte man nirgends kaufen."[89]

Voraussetzung für einen großen Teil seiner Kontakte in Berlin, insbesondere zu Mitgliedern der Aristokratie und zum königlichen Hof, war Grootes Status als Angehöriger einer adeligen Familie. Wenngleich er nicht zum höheren Adel zählte, hatte man in Berlin doch ein besonderes Interesse an ihm als einem Repräsentanten der rheinischen Adelsfamilien[90] und der neuen Provinzen. Nachdem Groote bereits kurz nach seiner Ankunft eine ganze Anzahl interessanter Begegnungen vermerken konnte – im Tagebuch erwähnt er für den 6. März neun Personen, die er traf, namentlich, für den 7. März 19 Personen – beantragte er am 8. März eine Audienz bei „Prinzess Wilhelm", für die ihm Marie von Clausewitz, geb. Gräfin von Brühl ein Empfehlungsschreiben mitgegeben hatte.[91] Der Brief sollte ihm

---

[88] Grund für die Wetterverschlechterung war ein Ausbruch des Vulkans Tambora in Indonesien im April 1815. Er führte in vielen Weltregionen zu einem Absinken der Temperaturen, zu Missernten und Hungerkrisen. Vgl. Behringer, Tambora, 2015; Bass, Hungerkrisen, 1991; zur Entwicklung in den Rheinlanden: Herres, Köln, S. 56–60; Fink-Lang, Görres. S. 174–176.

[89] Eberty, Jugenderinnerungen, S. 12 f.

[90] Zur Situation des rheinischen Adels im Übergang zur preuß. Zeit: Gersmann/Langbrandtner, Banne, S. 238–302.

[91] Wer durch wen wem bei Hofe vorgestellt werden durfte, war präzise geregelt. Der Wegweiser für Fremde, S. 61 f. erläuterte: Dem Kronprinzen wurden Fremde „vom General von Dierecke, oder Herrn General von Gaudi" vorgestellt; „dem Prinzen Wilhelm, Bruder des Königs, vom Major von Hedemann und Hofmarschall Graf von Gröben"; „der Gemalin des Prinzen Wilhelm, vom Fräulein von Kalb oder der Gräfin von Dohna".

also einen ersten Zugang zur königlichen Familie öffnen. Prinzessin Marianne von Preußen, geb. von Hessen-Homburg, meist Prinzessin Wilhelm genannt, war Ehefrau von Prinz Wilhelm von Preußen, dem Bruder König Friedrich Wilhelm III. Nach dem Tod von Königin Luise 1810 nahm Prinzessin Marianne den höchsten Rang einer Frau am preußischen Hof ein. Sie war politisch wie sozial engagiert und Mittelpunkt des kulturell engagierten, reformorientierten Kreises. Als Hofdame der Prinzessin amtierte von 1814 bis 1818 Karoline von Rochow, geb. von Marwitz, die Eberhard von Groote ebenfalls kennenlernte. Sie schrieb in ihren Erinnerungen:

„Sie [die Prinzessin] stand damals als die einzige ältere und verheiratete Prinzessin an der Spitze des Hofes. […] Ihrem Charakter und Sinn nach durchaus edel, war das Fürstliche in ihr steif und abweisend, während sie andrerseits Wert darauf legte, mit Menschen aus den verschiedensten Kreisen in einen menschlichen Verkehr zu treten."[92]

Groote war von der nur vier Jahre älteren Prinzessin Wilhelm nicht wenig beeindruckt. Wie er seinem Bruder schrieb, sah er in ihr das Ideal einer deutschen Frau und sich selbst als Minnesänger ihr zu Füßen.[93] Mit dieser Bewunderung stand er nicht allein; so notierte Karoline von Rochow:

„Man suchte damals auch die Prinzessin als deutsche Frau an die Spitze eines Strebens zu setzen, das ein eigentümlich deutsches Wesen als Gegensatz zu allem französischen bei uns hervorrufen sollte. Sprache, Kleidung, Gewohnheiten, alles wünschte man eigentümlich deutsch zu gestalten, aber der Versuch gelang nicht ganz und endete in einigen etwas verunglückten Kleidern und Kopfbedeckungen, die bald wieder verschwanden."[94]

Zum Kreis um Prinzessin Wilhelm gehörte Caroline Friederike Gräfin von Berg, geb. Haeseler,[95] Frau des Kammerherrn Karl Ludwig Graf von Berg, die bis zum Tod von Königin Luise deren engste Vertraute gewesen war. Gräfin von Berg führte in ihrem Haus Unter den Linden 2 einen vielbesuchten Salon, und auch ihre Tochter Luise, verheiratet mit August Friedrich Wilhelm Heinrich Graf von Voß, war eine gesellschaftlich sehr präsente Persönlichkeit.[96] Beiden Frauen begegnete Groote mehrfach.

Am 31. Mai 1816, beinahe drei Monate nach seiner Ankunft in Berlin, wurde Groote schließlich Kronprinz Friedrich Wilhelm, dem späteren König Friedrich Wilhelm IV., offiziell vorgestellt:

---

[92] Marwitz, Vom Leben, S. 59. Vgl. zu Prinzess Marianne: Häcker, Tagebuch, S. 9; Baur, Prinzeß Wilhelm, 1886.
[93] E. von Groote an J. von Groote, Berlin, 13. März 1816 (HAStK, Best. 1552, A 20/6). Siehe Briefe und Schriften.
[94] Marwitz, Vom Leben, S. 65.
[95] Vgl. von Berg: Caroline Friederike von Berg, 2008.
[96] Zum Salon von Luise von Voß: Wilhelmy-Dollinger, Berliner Salons, S. 107–114. Generell zu den Berliner Salons dieser Jahre: Wilhelmy-Dollinger, Berliner Salons, S. 103–154.

„Der Leutnant Below, den ich durch Goetze kenne, führt mich u. einen Bruder des Generals Luck zugleich hinein, in ein Zimmer, welches mit vielen Kupferstichen, neuen Gemälden, und vielen Straußeyern, die zum Theil an allerley Gewächsen, u. ausländischen Pflanzen aufgehängt sind, geziert ist. Der Prinz spricht schnell, hinhüpfend auf allerley Gegenstände, bleibt aber nicht lange, u. sagt, er hoffe, mich entweder hier, oder gewiß am Rhein, den er doch bald und gerne besuche, wieder zu sehen."[97]

Karoline von Rochow charakterisierte den Kronprinzen:

„Für die Eigentümlichkeit des Kronprinzen gestehe ich, kein rechtes Verständnis besessen zu haben, im Gegensatz zu der großen allgemeinen Hoffnung, die man auf seine Zukunft von früher Zeit an setzte. Er hatte stets etwas so Exzessives in seiner Lustigkeit, seiner Heftigkeit, wie in der Abspannung, mit der er fallen ließ, was ihn kurz zuvor maßlos bewegt hatte; und ich glaube, das maßlose und ein gewisser Mangel an momentaner Selbstüberwindung haben ihn durch sein ganzes Leben begleitet. Sein Geist und Verstand genossen schon damals einen großen Ruf, aber es haftete ihnen leicht etwas Gesuchtes an."[98]

Ein weiterer Treffpunkt von Hof und Adel, aber auch von Künstlern und Akademikern, war das Palais Radziwill, Wilhelmstr. 77. Hier residierten der polnische Fürst Anton Heinrich Radziwill und seine Frau Luise Friederike, Tochter von Prinz August Ferdinand, dem jüngsten Bruders Friedrich II. Fürst Radzwill war ein begabter Musiker, der nicht nur als Sänger und Cellist Erfolge feierte, sondern auch als Komponist reüssierte. Seit 1811 arbeitete er an einer Vertonung von Goethes *Faust*, die er allerdings erst in den 1830er Jahren vollendete. Zu Fürst und Fürstin Radziwill bemerkte Karoline von Rochow:

„Sehr hervorstechend war in geselliger Beziehung in diesen Jahren das Haus der Prinzessin Luise Radziwill, Palais Radziwill [...]. Dort herrschte das Leben eines großartigen Privathauses, in dem ziemlich ausgedehnte Kreise frei aus- und eingingen. Sie war dabei die erste Prinzessin, die ihren Familienkreis, ihre Kinder, stets um sich hatte. [...] Mit dem ausgezeichnetsten Talent zur Konversation begabt, wußte sie oft einen ganzen Salon, voll der heterogensten und bisweilen nicht unterhaltenden Elemente zu beleben [...]: mehr durch schlagende Auffassung, Lebendigkeit des Ausdrucks und der Darstellungsweise, als gerade durch Behandlung tiefgehender Gegenstände. [...] Der Fürst Radziwill, passionierter Musikfreund und Kunstkenner, dabei noch jugendlich-elegant und leicht, zog seinerseits die ihm zusagenden Elemente in sein Haus, polnische Verwandte und Freunde und alles, was fremd und interessant nach Berlin kam."[99]

Im Frühjahr und Sommer 1816 fanden im Palais Radziwill sowohl Leseproben wie Chorproben zu Radziwills *Faust* statt. Es waren viel beachtete, jedoch noch auf einen kleinen

---

[97] Groote, Tagebuch, 31. Mai 1816. Zur Wohnung des Kronprinzen: Meiner, Leben, 2008; Bernstorff, Bild, S. 316 f.
[98] Marwitz, Vom Leben, S. 69.
[99] Marwitz, Vom Leben, S. 42 f. Zum gesellschaftlichen Leben im Palais Radziwill: Demps, Wilhelmstraße, S. 79 f.; Wilhelmy-Dollinger, Berliner Salons, S. 149.

Kreis beschränkte gesellschaftliche Ereignisse. Zu einer der Proben wurde auch Groote eingeladen.

Eine der wichtigsten Kontaktpersonen Grootes in Berlin war Werner von Haxthausen, der am 5. Januar in Berlin angekommen war. Am 20. Februar traf auch der designierte Oberpräsident der Provinz Jülich-Kleve-Berg Fr. L. Chr. zu Solms-Laubach ein.[100] Dessen Briefe an seine Frau Henriette geben einen anschaulichen Eindruck von der Berliner Atmosphäre dieser Monate, in denen unter den Angehörigen der Oberschicht ein geradezu hektisches gesellschaftliches Leben herrschte und weitreichende politische Entscheidungen bei geselligen Zusammenkünften diskutiert und vorbereitet wurden. Am 12. März berichtete er:

„Ich habe hier einen steten Wirbel der Geschäfte u. Saus u. Braus, u. muß mich 10mal mehr abhezzen, als es in Wien der Fall war. Jeden Tag habe ich 3–4 Einladungen, zum Essen, zum Thee, zum Ball, zum Souper. Wenn man glaubt damit im Reinen zu seyn, wird man zu einem Königlichen Prinzen eingeladen. Dann muß man absagen [...]. Wer nicht gern sich also aus u. anzieht, den peinigt so die öftere Nothwendigkeit von Toilette zu ändern, u. es wird mich deshalb, so interessant u. xxxlich auch mein hiesiger Aufenthalt war, sehr freuen, wenn ich einsteigen u. zurück fahren kann."[101]

Da die Verwaltungsstruktur der Rheinlande noch nicht abschließend geklärt war, versuchte Solms-Laubach, trotz der Kabinettsorder vom 10. Januar, durch persönliche Intervention eine größere Berücksichtigung seiner eigenen Vorstellungen und den baldigen Abschluss der Neuorganisation zu erzielen. Am 22. Februar hatte er seiner Frau mitgeteilt:

„Gestern bin ich bei den Ministern und Staatsräthen herumgefahren u. habe die heiligsten Versicherungen erhalten, daß wir in dieser u. dem Anfange der nächsten Woche so weit kommen sollen, daß das Ganze spätestens nächsten Mittwoch über 8 Tage dem Könige zur Genehmigung vorgelegt werden könne. Einige Tage später, reise ich dann wieder ab. [...] Die Düsseldorfer sind mit ihrem Gesuch abgewiesen worden, u. es bleibt nun bei Köln ganz bestimmt."[102]

Fünf Tage darauf schrieb er:

---

[100] Vgl. Fr. L. Chr. zu Solms-Laubach an H. zu Solms-Laubach, Berlin, 20. Febr. 1816 (Privatarchiv d. Grafen zu Solms-Laubach, XVII, 114, Nr. 36). Zu Fr. L. Chr. zu Solms-Laubach vgl. etwa: Klein, Solms-Laubach, 1936; für die Zeit 1815 u. 1816: ebd., S. 33–91; Gerschler, Oberpräsidium, S. 29–32, 239; Klein, Regierungspräsidenten, S. 67 f.; Herres, Köln, S. 53–55.

[101] Fr. L. Chr. zu Solms-Laubach an H. zu Solms-Laubach, Berlin, 12. März 1816 (Privatarchiv d. Grafen zu Solms-Laubach, XVII, 114, Nr. 43).

[102] Fr. L. Chr. zu Solms-Laubach an H. zu Solms-Laubach, Berlin, 22. Febr. 1816 (Privatarchiv d. Grafen zu Solms-Laubach, XVII, 114, Nr. 37). Düsseldorf hatte sich ebenfalls um den Sitz des Oberpräsidiums beworben, wurde aber lediglich Sitz einer Regierung.

„Es wird auch immer geäußert u. heilig versichert, daß morgen über 8 Tage die Organisation der Rheinprovinzen dem König zur Genehmigung vorgelegt werden wird, ich hoffe deshalb zuverlässig mit Ende der künftigen Woche abreisen zu können."[103]

Und am 5. März:

„Gestern speiste ich bei dem König. Er erkundigte sich lebhaft nach Beendigung der Organisation, u. hörte es gern, als ich ihm sagte, daß ihm noch in dieser Woche das Ganze vom Staatskanzler vorgelegt werden würde. Daß in wenigen Tagen Alles vollendet seyn soll, magst du auch in einer Erklärung des Staatskanzlers lesen, die heute in der hiesigen Zeitung erschienen ist. Es ist nun gewiß, daß wir in der nächsten Woche (am Ende derselben) wegkommen, u. wenn du also nach Empfang dieses Briefes noch schreiben wolltest, so würde der deinige nicht mehr mich hier antreffen. Ich werde mich noch mehrere Tage in Laubach aufhalten, u. dann unverzüglich nach Köln gehen, indem so schnell als möglich nun mehr mit der Vollziehung der Organisation angefangen werden soll."[104]

Mitte März, als die Einteilung der Provinzen und die Standorte der beiden Oberpräsidien feststand,[105] verließ Solms-Laubach Berlin.

Eberhard von Groote war mit Solms-Laubach bereits am 6. März zusammengetroffen. In einer längeren Unterredung mit ihm brachte er „unsre Kölnischen Sachen" zur Sprache, während Solms-Laubach „gefällig" zuhörte und schließlich erklärte, er glaube, „mit der Universität zu Köln sey alles entschieden".[106] Doch Groote vertraute dieser Einschätzung nicht. Noch vor seiner Abreise aus Köln hatte er sich um wirtschaftliche Argumente für den Standort Köln bemüht und in diesem Zusammenhang von Stadtsekretär Johann Peter Jakob Fuchs präzise Unterlagen zu den in Köln vorhandenen Studienfonds erbeten. Einige Tage nach seinem Gespräch mit Solms-Laubach erhielt er die gewünschten Angaben, die Fuchs erläuterte:

„Euer Hochwohlgeboren beehre ich mich unserer Absprache gemäß in den Anlagen mitzutheilen
1. Eine Auseinandersetzung der Ansprüche unserer Stadt auf die zum hiesigen Studienfonds gehörigen jenseits [des] Rheins gelegenen Güter, deren Genuß wir durch die französischen Verhältniße verloren haben.
2. Auszug eines Kayserlichen Decrets (xxx Cöllen, 22. Brumaire 1814), wodurch das Eigenthum der zum Studienfonds gehörigen so wie der Jesuiten Güter den hiesigen Unterrichts Anstalten gesichert werden.

---

[103] Fr. L. Chr. zu Solms-Laubach an H. zu Solms-Laubach, Berlin, 27. Febr. 1816 (Privatarchiv d. Grafen zu Solms-Laubach, XVII, 114, Nr. 38).
[104] Fr. L. Chr. zu Solms-Laubach an H. zu Solms-Laubach, Berlin, 5. März 1816 (Privatarchiv d. Grafen zu Solms-Laubach, XVII, 114, Nr. 39).
[105] Berlin. Nachr., Nr. 33, 16. März 1816: „Zum Ober-Präsidenten für die Provinz Großherzogthum Niederrhein ist der Staatsminister v. Ingersleben, und zum Ober-Präsidenten der Provinz Jülich-Cleve-Berg, ist der Graf v. Solms-Laubach von Seiner Majestät ernannt worden. [...] Zum Sitz der beiden Ober-Präsidenten sind die Städte Coblenz und Cölln bestimmt."
[106] Groote, Tagebuch, 6. März 1816.

3., 4., 5. Auszüge aus Reichshofraths Beschlüssen, welche nach Aufhebung des Jesuiten Collegiums, die demselben zugehörige Güter, der hiesigen Stadt zum Besten des öffentlichen Unterrichts überweisen. Euer Hochwohlgeboren wollen von diesen Urkunden in der bewußten Angelegenheit den zweckdienlichsten Gebrauch machen."[107]

Dem Brief war ein Schreiben von Oberbürgermeister Mylius beigefügt,

„worin derselbe Seiner Excellenz dem Minister vom Inneren unsere Universitäts Angelegenheiten empfiehlt und ein Exemplar der bekannten Druckschrift beilegt; der Herr Oberbürgermeister, welcher sich Ihnen bestens empfiehlt und ehestens schreiben wird, läßt Sie bitten dieses Schreiben Seiner Excellenz wo möglich selbst zu überreichen."[108]

Tatsächlich gelang es Groote, am 22. März zu einem Gespräch mit Innenminister von Schuckmann vorgelassen zu werden. Allerdings erhielt er dabei auf keine seiner Fragen „rechten Bescheid".[109] In einem Schreiben vom 2. April an Oberbürgermeister von Mylius und den Kölner Rat[110] schilderte er dennoch den aktuellen Stand der Kölner Angelegenheiten sehr positiv. Dabei sah er die weitere günstige Entwicklung für Köln vor allem durch den neuen Oberpräsidenten Solms-Laubach garantiert und meinte, „unserer Vaterstadt Glück wünschen zu können, einen so kundigen, thätigen, zugänglichen Mann an der Spitze der neuen Regierung zu sehen". Am 4. Mai erreichte Groote eine Antwort auf seinen Bericht, in dem sich Mylius erfreut über den Fortgang der Gespräche in Berlin äußerte, aber auch vor einer zu frühen Sicherheit bezüglich der Entscheidungen warnte.[111]

---

[107] J. P. J. Fuchs an E. von Groote, Köln, 24. Febr. 1816, Kopie (HAStK, Best. 400, A 667, Bl. 56a). Die Angaben bezogen sich speziell auf das Eigentum der Kölner Studienstiftungen rechts des Rheins. Bereits Ende 1814 hatte J. D. F. Neigebaur im Auftrag Sacks die Kapitalien des Kölner Schulfonds ermittelt und ausstehende Gelder eingezogen. Vgl. Renger, Gründung, S. 36; J. D. F. Neigebaur, Die angewandte Cameralwissenschaft dargestellt in der Verwaltung des Generals-Gouverneurs Sack, Leipzig 1823. Zur Person von J. P. Fuchs: Johann Peter Jakob Fuchs, Gedenken, 1956.

[108] J. P. J. Fuchs an E. von Groote, Köln, 24. Febr. 1816, Kopie (HAStK, Best. 400, A 667, Bl. 56a). Vgl. K. J. von Mylius an den Staatsminister des Innern Fr. von Schuckmann, Köln, 24. Febr. 1816, Entwurf (HAStK, Best. 400, A 667, Bl. 55 f.).

[109] Schuckmann galt als Vertreter der Reaktion. Über ihn hatte Achim von Arnim im Jan. 1816 an Görres geschrieben: „Schuckmann, gerade der Chef des geistig wichtigsten Theils der Verwaltung, ist der eigensinnigste, widerhaarigste und furchtsamste Geselle; furchtsam vor jeder Art Geist, eigensinnig und widerhaarig aus Beschränktheit, die sich einmal eingebildet hat, sie sei ausgezeichnet, und dafür von den Leuten angenommen wurde" (A. von Arnim an J. Görres, 23. Jan. 1816; in: Klein, Personalpolitik, S. 13).

[110] E. von Groote an Oberbürgermeister und Rat der Stadt Köln, Berlin, 2. Apr. 1816 (HAStK, Best. 400, A 667, Bl. 58 f.). Siehe Briefe und Schriften. Vgl. auch Spiertz, Groote, S. 96.

[111] Mylius antwortete auf den Bericht Grootes: „Euer Hochwohlgeboren Danke ich sehr für die unterm 2.ten dieses gemachten Mittheilungen über die im Ganzen, wie es scheint, ziemlich günstige Lage unsrer Angelegenheiten. In Ansehung der Universität erfolgen von mehrern Seiten her ziemlich erfreuliche Nachrichten; doch ist der Sache nicht zu trauen, solange der End-Schluß nicht gefaßt ist. Euer Hochwohlgeboren werden daher gewiß nichts versäumen, was noch für die Sache Förderliches geschehen kann. Zu allenfallsigem Gebrauche theile ich in der Anlage eine kleine Uebersicht über unsre, wenn auch unzulänglichen, doch aber bedeutenden Fonds mit, die zudem

Nachdem sich in den folgenden Wochen keine neue Entwicklung ergeben hatte, kam Groote am 10. Juni während eines geselligen Abends bei Carl von Savigny mit Staatsrat Nicolovius ins Gespräch. Von ihm erfuhr er, so Groote in einem Brief an seinen Bruder Joseph, dass Arndt als Argument gegen den Universitätsstandort Köln vorgebracht habe, die Stadt sei für Studenten zu teuer und die Kölner Bürger zu wohlhabend, um Studenten beherbergen zu wollen. Als Groote dem widersprach und auf die in Köln bestehenden Studienstiftungen und ihre wirtschaftliche Bedeutung für eine Universität hinwies, forderte ihn Nicolovius auf, diesen Zusammenhang schriftlich darzustellen. Auf der Basis der ihm aus Köln zugesandten Informationen zu den Schul- und Stiftungsfonds gelang es Groote in wenigen Tagen, seine Schrift *Köln als Universität bloß ökonomisch betrachtet*, die vor allem wirtschaftliche Argumente für den Standort Köln vortrug, fertigzustellen.[112]

Inzwischen war die Neuorganisation der rheinischen Gebiete in Kraft getreten, sodass die Provinzialbehörden ihre Tätigkeit am 22. April aufnehmen konnten.[113] Solms-Lau-

ansehnlich werden erhöht werden, wenn, wie nicht mehr zu bezweifeln steht, die auf dem rechten Rheinufer sequestrirten Fonds unsrer öffentlichen Anstalten ihrer ursprünglichen Bestimmung restituirt werden. Beruhigend für unsre Handelsverhältniße sind die Aeußerungen des Staatsrathes Stegemann. Wenn Verträge in öffentlichen Angelegenheiten noch etwas gelten, so müßte die völlige Befreyung des Rheines von allen durch das Rheinschifffahrts-Octroi nicht autorisirten Zöllen nicht zu bezweifeln seyn. Leichter möchte von Holländischer Seite das auf der Brabäntischen Grenze angenommene, für unsre Fabriken sehr nachtheilige, Douanen-System zu vertheidigen seyn. Meiner Ansicht nach kann dieß von Preußen nicht leicht anders als durch Repreßalien bekämpft werden und diese scheinen nun wieder unmöglich, solange Preußen keine beßere Begränzung hat, oder sich mit seinen sämtlichen Nachbarn nicht über ein gemeinschaftliches Zoll-System verstehen kann. Was Sie von den städtischen Schulden schreiben, ist mir nicht ganz klar. Diese sind liquidirt und können hoffentlich mit Genehmigung der Provinzial-Regierung flüßig gemacht werden, ohne daß es einer Entscheidung von Berlin aus bedürfen wird. In Ansehung der Staatsschulden hoffen aber die Gläubiger mit Sehnsucht, nicht sowohl auf die Entscheidung, die man als schon vorhanden betrachten kann, als auf den wirklichen Zahlungsbefehl für die laufenden Zinsen, die längst zugesagt, aber noch nicht erfolgt ist. Alle über diesen Gegenstand verlangte Berichte müßen bey dem Finanz-Ministerium vorliegen. Sehr angenehm würde es mir seyn, auch ferner noch zuweilen Nachricht von Euer Hochwohlgeboren zu erhalten. Jede Gattung von Erfolg wünsche ich Ihnen bey Ihrem Aufenthalt in Berlin von ganzem Herzen und füge die Versicherung der hochachtungsvollen Freundschaft hinzu" (K. J. von Mylius an E. von Groote, o. D. (Apr. 1816), Kopie; HAStK, Best. 400, A 667, Bl. 63 f.). Dem Schreiben beigelegt war das „Verzeichnis der auf dem rechten Rheinufer sequestrirten Fonds der Kölner öffentlichen Anstalten" (HAStK, Best. 400, A 667, Bl. 65).

[112] E. von Groote, Köln als Universität bloß ökonomisch betrachtet, Juni 1816 (GStA PK, I. HA Rep. 76 Kultusministerium, Va Sekt. 3 Tit, I Nr. 2, Bl. 133–136). Siehe Briefe und Schriften. Vgl. Klein, Bemühungen, S. 368; Quarg, Gutachten, S. 228; Spiertz, Groote, S. 89 f. Zu den Kölner Studienstiftungen: Münch, Regentenverwaltung, 2000. Solms-Laubach hatte in seinem Gutachten vom 28. Dez. 1815 auf die Bedeutung der Studienstiftungen in Köln hingewiesen (Solms-Laubach, Erste Denkschrift zur Universitätsfrage, 28. Dez. 1815; in: Gotthardt, Gründungsgeschichte, S. 460–465).

[113] Die Köln. Zeitung, Nr. 47, 23. März 1816, veröffentlichte die Bekanntmachung des Königs vom 16. März 1816 zur Neuorganisation der Rheinlande und des eingesetzten Personals sowie einen erläuternden Artikel. Sack verabschiedete sich von den „braven Rheinländern" und „theuren Landsleuten" in einem offenen Brief (Köln. Zeitung, Nr. 49, 26. März 1816). Vgl. Berlin. Nachrichten, Nr. 33, 16. März 1816.

bach, der zunächst zu seinem Besitz Laubach gereist war,[114] traf am 12. April in Köln ein. Er berichtete seiner Frau Henriette:

> „Heute früh um 6 Uhr bin ich still u. unbecomplimentirt, weil ich mir allen Sang und Klang verbeten habe, hier angekommen, und, weil [die] Post[115] als Quartier in einem betrübten Zustand ist, hier eingezogen. Das Haus ist zu meiner Verwunderung in gutem Stand, so, daß Herr von Auer u. Jeder hier gefunden hat, du würdest sehr übel thun, wenn du ein Absteigquartier, welche noch dabei sehr schwer zu bekommen sind, hier nehmen wolltest. Du bekommst zur einstweiligen Unterkunft 2 Staats-Zimmer Rez de chaussée nach dem Garten, u. für Julie sind im 2ten Stok, so wie für die Jungfer 2 Zimmer im besten stand, auch könnten im 1tem Stok gleich 3 Zimmer bezogen werden. Die Teppiche werden stündlich von Tournay erwartet. Jeden Augenblik kannst du dich nun mit Julie in Bewegung sezzen. Der lezte Transport wird nicht lange zurückbleiben, denn es sieht alles weit beßer aus, als ich geglaubt habe. [...] Die xxxxxx Meubles werden, wenn sie vor dir kommen, bis zu deiner Ankunft unausgepakt stehen bleiben, die gemiethete Bettstelle gebe ich zurück. An Arbeit fehlt es auf keine Weise, ich habe schon, nach durchreister Nacht, heute mein Deputat abgetakelt. Sehr bequem ist es für mich, u. auch für dich. Julie sobald ihr hier seyn werdet, daß ein gutes Wirthshaus [vermutlich: Mainzer Hof, Glockengasse 14–20] dem Haus gegenüber ist. Daher laße ich mich speisen, und daher werden wir essen, solang der Koch noch nicht eingerichtet ist."[116]

Das Haus, das Solms-Laubach unmittelbar nach seiner Ankunft in Köln bezog, anmietete und in dem er mit seiner Familie bis zu seinem Tod 1822 wohnte, war Eberhard von Groote

---

[114] Von Koblenz aus berichtete Solms-Laubach seiner Frau: „Seit dem 8. Früh bin ich hier; heute gehe ich nach Neuwied – morgen nach Köln, wo ich Freitags gegen 4 Uhr morgens ankommen werde. Alle Anstalten sind getroffen um die Anstalten der Kölner zu vereiteln, u. ich werde in guter Ruhe einziehen können. Wie ich höre, ist im Haus schon viel fertig, u. am Absteigequartier für dich wird es auch nicht fehlen. Gleich nach meiner Ankunft schreibe ich dir, wann du abfahren kannst, u. wo du wohnen wirst. Bis heute über 8 Tage hast du gewiß darüber Nachricht." Weiter wünschte Solms-Laubach, „daß der Transport unaufhaltsam gehe, besonders jener des Weins, damit die Haushaltung in Laubach bald aufhöre, u. in Köln dagegen anfange. General Gneisenau hat Ingersleben sehr schöne Feten gegeben, u. sich überhaupt ebenso brav als klug benommen" (Fr. L. Chr. zu Solms-Laubach an H. zu Solms-Laubach, Koblenz, 10. Apr. 1816; Privatarchiv d. Grafen zu Solms-Laubach, XVII, 114, Nr. 42). Solms-Laubach bezog also bereits bei seiner Ankunft in Köln das Haus Glockengasse 3 (vgl. Vogts, Die profanen Denkmäler, S. 453), nicht erst im Nov. 1817 (so bei: Klug, Familie, S. 38; Hochscheid, Regierungspräsidenten, S. 51). Zum Umzug nach Köln auch: Fr. L. Chr. zu Solms-Laubach an H. zu Solms-Laubach, Frankfurt, 5. Apr. 1816 (Privatarchiv d. Grafen zu Solms-Laubach, XVII, 114, Nr. 41).

[115] Vermutlich ist das Posthaus, Glockengasse 25–27, gemeint, Sitz der Familie Eberhard von Grootes bis zu ihrer Flucht 1794.

[116] Fr. L. Chr. zu Solms-Laubach an H. zu Solms-Laubach, Köln, 12. Apr. 1816 (Privatarchiv d. Grafen zu Solms-Laubach, XVII, 114, Nr. 43). Zu den Investitionen von Solms-Laubach in Reparaturen und Möbel vgl. Nachweisung von denjenigen Kosten, welche erforderlich gewesen sind, um das hier für den Ober Praesidenten der Herzogthümer Jülich, Cleve und Berg, in Cöln gemietete Haus, in bewohnbaren Stande zu setzen (Landesarchiv NRW R, BR 0002 Nr. 77, Bl. 10 f.). Von wem Solms-Laubach das Haus anmietete, ist unklar; vermutlich von P. A. Fonck.

sehr vertraut, da es sich um das 1752 von seinem Großvater Franz Jakob Gabriel de Groote errichtete Barockpalais, Glockengasse 3 handelte.[117] E. von Grootes Vater war hier aufgewachsen, bis 1794 hatte es dessen Bruder, Bürgermeister Heinrich Joseph de Groote, bewohnt. Nach der Flucht der Familie vor den französischen Besatzern war es von diesen beschlagnahmt und an den Kaufmann Peter Anton Fonck verkauft worden, der darin eine Bleiweißfabrik einrichtete. Entsprechend einer Beschreibung von 1823 umfassten die Gebäude:

„im Erdgeschoß das Vorhaus, den Saal, zwei Küchen und neun Zimmer, im ersten Obergeschoß einen zweiten Saal und fünfzehn Zimmer, im zweiten Obergeschoß acht Zimmer, ferner einen Hinterbau in der Streitzeuggasse mit Pferdestall für sechs Pferde, Remise und Mansardendach, ein Lagerhaus, ein Treibhaus, Gewächshäuser und eine Gärtnerwohnung; die drei Nebenflügel hatten nur ein Obergeschoß, darüber Speicher, das Hauptgebäude zwei Obergeschosse und darüber ein Mansardendach, in dem aber nur noch ein kleines Zimmer ausgebaut, aller übrige Raum als großer Speicher genutzt wurde. Das ganze Besitztum umfaßte 49.684 Quadratfuß (etwa 5100 qm)."[118]

Am 13. April wurde Solms-Laubach offiziell durch Oberbürgermeister und Stadträte begrüßt. Am Tag darauf veröffentlichte die Kölner Zeitung *Der Verkündiger* auf ihrer Titelseite ein Willkommensgedicht, das in pathetischer Pose die Erwartungen an den neuen Oberpräsidenten und Regierungspräsidenten formulierte:

„Sey willkommen, Ersehnter! den uns der König erkohren / Seinen Zepter zu führen mit Milde und schützender Herrschaft! / Froher wallet die Menge, und Feier tönet vom Dome. / Neue Zeit will lieblich sich heut' mit alter vermählen. / Hört! Ich nenne sie Euch, die eilen dem Hohen entgegnen, / Fortgetragen von Bildern der Hoffnung und harrender Sehnsucht. / Nicht im Geräusch und äussern Glanze und pomphaftem Anzug, / Stille verkündend die sichre Bürgschaft der besseren Zukunft: / Alle Bewohner erwählten sie freudig: Vertrauen und Liebe, / Solche Herolde sind auch dem Fürsten im Gruße willkommen!"[119]

---

[117] Zum Haus Glockengasse 3: Groote, Tagebuch, Bd. 1, S. 9 f. Vogts, Die profanen Denkmäler, S. 453 f. Während der Franzosenzeit war das Gebäude auf einen Wert von 16.000 Francs geschätzt worden und hatte damit den neunten Platz auf der Werteskala für Wohnhäuser in Köln eingenommen (Vogts, Kölner Wohnhaus, Bd. I, S. 346). Zur Aufteilung des Hausinnern: Vogts, Kölner Wohnhaus, Bd. I, S. 54.
[118] Zit. in: Vogts, Kölner Wohnhaus, Bd. I, S. 54.
[119] Der Verkündiger, Nr. 232, 14. Apr. 1816. Im Welt- und Staatsboten, Nr. 61, 16. Apr. 1816 erschien ebenfalls ein langes Willkommensgedicht. Das Beiblatt der Köln. Zeitung, Nr. 4, 14. Apr. 1816 veröffentlichte ein lateinisches Willkommensgedicht auf Solms-Laubach u. in Nr. 5, 5. Mai 1816 ein Gedicht zur neuen Regierung: „Lob der neuen Ordnung der Dinge. / Die trüben Zeiten sind nicht mehr, / Da Trug und Arglist galten, / Die Wahrheit darf nun schön und hehr / Das Richteramt verwalten; / Es kehrt mit lang entbehrtem Glück / Die deutsche Redlichkeit zurück. / Chor: Wir wollen Deutsche seyn."

Über die ersten Tage in Köln schrieb Solms-Laubach an seine Frau:

„Heute haben wir hier eine Konferenz der 6 rheinischen Präsidenten. Sie fängt um 9 Uhr an, u. schließt mit einem Mittagessen bei mir. Ich laße mich aus dem Mainzer Hof speisen, und bin so ziemlich zufrieden. [...] Haxthausen ist gestern auch auf die Wache gezogen, sonst fehlt mir aber noch mancher aus meinem Corps."[120]

Im Juli 1816 reichte Solms-Laubach bei Innenminister Schuckmann ein neues Gutachten zur Universitätsfrage[121] ein, in dem er wiederum Köln befürwortete.[122] Obwohl sich die Behörden in den nächsten Monaten nicht positiv äußerten, blieb Solms-Laubach wie auch Eberhard von Groote zunächst noch optimistisch.

In der Diskussion um die Universität hatte Groote die Boisserée'sche Sammlung nicht vergessen. Ende März forderte er Sulpiz und Melchior Boisserée auf, die „vielleicht ewig unwiderbringliche Gelegenheit" zu nutzen und ihre Sammlung als Argument für eine Kölner Universität einzusetzen. Sie sollten dem König sagen:

„Wir sind bereit, in die Rheinprovinzen zurückzukehren'; dann aber setzet alle Bedingungen, die Euch zu Eurem, Unserm, und unserer ganzen Stadt besten nöthig und nützlich scheinen, so ausführlich, als ihr für Gut haltet, hinzu, – sagt, daß Ihr die Universität, u. wie ihr sie haben wollt, – sagt, was Euch über Kunstschule, Akademie, etc. gut scheint."[123]

Recht selbstsicher schrieb er einige Tage später an Joseph von Groote:

„Es sollte mir, wenn ich ernst wollte, nicht schwer werden, gegen Boisserée, unter Androhung der Konfiskation ihres Vermögens den Befehl auszuwirken, daß sie ihre Sachen [aus]

---

[120] Fr. L. Chr. zu Solms-Laubach an H. zu Solms-Laubach, Köln, 15. Apr. 1816 (Privatarchiv d. Grafen zu Solms-Laubach, XVII, 114, Nr. 44). W. von Haxthausen war inzwischen zum Amtsantritt in Köln eingetroffen. Präsidenten der Regierungsbezirke in der Provinz Jülich-Kleve-Berg waren: Fr. L. Chr. zu Solms-Laubach (Köln); Philipp von Pestel (Düsseldorf); in der Provinz Niederrhein unter Karl Heinrich Ludwig von Ingersleben: Friedrich August von Erdmannsdorf (Kleve); K. H. L. von Ingersleben (Koblenz); Daniel Heinrich von Delius (Trier); August von Reiman (Aachen).

[121] Fr. L. Chr. zu Solms-Laubach, Denkschrift, 23. Juli 1816; vgl. Bezold, Gründung, S. 42–44; Klein, Bemühungen, S. 377; Ehrhardt, Kunstmuseum, S. 16. Zur weiteren Diskussion um den Universitätsstandort im Jahr 1816: Renger, Gründung, S. 34–60; Klein, Bemühungen, S. 367–380; Pabst, Universitätsgedanke, S. 70–73.

[122] Solms-Laubach befürwortete nun eine katholische Universität in Köln, ein Vorschlag, der allerdings keinerlei Aussicht auf Berücksichtigung hatte. Wie W. von Haxthausen sprach sich Solms-Laubach auch für ein Museum in Köln aus, das mit der Universität verbunden sein sollte: „Unter günstigen Auspizien begonnen, könnte einer solchen Anstalt in Köln das Gedeihen nicht fehlen, dessen Boden selbst höchstwahrscheinlich noch viel Klassisches dieser Art bedeckt, was einer Erlösung und Wiederbringung ans Licht harrt, daß der Geist der Voreltern, ihr Sinn und ihre Tatkraft in zu Tage geförderten Werken zu den Enkeln rede" (in: Ehrhardt, Kunstmuseum, S. 16).

[123] E. von Groote an S. u. M. Boisserée u. J. B. Bertram, Berlin, 26. März 1816 (HAStK, Best. 1018, 118). Siehe Briefe und Schriften. Vgl. Reiffersheid, E. von Groote, S. 17 f. u. Reiffersheid, Erinnerungen, S. 542.

den Rheinischen Provinzen nicht verbringen dürften. Manche wundern sich, daß dieß nicht schon geschehen."[124]

Doch nicht lange danach musste er gegenüber J. Grimm resigniert feststellen:

„Boisserée haben sich bis dahin trotz aller Aufforderungen und Anerbieten des Königs, noch nicht entschieden, ob sie hierhin kommen, nach Cöln gehn, oder in Heidelberg bleiben wollen. Man sieht ihrem endlichen Entschlusse mit Ungeduld entgegen."[125]

In diesen Wochen erregte Goethes neueste Publikation *Ueber Kunst und Alterthum in den Rhein und Mayn Gegenden*[126] die Gemüter. Goethe hatte diese Schrift über seine Reisen in den Jahren 1814 und 1815 auf Initiative des immer noch einflussreichen ehemaligen preußischen Ministers vom Stein verfasst, der sich von ihr detaillierte Informationen über die Rheingebiete und auch Argumente für den Standort der rheinischen Universität erhoffte.[127] Viele Interessierte erwarteten von Goethe eine positive Wertung mittelalterlicher, „altdeutscher" Kunst sowie – vor allem im Rheinland selbst – eine Würdigung der hier vorhandenen Kunstwerke und in Köln dadurch auch eine Stärkung derjenigen, die sich Köln als Zentrum von Wissenschaft und Kunst wünschten. Groote, der auf die Schrift „mit Sehnsucht"[128] gewartet hatte und sie am 21. Mai, „obschon sie höllisch theuer" war, kaufte,[129] war nicht nur enttäuscht, sondern, wie aus einem Brief an seinen Bruder deutlich wird, regelrecht erbost. Vor allem Goethes Rationalismus, seine kunst- und religionsgeschichtlichen Überlegungen, seine ironischen Bemerkungen zu Mystizismus und Romantik erregten ihn:

„Ist dieß also die langerwartete, langverkündete, berühmte Schrift des alten Heyden, wodurch die Propyläen umgestürzt und die Bekehrung zum Christenthum der Welt bekannt gemacht werden sollte? Ist dieß, was da Göthe ausspricht, dasjenige, was es mit der ganzen altdeutschen christlichen Kunst soll, und ist dieß die würdige Art, darüber zu reden?"[130]

---

[124] E. von Groote an J. von Groote, Berlin, 6. Apr. 1816 (HAStK, Best. 1552, A 20/9). Siehe Briefe und Schriften.

[125] E. von Groote an J. Grimm, Berlin, 29. Apr. 1816 (in: Reifferscheid, E. von Groote, S. 22). Siehe Briefe und Schriften.

[126] Johann Wolfgang von Goethe, Ueber Kunst und Alterthum in den Rhein und Mayn Gegenden, 1. Heft, Stuttgart 1816. Der Kölner Buchhändler Rommerskirchen meldete im Juni in der Köln. Zeitung, dass bei ihm das „für Künstler und Kunstfreunde sehr anziehende Werkchen" in „einem Umschlag mit allegorischen Verzierungen" für 2 Gulden und 14 Kreuzer zu haben sei (Köln. Zeitung, Nr. 95, 15. Juni 1816). Zur Bedeutung von Goethes 1816 gegründeter Zeitschrift Ueber Kunst und Alterthum, die bis 1832 erschien, vgl. Tauber, Über Kunst, 2011. Vgl. zu Goethes Bewertung der Wallraf'schen und der Boisserée'schen Sammlung in seiner Schrift Ueber Kunst: Tausch, Liebhaber, 2018.

[127] Renger, Gründung, S. 38.

[128] E. von Groote an S. und M. Boisserée und J. B. Bertram, Berlin, 26. März 1816 (HAStK, Best. 1018, 118). Siehe Briefe und Schriften.

[129] Groote, Tagebuch, 21. Mai 1816.

[130] E. von Groote an J. von Groote, Berlin, 26. Mai 1816 (HAStK, Best. 1552, A 20/13). Siehe Briefe

Auch das – vorsichtige – Votum Goethes für Köln als Universitätsstandort stellte Groote nicht zufrieden, denn es schien, seiner Ansicht nach, Goethe „von fremder Hand" untergeschoben zu sein. Insgesamt, erklärte Groote seinem Bruder, mache die Schrift in Berlin „gar schlechten Effekt".[131] Dabei hatte Goethe sich in verschiedener Hinsicht durchaus wohlwollend zu Köln geäußert. Geradezu enthusiastisch bewertete er das Buchprojekt der Brüder Boisserée[132] zum Kölner Dom, die

> „glücklicherweise den Muth faßten, eine Vollendung des Doms, nach der ersten Absicht des Meisters, wenigstens in Zeichnungen und Rissen zu Stande zu bringen. Dürfte auch ein solches bildliches Unternehmen gegen die wirkliche Ausführung gering scheinen, so gehörte doch schon hiezu so viel Einsicht als Unternehmungsgeist, so viel That als Beharren, so viel Selbstständigkeit als Einwirkung auf andere, wenn die Gebrüder Boisseree zur ungünstigsten Zeit ein Kunst- und Prachtwerk so weit fördern sollten, daß es von nun an heftweise wird erscheinen können."[133]

Darüber hinaus erwähnte Goethe in seiner Schrift die schon lange diskutierte Vision einer Vollendung des Doms in realer Form,[134] und warf die „kühne Frage" auf, „ob nicht jetzt der günstige Zeitpunct sey, an den Fortbau eines solchen Werks zu denken".[135]

Eine der wichtigsten Persönlichkeiten für die Frage der Zukunft des Kölner Doms wie generell für Kunst und Architektur in Berlin und Preußen hatte Groote am 5. März 1816 kennengelernt, als er Christian Peter Beuth zu einem Besuch bei Schinkel[136] begleitete.

---

und Schriften. Vgl. Spiertz, Groote, S. 110 f. Goethe hatte Ende März an seinen Freund Carl Friedrich Zelter geschrieben: „Mein Rhein- und Maynheft ist geschlossen [...]. Es ist redlich gemeint und wird am Ende mir am meisten nützen [...]. Daß ich diese Arbeit übernommen, reut mich nicht [...]. Der Hergang der Kunst durch das Mittelalter und gewisse Lichtpunkte bei der Wiedererscheinung reiner Naturtalente, haben, hoff ich durch meine Darstellung gewonnen. Nur werden leider die schreibseligen Legionen Deutschlands meine Ernte, wie sie auch sein mag, sehr geschwinde ausdreschen, und mit den Strohbündeln als reichen Garben am patriotischen Erntefest einher stolzieren" (J. W. von Goethe an C. Fr. Zelter, Weimar, 26. März 1816; in: Ottenberg/Zehm, Briefwechsel, S. 405 f.). J. von Groote im Juli 1816: „Ich bin grimmig über Goethes Heftchen; u. habe mir vorgenommen von hier aus eine herbe Recension zu veranlassen; u. daß muß auch dazukommen. Es ist gotteslästerlich wie ein so profaner Heide sich an die Beurtheilung so herrlicher heiliger Sachen setzt die er nicht kennt und ex officis nicht kennen will. Zu dem hat er wenigen ihr Recht gegeben, u. sehr vielen Unrecht gethan, u. darüber muß er ordentlich gestraft werden; es möchte denn einer den Beweis über sich nehmen, daß er verkindscht ist; u. das müßte billig einer zu Heidelberg thun!" (J. von Groote an E. von Groote, Köln, 11. Juli 1816; Archiv Haus Londorf, Herr von Groote, Familienbriefe, 1.1., Nr. 80).

[131] E. von Groote an J. von Groote, Berlin, 26. Mai 1816 (HAStK, Best. 1552, A 20/13).
[132] Das „Domwerk" war ganz wesentlich ein Projekt Sulpiz Boisserées, der es auch unter seinem Namen veröffentlichte.
[133] Goethe, Ueber Kunst, S. 17 f. Zu den entdeckten Originalrissen: S. 18 f.
[134] Eine der wichtigsten Publikationen für die Idee einer Domvollendung war ein Aufruf zur Rettung des Kölner Doms von J. Görres (Rh. Merkur, 20. Nov. 1814). Vgl. Wacker, Görres, vor allem S. XIV–XXXII; Borger, Kölner Dom, 1980; Zimmermann, Dom, 1983; Gaus, Neugotik, 1983; Ennen, Dom zu Köln, vor allem S. 103–123.
[135] Goethe, Ueber Kunst, S. 19 f.
[136] Aus der Fülle von Literatur zu K. Fr. Schinkel: Dorgerloh/Niedermeier/Bredekamp, Klassizismus –

Nach mehreren Treffen mit ihm schrieb Groote an die Boisserées Ende März: „Sehr wünsche ich Euch die Bekanntschaft des Bauraths Schinkel, den ich als einen recht lieben interessanten Mann habe kennen gelernt."[137]

1816 war der 35-jährige, vielseitige Schinkel bereits äußerst erfolgreich. Zu seinen bis dahin realisierten Arbeiten zählten so unterschiedliche Werke wie dramatische, publikumswirksame Panoramabilder, die Ausstattung von Privaträumen für Königin Luise im Berliner Schloss und im Schloss Charlottenburg sowie eine Anzahl von meisterhaften Gemälden, darunter die Werke *Gotischer Dom am Wasser* und *Gotische Kirche auf einem Felsen am Meer*. Darüber hinaus hatte er den Endentwurf für das von Friedrich Wilhelm III. eingeführte Eiserne Kreuz geschaffen und arbeitete seit 1813 an Entwürfen für einen Dom als Denkmal der Befreiungskriege, einer monumentalen Architekturidee, die ein Entwurf blieb. Zu Anfang des Jahres 1816 feierte er große Erfolge mit seinen phantastischen, aufwendigen Bühnenbildern im Theater am Gendarmenmarkt zu Mozarts *Zauberflöte*, Bilder, die auch Eberhard von Groote begeisterten. Schon im Jahr zuvor war Schinkel zum Geheimen Oberbaurat ernannt worden und hatte damit ein riesiges Wirkungsfeld erhalten. Er war nun für die Planung Berlins, der wachsenden Hauptstadt, für staatliche Bauprojekte wie für Konservierungs- und Restaurierungsprojekte in den Provinzen verantwortlich. Als ihm Friedrich Wilhelm III. im April 1816 übertrug, Unter den Linden ein Gebäude für die Königliche Leibwache zu entwerfen,[138] begann Schinkels eigentliche Laufbahn, die ihn zum maßgebenden deutschen Architekten des 19. Jahrhunderts werden ließ. Für Eberhard von Groote bedeutete die Bekanntschaft mit dem ideenreichen und unermüdlichen Schinkel die Eröffnung neuer Perspektiven auf Geschichte, Kunstgeschichte und Architektur und damit eine erhebliche Erweiterung seines Wissens.

Bei aller Betriebsamkeit für die Anliegen der Stadt Köln vergaß Groote keineswegs seine ganz persönlichen Interessen. Am 12. März 1816 reichte er bei Staatskanzler von Hardenberg eine Bewerbung zur „Anstellung als Assessor bey der Regierung" ein, in der er seine Befähigung dazu ausführlich darstellte.[139] Eine gute Ausgangsbasis für eine Anstellung bildete sein Jurastudium von 1809 bis 1811 in Heidelberg[140]. Er konnte allerdings keine Ausbildung in den Kameralwissenschaften oder eine Praxis in staatlicher Verwaltung, wie sie in Preußen für eine Staatsbeamtenlaufbahn vorausgesetzt wurde, aufweisen. Dennoch erhoffte er für sich und seinen Bruder Joseph, der ebenfalls ein Jurastudium in Heidelberg absolviert hatte, als „Eingeborene" der Rheinprovinzen gute Chancen. Als ihm Solms-Laubach am 17. März mitteilte, er werde als Assessor beim Schulrat angestellt werden, notierte Groote, die Nachricht habe ihn „eben nicht sehr" gefreut.[141] Ende Mai

---

Gotik, 2007; Haus, Schinkel, 2001; Brües, Rheinlande, 1968; Schinkel im Rheinland, 1991; Trempler, Schinkel, 2012.

[137] E. von Groote an S. u. M. Boisserée u. J. B. Bertram, Berlin, 26. März 1816 (HAStK, Best. 1018, 118). Siehe Briefe und Schriften.

[138] Das Gebäude wurde 1818 fertiggestellt. Die Neue Wache ist seit 1993 die Zentrale Gedenkstätte der Bundesrepublik Deutschland für die Opfer von Krieg und Gewaltherrschaft.

[139] E. von Groote an K. A. von Hardenberg, Berlin, 12. März 1816 (GStA PK, I. HA Rep. 74 Staatskanzleramt, J III, Nr. 32, Bd. 2, Bl. 3–4). Siehe Briefe und Schriften. Vgl. Spiertz, Groote, S. 132 f.

[140] Zum Studium Grootes: Spiertz, Groote, S. 42–49.

[141] Groote, Tagebuch, 17. März 1816. Diese Bemerkung Grootes ist nicht verständlich, da er sich

erhielt er die schriftliche Ernennung zum Regierungsassessor unter Erlassung der Laufbahnprüfung.[142] Wenig später wurde auch sein Bruder zum Assessor ernannt.

Fast gleichzeitig mit diesen Erfolgen konnte Groote endlich auch die offizielle Anerkennung seiner Leistungen während des Jahres 1815, vor allem in der Restitution von Kunstwerken, entgegennehmen. Nach längerem persönlichem Antichambrieren bei der preußischen Ordenskommission wurde ihm Mitte Mai die Medaille für 1815 nebst Band verliehen.[143]

In diesen Wochen wartete nicht nur Eberhard von Groote in Berlin, sondern auch seine Familie in Köln auf die Entscheidung der preußischen Regierung über die Neuorganisation der Post in den rheinischen Provinzen.[144] Da Grootes Vater als Oberpostmeister im Dienst der Fürsten von Thurn und Taxis gestanden hatte, hoffte die Familie nun, er werde bei einer Regelung für das Rheinland in irgendeiner Weise berücksichtigt. Die Verhandlungen zwischen preußischem Staat und Fürst mündeten im Postvertrag vom 4. Juni, der das Fürstenhaus für den Verlust an Einnahmen und Gebieten entschädigte. Nach der Übergabe des rheinischen Postwesens an das Königlich Preußische Generalpostamt am 1. Juli 1816[145] blieb Everhard Anton von Groote bis zu seinem Tod 1820 als Generalpostmeister tätig.

Groote verfolgte seine persönlichen literarischen Projekte in Berlin kontinuierlich weiter. Während er versuchte, den Absatz des *Taschenbuchs für Freunde* zu fördern, wurde sein zweites Buch *(Faust's) Versöhnung mit dem Leben* Ende April fertiggestellt.[146] Am 4. Mai hielt er das erste Exemplar in Händen, Ende Juni erschien eine lange wohlwollende Rezension im Beiblatt der Kölnischen Zeitung.[147] Darüber hinaus nahm sein bislang ehr-

---

gerade für diesen Bereich beworben hatte. Vgl. E. von Groote an K. A. von Hardenberg, Berlin, 12. März 1816 (GStA PK, I. HA Rep. 74 Staatskanzleramt, J III, Nr. 32, Bd. 2, Bl. 3). Siehe Briefe und Schriften.

[142] Vgl. Klein, Personalpolitik, S. 24.
[143] Groote, Tagebuch, 15. Mai 1816.
[144] Zur Neuorganisation der Post in den Rheinlanden: Klaes, Post, S. 219–254. Siehe auch Piendl, Thurn und Taxis, S. 86–88.
[145] Diese Nachricht hatte Groote schon am 1. Juni 1816 erhalten (Groote, Tagebuch, 1. Juni 1816). Vgl. Köln. Zeitung, Nr. 105, 2. Juli 1816: „Köln, 1. Juli. Heute hat die königlich Preußische Postverwaltung, anstatt der fürstlich Thurn- und Taxischen, in den hiesigen Provinzen begonnen. Der Fürst von Taxis hat mit der königlich preußischen Regierung [...] einen Vergleich über die Entschädigung für den Besitz der Posten zur vollkommenen beiderseitigen Zufriedenheit abgeschlossen."
[146] Groote, Tagebuch, 26. Apr. 1816.
[147] Beiblatt der Köln. Zeitung, Nr. 9, 30. Juni 1816. In der ausführlichen Besprechung von Grootes (Faust's) Versöhnung mit dem Leben heißt es: Der Verfasser „versucht es, in dem vorliegenden Buche über die wichtigsten Bedingungen eines heitern, glücklichen und frommen Lebens seine Ansichten mitzutheilen. Im Vorwort [...] schildert er in einer lebendigen Darstellung, wie ihm – durch die Ueberzeugung der Nichtigkeit eines eiteln, frevelnden Strebens nach Wissenschaft und Erkenntniß vor der Verzweiflung bewahrt, demüthig und fromm der kommenden Gnade harrend – ein befreundeter Geist, zürnend zwar über die frühere Verirrung, aber auch liebreich und mitleidsvoll, den bessern Weg in verständigen Lauten bezeichnete [...]. Zum Schlusse machen wir die Bemerkung, daß kein gebildeter Leser dieses kleine Werkchen unbefriedigt aus der Hand legen

geizigstes Projekt, die Edition der Tristan-Handschrift, mit dem er einen Beitrag zur germanistischen Mittelalterforschung leisten wollte, allmählich Form an.[148] Nachdem er am 30. Januar – wohl eher versuchsweise – mit der Abschrift des von Rektor Fochem erhaltenen Tristan-Manuskripts begonnen hatte,[149] nahm er diese Arbeit einige Wochen nach Ankunft in Berlin wieder auf. Am 19. April kaufte er „ein Dintenfaß, Papier und ein gebundenes Buch", in das er vom nächsten Tag an fast jeden Morgen mit der Transkription des Manuskripts fortfuhr.[150] Am 27. Juni konnte er notieren: „Heute vollende ich den Tristan von Gotfrit von Strassburg u. fange die Fortsetzung des von Turheym an."[151]

Die Forschung nach und an mittelalterlichen Handschriften beschäftigte Groote während seines ganzen Berlinaufenthaltes. Er nutzte jede Möglichkeit, sich mit Liebhabern „altdeutscher" Handschriften – unter ihnen Clemens Brentano, Johann Albrecht Friedrich Eichhorn, Carl Philipp Heinrich Pistor und Johann August Zeune – auszutauschen und Manuskripte, die sich im Privatbesitz befanden, einzusehen. Insbesondere nach Exemplaren des Tristan-Stoffes hielt er Ausschau; so kaufte er Anfang Juli für 11 Reichstaler von Pistor drei Bände der Myllerschen Sammlung deutscher Gedichte,[152] die einen Abdruck des Tristan enthielt. In Hinblick auf sein Projekt korrespondierte er von Berlin aus u.a. mit Jakob Grimm, der ihm Ratschläge gab[153] und mit Friedrich Heinrich von der Hagen, den er auf eine gemeinschaftliche Herausgabe des Gedichtes hin ansprach.[154]

---

wird, und daß selbst auch diejenigen unter ihnen, die des Verfassers System anzunehmen sich eben nicht bewogen finden, manchfach bei demselben sich erfreuen und unterhalten werden." Der Artikel war mit „–b–" unterzeichnet. Zur Rezeption des Buches: Spiertz, Groote, S. 57–59.

[148] Zu den verschiedenen Versionen der Handschrift, an denen Groote arbeitete, sowie zu seinem Editionsprojekt insgesamt ausführlich: Spiertz, Groote, S. 164–174; Giesen, Groote, S. 103–124.

[149] Vgl. Groote, Tagebuch, 30. Jan. 1816.

[150] Im Sept. 1816 schrieb Groote an J. Grimm: „In Berlin habe ich zum Theil meine Frühstunden dazu benutzt, sorgfältig meine ganze Handschrift von 1328 in ein Buch mit recht breitem Rande sauber abzuschreiben. Diese Abschrift liegt nun vollendet vor mir und ich habe mir vorgenommen, nun nach und nach in dieses Buch noch alle Varianten, alles mangelhafte und fehlende, nachzutragen, um so das Ganze langsam zum Ziele zu führen" (E. von Groote an J. Grimm, Köln, 15. Sept. 1816). Siehe Briefe und Schriften. Vgl. Reifferscheid, E. von Groote, S. 30 f.).

[151] Groote, Tagebuch, 27. Juni 1816.

[152] Christoph Heinrich Myller, Samlung deutscher Gedichte aus dem XII., XIII. und XIV. Jahrhundert, Berlin 1784–1787. Zu diesem Kauf: Spiertz, Groote, S. 168.

[153] J. Grimm an E. von Groote, Kassel, 8. Apr. 1816 (in: Reifferscheid, E. von Groote, S. 18–20). Grimm schlug Groote vor: „Schön wäre, wenn Sie Zeit, Ruhe und Lust hätten, die türheimische noch ungedruckte Fortsetzung besonders herauszugeben; überlegen Sie Sich das einmal, es wäre gewiß jedermann willkommen und Sie würden leicht die andere Handschrift die ich zu Paris gefunden dazu erhalten können" (ebd., S. 19). Groote antwortete: „Die Herausgabe des Schlusses von Ulrich v. Türheym wäre nun allerdings eine sehr leichte Sache, und ich wollte mich wohl verbindlich machen die Abschrift davon in 3 Wochen zu liefern" (E. von Groote an J. Grimm, Berlin, 29. Apr. 1816). Siehe Briefe und Schriften. Vgl. auch: J. Grimm an E. von Groote, Kassel, 13. Mai 1816 (in: Reifferscheid, E. von Groote, S. 23–25).

[154] Fr. H. von der Hagen an E. von Groote, Breslau, 12. Juni 1816: „Und Ihr freundlicher Antrag zur gemeinsamen Besorgung einer solchen Ausgabe begegnet ganz meinem Wunsche, und ich war im Begriff Ihnen denselben zu machen" (in: Reifferscheid, E. von Groote, S. 27). Zu diesem Plan: Spiertz, Groote, S. 169–171. Zu den Bearbeitungen der Werke Gottfried von Straßburgs durch Groote und von der Hagen: Grunewald, Fr. H. von der Hagen, S. 172–179.

Mitte Mai schließlich meinte Eberhard von Groote, in Berlin alles für ihn Mögliche erreicht zu haben und begann an die Heimfahrt zu denken, als sich eine überraschende Gelegenheit zu einer größeren Reise ergab – sie sollte nach Heidelberg führen. Denn inzwischen hatte sich das Interesse der preußischen Regierung an einem Ankauf der Sammlung Boisserée konkretisiert, sodass man sich zu Verhandlungen mit den Eigentümern entschloss.[155] Nachdem man sich über die Grundlinien eines Vertrages einig geworden war, schlug Legationsrat Eichhorn[156] seinen Vorgesetzten im Mai vor, Schinkel nach Heidelberg zu entsenden. Daraufhin schrieb vom Altenstein an Hardenberg:

> „Die Unterhandlung kann blos mündlich, wie der Geheime Legationsrath Eichhorn sehr richtig ausgeführt hat, gewagt werden. Es ist wichtig, daß der Mann, dem solche übertragen wird, den Sinn der Brüder Boisserée und ihre ganze Eigenthümlichkeit aufzufassen im Stande sei, und ihnen überhaupt an Sinnesart und Bestrebung möglichst verwandt sei. Ich kenne niemand, bei welchem sich dieses Alles so sehr mit Kunstkenntniß vereint vorfinden dürfte, als bei dem Herrn Geheimen Ober-Baurath Schinkel."[157]

Eichhorn, dem sich Eberhard von Groote als engen Freund der Boisserées und Kenner der Sammlung präsentiert hatte, bot diesem am 20. Mai an, ihn als Begleiter Schinkels zu empfehlen; Groote notierte: „Dieß nahm ich gerne an, u. werde es zu betreiben suchen." Während sich die behördliche Genehmigung des Vorhabens hinzog, erwog er jedoch noch andere Möglichkeiten für sich: eine Reise mit Ernst Ludwig von Gerlach und Fr. C. von Bülow in den Harz sowie eine Fahrt, zu der ihn Friedrich Heinrich von der Hagen eingeladen hatte. Endlich aber sagte Hardenberg die Finanzierung der Reise Grootes mit Schinkel zu. Da Schinkel mit seiner Frau Susanne[158] und Tochter Marie reisen wollte, wurde entschieden, dass Groote mit in ihrem Wagen fahren sollte, eine Regelung, die Groote nicht angenehm war, die er aber akzeptieren musste.

---

[155] Im März hatte Hardenberg an Gneisenau geschrieben: „Die Boisserée'sche Sammlung habe ich noch immer im Auge. Altenstein und Eichhorn haben darum geschrieben. Es ist aber noch keine bestimmte Antwort da. Daß die Universität nach Cöln kommt, werden Sie auch gern hören" (K. A. von Hardenberg an A. N. von Gneisenau, Berlin, 15. März 1816; in: Delbrück, Leben, Bd. 5, S. 92). S. Boisserée notierte am 24. Apr. 1816, nachdem ihn J. A. Sack besucht hatte: „Gouverneur Sack mit Frau und Nichte grüßt von Minister Stein hat an Goethe geschrieben wegen Köln Kunst-Anstalten! Er will in Berlin sagen, man soll uns Schinkel herschicken" (S. Boisserée, Tagebücher, Bd. I, S. 319).

[156] J. A. Fr. Eichhorn hatte gemeinsam mit K. S. Fr. vom Stein zum Altenstein die Sammlung Boisserée Ende 1815 in Heidelberg besichtigt.

[157] K. S. Fr. vom Stein zum Altenstein an K. A. von Hardenberg, Berlin, 31. Mai 1816 (in: Wolzogen, Schinkel's Nachlaß, Bd. 2, S. 172 f.).

[158] Zu Susanne Henriette Eleonore Schinkel: Blauert, S. H. E. Schinkel, 2012.

Tagebuch 5. März bis 4. Juli 1816

Den 5. Maerz [1816]. Berlin.
In Potsdam sehen wir noch einige der schönsten Gebäude an, gehen in die Horvathsche Buchhandlung,[1] wo wir Plan u. Beschreibung der Stadt Berlin[2] kaufen, u. fahren aus dem Pilgrischen[3] Wirthshause, wo wir logirt hatten, sehr schnell mit 4 Pferden auf 2 Stationen nach Berlin, wo ich, am Ziel meiner Reise, gegen 3 Uhr ankomme. Wir kehren im Gasthof von Petersburg[4] unter den Linden ein, nachdem wir in mehreren andern Wirthshäusern nicht Platz finden konnten. Bey der Accise[5] bin ich mit meinem Sammt, Netz mit seinen Lanternen u. Tassen in Potsdam und hier sehr glücklich durchgekommen.

Nachdem wir Kaffée getrunken, gehe ich Beuth, Netz andere Bekannte aufzusuchen. |21r| Ich finde Beuth, seine Schwester, u. einen Oheim von ihm aus Cleve [Kleve]. Er nimmt mich freundlich auf, allein, erklärt mir bald, daß ich nicht bey ihm wohnen könne; nur meinen Wagen kann er stellen.[6] Wir gehen bald

---

[1] Wegweiser für Fremde, S. 265: „Die Horvathsche Buchhandlung ist am Wilhelmsplatze, hat eine Leihbibliothek."

[2] Wegweiser für Fremde und Einheimische durch die königl. Residenzstädte Berlin und Potsdam und die umliegende Gegend, Berlin 1816.

[3] Der Wegweiser für Fremde, S. 267, führt für Potsdam 25 Gasthöfe auf. Der von Groote genannte Gasthof ließ sich nicht identifizieren.

[4] Gasthof von Petersburg: Hotel de Petersbourg, Unter den Linden 31.

[5] Accise, Akzise: Verbrauchssteuer, indirekte Steuer, die meist am Zugang zu einer Stadt oder einem Land (also als Zoll) erhoben wurde. Wegweiser für Fremde, S. 197: „Bei der Ankunft auf der Gränze pflegen die Koffer der mit Extrapost oder eigenem Fuhrwerke ankommenden Fremden von den Accisebedienten plombirt, oder wenn keine Waaren mitgebracht werden, und der Fremde es verlangt, visitirt zu werden. In Berlin geschieht die Visitation, wenn wenig accisbares vorhanden und kein Koffer plombirt ist, am Thore; sonst auf dem Packhofe."

[6] Chr. P. W. Beuth hatte Groote Ende 1814 zu sich in seine Wohnung in Berlin, Georgenstr. 17 eingeladen. „Meine neue Wohnung ist jezt vollständig eingerichtet. Ich habe 3 Zimmer nach Schinkels Anleitung neu malen laßen, von denen ich eins bewohne. Wie wäre es, wenn Sie einmal nach Berlin kämen und zu mir zögen. Neulich sind so ein Paar Cölner bey mir angekommen, nämlich 2 Fässer von Elias Mumm, mit 11er Hochheimer und Bisporter Mosel. – Sie können ja hier auch studieren! Meine Wohnung ist ganz dazu eingerichtet, denn meine Fenster haben die Aussicht nach meinem Garten und auf die Spree in einiger Entfernung, so daß ich gar nichts von dem Lärmen in der Stadt höre. Auch bewohne ich das Haus allein mit meiner Schwester, einem Bediensteten und einer Köchin. – Für so einen mobilen jungen Mann ist es ja ein Spaß sich auf die Post zu setzen und nach Berlin zu reisen." Im selben Brief hieß es weiter: „Endlich noch ein Vorschlag zur Güte – wie wäre es, wenn wir das Sie untereinander abschafften, und uns duzten? Das ist kürzer, deutscher und Leuten angemessener, welche so einerley Streben haben" (Chr. P. W. Beuth an E. von Groote, Berlin, Nov. 1814; HAStK, Best. 1552, A 5). Groote hatte geantwortet: „Was deine Einladung nach Berlin betrifft, so kann ich dir einstweilen nur sagen, daß mir von Herrn General-Gouverneur Sack eine philosophische Lection [die Propädeutischen Lehrkurse] aufgetragen wurde, die mich für's erste hier festhält; aus Liebe für unsre Stadt und ihr künftiges Wohl habe ich sie übernommen, und bin schon Recht mitten dabey" (E. von Groote an Chr. P. W. Beuth, Köln, 21. Jan. 1815, Entwurf; HAStK, Best. 1552, A 5).

zu Schinkel, dessen vortreffliche Gemälde u. Zeichnungen ich besehe.[7] Dann gehen wir nach den Plätzen beym Schloß,[8] bey dem Invalidenhause[9] u.s.w. Wir begegnen Netz, der niemand gefunden hat, u. uns begleitet. Am Abend verläßt uns Beuth, u. bald gehe ich, Haxthausen aufzusuchen,[10] welchen ich in dem hotel des Grafen Solms (in der Sonne) erfrage. Wir finden ihn zwar in seinem Quartier nicht, lassen ihm aber meine Adresse. Wir begegnen zufällig Bergern, von dem wir Lamprechts[11] Quartier genau erfragen. Auch dieser ist nicht zu Haus. Wir

---

[7] K. Fr. Schinkel wohnte mit seiner Familie in der Breite Str. 22 (Trempler, Schinkel, S. 117).

[8] Friedrich Wilhelm III. residierte nicht im Schloss, sondern im Kronprinzenpalais, Unter den Linden. Gädicke, Lexicon von Berlin, S. 543–547: Das königliche Schloss, „zwischen dem Schloßplatz, der Schloßfreyheit, dem Lustgarten und der Spree gelegen", hatte vier Höfe, mehrere Flügel, Quergebäude und Seitengebäude, in denen sich Behörden, Ämter, Wohnungen, Wirtschaftsräume, Keller, Küchen etc. befanden. „Die verschiedenen äußeren und inneren Portale und Eingänge sind mit Nummern versehen, so wie alle Häuser in Berlin." Nr. 1: Portal an der Langenbrücke/am Schlossplatz; Nr. 2: „Portal der Breitenstraße gegenüber"; Nr. 3: Hauptportal des Schlosses, es hatte drei Einfahrten und führte auf die Schlossfreiheit und nach dem äußeren Schlosshof; Nr. 4: „Das kleine Portal im Lustgarten, mit 3 Eingängen, nach dem äußern Schloßhofe"; Nr. 5: „Das große Portal im Lustgarten, nach dem innern Schloßhofe, mit einer Einfahrt und 2 Eingängen"; Nr. 6: „Das große Portal im innern Schloßhofe, an der Wendeltreppe." Siehe auch: Wegweiser für Fremde, S. 24–28: „Nach dem Schloßplatze zu sind im ersten oder Erdgeschosse von der langen Brücke an die königlichen Silberkammern und das Hofmarschallamt [...]. Im Kellergeschosse nach der Schloßfreiheit zu ist die Küche des Kronprinzen und des Prinzen Wilhelm von Preußen. [...] Jenseit des großen Portals nach der Freiheit und um die Ecke herum nach dem Lustgarten sind die Wohnungen des Kronprinzen." 2. Geschoß: „Die Ecke zwischen dem Schlüterschen Portal und nach dem Lustgarten zu wird von dem Prinzen Wilhelm, Sohn Seiner Majestät des Königs, und dem Prinzen Friedrich, Sohn des verstorbenen Prinzen Ludwig von Preußen, bewohnt." [...] Im 3. Geschoß „sind die beiden großen Säle merkwürdig, die auch durch das vierte Geschoß gehen. Dann folgen die Familienzimmer des Prinzen Wilhelm von Preußen." Ebenfalls im 3. Geschoss, von der Ecke an der Stechbahn „bis zum Portale nach der Breitenstraße und einige Fenster weiter, werden die äußern Zimmer von der Prinzessin Wilhelm von Preußen, und die innern von ihrem Gemahl bewohnt." Die Bildergalerie befand sich im 3. Geschoss und „ist 196 Fuß lang und 24 Fuß breit. Die Gemälde sind 260 an der Zahl, worunter sehr vorzügliche Stücke aus der Italienischen, Niederländischen und altdeutschen Schule sich befinden. Im vierten Geschosse nach dem Schloßplatze und dem Hofe zu, wohnen in einigen Zimmern Hofdamen und Kammerfrauen und königliche Officianten. Nach der Freiheit sind die Wohnungen für Kammerfrauen." Hinweis: Die Zählung der Geschosse begann mit dem Erdgeschoss als erstem Stock.

[9] Das 1748 eröffnete Invalidenhaus, das zur Versorgung von invaliden preuß. Soldaten und ihren Familien diente, lag vor dem Oranienburger Tor. Das weitläufige Areal umfasste ein Hauptgebäude mit drei Flügeln, zwei Kirchen, Schulen, Wirtschaftsgebäude und Gärten. Wegweiser für Fremde, S. 129: „Das königliche Invalidenhaus. Die Invaliden bekommen gleich andern Soldaten Uniform und Löhnung, wie auch freie Wohnung im Hause, und eine Pacht für Gartenland. Die Wirthschaftsgebäude zur Viehzucht, zum Backen, Brauen und Brannteweinbrennen sind nebst den Aeckern und Gärten an einen Pächter überlassen."

[10] Werner von Haxthausen wohnte wie Fr. L. Chr. zu Solms-Laubach im Hotel in der Sonne, Unter den Linden.

[11] Gemeint ist einer der drei Söhne von Oberkriegskommissar Georg Friedrich von Lamprecht, die Groote 1815 kennengelernt hatte: Karl Friedrich Andreas von Lamprecht, Friedrich Wilhelm Ferdinand von Lamprecht und Gustav Eduard Ferdinand von Lamprecht.

begegnen Jahn. Netz geht zum Essen. Ich wieder zu Beuth, bey dem ich den Abend zubringe.

Den 6. Maerz [1816].

Gegen 9 Uhr[12] gehe ich mit Netz zu Lamprecht. Dieser ladet uns auf Morgen zum Essen ein bey Dallach,[13] wo eine Menge Heidelberger Freunde zusammenkommen sollen. Mit ihm gehe ich auf das Polizeyamt, wo ich eine AufenthaltsCharte lösen soll.[14] |: 1.8 S. :| Dann gehe ich wegen Quartiren umher, zu einer Frau v. Maass, zu dem UniversitätsLogisCommissar etc., doch ohne etwas zu entdecken. Haxthausen hat mich belangt, zu ihm zu Solms, oder in sein Quartier zu kommen. Ich gehe zu Solms,[15] dem mich Haxthausen vorstellt, u. mit dem ich mich über unsre Kölnischen Sachen lange unterhalte.[16] Er glaubt, mit der Universität zu Köln sey Alles entschieden. |21v| In einer Schrift darüber an

---

[12] Zur Uhrzeit in Berlin vgl. Wegweiser für Fremde, S. 43 f.: „In dem mittlern Fenster der Akademie der Wissenschaften [Unter den Linden] steht eine Uhr von Möllinger, welche die richtige Uhrzeit angiebt. Es werden alle Berlinsche Uhren nach der mittleren Zeit gestellt, und zwar seit December 1810, wo [...] zur bessern Regulirung der Uhren die mittlere oder Uhrzeit in Berlin eingeführt wurde."

[13] Das beliebte Lokal von J. G. Dallach lag „hinter dem Gießhause No. 4 (Wegweiser für Fremde, S. 201).

[14] Fremde mussten bei der Polizei eine Aufenthaltskarte kaufen. Das Polizei-Fremdenbureau befand sich im Stadtvogteigebäude, Molkenmarkt 1. Es „beschäftigt sich Morgens um 8 bis Nachmittag 3 Uhr mit Ausfertigung der Reisepässe und Aufenthaltskarten" (Wegweiser für Fremde, S. 82).

[15] Solms-Laubach schrieb am 5. März 1816 an seine Frau: „Hier jagt eine Einladung die andre. Heute esse ich bei Prinz Friedrich; wahrscheinlich morgen bei dem Kronprinzen. Dabei gibt's noch Bälle, Soupers, Thees. Ich wünsche nun wegzukommen, so interessant auch viele Menschen sind, deren Bekanntschaft ich gemacht habe" (Fr. L. Chr. zu Solms-Laubach an H. zu Solms-Laubach, Berlin, 5. März 1816; Privatarchiv d. Grafen zu Solms-Laubach, XVII, 114, Nr. 39).

[16] W. von Haxthausen hatte am 16. Jan. 1816 eine Stellungnahme zum Gutachten seines Vorgesetzten Solms-Laubach über die Errichtung einer Universität am Rhein geschickt. An Wallraf, der gerüchteweise gehört hatte, Haxthausen setze sich nicht genügend für den Universitätsstandort Köln ein, hatte Haxthausen geschrieben: „Sie thun mir Unrecht, liebster Walraff! da Sie aus meinem Aufsatz über die rheinische Universität so nachtheilige Schlüße ziehen konnten. Ich halte die Feststellung einer großen catholischen Universität in Cöln für wesentlich nothwendig, sowohl für das Wohl der alten würdigen Reichsstadt als insbesondere für das Heil der Catholiken [...]. Wenn Sie einmal sehen werden liebster Wallraff! wie ich für Cöln, und für Sie hier gearbeitet habe, so werden Sie künftig keinen so bösen Argwohn mehr in Hinsicht meiner hegen [...]. Sie werden sehen, daß ich keinen höhern Wunsch habe, als etwas bedeutendes für die Ewigkeit wohlthätig wirkendes für Cöln und die rheinischen Provinzen zu gewinnen; und daß Ihre Wirksamkeit, und Ihre Sammlung in diesen Plan gehören [...]. Wir werden mündlich darüber reden; und Sie werden sich hoffentlich später durch die Resultate überzeugen, daß ich für Cöln, und die Universität, und für Sie mehr gethan und gearbeitet habe, als Sie nach unsrer kurzen Bekanntschaft vielleicht erwartet mögten; übrigens bitte ich Sie, diesen Brief zu vernichten, und ihn höchstens unsren Freunden de Grooten mitzutheilen, die ich von ganzem Herzen grüße" (W. von Haxthausen an F. Fr. Wallraf, Berlin, 18. Febr. 1816; HAStK, Best. 1105, A 8, fol. 29 f.).

Schuckmann hat der Graf meines Berichts namentlich sehr rühmlich gedacht;[17] auch hört er mir gefällig zu, da ich Ihm von den übrigen Kölnischen Angelegenheiten rede, von den Stadtschulden, von der Rheinschiffarth u.s.w. Haxthausen wollte eben ein Taschen Buch, welches er von dem StaatsRath Schmedding geliehen hatte, der Prinzess Louise (Razivil) schicken. Allein, nun geht er mit mir nach Hause, ich u. wir schicken der Prinzess ein anderes, in welches ich das Sonnett zur Weise[18] hineinschreibe. Haxthausen schickt es gleich mit meinen Charten hin. Dann kommt Beuth, mir eine Wohnung anzubringen. Netz geht mit ihm hin, sie zu besehen. Wir essen mit Haxthausen zusammen. Dann gehen wir in die Realschulbuchhandlung,[19] wo wir Herrn Reimer nicht finden. Ebensowenig Herrn StaatsRath Süvern u. Schmedding. Somit gehe ich nach Hause, wohin Netz bald nachkommt. Er will noch andre Besuche machen. Ich gehe zu Jahn, u. mit diesem bald zu der deutschen Gesellschaft,[20] wo Zeune ist, u. wo ich manche interessante Leute finde. Auch der Obrist Horn u. Capitain Skork sind da. Es wird über deutsche Sprache, ihre Etimologie etc. gesprochen u. kritisirt. Ich rede über die deutschen Kunstsachen in Paris, über meine Manuskripte etc. Wir bleiben dort (im deutschen Hause) bis gegen 10 Uhr zum Nachtessen. |:14 S.:|

Den 7. Maerz [1816].

Ich lese Haxthausens Schrift über die Universität. Dann gehe ich mit Netz, u. dieser wird einquartirt bey freundlichen Leuten, wohin auch ich ziehen kann. Wir begegnen Diderici. An seinem Hause erhalten wir gleich Pferde, u. gehen, unsre

---

[17] Fr. L. Chr. zu Solms-Laubach an Fr. von Schuckmann, 28. Dez. 1815 (in: Gotthardt, Gründungsgeschichte, S. 460–465).

[18] Sonnett und Weise ließen sich nicht identifizieren.

[19] J. Görres hatte Groote gebeten, bei dem Berliner Buchhändler und wichtigsten Verleger der Romantiker Georg Andreas Reimer nachzufragen, ob er den von Görres geplanten „Perser" veröffentlichen wolle (J. Görres an E. v. Groote, vermutlich 10. [Febr.] 1816; HAStK, Best. 1552, A 18). Siehe Anm. oben. Das Heldenbuch von Iran aus dem Schah Nameh des Firdussi erschien 1820 im Verlag Reimer. Die Realschulbuchhandlung Reimer, ab 1816 auch Verlag G. Reimer, befand sich bis in das Jahr 1816 in der Kochstr. 16/Ecke Friedrichstraße. Groote suchte vermutlich die Firma an dieser Adresse auf. Reimer kaufte 1816 das herrschaftliche, 1739 erbaute Schwerinsche Palais in der Wilhelmstr. 73 (Reimer, Passion, vor allem S. 65–71, S. 117–124).

[20] Ziel der Anfang 1815 gegründeten Deutschen Gesellschaft/Gesellschaft für deutsche Sprachkunde war die Erforschung der deutschen Sprache. Johann August Zeune war einer der Gründer. Nach 1825 wurde die Gesellschaft in Berlinische Gesellschaft für deutsche Sprache umbenannt. J. Grimm schrieb an E. von Groote, Kassel, 13. Mai 1816: „Sie sind wohl auch dort unter die deutsche Gesellschaft gerathen; die Meinung ist gut, aber die Kraft und Art dieser Sprachreinigung will mir nicht in den Kopf und ich halte sie so für unerlaubt. Dergleichen klopstockische, voßische Wortmachereyen haben sich jetzo überlebt und die Zeit ist eigentlich dagegen" (in: Reifferscheid, E. von Groote, S. 25. Das Original im Brüder Grimm-Museum Kassel konnte aus dortigen organisatorischen Gründen bis Anfang 2019 nicht eingesehen werden). Wegweiser für Fremde, S. 167: Die Gesellschaft „versammelt sich unter Leitung des Herrn Director Zeune Mittwochs Abends von 6 bis 8 Uhr im deutschen Hause am Hausvoigteiplatz."

Sachen in das neue Quartier Breite Straße No. 11 zu bringen.²¹ Didericis Schwester. Den Wagen bringe ich zu Beuth. Dann gehen wir zu Dallach |: 1 Fr.,16 :|, |22r| wohin uns Silberschlag, Berger, Lamprecht, zwei Reimers, Lombard, Wolff eingeladen haben. Es wird dort fidel gegessen. Solms und Haxthausen essen mit großer Gesellschaft im nehmlichen Hause. Mit letzterem gehe ich, nachdem ich mir Huth, |: 18 Fr. :| Eisen zum Stiefelanziehen gekauft habe, |: 2.4. :| zu Frau v. Humboldt,²² wo eine Frau v. Rhamdor etc. u. Töchter sind,²³ u. wo wir uns in allerley Rede und Spiel unterhalten bis gegen 9. Dann gehen wir zu Frau v. Berg, wo ich deren Tochter, die Gräfinn Voss, kennen lerne, Rochow, dessen Mutter u. Schwester, Schleyermacher, Nikolovius, Nibuhr etc. kennen lerne. Wir bleiben bis gegen 11. Mit Nicolovius rede ich viel wegen der Universität. Er glaubt alles vom König abhängig.

Den 8. März [1816].

Ich schreibe noch an Joseph, ziehe mich an, und fahre zum StaatsKanzler,²⁴ |: 6.12:| wo ich nicht Audienz haben kann, sondern auf den Abend gebethen werde. Ich fahre zur Frau v. Gneisenau, der ich den Sammt überbringe, u. wo ich eine Zeitlang bleibe; dann zum Grafen Maltzahn,²⁵ den ich nicht finde, wobey ich aber schriftlich wegen der Audienz bey der Prinzess Wilhelm einkomme. Dann fahre ich in das Schloß zur Gräfinn Groeben,²⁶ der Schwester Carls, einer ver-

---

[21] Gädicke, Lexicon von Berlin, S. 79 f.: „Breitestraße, in Alt-Kölln, geht mit No. 1 beym Schloßplatze an, über die Neumannsgasse, bis No. 20 an die Scharrenstraße und zurück bis No. 37. Ihre Länge ist 375 Schritte, und ihre Breite, besonders beym Schloßplatze, sehr ansehnlich, wovon sie auch den Namen hat. [...] Sie hat mehrere bemerkenswerthe Gebäude, besonders No. 32 die Ritteracademie, und 33 bis 37 die Königlichen Ställe. An der anderen Ecke der genannten Scharrenstraße ist das köllnische Rathhaus mit der köllnischen Hauptwache."

[22] Wilhelm von Humboldt befand sich 1816 als Vertreter Preußens bei Territorialverhandlungen und den Verhandlungen zum Deutschen Bund in Frankfurt a. M. Seine Frau Caroline blieb zunächst in Berlin, im Mai verließ sie die Stadt und traf im Aug. 1816 in Frankfurt mit ihrem Mann zusammen. Vgl. die Korrespondenz von C. und W. von Humboldt von Ende 1815 bis Mitte 1816 (in: Sydow, Humboldt, S. 231–242). Die Wohnung Caroline von Humboldts im Frühjahr 1816 lag im Zentrum von Berlin, die Adresse ist nicht bekannt. Ich danke Ute Tintemann, Berlin, für ihre Auskunft. Zu Caroline von Humboldt vgl. von Gersdorff, Biographie, 2011.

[23] Dorothea von Ramdohr, geb. Denecke, war die Ehefrau von Friedrich Wilhelm Basilius Ramdohr. Das Ehepaar war eng mit C. und W. von Humboldt befreundet. D. von Ramdohr hatte sich 1814 als Gast bei C. von Humboldt in Wien aufgehalten und dort ihre Tochter Caroline geboren. Vermutlich wurde sie hier von dem Arzt David Ferdinand Koreff behandelt, Hausarzt der Familie von Humboldt und Leibarzt des Staatskanzlers von Hardenberg.

[24] Wegweiser für Fremde, S. 65: „Das Büreau des Herrn Staatskanzlers ist Leipzigerstraße No. 55."

[25] Joachim Cäsar Eugen Graf von Maltzan war Kammerherr des Prinzen Wilhelm; AB 1818/19: J. C. E. Graf von Maltzan, „Reichsgraf, Königlich wirklicher Kammerherr Seiner Hoheit des Prinzen Wilhelm Legations u. Forstrath, Unter den Linden" [Nr. 43 oder 45].

[26] Friederike Gräfin von der Groeben, Ehefrau des Hofmarschalls Wilhelm Ludwig Graf von der Groeben; AB 1818/19: „v.d. Groeben Graf königlicher Hofmarschall, Schloßportal N. 2". Weg-

ständigen interessanten Frau, die mir zu jener Audienz helfen wird. Zu Hause kleide ich mich um und gehe zu Haxthausen u. Solms, die ich nicht finde, dann zum Essen, |:5.14:| zur Dr. Lange, die ich nicht treffe. Haxthausen finde ich auf unsrer Straße, u. gehe mit ihm zu Herrn Reimer, einem gescheuten freundlichen Manne, der mich auf morgen im Casino[27] zu Tisch bittet, woselbst die Gelehrten der Stadt zusammen kommen werden. Haxthausen fährt schon früher mit Solms zum StaatsCanzler, ich finde daselbst |22v| den Grafen Salm, der mich sehr freundlich bewillkommt. Der StaatsKanzler kommt auf mich zu, reicht mir die Hand, u. sagt, er freue sich, mich wohl hier zu sehen. Später spricht er mich wieder an, u. da ich um eine Privataudienz bitte, ladet er mich auf morgen zu Tische. Gegen 9 entfernt sich alles, und ich gehe mit Haxthausen zur Prinzess Razivil, einer etwas stolzen, doch muntren, ja launigen Frau. Auch der Prinz ist da. Sie bewillkommen mich, als längst angemeldet, freundlich. Wir bleiben in etwas steifem Cirkel bis 12 ½. – Ich habe mir Feuerzeug angeschafft; |:2.8–:| der Wagen zum StaatsKanzler. |:1 Fr.,4:|

Den 9. Maerz [1816].

Der Schneider kommt, dem ich eine Menge Sachen, namentlich die seidenen, ganz verdorbenen Hosen zu machen gebe. Ich muß zu Reimern, mich zu entschuldigen. Dann gehe ich zu Eichhorn,[28] der mich sehr freundlich aufnimmt, u. mir mancherley Anweisung giebt, mit den hiesigen verschiedenartig gesinnten Männern umzugehen. Bey ihm sehe ich die eben ankommenden Risse einer gothischen Kirche auf Pergament, die ihm aus Weimar geschickt worden.[29] Auch

---

weiser für Fremde, S. 28: „Im Quergebäude zwischen dem äußern und innern Schloßhofe befinden sich die königliche Kellerei, Küchen, Meublekammern, die Wohnungen einiger zum Hofe gehörigen Personen und des Hofmarschalls des Prinzen Wilhelm Herrn Graf von Gröben".

[27] Wegweiser für Fremde, S. 195: Eine der Berliner Ressourcen war „das Casino, Charlottenstraße No. 31, wo fremde Gesandte und andere Standespersonen Mitglieder sind."

[28] Der Geheime Legationsrat im Außenministerium Johann Albrecht Friedrich Eichhorn wohnte in der Markgrafen Str. 303 (AB 1818/1819).

[29] S. Boisserée hatte Goethe die Risse Anfang Febr. 1816 durch den Frankfurter Arzt und Schriftsteller Johann Christian Ehrmann schicken lassen und bat ihn kurz darauf: „Sie werden ohne Zweifel jetzt die Domrisse von Ehrmann erhalten haben. Wenn Sie dieselben genug betrachtet haben, bitte ich sie an den Geheimen Legationsrath Eichhorn in Berlin zu senden, als welchem ich dadurch eine Artigkeit bezeigen möchte. Ohne Sie sehr drängen zu wollen, wünsche ich, daß Sie die Sendung ziemlich bald veranstalten ließen, damit die Blätter wo möglich noch im Monat März zu mir zurück wandern könnten" (S. Boisserée an J. W. von Goethe, Heidelberg, 15. Febr. 1816; in: S. Boisserée, Briefwechsel, Bd. II, S. 105). Goethes Antwort: „Die Domrisse sollen, sobald sie von hiesigen Freunden genugsam beschaut worden, sogleich nach Berlin" (J. W. von Goethe an S. Boisserée, Weimar, 21. Febr. 1816; in: S. Boisserée, Briefwechsel, Bd. II, S. 106). Siehe auch: J. W. von Goethe an S. Boisserée, Weimar, 5. März 1816 (in: S. Boisserée, Briefwechsel, Bd. II, S. 109). Vgl. einen Artikel zur Auffindung der Risse, in: J. G. G. Büsching, Wöchentliche Nachrichten für Freunde der Geschichte, Kunst und Gelahrtheit des Mittelalters, Bd. 1, Breslau 1816,

vernehme ich, was wegen Boisserées geschehen, u. daß sie sich noch zu nichts entschieden.[30] Ich berede mit ihm meine weiteren Absichten, wozu er mir gehörige Anweisung giebt. Minister Altenstein finde ich nicht. Visitkarten. |:1.16:| Solms ist beschäftigt; Haxthausen treffe ich nicht. Ich gehe in den Dom,[31] bey der Börse[32] vorbey u. zu Zeune in die Blindenanstalt.[33] Er will eben ausreiten. Als ich

---

25. Ostermonat 1816, S. 267–271: „Ueber drei kürzlich aufgefundene bisher ganz unbekannte Original-Risse des Kölner Doms." Dazu auch: E. von Groote an J. von Groote, Berlin, 12. März 1816 (HAStK, Best. 1552, A 20/6). Siehe Briefe und Schriften.

[30] S. Boisserée hatte Mitte Dez. 1815 an Goethe geschrieben: „Der Verführer, der Waswas, ist in unserem Hause gewesen, ich meine dießmal den preußischen Staatsrath Eichhorn. Er besuchte uns vor acht Tagen mit dem Minister Altenstein, welcher selber versicherte, seinen Weg von Paris nach Berlin unsertwegen über hier genommen zu haben. Es hieß nun, der preußischen Regierung sey nicht nur um unsere Sammlung, sondern ebenso sehr um uns zu thun; man würde gerne einwilligen, daß wir lebenslänglich die Besitzer der Sammlung blieben, wir sollten nur unsere Wünsche äußern, was wir wünschten, wünsche die Regierung auch, denn sie habe unsere Verdienste in dem Fache erkannt u.s.w. Nur sollten wir nach Berlin kommen, da seyen der Tannen so viele, da hinge der ganze Himmel voller Geigen! Man habe dort so heißes Verlangen, so viel Sehnsucht nach ächter vaterländischer Kunst und Alterthum!" (S. Boisserée an J. W. von Goethe, Heidelberg, 21. Dez. 1815; in: S. Boisserée, Briefwechsel, Bd. II, S. 89 f.). Kurz dazu: S. Boisserée, Tagebücher, 14. Dez. 1815, Bd. I, S. 294. Goethe äußerte sich zu den 1816 entdeckten Domrissen in seiner Schrift: Ueber Kunst, S. 187–190.

[31] Das Gebäude, das Groote besuchte, war ein barocker Bau aus der Mitte des 18. Jh.s. Er wurde von der reformierten Bevölkerung genutzt. Die Entwürfe für eine Neugestaltung des Domninneren 1816/17 stammten von K. Fr. Schinkel. Vgl. Rave, Schinkel. Bauten für die Kunst, Kirchen, S. 204–214. Siehe Gädicke, Lexicon von Berlin, S. 140 f.: Der Dom, am Lustgarten gelegen, „hat 230 Fuß Länge und 134 Fuß Breite. Zehn Pfeiler zieren die Hauptfaçade. [...] Das Dach ist mit einer Gallerie, die mit Vasen besetzt ist, umgeben. Zwey Gruppen über dem attischen Säulengange stellen den alten und neuen Bund vor [...], und vier Gruppen auf der hinteren Seite, die christlichen Tugenden. Der Thurm hat eine korinthische Bogenstellung und darüber eine Laterne."

[32] Das Börsenhaus „im Lustgarten an der Pomeranzen-Brücke" wurde 1805 eingeweiht. Gädicke, Lexicon von Berlin, S. 71 f.: Das Börsenhaus „hat 3 Geschoß Höhe und vor dem Hause einen Säulengang, der auf beiden Seiten geschlossen und daselbst mit Bänken versehen ist. [...] In den Sommermonaten werden die Börsenversammlungen unter dem Säulengange und im Winter in einem großen Saale des unteren Geschosses gehalten." Das Börsenhaus wurde auch zu Bällen und anderen Veranstaltungen genutzt. H. Heine, Berlin, 26. Jan. 1822: „Betrachten Sie lieber gleich rechts, neben dem Dom, die vielbewegte Menschenmasse, die sich in einem viereckigen, eisenumgitterten Platz herumtreibt. Das ist die Börse. Dort schachern die Bekenner des alten und des neuen Testaments. Wir wollen ihnen nicht zu nahe kommen. O Gott, welche Gesichter! Habsucht in jeder Muskel. Wenn sie die Mäuler öffnen, glaub ich mich angeschrien: ‚Gib mir all dein Geld!' Mögen schon viel zusammengescharrt haben. Die Reichsten sind gewiß die, auf deren fahlen Gesichtern die Unzufriedenheit und der Mißmut am tiefsten eingeprägt liegt" (Heine, Briefe, S. 15). Zur Börse: Hahn, Schauplatz, S. 74–78.

[33] Der Pädagoge, Germanist und Geograf Johann August Zeune gründete 1806 die erste Blindenanstalt in Deutschland. Vgl. Beilage zum 66. Stück der Berlin. Nachr., 1. Juni 1816: „Der Besuch der Königlichen Blindenanstalt ist Mittwochs von 9–12 Uhr Jedem gestattet. Schulmännern und Anderen, welche dieselbe in wissenschaftlicher Absicht, und namentlich um die hier anwendbaren Lehrweisen näher kennen zu lernen, besuchen wollen, steht der Eintritt, jedoch nur auf vorgängige Anmeldung bei dem unterzeichneten Vorsteher, auch des Sonnabends von 9–12 frei.

von ihm nach Hause komme, finde ich ein Billet vom Grafen Maltzahn, mich um 5 U. bey der Prinzess Wilhelm einzufinden.³⁴

Ich ziehe mich rasch an, da schon 3 vorbey ist, u. ich um 4 bey dem StaatsKanzler |23r| seyn soll, fahre zu Graf Maltzahn, der, nachdem ich schon eine zeitlang gepocht und geschellt hatte, endlich ankommt. |:1 Fr.,10:| Allein, es ist dieß nicht der, den ich suche, sondern er hat mein Billet an seinen Bruder, den Kämmerer des Prinzen Wilhelm³⁵ geschickt. Er räth mir also, da dieser eben beym Prinzen speise, in's Schloß zu fahren. Es geschieht, und ich erhalte den Bescheid, wenn ich vor 5 ½ nicht kommen kann, so würde Ihre Königliche Hoheit mich einen andern Tag sehen. Ich fahre zum StaatsKanzler, wo Solms und Graf Pappenheim meine einzigen Bekannten. Nach Tisch nimmt mich der Fürst beyseite. Wegen der Universität glaubt er alles für Cöln entschieden. Wegen der katholischen Kirchenangelegenheiten verweist er alles auf ein nahezuerwartendes Conkordat mit dem Pabste. Wegen meiner billigt Er ganz meinen Vorschlag, ihm meine Wünsche durch den Graf Solms vorzulegen.³⁶ – Ich gehe dann nach Hause, wo ich die Einladung zur Prinzess Wilhelm auf morgen vor Mittag finde. Ich gehe zu Beuth, wo ich die Briefe u. Papiere wegen der Universität u. Schulgüter, von dem Bürgermeister v. Mylius finde.³⁷ Ich bleibe mit Schinkel u. einigen andern bis gegen 11.

Den 10. Maerz [1816]. Sonntag.

Die Wäscherinn kommt. Ich ordne meine Sachen. Besuch bey den Damen des Hauses. Hedwigskirche.³⁸ Stägemann finde ich nicht. Mit Haxthausen gehe ich

---

Berlin den 22sten Mai 1816. Zeune, Vorsteher der Königlichen Blinden-Anstalt." Adresse der Anstalt: Georgenkirchhof 19. Zu Zeunes Anstalt: Hahn, Schauplatz, S. 62–73.

³⁴ Prinzessin Marianne wohnte mit ihrem Mann Prinz Wilhelm von Preußen und ihren Kindern im Berliner Stadtschloss. Solms-Laubach berichtete seiner Frau: „Gestern speiste ich bei Prinz Wilhelm. Die Prinzeß ist eine recht brave Frau, u. ich wünschte sie nach Bonn; sie wird uns auf keine Weise geniren" (Fr. L. Chr. zu Solms-Laubach an H. zu Solms-Laubach, Berlin, 27. Febr. 1816; Privatarchiv d. Grafen zu Solms-Laubach, XVII, 114, Nr. 38).

³⁵ Groote traf also nicht Joachim Cäsar Eugen Graf von Maltzan an, sondern dessen älteren Bruder Joachim Alexander Casimir Graf von Maltzan.

³⁶ Groote verweist hier auf die Wünsche für seine beruflichen Perspektiven, die er Solms-Laubach und Hardenberg vorlegen wollte.

³⁷ Groote erhielt Brief und Unterlagen von Stadtsekretär Fuchs: J. P. J. Fuchs an E. von Groote, Köln, 24. Febr. 1816, Kopie (HAStK, Best. 400, A 667, Bl. 56a). Die Angaben bezogen sich speziell auf das Eigentum der Kölner Studienstiftungen rechts des Rheins. Anliegend war ein Brief von Mylius: K. J. von Mylius an Fr. von Schuckmann, Köln, 24. Febr. 1816, Entwurf (HAStK, Best. 400, A 667, Bl. 55 f.). Siehe oben.

³⁸ Wenn Groote während seines Berlinaufenthalts notiert, er gehe „in die Kirche", so ist die katholische Hedwigskirche gemeint. Die St. Hedwigs-Kathedrale am Forum Fridericianum (heute Bebelplatz), ein Rundbau mit hoher Kuppel, wurde 1773 als erste katholische Kirche in Berlin seit der Reformation eingeweiht. Wegweiser für Fremde, S. 51: „Die katholische Kirche zu St. Hedwig, ist

zu mir, u. ziehe mich an. Ich glaube, gegen 3 zur Prinzess Wilhelm gehen zu müssen. Haxthausen will mich bey mir erwarten. Ich gehe zur Gräfinn Gröben, u. lerne den Grafen kennen. Sie glaubt nicht, daß ich vor Tische präsentirt |23v| werden soll, schickt zur Hofdame, u. hört, daß es erst um 5 U. seyn soll. Graf Groeben will, ich soll zu Tische bleiben, u. schickt eine schriftliche Einladung an Haxthausen, der auch bald nachher kommt. Nach Tische, gegen 5, werde ich zur Fürstinn geführt, die mich freundlich empfängt, u. über die Frau v. Clausewitz, von dem Dombild, dem Taschenbuch, von Cöln etc. angenehm spricht. Ich machte wahrscheinlich einen dummen Streich, daß ich mich bey der schönen Frau nach einer kleinen ½ Stunde da quasi beurlaubte, ehe sie mich recht entließ, allein, in hac re ignorant, nostra fata.[39]

Wir gehen nun bald von Gröben weg, u. bringen die von Mylius geschickten Briefe zu Schuckmann,[40] der uns nicht annimmt, zu Niebuhr,[41] der sich viel u. lange mit uns wegen des Lebens am Rhein, besonders über das Munizipalwesen, Universitaet u. Geistlichkeit unterhält. Dann zu Schleyermacher,[42] woselbst Gesellschaft, Reimer, Jacobi, der Prof. Becker, Ruckstuhl etc. Wir bleiben bis gegen 12. Mich quält sehr, Gneisenaus Brief an Nicolovius verloren zu haben. Ich rede mit Haxthausen ab, morgen gleich wegen meiner Sachen mit Solms zu reden.

---

nach der Art der Rotunde zu Rom aufgeführt. Sie wird inwendig von 24 Korinthischen Säulen getragen, und hat zwischen einer Säulenstellung von sechs Jonischen Säulen drei Eingänge." Ebd., S. 127 f.: „Die Katholiken haben zwei Kirchen, die St. Hedwigskirche, und die im Invalidenhause. […] Der Gottesdienst in der St. Hedwigskirche beginnt Sonntags um 8 Uhr mit einer stillen Messe, worauf um ½ 9 eine zweite, um ½ 10 das Hochamt, dann die Predigt und um ¼ auf 12 Uhr noch eine stille Messe folgt."

[39] in hoc re ignorant nostra fata: in dieser Sache unwissend zu sein ist unser Schicksal.

[40] Wegweiser für Fremde, S. 68: Das Bureau des Innenminsteriums befand sich „auf dem Molkenmarkt No. 3."

[41] Gneisenau hatte Barthold Georg Niebuhr Anfang 1816 die Denkschrift von Mylius zur Universitätsfrage zugeschickt und ihn um das Eintreten für den Standort Köln gebeten. Vgl. Klein, Bemühungen, S. 370.

[42] Zum Leben der Familie Schleiermacher um 1816 schrieb der 1807 geborene Stiefsohn Ehrenfried von Willich: „In Berlin bewohnten meine Eltern zuerst eine Reihe von Jahren die bescheidene Amtswohnung meines Vaters (Kanonierstr. Nr. 4). Hier meine ältesten deutlichen Erinnerungen. Wir bewohnten das kleine Haus allein. Ein kleiner Garten mit einigen Obstbäumen und ein geräumiger Hof war dahinter. Die Kindererziehung und die wirtschaftlichen Sorgen teilte mit meiner Mutter meines Vaters Halbschwester die Tante Nanny (später 1817 E. M. Arndts Frau). Unsere Einrichtung war da sehr einfach. Mahagoni-Möbel gab es noch nicht in anspruchslosen Haushaltungen […]; aber wie gemütlich war die Gesellligkeit. Die lieben Hausfreunde kamen zu jeder Stunde des Tages und nahmen an dem fröhlichen Mahl teil, auch mittags, wenn es gerade Mittagszeit war. […] Alle edlen patriotischen Männer, kann man sagen, standen mit meinem Vater, der selbst eine hervorragende Rolle unter ihnen einnahm, in der engsten Verbindung. Ich nenne nur einige: Stein, Scharnhorst, Gneisenau, Alexander Dohna und seine Brüder, Niebuhr, Savigny, Eichhorn, Arndt, die Röders, die Gerlachs, Alexander Marwitz u.s.w." (Willich, Aus Schleiermachers Hause, S. 8 f., 11). Die Familie Schleiermacher zog einige Zeit später in das 1816 von G. A. Reimer erwobene Palais, Wilhelmstr. 73.

Den 11. März [1816].

Um 9 Uhr gehe ich zu Haxthausen, mit ihm zu Graf Solms, dem ich die von Cöln erhaltenen Papiere übergebe, u. wegen meiner Sachen rede. Savigny kommt zu ihm, dem ich den Brief von General Gneisenau überreiche. Ich gehe bald mit Haxthausen in eine Restauration, u. nachher nach Hause zu ihm, um den Entwurf meiner Eingabe an Hardenberg zu machen. Obrist Horn |24r| kommt dahin. Später gehen wir zu Tische, mit einem Engländer. Dann gehe ich zu Eichhorn, mit dem ich wegen jener Eingabe rede, doch lange hat er nicht Zeit, da der Minister Altenstein, u. andere zu ihm kommen. Ich gehe, mich anzuziehen, dann mit Haxthausen zu Humboldt, wo Coreff u. der Maler Frank. Graf Solms kommt hin, u. mit ihm fahren wir in die langweilige Gesellschaft zu der Prinzess Louise, wo ich die Gräfinn Brühl finde. Wir bleiben bis gegen 12 u., da Haxthausen u. Solms schnell entwischen, gehe ich den weiten Weg allein nach Hause.

Den 12. Maerz [1816].

Ich schreibe meine Briefe an den StaatsKanzler[43] u. an den Graf Solms zurecht, bis 12 Uhr. Dann gehe ich zu v. Haxthausen, u. da er eben zu Solms gehen will, gehe ich mit. Solms begegnet uns im Wagen. Die Briefe gebe ich in seinem Hotel ab. Dann gehen wir zu Herrn v. Savigny,[44] der uns sehr freundlich empfängt, u. sich über unser Cöln angenehm unterhält. Nach diesem gehen wir verschiedener Commission nach. Schinckel u. v. Pfuel finden wir nicht. Ich esse in einer Restauration, |:4.10:| wo ich den ältern v. Lamprecht finde. Dann gehe ich nach Hause. Haxthausen ist bey Eichhorn zur Kindtaufe. Ich höre von Beuth, der zu mir kommt, daß in seinem Hause für mich Briefe sind. Ich gehe zum Theater,[45]

---

[43] E. von Groote an K. A. von Hardenberg, Berlin, 12. März 1816 (GStA PK, I. HA Rep. 74 Staatskanzleramt, J III, Nr. 32, Bd. 2, Bl. 3–4). Siehe Briefe und Schriften.

[44] Fr. C von Savigny hatte sich in seiner Denkschrift vom 20. Nov. 1815 zu einer Universität am Rhein für Köln ausgesprochen. Vgl. Klein, Bemühungen, S. 368–370. Zu Savigny vgl. Wegweiser für Fremde, S. 178: „Herr Prof. von Savigny, auf dem Pariser Platz," besitzt „juristische Schriften, auch eine vollständige Sammlung aller Ausgaben des corpus juris. Viele rare Bücher."

[45] Theatergebäude am Gendarmenmarkt. Gädicke, Lexicon von Berlin, S. 410: „Das ganze Gebäude bildet ein längliches Viereck [...]. Die Façade gegen Morgen ist mit einem 74 Fuß langen und 12 Fuß vorstehenden Säulengange korinthischer Ordnung, und einem Frontispice geziert. Von dem Säulengang läuft eine Bogenstellung um das ganze Haus herum, und an den vier Ecken sind kleine Risalite. Die Schlußsteine dieser Bogen bilden tragische und comische Larven. [...] Das Haus hat, an allen 4 Seiten zusammen, 12 Ausgangsthüren. An den Eingängen stehen Posamente mit Laternen." Das Theater, gebaut nach einem Entwurf von Carl Ferdinand Langhans, wurde 1802 eingeweiht, 1817 durch einen Brand zerstört. Der Neubau an derselben Stelle nach Plänen von Schinkel war 1821 fertiggestellt. Schinkel hatte bereits 1813 Pläne für eine Umgestaltung vor allem des Theaterinnenraums vorgelegt. Vgl. Rave, Schinkel. Bauten für die Kunst, Kirchen, S. 79–87. Das im 2. Weltkrieg beschädigte, später renovierte Gebäude wird heute als Konzerthaus genutzt. Vgl. Hahn, Schauplatz, S. 329–341.

auf dem Wege dahin finde ich Foerstern,[46] der mich sehr freundlich begrüßt. Im Theater wird der Kaufmann von Venedig sehr schön gegeben.[47]|: 1.16 :| –

Nach diesem hohle ich meinen Brief von Joseph, meine Mütze von dem Huthmacher, wo ich sie noch hatte liegen lassen, u. werde dort Netzens guter Engel, der zufällig von Josty[48] kommt, u. ausser den gewöhnlichen, noch andere Bedürfnisse zu befriedigen Lust hatte. Ich bin um 10 zu Hause, u. schreibe an Joseph.[49] – Ich habe ein anderes Feuerzeug kaufen müssen. |: 12 S. :| |24v|

Den 13. Maerz [1816].

Ich vollende meinen Brief an Joseph, u. schicke ihn auf die Post. Der Schneider bringt mir eine Menge ausgebesserter Sachen zurück. – Dann gehe ich zu v. Haxthausen, wo ich einen Major v. Podewils finde. Den StaatsRath Nicolovius, die Herren Jordans u. Stegemann treffe ich nicht zu Hause. Graf Solms hat meine Vorstellung an den StaatsKanzler eingereicht, macht mir aber wenig Hoffung,

---

[46] Groote hatte Fr. Chr. Förster 1815 in Paris im Rahmen der Reklamationen kennengelernt. Die Zusammenarbeit zwischen ihnen erwähnte Förster in seinem 1818 publizierten Buch Die Sängerfahrt. Er schrieb: Anders als 1814 wurde 1815 gegen die besiegten Franzosen „strenger" vorgegangen. „Noch eh' Paris zum zweiten Male die Thore geöffnet, hatte mein Freund, der jetzige Regierungsrath v. Groote aus Köln, an den ich mich, wo etwas zurückzunehmen war, als ein treuer Gehülfe anschloß, diese Vollmacht: ‚Der Professor und Officier unter den Freiwilligen, Herr v. Groote aus Köln, ist von mir beauftragt, alle von den Franzosen in Deutschland geraubten Kunstwerke zurückzunehmen; meine untergebenen Befehlshaber werden ihn nöthigenfalls mit der Gewalt der Waffen unterstützen, übrigens bin ich für Alles verantwortlich, was gedachter Freiwillige v. Groote thut oder unterläßt. – Blücher' […]. Schließlich ward der Weg [in den Louvre] frei, die Thüren geöffnet und das jüngste Gericht war das erste Bild, was den Saal verließ, mit ihm der heilige Petrus aus Köln" (Förster, Sängerfahrt, S. III). Von Ende 1816 bis 1817 lehrte Förster das Fach Kriegsgeschichte an der im Nov. 1816 in Berlin gegründeten Vereinigten Artillerie- und Ingenieurschule.

[47] William Shakespeare, Der Kaufmann von Venedig, Schauspiel, entstanden 1596–1598. Vgl. eine Rezension der Berliner Aufführung am 12. März 1816 (Dramat. Wochenbl., Nr. 13, 29. März 1816, S. 102–104).

[48] Das Café Josty befand sich An der Stechbahn 1, in unmittelbarer Nähe des Schlosses. Wegweiser für Fremde, S. 23: „Die Stechbahn, eine Reihe Häuser von der Brüderstraße bis an die werderschen Mühlen. Sie haben im Erdgeschosse eine offene Bogenlaube, wo Kaufmannsläden sind." Heinrich Heine schrieb am 26. Jan. 1822 aus Berlin: „Laßt uns weitergehen, wir gelangen hier auf den Schloßplatz. Rechts das Schloß, ein hohes, großartiges Gebäude. Die Zeit hat es grau gefärbt und gab ihm ein düsteres, aber desto majestätischeres Ansehen. Links wieder zwei schöne Straßen, die Breite-Straße und die Brüderstraße. Aber gerade vor uns ist die Stechbahn, eine Art Boulevard. Und hier wohnt Josty! – Ihr Götter des Olymps, wie würde ich euch euer Ambrosia verleiden, wenn ich die Süßigkeiten beschriebe, die dort aufgeschichtet stehen. Oh, kenntet ihr den Inhalt dieser Baisers! O Aphrodite, wärest du solchem Schaum entstiegen, du wärest noch viel süßer! Das Lokal ist zwar eng und dumpfig, und wie eine Bierstube dekoriert, doch das Gute wird immer den Sieg über das Schöne behaupten" (Heine, Briefe, S. 13 f.).

[49] E. von Groote an J. von Groote, Berlin, 12. u. 13. März 1816 (HAStK, Best. 1552, A 20/6). Siehe Briefe und Schriften.

daß sie werde Gehör finden, sondern ich werde wohl bloß als Referendar eintreten können. Ich bin aber fest entschlossen, dieß nicht anzunehmen. Mittagessen. |:3.12:| Ich muß mir nolens volens einen Klackhuth⁵⁰ bestellen, den ich gegen 5 U. erhalte. |:38 Fr.:| Netz kommt, mit einem Capitain Kadenitz, den er mir vorstellt. In der deutschen Gesellschaft langweile ich mich schrecklich, über die Verhandlung über die Aussprache der Buchstaben, u. obschon ich meinen Tristan u. die HaymonsKinder mitgebracht, drücke ich mich bald wieder weg, ziehe mich an, u. fahre zu Humbold, |:12 S.:| wo ich Haxthausen finde, der aber bald weggeht. Dann kommt Beuth, Obrist Pfuel, Coref hin. Ich finde den Prof. Wolffarth, u. den Obrist Hedemann, Schwiegersohn der Frau v. Humboldt, den ich auch in Paris wohl bey dem Prinzen Wilhelm gesehn habe. Seine junge Frau küßt ihn unaufhörlich. Ein Dr. Geheimer Rath Kohlrausch scheint mich wenigstens dem Namen nach zu kennen, u. ladet mich zu sich ein. Eine sehr schöne, aber, wie es scheint, etwas beschränkte Mademoiselle Kolb? singt recht schön. – Wir bleiben bis nach 11 Uhr. Medaillon und Band. |:3.12:|

Den 14. Maerz [1816].

Die Wäscherinn bringt mir Zeug. |:2.4:| Dann gehe ich zu Haxthausen, mit ihm zu Schmedding⁵¹ u. Süvern, die wir nicht finden. Oetzel treffe ich auf der Straße. Wir gehen zu Schinkel. Ich bin von Boeking zum Essen geladen, im König von Portugall.⁵² Nach diesem gehe ich mit ihm zu Herrn Weiss, |:12 S.:| wo ich das Museum |25r| ansehe.⁵³ Es sind mehre schöne Cranachsche Bilder da. Bey Reimern finde ich Haxthausen nicht mehr. Ich gehe mit Boeking zu Geheimrath Kohlrausch, wo wir schöne Bilder sehen.⁵⁴ Dann in's Conzert, wo die Frau

---

⁵⁰ Klackhut, Chapeau Claque: Zylinder, der zusammengefaltet werden kann.
⁵¹ Der Jurist und Spezialist für Kirchenrecht Johann Heinrich Schmedding war in der Regierung für den Kultusbereich zuständig. Seit 1812 gehörte er der Prüfungskommission für höhere Verwaltungsbeamte an. Von 1811 bis 1820 lehrte er an der Berliner Universität. Vgl. Rathgeber, Schmedding, 2009.
⁵² Kölig von Portugal, Burgstr. 12 (Wegweiser für Fremde, S. 198).
⁵³ Gaspare (Caspary) Weiß, Eigentümer der Kunsthandlung Gaspare Weiß und Comp., Unter den Linden 34, besaß eine Sammlung („ein Museum") von Gemälden und Kupferstichen (Wegweiser für Fremde, S. 187). Vgl. Morgenblatt für gebildete Stände, Nr. 258, 28. Okt. 1815: „Das Museum, welches der Kunsthändler Gaspare Weiß hier begründete, verspricht gutes Fortleben, und verdient es auch durch treffliche, nicht kostenkarge Einrichtungen und durch den mäßigen Eintrittpreis. Man sieht jetzt schon einige Hundert Gegenstände, unter denen Gemählde von den besten Meistern sich auszeichnen. [...] Auch die Anordnung, in einem Zimmer, voll eigen dazu verfertigter Glasspinden, die vorzüglichsten Kupferstich-Arbeiten aller Länder darzulegen, und damit oft zu wechseln, erfreut als eine Verbreitung der Kunstkenntnisse."
⁵⁴ Gustav Parthey, Enkel von Friedrich Nicolai, schrieb in seinen Erinnerungen über Heinrich Kohlrausch: „Im Jahre 1815 heirathete er Tante Jettchen [Henriette Eichmann], und wurde von nun an als ein Glied unserer Familie betrachtet. Er kaufte sich ein schönes Haus mit Garten in der Dorotheenstraße (damals Letzte Straße genannt) gegenüber der alten Sternwarte, bewohnte den

Milder Hauptmann singt.⁵⁵ Ich setze⁵⁶ Boeking auf einige Gläser Bischof,⁵⁷ |:2.8:| u. treffe Netz um 11 schon zu Hause. Ich lese den 1. Band von Dobenecks Volksglauben,⁵⁸ etc.

Den 15. Maerz [1816].

Der Schneider bringt Netzens u. meine Sachen. |:2.14:| Ich lese jenes Buch zu Ende. – Der StaatsRath Süvern kommt, mich zu besuchen. Mit Haxthausen gehe [ich] zu StaatsRath Schmidding, u. wieder zu Süvern. Bey Schmidding kommen des Herrn v. Caspars Klagen wegen der Düsseldorfer Schulen zur Sprache.⁵⁹ Ich esse nur wenig bey Josty |:1.16:| u. gehe später zu Staegemann, wo über die Holländischen Rheinzölle⁶⁰ ordentlich geredet wird; dann zu dem StaatsKanzler, der meine Vorstellung noch nicht erhalten zu haben vorgiebt; dann zu Sa-

---

ganzen ersten Stock und schmückte seine Zimmer mit den vielen trefflichen, in Italien erworbenen Kunstwerken. [...] Rauch, Schinkel, Tieck, Wach, Dähling und andre Künstler verkehrten viel bei Kohlrausch. [...] Kohlrausch hatte sich in den Jahren 1804–1808 in Italien aufgehalten, und dort die namhaftesten Künstler kennen gelernt. Wilhelm von Humboldt, der mit seiner Familie in Rom lebte, würdigte ihn seiner Freundschaft und seines vertrauten Umganges. Durch ihn ward er zum Geheimen-Medizinalrath im Kultusministerium ernannt, und erfreute sich viele Jahre lang in Berlin einer ausgedehnten ärztlichen Praxis. [...] Im Kunstfache konnte man ihm auch nicht sehr tiefe Kenntnisse zuschreiben; er hatte aber Glück und Geschick genug, um die werthvollsten Sachen zusammenzubringen" (Parthey, Jugenderinnerungen, Bd. 2, S. 60 f.). Wegweiser für Fremde, S. 184: „Geheimrath Kohlrausch, besitzt eine Sammlung von geschliffenen Steinen und andern Kunstsachen, auch chirurgische Instrumente."

⁵⁵ Berlin. Nachr., Nr. 31, 12. März 1816: „Concert-Anzeigen. Donnerstag den 14ten März 1816. Das Vocal- und Instrumental-Concert im Saale des Königlichen Schauspielhauses [...]. Erster Theil. [...] aus Fidelio, von Beethoven, gesungen von Madame Milder-Hauptmann." Die Karten waren zu „1 Thaler in den Saal, und zu 1 Thaler 8 Gr. in die Logen" zu erwerben. „Der Anfang ist um 7 Uhr. Die Kasse wird um halb 6 Uhr geöffnet." Vgl. zu Beethovens Rezeption in Berlin Anfang des 19. Jh.s: Loos, Beethoven-Wirkungen, 2011; zu Aufführungen 1816: S. 241 f.

⁵⁶ auf etwas setzen, hier: zu etwas einladen.

⁵⁷ Bischof: Rotweingetränk, gewürzt mit Pomeranzenschalen.

⁵⁸ Friedrich Ludwig Ferdinand von Dobeneck, Des deutschen Mittelalters Volksglauben und Heroensagen, Berlin 1815. Groote kaufte die beiden Bände vermutlich in Berlin bei der Buchhandlung Reimer. Die Bände wurden in den Berlin. Nachr., Nr. 2, 4. Jan. 1816 annonciert. Themen des 1. Bandes waren u.a.: „Von den Feen", „Wassernixen", „Wald- und Feldgeister", „Vom Satan". Beide Bände kosteten zusammen: 2 Taler, 16 Groschen.

⁵⁹ Generalvikar J. H. J. von Caspars zu Weiss setzte sich für die Stellung der Düsseldorfer Schulen ein.

⁶⁰ Auf dem Wiener Kongress hatte man über die Abgaben und Transitzölle für die Rheinschifffahrt verhandelt, dennoch war vieles umstritten geblieben und die Zollfreiheit für den Rhein nicht erreicht worden. Die Niederlande setzten ein für sie günstiges Zollsystem in Kraft, das in Gegensatz zu den Kölner Interessen stand. Die Kölner Handelskammer protestierte 1815/16 mit mehreren Eingaben in Berlin dagegen. Vgl. Gothein, Verfassungs- und Wirtschaftsgeschichte, S. 156–163; Gothein, Rheinschifffahrt, S. 82–100; Schwann, Geschichte, S. 374–380 sowie Publikationen von J. J. Eichhoff: Topographisch-statistische Darstellung des Rheins, 1814; u. Pragmatisch-Geschichtliche Darstellung, 1819. Groote hatte Eichhoffs Schrift von 1814 Anfang 1815 eingesehen (E. von Groote an F. Fr. Wallraf, Köln, 22. März 1815; HAStK, Best. 1105, A 7, fol. 171).

vigny, wo ich nicht lange bleiben kann; endlich zu Silberschlag zum Nachtessen, von wo ich mit unsern Heidelberger Schwitiers[61] gegen 11 Uhr zurückkehre.

Den 16. Maerz [1816].

Ich gehe mit Boecking wegen seines Bruders Sachen[62] zu Legations Rath Philippsborn. Dann zu Haxthausen, dem ich verschiedenes zurechtschreiben helfe; mit ihm zu Solms, der sehr eilt, zu Prinz Wilhelm zu kommen. Dann in eine Restauration, |:2.11:| zu Reimern, zu Frau v. Voss.[63] Bey Groeben mache ich des Prof. Solgers Bekanntschaft. Der Graf biethet mir an, mich zum Prinzen Wilhelm zu führen, und gleich morgen dazu, um die Erlaubniß anzustehn.

Den 17. März [1816]. Sonntag.

Nach 8 gehe ich in die Hedwigkirche; dann zu Haxthausen, der nun |25v| erst zur Kirche geht. Ich lese inzwischen (Schleyermachers?) Schrift Glückwunsch an die, mit der Verbesserung der protestantischen Liturgie beauftragten Herrn, etc.[64] Um 11 kommt Herr Reimer und Herr Simons[65] und wir gehen zu Bonsché[66] in

---

[61] Schwitier, Suitier: lustiger Student, aber auch Schürzenjäger, Schwerenöter, Genießer.
[62] Es ging um eine Anstellung für Richard Bernhard Boecking; vgl. E. von Groote an J. von Groote, Berlin, 13. März 1816 u. 19. März 1816 (HAStK, Best. 1552, A 20/6 u. A 20/7). Siehe Briefe und Schriften. Zu R. B. Boecking: Romeyk, Verwaltungsbeamten, S. 362.
[63] Luise Sophia Carolina Gräfin von Voß und ihr Mann August Friedrich Wilhelm Heinrich Graf von Voß wohnten im Palais Wilhelmstr. 78 (Wegweiser für Fremde, S. 51).
[64] [Schleiermacher], Glückwünschungsschreiben an die Hochwürdigen Mitglieder der von Sr. Majestät dem König von Preußen zur Aufstellung neuer liturgischer Formen ernannten Commission, Berlin 1814. Die Schrift erschien anonym. Zu Friedrich Ernst Daniel Schleiermacher vgl. das Projekt: Schleiermacher in Berlin 1808–1834 (Berlin-Brandenburgische Akademie der Wissenschaften). Ich danke den Projektmitarbeitern und -innen für ihre Auskünfte.
[65] August Heinrich Simon war, als Groote ihn in Berlin traf, Justizkommissar beim Kammergericht; wenig später wurde er zum Beisitzer der neu gegründeten Immediat-Justiz-Kommission in Köln ernannt. Simon war vom Judentum zum Protestantismus konvertiert.
[66] Gädicke, Lexicon von Berlin, S. 75: „Bouchés Garten, in der Stralauer Vorstadt, Lehmgasse No. 11. Dieser Privatgarten des Kunstgärtners Bouché hat gute 300 Fuß lange und 12 bis 13 Fuß tiefe Treibhäuser, und im Winter kann man in diesen Caffee und einige andere Erfrischungen von dem Besitzer erhalten. Mitten im Winter sich unter grünenden und blühenden Gewächsen aufzuhalten, und gesellschaftliche Unterhaltung zu finden, sind Ursachen, daß dieser Garten von den gebildeten Ständen stark besucht wird." G. Parthey zu dieser Gegend: „Außer dem Hause in der Brüderstraße besaß der Grosvater Nicolai ein schönes Gartenhaus mit allem Zubehör in der Lehmgasse, welche später den mehr ästhetischen Namen der Blumenstraße erhielt. Beide Namen haben ihre Berechtigung: denn die Lehmgasse, nur zum Theil gepflastert, endigte in einer Sackgasse mit einer Lehmgrube, Blumenstraße hieß sie später mit Recht von den vielen Gärtnereien, die zu beiden Seiten hinter sehr primitiven Gartenzäunen in kleinen, bescheidenen Häusern angelegt waren. Die wegen ihrer Blumenzucht berühmte Familie Bouché war in jener Gegend durch 4 oder 5 tätige Mitglieder vertreten" (Parthey, Jugenderinnerungen, Bd. 1, S. 108). Zu Bouchés Garten: Hahn, Schauplatz, S. 85–95.

die Treibhäuser. Haxthausen hat mir eine Pfeife geschenkt. Von Bonsché gehe ich mit Reimer nach Hause, wo Niebuhr mit uns ißt, dann in die Predigt von Schleyermacher.[67] Dort sehe ich Major Huyser, Hauptmann Roeder, Graf v. Voss. Wir gehen nun nach Schoeneberk [Schöneberg] in die königlichen botanischen Gärten.[68] Vor dort kehre ich nach Hause. Schmolensky begrüßt mich. Ich ziehe mich an, u. gehe zur Frau v. Gneisenau.[69] Haxthausen u. Solms sind da. Letzterer kündigt mir an, ich werde beym Schulrath Assessor werden, worüber ich mich eben nicht sehr freue. –

Die Generalin ist krank und kommt nicht zum Vorschein. Von der übrigen Gesellschaft kenne ich nur den Lieutnant Arnim. Es sind ausser den Töchtern[70] des Generals kleine Mädchen aus einem Institute da; u. da ich mich langweile, gehe ich bald nach Solms u. Haxthausen schon gegen 9 ½ nach Hause. – Ausgaben. |: 12 S.:|

Den 18. Maerz [1816]. (mein Geburtstag.)

Ich lese den 2. Theil von Dobeneck;[71] gehe zu Berger und von ihm zu Zelter,[72] der mich freundlich bewillkommt, u. bey dem ich den Physiker Gladny[73] finde. Dann gehe ich zu Tische. |:4.4:| Haxthausen will bald zu Herrn Diez fahren, u. noch in der Nacht abreisen. Graf Solms finde ich nicht mehr. Ich gehe zu Beuth, wo ich die schöne Sammlung AD [Albrecht Dürer] Blätter, und die Kupfer nach Bas-

---

[67] Zu den Predigten des evangelischen Theologen Friedrich Ernst Daniel Schleiermachers sind für das Jahr 1816 ab Mai Texte erhalten; veröffentlicht in: Kretschmar, Schleiermacher, S. 3–100. Für den 17. März 1816 ist kein Predigttext überliefert.

[68] Gädicke, Lexicon von Berlin, S. 74 f.: Der Königlich botanische Garten, befand sich „vor dem Potsdamer Thore an der Chaussee nach Potsdam. [...] Der Garten ist nunmehr reich an den seltensten Gewächsen und zu seinem Zwecke ganz geeignet, denn er hat fettes und mageres, lockeres und festes Gartenland, trockenen Heideboden, Sumpf- und Wiesengrund und die nöthigen Gewächshäuser." Zum Botanischen Garten: Hahn, Schauplatz, S. 80–84.

[69] Karoline Juliane von Gneisenau, geb. von Kottwitz.

[70] Tochter des Ehepaars von Gneisenau: Emilie Neidhardt von Gneisenau, geboren 1809.

[71] Fr. L. F. von Dobeneck, Des deutschen Mittelalters Volksglauben und Heroensagen, 1815. Themen des 2. Bandes waren u.a.: „Verderben der Menschen durch böse Künste", „Verderben der Menschen mit Wachsbildern", „Der ewige Jude, der nicht sterben kann", „Wehrwölfe" (Annonce; in: Berlin. Nachr., Nr. 2, 4. Jan. 1816).

[72] C. Fr. Zelter wohnte 1816 Münzstr. 1.

[73] Ernst Florens Friedrich Chladni hatte im Febr. 1816 in Berlin das von ihm entwickelte Instrument Clavicylinder vorgeführt und damit gespielt. Bei dieser Veranstaltung hatte Zelter einen Choral vorgetragen. „Hierauf zeigte Herr Chladni einige der von ihm entdeckten, wichtigen akustischen Erscheinungen. Diese Versuche gelangen ihm, wie immer, vortrefflich" (Allg. musikal. Zeitung, Nr. 11, 13. März 1816, S. 176). Vgl. C. Fr. Zelter an J. W. von Goethe, Berlin, 18. Febr. 1816: „Dr. Chladni ist hier und hat eben sein zweites Collegium über die Akustik geschlossen. Nun wird er noch drei Vorlesungen über die Meteorsteine halten und dann von uns scheiden. Ich glaubte diesen sehr nützlichen Mann bei uns zu fixiren, doch sehe ich noch keine Anstalten dazu, da wir nicht leicht nehmen, was uns geboten wird" (in: Ottenberg/Zehm, Briefwechsel, Bd. 20.1, S. 401).

reliefs aus Griechenland sehe. Ich gehe mit Beuth zu Rauch,[74] einem freundlichen Manne, der wegen der Universität zu Cöln, u. wegen Boisserées Rückkehr dahin, mir viel Erfreuliches sagt, was ich aber so ganz noch nicht für offiziell halten kann. Dann gehe ich zu Staatsrath Schmidding, wo ich den StaatsRath Süvern finde, mit dem ich mich über altdeutsche Kunst bis in die Freymaurerey hin unterhalte. Interessant sind mir seine Mittheilungen, wo er z.B. sagt, in alten Maurerkatechismen stellte |26r| man die Frage: wo liegt unser Geheimniß verborgen. Antwort: im Dom zu Magdeburg. – Wo liegen unsre Heiligthümer? im Dom zu Köln. (Erinnerung an die 3 Könige). Ferner noch: wer hat die königliche Kunst nach Europa gebracht. Antwort: (nach verdrehtem altenglisch) Peter Gorel (Pitagoras), und so reden wir manches Interessante. Bey Tische sitze ich neben der Tochter des Cabinets Rath Albrecht,[75] den ich in Paris kennen lernte. Sie ist recht unterhaltend, u. ihr Vater begrüßt mich freundlich nachher. Ferner ist noch dort ein Münsterländer Olbers oder Olvers?,[76] der sich um altdeutsche Sachen zu bekümmern scheint, u. sich deshalb an mich wendet. Haxthausen geht früher fort. Als ich gegen Mitternacht bey seinem Hause vorbey komme, fährt er eben weg. Solms will früh um 4 fort. – Somit wäre ich also nun mehr mir selbst überlassen, u. muß sehen, wohin Gott weiter führt. –

Den 19. Maerz [1816].

Für Wäscherlohn. |: 2 Fr.,14 :| Ich schreibe an Joseph.[77] Gegen 1 U. gehe ich mit Netz unter die Linden,[78] dann zu Tische. Ich bringe meinen Brief zur Post.[79]

---

[74] Daniel Christian Rauch, der von 1804 an viele Jahre in Italien verbrachte, war einer der einflussreichsten deutschen Bildhauer des 19. Jh.s. Nach dem Tod von Königin Luise wurde Rauch beauftragt, das Grabmal in Charlottenburg für sie zu gestalten.

[75] Daniel Ludwig Albrecht hatte drei Töchter.

[76] Ignaz Franz Werner Maria Olfers, Mediziner und Naturwissenschaftler, wurde 1839 Generaldirektor der Königlichen Museen in Berlin.

[77] E. von Groote an J. von Groote, Berlin, 19. März 1816 (HAStK, Best. 1552, A 20/7). Siehe Briefe und Schriften.

[78] Gädicke, Lexicon von Berlin, S. 358 f.: Unter den Linden: „Die Länge dieser schönen Straße ist 1600 Schritte, und sie ist die Hauptpromenade innerhalb Berlin. [...] Die vier Fahrwege sind so breit, daß zwey Wagen sich einander ausweichen können. Es können also unter den Linden 8 Wagen neben einander fahren, und die Fußgänger auf dem 50 Fuß breiten gestampften Wege und auf zwey breiten Bürgersteigen, ungehindert gehen. Im Prospect hat man das prächtige Brandenburger Thor an einem und am anderen Ende das Prinz Heinrichsche Palais, Opernhaus, Zeughaus und Königliches Schloß. [...] Die hier befindlichen Häuser sind alle schön [...], und mehrere kann man Palläste nennen." Das Palais des Prinzen Heinrich war seit 1810 Sitz der Universität. Zur Straße Unter den Linden vgl. Hahn, Schauplatz, S. 470–477.

[79] Wegweiser für Fremde, S. 2: „Das neue Posthaus, worin die Generalpostamtskanzlei und Kasse ist", lag nahe an der Königsstraße. „Durch einen schmalen Hof gelangt man ins alte Posthaus Nr. 6 an der Ecke der Königs- und Poststraße. Hier ist die Versammlung des Generalpostamts und die Expedition des Hofpostamts." Ebd., S. 84 f.: „Das königliche Hofpostamt. Es besteht aus dem Hofpostmeister [...] und 12 Hofpostsekretären. Sie fertigen die Posten in den Poststuben ab. An

Gegen 4 Uhr gehe ich zu Savigny, die mich auf allen Fall zum Nachtessen erwarten, wovon ich mich eigentlich lossagen wollte. Ich bleibe bey der Frau[80] bis 6, gehe dann bald zu Groeben, wo schöne Musik ist. Romberg spielt Violoncell, Arnold Klavier.[81] Um 10 gehe ich zu Savigny, wo Humboldt, Nicolovius, Schleyermacher etc. Ich lerne Clemens Brentano kennen. Gespräch über Lamotte Fouqué – Undine, Schinkels gothische Zeichnungen = alte Dome. – Danziger Bild[82] u. Chronik,[83] Brentano's brennender Verstand![84] Er geleitet mich nach Hause, u. verspricht, mich zu besuchen.

---

einem Fenster im Flure werden die abgehenden Briefe angenommen. Die ankommenden Briefe werden durch den Briefträger ins Haus geschickt. [...] Mit der reitenden Post gehen nur einfache Briefe, die stärkern aber mit der fahrenden ab, Pakete müssen zwei Stunden, Briefe aber wenigstens eine Stunde vor Abgang der Posten abgeliefert werden."

[80] Gundel (Kunigunde) von Savigny, geb. Brentano, war die Schwester von Clemens Brentano. Dessen Bruder Franz Brentano und Schwester (Magdalena) Meline hatte Groote kennengelernt, als sie im Sommer 1809 Köln besuchten. Vgl. E. von Groote an S. Boisserée, Köln, 30. Juli 1809 (HAStK, Best. 1018, A 118). Vgl. Hüffer, Brief, S. 531 f. Im Nov. 1809 hatte Groote die Brentanos in Frankfurt besucht (E. von Groote an S. Boisserée, Heidelberg, 13. Nov. 1809 (HAStK, Best. 1018, A 118).

[81] Es handelte sich um eine private Aufführung der bekannten Musiker Bernhard Romberg und Arnold. Allg. musik. Zeitung, Nr. 11, 13. März 1816, Sp. 178 zu einem Konzert Rombergs am 19. Februar: „Er spielte ein von ihm componirtes Fortepianoconcert, und Phantasie und Variationen über ein bekanntes russisches Volkslied, auch von seiner Composition. [...] Sein Spiel fand man auch diesmal äußerst fertig; in beyden Händen besitzt er viel Kraft, und Sicherheit in Sprüngen und künstlichen Figuren aller Art. So sind auch seine mehrstimmigen Triller vortrefflich."

[82] Hans Memling, Das Jüngste Gericht, entstanden um 1470, wurde lange als ein Werk van Eycks angesehen. Das Gemälde hatte sich vor dem Raub in der Danziger Marienkirche befunden. Vgl. Wolzogen, Schinkel's Nachlaß, Bd. 2, S. 200, Anmerkung 3: „Das berühmte jüngste Gericht des Memling war nach der Besetzung Danzigs durch die Franzosen von Denon am 3. Juni 1807 in's Musée Napoléon entführt worden, wurde indessen 1815 vom damaligen Leutenant de Groote aus dem Louvre wieder fortgeschafft und in Berlin vom Maler Bock sorgfältig restaurirt. Schinkel wandte Alles auf, es für das projectirte Berliner Museum zu erhalten." Das Gemälde ist heute im Nationalmuseum Danzig, eine Kopie in der Gemäldegalerie Berlin.

[83] Groote verweist hier auf die Danziger Chronik, die er in Paris gesehen hatte. Sie war unter den Schriften, die von Paris nach dem Ort Elblag (Elbing) geschickt wurden (vgl. Groote, Tagebuch, Bd. 1, 14. Okt. 1815, S. 221; auch: Spiertz, Groote, S. 76).

[84] Helmina von Chézy traf Brentano 1816 in Berlin. In ihren Erinnerungen schrieb sie: „Ein noch nicht ausgeglühtes Herz, eine noch nicht verstummte Aeolsharfe, ein noch flammendes dunkles Augenpaar! Er war unter vielen Menschen schweigsam, in der heitern Umgebung seines Kreises zuckte zuweilen seine Rede wie ein gewaltiger Blitz durch eine laue Sommernacht. Ich wußte von ihm durch entzückende Briefe, die mir Görres vorgelesen hatte. Sein Wesen kam mir darin vor wie eine Epheuranke, die hoch und einsam in den Lüften umher nach einem Felsen sucht. Er kokettirte mit Witz und Spott wie ein Edelstein mit Farbenstrahlen, die ein heiteres Spiel mit der Sonne treiben. Er lebte in den Zauberkreisen der Phantasie, verschmähte die Welt und ihre Bedingnisse, und konnte doch von ihr nicht lassen" (Chézy, Unvergessenes, Teil 2, S. 355 f.).

Den 20. Maerz [1816].

Gegen 9 U. kommt Clemens Brentano zu mir. Von seinen verständigen, aber wie vom Bösen immer wild hin und |26v| her getriebenen Reden wird mir unheimlich zu Muthe. Doch kommt er zuweilen zu so tiefen Anregungen, daß ich von weiterm mit ihm über mein Buch rede, u. ihm das letzte Gedicht[85] aus demselben vorlese, worüber er sich zu freuen scheint. Auch er liest mir einige seiner neuesten Gedichte. Dann gehen wir unter die Linden, in die Säle,[86] wo das Danziger Bild steht, auf dem ich an einem Flügel bemerkt finde, Renovat. 1798. von – – Krey. – Manche Retouchen sind unverkennbar. Auch mehrere der Bilder aus der Justinianischen Gallerie[87] sehen wir. Dann gehen wir zu Tische, u. später in das Artilleriegebäude,[88] wo wir aber nicht viel mehr, als die Vestungsplane sehen können. Bey Herrn Weiss schreibe ich die Zeitungsanzeige wegen der Copie des Dombildes von Beuth,[89] die bey ihm steht, u. der bey ihm zu habenden Taschenbücher zurecht.[90] Zu Hause finde ich eine Einladung zu Staegemann. Ich gehe

---

[85] E. von Groote, Romanze; in: Groote/Carové, Taschenbuch für Freunde, S. 341 f.

[86] Säle, hier: Räume in der Königlichen Akademie der Künste und der Wissenschaften, Unter den Linden 38. Wegweiser für Fremde, S. 157 zur Akademie: „Ihre Versammlungen sind in dem linken Flügel des obern Stockwerks des königlichen Stalls unter den Linden." Zur Akademie: Hahn, Schauplatz, S. 22–32.

[87] Die offizielle Ausstellung der Giustinianischen Sammlung in den Akademiegebäuden begann am 12. Mai 1816. Vgl. die Ankündigung in den Berlin. Nachr., Nr. 57, 11. Mai 1816: „Die Ausstellung der ehemaligen Giustinianischen Gemälde-Sammlung zum Besten des weiblichen Wohlthätigkeits-Vereins im Akademie-Gebäude unter den Linden, nimmt Sonntag den 12ten Mai ihren Anfang, und dauert täglich von 10 Uhr Vormittags bis 5 Uhr Nachmittags. Eintrittspreis 4. Gr. Courant." Zur Giustinianischen Sammlung siehe unten.

[88] Die 1773 errichtete Königliche Artilleriekaserne befand sich am Kupfergraben.

[89] Beuth war selbst Kunstsammler. Vgl. Wegweiser für Fremde, S. 186: „Geheim Rath Beuth in der Georgenstraße hat eine Sammlung von Gemälden und Kupferstichen." 1814 hatte er bei dem Kölner Maler Benedikt Beckenkamp eine Kopie des Dombildes, und zwar einen Ausschnitt mit der Darstellung der Maria mit Kind, in Auftrag gegeben (Chr. P. W. Beuth an E. von Groote, Münster, 26. Juli 1814; HAStK, Best. 1552, A 5). Im Nov. 1814 war die Kopie weitgehend fertig (Chr. P. W. Beuth an E. von Groote, Berlin, 9. Nov. 1814; HAStK, Best. 1552, A 5), Ende Jan. 1815 aber immer noch nicht bei Beuth eingetroffen. Chr. P. W. Beuth an E. von Groote, Berlin, 21. Jan. 1815: „Mein Bild von Beckenkamp ist noch nicht hier – Ich bin deshalb sehr besorgt. Die Spediteurs in Cöln haben hier zwar den Ruf Sachen lange liegen zu laßen, ich hoffte aber der meinige würde mein Bild vor dem Winter zu Wasser nach Frankfurth geschafft haben" (HAStK, Best. 1552, A 5). Nachdem er es schließlich erhalten hatte, schrieb Beuth an Groote: „So wäre es dann da das schöne Marienbild, woran ich mich nicht satt sehen kann, und das sonderbar genug jedermann anzieht. – In einem protestantischen Lande ist dieses auffallender; der Beschauer eines Marienbildes tritt da ohne Andacht vor dasselbe, der Anteil den diese an der Beurtheilung eines christlichen Kunstwerks nothwendig haben muß, fehlt, bloße Kunstrichterey tritt an die Stelle, wozu sich jeder geschikt zu glauben pflegt" (Chr. P. W. Beuth an E. von Groote, Berlin, 15. Febr. 1815; HAStK, Best. 1552, A 5). Zu dieser Kopie ausführlich: Mosler, Beckenkamp, S. 113–127, S. 253. Die Kopie befindet sich heute in der Berliner Gemäldegalerie.

[90] Die Annonce erschien in der Beilage zum 37. Stück der Berlin. Nachr., 26. März 1816: „In der Kunst-Ausstellung des Unterzeichneten befindet sich in diesem Augenblicke eine sehr gute Copie

früher zu Eichhorn, wo ich aber über unsere Sachen nur wenig erfahre. Zu vermuthen ist, daß die Universitäts Vorschläge dem Könige vorliegen. Bey Staegemann ist es ziemlich ledern. Ich finde wenig Gelegenheit, ihm wegen meiner Anstellungssachen zu reden. Schon gegen 9 Uhr bin ich zu Hause. Taback.[91] – Bey Josty. |:2.17:|

Den 21. Maerz [1816].

Ich sehe meine Papiere ein wenig durch, u. lese über die Vehmgerichte in Schreibers Beschreibung von Baden.[92] Lamprecht kommt, u. wir gehen bald, Berger abzuhohlen, u. miteinander zu essen. |:5.5:| Dann gehe ich zu Gerlach,[93] wo Herr v. Voss, Dr. Stuhr etc. Den Abend bin ich bey Major Huiser, wo Frau v. Berg, Gräfinn Voss, Reimer etc. Ich unterhalte mich meist mit der Gräfinn Voss u. mit Obrist Pfuel. Ich sehe die innere Einrichtung des Cadetten-Hauses.[94]

---

der Jungfrau Maria aus dem berühmten Dombilde zu Cölln a. R. Auch sind mehrere Exemplare des Taschenbuchs für Freunde altdeutscher Zeit und Kunst, Köln 1816, welches unter andern das Kupfer nach jenem Bilde, und eine ausführliche Beschreibung desselben von Herrn Prof. Wallraf enthält, bei ihm angekommen und zu 2 Thlr. 16 gGr. zu haben. Berlin, im März 1816. Gasp. Weiß u. Comp., unter den Linden Nr. 34."

[91] Vgl. etwa eine Annonce in der Beilage zum 35. Stück der Berlin. Nachr., 21. März 1816: „Daß ich die Rauchtabacke Nr. 2, Nr. 3, Nr. 4, in gewünschter Güte, jedoch nur in kleinen Posten erhalten habe, zeige ich ergebenst, wie versprochen, hiermit an. Ich verkaufe Nr. 2 a Pfd. 1 Thlr. 12 Gr., Nr. 3 a Pfd. 1 Thlr. 8 Gr., Nr. 4 a Pfd. 1 Thlr. 4 Gr., und hoffe, daß sie, wie sonst, gefallen werden. Auch habe ich kürzlich eine neue Sorte Kanaster erhalten, die sich durch gutes und langsames Brennen, angenehmen Geruch und milden Geschmack empfiehlt; [...] A. Mosar, Breite Straße Nr. 1, Eingang auf der Schloßseite im nämlichen Haus."

[92] Die Schrift von A. Schreiber, Baden im Großherzogthum mit seinen Heilquellen und Umgebungen, Heidelberg 1811, enthält einen Abschnitt über Femegerichte.

[93] E. von Groote traf in Berlin wieder mit den drei Brüdern Wilhelm, Leopold und Ernst Ludwig von Gerlach zusammen, die er bereits 1815 kennengelernt hatte. Vierter Bruder war der 1801 geborene Otto von Gerlach. Leopold und Ernst Ludwig von Gerlach prägten die Politik Preußens bis zur Mitte des 19. Jh.s entscheidend. Zur Familie von Gerlach aus der umfangreichen Literatur: von Gerlach, Leopold von Gerlach, 1987; von Gerlach, Lebensbilder, 2015; Schoeps, Aus den Jahren, 1966; Keyserling, Studien, 1913.

[94] Das Cadettenhaus oder Cadettencorps, errichtet 1775, lag an der Neuen Friedrichstr. 13. Gädicke, Lexicon von Berlin, S. 96 f.: „Es ist ein gleichseitiges Viereck von drey Geschossen. Die vordere und hintere Stirnwand ist mit einem Portal dorischer Ordnung gezieret. [...] Hinter dem neuen Gebäude am Stadtgraben, sind die Häuser zur Oekonomie und auch ein Krankenhaus." In dieser Erziehungsanstalt, die „blos für den inländischen Adel" bestimmt war, wurden die Söhne adliger Familien „auf Kosten des Staats in allem ganz frey unterhalten, unterrichtet und erzogen". Wegweiser für Fremde, S. 59: Das Cadettencorps „besteht aus 4 Compagnien. Die Cadetten werden in kriegerischen Uebungen unterwiesen, thun Wachen und werden von dem Könige zu den Regimentern gegeben. Im Cadettenhause erhalten sie [...] Unterricht in der Religion, der Mathematik, Geschichte, Geographie, den schönen Wissenschaften, der deutschen und französischen Sprache, den Kriegswissenschaften, im Fechten, Voltigiren, Tanzen u.s.f. Sie bekommen freie Wohnung, eine anständige Tafel und ihre sämtlichen Montirungsstücke." Das Cadettencorps

Den 22. März [1816].

Gegen 10 Uhr gehe ich zu Brentano. Ich sehe bey ihm einige gute alte Bilder, ein kleines, sehr schönes Betbuch mit Miniaturen, einen geschriebenen Renner mit gezeichneten Figuren,[95] ein uralt gedrucktes Heldenbuch,[96] einen alten |27r| gedruckten Titurel.[97] Lange kann ich bey ihm nicht bleiben. Er giebt mir sein Drama, die Gründung von Prag,[98] und ich gehe zu Savigny in die Vorlesung von 11–1.[99] Er ladet mich nachher freundlich ein, doch zu ihm zu kommen, da er doch noch manches mit mir zu bereden habe. Ich finde zu Hause eine schriftliche Einladung zum Mittagessen auf Sonnabend im Casino, von Schleiermacher,[100] wohin ich aber schon von Reimer, von Süvern, von Nibuhr geladen bin. Ich esse zusammen bei Manderlée[101] mit Netz, Brentano u. Bülow. Nach diesem gehen wir zu uns nach Hause, Kaffée zu trinken, wobey Brentano einige Scenen aus seinem Drama vorliest. Später gehe ich zu Schuckmann,[102] der mir aber auf

---

hatte auch eine Gemäldesammlung: „Bildnisse preußischer Generalsfeldmarschälle und Generale" (ebd., S. 185).

[95] Hugo von Trimberg, Der Renner, Versdichtung, entstanden um 1300, die in vielen Handschriften überliefert ist.

[96] Heldenbücher: Sammlung von Dichtungen, die sich inhaltlich vor allem mit der Geschichte von Helden befassen. Diese Handschriften oder Drucke entstanden vom 14. bis zum 16. Jh.

[97] Wolfram von Eschenbach, Titurel, entstanden vor 1217.

[98] Clemens Brentano, Die Gründung Prags, Lesedrama, Leipzig 1814.

[99] Verzeichniß der Vorlesungen, welche von der Universität zu Berlin im Winterhalbjahre 1815/16 vom 16ten Oktober an gehalten werden: „Pandekten liest nach Westenberg Herr Prof. v. Savigny von 11–1 Uhr". „Ius Pandectarum duce Westenbergio docebit hora XI–I." Es nahmen 58 Hörer teil. Die Universität befand sich im Palais Heinrichs von Preußen, das Mitte des 18. Jh.s errichtet worden war. Wegweiser für Fremde, S. 158: Die Universität „ist das Werk des jetzigen Monarchen, der mit königlicher Milde sie gründete, und unter dessen Schutz sie so herrlich aufblühet. Er schenkte ihr den Pallast des verewigten Helden, des Prinzen Heinrich von Preußen […]. Im untern Geschosse sind die Hörsäle, nebst dem Poliklinikum. Im Mittelgeschoß ist der Saal zu den akademischen Feierlichkeiten, dessen Höhe durch das dritte Geschoß führt. Auch sind dort die verschiedenen Museen". In diesem Gebäude befindet sich auch heute noch die Berliner Universität.

[100] Vgl. Schleiermachers Einladung: „Wenn es Ihnen Vergnügen macht Morgen, Sonnabend, Mittag in einer kleinen geschlossenen Gesellschaft mein Gast zu sein: so ersuche ich Sie mich gefälligst wissen zu lassen ob ich Sie gegen halb drei Uhr in Ihrer Wohnung abholen kann, oder ob es Ihnen bequemer ist Sich an Ort und Stelle selbst einzufinden. Das Lokal ist an der Behren und Charlottenstraßen Ecke im Casino im Erdgeschoß. Schleiermacher" (Fr. E. D. Schleiermacher an E. von Groote, Berlin, 22. März 1816; in: Reifferscheid, E. von Groote, S. 14). Schleiermacher war 1816 Rektor der Berliner Universiät und hatte als solcher einen hohen gesellschaftlichen Status. Wegweiser für Fremde, S. 158 f.: „Der jetzige Rector ist Herr Prof. Schleiermacher, der die Studirenden immatrikulirt und sie auf die Gesetze verpflichtet." Er „führt den Titel: Magnificenz. Als solcher ist er kourfähig."

[101] Manderlee, Manderlée: Kaffeehaus. Wegweiser für Fremde, S. 202: „Kaffehäuser mit Billarden. Manderlee, Behrenstraße No. 45."

[102] Wegweiser für Fremde, S. 66 f.: „Das Ministerium des Innern. Der Chef ist der Herr Geheime-Staatsminister von Schuckmann." Zu seiner Zuständigkeit gehörten u.a. „alle Angelegenheiten des Cultus und öffentlichen Unterrichts." D.h. alles, „was als Religionsübung, Erziehung und

nichts, worauf ich ihn bringe, rechten Bescheid giebt, als nur, daß wegen der holländischen Zölle noch etwas rechtes geschehen solle. Wegen der Universität kann ich nichts von ihm erfahren; als nur die Äußerung, daß es dem Könige und dem Staate nicht darauf ankommen müsse, etwas Bedeutendes dazu zu verwenden, indem ohne einen rechten Fonds nichts geschehen könne. Ich verstehe nicht recht, ob dieß für Bonn oder nur so im Allgemeinen gesagt seyn soll. –

Nach diesem gehe ich zu Schleyermacher, mich zu entschuldigen. Es wird dort sehr gegen Clemens Brentano u. gegen Werner[103] losgezogen. Beym StaatsKanzler finde ich Niebuhr[104] u. Salm. Ersterer sagt: suchen Sie doch den StaatsKanzler zu bestimmen, daß er mir für Ihre Provinzen rechte Instruktionen giebt. Der StaatsKanzler nimmt mich privatim vor, u. sagt mir, Er habe mit Solms wegen meiner Anstellung, meinem Wunsche gemäß gesprochen, und ich möge daher nur bleiben, bis Solms's Bericht über die Anzustellenden einkomme, u. dann wolle Er mir näheren Bescheid geben. Ich reservire mir übrigens ausdrücklich, bey der Regierung angestellt zu werden, u. der Fürst sagt mir dieß auch zu. Nach diesem finde ich nicht Frau v. Humbold, u. nicht die Fürstinn Raziwill zu Hause. Bei letzterer wird angenommen, doch nur nach 10 U., da alles in der Oper[105] ist, die französischen Tänzer |27v| in den Bajaderen[106] zu sehn! Beuth finde ich nicht; er soll von Potsdam zurückkommen. Zu Hause liest Netz aus dem Drama von Brentano vor. –

Bildung für Wissenschaft und Kunst ein Gegenstand der Staatssorge ist"; somit auch „die Akademieen der Wissenschaften und Künste, alle Lehranstalten, Universitäten, Gymnasien, Schulen aller Art, und alle Anstalten, die Einfluß auf die allgemeine Bildung haben."

[103] Vermutlich diskutierte man das in diesem Sommer in Berlin aufgeführte, umstrittene Werk „Die Schuld oder der vier und zwanzigste Februar" von Fr. L. Z. Werner.

[104] Niebuhr wurde im Frühjahr 1816 zum preuß. Gesandten beim Vatikan ernannt. B. G. Niebuhr an Dora Hensler, Berlin, 23. März 1816: „Endlich ist denn eine Gewißheit über unsre Bestimmung gekommen. Hardenberg hat mir gestern angekündigt daß er dem König meine Ernennung vorgeschlagen und er dessen Genehmigung ohne Schwierigkeit erhalten habe" (in: Niebuhr, Lebensnachrichten, Bd. 2, S. 167).

[105] Opernhaus: Unter den Linden, fertiggestellt 1742. 1811 wurden Königliche Oper und Nationaltheater zu den Königlichen Schauspielen zusammengeschlossen, Opern wurden im Opernhaus Unter den Linden aufgeführt, aber auch im Schauspielhaus am Gendarmenmarkt. Gädicke, Lexicon von Berlin, S. 427: „Das Opernhaus liegt auf der Neustadt, am Opernplatze. Es ist ein auf allen Seiten freystehendes, drey Geschoß hohes, in einem sehr edlen Geschmacke erbautes Gebäude."

[106] Victor-Joseph Étienne de Jouy, Les Bajadères, Oper, Uraufführung 1810. Dramat. Wochenbl., Nr. 19, 11. Mai 1816, S. 151: „Die Bajaderen, lyrisches Drama in 3 Abtheilungen nach dem Französischen des Jouy, zur beibehaltenen Musik von Catel, frei übersetzt durch Carl Herklots. Die zur Handlung gehörigen Tänze sind vom Königlichen Balletmeister Herrn Telle. (Herr Anatole und Madame Anatole-Gosselin, tanzten in dieser Oper)." C. Fr. Zelter am 6. April an J. W. von Goethe: „Jetzt sind, eine Pariser Tänzerin mit ihrem Manne die Gottheiten und das Gespräch von Berlin. Daß sie tanzen können versteht sich, wiewohl Du Dir unangenehmere lange stöckerige Personen kaum vorstellen kannst. Ihre Schule ist die beste und man gerät in Verwunderung über die Keuschheit ihrer Bewegungen, dahin gegen Unsere fast mehr zeigen wie sie im Leibe aussehen als draußen. Das ist ihre ganze Kunst" (in: Ottenberg/Zehm, Briefwechsel, Bd. 20.1, S. 412).

Den 23. Maerz [1816].

Netz erhält Geld zu unserer gemeinsamen Kasse von mir. |: 10 Fr., 16 :| Netz liest aus Brentanos Drama bis gegen 11 U. Dann gehe ich zu StaatsRath Staegemann, mit ihm wegen unserer städtischen Angelegenheiten zu reden. Dann zu Staats-Rath Schmedding, wo wir hauptsächlich die geistlichen Sachen in Anregung bringen. Wegen Herrn v. Caspars glaubt er, alles werde sich durch das Oberpräsidium machen lassen. Dann gehe ich zu Reimer, u. mit ihm zu der Gesellschaft im Casino, wo ich mit vielen Bekannten zu Mittag esse. Süvern ist mein Nachbar, u. ich wundere mich über des Mannes richtiges Urtheil über verschiedene Männer bey uns, z.B. den Präses, Pastor Dumont, u. dergl. Nach Tische gehe ich mit Schinkel weg und zwar zu Savigny, wo ich mich mit ihm u. seiner Frau sehr wohl unterhalte, bis gegen 9 U., wo ich zu der sogenannten May-Käfer-Gesellschaft[107] gehe, der Brentano vorsitzt, u. wo ich nebst den Gerlachs, Wolff, Berger u.a. meiner Bekannten finde. Brentano ließt aus einem quasi Eulenspiegel, den Schelmafsky[108] vor. Allein, mir ist von mancherley Dingen der Kopf schwer, u. ich kann an dem Lärm nicht recht Antheil nehmen. Gegen 12 ½ U. gehn wir nach Hause.

Den 24. Maerz [1816]. Sonntag.

Bis gegen 11 liest Netz noch aus Brentanos Drama. In der Kirche finde ich Brentano, mit dem ich zu dem Gemäldehändler Jacoby u. zu Weiss gehe. Zu ersterem sollen wir erst morgen kommen, wo Brentano den Graf Ingenheim hinführen will. Weiss hat erst die Anzeige wegen der Copie von Beuth u. der Taschenbücher in das Intelligenzblatt[109] setzen lassen, aber sehr fehlerhaft, so daß statt Cöln Lille steht etc.[110] Schinkel finden wir nicht. Bey Beuth bleiben wir

---

[107] Ernst Ludwig von Gerlach berichtete seinem Freund Karl Sieveking über den Kreis, mit dem er in Berlin verkehrte: Brentano „hat einen Sonnabends-Club (Maikäferklub, weil der erste Wirt Mai hieß) errichtet, der seit ich hier bin, floriert, und woran alle die Genannten und noch einige andere teilnehmen. Er macht Lieder, die Goetze komponiert, das hat uns seit meiner Rückkehr wieder zusammengebracht. [...] Das sind so die Hauptpartien, an die sich, als an das Dir Bekannte und Wichtigste, anderes anschließt, z.B. de Groote aus Köln, der den Almanach geschrieben und die alten Bilder aus Paris geholt hat – Du wirst ihn kennen" (E. L. von Gerlach an K. Sieveking, Berlin, 3. Juni 1816; in: Schoeps, Aus den Jahren, S. 564).

[108] Christian Reuter, Schelmuffskys wahrhaftige curiöse und sehr gefährliche Reisebeschreibung zu Wasser und Land, 1696/97.

[109] Wegweiser für Fremde, S. 203: „Die Intelligenzblätter werden täglich außer Sonntags ausgegeben. Man findet darin gemeinnützige Abhandlungen, Steckbriefe u.s.f. Wer etwas will einsetzen lassen, giebt die Aufsätze im Intelligenzcomtore in der Kurstraße No. 51 dem Adreßhause gegenüber ab." Ebd., S. 86: „Das Intelligenzcomtoir. Es hat die Besorgung der Intelligenzblätter, und steht unter der Direction des Generalpostamts. Die Einkünfte fließen ans Potsdamsche große Waisenhaus."

[110] Die erwähnte Anzeige konnte nicht ermittelt werden.

eine Zeitlang; mich wundert, daß ich immer noch keine Briefe von Hause erhalte. Brentano führt mich zu dem Buchhändler Tümmler unter den Linden, |28r| der von unserm Taschen Buch noch zu haben wünscht. – Dann gehe ich zum Essen, wo ich Netz finde. Von da nach Hause, bis um 4 Uhr, wo ich in der Spitelkirche,[111] den alten Prediger Hermes[112] predigen höre. Einer der v. Gerlach ist da.[113] – Nachher finde ich weder die Frau v. Berg, noch den StaatsRath Niebuhr zu Hause. Von Oetzel habe ich eine falsche Adresse. Ich gehe noch einmal nach Hause; u. als ich gegen 7 ½ Uhr zu Savigny komme, wohin ich geladen bin, ist nur der Professor noch dort, mich zu erwarten, u. mich mit zu seiner Verwandten Frau La roche zu führen. Dieß ist eine eingerichtete Sache, denn schon diesen Morgen sagte Brentano in der Georgenstaße zu mir, heute Abend denke an diese Straße (La roche wohnen neben Beuth).[114] – Auch werde ich von den Leuten freundlich empfangen, u. vorzüglich scheint ein etwas ältliches Fräulein mir nicht abhold zu seyn. – Ein Prof. Goesike (?)[115] ist mit seiner Frau da, der mir sehr wohl gefällt. – Die Frau v. Savigny scheint sich scherzhaft so eine Art Hofmeisterschaft über mich anmaßen zu wollen. – Um 11 geht alles nach Hause. – Ausgaben an Klingelbeutel. – |: 12 S. :|

Den 25. März [1816].

Bis gegen 12 Uhr liest Netz Brentanos Drama vor. Dann gehe ich zu jenem. Er hat schöne Bilder, Bücher, Manuskripte. Ich gehe mit ihm zu dem Grafen Ingenheim, Halbbruder des Königs.[116] Dieser ist für Brentano ziemlich der Herr Bruder Graf des Schelmafski. – Er scheint sich mit dem Treiben der Kunst so im

---

[111] Die Spittelkirche, Gertraudenkirche am Spittelmarkt, war seit der Reformation protestantisch.
[112] Justus Gottfried Hermes, von 1797 bis 1818 Pfarrer an der Spittelkirche.
[113] Ernst Ludwig von Gerlach hatte den Gottesdienst ebenfalls besucht; er vermerkte in seinem Tagebuch: „24. März 1816. Sonntag abend. […] Goetze sagte heute, er hätte eine unbegrenzte Verehrung für Hermes. – Mir ist es, als wenn Hermes sich immer mehr verklärte und seine Rede voller und gediegener flösse. Herrlich war seine Predigt heute nachmittag über Petri Verleugnung. ‚Und der Herr wandte sich um und sah Petrum an'" (in: Schoeps, Aus den Jahren, S. 181). Ernst Ludwig von Gerlach in seiner Familiengeschichte: „Wir waren voll Strebens, voll von Idealen, nicht ohne christliche Anregung und Velleitäten, aber alles dies in trüber Gärung. Wilhelm fing an, eher als einer von uns sonst, sonntagnachmittags die kleine Spittelkirche am Ende des Leipziger Straße zu besuchen, ganz im Stillen, wo der alte Hermes einfach das Evangelium predigte und für die Jahre 1815–1818, wo er starb, für unsere christlichen Kreise ein Mittelpunkt wurde" (ebd., S. 111).
[114] Die Familie von Georg Carl von La Roche und Friederike Eleonore, geb. von Stein zu Lausnitz wohnte Georgenstr. 19 (AB 1818/19). G. C. von La Roche war der Onkel von Savignys Frau Kunigunde, geb. Brentano und von Clemens Brentano.
[115] Wie aus späteren Eintragungen hervorgeht, meint Groote den Juristen Johann Friedrich Ludwig Göschen.
[116] Gustav Adolf Wilhelm Graf von Ingenheim, Halbbruder von Friedrich Wilhelm III. und ein engagierter Kunstsammler, wohnte um 1816 im Voßischen Palais, Wilhelmstr. 78.

Allgemeinen ziemlich abzugeben. Wir gehen mit ihm zu dem Kunsthändler Jacoby, wo wir sehr schöne Sachen sehen.[117] Einige altitalienische Bilder, besonders eine Verlobung der Jungfrau, ein Triumpfzug Davids mit Goliaths Kopf, u. eine Jungfrau mit dem Kinde, die mit Blumen spielen, sind mir die angenehmsten. Nach diesem ladet mich der Graf auf Mittwoch zu Tische, u. ich gehe mit Brentano in die Restauration, |:1.10:| u. von da zu mir nach Hause. Er bleibt bey mir bis gegen 7 ½ U. |28v| Ich lese ihm einiges von meinen Sachen vor, die ihm deswegen besonders zu gefallen scheinen, weil sie eine bestimmte Richtung haben, u. alle aus dem nehmlichen Systeme nach derselben Ansicht ausgehen. Besonders lobt er die Tagebücher des Hauptquartiers[118] u. die Satyrischen Sachen, Fastnachtsspiele u. dergl. Dann die ganz ernsthaften (aus meiner Versöhnung). Ueber den Titel der Letzteren werde ich mit ihm einig, u. zeige ihm, warum ich ihn so gegeben habe. – Taback. |:1.4:| – Später kommt der junge Rappart zu uns.

Gegen 7 ½ muß ich zu Staegemann gehen, wo eine musikalische Gesellschaft versammelt ist.[119] Zelter, Dr. Mayer,[120] Foerster, sind meine Bekanntesten daselbst. – Das Lied von schön Suschen von Zelter.[121] Prinz Radziwill ist dort. Die

---

[117] Der Kunsthändler Ludwig David Jakoby (AB 1818/19: Unter den Linden 35) war auch Kunstsammler. Fr. H. K. de la Motte Fouqué schrieb 1826 über ihn: Er habe „durch vieljährigen, liebevollen Fleiß eine zahl- und gehaltreiche Sammlung von Gemälden zusammengebracht". Sie umfaßte „fröhlich kecke Niederländer, sinnige, kraftvoll-launige, heiter-fromme Deutsche, glühende, gaukelnde, hochbegeisterte Italier aus allen Perioden ihrer mannichfachen Kunstbildung, gewandte, zum Theil gelehrte Franzosen, – das Alles flicht einen Reigen von mehr als dreihundert Bildern, der jedem Beschauer zur Anschauung offen steht" (Fouqué, Blick auf eine Gemäldesammlung, S. 98 f.).

[118] Die Tagebücher für das Hauptquartier von Feldmarschall von Blücher im Feldzug von 1815, die E. von Groote in einem Brief erwähnt (E. von Groote an einen unbekannten Adressaten, Diekirch, 24. Apr. 1815; HAStK, Best. 1552, A 21), müssen als verschollen gelten. Vgl. Groote, Tagebuch, Bd. 1, S. 31.

[119] Die Frau des Staatsrats Fr. A. Staegemann, Johanna Elisabeth Staegemann, geb. Fischer, war eine bedeutende Berliner Salonnière, bei der sich die gesamte kulturelle, akademische und politische Gesellschaft, Adlige wie Bürgerliche, traf. Ihre 1799 geborene Tochter Hedwig war um 1816 Mittelpunkt der jungen Mitglieder dieses Kreises. Unter ihnen entstand 1815/16 ein Spiel, dessen Lieder später von Carl Ludwig Berger, ebenfalls ein Besucher des Salons, in den Gesängen aus einem gesellschaftlichen Liederspiel Die schöne Müllerin vertont wurden. H. Staegemann heiratete 1823 Ignaz von Olfers aus Münster, der 1816 noch Medizinstudent war. H. von Chézy in ihren Erinnerungen: Das „Stegemann'sche Haus" vereinte einen „anmuthigen Kreis". „Laura Gedicke, späterhin dem liebenswürdigen Friedrich Förster verlobt, und andere holde Mädchen, umblühten Hedwig von Stegemann wie ein duftender Kranz. Unter den männlichen Gestalten der Abendgesellschaft war Clemens Brentano der älteste und merkwürdigste" (Chézy, Unvergessenes, Teil 2, S. 355). Zum Salon Staegemann vgl. Wilhelmy-Dollinger, Singen, Konzertieren, S. 147 f.; Wilhelmy-Dollinger, Berliner Salons, S. 128–132, 147–149.

[120] Dr. Johann Carl Heinrich Meyer führte seit 1798 eine Praxis in Berlin, zu der viele prominente Familien gehörten.

[121] Carl Friedrich Zelter, Schön Suschen, Vertonung von J. W. von Goethes Gedicht Johanna Sebus, 1809.

liebliche Sängerinn Laura.[122] Sie und die kleine Stägemann sind recht interessant, u. machen später meine angenehmen Tischnachbarinnen aus. Der spanische Gesandte Bizarro u. seine Frau. Der Opernsänger Fischer singt Lieder aus dem Troubadour.[123] Trinkgeld; |:1.16:| ich habe auf dem, unter unsern Fenstern aufgeschlagenen Jahrmarkt, einen Hosenträger, u. eine Pfeifenspitze (zu der Pfeife, die mir Nettchen Wenge schenkte, u. die ich so, wie nichts von dem, was Sie mir gab, nicht habe ganz behalten sollen!) gekauft. |:3.12:| – Dann noch dem Nachtwächter, der mir die Thüre aufschloß. |:12:|

Den 26. Maerz [1816].

Die Wäscherinn bringt mir meine Sachen, u. nimmt andere mit. |:3.15:| Es wird noch in Brentano's Drama fortgelesen. Später gehe ich zu Herrn Nicolovius, den ich nicht finde, dann einen Augenblick zu Frau v. Gneisenau, u. in das Büreau des Herrn Minister v. Altenstein, wo ich erfahre, daß die Reklamationsakten, worin ich über die Danziger Chronik nachsehen will, sich bey Herrn |29r| v. Schütz[124] befinden. Ich esse mit Netz in der Restauration, wo ich an Trinkgeld, wegen eines aufbewahrten Schnupftuches zahle. |:11 S.:| Netz hat heute die Anzeige seiner Anstellung bey einem hiesigen Gardebataillon erhalten, was vielleicht unser Verhältniß bald ändern könnte. – Nach Tisch gehe ich, an Boisserées[125] u. an Joseph[126] zu schreiben; letzterem nur wenige Zeilen.

---

[122] Laura Gedike, geboren 1799, auf die sich wohl Goethes Gedicht Laura bezieht, galt als eine der schönsten Mädchen der Gesellschaft. 1818 heiratete sie den Historiker und Schriftsteller Friedrich Christoph Förster. Vgl. auch: Wilhelmy-Dollinger, Berliner Salons, S. 130.

[123] Vermutlich: Gesänge aus Prinz Troubadour (Le prince troubadour ou Le grand trompeur des dames), Komische Oper, Libretto: Alexandre Duval, Musik: Étienne-Nicolas Méhul, 1813. G. Parthey erinnerte sich: „Als kräftigen Baßsänger hörten wir kurze Zeit Herrn Fischer, in dessen Familie die Baßstimme erblich war. [...] Der junge Fischer erbte mit der schönen Stimme des Vaters auch dessen übergroße Empfindlichkeit. Da er überdies die Prinzessin irgend eines kleinen deutschen Fürstenthümleins geheirathet, so verleitete sein Hochmuth ihn zu den lächerlichsten Ausschreitungen. So war ihm das Geräusch zuwider, das in der Oper durch das gleichzeitige Umblättern von ein paar Hundert Textbüchern unvermeidlich entsteht" (Parthey, Jugenderinnerungen, Bd. 2, S. 90).

[124] Groote kannte Rechnungsrat von Schütz aus Paris, da dieser 1815 ebenfalls mit der Reklamation geraubter Kunstwerke befasst gewesen war.

[125] E. von Groote an S. u. M. Boisserée u. J. Bertram, Berlin, 26. März 1816 (HAStK, Best. 1018, A 118). Siehe Briefe und Schriften. Vgl. Reifferscheid, E. von Groote, S. 14–18, u. Reifferscheid, Erinnerungen, S. 539–543. S. Boisserée vermerkte am 3. Apr. 1816: „Brief von Groote aus Berlin" (S. Boisserée, Tagebücher, Bd. I, S. 310).

[126] E. von Groote an J. von Groote, Berlin, 26. März 1816. Groote berichtete in seinem kurzen Brief: „Wegen der Universität noch immer nichts, als gute Hoffnung. Wegen der holländischen Zölle werden neue Unterhandlungen angeknüpft; wegen der geistlichen Sachen soll ein Concordat mit dem Pabste abgeschlossen werden. Unser Gesandte, Niebuhr, wird wohl ehestens nach Rom abgehen; doch wegen einiger andrer Gegenstände hätte ich an v. Caspars noch zu berichten" (HAStK, Best. 1552, A 20/8). Siehe Briefe und Schriften.

Brentano kommt, mit seinem Aufsatz aus der Berliner Zeitung vom 28. October vorigen Jahres u. dem meinigen, den ich dagegen geschrieben[127] u. sucht seinen zu vertheidigen. Ich kann aber nicht ablassen, ihn für äußerst krass zu erklären. – Ich bringe meine Briefe zur Post. – Dann gehe ich zu Schleyermacher, wo Frau v. Humbold mit den Ihrigen, die 3 Gerlach, Roeder, Gräfinn Voss, des Dichters Körner Eltern,[128] Hedemann etc. sind. Es wird zu spät, als daß ich, wie ich wollte, zur Prinzess Louise gehen könnte. – Durch Brentano, der sich zum Geschäfte macht, was er bey mir hört, liest etc. seiner Schwester Savigny u. meinen u. seinen Freunden, Gerlachs etc. zu rapportiren, u. vice versa mir zu hinterbringen, was seine Schwester, deren Gewogenheit er auch immer versichert, u. andere von mir sagen, bemerkt mir unter anderm, seine Schwester protegire mich vorzüglich aus Patriotismus, um den Berlinern zu zeigen, daß sie nicht die Einzigen seyn, die man verständige u. angenehme Leute nennen könne. Fiat![129] Gut, daß man seine Leute kennt. –

Den 27. März [1816].

Netz hat seiner neuen Anstellung wegen viel zu laufen. Ich bleibe lesend zu Hause, bis gegen 12. Netz begegnet mir und kündigt mir an, daß er keine Quartierverlängerung erhalten könne, sondern in einen andern Theil der Stadt einquartirt sey, da in unser Stadtviertheil die von Potsdam kommenden Garden verlegt werden müßten. Ich gehe also zu unserm Hauswirth, um ihn zu bitten, daß er uns doch solange im Quartier behalte, bis wir ein anderes haben, was er auch gerne bewilligt. Dann gehe ich, |29v| die Frau v. La Roche zu besuchen, die ich aber nicht antreffe. – In Haxthausens ehemaligem Quartier erfrage ich einen Friseur, der sich mit Quartierbesorgung abgiebt, u. er verspricht mir, morgen früh gleich zu mir zu kommen. Bey Josty sehe ich die Blätter durch, ohne eine annehmliche Anzeige zu finden. |:18 S.:|

---

[127] Weder in den Berlin. Nachr., Nr. 129, 28. Okt. 1815 noch in der Beilage zu dieser Ausgabe erschien ein von Brentano unterzeichneter Artikel. Möglicherweise meint Groote den zweiteiligen Artikel, der in den Berlin. Nachr., Nr. 128, 26. Okt. 1815 veröffentlicht wurde: Nothwendige Empfindungen und fromme Wünsche bei dem Anblick der wiedereroberten preußischen Kunstschätze sowie in Nr. 130, 31. Okt. 1815: Worte des Danziger Bildes, das jüngste Gericht vorstellend, an seine Freunde. Ein Gegenartikel Grootes ließ sich nicht identifizieren. Ein von Brentano unterzeichnetes Gedicht zur Erinnerung an die Schlacht bei Leipzig erschien in den Berlin. Nachr., Nr. 131, 2. Nov. 1815: „Bey dem Gedenk-Feuer der Berlinischen Turner auf die Leipziger Schlacht, den 18ten October 1815." Das Gedicht begann: „Die Lüge schwand vor Gottes Schwerd dahin, / Erfüllet war das Maas von seinem Zorn, / Der in der Moskwa Brand der Welt erschien, / Wie einst dem Moses in dem glühnden Dorn."

[128] Die Eltern des 1813 im Krieg getöteten Dichters Theodor Körner, Christian Gottfried und Anna Maria Wilhelmine Körner, waren 1815 von Dresden nach Berlin gezogen, da Körner hier als Staatsrat in den preuß. Dienst trat. Er war musik- und literaturbegeistert, Mitglied der Sing-Akademie und gehörte zur kulturell tonangebenden Berliner Gesellschaft.

[129] fiat: es sei.

Bald gehe ich nun zu Clemens Brentano, wo wir uns in einem altholländischen Volksbuch unterhalten, u. bald zu dem Graf Ingenheim gehen. Ich finde dort den Obrist Rühl, Graf Herzberg, Herrn v. Voss, den Hofrath Hirt, den Mahler Hummel, u. andere. Es wird prachtvoll gegessen. Hirt quäle ich mit meinen Behauptungen über das Danziger Bild, u. andere alte Bilder.[130] Er kommt mir, abgesehen von manchen Kenntnissen, die er an Tag giebt, – doch sehr krass vor.[131] Seine Erzählung von den Tänzen in Messina u. Calabrien. Ingenheim ist recht freundlich, spielt nachher schön auf dem Clavier. Herzberg läßt seinen Todes Ritter (auf dem Cranachs Schlange) u. ein italienisches Gefäß, mit Gemälden der Raphaelischen Schule kommen. –

Erst gegen 8 Uhr gehn wir zur Frau v. Savigny, wo die Herren Hohlweg und Jung, der Prof. Goeschen u. dessen Frau. Wir unterhalten uns wohl. Die Frau v. Savigny examinirt wie gewöhnlich meinen Lebenslauf, seit sie mich nicht gesehen, allein, sie weiß alles (meine Schwiten[132] bey Staegemann etc.) fast besser als ich. Von Savigny erhalte ich mehrere Theile seines Journals, welches er mit Eichhorn u. dem Prof. Goeschen herausgiebt.[133] Brentano hat von meinen Sachen viel gesprochen, u. Savigny verlangt, ich soll von dem Komischen doch einmal etwas mit bringen. Allein, da die Frau v. Savigny verschiedene Male wieder auf die Aufsätze wegen des Museenwesens zurückkommt, |30r| von denen Brentano viel mag geschwatzt haben, da ich ferner bey meiner ersten Äußerung in meinem Aufsatz bleibe, daß ich nehmlich den von Brentano philisterhaft, schlecht geschrieben finde, bricht dieser los, wirft seiner Schwester vor, daß sie diese Sache immer wieder zur Sprache bringe, u. mir, daß ich ganz Unrecht habe. Ich aber erbiethe mich zur Confrontation beyder Aufsätze, verweise ihm das Gerede, welches doch nur Er über die Sache angestiftet, u. da ich etwas ernst mich geäußert, wird er bald still, nimmt seinen Huth u. – geht ab. – Ich komme gegen 12 ½ nach Haus. Trinkgeld bey Savigny. |:1 Fr.,16:|

---

[130] Aloys Hirt hielt an der Universität Berlin im Sommerhalbjahr 1816 die Vorlesung: „Die Geschichte der bildlichen Denkmäler bei den Alten" (Verzeichniß der Vorlesungen, welche von der Universität zu Berlin im Sommerhalbenjahre 1816 vom 17. April an gehalten werden). Am 3. Juli 1816 sprach er in der Berliner Akademie über die Sammlung Giustiniani (Michaelis, Sammlung Giustiniani, S. 114). Der Vortrag wurde veröffentlicht: Aloys Hirt, Über die Gallerie Giustiniani. Vorgelesen in der öffentlichen Sitzung der Königlichen Akademie der Wissenschaften den 3ten Julius 1816, Berlin 1816. Vgl. ausführlich zu A. Hirt den Sammelband: Fendt/Sedlarz/Zimmer, Hirt in Berlin, 2014.

[131] Der Kunsthistoriker und Archäologe Aloys Hirt, seit 1810 Professor an der Berliner Universität, war maßgeblich an der Entwicklung der Berliner Kunstmuseen und der Bauakademie beteiligt. Im Sommer 1816 veröffentlichte er das umfangreiche Bilderbuch für Mythologie, Archäologie und Kunst, 2. Heft: Die Untergötter oder Dämonen, Berlin/Leipzig 1816.

[132] Schwite (wohl aus der Studentensprache): ausgelassene Feier.

[133] Friedrich Carl von Savigny, Johann Friedrich Ludwig Göschen und Karl Friedrich Eichhorn gründeten 1815 die Zeitschrift für geschichtliche Rechtswissenschaft als Organ der historischen Rechtsschule.

Den 28. März [1816].

Der Friseur läßt mich lange warten. Die Nothwendigkeit auszuziehen, stört uns unangenehm. Wir gehen weit in der Stadt herum, Quartire zu suchen.[134] Im Kosthause finde ich Bülow, |:1.16:| der eben ausziehen will. Ich gehe mit ihm in sein schönes Quartier, u. da ich es eben besprechen will, sagt uns der Wirth, daß es eben wieder vermiethet sey. Ich gehe nun wieder anderwärts; unter andern gleich neben uns in der Brüderstraße,[135] wo eine Schusterfrau ein artiges Logis hat, das aber im Augenblick noch bewohnt wird; doch glaubt sie, der Bewohner werde es gerne gleich verlassen. Ich begnüge mich damit, und gehe nun bald zu Humbold, die ich nicht finde, dann zu Gräfinn Voss; wo ich mit Niebuhr, Schleiermacher etc. etc. den Abend ziemlich angenehm zubringe. Trinkgeld – |:1.4:|

Den 29. Maerz [1816].

Ich gehe um 8 zu der Schusterinn, u. diese hat ohne weiteres die Wohnung einem Offizier vermiethet. Auch in keinem nahen Gasthof kann ich eins haben. Inzwischen ist der Friseur da gewesen, der eine Wohnung gefunden zu haben glaubt. Netz hat ihn gehen lassen, u. er versprach, in ½ Stunde zurück zu kommen. Unteroffizire u. Soldaten von Netzens Companie kommen, |30v| um uns ausziehen zu helfen. Ich gebe mein Trinkgeld im Hause. |:7.4:| Dann gehe ich zum Friseur, den ich lange erwarten muß, bis er endlich kommt, u. mich dann in eines der Logis führt, die wir schon gestern gesehen haben, u. die nicht für uns passen. Er proponirt mir, zu ihm zu ziehen, bis ihm gegenüber am 2.–3. April eine Wohnung fertig seyn würde. Da mir dieß aber auf Privatinteresse angelegt scheint, u. mir der Kerl schon ohnedieß zuwider ist, gehe ich gleich auf die Leipziger Straße No. 16,[136] wo ich gestern ein kleines Quartier ansah, u. miethe dasselbe gleich für 7 Rth. monatlich von einer alten Schweitzerinn Lador, die eine Mädchenschule hält. Dann gehe ich auf die Breite Straße zurück, wo ich schon alles gepackt finde, u. ziehe mit Netzens neuem Burschen, u. den Soldaten in die Leipziger

---

[134] Wegweiser für Fremde, S. 201: „Außer den öffentlichen Wirthshäusern sind Häuser genug, wo Fremde auf Tage, Wochen oder Monate beherberget werden können. Es werden meublirte Zimmer mit und ohne Aufwartung vermiethet, wovon man im Intelligenzblatte und in den Zeitungen Nachricht erhält. Eine Stube mit Aufwartung kostet monatlich 6 bis 10 Thlr., wobei die Gegend, die Größe und Meublirung der Zimmer den Unterschied macht."

[135] Wegweiser für Fremde, S. 29: Die Brüderstraße reichte vom Schloßplatz bis an die Petrikirche. Hier befanden sich „das Wirthshaus die Stadt Paris No. 39. – Die Köllnische Probstei No. 10. – Die Nikolaische Buchhandlung. No. 13."

[136] Gädicke, Lexicon von Berlin, S. 356: (Neue) Leipziger Straße: „Auf der Friedrichstadt, geht mit No. 1 beym Achteck an, über die Wilhelms-, Mauer-, Friedrichs-, Charlotten-, Markgrafen- und Jerusalemerstraße und den Dönhoffschen Platz, bis No. 51 an die Spittelbrücke, und zurück bis No. 117. Sie ist 2000 Schritte lang und mit sehr ansehnlichen Häusern und Pallästen, besonders durch Friedrich den Einzigen besetzt. Vorzüglich bemerkenswerth sind No. 4 die Königliche Porcellanfabrik, und No. 5 Graf Reußischer Pallast."

Straße. Trinkgeld |:3.6:|, mache mich ein wenig zu rechte und gehe zu der katholischen Kirche, wo ich aber leider zu der musikalischen Leichenfeyer zu spät komme. Bey Savigny finde ich niemand. Bey Beuth besorge ich, daß mein Wagen geputzt, u. über meine Briefe eine Portoliste von dem Bedienten gehalten werde.[137]

In die Restauration kommt Brentano, den ich seit jenem Streite zuerst wieder sehe. Er ist scheiß fidel, als ob nichts gewesen wäre, u. schiebt alles auf Schuld seiner Schwester. Auch Goetze[138] ist da, u. Bülow. Netz kommt später. Nach Tisch gehe ich mit diesem zuerst in die neue Wohnung, die ihm im Ganzen wohl behagt. Der Wirthinn zahle ich im Voraus auf ihr Verlangen den ersten Monat, |:40.16:| und zu kleinen Ausgaben 2 Friedrichd'or. Brentano kommt, u. ich lese ihm noch einiges von meinen Sachen. Um 7 gehe ich zum StaatsKanzler, wo aber nichts Neues. Ich bin von dem Gewühl des Tages recht müde, u. gehe so wie Netz bald zu Bette.

Den 30. Maerz [1816].

Es wird heute in großem Manoeuver die Einnahme von Paris im Jahr 1814 vorgestellt.[139] Netzens Bursche |31r| Kunz, besorgt unsere Sachen ordentlich. Der Feldwebel kommt zum Rapport. Später erst gehe ich aus, zur Gräfinn Groeben, die ich nicht finde. In unserm Quartier ist einiges liegen geblieben, welches ich zurückfordere, u. abholen lassen will. Diderici begegnet mir, u. ich gebe ihm sein ausgelegtes Geld für die Pferde wieder, die unsern Wagen u. Sachen in unser erstes Quartier brachten. |:3.12:| Tabak. |:1.4:| – Nun gehe ich zu Nicolovius, den ich auch finde, aber Kopfschmerzen u. ein Frost, der von dem elenden Wetter u. Verkältung kommen muß, hindern mich sehr. – Ich gehe unter den Linden. Von

---

[137] Der Bedienstete sollte die Briefe an Groote annehmen und bezahlen; vgl. Groote, Tagebuch, 31. März 1816. Die Portokosten betrugen für einen Brief von Berlin nach Köln (87 Meilen) 4 Groschen, von Berlin nach Heidelberg (77 ¼ Meilen) 4 Groschen (Wegweiser für Fremde, S. 213 u. 216). Einem Reisenden versiegelte Briefe mitzugeben, kostete Strafe: „5 Rthlr. für jeden Brief" (ebd., S. 208).

[138] Zu Goetze schrieb C. Brentano in einem Brief an J. N. Ringseis im Febr. 1816: „Ich habe jetzt einen angenehmen Zirkel von Freunden in des seligen Stolbergs Freunden, den drei Gerlach. Besonders lieb und theuer ist mir der Referendarius Götze, du kennst ihn vielleicht: ein blühender Junge, hinkt durch eine Wunde, hat das Kreuz, kam zu Savigny, ich liebe ihn sehr, einer der schuldlosesten, frömmsten Menschen, die ich je gesehen, und von der süßesten Gesellschaft. Ich habe mit diesem und noch zehn anderen trefflichen jungen Leuten ein Wochenkränzchen, wo man ernst oder froh ist. Götze und die Gerlachs sind sehr fromm. Ich beneide diese Menschen oft um das erweckende, vertrauliche Gemeindegefühl in Hermes kleiner Kirche" (in: Schoeps, Aus den Jahren, S. 172).

[139] Die Köln. Zeitung, Nr. 57, 9. Apr. 1816 berichtete über das Manöver in Berlin: „Zur Feier des vor 2 Jahren bei Montmartre erfochtenen glorreichen Sieges und der Einnahme von Paris, vereinigte sich am 30. März die hiesige [Berliner] Garnison mit der Potsdammer zu einem großen Manövre, welches durch das Terrain begünstigt, da die Gegend auf der nordöstlichen Seite von Paris mit der südwestlichen von Berlin viel Aehnlichkeit hat, jene Schlacht in ihren Details darstellte."

allen Seiten kommen Truppen vom Manöuver zurück. Im Speisehaus esse ich mit Brentano, Goetze u. Bülow. |:1.4:| Nach Tisch gehen wir zu Gerlach, u. mit diesem in ihre schöne Bibliothek.[140] Alle gehen nachher spaziren, allein, mir ist unwohl. Ich gehe nach Hause. Um 9 U. gehe ich noch in das Hotel de Radziwill,[141] aber es wird dort nicht empfangen,[142] sondern nur Montags, Mittwochs, u. Freytags. – Netz kommt erst gegen 11 nach Hause.

Den 31. März [1816]. Sonntag.

Netz schickt Kunzen, unsre Sachen zu holen. Ich lese in dem Journal von Savigny, Eichhorn u. Goeschen. Um 10 ½ gehe ich zur Kirche, wo ein gewisser Sieger predigt, der zwar viele äußere Art, u. Leichtigkeit des Ausdrucks, aber wenig eigentlich christliche Wärme zu haben scheint. |:12:| Ich finde Frau v. Savigny dort, u. gehe mit ihr nach Hause. Sie raisonnirt mancherley auch über unser Taschenbuch, wovon sie übrigens nichts gelesen, u. ich habe nicht Lust,

---

[140] Die Familie von Gerlach wohnte Hinter der katholischen Kirche 1, in einem großen Anwesen, das der hohe Staatsbeamte Carl Friedrich Leopold d. Ä. von Gerlach 1792 gekauft hatte. Nach seinem Tod 1813 bewohnte es seine Frau Agnes von Gerlach, geb. Raumer, mit den Söhnen. Im Hause waren zeitweise auch Wohnungen vermietet. Zur Familie von Gerlach, die in den folgenden Jahrzehnten zu den politisch einflussreichsten preuß. Familien zählte, vgl. Schoeps, Aus den Jahren, 1966; Gerlach, von Gerlach, 2015. Leopold von Gerlach schrieb in seinen Erinnerungen: „In Nicolais Beschreibung von Berlin und Potsdam [Nicolai, Beschreibung der königlichen Residenzstädte Berlin und Potsdam, 1786] wird es unter den wohlgebauten Häusern Berlins aufgeführt. Es hatte eine sehr eigentümliche Lage, in einer sehr einsamen Gegend, und doch mitten in der Stadt. Es lag in der Friedrichsstadt, man konnte aber mit einem Steinwurf vornheraus bequem die Neustadt, hintenheraus, wo es an den Festungsgraben stieß, den Friedrichswerder erreichen. Hinter unserem Hause aber war ein großer Hof und ein hübscher kleiner Garten mit Lusthaus und Laube, auch ein Nebenhaus in der Französischen Straße. [...] Das Haus hatte für unsere Geschichte in mehrfacher Hinsicht Wichtigkeit. Seine Lage machte es für unsere Freunde sehr zugänglich. Meine und Wilhelms Heirat wäre bei unserer zu der Zeit so beschränkten Mitteln, dem geringen Vermögen unserer Frauen und den damals schon sehr teuren Berliner Wohnungen ohne diesen Besitz sonst unmöglich gewesen" (in: Schoeps, Aus den Jahren, S. 51 f.).

[141] Der Wohnsitz der Familie des Fürsten Radziwill in Berlin war das Palais Radziwill, Wilhelmstr. 77. Seit Mitte 1815 war Anton Heinrich Radziwill preuß. Statthalter in Posen, die Familie lebte seitdem zeitweise in Posen und Berlin. 1875 wurde das Gebäude Sitz der Reichskanzlei. Zum Gebäude Wilhelmstr. 77 vgl. vor allem: Hahn, Schauplatz, S. 381 u. Demps, Berlin-Wilhelmstraße, S. 63–66, 79–81, 144–194, 308.

[142] Groote wurde nicht „angenommen", d.h. nicht empfangen, da an diesem Abend (30. März) eine Leseprobe zu dem von Fürst Radziwill vertonten Faust stattfand. C. Fr. Zelter an J. W. von Goethe, Berlin, 31. März 1816: „Nach mehrern Musikproben mit dem Orchester und dem Singchore ist denn gestern Abend auch eine Lese Probe gewesen mit Musik dazwischen. Prinz Carl von Meklenburg hat den Mephistopheles und der Schauspieler Lemm einstweilen den Faust gelesen. Die Probe war bey Fürst Radziwill in seinem Familienkreise. Zugegen waren die Fürstin mit ihren Kindern, der Kronprinz mit seinen Geschwistern, Prinz Georg von Meklenburg, Frau v. d. Recke mit ihrem Tiedge, Frau von Humbold und mehrere Künstler welche Teil nehmen sollen an der Darstellung" (in: Ottenberg/Zehm, Briefwechsel, S. 406 f.).

mich darauf einzulassen. Niebuhr kommt hin. Gegen 1 ½ gehe ich zu Beuth. Brentano, den ich unter den Linden finde, will erst mit gehen, dann aber wird es ihm wieder leid. Sonderbar, daß er und Beuth, sich denselben Vorwurf einander machen, nehmlich, den des Stinkens. Bey Beuth zahle ich dem Bedienten für Porto von 3 Briefen, |:2.14:| für den Wagen reinigen zu lassen, |:2.2:| und für seine Mühe, und damit er künftig mir die Briefe annimmt. |:2.8.:| |31v| Dann gehe ich mit Beuth zu Obrist Rühl, wo wir dessen sehr schöne Bilder sehen. Die Madonna von Haemmling,[143] macht mich an der, die Rektor von van Eick zu haben glaubt, irre; die andern von van Eick, u. die von Johann von Maubeuge[144] sind sehr schön. Den Abend bringe ich mit Brentano bey der Pistorschen[145] und Reichardschen Familie zu, wo auch v. Voss u. Goetze, u. wo sehr anständig gespeist wird. Um 12 ist alles zu Hause. – Netz hat gute Finanz. Nachrichten. –

Den 1. April [1816].

Ich setze mich zeitig hin, um an den Kölnischen Rath u. Bürgermeister,[146] an den Pfarrer Dumont, an v. Caspars, Joseph u. Wally zu schreiben. Daran bleibe ich

---

[143] Hans Memling, Maria mit dem Kind, 1480–1490. Das Gemälde gelangte 1836 als Geschenk Friedrich Wilhelm IV. aus der Sammlung Rühle von Lilienstern in den Besitz des preuß. Staates. Vgl. Bode, Beschreibendes Verzeichnis, S. 247: „Maria sitzt auf einer Holzbank, das sitzende Kind, das in der Linken ein blaues Blümchen hält, auf dem Schoß. Auf dem Boden vorn zur Rechten ein altflorentiner Majolikakrug mit Lilien. Durch vier Bogenöffnungen des Gemaches Ausblick in eine flache Landschaft."

[144] In der Sammlung Rühle von Lilienstern befand sich von Johann Maubeuge (Mabuse bzw. Jan Gossaert) u.a. eine Madonna. Vgl. Rheinisches Conversationslexicon, Bd. 7, S. 410: Zu Marbuses „vortrefflichsten Gemälden" gehörte „eine Madonna in der Obrist Rühle von Liliensternschen Sammlung, die von allen Kunstkennern als eines der trefflichsten Werke altdeutscher Malerei bewundert wird".

[145] Die Familie des Geheimen Postrats Carl Heinrich Pistor wohnte Mauerstr. 34; die mit ihr eng verwandte Familie des 1814 verstorbenen Komponisten und Musikschriftstellers Johann Friedrich Reichardt Mauerstr. 35 (AB 1818/19). C. H. Pistor war in zweiter Ehe mit Charlotte Hensler-Alberti, einer Stieftochter von J. Fr. Reichardt verheiratet. Das Ehepaar hatte Kinder aus ihren ersten Ehen sowie gemeinsame Kinder. Der Enkel Pistors, Ernst Rudorff, erinnerte sich an die Zeit um 1816: „Die Geselligkeit, die im Pistorschen Hause und bei Albertis gepflegt wurde, war in jener Zeit eine äußerst lebendige und geistig angeregte. [...] An den Sonntagen kam abends die gesamte Familie in regelmäßiger Abwechslung bei Pistors, Albertis und Zschocks zusammen. Sehr häufig erweiterten sich diese Familienabende zu einer Gesellschaft von geladenen Freunden und Bekannten, denen man dann ein solennes Abendessen vorsetzte. Außerdem aber hatten Pistors an jedem Donnerstag, Albertis an jedem Freitag in der Woche offenes Haus bei sich, d.h. einen geselligen Abend, an dem jeder der näheren Bekannten, der wollte, ohne besonders geladen zu sein teilnehmen konnte" (Rudolff, Aus den Tagen, S. 122 f.).

[146] E. von Grootes an den Kommissarischen Oberbürgermeister K. J. von Mylius u. den Rat der Stadt Köln, Bericht über seine Mission in Berlin, 2. Apr. 1816 (HAStK, Best. 400, A 667, Bl. 58 f.). Siehe Briefe und Schriften. Ein bei Klein, Bemühungen, S. 367 erwähnter langer Brief Grootes (Adressat unbekannt) vom 5. Apr. 1816 aus Berlin, der bruchstückhaft überliefert sei, konnte nicht aufgefunden werden.

bis um 2 U., gehe zu Tisch und dann mit einer Gesellschaft, wobey auch Goetze u. Bülow, auf die Kunstkammer.[147] Elfenbeinarbeiten, Ordenskleider und Diplome, Doctordiplom etc., hetrurische[148] Vasen. – Nachher gehe ich mit Goetze und Bülow zu Rauch. Sonderbare Ansicht desselben über die Kunst, daß sie immer in allen Zeitperioden nur aus dem Bedürfniß der Zeit entstehe, ohne Verdienst der Künstler; sey ein solch Bedürfniß nicht vorhanden, so entstehe keine Kunst; letztere sey aber daran nicht schuld, sondern nur die Zeit. Verachtung aller jetzigen Kunst. Schilderung des Lebens in Italien, der katholisch gewordenen, der Protestanten; Künstler seyen und werden nur wenige. Seine Sehnsucht nach dem italienischen Himmel. – Abends schreibe ich noch einen meiner Briefe fertig, u. gehe zur Prinzess Louise. Sie sagt mir, eben sey sie mit dem Taschen Buch fertig geworden, fragt wegen Boisserées, wegen Haxthausen, wegen des Buchs von Chateaubriant,[149] was er ihr geliehen etc. Die Frau v. Berg, u. Gräfinn Voss sind dort; dann ein breiter dicker Prinz Solms Lich.[150] –

|A 1/7–13; 1r| *Den 2. April [1816].*

Ich ende meine Briefe u. siegle, habe mir aber darüber große Kopfschmerzen zugezogen. Bey Tische finden wir Brentano, Goetze, Bülow, u. ich gehe mit ihnen zu Gerlachs. Zum Spaziergang in den Thiergarten[151] habe ich nicht Lust, sondern ich gehe nach Hause, später zu Beuth, wo ich einen Brief von Seidewitz[152] finde, dann auf die Post, u. zu Graf Groeben, den ich nachher bis zum Schau-

---

[147] Die Kunstkammer entstand aus den königlichen Sammlungen und umfasste Gemälde, Skulpturen, Münzen, Antiken, Keramiken etc. Sie befand sich 1816 im Berliner Schloss (Wegweiser für Fremde, S. 28 f.).
[148] Hetrurisch: etruskisch.
[149] Vermutlich handelte es sich um das Buch, das Groote etwas später las: François-René de Chateaubriand, Souvenirs d'Italie, d'Angleterre et d'Amérique, London 1815 (Groote, Tagebuch, 24. Juni 1816).
[150] Die Berlin. Nachr., Nr. 38, 28. März 1816 hatten gemeldet: „Berlin, vom 28. März. Des Generalmajors Prinzen von Solms-Lych Durchlaucht, sind von Strelitz hier angekommen."
[151] Wegweiser für Fremde, S. 189: „Außerhalb der Stadt, vor dem Brandenburger Thore, ist der Thiergarten oder Park. Er enthält etwas über 819 Morgen […]. Durch die Länge geht die ungefähr 60 Fuß breite, mit Bäumen und Hecken besetzte Chaussée-Landstraße. […] Beim Eingange des Parks stehen Apoll und Herkules in kolossalischer Größe. Rechts nach der Spree zu ist der große Exerzierplatz; diesseit desselben ist die Kurfürstenallee, die bis an den Zirkel führt. Dieser hat eine vierfache Reihe von Eichen und Ulmen, und ist mit Bänken versehen […]. Im Zirkel ist Sommer, Sonntags besonders, die größte Zusammenkunft der Spaziergehenden. […] Ihm gegenüber sind Häuser und Kabinette, die unter dem Namen der Zelte bekannt sind, in welchen man Erfrischungen haben kann." Zum Thiergarten: Hahn, Schauplatz, S. 461–469.
[152] Groote hatte sich mit Friedrich Ferdinand Leopold von Seydewitz, der ebenfalls dem Generalstab zugteilt war, während des Feldzugs 1815 angefreundet. 1816 wurde Seydewitz Regierungsrat, 1818 Oberregierungsrat in Magdeburg. Vermutlich kündigte Seydewitz in seinem Brief an Groote seine Verlobung mit Karoline Wilhelmine von Klewitz an (Tochter des Geheimrates Wilhelm Anton von Klewitz), die am 5. Mai 1816 stattfand (Berlin. Nachr., Nr. 55, 7. Mai 1816).

spielhause begleite, wo ihn seine Frau im Conzert von Romberg erwartet.[153] Die Kopfschmerzen benehmen mir die Lust, weiter aus zu gehn, sondern ich lese zu Hause, in Savigny's Journal u. die Zeitung, u. trinke Crem. Tart. –|:–3:|

Den 3. April [1816].

Gegen 9 U. bringt mir Beuths Magd ein großes Briefpaket, welches leider schon seit vorgestern dort gelegen haben soll. Es enthält nebst Briefen von Joseph vom 24.–26. Maerz 2 Exemplare von Wallrafs Fragment,[154] u. ein Schreiben des StaatsRath Sack wegen einiger Bücher der Stadt Bonn, welche in Paris reklamirt wurden.[155] Die ganze Geschichte soll über 2 Rth. Porto kosten. Wir gehen nun in

---

[153] Die Allg. musikal. Zeitung, Nr. 20, 15. Mai 1816, Sp. 329 meldete: „Den 2ten [April] gab Herr Bernhard Romberg, der [...] kürzlich zum königlichen Kapellmeister ernannt worden, wodurch sich neue, schöne Aussichten, besonders für die Concert- und Balletmusik öffnen, Concert im Schauspielhause. Der geniale und allbekannte Romberg spielte, nach seiner Ouverture aus Ulysses und Circe, sein Violoncellconcert aus Fis moll und sein Capriccio über polnische National-Gesänge und Tänze; beydes meisterhaft." Vgl. eine Annonce von B. Romberg (Berlin. Nachr., Nr. 38, 28. März 1816). Konzerte fanden oft in einem Saal des Schauspielhauses am Gendarmenmarkt statt, der 1.000 Personen fassen konnte. Wegweiser für Fremde, S. 192 f.: Das Theatergebäude „hat oberhalb noch mehrere Säle und Zimmer, die bei Festlichkeiten gebraucht, und besonders zu Konzerten benutzt werden. Die Eingänge zum Konzertsaale sind auf der Seite am offenen Platze. Vermittelst einer doppelten Treppe gelangt man in einen Vorsaal, dann in zwei andere Säle, und darauf in den Konzertsaal. [...] Der Saal hat drei Fenster, an jedem Ende desselben sind drei Logen, deren jede 25 Personen fassen kann. Den Fenstern gegenüber ist die königliche Loge. [...] Im Centrum des Saals ist ein Kronleuchter mit 60 Argentschen Lampen befestigt; an den Pfeilern sind Vasen mit Argentschen Lampen befestigt. [...] Die Dekoration des Saals ist Malerei von Chamois und hellblau. Bis zur Höhe der Logen sind die Wände einfach mit Pfeilern gemalt. In den Intervalen zwischen den Bogen sind tanzende Musen, Bacchanten und Tänzerinnen in Lebensgröße vom Professor Niedlich gemalt."

[154] Wallrafs Fragment: Wallrafs unvollendete Denkschrift zur Universitätsfrage. Vgl. E. von Groote an J. von Groote, Berlin, 12. März 1816 (HAStK, Best. 1552, A 20/6). Siehe Briefe und Schriften.

[155] Im März 1816, als Groote bereits nach Berlin abgereist war, hatte Generalgouverneur Sack eine Anfrage des Bonner Bürgermeisters von Belderbusch an die Adresse E. von Grootes in Köln weitergeleitet, in der um Auskunft zu dem Verbleib der 1815 für Bonn reklamierten Bücher und Manuskripte gebeten wurde. Ein Verzeichnis der Objekte war beigelegt. In Köln nahm Joseph von Groote den Brief in Empfang und schrieb daraufhin an Sack: „Euer Excellenz zeige ich hierdurch gehorsamst an, daß ich das von Hochdemselben an meinen Bruder Eberhard unter dem 16ten laufenden Monats adressirte Schreiben des Herr Oberbürgermeisters von Bonn Herrn Grafen von Belderbusch, kraft der mir von ersterem bey seiner Abreise nach Berlin zurückgelassenen Vollmacht erbrochen habe. Obschon ich deswegen vermuthe, daß mein Bruder über die von Bonn reclamirten Bücher und Manuscripte durchaus keine Auskunft geben kann, weil er mir in seinen vollständigen u. ausführlichen Berichten über die Resultate seiner Pariser Forschungen niemals von diesen Werken gesprochen hat, so werde ich dennoch nicht ermangeln ihm obenerwähnte Reclamation in originali nach Berlin zu senden, und diese Beantwortung der von Euer Excellenz an ihn gemachten Anfrage zu veranlassen. Uebrigens kann ich im Voraus bezeugen daß diese Bücher nicht irrthümlich nach Köln geschikt worden sind, weil ich bey der Eröffnung jeder von Paris hier angekommenen Kiste (die des Bildes von Rubens ausgenommen) persönlich gegenwärtig war u.

die Theatralische Deklamation: Mimische Darstellungen des Vaterländischen Vereins im Opernhause.¹⁵⁶ Die Volksgesänge, in welchen Madame Milder-Hauptman u. Mademoiselle Eunicke singen, sind mit das beste, die lebenden Portraits u. das Drama nicht viel.¹⁵⁷ Es ist der ganze Hof dort. Es währt von 11–2.

Nach Tisch suche ich Schmidding, Süvern, Niebuhr auf, ohne sie zu finden. Die Frau v. Savigny begleite ich zu Schleyermacher, u. gebe Savigny, den wir dort finden, ein Exemplar jenes Fragments. Dann gehe ich zu Goetze, wo ich Brentano finde, und mit Beyden zu Bülow zum Thee, wo die Gerlachs noch sind; wir hören ein Mährchen, von Brentano vorgelesen, u. bleiben bis gegen 12 Uhr.¹⁵⁸

---

gewöhnlich als Mitglied des hiesigen Schulverwaltungs Raths den Inhalt einer jeden selbst verificirt habe" (J. von Groote an J. A. Sack, Köln, 23. März 1816, Entwurf; Archiv Haus Londorf, Herr von Groote, Familienbriefe, 1.1., Nr. 79). Anfrage und Verzeichnis mit einem Brief seines Bruders erreichten E. von Groote am 3. April in Berlin.

¹⁵⁶ Wegweiser für Fremde, S. 42 f.: „Das Opernhaus. Ein freistehendes Gebäude, hat 261 Rheinländische Fuß Länge, 103 ¼ Fuß Breite, mit einer schönen Säulenstellung von gereifelten Korinthischen Säulen und vielen Statuen. Es wurde 1787 von außen und innen verschönert, und nach dem Plane des Herrn Geheimenraths Langhans die königliche Loge oval mit einer Kuppel gebaut, die von acht gereifelten vergoldeten Korinthischen Säulen getragen wird. Die ersten Rang-Logen werden mit Kariattiden von weißem Gipsmarmor, die zweiten und dritten aber mit Konsolen unterstützt. Vier vergoldete Korinthische Säulen machen die Vorbühne, wo auf jeder Seite drei Logen über einander angebracht sind. Mitten in der Decke hängt ein in Frankreich gearbeiteter Kronenleuchter, nebst einem großen Hohlspiegel von Stahl, der die Erleuchtung verstärkt." Ebd., S. 193: „Billets auf gesperrte Sitze und ganze Logen erhält man in der Intendantur. Die Kasse wird um 4 Uhr geöffnet, und das Schauspiel fängt um 6 oder ½ 7 Uhr an. [...] Zu den königlichen Schauspielen gehören auch die deutschen Vorstellungen der Opern und größere Schauspiele im königlichen Opernhause, die jetzt fast alle Wochen statt finden [...]. Alsdann pflegt in der Regel im Schauspielhause keine Vorstellung gegeben zu werden."

¹⁵⁷ Allg. musikal. Zeitung, Nr. 20, 15. Mai 1816, Sp. 329 f.: Am 3. April fand im Opernhaus eine „Vorstellung zum Besten des vaterländischen Vereins [statt], die wegen ihres wohlthätigen Zwecks sehr besucht war, und auch mehres Angenehme darbot. Den Anfang machte das Monodrama Sappho, mit Musik vom Herrn Kapellmeister Weber [Bernhard Anselm Weber], der eine Ouverture, die Chöre der Priester und die musikalischen Zwischensätze geschrieben hatte [...]. Darauf folgte: ein Volksgesang, vierstimmig im echten Charakter des Volksliedes componirt vom Herrn Prof. Zelter." Außerdem gab es u.a. die Ballade Das stumme Kind, mehrere Bilder mit lebenden Personen, das vierstimmige Lied Fried' und Unschuld, schließlich das Schauspiel in einem Akt Lieb' und Versöhnen oder die Schlacht bey Leipzig. Diese Vorstellung wurde am 17. April im Opernhaus wiederholt. Das Dramat. Wochenbl., Nr. 18, 4. Mai 1816, S. 139 f. kritisierte einige ihr nicht angemessen erscheinende Programmpunkte (ebd., S. 140): „Wenn die Kunst an solche Begebenheiten erinnern will, wodurch das Höchste und heiligste entschieden und gerettet ward, so muß es auf eine für die Sache, die Nation und die Kunst würdigere Weise geschehen, wenn man nicht Gefahr laufen will, in den Verdacht zu gerathen, als triebe gemüthloser Witz und Leichtsinn mit dem Heiligsten seinen Spott." Das Erinnern müsse „würdig der Sieger, der Geretteten, würdig der Geschichte, würdig der Kunst, selbst so viel als möglich schonend für – den Besiegten" sein.

¹⁵⁸ Ernst Ludwig von Gerlach in seinem Tagebuch: „3. April, abends. Wir haben heute bei Bülow in seinem neuen Quartier Tee getrunken. Pumpelino Holzbock" (in: Schoeps, Aus den Jahren, S. 182).

Den 4. April [1816].

Ich lasse mir die Haare schneiden. |: 1.4 :| Dann lese ich die Schuld von Müllner[159] bis gegen 2, wo wir zu Tisch gehen. Nach diesem führt mich Netz zu Frau v. Hofer, was mich eben nicht besonders interessirt. |1v| Dann gehen wir zu Wolff, der mir in seiner großen Fidelität ein goldenes Obstmesser schenkt. Bey ihm ist des Prof. Heise's Bruder. Den StaatsRath Nicolovius finde ich nicht. Dem Frl. v. Staegemann begegne ich an ihrem Hause, u. gehe eine Strecke mit ihr. Zu Hause finde ich bey Netz Lamprecht; ich ziehe mich rasch an, u. wir gehen zusammen in's Theater, wo Clavigo[160] von Göthe gegeben wird. Um 8 ½ Uhr gehe ich zur Frau v. Humbold, wo flott getanzt wird. Die Frau v. Savigny behauptet bey mir ihre Protektorinstelle. Die kleine Gräfinn Hasler ist sehr niedlich. Die Schwester der Frau v. La roche, mit dem Louisenorden.[161] – – Savignys Erklärung gegen die Schrift Wallraf's,[162] als ein geschmackloses, übertriebenes Machwerk. Die Doctores Wolffart u. Koreff. Ersteres frevelhaftes Behaupten, durch Seinen Magnetismus nun schon in alle Mysterien u. Wunder der ganzen Vorwelt zu schauen! Der Mensch versuche die Götter nicht! – Savigny will mich zu Professor Eichhorn führen. –

Den 5. April [1816].

Wir lesen Brentanos Gründung von Prag zu Ende. Der Lieutnant Michaelis mit Netzens Tasse. Vor Tische gehe ich zu Savignys, der Prof. ist unwohl. Er will mich aber doch nach Tisch zu Prof. Eichhorn führen, wie er mir versprochen hat. Eiferige Äußerungen gebe ich über das Wesen des Magnetismus von mir. Man

---

[159] Das Trauerspiel: Die Schuld von Adolph Müllner wurde 1813 in Wien uraufgeführt und erschien 1816 als Druck.

[160] J. W. von Goethe, Clavigo, Trauerspiel, 1774. Vgl. eine Rezension vor allem der Charaktere, Schauspieler und Schauspielerinnen der Aufführung am 4. Apr. 1816 (Dramat. Wochenbl., Nr. 16, 20. Apr. 1816, S. 122–125). Die Rolle des Clavigo war „neu besetzt und einstudirt" (ebd., S. 122). Ebd., S. 124: „Herr Devrient als Karlos gab den vollendeten, in sich selbst einigen Egoisten mit einer solchen Ruhe und Sicherheit, daß wir abermals recht klar anerkannten, was der Dichter mit diesem Charakter gewollt hat. Der ganze Karlos ist eine kalte, glatte Felsenwand, auf der keine Blumen gedeihen, und gerade so wie wir ihn jetzt und oben geschildert haben, gab ihn Herr Devrient." C. Fr. Zelter an J. W. von Goethe, Berlin, 4. Apr. 1816: „Abends. Eben komme ich aus Clavigo. Ein fremder Schauspieler, Julius, von Breßlau hat sich den Beaumarchais zugeeignet, doch nicht bezwungen. Ein Retter, Rächer muß eine klingende Stimme haben. Das Stück ging überhaupt weder recht auseinander noch recht zusammen und ist doch ein glattes Stück was sich leicht wegspielen sollte; doch ich fürchte es fehlt an Aufsicht bey den Proben, ja mir fällt eben nicht einmal einer ein der sie führen sollte" (in: Ottenberg/Zehm, Briefwechsel, S. 410).

[161] Der Luisenorden, gestiftet 1814, war der höchste Orden des preuß. Staates für Frauen. Wegweiser für Fremde, S. 79: „Er besteht in einem kleinen schwarz emaillirten goldenen Kreuz. […] Er ist für Frauen bestimmt, die im letzten Kriege sich der Verwundeten annahmen. Die Zahl ist auf 100 beschränkt. Den Vorsitz führt die Frau Prinzessin Wilhelm von Preußen."

[162] F. Fr. Wallrafs unvollendete Denkschrift zur Universitätsfrage.

giebt mir in vielem Recht. Die Frau v. Savigny scheint mich wohl zu begreifen, u. ich mag mich ihr vielleicht empfehlen. Nach Tisch schreibe ich, bis um 5 Uhr. Savigny kommt, u. mich zu Prof. Eichhorn führt. Der Mann gefällt mir, u. was ich ihm von Cöln sage, scheint ihn sehr zu interessiren. Er will verreisen, u. wir bleiben daher nicht lang. Dann gehe ich zu Reimer in ihr neues Haus oder Schloß.[163] Ich warte auf Reimer lange; gehe aber, als er kommt, bald ab, da er zu thun zu haben scheint. Ich ziehe mich an, u. gehe zum StaatsKanzler, wo Niebuhr mir seine Einladung auf morgen zu Tisch |2r| wiederholt. Aus seinem lauten Gespräche, was er mit dem Fürsten hat, höre ich, wie wenig hier eigentlich von bestimmten Instruktionen u. Geschäften die Rede ist. Er bittet sich die Erlaubniß aus, auf der Durchreise sich in den bedeutenden Städten aufhalten zu dürfen etc. etc.[164] Der Fürst sagt, alles, was er noch haben müsse, liege schon auf seinem Tische zur Ausfertigung bereit, u. vertröstet ihn bis zum Anfang May. Ach Gott, wenn es so in wichtigen, dringenden Sachen geht, was ist von andern zu erwarten. – Graf Salm scheint sich sehr zu langweilen; er will mich durchaus besuchen. Ich muß ihn Niebuhr vorstellen. Der Fürst sagt mir dießmal nichts. – Nach diesem gehe ich nach Hause, u. schreibe weiter an Joseph.[165] – Feuerzeug. –|: 1 Fr.:|

Den 6. April [1816].

Ich schreibe an Joseph u. an Sack wegen der Bönnischen Bücher aus Paris. Der Schneider bringt mir eine Weste, die er mir von den alten seidenen Hosen gemacht hat, nimmt andere Sachen, einen Rock zum umwenden etc. mit. Ich erhalte Josephs Briefe vom 28. Maerz mit der Fortsetzung von Wallrafs Schrift.[166] Erst gegen 2 ½ bin ich mit den Briefen fertig, u. gehe zum Geheimen StaatsRath Niebuhr. Dessen vielgereister Diener. Wir gehen zu Tische in's Casino, wo ich StaatsRath Nicolovius die Fortsetzung von Wallrafs Schrift gebe, die er sehr gerne erhält. Ich rede mit Jacobi wegen der Rheinzölle, mit Süvern, Staegemann etc. Nach Tisch gehe ich mit Major Hüser zu Reimer, dann halten wir auf der

---

[163] E. von Groote besuchte G. A. Reimer in dessen gerade erworbenem Haus (Schwerinscher Palais), in der Wilhelmstr. 73. Der formelle Kauf fand am 4. Okt. 1816 statt. E. M. Arndt schrieb am 4. Juni 1816 an einen Freund: Die Anschrift des Buchhändlers Reimer sei Wilhelmstr. 73 und fügte hinzu: „In seinem schönen Hause sitze ich jetzt und schreibe dies" (in: Dühr, Arndt, S. 508). Das Palais wurde bald zu einem Mittelpunkt des Berliner gesellschaftlichen Lebens. In dem nun großbürgerlich gewordenen ehemaligen Adelssitz wurden auch Wohnungen vermietet: so an Familie Schleiermacher und an Immanuel Bekker. Das Gebäude ging 1858 in den Besitz des preuß. Königs über, seit 1919 war es Sitz des Reichspräsidenten, seit 1939 gehörte es zum Reichsaußenministerium, 1960 wurde es abgebrochen (Reimer, Passion, S. 117–124; Demps, Berlin-Wilhelmstraße, S. 305 f.).

[164] Niebuhr wollte also seine Reise nach Rom zu Besichtigungen unterbrechen.

[165] E. von Groote an J. von Groote, Berlin, 5. u. 6. Apr. 1816 (HAStK, Best. 1552, A 20/9). Siehe Briefe und Schriften.

[166] Gemeint sind weitere Teile von Wallrafs Denkschrift zur Universitätsfrage.

Straße Conversation mit der Gräfinn Voss, die eben zu Radziwill zur Probe des Fausts[167] fahren will. Nachher finden wir Gerlachs, gehen aber bald alle auseinander. Abends lese ich in der May Käfer Gesellschaft meinen Jacobo Montano.[168]
|2v|

Den 7. April [1816]. Sonntag.

Für Schuhflickerlohn. |:1.7:| Netz hat seinen Urlaub erhalten. Er hat eine Uebersetzung des Tacitus De rebus Germaniae von Toennies[169] gekauft, welche ziemlich gut zu seyn scheint. In der Kirche Brentano, Schmidding, der Fürst Radziwill mit seinem Sohne sehr auferbaulich. Er giebt den Armen nachher eigenhändig. – Mit Brentano gehe ich später zu Savigny, woselbst wir zum Essen bleiben. Savigny noch unwohl. Die Frl. Fouque; mit Niebuhr[170] gehe ich gegen 5

---

[167] C. Fr. Zelter an J. W. von Goethe, Berlin, 7. Apr. 1816: „Gestern war die erste Leseprobe vom Faust, zu der sich, wie wir eben beginnen wollten der ganze junge Hof ansagen ließ. Da ich den Anfang zu lesen hatte so fügte sichs daß wir uns dadurch nicht stören ließen und die hohen Gäste nahmen ohne viel Knicksens und Drehens ihre Plätze ein. Die Sache ging wie unter so gemischtem Kreise eine erste Probe sein mag und ich werde mich wohl nach und nach hervor tun müssen Fluß in die Sache zu bringen wenn kein anderer es tun will. [...] Als wir mit dem ersten Akt zu Ende waren, kam unvermutet der König, der es wahrscheinlich zu Hause nicht länger hatte aushalten können da ihm alle Kinder davon gelaufen waren. Nun wurde der ganze 1te Akt wiederholt und der König der nach alter Art anfänglich gehalten und zurück war hielt über zwei Stunden still, wurde freundlich, gesprächig und wahrhaft liebens würdig" (in: Ottenberg/Zehm, Briefwechsel, S. 413). Allg. musikal. Zeitung, Nr. 20, 15. Mai 1816, Sp. 332: „Der Fürst Radziwill hat kürzlich die Chöre zu Göthe's Faust vortrefflich componirt. Sie wurden in einer Gesellschaft bey dem Fürsten in diesem Monate [April] zwischen dem Vorlesen des Textes von Mitgliedern der Singakademie sehr brav ausgeführt, und machten eine herrliche Wirkung." Am 2. April schrieb Luise von Radziwill in einem Brief über die Aufführung: „Eine Komposition meines Mannes, nämlich der von ihm in Musik gesetzte ‚Faust' von Goethe, hat mir große Freude verursacht. Sie kommt mir geradezu genial vor und ich darf zu meiner Freude sagen, daß Künstler und Kenner meine Ansicht teilen. Ich stehe ganz unter dem Eindruck dieses Musikwerks, und da ich meine Gefühle nicht zu zeigen vermag, ahnt der gute Anton gar nicht, in welchem Grade er mich durch die aus seiner Eingebung entsprungenen Klänge bewegt hat" (in: Radziwill, Luise von Preußen, S. 315). Vgl. zum Projekt der Faustvertonung die Briefe zwischen Zelter und Goethe vom 18. Febr. 1816 an (in: Ottenberg/Zehm, Briefwechsel, S. 399 u. vielerorts). Die Sing-Akademie, 1790/91 als „Privat-Gesellschaft" gegründet, wurde seit 1800 von Zelter geleitet. Um 1816 hatte sie ca. 200 Mitglieder (Frauen und Männer), die auf hohem künstlerischem Niveau Konzerte und Kirchenmusik einstudierten. Vgl. Hahn, Schauplatz, S. 437–445.

[168] E. von Groote, Epistola poetica à Jacobo montano post reditum ab academia ad amicos data, Heidelberg 1811, unveröffentlichtes Manuskript (HAStK, Best. 1552, A 60/1); vgl. Spiertz, Groote, S. 320.

[169] Kajus Kornelius Tazitus über Lage, Sitten und Völker Germaniens. Aus dem Lateinischen von Friedrich Wilhelm Tönnies, Berlin 1816; in Kommission bei Ferdinand Dümmler (Übersetzung der Germania von Tacitus).

[170] Ernst Ludwig von Gerlach notierte am 8. Apr. 1816 in sein Tagebuch: „Niebuhr ist doch ein prächtiger Kerl. Er sagte heute, er hätte lieber auf einige Jahre das Präsidium einer Regierung am Rhein angenommen und hätte das auch Hardenberg gesagt" (in: Schoeps, Aus den Jahren, S. 183).

Uhr weg. – Später will ich StaatsRath Schmidding besuchen, finde ihn aber nicht. Ich gehe einen Augenblick zu Massow hinein; dann zu Eichhorn, wo ein KammergerichtsRath Berittz (?)[171] mit seiner Frau. Ich rede mit Eichhorn ordentlich über unsre Angelegenheiten, u. wir bleiben dort zusammen zum Thee, u. Abendessen. – Bey Savigny habe ich von der Gräfinn Voss ein Conzertbillet, die der Frauenverein vertheilt, gekauft. |:3.12:|

Den 8. April [1816].

Ich lese die Uebersetzung des Tacitus weiter. Dann gehe ich, meine PolizeyCharte verlängern zu lassen, |:2.2:| u. entgehe mit Mühe der Strafe, weil ich zu lange gewartet. Ich lasse mir die Charte auf 3 Monate verlängern. Netz kommt in das Speisehaus nicht. |:2.2:| Nach Tische gehe ich mit Goetze, Bülow, u. den 3 Gerlach in den Thiergarten. |:–12:| Berger u. v. Voss gesellen sich zu uns. Die Zelten.[172] Bellevue,[173] etc. Nach 7 gehe ich mit Bülow in's Konzert. Duette von Madame Milder Hauptmann u. Mademoiselle Schmalz. Romberg.[174] – Major Brantenstein ist dort. Mit Bülow gehe ich später zu Goetze. Jener schenkt mir dort Savignys Schrift vom Beruf der Zeit zu einer Gesetzgebung.[175] Streit zwischen den Gerlachs, Goetze u. Bülow über diese Schrift. –

---

[171] Kammergerichtsrat Carl Ludwig Beelitz.

[172] Seit Mitte des 18. Jh.s boten einige Wirte im Tiergarten Getränke und Speisen an. Für diese Bewirtung waren zunächst nur Zelte, die im Winter abgebaut werden mussten, gestattet. Seit Ende des Jh.s war die Bewirtung in festen Gebäuden das ganze Jahr über genehmigt, der Name „In den Zelten" blieb jedoch. Vgl. Hahn, Schauplatz, S. 182–192.

[173] Bellevue, ein Lustschloss mit Park „unfern der Zelten" im Tiergarten gelegen, wurde von Prinz August Ferdinand erbaut. Die Grundsteinlegung fand 1785 statt. Gädicke, Lexicon von Berlin, S. 47: „Das Schloß hat einen kleinen Thurm mit einer Schlaguhr. Vor demselben ist ein freyer Rasenplatz, und hinter demselben fließt die Spree. Der Park bey diesem Schlosse ist mit einem chinesischen Gitterwerk eingefaßt, und enthält mehrere schöne Parthien nach englischer Art. [...] In dem Garten befindet sich auch ein Salon, der durch eine vielfarbige Glaskuppel von oben sein Licht erhält, mehrere Lauben, Anhöhen und ein geräumiger Gemüsegarten mit Treibhäusern. Jedermann, der sich anständig beträgt und anständig gekleidet ist, hat die Erlaubniß, den Garten zu besuchen, und man findet hier oft, besonders des Sonntags, viele Menschen versammelt." Schloss Bellevue ist heute der Amtssitz des deutschen Bundespräsidenten. Zu Bellevue: Hahn, Schauplatz, S. 411–426.

[174] Allg. musikal. Zeitung, Nr. 20, 15. Mai 1816, Sp. 330 f.: „Den 8ten [April] war zum Besten der durch den Krieg verarmten Familien Concert im Schauspielsaale. Nach der Ouverture aus Wilhelm Tell von Weber, sprach Demoiselle Maas [...] das Gedicht: Todtenfeyer der Helden. Demoiselle Schmalz sang die bekannte Scene mit Chor von Gürrlich und Herr Bernhard Romberg spielte auf bekannte Weise ein Concert. Im 2ten Theile sang Herr Fischer eine Scene mit Chor (der aber nicht zu rechter Zeit einfiel) von Poisl. [...] Da die ersten Künstler und Künstlerinnen, und die ganze königliche Kapelle diese trefflichen Stücke ausführten, so war der Genuss sehr groß."

[175] Friedrich Carl von Savigny, Vom Beruf unserer Zeit für Gesetzgebung und Rechtswissenschaft, 1814.

Den 9. April [1816].

Abrechnung mit unserer Hauswirthinn. Ich lese Savigny's Schrift über den Beruf unserer Zeit zur Gesetzgebung. Später gehe ich zu Brentano. Ich sehe bey Pistor Oetzel, u. eben da die Arbeiten an Optischen Instrumenten[176] u. dergl. Brentano |3r| schenkt mir ein kleines Neues Testament. Nach Tische gehe ich zu Goetze u. fahre mit ihm nach Charlottenburg,[177] |:1.13; 1.18:| wohin viele unsrer Freunde schon vorausgefahren sind. Wir finden sie nicht, sehen den Garten an, u. gehen, Beine schiebend, wieder zurück. Abends bin ich bei Staegemann, wo die Gräfinn Pappenheim mit 2 Töchtern.[178] Schon 10 ½ bin ich zu Hause. Netz ist seinen Geschäften nachgegangen.

Den 10. April [1816].

Bis 9 ½ lese ich Savigny's Beruf etc. zu Ende. Dann gehe ich in der Meinung, es sey Kirchendienst, zur katholischen Kirche. Aber alles ist still. Trütschler finde ich nicht. Ich gehe in das alte Ordenspallais,[179] wo ich Brandenstein, Gerlach, Roeder etc. finde. Dann kaufe ich Tabak, |:2.15:| u. gehe nach Hause, in Schillers prosaischen Werken[180] zu lesen. Netz speist mit einem Major seiner Bekanntschaft; ich für mich allein. |:1.19:| Dann gehen wir unter den Linden, u. bald nach Hause. Gegen 5 Uhr gehe ich wieder zur katholischen Kirche. Nur das poenitentiale[181] ist offen; keiner als der Küster dort. Ich gehe bald zu Wolffart. Die

---

[176] Der Geheime Postrat C. H. Pistor hatte in Berlin eine Werkstatt zur Herstellung von physikalischen, optischen und mathematischen Geräten wie Mikroskope oder Meridiankreise gegründet. In dieser Werkstatt entstand auch der auf 1816 zu datierende Preußische Ur-Maßstab. Pistor teilte seine Interessen mit Fr. A. Oetzel. Beide wurden Wegbereiter der Telegrafie. Groote kannte Oetzel, der zum Kreis um Gneisenau und Clausewitz gehörte, aus dem Feldzug 1815 und der Besetzung von Paris.

[177] Wegweiser für Fremde, S. 222: „Vor dem Brandenburger Thor. Hier führt eine Chaussée nach Charlottenburg, einer Stadt und königlichem Lustschloß mit einem schönen und weitläuftigen Lustgarten. Unter der Regierung des vorigen Königs ist in der Gegend des Schlosses ein neues Orangeriehaus, ein Komödienhaus, ein gothisches und ein otaheitisches Angelhaus, und an der Spree ein Belvedere gebauet worden." Otaheitisches Kabinett: Raum, dessen Ausstattung sich an Vorstellungen von einer Südsee-Insel (Tahiti) orientierte.

[178] Die Tochter des Staatskanzlers Hardenberg, Gräfin L. A. W. Chr. von Pappenheim, lebte seit 1802 getrennt von ihrem Ehemann K. Th. Fr. von Pappenheim. 1816 wohnten mit ihr in Berlin ihre leibliche Tochter Adelheid von Pappenheim sowie ihre Pflegetochter Helmine Lanzendorf. Beide galten als sehr schön, in Helmine verliebte sich Friedrich Wilhelm III.

[179] Ordenspalais: Das 1737 errichtete Gebäude Wilhelmsplatz Nr. 8/9 war zunächst im Besitz des Johanniterordens, seit 1811 war es Eigentum des preuß. Staates. Wegweiser für Fremde, S. 51: Am Wilhelmsplatz liegt „das vormalige Ordenspalais, jetzt Wohnung des Prinzen August Ferdinand von Preußen No. 9. Darin ist der Rittersaal, mit vielen Bildnissen der Ordensmeister und Komthure in ganzer Statur. Hinter demselben ist ein weitläuftiger Garten." Die Gebäude wurden im 2. Weltkrieg zerstört; im Nachfolgebau residiert seit 1999 ein Bundesministerium.

[180] Möglicherweise: Friedrich Schiller, Kleinere prosaische Schriften: Aus mehrern Zeitschriften vom Verfasser selbst gesammelt und verbessert, Leipzig 1792 oder eine der späteren Ausgaben.

[181] Poenitentiale eigentlich: Bußbuch, in dem die Bestimmungen zu Beichte und Buße aufgeführt sind; Groote meint möglicherweise die Sakristei.

Schläferinn v. Puttlitz[182] daselbst, die sich bey meinem Gedanken an sie bewegt. Die Magnetisier Maschinen.[183] Die Frau v. Humbold kommt mit ihrer Tochter, letztere braucht das sogenannte Raquet.[184] – Pfuel, Niebuhr, Fürst Radziwill, Voss. Ich bleibe bis gegen 7 ½, u. gehe bald zur Gräfinn Voss, wo Grollmann, StaatsRath Schoen, General Schoeler, Niebuhr, Schleiermacher, Savigny etc. Ich unterhalte mich meist mit der niedlichen Gräfinn Hasler, die mir nicht abhold scheint. – Interessanter Streit zwischen Grollmann, Savigny, – Schoen u. Niebuhr über die Verderblichkeit oder den Vortheil, alle Provinzen nach derselben Art zu regieren u. zu verfassen. – Trinkgeld. |: 1.4 :|

Den 11. April [1816]. ✝.[185] Gründonnerstag.

Ich gehe nun wieder gegen 7 U. zur katholischen Kirche. Es |3v| ist still dort; wenige beichtende, u. betende Menschen. |: –6– :| Ich bleibe bis nach dem Hochamt 10 Uhr. Da nun Netz u. unsre Hausfrau ausgegangen, kann ich nicht in's Haus. Ich komme um 11 U. wieder u. kann noch nicht hinein. Bey Beuth finde ich einen Brief von Joseph vom 4. laufenden Monats u. einen von Liversberg. Schinkel ist nicht zu Hause. Bey Brentano bleibe ich bis zur Essenszeit; |: 1.7 :| dann gehe ich mit ihm und kaufe mir ein Billet zum morgigen Oratorium, |: 2.8 :| und gehe still nach Hause, mich im Geiste nach Cöln in die alten hohen Kirchen versetzend. – Gegen 6 U. kommt Brentano, u. ich gehe mit ihm in den Thiergarten, wo wir fast alle unsre jungen Freunde finden. |: –12 :| Wir bleiben nur bis gegen 7 U. Dann gehe ich, mich anzuziehen, u. bald zu Staegemann, wo der Geburtstag der Frau v. Staegemann gefeyert wird. Laura ist krank; aus einem einstudirten Drama wird daher nichts, man geht um 10 ½ ab. |: 1.4 :|

Den 12. April [1816]. Charfreytag.

Ich lese zu Hause bis gegen 9 ½, u. gehe dann in die Kirche. Mehrstimmige Passionsgesänge.[186] Gedränge vorwitziger Protestanten. Ich gehe mit Frau v. Savigny nach Hause, u. in ihren schönen Garten. Savigny kommt auch aus der

---

[182] K. Chr. Wolfart behandelte Sophie von Putlitz, die Ehefrau des Oberlandesgerichtsrats C. Fr. J. von Putlitz. Vgl. einen offenen Brief des von Putlitz, in dem er Wolfart seinen „tief empfundenen Dank für die Erhaltung meiner Gattin, die dem Tode geweiht schien", aussprach. Der Brief war auf den 22. Juni 1816 datiert (Berlin. Nachr., Nr. 79, 2. Juli 1816).
[183] Als „Magnetisiermaschinen" konnten starke Magnete oder elekrisierende Geräte verwendet werden.
[184] Raquet, hier: vermutlich Schläger für ein Ballspiel.
[185] Ein gezeichnetes Kreuz bedeutet, dass Groote in der Messe an der Kommunion teilnahm.
[186] Ernst Ludwig von Gerlach vermerkte am nächsten Tag in seinem Tagebuch: „Ostersonnabend, 13. Apr. 1816. Gestern abend hörten wir die herrliche Passionsmusik. De Groote führte mich dahin, wo Fockens saßen. Vor ihnen Grolman. Heute abend war Klub, zuerst im Thiergarten. Es war ein Gewitterregen gewesen und kalt, wenig draußen" (in: Schoeps, Aus den Jahren, S. 183).

Kirche von Hermes. Alles ist feyerlich gestimmt. Die Frau v. Berg kommt. Die beyden kleinen Gräfinnen Voss u. die Bettine Savigny schicken mir durch Franz Savigny Veilchen. Wie ich sie dafür einfange, u. doch kein dankendes Küsschen bey den schlauen, lieblichen Kindern anbringen kann. Gegen 2 gehe ich nach Hause, nachdem ich mancherley mit Savigny geredet, u. von dem freundlichen Manne auch einen Kuß zum Abschied erhielt. Ich lese still bey mir. Um 3 kommt Netz. Gegen 4 gehe ich wieder zur Kirche, wo die Lamentationes[187] ziemlich gut gesungen werden. Um 5 ½ gehe ich in den Opernsal, der sich schon sehr füllt.[188] Mit Mühe nur erhalte ich mein Billet umgewechselt, um in die Mitte des Sals zu kommen. Ich kaufe einen Text, |: 2.10:| u. sitze bey dem Frl. Foque u. Silberschlag. Um 10 bin ich zu Hause, u. da ich heute nichts aß, gehe ich um 11 sehr hungrig zu Bette. |4r|

Den 13. April [1816].

Ich schreibe an Joseph u. an Graf Solms. Die Wäscherinn kommt zu mir, bringt meine Wäsche, |:4.19:| dann der Schneider, dem ich seine Rechnung an Flicklohn, für einen umgewandten Rock u.s.w. bezahle.|:14.8:|– Nach diesem kommt der Mediziner Olvers aus Münster zu mir, mit dem ich über manche naturhistorischen u. medizinischen Dinge rede. Seinen Widerwillen gegen Wolfart[189] u. Compagnie. – Ich ende meine Briefe bis um 2, wo ich mit Netz und dessen Leutnant Kaempher zu Tisch gehe. Nachher siegle ich meine Briefe, Netz bringt sie zur Post. Ich gehe später zur Gräfinn Voss, um wegen der heutigen Probe des Fausts bey Radziwill zu fragen; diese hat nicht statt. Ich finde den Graf Voss daselbst. Später gehe ich mit Netz zu Frau v. Hoven, wo ich mich in Karten- u. Klein Spielen bis gegen 11 langweile.

---

[187] Lamentationes Jeremiae (Klagelieder des Jeremias, Altes Testament) werden entsprechend katholischer Tradition am Gründonnerstag, Karfreitag und Karsamstag rezitiert oder gesungen.
[188] Gädicke, Lexicon von Berlin, S. 429 f.: Das Opernhaus fasste 6.000 Personen. „In der Größe folgt es zunächst auf die Opernhäuser zu Neapel und Bologna, und übertrifft die zu Rom, London und Paris." Allg. musikal. Zeitung, Nr. 20, 15. Mai 1816, Sp. 331: „Den 12ten [April] führte Herr Prof. Zelter vor einem überaus zahlreichen Auditorium Grauns Tod Jesu durch die Unterstützung der, unter seiner Leitung blühenden Singakademie aus; die Demoiselles Sebald und Cramer, und die Herrn Stürmer, Zelle und Hellwig trugen die Solopartien vor."
[189] K. Chr. Wolfart reichte dem König am 2. Mai 1816 eine Denkschrift ein, in der er seine Heilerfolge darstellte, um den Widerstand der Medizinischen Fakultät gegen diese Therapie zu überwinden. Wolfart lehrte an der Berliner Universität im Sommersemester 1816: „Die allgemeine Therapie nach dem Mesmerismus, Mittwochs und Sonnabends von 9–10 Uhr" (Verzeichniß der Vorlesungen, welche von der Universität zu Berlin im Sommerhalbjahre 1816 vom 17ten April an gehalten werden).

Den 14. April [1816]. Ostern. Jahrtag meines Auszugs von Cöln. [190]

Netz packt seine Bücherkasten. Ich fange einen Brief an Graf Groeben[191] an, den ich der Generalin Gneisenau mitgeben will. Um 11 höre ich noch ein Stück der Predigt des westphälischen Geistlichen, u. nachher Messe, dann gehe ich zu Beuth, der krank zu Bette liegt, wegen der Geschichte mit seiner Braut, die ihm untreu geworden.[192] Seine Schwester erzählt mir davon. Briefe von Sulpitz Boisserée.[193] – Ich gehe zu Frau v. Laroche, von dort bald zu Tische, von dort zu Gerlach, u. mit diesem u. Götze in den Thiergarten, u. später zu Frau v. Groeben, die ich bey ihrem kranken Julius finde. Der Graf kommt erst später. Nach 10 U. setze ich meinen Brief an Groeben fort. Ich habe Netz 20 Preußische Thl. geliehen, die er mir am 1. May, wenn hier sein Gehalt fällig ist, durch Lieutnant Kaempfer wieder will auszahlen lassen. Er ist mir ausserdem von der Reise schuldig 40 Friedrichdor. Ich habe auf derselben ebenfalls gebraucht 20 Friedrichdor = Fr. 816. Auf gemeinschaftliche Casse habe ich ausserdem in Berlin verzehrt Fr. 53, St.10. (816 + 53,10 = 869,10). |4v|

Den 15. April [1816].

Netz will heute fort. Er packt auf und geht mit seinen Sachen zur Post. Ich gehe inzwischen in die Kirche, und von dort nach Hause, meine Briefe an Groeben u. an die Frau v. Clausewitz zu vollenden. |:–6 S.:| Um 11 gehe ich mit Netz, den ich bey der Frau v. Hoven abhohle, zur Post, u. er fährt mit seinem Burschen bald nachher ab. Ich scheide betrübt von ihm, denn er ist ein guter Kerl, mit dem ich nun wieder [ein] ½ Jahr meist angenehm gelebt habe. Wer weiß, wo ich ihn wieder sehe! –

Nun eile ich nach Hause, ende und siegle die Briefe, u. bringe sie zur Gräfinn Gneisenau, woselbst ich viele Leute, die Gräfinn Voss, Major Horn u.a. finde. Die Gräfinn übernimmt meinen Brief, u. wird wohl übermorgen reisen.[194] Ich begleite die Gräfinn Voss, u. gehe zu Savigny, wo ich den Prof. Heise finde, der mit Savigny über juristische Streitpunkte spricht. Noch kommt Holweg hin, u. wir bleiben einen vergnügten Mittag zusammen. Die Frau v. Savigny sucht noch immer, über mein hiesiges Treiben allerley Vermuthungen aufzufinden, fragt stets, wegen der Kirche, Abendmahl, u. dergl. Aber ich sehe doch, daß sie es

---

[190] Am 14. Apr. 1815 hatte E. von Groote Köln verlassen, um sich der preuß. Armee unter Feldmarschall von Blücher anzuschließen. Vgl. Groote, Tagebuch, Bd. 1, S. 53.
[191] E. von Groote an Carl von der Groeben, Berlin, 15. Apr. 1816. Im Nachlass Groeben, Geheimes Staatsarchiv Berlin, ist keine Korrespondenz mit E. von Groote erhalten.
[192] Groote berichtete seinem Bruder ausführlich über Beuths unglückliche Liebe (E. von Groote an J. von Groote, Berlin, 26. Apr. 1816; HAStK, Best. 1552, A 20/10). Siehe Briefe und Schriften.
[193] S. Boisserée hatte am 4. Apr. 1816 vermerkt: „Brief an Groote" (S. Boisserée, Tagebücher, Bd. I, S. 312).
[194] Karoline Juliane von Gneisenau reiste zu ihrem Mann nach Koblenz.

immer einrichtet, sich oft mit mir zu unterhalten. Sie will mit mir als ihrem Rheinländischen Landsmann etwas brilliren. Nach Tisch geht eine Hetze im Garten los mit Jagen der Kinder, Ostereyersuchen, u. dergl.

Später gehe ich zu Reimer. Annchen[195] behauptet im Halbdunkel, StaatsRath Niebuhr mache Gesichter, u. weint darüber. Dem StaatsRath wird ganz unheimlich dabey. – Nachherige Äußerung Reimers, Gneisenau führe ein wildes, lokkeres Leben in Coblenz, wie Niebuhr wissen wolle, u. daher Verwunderung, daß er seine Frau kommen lasse. Ich gehe heimlich von Reimers weg, nachdem Schleiermacher u.a. zum Thee kommen. Ich ziehe mich an u. gehe bald nach 9 U. zur Prinzess Louise, wo großer Cirkel, Frau v. Berg, Humbold, Hedeman u. seine Frau, u. viele andere sind. Es werden in Kartenloterien zu 2 malen kleine Lose (Blumen, Leuchter, Börsen, Pomade etc.) ausgespielt, von denen ich nichts gewinne. |:3.6:|·|5r|

Den 16. April [1816].

Ich gehe frühe zu Götze, wegen des Stiefelputzers. Erörterung über die zweifelhafte Aussprache des Worts Novalis, aus der Georgica des Virgils.[196] (Novalis, Brachfeld, Hardenberg?)[197] Ich erhalte von Goetze Fenebergs Leben von Seiler.[198] Ich lese zu Hause Arnims Isabella von Egypten.[199] Es kommen von Rappard Vater u. Sohn zu mir, wegen einer nachzusuchenden Wohnung in diesem Hause. Ich esse mit Goetze, Bülow, Brentano. |:1.19:| Erster u. letzter gehen Abends zur Liedertafel.[200] Nach Tisch holen wir v. Gerlachs, u. gehen zu v. Voss, wo wir Caffé trinken.[201] Ich lese daselbst den Auszug aus Göthes Schrift: Kunst u. Alterthum am Rhein u. Main, im Morgenblatt.[202] Später gehe ich noch mit

---

[195] Anna Reimer war 1816 drei Jahre alt.
[196] Vergil, Georgica (Gedichte vom Landbau), entstanden zwischen 37 u. 29 v. Chr.
[197] Der Dichter Friedrich von Hardenberg nannte sich Novalis, eine Übersetzung von Brachfeld, Neuland.
[198] Johann Michael Sailer, Aus Fenebergs Leben, München 1814.
[199] Achim von Arnim, Isabella von Ägypten, Erzählung, Berlin 1812.
[200] Der Männerchor Berliner Liedertafel wurde 1809 von Zelter gegründet. Der Chor traf sich im Englischen Haus, Mohrenstr. 49, einem bei Künstlern und Literaten beliebten Lokal.
[201] Ernst Ludwig von Gerlach in seinem Tagebuch, 16. Apr. 1816: „Dienstag nach Ostern, 11 Uhr abends […]. Welch ein nie zu ergründender Schacht und eine ewig reiche Goldmine ist das Studium der Geschichte. Das ist doch vielleicht am Ende mein Beruf, bis mir Gott einen anderen bestimmt; wer nur den Weg wüßte. Aber der läßt sich finden. Alles Gute liegt auf einem – geoffenbarten – Wege. Hänge nur deine Liebe und Freundschaft nicht an so gebrechliche Nägel als Gespräch, Witz, Ansicht. Wie kannst du dich wundern, wenn die Nägel brechen oder fallen und, was du daran gehängt, auch in den Staub fällt. Wir waren am Nachmittag (Wilhelm, Goetze, Brentano, Bülow, de Groote) bei Voß, da das Aprilwetter uns nicht in den Tiergarten gehen ließ" (in: Schoeps, Aus den Jahren, S. 184).
[202] J. W. von Goethe, Ueber Kunst und Alterthum. Die Erläuterungen zum Erscheinen des ersten Hefts in der J. G. Cotta'schen Buchhandlung im März 1816 veröffentlichte das Morgenblatt in drei

Ludwig Gerlach u. v. Voss in den Thiergarten, gegen 7 nach Hause, wo ich mich anziehe. v. Humbold finde ich nicht. Nach 8 gehe ich zu v. Savigny, wo ich geladen bin, u. wo ich mit den Damen (Frau v. Berg, Gräfinn Voss, den Frauen Eichhorn u. Goeschen), dann mit Eichhorn über Boisserées Briefe, mit Heise u. Niebuhr mich angenehm unterhalte. Noch sind daselbst der StaatsRath Schoen, Prof. Goeschen, StaatsRath Nicolovius, u. Heises Reisegenoß. Da ich ziemlich die Unterhaltung, besonders der Damen, leite, scheine ich mich der Hausfrau neuerdings gar wohl zu empfehlen. Von jungen Hausfreunden, bin ich auch der einzig geladene. – Trinkgeld. – |:1.4:| Nach Mitternacht gehen wir erst auseinander.

Den 17. April [1816].

Ich zahle meine Frühstückrechnung, |:3.18:| u. lese Arnims schöne Erzählung von der Isabella aus Egypten zu Ende. – Stiefelflicken. |:–3:| Bey Tische |:2.2:| finde ich Goetze u. Brentano, mit denen ich nachher auf den Doenhofschen Platz[203] gehe, alte Bücher anzusehen. Goetze kauft eine schöne Sammlung von Jacob Boehmes kleine Schriften.[204] Es ist noch Ein Band da, von meiner Ausgabe von Jacob Boehme. Jene beyden wollen auf den Abend zu mir kommen. Ich gehe später zu StaatsRath Schmedding, der mir viel von den Ansichten des Königs über den Catholizismus, dessen Zwang der Soldaten in die protestantischen Predigten zu gehen, obschon |5v| sie katholisch sind, u.s.w. sagt. – Nach 7 ½ kommt Goetze, nachher Brentano; ich lese ihnen meinen Traum im Walde,[205] in welchem Brentano eine Hindeutung auf die Entstehung der gothischen Baukunst entdekken will, den ich nicht hineingelegt.

Sie bleiben bis nach 10 U. u. nun geht die Sturmglocke, die Wächter blasen, u. es ist Feuerlärm. Ich gehe aus, doch lange, ohne die Gegend des Brandes entdecken zu können. Ich folge einem Wagen, der Feuerleitern fährt, u. hoere am Schlosse, daß es ein unbedeutendes Feuer in einem Hinterhause auf der Königsstraße gewesen sey. So gehe ich um Mitternacht nach Hause zurück. Ich habe

---

Teilen. Der 1. Teil begann: „Um dieses erste Heft zu beurtheilen, ist es nothwendig, Veranlassung und Ursprung desselben zu kennen. Bey einem zweymaligen Aufenthalte am Mayn und Rhein, in beyden vergangenen Sommern, war's dem Verfasser angelegen, nachdem er seine vaterländische Gegend lange nicht gesehn, zu erfahren, was, nach so vielem Mißgeschick, sich daselbst, bezüglich auf Kunst und Alterthum und die sich anschließende Wissenschaft, befinde, wie man es zu erhalten, zu ordnen, zu vermehren, zu beleben und zu benutzen gedenke." In diesem Teil des Artikels wurde auch Goethes Bericht über Köln, die dortigen Kunstsammlungen und den Dom vorgestellt (Morgenblatt für gebildete Stände, Nr. 60, 61 u. 62, vom 9., 11 u. 12. März 1816).

[203] Dönhoffplatz an der Leipziger Straße, genannt nach dem preuß. Militär Alexander von Dönhoff. Seit 2010 Marion-Gräfin-Dönhoff-Platz. Am Dönhoffplatz/Leipziger Straße 55/56, später 75, befand sich das Palais Hardenberg, in dem seit 1804 Staatskanzler von Hardenberg wohnte.
[204] Vermutlich: Schriften des Philosophen und Mystikers Jakob Böhme.
[205] Traum im Walde: Auf welches seiner Gedichte Groote hier verwies, ließ sich nicht klären.

von meiner Wirthinn gehört, daß ich auf heute zum Prinzen Wilhelm zu Tische gebethen sey, kurz nachdem ich zum Essen seye ausgegangen. Um 3, habe er gesagt, sey es noch frühe genug. Es ist mir recht leid, dieß versäumt zu haben.

Den 18. April [1816].

Ich lese die Arnimschen Erzählungen zu Ende. – Dann gehe ich zu Graf v. Groeben, mich wegen der gestrigen Einladung zum Prinzen Wilhelm zu erkundigen. Ich finde weder ihn, noch die Gräfinn, sondern nur den kleinen Julius, bey dem ich, da die Eltern nicht nach Hause kommen, ein Billet lasse. Ich gehe zu Tische mit Bülow u. Goetze; |:1.10:| mit letzterem kaufe ich nachher zwey Rauchtabacksdosen, |:3.12:| die wir uns wechselseitig zum Andenken schenken. Dann gehe ich nach Hause, lese noch etwas, und da ich später den StaatsRath Süvern nicht zu Hause finde, gehe ich zu Beuth. Bey ihm ist sein Schwager in spe, Graf Mons. Rauch kommt u.a., so daß ich über seine verunglückte Bräutigamgeschichte nicht mit ihm reden kann. Später gehe ich nach Hause, ziehe mich an, u. gehe gegen 9 U. zu Staegemann, wo ganz fidel getanzt wird. Die Frau v. Savigny ist dort, u. versichert mich wiederholt ihrer Gewogenheit. Ich tanze mit der Hedwig Staegemann, der Laura, der Frau v. Hedemann. Die beyden Gräfinnen Pappenheim, die kleine gleicht ganz einer Pariserinn. Es währt bis gegen 1 U. |:Trinkgeld 1.4:| |6r|

Den 19. April [1816].

Nach langem Schlafe setze ich mich stille zu Arnims Theater[206] nieder. Wiederholt wird von Weibsleuten nach Netzens Kunst gefragt, der versichert haben soll, er bliebe nur 3 Tage weg. Da mag etwas in obscuro seyn. – Das Wetter ist sehr milde. Mich durchziehen allerley Gedanken, über meine Zukunft, um sie zur Ehre hinzuleiten. Ich kann wohl fromm beten. – Ich finde bey Tische Goetze u. Bülow, die aber bald weggehen. Nach Tische kaufe ich mir ein Dintenfaß, |:1.13:| Papier und ein gebundenes Buch, |:5.2:| um meinen Tristan abzuschreiben, u. gehe nach Hause, wo ich mir das Buch zum abschreiben einrichte. Später gehe ich zu Herrn Kabinetts Rath Eichhorn, dem ich Sulpitz Boisserée's Brief zeige, u. den ich wie immer, als einen freundlichen, mir wohlwollenden Mann finde. Der Graf Salm, den ich bey ihm finde, will von Minister Schukmann wissen, daß wegen der Universität für Cöln alles entschieden sey. Uebrigens ist er ein armes Thier, dem zu imponiren nicht schwer wird. Er versichert, er habe mich aufgesucht, ist aber No. 15 statt 16 gewesen. Später finde ich Gerlachs, Voss u. Stur unter den Linden. Ludwig Gerlach u. v. Voss wollen zu Savigny gehen. Ich

---

[206] Zu diesem Zeitpunkt hatte Achim von Arnim die Dramen veröffentlicht: Halle und Jerusalem, Studentenspiel und Pilgerabenteuer, Heidelberg 1811; Schaubühne. Sammlung, Bd. I., Berlin 1813.

begleite sie.[207] Allein, Savignys gehen selbst bald aus. Wir gehen nun zu Rappard, bey dem wir Thee trinken; auch der Alte kommt. Nach 10 lese ich noch einiges in Seilers Biographie von Feneberg. – Auch den Prof. Eichhorn habe ich gesehen, der mich zu sich bat.

Den 20. April [1816].[208]

Ich mache mit dem Abschreiben des Tristan den Anfang, u. lese nachher ein Paar Stücke in Arnims Theater. Ich habe gestern Abend ein Billet von Herrn Staats-Rath Süvern gefunden, der mir seine Einladung zur gesetzlosen Gesellschaft auf heute wiederholt. – Von Brentano habe ich mir zwey Bände der Müllerschen Sammlung holen lassen, aber nicht den erhalten, worin der Tristan steht. Gegen 3 Uhr gehe ich zum Essen. In der gesetzlosen Gesellschaft sind viele Freunde, Heise, Gilbert, Niemayer u.a. Ich sitze bey Süvern, von ihm nicht weit Staats-Rath Schoen u. Eichhorn, u. ich unterhalte mich ziemlich gut. Von dort gehe ich mit Jacobi unter den Linden, dann nach Hause, u. gegen 8 ½ zu Savigny, |6v| woselbst die Familie v. Laroche, Heise, der Obrist Lützow mit seiner kleinen niedlichen Frau, Ludwig Gerlach. Wir bleiben bis gegen 12 U. Trinkgeld. |:1.4:|

Den 21. April [1816]. Sonntag.

Ich schreibe an dem Tristan bis gegen 11 Uhr. In der Kirche finde ich Brentano u. gehe mit ihm in sein Haus, wo ich den 2. Theil der Müllerschen Sammlung suche u. finde, u. ihn mir mit dem Titurell zum Abhohlen zurecht lege. Dann hohlen wir Hohlweg ab, der einige Skitzen zu Brentano's Mährchen gezeichnet hat. Auf der Straße redet mich Fürst Radziwill an, u. sagt, er habe zu mir geschickt, mich auf den Abend zur Probe des Faust's zu laden, ich möge um 6 ½ kommen. Dann gehen wir zu Schinkel, welcher sich über jene Skitzen von Hohlweg sehr freut. – Dann gehe ich mit Brentano zu Tische, |:1.1:| wir hohlen mit Götze Gerlachs ab u. gehen zu Savigny, wo wir nicht lange bleiben, sondern bald in den Thiergarten

---

[207] Ernst Ludwig von Gerlach, Tagebuch, 19. Apr. 1816: „Hardenberg in Glienicke sehr krank. Savigny, wo ich heute abend mit Voß und de Groote war, fürchtet, wenn er stirbt, noch mehr einen finstern vielköpfigen Despotismus" (in: Schoeps, Aus den Jahren, S. 185). J. A. Sack schrieb von Berlin am 8. Mai 1816 an Fr. K. vom und zum Stein über Hardenberg, den er Ende April getroffen hatte: „Der Staatskanzler hat sehr abgetakelt und ist augenscheinlich an Körper und Geist schwach geworden. Da er seit acht Tagen besonders an Halsentzündung und Hämorrhoidalbeschwerden stark gelitten, so fand ich ihn selbst elend". Sack wurde „bald inne, daß er [Hardenberg] ohne Gedächtnis, fast nichts im Zusammenhange wußte, sich von seinen schlechten Umgebungen ganz leiten lasse" (in: Steffens, Briefwechsel, S. 127 f.). Sack äußerste sich in diesem Brief äußerst negativ über „Verwirrung" und „Willkür" in der Berliner Politik und Verwaltung.

[208] Am 20. Apr. 1816 erschien eine Rezension des Taschenbuchs für Freunde in der Zeitung für die elegante Welt, Nr. 78; auch das Journal für Literatur, Kunst, Luxus und Mode rezensierte es (Bd. 31, 1816, Sp. 511–513). Vgl. Spiertz, Groote, S. 64 f.

gehen. |:1.1:| – Nachher gehe ich gegen 7 zu Radziwill. Die Prinzess Louise wirft mir vor, daß sie mich lange nicht gesehen. Die Prinzess Friederike, Gräfinn Brandenburg, ein Prinz v. Homburg etc., Frau v. Berg, Gräfinn Voss, Hedwig Staegemann u. Laura, auch Savignys sind da. Die Kompositionen sind zum Theil recht schön; doch oft etwas zu theatralisch. Später ist eine Art von Souper. Trinkgeld. |:1.16:|

Den 22. April [1816]. ～

Ich stehe mit trüben Gedanken auf, u. der Teufel treibt sein Spiel. Ich schreibe am Tristan, der wischige Zeune besucht mich, schwätzt viel über den Gebrauch des v. u. f. in den alten Handschriften u. reitet bald wieder fort; er hat mich auf Donnerstag Abend eingeladen. Gegen 12 U. gehe ich, den Herrn v. Schütz aufzusuchen, kann ihn aber nicht in den Hausnummern finden, die er mir, wie ich meine, angegeben. Bey Beuth finde ich keine Briefe. Ich gehe, mir bey Kaufmann Hildebrand[209] am Schloss schwarzes Tricot, halb Wolle, halb Seide zu kaufen, weil ich anders in meinem Patentzeuge in der Trauer hier nicht bestehen kann.[210] Dann gehe ich, meinen Schneider zu bestellen. Bey Tische ist Götze und Brentano; |:1.10:| mit ersterem ein Graf Alvensleben, Bülow später. Ich gehe mit Brentano nach Hause, wo ich mir den Müllerschen Tristan u. den Titurel |7r| mit nehme. Ich lese u. schreibe zu Hause bis um 6, u., da Brentano nicht kommt, gehe ich in die große Oper, wo Alexis[211] nach dem französischen u. Paul u. Virginia, Ballet[212] mit schönen Decorationen gegeben wird. |:2.8:| Der Hof ist fast ganz dort. Ich finde daselbst den Fichtianer Puttkammer, Offizier aus Magdeburg,

---

[209] Vgl. AB 1818/19: Ernst Hildebrandt, Strumpf-Fabrikant, Schloßfreiheit Nr. 5 und Hildebrandt, Seidenwirkermeister, Wilhelmstr. Nr. 35.

[210] Vermutlich wollte Groote zum Todestag seiner Mutter, die am 27. Apr. 1815 gestorben war, Trauerkleidung tragen.

[211] Alexis ou L'erreur d'un bon père, Oper von Nicolas-Marie Dalayrac, uraufgeführt 1798. Allg. Musikal. Zeitung, Nr. 11, 13. März 1816, Sp. 176: „Am 1sten [Februar] ward gegeben: Alexis, Singspiel in einem Aufzug, nach dem Französischen von Carl Herklots, mit Musik von d'Alayrac. Schon 1802 war dieses liebliche Stück auf der Bühne erschienen, aber im Strome der Zeit untergegangen. Bey der Dürftigkeit mehrerer neuerer Singspiele, ward es, zum Theil neu besetzt [...] und neu einstudirt, mit Beyfall gegeben." Vgl. auch Dramat. Wochenbl., Nr. 8, 24. Febr. 1816, S. 64: Das Stück sei „eines der besseren und gemüthvollen kleineren französischen Singspiele. [...] Es ist zu wünschen, daß uns das kleine so vollkommen gegebene Singspiel noch oft, doch nicht in zu schnell auf einander folgenden Wiederholungen erfreue!"

[212] Paul und Virginie. Ballet-Pantomime von Pierre Gardel, Musik Rodolphe Kreutzer, uraufgeführt Paris 1806. Allg. musikal. Zeitung, Nr. 20, 15. Mai 1816, Sp. 331: „Den 22sten [April] wurde zum erstenmale im Opernhause gegeben und dann noch einmal mit vielem Beyfall wiederholt: Paul und Virginie, pantomimisches Ballet in 3 Abtheilungen v. Gardel, für das hiesige Schauspiel eingerichtet durch Herrn Anatole: der mit seiner Gattin die Partien des Paul und der Virginie vortrefflich ausführte. Die Musik von Kreuzer hat viel Gefälliges, und wird durch die glückliche Einmischung bekannter Liedermelodien [...] um so anziehender." Zu beiden Tänzern in Berlin vgl. auch: Allg. musikal. Zeitung, Nr. 16, 17. Apr. 1816, Sp. 267.

wieder. Hellermann, den ich schon ein Paar mal glaube, in Berlin gesehen zu haben, ist auch dort. Zu Hause lese ich noch aus Fenebergs Biographie.

Den 23. April [1816].

Der Schneider kommt schon bey guter Zeit. Er mißt mir Hosen an, u. nimmt meine gutsitzenden Blauen mit. Ich gebe ihm das Geld an den Kaufmann Hildebrandt mit. |:55.4:| Dann bringt mir meine Hauswirthinn die wöchentliche Frühstückrechnung, mit einmal Thee u. Zwieback. |:6.15:| Und so geht das Geld einem durch die Finger! – Ich schreibe an meinem Tristan, u. schreibe später an v.d. Hagen, den ich zur gemeinschaftlichen Herausgabe des Gedichtes einlade. – Dann lese ich noch etwas, u. gehe dann zu Tische, wo ich Goetze u. Bülow finde. |:1.7:| Nachher besuche ich Lombard in seiner freundlichen Wohnung.[213] Später lese ich noch zu Hause, gehe dann zur Frau v. Savigny, die mir, wie schon oft, allerley Gerede der Leute vorhält, ich sey zu eitel, zu leichtsinnig, – etc. – doch ich glaube, daß Gott mir diese Fehler am wenigsten zurechnet! –

Ich bin immer noch mit mir im Streite, weil ich einsehe, daß ich für meine Zukunft mit zu wenig Ernste besorgt bin. Und doch, was soll ich thun? – Gott, wie du willst! – Manche Studien der Geschichte, der Statistik u. Diplomatik könnte u. sollte ich freylich noch treiben, aber wie soll ich hier dazu kommen, da es mir doch sehr an Ruhe u. manchem andern fehlt, u. mein Aufenthalt doch auch wieder nicht gleichgültig ist. – O glückliche Menschen, die zufrieden u. besonnen auf einer <u>stillen</u> Bahn im Verborgenen hinwandeln, ohne sich um das ehrgeizige Streben der Welt zu bekümmern! Könnte mir nicht auch dieß Loos werden. Gerne wollte ich ja immer noch meine ganze Thätigkeit Gott und dem Vaterlande widmen. Aber ich bin wohl schon zu schlecht! – Sollte eine zweifelnde Seele vielleicht je dieß Bekenntniß lesen, so mag sie für mich u. sich beten, u. sich vertrauend, ferne vom Weltgetümmel eine stille Thätigkeit suchen, in welchem sie diesen Raupenstand so frey u. so nützlich, als sie es werden kann, verträume. – Unter den andern Aengsten, die mich drücken, steht nun auch immer |7v| noch mein armes Büchlein mir vor Augen, dessen Herausgabe, so wohlmeinend ich sie auch betrachtete, doch für meine Zukunft u. die Meinung der Welt von großer Wichtigkeit seyn kann. Gott wie du willst! – – – Später gehe ich in den Thiergarten, wo die sogenannte Maykäfergesellschaft sich zur Feyer des Geburts- u. Todestages Schakspears versammelt.[214] |:2.2:| Es werden einge Akte aus Heinrich IV.[215] gelesen, gegessen u. gegen Mitternacht nach Hause gegangen. Ich bin sehr gequält.

---

[213] Der Geheime Rat Ludwig Lombard wohnte Leipziger Str. 6 (AB 1818/19).
[214] Ernst Ludwig von Gerlach in seiner Familiengeschichte: „Am 23. April feierten wir als Maikäferklub Shakespeares 200jährigen Todestag im Tiergarten bei Bony" (in: Schoeps, Aus den Jahren, S. 193).
[215] William Shakespeare, Heinrich IV., Drama, uraufgeführt 1597.

Den 24. April [1816].

Mir ist immer noch schwer zu Muthe, so freundlich auch die Frühlingssonne durch meine Fenster lacht. Viel von der Poesie, die mich sonst oft durchglühte, ist mir erkaltet; ich bin mit meiner jetzigen Existenz nicht zufrieden, u. werfe es mir vor, daß ich nicht sicherer schon, u. fester im Leben stehe. Ach, daß man nicht früh die gewisse Bahn schon entdecken kann, die einen zu bestimmtem, wenn auch nicht hohem Ziele führe! Ach Gott, ich möchte ja gerne, u. ich traue ja nur auf dich! u. doch ist meine Liebe u. mein Glaube u. mein Vertrauen viel zu schwach u. zu kalt, u. ich gehe frostig durch das Leben. Gott bessre es! ich will mich auch bessern; aber laß mich mir selbst nicht zu sehr zu Schanden werden. –
– –

Ich schreibe am Tristan. – Meinem Diener habe ich ein Scheermesser zum schleifen lassen gegeben. Dann lese ich die schauerliche Geschichte der Apellmaenner[216] in Arnims Theater, worüber mir graust. Bey Tische ist Götze u. Bülow, |:1.10:| mit denen ich nachher auf den Markt der alten Bücher, u. dann in Bülows Haus gehe, wo wir Kaffee trinken. Bülow liest uns einige seiner (recht artigen) Gedichte vor. Das Gedicht über Jean Paul von einem unbekannten. – Nachher frage ich nach, ob die Doctorinn Lange noch hier ist, höre aber, daß sie schon Anfangs April abgereist ist. Ich gehe zu Beuth, wo ich leider noch keine Briefe finde. Ein Geheimerrath Gerhard ist bey ihm. Nachdem dieser weg ist, spricht mir Beuth recht traurig über sein Verhältniß zu seiner Braut u. deren Eltern. Er ist allerdings zu beklagen. – Der Graf Lieutnant Mons kommt zu uns. Wir gehen in den Garten, dann bleiben wir zu einem kleinen Nachtessen zusammen. Beuths Lust, Hinrichtungen zu sehen. Seine großen Hunde u. deren Geschichte. – Baufälligkeit des Theaters.[217] |8r|

Den 25. April [1816].

Auch vor einem Jahr um diese Zeit, wartete ich lange auf Briefe in Diekirch, u. die ersten, die ich erhielt, waren so schrecklich,[218] daß ich Gott bitte, mich stets für ähnlichen zu bewahren. Sein Wille geschehe! – Die Wäscherinn bringt mir Wäsche. |:5.17:| Ich mache mir eine vollständige Liste meiner Kleidungsstücke. – Der Stiefelputzer bringt mir einen Stiefelknecht u. mein Scheermesser. |:2.5:| Ich lese und schreibe an meinem Tristan, bis gegen 2 Uhr. Beym Essen ist Goetze, Bülow, der Graf Alvensleben, später Brentano. Ich gehe von dort wieder nach Hause, lese in Feneberg u. Parsifal[219] bis gegen 6 Uhr, wo ich erst zu Major

---

[216] Achim von Arnim, Die Appelmänner. Ein Puppenspiel, 1813.
[217] Gemeint ist der bauliche Zustand des Schauspielhauses am Gendarmenmarkt.
[218] Groote bezieht sich auf die Briefe, die ihn 1815 über Krankheit und Tod seiner Mutter informierten.
[219] Parzival, Versroman von Wolfram von Eschenbach (um 1170–um 1220). Welche Schrift des Parsival Groote las, ist unklar.

Hüser, mit ihm im Cadettenhaus umher, auf den Eßsaal etc.[220] gehe u. mich dann zu Zeune begebe. Es ist niemand dort, als ein Mitglied der deutschen Gesellschaft. Ich sehe manche der neueren Arbeiten von Büschings Zeitschrift Wöchentliche Nachrichten[221] etc., gebe ihm einige Notitzen über meine Handschrift des Tristan, die er in Hagens u. Büschings Grundriß aufzeichnet,[222] schlage das Anerbiethen, mich zum Mitglied der deutschen Gesellschaft zu machen, aus, sehe dann Ulfilas (evangelien)[223] u.a. bey ihm, u. begebe mich gegen 10 Uhr stille wieder nach Hause, wo ich bis gegen 12 noch lese.

Den 26. April [1816].

Der Schneider kommt frühe mit meinen Hosen. Ich ärgere mich, daß er nun behauptet, er habe von dem Zeug die Hosen nicht ganz machen können, sondern den Band von anderem nehmen müssen. Er macht mir noch einiges an meinen Sachen. |:7.16:| Dann sehe ich in der Zeitung, die Ernennung der Herrn Schafhausen, v.d. Leyen u. Herstadt zu Commerzienräthen,[224] u. schreibe am Tristan weiter. Auch an Wally schreibe ich, u. an Joseph,[225] obschon ich immer noch

---

[220] Gädicke, Lexicon von Berlin, S. 96: „Im Hintergebäude [des Cadettenhauses] ist der Speisesaal, und die Maschine, vermittelst welcher die Speisen aus der Küche herauf gewunden werden, merkwürdig. Durch ein auf der nicht weit entfernten Spree angebrachtes Druckwerk, wird das Wasser in große Kübel bis unter das Dach geleitet, und sowohl zum Gebrauche als auch wegen Feuersgefahr im ganzen Gebäude vertheilt."

[221] Johann Gustav Gottlieb Büsching, Wöchentliche Nachrichten für Freunde der Geschichte, Kunst und Gelahrtheit des Mittelalters, Bd. 1, Breslau 1816. Die Zeitschrift erschien von Anfang 1816 bis 1819. Vgl. Intelligenz-Blatt zum Morgenblatt für gebildete Stände, Nr. 8, 1816 (ohne Tagesdatum): „Dr. Büschings wöchentliche Nachrichten für Freunde der Geschichte, Kunst und Gelehrtheit des Mittelalters. Januar- und Februar-Heft. Der Jahrgang von 12 Heften mit 12 Kupfern in farbigem Umschlag kostet 6 Rthlr."

[222] In den Wöchentlichen Nachrichten erschien 1816/17 ein Aufsatz in drei Teilen von Fr. H. von der Hagen: Noch unbekannte Altdeutsche Handschriften: Gottfrieds, Heinrichs und Ulrichs Tristan, Gravenbergs Wigoleis, Eschenbachs und Ulrichs Wilhelm von Orange, Hugo's Renner, die Heimonskinder und Muskatblut (in: Büsching, Wöchentliche Nachrichten, 35. Stück, 29. Aehrenmonat 1816, S. 133–141; 43. Stück, 24. Weinmonat 1816, S. 266–269 u. 58.–61. Stück, Hornung 1817, S. 123–131). Vgl. 35. Stück, S. 133: „Diese schöne Sammlung von Handschriften Altdeutscher Gedichte befindet sich in Besitz und Gewahrsam meines lieben Freundes Ebbo de Grote von Cöln, gegenwärtig zu Berlin". Weiter erklärte von der Hagen, er habe sich „mit de Groote zu einer verglichenen und berichtigten Ausgabe des Tristan, mit den nöthigen Erläuterungen, Einleitung und Wörterbuch, vereinigt: als welche, nächst den Nibelungen, wol das dringendste Bedürfniß ist" (ebd., S. 141).

[223] Ulfilas: Bischof Wulfila (um 311–383); vermutlich handelte es sich um Fragmente aus der Wulfila-Bibel.

[224] Berlin. Nachr., Nr. 50, 25. Apr. 1816: „Seine Königliche Majestät haben die Banquiers Friedrich Herstatt v.d. Leyen und Abraham Schaffhausen in Cölln, so wie den Kaufmann Nell senior in Trier, zu Commerzien-Räthen allergnädigst zu ernennen, und die desfallsigen Patente höchsteigenhändig zu vollziehen geruhet."

[225] E. von Groote an J. von Groote, Berlin, 26. u. 27. Apr. 1816 (HAStK, Best. 1552, A 20/10). Siehe Briefe und Schriften.

umsonst auf Briefe warte. Bey Tische ist Goetze, |:1.16:| später begegnen wir Bülow. Ich gehe mit Goetze zu v. Gerlach, aber nicht mit den Uebrigen spaziren. Ich lese zu Hause, u. gehe später zu Eichhorn, dem ich Wallrafs Fragment bringe, und wegen des Briefs nach Elbing über das Danziger Bild consultire, womit er mich an den StaatsRath Schoen verweist. |8v| Bey Beuth erhalte ich einen Brief von Joseph vom 14.–16. laufenden Monats mit Einlagen von Grimm,[226] u. von v. Caspars. Ich gehe zur Frau v. Savigny. Der Herr v. Savigny ist nach seinem Schwager Arnim abgereist, der sehr krank ist.[227] Auch der Frau v. Savigny ist nicht wohl, doch mehr wegen unwillkührlicher Beängstigung für ihren Schwager.[228] Später gehe ich zur Prinzess Louise, wo es nicht ganz langweilig ist. Ich unterhalte mich mit dem jungen Major Radziwill u. später mit einem Adjudanten des Prinzen August, der lange in Cöln gestanden. Im Bette lese ich erst Josephs Briefe. Mich freut, daß mein Buch fertig ist und wahrscheinlich schon 2 Exemplare für mich abgegangen.[229] –

---

[226] J. Grimm an E. von Groote, Kassel, 8. Apr. 1816 (in: Reifferscheid, E. von Groote, S. 18–20). Das Original im Brüder Grimm-Museum Kassel konnte aus dortigen organisatorischen Gründen bis Anfang 2019 nicht eingesehen werden. Grimm hatte den Brief nach Köln geschickt, von wo Joseph von Groote ihn nach Berlin sandte. Das Schreiben war eine Antwort auf Grootes Brief an J. Grimm vom 7. Dez. 1815, der den Adressaten erst am 18. Febr. 1816 erreicht hatte (E. von Groote an J. Grimm, Mechelen, 7. Dez. 1815; Universitätsbibliothek Münster, Historische Bestände, Handschriften, Nachlass Schulte-Kemminghausen, maschinenschriftliche Abschrift des Briefs). J. Grimm: „Von mir und meinem Bruder, der Sie unbekannterweise grüßt, ist so eben der erste Band unserer deutschen Sagen fertig. Carové hat uns fleißig dazu beigetragen; auch 2 Stücke, die Sie mir zu Paris erzählt, werden Sie drinnen finden" (J. Grimm an E. von Groote, Kassel, 8. Apr. 1816; in: Reifferscheid, E. von Groote, S. 19). Groote hatte J. Grimm in Paris Sagen erzählt, von denen Grimm zwei in die Deutschen Sagen aufnahm. Siehe Groote, Tagebuch, 10. Juni 1816. Vgl. J. und W. Grimm, Deutsche Sagen, Bd. I, 1816 (Bd. II erschien 1818). Im Schreiben vom 8. April äußerte sich J. Grimm auch zum Tristan-Projekt Grootes. J. Grimm hatte bei seinem Besuch in Köln Ende 1815 Rektor Fochem getroffen, der ihm eine Reihe von Handschriften gezeigt hatte. Darunter war auch die Tristan-Handschrift, die Groote Anfang 1816 von Fochem eintauschte.
[227] Achim von Arnim war an einem „rheumatischen Nervenfieber", wahrscheinlich einer schweren Infektion, erkrankt (Schiffter, Leben, S. 22). J. Grimm an Fr. C. von Savigny, Kassel, 1. Mai 1816: „Anfang dieses Monats wurden wir durch einen Brief des von Grote aus Berlin mit der Nachricht von einer gefährlichen Krankheit Arnims erschreckt, deren Sie in Ihrem letzten Schreiben vom 24. April im mindesten nicht erwähnten. Tags darauf kam ein Schreiben der Bettine, welche alles bestätigte, zugleich aber schon die frohe, glückliche Wendung der Krankheit meldete" (in: Schoof, Briefe, S. 238). Diesem Brief J. Grimms war auch ein Schreiben an E. von Groote beigelegt (ebd., S. 239).
[228] Achim von Arnim war mit Bettina Brentano, der Schwester von Kunigunde von Savigny verheiratet.
[229] E. von Groote, (Faust's) Versöhnung, 1816.

Den 27. April [1816]. Todestag meiner Mutter![230] –

Ich schreibe an Wally u. Joseph meine Briefe zu Ende u. denke dieses Tages nicht ohne herzliche Thränen. Dann gehe ich zu Schütz wegen der Cronik von Danzig. Den StaatsRath Schoen treffe ich nicht zu Hause. Ruckstuhl begegnet mir, u. sagt mir, er reise bald nach Cöln. Ich schließe nun meine Briefe an Joseph u. Wally. Ersterem habe ich wegen der geistlichen Angelegenheiten, wegen meines Buchs, wegen der Taschenbücher u.s.f. ausführlich geschrieben. – Bey Tische ist Götze, Alvensleben, Bülow; |:1.13:| letzterer nimmt meinen Brief mit zur Post. Auch Brentano kommt, u. wir gehen ein wenig spazieren bis zum Schloß, kaufen Feigen und Medaillenband, |:1.16:| dann gehe ich zu StaatsRath Schoen, dem ich wegen des Danziger Bildes rede, er nimmt meine Notizen wegen der Cronik zu Elbing, und wir reden nachher noch mancherley über die Quellen des Wohlstandes der alten Städte. Er glaubt, daß von keinem Handel, was man nun noch so nennen dürfe, als in Seestädten die Rede seyn könne; alles übrige sey Krämerey, und auch diese noch, Spedition u. alles, was dazu gehöre, sey viel zu unsicher, wegen der politischen Umwälzungen, die nun sich schnell folgen, als daß auf sie das einzige |9r| Wohl eines Landes gebaut werden dürfe. Hervorbringen u. Bereitung der Nahrungs- u. Handelsstoffe sey daher viel bedeutender und gewisser; und dieß wollte er namentlich auch auf die Rheinprovinzen angewandt haben. Später gehe ich nach Hause. Um 6 in's Schloß, wo ich aber von Groebens niemand finde; bey v. Humbold eben so wenig; ich gehe zu Reimer, wo Eichhorn ist, mit dem ich über die Anstellungen am Rhein etc. noch manches rede. Ihm hat Hansen aus Coblenz über die Unzufriedenheit der dortigen Menschen geschrieben. Eichhorns Frau, Simon u. dessen Frau kommen später. Wir bleiben bis gegen 11 Uhr. – Taback – |:1.4:|

---

[230] Groote hatte sich bei der preuß. Armee aufgehalten, als er vom Tod seiner Mutter Maria Henriette Carolina Josepha Walburga von Groote, geb. von Becker, erfuhr. In zwei Briefen (J. von Groote an E. von Groote, Köln, 27. u. 28. Apr. 1816 (Stadtarchiv Hürth, Best. 3.01, Nr. 348, Bl. 1 u. 2) hatte ihn sein Bruder Joseph über Krankheit und Tod informiert. „Sie ist todt! Gesunder war sie seit langer Zeit nicht aufgestanden wie gestern morgen! Bis 7 hatte sie viel u. munter mit dem Vater gesprochen. Um halb acht wurde zum Versehen auf der Strasse gebetet, Sie kniete auf einem Stuhl am verschlossenen Fenster nieder. – Ein unbeschreiblicher Schmerz zeriß ihr die Brust u. warf sie zu Boden. – Walburg schrie um Hülfe, die schleunig auf ihr Schellen herbeygeeilt. Vater war aus – ich eilte zu ihr, fand sie wieder aufrecht, u. ganz bey gesunden Sinnen, nur sehr angegriffen vom Brustkrampf, der Arzt kam zu verschiedenen Mahlen im Tage. – Sie sagte immer ernst u. bestimmt: Ich sterbe, ließ sich ihren Beichtvater rufen, ungeachtet sie vorgestern morgen noch zum Abendmahl gegangen. Am Mittag wurde ihr nach dem Abendessen leichter. Um 4 Uhr fand ich sie ruhig, u. gar nicht schwach. Gegen 7 Uhr bekam sie noch einige Ohnmachten und als ich um 9 nach hause kam, war sie eben verschieden. [...] Ich kann nicht weiter, leb wohl, u. tröste dich Gott!" (J. von Groote an E. von Groote, Köln, 28. Apr. 1816; Stadtarchiv Hürth, Best. 3.01, Nr. 348, Bl. 2).

Den 28. April [1816]. Sonntag.
Ich schreibe zeitig an meinem Tristan. Mir ist unwohl, als hätte ich etwas unverdauliches gegessen. Gegen 11 U. gehe ich in die Kirche, von dort unter den Linden mit Bergern. Es sind trotz des großen Staubes sehr viele Menschen da. Da mir noch übler wird, so nehme ich bey Josti einen großen Schnaps, |:1.4:| finde nachher Lamprecht, mit dem ich bis in den Thiergarten gehe. Gegen 1 ½ bin ich zu Hause, u. gehe um 2 in die Predigt des Herrn Schleiermacher, die mich nicht eben sehr erbaut; ein kaltes, trocknes Gerede. Gegen 4 gehe ich zu Prof. Eichhorn, der leider sein Colleg der deutschen Geschichte[231] schon die vorige Woche angefangen hat. Ich melde mich aber bey ihm vorläufig als Hospitant an, und will sehen, wie es mir scheint.

Nachher gehe ich zu StaatsRath Schmedding, dem ich die promemorien von Herrn v. Caspars zeige. Er theilt mir die Entscheidung wegen des Düsseldorfer Gymnasii[232] mit, bey welcher er den StaatsRath Süvern wegen seiner liberalen und doch streng gesetzlichen Denkungsart sehr rühmt. Kortüm[233] wird wohl versetzt, u. auch Kohlrausch[234] anderwärts angestellt werden. Schmedding will selbst im Juli an den Rhein, um sich von der Lage der Geistlichen u. Schulsachen zu überzeugen. Das ist sehr gut. Für die Reparatur des Doms sollen 5.000 Rth. ausgeworfen seyn. Mir trägt der StaatsRath auf, ihm katholische Professoren der Philosophie in Breslau mit 1.000 Thl., in Braunsberg |9v| im Ermeland in Preußen mit 800 Thl. Gehalt, und einen katholischen Consistorialrath für Danzig, falls ich dafür taugliche Subjekte wisse, vorzuschlagen. Das wird schwer seyn. – Sein Plan ist, das Salair eines künftigen Domherrn, deren 12 bey jedem Bischofe seyn sollen, mit dem eines Regierungs Rathes, u. die der beyden Prälaturen (Propst u. Dechant) mit dem eines Regierungspräsidenten gleich zu stellen. Auf die Besetzung der Bisthümer in den neuen Provinzen scheint er sehr bedacht zu seyn. – Später will ich Savignys besuchen, finde aber Niemand. Ich gehe durch den entsetzlichen Staub bis zu Bonni in den Thiergarten, finde aber auch keinen unserer Freunde. Ich gehe also nach 8 nach Hause, wo ich Michael Seiler über Feneberg zu Ende lese. Dann die üppige Mähre von Konrat von Würzborg im 3. Band der Myllerschen-Sammlung.[235]

---

[231] Verzeichniß der Vorlesungen, welche von der Universität zu Berlin im Sommerhalbenjahre 1816 vom 17ten April an gehalten werden: „Die Deutsche Geschichte in Verbindung mit einer Darstellung der heutigen öffentlichen Verfassung von Deutschland trägt Herr Prof. Eichhorn vor von 4–5 Uhr."

[232] Bereits 1814 war das Düsseldorfer Lyzeum, ehemals Jesuitenkolleg, in preuß. Schulaufsicht übernommen worden.

[233] Karl Johann Wilhelm Kortüm war seit 1813 Direktor des Düsseldorfer Lyzeums, bzw. Gymnasiums und blieb in diesem Amt bis 1827.

[234] Heinrich Friedrich Theodor Kohlrausch, der seit 1814 als Lehrer am Lyzeum in Düsseldorf tätig war, wurde weiterhin an dieser Schule, nun Gymnasium, angestellt (Kohlrausch, Erinnerungen, S. 161–171).

[235] Konrad von Würzburg, Die Mähre von der Minne oder Die Herzmähre, Versdichtung, 2. Hälfte des 13. Jh.s.

Den 29. April [1816].

Ich schreibe früh an meinem Tristan; dann an Grimm wegen des Tristan u. überhaupt in Antwort auf meinen [richtig: seinen] Brief.[236] Bey Tische ist Bülow u. Goetze.|:1.16:| Wir gehen erst zu Gerlachs, dann um 4 zu Eichhorn in das Colleg der deutschen Geschichte. Ich gehe bald nachher nach Hause, und schreibe noch an die Heinrichshofensche Buchhandlung nach Magdeburg. Um 7 Uhr kommt Götze; wir suchen Gerlachs umsonst bey Bonni, gehen dann zu Focke,[237] um Bülow abzuhohlen; u. da Savignys nicht zu Hause sind, unter die Linden, finden Ludwig Gerlach, u. gehen mit ihm zu Bülow zum Thee. Ludwig Gerlach u. Bülow kommen in einen Streit über Wissenschaft u. Kunst aneinander, deren absolute Identitaet Gerlach, der durchaus keinen einzigen ächtphilosophischen Begriff zu haben scheint, behaupten will. Sie schreyen viel zu laut u. heftig gegen einander, als daß es möglich wäre, zu Worte zukommen.[238] Ich freue mich aber, hierüber tröstlichere Ansichten zu haben. |10r|

Den 30. April [1816].

Ich zahle der Wirthin mein Frühstück, u. da sie mir nicht 4 GGr. ½ herausgeben kann, einen vollen Thaler. |:3.12:| Ich schreibe am Tristan. Um 11 gehe ich, Foerstern zu besuchen, wie ich ihm versprochen; finde ihn aber nicht. Ich gehe nun zu Graf Groeben, bey dem ich während vieler Besuche bis gegen 12 ½ bleibe.

---

[236] E. von Groote an J. Grimm, Berlin, 29. Apr. 1816 (in: Reifferscheid, E. von Groote, S. 20–23). Siehe Briefe und Schriften. Das Original des Briefes war in der Grimm-Sammlung der Stadt Kassel aus dortigen organisatorischen Gründen bis Anfang 2019 nicht einzusehen. W. Grimm hatte im Nov. 1815 an Georg Friedrich Benecke geschrieben: „In Cöln habe ich eine gute Pergament-Handschrift des Tristan, sammt der Fortsetzung gesehen, aber auch nur gesehen, der Besitzer, Rector Fochem am Elend, thut überrar damit und an ein Leihen ist bei ihm nicht zu denken. Übrigens wär eine neue Ausgabe des Gedichts ein gutes Unternehmen" (W. Grimm an G. Fr. Benecke, Kassel, 10. Nov. 1815; in: Baier, Briefe, S. 17).

[237] Im Folgenden sind Mitglieder der Familie Focke gemeint. Johann Dietrich Focke, gest. 1813, und seine Frau Elisabeth Dorothea Franziska, geb. Grusemann, hatten fünf Söhne und zwei Töchter, einer der Söhne lebte 1816 nicht mehr. Die Familie Focke war mit der Familie von Gerlach befreundet, zeitweise lebten sie zusammen im Haus der Gerlachs Hinter der katholischen Kirche 1. Da Groote keine Vornamen verwandte, ist eine Identifizierung der jeweilen Mitglieder der Familie Focke oft nicht möglich.

[238] Ernst Ludwig von Gerlach in seinem Tagebuch: „30. April 1816, früh": „Nachher waren wir bei Bülow. De Groote, Goetze und ich. Es war der 29. April vor drei Jahren, das Gefecht von Merseburg. Erinnerungen. – Gespräch über Wissenschaft, Kunst, Religion etc. Solgers dickes Buch über das Schöne [Karl Wilhelm Ferdinand Solger, Erwin. Vier Gespräche über das Schöne und die Kunst, Berlin 1815]. Hat nicht der Künstler immer auch die höchste Erkenntnis der Kunst, ist ein anderer Weg möglich? Der Christ hat die größte Anschauung Gottes – und von der ewigen Liebe, der, der sie ausübt? Oder der Philosoph Plato nach Jean Paul selbst ein Sophist, weil er die Sophisten nie ausreden läßt. Bülows Sache war vielleicht doch – aber woanders als er wollte – zu halten. Goetze und de Groote neutral" (in: Schoeps, Aus den Jahren, S. 185).

Graf Molke, Maler Haesel u.a. kommen hin. – Ich finde bey der Post, die noch geschlossen ist, Lamprecht, den ich zu seinem Hause begleite, wo er mir mein Taschenbuch zurückgiebt. Ich gehe bald zu Tische, wo Goetze u. Bülow. |:2.5:| Mit ihnen gehe ich nachher zu Focke, wo wir nach dem jungen Focke fragen wollen, mit dem Bülow reden will. Allein, wir gerathen zu seinen beyden Schwestern u. seiner Mutter, die mit der Wäsche beschäftigt sind, und sehr klagen, daß sie ihre Wohnung verlassen müssen, weil sie eine andere Familie gemiethet hat. Ich gehe nun zu Eichhorn ins Colleg; u. später zu Olfers, der recht ernsthaft seine medicinischen Studien zu treiben scheint. Um 6 gehe ich in den Thiergarten, wo ich bey Bonni die 3 Gerlach u. Voss finde. Mit Ludwig Gerlach gehe ich gegen 8 zu Niebuhr, wohin später Prof. Savigny kommt. Auch Brandis sehe ich da. Es wird mancherley über die in Mayland neu (doch schon 1814) gefundnen und von Angelo Maio herausgegebnen Fragmente alter Klassiker geredet.[239] Wir bleiben bis gegen 10 Uhr[240] u. gehen nachher noch einen Augenblick zu Goetze, wohin auch Bülow kommt. Letzterem habe ich die Briefe an Grimm u. an die Heinrichshofensche Buchhandlung in Magdeburg mit zur Post gegeben. |:1.7:|

Den 1. May [1816].

Ich schreibe an dem Tristan, u. antworte einen Brief an Herrn v. Caspars. Ich gehe erst spät zu Tische |:1.16:| und finde daher niemand meiner Bekannten mehr. |10v| Nachher gehe ich wieder, Förster aufzusuchen, finde ihn aber nicht. Ich hole mir ein Billet für das Conzert des Wiener Capellmeisters Schupanzi. |:3.12:| Dann gehe ich zu Eichhorn in's Colleg, u. nach diesem zu Beuth. Mit mir kommt der Hauptmann Merheim dorthin. Ich sehe die beyden Bearbeitungen der Edda Lieder von Grimm[241] u. v.d. Hagen.[242] Beuth hält die von v.d. Hagen für besser. Noch zeigt er mir schöne Blätter in Umrißen. Altitalienisch. Dann gehe ich ins Conzert,[243] wo der Hof, Frau v. Savigny, Focke, Ludwig Gerlach,

---

[239] Angelo Mai, Kardinal und Philologe, edierte eine Reihe bis dahin unbekannter Texte römischer Autoren, darunter Fragmente der Reden von Cicero, 1814, sowie Briefe von Marcus Cornelius Fronto, 1815.

[240] Ernst Ludwig von Gerlach in seinem Tagebuch, 30. Apr. 1816, früh: „Nachmittags zu Bony. Ich war auf dem Sofa eingeschlafen und hatte schlechte Träume gehabt. Sehr verstimmt und leer; de Groote kam hin. – Tauwetter. Dann gingen wir zu Niebuhr. Savigny. [...] Mme de Voß. Zu Goetze mit de Groote. Wir hatten morgen zu den Turnern reiten wollen, er [Goetze] sagte so lau, er könnte nicht. – Bülow aus Melanchthons ‚De anima' den Anfang in Bezug auf gestern. Ich kam mir ganz verlassen vor" (in: Schoeps, Aus den Jahren, S. 185 f.).

[241] Lieder der alten Edda. Aus der Handschrift herausgegeben und erklärt durch die Brüder Grimm, Berlin 1815.

[242] Die Edda-Lieder von den Nibelungen, zum erstenmal verdeutscht und erklärt durch Friedrich Heinrich von der Hagen, Breslau 1815. Vgl. zu dieser Publikation: Grunewald, Fr. H. von der Hagen, S. 253–257.

[243] Die Allg. musikal. Zeitung, Nr. 25, 19. Juni 1816, Sp. 423 zum Konzert: „Am 1sten gab Herr Ignaz Schuppanzigh aus Wien Concert. Ein bedeutender Ruf war diesem Violinisten vorangegangen,

Silberschlag, Goetze, Salm etc. etc. Es ist alles dummes Zeug, was gespielt wird, ausser einem Septett von Bethoven. Des Selben große Schlachtsymphonie von Victoria,[244] finde ich unausstehlich. Ich führe Frau v. Savigny u. Mlle Focke nach Hause. Der Brief, den ich bey mir finde, u. der mir aus Beuths Hause zugeschickt wurde, ist bloß ein Fracht-Brief, von Herrn Falkenstein, der mir die Ankunft einer Kiste mit Taschenbüchern, die mir mein Bruder geschickt,[245] anzeigt.

Den 2. May [1816].

Ich schreibe an meinem Tristan. Foerster finde ich wieder nicht, gehe aber zur Post, wo ich meine Bücherkiste gegen 10 Rth. 16 GG. u. 6 ℔, 4 Gr. Acciszxxxxx und 8 GG. Tragerlohn nach Haus erhalte. |:40.6:| Ich öffne sie, und finde 100 Stück Taschen Bücher, 10 Exemplare des: Wie holt ihn der Teufel,[246] Der Papiermüller,[247] und das Jesuitenpsälterlein[248] für Brentano. Es kommt Ruckstuhl zu

---

und er bewährte ihn vollkommen. Er spielte eine Polonoise von seiner Composition mit Begleitung des Orchesters, und ein Septett für Violin, Viola, Violoncell, Klarinette, Fagott, Horn und Contrabass von Beethoven [...]. Allgemein erfreute Herrn Schuppanzighs schöner Ton, und der fein nuancirte, humoristische, sehr lebendige Vortrag. [...] Im 2ten Theile gab er uns zum erstenmal Beethovens Schlacht bey Vittoria. Da Herr Schuppanzigh der Aufführung dieses Werks durch den Componisten selbst, wesentlich mitwirkend, beygewohnt hatte, so konnte dies, unter seiner Leitung, um so mehr im Geiste desselben dargestellt werden. [...] Die Aufführung gelang; dem Publicum schien aber das Ganze weniger zuzusagen – vielleicht weil man dem Componisten nicht überall folgen, seine Intentionen nicht schnell genug fassen konnte – als mehre vortreffliche Einzelheiten, z.B. die Einführung des Rule Britania, des Marlborough und God save the king, mit den immer neuen Wendungen in der Harmonie und Instrumentation. Von den grössern Stücken machten der Sturmangriff und der lebendige Siegesmarsch die grösste Wirkung."

[244] Ludwig von Beethoven, opus 91, Wellingtons Sieg oder Die Schlacht bei Vittoria, uraufgeführt 1813. Zelter, der eine Aufführung am 8. Mai besucht hatte, schrieb an Goethe: „Gestern abend wurde die Bethhofesche Schlachtsinfonie auf dem Theater gegeben und ich hörte sie aus der weitesten Ferne am Ende des Parterres, wo sie ohne alle betäubende Wirkung ist und mich dennoch ergriffen ja erschüttert hat. Das Stück ist wirklich ein Ganzes und teilt sich verständlich auf und zu [...]. Dies alles hängt nun wirklich gar gut aneinander, läßt sich aber selbst vom guten Ohre nicht gleich erfassen" (C. Fr. Zelter an J. W. von Goethe, Berlin, 9. Mai 1816; in: Ottenberg/Zehm, Briefwechsel, S. 425).

[245] E. von Groote hatte im März 1816 seinen Bruder Joseph gebeten, ihm eine Anzahl von Taschenbüchern sowie Exemplare anderer Schriften zu schicken (E. von Groote an J. von Groote, Berlin, 26. März 1816; HAStK, Best. 1552, A 20/8). Siehe Briefe und Schriften.

[246] Wie holt ihn der Teufel: vermutlich eine von Groote verfasste Posse oder ein lustiges Gedicht. Vgl. E. von Groote an J. von Groote, Berlin, 26. März 1816 (HAStK, Best. 1552, A 20/8). Siehe Briefe und Schriften.

[247] E. von Groote, Der Exstudent und der Papiermüller. Ein Fastnachtsspiel im Jahre 1812 (HAStK, Best. 1552, A 60/2; gedr. in: Spiertz, Groote, S. 334–341). E. von Groote an S. Boisserée, Köln, 14. März 1812: Er habe an Fastnacht „einen kleinen Spaß" aufgeführt. „Ich schrieb nehmlich dazu ein kleines Stückchen in Versen, für meinen Bruder Joseph u. mich. Ich hatte die Rolle eines tüchtigen, frohen aber ordentlichen Studenten, wozu ich mir auch eigens eine Burschenkleidung,

mir, der nun bald nach Cöln will. Ich gebe ihm einen kleinen Brief an Joseph mit.[249] Bey Tische sind Goetze, Bülow, Alvensleben. |:2.2:| Nachher gehen wir zu Brentano, der mir Arnims Gräfin Dolores[250] u. ein altdeutsches Manuscript leiht. Ich gehe zu Eichhorns Vorlesung, dann wieder zu |11r| Brentano, der mit mir nach Hause, dann zu einem Maler geht. Er sagt mir, daß mein Buch im Leipziger Meßkatalog stehe. – Ich gehe später zu Staegeman, wo die eklichen Kerle, der Major Martens, und Graf Blankensee[251] singen, u. auf unausstehliche Weise renommiren. Ich rede dort mit Förster wegen des Danziger Bildes. Ich könnte zum Abendessen bleiben, gehe aber gegen 9 U. zu Bülow, wo die Gerlachs, Roeder, Focke, Brentano, Goetze sind. Es wird meist von den Feldzügen geredet, wozu der Jahrestag der Lützener Schlacht[252] die Veranlassung ist. Ich geleite den guten Roeder nach Hause.

Den 3. May [1816].

Ich bezahle meiner Hausfrau die Miethe des 2ten Monats, |:25.4:| schreibe am Tristan, u. lese dann den Anfang der Gräfinn Dolores von Arnim. Ich erkundige mich, ob Assemblée beym StaatsKanzler ist, u. gehe dann zu Dümmler,[253] dem

---

grüne Polonäise, u. Hosen mit Goldverbrämung, machen ließ. Joseph stellte einen Papiermüllerburschen vor, mit dem der Student früher hier in Köln auf Schulen gewesen war. Dieser sprach seine treue, naive, gutmüthige doch kluge Rolle in Knittelversen in unserer kölnischen Sprache. Und so gaben wir in Anzüglichkeiten auf unsere jetzige Verfassung u. Gesetze, auf die Mode, das langweilige Leben, u. die faden Unterhaltungen besonders unserer hiesigen eleganten Welt, den Leuten manches zu lachen und fanden unbedingten Beyfall" (HAStK, Best. 1018, A 118).

[248] Jesuitenpsälterlein, Geistliches Psälterlein (Psaelterlein patrum societatis Jesu): ein 1637 in Köln gedrucktes katholisches Gesangsbuch mit vielen Liedern, die in den folgenden Jahrhunderten bekannt und beliebt wurden. Für die Romantiker waren diese als volkstümlich verstandenen Lieder von großem Interesse. Möglicherweise meint Groote auch einen (von ihm verfassten) lustigen Text mit diesem Namen.

[249] Groote empfahl Karl Joseph Heinrich Ruckstuhl seinem Bruder: „Unser ehemalige, wenn gleich damals nicht viel von uns gekannte, Commiliton von Heidelberg, der Schweitzer Ruckstuhl, ist seit der Beendigung des letzten Feldzuges in Paris bey der Commandantur angestellt, und nachher hier gewesen. Er kennt Haxthausen, Grashof, u. mehrere der Kölnischen Professoren persönlich, und ist öffentlich hier und dort im Rheinischen Merkur bekannt geworden. Nunmehr ist er von dem hiesigen Ministerio des Innern an den Grafen Solms verwiesen, um bey irgend einem Gymnasio in unserer Gegend angestellt zu werden. Dieß wird um so leichter seyn, da er katholisch ist. Nächstens mehr davon. Thue mir zu Liebe, was du irgend kannst, um ihm zu seinem Ziele zu verhelfen. Gott befohlen. Dein Bruder Ebbo" (E. von Groote an J. von Groote, Berlin, 2. Mai 1816; HAStK, Best. 1552, A 20/11). Vgl. zu Ruckstuhl auch S. Boisserée an J. W. von Goethe, Heidelberg, 30. Dez. 1816 (in: S. Boisserée, Briefwechsel, Bd. II, S. 154).

[250] Ludwig Achim von Arnim, Armuth, Reichthum, Schuld und Buße der Gräfin Dolores. Eine wahre Geschichte zur lehrreichen Unterhaltung armer Fräulein aufgeschrieben, Berlin 1810.

[251] G. Fr. A. von Blankensee arbeitete 1816 in Berlin mit H. von Chézy zusammen, mit der er das Liederspiel Mayglöckchen, publiziert 1817, verfasste.

[252] Schlacht von Lützen (Schlacht bei Großgörschen), 2. Mai 1813: Schlacht der allierten preuß. u. russischen Armeen gegen die Armee Napoleons.

[253] Ferdinand Dümmler, Verleger, Buchhändler; Besitzer der Ferd. Dümmlerschen Verlagsbuchhandlung in Berlin; Adresse 1816: Unter den Linden 47.

ich wegen der angekommenen Taschen Bücher rede, und da er 25 Stück haben will, die er nur zu Rth., 1 GG. berechnet, u. zu 2 Rth. verkauft, so rede ich mit ihm ab, daß er sie morgen soll hohlen lassen. Ich erhalte den Leipziger Messkatalog von ihm, in dem ich mein Buch zuerst unter den erst zu erwartenden Büchern finde.[254] Bey Tische finde ich Bülow und Götze, die aber früher weggehen. |:1.10:| Nachher gehe ich bey Weiss zu fragen, wie es um den Verkauf der Taschenbücher stehe u. höre, daß er deren von 15 etwa 6–7 verkauft habe. Ich setze mich nun in den Garten des Universitäts Gebäudes u. lese den Catalog nach, bis zum Colleg Eichhorns. Nach diesem besuche ich Savigny, zu dem bald ein Bayerischer Gesandtschafts Sekretair Graf Berkem kommt, der über die gegenwärtigen Verhältniße Bayerns sehr gescheut spricht. |11v| Ich gehe nun nach Hause, mich anzuziehen; dann zu Eichhorn, dem ich das erste Blatt von Walrafs Schrift bringe; es sind schon mehre Leute da; ich gehe vor 8 U. zum StaatsKanzler, woselbst viele Leute sind. Er sagt mir nichts besonderes. Ich gehe zu Eichhorn zurück, wo wir in angenehmer Gesellschaft bis gegen 11 U. bleiben. Savigny, Roeder, Crell, Baerensprung u.a. sind da. Trinkgeld. – |:1.4:|

Den 4. May [1816].

Es ist sanftes Regenwetter, welches die schmachtenden Bäume u. Pflanzen erquickt, u. in schöne Blüte forttreibt. Mich läßt es dürre, wie ich es leider, hypochondrisch, oder weiß Gott wie, schon lange bin. Sehr frühe schon läßt mich heute Eichhorn nochmal zur gesetzlosen Gesellschaft bitten, die sich heute im Thiergarten versammelt. Dann kommt die Wäscherinn, die mir Wäsche bringt, u. andere holt. Ich schreibe am Tristan. Beuths Bedienter bringt mir einen Brief von Solms vom 20. April, worin dieser mir anzeigt, er werde ungesäumt mein Gesuch, Assessor bey der Regierung zu werden, dem Staatsministerio vortragen. Das andere ist ein Paquet, welches ein Exemplar meines Buches,[255] einen Brief des Bürgermeisters von Mylius, wegen der Schulfonds,[256] einen Brief von Pastor Dumont und Brouhon, und einen von Joseph enthält. Möge Gott alles, was mich bey Anblick dieser manchfach interessanten Dinge seltsam ergreift, nach seinem heiligen Willen zu gutem Ziele führen! –

Dümmler ließ die Bücher nicht hohlen. Ich schreibe noch am Tristan weiter. Mein Buch beschäftigt mich manchfaltig. Ich denke mir bey jedem Worte, was

---

[254] Leipziger Messkatalog von 1816, Schriften, welche künftig heraus kommen sollen; in: Allgemeines Verzeichnis der Bücher, welche von Ostern bis Michaelis von Michaelis bis Ostern neu gedruckt oder aufgelegt worden sind, S. 260.
[255] E. von Groote, (Faust's) Versöhnung, 1816.
[256] Antwort auf Grootes Bericht vom 2. Apr. 1816: K. J. von Mylius an E. von Groote, o. D. (Apr. 1816), Entwurf (HAStK, Best. 400, A 667, Bl. 63 f.). Dem Schreiben beigefügt war das Verzeichnis der auf dem rechten Rheinufer sequestrirten Fonds der Kölner öffentlichen Anstalten (HAStK, Best. 400, A 667, Bl. 65).

ich nun darin lese, recht wie verschiedenartige Wirkung es auf die Einzelnen, |12r| die es sehen werden, machen wird. Gebe Gott, daß sich keiner daran ärgere. Gegen 3 Uhr gehe ich in den Thiergarten, wo ich von Eichhorn zur gesetzlosen Gesellschaft gebeten bin. Es ist schönes, kühles, trübes Regenwetter. Eichhorn u. die Gesellschaft kommt bald mit mir an. Wir essen sehr vergnügt. Hirt, Gilbert, der Minister Altenstein. Meine Unterredung mit Gilbert,[257] den ich damals bey Kramp gesehen. Dessen Streit mit Altenstein, über Göthes Farbenlehre. Meine Unterhaltung mit Simon, u. dessen freundliche Einladung, zu ihm zu kommen. Mit Eichhorn, Staegemann u. Nicolovius berede ich zum Theil schon manche der mir von Cöln zugekommenen Sachen. Wir gehen in vielem Regen zu Hause. Ich lese dort noch etwas, bis Ludwig Gerlach in seinen Turnkleidern kommt,[258] u. ich mit diesem bald zu Bonni in den Maykäferklub gehe. |:2.8:| Auch dort ist es recht lustig. Es wird im Zimmer neben an eine Hochzeit gefeyert; der Lärm ist so groß, daß ich den allgemeinen Wunsch, meinen Student und Papier Müller zu hören, nicht befriedigen kann. Wir bleiben bis gegen 11 ½.[259]

Den 5. May [1816]. Sonntag.

Ich schreibe am Tristan. Gegen 11 gehe ich zur Kirche. |:–12:| Dort finde ich Brentano. Mit ihm, Frau v. Savigny u. StaatsRath Schmedding gehe ich hinaus, begleite die Frau v. Savigny nach Hause, u. gehe dann zu Foerster, ihn wegen des Danziger Bildes zu sprechen. Ich frühstücke ein wenig mit ihm, u. gehe später, den Leutnant Kaempfer in der neuen Jakobsstraße aufzusuchen u. ihn wegen meiner 20 Rth., die ich Netz geliehen, zu fragen. Aber das Bataillon ist schon aus der Stadt verlegt. Ich gehe nun nach Hause, bald aber zu Frau Humbold, bey der ich mich etwa ¾ Stunde ganz angenehm unterhalte. Sie will in kurzem fort nach Frankfurth. Nun gehe ich zu Tische, |:1.16:| wo ich |12v| ganz allein bin. Dann gehe ich nach Hause, schreibe den Brief an Herrn v. Caspars ab, u. lese noch etwas in der Gräfinn Dolores, gehe dann, mein Buch zu einem Buchbinder gegen mir über zu bringen, dann suche ich den GerichtsCommissar Simon auf, finde

---

[257] Der Physiker Ludwig Wilhelm Gilbert hielt im Sommersemester 1816 an der Universität Leipzig eine Vorlesung über „Die Lehre von dem Lichte".

[258] Ernst Ludwig von Gerlach an K. Sieveking, Berlin, 3. Juni 1816: „Ich bin nämlich seit vier Wochen Turner, und ein großer Verehrer von Jahn, der bey allem Verkehrten doch ein sehr guter Kerl ist, und an diesen Turnanstalten eine sehr nette Suite zu Stande gebracht hat. [...] Ich gehe damit um [...] mir eine deutsche Kleidung machen zu lassen, aber Brentano sagte: Wenn die alten Deutschen unsre jetzige Kleidung gekannt hätten, so hätten sie sich solche machen lassen" (in: Keyserling, Studien, S. 162; Schoeps, Aus den Jahren, S. 563).

[259] Ernst Ludwig von Gerlach in seinem Tagebuch, 4. Mai 1816: „Am Nachmittag Turnübung. [...] Jahn sieht gut aus. Nachher zu Fritz Raumer und de Groote. Seine Angelegenheit: Kölnische Schuld, Universität, Rheinzölle. Humoristisch-parodistisch-burlesker Klub; Hochzeit nebenan. – De Grootes Vorlesungen immer wieder durch laute Musik unterbrochen. Goetze und Bülow nicht da" (in: Schoeps, Aus den Jahren, S. 186).

ihn aber nicht, kaufe mir Wäsche u. Rasierseife; |: Fr., Sols: 2.2; 2.8; 1.4; 11.2:| dann für den Nothfall etwas Liqueur, weil ich es durchaus bedarf Siegellack, und gehe dann zu Beuth, wo ich dem Bedienten das seit langem schuldiggebliebene Porto bezahle. – Bey Beuth ist Graf Mons. Beuth ist recht aufgeweckt. Wir bleiben bey ihm zum Abendessen bis gegen 10 ½ Uhr. –

Den 6. May [1816].

Ich schreibe an meinem Tristan; dann an Joseph. Bey Tische finde ich Brentano, Bülow, Goetze. |:1.4:| Mit erstrem gehe ich nachher in den Thiergarten, wo wir Kaffee trinken. |:–15:| Dann eile ich zu Eichhorn in's Colleg. Nach diesem finde ich Ludwig Gerlach nicht zu Hause, mit dem ich zu Schleyermacher gehen wollte. Durch den Anschlagzettel lasse ich mich verleiten, in's Theater zu gehen, wo Iphigenie in Tauris von Göthe[260] gegeben wird. |:2.8:| Madame Wolff von Weimar, spielt die Iphigenie sehr schön. Nach dem wird eine Operette, der Maler Ostade,[261] gegeben. Ich habe den StaatsRath Schmedding zum Nachbar. Die Familie Radziwill ist im Theater. Nachher eile ich nach Hause, ziehe mich ein wenig an, u. gehe noch zu Radziwill. Der Major Lützow mit seiner niedlichen Frau ist da. Auch Voß. Die Unterhaltung ist ziemlich gut. Die Prinzess fragt nach Haxthausen. Gegen Mitternacht gehe ich in großem Regen nach Hause. |13r|

Den 7. May [1816].

Ich ende meine Briefe an Joseph u. schreibe an Carové; dann an den Lieutnant Kämpfer wegen meiner 20 Rth. u. gehe dann zur Post u. zur Parade,[262] um dieß

---

[260] J. W. von Goethe, Iphigenie in Tauris, Erstdruck Leipzig 1787. Zur Aufführung im Berliner Schauspielhaus am 6. Mai siehe Dramat. Wochenbl., Nr. 20, 18. Mai 1816, S. 156: „Am 6ten May: Iphigenia auf Tauris, Schauspiel in fünf Aufzügen, von Göthe. (Neu besetzt. Madame Wolff Iphigenia)." Vgl. die Rezension: ebd., S. 156–158. Zur Darstellerin der Iphigenie, Madame Wolff: Ebd., S. 157: „Der rauschende Beifall des versamelten, gebildeten Publikums bei so vielen einzelnen Stellen und am Schlusse des Stücks hat ihr gewiß die vollkommene Ueberzeugung gegeben, wie gern und unparteiisch es ausgezeichnete Verdienste und gelungene Kunst anerkennt. [...] Unübertrefflich war der mimische Ausdruck da, wo Iphigenia von Orest das Schicksal Agamemnons erfährt und da, wo Orest sich ihr zu erkennen giebt."

[261] Ostade (oder Adrian von Ostade), Oper von Joseph Weigl, uraufgeführt 1807.

[262] Parade, hier: Paradeplatz. Wegweiser für Fremde, S. 22: „Der Lustgarten oder Paradeplatz. – Er hat durch König Friedrich Wilhelm III. eine neue und verschönerte Gestalt erhalten. Ringsumher ist eine mit Pappeln und Kastanien besetzte Allee. Die Außenseiten nach dem Schlosse und dem Dome zu sind mit steinernen Säulen, die mit Eisen verbunden und worauf in gewissen Distanzen Laternen angebracht sind, eingefaßt. Die Promenade ist mit Kies erhöhet und geebnet. Die Mitte dient zum Exerciren und zur Wachtparade." Heinrich Heine, Berlin, 26. Jan. 1822: „Denn der Lustgarten ist auch der Platz, wo täglich die Parole ausgegeben und die Wachparade gemustert wird. Ich bin zwar kein sonderlicher Freund vom Militärwesen, doch muß ich gestehen, es ist mir immer ein freudiger Anblick, wenn ich im Lustgarten die preußischen Offiziere zusammenstehen

alles zu besorgen. Bald vor meiner Hausthüre finde ich den Herrn Wittgenstein,²⁶³ der zu mir kommen wollte. Er kommt von Cottbus u. Cossen, u. bringt mir einen Brief von Schulze. Er will mit seinem künftigen Schwager Steinecke²⁶⁴ nach Cöln, u. bald nachher auf eine Universität. Er begleitet mich zur Post, wo ich meine Briefe abgebe. Auf der Parade finde ich den Major Trütschler, der mir sagt, er gehe stark mit Heyrathsplanen um; wir reden manches vom letzten Feldzug her. Auch den Graf Mons finde ich, u. er übernimmt, meinen Brief zu bestellen an den Leutnant Kaempher. Dann gehe ich auf das Schloß, mich nach der OrdensCommission²⁶⁵ zu erkundigen. Allein, diese ist verlegt auf die Behrenstraße. Ich gehe dorthin, und erhalte die Weisung, daß ich wegen der Medaille an den General Lieutnant Diericke schreiben müsse. Ich gehe nach Hause, u. schreibe diesen Brief; dann noch am Tristan.

Nach 2 gehe ich zu Manderlée, wo Goetze, Bülow u. Brentano. Da Wittgenstein nicht kommt, wie er gesagt hatte, fange ich an zu essen. Endlich aber kommt er mit Steinaecker. Ich habe nicht Lust, sie beyde zu traktiren,²⁶⁶ wir essen aber zusammen. |:4.4:| Steinaecker renommirt viel, Wittgenstein nicht viel minder, besonders mit der Hurerey in Paris. Wir gehen nachher unter die Linden, u. in die Lackirfabrick bey Stobwasser,²⁶⁷ wo ich die beyden lasse, u. zu Eichhorn ins Colleg gehe. Von dort gehe ich unmittelbar in's Opernhaus, wo ich kaum noch im Parterre Platz finden kann.²⁶⁸ |:2.8:| Der ganze Hof, u. die Königinn der Niederlande, der applaudirt wird, kommt hin.²⁶⁹ |13v| Die Zauberflöte wird mit

---

sehe. Schöne, kräftige, rüstige, lebenslustige Menschen. Zwar hier und da sieht man ein aufgeblasenes, dumm-stolzes Aristokratengesicht aus der Menge hervorglotzen. Doch findet man beim größern Teile der hiesigen Offiziere, besonders bei den jüngern, eine Bescheidenheit und Anspruchslosigkeit, die man um so mehr bewundern muß, da, wie gesagt, der Militärstand der angesehenste in Berlin ist" (Heine, Briefe, S. 15 f.). Zum Lustgarten vgl. Hahn, Schauplatz, S. 292–298.

[263] Zu Johann Heinrich Joseph (Henri) von Wittgenstein, Sohn des einflussreichen Kölner Unternehmers und Politikers Johann Jakob Hermann von Wittgenstein: Wedel, Wittgenstein, 1981.

[264] Henriette von Wittgenstein heiratete Obrist Heinrich von Steinaecker 1816.

[265] Generalordenskommission: Behörde, die für die Verleihung der preuß. Staatsorden zuständig war. Wegweiser für Fremde, S. 79: „Die Büreaus der Commission sind im königlichen Schlosse." Präsident der Kommission war Friedrich Otto von Diericke/Diereke.

[266] Traktieren, hier: einladen.

[267] Stobwasser & Comp., Lakierfabrik: Der um 1772 in Berlin gegründete Filialbetrieb der Braunschweiger Lackwarenfabrik Stobwasser produzierte luxuriöse Objekte aller Art wie Lampen, Tabaksdosen, Kaminschirme oder Möbel in einer aufwendigen Lackmaltechik. Die Fabrik wurde bald international erfolgreich und verkaufte ihre Produkte an den Adel, das wohlhabende Bürgertum und an das Königshaus. Um 1816 befand sich das Geschäft ganz in der Nähe des Schlosses, An der Stechbahn Nr. 6. Vgl. Hahn, Schauplatz, S. 446–460.

[268] Wegweiser für Fremde, S. 191: „Das Parterre ist aufsteigend, in zwei Absätzen mit gepolsterten Sitzen versehen. Die vier ersten Bänke enthalten die gesperrten Sitze, und an den Seiten sind 13 Logen, die sogenannten Parterrlogen."

[269] Berlin. Nachr., Nr. 56, 9. Mai 1816: „Dienstags Mittags [7. Mai] war bei Seiner Majestät auf dem Schlosse, im Rittersaale, große Tafel, bei welcher sich Ihro Majestät die Königin der Niederlande,

vielen herrlichen Dekorationen sehr schön gegeben,[270] und nachher, statt des prachtvollen Schlußchors, geht das Ballet los, worin die Anatole Gosselins, Er und sie, tanzen.[271] Es ist im ägyptischem Charakter nach den Opferzügen studirt; aber tanzende Egyptier möchten wohl eine quasi contradictio in adjecto per se[272] seyn. – Nach dem Theater sehe ich den Graf Mons, der mir sagt, er habe meinen Brief schon bestellt. Ich komme gegen 10 U. nach Hause, u. sehe noch den Leipziger MeßCatalog durch. –

die gesammte Königliche Familie und die höchsten Militair- und Civil-Beamten anwesend befanden. Abends wohnten Ihre Majestät einer Vorstellung der Zauberflöte im Königlichen Opernhause bei, woselbst Allerhöchstdieselben mit der wärmsten Theilnahme von dem dort ansehnlich versammelten Publikum aufgenommen wurden."

[270] Die Zauberflöte von W. A. Mozart wurde 1816 erstmals mit Bühnenbildern von Schinkel aufgeführt. Zur Aufführung am 7. Mai im Schauspielhaus vgl. Dramat. Wochenbl., Nr. 20, 18. Mai 1816, S. 158 f.: „Die öftere Wiederholung der Zauberflöte bey stets gefülltem Hause hat bewiesen, wie sehr es der Mühe lohnt wahre Meisterwerke nicht veralten zu lassen [...]. Die Ausführung auf dem Theater war wie gewöhnlich lobenswerth und Mademoiselle Eunike sang vorzüglich die Arie: Ach, ich fühl's etc. mit tief ins Gemüth dringendem Vortrage. [...] Im Orchester war diesesmahl nicht die Präzision und Haltung, die sonst so herrlich das Ganze rundet. Das Allegro der Ouvertüre wurde übereilt und deshalb vorzüglich bey dem Schlusse ganz undeutlich. [...] Schade, sehr schade war es, daß durch eine Unordnung in der Maschienerie (der unruhige hin und her wandelnde Baum schien das anzudeuten) das herrliche: Nur stille – ganz verloren ging. Die Königin und der Mohr waren bereits auf andern Wegen in der Oberwelt angelangt, als die Damen aufstiegen und mit dem: die große Königin der Nacht, sich beeilen mußten ihrer Herrin zu huldigen." Weiter heißt es: „Ueber die Dekorationen ist schon gar viel geredet und geschrieben worden; aber so viel ist gewiß, daß selbst von sogenannten Kennern Schinckels im tiefsten Geist empfangene geniale Schöpfungen noch gar nicht ihrem Verdienst gemäß würdig beachtet werden." Zu Schinkels Dekorationen vgl. Dramat. Wochenbl., Nr. 9, 2. März 1816, S. 66–69; etwa zum 2. Akt der Zauberflöte (ebd., S. 67): „Die dritte Dekoration stellt einen Theil der Gärten des Sarastro vor. Ein herrliches Nachtstück mit Mondbeleuchtung, ganz in der reinen Klarheit des südlichen Himmels, doch ohne alle Blendung fürs Auge, von der sanftesten Wirkung. Auf einer Insel an einem See erhebt sich in der Entfernung auf einem hohen Unterbau ein großer Sphinx, seitwärts vom Vollmonde beleuchtet. Ernst und feierlich schaut der geheimnißvolle Koloß auf die Stille der Natur."

[271] Constance Hippolyte Gosselin war eine berühmte Tänzerin des Balletts der Pariser Oper. Seit 1815 war sie mit dem Tänzer Auguste Anatole Petit verheiratet. Zu dem Ballett, das die Tänzer am 7. Mai im Anschluss an die Zauberflöte zeigten, vgl. Dramat. Wochenbl., Nr. 20, 18. Mai 1816, S. 159: „Soll überhaupt nach dem ernsten, feierlichen, groß und erhaben gedachten Schluß der Zauberflöte ein Ballett folgen, so müßte es [...] entweder von der Oper gänzlich getrennt seyn, oder bey stehen bleibender Dekoration sich dem Gedanken des Komponisten (eigentlicher als des Dichters) fest anschließen." Ansonsten würden die Tänze lediglich als „sonderbare Sprünge und Wendungen" wahrgenommen. Die Allg. musikal. Zeitung, Nr. 16, 17. Apr. 1816, Sp. 267 zu den Aufführungen der Tänzer im März: „Grossen Beyfall fand dagegen das neue Divertissement, in welchem Herr Anatole und Madame Anatole-Gosselin, erste Tänzer bey der königlichen musikalischen Akademie zu Paris, zum erstenmal auftraten, und mehre Soli ausführten. [...] Sie gefielen allgemein, Grossen und Kleinen, und verdienten den ihnen unaufhörlich gezollten Beyfall durch ihre bewunderswerthe Beweglichkeit und Festigkeit [...]. Sie sind seitdem öfters, theils in demselben Divertissement, theils in den Balleten bey Opern, theils auch, am 28ten, in dem zum erstenmal gegebenen heroischen Ballet: Telemach auf Calypso's Insel, vom königlichen französischen Balletmeister Gardel, aufgetreten".

[272] contradictio in adiecto: Widerspruch in sich; contradictio per se: Widerspruch in sich.

Den 8. May [1816]. Großer Buβtag.[273]

Ich schreibe an meinem Tristan weiter. Meiner Hausfrau bezahle ich die wöchentliche Caffeerechnung, welches für 7 Tage 19 ½ GGr. macht; ausserdem muß ich ihr noch 8 GG. geben, die sie für das Matrazbette, welches ich statt des Federbettes genommen habe, mehr bezahlen muß an Miethe. |:4.4:| – Meinem Stiefelpützer trage ich auf, mir Dinte zu kaufen. |:–6:| Gegen 1 Uhr gehe ich auf die OrdensCommission, wo aber mein Brief an den General Diericke nicht angenommen, sondern mir bedeutet wird, ich müsse ihn ihm selbst geben. Ich gehe zur Frau v. Savigny, wo ich zum Essen bleibe. Sie fragt unter andern nach meinem Buche. Auch Savigny spricht davon. Er fragt genau nach meinen früheren Studien. Nach Tisch gehen wir zu Focke hinüber, der von Aachen gekommene ist da; auch Götze u.a. Es wird Chokolade getrunken. Wir bleiben bis nach 5 Uhr; ich geleite die Frau Savigny wieder nach Hause, u. gehe zum Generallieutnant Diericke, wo ich den Brief abgebe, u. wo mir bedeutet wird, ich werde auf denselben Antwort erhalten. Dann gehe ich zu StaatsRath Süvern, mit dem ich mich bis gegen 8 U. über |14r| unsre geistlichen und weltlichen Rheinischen Angelegenheiten unterhalte. Er bittet mich, sehr bald wieder zu kommen. Dann hole ich mein Buch ab, |:–18:| was recht sauber gebunden ist, und worüber ich mich kindisch freue. Ich gehe nach Hause, und lese in demselben, u. in Arnims Gräfinn Dolores bis gegen Mitternacht.

Den 9. May [1816].

Ich bin kaum an meinem Tristan, so kommt der Lieutnant Kaempfer, u. bringt mir die 20 Thl., die mir Netz schuldig war. Leider wird letzterem noch immer wieder nicht Kapitains- sondern Premier Lieutnants-Gehalt gezahlt. Ich lasse mir Tabak holen. |:1.4:| Später lese ich in der Gräfinn Dolores, u. kopiere den Status des Schulfonds[274] für den StaatsRath. Diesen bringe ich dem StaatsRath Süvern. Dann gehe ich zu Tische, |:1.10:| wo ich Goetze finde; mit ihm nachher in vielem Regen nach Hause.

Ich habe die Idee, in einem ganz bescheidenen Briefe an den Fürst Blücher anzufragen, ob es nicht zu erwarten sey, daß mir des Königs Majestät für meine Geschäfte in Paris ein Ehrenzeichen zum Andenken gebe, wie er es doch so manchem zur Erinnerung an diese große Zeit gegeben. Diesen Brief entwerfe ich. Dann gehe ich zu Eichhorn in's Colleg; dann zu der Dümmlerschen Buchhandlung wegen der Taschen Bücher; aber die Handlungsdiener haben keinen Auftrag darüber, u. so muß ich es lassen, bis Dümmler zurückkommt. Ich lese nun zu Hause, bis gegen 8 Uhr, u. gehe dann zu Staegemann, wo kein Freund ausser

---

[273] Bußtage wurden von Region zu Region an unterschiedlichen Daten begangen.
[274] Groote schrieb die Angaben zu den Kölner Schul- und Stiftungsfonds, die ihm Stadtsekretär J. P. J. Fuchs mit Datum vom 24. Febr. 1816 zugeschickt hatte, ab.

Martens, der nicht eben sehr den Mädchen zu gefallen scheint. Ich bleibe zum kleinen Abendessen; und werde auf Sonnabend, weiß selbst nicht zu wessen, Geburtstagsfeyer geladen. Um 10 ½ bin ich wieder |14v| zu Hause, u. lese, da es sehr kalt ist, im Bette in der Gräfinn Dolores.

Den 10. May [1816].

Ich schreibe am Tristan weiter. Es ist rauhes Wetter. Ich versuche, den Brief an den Feldmarschall in's Reine zu bringen. Bey Tische ist Götze u. Brentano. |:1.13:| Wir gehen nachher in den Thiergarten, ich später zu Eichhorn ins Colleg. Es ist große Cour bey der Königinn der Niederlande, wohin ich auch die Frau v. Berg u. Gräfinn Voss fahren sehe, zu denen ich eben gehen wollte. Ich gehe zu Brentano, der mich zum Maler Colbe führen wollte. Es sind bey ihm 2 v. Gerlach. Wir gehen wieder in den Thiergarten, wo wir die Frau v. Savigny u. Mlle Focke zu Schleyermacher begleiten. Bey Bonni ist der 3te Gerlach u. Götze. Wir trinken Caffe |:–12:| u. gehen bald in die Stadt zurück. Ich finde zu Hause einen Brief von Netz, einen von Joseph nebst einem Paquet. Ich muß aber zum StaatsKanzler eilen. Dort ist der junge Focke, Salm, Vink von Münster, Schoen, der Abschiedsvisite macht, u.v.a. Der StaatsKanzler grüßt mich freundlich, kommt auch nachher zu mir, u. sagt, indem er mir die Hand giebt: Ich hatte lange nicht das Vergnügen, mich mit Ihnen zu unterhalten. Er spricht über die Klagen am Rhein, wegen den Anstellungenen der Fremden. (Man sagt, Vinck hätte ihm davon eine gute Schilderung gemacht. Joseph schreibt mir, es habe darüber ein entsetzlicher Artikel im Mercur Surveillant von Lüttig[275] gestanden.) Dann spricht er von seiner Rheinreise. Ich zeige ihm meinen Brief von Solms,[276] u. er liest ihn, u. ver-|15r|spricht, alle Rücksicht darauf zu nehmen. – Zu Hause lese ich nun meine Briefe. Joseph schreibt recht interessante Dinge unter dem 29.–30. April. In dem Paquet sind noch 3 Exemplare meines Buchs. Netz schreibt froh u. vergnügt von seiner Heimath her. Ich fange gleich an, an Joseph wieder zu schreiben.[277]

Den 11. May [1816].

Ich bin kaum aufgestanden, so kommt Ruckstuhl zu mir, mich um 3 Louisd'or anzupumpen, ich lasse ihn aber rein abfahren, weil ich sehe, daß er gar zu unüberlegt in den Tag hinein lebt, u. keinen ordentlichen Plan verfolgt. Ich schreibe nun an Joseph weiter, u. an Netz, dem ich gleich eines der erhaltenen Exemplare beyschließe. Es kommt der StaatsRath Schmedding zu mir, mit dem ich über

---

[275] Der Mercure Surveillant erschien seit Apr. 1816.
[276] Vgl. Groote, Tagebuch, 4. Mai 1816.
[277] E. von Groote an J. von Groote, Berlin, 10. u. 11. Mai 1816 (HAStK, Best. 1552, A 20/12). Siehe Briefe und Schriften.

unsre kirchlichen Sachen rede, u. der das von Herrn v. Caspars mir zugeschickte Verzeichniß der Pfarreyen seines Sprengels, mit sich nimmt. Ich siegle nun meine Briefe an Netz, Joseph u. den an den Feldmarschall Blücher, den Gott genaden wolle, und nun kommt Beuth zu mir, der über manche Angelegenheiten in den Staatssachen spricht, und namentlich den Klagen der Rhein Länder über die fremden Angestellten völlig Recht giebt.[278] Schmedding sagt, daß der Minister des Innern sehr über die Anstellung des Haxthausen sey unwillig gewesen. Er habe gesagt, er sey viel zu unstät, u. man könne nicht wissen, ob er nicht an einem guten Morgen wieder zur See gehen werde[279] und dergl. –

Ich siegle nun meine Briefe, u. gehe zu Tische. |:1.16:| Es ist niemand meiner Bekannten da. |15v| Ich bringe die Briefe zur Post. Das Paquetchen an Netz will man nicht annehmen, weil die Post erst Montag abgehe! Eine infame Einrichtung![280] Ich gehe zu Eichhorn in's Colleg, u. nachher gleich am Hallischen Thor hinaus, zum Turnplatz, den ich lange vergeblich suche.[281] Ich finde da Ludwig Gerlach, der sich übt; Phuel, Hedeman, Jahn u.a. Pfuel versucht sich mit manchen im Zweikampf auf dem Balken, u. ist ziemlich der stärkste von Allen. Wir gehen mit Jahn nach der Stadt zurück. Er spricht von einem Buche, über alte

---

[278] C. von der Groeben, der auf einer Reise durch die Rheinlande war, an Leopold von Gerlach, Düsseldorf, 29. Apr. 1816: „Die Mißgriffe, welche von Seiten der Regierung geschehen, lassen sich nicht aufzählen und sie wirken auf die Stimmung mit Recht sehr böse. Edle, anerkannt tüchtige Einwohner, die der französischen Flut eine feste Stirn entgegen gedämmt haben, die das Land kennen und allgemein geliebt sind, werden entweder ihrer Ämter entsetzt oder nach Posen oder ähnlichen Provinzen verwiesen, und erbärmliche Kerls, die bei uns nicht geachtet sind, oder ehrliche Philister die weder Land noch Leute kennen, hier angestellt. Das muß natürlich jeden empören" (in: Aus Gneisenaus Hauptquartier, S. 244).

[279] Werner von Haxthausen war weitgereist, u.a. war er kurzzeitig als Schiffsarzt für die Ostindien-Kompanie tätig gewesen (Klein, Haxthausen, S. 164).

[280] In seinen Erinnerungen schrieb der 1812 in Berlin geborene und aufgewachsene Felix Eberty über die unzureichende Post der Zeit: „Bis Nagler 1821 zum Chef dieses Departements [der Post] ernannt wurde, stand dasselbe unter einem Herrn v. Segebarth, welcher der sprichwörtlich gewordenen Grobheit seiner Unterbeamten keinen Einhalt bot. [...] Nagler reformirte gründlich. Die Briefe, die bisher nur zwei oder drei Mal in der Woche nach Königsberg und Cöln abgingen, wurden nunmehr täglich befördert; und der bekannte Ausdruck ‚Posttag' verlor seine Bedeutung. Für die Reisenden richtete er die berühmten Schnellpostwagen ein, welche man wie ein Wunder der Bequemlichkeit und Schnelligkeit anstaunte. In der That fuhren sie ununterbrochen so rasch, daß man nach drei Tagen und vier Nächten in Cöln ankam. [...] Das Briefporto blieb nach wie vor sehr theuer" (Eberty, Jugenderinnerungen, S. 11 f.). Nachfolger von Segebarth als Generalpostmeister wurde 1821 Karl Ferdinand Friedrich von Nagler.

[281] Der 1811 in der Hasenheide, etwas außerhalb von Berlin, eingerichtete Turnplatz wurde von Anhängern der durch Turnvater Friedrich Jahn gegründeten Turnbewegung genutzt. G. Parthey beschrieb den Platz in seinen Erinnerungen: „Die erste Einrichtung in der Hasenheide war von großer Einfachheit. Ein Waldfleck von einigen Morgen Landes, mit Kiefern bestanden, wurde von einem mäßig-breiten Graben umzogen, der an einigen Stellen Uebergänge zeigte. In der Mitte sah man ein Bretterhäuschen zur Aufbewahrung der wenigen nothwendigen Geräthschaften. Die Barren, Recke, Kletterbäume standen in angemessenen Entfernungen, eine Rennbahn war am östlichen Ende gegen die Rollberge hin abgesteckt" (Parthey, Lebenserinnerungen, Bd. 1, S. 192).

Städteverfassungen xxxxxxx, was sehr vortrefflich seyn solle. Ich kaufe Postpapier u. Schwefelhölzchen, |:–14:| ziehe mich schnell an, u. komme gegen 9 Uhr zu Staegemann. Es ist der Geburtstag der Hedwig. Es werden kleine Spiele gespielt, u. nachher wird zu Nacht gegessen. Die Unterhaltung ist nicht sonderlich. Ich erkundige mich nach dem OberrechnungsRath Rother, der beym Finanzministerium arbeiten u. gegenüber von Schuckman wohnen soll. Trinkgeld.|:1.16:|

Den 12. May [1816]. Sonntag.

Ich schreibe am Tristan weiter, u. gehe zur Kirche. Ich begleite Brentano u. die Frau v. Savigny von dort. Es begegnet uns der Prof. Lichtenstein,[282] u. sagt, er habe in Commission für den Hofmeister eines Prinzen ein altes Gebetbuch auf Pergament mit Miniaturen, die für Leonard da Vinci angesehen würden, aus der Sammlung des Herrn v. Bereis[283] in Helmstedt gekauft, u. ladet Brentano ein, es anzusehen. Ich gehe mit hin, und wir sehen das Buch an, welches aber gar nicht zu den Besten [gehört], kaum so gut, wie das ist, welches Fochem von Carové erhielt, u. wie uns scheint, mit 120 Rth. viel zu theuer bezahlt ist. Manche Bilder sind sogar sehr verwischt. Interessanter ist uns, mit einer Gesellschaft, von Lichtenstein in den Naturhistorischen Sammlungen herumgeführt zu werden, wo er uns viele schöne |16r| Sachen zeigt, u. besonders über den Uebergang der Pflanzenwelt in das Thierreich bey den Meerschwämmen und Corallen, viel Lehrreiches sagt. –

Nun gehe ich mit Brentano zu Tische, |:1.10:| und nach diesem zur Post, wo ich endlich das Buch und den Brief an Netz anbringe, und das Porto dafür theuer genug bezahlen muß. |:1.10:| Wir sehen das Gebäude an, welches nun zum Posthaus eingerichtet wird. – Dann kaufe ich einen Bambusstab |:5.8:| u. wir gehen in die Zelten, wo viele Menschen sind. |:–9:| Wir finden daselbst Berger u. Raumer, u. ich verliere auch xxx Brentano, der bey dem Hofmann[284] sitzen bleibt, der die

---

[282] Der Arzt und Zoologe Martin Hinrich Lichtenstein hatte 1810 das Berliner Zoologische Museum gegründet und war seit 1813 dessen Direktor. Seit 1811 war er Professor für Zoologie an der Berliner Universität.

[283] Der Mediziner und Physiker Gottlieb Christoph Beireis trug in Helmstedt eine große Sammlung von Kuriositäten, naturwissenschaftlichen Geräten sowie Büchern und Gemälden zusammen. A. von Arnim hatte ihn 1806 besucht und sich durch ihn zu Szenen in seinem 1810 erschienenen Roman Armuth, Reichthum, Schuld und Buße der Gräfin Dolores inspirieren lassen.

[284] Ernst Theodor Amadeus (E. T. A.) Hoffmann. H. von Chézy, die 1816 in dem gegen sie geführten Gerichtsverfahren von Hoffmann verhört wurde, schrieb über ihn: „Das zweite und dritte Verhör wurde bei Hoffmann abgehalten. Ich hatte seine Wohnung noch nicht gesehen, er hatte die Wände selbst ausgemalt. Das schönste Zimmer war auf überraschend sinnreiche Art mit den Zierathen ausgeschmückt, die auf seine Oper ‚Undine' Beziehung hatten. Mit zwei wunderkleinen zarten Händchen, und einer Gestalt vom regelmäßigsten Knochenbau, mit seinen zwei Funkelaugen, deren Augäpfel so unbeweglich waren, daß gewiß niemand erfahren hat, ob diese Augen groß oder klein, mit seinen feinen Lippen, die man niemals lächeln sah, glich Hoffmann einem gespenstischen Wesen. [...] Glut und Beweglichkeit war alles, was man von ihm wahrnahm" (Chézy, Unvergessenes, Teil 2, S. 357).

Phantasiestücke geschrieben hat. Ich gehe nach Hause, lese noch etwas, u. später gehe ich zu Savigny, wo Brentano, die v. Gerlach, Voss, Götze, Holweg, die Fockes, Roeder etc. sind. Wir bleiben bis nach Mitternacht. – Mir ist wieder etwas hypochondrisch, unwohl. – Die Gesellschaft ist lebhaft genug. Trinkgeld. –|:1.4:|

Den 13. May [1816].

Es ist kaltes, trübes Wetter, u. mir auch trübe zu Muth. Ich schreibe am Tristan, u. lese nachher. Bey Tische finde ich Brentano und Goetze. |:1.10:| Mit ersterem gehe ich nachher in meine Stube, u. da er es wiederholt verlangt, zeige ich ihm mein Buch. Er glaubt, es werden auch hier viele, sogar Frauen, es mit viel Freude lesen, u. manche mir gut deswegen werden. – Ueber dieses Reden wird es später, als ich glaube. Brentano geht nach Hause, ich eile zu Eichhorn, aber da das Colleg schon angefangen hat, gehe ich nicht mehr hinein, sondern zu Diderici, den ich nicht finde, dann zum StaatsRath Sack.[285] Er redet viel über die Rheinischen Angelegenheiten, schimpft auf die Minister, auf die vielen Anstellungen der Fremden, auf die Geschichte mit Gneisenau,[286] u. auf die lange Verschiebung der Organisation der geistlichen Sachen. Er scheint sehr gegen Fuchs senior[287] zu seyn. Er sagte mir, Gneisenau sey früher unter Ihm RegierungsRath hierselbst gewesen, wovon ich nie gehört. |16v| Übrigens rühmt er sich sehr der Freundschaft Gneisenau's. Nun gehe ich zu Brentano zurück, wir suchen den Maler Kolbe vergebens auf, gehen zu einem andern Maler Herbig, u. dann in den Thiergarten, wo wir Bier nehmen. |:–12:| Ich lese dort aus dem Musenalmanach von 1807–8 schöne Gedichte von Hoelderlin,[288] der, wie mir Brentano sagt, nun in Frankfurt wahnsinnig ist. – Wir gehen nachher wieder auf meine Stube, wo wir einander bey der Pfeife von unsern früheren Liebesgeschichten erzählen, bis gegen 11 Uhr.

Den 14. May [1816].

Ich zahle für mein Frühstück u. für neuen Phosphor in ein Feuergläschen meiner Wirthinn. |:3.5:| Dann schreibe ich weiter aus dem Tristan ab. Nach diesem beginne ich Briefe an Dr. Schulze und an Seidewitz. Bey Tische ist ein Dichter

---

[285] J. A. Sack hielt sich nach seiner Abreise aus Köln seit Ende April/Anfang Mai in Berlin auf. Auf der Reise nach Berlin hatte er die Boiserée'sche Sammlung in Heidelberg besucht.
[286] Gneisenau hatte im April 1816 seinen Abschied als Oberkommandant am Rhein eingereicht; Friedrich Wilhelm III. nahm im Mai seinen Rücktritt an (Thiele, Gneisenau, S. 313–320).
[287] Fuchs senior: Hofrat Johann Baptist Fuchs, Jurist, Anwalt in Köln. Er wurde am 14. März 1816 zum Regierungsrat in Köln ernannt. Vgl. Fuchs, Erinnerungen, 1912, vor allem S. 201–216.
[288] Musenalmanach für das Jahr 1807 und 1808, hrsg. von Leo Freiherrn von Seckendorf, Regensburg. Der Almanach für 1807 enthielt Hölderlins Gedichte: Herbstfeier, Die Wanderung, Die Nacht; der Almanach für 1808: Pathmos, Der Rhein, Andenken.

Robert (Jude), der mehrere TheaterStücke, die Macht der Verhältniße u.a. geschrieben hat;[289] dann Götze u. Brentano; mit den letzten Beiden gehe ich nachher unter den Linden, |:1.16:| u. sie laden sich auf den Abend zu mir ein. Ich gehe zu Eichhorn in die Vorlesung, dann zu Gerlach, wo ich Leopold nur finde, u. ihn bitte, mit seinen Brüdern u. Rappard auch zu mir zu kommen. Bey der Frau v. Berg werde ich nicht angenommen. Ich gehe nach Hause u. bereite alles zum Abend, kaufe Taback, |:2.8:| gehe, noch Roeder einzuladen, den ich aber nicht finde, und schreibe zu Hause noch an meinen Briefen. Gegen 8 kommt alles zusammen, u. Brentano liest Mährchen u. dramatische Arbeit aus seiner ersten Jugendzeit. Wir bleiben zusammen, bis gegen 11 Uhr, wo alles im Regen abtrollt.

Den 15. May [1816].

Früh schon kommt ein Kanzleybothe, u. bringt mir in einem Briefe von der OrdensKommission, die Medaille von 1815 nebst Band. Trinkgeld. |:–12:| Ich schreibe nun weiter an meinem Tristan. Dann vollende ich die angefangenen Briefe an Schulze u. Seidewitz. |A 1/7–14; 17r| Ich komme erst spät zu Tische, wo ich keinen meiner Bekannten mehr finde. Ich bringe nun die Briefe zur Post, und bezahle das Porto dafür, nach Magdeburg |:–8:| und nach Cossen, |:–18:| wohin ich nur mit Mühe heute schon das Paquet abgeben kann, da der Wagen erst am Freytage fährt. Nun gehe ich, mir eine andere Cravour in den Uhrschlüssel machen zu lassen, |:–6:| u. dann zu Eichhorn in's Colleg. Nach diesem wollte ich zu Savigny gehen. Brentano begegnet mir, und bittet mich, ihm mein Theaterbillet, das mir Savigny schickte, abzulassen, da er keins bekommen. Ich thue es, gehe zu Savigny, und werde von ihnen gebethen, dennoch mit in ihre Loge[290] zu kommen, da gewiß Raum genug darin seyn würde, u. ich wohl nur ein anderes Billet lösen dürfte. Ich nehme meine Börse zur Hand, um zu sehen, ob ich Geld genug darin habe, u. werde gestört durch den kleinen Carl, u. die Frau v. Savigny, die nun gehen will, stecke also Börse u. Geld in die Rocktasche. Schon auf der Straße vermiße ich gleich die Börse, kann aber nicht gleich alle Taschen durchsuchen, und da wir in die Stadt Rom[291] kommen, um Herrn Prof. Cramer von Kiel abzuholen, bemerke ich wirklich, daß ich sie nicht mehr habe, doch

---

[289] Ludwig Robert (Bruder von Rahel Varnhagen von Ense, geb. Levin), Die Macht der Verhältnisse. Ein Trauerspiel in 5 Aufzügen, wurde 1811 beendigt, 1815 in Berlin aufgeführt, 1819 bei Cotta, Stuttgart und Tübingen, gedruckt. 1816 wurde das Drama zuerst am 2. Januar im Berliner Schauspielhaus aufgeführt. Vgl. Dramat. Wochenbl., Nr. 3, 20. Jan., S. 22–24 und Nr. 4, 27. Jan. 1816, S. 25 f.

[290] Wegweiser für Fremde, S. 191: „Der erste Rang enthält 21 Logen, der zweite 26, der dritte 24 und zwei Balkons. [...] Die königliche Loge, die sich im ersten Range, dem Theater [d.h. der Bühne] gegenüber, befindet, nimmt in der Höhe auch den zweiten Rang mit ein. Sie ist in Gestalt einer Nische eingeschoben. In dieser Nische sind zwei kleinere Nischen zu Oefen. Im Rahmen der Loge sind zwei Karyatiden von Stuck. Die Loge ist mit karmoisinrothem Seidenzeuge behangen."

[291] Hotel und Speisehaus Stadt Rom, Unter den Linden 39 (Wegweiser für Fremde, S. 198 u. 201).

glaube ich immer noch, sie werde sich in einem der Kleidungsstücke versteckt haben. So gehen wir ins Theater; ich löse ein Billet, wozu mir v. Savigny 16 GG. vorstreckt. |:4.16:| Auch kaufe ich noch eine Erklärung des Ballets |:–12:| und wir sehen den Oediß auf Colonos.[292] Ich gehe nachher aus dem Theater, noch nach meiner Börse zu suchen, u. glaube, sie endlich in Savignys Haus noch verloren zu haben; trinke in großem Durste ein Glas Bier bey Manderlée |:–8:| u. kehre zum Ballet zurück, welches bis gegen 10 Uhr dauert.

Jener Prof. Cramer ist ein sonderbarer Mann, ein gelehrter Professor der Jurisprudenz in Kiel,[293] und |17v| gegen 60 Jahre alt. Seine Frau ist nicht viel jünger. Er glaubt, er sey eigentlich nicht zum Gelehrten, sondern zum Mechanikus geschaffen. Dieß habe er auch an zweyen seiner Söhne bemerkt, u. sie deswegen Kupferschmiede werden lassen. Einer seiner ehemaligen Zuhörer hat ihm eine Summe Geld geschickt, damit er davon eine wissenschaftliche Reise machen solle. So hat er sich eine kleine Chaise und ein Pferd angeschafft, u. fährt so mit seiner Frau ganz allein durch die Welt. Er ist hierhin gekommen, um Savigny zu befragen, wo und was er, besonders Sachen von wissenschaftlichem Werthe, aufsuchen, u. exzerpiren solle; u. so will er an den Rhein, nach Frankfurt, Heidelberg, Stuttgart u.s.w. Viel Kraft in solchem Alter! – Savigny hat mich um Adressen für ihn nach Cöln belangt, wo er freilich erst in 4–5 Monaten zu seyn denkt, u. ich ihn also wohl sehen werde. –

---

[292] Oedipe à Colone, Oper von Antonio Gaspare Maria Sacchini, 1786. Die Berlin. Nachr., Nr. 57, 11. Mai 1816 hatten angekündigt: „Mittwoch den 15ten Mai im Opernhause: Oedip zu Colonos, lyrisches Drama in 3 Abtheilungen, mit Tanz. Musik von Sacchini. Hierauf: Paul und Virginie, pantomimisches Ballet in 3 Abtheilungen, vom Königlichen Balletmeister Herrn Gardel. Für das hiesige Königliche Schauspiel eingerichtet durch Herrn Anatole. Musik von Kreuzer. (Herr Anatole und Madame Anatole-Gosselin werden in diesem Ballet die Parthien des Paul und der Virginie ausführen). [...] Billets zu den Logen, dem Parquet und dem Parterre, sind in dem General-Intendantur-Büreau, Letztestraße Nr. 11. zu den bewußten Großen-Opern-Preisen zu haben." Zum Ballet vgl. Dramat. Wochenbl., Nr. 23, 8. Juni 1816, S. 180: „Ueber das Ballet Paul und Virginie enthält sich Referent alles Urtheils, da er demüthigst eingestehen muß, daß ihm der Sinn für dergleichen Darstellungen gänzlich mangelt. Er kann sich nicht daran gewöhnen, den aus dem Gemüthe strömenden Affekt in den Füßen zu suchen. Bemerken muß er jedoch, daß er mit angestrengter Aufmerksamkeit die Handlung zu enträthseln strebte." In der Oper Oedipe à Colone am 15. Mai war auch die berühmte Anna Milder-Hauptmann aufgetreten; vgl. Dramat. Wochenbl., Nr. 23, 8. Juni 1816, S. 179: „Ganz unübertrefflich war Madame Milder-Hauptmann als Antigone. Dieser reine herrliche Ton von klingendem Metall gegossen, dieser allen falschen Prunk verachtende Vortrag muß den Verstocktesten überzeugen, daß Künstelei nicht Kunst, und daß es vergebens ist, der Natur das abzwingen zu wollen, was sie nun ein- für allemahl versagte." Carl Maria von Weber, der am 9. Juni in Berlin eingetroffen war, besuchte am 11. Juni die Vorstellung des Oedipe. Siehe unten.

[293] Andreas Wilhelm Cramer, Jurist, Professor und Bibliothekar in Kiel, war „ein ‚eleganter Jurist', d.h. historischer Rechtsgelehrter älterer Schule, also mehr Philolog als Jurist, mehr antiquarischer Handschriftenjäger als Philolog, ein von den lateinischen und griechischen Klassikern ganz erfüllter Humanist, dazu, wie ihn seine Hauschronik zeigt, voll Witz und Laune, eine Jean Paulsche Gestalt." Cramer reiste 1815 und 1816 „im eigenen Wagen sein eigener Kutscher, auf der Handschriftensuche durch die Lande" (Radbruch, Feuerbach, S. 92 f.).

Ich gehe mit v. Savigny nach Hause, um nach meiner Börse zu fragen; allein, die kleine Bettine hat nur bemerkt, daß ich sie in der Hand gehabt, u. in die Rocktasche gesteckt habe. Auch als ich nachher von Savigny, wo ich etwas zu Nacht esse, nach Hause gehe, u. nochmal alles durchsuche, ist nichts zu finden, u. es soll also, wie es scheint, ein neuer Beleg seyn, daß mir nichts gedeihen soll, was mir Nettchen Wenge je gab oder machte! – Seltsam genug, da es mir doch mit meinen andern Sachen nicht so geht. –

Den 16. May [1816].

Ich bezahle meinen Stiefelpützer, |:4.4:| und nachher die Wäscherinn, die mir endlich mein Zeug wieder bringt. |:4.19:| Ich werde von Staegeman gebethen, nicht heute Donnerstag, sondern morgen Abend zu kommen. Ich schreibe die Adresse für Prof. u. StaatsRath Cramer, |18r| nachdem ich meinen gewöhnlichen xxxxx am Tristan vollendet. Ich gehe zu Tische, wo ich wieder keinen Bekannten treffe. |:1.10:| Dann gehe ich unter den Linden, u. später zu Savigny. Zu dem verlornen Beutel ist keine Hoffnung mehr. Ich gebe der Frau v. Savigny den Brief für pp. Cramer an Joseph. Der Professor ist zu Mittag beym Kronprinzen, dem er so wie Niebuhr 3 mal die Woche Vorlesung hält. Ich gehe nun in die Vorlesung zu Eichhorn, dann zu Beuth, der aber Geschäfte hat. Ich gehe zu Brentano, mit ihm wieder vergebens zu Kolbe, dann nach Hause, ziehe mich ein wenig an, u. will den Justizcommissar Simon besuchen. Ich finde ihn nicht. Sein Sommeraufenthalt ist weit vor dem Spandauer Thor, wo ich ihn nicht aufsuchen werde. Ich will Graf Groeben besuchen, allein, eine Menge am Schloß aufgefahrner Wagen zeigen an, daß Cour u. Hofball ist.[294] Ich will Silberschlag besuchen, finde ihn aber auch nicht.

Als ich von Beuth kam, begegnete mir der StaatsRath Süvern, der mir sagte: Nun, ihnen kann man wohl gratuliren? Ich fragte, weswegen? Ich glaubte schon wegen der Universität. Allein, er sagte mir, er habe von Minister Schuckmann gehört, ich sey Assessor geworden. Ich fragte, ob er bloß gehört, daß ich dazu vorgeschlagen sey? Er aber wollte wissen, daß ich wirklich zum Assessor ernannt sey. – Später gehe ich noch zu v. Humbold, weil mir Frau v. Savigny sagte, man könne dort nur heute noch Abschiedsvisite machen.[295] Allein, ich werde nicht angenommen, u. lasse bloß eine Charte. Nun gehe ich nach Hause, wo ich den zweiten Theil der Gräfinn Dolores fast zu Ende lese, ihn aber schrecklich langweilig finde.

---

[294] Berlin. Nachr., Nr. 59, 16. Mai 1816: „Am Dienstag [...] kamen die Churprinzessinn von Cassel Königliche Hoheit mit den Prinzessinnen ihren Töchtern, und der Erbprinz v. Dessau hier in Berlin an, woselbst sie die im Königlichen Schlosse für Sie bereiteten Wohnungen bezogen. Auch die übrigen Königlichen Herrschaften sind aus Potsdam hieher zurückgekehrt. Heute, Donnerstags Abends, ist bei Seiner Majestät dem Könige, im Rittersaal, Cour und Ball."

[295] Caroline von Humboldt verließ Berlin am 20. Mai, um zu ihrem Mann nach Frankfurt a. M. zu reisen. Ich danke Ute Tintemann, Berlin, für ihre Auskünfte zur Familie von Humboldt.

Den 17. May [1816].

Ich werde auf Morgen zu La roche gebethen. Für ein Paar halbe Stiefelsohlen muß ich viel bezahlen. |:3 Fr.:| Ich schreibe am Tristan, u. lese die langweilige Gräfinn Dolores zu Ende. |18v| Bey Tische finde ich Brentano u. Graf Alvensleben.|:1.7:| Mit ersterem gehe ich nachher in ein benachbartes Kaffeehaus, wo wir eine Tasse Kaffee trinken, |:–12:| dann gehe ich zu Eichhorn in's Colleg. Nach diesem in vielem Regen nach Hause, wo ich mein Buch beynah zu Ende durchsehe. Nach 7 ½ ziehe ich mich an, um zum StaatsKanzler zu gehen, allein, es ist dort keine Assemblée, da der alte Herr sich hat krank melden lassen. Ich gehe also zu Staegeman, wohin später Graf Brühl[296] den Dichter Müllner bringt. Dieser ist ein kurzer dicker, ruhig verständiger Mann, der nicht viel, aber langsam und bedächtig spricht. Es sind noch andre Fremde da, die ich nicht kenne. Die Mädchen sind angenehm u. munter. Wir bleiben zum Nachtessen. Trinkgeld. |:–18:|

Den 18. May [1816].

Brentano u. Goetze lassen mich bitten, heute um 2 sicher in unser altes Kosthaus zu kommen, wo sie auch seyn wollten. Ich will meine Börse, falls ich auch heute Abend von Savigny, die gewiß bey Laroche seyn werden, nichts davon höre, in die Zeitung setzen lassen. Ich schreibe an dem Tristan, u. lese dann im Titurel. Savigny schickt mir einen Brief von Grimm, worin dieser meiner Handschrift des Tristan doch nun Gerechtigkeit wiederfahren läßt.[297] Um zwey Uhr finde ich Götze bey Tische, auch Brentano kommt. |:1.7:| Wir gehn nachher zu Gerlach. – Nach dem Colleg bei Eichhorn gehe ich nach Hause, u. lese, bis gegen 8. Dann gehe ich zu Beuth, wo ich einen Brief von Wally erhalte. Ich gehe bald zu La roche, wo Savignys, Lützow, Göschen, Nicolovius u.a. Mir ist noch immer Hypochondrisch unwohl. Uebrigens bleiben wir ganz angenehm, bis gegen 11 Uhr zusammen.

---

[296] Wegweiser für Fremde, S. 194: „Die königlichen Schauspiele stehen unter dem Generalintendanten Herrn Kammerherrn Grafen von Brühl, wohnhaft Letztestraße No. 11."

[297] Vermutlich: J. Grimm an Fr. C. von Savigny, Kassel, 12. Mai 1816 (Universitätsbibliothek Marburg, 784:91). In einer Antwort J. Grimms auf Grootes Brief vom 29. Apr. 1816 (J. Grimm an E. von Groote, Kassel, 13. Mai 1816), die Groote offenbar erst am 21. August erhielt, hieß es: „Meinem unzeitigen Urtheil über Ihre Tristan Handschrift muß ich freilich wieder Abbruch thun; ich sah sie blos einige Augenblicke und schien mir auf einige verniederdeutschte Stellen zu stoßen. Nach der mir jetzo gegebenen Probe ist sie allerdings fähig, den müllerschen Abdruck dieses herrlichen Gedichts an mehr als einem Orte zu reinigen und herzustellen" (in: Reifferscheid, E. von Groote, S. 24).

Den 19. May [1816]. Sonntag.

Ich schreibe am Tristan weiter, u. mache mich fertig zur Kirche. Von dort gehe ich, die Anzeige wegen meines verlorenen Beutels zu besorgen. Die Spenersche Zeitungs Expedition finde ich geschlossen; Diderici, der mir begegnet, sagt mir, wo das Vossische Zeitungsbüreau sey; ich finde es endlich in der kleinen Niederlagestraße, höre aber, daß alle solche Anzeigen erst in dem Intelligenzkomtoir abgegeben werden müssen. Ich gehe also dorthin u. finde es glücklich noch offen (Kurfürstenstraße No. 51). Der Expeditor unterhält |19r| mich unaufhörlich über eine Menge verlorener Sachen, die schon wieder beigeschafft worden seyen, ändert einiges in der Anzeige, daß nehmlich der Beutel solle auf dem Intelligenz Komptoir abgeliefert werden, zählt dann die Buchstaben u. läßt mich 18 GG., 6 ₰ bezahlen, |:2.15:| wofür er in den nächsten Blättern, den Intelligenz Nachrichten und der Spenerischen Zeitung, die Anzeige besorgen will.[298] – Die vorbeyfahrende Prinzess Wilhelm grüßt mich auf der Brücke am Schloß sehr freundlich. – Den Ober Geheimen Rechnungs Rath Rother finde ich nicht, lasse aber meine Karte daselbst. Ich begegne Brentano, Foerster, u. einem Studenten aus Eichhorns Colleg, die eben zu Manderle zu Tisch gehen wollen. Ich begleite sie. |:1.13:| Götze kommt auch hin.

Nachher gehen wir unter den Linden, u. da es eben der 19., also viele Leute in Charlottenburg, u. das Monument der Königinn daselbst offen ist,[299] keiner der Uebrigen aber mit will, fahre ich mit Brentano hinaus. |:1.4:| Das Gewühl der Troschken und der Menschen zu Pferde u. zu Fuß ist sehr groß. Wir gehen in den Garten. Dort ist der Weg zum Monument mit Gardedragonern gesperrt, u. der Drang unausstehlich. Nur mit Mühe komme ich endlich durch; Brentano bleibt zurück. Aber auch im innern Tempel darf man nicht die Stufen hinan u. zunächst an das Monument gehen. Ich sehe also, so genau ich kann, die ganze Figur in leichtes Gewand gehüllt, ruht auf einem schönen Lager, oder Paradebett, mit über einandergelegten Armen. Auch die beyden Candelaber scheinen vortrefflich gearbeitet. In der Mitte zwischen den beyden Stiegen, die zum Monument führen, geht eine andere abwärts zur Thüre der Gruft. Das ganze ist mit Marmor und Gypswänden in griechischem Styl gearbeitet. Oben vor den Stiegen stehen 4

---

[298] Berlin. Nachr., Nr. 61, 21. Mai 1816: „Vor einigen Tagen ist in der Gegend der Linden eine Börse, in welche 3 reitende Kosacken gestrickt sind, verloren worden. Wer dieselbe im Intelligenz-Comtoir zurückbringt, erhält 1 Thlr. Belohnung."

[299] Königin Luise, Ehefrau Friedrich Wilhelms III., war am 19. Juli 1810 gestorben. Das Grabmal für sie im Schloss Charlottenburg wurde 1811 bis 1815 von Chr. D. Rauch geschaffen. Wegweiser für Fremde, S. 222 f.: „In dem Garten ist das Monument und die Gruft der unvergeßlichen verewigten Königin Luise von Preußen. Zum Begräbnißtempel führt eine Tannenallee, die in einen kleinen mit schwarzen Tannen, Zipressen und babilonischen Weiden eingeschlossenen Platz übergeht, der mit weißen Rosen und Lilien eingefaßt ist. Mit der Vorderseite steht der Begräbnißtempel frei [...]. Das Monument wird in der guten Jahreszeit allemal den 19ten jedes Monats geöffnet, die Gruft aber ohne besondere Erlaubniß niemals."

marmorne Säulen, die den hintersten Theil des Tempels tragen, unter welchem das Monument steht. Das ganze ist schön, |19v| aber paßt sich zu dem Begräbniß einer christlichen Königinn schlecht. Die Art, wie man das Volk hinzu läßt, scheint mir höchst unwürdig; ich bin froh wieder wegzukommen, gehe mit Brentano in eine Kneipe, wo wir etwas verzehren, |:–10 Sols:| u. wir gehen dann an dem wunderschönen Abend langsam zur Stadt zurück. Seltsam, daß Brentano durchaus zu fortgehenden philosophischen Spekulationen, die man in Gesprächen ausführen mag, nicht Sinn hat, obgleich man ihm scharfen Verstand nicht absprechen kann; selbst die Art, wie ich mein Buch geschrieben habe, gefällt ihm nicht. Er glaubt, ich hätte alles das ja besser in eine Geschichte einkleiden können. Auch ist alles, was er je geschrieben hat, dramatisch, oder erzählend; freylich meist wild u. zerrissen, wie sein eigenes Leben, von dem er selbst sagt, daß trostlose, trübe Verworrenheit der HauptCharakter, u. seine witzige Laune u. Lustigkeit, nur so aussenhin strebende Wallung sey, die ihm nicht näher ans Herz gehe. Er scheint mir wahrhaft unglücklich zu seyn. – In der Stadt geht er zu Savigny, ich aber nach Hause, wo ich bis gegen Mitternacht an Joseph u. Herrn v. Falkenstein, wegen der erhaltenen Taschen Bücher schreibe, was ich bis heran vergessen hatte. –

Diesen Morgen begegnete mir, ehe ich mir's versah, die Chezy auf der Straße. Sie sprach mich an, u. redete allerley Zeug, auch, daß ich sie besuchen solle, u. dergl. Sie wollte über ihren Mann, u. seine Aeußerungen über sie u. ihre Kinder mancherley wissen. Ich sagte ihr kurz, daß ich diesen Gegenstand bey ihm nie berührt,[300] da ich geglaubt, das sey alles in seiner Ordnung, u.s.w. u. sorgte, sie los zu werden. Meine Wohnung habe ich ihr freylich gesagt, doch wird es wohl Mittel geben, sie vom Halse zu halten. |20r|

Den 20. May [1816].

Ich schreibe mein Tagewerk am Tristan, u. fahre dann fort, meinem Bruder noch einiges zu schreiben. Auch fange ich einen Brief an v. Haxthausen an. Gegen 1 Uhr gehe ich zur Frau v. Berg, die ich aber nicht finde; die Gräfinn Voss soll bey der Prinzess Wilhelm seyn. Die kleine Gräfinn Haesel, die eben nach Hause kommt, grüßt mich freundlich, ich finde Silberschlag unter den Linden, in seiner gewohnten Pommade.[301] Im Speisehaus finde ich Götze, der aber schon fertig ist, |:1.19:| u. mir sagt, er werde in 8 Tagen reisen. Ich gehe dann nach Hause, lese noch etwas, gehe um 4 in's Colleg bey Eichhorn u. nach diesem zum Geheimen Legations Rath Eichhorn, der noch immer unwohl ist. Dieser spricht von unsern Angelegenheiten, namentlich wegen der Universität, daß nehmlich die, doch immer noch nöthige, bedeutende Dotation der Universität am Rhein wohl der

---

[300] Groote hatte Antoine-Léonard von Chézy, der von 1803 bis 1810 mit Helmina verheiratet war, 1815 in Paris kennengelernt.
[301] in Pommade, hier wohl: herausgeputzt oder: in seiner üblichen Aufmachung.

Hauptpunkt seyn dürfte, warum man sich noch immer nicht entscheide; das noch immer vollständig auf Kriegsbestand bleibende Militair fordere sehr viel; allein, man könne es auch nicht mindern, weil die übrigen Mächte es auch nicht thun. Ueberdieß hätte man den festen Vorsatz, in soweit Wort zu halten, u. die öffentlichen Schulden zu bezahlen, und ehe diese berichtigt, sich auf anderes nichts einzulassen. Somit möchte selbst die Anwesenheit der Minister am Rhein in dieser Hinsicht wohl von geringem Einfluß seyn. Ich sagte ihm, daß nach der Abreise der Minister, ich auch hier nicht viel mehr zu machen wisse, besonders, wenn, wie ich hoffen dürfe, nun meine Ernennung zum Assessor bald erfolgen dürfte. Er gab mir darin Recht. Wir kamen durch den StaatsRath Sack auf Heidelberg zu reden, u. auf die Boisserée. Er zeigte mir deren Brief an den Minister Altenstein u. den ausführlichen (hochtrabend genug abgefaßten) Bericht an ihn.[302] Auch den treuen, ehrlichen Brief von Cornelius, der so wie die andern deutschen Maler in Italien, gerne wieder nach Deutschland kommen wollte, wenn sich am Rhein ordentlich etwas gestalte.[303] – Er |20v| theilte mir seinen Plan mit, dem StaatsKanzler nur einen allgemeinen, für die Sache selbst weniger praejudiziösen, Auszug des Berichts von Boisserée, zugleich aber den Vorschlag vorzulegen, Schinckel und mit diesem mich nach Heidelberg zu schicken, damit wir dort die Sache ordentlich besprechen, u. Schinkel förmlich als Commissar einen vorläufigen Vertrag mit Boisserée schließen könnte. Dieß nahm ich gerne an, u. werde es zu betreiben suchen. Er schien sich über meine Zustimmung zu freuen. Seine Unpäßlichkeit erlaubte mir dieß Mal nicht, länger bey ihm zu bleiben, doch lud er mich freundlich ein, ihn bald wieder zu besuchen.

Ich gehe nun zur Gräfinn Gröben. Dort lerne ich den Bruder derselben, Graf Fritz Groeben kennen. Die Gräfinn entschuldigte sich mit ihres Bruders Unpäßlichkeit, u. dergl., warum sie mich nicht schon lange hätte zu sich bitten lassen u. dergl. Selbst heute, wo sie Leute bey sich sehe, haben ihre Leute so viel zu rennen gehabt, daß sie nicht hätte zu mir schicken können. Dieß mag nun auf sich beruhen. – Sie gab mir einen Brief von Carl Groeben, der wenig Neues enthält. Es wird im Rittersal die Trauung der Gräfinn Brandenburg mit dem Prinzen Pless gefeyert,[304] wozu der ganze Hof u. viele Herrlichkeit begangen. Der Graf u. die Gräfinn Gröben finden dieß unwürdig, daß nehmlich einer Bastarde zu Ehren solch ein Fest angestellt werde. Lassen wir das. Später kommt Diest[305] noch hin.

---

[302] S. Boisserée hatte vom 9. bis 21. April an Briefen an Eichhorn und Altenstein gearbeitet (S. Boisserée, Tagebücher, Bd. I, S. 317–319). Am Sonntag, den 21. April notierte er: „Briefe an Eichhorn und Altenstein ab."

[303] Der Maler Peter von Cornelius lebte seit 1811 in Rom.

[304] Ferdinand Friedrich Fürst von Pleß, ab 1818 Herzog von Anhalt-Köthen, „ein nicht junger, äußerlich etwas steifer, hölzerner Mann", heiratete am 20. Mai 1816 in der Berliner Schloßkapelle die „bewunderte Schönheit" Gräfin Julie von Brandenburg, eine illegitime Tochter König Friedrich Wilhelms II. aus seiner morganatischen Ehe mit Sophie Juliane von Dönhoff (vgl. K. von Rochow, Vom Leben, S. 76 f.). Auch die Köln. Zeitung, Nr. 85, 28. Mai 1816 berichtete über diese Hochzeit.

[305] Vermutlich: Heinrich Ludwig Friedrich Arnold von Diest; er hatte am 13. Febr. 1816 Adolfine Johanna Adelheid Henriette von Gerhardt geheiratet.

Es ist eine Generalinn mit ihrem Manne und Töchtern bey Groeben, deren eine Diests Frau ist (Boderlowsky??) – Die Gräfinn will mich nachher zum Nachtessen dort behalten, wofür ich aber ergebenst danke. Alles schickt sich nicht. – Ich gehe nach Hause. Unter den Linden, wahrscheinlich in dem Hotel, wo Pless wohnt, versammelt |21r| sich die ganze Hochzeitsgesellschaft, u. es ist grosser Auflauf da. Zu Hause schreibe ich noch am Briefe für Haxthausen.

Den 21. May [1816].

Ich schreibe an dem Tristan weiter. Meiner Wirthinn zahle ich die Frühstück Rechnung der letzten Woche, |:2.18:| u. für den Thee u. Kuchen, Zwieback etc., den ich gegeben. |:4.16:| Endlich auch für ½ ℔ Lichter. |:–9 [gestrichen: 4.16:| Dann beendige ich meine Briefe. – Ich gehe erst spät zu Tische, |:1.16:| wo ich niemand mehr finde. Dann gehe ich auf die Post, meine Briefe abzugeben. Beym Könige ist großes Diner. Nach dem Colleg bey Eichhorn kaufe ich Göthes Schrift über Kunst u. Alterthum am Rhein in der Humblotschen Buchhandlung u. gehe zu Brentano; mit diesem zu dem Maler Kolbe,[306] der sehr schöne Studien, in welchen seine Fertigkeit im Zeichnen sich beweist, besitzt. Seine Köpfe, besonders die Weiblichen, sind sehr eintönig, sein Colorit neblicht, wie mit Spinnwebe überzogen, Luft und ferne Landschaft ins röthlich violett spielend, was mir auch an Schinckels Landschaften höchst zu wider ist. Er hat von Reimer den Auftrag, mehrere Zeichnungen zu dem Helwigschen u. Fouquetschen Taschen Buch[307] zu machen. Cornelius hat dazu nur 3 geliefert. Kolbe scheint mir wenig Geschick dazu zu haben, u. überhaupt an Phantasie u. Erfindung schwach. Brentano giebt ihm immer Anschläge[308] in seinen Bildern. Die Kerls haben überhaupt alle keine Andacht u. keine Begeisterung für ein Ideal mehr, daher ihr unbedeutendes Gepinsel u. Machwerk. Ich gehe mit Brentano vor das Hallische Thor, wo wir Bier trinken, u. Göthes Schrift zu lesen anfangen.[309] Auf der Straße wird mir ein Billet von Herrn Justiz Commissar Simon gegeben, der bedauert, daß ich ihn nicht getroffen, u. mich auf Sonntag zu sich zu Tische bittet. – Am Abend gehen wir zu mir, u. lesen dort Göthes Schrift weiter. Er thut unseres Kupfers vom Dombilde rühmliche Erwähnung |21v| u. sein Tadel wegen Mystischer Ideen,[310]

---

[306] Der Historienmaler Carl Wilhelm Kolbe d. J., seit 1815 Mitglied der Königlich preuß. Akademie der Künste, wohnte 1816 am Hausvogteiplatz 12.
[307] Amalie von Helwig, Fr. Baron de la Motte Fouqué (Hg.), Taschenbuch der Sagen und Legenden. Der 1. Band war 1812 in Berlin bei der Realbuchhandlung Reimer erschienen, der 2. Band erschien 1816/17. Siehe Groote, Tagebuch, 10. Dez. 1816.
[308] Anschläge, hier: Vorschläge.
[309] Die Schrift Goethes beginnt mit einem Kapitel zu Köln (Goethe, Ueber Kunst, S. 1–30).
[310] Der Kupferstich des Dombildes war dem Taschenbuch für Freunde beigegeben. Vgl. Goethe, Ueber Kunst, S. 165: Es sei nicht notwendig, das Dombild näher zu beschreiben, „indem das Taschenbuch für Freunde altdeutscher Zeit und Kunst uns eine sehr willkommene Abbildung dieses vorzüglichen Werkes vor Augen legt, nicht weniger eine ausreichende Beschreibung hin-

etc. trifft mehr Wallraf als unsre Gedichte, die vielleicht nur in der Ferne mit dem Aufdruck: – wird mit Hymnen umräuchert, pag. 163, gemeint sind.[311] Wir lesen bis gegen 11 Uhr.

Den 22. May [1816]. – xxxxx. ~~

Es [ist] trübe u. wüste aussen u. in mir. Ich fange den Tag schon mit zerrenden Gedanken u. Gefühlen an; habe überhaupt wohl zu erwarten, ein früher, ächter Hypochondrist zu werden. – Ich schreibe an meinem Tristan weiter, und lese dann Göthes Schrift für mich einmal ruhig durch. Bey Tische |:1.13:| finde ich Bülow, der mit schönen, neu eingesetzten Zähnen wieder angekommen ist, u. Götze. Letzterem zeige ich Göthes Schrift, u., da er sie zu haben wünscht, gebe ich sie ihm zum Ladenpreis wieder ab. Nachher gehe ich zu Dümmler, der mir sagt, er werde die Taschenbücher morgen hohlen lassen, u. er habe von Bachem[312] 20 Exemplare meiner Schrift gekauft. Frau v. Berg ist da. –
Ich gehe zu Eichhorn, u. von da zu Beuth, wo ich zwar nicht ihn, aber ein Schreiben von dem Feldmarschall Blücher finde cum negativa,[313] weil er es nicht in seinem WirkungsKreis zu seyn glaubt, ergo abgemacht. – Ich will zu Savigny, finde aber die Frau v. Savigny auf der Straße, u. gehe mit ihr zu La roche. Alles ist über Göthes Schrift empört. Ebenso über die fortgesetzte Rezension von Savignys Zeitschrift, die von Erp auf die unwürdigste Art in den Heidelbergischen

---

zufügt, welche wir mit reinerem Dank erkennen würden, wenn nicht darin eine enthusiastische Mystik waltete, unter deren Einfluß weder Kunst noch Wissen gedeihen kann." Auch J. Schopenhauer stand den mit „altdeutscher" Kunst verknüpften „mystischen" Ideen sehr kritisch gegenüber. In Zusammenhang mit ihrer Bewertung der Boisserée'schen Sammlung stellte sie fest: „Wohin es jetzt bei der neualtdeutschen mystischen Wendung mit uns kommen wird, ist schwer abzusehen, und ich mag nicht gern daran denken. Ich greife wieder dabei zu meinem oft bewährt gefundnen Trost, daß alles sinken muß, wenn es nicht mehr steigen kann, und daher giebt mir die jetzt schon erreichte große Höhe des neuern Unsinns die schönsten Hoffnungen für seinen baldigen Fall. Mein inniger Wunsch dabei ist, daß diese in ihrer Art einzige Sammlung recht bald auf einen günstigen, allen Künstlern zugänglichen Standpunkt gestellt werden möge, damit die, so von ächtdeutschem Sinn und reiner Kunstliebe beseelt das Bessere suchen, hier den Weg sehen mögen, der unsre großen Vorfahren zu dieser Stufe von Vollkommenheit brachte" (Schopenhauer, Ausflucht, S. 188 f.).

[311] Goethe, Ueber Kunst, S. 163: Das Kölner Dombild könne „als die Achse der niederrheinischen Kunstgeschichte angesehen werden [...]. Nur ist zu wünschen, daß sein wahres Verdienst historisch-critisch anerkannt bleibe. Denn freylich wird es jetzt dergestalt mit Hymnen umräuchert, daß zu befürchten ist, es werde bald wieder so verdüstert vor den Augen des Geistes dastehen, wie es ehemals von Lampen- und Kerzenruß verdunkelt den leiblichen Augen entzogen gewesen." In der Köln. Zeitung, Nr. 25, 31. Mai 1816 erschien die Annonce: „Bei Rommerskirchen, Buchhändler dahier, ist folgendes für Künstler und Kunstfreunde sehr anziehende Werkchen zu haben: Göthe, über Kunst und Alterthum in den Rhein- und Maingegenden. 18. Heft nebst einer Abbildung des Vera Icon, und einem Umschlag mit allegorischen Verzierungen. 8. 1816. Preis 2 Gulden 24 kr."

[312] Kölner Verleger und Buchhändler Johann Peter Bachem.

[313] cum negativa, hier: mit einer Ablehnung, ablehnend.

Jahrbüchern herunter gemacht wird.³¹⁴ Ich führe Frau v. Savigny nach Hause, erfrage bey Radziwill, daß keine Gesellschaft ist, wegen des Balls bey der Prinzess Charlotte, gehe nach Hause, u. gegen 8 ½ zu Staegeman. Savignys u.a. sind da, die Gesellschaft ist sehr zerrissen, viele sind ausgeblieben. Schon vor 10 Uhr geht alles weg. Ich lese zu Hause den Armen Heinrich in der Müllerschen Sammlung.³¹⁵ |22r|

Den 23. May [1816]. Christi Himmelfahrt.

Ich gebe meine lockren Stiefel zu machen, schreibe am Tristan fort, u. gehe zur Kirche. Ich finde auf dem Wege dorthin Brentano u. Ludwig Gerlach. Brentano lobt bloß aus Liebe zum ungewöhnlichen, das klare, verständliche, Poesielose des Protestantischen Gottesdienstes. Er kam nehmlich eben aus der Spittelkirche, wo Herr Hermes gepredigt hatte, u. versicherte, er könne es nach solcher Kirchenfeyer kaum in der Katholischen Messe aushalten etc.³¹⁶ Wir begegnen Roeder, u. reden manches über die neuesten Zeitverhältniße, Gneisenau, die Königlichen Verhandlungen u.s.w. Dann gehen wir zu Weiß, wo wir dessen Gemälde u. Kupferstiche ansehen. – Er hat von den 15 Taschenbüchern, die er von mir hat, 9 zum ersten Preise mit 25 % Rabatt verkauft; hat also noch 6, die ich ihn bitte, zum Preise von 2 Thl. anzukündigen, und wie Dümmler mir zu 1 Thl., 16 GG. zu berechnen. Wir gehen dann zu Tische, |:1.10:| wo die beyden Foke, Bülow u. Götze sind. Wir gehen mit ihnen dann unter die Zelte, wo wir Kaffee trinken. |:–12:| Ich gehe mit Fock zurück, um in den Fidelio³¹⁷ zu gehen. Er hat ein Billet, da es aber sehr heiß ist, u. ich zur Noth nur noch ein Billet par terre haben konnte, so gehe ich nicht hinein, sondern nach Hause. Dort höre ich, daß der Prinz Wilhelm leider wieder erst um 2 Uhr zu mir geschickt hatte, um mich zu Tisch zu laden. Die Alte hatte unser Kosthaus wieder vergessen. Es ist dieß eine ärgerliche Art, nur 1 Stunde voraus zu Tische zu laden. Ich gehe später zur Gräfinn Voss, wo der Rittmeister Rochow, der jüngere Roeder, und ein Minister, ehemaliger Gesandter im Hag [Haag], ist. Auch der alte Herr v. Berg ist da. Ich bleibe bis gegen 10 Uhr. Zur morgigen Feyer des Geburtstags der Prinzess Louise³¹⁸ ist es Etiquette, bey der ersten Hofdame Charten abzugeben, was ich glücklich erfrage. |22v|

---

[314] Rezension der Zeitschrift für geschichtliche Rechtswissenschaft, hrsg. von Fr. C. Savigny, C. Fr. Eichhorn, J. F. L. Göschen, 1. Bd., 2. u. 3. Heft, 2. Bd., 1. Heft, 1815; in: Heidelbergische Jahrbücher der Litteratur, Nr. 7, S. 97–112; Nr. 8, S. 113–128; Nr. 9, S. 129 f., Heidelberg 1816.

[315] Der arme Heinrich; in: Christoph Heinrich Myller, Samlung deutscher Gedichte aus dem XII., XIII. und XIV. Jahrhundert, Bd. 1, Berlin 1784.

[316] Cl. Brentano schrieb im Febr. 1816 an J. N. von Ringseis: „Ich gehe aus Scheu, mich ganz von der katholischen Kirche zu trennen, nicht zu dem trefflichen Hermes, dessen Kirche mit zuerst im Leben den Eindruck einer Gemeine gemacht und mich nichts stört und alles anzieht, und dennoch bleibt mir in unserer Kirche gar nichts, was mich recht innerlich verbindet" (in: Schoeps aus den Jahren, S. 111).

[317] Ludwig van Beethoven, Fidelio, Oper, uraufgeführt 1805.

[318] Prinzessin Friederike Dorothea Luise Philippine von Preußen wurde am 24. Mai 1770 in Berlin geboren, 1796 hatte sie Fürst Radziwill geheiratet.

Den 24. May [1816].

Dümmler läßt die Taschen Bücher endlich hohlen. Die Wäscherinn bringt mir die Wäsche, hat aber mein verwechseltes Hemde noch nicht wieder gefunden. Ich schreibe am Tristan (zerstreut genug) weiter. Dann gehe ich, am hotel de radziwill meine Charten für Frau v. Sartorius[319] abzugeben. Alles fährt zum Glückwunsch bey der Prinzeß dort an, der ganze Hof scheint versammelt; auch einzelne Herrn, Offiziere etc. gehen hin. Es kann seyn, daß ich auch hätte in persona hingehen sollen; doch lasse ich es bey den Charten bewenden. Dann gehe ich in das Schloss; wo aber, wie ich sehe, die Prinzess Wilhelm eben ausfährt, u. deswegen glaube ich, den Hofmarschall Groeben[320] nicht mehr zu finden. Ich gehe den Graf Fritz Groeben aufzusuchen, finde ihn auch nicht, schreibe ihm aber, daß ich alles thun werde, seinen Schwager zu finden, damit er meine Entschuldigung übernehme. Nun gehe ich in's Schloss zurück, finde aber niemand. Ich gehe an das Haus des StaatsKanzlers an u. höre, daß keine Assemblée ist.

Ich gehe nach Hause, u. es fällt starker Regen. Ich gehe nachher in das Büreau des Theaters, um ein Billet zu einem gesperrten Sitz zu haben. Es wird Romeo u. Julie gegeben. Da ich nichts als Gold bey mir habe, u. dieß zu gering angenommen wird, erbiethet sich einer der Angestellten des Theaters, ein Billet für mich zu lösen, welches ich am Abend bey der Casse von ihm erhalten solle. Ich gehe zu Tische, |:1.19:| wo Götze u. die beyden Focke u. Brentano. Ich gehe dann nach Hause, u. gegen 4 in's Colleg; nachher begegne ich Arndt,[321] der mich freundlich bewillkommt; die Prinzess Wilhelm kommt trotz dem drohenden Gewitterregen, in offener Calesche allein gefahren. Ich gehe nun zum Hofmarschall Groeben, |23r| wo auch dessen Schwager. Der Alte empfängt mich sehr freundlich, u. hat schon beym Prinzen alles in Ordnung gebracht. Es ist mir schon Recht, daß ich dasmahl nicht da gegessen habe, da Blankensée dort war. Ich rauche mit Fritz Groeben; u. wir disputiren gegen den Alten, über die Ehe; er behauptet nehmlich, es würde besser seyn, wenn eine Communis mulierum[322] u. Platonische Republik eingeführt würde. Wir werden bald unterbrochen, da es gegen 6 geht. Die Gräfinn kommt, u. will mit ihrem Bruder in's Theater fahren. Auf der Treppe begegnet uns die Prinzess, sehr reitzend durchnäßt in ihrem Sommergewande. Sie spricht mit uns und hört freundlich meine Entschuldigung an. Schön ist sie, das läßt sich nicht läugnen.

Wir fahren nun zum Theater. Jener Aufwärter hat mein Billet treulos verkauft, da ich nicht genau mit dem Schlag 6 da war. Ich muß also im parterre stehen. |:1.16:| Es wird das Stück, nach Schlegels Uebersetzung, zum Theater von Göthe eingerichtet, sehr schön gegeben.[323] Ich gehe mit Bülow, Goetze u. Alvensleben

---

[319] Die Witwe Frau von Sartoris war Hofdame, Oberhofmeisterin von Luise von Radziwill.
[320] Hofmarschall Wilhelm Ludwig von der Groeben wohnte im Schloss; siehe oben.
[321] E. M. Arndt war erst kurz zuvor in Berlin angekommen. Vgl. Dühr, Arndt, S. 506–508.
[322] communis mulierum: Gemeinbesitz von Frauen.
[323] William Shakespeare, Romeo und Julia, Tragödie, 1597. Dramat. Wochenbl., Nr. 23, 8. Juni 1816,

heraus. Sie gehen mit mir nach Hause, wo wir bis gegen 11 U. Taback rauchen. Ich habe [richtig: bin] heute dem großen Breuer begegnet, der schon lange hier zu seyn behauptet. –

Den 25. May [1816].

Ich schreibe weiter an meinem Tristan, lese nachher, und suche meine Flöte einmal wieder hervor. Bei Tische ist Götze u. Bülow; |:2.2:| wir gehen nachher zu Gerlach. Nach dem Colleg bey Eichhorn gehe ich zu Beuth, den ich nicht treffe, wo ich aber Briefe von Joseph u. dem Rector finde. Ich gehe zu Savigny, mit dem ich wegen unsern Rheinischen Sachen rede; auch er glaubt alles auf die Reise des StaatsKanzlers hinverwiesen. Otto bringt den Zeitungsartikel, der die Rede des Prof. Görres zu Trier enthält.[324] Nachher kommt Brentano, u. wir gehen später, nachdem ich zu Hause meine Pfeife genommen, in den Thiergarten. Es ist in der Maykäfriana |23v| ziemlich munter. Wir kommen gegen 12 Uhr zu Haus. |:2.2:|

Den 26. May [1816]. Sonntag.

Das erste, was mir heute vorkommt, war ein Gerichtsbote, der mir ein Schreiben, von dem Minister des Innern u. dem der Finanzen unterzeichnet, bringt vom 21. laufenden Monats, welches meine Ernennung zum Assessor bey der Kölnischen Regierung enthält. An Gebühren ist es ziemlich theuer. |:8.5:| Ich gebe dem Manne 5 GG. Trinkgeld. |:15:| – Dann schreibe ich an meinem Tristan lustig fort, ziehe mich an, u. gehe zur Kirche. – Von dort begleite ich die Frau v. Savigny bis an's Schloß, gehe auf das Intelligenz-Comptoir, wo ich vergebens nach meinem Beutel frage, suche den Hauptmann Schoenermark auf der Parade, der aber nicht da, sondern krank seyn soll, finde Major Brandenstein u. Moritz unter den Linden, will mit ersterm den Obrist Pfuel besuchen, den wir aber nicht treffen, gehe also nach Hause, u. da daselbst nichts vorgefallen, gehe ich den weiten Weg bis vor das Rosenthaler Thor zu Herrn Simon. Er wohnt in einem kleinen Hause, bey schönen Linden u. kleinen Gartenanlagen. Es kommen dahin ferner noch ein KammergerichtsRath u. seine Frau, u. später der Legations Rath Eichhorn mit seiner Frau. Wir essen ganz angenehm im Freyen, u. da nachher ein starkes Gewitter einfällt, sitzen wir in der Stube, wo ich Eichhorn meine Anstellungs-

---

S. 180: „Am 24sten May: Romeo und Julia, Trauerspiel in fünf Aufzügen, von Shakespeare, nach Schlegels Uebersetzung, bearbeitet von Göthe." Weiter heißt es: „Der Kaufmann von Venedig, König Lear, Othello, Hamlet, und Romeo – fünf Werke des ewigen Meisters in Einem Jahre! Man könnte sagen, das sei wenig, da ohne Zweifel im Jahre 1616 in London nicht fünf, sondern – sämmtliche Shakespearesche Stücke aufgeführt worden sind." Aber man fange nun erst wieder an, sich den „ächten Quellen der modernen Poesie, und vor allen dem Dichter des Romeo wieder zu nähern".

[324] Allgemeine Zeitung, Nr. 134, 13. Mai 1816: „Trier, 30. April." Bericht über die „Streitsache" zwischen J. Görres und E. H. Sack.

Anzeige vorzeige, worüber er sich freut. Auch sagt er mir, die Sache wegen der Reise nach Heidelberg werde in den ersten Tagen dem StaatsKanzler zur Entscheidung vorgelegt werden. Ich solle dann gleich Nachricht haben. Bey dem fortdauernden starken Regen fahre ich mit Eichhorn nach der Stadt zurück; |:1.4:| gehe bald nachher zu Arndt, u. da dieser ausgehen muß, zu Beuth, den ich nicht finde, dann zu Schmedding, der in das Wesen wegen der Universität etc. am Rhein ziemlich finster sieht, aber doch in der Hälfte July hingehen will. Ich |24r| schreibe nun zu Hause an Joseph,[325] bis gegen 11 ½.

Den 27. May [1816].

Ich schreibe am Tristan. Beuth kommt zu mir; was er mir über das neue, von ihm entworfene Steuer- u. Zollsystem am Rhein sagt, scheint recht zweckmäßig u. auch nicht zu hart zu seyn. Auch ihm sage ich wegen der Reise Schinkels, wovon er unterrichtet zu seyn scheint; auch billigt er den Plan, daß ich mit reisen will, u. zeigt sogar Lust zu haben, die Reise selbst mit zu machen. Wir reden lange zusammen. Dann schreibe ich des weitern an meinem Tristan u. fahre an meinen Briefen fort. Bey Tische ist Fock, Bülow, Götze, Brentano. |:1.19:| Mit ihnen gehen wir hernach zu Fock in den Garten, dann ins Colleg zu Eichhorn. Nachher gehe ich zu Götze, wo ich Gerlach (Ludwig), u. Bülow finde. Brentano hat ohne mein Wissen Götze mein Buch gegeben. – Ich leihe von letzterem Niebuhrs Römische Geschichte[326] u. einen Band der patriotischen Phantasien von Möser.[327] Nun hohle ich Arndt ab, u. wir gehen in's Schloß, finden aber Groebens nicht. Ich gehe mit Arndt bis an die Mauerstraße,[328] wo er jemand besuchen will, u. dann nach Hause, wo ich lese, bis gegen 9 ½ u. gehe dann zur Prinzess Louise. Dort ist Graf Salm, Voss, der Erzbischof von Pohlen u.a. Mir ist unwohl, u. ich langweile mich daher. Ich sage der Frau v. Sartorius, wegen des Buchs von Chateaubriand, welches dem Graf Solms gehört, u. fahre mit Graf Salm nach Hause. Es ist gegen Mitternacht.

Den 28. May [1816].

Ich schreibe weiter am Tristan. Dann bezahle ich meiner Hausfrau für Frühstück 19 ½ GGr. u. für ½ ℔ Lichter 3 GG. |:3.9:| und meinem Aufpasser[329] für Stiefel zu

---

[325] E. von Groote an J. von Groote, Berlin, 26., 27. u. 28. Mai 1816 (HAStK, Best. 1552, A 20/13; teilweise in: Spiertz, Groote, S. 110 f.). Siehe Briefe und Schriften.
[326] Barthold Georg Niebuhr, Römische Geschichte, Bde. 1 u. 2, Berlin 1811–1812.
[327] Justus Möser, Patriotische Phantasien, Berlin 1775–1786.
[328] Gädicke, Lexicon von Berlin, S. 375: „Mauerstraße, auf der Friedrichsstadt, geht mit No. 1 bey der Friedrichsstraße an, [...] bis No. 32 an die Behrenstraße, und zurück bis No. 95. Sie ist 1200 Schritte lang, und enthält unfern der Krausenstraße die Böhmische Kirche, und bey der Kronenstraße die Dreyfaltigkeits-Kirche. Nahe bey der Letzteren ist die Friedrichsstädtische Hauptwache."
[329] Aufpasser, hier: Aufwärter, Bediensteter.

sohlen u. zu flicken 1 Th., 7 ½ Gr. |:4.14:| – Zeune kommt, u. bringt mir 4 Hefte der Wöchentlichen Nachrichten von Büsching; das Januarheft soll ich erst später noch bekommen. Auf dem Hefte des April steht das Motto, aus der Vorrede zu unserem Taschenbuch genommen.[330] Ich vollende nun meine Briefe an Joseph u. den Rektor. |24v| Um 2 esse ich mit Brentano, |:1.19:| gehe dann zu Götze u. Bülow, die wir unter den Linden finden. Götze nimmt meinen Brief mit zur Post. Ich gehe zu Eichhorn, u. von da zu Gerlach, um Ludwig zu Schleiermacher abzuhohlen. Ich finde nur Leopold u. Wilhelm mit Stur. Wir gehen in den Thiergarten, zu Bonni; |:–8:| die Prinzess Wilhelm geht mit ihren Brüdern spaziren. Später gehen wir, nach einem Streit über katholische Dogmen, worüber Wilhelm v. Gerlach nur so gewöhnliche, von den Protestanten aus der Luft gegriffene Meinungen, Leopold aber richtigere Begriffe hat, die er aus Bossuet[331] genommen zu haben versichert. Wir gehen zu Schleiermacher, wo es ganz angenehm ist; die innumerabiles amores[332] des StaatsKanzlers machen einen Theil unseres lustigen Gesprächs aus. Der Prof. Becker u. noch einige andere sind da. Nach 10 U. gehen wir nach Hause. Ich lese da noch aus den wöchentlichen Nachrichten.

Den 29. May [1816].

Ich schreibe ein gutes Stück am Tristan u. lese sodann in Mösers patriotischen Phantasien. – Bey Tische ist Götze, Bülow, Brentano. |:2.2:| – Nach dem Colleg bey Eichhorn gehe ich nach Hause, wo aber in meinen Zimmern geputzt wird; ich gehe daher aus dem Leipziger Thor, weit um die Stadt herum, bis zum Oranienburgerthor, dann zu Beuth, der nicht zu Hause ist. Ich erhalte dort 7 Exemplare einer Denkschrift der Kölnischen HandelsKammer[333] mit einem Briefe von

---

[330] Büsching, Wöchentliche Nachrichten, 1816, S. VII: „Wissen wir nun die Quellen der Kraft und der Größe und der bleibenden tiefen Kunst wieder zu entdecken, und ist es genug des richtungslosen Beginnens und Forschens und Streitens, worüber ganze Geschlecher und Menschenalter ohne Genus und Nachruhm zur Grube fuhren? Ebbo von Groote." Vgl. Groote/Carové, Taschenbuch für Freunde, S. XII.
[331] Vermutlich: Jacques Bénigne Bossuet, Bischof, Prediger und Geschichtsphilosoph.
[332] innumerabiles amores: unzählige Liebschaften.
[333] Denkschrift der Handelskammer zu Köln über die Aufhebung des Umschlags-Rechtes der Stadt Köln in Verbindung mit der ganz freien Schiffahrt auf dem Rheine, besonders in den Niederlanden, Köln 1816; gedr. bei T. Fr. Thiriart (Rheinisches-Westfälisches Wirtschaftsarchiv, IX 1160). Die Schrift betraf vor allem Forderungen für die Kölner Rheinschifffahrt und Protest gegen die Zollpolitik der Niederlande. Schlussfolgerung der Darstellung war: „Preussen kann auf den mit der Souveränität dieser Länder ihm rechtmäßig zugefallenen Besitz des Umschlagrechtes von Köln unmöglich verzichten, ohne von Holland vorher die feierlichste Zusage erhalten zu haben, daß auch der gezwungene Umschlag an den Mündungen, und die Transitzölle auf beiden Armen des Rheines, dem Lech und der Waal, in dem nemlichen Augenblick wie das Umschlagsrecht von Köln, aufgehoben, und daß die Wasserzölle in Holland in einer näher zu bestimmenden Frist, auf einen eben so deutlichen als billigen Fuß festgesetzt werden sollen" (ebd., S. 33). Vgl. Gothein, Rheinschifffahrt, S. 89 f.; Schwann, Geschichte, S. 375–377; Kellenbenz/van Eyll, Geschichte, S. 124.

Herrn Heymann.³³⁴ Ich gehe wieder in den Thiergarten, lese die kleine Schrift, u. gehe dann um 7 Uhr zu der Gesellschaft, die sich im Garten bey Focke versammelt hat. Dort lerne ich Herrn v. Burgsdorf kennen, bey dem Tieck wohnt;³³⁵ er kennt Joseph von Cöln her. Auch Herr u. Frau v. Savigny kommen hin. Es wird lustig gegessen, getrunken, gesungen bis gegen 11 ½ U. Savignys u. Brentano reisen morgen zu Arnim; Götze nach Quedlinburg. – |25r|

Den 30. May [1816].

Diese Lebensperiode scheint [sich] überhaupt für mich nun wieder zu Ende zu neigen. Götze sehe ich wohl nicht wieder. Schultze hat auch an Röder geschrieben, daß er dem Obrist Schack beym Kronprinzen Briefe an mich nach Cöln gegeben. Ich werde ihn hier besuchen, u. durch ihn auch zum Kronprinzen zu kommen suchen. – Ich schreibe am Tristan; wo ich heute zu erst nebst vielen großen Stellen, die in meiner Pergament Handschrift fehlen, auch eine von 14 Versen entdecke, die in der Myllerschen Sammlung fehlt. Götze bringt mir mein Buch wieder. Ich lese in Niebuhrs Geschichte. Gegen 3 Uhr gehe ich vor das Leipziger Thor in den Schulgarten,³³⁶ wo wir mit Götze zum Abschiede zu Mittag essen. Es sind da die 3 v. Gerlach, Graf Alvensleben u. der älteste Focke u. Bülow. Wir bleiben bis nach 5 U. zusammen. |:5.10:|

Dann gehe ich in's Schloß, um den Obrist Schack zu besuchen,³³⁷ finde ihn aber nicht. Ich gehe über die Königsbrücke, wo ich Major Huiser finde, ich gehe weiter, Major Trütschler auf zu suchen, den ich auch nicht finde. Ich begegne Massow am Schloß, der in einigen Tagen nach den Preußischen Landen in Westphalen, Arnsberg etc. geht, u. auch an den Rhein kommen wird. Er erinnert sich mit Vergnügen noch Kölns, u. spricht von der Hypochondrie seines Wirths, des Dr. Peipers. Ich gehe nun wieder zu Schack, finde ihn auch mit seiner Familie; er empfängt mich, so bald er weiß, wer ich bin, sehr freundlich u. stellt mich den

---

E. von Groote an J. von Groote, Berlin, 3. Juni 1816; HAStK, Best. 1552, A 20/14). Siehe Briefe und Schriften.

³³⁴ Der Kaufmann und Fabrikant Johann Friedrich Carl Heimann, Mitglied der Kölner Handelskammer und einflussreicher Kölner, war ein engagierter Befürworter einer freien Rheinschifffahrt und Gegner der holländischen Rheinzölle. Er war 1816 Mitglied der Zentralkommission für die Rheinschifffahrt in Mainz, die Mitte Aug. 1816 ihre Arbeit begann. Vgl. zu ihm: Kellenbenz/van Eyll, Geschichte, S. 28.

³³⁵ Ludwig Tieck wohnte seit 1802 bei seinem Förderer Wilhelm Friedrich von Burgsdorff.

³³⁶ Schulgärten: pädagogische Einrichtungen zur Ausbildung von Jugendlichen und Erwachsenen. Der erste Schulgarten in Berlin entstand 1750. Wegweiser für Fremde, S. 202: „Kaffegärten." „Außer der Stadt: Im Schulgarten vor dem Potsdammerthore".

³³⁷ Der Adjutant des Kronprinzen, Obristlieutenant Ferdinand Wilhelm Carl von Schack, wohnte im Königlichen Schloss, Portal Nr. 2. Gädicke, Lexicon von Berlin, S. 546: „Nr 2. Das Portal der Breitenstraße gegen über, auf dem Schloßplatze, mit einer Einfahrt und zwey Eingängen, führt in den äußern Schloßhof. Es hat vier große freystehende korinthische Säulen mit ihrem Gebälke, welches bis unter das Brustgeländer des Daches geht."

Seinigen u. einer Schwester des Dr. Schultze vor. Ich rede mancherley mit ihm über den König, den Kronprinzen, die Alterthümer am Rhein, wohin er nun ehestens wieder gehen wird, um die Bäder in Wiesbaden zu besuchen; erhalte von ihm die Zusage, daß er mich dem Kronprinzen morgen gegen 12 U. vorstellen will, u. empfehle mich wieder. Ich möchte Schuhe kaufen, finde |25v| aber keine, die mir anstehen. So gehe ich zu Ribbentrop,[338] der erst vor Kurzem aus Westphalen gekommmen ist. Ich gebe dort den Brief des Schneiders Brauman an pp. Jacobi ab, u. finde den StaatsRath in großer Pommade, wie immer. Er will wissen, daß Gneisenau noch in Coblenz ist. Er räth mir zum Heyrathen, u. dergl. dummes Zeug, u. ich drücke bald wieder ab. Ich gehe nach Hause, u. von da bald zu Staegeman. Im Garten ist es dort sehr schön. Bey Tische reißt der eben eintretende v. Mertens einige dumme Witze. Staegemann hat die Schrift der HandelsKammer schon. Der StaatsKanzler wird morgen, bey seinem Geburtstage, in Linneke [Glienicke],[339] bleiben, und [läßt sich] alle Complimente verbitten.[340] Ich gehe gegen 11 U. nach Hause.

Den 31. May [1816].

Ich lasse mir von dem Aufpasser Tabak (8 GG.) und Schuhband (1 ½ GG.) hohlen, u. bezahle ihn, für etwas an meinen Hosen flicken zu lassen (2 GG.). |:1.15:| Dann schreibe ich fort am Tristan. Die Schneidersfrau bringt mir meine Weste u. den Hosenträger, die geflickt worden sind; da aber erstere nicht gewaschen, wie ich es wünschte, letzterer nicht gut gemacht ist, gebe ich ihr alles wieder mit. Ich mache mich fertig, zum Kronprinz zu gehen. –

Ich fahre dorthin |:–12:| u. finde zwar den Obrist Schack nicht, dieser hat aber Befehl gegeben, daß ich zum Adjutanten geführt werde, der mich dem Kronprinzen vorstellen soll. Der Leutnant Below, den ich durch Goetze kenne, führt

---

[338] Groote kannte Friedrich Wilhelm Christian Ribbentrop seit dem Feldzug und der Besetzung von Paris 1815; Ribbentrop hatte als Generalintendant der preuß. Armee amtiert.

[339] Hardenberg kaufte 1814, einige Monate nach seiner Erhebung in den Fürstenstand, Schloss und Gutsgelände Glienicke, das zwischen Berlin und Potsdam liegt. Umbauarbeiten nach Plänen von Schinkel, die bereits unter dem Vorbesitzer begonnen hatten, wurden fortgeführt. Die Gärten ließ Hardenberg ab 1816 von dem Gartenarchitekten Peter Joseph Lenné gestalten.

[340] Die Köln. Zeitung, Nr. 94, 13. Juni 1816 berichtete aus Berlin: „Am verwichenen Freitage, den 31. Mai, war unsers hochverehrten Fürsten von Hardenberg 66ster Geburtstag eingefallen, den unser guter und gerechter König auf eine äußerst gnädige und rührende Art verherrlichte. Um dem Gratulations-Taumel zu entgehen und den Tag in der Stille zuzubringen, hatte sich der Staatskanzler auf sein nahe bei Potsdam gelegenes Landgut Glienicke zurückgezogen. Hier erhielt er am frühen Morgen von seinem Monarchen ein eigenhändiges Glückwünschungs-Schreiben, in welchem Seine Majestät ihm für die dem Staate geleisteten ersprießlichen Dienste nochmals dankten, und ihm die ununterbrochene Fortdauer Ihres ganzen Wohlwollens zusagten. Zu gleicher Zeit hatten Seine Majestät eine von geschickter Hand nach dem Gerardschen Original-Gemälde verfertigte Copie ihres Porträts in des Fürsten von Hardenberg hiesigen Wohnzimmer aufhängen lassen, um ihn damit bei seiner Rückkehr zu überraschen."

mich u. einen Bruder des Generals Luck zugleich hinein, in ein Zimmer, welches mit vielen Kupferstichen, neuen Gemälden, und vielen Straußeyern, die zum Theil an allerley Gewächsen, u. ausländischen Pflanzen aufgehängt sind, geziert ist.[341] Der Prinz spricht schnell, hinhüpfend auf allerley Gegenstände, bleibt aber nicht lange, u. sagt, er hoffe, mich entweder hier, oder gewiß am Rhein, den er doch bald und |26r| gerne besuche, wieder zu sehen. –

Ich lasse ihm noch, da ich selbst nicht Zeit dazu habe, die Denkschrift unserer HandelsKammer durch Below nachbringen, u. gehe zu Groeben, wo ich nur den kleinen Julius, u. nachher den Grafen Fritz Groeben finde. Dieser wird gegen den 5.–6. Juni mit seiner Schwester erst zu Doernberg in die Gegend von Cassel nach Hausen,[342] u. von da nach Spaa gehen. Der Hofmarschall begleitet um eben diese Zeit die Prinzess Wilhelm nach Wiesbaden u. Schlangenbad. Gegen 2 Uhr fahre ich wieder nach Hause, |:–12:| gehe später in den Schulgarten, u. weil ich dort niemand finde, zu Manderle, wo ich allein esse, |:–2.4:| u. in einem Journal bis gegen 4 Uhr lese. Nach dem Colleg bey Eichhorn gehe ich zu fragen, ob der Legations Rath Eichhorn schon umgezogen ist, u. da dieß der Fall ist, gehe ich nach Hause, lese noch etwas, u. gehe nach 6 zu Reimer, wo ich Eichhorn finde, der nicht wohl ist. Ich gebe ihm auch die Schrift über die Schiffarth, u. finde im Garten die Frauen u. Kinder, auch Frau Schleyermacher, Arndt, später kommt Rühl, u. ein Obrist Lieutnant Bardenleben, u. Reimer selbst, der mich sehr freundlich bewillkommt, noch später Schleyermacher. Reimer läßt mich nicht fort, u. so bleibe ich zum Thee u. Abendessen. Arndt lade ich auf morgen zur Maykäfriana; Reimer sagt mir zu, alle meine Taschen Bücher zu übernehmen, u. sie, wenn auch nicht gleich, doch zur Zeit, wenn die neuen zu erscheinen pflegen, noch an zu bringen. Dieß ist mir sehr lieb. Gegen 11 Uhr gehe ich mit Rühl nach Hause.

Den 1. Juny [1816].

Die Heutige Zeitung enthält Dümmlers Anzeige der Taschen Bücher,[343] wie ich sie ihm aufgesetzt habe, nur statt zu 2 Thl., zu 2 Thl., 8 GG. Ich schreibe frühe an

---

[341] Kronprinz Friedrich Wilhelm wohnte seit 1816 im nordöstlichen Bereich des Schlosses in den ehemaligen Räumen Friedrichs II., die im Stil des Rokoko ausgestattet waren. In den 1820er Jahren wurde die Wohnung nach Entwürfen Schinkels umgestaltet (Steffens, Schinkel, S. 53–55).
[342] Schloss Hausen (Oberaula) wurde Ende des 17. Jh.s von der Familie von Dörnberg im Stil der Renaissance errichtet. Es ist noch heute im Besitz der Familie.
[343] Beilage zum 66. Stück der Berlin. Nachr., 1. Juni 1816: „In der Buchhandlung von Ferdinand Dümmler, unter den Linden Nr. 47, ist das Taschenbuch für Freunde altdeutscher Zeit und Kunst. Köln 1816. mit Kupfern, deren Herr v. Göthe in seiner neuesten Schrift, Über Kunst und Alterthum in den Rhein- und Maingegenden' (S. 165.) rühmliche Erwähnung thut, noch zu 2 Thlr. 8 Gr. zu erhalten." Auf derselben Seite der Nachrichten erschien die Annonce: „Die Maurersche Buchhandlung, Poststraße Nr. 29, erhielt so eben: Göthe, Über Kunst und Alterthum in den Rhein- und Main-Gegenden. 18 Heft 8. Stuttgard, Cotta 1816. 1 Thlr. 8 Gr."

meinem Tristan, u. lese sofort in Niebuhrs Geschichte. |26v| Die Wäscherinn kommt, mir meine Sachen zu bringen. Ich zahle ihr für die Wäsche |: 9–10 :| und für die Arbeit des Schneiders, |: 2–8 :| u. gebe ihr andere Sachen mit. Ich gehe erst spät zu Tisch zu Manderlé, |: 1.14 :| wo ich niemand mehr finde, und gehe dann zu Beuth, wo ich auch weder ihn noch Briefe finde. Ich gehe nach Hause, u. lese dort bis gegen 8 Uhr, gehe dann zu Reimer, dem ich das versprochene Taschenbuch gebe, das ihm dem äußeren nach, Druck etc. u. besonders das Kupfer des Heiligen Michael[344] wohl gefällt. Ich finde dort den Lieutnant Plebe, der mit dem Könige sich vor Kurzem so verständigt hat;[345] er erinnert sich, mich in Paris bey Major Hüser gesehen zu haben. Arndt kommt von Eichhorn, der immer noch nicht wohl ist. Arndt will nicht mit mir [gehen], da er bis spät in der gesetzlosen Gesellschaft im Thiergarten gewesen ist. So gehe ich also allein zu der Maykäfriana, wo die beyden Gerlach (Leopold ist abgereist), Bülow, Otto, Rappard, Graf Reuss u. Raumer sind; es ist dort ganz munter, u. angenehm.|: 2.2 :| – Wir gehen gegen 11 ½ nach Hause; ich mit Graf Reuss, der mir unter anderm sagt, Paul Haugwitz lebe mit seiner Frau unglücklich, da sie sich von andern den Hof machen lasse. Otto[346] sagt mir, die Convenzion mit den Thurn Taxischen Commissärs sey geschlossen, u. der Fürst erhalte Güter zur Entschädigung, die ihm 60.000 Thl. eintragen.[347] – Abends bin ich angeregt, u. wüst gestimmt, und lege mich mit [ein Wort gestrichen] zu Bette. – ∼

---

[344] Groote/Carové, Taschenbuch für Freunde, Kupferstich: Heiliger Michael. Der Stich beruht auf einer Miniatur in einem flämischen Stundenbuch, das im Besitz von Rektor Fochem war. B. Bekkenkamp fertigte nach dieser Vorlage eine Zeichnung an, die von E. C. Thelott gestochen wurde (Mosler, Beckenkamp, S. 128).

[345] Lieutenant Rudolph von Plehwe, der zeitweise zum Kreis um die Brüder von Gerlach gehörte, war als religiöser Schwärmer und leidenschaftlicher Anhänger Jahns bekannt. Hardenberg nannte ihn „reif für's Narrenhaus". Arndt, der mit ihm befreundet war, schilderte die ungewöhnliche Beziehung, die Plehwe einige Zeit zu Friedrich Wilhelm III. hatte, den Plehwe in seinen wirren Briefen duzte. „Ungehindert durfte der Jüngling zu dem Herrscher in das Zimmer treten, wunderliche ja allerwunderlichste Briefe durfte er ihm schreiben und sich darüber mit ihm unterreden" (Arndt, Nothgedrungener Bericht, 2. Theil, S. 103). Ironisch berichtete die Allgemeine Zeitung über die übertriebene Anteilnahme junger Männer am Staat: „So hat kürzlich, wie man hier sagt, ein junger Offizier mit einer regen Phantasie sich berufen gefühlt, Seiner Majestät dem Könige unmittelbar Vorschläge über eine bessere Staatsverwaltung zu machen, deren Inhalt man zwar nicht genau weiß, die aber der gütige Monarch, um den guten Willen des jungen Mannes nicht zu verkennen, keineswegs ganz zurückgewiesen hat. So schreiten wir mit der Zeit fort. Unter Friedrich Wilhelm I., Friedrich II., ja selbst auch noch unter Friedrich Wilhelm II., hätte wohl kein Offizier sich herausgenommen, dem Monarchen Verbesserungen in der Staatsverwaltung, so wenig wie ein Regierungsrath Verbesserungen in den Kriegsübungen – in Vorschlag zu bringen" (Allgemeine Zeitung, Nr. 139, 18. Mai 1816).

[346] Carl Ludwig Heinrich Otto, tätig im Generalpostamt.

[347] Am 4. Juni 1816 wurde der Postvertrag zwischen dem preuß. Staat und Karl Alexander Fürst von Thurn und Taxis geschlossen. Der Vertrag entschädigte den Fürsten für den Verlust des Postregals in den von Preußen annektierten Gebieten.

Den 2. Juni [1816]. Pfingstsonntag.

Ich schreibe spät erst um 8 U. am Tristan. Alles ist feyerlich, es läutet, die Leute, meine Hauswirthinn auch, gehen zur Kirche. Mir ist nicht fromm zu Muthe, ich bin so wüst u. prosaisch gestimmt als möglich. |27r| Prof. Zeune kommt u. bringt mir a) das erste Heft der wöchentlichen Nachrichten von Büsching, u. ich bezahle ihm für den ganzen Jahrgang 3 Thl., 14 GG., |:12–18:| b) die schon am 29. Februar (also ehe ich noch hier war) ausgefertigte Anzeige, daß ich Mitglied der hiesigen deutschen Gesellschaft sey, nebst der Gesetzurkunde etc. unterschrieben von den Beamten derselben. Das Beste ist, daß dieß nichts kostet. –

Ich gehe nun zur Kirche, u. nachher mit Wilhelm Gerlach u. Bülow in die Guistinianische Gallerie,[348] wo wir das Danziger Bild u. die übrigen bis gegen 2 Uhr betrachten. |:–12:| Eine heilige Familie, angeblich von Scipio Gaetano, erinnert sehr an Jul. Rom.[349] u. die spanischen Raphaels, u. ist mir eines der liebsten

---

[348] Die Sammlung wurde in den Gebäuden der Königlichen Akademie der Künste und der Wissenschaften gezeigt. Zur Ausstellung der 1815 von Friedrich Wilhelm III. in Paris erworbenen Sammlung erschien der Katalog von Hippolyte Delaroche, Catalogue historique et raisonné de tableaux par les plus grands peintres d'Écoles d'Italie, composant la rare et célèbre Galerie du Prince Giustiniani, Paris 1812 in deutscher Übersetzung: Historisches und beurtheilendes Verzeichniß von Gemälden der größten und berühmtesten Maler der italienischen, französischen, niederländischen und deutschen Schulen, woraus die ehemalige Giustinianische seltene und berühmte Gallerie bestand, Berlin 1816. Die Berlin. Nachr., Nr. 66, 1. Juni 1816, meldeten: „Große Ausstellung. Eins der wichtigsten Ereignisse in der Kunstgeschichte der Stadt Berlin ist wohl die Erwerbung der ehemaligen Giustinianischen Gallerie. Wir sind so glücklich, diese, durch ganz Italien berühmte und ausgezeichnete Gemäldesammlung, […] nun in unseren Mauren zu sehen. Seine Majestät der König haben sie, bei Ihrer neulichen Anwesenheit in Paris, für eine beträchtliche Summe, zur Verschönerung Ihrer Residenzen erstanden, und gleich nach Ankunft derselben, durch den huldreichen Befehl, sie zum Besten des weiblichen Wohlthätigkeits-Vereins auszustellen, eine große, doppelte Wohlthat vom Thron ausgehen lassen. […] In der ganzen, reichen Ausstellung von 171 Meisterwerken befinden sich unter andern, 1 Michael Angelo, 1 Raphael, 9 Titiane, 13 Caraccis, 8 Caravaggios, 2 Guido Renis, 4 Dominichinos, 1 Sebastiano, 2 Salvator Rosa, 5 Poussins, 1 Claude Lorrain, 1 Albrecht Dürer u.s.w. Der Johannes des Raphael ist eines der erhabensten Bilder dieses großen Meisters. Die Ausstellung in dem Königlichen Akademie Gebäude, unter den Linden, ist täglich von 10 Uhr früh bis 6 Uhr Nachmittags, offen. Der Eintritts-Preis ist 4 Groschen Courant, und das mit Bemerkungen versehene, beschreibende Verzeichniß für 6 Groschen Courant an der Casse zu bekommen." Die Köln. Zeitung, Nr. 6, hatte schon am 11. Jan. 1816 gemeldet: „Die von dem König in Paris für 100.000 Rthlr. gekaufte Giustinianische Gemäldegallerie ist vor einigen Tagen angekommen, und wird in den Zimmern der Akademie der Künste jetzt aufgestellt." Vgl. auch: C. Fr. Zelter an J. W. von Goethe, Berlin, 23. Mai 1816: „Wir haben eben den Genuß einer Gemäldeausstellung. Die Giustinianische Galerie, welche aus einer Reihe von 171 wohl erhaltenen Stücken besteht, läßt eine für mich belehrende Vergleichung der Malerschulen zu, woraus man sieht was auch hier der Einzelne gewirkt hat und daß das was man Schule nennt nicht Lehre, sondern Werk und Wesen ist" (in: Ottenberg/Zehm, Briefwechsel, Bd. 20.1, S. 432). Zur Geschichte der Sammlung und ihrer Bedeutung für den Aufbau der Berliner Museen: Caravaggio in Preußen, 2001; Michaelis, Sammlung Giustiniani, 2002.

[349] Vermutlich ist Giulio Romano, ein Schüler Raphaels, gemeint. Wallraf besaß ein Gemälde, das er Romano zuschrieb (Thierhoff, Wallraf, S. 30).

Bilder. Ich gehe von da noch nach Hause, dann aber bald zu Tische, wo Bülow u. Focke sind. |:1.18:| Ich gehe mit diesen noch unter die Linden, dann nach Hause, wo ich noch etwas lese, bald gegen 5 aber mir ein Theaterbillet zum König Lear, von Devrient gespielt, zu holen. |:2.8:| Ich gehe zu Beuth, wo ich aber weder ihn, noch Briefe finde, dann in den Thiergarten, u. um 6 in's Theater, wo ich das entsetzliche Stück zum ersten Mal, u. ziemlich gut spielen sehe.[350] – Mir ist fieberhaft, unwohl, ich lese zu Hause noch etwas u. gehe trübe zu Bette.

Den 3. Juny [1816].

Ich schreibe weiter an meinem Tristan, bis gegen 10 ¼ u. mache mich zurecht, in die Kirche zu gehen. Ich muß heute noch an meinen Bruder zu schreiben anfangen. Nach der Messe gehe ich, den StaatsRath Nicolovius und später den StaatsRath Süvern aufzusuchen, finde aber keinen von beyden zu Hause. Letzterem lasse ich die Kölner Denkschrift zurück. Ich gehe nun, den Brief an Joseph anzufangen,[351] bis um 2 Uhr, wo ich zu Schleyermacher in die Predigt gehe.[352] Er predigt, kalt und trocken über den gemeinsamen |27v| Geist des Christenthums, trotz der Trennung der Menschen in Weltlichen Dingen, u. beruft sich auf die Worte Petri, der den Juden gesagt habe, sie können Juden, den Griechen, sie können Griechen, u. so den Freyen u. Knechten gesagt habe, sie können bleiben, was sie sind, wie er dann auch selbst treu ein Jude geblieben sey, – der Geist des Christenthums könne sie dennoch alle gemeinsam ergreifen u. durchdringen. Ich kann nicht sagen, daß mich dergl. Darstellungen, ohne Rührung, ohne Wärme und Salbung gerade sehr erbauen.

Ich gehe nach 3 U. zu Tische, |:1.16:| u. von da bald wieder nach Hause, wo ich schreibe und in Niebuhrs Römischer Geschichte lese bis gegen 8 Uhr. Ich gehe einigemal unter den Linden hin, wo die Prinzen Radziwill sind, u. zu Frau v. Berg, wo ich niemand finde. Ich gehe ausser der Stadt bis zum Leipziger Thor, und nach Hause zurück, bis gegen 9 ½, wo ich mich zur Prinzess Louise begebe. Die Prinzess fragt mich freundlich um Haxthausen, ich sage ihr wegen des Briefs von Solms,[353] u. unterhalte mich mit den Adjudanten des Prinzen August, der dort ist, u. mit den jungen Radziwill; später rede ich mit der Gräfinn Brühl, welche nach Coblenz gehen will. Frau v. Berg u. Gräfinn Voß sind da, u. die Gräfinn Münster. Vor Mitternacht geht alles, in großem Regen ab.

---

[350] William Shakespeare, König Lear, Drama, uraufgeführt 1606.
[351] E. von Groote an J. von Groote, Berlin, 3. u. 4. Juni 1816 (HAStK, Best. 1552, A 20/14). Siehe Briefe und Schriften.
[352] Vgl. Kretschmar, Schleiermacher, S. 25–30.
[353] Vgl. Groote, Tagebuch, 4. Mai 1816.

Den 4. Juny [1816].

Ich schreibe am Tristan weiter, wo ich heute bis zum Genuß des poculi amatorii[354] komme. Der Bediente von Beuth bringt mir einen Brief von Bürgers,[355] worin dieser mich bittet, seine |28r| von Herrn Rektor mir zugestellte Bittschrift nicht zu überreichen, da er mir ehestens eine andere schicken wolle. Es scheint, er hat sich mit dem Rektor über diese Sache nicht recht verständigt, da ich keine Bittschrift erhalten habe. Ich schreibe darüber an Joseph und schließe meinen Brief. –

Meiner Hausfrau, die mir zu Zeiten mit ihren wortreichen Besuchen lästig wird, zahle ich ihr wöchentliches Frühstückgeld; |:2.18:| sie verlangt auch schon den Zins für das Quartier pro juni. Es wird wohl der letzte seyn. Ich lese bis gegen 2. Bey Tische finde ich Bülow u. Fock. |:1.13:| Ich gehe nachher auf die Post, wohin ich meinen Brief bringe. Den Brief, welcher aus Frankreich an mich bey der Generalintendantur angekommen seyn soll, soll ich nur um 12, oder 7 U. abends bey dem Briefträger auf der Post erfragen können. Ich gehe nun nach Hause, bis gegen 5, wo ich ein Billet für einen gesperrten Sitz im Theater haben möchte, aber keinen mehr erhalten kann. Ich gehe also gleich ins parterre, wo ich noch ziemlich guten Platz erhalte, |:1.12:| u. zuerst das unbedeutende Stück: die Beichte,[356] welches Madame Schütz in Münster gab, dann aber von Devrient ganz ausserordentlich die Drillinge[357] spielen sehe. Es möchte schwer seyn, mit leichten äusseren Veränderungen 3 verschiedene Charaktere so originell zu spielen. Das Publikum freut sich ungemein über diese Vorstellung. Ich gehe von da schon um 8 ½ U. nach Hause, u. nicht wieder aus.

Den 5. Juny [1816].

Ich zahle der Hauswirthinn die Miethe für den (3.) Monat Juny, u. 8 GG. für das Matrazenbette, |:25 28:| |28v| dann schreibe ich mein Tagewerk am Tristan, u. gehe einige aufgefundene Musikstücke auf der Flöte durch, welches mir nun

---

[354] poculum amatorium: Liebesbecher; hier der Becher, aus dem Tristan und Isolde im Epos trinken.

[355] Der Kölner Kaufmann Arnold Victor Bürgers führte bereits seit längerem einen Prozess um seine Jagdberechtigung (Jagdgerechtsame) im rechtsrheinischen Mielenforst bei Merheim. Er drängte E. von Groote mehrfach zur Unterstützung seiner Interessen. Zum Prozess von Bürgers 1814 bis 1816: Landesarchiv NRW R, Generalgouvernement Berg Nr. 1196.

[356] August Friedrich Ferdinand von Kotzebue, Das Geständnis oder Die Beichte. Ein Lustspiel in einem Akt, Berlin 1806. Das Dramat. Wochenbl., Nr. 26, 29. Juni 1816, S. 203 f. urteilte: Das Stück über einen Ehebruch „zeichnet sich aus durch Raschheit des Ganges, einzelne gelungene witzige Einfälle und Leichtigkeit der Versifikation; verdient aber, aller dieser guten Eigenschaften ungeachtet, keinesweges den Namen eines guten Lustspiels. Es ist, wir dürfen es wohl sagen, fast schreiend unmoralisch. […] Mit herzlicher Achtung danken wir Herrn und Madame Wolff für die große Mäßigung und Feinheit, mit denen die Rollen des Barons und der Baronin von ihnen gegeben wurden."

[357] Der gefeierte Schauspieler Ludwig Devrient spielte in: Christian Friedrich von Bonin, Die Drillinge (Les Trijumeaux). Lustspiel aus dem Französischen in vier Aufzügen, 1781.

zuweilen Vergnügen macht. Ich lese in Niebuhrs römischer Geschichte bis gegen 2 Uhr. Bey Tische sind die beyden Focke. |:2:| Ich gehe mit dem jüngsten nach Hause, wo ich unter mehrern Büchern, die Schrift von Görres: Glauben u. Wissen,[358] zuerst finde, die er mir leiht. Nach dem Colleg bey Eichhorn gehe ich zu Schinkel, wo ich Beuth finde. Wir trinken Caffee; es kommt die Rede auf Göthes Schrift über Kunst am Rhein. Schinkel glaubt, daß seine Theorie der bildenden Kunst: sie habe nehmlich die höchste Aufgabe, einen gegebenen Raum geschmackvoll zu verzieren, die richtige sey. Der Praxis mag dieß genügen, als den theoretischen Zweck der Kunst, kann ich es mir nicht gefallen lassen. Beuth u. Schinkel wollen in's Conzert, wo die Milder-Hauptmann singt mit Akkompagnie von Hummel; ich gehe mit hin, |:3.12:| u. dieß ist wirklich der Mühe werth.[359] Nachher gehe ich mit Beuth nach Hause, er verspricht mir, mich zum StaatsRath Nageler zu führen, wiederholt auch seinen Wunsch, mit mir u. Schinkel nach Heidelberg zu reisen. Schinkel sagt, vor 3 Wochen könne er hier durchaus noch nicht abkommen. Das wäre mir auch so ganz gelegen. Ich rede mit Beuth ab, den Legations Rath Eichhorn zu drängen, damit er die Entscheidung des Staatskanzlers zu erhalten suche.

Den 6. Juny [1816].

Ich schreibe am Tristan weiter. Beuth schickt schon gegen 9 Uhr, um mich zu Nageler einzuladen, von dem er die Zusage erhalten, daß er uns seine Sammlungen zeigen will. Ich eile also hinzukommen, u. da ich mit Beuth zu ihm gehe, finde ich an ihm einen ganz angenehmen gefälligen Mann. Er versichert, erst seit 1810 zu sammeln angefangen zu haben, allein, ich habe kaum eine reichere Sammlung gesehen.[360] Er besitzt |29r| mehrere altdeutsche Bilder von den besten Meistern.

---

[358] Joseph Görres, Glauben und Wissen, München 1805.
[359] Anna Milder-Hauptmann sang am 5. Juni 1816, begleitet von dem berühmten Pianisten und Komponisten Johann Nepomuk Hummel, das Lied Adelaide. Das Gedicht Adelaide von Friedrich von Matthisson wurde von L. van Beethoven um 1795 vertont. Die ersten beiden Strophen lauten: „Einsam wandelt dein Freund im Frühlingsgarten / Mild vom lieblichen Zauberlicht umflossen / Das durch wankende Blütenzweige zittert / Adelaide! / In der spiegelnden Flut, im Schnee der Alpen, / In des sinkenden Tages Goldgewölke, / Im Gefilde der Sterne strahlt dein Bildnis, / Adelaide!" Allg. musikal. Zeitung, Nr. 29, 17. Juli 1816, Sp. 497: „Den 5ten hatte Madame Milder-Hauptmann, die nunmehr Mitglied unsers Künstlervereins ist, eine musikalische Versammlung veranstaltet, in der sie Beethovens Adelaide, mit Begleitung des Herrn Hummel, und noch eine italienische Scene und eine deutsche Romanze, einfach und schön sang. Herr Concertmeister Möser spielte den ersten Satz und die Variationen aus Haydns neuerem Quartett aus G dur, so wie Herr Hummel sein neues Septett für Pianoforte, Flöte, Hoboe, Horn, Viola, Violoncell und Contrabass mit gewohnter Fertigkeit und Schönheit im Ausdruck."
[360] Karl Ferdinand Friedrich von Nagler verkaufte seine wertvolle Sammlung von Kupferstichen, Holzschnitten, Handschriften und Inkunabeln mit mehr als 50.000 Werken, darunter auch Zeichnungen von A. Dürer, 1835 dem preuß. Staat. Die Werke befinden sich heute vor allem im Kupferstichkabinett der Staatlichen Museen und in der Staatsbibliothek Berlin. Nagler war ein Schwager

Vielleicht ein Paar Albrecht Dürers; ausserdem schöne Glasfenster, herrliche Venetianische Gläser, schöne Gemälde aller Schulen, vortreffliche Antiken, darunter eine in Carniol[361] in Eisen gefaßte, die nehmliche Vorstellung wie auf meinem Ringe. Am schönsten sind seine Dürerschen Handzeichnungen, nebst eigenhändigen Briefen und Unterschriften; auch hat er schöne Inkunabeln, Arbeiten wie die Biblia Pauperum,[362] viele uralte Drucke, darunter den schönen Theuerdanc mit herrlichen Kupfern;[363] so alte Drucke des Heldenbuchs,[364] des Parsifals,[365] Hans Sachs u. viele andere. Seine Sachen sind in der schönsten Ordnung, u. wahrhaft merkwürdig, besonders auch wegen der treuen vielen historischen Notizen, die er darüber hat. Wir bleiben bis gegen 1 Uhr. Ein Bild mit der Grablegung, die ich in Rotterdam kaufte, sehr ähnlich, trägt das Handzeichen AD. 1518. Nageler glaubt, es sey Albrecht Dürer. Einer der Musikanten aus Wallrafs Albrecht Dürer[366] kommt in einer Handzeichnung vor.

Ich esse mit Bülow u. den beyden Focke zu Mittag; |: 1.16 :| dann gehen wir vor das Brandenburger Thor,[367] wo uns die Prinzess Wilhelm begegnet, die mich aus ihrer offenen Calesche sehr freundlich grüßt. Wir trinken Caffe. |: –9– :| Im Colleg

---

    von Minister K. S. Fr. vom Altenstein. Vgl. S. Boisserée, Tagebücher, 14. Dez. 1815, Bd. I, S. 294: „Altenstein erzählt, sein Schwager in Berlin, Herr v. Nageler, habe seit 6 (2?) Jahren eine Sammlung altdeutscher Kunst-Sachen angelegt. Anfangs sich auf Kupferstiche und Holzschnitte und Norica [Sammlungen zu Nürnberg] beschränkt, [...] auch elfenbeinerne Sachen, einige gute Dürer Gemälde?" Wegweiser für Fremde, S. 183: „Geheimer Staatsrath Nagler unweit der Weidendammerbrücke hat ein Kabinet von geschliffenen Steinen." Ebd., S. 184: „Geheimer Staatsrath Nagler in der Friedrichsstraße hat eine Sammlung von Elfenbeinen, Gemälden, Basreliefs und andern Kunstgebilden."

[361] Carniol: Karneol.
[362] Biblia Pauperum: Armenbibel, Bibel für die Armen. Als Armenbibeln bezeichnet man reichbebilderte mittelalterliche Schriften, die Themen des Neuen Testaments, meist verknüpft mit Szenen des Alten Testaments, durch eine reiche Bebilderung darstellen. Im Gegensatz zur vollständigen Bibel boten sie also nur Auszüge der biblischen Geschichte, waren nicht umfangreich und deshalb günstig zu erwerben.
[363] Theuerdanc: Die Abenteuer des Ritters Theuerdank, in Auftrag gegeben von Kaiser Maximilian I., erschienen erstmals 1517 im Druck (Die geuerlicheiten und eins teils der geschichten des loblichen streytparen vnd hochberümbten helds und Ritters herr Tewrdanncks, Nürnberg 1517).
[364] Groote sah vermutlich zwei Drucke, die von Nagler besaß: 1. den in Kalbsleder gebundenen Erstdruck des Straßburger Heldenbuchs, der 1476–1479 entstand und 230 Holzschnitte enthält. Das Heldenbuch kam 1836 durch Ankauf der Sammlung Nagler in den Besitz der Staatsbibliothek Berlin; 2. den Hagenauer Druck des Straßburger Heldenbuchs von 1509. Diese Schrift ist heute im Bestand der Harvard University, Cambridge, USA.
[365] Parzival: Versroman von Wolfram von Eschenbach.
[366] Albrecht Dürer, Trommler und Pfeifer, 1503–1505, heute im Wallraf-Richartz-Museum & Fondation Corboud, Köln.
[367] Wegweiser für Fremde, S. 44: „Das Brandenburgerthor, welches in den Thiergarten führt. Es ist nach dem Propyläum zu Athen, aber viel größer, durch Langhans 1789 zu bauen angefangen. Es stellt eine Kolonade vor, welche aus 12 großen Säulen [...] und 18 kleinen Säulen besteht. [...] Oben steht die Quadriga. Die ganze Breite des Thores beträgt 195 Fuß 9 Zoll. Zur Rechten ist die Thoreinnahme und zur Linken sind die Wachtstuben angebracht."

bey Eichhorn schreibe ich für Focke. Dann gehe ich zu dem Geheimen Legations Rath Eichhorn, wo mehre Herren, Savigni, Belitz, Arndt, Reimer, zu Mittag gegessen haben. Eichhorn räth mir, wegen der Reise mit dem Minister Altenstein, nicht mit dem StaatsKanzler zu reden. Herr v. Vincke kommt noch hin. Ich gehe nachher mit Savigny bis auf die Leipziger Straße. Ich begegne Rühl, u. mit ihm dem Major Böttger. Dieser will |29v| wissen, daß Gneisenau nicht den Abschied, vielleicht nicht einmal unbestimmten Urlaub nehmen wolle, aber an den König sehr bedeutende Dinge über die dortigen Provinzen geschrieben habe; auch daß der StaatsKanzler wohl in 4 Wochen noch nicht fort könne. Ich gehe später zu Zeune, wo ich dessen Weltkugel mit erhabenen Ländern, Bergen etc. sehe.[368] Gegen 10 gehe ich nach Hause, u. lese noch etwas in Görres Schrift.

Den 7. Juny [1816].

Es ist unbegreiflich, warum ich keine Briefe von Hause erhalte. Ich schreibe mein Tagewerk am Tristan bis gegen 10, gehe dann zu Altenstein, der mir aber nur sagen kann, die Sache wegen der Reise liege dem StaatsKanzler vor, der sie auch gewiß vor seiner Abreise entscheiden werde, da sie ihn selbst sehr interessire; doch käme es auch auf den König an, ob dieser Schinkeln, den er immer brauche, wolle reisen lassen; auf allen Fall wolle der Fürst in nächster Woche weg. Ich gehe zu Salm, eigentlich um zu hören, ob der StaatsKanzler Audienz gebe. Er schickt hin, u. wir hören, daß er keine giebt. Ich rede mit ihm hin und her, gehe dann in das Ordenspallais, wo ich aber Brandenstein nicht finde, sondern höre, er werde morgen verreisen (vielleicht an der Stelle des Major Lützow, der bald vor Berlin umgeworfen, u. den Arm gebrochen hat?). – Niebuhr heyrathet die hübsche Nichte seiner seligen Frau, die ich wohl bey ihm sah.[369] – Der wüste Bülow, welcher Altenberg kaufte, Bruder des Ministers, hat sich im Rhein ersäuft.[370] – Ich lese bis gegen 2 u. gehe dann bey Holzapfel[371] zu Tisch, wo ich Bülow, u. den jungen York finde. Wir essen table d'hote; |:1.14:| und gehen dann |30r| in den

---

[368] J. A. Zeune hatte einen Globus entwickelt, auf dem die Oberfläche der Erde im Relief dargestellt war. Diesen Globus setzte er in seiner Blindenschule ein. Wegweiser für Fremde, S. 164: Die Zöglinge der Schule werden unterrichtet: „in der Erdkunde durch einen Erdball von 12 Fuß im Umkreise, auf welchen die Länder erhaben mit Gips aufgetragen sind, und mehrere kleinere Zeunesche Globen. Zur Kenntniß des deutschen Vaterlandes dient eine 4 Fuß ins Gevierte haltende Landkarte, wo die Gebirge mit grüner Räupchenseide, die Flüsse mit blauer Nähseide und die Städte mir rothem Tuch angedeutet sind. Zum Schreiben dienen Buchstaben aus Pappe und Teig, und vertiefte in Schiefer."

[369] Nicht lange nach dem Tod seiner ersten Frau heiratete B. G. Niebuhr im Sommer 1816 in Berlin deren Nichte, Margarete Lucie Hensler.

[370] Der Regierungsrat in Düsseldorf Burchard Leberecht August Freiherr von Bülow hatte 1815/16 die Klostergebäude und Ländereien in Altenberg gekauft. Er starb am 18. Mai 1816 in Düsseldorf.

[371] Friedrich Holtzapfel, Kaffetier, „unter den Linden No. 44" (Wegweiser für Fremde, S. 202); AB 1818/19: Behrenstr. 56.

Thiergarten, u. nachher zusammen in das Colleg bey Eichhorn. Dann gehe ich, bey Beuth nach Briefen zu fragen, aber ich erhalte keine. Ich gehe nach Hause, lese bis gegen 7, wo ich mit Bülow u. Focke zu Savigny zu gehen abgeredet habe. Allein, Rappard, der zu Focke kommt, sagt uns, es sey niemand zu Hause, u. so bleiben wir dort mit einem Herrn Hanser (?), den ich wohl in Paris sah, sitzen bis gegen 8 Uhr. Dann gehe ich zu Reimer, wo großer Cirkel ist. Ich habe nur einen Friedrichd'or, gehe daher bald stille weg, um mir kleine Münze zum Trinkgeld zu schaffen; dieß weiß ich nicht anders zu machen, als daß ich ein kleines Feuergläschen kaufe; allein, ich muß an meinem Pohlnischen Friedrichd'or[372] 3 Gr. schaden leiden, denn man will ihn nur zu 8 Thl., 8 GG. annehmen, da doch der gewoehnliche Preiß 7 Thl., 5.11 GG. ist.|:–12:||:9:|–

Ich gehe dann in die Gesellschaft zurück, rede mit Eichhorn wegen Altenstein, u. auch er meint, die Sache wegen der Reise könne vielleicht noch entschieden werden. Süvern sagt mir, wegen der Anstellung Josephs u. Schmitzs[373] zu Assessoren, was mich sehr freut. Bey Tische sitze ich bey Friedrich Schleyermacher, wo ich mich ganz gut unterhalte. Es wird lebhaft gesungen u. getrunken. Wir gehen gegen Mitternacht nach Hause, wo ich ein Paquet von Joseph[374] finde, welches bald, nachdem ich weggegangen, gekommen seyn solle. – Trinkgeld. |:1 Fr., 4:|–

Den 8. Juny [1816].

Ich lese Josephs Brief vom 23.–25. vorigen Monats. Es sind auch die Sachen von Bürgers u. andere von v. Münch dabey, übrigens nicht viel neues, als die Hochzeitschwite von Metternich.[375] Ich schreibe am Tristan weiter, und dann an Joseph ein kleines Blatt.[376] Dann lese ich Görres Schrift über Glaube u. Wissen zu Ende, in der ich hier u. da sonderbare Aehnlichkeit mit der Meinigen finde, sogar in einzelnen Ausdrücken. |30v| Ich gehe gar nicht zu Tische, sondern um 4 U. in's Colleg, u. nachher auf die Post. Bey Groeben finde ich den Julius wieder krank im Bette; die Bade Reise ist noch aufgeschoben. Fritz Groeben ladet mich auf morgen abend zu sich zum Thée. Ich bleibe bis gegen 7 ½, gehe dann zu Savigny, wo ich nur die Frl. Wertier finde, die übrigen sind bey v. Kleist. Ich gehe

---

[372] Möglicherweise ist ein sogenannter August d'or oder Mittelaugust d'or gemeint, Goldmünzen, die ursprünglich Mitte des 18. Jh.s unter August III. für das Königreich Polen geprägt, später vielfach verfälscht und also im Wert gemindert wurden.

[373] J. von Groote und Peter Joseph Schmitz wurden zu Assessoren ernannt.

[374] Vgl. zu diesen Briefen von J. von Groote: E. von Groote an J. von Groote, Berlin, 8. Juni 1816 (HAStK, Best. 1552, A 20/15). Siehe Briefe und Schriften.

[375] Hochzeitsfeier in der Familie von Metternich: Friedrich Karl Alexander Clemens Freiherr von Loë heiratete am 14. Mai 1816 im Dom zu Münster die 16jährige Maria Louise Gräfin von Wolff-Metternich zur Gracht. Das Ehepaar wohnte in Schloss Wissen.

[376] E. von Groote an J. von Groote, Berlin, 8. Juni 1816 (HAStK, Best. 1552, A 20/15). Siehe Briefe und Schriften.

nun nach Hause, u. gegen 9 mit Rappard u. Bülow, die ich auf der Straße schon finde, in den Thiergarten, wo noch Voß, Wilhelm Gerlach, Raumer, zwey Focke, u. Holweg hinkommen. Wir essen u. sind dort ganz munter zusammen bis gegen 11 ½. |: 2–5 :|

Den 9. Juny [1816]. Sonntag.

Ich schreibe fort am Tristan. Ich werde auf morgen zu v. Savigny geladen. Ich mache mich gegen 10 zurecht, zum hotel des StaatsKanzlers zu gehen, wo ich noch um eine Audienz nachsuchen will, dann zur Kirche. – Ich finde nachher Hauptmann Schoenermark auf dem Paradeplatz, gehe zur Post, wo ich wegen jenes, aus Frankreich gekommenen, auf der Generalintendantur präsentirten Briefes nachfrage. Man weiß nichts mehr davon, u. hat ihn wahrscheinlich zurückgeschickt. Ich gehe wieder zu Schoenermark zurück, mit dem ich noch eine Zeitlang rede. Dann begegne ich die [richtig: den] 3 Fockés, auch Bülow unter den Linden, u. wir reden ab, bey Holzapfel nach 2 Uhr zu essen. Ein Herr v. Herteberg fragt um meinen Wagen, u. ich weise ihn zu Beuth, wo er ihn ansehen kann. Ich gehe nun nach Hause, und um 2 Uhr zu Tische, |: 1–16 :| dann nachher mit Bülow und Focké in den Thiergarten, zum Hofjäger,[377] wo wir Caffé trinken. |: –9 :| Wir treiben uns in mehreren, von Menschen wimmelnden Gärten umher, u. gehen gegen 6 Uhr nach Hause. An Bülow bezahle ich meinen Antheil an den Kosten der Kneiperey vom 29. May im Fockeschen Garten. |: 8–2 :| Ich bleibe zu Hause bis gegen 8 U., wo ich zu Fritz |31r| Gröben gehe, dort ist Graf u. Gräfinn Groeben, die Familie v. Gerhard, u. deren Schwiegersohn u. Schwager v. Diest u.a. Es ist ziemlich unterhaltend da. Wir bleiben bey Thee u. Punsch bis gegen 10 ½ zusammen; dann bleibe ich noch bey Fritz Groeben allein, wir rauchen, u. er spricht besonders von seiner Musik. Er scheint es auf der Geige und Guittarre, auch in der Komposition, ziemlich weit gebracht zu haben. – Ich gehe gegen Mitternacht nach Hause. – Beym StaatsKanzler habe ich mich auf den Rapport setzen lassen, u. muß nun warten, ob er mich noch sprechen wird. –

Den 10. Juny [1816].

Ich schreibe am Tristan fort. – Es ist meiner Hauswirthinn Geburtstag, u. sie bringt mir von ihren Präsenten, ein Glas Wein u. Kuchen. Ich lese in Niebuhrs Geschichte. – Ich frage beym StaatsKanzler wegen der Audienz nach; allein, man antwortet mir, ich würde am besten thun, ihn schriftlich darum zu ersuchen. Dieß ist mir zu umständlich. Bey Tische ist Bülow u. der älteste Focke. |: 2.5 :| Wir gehen nachher, Ludwig Gerlach zu besuchen, der noch immer nicht ganz wohl

---

[377] An der Stelle des ehemaligen Hauses des königlichen Hofjägers befand sich ein beliebtes Kaffeehaus und Restaurant.

ist. Dann gehe ich mit Bülow ins Colleg, nach diesem begegnet mir Diderici, mit dem ich nach der Lindenstraße zu gehe. Coreff glaubt, die Abreise des Staats-Kanzlers werde sich bis Anfang der nächsten Woche verschieben. Auf der Lindenstraße No. 114 frage ich wegen v. Münchs Sachen nach jenem KriegsRath Frandorf; allein, er ist nach Reichenbach versetzt. Sein Schwager soll der Prof. Kluge in der Charitée seyn.

Ich kaufe mir nun Taback, |:1.4:| u. lese ruhig zu Hause bis gegen 8 Uhr, gehe dann zu Savigny, wo die v. Kleist, ein Herr Ritter u. ein anderer Fremder aus Frankfurt, Gräfinn Voss, [einige Worte gestrichen] Schleyermacher, Nicolovius, u. Holweg sind. Mit Nicolovius rede |31v| ich mancherley über unsere Kölnischen Sachen. Er hat von Obrist Rühl gehört, daß die neuen Befestigungs Plane, Köln gegen allen Bombenschuß [zu] sichern, also ein neuer Grund [seyen], warum man xxxx Kunst- und andere Schätze dorthin bringen kann. Er fordert mich auf, etwas über die ehemaligen Hospitien der Studenten zu berichten. Arndt hat behauptet, die Bürger wären nun zu reich u. zu bequem, als daß sie Studenten aufnehmen würden. – Nachher sehe ich den I. Band der Grimmschen Sagen,[378] u. finde darin die von Kendenich, u. die der Grafen Eulenburg, die ich Grimm in Paris erzählte. Dann sehen wir die schönen Handzeichnungen in Savignys Zimmer, u. ein Marmor Basrelief. – Gegen Mitternacht gehen wir nach Hause. – Trinkgeld. |:–8:|

Den 11. Juny [1816].

Ich schreibe mein Tagewerk am Tristan, u. lese bis nach 2 Uhr den ersten Band der Niebuhrschen Römischen Geschichte zu Ende. Bey Tische |:1.10:| finde ich gegen 3 Uhr Bülow; mit ihm gehe ich nachher auf die Bibliothek,[379] wo ich aber nicht viel sehen kann, da man nur in das Lesezimmer gelassen wird. Nach dem Kolleg bey Eichhorn gehe ich, den Geheimen Legations Rath Eichhorn aufzusuchen, finde ihn aber nicht zu Hause. Gegen 7 will ich zu Beuth gehen, allein, der jüngste Focke kommt mir auf der Straße entgegen, mich zu bitten, mit seinem

---

[378] Jakob und Wilhelm Grimm, Deutsche Sagen, Bd. I, 1816.
[379] Königliche Bibliothek: Der 1770 bis 1780 im Stil des Barock errichtete Bau befindet sich gegenüber der Berliner Oper, Unter den Linden (früher Opernplatz, heute Bebelplatz). Die Gebäude werden von der Universität Berlin genutzt. Gädicke, Lexicon von Berlin, S. 57: „Inwendig hat dieß Gebäude nur zwey Geschoß, welche aber von außen das Ansehen von vieren haben, indem jedes zwey Fenster Höhe hat. Der obere Theil hat einen großen, in der Mitte von 10 korinthischen Säulen getragenen, 258 Fuß langen und 56 Fuß breiten Saal, zur eigentlichen Bibliothek, und die zwey Eckpavillons sich zu Kupferstichen und Manuscripten bestimmt. Das Erdgeschoß enthält Montirungskammern, und es werden daselbst auch Theater-Decorationen aufbewahrt." Es gab ein „Lese-Zimmer, mit allen Bequemlichkeiten zum Lesen und Exerpiren, welches Montags, Donnerstags und Freytags Vormittags von 9 bis 12 und Nachmittags von halb 3 bis 5 Uhr offen ist. Wer Bücher mit nach Hause verlangt, muß sich die Erlaubniß von der Academie der Wissenschaften erbitten."

ältesten Bruder zu Schleyermacher zu gehen. Ich gehe, jenen abzuhohlen, u. gehe mit ihm in den Thiergarten zu Schleyermacher, wo Becker ist. Wir bleiben dort in ziemlich unterhaltendem Gespräch bis gegen 10 ½ Uhr. Ich gehe mit Beckern u. Focke in die Stadt zurück, u. lese vor Nacht noch ein wenig.[380]

Den 12. Juny [1816].

Ich zahle der Hauswirthinn Frühstückgeld, |:2.18:| u. schreibe am Tristan mein Tagewerk, u. lese ein Stück im Iwain,[381] dann in Niebuhrs Geschichte, Theil 2 – mir ist unwohl u. trübe. –|32r|Als ich gegen 3 Uhr zu Tische komme, ist niemand mehr da. |:1.10:| Ich gehe nachher einmal auf u. ab unter den Linden; dann zu Eichhorn in's Colleg. Nach diesem zum Geheimen Legations Rath Eichhorn, der wieder sehr matt u. schwach zu seyn scheint. Der Rittmeister v. Kleist ist bey ihm, u. nachher rede ich mit ihm über mancherley Gegenstände. Er ärgert sich, daß Coref, wie er mir sagte, als Professor bey der hiesigen Universität angestellt ist.[382] Auch er weiß, daß der StaatsKanzler Freytag nach Linicke [Glienicke], u. dann weiter nach Carlsbad abgehen wird, doch räth er mir, noch abzuwarten, ob nicht etwa wegen der Reise nach Heidelberg etwas erfolgen wird, u. wenn dieß nicht geschehe, dann ehestens nach Cöln abzugehen.

Wir reden auch manchfaltig wegen der geistlichen Angelegenheiten. Der Legations Rath und Savigny, der nachher zu uns kommt, glauben immer, die Hierarchie, d.h. die Absonderung der Geistlichen von den Layen, u. der Glaube an die Fortpflanzung des Lehrberufs in unmittelbarer Abstammung von den Aposteln sey das verderblichste, und doch auch Unabänderlichste bey der Catholischen Lehre. Savigny behauptet, die bayerischen Katholischen Geistlichen wären weniger in diesem Glauben befangen. – Nach meiner Meinung ist der Grund des Schwankenden, Haltlosen in der Protestantischen Kirchenverfassung bloß in der Abhängigkeit der Geistlichkeit von der Weltlichen Regierung u. der Willkühr derselben, u. in der Berufung u. Ernennung derselben, ohne Möglich-

---

[380] C. M. von Weber schrieb über diesen Tag an seine spätere Frau Carolina Brandt, Berlin, 11. Juni 1816: „Heute Abend ist Oedip und nachher Gesellschaft beym Geh: Staatsrath Jordan. jezt gleich sezze ich mich wieder in den Wagen um Besuche zu schneiden. die Prinzeßin Wilhelm war besonders artig. der Kronprinz auch." C. M. von Weber, Tagebuch, 11. Juni 1816: „d: 11ᵗ von 9 bis 3 Uhr Visiten, Maj. der König, Kronprinz Prinzeßin Wilhelm p p p p Mittag zu Hause. Akademie. Abends Oedip. Fischer und Milder trefflich. [...] dann noch bey Geh: Staatsrath Jordan. gespielt, nicht sonderlich bis 12 Uhr da. vergnügt. und verehrt." Hinweis: Hier und im Folgenden werden Tagebuchnotizen und Briefe von C. M. von Weber zitiert nach: Carl-Maria-von-Weber-Gesamtausgabe. Digitale Edition. Zugriff: 30. Nov. 2019. Die Abkürzungen im Original werden nicht aufgelöst.

[381] Iwein: Artusroman, entstanden um 1200, überliefert in verschiedenen Handschriften. G. Fr. Benecke und K. Lachmann publizierten: Iwein. Der Riter mit dem Lewen von Hartmann von Aue, Berlin 1827. Welche Schrift Groote las, ist unklar.

[382] Nachdem sich J. F. D. Koreff auf Drängen des Staatskanzlers von Hardenberg, dessen Leibarzt er war, 1816 in Berlin hatte taufen lassen, wurde er an der Berliner Universität angestellt.

keit das Vertrauen des Volks zu ihnen, durch Autorität eines Mysteriums (Weihe) fesseln zu können, einzig zu suchen. Will man jenen Glauben den Katholiken zu rauben suchen, so wird es Mühe, vielleicht Blut kosten; könnte man es, so sänke einer der festesten Grundpfeiler des kirchlichen Systems. Ich kann – Gott weiß warum – über diese Gegenstände hier mit den kritisch forschenden, alles zu konstruiren strebenden Männern nicht streiten, so lebendig ich auch manches, was sie bestreiten, einsehe und andres erkenne, und so warm u. herzlich ich oft, wenn nicht gestritten, |32v| sondern nur mitgetheilt wird, darüber reden durfte. Ich erscheine durch mein Stillschweigen vielleicht oft indolent, unwissend, oder gar nachgebend, u. es kann seyn, daß ich mich zusammen nehmen u. gegenreden müßte. Aber Gott mag es mir vergeben, – mir ist die Zunge zu solchen kritischen Erörterungen gleichsam gelähmt, u. die Worte versagen mir. – Ich gehe nun mit Savigny weg, und mein Entschluß ist gefaßt, auf jeden Fall bis zum Ende des Monats abzureisen. Ich gehe nach Hause, bald aber zu Beuth u., da ich den nicht finde, in den Thiergarten, wo ich nach einigem umhergehn, Holweg, Rappard u. noch einen Studenten im Schulgarten finde. Ich esse mit ihnen zu Nacht, |:1.16:| u. komme dann gegen 10 Uhr nach Hause.[383]

Den 13. Juny [1816]. Festtag Corpus Christi.[384]

Heute wird meiner wohl gedacht in Mannheim u. auch ich denke der guten Seelen, die sich dort ihres Namenstags freuen.[385] Ich schreibe u. schenke nichts; aber denken will ich ihrer doch herzlich; möge es ihnen wohl gehn, wo nicht durch mich und mit mir einst, – dann ohne mich, durch des Herrn Willen! – Ich habe am Tristan fortgeschrieben, u. gehe zur Kirche. Daselbst ist Prozession u. Musik, aber auch viel Unordnung. Es sind Birkenbüsche u. noch 2 Altäre mit Madonnen Bildern in der Kirche aufgestellt. Das Gedränge ist groß. Ich gehe von da nach Hause, u. nachdem ich mir Papier gekauft habe, |:–18:| fange ich an, den Bericht über Köln in Oekonomischer Hinsicht als Universität[386] zu schrei-

---

[383] C. M. von Weber an C. Brandt, Berlin, 14./15. Juni 1816: „d: 12t kam um 7 Uhr schon mein Verleger zu mir, und um 9 Uhr gings wieder zum König, pp – Abends ½ 7 Uhr So weit war ich vor Tisch als ich zur Gesellschaft gerufen wurde, und von ½ 4 Uhr bis jezt an einer großen Tafel aushalten muste, jezt habe ich mich weggestohlen, um meinem lieben Mukkel beim Leuchten fürchterlicher Blizze und dem Rollen des Donners zu schreiben und meinen Bericht fortzusezzen, bis mich der Wagen in die Gesellschaft bey Lichtenstein abholt. – also d: 12t unter 1000 langweiligen Visiten und Besorgungen, war auch die sehr intereßante Bekanntschaft Hoffmanns des Verfaßers der FantasieStükke, Hau hau trau au au!! Es ist wahr daß aus diesem Gesicht ein wahrhaft kleines Teufelchen heraussieht. er hat ein neues Werk geschrieben des Teufels Elixire, wovon er mir den ersten Theil mitgab, ich habe aber noch nicht Zeit gefunden eine Sylbe davon zu lesen."

[384] Der katholische Festtag Fronleichnam wird als Sollemnitas Sanctissimi Corporis et Sanguinis Christi bezeichnet: Festtag des Leibes und des Blutes Christi, abgekürzt Corpus Christi.

[385] Der 13. Juni ist vor allem der Namenstag des Heiligen Antonius und des Heiligen Bernhard. Einer der Vornamen von Eberhard von Groote war Anton.

[386] E. von Groote, Köln als Universität bloß ökonomisch betrachtet, Juni 1816 (GStA PK, I. HA Rep. 76

ben. Bey Tische finde ich Bülow, |:1–4:| u. wir kommen wieder darauf zu reden, daß wohl meine Reise, mit der von Bülow u. Gerlach über Quedlinburg auf den Harz,[387] ziemlich zur selben Zeit fallen dürfte, u. wir also wohl zusammen reisen könnten. Wir gehen zu Gerlach, u. reden noch weiter darüber; doch muß ich auf jeden Fall warten, ob nicht vom StaatsKanzler noch eine Entscheidung wegen der Reise nach Heidelberg kommen wird. – Ich lasse mich verleiten, nicht ins Colleg zu gehen, sondern wir gehen in |A 1/8–15; 1r| den Thiergarten zu Bony, wo wir etwas trinken |:1.2:| und manche Dinge, besonders auch wieder Religiöse Ansichten besprechen.[388] – Später gehe ich nach Hause, u. gehe gegen 7 ½ zu Frau v. Berg, die ich wieder nicht finde, dann zu Staegemann. Ich sage dem Geheimen StaatsRath wegen der projektirten Reise nach Heidelberg, u. der nicht erfolgten Entscheidung des StaatsKanzlers u. er verspricht mir, morgen demselben nochmal darüber zu sprechen. Major Kraft pfeift zum Klavier, Major Mertens singt à la sourdine,[389] widrig. Ich rede vielerley mit v. Horn, u. den Mädchen; bis gegen 10 ¼, wo alles abgehet. – Mir ist noch immer sehr schwer u. trüb zu Muthe.

Den 14. Juny [1816].

Ich schreibe fort am Tristan. Ich zahle meinem Aufpasser für ein Paar Schuhsohlen u. zwey Riemen unter die Hosen u. sein Monatgeld 1 Rth., 6|:2.14:||:4.10:| Dann schreibe ich noch an meinem Berichte, u. lese; fange einen Brief an Joseph an,[390] u. gehe gegen 3 Uhr zu Tische, wo ich Bülow finde. |:1.18:| Mit ihm gehe ich später unter den Linden, und da meine Uhr zu spät geht, versäume ich das

---

Kultusministerium, Va, Sekt. 3, Tit. I, Nr. 2, Bl. 133–136). Siehe Briefe und Schriften. Vgl. Quarg, Gutachten, S. 228; Spiertz, Groote, S. 89 f.

[387] Im Juni/Juli 1816 unternahmen Ernst Ludwig von Gerlach und Fr. C. von Bülow eine Reise über Magdeburg, Roßtrappe, Brocken, Quedlinburg und Dessau. Im April war auch eine Beteiligung von E. von Groote überlegt worden; vgl. Ernst Ludwig von Gerlach, Tagebuch, 19. Apr. 1816: „Groote mit auf den Harz" (in: Schoeps, Aus den Jahren, S. 185).

[388] Ernst Ludwig von Gerlach, Tagebuch: „13. Juni 1816. Heute ist der erste schöne warme Tag. Wir sind den ganzen Nachmittag im Tiergarten gewesen, wo alles im frischesten Grün und noch ganz ohne Staub ist. Bülow, de Groote und Wilhelm. Es ist, als wäre bei mir inneres Tauwetter, es wird Sommer – ich bin nur immer unwohl, gehe nicht auf das Stadtgericht, arbeite wenig. De Groote reist heute abend mit Bülow. Er [Bülow] fremd, nicht eingehend, was bei ihm gleich hart scheint. Ich sagte, ich freute mich, in sein Haus zu kommen, was halb Achtung, halb etwas anderes ist – aber beides verkehrt. Alles Götzendienst der guten Werke. Und Werk, nicht Glauben ist alles, was so in die Augen fällt – kommt von rechter Eitelkeit und Eigendünkel her" (in: Schoeps, Aus den Jahren, S. 191). Fr. C. von Savigny charakterisierte er kurz: „Savigny war sehr liebenswürdig, er ist ein so guter frischer Kerl, ganz frei von all dem Gift der Hoffart, was sich so fein in jedes Atom der Menschen hineinschleicht" (ebd., S. 193).

[389] à la sourdine singen: gedämpft singen.

[390] E. von Groote an J. von Groote, Berlin, 14. u. 15. Juni 1816 (HAStK, Best. 1552, A 20/16). Siehe Briefe und Schriften.

Colleg. Ich gehe später nach der Charité[391] hin, um Prof. Kluge, des KriegsRaths Frandorf Schwager, wegen v. Münchs Sachen zu reden, finde ihn aber nicht. Ich gehe nach Hause; es entsteht ein großes Gewitter, nach welchem ich gegen 7 zu Staegeman gehe, wo ich versprochener Maaßen Frl. Hedwig u. ihren Bruder abholen, und mit ihnen zu Laura Gedicke gehen soll. Letztere ist aber selbst da. Ich bleibe bis gegen 9 ½ Uhr, u. gehe dann nach Hause, ziehe mich um, u. gehe gegen 9 2/3 zur Prinzess Louise, wo Fürst Salm,[392] Graf Brühl, die schöne Frau v. Alopeus[393] u.a. sind. Es ist nicht ganz langweilig. Ich fahre gegen Mitternacht mit Fürst Salm nach Hause. Mir gehen nun schon die Gedanken zur Abreise, die wohl zum Ende der nächsten Woche erfolgen wird, stark im Kopfe herum. |1v|

Den 15. Juny [1816].

Ich schreibe in der großen Hitze am Tristan weiter fort, u. beendige meinen Brief an Joseph. Dann schreibe ich an meinem Berichte; es tritt wieder ein großes Gewitter ein, und ich gehe nicht aus bis nach 5 Uhr. Dann gehe ich zu Beuth, wo ich einen Brief von Joseph vom 2. Juny und einen vom Rektor vom 7. Juny, dann einen von Netz vom 12. Juny finde. Ich lese sie durch, während Beuth bald nachher ausreitet, schreibe dann in meinen Brief noch einiges zu, u. bringe ihn auf die Post. Dort gegenüber bey Schropp[394] kaufe ich eine ganz neue Postkarte von Deutschland,[395] für 3 Thl.|: 10.16:| u. gehe zu Savigny, die aber im Theater sind.[396] Ich gehe nach Hause, sehe meine Briefe ordentlich durch, lese die Zei-

---

[391] Wegweiser für Fremde, S. 14 f.: Charitéhaus an der Charitéstraße. „Es besteht aus einem Hauptgebäude von 45 Fenstern Fronte, mit zween daranstoßenden Flügeln. Die Gebäude sind drei Stock hoch. Hierzu gehören Wirthschaftsgebäude, Gärten, Wiesen und Aecker. In das Krankenhaus werden Dürftige unentgeltlich und andere gegen Kostgeld aufgenommen, und daselbst verpflegt und geheilt." Zur Charité: Hahn, Schauplatz, S. 107–112.

[392] Die Grafen zu Salm-Reifferscheidt-Dyck, zwei Brüder, wurden gefürstet (vgl. E. von Groote an J. von Groote, Berlin, 15. Juni 1816; HAStK, Best. 1552, A 20/16). Siehe Briefe und Schriften. Berlin. Nachr., Nr. 77, 27. Juni 1816: „Berlin, vom 27. Juni. Seine Majestät der König haben den Altgrafen Joseph zu Salm-Reifferscheidt-Dyck, und dessen Bruder den Altgrafen Franz Joseph August zu Salm-Reifferscheidt-Dyck, in den Fürstenstand zu erheben geruhet."

[393] Jeannette von Alopaeus, geb. Wenckstern, war verheiratet mit David Maksimovic von Alopaeus, kaiserlich-russischer Geheimrat und Gesandter am preuß. Hof.

[394] Simon Schropp, Kartenstecher und Verleger; Geschäftsadresse 1816: Schropp Comp., Jägerstr. 24. Vgl. zur Firma Schropp: Calaminus, 250 Jahre Schropp in Berlin, 1992.

[395] Es könnte sich z.B. um folgende Karten handeln: Neueste Post Karte von Deutschland nebst den Angrenzungen von Frankreich, der Schweiz, Italien […]; hrsg. v. Vinz. Zanna Comp., 1816 oder Neueste Post-Karte von ganz Deutschland und dem größten Teil der umliegenden Staaten; hrsg. v. A. P. H. Nordmann, Wien 1816. Ich danke dem Museum für Kommunikation, Berlin, für die Auskunft.

[396] Am 15. Juni 1816 wurde im Opernhaus u.a. aufgeführt: Fanchon, das Leyermädchen, Singspiel in 3 Abtheilungen; „Arie von Rhigini, gesungen von dem Königlichen Kammersänger Herrn Fischer. Und zum letztenmale: Paul und Virginie, pantomimisches Ballet in 3 Abtheilungen von Gardel, Musik von Herrn Kreutzer" (Dramat. Wochenbl., Nr. 4, 27. Juli, S. 31 f.).

tungen, u. gehe später in den Thiergarten, wo mir bey Bonny in der Maykäfriana das Abendessen sehr gut schmeckt. |:2–5:| Ich rede mit Bülow und Ludwig Gerlach ziemlich fest ab, daß wir Dienstag, den 25. laufenden Monats von hier abreisen wollen. Mit beyden fahre ich nachher in die Stadt zurück, da Gerlach nicht wohl ist. |:–12:|

Den 16. Juny [1816]. Sonntag.

Ich schreibe frühe mein Tagewerk am Tristan u. beendige meinen Bericht. Ich wurde zur Prinzess Wilhelm zu Tische gebethen. Nach der Messe gehe ich, den Staats Rath Borsch wegen der Sachen von Bürgers aufzusuchen. Allein, ich finde ihn nicht, sondern höre, er sey auf 3 Wochen verreist. Dann gehe ich zu Frau v. Savigny, wohin Caroline Focke kommt. – Ich gehe später unter den Linden mit Berger, kaufe Handschuhe, |:3 Fr.:| u. gehe nach Hause, mich anzuziehen. Gegen 3 fahre ich zum Schloß, |:–12:| wo ich Graf Salm, Herrn v. Kettelholt u.a. bey Graf Groeben finde. Dem Prinzen Wilhelm fuhr ich vorbey, u. er grüßte mich freundlich. Bald werden wir zur Fürstinn geführt, die uns freundlich empfängt; der Prinz kommt bald nachher. Bey Tische ist das Frl. v. Kalb[397] u. Graf Groeben meine Nachbarschaft, u. |2r| ich unterhalte mich mit ihnen sehr wohl. Die Fürstinn u. der Prinz reden oft zu mir hinüber. Nachher zeigt die Prinzess uns manche ihrer Sachen, Bücher, Steine, Zeichnungen, Bijouterie Arbeiten, doch nichts sehr vorzügliches. – Der Prinz ist lebhaft; dem Grafen Salm, der auf einer Landschaft des Grafen Ingenheim einen Schäferhund durchaus für einen Ochsen halten will, sagt er, nein, es sey ein Ochse. Ueberhaupt scheint der gefürstete Herr Graf hier nicht eben sehr zu gefallen. Ich besuche, nachdem wir entlassen sind, die Gräfinn Groeben einen Augenblick, werde von ihr auf morgen um 11 Uhr zu einer Musik eingeladen, u. gehe nach Hause, wo ich meinen Brief vollende und Briefe an Joseph[398] u. an v. Netz anfange.

Den 17. Juny [1816].

Da meine Wäscherinn nicht kommt, gebe ich meine Wäsche meiner HausFrau, die sie besorgen will. Dann schreibe ich am Tristan fort, u. mache mich zurecht, um zu Groeben zu gehen. Der Graf will den Brief der Frau v. Geyr an den König

---

[397] Edda von Kalb war seit 1809 Hofdame der Prinzessin Marianne von Preußen. Die „Hof- und Staatsdame" Fräulein von Kalb wohnte „im Schloss, Portal N. 2" (AB 1818/19). Bereits 1805 hatte ihre Mutter Charlotte von Kalb versucht, für ihre Tochter eine Stelle als Hoffräulein zu erhalten. In diesem Zusammenhang schrieb sie an Jean Paul: „Edda ist nicht schön, aber gut und brav. Es wird auch für sie schwer sein, einen Mann zu finden, und bei ihrem selbstigen Meinen wird sie leicht das Unbestimmte erkennen" (in: Nerrlich, Briefe, S. 109). Edda von Kalb starb 1874 unverheiratet.
[398] E. von Groote an J. von Groote, Berlin, 16., 17. u. 18. Juni 1816 (HAStK, Best. 1552, A 20/17). Siehe Briefe und Schriften.

besorgen. Ich gehe, mir gesperrte Sitz-Billets zu kaufen, für heute den Don Carlos[399] u. Freytag die Emilie Galotti[400] zu sehen. |:4 Fr.:| Dann sehe ich das Cürassier Regiment u. mit ihm den König ankommen. Ich gehe zu Gröben, wo sehr schöne Musik; Romberg, Arnold, der Graf Fritz Groeben, spielen recht angenehm.[401] Auch das Hoffräulein v. Kalb ist da. Es wird ein stattliches Dejeuner dazu gegeben. Das ganze währt bis nach 3 Uhr. Dann gehe ich zu Manderlée, wo ich Bülow finde, gehe mit ihm verschiedene Eisenarbeiten[402] zu Geschenken für meine Schwestern zu kaufen, |:29.4:| |2v| gebe bey Nicolovius, den ich nicht zu Haus finde, meinen Bericht ab, u. gehe nach Hause, wo ich wegen Bürgers Sachen an den Minister Bülow schreibe. Dann gehe ich in's Theater, wo ich zufällig neben dem Gouvernement Commissair Bölling sitze, u. mit ihm mancherley bespreche. – Don Carlos wird im ganzen ziemlich wohl gegeben. Es währt bis gegen 11 Uhr. – Trinkgeld bey Graf Groeben. |:1.10:| Letzterer hat den Brief an den König zu besorgen übernommen.[403]

Den 18. Juny [1816].

Schon frühe schmettern die Trompeten zum Feste.[404] Ich schreibe ein wenig am Tristan, u. endige meine Briefe an Joseph u. Netz. |:Wäsche 3.8:| Dann gehe ich,

---

[399] Friedrich von Schiller, Don Carlos. Infant von Spanien, Drama, uraufgeführt 1787.
[400] Gottfried Ephraim Lessing, Emilia Galotti, Trauerspiel, uraufgeführt 1772. Das Drama wurde Freitag, 21. Juni 1816 aufgeführt; Rezension zur Aufführung am 23. Juli 1816 vgl. Dramat. Wochenbl., Nr. 6, 10. Aug. 1816, S. 46–48.
[401] Bei Familie von der Groeben fand am 17. Juni wie schon am 19. März 1816 eine private Aufführung mit B. Romberg und Arnold statt.
[402] Berliner Eisenschmuck (fer de Berlin): Aus feinem Eisendraht oder in Eisenguss hergestellter Schmuck, der vor allem in den Jahrzehnten nach 1800 modisch wurde, da er Vorstellungen von bürgerlicher Schlichtheit entsprach. Die Anfang des 19. Jh.s gegründete Königliche Eisengießerei befand sich vor dem Oranienburger Tor, nahe beim Invalidenhaus. Vgl. Schreiter/Pyritz, Berliner Eisen, 2007.
[403] C. M. von Weber trug am 17. Juni 1816 in sein Tagebuch ein: „d: 17ᵗ um 10 Uhr GeneralPr. der Kantate. ging vortrefflich. Enthusiasmus des Orchesters. Mittag zu Hause. Nachtische gesungen aus Alimelek. Abends bey Radzivil. sein Faust, treffliche Sachen. sehr angenehm bis 1 Uhr. am Thor 4 ggr."
[404] Jahrestag der Schlacht bei Waterloo, 18. Juni 1815. An diesem Tag wurden im Opernhaus Kompositionen von C. M. v. Weber aufgeführt. Groote schrieb an seinen Bruder, dass er diese Vorstellung nicht besuchen wollte (E. von Groote an J. von Groote, Berlin, 18. Juni 1816; HAStK, Best. 1552, A 20/17). C. M. von Weber an C. Brandt, Berlin, 19. Juni 1816: „Vor allem andern muß ich dir mein geliebtes Leben Nachricht von dem glänzenden Erfolg des gestrigen Abends geben. Der ganze Hof war in Galla zugegen, und das Haus ziemlich besezt. Die Overture gieng stillschweigend vorüber, nun kamen aber die Lieder, die Spektakel erregten, und den im Opernhause unerhörten Fall, das Lüzows wilde Jagd, wiederhohlt werden muste. hierauf die Kantate, die von dem großen trefflichen Orchester und 80–90 Sängern herrlich ausgeführt wurde, und den grösten Enthusiasmus erregte, nach der Schlacht wo das God save the King eintritt, wollte der Jubel kein Ende nehmen. Der König und der ganze Hof schikten sogleich den Grafen Brühl zu mir, um mir zu

die Parade zu sehen; nur mit Mühe ist bis an den großen Exerzier Platz[405] durch zu kommen. Der Truppen sind so viele, daß man von den hohen Personen nichts sehen, von der Predigt nichts hören kann. Allein, nachher stehe ich bey dem Vorbeydefiliren nicht weit vom Könige bey dem Wagen der Prinzess Wilhelm, die mich nochmals recht freundlich begrüßt. Bey ihr ist die Königinn der Niederlande und die Kurprinzess von Hessen. Nachher gehe ich auf das Büreau des Finanzministeriums,[406] erfahre, daß der StaatsRath Wilkens die Geschäfte des StaatsRath Borsche versehe, u. übergebe diesem den Brief u. die Vorstellung von Herrn Bürgers, die er freylich, da er nicht Zeit hat, mich recht anzuhören, leider sehr kalt aufnimmt. Dann gehe ich nach Hause, wo ich meine Briefe an v. Netz u. Joseph siegle, noch etwas schreibe, u. bald zu Tische gehe. Bülow ist daselbst, auch v. Schütz mit einem andern, bey denen ich die Unterhaltung wegen der Pariser Ge- |3r| schichten, die v. Schütz noch immer zu ärgern scheinen, auszumachen die Ehre habe. Gilt gleich viel! –

Nach Tische gehe ich mit Bülow, der meine Briefe übernimmt, u. wir gehn in mehrere Häuser, ein kleines Necessaire für meine alte Hauswirthinn zu suchen. Ich finde endlich eines, welches ich für Rth. 4 kaufe. |: Fr., Sls: 14.8 :| Bis jetzt scheint noch unsre Reise auf den 25. festgesetzt. Ich gehe später zu Eichhorn (Legations Rath), der aber schon seit vorgestern in Potsdam beym StaatsKanzler ist; dieser hält sich noch immer auf seinem Gute zu Clinike [Glienicke] auf. So wäre also möglich, daß wegen der Reise nach Heidelberg noch etwas entschieden würde. Ich verweile ein Kleines bey dessen Frau, u. gehe dann zu Savigny. Ob ich dem Herrn v. Savigny nicht zur gelegenen Stunde komme, oder ob meine verfluchte Hypochondrie oder Dummheit schuld daran ist, genug, die Unterhaltung wird mir rasend schwer. Später kommt Rappard, dann endlich Frau v. Savigny u. noch später Bülow, Ludwig Gerlach, u. v. Voss.[407] Da ich einmal die Taschen-

---

sagen daß er außerordentlich ergriffen sey, und das Werk nochmals zu hören wünschte." Vgl. Allg. musikal. Zeitung, Nr. 29, 17. Juli 1816, Sp. 498: „Den 18ten [Juni] gab Herr Kapellmeister Carl Maria v. Weber zur Feyer des Jahrestages der Schlacht bey Belle-Alliance, und zum Besten des vaterländischen Vereins zur Verpflegung hülfloser Krieger aus den Jahren 1813–15, eine musikalische Akademie im Opernhause. Nach der Ouverture zu des Epimenides Erwachen von unserm Weber, sangen 40 Männerstimmen ohne Begleitung 3 Lieder von Theodor Körner, vom Concertgeber im grössern Liederstyl componirt: Schwertlied, Gebet und Lützows wilde Jagd."

[405] Gädicke, Lexicon von Berlin, S. 161: „Exercier-Plätze. Der größte von diesen Plätzen ist außerhalb der Stadt, gleich vor dem Bandenburger Thore. Er bildet ein längliches Viereck, und man braucht eine kleine halbe Stunde, ihn zu umgehen. Einige öffentliche Plätze in der Stadt werden ebenfalls zum Exerciren angewendet, besonders der Alexanderplatz, der Wilhelmsplatz, der Dönhofsche Platz und der Lustgarten."

[406] Wegweiser für Fremde, S. 70: „Die Verwaltungsbüreaus des Finanzministeriums sind hinter dem Zeughause No. 1." Ebd., S. 68: „Der Chef desselben ist der Staats- und Finanzminister Herr von Bülow."

[407] Ernst Ludwig von Gerlach, Tagebuch: „18. Juni 1816, 11 Uhr abends. Heute abend Voß, Bülow, Rappard und ich bei Savigny." Den ebenfalls anwesenden Groote erwähnt er nicht. In einer Reflexion der Gespräche an diesem Abend schrieb Gerlach: Die Hinwendung zum „altdeutschen

bücher Berechnung bey Beuth, die auf heute festgesetzt war, nicht länger verschieben mag, gehe ich zu letzterm, finde aber nicht ihn, sondern Briefe von Joseph vom 8. Juny, worin er mir seine Anstellung NebenBemerkung mit 200 Rth. Gehalt, anzeigt, und mich mit einem Brief an Schuckmann u. der Bezahlung der Expeditions Gebühren beauftragt. Auch wird mir die Absendung einer Elfenbeinplatte für die Prinzess Wilhelm mit dem Postweg, vom 7. Juny angezeigt.[408] Ich gehe nach Hause, lese noch etwas und gehe nach 11 U. müde zu Bette.

Den 19. Juny [1816].

Es ist zum Manöver schlechtes Wetter. Ich schreibe schon ganz frühe mein Tagewerk am Tristan, u. gehe dann zu Beuth aus. – Meiner Hausfrau bezahle ich die Frühstückrechnung der letzten Woche. |:2.18; –14:| – An Beuths Hause erhalte ich einen Brief von v.d. Hagen,[409] der mich einladet, mit ihm nach Italien zu reisen. Ach Gott, wer weiß, was gut wäre! |3v| Auch schickt er mir einen Brief an Schinkel, den ich abgebe, da ich Schinkel nicht selbst finde. Dann mache ich mit Beuth die Berechnung, die sich auf Rth. 210, GG. 13 beläuft; er wünscht, ich solle einen Curszettel von einem beliebigen Tage in der Wechselhandlung nehmen, u. dann wolle er mir das Geld in Gold bezahlen. – Er ist zwar sehr verpicht auf seine Reise nach Schweden, doch glaube ich, er würde sich noch entschließen, mit mir u. Schinkel nach Heidelberg statt dessen zu reisen. Gegen 12 gehe ich zu Weiß, der mir für die 9 verkauften Taschenbücher Thl. 18 bezahlt, die ich dem Rektor geben muß. Ich bitte ihn, die übrigen 6 zu 2.8 anzukündigen, u. mir zu 1 Rth., 16

Wesen" sei auch darin begründet, daß „unsere Zeit recht arm ist an recht ausgesprochenen lebendigen Tendenzen, mehr als die Zeit vor 20 oder 30 Jahren. Daher unsere flache Leichtigkeit im Schreiben und Dichten, durch die Schlegels und Tieck befördert, die den Wahn genährt, als könne man mit zwei Worten die Welt aussprechen (Groote: Fausts Versöhnung mit dem Leben)" (in: Schoeps, Aus den Jahren, S. 192).

[408] E. von Groote hatte Rektor Fochem um „etwas Altgothisches" gebeten, das er der Prinzessin Wilhelm schenken wollte. Vgl. E. von Groote an J. von Groote, Berlin, 3. Juni 1816; HAStK, Best. 1552, A 20/14). Fochem schickte ihm eine Elfenbeinplatte (vermutlich ein Elfenbeinrelief).

[409] Fr. H. von der Hagen lud Groote zu einem Besuch in Breslau und zu einer gemeinsamen Reise ein: „Also kommen Sie ja; aber bald, denn sonst reise ich Ihnen davon. Denn ich reise dieß Jahr noch, mit Raumer und noch einem Freunde, durch Deutschland, Schweiz und ein Stück Italien, überall altdeutsche Kunst zu schauen, Handschriften zu suchen und zu vergleichen, besonders von Nibelungen und Heldenbuch [...] und gleichgesinnte Freunde zu besuchen und zu finden. Wie wäre es, wenn Sie mitreisten? Noch ist ein 4ter Sitz in unserm Wagen offen. Die schnellen Entschlüsse sind meist die besten. Also nur vorwärts!" (Fr.H. von der Hagen an E. von Groote, Breslau, 12. Juni 1816 (in: Reifferscheid, E. von Groote, S. 25 f.). Im selben Brief äußerte sich von der Hagen zu Grootes „Taschenbuch": „Es gefällt hier allgemein, und spricht sehr an. Sie gehen etwas zu hart mit dem Büchlein um, und beurtheilen sich selber zu strenge. Wenn auch nicht alljährlich, doch von Zeit zu Zeit ist ein solches Taschenbuch, unter der Heerde der übrigen, sehr heilsam: bereiten Sie also im Stillen immer ein zweites vor; dieß ist der Wunsch aller Freunde; und die äußere Aufnahme begünstigt ihn hoffentlich auch" (ebd., S. 26).

zu berechnen. – Dann gehe ich in das Büreau des Ministers des Innern, wo ich dem Canzley Direktor Felgentreff die Gebühren für Joseph mit ½ Friedrichd'or in Gold, u. 10 Rth., 22 GG. = 14 Rth., 15 GG. bezahle. Ich gehe in vielem Regen gegen 1 U. nach Hause.

Dann gehe ich gegen 3 U. zu Tische. |:2.2:| Von dort zu Eichhorn in's Colleg. Ich kaufe noch einige gegossene Eisensachen, |:12.12:| u. gehe dann, Reimer in seiner Buchhandlung aufzusuchen. Da ich ihn nicht finde, gehe ich nach Hause, u. lese und schreibe noch einiges; dann gehe ich gegen 7 Uhr zu Herrn Reimer, mit dem ich abrede, ihm die Taschenbücher in die Buchhandlung zu schicken; dann gehe ich mit ihm zu Eichhorn, der gestern spät von Klinicke u. dem Staats-Kanzler gekommen. Bey ihm finde ich Herrn u. Frau v. Savigny. Eichhorn versichert mir, die Sache wegen der Reise nach Heidelberg sey noch expedirt worden, u. er werde sie gegen Morgen Abend oder übermorgen erhalten. Wir gehen bald weg, u. ich zu Beuth, diesen zu benachrichtigen. Ich finde diesen nicht, sondern einen Postschein wegen meiner angekommenen Elfenbeinplatte für die Prinzess Wilhelm. Beuth ist mit Schinkel bey Staatsrath Langerman. Ich gehe nach Hause, wo ich einen |4r| vollständigen Vergleich des letzten Theils des Tristan von Gottfrit von Straßburg in der Pergamenthandschrift und der Myllerschen Sammlung anstelle, u. finde, daß der erste sehr unvollständig ist. Dieß beschäftigt mich bis gegen Mitternacht. – Crem. Tart. |:–4:|

Den 20. Juny [1816].

Ich schreibe am Tristan weiter; bald kommt Beuth, wegen unserer Reise; er scheint mir sehr gestimmt, wenn sie erst fest beschlossen ist, seine Schwedische dafür aufzugeben. Er erzählt, wie ich u. er mit mir, gestern durch Versehen um die Liedertafel gekommen; – dann vom Kriege etc. Die Prinzess Louise schickt mir das Buch von Chateaubriant für Graf Solms. Ich schreibe eine Note für Reimer. Spät finde ich bey Tische Bülow, |:1.16:| mit dem ich unter den Linden, nachher ins Colleg gehe. Von da gehe ich auf die Post, wo ich die für mich angekommene Elfenbein Platte in Empfang nehme. |:2.8:| Es ist eine von denen des Rektors, die ich schon kenne. – Es begegnet mir Prinz Wilhelm u. nachher Röder. Ich gehe in's Theater, |:2.8:| wo Tasso,[410] im Ganzen sehr gut gespielt wird. – Dieß dauert bis gegen 9 ½ u. ich gehe nicht mehr zu Staegemann, sondern nach Hause, wo ich meine Elfenbeinplatte näher ansehe, u. reinige. – Der Geheime StaatsRath Sack läd mich auf Sonnabend zu Tische.

---

[410] Johann Wolfgang von Goethe, Torquato Tasso, Schauspiel, uraufgeführt 1807.

Den 21. Juny [1816].

Ich gebe schon früh die Platte an den Schreiner in meinem Hause, ein Kästchen statt des Rahmens darum zu machen, damit sie präsentabeler werde. Ich schreibe erst am Tristan, dann an v.d. Hagen. – Von meiner Abreise weiß ich nun immer noch nichts, habe aber Bülow vorläufig gesagt, daß ich mit ihm und Gerlach schwerlich reisen würde. Ich schreibe an Joseph[411] u. v.d. Hagen, u. mache dann die 75 Taschen Bücher fertig, sie mit einem Briefe an Reimer zu schicken. Erst nach 3 gehe ich zu Tische |:1.18:| und nachher zu Eichhorn in's Colleg. Nach diesem gehe |4v| ich zu Groeben. Den Grafen finde ich in Geldgeschäften zu seiner morgigen Abreise. Die Gräfinn und Graf Fritz gehen zum Abschied zur Prinzess, u. ich sehe sie nur einen Moment. Um 6 gehe ich in's Theater, wo die Gefangenen nach Plautus[412] ziemlich gut gegeben werden. Nach diesem finde ich die Familie Focke, mit ihnen Bülow u. Ludwig Gerlach auf der Straße. Ich geleite sie unter die Linden; u. sie gehn ab. – Der StaatsRath Sack begegnet mir, u. bittet mich, nicht in die Börsenhalle, sondern zu Kaempher in den Thiergarten[413] morgen um 2 zu Tisch zu kommen. Er geht zum Legations Rath Eichhorn. Obrist Phuel biethet mir an, ob ich etwas nach Cöln zu bestellen habe. Er reise in Dienstgeschäften, werde aber erst in 4 Wochen hinkommen. Ich hoffe, ihn dann selbst dort zu sehen. Ich gehe nach Hause, u. später zur Prinzess Louise, wo ich den Graf Ingenheim u. v. Voss finde, mit denen ich mich ziemlich unterhalte. Die Prinzess fragt, ob ich das Buch für Graf Solms erhalten, welches ich ihr wohl zu besorgen verspreche. Auch General Valentini ist dort. Der Prinz Radziwill ist selig, weil die Madame Catalani[414] nun hier ist, bey der er gleich war, um sie zu

---

[411] E. von Groote an J. von Groote, Berlin, 21. u. 22. Juni 1816 (HAStK, Best. 1552, A 20/18). Siehe Briefe und Schriften.

[412] Titus Maccius Plautus, Die Kriegsgefangenen (Captivi), Komödie, 2. Jh. v. Chr. Vgl. Dramat. Wochenbl., Nr. 4, 27. Juli 1816, S. 32: „Am 21. Zum Erstenmal: Die Gefangenen, Lustspiel in 5 Abtheilungen, mit Masken, nach dem Lateinischen des Plautus, vom Herrn von Einsiedel zu Weimar."

[413] Speiselokal Kaempfer im Tiergarten.

[414] Allg. musikal. Zeitung, Nr. 29, 17. Juli 1816, Sp. 499 f.: „Den 24sten gab die hochgefeyerte Sängerin, Madame Catalani, ihr erstes Concert im Saale des Schauspielhauses. Ein grosser Ruf war ihr vorangegangen: aber sie übertraf ihn noch, und der Enthusiasmus, den sie erzeugte, selbst bey denen, die sich vornahmen, ihn nicht zu theilen, liesse sich kaum beschreiben. [...] Die Vollendung, mit der sie alle Coloraturen vorträgt, die chromatische Tonleiter auf- und abwärts sicher durchläuft, [...] die leisesten und stärksten Triller ohne sichtbare Anstrengung hervorbringt, und auch den stärksten Chor, wie der Geist das Wasser, beherrscht, ohne in widriges Schreyen auszuarten – alles das entzückt". Sie trug u.a. God save the King vor, „das sie ebenfalls auf vieles Bitten wiederholte. In den letzten Vers stimmte die zahlreiche Versammlung ein; aber Madame Catalani überflog mächtig Chor und Orchester mit den gediegensten Tönen. [...] Für einen Platz im Saal werden 3 Thlr. und für einen in den Logen 4 bezahlt". C. M. von Weber an C. Brandt, Berlin, 21. Juni 1816: „Gestern früh fieng ich meine abermaligen neuen ConcertAnstalten an, als gegen Mittag die Nachricht kam, daß die Weltberühmte Sängerin, die Catalani ankome, dem Rathe meiner Freunde gemäß also änderte ich schnell meine Disposition, und mein Concert ist nun

bewegen, Montag Conzert zu geben, da er Dienstag schon weg will.[415] Ich komme gegen Mitternacht nach Hause.

Den 22. Juny [1816].

Ich schreibe am Tristan weiter, u. vollende meine Briefe an Joseph u. v.d. Hagen. Ich habe eine meiner Wagen Laternen wieder zurecht machen lassen |:–18:| u. bezahle der ArbeitsFrau für die Taschen Bücher wegzubringen Trinkgeld. |:–12:| Später kommt Graf Fritz Groeben noch zu mir, der heute mit seiner Schwester u. Schwager[416] abreist. – Dann mache ich mich zurecht und gehe auf die Post, wohin ich meine beiden Briefe bringe. Dann gehe ich in den Thiergarten, wo ich |5r| bey Kämpfer den StaatsRath Sack, einen StaatsRath Quast, einen Herrn v. Bredow, einen General Schlieffen, u. den Herrn RegierungsRath Jacobi u.a. finde; wir essen ganz angenehm zu Mittag. Bey einer andern Gesellschaft ist eben dort StaatsRath Staegeman, StaatsRath Ribbentrop, Regierungs Direktor Belitz u.a., mit denen ich nachher rede. Auch Süvern ist bey uns. Gegen 7 Uhr gehn wir zur Stadt zurück. Ich gehe zur Frau v. Berg, die aber nicht zu sprechen, sondern auf dem Punkt ist, zur Prinzess Louise zu fahren, wo die Catalani singt.[417] Ich gehe nach Hause, u. gegen 9 in [die] Maykaefriana, |:2.8:| wo Voss, 2 Gerlach, Alvensleben, Bülow, Raumer, Rappart, Otto u.a. Otto sagt mir, daß ein Postcommissar Schultz nach Köln komme; dann, daß Goerres an den König u. in duplo an den StaatsKanzler geschrieben habe.[418] – Wir gehn gegen Mitternacht nach Hause. – ¼ ℔ Tabac. –|:1–4:|

Sonntag d. 23ᵗ angesezt. auf jeden Fall thut mir dieses großen Schaden, da jeder sein Geld sparen wird die Catalani zu hören, und wo das Billet gewiß 1 Louisdor kosten wird. Nun, wie Gott will." Im Kölner Verkündiger, Nr. 263, erschien am 4. Aug. 1816 ein Bericht über Catalanis Auftritte in Berlin.

[415] C. M. von Weber an C. Brandt, 22. Juni 1816: „Jezt fahre ich in die Stadt, und mache meine EinladungsVisiten bey S: Majestät dem Könige und den Prinzen vom Hause. dann Mittags bey Prof: Lichtenstein, und Abends bey Fürst Radzivil wo ich vielleicht die Catalani hören werde. sie kömt auch nach Prag. Kozebue wird heute erwartet. und la Motte Fouqué ist hier."

[416] Gräfin Friederike und Graf Wilhelm Ludwig von der Groeben.

[417] Vgl. C. M. von Weber, Tagebuch, 22. Juni 1816: „zu S: Maj: dem König, Kronprinz, alles stürmte auf mich ein mein Concert zu verschieben. viel Verdruß. Mittag bey Lichtenstein mit Körner. gesungen. so angegriffen daß ich schlafen muste. Abends bey Radziwil, Catalani gehört. bis 2 Uhr. sehr müde." Vgl. C. M. von Weber an C. Brandt, Berlin, 25. Juni 1816: „Tags zuvor [22. Juni] hatte ich die Catalani beym Fürst Radziwil bewundert, und wurde zugleich der Königin der Niederlande vorgestellt, die mich mit Höflichkeiten über meine Kantate überschüttete. Gestern erhielt ich einen Brief von dem gesamten Chor Personal der mich sehr freute und rührte, aus Dankbarkeit und Achtung für meine Komposition thun sie sämtlich auf Ihr Honorar in meinem Concert Verzicht, und fühlen sich aufs schönste durch meine Zufriedenheit belohnt."

[418] In Reaktion auf die Entlassung als Direktor des öffentlichen Unterrichts im Apr. 1816 hatte sich J. Görres am 12. Juni 1816 an den König gewandt. In seinem ausführlichen Schreiben unterzog er die preuß. Politik am Rhein und ihre Folgen einer scharfen Kritik (in: Görres, In Sachen der Rheinprovinzen, S. 48–57). Am selben Tag schickte Görres eine Kopie des Briefs mit Begleitschreiben an von Hardenberg (in: Ebd., S. 57–60). Görres erhielt keine Antworten. Vgl. Fink-Lang, Görres, S. 166 f.

Den 23. [Juny 1816]. Sonntag.
Ich schreibe fort am Tristan u. gehe gegen 11 zur Kirche. Von dort mit Frau v. Savigny u. ihren Kindern in die Justinianische Sammlung. |:3.12:| Wir sehen daselbst den Prinz August, die Maler Bury, Weitsch, Franc, den Kunsthändler Jakoby u.a. u. bleiben bis gegen 2 U. da. Ich gehe mit [Frau] v. Savigny zu Hause, Herr v. Savigny kommt später. Ueber die Geschichte mit Görres wundern sie sich sehr, um so mehr, da Eichhorn, der gestern bey ihnen war, nichts davon erwähnt. Letzterer hat aber gesagt, meine Reise mit Schinckel sey beschlossen, u. er habe diesen zu sich kommen lassen, und schon vorläufig mit ihm gesprochen. Das ist mir lieb zu hören. Ich esse mit Savignys, schreibe der kleinen Fanny die Mähre des bezauberten Ritters aus dem Taschen Buch[419] in's Stammbuch,[420] u. auch Bettine läßt mir heimlich ein Blättchen ihres Stammbuchs zustellen. Dieser schreibe ich zu Hause nachher darauf: Mayenglöckchen, Rosenblättchen, – blaue Veilchen – blühn ein Weilchen, – u. vergehn. – Eisen feste Glückesketten – können gute Mädchen, – nur vom lieben Gott erflehn. – Ich denke, ihr das Blatt mit einem eisern Kettchen |5v| zurückzugeben. – Später sehe ich bey Savigny die Professorin Fichte u. deren Sohn. –

Später gehe ich zu Eichhorn. Ich finde ihn bey Reimer, wo auch Hüser u. Simon sind. Er sagt mir, daß unsre Reise entschieden, u. Schinkel seine Instruktionen ehestens erhalten werde; zwar nicht vom StaatsKanzler oder Könige offiziell, weil man sonst am Rhein glauben könne, er sey geschickt, alles dort in Augenschein zu nehmen, u. es könne dann gleich manches angeregt werden, was besser einstweilen noch unberührt bliebe. Dagegen läßt sich nichts sagen. – Eichhorn fragt mich, wegen v. Sandt, Kallenberg, u. Heyman Sohn. Letzterer scheint auf einen Titel oder dergl. bey der Regierung angetragen zu haben.[421] Ich mache ihn auf Classen[422] aufmerksam. – Später kommt der Fürst Wittgenstein zu Eichhorn, dem dieser mich vorstellt u. ich gehe weg. Savigny hat mich wiederholt gebethen, mich auf die alte Kirchengeschichte, vornehmlich in wie weit sie unser Land angeht, zu verlegen. Es sey dieß gar zu wichtig. Herrn Daniels für unsere Länder zu gewinnen, ist nun das allgemeine Streben von Eichhorn, Sack, Savigny etc. Ich gehe später noch Beuth u. Schinckel aufzusuchen, u., da ich beyde nicht finde, nach Hause. –

---

[419] E. von Groote, Romanze von einem bezauberten Ritter; in: Groote/Carové, Taschenbuch für Freunde, S. 179 f.
[420] Stammbuch: Erinnerungsbuch, Album, in das sich Freunde mit Sprüchen, Gedichten und Zeichnungen eintragen konnten.
[421] Köln. Zeitung, Nr. 144, 8. Sept. 1816: „Köln, 7. Sept. Seine Majestät der König haben den Präsidenten der Handelskammer zu Köln, Herrn Johann Philipp Heimann, zum Kommerzien-Rath zu ernennen, und das desfallsige Patent Allerhöchstselbst zu vollziehen geruht." J. Ph. Heimann war Sohn des Kölner Kaufmanns Johann Friedrich Carl Heimann.
[422] Vermutlich: Reiner Joseph Classen, Kölner Schriftsteller und Historiker.

Den 24. Juny [1816].

Heute soll Niebuhrs, vielleicht auch unseres lieben Gröbens Vermählung seyn. Möge Gott beyde und ihre Frauen mit all seinem Segen segnen! – Schenkendorf soll noch in Cöln seyn u. ein schönes Gedicht auf den Tod der Kaiserinn von Oestreich gemacht haben.[423] Ich schreibe an meinem Tristan fort, der nun schon ziemlich zum Ende neigt. Durch meinen Aufpasser soll ich einen Tischler erhalten, der mir das Kästchen um das Elfenbeingebilde ordentlich macht. Ich lese die Souvenirs d'Italie, d'angleterre & d'amerique par Chateaubriant,[424] in welchen unerhörte Dinge über Schakespear u. Youne,[425] u. die dummsten Schmeicheleyen über die französische Literatur |6r| vorkommen.

Gegen 2 ½ gehe ich zu Tische, |:2.2:| wo ich ganz allein bin, dann zu Focke, dem ich sein Buch von Görres wieder bringe. Nach dem Colleg bey Eichhorn gehe ich mit Ludwig Gerlach, Voss etc. unter den Linden, dann zu Beuth, wo ich nur einen Brief, ihn aber nicht finde. Ich gehe zu Schinkel, der auch nicht zu Hause ist. Dann gehe ich nach Hause, lese die Briefe, von Joseph, Haxthausen u.a. u. gehe später zu Beuth, den ich finde. Schon früher war ich bey seiner, noch immer sehr kranken Schwester gewesen, die mir sagte, Schinkel werde seine Frau[426] mit auf die Reise nehmen, ihr Bruder aber nicht mit reisen. Dieß ist mir schon unangenehm; bey Beuth höre ich nun dasselbe. Er will mit der Frau nicht reisen, um nicht zu geniren, u. selbst nicht genirt zu seyn. Er sagt, er habe bis jetzt mit Schinkel nicht geredet, aber von der Frau gehört, daß er seine Instruktionen erhalten habe. Von mir weiß er nichts; u. thut fast, als glaube er, es wäre nur bloß so mein Plan, diese Reise mit zu machen. Dieß befremdet mich nicht wenig; höre ich bey Schinkel morgen dasselbe, so werde ich bey Eichhorn mich ordentlich vernehmen lassen, denn ich habe mich ja zu dieser Reise nicht gedrängt, sondern wurde dazu aufgefordert. – Beuth sagt mir auch zu, auf 2 Tage mit mir nach Potsdam zu gehn. – Ich esse bey ihm zu nacht, u. gehe gegen 11 U. nach Hause. In dem Briefe von Haxthausen werde ich gebethen, mich bald nach Cöln zu verfügen. –

Den 25. Juny [1816].

Ich habe mit Beuth abgesprochen, um 11 U. zu Schinkel zu gehen. Ich schreibe also am Tristan mein Tagwerk, u. gehe erst in den Thiergarten, das Kästchen für das Elfenbeinbild bey dem Tischler zu bestellen, den mein Aufpasser nicht gefunden zu haben vorgiebt. Ich bezahle meiner Alten die Frühstückrechnung für

---

[423] Max von Schenkendorf, Auf den Tod der Kaiserin Maria Ludovica Beatrix. Vier Gesänge, Frankfurt a. M. 1816. Die österreichische Kaiserin war am 7. Apr. 1816 gestorben.
[424] Chateaubriand, Souvenirs, 1815.
[425] Edward Young, englischer Dichter.
[426] Susanne Eleonore Henriette Schinkel, geb. Berger.

die letzte Woche, |:2.18:| und für meine Wäsche, |:4.13:| die Sie dießmal besorgt hat. |6v| Im Thiergarten laufe ich lange hin u. her, ohne in der angegebenen No. 28 einen Tischler finden zu können. Endlich finde ich einen in einer andern No., der aber nur mit Mühe mein Kästchen zu machen übernimmt. Er verlangt Rth. 1, GG. 6 u. will es bis Sonnabend fertig haben. Nun gehe ich eilig zu Beuth. Er läßt nach Schinkel fragen, der aber nicht zu Haus ist. Später gehen wir baden, in das Badeschiff bey der Königsbrücke;[427] |:2.5:| dann gehe ich mit ihm nach Hause zu Tische.

Schinkel kommt nachher zu uns; auch er scheint von meinem offiziellen Auftrag, ihn zu begleiten, nichts zu wissen, sondern spricht davon, daß er seine Frau und ein Kind[428] mitnehmen werde, daß sein Wagen noch in Umstand,[429] der Sitz rückwärts sehr unbequem sey; daß er sich freuen werde, mit mir in Heidelberg zusammen zu seyn, u. dergl., so daß ich eigentlich nichts mehr weiß als vorher, u. aus der Aufforderung des StaatsKanzlers zur Reise von Schinkel auch sehe, daß von mir gar nicht die Rede ist. Ich werde in mir grimmig darüber, weil ich aus diesem halben wesen wieder sehe, daß man die ganze Sache nur so angedeutet, u. ihrem guten Geschicke überlassen hat; hätte in der Aufforderung, die doch wahrscheinlich von Eichhorn entworfen ist, gestanden, Schinkel solle mit mir nach Heidelberg reisen, so wäre die Sache in Ordnung gewesen, u. ob er Frau und Kinder mitnehmen könne, würde sich nachher gezeigt haben. Jetzt ist jenes eine xxxxxxxxxx, meine Mitreise nur Neben. Schinkel glaubt, in 12 Tagen reisen zu können. In dieser dummen Ungewißheit kann ich nun wegen meinem Wagen und sonstigen Einrichtungen noch nichts thun. Ich nehme mir vor, mit Eichhorn von dieser Sache ernstlich zu reden oder an ihn zu schreiben. Beuth hat neuen Zweifel an seiner Reise nach Schweden,[430] doch spricht er immer von andern Sachen in die Queere, wenn ich mit Schinkel von unserer Reise rede. Es scheint mir fast, als |7r| ärgere er sich nun, daß er nicht mit Schinkel stille reisen kann, ohne von jemand gestört zu seyn.

Ich gehe unmuthig fort, u. komme gegen 5 U. ans Universitäts Gebäude. In ihrer Indolenz u. Selbstigkeit haben Fockes trotz unserer Abrede für gut gefunden, mir kein Theaterbillet zu nehmen, da sie den Fidelio nicht sehen wollten. Kaltes, mattes Volk! – Ich gehe hin, u. finde glücklich noch Platz genug in den gesperrten Sitzen. |:–2.8–:| Die Frau Milder-Hauptmann singt vortrefflich.[431] Ich

---

[427] Wegweiser für Fremde, S. 206: „Das große Badeschiff auf der Spree an der langen Brücke ist 1802 […] erbaut, und hat im Innern eine sehr bequeme und geschmackvolle Einrichtung. Die Preise sind folgende a) Warme Bäder, erste Klasse 1 Thlr. Courant. Man hat dabei eine Badewanne von Porzelän. Zweite Klasse 12 Gr. mit einer kupfernen Wanne. Dritte Klasse 9 Gr. hölzerne Wanne. Vierte Klasse 6 Gr. hölzerne Wanne. b) Ein kaltes Bad im Flusse kostet für eine Person 4 Gr., in Gesellschaft mehrerer für jeden 2 Gr." Vgl. auch: Beschreibung des Badehauses an der Langen Brücke, Berlin 1804.
[428] Marie Susanne Eleonore Schinkel, geboren 1810.
[429] Umstand, hier wohl: Unterstand.
[430] Beuth bat 1816 um Urlaub, um eine Reise nach Schweden unternehmen zu können.
[431] Vgl. C. M. von Weber, Tagebuch, 25. Juni 1816: „Mittag bey S. K: Hoheit dem Kronprinzen. viel

bin leider in der ersten Reihe etwas zu nächst beym Theater. Vom Hofe ist keiner
da; nur Radziwill macht der Catalani zuweilen seine Aufwartung. – Gegen 9 ist
die Oper zu Ende, u. ich gehe noch zu Eichhorn, den ich aber nicht finde, sondern, da er immer kommen soll, bis nach 10 Uhr erwarte. Ich bleibe in Zwischen
bey dessen Frau u. Reimers, wo ich Thee trinke.

Endlich kommt Eichhorn u. ich fange damit an, ihm zu sagen, es werde wohl
aus meiner Reise nach Heidelberg nichts werden. Das befremdet ihn, u. ich sage
ihm wegen Schinkel, der seine Frau mitnehmen werde, daß dieser von meiner
Reisegesellschaft gar nicht eigentlich benachrichtigt sey, u.s.f. u. gebe ihm deutlich zu verstehen, daß an diesem ganzen Mißverständniß die unbestimmte Zuschrift des StaatsKanzlers Schuld sey. Ich sage ihm genau, wie ich Schinkel
gefunden. Die Frau Eichhorn versteht das alles noch besser als Er, u. sieht bald,
daß es eine eben so ungereimte Zumuthung sey, daß ich mich zu Jenen drängen
soll, als daß Schinkel mir anbiethen soll, in einem engen Wagen mit ihm u. Frau
u. Kindern zu reisen. Ich sage Eichhorn deutlich meine Meinung, daß ich a) eine
wenigstens einigermaßen offizielle Aufforderung zu jener Reise haben wolle, um
mich hier u. in Köln darüber legitimiren zu können; b) daß es von ihm oder sonst
einem eingerichtet werden müsse, wie ich mit Schinkel reisen solle, indem ich
mich bey dieser Lage der Sache nicht damit befassten könne, u. man doch auch
nicht |7v| verlangen werde, daß ich in meinem Wagen allein hinter Schinkel her-
fahre. Ich gebe ihm zu verstehn, daß ich zu dieser Reise, die mir doch aufgetragen, nicht von mir nachgesucht sey, nicht Lust habe, neue eigene große Kosten,
noch an Geld noch an Zeit zu machen, sondern, wenn dieß nicht eingerichtet
werde, mir für die verlorne, möglichst eine andere Reisegesellschaft an den Rhein
zu suchen. Eichhorn verspricht mir alles, u. bittet mich, nur noch einige Tage
Geduld zu haben. Zu Hause finde ich Bülows AbschiedsCharte.

---

gespielt und gesungen. auf die Akademie. Catalani. dann Fidelio nicht sonderlich.." C. M. von
Weber an C. Brandt, Berlin, 29. Juni 1816: Er war „neulich in Fidelio und gestern in der Vestalin,
wo Madame Seidler die Julia und Milder die Oberpriesterin sang. Erstere war zu schwach für das
ungeheure Opernhaus, leztere aber trefflich. Der Pomp und die Sorgfalt mit der diese Sachen auf
der Scene gegeben werden wo gegen 300 Menschen in Thätigkeit sind, ist wirklich groß, und wird
dir seiner Zeit sehr imponiren." A. Milder-Hauptmann war in Berlin erstmals im Okt. 1815 im
Fidelio aufgetreten (vgl. Berlin. Nachr., Nr. 123, 14. Okt. 1815: „Sonnabend den 14. Okt. Zum
Erstenmale wiederholt: Fidelio"). Unter den Zuhörern der zweiten Aufführung war Clemens Brentano, der ihr daraufhin ein Gedicht widmete: „An Frau Milder-Hauptmann bey Gelegenheit der
zweyten Aufführung des Fidelio in Berlin". G. Parthey erinnerte sich: A. Milder-Hauptmann besaß
„eine volle kaiserliche Figur vom schönsten Ebenmaaße, und eine natürliche Großartigkeit der
Bewegungen, wie man sie nur bei den antiken Statuen findet. Weil aber nichts auf Erden vollkommen sein kann, so fehlte dieser schönen Stimme die Biegsamkeit; das Organ war wie ein Orgel-
oder Glockenton zu mächtig, als daß es in leichten Koloraturen oder in waghalsigen Kadenzen sich
versuchen konnte" (Parthey, Jugenderinnerungen, Bd. 2, S. 84).

Den 26. Juny [1816].

Ich ging gestern trübe und mit sündlichem Treiben zu Bette. ~~ – Heute schrieb ich frühe am Tristan, in dem Vorsatz, bald zu Bülow zu gehen. Er kommt gegen 9 ½ selbst noch zu mir, ist aber eilig, da Gerlachs schon um 9 fort wollten. Ich ziehe mich an; da ich aber zu Gerlachs Hause komme, sind sie schon alle weg. Von diesen Herrn hat mir keiner die Ehre eines Abschiedsbesuchs gethan. – Thut nichts, – sie sind mir zu scharf, zu redesüchtig, zu aburtheilend. – Sehe jeder wie er's treibe.

Ich kehre nach 10 nach Hause zurück, u. lese die Souvenirs von Chateaubriant zu Ende. Es ist mir, nicht ohne meine Schuld, trübe zu Muthe; ich strecke mich halb träumend auf das Bette, u. statt es zu bessern, mache ich leichtsinnig aus übel ärger. ~~ –

Ich schreibe noch einiges an meinem Briefe an Joseph u. gehe gegen 3 Uhr zu Tische. |:1.13:| Nach dem Colleg bey Eichhorn gehe ich zu Prof. Wolfart,[432] wo ich die hübsche, von einer Art von Epilepsie kranke Schwiegertochter Blüchers, u. eine magnetisch schlafende, über ihren Zustand redende Frau sehe. Wolfart führt mich zu ihr, während er mit ihr spricht. Ich gehe von da nach Hause, es tritt ein heftiger Regen ein, u. ich gehe nicht wieder aus. Ich habe mir Papier gekauft, |:–12:| u. lese und schreibe bis gegen 11 ½ Uhr. – |8r|

Den 27. Juny [1816].

Heute vollende ich den Tristan von Gotfrit von Strassburg u. fange die Fortsetzung des von Turheym an. Staegemans lassen mir sagen, daß ich heute nicht, sondern morgen zu ihnen kommen soll; ich will versuchen, ob ich heute etwas Sicheres wegen der Reise erfahren kann. Ich gehe gegen 1 Uhr zu Schinkel. Dieser ist um 3 ½ zu Eichhorn beschieden, mit ihm zu Altenstein zu gehen. Ich gehe zeitig zu Tische, |:1.10:| u. nachher unter die Linden, u. nach Hause. Nach dem Colleg bey Eichhorn gehe ich zu v. Savigny, wo mich starkes Nasenbluten befällt. Ich sollte mit ihnen zu Lützow gehen; allein, ich suche Schmedding vergebens auf, gehe nach Hause u. lese u. schreibe bis gegen 11 ½. Schinkel sprach wegen den xxxxxx merkwürdig.

Den 28. Juny [1816].

Ich schreibe am Tristan u. gehe, Beuth wegen der Reise nach Pottsdam zu sprechen. Ich finde ihn nicht. Ich gehe zu Otto ins Schloß, wo ich aber den nach Cöln bestimmten Post-Commissar Schultz nicht finde, da er verreist ist. Den Staats-Rath Willkens treffe ich weder auf dem Büreau noch in seinem Hause.[433] Am

---

[432] K. Chr. Wolfart wohnte Behrenstr. 43 (AB 1818/19).
[433] Gemeint ist entweder Staatsrat Heinrich Albert Wilckens; AB 1818/19: Kochstr. Nr. 22 oder Geheimer Oberfinanzrat Gustav Ferdinand Wilckens; AB 1818/19: Krausenstr. Nr. 30.

Artillerie Gebäude werden 3 große Kanonen aufgerichtet. Dümmler hat das Heft der Heidelberger Jahrbücher nicht mehr, in dem die Rezension unseres Taschenbuchs steht.[434] Auch den Juden Wolff finde ich nicht, bey dem ich das Bild sehen wollte.[435] Ich gehe zu Jahn, der viel redet. – Ich gehe bald zu Tische in die Restauration bey Holzapfel, |: 1–12:| dann eine kleinen Weile unter die Linden, u. zu Beuth, wo ich Mons finde. Beuth hat nun seine Reise nach Schweden fast entschieden; da er schon Mittwoch reisen will, will er nicht mehr nach Pottsdam, sondern mir nur Adressen dahin geben. Von Schinkel weiß er nichts näheres.

Ich gehe bald zu Eichhorn ins Colleg, u. will dann zu Legations Rath Eichhorn. Savigni, der mir begegnet u. vom Essen bei Prinzeß Friedrich kommt, sagt mir, Eichhorn sey |8v| nicht zu Hause. Ich gehe also nach Hause, lese bis gegen 7 ½ u. gehe dann, Eichhorn erst in seinem Hause auf der Markgrafen Straße u., da er da nicht ist, auf der Wilhelmstraße aufzusuchen.[436] Ich finde ihn, nachdem ich Reimern guten Abend gebethen; und er sagt mir eigentlich wenig neues. Er versichert mir, Schinkeln wäre es sehr lieb, daß ich mit reise; von einem schriftlichen Auftrag an mich ist weiter nicht die Rede. Eichhorn fragt mich wegen den Reisekosten; – u. ich sage ihm, daß ich für mich nur verlange, den weiten Umweg nicht auf eigene Rechnung machen zu dürfen, auch schon deswegen, weil die Berechnung für meine Rata sehr schwierig seyn würde. Er versichert mir nun, er werde dieß einrichten, an Schinkel schreiben und ihm auftragen, dieses plus mit zu liquidiren, ich aber solle mit Schinkel dann nähere Rücksprache nehmen.[437] – Wir kommen dann noch auf Haxthausens Brief zu reden. Eichhorn schimpft, daß Haxthausen nun über die Männer (xxxxx Fuchs etc.!) klage, die doch gerade er in vorschlag gebracht. Darin hat er Recht. Ueberhaupt zeiht er Haxthausen, daß er lieber intriguire als offen handle, u. dieß führe nie zu gutem Zwecke. Wir

---

[434] Heidelbergische Jahrbücher der Litteratur, Nr. 17, 1816, S. 271 f. Die anonyme Rezension besteht vor allem aus einer Aufzählung der im Taschenbuch enthaltenen Texte, die kurz bewertet werden. Sie endet: „Möge eine ausgebreitete freundliche Aufnahme die Herren Herausgeber ermuntern, dies Taschenbuch eine Reihe von Jahren hindurch fortzusetzen. Die alte Stadt Kölln mag noch manchen herrlichen Schatz in ihren Mauern verbergen, der, an das Licht hervorgezogen, gar manches Herz erquicken könnte, und dies Verdienst sich zu erwerben, scheinen gerade sie die Erwählten seyn" (ebd., S. 272).

[435] Wolff konnte nicht identifiziert werden.

[436] Offenbar suchte Groote Legationsrat Eichhorn im Justizministerium, dessen Bureau sich in der Wilhelmstr. 74 befand (Wegweiser für Fremde, S. 68).

[437] In diesen Tagen schrieb Eichhorn an Schinkel: „Groote ist bey mir gewesen, u. wünscht die Angelegenheit der Reise bald in Richtigkeit zu sehen." Er fügte hinzu: „Es hängt von Ihnen ab, ob Sie es besser finden, daß er mit einem Wagen hinter Ihnen hereist, oder daß Sie mit ihm zusammenreisen." Zur Finanzierung: „Was die Theilnahme des Groote an der Reise nach Heidelberg mehr an Kosten verursacht", könne Schinkel „ganz dreist liquidiren." Groote mache aber „wenig Ansprüche". Er schloss: „Heute Abend wird Sie Groote besuchen", Schinkel solle dann die Angelegenheit mit ihm abmachen (J. A. Fr. Eichhorn an K. Fr. Schinkel, o. D. [1816]; Staatsbibliothek Berlin; Eichhorn, Johann Albrecht Friedrich).

kommen über diesen Dingen ganz von unserer ersten Sache ab; ich gehe bald zu Staegeman, u. ich nehme mir vor, noch an Eichhorn kurz zu schreiben. Bey Staegemann ist nichts besonderes. Im Theater soll am 4. July eine Rede, Siegsgesang u. das Mozartsche Requiem seyn.[438] Ich gehe mit Rühl u. General Wollzogen nach Hause, wo ich noch den Brief an Eichhorn entwerfe. |9r|

Den 29. Juni [1816].

Ich schreibe den Brief an Eichhorn zurecht, u. schicke ihn durch meinen Aufwarter bald hin. Dann schreibe ich am Tristan weiter, u. vollende meinen Brief an Joseph. Später kommt Beuth zu mir. Die Hoffnung zur Reise nach Schweden scheint ganz aufgegeben, weil man keine Pässe dahin, als aus Copenhagen haben kann. Er will nun mit uns, oder mit Hecht nach Rügen. Ich fahre mit ihm nach Hause, wo Rauch mit uns essen soll. Diest kommt auch hin. Wir reden viel über die Reisen. Rauchs Abneigung gegen alles Besuchen von Natur Merkwürdigkeiten. Auch er ist moraliter kein ganz reiner Mensch, viele liberi naturales[439] in Berlin sollen davon zeugen. –

Nachdem nun Beuth nicht recht mit sich einig werden kann, gehe ich nochmal zu Schinkel, den ich aber nicht finde. Die Frau sagt mir, er erwarte mich um 7 Uhr. Ich gehe wieder zu Beuth, u. Hecht kommt endlich selbst. Auch er hat wenig Hoffnung mehr zur Schwedenreise; sie überlegen, was sie nun machen wollen. Ein Wagenvermiether aus der Nachbarschaft, scheint mir zu meinem Wagen Lust zu haben. Ich gehe nun auf die Post, u. von da bald in den Thiergarten, wo ich beym Tischler mein Kästchen sehr gut gearbeitet finde; ich zahle etwas über den besprochenen Preiß von 1 Rth., 6 GG., |:4.16:| und bringe es nach Hause. Nun eile ich zu Schinkel, wo wir ordentlich über die Reise reden. Die Kosten, welche mein Mitreisen verursacht, glaubt er am besten in einer von mir ausgefertigten Liquidation beylegen zu können. Beuth kommt, während wir über unsere Geschäfte bey Boisserée reden. Er will nun mit Hecht die ganze Reise u. zwar bis nach Brabant u. Holland mitmachen. Wir essen zu Nacht zusammen, u. reden noch manchley über das Vergnügen, welches uns diese Reise verschaffen wird. Gegen 11 gehn wir nach Hause.

---

[438] Das Dramat. Wochenbl., Nr. 9, 31. Aug. 1816, S. 71 nennt als Programm, das am 4. Juli 1816 „zur Gedächtnißfeier der in den Jahren 1813, 1814 und 1815 gefallenen Krieger" aufgeführt wurde: einen „Trauer-Chor", eine Rede in Gedichtform, Lieder nach Gedichten von Th. Körner, das Requiem von W. A. Mozart sowie ein „Großes Te Deum". Der Erlös ging an die „Wittwen und Waisen der gefallenen Krieger." Vgl. Amtsblatt d. Königlichen Regierung zu Köln, Nr. 8, 18. Juni 1816, S. 60: „Durch Allerhöchsten Befehl ist auf den 4ten Julius currens eine allgemeine Todtenfeier in den gesammten königlich preußischen Landen zum Andenken derer, die kämpfend für König und Vaterland in dem Kriege gegen Frankreich gefallen sind, angeordnet worden."

[439] liberi naturales: natürliche, d.h. uneheliche Kinder. Chr. D. Rauch hatte zwei Töchter mit einer Frau, mit der er nicht verheiratet war.

Den 30. Juny [1816]. Sonntag.

Ich gebe meine Wäsche zu Waschen, u. da nun die |9v| Reise sicher zu seyn scheint, denke ich ernsthaft an meine Einrichtung. Meine Sache hoffe ich, einem Fuhrmann geben zu können. Ich werde heute sehen, ob der Wagenhändler bey Beuth Bescheid gesagt hat, wo nicht, den Wagen in der Zeitung ankündigen. [gestrichen: Ich will zu StaatsRth. Willkens wegen Bürgers Sache] Bald kommt der Post-Commissar Schulz zu mir, bloß weil ihm Otto gesagt, daß ich ihn gerne sprechen wolle. Er ist ein ganz freundlicher Mann, mit dem mein Alter gewiß gut fertig wird. Wir reden manches über die jetzige Veränderung im Postwesen am Rhein. Auch er ist sehr gegen das Inchartirungs-Wesen.[440] Nach Segebarts Tod, wenn Wittgenstein wahrscheinlich Generalpostmeister werden wird, glaubt er, es werde wohl aufhören. Er glaubt, wenn er erst in Cölln wäre, könne der Vater sich gute Tage machen. –

Nun gehe ich bald zur Kirche, dann zu Beuth. Er erwartet noch Hecht; ich gehe, da mir eben einfällt, Schultz könne meinen Wagen vielleicht brauchen, um nach Cöln zu fahren, zu Otto in die Post, dann zu Schulz; allein, dieser hat schon seinen Wagen. Ich lasse mir nun bald beym Wechsler Warburg[441] sagen, wieviel ich von Beuth für Rth. 207, 18 GG. in Gold zu empfangen habe. Dann gehe ich zum Intelligenz Comtoir, allein, man will meine Wagenanzeige nicht ohne Stempel des Polizeyamts annehmen. Sonderbar, da man doch die des verlorenen Beutels annahm. Ich gehe nun bald zu Tische, u. von da nach Hause. Gegen 4 will ich zu Beuth, finde ihn aber nicht. Ich besuche den Prof. Eichhorn zum Abschied. Seine Ansichten über den Protestantismus. Es bedürfte nur eines Innozens III. oder Nicolaus I. um dieß wankende Gebäude, zu sich wieder hinüber zu reißen. Er will etwas in den |10r| freundlichen Verhältnißen des Pabstes zum Könige ahnden. – Ich gehe nachher zu Pistor, der mir die 3 Bände der Myllerschen Sammlung in albis,[442] aber schlecht erhalten zeigt. Er will 12 Rth. dafür haben, trägt mir aber auf, mich näher zu erkundigen, ob sie vielleicht wohlfeiler gegeben werden. Ich finde keinen Buchhändler Laden offen; auch bey Reimers niemand. Ich gehe zu Savigny, wo Niebuhr mit seiner hübschen Frau.[443] Ich drücke mich

---

[440] Inchartierung: Die Eintragung eines Briefes, der befördert werden soll, in ein Register, um so zu garantieren, dass der Brief tatsächlich befördert wurde. Die Inchartierung war also eine Art Einschreiben. Groote veröffentlichte Anfang 1818 einen Aufsatz, in dem er sich gegen die Praxis der Inchartierung in der rheinisch-preuß. Post aussprach (E. von Groote, Über das preußische Postwesen, 1818).

[441] Gädicke, Lexicon von Berlin, S. 35 f.: Zu den Berliner Bankiers und Wechslern: „Von der Jüdischen Nation": „Moses Warburg, Packhofsstraße No. 4, zugleich Wechsler."

[442] in albis: Buch, dessen Bogen nicht geheftet und gebunden sind; die Deckel sind mit Leder überzogen. Pistor war vor allem für seine Sammlung von Musikhandschriften bekannt.

[443] B. G. Niebuhr an D. Hensler, Berlin, 29. Juni 1816: „Mit unsrer Abreise bleibt es bei der zuletzt mit Brandis verabredeten Zeit fest stehen. Aber das kann ich noch nicht absehen ob wir zuerst weiter als bis an die Saale oder an den Harz gehen können: denn die Instruction findet sich bei Heiddelberg nicht, und Raumer bleibt dabei ich dürfe nicht über die Gränze gehen ehe sie in meinen

nachher von dort leise weg, weil ich zum Nachtessen nicht bleiben mag, trinke im Thiergarten ein Glaß Kaltschale, |:–18:| u. gehe nach Hause, wo ich lese u. zu Bett [gehe]. – Einem armen Jungen, der eine Bierflasche zerbrochen, habe ich 12, in den Klingelbeutel 6 Stb. gegeben. |:–18:| [gestrichen: Der Schneider, den ich gestern bestellt, kommt gegen 8 Uhr. Er bringt mir Mus]

Den 1. July [1816].[444]

Der Schneider, den ich gestern bestellt, bringt mir gegen 8 U. Muster von Sommerstoffen. Allein, er rechnet 22 GG. pro Elle, u. zu einem Ueberrock 14, zu einem Paar Hosen 7 Ellen. Das ist mir zu toll, ich bestelle mir bloß die Hosen, u. lasse ihn ziehen. |:23.2:| Dann warte ich auf meinen Aufpasser, u. will bald heraus, meine vielen Sachen zu besorgen. Ich kaufe für's erste einen kleinen Koffer, |:15.12:| dann bey dem Buchbinder ein Dintenfaß 1 Th., Visitkarten 4 GG., ein Bleystift 8 GG. |:5.8:|

Ich gehe zu Graf Malzahn, der aber im Thiergarten wohnt. Nun mache ich meine Wagenannoncen Geschichte ab, wozu ein Gang auf das Polizey-Büreau,[445] u. zu den 3 ZeitungsExpeditionen nöthig ist.[446] |:2.5:| Dann gehe ich zu StaatsRath Wilkens, den ich aber nicht finde, zu Reimer, der mir räth, für die Myllersche Sammlung nicht mehr als 1 ½ Friedrichd'or zu geben. Nun gehe ich zu Graf Malzahn in den Thiergarten; finde ihn aber wieder nicht, sondern erst um 2 ½ in seiner Wohnung unter den Linden,[447] wo ich ihn bitte, mir bey dem |10v| Prinz Wilhelm Audienz zu bewirken, was er mir auch zusagt. Nach Tisch |:2.8:| gehe ich zu Beuth, wo StaatsRath Hecht ist. Noch scheint alles zur Reise sicher bis Freitag. Auch Schinkel u. seine Frau kommen später, und alles sieht sich noch gut an. Ich rede mit Krause wegen meines Wagenverkaufs. Dann gehe ich gegen 7 zu Süvern u. Schmedding, finde aber keinen. Ich gehe zu Schleiermacher, die mich freundlich empfangen. Da nachher Stuhr u. Gerlach kommen, empfehle ich mich. Ich gehe zu Legations Rath Eichhorn, ihn wegen unserer Convention zu fragen, die er auf Mittwoch 4 U. festsetzt. Ich versuche, zur Prinzess Louise zu

---

Händen sey" (in: Niebuhr, Lebensnachrichten, Bd. 2, S. 169). Chr. A. Brandis begleitete Niebuhr als Gesandtschaftssekretär nach Rom.

[444] C. M. von Weber an C. Brandt, Berlin, 1. Juli 1816: „Hingegen auch viel Schönes vorkomt. Z: B: vorgestern Abend bey Hoffmann, was ein recht herrlicher Abend war. und Gestern das 2ᵗ Concert der Catalani, mit der die Menschen ganz rasend sind. Uebermorgen ist ihr 3tes Concert und schon sind wieder alle Billette weg. Solche Concerte geben was aus, können aber auch nur von einer Sängerin und dabey so wirklich großen Künstlerin gemacht werden als diese Frau ist."

[445] Das Polizeiamt befand sich im Stadtvogteigebäude, Molkenmarkt 1 (Wegweiser für Fremde, S. 81).

[446] Grootes Verkaufsannonce erschien in der Beilage zum 80. Stück der Berlin. Nachr., 4. Juli 1816: „Ein sehr bequemer Russischer halber Reisewagen, mit eisernen Achsen, Schwanenhälsen und Federn, steht für 45 Friedrich d'or zu verkaufen Georgenstraße Nr. 17."

[447] AB 1818/19: Joachim Cäsar Eugen, Graf von Maltzan, Unter den Linden 45.

gehen, allein, sie ist auf einem Ball in Charlottenburg. – Zu Hause schreibe ich an Pistor wegen der Myllerschen Sammlung u. an Joseph.[448] Ich habe bey Beuth noch mein rückständiges Briefporto mit 1 Rth., 8 GG. berichtigt. |:4.16:| Von Savigny finde ich die Einladung zu einer Landparthie auf morgen Nachmittag 4 Uhr.

Den 2. July [1816].

Ich ende meinen Brief an Joseph; dann wird mir mein Koffer geschickt. Ich schreibe am Tristan, u. gehe dann, nachdem ich Pistor 11 Th. für die Myllersche Sammlung geschickt habe |:20–16:|, zu StaatsRath Wilkens. Er kann mir nur sagen, daß Bürgers Sache an die dortige Regierung werde geschickt worden seyn, u. von dort also Bericht zu erwarten. Dann gehe ich einen Augenblick zu Staats-Rath Ribbentrop, von dort zu der Parade, die dem Herzog von Cambridge zu Ehren unter den Linden gehalten wird,[449] u. dann zu Sack. Dieser redet noch mancherley, u. ich muß bey meinem alten Urtheil bleiben, daß es gewiß ein rechtlicher, thätiger, unverdrossener, nicht leerer Mann ist. Gewiß giebt |11r| es viel krassere u. ungewandtere.

Nun lasse ich mir einen Pass nach Cöln über Halle geben,[450] |:2.14:| u. da ich eben Wolff u. Lamprecht begegne, gebe ich ersterem meinen Brief an Joseph, da die Post zu ist. Nun gehe ich zu den jungen Solms,[451] die auch nach Cöln wollen,

---

[448] E. von Groote an J. von Groote, Berlin, 1. u. 2. Juli 1816 (HAStK, Best. 1552, A 20/19). Siehe Briefe und Schriften.

[449] Berlin. Nachr., Nr. 79, 2. Juli 1816: „Am vergangenen Freitag sind Seine Königliche Hoheit der Herzog von Cambridge aus Hannover allhier eingetroffen. Seine Königliche Hoheit, welche die Wohnung im Königlichen Schlosse abgelehnt haben, sind im Hotel de Russie abgetreten. Am Sonnabend speisten Höchstdieselben bei des Königs Majestät in Charlottenburg." Eine Parade ist hier nicht erwähnt. Vgl. C. M. von Weber, Tagebuch, 2. Juli 1816: „Mittag zu Hause. Abends auf die Akademie, Königin der Niederlande, Herzog Cambrigde pp da."

[450] E. von Grootes in Berlin ausgestellter Reisepass ist erhalten, wenn auch mit starker Beschädigung. Das Dokument stellte fest: „Reise-Paß gültig auf Durchreise. Da der Professor philosophiae Herr de Grote gebürtig aus Kölln a/R., wohnhaft in Kölln a/R. um in xxxxx Angelegenheiten von hier über xxxx Halle nach [Kölln] a/R. [...] als unverdächtig bestimmt ist; so werden alle Civil- und Militair-Behörden ersucht, gedachten Herrn Professor de Grote auf der angegebenen Route nach Kölln a/R. frei und ungehindert reisen, und von dort hieher zurückreisen, auch nöthigenfalls ihm Schutz und Beistand angedeihen zu lassen. Der Inhaber dieses Passes ist aber gehalten, denselben in allen Orten, wo [er] übernachtet, es sey in der Stadt oder auf dem Lande, der Polizey-Obrigkeit zum Visiren vorzuzeigen, und die Visa nachzusuchen. Gegeben, Berlin, den zweiten Juli 1800 u. sechszehn. Königliche Polizei Intendantur". Der Pass gab auch das Aussehen des Passinhabers an: „1. Alter sieben und zwanzig Jahre, 2. Größe fünf Fuß zehn Zoll, 3. Haare braun, 4. Stirn rund, 5. Augenbrauen blond, 6. Augen braungrau, 7. Nase spitz, 8. Mund mittel, 9. Bart braun, 10. Kinn oval, 11. Gesicht länglich, 12. Gesichtsfarbe gesund, 13. Statur schlank; Besondere Kennzeichen: keine" (Stadtarchiv Hürth, Best. 3.01, Nr. 348, Bl. 5).

[451] Während sich Solms-Laubach in Berlin aufhielt, berichtete er mehrfach seiner Frau über das dortige Leben seiner Söhne. Vgl. Privatarchiv d. Grafen zu Solms-Laubach, XVII, 114.

zu Nicolovius, den ich nicht finde, zu einem Kaufmann, wo ich für Haxthausen 2 eiserne Kreutzchen für 4 Rth., 6 GG. u. einen Abguß für 6 GG. kaufe. |:18:| Dann kaufe ich noch ein Vorhängeschloß auf meinen Koffer, |:1–16:| u. gehe nach Haus, wo ich die Müllersche Sammlung finde, in der ich schnell notire, was ich in Brentano's Exemplar angezeichnet hatte. Ich mache meine Dispositionen zum Packen, u. gehe zu Tische. |:1.16:| Nach diesem begegnet mir Süvern, mit dem ich noch eine Zeitlang rede. Sonderbar, daß auch er die Ansicht von Prof. Eichhorn hat, daß nun mehr in Rom nur ein fester, tüchtiger u. kluger Papst auftreten dürfte, um all das gährende u. wogende Protestantische Land für sich zu gewinnen. Ich gehe nun zu Savigny, wo große Gesellschaft versammelt ist. Es ist der Geburtstag der Frau Savigny.[452] Es wird nach martinique auf dem Fluß[453] gefahren; alles ist recht lebendig; ich rede manches noch mit Eichhorn ab; singend fahren wir in die Stadt zurück; mit Niebuhr, der übrigens mit seiner jungen Frau sehr zärtlich war, konnte ich nicht zu Wort kommen. Der Mann scheint mir äußerst mißtrauisch u. argwöhnisch. Auch Nicolovius ist pedantisch u. sehr zurückhaltend. – Mit Holweg werde ich fast vertrauter an diesem Abend, als ich mit keinem in Berlin geworden bin. Wir kommen gegen Mitternacht nach Hause.

Den 3. July [1816].

Ich zahle meiner Hausfrau die Frühstücksrechnung |:2.18:| und für Kerzen. |:–9:| Dann dem Schneider, der mir meine Hosen bringt u. mein Zeug bessert. |:5.8:| Beuth kommt, |11v| mir zu sagen, daß es bey der Abrede, Freytag nach Potsdam zu fahren, bleibe, u. mir für den Rektor an Taschenbuch Einnahmen 37 Friedrichd'or zu bringen. Er bleibt mir noch ½ Friedrichd'or u. 13 G., 6 ₰ schuldig. |:abgemacht: sieh den 21. laufenden Monats:|

Ich schreibe am Tristan, u. gehe bald auf das Büreau der Frachtkarren am Packhof.[454] Dem Schneider bezahle ich 1 Rth., 12 GG. |:5.8:| Auf dem Büreau erhalte ich Nachricht, daß die Sachen morgen sollen abgeholt werden. Sie gehen über Frankfurt nach Cöln. – Nun gehe ich zu Simon, der mich ziemlich lang aufhält. Frau v. Berg finde ich nicht. Niebuhr auch nicht. Ich gehe gegen 8 Uhr in's Schloß, u. da daselbst große Cour zum Geburtstag des Prinz Wilhelm ist,[455] warte ich, bis alles weg ist, suche nachher den Graf Maltzahn auf, finde ihn aber nicht, sondern werde zu Frl. Kalb geführt, der ich das Elfenbeinbild zeige, mit ihr

---

[452] Kunigunde von Savigny, geb. Brentano, wurde am 8. Juli 1780 geboren.
[453] Vermutlich handelt es sich um ein Gesellschaftsspiel oder einen Tanz.
[454] Gädicke, Lexicon von Berlin, S. 437: „Packhof, der alte, auf dem Friedrichswerder, in der Straße am alten Packhofe No. 1 bis 3." Ebd., S. 438: „Packhof, der neue, in Alt-Kölln, unfern des Lustgartens, an der Pomeranzenbrücke und dem Communicationsgraben." Beide Anlagen zum Ab- und Aufladen von auf dem Wasser oder zu Land transportirten Waren wurden um 1816 genutzt, waren aber für den zunehmenden Warenverkehr nicht mehr ausreichend. Ab 1817 war Schinkel mit Plänen zu Erweiterungsbauten betraut.
[455] Prinz Wilhelm von Preußen wurde am 3. Juli 1783 geboren.

mich eine Zeitlang unterhalte, u. da sie geschickt hat, die hohen Herrschaften mich aber erst morgen sehen wollen, lasse ich ihr mein Kästchen da, u. gehe ab. Nach dem Essen |:1.7:| packe ich meine Sachen, u. da ich weder Schinkel noch Beuth finde, gehe ich später zu Focke, u. abends zur Prinzess Louise, die mich gnädigst beurlaubt. Es ist da die Gräfinn Brühl u. ihr Sohn etc.

Den 4. July [1816].

Ich packe noch lange an meinen Sachen, u. habe fast Platz zu viel. Nachher gehe ich zur katholischen Kirche, wo ein feyerliches musikalisches Todtenamt gehalten wird. Ich habe die Sachen, die noch zu meinem Wagen gehören, hinzubringen Auftrag gegeben. Ich gehe noch einen Augenblick in die Werdersche Kirche,[456] wo einer etwas breit predigt. In der katholischen Kirche sang die Madame Seidler;[457] |12r| dann gehe ich zu Staegemann, wo ein Frankfurter Jude Rothenschild, wie es heißt, einer der reichsten Bankiers in Frankfurt. Dann gehe ich zu Laroche, die ich bey Tische, u. sehr freundlich und artig finde. Ich gehe zu Beuth. Es bleibt dabey, daß wir Morgen gegen 8 Uhr reisen. Ich kaufe mir noch eine größere Börse, |:2.8:| u. gehe nach Hause, wo ich vom Frl. Kalb 2 Billets finde, deren das Eine mich um 6, das zweyte aber um 5 Uhr zur Prinzess Wilhelm bescheidet. – Nun zahle ich meiner Hausfrau für Seife und Packpapier, u. Lichtspan, |:1.3:| für die letzte Wäsche 1 Rth., ½ G. |:3.14:| und die halbe Monats- u. ganze Bettmiethe 4 Rth., 8. |:15.12:| Ich gebe ihr das kleine Necessaire, welches ihr viel Freude zu machen scheint. Beuth hat mir die Eisensachen von Büsching für den Rektor mitgegeben, die ich nun zu Hause einpacke. Gleich nach 3 Uhr werden schon meine Sachen abgeholt. |:–12:| Ich gehe nun zu Eichhorn u., da keine bestimmte Stunde festgesetzt ist, wann Schinkel kommt, gehe ich zu diesem, u. bitte ihn, erst um 5 ½ zu kommen.

Nun eile ich nach Hause, ziehe mich an, u. gehe in's Schloß, zum Frl. Kalb. Dort nehme ich mein Kästchen, u. einen Brief, den sie mir nach Manheim giebt, u. gehe zu den Zimmern der Prinzess. Ich muß dort noch lange warten, bis ein anderer Herr herauskommt, nach diesem empfängt sie mich sehr freundlich, u. nimmt das Kästchen mit dem Elfenbein Bild, an dem mir aber, während es in den Vorzimmern in meiner Hand warm wurde, ein kleiner Sprung ins Glas kam, an.

---

[456] Die Werdersche, auch Finkenwerdersche Kirche, ein nüchterner Bau, war seit 1701 eine Doppelkirche für französisch- und deutschsprachige protestantische Gemeinden. Baulich war die Kirche bereits um 1816 in schlechtem Zustand. 1824 bis 1831 wurde ein Neubau nach Entwürfen Schinkels errichtet. Nach schweren Beschädigungen im 2. Weltkrieg wurde die Kirche wiederaufgebaut und wird heute als Museum, vor allem zur Tätigkeit Schinkels, genutzt.

[457] Karoline Seidler-Wranitzky. G. Parthey: „Die Stimme der Seidler hatte nichts heroisches, wohl aber eine unbeschreibliche Anmuth. Sie glänzte als Gräfin im Figaro, als Zerline im Don Juan, als Fiordespina in Cosi fan tutte. Ihre beste Rolle war ohne Zweifel die Fanchon von Himmel. Hier vereinigten sich jugendliche Gestalt, melodischer Gesang und feines Spiel mit dem treuherzigen Wiener Dialekt zu dem lieblichsten Ganzen" (Parthey, Jugenderinnerungen, Bd. 2, S. 87).

Nachdem die schöne Fürstinn mich freundlich entläßt, gehe ich auch zum Prinzen, der rasch u. wischig, wie er ist, mit mir ziemlich lange spricht, |12v| mir dann mehrmals herzlich die Hand giebt, u. mich beurlaubt. – Ich eile nun zu Eichhorn, wo Minister Altenstein u. Schinkel. Erster geht bald weg, Eichhorn wird noch durch andere lange hingehalten. Endlich kommen wir zur Sache, u. bringen ein Vertragsakt von mehrern Artikeln zusammen, auf die wir Boisserées einzugehen bereden wollen.[458] Dieß währt bis gegen 8 Uhr. Ich eile nun noch zu Beuth, gebe dessen Magd Trinkgeld, |:2.8:| u. sage seiner Schwester, Mons, Diest u. dessen Frau, die alle da sind, lebewohl. Reimers, Schleiermacher, Simons u.a., die alle bei Reimer waren, habe ich dort noch gesehen. – Ich gehe endlich zu v. Savigny, wo Fockes, dort erhalte ich eine kleine Börse, bleibe zum Nachtessen, u. im Gespräche über Boisserées Sachen u., was damit geschehen solle, bis nach Mitternacht, wo ich freundlich entlassen werde. Savigny hat mich sehr gebethen, ihm zuweilen zu schreiben, besonders über Heidelberg.[459]

---

[458] Das in dreizehn Paragrafen gegliederte Dokument „Grundbedingungen für die Unterhandlung mit den Gebrüdern Boisserée", o. D., wurde von J. A. Fr. Eichhorn, K. Fr. Schinkel und E. von Groote unterzeichnet (Staatsbibliothek Berlin, Eichhorn, Johann Albrecht Friedrich).

[459] Auch für von Weber waren es die letzten Tage seines Berlinaufenthalts. C. M. von Weber an C. Brandt, Berlin, 4. Juli 1816: „Bey meinen gestrigen großen Abschieds Visiten hatte ich das Unglük alle Leute zu Hause zu treffen. Abends war der Catalani ihr 3^t Concert. wieder brechend voll. Heute ist zur Todtenfeyer der gefallenen Krieger, eine Musik Aufführung im Theater, wo meine Körnerschen Lieder abermals gesungen werden. sie sind wahrhaft schon Volkslieder geworden, und werden mit unbeschreiblichem Enthusiasmus gesungen." C. M. von Weber an C. Brandt, Berlin, 6. Juli 1816: „Gestern habe ich einen für mich entsezlichen Tag verlebt in lauter Eßen und Langeweile [...]. Den Vormittag war ich umlagert von Besuchen, um 12 Uhr war großes Dejeuner bey Mlle: Schmalz zu Ehren der Catalani, das dauerte bis 3 Uhr dann ging ich nach Hause und um 4 Uhr versammelte sich da abermals eine große Gesellschaft mit Mad: Catalani, die sich um 5 Uhr zum Mittageßen sezte, und bis 8 Uhr sizzen blieb, dann wurde noch allerley diskurisirt, ich empfhal mich aber bald in der Stille, und kroch in mein Bett, denn ich war entsezlich schläfrig, auch theils noch vom 4^t her, wo ich Mittags /: nach dem Bade: / beym Oestreichischen Gesandten speiste, dann ins Theater gieng, wo meine Lieder abermals mit Jubel da Capo gerufen wurden."

Mit Karl Friedrich Schinkel nach Heidelberg

Gleichzeitig mit Groote und Schinkel entschied sich auch Beuth zu einem Besuch in Heidelberg. Er hatte beschlossen, gemeinsam mit seinem Bekannten Regierungsrat Julius Gottfried Conrad Hecht in einem eigenen Wagen zu reisen.[460] Am 5. Juli 1816 vormittags fuhr Groote zunächst mit beiden zusammen „in recht schönem Wetter lustig nach Potsdam", wo sie mittags gegen 1 Uhr ankamen. Von hier aus wollten Beuth und Hecht weiterreisen, während Groote noch auf die Ankunft der Familie Schinkel wartete. Die nächsten Stunden und den folgenden Tag nutzten sie zu einer Reihe von Treffen und zu Besichtigungen der Sehenswürdigkeiten. Am 7. Juli, um 7 Uhr morgens begannen Beuth und Hecht ihre Reise, circa vier Stunden später verließen Groote und Schinkels Potsdam mit ihrem Wagen.[461] Beide Reisegruppen trafen sich in den folgenden zwei Wochen nicht, denn Beuth und Hecht reisten schnell, „mit fast unsinniger Eile", wie Groote nachträglich bemerkte.[462] Doch die Voranreisenden hinterließen in den Poststationen und Gasthöfen gelegentlich Nachrichten, um die Nachkommenden über ihre Route zu informieren.[463]

Groote und Familie Schinkel hatten mehrere Zwischenstationen mit längeren Aufenthalten vorgesehen, da Schinkel für sich verschiedene Treffen eingeplant hatte; manche Strecken fuhren sie ohne Unterbrechungen oder machten nur zu Besichtigungen kurz Station. Von Potsdam aus gelangten sie, ohne zwischendurch länger zu pausieren, über Coswig am Morgen des 8. Juli nach Dessau, am frühen Abend waren sie in Halle, sahen „schöne Kirchen, u. einige alte Bilder" und trafen sich mit Bekannten. Schon am folgenden Morgen brachen sie wieder auf und erreichten, nach kurzem Aufenthalt in Merseburg, die Stadt Naumburg, die gerade voller Besucher war. „Daselbst ist Messe, Juden, Neugriechen, aller Nationen Volk ist dort zusammen", notierte Groote. Nach der Besichtigung des Doms, der, so Groote „vor gothischen, etwa noch byzantinischen Styls" war, kamen die Reisenden nach langer nächtlicher Fahrt am 10. Juli, morgens um 2 Uhr nach Jena. Anders als Schinkel gehofft hatte, war Goethe nicht in Jena, sondern hielt sich in Weimar auf, sodass die kleine Gruppe rasch weiter fuhr. In Weimar wurde Schinkel am nächsten Tag – allein, ohne Begleitung – von Goethe empfangen, Groote musste warten, bis Schinkel zurückkehrte und erzählte, „wie es ihm bey Göthe gegangen".[464] Wenig später wurde die

---

[460] Der Jurist, Botaniker und Reisende Julius Gottfried Conrad Hecht war 1816 als Regierungsrat in Potsdam tätig.

[461] Vgl. E. von Groote an J. von Groote, Berlin, 1. Juli 1816 (HAStK, Best. 1552, A 20/19). Siehe Briefe und Schriften) u. E. von Groote an J. von Groote, Potsdam, 7. Juli 1816 (HAStK, Best. 1552, A 20/20). Siehe Briefe und Schriften.

[462] E. von Groote an Fr. C. von Savigny, Heidelberg, 6. Aug. 1816 (Universitätsbibliothek Marburg, Nachlass Friedrich Carl von Savigny, Ms. 725/372). Siehe Briefe und Schriften.

[463] Über die Reise Schinkels von Berlin nach Heidelberg im Sommer 1816 ist in der Forschung wenig bekannt; es gibt generell wenige Zeichnungen, die Schinkel auf Reisen durch dieses Gebiet anfertigte. Vgl. zu Schinkels Reisen in Sachsen: Junecke u.a., Schinkel, S. 29–44, hier vor allem S. 38–42. Soweit Zeichnungen für diese Reise identifiziert werden konnten, sind sie zum Tagebuch angemerkt.

[464] Groote, Tagebuch, 11. Juli 1816.

Reise fortgesetzt; über Erfurt und Arnstadt ging es nach Ilmenau, am Nachmittag des 13. Juli trafen sie in Coburg, der Residenz von Herzog Ernst I. von Sachsen-Coburg-Gotha, ein. Schinkel, den man bereits erwartete, wurde mit großem Respekt willkommen geheißen. Groote vermerkte:

> „Wir sind kaum am Thor gemeldet und im Schwanen abgestiegen, als schon der Minister v. Wangenheim schickt, Schinkel komplimentiren zu lassen. [...] Kaum sind wir beym Abendessen, als auch der Fürst selbst schickt, Schinkel zu bitten, sich nichts abgehen zu lassen, die Freudensbezeugung über dessen Ankunft zu äußern, u. zu entschuldigen, daß man ihn nicht im Schloß empfangen könne, da durch viele Fremde der Raum zu sehr beengt sey."[465]

Die ehrenvolle Aufnahme in Coburg kam nicht von ungefähr, denn Schinkel war schon länger für Ernst I. tätig gewesen. 1810/11 hatte er Entwürfe zur Umgestaltung des Schlosses Ehrenburg, der Residenz des Herzogs,[466] sowie für das nicht weit von Coburg entfernt liegende Schloss Rosenau angefertigt. Hier fand am 14. Juli zur Würdigung Schinkels ein Essen in großem, vornehmen Kreise statt.

Am folgenden Tag ging es für die Reisenden weiter. Nachdem man in dem zu Bayern gehörenden Lichtenfels ihre Pässe visitiert hatte und erstmals bayerische Postpferde angespannt worden waren, fuhren sie rasch nach Bamberg. Sie kehrten im Bamberger Hof ein, einer komfortablen Unterkunft, die ein Reiseführer von 1813 auch für „höchste" Personen empfahl:

> „Dringen wir tiefer in die Hauptstraße vor, so werden wir von deren fast gerader Länge und von den sie einschließenden schönen Gebäuden innigst entzückt. Unter diesen zeichnet sich besonders der Bamberger Hof (Hotel à la cour de Bamberg) aus [...]; er ist die erste Unternehmung der Art in unserer Stadt – 1798 mit einem Kostenaufwande erbaut, welcher die gewöhnlichen Baukräfte unserer reichen Privaten weit übersteigt. Dort finden seit 14 Jahren die höchsten Reisenden anständiges Quartier und Nahrung, ohne daß deswegen Personen geringerer Verhältnisse unbefriedigt bleiben."[467]

Am nächsten Vormittag wurden die Sehenswürdigkeiten Bambergs besichtigt, unter denen vor allem der Dom beeindruckte. Schinkel, schrieb Groote, gefiel „der schöne byzantinische Styl, mit den reichen Basreliefs, Simsen u. Säulen [...] sehr wohl".[468] Gegen Mittag reiste die kleine Gesellschaft über Ebrach nach Würzburg, besuchte Dom und Schloss, um dann „durch das Gebirge" in Richtung Aschaffenburg zu fahren. Auf dem Wege wurden sie oft „in den Posthäusern aufgehalten", sodass sie dort erst um Mitter-

---

[465] Groote, Tagebuch, 13. Juli 1816.
[466] Die Pläne konnten nur zum Teil realisiert werden. Um 1815 wurde die Bauleitung dem Franzosen André-Marie Renié-Grety übergeben, Schinkel blieb jedoch weiterhin in Verbindung mit dem Herzog.
[467] Joachim Heinrich Jäck, Bamberg und dessen Umgebungen. Ein Taschenbuch, Erlangen 1813, S. 31.
[468] Groote, Tagebuch, 15. Juli 1816.

nacht ankamen. Nach der Prüfung ihrer Pässe an der bayerischen Grenze machten sie sich sofort wieder auf den Weg und waren am 18. Juli gegen 8 ½ Uhr morgens in Darmstadt. Hier hatten Groote und Schinkel ein Zusammentreffen mit Georg Moller, Oberbaurat des Großherzogtums Hessen-Darmstadt, vorbereitet, einem der erfolgreichsten Architekten seiner Zeit. Schinkel wollte sich mit ihm vor allem über die neuesten Entwicklungen zur Baugeschichte des Kölner Doms austauschen, denn Moller, der 1814 einen Teil der Domrisse in Darmstadt entdeckt hatte, arbeitete in engem Kontakt mit Sulpiz Boisserée intensiv an Plänen zum Kölner Dom.[469] Über diese Zusammenarbeit schrieb Goethe 1816, Moller habe sich

> „seit mehrern Jahren auch mit Abbildung altdeutscher Bauwerke beschäftigt, und das Boissereesche Domwerk wird von seinem Fleiß und Genauigkeit so wie von seinem Geschmack das unzweydeutigste Zeugniß ablegen. Der neuentdeckte Originalriß des Cölner Doms ist in seinen Händen, und ein Facsimile desselben wird im Gefolge des Boissereeschen Werks von ihm herausgegeben."[470]

Moller zeigte Groote und Familie Schinkel einige Pläne, mit denen er sich gerade befasste und begleitete seine Gäste bei einem Besuch der Gemäldegalerie im Darmstädter Schloss. Groote war bereits über diese Sammlung informiert, denn erst wenige Wochen zuvor hatte er Goethes Beurteilung gelesen:

> „Das hiesige Groß-Herzogliche Museum wird wohl immer unter den Anstalten dieser Gegenden zu den vorzüglichsten gezählt werden, und dessen musterhafte Einrichtung wird allen ähnlichen Unternehmungen billig zur Richtschnur dienen. In dem geräumigsten Local sind die mannigfaltigsten Gegenstände ohne Prunk, aber mit Ordnung, Würde und Reinlichkeit aufgestellt, so daß man durchaus mit Bewunderung im Genusse belehrt wird. [...] Eine zahlreiche Gemäldesammlung, in welcher jeder Liebhaber sich nach seinem besondern Interesse an ältern und neuern Meistern geschichtlich unterrichten oder gemüthlich ergetzen kann, ist durch mehrere Zimmer verbreitet."[471]

Früh am nächsten Morgen begannen die Reisenden die letzte Etappe ihrer Fahrt; am selben Tag, mittags um 1 Uhr, kamen sie in Heidelberg an.

Trotz seiner generellen Unsicherheiten und Ängste hatte Groote die vierzehntägige Reise mit Familie Schinkel als aufregend und meist angenehm empfunden. Er war sich bewusst, dass er den in Bezug auf Architektur, Architektur- und Kunstgeschichte kenntnisreichsten Mann Preußens begleitete, einen Mann, der seine Umwelt mit dem kritischen Blick eines Experten und zudem unter dem Blickwinkel eines Künstlers wahrnahm. Die Gespräche mit Schinkel, das gemeinsame Besichtigen historischer Bauten und Kunstwerke und die verschiedenen Begegnungen mit Schinkels Bekannten bedeuteten für

---

[469] Zur Korrespondenz zwischen G. Moller und S. Boisserée ab 1811: Wolff, Boisserée, Briefwechsel, S. 39–68.
[470] Goethe, Ueber Kunst, S. 130.
[471] Goethe, Ueber Kunst, S. 122 u. 123.

Groote daher eine erhebliche Erweiterung seines Horizonts und seiner bis dahin recht begrenzten Kenntnisse. Obgleich die Aufzeichnungen Grootes knapp und wenig analytisch sind, zeigen sie doch, wie interessiert er Schinkels Wissen aufnahm und wie sehr ihn dessen Ansichten und Urteile beeinflussten.

Die Reise von Groote und Familie Schinkel nach Heidelberg im Sommer 1816 lässt sich nicht nur durch zeitgenössische Reiseliteratur, sondern darüber hinaus durch Texte anderer Reisender illustrieren, die ungefähr zur selben Zeit auf Teilstrecken dieser Reise unterwegs waren. So hatte die Schriftstellerin und Kunstenthusiastin Johanna Schopenhauer ihre Fahrt Anfang Juli 1816 in Weimar begonnen, befand sich Mitte August in Darmstadt und erreichte am 23. August Heidelberg – zwei Wochen nach Grootes Abreise.[472] Ihr 1818 veröffentlichter Bericht schildert in lebendigen ausführlichen Beschreibungen vor allem pittoreske Impressionen. Nüchtern sind dagegen die Eindrücke, die der Historiker Barthold Georg Niebuhr in seinen Briefen auf der Reise nach Rom, seinem neuen Amtssitz als preußischer Gesandter, vermittelte. Er verließ Berlin nur wenige Tage nach Groote und Familie Schinkel und passierte auf seiner Route einige Orte, die diese kurz zuvor besichtigt hatten.

Generell war das Reisen in diesen Wochen schwierig, da, trotz gelegentlich sonniger Tage, weiterhin häufig starker Regen fiel, Flüsse das Land überschwemmten und viele Wege kaum noch passierbar waren. J. Schopenhauer, die bei ihrem Reisebeginn auf das Ende des „unaufhörlich strömenden Regens" gehofft hatte, wurde immer wieder an der Weiterfahrt und der Besichtigung von Sehenswürdigkeiten gehindert. Zu den absehbaren Konsequenzen dieser Witterung äußerten sich weder Schopenhauer in ihrer Publikation noch Groote in seinem Tagebuch. Niebuhr dagegen nahm nicht nur das Wetter wahr, sondern erkannte bereits während seiner Reise das Bedrohliche der Situation. Er berichtete Ende Juli:

> „Hier in Thüringen und längs dem Gebürg im königlichen Sachsen, wahrscheinlich in ganz Mitteldeutschland zeigen die Felder den allertraurigsten Anblick; auch sind die Preise schon furchtbar hoch. Der Roggen steht dem Anschein nach in fröhlichen Halmen, aber die Ähren sollen fast taub seyn: die Sommerfrucht ist grossentheils kaum über die Erde: und wieder hängt der Himmel voll schwerer Regenwolken. Schon gestern und vorgestern regnete es wieder heftig. Hier in Erfurt sind zwey Thore durch den Regen eingestürzt: – die Franzosen haben alles verfallen lassen: in der Unterstadt sind Häuser untergraben und zusammengefallen: alles scheint Naturverwüstung und Elend zu drohen: Hunger und Seuchen."[473]

Niebuhr sollte mit seinen Befürchtungen recht behalten. Doch für Eberhard von Groote waren die möglichen Auswirkungen des Wetters zunächst noch kein Problem, das ihn beschäftigte.

---

[472] J. Schopenhauer fuhr von Weimar über Eisenach, Fulda, Frankfurt, Schlangenbad und traf am 16. Aug. in Darmstadt, am 23. Aug. 1816 in Heidelberg ein (Schopenhauer, Ausflucht, 1818).

[473] B. G. Niebuhr an D. Hensler, ca. 28. Juli 1816 (in: Niebuhr, Briefe, Bd. I, S. 46 u. 47 f.). Ähnlich auch an G. H. L. Nicolovius, Erfurt, 28. Juli 1816 (ebd., S. 52 f.).

Tagebuch 5. bis 18. Juli 1816

Den 5. July [1816]. Freytag. Abreise von Berlin.
Wir sollen erst um 10 U. reisen. StaatsRath Sack hat mir 2 große Paquete geschickt, die ich mit nehmen soll. Beuth hat es ihm nehmlich abgeschlagen u. nun ist er wieder zu mir rekurrirt, den er zu erst darum gebethen hatte. Ich schreibe ihm u. schicke sie ihm wieder zurück. Dann packe ich meinen Mantelsack, schicke die Briefe an Brentano's u. Götzes Haus, u. erwarte das Kommende. Der Frau, welche die Koffer u. Laternen nach Beuths Hause brachte, gebe ich Trinkgeld, u. dem Aufpasser für 2 halbe Stiefelsohlen u. den Monat, wo er mir noch zur Hälfte gedient hat, |:4.16:| |13r| u. für 1 Paar Stiefel zu sohlen 20 Gr. |:3–:| Dann sehe ich noch die Porzellan Fabrik[1] an, kaufe daselbst 3 Pfeiffen Köpfe u. Abgüsse. |:26.14:| Die Dampfmaschine.[2]

Beuth finde ich um 10 bey mir, u. wir erwarten Hecht u. den Wagen – lange umsonst, bis er endlich kommt. Nun nehme ich von Haus u. Hausfrau schnell Abschied, rede noch mit Krause wegen meines Wagens, u. wir fahren in recht schönem Wetter lustig nach Potsdam, wo wir gegen 1 Uhr ankommen, im Hotel de Prusse[3] einkehren, unsre Sachen abpacken, u. nun bald zu einer Gesellschaft vor die Stadt über das Wasser fahren, woselbst sehr fidele Leute sind. Ich lerne den Präsident Basswitz, die StaatsRäthe Weil u. Krell kennen, u. wir sind ganz lustig daselbst, bis wir gegen 6 auf den Braunesberg [Brauhausberg],[4] u. von da zu v. Teuffel gehn, der am kalten Fieber leidet. Abends gehen wir zu StaatsRath Krel zum Thee, u. bleiben bis gegen 10 Uhr, wo wir uns nach Hause begeben. Hecht kommt später erst.

---

[1] Wegweiser für Fremde, S. 110: Königliche Porzellanfabrik. „Die weitläuftigen Gebäude dieser Fabrik sind in der Leipzigerstraße No. 4. Im Vordergebäude ist das Hauptwaarenlager. In den übrigen befinden sich unten die Mühlen, Pochwerke, Schlemmstuben und Massengewölbe, Trokken-, Verglüh- und Glutöfen, wie auch die Emailfeuer, das Farbenlaboratorium und die Werkstätten für Tischler, Böttcher, Schleifer und Zubereiter des Kapsel- und Muffelthons. Eine Treppe hoch sind Arbeiterstuben für das Massencorps, und zwei Treppen hoch für Maler, Vergolder, Polirer u.s.w. Diese Arbeitsstuben werden einem jeden Einheimischen oder Fremden gezeigt, welcher 8 Gr. zur Versorgungskasse für kranke Porzelanarbeiter, Wittwen und Waisen erlegt. Man meldet sich auf dem Hauptwaarenlager, wo man einen Führer erhält."

[2] 1815 und 1816 wurden in Berlin die ersten Dampfmaschinen gebaut: eine Maschine in der Werkstatt von K. Ph. H. Pistor und G. Chr. Freund, Mauerstr. 34 sowie in der Königlichen Eisengießerei. Auf Initiative Beuths waren James und John Cockerill nach Berlin gezogen und hatten 1815 in der Neuen Friedrichstraße 26–28 eine Fabrik für Werkzeugmaschinen errichtet, die Dampfmaschinen herstellte. Ob und wo Groote eine Dampfmaschine sah, ist unklar.

[3] Wegweiser für Fremde, S. 267: Hotel de Prusse, Wilhelmsplatz.

[4] Wegweiser für Fremde, S. 255: „Auf dem Brauhausberge an der Teltower Vorstadt ist eine Burg oder ein Wartethurm im wendisch-gothischem Geschmacke, nach einer vom Könige selbst entworfenen Zeichnung […] erbauet. […] Man hat auf dem Plateau des Gebäudes, dessen Mauerbrüstung außerhalb als Ruine geformt ist, eine vortreffliche Aussicht. Der jetzige Regierungspräsident Herr von Bassewitz hat auf dem Brauhausberge, nach dem Wunsche Seiner Majestät, sehr angenehme Promenaden […] anlegen lassen."

Den 6. July [1816]. Potsdam.

Nach einer kurzen fast schlaflosen, schwülen Nacht gehe ich mit Beuth nach dem neuen Pallais[5] und Sanssoucy:[6] der Kastellan,[7] dem ich bey den von Voltaire corrigirten Werken Friedrich Magni sage, wie ich sie von der Duchesse von Bassano genommen,[8] scheint deswegen die angebothenen 3 Rth. nicht zu nehmen, allein, der von Sanssouci nimmt sie wohl,[9] obschon ich ihm auch sage, wie viel Mühe die Rücknahme der vielen Bilder gekostet hat, die er uns zeigt.|:10.16:| Ich sehe dort viele dieser Bilder wieder.[10] Es ist schwüles, regnerisches Wetter; wir besuchen nun die Frau von Bassewitz, ein Frl. v. Gerlach, eine sehr angenehme Frau, dann die Engländerinn Günther, u. gehen zu Kerll zu Tische. Nach dem

---

[5] Das Neue Palais: barocke Schlossanlage am Park Sanssouci. Wegweiser für Fremde, S. 249: „Das neue Schloß. Es ward vom König Friedrich II. selbst angegeben, und von 1763 bis 1769 erbauet. Das Hauptgebäude ist zwei Geschosse hoch. [...] Das Gebäude ist mit gereifelten korinthischen Pilastern geziert. Vor jedem Pilaster steht eine Statue oder Gruppe."

[6] Das Schloss Sanssouci, das E. von Groote sah, war das ursprüngliche Gebäude aus den 1740er Jahren im Stil des Rokoko. 1841/42 wurde es unter Friedrich Wilhelm IV. wesentlich verändert. J. G. G. Büsching, der 1817 das nördliche Deutschland bereiste, notierte zu Sanssouci: „Denn einen heiligen Schauer fühlt wohl ein jeder, der in die Nähe von Sanssouci tritt oder gar die Schwelle des Schlosses überschreitet, und wenn andere Prunkschlösser besehen werden, so kann man wohl sagen, daß nach diesem einfachen Königssitze, mit seiner die Seele erhebenden Aussicht, von je an gewallfahrtet ist und gewallfahrtet werden wird, so lange Preußen seiner alten Würde eingedenk ist; und könnte auch Preußen sie vergessen, nie wird sie die Geschichte vergessen, und Sanssouci's lezter Stein wird immer besucht bleiben! Die marmornen Bildsäulen unterhalb der Bergstufen um den kleinen Wasserbehälter sind auf eine ruchlose Weise von den Franzosen verstümmelt worden, nur wenige entgingen einer wenigstens theilweisen Zerstörung" (Büsching, Reisen, S. 6 f.). Zu Schloss Sanssouci: Wegweiser für Fremde, S. 245–249.

[7] Wegweiser für Fremde, S. 250: „Die Fremden, die das Schloß sehen wollen, wenden sich an den Kastellan Herrn Reichenbach im Kastellanhause."

[8] E. von Groote hatte im Sept. 1815 in Paris zwei Bände poetischer Texte Friedrichs II. mit Notizen von Voltaire, die beschlagnahmt und nach Frankreich gebracht worden waren, zurückerhalten (Groote, Tagebuch, Bd. 1, 10. Sept. 1815, S. 192).

[9] Wegweiser für Fremde, S. 247: „Die Fremden, die Sanssouci sehen wollen, melden sich beim Herrn Kastellan Droz in Sanssouci." Rechts des Schlosses Sanssouci befand sich die Königliche Bildergalerie; der eigentliche Galeriesaal war, so der Wegweiser für Fremde, „einer der prächtigsten in Europa" (ebd., S. 246). Groote hatte während seines Aufenthalts in Paris 1815 viele der aus Potsdam geraubten Bilder gesehen. Zur Gemäldegalerie: Locker, Bildergalerie, 2006.

[10] Zur Königlichen Gemäldesammlung vgl. Büsching, Reisen, S. 1 f.: „Das prachtvolle Gebäude innerhalb erfreut den Blick, und die große Anzahl schöner Gemälde, besonders von Rubens, van Dyk, van der Werf befriedigt gewiß meist vollständig den Beschauer. [...] Alles, was die Franzosen plünderten, ist zurückgebracht und hat seine alte Stelle wieder eingenommen. Einige Gemälde haben ihren prachtvollen Rahmen noch mitgebracht, der ihnen in Paris gegeben ward. Andere haben aber ein schlimmeres Zeichen davon getragen: sie sind unter derben Fäusten verputzt worden. Am meisten hat dies Schicksal ein Gemälde von Rafael erfahren. Es stellt die heilige Jungfrau vor, die das Christkind auf dem Schooße hat, vor ihr kniet Johannes und neben ihr die heilige Anna. [...] Bei diesem Bilde sind das Kind, besonders der eine Fuß, Kopf und Hals der Maria ganz bleich, alles Farbenschmelzes baar, verwaschen worden, nur der Kopf der Anna hat seine alte Kraft behalten."

Essen mit Ihm zu dem Marmorpallais, u. dem dortigen neuen Garten.[11] Nachdem wir gegen 5 Uhr müde von da |13v| zurückkommen, gehen wir ins Theater, wo die Räuber sehr gut gegeben werden.[12] |: 3 Fr. :| Devrient Franz Mohr, Maurer Carl Mohr. Wir gehen dann müde nach Hause; Beuth u. Hecht wollen morgen um 5 U. weg. Ich werde Schinkel erwarten.

Den 7. [Juli 1815]. Sonntag.

|: (Potsdam) :| Beuth u. Hecht brechen auf. Ich gehe in die katholische Kirche,[13] wo aber kein Gottesdienst. Dann gehe ich nach Hause, schreibe an Joseph[14] u. bringe diesen Brief bald mit denen von Hecht zur Post.[15] Gegen 9 kommt Rauch, bald auch Schinkel, wir frühstücken bei Kerll, ich bringe meine Sachen zurecht, u. wir fahren nach 10 aus Pottsdam, u. auf der Straße nach Halle fort bis Coswig, wo wir sehr lang auf Pferde warten müssen. Wir fahren von da gegen Mitternacht weg. – Taback 8 G. u.a. 4 |: 1.16 :| –

Den 8. Juli [1816]. (Halle).

Wir kommen gegen 8 Uhr bey der Elbe an, u. fahren in das freundliche Dessau, wo uns der Hofgarten u. die Mühlen auf der Elbe sehr ergötzen. Abend 6 U. Halle, wo wir schöne Kirchen, u. einige alte Bilder sehen.[16]

Den 9. July [1816]. (Jena).

Gestern Abend fand ich beym Besehen der Kirchen u. des Gartens bey der Moritzburg,[17] den Hauptmann Velten, Wucherer, Prediger Plank. |: Plank :| Herr Prof. Kastner. Mit Ihnen bringe ich einen freundlichen Abend zu. Wir fahren heute zeitig von Halle, u. in Merseburg[18] zu einer Frau Krüger, deren Mann

---

[11] Das frühklassizistische Marmorpalais, das unmittelbar am Heiligen See liegt, wurde um 1790 gebaut. Zugleich wurde ein neuer Park angelegt. Vgl. Wegweiser für Fremde, S. 250–253.

[12] Das Drama Die Räuber von Fr. von Schiller wurde am 6. Juli 1816 in Potsdam vom Berliner Schauspielhaus aufgeführt.

[13] Die Peter-und-Paul-Kirche in der Potsdamer Innenstadt, die Groote sah, war ein barocker Bau, eingeweiht 1738. Mitte des 19. Jh.s wurde das Gebäude durch einen Neubau ersetzt.

[14] E. von Groote an J. von Groote, Potsdam, 7. Juli 1816 (HAStK, Best. 1552, A 20/20). Siehe Briefe und Schriften.

[15] Wegweiser für Fremde, S. 244: Das „königliche Posthaus" lag „an der Nauenschen Brücke."

[16] Es existiert eine Reihe von Zeichnungen Schinkels, die Gebäude in Halle darstellen. Sie werden in der Forschung nicht auf 1816 datiert, doch könnten einige von ihnen auf dieser Reise entstanden sein, so etwa: Marktkirche und Roter Turm in Halle an der Saale, Graphitstift, datiert „um 1820" (Berlin, Kupferstichkabinett; Inv.-Nr.: SM 17b.65 u. SM 13.19.).

[17] Moritzburg in Halle: spätgotisches, befestigtes Schloss.

[18] Von den existierenden Zeichnungen Schinkels von und zu Merseburg könnte die Zeichnung: Merseburg, Ansicht des Schlosses und der Domtürme, datiert auf um 1820, auf der Reise 1816 angefertigt worden sein (Berlin, Kupferstichkabinett; Inv.-Nr.: SM 17b.68).

Präsident der Regierung.[19] Wir sehn den schönen Schloßgarten,[20] das Wendsche Monument[21] daselbst, u. fahren dann durch schöne Gegenden nach Naumburg. Daselbst ist Meße, Juden, Neugriechen, aller Nationen Volk ist dort zusammen.[22] Wir sehen die große, schöne Stiftskirche. Bilder von Lucas Cranach u. seiner Schule sind hier in der Gegend sehr häufig. – Die Kirche ist vor gothischen, etwa noch byzantinischen Styls.[23] – Beuth u. Hecht lassen uns auf mehrern Stationen Billets, daß sie schon |14r| weiter fort sind, nun nach Weimar, von dort wollen sie nach Jena. Wir fahren trotz aller Beschreibung des schlechten Wegs nach Jena, durch sehr schöne Gegenden, an der Saale; es ist Mondhell u. blitzt leise in der Ferne. Wir kommen sehr spät, gegen 2 U. nach Jena. Verunglücktes Abentheuer mit dem Mädchen.

Den 10. Juli [1816]. (Weimar).

Göthe sollte hier seyn; allein, nähere Erkundigungen machen das Gegentheil wahrscheinlich. Wir machen uns auf, Jena zu besehen, u. nach Göthe zu forschen. Im Schloß[24] erfahren wir, daß er in Weimar sey. Wir besehen die schöne

---

[19] Geheimer Kriegsrat Krüger, seit 15. März 1816 Direktor bei der Regierung Merseburg. Ich danke dem Stadtarchiv Merseburg für seine Auskünfte.
[20] Vgl. A. von Langenn, Merseburg in den zehn ersten Jahren unsers Jahrhunderts, S. 244: „Wir wenden uns links nach dem Schloßgarten, treten in ihn durch ein Gitterthor und verfolgen in gerader Richtung die vor uns liegende schöne Kastanienallee. Etwa in der Hälfte derselben ist rechter Hand ein kleiner Vorsprung der Hochebene, auf welcher sich das Schloß und der Garten mit seinen Baumgängen, Blumenbeeten, Rasenplätzen und Buchenhecken befinden. Jener kleine Platz ist, wie die Alleen, mit Sand sauber bestreut, sorgfältig gehalten, mit einer weiß angestrichenen Vermachung zierlich umgeben und gewährt eine herrliche Aussicht in das schöne Saalthal."
[21] Wendsche Monument: vermutlich ein Steinkistengrab, auch Hunnengrab genannt, das im Schlossgarten stand.
[22] Seit dem Mittelalter war die Naumburger Messe für einige Jahrhunderte eine wichtige Handelsmesse, auch Anfang des 19. Jh.s war sie in der Region noch von Bedeutung.
[23] Naumburg Stiftskirche: Der Naumburger Dom St. Peter und Paul ist zu großen Teilen ein spätromanischer Bau. Niebuhr berichtete: Der Dom zu Naumburg „ist so in byzantinischen Styl, den Thürmen nach und im Innern, dass es wohl wenige ähnliche Gebäude in Deutschland giebt. Am Chor sind niedrige Säulenreihen, deren Capitäle aus Weinlaub gebildet sind, und die ein Gebälk tragen welches ebenfalls mit Weinlaub bedeckt ist; von den Thürmen sind zwey schlank und hoch, sechseckig, und mit einer kleinen Kuppel gekrönt; sehr ähnlich den Minarets der Moskeen; der dritte durchbrochen, mit hohen schmalen Pfeilern, viereckig, luftig und leicht zum Schwindeln: – der vierte fehlt: wie es das eigene Ungeschick der Baukunst ist dass ihre herrlichsten Werke leicht unvollendet bleiben." Im Dom „sind ganz uralte Bilder, leicht aus dem 13ten JH. – aber fast zerstört. Säuberung ist dringend nöthig wird aber sehr vieles unheilbar vernichten finden. Wo die Knaben haben hinreichen können ist mit Federmessern eingeschnitten und abgestochen" (B. G. Niebuhr an D. Hensler, ca. 28. Juli 1816; in: Niebuhr, Briefe, 1. Halbband, S. 46 u. 47 f.). Ähnlich an G. H. L. Nicolovius, Erfurt, 28. Juli 1816; ebd., S. 52 f.).
[24] Das Jenaer Stadtschloss, Residenz der Herzöge von Sachsen-Jena, umfasste 1816 mittelalterliche Teile und Bauten aus dem 16. Jh., die im 17. Jh. im Stil des Barock verändert worden waren. Das Schloss wurde 1905 niedergelegt.

Kirche, die, wenn gleich zu protestantischem Gottesdienst eingerichtet, doch sehr wohl erhalten u. gut eingerichtet ist. Wir steigen auf den Thurm,[25] wo man die ganze reiche Gegend übersieht. Gegen 12 Uhr kehren wir nach Haus zurück, essen zu Mittag, u. fahren bald nach Weimar zu.[26] Der Weg geht durch schöne Thäler, u. über die sogenannte xxxxxx.

Schon gegen 5 U. treffen wir in Weimar ein. Schinkel schickt gleich zu Göthe, u. wird auf Morgen um 10 Uhr zu ihm, u. zu Tisch gebethen. Dann machen wir uns zurecht, den Park zu besehen. Ein Professor der Oekonomie Sturm, den Schinkel kennt, geht mit uns. – Wir sehn dort das Römische Haus[27] mit den schönen Springbrunnen, das Gewächshaus in gothischer Form,[28] die Klosterruinen, Wasserleitung, Felsen u. Grotten etc. u. da wir nun morgen bis nach Mittag werden hier bleiben müssen, werde ich wohl mit der Frau Schinkel dieß alles u. was auch übrig ist, noch wieder ansehn. Jener Prof. Sturm, an dem mir übrigens nicht sehr viel zu seyn scheint,[29] geht mit uns nach Hause und bleibt zum Abendessen. – Kurz zu sagen, wie ich mit Schinkel stehe, so muß ich hier nur bemerken, daß es mir sehr schwer zu seyn scheint, mit Leuten, die, wenn gleich an

---

[25] Die Kirche St. Michael, im Stadtkern gelegen, entstand vom 14. bis 16. Jh. Von ihrer gotischen Kanzel aus Stein predigte Martin Luther. Vom 80 Meter hohen Turm aus, der auch heute noch bestiegen werden kann, bietet sich ein weiter Panoramablick.

[26] Über den Reiseabschnitt von Merseburg nach Jena berichtete Susanne Schinkel aus Coburg an ihre Schwester und ihren Bruder: „Aus Merseburg werdet Ihr meinen ersten Brief gewiss empfangen haben, worin ich unsere ersten Reisetage beschrieb. Nur die Pferde wechselten wir dort und setzten uns, nach einem kleinen Frühstück, womit uns die Krüger bewirtete, sogleich wieder in den Wagen, um weiter nach Naumburg zu fahren. Hier fanden wir Krausens wieder, besahen mit ihnen den Dom und nahmen zusammen unser Mittagbrot ein. Als wir von dort Pferde nach Jena verlangten, wo mein Mann denn Goethe zu finden hoffte, gab man uns den Trost, daß der Weg dahin fast nicht zu fahren sei, weil Wolkenbrüche und Überschwemmungen große Verwüstungen verursacht hätten, wir hofften indess durchzukommen und erlangten endlich die Pferde dahin. Mit einem zweifelnden Postillon fuhren wir um 5 Uhr Nachmittags ab und verliessen uns auf die mondhelle Nacht. Der Weg war wirklich über alle Beschreibung schlecht, doch kamen wir um 11 Uhr nachts ohne weiteres Unglück in Jena an, welches wir gewiss nur unserem sehr vorsichtigen Postillon zu danken hatten. Am Morgen früh forschte mein Mann sogleich, ob Goethe sich dort befand, und wir hatten den Verdruß zu hören, daß er einige Tage zuvor nach Weimar zurückgegangen sei. Jetzt bedauerten wir freilich, daß wir nicht auf besserem Wege von Naumburg gleich dorthin gegangen, doch war dies nun nicht mehr zu ändern, und wir fanden uns wie gute Christen in unser Schicksal, besahen Jena, was dort zu sehen ist: die Kirche, bestiegen den Thurm, aßen zu Mittag und fuhren dann Mittwoch mittag nach Weimar ab" (S. H. E. Schinkel an Schwester Charlotte u. an Johann Wilhelm Berger, Coburg, 13. Juli 1816 (Nachschrift des Briefs von ca. 1935); in: Junecke u.a., Schinkel, S. 39).

[27] Das Römische Haus wurde in den 1790er Jahren auf Anregung Goethes in Form eines kleinen Tempels als Gartenhaus des Herzogs errichtet.

[28] Das Tempelherrenhaus, ein ehemaliges Gewächshaus, wurde um 1786 für gesellige und repräsentative Veranstaltungen des herzoglichen Hofes umgebaut. Im Salon des Hauses befanden sich einige Skulpturen von Tempelherren.

[29] Der Agronom, Professor für Kameralwissenschaften und Direktor des Landwirtschaftlichen Instituts Tiefurt Karl Christian Gottlieb Sturm war einer der Begründer der Agrarwissenschaft.

Verdienst u. Kenntnißen vielleicht weit überlegen, doch in Stand oder äußerer Lebensart sich uns nicht gleich setzen zu können glauben, in |14v| nähere Verhältnisse zu treten, wie dieß eine solche Reise ist. Die Frau scheint mich noch etwas anderes fühlen lassen zu wollen, als ob es ihr manchmal unangenehm sey, daß ich mit reise, oder dergl., was ich selbst nicht recht ergründen kann. Besser wäre es, sie dächte, daß ich doch mit Schinkel der Geschäfte wegen, sie aber bloß des Vergnügens wegen mitreise. Einstweilen sind wir mit Höflichkeiten auseinander gekommen,[30] ich weiß nicht, ob es auf die Dauer so gehen wird. Einstweilen berichtigt auch Schinkel alle Reisekosten; am Ende wird sich ausweisen, ob ich meinen Antheil liquidiren, oder baar bezahlen muß. – Beuth u. Hecht sind heute von hier nach Rudolstadt. Wir sehn sie nun schwerlich vor Heidelberg wieder; xxx wäre es mir unangenehm, wenn sie lange vor uns angekommen, vielleicht den Herren BBB[31] schon die Köpfe toll gemacht hätten. – Ich lege mich überreitzt zu Bette, u. glaube daß es nicht gut ist, daß der Mensch allein sey. ∼

Den 11. July [1816]. (Erfurt)

Erst spät gegen 8 Uhr frühstücken wir. Ich nehme in einer Apotheke etwas Schwefelsäure zu meinem Feuerzeug. Dann gehen wir, den Dom zu sehen. Das große Bild daselbst von Lucas Cranach,[32] Christus am Creutz, daneben an einer Seite Christus, wie er auferstanden Hölle u. Tod überwindet; auf der anderen Seite Johannes der Täufer u. Luther, zwischen denen der Maler, der spät erst der neuen Lehre anhing, von einem Blutstral Christi begossen wird, im Hintergrund Moses, der die Schlange aufrichtet,[33] – gehört zu den besten Bildern dieses Meisters, vielmehr giebt es eine ganz neue Idee davon. Die Portraits des Herzogs von |15r| Sachsen mit seiner Gemahlinn u. 3 Söhnen, die auf den Flügeln stehn, sind ebenfalls sehr schön. Noch einige Bildhauerarbeiten sind merkwürdig. Nachher gehn wir in den Park u. nach Ober Weimar zu. Schinkel geht bald zu Göthe; wir übrigen aber weiter fort, biß zu dem nahgelegenen Ober Weimar, wo Herr Stürmer uns schon entgegen kommt. Wir bleiben dort etwas langweilig, sehn Kühe u. Stiere, Keller, Garten u. was sonst zur Oekonomie gehört, betrachten.[34] Bey der Zurückkunft finde ich den Major Ingersleben im Gasthof, der von

---

[30] Auseinander gekommen hier: ausgekommen.
[31] BBB: Die beiden Boisserée, Sulpiz und Melchior, sowie ihr Freund Johann Baptist Bertram.
[32] St. Peter und Paul Kirche (Herderkirche) in Weimar. In ihr befindet sich das Altarbild: Kreuzigung Christi, das von Lucas Cranach d. Ä. 1553 begonnen und von Lucas Cranach d. J. 1555 vollendet wurde.
[33] In einer Erzählung des Alten Testaments heißt es: Gott schickte dem Volk Israel zur Strafe für seine Undankbarkeit eine Schlangenplage. Nachdem Moses Gott um Gnade gebeten hatte, trug Gott ihm auf, eine Eherne Schlange aufzurichten, deren Anblick die Schlangenbisse heilte.
[34] Satz sic. Das von Groote besichtigte Gut in Oberweimar war eines der Kammergüter im Großherzogtum Sachsen-Weimar-Eisenach, das K. Chr. G. Sturm als landwirtschaftliches Institut betrieb. Über den Aufenthalt in Weimer schrieb Susanne Schinkel an ihre Schwester und ihren

Cöln versetzt nach Frankreich, einstweilen auf Urlaub nach Berlin geht. Ich esse mit Frau Schinkel u. Maria, u. wir packen nachher auf. Auch Schinkel kommt bald zurück, u. erzählt, wie es ihm bey Göthe gegangen. Er schildert den Alten wohl, in seiner vornehmen Bürgerlichkeit.[35]

Nun packen wir schnell, u. reisen bald nach Erfurt ab. Der Weg ist zum Theil sehr schlecht, doch kommen wir schon um 7 xx U. an, besehen bald einige Plätze u. Kirche, u. begegnen dem Preußischen Offizier Diest, der noch immer klagt. Wir wollen morgen mehr davon sehn, u. kehren deshalb bald nach Hause zurück, wo wir zu Abendessen, Zeitungen lesen u. uns zur Ruhe geben.

Den 12. July [1816]. (Ilmenau.)

Wir arbeiten früh an der Befestigung des Koffers auf dem |15v| Wagen, weil die Eisen den Koffer verderben. Diest kommt gegen 6 U. Wir gehen bald aus, sehen eine schöne große Kirche[36] an, worin ein Altar mit Bildern, wie die von Heister-

---

Bruder: „Dort kamen wir noch früh genug an, um uns auch den Park anzusehen, worin der Professor Sturm, den mein Mann von Köstritz her kannte und den wir im Gasthofe trafen, umherführte. Mein Mann hatte sich schon in einem Billet bei Goethe angemeldet und wurde sehr artig von ihm zu einer Spazierfahrt und Mittagessen eingeladen. Donnerstags früh also gingen wir noch in Weimar umher, besahen uns die Hauptkirche, wo wir ein sehr schönes Bild, Altarblatt, vom Lucas Kranach gemalt, fanden und bewunderten. Vom Herrn Sturm, der sehr erfreut gewesen war, meinen Mann zu finden, waren wir, Herr von Grothe, ich und Marie, indeß mein Mann mit Goethe war, eingeladen nach Ober-Weimar, einer herzoglichen Meierei, zu kommen, wo uns die herzoglichen Schweizer Kühe, Merinos Schafe und Champagna Schweine gezeigt werden sollten, auch wurden wir nebenbei mit schöner Milch und dort gemachten Schweizerkäse aufs beste bewirtet. Zu Mittag aßen wir wieder im Gasthof und erwarteten dann mit Sehnsucht meinen Mann vom Goethe zurück, weil wir wünschten noch denselben Abend weiter zu gehen. Um 4 Uhr kam mein Mann sehr erfreut und erbaut über Goethes freundliche Aufnahme" (S. H. E. Schinkel an Schwester Charlotte u. an Johann Wilhelm Berger, Coburg, 13. Juli 1816 (Nachschrift des Briefs von ca. 1935); in: Junecke u.a., Schinkel, S. 39).

[35] Schinkel berichtete Altenstein am 6./7. Aug. 1816 über diesen Besuch bei Goethe, bei dem er sich über die Boisserées und ihre Sammlung erkundigt hatte: „Alle Winke, welche ich in dieser Beziehung erhalten konnte, mußten mir willkommen sein; ich hielt es deshalb für zweckmäßig, bei meiner Durchreise durch Weimar den Herrn Geheimen Rath von Goethe um einige geneigte Worte in dieser Angelegenheit zu bitten, da das Verhältniß, in welchem derselbe mit den Herren Boisserée steht, hinreichend bekannt ist. Herr von Goethe hatte die große Güte, während eines ganzen Tags, den ich bei ihm zubringen mußte, mir die willkommenste Auskunft über die Verhältnisse der Herren Boisserée und Bertram, über ihren Charakter und den Zweck ihrer Thätigkeit und über den Werth ihrer Sammlung mitzutheilen. Mit diesem vorläufigen Bilde der Sache kam ich nach Heidelberg" (K. Fr. Schinkel an K. S. Fr. vom Altenstein, Heidelberg, 6./7. Aug. 1816; in: Wolzogen, Schinkel's Nachlaß, Bd. 2, S. 180). Goethe schrieb an S. Boisserée: „So eben verläßt mich Herr Geheimrath Schinkel und eilt vielleicht diesem Brief zuvor. Er bringt Bedingungen [zum Ankauf der Sammlung durch den preuß. Staat], welchen kein Mädchen widerstände, wahrscheinlich auch die Jünglinge nicht" (J. W. von Goethe an S. Boisserée, Weimar, 12. Juli 1816; in: S. Boisserée, Briefwechsel, Bd. II, S. 124).

[36] Vermutlich: Allerheiligenkirche in der Erfurter Innenstadt.

bach;[37] dann die Predigerkirche,[38] worin schöne Skulpturen, u. einige gute Gemälde u. Fenster sind; [Einschub: das Tabernakel hinter dem Hochaltar] endlich den Dom.[39] Wir steigen auf den Thurm bis zu der ungeheuren Glocke[40] u. noch weiter, dann sehen wir den Kreuzgang,[41] |: Fisch daselbst soll nebst Weinblättern u.a. uraltes Symbol seyn:| halb noch byzantinisch, halb gothisch; dann das Innere der schönen Kirche. Merkwürdig ist darin eine schöne Grablegung Xti [Christi], mit vielen Figuren in Stein, eine sehr schöne Heilige Familie von Lucas Cranach,[42] ein großes Xristophorus [Christophorus]-Fresko gemalt; viele kleine gegossene Medaillons an den Ecken der Grabsteine, aus dem 17. Jahrhundert. Diese Kirche xxxx ist noch Catholisch. Domherrn halten den Dienst darin.[43] Die Kirche selbst liegt auf schönen Substruktionen, u. hat noch 2 gewölbte Kirchen unter sich, doch nun verdorben. Die Glasfenster sind sehr schön, eben so die Portale[44] u. alle Verzierungen. Die nebenangelegene FranziskusKirche[45] können wir nicht besehen. –

---

[37] Der Kreuzigungsaltar des Meisters des Heisterbacher Altars, entstanden um 1550 in Köln, stammt aus dem Kloster Heisterbach im Siebengebirge. Er gehörte zur Sammlung Boisserée und befindet sich heute in der Staatsgalerie Bamberg.

[38] Die Erfurter Predigerkirche entstand als Kirche des Dominikanerordens vom 14. bis zur Mitte des 15. Jh.s in gotischem Stil. Um 1806, während der Napoleonischen Kriege, wurde die Kirche zweckentfremdet, teilweise verwüstet und geplündert. Seit 1808 wurde sie wieder zum Gottesdienst genutzt, war jedoch in schlechtem Zustand und sollte abgerissen werden. Schinkel setzte sich für den Erhalt der Kirche ein; sie wurde 1826 bis 1828 renoviert. Die gotischen Fenster aus dem Jahr 1240, die Groote bewunderte, wurden, da sie beschädigt und unvollständig waren, Ende des 19. Jh.s ersetzt, diese neuen Fenster im Zweiten Weltkrieg zerstört. Erhalten ist der gotische Flügelaltar mit der Darstellung der Passion Christi – in geschnitzter Innen- und bemalter Außenseite – sowie der gotische Tabernakel.

[39] Erfurter Dom (Marienkirche): Der romanische, im 12. Jh. errichtete Bau erfuhr im 13. und 14. Jh. Veränderungen und Erweiterungen in gotischem Stil. Er wurde unter franz. Besetzung als Pferdestall genutzt. Seit 1828 fanden umfangreiche Umbauten und Restaurierungen statt. Die spätgotischen, zwischen 1370 und 1420 gefertigten Fenster sind zum großen Teil erhalten.

[40] Die noch heute vorhandene, Gloriosa (die Ruhmreiche) genannte Glocke des Erfurter Doms wurde 1497 gegossen.

[41] Vgl. K. Fr. Schinkel, Erfurt. Kreuzgang des Domes, gotisches Kapitell u. Verzierung, Feder in Grau, über Vorzeichnung mit Graphitstift (Berlin, Kupferstichkabinett; Inv.-Nr.: SM 17b.66). Die Zeichnung ist datiert auf „wohl 1802", sie ist aber vermutlich 1816 entstanden.

[42] Vermutlich sah Groote das Gemälde Die mystische Verlobung der Heiligen Katharina (Madonna mit Kind und den Heiligen Katharina und Barbara), das er als Heilige Familie interpretierte. Lucas Cranach d. Ä. stellte das Gemälde in den 1520er Jahren fertig. Ich danke dem Angermuseum in Erfurt für die Auskunft.

[43] Das Chorgestühl aus der Zeit um 1330 ist bis heute fast ganz erhalten.

[44] Das Hauptportal umfasst Darstellungen der Kirche und der Synagoge, der Zwölf Apostel und der klugen und törichten Jungfrauen.

[45] Barfüßerkirche, als Klosterkirche der Franziskaner im 14. Jh. errichtet. Das 1944 durch Bomben schwer beschädigte Gebäude wird als Ruine erhalten und in Teilen zu kulturellen Zwecken genutzt.

Wir gehn nun durch die Stadt zu unserm Gasthof zurück. Diest empfielt sich. Die Stadt hat viele und zum Theil sehr schöne Kirchen.[46] Wir fahren nun bald ab, bleiben in einem Moor im Berge nach Arnstedt [Arnstadt] hin fast stecken, u. kommen dorthin gegen 2 Uhr auf schändlichen Wegen. In Arnstedt müssen wir lange auf Pferde warten. Ich besehe mit Schinkel die Liebfrauenkirche[47] daselbst, in der kein Dienst mehr Statt hat. Sie ist groß u. sehr schön; zum Theil noch byzantinisch; an den byzantinischen Säulen am Portal |16r| kommen seltsam umklammernde Scheusale vor. Wir fahren endlich von hier nach Ilmenau, durch prächtige Thäler des Thüringer Waldes, doch in viel Regen.[48] Wir kommen gegen 7 ½ an, logieren in der Post, u. da ich an heftigem Schlucken leide, kaufe ich mir Pflasterungtüchlein.[49] |:1.5:| Wir wohnen ganz angenehm. Das Wetter ist sehr wüst.

Den 13. July [1816]. (Coburg).

Gegen 6 Uhr fahren wir von Ilmenau weg. Der Weg geht gleich durch hohe Gebirge des Thüringischen Waldes, wo sich manche sehr herrliche Landschaften u. Aussichten anbiethen. Gegen 10 Uhr sind wir auf der höchsten Höhe, die wir bereisen, in dem Dorfe Freyenwalde [Freienwalde], wo die dicke, aber äußerst anstandsvolle, feine Wirthinn, u. deren eben so edel als angenehm gebildete Nichte ist. Wir frühstücken u. reisen weiter. Gegen 3 Uhr sind wir in Schleusingen, wo in dem Posthause der 7jährige Knabe viel Anlage zum malen und Zeichnen zeigt. Kurz vor Hildburghausen steigen wir glücklich noch aus, da gewiß unser Wagen ohne die Beyhilfe des Postillions umgefallen wäre. Das Wetter ist noch immer sehr abwechselnd.[50] –

---

[46] Susanne Schinkel an ihre Geschwister: „In Erfurt kamen wir an demselben Abend noch früh genug an, um vorläufig den Dom von außen uns anzusehen, dessen Anblick mich eben so sehr überraschte als entzückte. Am folgenden Morgen, Freitag früh, besahen wir ihn von innen, bestiegen den Thurm, bei welchen Gelegenheiten Marie sich immer sehr unermüdet und tapfer bezeigte" (S. H. E. Schinkel an Schwester Charlotte u. an J. W. Berger, Coburg, 13. Juli 1816 (Nachschrift des Briefs von ca. 1935); in: Junecke u.a., Schinkel, S. 39).

[47] Die Liebfrauenkirche in Arnstadt umfasst romanische wie gotische Bauteile. Ende des 18. Jh.s verfiel sie allmählich, 1813 wurde der Gottesdienst eingestellt. Erst nach 1880 setzten Restaurierungsarbeiten ein, die das Gebäude stark veränderten.

[48] Zu den Auswirkungen der schlechten Witterung in Thüringen vgl. B. G. Niebuhr an D. Hensler, ca. 28. Juli 1816 (in: Niebuhr, Briefe, 1. Halbband, S. 48).

[49] Pflastertücher, hier: medizinische Umschläge oder Auflagen.

[50] Susanne Schinkel an ihre Geschwister: „Um 11 Uhr fuhren wir von Erfurt weiter über Arnstadt nach Ilmenau, wo wir bei einer Witwe ganz vortrefflich aufgenommen und logiert wurden. Das Wetter war den Tag über schlecht geworden und die Wege waren es über alle Beschreibung, so daß wir alle oftmals aus dem Wagen steigen mußten, kurz hinter Erfurt zum Beispiel, versanken die Pferde förmlich im grundlosen Boden, so daß sie nur mit Mühe sich wieder herausarbeiten konnten. Auch sahen wir überall schreckliche Verwüstungen von Wasser angerichtet. Aus Ilmenau fuhren wir heute Sonnabend früh durch den Thüringer Wald, über Schleusingen, Hildburghausen,

Wir fahren nun sehr schnell auf guter Straße noch 2 Stationen nach Coburg.[51] Zwey alte Schlösser zeigen sich nicht weit vor Coburg. Wir sind kaum am Thor gemeldet[52] und im Schwanen[53] abgestiegen, als schon der Minister v. Wangenheim schickt, Schinkel komplimentiren zu lassen. Bald schreibt Schinkel dem Schloßhauptmann, um dem Fürsten gemeldet zu werden, u. alsbald schickt der Schloßhauptmann zweymal, Schinkel zum Thee einzuladen, u. ihn zu versichern, daß beym Fürsten |16v| alles gemeldet werden würde. Kaum sind wir beym Abendessen, als auch der Fürst selbst schickt, Schinkel zu bitten, sich nichts abgehen zu lassen, die Freudensbezeugung über dessen Ankunft zu äußern, u. zu entschuldigen, daß man ihn nicht im Schloß empfangen könne, da durch viele Fremde der Raum zu sehr beengt sey. So viel kleinstädtisches Wesen ist mir nie vorgekommen, u. wir lachen herzlich darüber. Auf allen Fall werden wir wohl morgen, wo nicht noch länger, hier bleiben müssen. – Auch von Beuth sollen Briefe hier seyn, deren wir aber noch nicht habhaft werden können. Alle sind wir sehr müde, u. suchen daher zeitig das Bette.[54]

Der 14. July [1816]. (Coburg). Sonntag.

Ich gehe frühe, nach den Briefen zu fragen, welche, wie wir von dem Polizeydiener [hören], von Beuth für uns im Gasthof zum Schwanen seyn sollten; ich kann

---

Rodach nach Coburg" (S. H. E. Schinkel an Schwester Charlotte u. an J. W. Berger, Coburg, 13. Juli 1816 (Nachschrift des Briefs von ca. 1935); in: Junecke u.a., Schinkel, S. 39).

[51] B. G. Niebuhr an D. Hensler, ca. 28. Juli 1816: „Der Postmeister sagt uns, der Weg über Meiningen auf Koburg u. Bamberg sey ausgebessert für die Vermählung des Prinzen Bernhard, und solle sehr fahrbar seyn. Ist das, was wir hoffentlich zu Gotha erfahren werden, so ersparen wir uns den Umweg über Würzburg, dessen Schönheiten mit dem Zeitaufwand u. der Entfernung von Nürnberg theuer bezahlt wären. Indessen wollen wir sicher gehen, mit unserm Wagen ist in Bergwegen nicht zu spassen. Seyd aber nicht bange für uns: sind wir erst jenseits des Thüringerwalds so haben wir ununterbrochen schöne Chausseen" (in: Niebuhr, Briefe, 1. Halbband, S. 48). Niebuhr reiste schließlich doch über Würzburg.

[52] Der Pass Grootes wurde in Coburg von der Polizeidirektion kontrolliert: „gesehen und gültig zur Reise über Bamberg und Würzburg, Koburg am 13ten July 1800 u. sechzehn" (E. von Groote, Pass; Stadtarchiv Hürth, Best. 3.01, Nr. 348, Bl. 5).

[53] Der Gasthof Zum weißen Schwan in Coburg, ein Haus für gehobene Ansprüche, war seit 1570 im selben Gebäude Spitalgasse 19; 1782 logierte hier Goethe. Um 1908 wurde das Gebäude niedergelegt.

[54] Susanne Schinkel an ihre Geschwister: „Kaum sind wir hier angekommen, und schon haben der Hofmarschall Kunde davon, ein Bote mit Einladungen begegnet dem anderen, auch hat der Herzog meinen Mann schon zu morgen, Sonntag Mittag eingeladen. Wir sind indes fest entschlossen, Montag früh über Camburg weiter zu gehen. Das Wetter ist regnigt und so kalt geworden, daß wir heute im Thüringer Wald alles anziehen mussten, was wir nur gegen die Kälte mit uns führen. Doch hat uns die Fahrt sehr viel Genuß verschafft. Beuth und Hecht sind unaufhaltsam vorangeeilt und wir haben seit Naumburg weiter keine Nachricht von ihnen" (S. H. E. Schinkel an Schwester Charlotte u. an J. W. Berger, Coburg, 13. Juli 1816 (Nachschrift des Briefs von ca.0 1935); in: Junecke u.a., Schinkel, S. 40).

sie aber nirgend entdecken. Ich gehe nun zur Kirche, einer Katholische Capelle,[55] welche vor dem Bamberg-Thor liegt. Die Gemalinn des Prinzen Ferdinand läßt sich lang erwarten, u. da sie endlich mit Einer Hofdame kommt, fängt eine Art von Sangmesse an. Die Prinzess scheint mir etwas der Marie Louise von Oesterreich zu gleichen. Da ich aus der Kirche komme, u. durch den Schloßgarten gehen will, steht Schinckel bey dem Herzogen. Ich gehe nicht weit vorbey, u. Schinkel ruft mich an, weil der Herzog mich sehen wolle. Ich stelle mich ihm vor, u. finde an ihm einen großen, schönen, wahrhaft adlichen Mann. Wir gehen nun in den vielen Anlagen, Thürmen etc., alles in gothischem Styl, dann in mehrern Theilen des Schlosses herum, welches auch ganz gothisirt werden soll.[56] Die Capelle[57] ist überladen in schlecht-französischem Geschmack, allein, mit guten Fresco Gemälden versehen. Der Herzog wollte sie vernichten; allein, Schinkel u. wir alle Protestiren sehr, u. der Herzog ist noch unschlüssig. Ein französischer |A 1/8–16; 17r| Baumeister, den der Herzog aus Paris hat kommen lassen, ist sehr unglücklich, weil er wenig von der gothischen Baukunst versteht, sie für schlecht hält, u. doch üben soll, kein deutsch kann u.s.w.[58] Ein anderer Baumeister, Eberhart,[59] ist wie ein Bedienter, macht alles, was der Herzog verlangt, u. scheint nicht viel zu verstehen. Wir fahren bald nach dem Schlößchen Rosenau, welches der Herzog ganz in gothischem Styl herstellen läßt.[60] Es ist dort manches sehr sehenswerthe, die Gegend u. Aussicht vorzüglich. Es kommen dorthin, die Herzoginn Mutter, u. deren alte Schwägerinn, dann der Herzog, der Schinkeln fährt, des Herzogs Bruder Ferdinand, dessen Frau, die reiche Wienerinn, die ziemlich hübsch aber dumm aussieht, die Fürstinn von Leiningen, Schwester des Herzogs, die interessanteste von allen, – man erkennt in ihr ein Weib, welches die Lust der Welt recht durchgeschmeckt hat;[61] sie hat eine kleine Tochter[62] bey sich, in der ich etwas von Steinxxxxx zu sehen glaube, – die andere Schwester des Herzogs, Frau eines österreichischen General v. Menging, ein alter Graf Reuß, – Hofdamen, Muscadins,[63] unter diesen primo der Kammerjunker v. Rosenberg, ein Herr v.

---

[55] Die 1442 erbaute St. Nikolauskapelle wurde seit 1806 von der katholischen Gemeinde Coburgs genutzt.
[56] Schloss Ehrenburg in Coburg war von Mitte des 16. Jh.s an die Stadtresidenz der Herzöge von Sachsen-Coburg-Gotha. Nach einem Brand Ende des 17. Jh.s wurde ein dreiflügeliger Neubau im Stil des Barock errichtet. Nach Entwürfen Schinkels von 1810 erhielt das Schloss eine neugotische Fassade.
[57] Die Schlosskirche mit üppiger barocker Innengestaltung blieb erhalten.
[58] Der franz. Architekt André-Marie Renié-Grety, ein Vertreter des Klassizismus, gestaltete vor allem Innenräume des Schlosses.
[59] Bauinspektor Gottlieb Eberhard war beauftragt, die Entwürfe Schinkels zu realisieren.
[60] 1810 hatte Schinkel auch Pläne für Schloss Rosenau entworfen.
[61] Marie Louise Victoire zu Leiningen, geb. von Sachsen-Coburg-Saalfeld. Sie hatte 1803 Fürst Emich Carl zu Leiningen geheiratet, der 1814 starb. 1818 heiratete sie Eduard August, Herzog von Kent und Strathearn; aus dieser Ehe stammte die 1819 geborene Victoria, spätere englische Königin.
[62] Feodora von Leiningen, geboren 1807, war Tochter von Marie Louise Victoire und Fürst Emich Carl zu Leiningen.
[63] Muscardins: Hofleute.

Senf, ein Graf Solms, der Herr v. Coburg etc. Dann sind noch der Schloßhauptmann, u. der Obristlieutnant v. Symborsky, mit dem ich fahre. Manche der Anlagen des Schlößchens sind recht schön, einiges im Einzelnen nicht ächt im alten Styl. Wir essen stattlich zu mittag, sehen |17v| alles an, u. kehren gegen 9 Uhr nach der Stadt, etwa 5/4 Stunden zurück. Trinkgeld, wo wir die Frau Schinkel bey der Obristlieutnantinn abhohlen, wo sie den Tag zugebracht hat. |:3.12:|

Den 15. July [1816]. (Coburg).

Schinkel hat noch manches Kleine für den Herzog zu zeichnen, u. geht schon früh wieder auf's Schloß. Ich begleite dessen Frau auf das Bergschloß,[64] wo wir die Werke, Canonen Wagen u. Rüstung des alten Grafen von Coburg, Casimir, die Zimmer Dr. Luthers u. dessen Bett, sehen. Luther vollendete dort einen Theil seiner Bibelübersetzung. –

Die Tochter unsres Wirths ist doch wirklich recht hübsch u. nicht gar zu spröde; sie macht mir während des ganzen Spaziergangs den Kopf warm, u. ich gab ihr doch nur einen Kuß, u. ist weit genug weg. – Trinkgeld auf dem Schloß. |:1.10:| Dann einem Gefangenen, der schon 12 Jahr sitzt, u. sein böses Bein an der Sonne wärmt, |:–12:| u. nachdem wir in die Stadt zurück sind, kaufe ich mir etwas Taback. |:–15; xxx 4:| Bald kommt Schinkel u. kündigt an, daß er schon ganz fertig u. zur Abreise bereit sey. Wir werden also nach Bamberg reisen. Als wir nach Tische die Rechnung fordern, zeigt sich, daß der Herzog gegen die Zahlung protestirt hat, u. nolens volens muß auch ich auf Allerhöchste Rechnung gezehrt haben. –

Das hübsche Mädchen scheint mir verliebt, sie geht mir von Ferne nach, u. |18r| wird roth, wenn sie mich sieht, u. ich habe sie doch nur 3–4 mal geküßt. Nun wird mir freilich wärmer, u. ich winke ihr hinauf; sie aber macht bedenkliche Gebärden, daß sie es ihrer Alten wegen nicht wage. Als ich ihr sage, daß wir fort müssen, scheint sie mir recht betrübt. Noch ein Tag oder wohl nur noch eine Nacht, u. es wäre mit mir einmal wieder zu Liebesabentheuern gekommen, die mir, leider, lange sehr fremd geblieben sind. Die hübsche Kleine hat mich recht warm gemacht; ich kann Sie nur flüchtig noch sprechen, u. werfe ihr ihre Bangigkeit vor. So reisen wir ab, u. ihr Bild quält mich unaufhörlich.

Wir reisen sehr schnell. Auf der ersten Station Lichtenfels ist festliches Vogelschießen u.a. Lustbarkeiten. Es werden dort unsere Pässe visirt.[65] Dann erhalten wir die ersten Baierischen Postpferde, u. fahren äußerst schnell bey der Kirche zu den 14 Heiligen bey Staffelberg,[66] einem Felsberge, u. dem dort gegenüber auf

---

[64] Veste Coburg: Burganlage, in der sich Martin Luther 1530 sechs Monate aufhielt. Vgl. auch: K. Fr. Schinkel, Blick auf die Veste Coburg von Norden, „wohl 1810" (Berlin, Kupferstichkabinett; Inv.-Nr.: SM 13.26).

[65] Eintrag im Pass E. von Grootes vom 15. Juli 1816 zur Kontrolle in Lichtenfels (Stadtarchiv Hürth, Best. 3.01, Nr. 348, Bl. 5).

[66] Die Wallfahrtsbasilika Vierzehnheiligen, entworfen von Balthasar Neumann, zählt zu den prachtvollsten Barockkirchen in Süddeutschland.

einer Bergspitze liegenden Kloster[67] vorbey; wir erhalten nochmal frische Pferde, u. fahren im ganzen die 6 Meilen von Coburg nach Bamberg von 2 ½ bis 8 ½ Uhr. |:Bamberg:| Wir kehren in Bamberg in den Bamberger Hof ein,[68] wo ich vor einem Jahr mit Schreckenstein logirte. Auch der junge schwarze Kellner, u. die, von Schreckenstein sogenannte, Gesellschaftsmamsell sind noch dort. Wir essen zu Nacht, u. gehen bald müde zu Bette. |18v|

Den 16. [July 1816]. (Würzburg).

Wir sehen in Bamberg früh die Jesuitenkirche,[69] in welcher Dienst ist, u. dann den Dom.[70] Der schöne byzantinische Styl, mit den reichen Basreliefs, Simsen u. Säulen, gefällt Schinkeln sehr wohl. Die Kirche ist, – wenn auch nicht ganz genau überall ganz in gleichem Geschmack, doch durchaus fertig u. vollendet. Der neue römische Hochaltar, u. die kleineren, machen keinen guten Eindruck, wenn gleich die Arbeit daran nicht übel ist. Sehr schön sind die Basreliefs, welche oben und unten an jeder Seite den Chor einschließen; dann auch die Portale, mit den darin aufgestellten Figuren. – Wir gehen nun auf den Michelsberg, wo wir im Garten die schöne Aussicht über die Stadt haben. Wir gehen nun bis an die Promenaden, im Buchs, doch, da Marie sehr müde ist, bald nach Hause. Ich sehe mit Schinkel noch die Widekindsche Brücke,[71] u. gegen Mittag fahren wir nach

---

[67] Das Ende des 17./Anfang des 18. Jh.s hoch über dem Main erbaute Kloster Banz wurde 1803 aufgelöst. 1814 erwarb die Gebäude Herzog Wilhelm in Bayern, der sie als Sommerresidenz nutzte. Vgl. Jäck, Bamberg, S. 161: „Weiter vorwärts verfolgen wir den Lauf des Mains [...], majestätisch erheben sich die beyden Thürme der ehemaligen Abtey Banz von den hellsten Sonnentrahlen beleuchtet – gegenüber zeigt sich der alte Kahlkof Staffelberg mit seinem abgerundeten jüngeren Bruder, und neben ihnen beyden die schöne Kirche von 14 Heiligen, deren melodisches Glockenspiel durch mehrere Wiederhalle selbst unsere Gehörsnerven auf diesem Standpunkte sonst erschütterte."

[68] Vgl. Jäck, Bamberg, S. 31.

[69] Jesuitenkirche St. Martin, Ende des 17. Jh.s im Barockstil erbaut. Jäck, Bamberg, S. 31: Dem Bamberger Hof „zur Seite steht der schönste Tempel unserer Stadt – erbaut 1690/93 von der ehemaligen Gesellschaft Jesu."

[70] Bamberger Dom St. Peter und St. Georg; Jäck, Bamberg, S. 108: „Vor uns stehen die himmelanstrebenden Thürme, welche den zwischen ihnen liegenden gothischen Tempel mit seinem kühnen Gewölbe und in diesem die marmornen Grabmäler Kaiser Heinrichs II. und seiner Gemahlin Kunegund, des Bischofs Suidger und nachherigen Pabsts Clemens II. etc. aus parischem Marmor, die freystehende dorische Säule mit dem Bilde Christi im Momente der Auferstehung aus mayländischem Marmor etc. die Basreliefs etc. von allen Seiten einschließen. Diese ehrwürdige Domkirche ist noch – fast in ihrer ursprünglichen Gestalt – ein Denkmal Kaiser Heinrichs II."

[71] Wiebekingsche Brücke: Brücke über die Regnitz, erbaut 1809 von Carl Friedrich von Wiebeking. Jäck, Bamberg, S. 13: „Eine kleine Anhöhe führt uns auf die breite Bogenbrücke, zu welcher im May 1809 die ersten Materialien bearbeitet wurden. Sie war nach 8 Monaten schon vollendet [...]. Sie ist auf den Ruinen der steinernen Seesbrücke errichtet, welche 1784 durch die Gewalt des hoch gestiegenen und wüthenden Stromes ganz aus ihren Grundfesten gehoben wurde. Die jetzige Bogenbrücke ist vielleicht die größte in ganz Deutschland, und zeichnet sich durch ihre neue Bauart als eines der schönsten Denkmäler Bambergs aus."

Würzburg zu. Auf dem Wege ist uns nur die große, ebenfalls in byzantinischem Styl schön vollendete Klosterkirche zu Ebrach[72] merkwürdig. Das Innere daran ist vor circa 30 Jahren so mit Marmor u. Gypsarbeit überdeckt, daß man vom alten Bau wenig mehr sieht. Die Bamberger Kirche ist von Heinrich II. u. Cunigunde erbaut; die von Ebrach von Kaiser Conrad u. dessen Gemalin. Etwas älter scheint die ehemalige, auch noch ganz erhaltene kleinere Kirche, die daran liegt.[73] Prachtvoll ist auch das neue, |19r| 1803 aufgehobene Kloster. –

Wir fahren nun ohne Aufenthalt über Neusis [Neuses] nach Dettelbach über den Mayn, u. machen die letzte Station in Nacht u. Nebel. In Würzburg kehren wir in den Bayerischen Hof[74] ein, u. gehen bald zur Ruhe.

Den 17. Jun. [July 1816]. (Darmstadt).

Es regnet sehr.[75] Wir besehen den, im Innren ganz renovirten Dom,[76] bringen die Frau Schinkel u. Maria in eine kleine Kirche, wo vierzigstündig Gebeth ist, u. sehen noch mehrere alte Gebäude an. In der Kirche mit der hohen Kuppel nahe am Markt,[77] hängen zwey Flügel ohne Mittelstück neben dem Chor, die sehr wie Dürer ausehn, die aber Schinkel für Martin Schoen[78] hält. Die kleine Kirche auf dem Markt ist aus der besten Zeit, recht rein, wohl erhalten; besonders sind die 3 Portale sehr schön.[79] Wir holen Frau Schinkel wieder ab, besehen mit ihr das

---

[72] Die Kirche des ehemaligen Zisterzienserklosters Ebrach wurde im 13. Jh. errichtet. Sie ersetzte einen Vorgängerbau, dessen Stifter Kaiser Konrad III. und seine Frau Gertrud waren. Im 17. und 18. Jh. erhielt die Kirche eine barocke Innenausstattung. Seit Mitte des 17. Jh.s entstanden umfangreiche Klosterbauten, 1803 wurde das Kloster säkularisiert.

[73] Die Anfang des 13. Jh.s fertiggestellte Michaelskapelle in Ebrach umfasst sowohl romanische wie frühgotische Formen.

[74] Vgl. Carl Gottfried Scharold, Würzburg und die umliegende Gegend für Fremde und Einheimische, Würzburg 1815, S. 68 f.: „Gasthäuser. Unter diejenigen, welche theils wegen ihrer schönen Lage, ansehnlichen Gebäude, innern bequemen Einrichtung, theils durch andere empfehlende Eigenschaften sich auszeichnen, und daher von distinguirten Reisenden dermalen am häufigsten besucht werden, gehören der Baierische Hof, nächst am Residenzplatze".

[75] Auch in Würzburg wurde Grootes Pass geprüft. Vgl. Eintrag und Stempel der Polizeidirektion Würzburg im Pass, 17. Juli 1816 (Stadtarchiv Hürth, Best. 3.01, Nr. 348, Bl. 5).

[76] Dom zu Würzburg: romanische Basilika St. Kilian, erbaut im 11. Jh. Die Innenausstattung wurde im Barock neugestaltet. Scharold, Würzburg, S. 101: „Man trifft in derselben [der Domstiftskirche] mehrere vorzüglich schöne Altarblätter, schön gerathene Epitaphien von Erz und Marmor, eine altgothische Kanzel mit albasternen Gruppen u. Figuren und viele andere Denkwürdigkeiten an, die den Freund und Forscher des grauen Alterthums mit angenehmen Eindrücken erfüllen."

[77] Neumünster, im 11. Jh. errichtet, im 17. Jh. umgebaut. Scharold, Würzburg, S. 102: „In einer kleinen Entfernung vom Dom steht die Kirche zum Neuen Münster, die sich vornehmlich durch eine ungemein schöne mit verschiedenen Heiligen Statuen decorirte Façade und eine große Kuppel auszeichnet. [...] Im Chor hängen einige gute Gemälde von Albrecht Dürer."

[78] Martin Schoen/Schön: Martin Schongauer (um 1450–1491).

[79] Marienkapelle am Marktplatz, erbaut im 14. Jh. in gotischem Stil am Standort der im Pogrom von 1349 zerstörten Synagoge. Scharold, Würzburg, S. 95 f.: „Kapellen zählt man in Allem neunzehn;

äußere des prächtigen Schlosses,⁸⁰ u. nachdem wir sie nach Haus gebracht, besteige ich mit Schinkel die Mühle, u. gehn fort, über die Mainbrücke,⁸¹ zur Kirche des Heiligen Burghardus,⁸² welches ziemlich das älteste byzantinische Alterthum von Würzburg seyn mag. Dann kehren wir nach Hause zurück, frühstücken, u. fahren gegen 1 ½ nach Aschaffenburg zu durch das Gebirge. Wir werden oft auf dem Wege u. in den Posthäusern aufgehalten, u. kommen nach mehrern Stationen Mitternacht in Aschaffenburg an. Es werden |19v| die Pässe visirt, u. wir fahren durch nach Darmstadt hin, wo wir erst gegen 8 Uhr ½ morgens statt um 6 U. ankommen.

Den 18. July [1816]. (Darmstadt).

Ich schreibe bald an die Frau v. Gouaita-Brentano nach Frankfurth, der ich das Kinderkleid von ihrer Schwester schicke.⁸³ Schinkel schreibt an Moller, der bald kommt, uns abzuhohlen. Von ihm erfahre ich, daß gestern Joseph u. Fochem hier durch nach Heidelberg passirt sind. Die also soll ich dort finden.⁸⁴ Wir gehn mit

---

worunter einzig die Hofkapelle in der Residenz, die Marienkapelle auf dem Markte, und die Kapelle in dem Juliusspitale besondere Würdigung verdienen. [...] Die Marienkapelle ist ein ehrwürdiges Denkmal altgothischen Styls. An ihren innern Wänden erblickt man ringsum Wappen und Leichensteine, die uns alte Trachten, alte Sitten und die Vergänglichkeit in das Gedächtniß bringen".

⁸⁰ Würzburger Residenz: errichtet in der 1. Hälfte des 18. Jh.s in barockem Stil. Scharold, Würzburg, S. 182 f.: „Ein ganz eigener erhabener Styl, und ein eben so glücklich ersonnener als kunstreich ausgeführter Plan sind diejenigen seltenen Eigenschaften, die der Würzburger Residenz so viel Würde und Großheit geben. Man sieht sie von aussen, und man staunt und bewundert; man beschaut ihr Inneres, und man wird entzückt." Ebd., S. 190: „Wer den Pallast von innen sehen will, hat sich an den Hofsaaldiener zu wenden, der darin wohnt."

⁸¹ Scharold, Würzburg, S. 26: „Brücke über den Main. Ueber diesen Fluß, von seinem Ursprunge an bis zu dessen Einfluß in den Rhein, ist wohl nirgends eine schönere Brücke erbaut, als die hiesige ist. Sie verbindet den westlichen mit dem östlichen Theil der Stadt, ist 540 Schuhe lang, ziemlich breit und massiv von Steinen erbaut."

⁸² St. Burkard: romanischer Kirchenbau mit spätgotischen Erweiterungen. Scharold, Würzburg, S. 103 f.: „Die Burcarder Stifts- und Pfarrkirche ist ein wahrer Rest aus dem tiefen Alterthume, worin auch sowohl von innen als aussen ihre größte Merkwürdigkeit besteht. Ihre beyden Thürme sind bis an die oberste Spitze von gehauenen Steinen aufgeführt, und der mit einem schönen Gemälde von Oswald Onghers Meisterhand gezierte Hochaltar so wie der Chor stehen auf einem Bogengewölbe, durch welches die Straße des Mainviertels an das nahe daran gelegene Stadtthor sich zieht."

⁸³ Magdalena Maria (genannt Meline) Brentano, verheiratete von Guaita, war die Schwester von Kunigunde von Savigny, geb. Brentano.

⁸⁴ Joseph v. Groote hatte überlegt, seinem Bruder gemeinsam mit Rektor Fochem entgegenzufahren. J. von Groote an E. von Groote, Köln, 11. Juli 1816, S. 1 f.: „Wenn ihr wirklich bis zum 14.–15. laufenden Monats in Heidelberg seyn werdet, so könntet ihr gegen den 20 ten vielleicht erst von Coblenz abgehen; und da der Rector wahrscheinlich morgen wieder kommt, so wäre doch vielleicht ein guter Plan und ein schneller Entschluß fähig, uns noch in Heidelberg oder auf dem Wege hierhin irgend zusammenzuführen. Darum muß ich nur vorläufig bitten, daß du überall auf der

Moller die Gallerie[85] zu sehen, u. die Gypse, die ich aber alle zum Theil noch kenne.[86] Schinkel freut sich über viele Landschaften, besonders über die von Schoenberger.[87] Nach Tisch gehen wir wieder zu Moller, der uns Blätter zu Boisserées Werk über den Dom, [die] von ihm getuscht sind, [zeigt]; dann die nach dem Plan aufgezeichneten Dom Thürme von Straßburg, den von Freiburg, seine Plane zu neuen römischen Kirchen, u. zu dem Kassino.[88] Nachher gehen

---

Post dich nach uns erkundigst, damit wir uns nicht verfehlen. Ich werde jedesmahl meine Adresse u. die Zeit u. den Ort meines Aufenthalts dort abgeben, und bitte dich ein gleiches zu thun; wenn aus allem nichts wird, so gehe ich doch wohl gewiß am 20ten nach Godesberg, u. da ich nicht vermuthe, daß ihr dort vorbei fahren werdet, ohne auch in dem köstlichen Nest zu verweilen, so habt ihr nur bei Plenzler abzusteigen, u. nach mir zu fragen" (Archiv Haus Londorf, Herr von Groote, Familienbriefe, 1.1., Nr. 80).

[85] Die Sammlung des Landgrafen, ab 1806 Großherzog von Hessen-Darmstadt, befand sich 1816 im Residenzschloss. J. Schopenhauer, die am 16. Aug. 1816 in Darmstadt eintraf, schrieb über die dortigen Sammlungen: „Beide Sammlungen befinden sich im Schloß, so wie auch die bedeutende Bibliothek und das Naturalienkabinet. Die Gemälde-Gallerie darf man nicht mit zu großer Erwartung betreten; sie entstand erst während der letzten stürmischen zwanzig Jahre, in der ungünstigsten Zeit. Wer hierauf Rücksicht nimmt, muß noch immer die Zahl und den Werth der hier aufgestellten Kunstwerke bewundern, wenn auch noch manches wünschenswerthe dabei vermißt wird. Sie füllen schon jetzt neun große Säle, und Abgüsse der vorzüglichsten Antiken nehmen einen großen Theil dieses Raumes ein. Nicht nur Statuen, Büsten und Basreliefs, auch einzelne Fragmente von bewundernswürdiger Schönheit trifft man hier treu nachgeformt an, Torsos, Köpfe, Arme und Beine, die für den Lehrling der Zeichenkunst von unschätzbarem Werth sind" (Schopenhauer, Ausflucht, S. 87 f.). „Viele der Gemälde prangen zwar mit großen Namen berühmter Meister, besonders aus den italienischen Schulen, ohne ein Recht dazu zu haben; doch trifft man auch in allen Zimmern manches vorzügliche Kunstwerk neben mittelmäßigern. So fand ich eine köstliche Landschaft von Claude Lorrain, [...] eine Magdalena von le Brun, und ein sehr schönes weibliches Porträt von Rembrandt. [...] Mehrere recht warme erfreuliche Landschaften von unserm bekannten Schönberger schmücken ebenfalls diese Säle" (ebd., S. 89 f.).

[86] Vgl. Groote, Tagebuch, Bd. 1, 25. Sept. bis 24. Okt. 1815, S. 205–229. Groote hatte die von den Franzosen geraubten Antiken und Abgüsse in Paris gesehen. Vgl. zu Darmstadt auch den zeitgenössischen Reiseführer: Philipp August Pauli, Darmstadt. Eine historisch-topographische Skizze und Excursionen in die Umgegend, Darmstadt 1815. Hier heißt es zum „Saal der Antiken" im Schloss: „Ein passendes, magisch beleuchtetes Lokal, ein stiller Tempel dessen, was Griechen-Kunst in ihrer erhabenen Periode Erhabenstes geschaffen hat" (ebd., S. 96). „Außer diesen und mehreren vollkommenen Abgüssen über die Originalien, die der Franke, mit den Waffen, führte an der Seine Strand, sind noch in dem Vorgemach classische Bruchstücke der griechischen Bildnerkunst, welche, gleich den Statuen und Gruppen, über die Antiken geformt sind" (ebd., S. 98). Goethe, Ueber Kunst, S. 122 f.: „Die herrlichsten Statuen in vortrefflichen Gypsabgüssen verdienen wohl zuerst genannt zu werden, an die sich zahlreiche Büsten, Körpertheile, Basreliefe anschließen, alles in anständigen Räumen, der Betrachtung so wie den Studien gleich günstig."

[87] In der Sammlung im Schloss befand sich eine Anzahl von Werken des Landschaftsmalers Lorenz Adolf Schönberger. Pauli, Darmstadt, S. 89: „Zweiter Saal. Zwei herrliche Stücke von Schönberger, idealisirte Landschaften: auf der einen macht Pan den Nymphen Musik, auf der andern erwartet Leda den Schwan". „Dritter Saal. [...] Zwei Landschaften, eine im Mond- die andere im Sonnenschein, von Schönberger" (ebd., S. 91). „Fünfter Saal. Zwei Landschaften, von Schönberger". „Sechster Saal. [...] Landschaften von Schönberger" (ebd., S. 93).

[88] G. Moller, einer der erfolgreichsten Architekten seiner Zeit, baute 1816/1817 das Kasino für die Vereinigte Gesellschaft in Darmstadt, 1816/1819 die evangelische Kirche in Gräfenhausen.

wir in den Schloßgarten.[89] Später begegnet mir der junge Leykam,[90] der hier angestellt ist; ich gehe mit ihm zu seiner Hochschwangren Frau. Ich rede mit ihnen bis gegen 8, gehe nach Hause zum Nachtessen, u. bald zur Ruhe, da wir alle der durchwachten Nacht wegen sehr müde sind.[91]

---

[89] Pauli, Darmstadt, S. 58: „Der Schloßgarten. Eine große, herrliche Anlage voll pittoresker und romantischer Partieen, in welchen ein gebildeter Geschmack herrscht. Welche kräftige Vegetation, welche einladende Gebüsche, Alleen, Schlangengänge, Baumgruppen, Rasen- und Ruheplätze in mannigfaltigen Formen! Die Teichpartie ist sehr malerisch." J. Schopenhauer notierte: „Der an das Schloß sich anschließende große Garten steht aller Welt offen. Hohe weitschattende Bäume, wohl angelegte Lustgänge, und ein großer malerisch umgebner Teich machen ihn reich an mannigfaltiger Schönheit. Mich freuten besonders die vielen ausländischen Bäume, Gesträuche und Blumen, die darin grünen und blühen, als wären sie zu Hause. Schönere Trauerweiden, als hier am Wasser stehen, sah ich nie. Ein kleiner düstrer Hain, mitten in dem freudigsten Leben der Natur, umfriedet den mit Epheu bedeckten Hügel, unter dem die Mutter des jetzigen Großherzogs ruht; dunkle Taxusbäume und Tannen beschatten die einfach schöne Urne von weißem karrarischen Marmor, welche die heilige Stätte schmückt" (Schopenhauer, Ausflucht, S. 79 f.).

[90] Vermutlich ein Verwandter des ehemaligen kurfürstlich kölnischen Gesandten Franz Sebastian Georg von Leykam, dem das Leykamsche Haus (Oberstolzenhaus), Rheingasse 8, in Köln gehörte. Die Familie Leykam war weitläufig mit E. von Groote verwandt.

[91] Groote kaufte Mitte August den gerade erschienenen Reiseführer von Aloys Schreiber, Anleitung auf die nützlichste und genußvollste Art den Rhein von Schafhausen bis Holland [...] zu bereisen (Groote, Tagebuch, 19. Aug. 1816). Im Folgenden wird daraus zitiert, um Grootes Reise zu illustrieren. Schreiber hatte 1811 einen speziellen Führer durch Heidelberg (Heidelberg und seine Umgebungen, historisch und topographisch beschrieben) verfasst, der Groote vermutlich bekannt war. In seinem Reiseführer von 1816 warb Schreiber: „Der Reisende, der sich näher über diese merkwürdige Stadt belehren will, findet ausführliche Notizen in meiner Geschichte und Topographie Heidelbergs und in dem mehr angeführten Werke: Gemälde von Heidelberg etc. Auch wird ihm der Universitäts- und Addreßkalender von Heidelberg (bey J. Engelmann, 1816. Preis fl. 1.) nützliche Dienste leisten" (Schreiber, Anleitung, S. 111). Dieser Addreß-Calender wird als Quelle zum Aufenthalt Grootes in Heidelberg herangezogen.

In Heidelberg

Am 19. Juli 1816 mittags fuhren Eberhard von Groote und Familie Schinkel in die Stadt Heidelberg ein und stiegen im renommierten Gasthof Zum goldenen Hecht ab. Im selben Haus logierten auch sein Bruder Joseph und Rektor Fochem, die kurz zuvor aus Köln eingetroffen waren. Beuth und Staatsrat Hecht nahmen Zimmer im Hotel Karlsberg, ebenfalls einer der besten Gasthöfe der Stadt, wie Helmina von Chézy in ihrem 1816 veröffentlichten Reisebericht erläuterte:

„Den günstigsten Eindruck macht Heidelberg dem Reisenden, der [...] über die Neckar-Brücke in das alterthümliche Thor hineinfährt, und entweder im wohlversorgten Gasthof zum goldenen Hecht, oder die Stadt durchfahrend, im schön gelegenen Carlsberg, oder im naheliegenden Badischen Hof aussteigt, Gasthöfe, in denen oft die Menge der Fremden keine Wahl erlaubt, und die sich in jeder Stadt in Hinsicht auf Bedienung, Anstand und Eleganz zu den Ersten zählen dürften. [...] Im Karlsberg findet man außerdem auch noch ein sehr bedeutendes Weinlager von überrheinischen und Bergsträßer Weinen."[92]

Da Groote von 1809 bis 1811 in Heidelberg studiert hatte, kannte er die Stadt mit ihren zahlreichen interessanten Persönlichkeiten und geschichtsträchtigen Gebäuden sehr gut, während Schinkel Heidelberg zum ersten Mal sah. Groote übte daher in den nächsten Tagen häufig die Rolle eines Stadtführers aus und übernahm auch die Einführung Schinkels bei dessen erstem Zusammentreffen mit den Brüdern Boisserée und J. B. Bertram[93] am Morgen des 20. Juli.[94] Groote kannte nicht nur einen Großteil der Sammlung schon aus Köln sehr gut, er hatte auch den Umzug der Boisserées 1810 miterlebt und sie in ihrem Heidelberger Wohnsitz oft besucht.

Wohnung und Räume für ihre Sammlung hatten die Boisserées gemeinsam mit Bertram im oberen Stockwerk des Sickinger Hofs am Karlsplatz, Hauptstr. 27[95] angemietet. Das

---

[92] Chézy, Gemälde, S. 5 u. S. 92.
[93] Von J. B. Bertram ist kein Porträt überliefert. Amalie von Helwig, die er bei einem Besuch durch die Gemäldesammlung geführt hatte, schilderte ihn in einem Brief: „Dem fernen Beobachter stellt er sich geflissentlich als Kobold dar, um seinem beißenden Witz freien Lauf zu lassen, Er hat eine originelle Häßlichkeit und alle kleinen Tücken ungeliebter und dadurch selbstisch gewordener Naturen. Faul bis zur Possierlichkeit, hat er jedoch alle Kenntnisse, die man sich, auf dem Sopha ruhend, erwerben kann – tiefe Kunstansichten und Geschmack – dabei ein fortwährendes Treiben gegen andere, daß etwas geschehe, so daß er ohne Zweifel großen Theil an Boisserées schönem und mühsamen Werk, den Kölner Dom und die Gallerie betreffend, hat, ohne dabei einen Finger gerührt zu haben" (in: Strack, Palais, S. 129).
[94] Zur Boisserée'schen Sammlung etwa: Gethmann-Siefert, Sammlung, 1987; Gethmann-Siefert, Sammlung, 2011; Heckmann, Sammlung. S. 99–109; Manstein, Sammlung, 1999; Strack, Palais, 1981; S. Boisserée/M. Boisserée/J. Bertram, Die Sammlung Alt- Nieder- und Ober-Deutscher Gemälde der Brüder Sulpiz und Melchior Boisserée und Johann Bertram. Mit Nachrichten über die Altdeutschen Maler von den Besitzern; lithographirt von Johann Nepomuk Strixner. Stuttgart 1821.
[95] Heute: Hauptstr. 209.

prachtvolle Barockgebäude, das die kurpfälzische Familie von Sickingen Anfang des 18. Jahrhunderts errichtet hatte, wurde später erweitert und war 1789 an einen Hofkammerrat verkauft worden, der es seiner Tochter, der Amtmännin Sartorius, vererbte. Sie vermietete verschiedene Teile der Gebäude und wohnte 1816 selbst noch in einigen Zimmern.[96] Zwar kann die Hängung der Bildersammlung und die Möblierung des Ausstellungsbereichs nicht näher bestimmt werden, die Anordnung der Räumlichkeiten aber lässt sich im Wesentlichen rekonstruieren:

> „Entlang eines geräumigen Flures, der die gesamte Länge des Gebäudes durchlief, reihten sich zum heutigen Karlsplatz hin ursprünglich vier Räume. Von dem größten dieser Räume, dem Salon oder ‚Bildersaal', konnte der heute noch (mit einem klassizistischen Gitter) bestehende Balkon im Mittelrisalit der Hauptfassade betreten werden." Dieser später unterteilte Saal „ist der einzige Raum, von dem wir mit Sicherheit sagen können, dass er zur Galerie gehörte. Westlich des Saales […] schlossen sich zwei schmalere Kabinette mit je zwei Fensterachsen an, die offenbar ebenfalls – zumindest zeitweilig – als Ausstellungsräume genutzt wurden. Das gilt auch für den erwähnten Flur. Diese Raumfolge ist vom Bauherrn des Palais einst als Paradeappartement benutzt worden, bot also der Sammlung Boisserée einen repräsentativen Rahmen." Doch „für eine angemessene und ästhetisch befriedigende Präsentation der Bilder waren die Heidelberger Räumlichkeiten jedenfalls nicht geeignet. Der Gemäldebestand konnte in diesem Lokal nur untergebracht werden, indem man die Bilder über und hintereinander stapelte. Sollten die Hauptwerke der Sammlung einem Gast vorgeführt werden, wurden sie teilweise auf Staffeleien gehoben."[97]

Johanna Schopenhauer, die die Sammlung 1816 kurz nach der Abreise Grootes und der Schinkels zum ersten Mal sah,[98] schilderte die Situation in der Boisserée'schen Galerie und die Anziehungskraft, die die Sammlung bereits erlangt hatte:

> „Theils aus Mangel an Raum, theils aus andern triftigen Gründen hat fast kein einziges dieser Gemälde einen bestimmten Platz an der Wand, sie stehen an und über einander gelehnt, und werden jedesmal erst herbei gebracht, und auf einer Staffelei ins vortheilhafteste Licht gestellt, wenn sie gesehen werden sollen. Für die Besuchenden ist dies allerdings eine große Erhöhung des Genusses, denn man sieht jedes allein und kann es lange ungestört betrachten, aber für die Eigner eine sehr große zeitversplitternde Mühewaltung. Aus Kunstliebe, und um ihre wichtige Entdeckung allbekannt und gemeinnützig zu machen, opferten sich die Eigner vor einigen Jahren mit unermüdeter Gefälligkeit beinahe für Jeden auf, der Zutritt verlangte. Dadurch ward der Ruhm dieser Gemälde allgemein verbreitet, es ward Mode, sie zu sehen, und der Zudrang der Neugierigen so groß, daß es unmöglich wurde, diese allzugroße Liberalität länger beizubehalten. Seitdem wird nur wirklichen Kunstfreunden, die sich als solche legitimiren, oder von besondern Freunden Empfohlnen der Zutritt erlaubt."[99]

---

[96] Sein klassizistisches Aussehen erhielt der Bau erst nach 1826. In dem heute Palais Boisserée genannten Gebäude ist das Germanistische Seminar der Universität untergebracht. Zum Palais: Heckmann, Sammlung, S. 101; Strack, Palais, 1981, S. 125–127; Krüger, Bildersammlung, S. 520 f.; Prestel, Palais Boisserée, 1987.
[97] Krüger, Bildersammlung, S. 521.
[98] J. Schopenhauer traf am 23. Aug. 1816 in Heidelberg ein und blieb dort einige Wochen.

Für den Besuch Schinkels und seiner Begleitung hatten sich die Gastgeber allerdings Zeit genommen, wenn sie sich auch, wie Groote anmerkte, nicht allzu herzlich zeigten:

„Sulpitz, u. die übrigen empfangen uns freundlich, doch etwas kalt u. hofärtig, wie dieß zu seyn pflegt. Von unsern Aufträgen wissen sie das Allgemeinste; lassen sich aber weder gleich recht darauf ein, weisen es auch nicht ab."[100]

Die Stimmung zwischen den Verhandlungspartnern war also zunächst reserviert, erst durch ein gegenseitiges Kennenlernen konnte allmählich Vertrauen gewonnen werden – ein Prozess, der schließlich mehr als zwei Wochen dauerte. Um eine Einschätzung vom Umfang der Sammlung zu erhalten und „den wahren innern Werth der Sache"[101] festzustellen, unterzog Schinkel sie in dieser Zeit einer genauen Prüfung und erarbeitete gemeinsam mit den Eigentümern zugleich ein Werkverzeichnis. Bei einer Reihe von Tref-

---

[99] Schopenhauer, Ausflucht, S. 189 f. S. Boisserée merkte zu einem Besuch J. Schopenhauers bei ihm an: „Die Schopenhauer mit dem Töchterchen. Geplapper. ewiger Dialog zwischen beiden – Die Alte hat bei ihrem ersten Besuch Bertram mit Schwatzen aus dem Sattel gehoben" (S. Boisserée, Tagebücher Bd. I., 10. Okt. 1816, S. 364). Vgl. zur Sammlung Boisserée auch den Bericht H. von Chézys: Die Sammlung „gewährt nicht allein dem Kenner, sondern jedem Gebildeten überhaupt durch die einzelnen kunstreichen Bilder, wie durch die lehrreiche Anordnung und Folge, einen Genuß, welchen kaum eine andere Sammlung, sey sie auch weit zahlreicher, geben wird, da sie unter dem eigenen Gesichtspunkte entstanden ist, die Werke der Deutschen, und vorzugsweise der bisher nur wenig gekannten Niederdeutschen Schule, nach ihrer Entstehung und Entwicklung darzustellen. Gelingt es dem Wißbegierigen, aus dem Schatze von Beobachtungen, welche die sinnigen Besitzer darüber gesammelt, einen Commentar unter der Beschauung von einem derselben mitgetheilt zu erhalten, so geht gewiß keiner ohne Bereicherung seiner Kenntnisse davon" (Chézy, Gemälde, S. 106 f.). H. von Chézy veröffentlichte mehrere Aufsätze zur Boisserée'schen Sammlung. 1812 erschien: Gemählde der Herren Boisserée und Bertram in Heidelberg, in: Die Musen, S. 87–132; 1813 schrieb sie einen Aufsatz, der aber erst 1818 veröffentlicht wurde: Ueber die Gemähldesammlung der Herren Boisserée und Bertram, in: Die Sängerfahrt, S. VII–XVII. Vgl. u.a. auch: Chézy, Malerkunst, 1818. Goethe hatte die Boisserée'sche Sammlung in Heidelberg zweimal besichtigt: 1814 und 1815. Vgl. seine Ausführungen zu ihrer Geschichte, ihrer kunsthistorischen Einordnung sowie zu einzelnen Gemälden: Goethe, Ueber Kunst, S. 132–177. J. Schopenhauer, Ausflucht, S. 154 f. empfahl: „Nun aber bitte ich Sie, lieber Freund! nehmen Sie Göthe's erstes Heft über Kunst und Alterthum am Rhein wieder zur Hand, und lesen Sie nochmals, was er über die Boisseréesche Sammlung, besonders in Hinsicht auf das Geschichtliche der Kunst sagt. Denn nur an diesen festen Faden kann ich die Erzählung dessen anreihen, was ich davon hörte und sah." Zur Beschreibung und Reflexion J. Schopenhauers angesichts der Boisserée'schen Sammlung: Schopenhauer, Ausflucht, S. 147–195. Der Heidelberger Universitäts- und Addreß-Calender auf das Jahr 1816 empfahl als sehenswerte Privatsammlungen in Heidelberg: „Das Kabinet von ausgestopften Vögeln bei Herrn Oberforstrath Gatterer No. 122 in der Vorstadt; dann: die Gemälde-Sammlung der Herren Boisserée No. 27 in der Stadt, und der physikalische, vorzüglich elektrische Apparat des Herrn Bertheau" (Universitäts- und Addreß-Calender, S. 28).

[100] Groote, Tagebuch, 20. Juli 1816.

[101] K. Fr. Schinkel an K. S. Fr. vom Altenstein, Heidelberg, 6./7. Aug. 1816 (in: Wolzogen, Schinkel's Nachlaß, Bd. 2, S. 180). Der Brief trägt das Datum 6. Aug. 1816, war aber offenbar zu diesem Zeitpunkt noch nicht fertig.

fen war Groote anwesend, andere nahm Schinkel ohne ihn wahr. Rasch wurde in den Gesprächen deutlich, dass Groote seine Hoffnung auf eine Rückkehr der Sammlung nach Köln aufgegeben hatte. S. Boisserée trug am 23. Juli in sein Tagebuch ein: „Eberhard Groote capitulirt er wirbt uns für Berlin."[102] An General von Gneisenau schrieb er später: Die Mitwirkung Schinkels,

> „eines Mannes von so edlem Wollen und Bemühen, bei so viel Geist, Einsicht und Weltverstand ist ganz unschätzbar. Es freute uns, den Freund Groote in seiner Begleitung zu sehen. Wir stutzten freilich anfangs, auch diesen für Berlin reden zu hören, da er uns vor wenigen Monaten noch aufs ernstlichste dagegen gemahnt hatte, jedoch merkten wir bald, daß er durch seine ferneren Erfahrungen in Berlin von der einstweiligen Unausführbarkeit unserer für den Rhein gehegten Wünsche überzeugt worden war."[103]

Schließlich, nach komplizierten Erörterungen, mündeten die Gespräche in eine Einigung über die Kaufbedingungen.[104] Die einzelnen Schritte und seine eigene Beteiligung an diesen Vorgängen spiegeln sich in Grootes täglichen Aufzeichnungen wider:

> 26. Juli: „Nach dem Frühstück versucht Schinkel, die Artikel des Vertrags mit Boisserée in's Reine zu schreiben, um sie denselben vor zu legen"; 27. Juli: „Abends spät revidire ich noch den Vertragsakt über Boisserée's Sachen, in dem ihnen von Preußen 500.000 Fl. Capital versprochen werden"; 31. Juli: „Schinkel ist zeitig zu Boisserées hingegangen, denen er heute, wenn er das allgemeine Verzeichniß ihrer Bilder erhält, die Vertragsbedingungen schriftlich vorlegen will"; 7. August: „Der GeheimeOber Baurath schreibt unaufhaltsam an seinem Hauptbericht an den Minister Altenstein,[105] u. an den Briefen an Eichhorn[106] u. den Staatskanzler."

Gegenüber Altenstein betonte Schinkel Geduld und Zeit, die für die Verhandlungen notwendig gewesen waren:

> „Wie sehr ein freundschaftliches Verhältniß mit den Herren Boisserée anzuknüpfen, dem Gang der Sache vortheilhaft werden würde, fühlte ich sehr bald, und ebenso wie weit die Herren entfernt waren, ein blos merkantilisches Geschäft aus der Angelegenheit zu machen. Ich ließ mich deshalb während zweier ganzen Wochen auf nichts anderes ein, als die Samm-

---

[102] S. Boisserée, Tagebücher, Bd. I, S. 350.
[103] S. Boisserée an A. N. von Gneisenau in Karlsbad, Heidelberg, 25. Aug. 1816 (Universitäts- und Landesbibliothek Bonn, S 863: II; Nachlass Boisserée); auch in: S. Boisserée, Briefwechsel, Bd. I. S. 314.
[104] Als Grundlage für die Verhandlung hatte J. A. Fr. Eichhorn Schinkel und Groote ein vierseitiges, in dreizehn Paragraphen gegliedertes Dokument mitgegeben: „Grundbedingungen für die Unterhandlung mit den Gebrüdern Boisserée", o. D., unterzeichnet von Eichhorn, Schinkel und Groote (Staatsbibliothek Berlin, Eichhorn, Johann Albrecht Friedrich).
[105] Vgl. K. Fr. Schinkel an K. S. Fr. vom Altenstein, Heidelberg, 6./7. Aug. 1816 (in: Wolzogen, Schinkel's Nachlaß, Bd. 2, S. 179–189).
[106] Vgl. K. Fr. Schinkel an J. A. Fr. Eichhorn, Heidelberg, 6./7. Aug. 1816 (in: Wolzogen, Schinkel's Nachlaß, Bd. 2, S. 177–179).

lung mit ihnen unter freier Mittheilung unserer Gedanken über Kunst überhaupt, und über den Inhalt dieses Gegenstandes insbesondere, gründlich zu studiren."[107]

Auch den Einfluss der in Heidelberg anwesenden Kölner und Rheinländer auf seine Entscheidungen unterstrich Schinkel:

„Der Werth, welchen Preußen auf den Besitz dieses Schatzes auch nur in politischer Hinsicht setzen muß, wurde mir auch durch den Umgang mit mehreren Cölnern und andern Bewohnern der preußischen Rheinprovinzen klar, welche sich zur selben Zeit in Heidelberg zusammentrafen; ich erfuhr daraus, in welchem Ansehn diese Kunstsachen in jenen Provinzen stehen, und wie viel Theilnahme mit allen ihren Bestrebungen die Herren Boisserée dort finden. Ich glaube, diese Länder würden es der preußischen Regierung nie vergeben können, einen solchen Schatz, auf welche sie, als auf ein Denkmal der Kunst ihres Landes, einen ungemeinen Werth legen, aus den Händen zu lassen."[108]

Gleichzeitig mit diesem Brief meldete Schinkel seinen Erfolg an J. A. Fr. Eichhorn:

„Sie erhalten hierbei den abgeschlossenen Vertrag mit den Gebrüdern Boisserée, dem das Verzeichniß der Sammlung angehängt ist. [...] Nach meiner innersten Ueberzeugung bin ich mit dem Geschäft sehr zufrieden, obgleich ich etwas weiter gehen mußte, als unsere Instruction angab, weil ich die Sache in jeder Art anders vorfand, als wir damals voraussetzten. Sowohl der Werth der Sache selbst ist weit bedeutender, als ich es mir vorstellte, und eben so das Gewicht der öffentlichen Meinung und des verschiedenen Interesses in Bezug auf diesen Gegenstand."[109]

Trotz der intensiven Verhandlungen war Zeit für gesellige Unternehmungen geblieben. Es wurde „viel erzählt und gelustwandelt", schrieb Groote in einem Brief an Savigny.[110] Zu dieser Atmosphäre trugen auch einige junge Männer aus Köln bei, die in Heidelberg studierten oder studieren wollten; überdies waren der Kaufmann und Ratsherr J. J. Lyversberg und seine Tochter für kurze Zeit mit der Gruppe zusammen. Darüber hinaus sah Groote eine ganze Anzahl Bekannter aus seiner Studienzeit, wie den Juristen Anton Friedrich Justus Thibaut und den Historiker und Bibliothekar Friedrich Wilken. Die Tage waren daher angefüllt mit Begegnungen, Diskussionen über Kunst und aktuelle Politik, mit ge-

---

[107] K. Fr. Schinkel an K. S. Fr. vom Altenstein, Heidelberg, 6./7. Aug. 1816 (in: Wolzogen, Schinkel's Nachlaß, Bd. 2, S. 180). Zu Schinkels Einfluss auf die Verhandlungen erklärte S. Boisserée: „auch die persönliche Bekanntschaft von Herrn Schinkel" habe „gar sehr zu unserm Entschluß beigetragen" (S. Boisserée an A. N. von Gneisenau, Baden, 25. Aug. 1816 (Universitäts- und Landesbibliothek Bonn, S 863: II; Nachlass Boisserée); vgl. S. Boisserée, Briefwechsel, Bd. I. S. 314.
[108] K. Fr. Schinkel an K. S. Fr. vom Altenstein, Heidelberg, 6./7. Aug. 1816 (in: Wolzogen, Schinkel's Nachlaß, Bd. 2, S. 184).
[109] K. Fr. Schinkel an J. A. Fr. Eichhorn, Heidelberg, 6./7. August 1816 (in: Wolzogen, Schinkel's Nachlaß, Bd. 2, S. 177).
[110] E. von Groote an C. Fr. von Savigny, Heidelberg, 6. Aug. 1816 (Universitätsbibliothek Marburg, Nachlass C. Fr. von Savigny, Ms. 725/372). Siehe Briefe und Schriften.

meinsamen Mahlzeiten, Spaziergängen in Heidelberg und Ausflügen in die Umgebung. Einen Besuch in Mannheim nutzte Groote zum Besuch einer jungen Frau,[111] in die er während seiner Studentenzeit verliebt gewesen war und die er zuletzt im Sommer 1815 gesehen hatte.

Sulpiz Boisserée, von dem sich Groote nach langer enger Freundschaft schon seit geraumer Zeit distanziert hatte, traf er meist in Gesellschaft anderer. Anfang August kam es zwischen beiden zu einer Annäherung, allerdings suchte Boisserée nun wieder wie in früheren Jahren erotischen Kontakt zu Groote. Dieser notierte erschrocken: „Abends vor dem Nachtessen wird Sulpitz noch freundlicher u. andringlicher. Ich fürchtete fast, daß ein Stück des alten Teufels sich wieder in ihm rege."[112]

Wie von Groote geplant, konnte er den Aufenthalt in Heidelberg für germanistisch-historische Recherchen zu seinem „Tristan-Projekt" nutzen und in der Universitätsbibliothek nach mittelalterlichen Handschriften forschen. Ein Glücksfall für ihn war, dass Wilken nur wenige Wochen zuvor große Teile der Bibliotheca Palatina aus Rom zurück nach Heidelberg gebracht hatte.[113] So konnte Groote die „noch nicht öffentlich aufgestellten deutschen Handschriften der Palatinischen Bibliothek nach Lust durchsehen"[114] und dabei zwei weitere Manuskripte des Tristan entdecken,[115] von denen aber nur eines für ihn von Bedeutung war. Es war, urteilte er, „freylich später als der meine geschrieben, aber enthält die Fortsetzung von Ulrich von Türheym u. zwar, wie ich bald sehe, vollständiger als der meinige".[116] Wilken lieh ihm dieses Manuskript aus, sodass es ihm möglich wurde,

---

[111] Von dieser Frau nennt Groote nur die Initialen: Th. B. C., T. B. C. oder B. C.
[112] Groote, Tagebuch, 2. Aug. 1816.
[113] Die Bibliotheca Palatina (Pfälzische Bibliothek) in Heidelberg, die auf das 14. Jh. zurückgeht, war berühmt für ihre Sammlung mittelalterlicher Handschriften und früher Drucke. Im Dreißigjährigen Krieg wurde ein Großteil der Schriften beschlagnahmt und schließlich in die Bibliothek des Vatikans verschleppt: Ende des 18. Jh.s brachten die französischen Besatzer eine Anzahl dieser Schriften nach Paris. Im Zuge der Restitutionsverhandlungen konnte Fr. Wilken die sich in Paris befindlichen Schriften bereits im Okt. 1815 nach Heidelberg bringen. Verhandlungen mit dem Vatikan 1815/1816 führten dazu, dass ca. 850 deutsche Handschriften der Palatina nach Heidelberg zurückkehren sollten. Wilken reiste nach Rom, um diese Werke abzuholen. Vgl. Fr. Wilken, Die Geschichte der Bildung, Beraubung und Vernichtung der alten Heidelberger Büchersammlungen, 1817. Zum Ergebnis der Verhandlungen mit dem Vatikan: Köln. Zeitung, Nr. 25, 13. Febr. 1816. Hier wurde auch gemeldet: „Der Hofrath und Prof. Wilkens wird in 8–10 Tagen nach Rom abgehen, um dort diese Schätze in Empfang zu nehmen." Die Köln. Zeitung, Nr. 122, 1. Aug. 1816 berichtete: „Heidelberg, 24. Juli. ‚Am 8. dieses Monats trafen hier die altdeutschen Handschriften ein, welche […] von dem römischen Stuhle unserer Universität zurückgegeben worden sind. Alle sind ungemein wohl erhalten.'" Große Teile der ursprünglichen Sammlung befinden sich seitdem in der Universitätsbibliothek Heidelberg, einige Teile weiterhin in Rom.
[114] E. von Groote an Fr. C. von Savigny, Heidelberg, 6. Aug. 1816 (Universitätsbibliothek Marburg, Nachlass Fr. C. von Savigny, Ms. 725/372). Siehe Briefe und Schriften.
[115] Groote, Tagebuch, 24. Juli 1816. Zu den von Groote genutzten Tristan-Handschriften: Spiertz, Groote, S. 164–174.
[116] Groote, Tagebuch, 24. Juli 1816. Es handelte sich um: Gottfried von Straßburg, Tristan, Heidelberger Handschrift mit der Fortsetzung des Ulrich von Türheim (Heidelberg, Universitätsbibliothek Cod. Pal. germ. 360). Groote prüfte auch eine weitere Handschrift des Tristan, die „viel neuer",

die ihm bisher unbekannten Teile und Türheims Fortsetzung zu kopieren. Am 31. Juli hatte Groote diese Abschrift beendet, am 4. August gab er die Handschrift an Wilken zurück.[117] Vier Tage danach reisten er und Familie Schinkel aus Heidelberg ab.

Zu diesem Zeitpunkt schien der Ankauf der Boisserée'schen Sammlung durch den preußischen Staat ausgehandelt und beschlossen, seine Gültigkeit sollte er baldmöglichst durch die Zustimmung der Regierung erhalten. Wie zufrieden S. Boisserée mit dem Ergebnis der vielen Gespräche war, zeigt sich in einigen Briefen, die er in den folgenden Tagen schrieb. So berichtete er Goethe eine Woche nach der Abreise seiner Gäste:

„Sie haben richtig gerathen, die Sache mit Preußen ist abgeschlossen, der Vertrag wurde gerade an dem Tag unterzeichnet, wo Sie Ihren Brief geschrieben und so sagen wir uns mit großer Freude, daß selbst in diesem für uns so wichtigen Augenblick Ihre Gedanken im Spiel gewesen. [...] Die freigebigen und großmüthigen Bedingungen beseitigen alle Bedenklichkeiten. Es bedarf nun nichts weiter als der Genehmigung des Staatskanzlers, welche wir uns spätestens in zwei Monaten ausbedungen haben. Bis dahin muß die Sache ganz verschwiegen bleiben, wir haben darum auch hier nur einen einzigen, als Rathgeber bei dem Vertrag unentbehrlichen Freund [E. von Groote] ins Vertrauen gezogen, allen übrigen aber die Sache als unentschieden, wiewohl für die Folge als nicht unwahrscheinlich dargestellt."[118]

Kurze Zeit später informierte er General von Gneisenau:

„Der gütiger Erlaubniß Eurer Exzellenz gemäß habe ich nun die Ehre, zu berichten, daß wir uns mit Herrn Schinkel über unsere Sammlung bis zu einem förmlichen Vertrag vereinigt haben. Der Preussische Staat erlangt das Eigenthum derselben für die Summe von 200.000 Florin Rheinisch und außerdem eine lebenslängliche Rente von 10.000 Florrin. Zugleich wird eine Summe zur ferneren Vermehrung der Sammlung ausgesezt, und zwar einstweilen 100.000 Florin."[119]

Tatsächlich aber sollte es bis zu einer endgültigen Klärung über Kauf und Standort der Boisserée'schen Sammlung noch lange dauern.

„anders u. kürzer" war als die Texte, die er schon kannte (Groote, Tagebuch, 24. Juli 1816). Zudem verglich er die für ihn neuen Texte mit der Tristan-Erzählung in seiner in Berlin gekauften Myller'schen Sammlung.

[117] Groote, Tagebuch, 4. Aug. 1816. Groote lieh sich das Manuskript zur weiteren Nutzung für seine Edition vom 15. Nov. 1817 bis zum 27. März 1818 aus. Vgl. Spiertz, Groote, S. 167. Ich danke der Universitätsbibliothek Heidelberg für Auskünfte dazu.

[118] S. Boisserée an J. W. von Goethe, Heidelberg, 13. Aug. 1816 (in: S. Boisserée, Briefwechsel, Bd. II, S. 128 f.). Boisserée bezog sich hier auf den Brief: J. W. von Goethe an S. Boisserée, Tennstedt, 7. Aug. 1816 (ebd., S. 126–128).

[119] S. Boisserée an A. N. von Gneisenau, 25. Aug. 1816 (Universitäts- u. Landesbibliothek Bonn, S 863: II; Nachlass Boisserée); auch in: S. Boisserée, Briefwechsel, Bd. I. S. 313). Vgl. als Antwort zu diesem Brief: A. N. von Gneisenau an S. Boisserée, Treplitz, 25. Sept. 1816 (in: S. Boisserée, Briefwechsel, Bd. I. S. 322 f.).

Tagebuch 19. Juli bis 8. August 1816

Den 19. July [1816]. (Heidelberg).

|20r| Wir sind bey guter Zeit zur Abreise fertig. Ich kaufe mir noch Taback, |:–17:| u. wir fahren auf der schönen Bergstraße, bey gutem Wetter gen Heidelberg hin. Schinkel u. seine Frau freuen sich sehr über die herrliche Gegend.[1] Gegen 1 Uhr kommen wir in Heidelberg an, u. kehren im Hecht[2] ein. Für's erste kümmern wir uns um niemand, sondern bringen unsre Sachen in Ordnung, u. gehen zu Tische. Als wir fast zu Ende sind, kommt der Rektor zu uns, der ohne unser Wissen im selben Gasthaus wohnt. Wir sitzen eine Zeitlang zusammen, u. noch immer bitte ich, Joseph nicht zu sagen, daß wir da sind. Endlich schickt der Rektor doch zu ihm, u. er kommt zu uns. Ich freue mich sehr, ihn zu sehn. Wir gehen bald auf das Schloß.[3] Boisserées lassen wir einstweilen nur sagen, daß wir da sind. Schinkel hat über das Schloß, die Architektur u. die Gegend kindische Freude. Beuth kommt später zu uns. Ich habe mit Schinkel des nähern wegen Boisserées überlegt, u. es wird uns klar, daß sie auf's erste nicht auf unsere speziellern Plane eingehen werden. Beuth war mit Hecht schon 3 Tage lang hier, u. sie waren heute nach Manheim gefahren. Beuth kommt bald nachher zu uns, u. wir steigen noch weiter auf dem Schloß herum, essen Kirschen, u. gehen dann in den Gasthof zurück. |:6:| Beuth ist in den Karlsberg[4] gegangen, wo er wohnt. Er u. Joseph u.

---

[1] Schreiber, Anleitung, S. 110: „Von Mannheim bis Heidelberg sind 4 Stunden; und man kommt durch die – Landstädtchen ähnlichen – blühenden Dörfer Seckenheim, Edingen und Wieblingen. Hier ist schon der Anblick des nahen Gebürgs [...] überraschend. Vor sich hat man Heidelberg mit seinen Schloßruinen, den hohen Königsstuhl, die Trümmer auf der Spitze des Heiligenbergs und in den Thalwindungen mehrere mahlerische Dörfer."

[2] Schreiber, Anleitung, S. 111 nennt als Gasthöfe in Heidelberg: „1. Der Karlsberg; 2. der goldene Hecht; 3. Der Badische Hof".

[3] Vgl. K. Fr. Schinkel, Heidelberger Schloss, 1816, Feder in Schwarz und Grau, über Vorzeichnung mit Graphitstift (Berlin, Kupferstichkabinett; Inv.-Nr.: SM 9.2). Zur Ruine des Heidelberger Schlosses erläuterte der Universitäts- und Addreß-Calender auf das Jahr 1816: 1720 verlegte der Kurfürst seine Residenz nach Mannheim, „und so verödete nach und nach dieser langjährige Wohnsitz eben so edler als tapferer Fürsten, bis in dem Jahre 1764 eine durch einen Blitzstral entstandene Feuersbrunst vollends das, was noch bewohnbar war, zerstörte; nach welcher nur das Dach auf dem Bau, in welchem sich die ehemalige Schloßkapelle befindet, nach Bedürfniß hergestellt wurde" (ebd., S. 46). J. Schopenhauer schilderte ihre Eindrücke: „Die Ruine des Heidelberger Schlosses gleicht in der Nähe mehr der einer von lauter Königen ehemals bewohnten Stadt, als der eines einzigen Palastes. So groß ist ihr Umfang, so in der Bauart von einander verschieden sind die vielen einzelnen Gebäude [...]. Als ich zuerst den geräumigen Schloßhof betrat, und die mit sechzehn Bildsäulen und vielen andern Verzierungen geschmückte nördliche Fasade des Schlosses von fern erblickte, glaubte ich fast, ein noch bewohnbares prächtiges Gebäude zu sehen, und erst beim Nähertreten entdeckte ich, wie furchtbar hier vernichtende Zerstörung gehaust hat. [...] Einen unvergleichlich erhabnen Anblick aber gewährt der gesprengte Thurm an der andern Seite des Schlosses, dessen ungeheure, aus Felsenstücken zusammengesetzte Masse der Wuth der Flammen widerstand" (Schopenhauer, Ausflucht, S. 118–120).

[4] Adresse 1816: Gasthof Karlsberg, Hauptstr. 131–133.

der Rektor kommen bald wieder zu uns, u. wir essen zu Nacht, u. trinken Rheinwein, worüber Beuth u. Joseph über die noch immer xxx xxxxx geringe Zuversicht der Rhein Provinzen |20v| zur Preußischen Regierung in Streit gerathen; der aber mehr im Wein als in einer klaren Ansicht seinen Grund hat. Wir sind vergnügt zusammen bis gegen 12 Uhr. Hecht ist in Manheim geblieben. Morgen erst soll zu Boisserées gegangen werden. –

Aus Briefen von Joseph u. aus seinen mündlichen Äußerungen finde ich, daß Solms es etwas übel deutet, daß ich ihm nicht wegen meiner Anstellung geschrieben; in Köln soll er mir alles zur künftigen Kunstschule gehörende aufgetragen haben, u. deswegen meine Ankunft sehr erwarten.[5] – Noch habe ich Geyr,[6] Kempis[7] u. Schülgen[8] gesehen, die sich in Heidelberg sehr zu gefallen scheinen, u. uns sehr freundlich bewillkommen. – Ueber die Th.B.C. höre ich, daß sich die Heyrath derselben mit einem Dr. Renner zerschlagen habe. Ich bin sehr vorwitzig, wie ich sie in Manheim finden werde. Der Wein hat uns etwas benebelt, u. wir alle freuen uns des Bettes. –

---

[5] J. von Groote hatte an seinen Bruder geschrieben: „Ich werde heute noch zum Grafen Solms gehen, und ihm deinen letzten Reiseplan zu erzählen. Er ist wirklich etwas unwillig darüber, daß du so lange bleibst, ohne ihn etwas von dir hören zu lassen. Ich habe dir das nach Cassel geschrieben, u. als ich den Tag nachher Nachricht erhielt, daß du einen anderen Weg gehen würdest, sogleich die Brüder Grimm gebeten, daß sie ohne Verzug den Brief nach Berlin senden sollen. Ich hoffe, du hast ihn noch erhalten, und wirst dich danach gefügt haben" (J. von Groote an E. von Groote, Köln, 11. Juli 1816, S. 3 f.; Archiv Haus Londorf, Herr von Groote, Familienbriefe, 1.1., Nr. 80). Vgl. den Brief von J. von Groote an J. u. W. Grimm, Köln, 28. Juni 1816: „Euer Wohlgeboren werden mir die Bitte verzeihen, den Brief, welchen ich für meinen Bruder an Sie zu adressiren die Freyheit nahm, sofort nach Berlin an Herrn Geheimen Rath Beuth, Georgstrasse No. 17 gefälligst adressiren zu wollen, da ich so eben von meinem Bruder aus Berlin Nachricht erhalten, daß sein Reiseplan geändert, u. er nicht über Cassel, sondern mit dem geheimen Baurath Schinkel in Aufträgen des Königlich Preußischen Ministerium über Dresden u. Heidelberg wieder an den Rhein kommen wird. Wenn die Zeit es erlauben würde, daß Euer Wohlgeboren diesen Brief mit einigen Zeilen nach Berlin begleiten könnten, so würden Sie mir einen Gefallen erzeigen, wenn Sie meinem Bruder von dem Empfang des letzten Schreibens v. 21.–22. laufenden Monats benachrichtigen, und ihn in meinem Namen bitten wollten, den Oberpräsidenten Grafen zu Solms-Laubach von seinem geänderten Reiseplan bald möglichst direkte Nachricht zu geben" (Brüder Grimm-Museum, Kassel, Gr. Slg Autogr. 724).
[6] Everhard Anton von Geyr zu Schweppenburg, geboren 1793, war ein Cousin E. von Grootes. Er hatte 1815 ein Studium in Heidelberg begonnen.
[7] Aus den Aufzeichnungen Grootes wird die Identität nicht deutlich, vermutlich war es Philipp Johann Josef von Kempis, geboren 1794, der bereits in Heidelberg studierte. Zur Familie von Kempis: Draaf, Familie von Kempis, 1993; Steimel, Köln, S. 139 f.
[8] Heinrich Severin Apollinaris Schülgen, geboren 1798, Neffe der Brüder Boisserée, studierte in Heidelberg.

Den 20. July [1816].

Beuth kommt zu mir gegen 7 Uhr. Ich habe Kopfschmerz. Schinkel ist auch nach dem Wein nicht wohl. Joseph, der Rektor, Geyr etc. fahren nach Ladenburg und Weinheim. Gegen 9 Uhr gehen wir zu Boisserées. Sulpitz, u. die übrigen empfangen uns freundlich, doch etwas kalt u. hofärtig, wie dieß zu seyn pflegt. Von unsern Aufträgen wissen sie das Allgemeinste; lassen sich aber weder gleich recht darauf ein, weisen es auch nicht ab; es soll mehr darüber gesprochen werden.[9] Wir sehen nur Eick u. Haemm-|21r|lingsche Bilder; bis gegen 1 Uhr. Schinkel ist davon über die Maaßen entzückt. Beuth ißt mit uns, u. gegen 3 Uhr gehn wir wieder zu Boisserées mit Schinkel, Frau u. Kind, sehen nur die nehmlichen Bilder wieder an, bis gegen 7, wo wir mit Sulpitz spaziren gehn. Schinkel redet mit Sulpitz. Es begegnet uns Thibaut, der mich u. das Medaillband[10] mit scharfem Blick betrachtet. Er redet nicht lange mit uns. Ich gehe bald mit Beuth nach dem Wolfsbrunnen,[11] u. wir versteigen uns fast in dem Steinbruch,[12] der dahinter liegt. Als wir zurückkommen, finde ich im Hecht Herrn Lieversberg mit seiner Tochter[13] u. andern, die von Manheim kommen, wo sie schon seit 4 Wochen sind. Endlich kommen auch Joseph u. der Rektor wieder, u. können nicht genug den herrlich verlebten Tag rühmen. – Schinkel hat auch heute des Rektors schönes Brevarium gesehen.[14] Mit Sulpitz ist er über unsere Geschäfte etwas näher zur Sprache gekommen. Etwas Bestimmtes weiß er noch nicht.[15]

---

[9] Zu den Verhandlungen in Heidelberg ausführlich: K. Fr. Schinkel an K. S. Fr. vom Altenstein, Heidelberg, 6./7. Aug. 1816 (in: Wolzogen, Schinkel's Nachlaß, Bd. 2, S. 179–189).

[10] Gemeint ist die in Berlin erhaltene Auszeichnung Grootes.

[11] Wolfsbrunnen: Brunnenanlage mit einem Lusthaus des Kurfürsten im Tal des Schlierbachs, unterhalb des Kaiserstuhls. Die Anlage befand sich 1816 wohl in einem „romantisch" verwilderten Zustand. Schopenhauer, Ausflucht, S. 124 f.: „Heut wandelten wir zum Wolfsbrunnen, zuerst den Strom entlang, bis zu dem kleinen Dörfchen Schlierbach, wo wir durch einen Bauerngarten zu den kühlen silberklaren Quellen hinaufstiegen, die in einem dunklen Felsengrunde reichlich sprudeln. […] Dunkles Gebüsch und einige Bäume verbreiten eine ewige kühle Dämmerung über diesen von der Welt abgesonderten stillen Platz. Er gleicht einem, sehnsuchtsvoller Schwermuth geweihten Tempel."

[12] Steinbruch: Das „Felsenmeer" am Kaiserstuhl, oberhalb des Schlierbachtals, umfasst ein Terrain mit großen Sandsteinblöcken.

[13] J. J. N. Lyversberg und seine Frau Anna Elisabeth hatten sechs Töchter und zwei Söhne.

[14] Vermutlich ist das flämische Stundenbuch gemeint, aus dem zwei Miniaturen (Heiliger Michael und Heilige Katharina) zu Vorlagen für Kupferstiche in Grootes und Carovés Taschenbuch für Freunde genutzt wurden. Dieses Buch, das Rektor Fochem auch Goethe und Fr. K. vom und zum Stein 1815 bei ihrem Besuch in Köln zeigte, wurde 1832 nach England verkauft und wird heute in der Bodleian Library in Oxford aufbewahrt (Mosler, Beckenkamp, S. 128 f.). In einem Brief an Altenstein schrieb Schinkel, Fochem besäße „mehrere Manuscripte, unter denen das eines Gebetbuchs in Quarto hervorzuheben ist, welches die schönsten Miniaturen in großer Menge enthält, die ich jemals gesehen; Zeichnung, Behandlung und Erfindung dieser herrlichen Bilder und Ornamente tragen vollkommen den Charakter der Eyck'schen Zeit" (K. Fr. Schinkel an K. S. Fr. vom Altenstein, Berlin, 15. Okt. 1816; in: Wolzogen, Schinkel's Nachlaß, Bd. 2, S. 189–200, hier S. 193).

[15] S. Boisserée, Samstag, 20. Juli 1816: „Schinkel. Briefe an Nieuwenhuys. Leonard Kalb, die Schlegel Spaziergang mit Schinkel. Eyck Hemmeling" (S. Boisserée, Tagebücher, Bd. I, S. 349).

Den 21. July [1816]. Sonntag.

Ich gehe gegen 6 U. in die Kirche; der Rektor, dann Lieversberg u. die ganze Gesellschaft kommen bald nachher; Ersterer sistirt[16] sich den Pfarrer, u. liest Messe. Ich gehe bald nachher auf das Schloß, wo Sulpitz ein Frühstück giebt. Ich sehe dort die v. Sternfels u. Walter.[17] Gegen 10 gehen wir wieder zu Boisserées, wo wir noch einige Hämmlings, u. die kurz vor-Eikische Schule ansehn. Auch zeigt Sulpitz Schinkeln die neuesten Englischen Sachen in Kupferwerken gothischer Architektur. Mittags essen wir mit Lieversberg u. dessen Gesellschaft zusammen; später kommt Sulpitz, u. Schinkel, Hecht u. ich steigen mit ihm auf den Königsstuhl bis an die Steinbrüche. |21v| Sulpitz unterhält sich mit Schinkel auf seine gewohnte Art, wobey kein Dritter am Gespräche Antheil nehmen kann: Ich gehe daher mit Hecht meist allein. Beuth ist inzwischen mit der Frau Schinkel u. Marie an den Wolfsbrunnen gegangen, wir gehen dort zu ihnen, u. Beuth läßt uns ein Abendessen bereiten.[18] Wir kommen spät von dort zurück, ich hole bey Beuth meine Pfeiffenköpfe ab im Carlsberg. Morgen will ich mit Joseph u. dem Rektor nach Manheim; – was mag dort seit dem letzten Jahr vorgefallen seyn. – Ich habe mit Beuth gerechnet; was ich von Berlin bis Potsdam schuldig bin, hebt sich ziemlich mit dem, was er mir für den Rektor zu geben hat. |:11.14:|

Den 22. July [1816].

Früh um 4 Uhr ruft mich der Rektor an, ich stehe auf u. Schülgen u. Kempis kommen zu mir. Es wird noch Champagner getrunken, u. wir fahren in zwey Wagen nach Manheim.[19] Mir ist trübe zu Muthe. Auf dem Wege nehmen wir einen jungen fröhlichen Tiroler in den einen, u. dessen lustige Frau auf den andern Wagen, u. ich kann mir nicht versagen zu denken, daß ich gerne alles um solches frohe Leben hingeben möchte, was diese Menschen führen. In Manheim[20]

---

[16] Sisitieren, hier wohl: den Pfarrer unterbrechen, ersetzen.
[17] Vermutlich: Ferdinand Walter, geboren 1794. Er hatte seit 1805 in Köln bzw. Mülheim am Rhein gelebt; 1813/14 nahm er als Freiwilliger an den Befreiungskriegen teil. Seit Herbst 1814 studierte er in Heidelberg Jura (vgl. Pagenstecher, S. 39). E. von Groote kannte ihn sicherlich aus Köln oder durch den gemeinsamen Freund Fr. W. Carové.
[18] S. Boisserée, Sonntag, 21. Juli 1816: „Früh-Stück auf dem Schloß. Lieversberg mit Tochter dabei. – Eyck Mabuse Neugriechische Werke. Nachmittags Steinbrüche Wolfsbrunnen mit Schinkel, seiner Frau, dem Kind Marie Everhard G. Beuth und Hecht. Schinkel sagt, wir sollten uns ein Capital geben lassen. spricht mir v. Schloß Monbijou. Das letztere macht mir keinen guten Eindruck, sieht mir etwas wie eine Verführung aus und Wind" (S. Boisserée, Tagebücher, Bd. I, S. 349).
[19] Chézy gibt zu den Kutschverbindungen von Heidelberg aus an: „Nach Mannheim. Mehrere hier wohnende Miethkutscher, z.B. Albrecht und Gallian, fahren täglich nach Mannheim, wo sie im schwarzen Löwen einstellen, und am Abend wieder hierher zurückkehren. Der Preis ist 48 kr. Von Mannheim kommen täglich auch zwey Kutschen an, die im Prinz Max einstellen, und Nachmittags um 3 Uhr wieder zurückkehren. Preis 1 fl." (Chézy, Gemälde, S. 112).
[20] Die Stadt Mannheim ist „in ihrer streng regelmäßigen Form, eine der schönsten in Deutschland.

fahren wir bey Wermeskirch in den 3 Königen[21] an. Ich gehe bald mit Joseph aus, Schuhe zu kaufen. |:5.16:| Wir trinken Kaffee, u. gehen bald mit Herrn Lieversberg zu Artaria.[22] Dort sehe ich das schöne Kind von Titian,[23] den Stich von Müller nach der Madonna von Dresden,[24] u. andre.

Da |22r| nachher die Jesuiten Kirche[25] zu ist, gehe ich zu T.B.C. Sie sieht wohl aus, Emma sitzt bey ihr. Sie ist fast ganz Greis geworden, u. empfängt mich freundlich, doch kalt, u. nicht eine Spur des ehemaligen Lebens ist mehr zu sehen. Wir reden von meinen Ansichten, von Magnetismus, u. dergl., u. ich übergebe ihr mein Buch. Joseph kommt später auch hin; bald nach ihm der Dr. Renner, mit dem sie in genauern Verhältnissen stehen soll. Er kommt rasch, ohne zu klopfen, hinein, den Huth auf dem Kopf, u. sie erröthet. – Ach, mir wird immer enger u. unwohler bey ihr, u. ich kann zuletzt, als Joseph fort geht, kaum noch ein Wort finden, das ich ihr sagen mag. So scheint es doch, daß der Mensch ein Verhältniß, welches Zeit u. Umstände gewaltsam oder nach u. nach getrennt haben, – nicht wieder herzustellen versuchen soll. Ich gehe unmuthig endlich auch fort, u. lasse ihr den Dr. allein, – ihr, bey der ich sonst jedes Blümchen u. Mädchen beneidete, welches bey ihr den ganzen Tag lang weilen durfte. Ich gehe weg, über mein liebeleeres Herz innig jammernd. – Doch soll auch der Dr. nicht einmal Hoffnung haben, sie zu besitzen, sondern eine andere reichere, u. liebere Parthie vorbereitet werden. Möge sie glücklich seyn, – ich hoffe, sie nun nie wieder zu sehen. – Auch von Ernesten, u. von andern alten Bekannten, haben wir gesprochen; fast keine |22v| derselben ist recht glücklich geworden. –

Ihre Bevölkerung hat abgenommen, seit sie aufgehört hat, Residenzstadt zu seyn, und mag wenig über 18.300 Seelen betragen" (Schreiber, Anleitung, S. 71).

[21] Schreiber nennt fünf Gasthöfe: 1. Das goldene Schaf, 2. der silberne Anker, 3. die drey Könige, 4. der schwarze Bär, 5. der Weinberg (Schreiber, Anleitung, S. 73). Chézy, Gemälde, S. 39: „Dem Fremden jeden Standes bietet Mannheim in seinen verschiedenen Gasthöfen für billiges Geld ein reinliches Logis und guten Tisch. [...] Die Gasthöfe zu den drey Königen und zum goldenen Schaaf, beyde am Speisemarkt gelegen, bewirthen gewöhnlich die Fremden vom ersten Range."

[22] Artaria & Fontaine: Kunst- und Verlagsbuchhandlung in Mannheim, vor allem im Handel mit Kupferstichen bekannt.

[23] Vgl. Artistisches Notizenblatt, Nr. 11, Juni 1825: „Artaria besitzt einen Tizian, eine Madonna mit dem auf ihrem Schooße schlummernden Kinde, auf welches die Mutter mit Inbrunst und Entzükken ihre Blicke heftet, ein bekanntes und als echt anerkanntes Besitztum."

[24] Der in Dresden lebende Kupferstecher Johann Friedrich Wilhelm Müller hatte seit 1806 an einem Kupferstich der Sixtinischen Madonna von Raphael gearbeitet und ihn 1816, kurz vor seinem Tod im Mai 1816, fertiggestellt. Der Stich wurde sehr beliebt und fand schnelle Verbreitung.

[25] Die Jesuitenkirche St. Ignatius und Franz Xaver, ein eindrucksvoller Barockbau, wurde von 1733 bis 1760 errichtet. Chézy, Gemälde, S. 26 f.: „Sie ist eigentlich die Haupt- und zugleich Hofkirche. Weil sie aber früher dem Jesuiten-Collegium gehörte, trägt sie diesen Namen. [...] Ihre Hauptfronte ist gegen den [...] Jesuiten-Kirchenplatz gekehrt. Das große Portal enthält nebeneinander drey Eingänge. Ueber dem mittlern steht eine von Verschaffelt recht hübsch gearbeitete Gruppe, über den beyden andern erblickt man in Nischen zwey Heiligen. In dem Giebel des Portals steht das bekannte Zeichen des Jesuiten-Ordens I H S mit einem auf dem Querbalken des H stehenden Kreuze; das Ganze ist mit einem Strahlenkranze umfangen."

Ich gehe nun zu Tische, u. nachher mit Babo u. Batt zu einem Herrn Ackermann, der ein hübsches Buch mit Miniaturen, geschnittene Steine, und einen, im Livius des Heinsius[26] beschriebenen u. abgebildeten Pokal, Münzen etc. hat. Nun gehen wir nach Hause. Joseph u. der Rektor reisen bald ab; nicht lange nachher berichtigen wir unsre Rechnung, u. den Wagenlohn, |:10.27:| nehmen von Babo u. Lieversberg Abschied u. fahren auch nach Hause, nehmlich Schulz, Geyr, Kempis, u. ich. Abends esse ich zuletzt mit Beuth u. Hecht, die morgen fort wollen.[27] – Ich beginne einen Brief an den Vater.

Den 23. July [1816].

Ich bin sündlich aufgeregt, trüb, und unwohl; ~ u. mache leichtsinnig aus übel ärger. – Ich beendige meine Briefe an den Vater und an den Graf Solms, in dem ich mich wegen der verschobenen Anzeige meiner [gestrichen: Rückkunft u. meiner] Anstellung und wegen meines längeren Ausbleibens rechtfertige. Später gehe ich mit Schinkel zu Boisserée. Sulpitz nimmt mich allein zu sich, mich wegen Leonardischen Bildern[28] in Paris zu fragen. Wir kommen auch an andere Dinge zu reden. Mir wirft er zu große Unternehmungssucht u. zu eigenmächtiges Thun vor; selbst bey meinen Geschäften in Paris habe dieß statt gehabt etc. Doch ich tröste mich, da er selbst Blücher u. Gneisenau für Windbeutel |23r| und Poltons[29] erklärt. Er scheint durch Thibaut recht in den Hass gegen Preußen eingeweiht. Er will nichts von Preußen, sondern nur von Deutschen wissen. Wien, Oesterreich, den Kaiser lobt er ungemein. Die Ueberkunft nach Berlin scheint mir noch gar nicht ausgemacht; er redet viel von den Anerbiethen anderer Staaten; Darmstadt scheint unter diesen ihm am meisten zuzusagen. Thibaut kommt, u. fährt wieder, wenn auch nur in allgemeinen Ausdrücken, gegen Preußen los. Dieser scheint auf Boisserée großen Einfluß zu haben. Nach Tische gehe ich mit Schinkel wieder hin u. wir sehen noch einige Bilder an. Schinkels Frau ist nicht recht wohl; gegen 8 Uhr gehe ich noch mit Schinkel u. Sulpitz auf die Hälfte des Heidelberger Berges, u. suche Schinkel nachher noch über die Verhältniße der Herrn Boisserée und Bertram zu unterrichten. – Mir ist stumpf u. dumpf zu Muthe; ich möchte oft weinen, und auch das wird mir schwer, u. das beten fast fremd.[30] –

---

[26] Möglicherweise eine Ausgabe von: Livius. Historiarum Libri ex recensione Heinsiana (Übersetzt von Daniel Heinsius), Leiden 1634.

[27] S. Boisserée, Montag, 22. Juli 1816: „reisen Joseph Groote und Rector verdrießlich ab. Brief von Müller aus Nördlingen. Dom-Zeichnungen – Schinkels schwache Seite. Der Dom sollte kein Dach haben. – Mailänder Werk gerühmt! Tod der Maria und Schule von Schoreel. Neugriech. Meister. Herr v. Droßdyk. Migazzi – österreichischer Administrator der Pfalz. mit Weibern. Gutmütig gelehrige unbefangene Menschen. Schinkel fragt verächtlich nach ihnen" (S. Boisserée, Tagebücher, Bd. I, S. 350).

[28] Bilder von Leonardo da Vinci.

[29] Poltron: Feigling, Memme.

[30] S. Boisserée, Dienstag, 23. Juli 1816: „Brief von Hegel. Brief an Bernhard. an Artaria wegen Mur-

Den 24. July [1816].

Ich gehe mit Schinkel nach 8 Uhr aus u. wir treiben uns in der Heiligen Geist Kirche[31] u. in der Stadt umher, und gehen dann zu Boisserée. Ich gehe bald nachher zu Naegeli,[32] wo ich aber den Vetter v. Geyr nicht finde, der so wie Wilke u. Schülgen Lustparthien im Neckarthal macht. Ich gehe zu Walthern, der mich anruft; allein, alle Versuche, in die Bibliothek zu kommen, sind vergebens. Ich gehe bald nachher in's Bad; |: 1 Fr.:| dann suche ich Schelver[33]|23v| auf, den ich auch nicht finde. Mir ist höchst hypochondrisch zu Muthe; das Bad wirkt noch verderblicher. ∼ Ich gehe später zur Frau Amtmänninn Sartorius.[34] Sie commorirt[35] auf die alte Weise. Nach Tische gehe ich in die Bibliothek,[36] wo mir auch als Fremden die Manuscripte gezeigt werden. Ich finde darin viele geistliche Bücher, einige sehr schlecht geschrieben, andere mit schönen Buchstaben geziert. Auch sind viele juristische, mathematische, medizinische Sachen darunter. Unter den Gedichten sehe ich einen König Artus, [gestrichen: Parzi] ein Lob Caroli Magni,[37] einen Wolfram von Eschilbach[38] u.a. und 2 Tristans. Der eine ist frey-

---

phy, Spanien arabica. Eberhard Groote capituliert er wirbt uns für Berlin. Israel v. Meckenem. Quintin Messys. verschiedene Zwischen-Bilder. – Görres diplomatische Einwürfe gegen die Jahrs-Zahl auf dem Rat-Haus-Bild. alberner Kram" (S. Boisserée, Tagebücher, Bd. I, S. 350).

[31] Die Heiliggeistkirche in der Altstadt Heidelbergs wurde im 15. Jh. aus rotem Sandstein erbaut, nach Zerstörungen Ende des 17. Jh.s erhielt das gotische Gebäude Dach und Turm im Stil des Barock. Vgl. K. Fr. Schinkel, Heidelberg, Brücke über den Neckar mit Heiligengeistkirche (Berlin, Kupferstichkabinett; Inv.-Nr.: SM 9.1).

[32] Franz Karl Nägele, „Hofrath und Doct. d. Arznei- und Wundarzneikunst, ordentl. öffentl. Prof. der Arzneiwissenschaft, Oberhebarzt des Neckarkreises, und Director der Entbindungsanstalt", wohnte 1816 Kaltenthal 432 (Universitäts- und Addreß-Calender auf das Jahr 1816, S. 66 u. 132).

[33] Franz Joseph Schelver, „Doct. ord. Prof. der Medicin, Oberaufseher über das Mineralien-Kabinet, und provisorischer Director der in der Stadt gelegenen botanischen Gärten", wohnte 1816 „Vorstadt Hauptstr. 48" (Universitäts- und Addreß-Calender auf das Jahr 1816, S. 67 u. S. 138).

[34] Frau Amtmann Sartorius, Witwe, wohnte 1816 Hauptstr. 27 (Universitäts- und Addreß-Calender auf das Jahr 1816, S. 137), also im Palais Sickingen.

[35] commorieren: sich aufhalten, sich verhalten.

[36] Im „unteren Stock des Universitätsgebäudes" befand sich die Bibliothek, „welche Montags, Dienstags, Donnerstags und Freitags von 10 bis 12 Uhr, Mittwochs und Samstags von 2 bis 4 Uhr besucht werden kann. Auch dürfen größere Werke mit nach Haus genommen werden, worüber aber Bescheinigung gegeben werden muß, so wie überhaupt den eigends für die Benutzung der Bibliothek bestehenden Gesetzen genau nachzuleben ist" (Universitäts- und Addreß-Calender auf das Jahr 1816, S. 59). Schreiber, Anleitung, S. 110: Eine der Sehenswürdigkeiten Heidelbergs ist das „Universitäts-Gebäude mit der reichen Bibliothek, welche so eben in etwa 30 [sic] kostbaren Manuscripten, von den Franzosen aus der Vaticanischen Bibliothek in Rom nach Paris gebracht, einen Theil ihres ehemaligen Eigenthums wieder erhalten hat. Es ist gegründete Hoffnung vorhanden, daß diese ganze kostbare Bibliothek, welche im dreyßigjährigen Kriege nach Rom kam, der Universität zurückgegeben werden wird."

[37] Möglicherweise handelte es sich um: Der Stricker: Karl der Große, Cod. Pal. germ. 332 (um 1460) oder Der Stricker: Karl der Große, Cod. Pal. germ. 388 (letztes Viertel des 15. Jh.s). Ich danke der Universitätsbibliothek Heidelberg für diesen Hinweis.

[38] Wolfram von Eschenbach (um 1170–um 1220), Minnesänger, Dichter.

lich später als der meine geschrieben, aber enthält die Fortsetzung von Ulrich von Türheym u. zwar, wie ich bald sehe, vollständiger als der meinige.[39] Ich möchte gleich daraus abschreiben, aber das wird mir nicht gestattet. Die andre Handschrift des Tristan ist offenbar viel neuer, mit vielen gemalten Zeichnungen versehn, u. durchaus anders u. kürzer als Gottfrit von Straßburg u. Vribert[40] oder Ulrich von Türheym. Mir scheint es eine deutsche Bearbeitung nach einem französischen oder provenzalischen Dichter dieses Romans zu seyn. Ich kann das alles dießmal nur sehr kurze Zeit ansehn. Bald gehe ich nun mit Schinkel wieder zu Boisserées, wo wir noch eine Menge Bilder ansehn. Abends holen wir mit Sulpitz die Frau Schinkel ab, u. gehen auf den Riesenstein, wo uns bey wenigem Sonnenlicht eine kurze herrliche Aussicht gewährt ist. – Mir ist immer noch sehr unselig zu Muthe, u. da ich nachher Sulpitz nach Hause begleite, u. wir auf Göthes Schrift zu reden kommen, kann ich ihm nur |24r| sehr wenig erwidern, doch so viel, daß er wohl einsieht, daß auch ich glaube, daß diese Schrift im ganzen keine gute Wirkung hervorbringe. Er scheint sie auch nicht durchaus zu billigen, und die unchristlichen Ansichten u. Ausdrücke derselben mögen ihm schwer auf dem Herzen liegen.[41] Ich gehe recht trübsinnig nach Hause, u. möchte lieber in's Grab gehen. – Gott – wie du willst![42] –

Den 25. July [1816].

Schinkel geht früh auf's Schloß, wohin er von dem Berliner Präsidenten Goldbeck eingeladen ist. Nach dem Frühstück gehe ich zu Everhard von Geyr, den ich noch schlafend finde. Aus manchen seiner Reden, aus einem Thomas à Kempis, der nebst einem Billet auf seinem Tisch ihm zum Geschenk liegt, aus manchen Umständen wird mir wahrscheinlich, daß ihm das Mädchen im Hause Näglis gewiß nicht gleichgültig ist, noch er Ihr.[43] Er scheint einiger Maßen hingezogen, unwillkührlich. – Nach 9 gehe ich zu Wilken.[44] Er spricht viel von Rom,[45] u.

---

[39] Tristan, Heidelberger Handschrift mit der Fortsetzung des Ulrich von Türheim (Universitätsbibliothek Heidelberg, Cod. Pal. germ. 360).
[40] Vermutlich: der Dichter Heinrich von Freiberg, der den Tristan des Gottfried von Straßburg weiterführte.
[41] Vgl. die Briefe von S. Boisserées an Goethe, in denen er sich sehr positiv über dessen Schrift Kunst und Alterthum äußerte, etwa: S. Boisserée an J. W. von Goethe, Stuttgart, 2. Juli 1816 u. Heidelberg, 27. Juli 1816 (in: S. Boisserée, Briefwechsel, Bd. II, S. 120–122 u. 126).
[42] S. Boisserée, Mittwoch, 24. Juli 1816: „Brief von der Schlegel. Wut über d. Goeth. Heft. President Goldbeck von Berlin. Prosaischer Preuße. Ober-Deutsche Meister Zusammen-Stellung mit den Nieder-Deutschen. Briefe an Martin und Reinhard" (S. Boisserée, Tagebücher, Bd. I, S. 350).
[43] In welches Mädchen sich Everhard von Geyr zu Schweppenburg in Heidelberg verliebte, ist unklar. Er heiratete 1823 Maria Eva Lyversberg, die Tochter des Kölner Kaufmanns J. J. N. Lyversberg. Möglicherweise war sie es, die ihren Vater nach Heidelberg begleitete.
[44] Friedrich Wilken, „Doctor der Theologie, ordentl. öffentl. Prof. der philosophischen Wissenschaften, und Director der Universitäts-Bibliothek", wohnte 1816 Kaltenthal 431 (Universitäts- und Addreß-Calender auf das Jahr 1816, S. 70 u. 149).
[45] Fr. Wilken war im Febr. 1816 nach Rom gereist, um Gespräche zu führen und Teile der Bibliotheca

glaubt, daß Niebur schlecht mit den alten Herrn fertig werden wird. Er versichert mir, daß manche der Cardinäle, z.B. Gonsalvi, gar wohl mit allen Europäischen Verhältnissen Bescheid wissen, ja sogar über Luther u. die Reformation ganz vernünftig urtheilen, daß sie Luthers Autographa nur unger[n] abgegeben,[46] u. ihn dringend gebethen haben, wenn er irgend könne, ihnen selbst für Geld, in Deutschland andere aufzukaufen. Er spricht von ihrer Feinheit, guten Politik u. Diplomatik, u. wie sie, was ihnen nicht gefalle, wohl sich vom Halse zu halten wissen. Rhamdor, als |24v| kalter Verächter des festlichen Kirchendienstes, sey ihnen verhaßt,[47] werde aber auch schnöde behandelt. Humbold,[48] der alles wenigstens als historisch merkwürdig, oder ästhetisch gut ansehe [u.] beurtheile, stehe in viel besserem Lichte bey ihnen. Ich spreche von den Manuscripten, u. er zeigt mir mehrere, die er eben da hat, den Ottfried[49] u.a. und den Katalog über die sämmtlichen deutschen Sachen.[50] Es sind nur die poetischen Werke wichtig; die medizinischen u. historischen wenig. Ich rede auch mit ihm wegen Berlin; auch er glaubt, daß Boisserées wohl hin gehen würden. Er selbst erwartet noch Antwort; es hält nehmlich sein Hingehen noch daran, ob man ihm die Witwenpension, die seine Frau hier hat, zusagen will oder nicht.[51] Auch er schimpft auf

---

Palatina nach Heidelberg zurückzubringen. Über den Aufenthalt in Rom und die dortigen Erfahrungen schrieb Wilken: Der Abgeordnete der Heidelberger Universität (Wilken selbst) erhielt „auf Verfügung des Herrn Cardinal-Staatssecretärs, von den päbstlichen Behörden jede gewünschte Erleichterung und Begünstigung; so wie er überhaupt während der ganzen Dauer seines Aufenthalts in Rom von diesem erlauchten Prälaten mit ausgezeichneter und liebreicher Güte behandelt wurde." Eben so wenig kann derselbe „der Gefälligkeit, Freundlichkeit und Dienstfertigkeit, womit ihm von dem würdigen ersten Custos der Vaticanischen Bibliothek [...] die Vollziehung seines Auftrags erleichtert wurde, anders als mit der innigsten Dankbarkeit erwähnen." Und weiter: „Mögen die nach Heidelberg durch eine merkwürdige Verkettung von unerwarteten Umständen zurückgekehrten wissenschaftlichen Schätze von heilbringenden Folgen für die deutsche Litteratur und insbesondere für unsre Lehranstalt seyn; mögen insbesondere die Denkmäler der alten deutschen Poesie emsig benutzt werden für eine würdige Geschichte unsrer Sprache und Dichtkunst und die gerechte Schätzung der verdienstlichen Bestrebungen unsrer Vorfahren; mögen diese gegen vornehme Herabwürdigung eben so sehr bewahrt werden, als gegen thörichte Ueberschätzung und phantastischen Misbrauch!" (Wilken, Geschichte der Bildung, S. 262 u. 263).

[46] Autograph Luthers: Die eigenhändige Schrift Luthers von 1530 (Predigt, dass man Kinder zur Schule halten soll) befindet sich in der Universitätsbibliothek Heidelberg.

[47] Friedrich Wilhelm Basilius von Ramdohr war von 1810 bis 1816 preuß. Diplomat am Vatikan, anschließend preuß. Gesandter in Neapel.

[48] W. von Humboldt amtierte von 1802 bis 1806 als preuß. Gesandter beim Vatikan.

[49] Otfrid von Weißenburg, Mönch und Dichter. Sein Werk Liber evangeliorum ist in vier Handschriften überliefert; eine von ihnen, die Heidelberger Handschrift, entstanden 870, befindet sich in der Universitätsbibliothek Heidelberg (Cod. Pal. lat. 52).

[50] Wilken veröffentlichte 1817 den Katalog zu den mittelalterlichen Handschriften der Heidelberger Bibliothek (Fr. Wilken, Geschichte der Bildung, Beraubung und Vernichtung der alten Heidelbergischen Büchersammlungen. Nebst einem Verzeichniß der aus der pfaelzischen Bibliothek im Vatican an die Universität Heidelberg zurückgegebenen Handschriften, Heidelberg 1817).

[51] Ab 1817 lehrte Wilken an der Berliner Universität Geschichte und Orientalistik; zugleich übernahm er die Leitung der Königlichen Bibliothek. Er war verheiratet mit der Malerin Caroline Tischbein.

Thibaut, den er nicht besonders leiden zu können scheint. Thibaut, sagt er, suche u. ergreife auch in allen Dingen gerne die Extreme; vor 2 Jahren hätte ihm niemand ein Wort gegen Preußen sagen dürfen: nun könne er nicht genug auf sie schimpfen. Ich spreche sehr frey mit ihm über diesen Gegenstand. Dann bitte ich mir aus, ihn nachher in der Bibliothek besuchen zu dürfen. Ich gehe noch einen Augenblick zu Boisserées, wo Schinkel u. dessen Frau noch sind. Ich gehe bald in die Bibliothek, wo Wilken schon ist. Er |25r| zeigt mir eine Menge vorzüglicher Sachen. Zwey alte Calender im Folio mit schön gemalten Bildchen u. Vergoldungen, bey jedem Tag. Einen sehr schweren Lanzelot u. Geschichte des Heiligen Gral, mehre Titurels u.a. auch einige Griechen. Ich erhalte von ihm die Erlaubniß, in der Bibliothek im Tristan lesen u. daraus copiren zu können, welches jedoch erst morgen geschehen kann, da die Bibiothek heute geschlossen bleibt. Nach Tisch fahren wir mit Sulpitz Boisserée nach Necker-Gemünd u. Steinach. Es ist viel von Göthe u. dessen physikalischen Versuchen die Rede. Die Erbärmlichkeit alles wissenschaftlichen Treibens ist immer das Epiphoram[52] des Ganzen. Das habe ich lange gewußt u. ausgeprochen. Wir kommen gegen 9 ½ zurück.[53]

Den 26. July [1816].

Nach dem Frühstück versucht Schinkel, die Artikel des Vertrags mit Boisserées in's Reine zu schreiben, um sie denselben vor zu legen. Ich gehe gegen 9 Uhr zur Bibliothek, da aber alles noch geschlossen, gehe ich mit Walther, der mir eben begegnet, u. dem Hoffman von Düsseldorf, der sich zu uns gesellt, zu Schülgen. Die jungen Leute gefallen mir recht gut, in ihrer frischen Lebendigkeit, deren Unterschied gegen meine finstere Hypochondrie, die sich im Innern noch viel schwärzer wälzt, als sie sich äußerlich zeigt, ich leider nur gar zu wohl fühle. – Ich gehe endlich um 10 Uhr auf die Bibliothek, wo ich gleich |25v| damit anfange, ein Fragment eines unbekannten Gedichts im Versmaß des Titurels, welches Wilke von einem Buchumschlag in Rom genommen, ab zu schreiben. Gegen mir sitzt Witte, das Wunderkind,[54] über dessen dumme Eitelkeit sich Studenten u. Professoren gar sehr ärgern. Ferner schreibe ich aus dem Tristan, mit Ulrich von Türheym fortsetzend, mir aus letzterem ab, was mir fremd scheint. Mit Wilke gehe ich nach 12 wieder weg; zu Boisserées, wo Schinkel noch Bilder besieht. Um 12 ½ gehn wir zu Tisch, u. kehren nachher bald wieder zu Boisserées zurück, wo

---

[52] Möglicherweise Epiphora, in der Rhetorik: Wiederholung, Hinzufügung.
[53] S. Boisserée, Donnerstag, 25. Juli 1816: „Spanisch. arab. Werk. [...] Brief an Bernhard. Mauritius Kranach. Meyer von Landshut etc. Fahrt nach Neckargemünd u. -steinach. Verkleinerung der Figuren (d. Menschen d. Stein-Hauer im Gebirg) über 50 in Steinach die Gilde. Ein griechisch und ein deutsches Gemälde von Schinkel – alles was er mir davon sagt, deutet etwas auf Breughel" (S. Boisserée, Tagebücher, Bd. I, S. 350).
[54] Johann Heinrich Karl Witte war als Wunderkind berühmt. Nach seiner Promotion 1813 zum Dr. phil. hörte er juristische Vorlesungen in Heidelberg, 1817 habilitierte er sich an der Universität Berlin.

aber Schinkel nur Architektonische Sachen ansieht. Um 8 geht Sulpitz mit uns nach Hause. Er hat mein Buch auf seinem Zimmer; sagt mir aber davon nichts. – Wir essen frugal zu Nacht, u. sehen uns die Charte an, um unseren Weg nach Trier, Maynz, Coblenz etc. zu bestimmen.[55]

Den 27. July [1816].

Schon beym Frühstück kommt Schülgen zu mir. Wir reden mancherley über Geyr, u. über die Fidelität anderer Studenten, u. gehn bald zu Kempis. Sehr viel gelernt mögen wohl diese Herrn alle nicht haben; bey jedem höre ich ein anderes Hinderniß, welches ihm zur Entschuldigung dient. – Die Bibliothek bleibt leider diesen morgen geschlossen, ich gehe gegen 11 nach Hause, u. finde Schinkel noch. Ich gehe bald mit ihm zu Boisserées u. rede mit Sulpitz noch mancherley wegen Berlin u. unserem Vaterland. Dann gehe ich, Thibaut zu besuchen, finde ihn aber nicht; Schelver magnetisirt u. ich kann ihn nicht treffen. Nach Tisch gehe ich auf die Bibliothek, u. |26r| schreibe aus dem Tristan ab, in dessen Schluß von Ulrich von Türheym ich nun schon mehrere große Stellen entdecke, die mir fremd sind. Jener Witte, das Wunderkind, der immer auch dort ist, ist, wie ich später merke, Schuld, daß ich von Wilke nicht die Membranen,[56] mit nach Haus erhalte. Wilken, der mit mir aus der Bibliothec geht, biethet mir an, mir dieselben morgen nach Haus zu schicken, was mir sehr lieb ist.

Ich gehe nun zu Geyr, mit ihm zu Naegli, der noch immer in seiner wischschigen Ansicht der Zeit steckt, wo er nur die Haltlosigkeit alles menschlichen Wissens, Strebens und Wollens heraushebt. Ich bin zwar auch dieser Meinung, allein, ich folgere daraus nicht, wie er, daß darum der Mensch nur sein Zeitalter beklagen u. verdammen müsse, sondern dass er nur desto mehr in sich gehen, u. sich vor dem Herrn demüthigen solle. – Ich sehe auch Naegli's Frau, u. seine unbegreiflicher Weise wahrhaft sehr hübschen Kinder.[57] – Auch die Stägemayer, Geyr's Amasia,[58] sehe ich, u. sie scheint mir mit ihren leichtbraunen Augen dießmal mehr, als sonst nie. – Ich gehe bald auf's Schloß, wo ich die Frau Schinkel mit Marie treffe. Später kommt auch Schinkel mit Sulpitz und wir bleiben bis am Abend da. Nachher reden wir noch über die in Paris reklamirten Codex Aureus;[59] Sarcophag Caroli Magni,[60] etc. Schinkel hat das neue Bild von A.D.

---

[55] S. Boisserée, Freitag, 26. Juli 1816: „Maurische Architectur. De Ron aus London zurück. Schlechter Zustand in England, Auswanderungen. Nachmittags Architectur. Facsimiles Zeichnungen, Kupfer etc. Schinkel erklärt mir seinen Dom. Brief von Goethe daß er nicht komme. Paket von Ehrmann" (S. Boisserée, Tagebücher, Bd. I, S. 350).
[56] Membranen: Handschriften auf Pergament.
[57] Franz Carl Joseph Naegele war verheiratet mit Johanna Maria Anna May, mit der er fünf Kinder hatte.
[58] Möglicherweise: Anspielung auf eine Geliebte („Amasia") Goethes.
[59] Der Codex aureus quatuor evangeliorum war ein Geschenk der Schwester Karls des Großen, Ada, an das Kloster Maximin in Trier. Groote hatte den geraubten Codex in Paris aufgespürt und seine

gesehen, was Boisserées aus Nürnberg erhielten.[61] Abends spät revidire ich noch den Vertragsakt über Boisserée's Sachen, in dem ihnen von Preußen 500.000 Fl. Capital versprochen werden.[62] |26v|

Den 28. July [1816]. Sonntag.

Ich gehe frühe zur Kirche; dann schicke ich, mir bey Wilken den Tristan holen zu lassen, den er mir versprochen. Ich fange bald an, daran zu schreiben. Das Wetter ist schlecht, doch fahren Schinkels mit Sulpitz u. Bertram nach Schwetzingen. Bei Tische kommt Kempis u. Babo. Wir leben recht fidel zusammen, bis Babo nachher wegfährt. Wir haben etwas stark getrunken, u. mir ist nicht wohl. Ich schlafe wohl eine Stunde, u. schreibe dann an dem Tristan fort. Später kommen Schinkels wieder, u. ich bin noch eine kleine Zeit bey ihnen. Mir ist innerlich nicht wohl; ich schreibe aber bis gegen Mitternacht. Es regnet stark.[63]

Restitution erreicht (Groote, Tagebuch, Bd. 1, vor allem 22. Aug. u. 13. Sept. 1815, S. 173, S. 194 f.).

[60] Während der Französischen Zeit war der antike Marmorsarkophag (Proserpina-Sarkophag) geraubt und nach Paris gebracht worden. Groote hatte sich 1815 um seine Rückführung bemüht (Groote, Tagebuch, Bd. 1, 13. Aug. 1816, S. 165). Der Sarkophag befindet sich im Aachener Dom.

[61] Albrecht Dürer, Grablegung/Die Beweinung Christi für die Familie Holzschuher, um 1500, heute in Nürnberg, Germanisches Nationalmuseum.

[62] S. Boisserée, Samstag, 27. Juli 1816: „Regen. Beschreibung von Antwerpen von Ehrmann" (S. Boisserée, Tagebücher, Bd. I, S. 350). An Goethe schrieb er am selben Tag: „Geheimrath Schinkel ist nun schon seit acht Tagen bei uns [...]. Die Bedingungen [für den Ankauf durch Preußen] scheinen freilich im höchsten Grad verführerisch und obwohl man uns seit meiner Rückkehr in hier benachbarten Gegenden auch die vortheilhaftesten Anträge gemacht hat, so wird wahrscheinlich doch die Rücksicht auf das niederrheinische Land uns für Berlin bestimmen. Denn daß sich nur von da aus etwas zu Gunsten jenes Landes bewirken läßt, davon haben wir uns seit Jahr und Tag immer mehr überzeugt. [...] Geheimrath Schinkel hat uns heute eine ins einzelne gehende schriftliche Anerbietung versprochen und dadurch werden wir wohl der Entscheidung näher kommen (S. Boisserée an J. W. von Goethe, Heidelberg, 27. Juli 1816: in: S. Boisserée, Briefwechsel, Bd. II, S. 125). K. Fr. Schinkel schrieb einige Tage später an vom Altenstein: „Für Berlin ist diese Sammlung ein überaus großer Schatz; ihre Eigenthümlichkeit und Einzigkeit setzt nun zum erstenmal auch diesen Theil Deutschlands in ein Gleichgewicht mit dem kunstschweren Dresden, Wien, München etc. Viel Einseitigkeit des Urtheils wird dadurch verdrängt werden, daß Preußen im Auslande und im Inlande selbst nicht beständig mehr blos als Finanz- und Militairstaat erscheint; denn bei dem allgemeinen Interesse, welches Volk, Regierungen und Fürsten an dieser Sache nehmen, wird es ein außerordentliches Aufsehn machen, wenn Preußens Acquisition öffentlich in Deutschland bekannt wird. [...] Nach allem scheint der Besitz dieser Sammlung für Preußen um jedes Opfer unerläßlich" (K. Fr. Schinkel an K. S. Fr. vom Altenstein, Heidelberg, 6./7. Aug. 1816; in: Wolzogen, Schinkel's Nachlaß, Bd. 2, S. 185).

[63] S. Boisserée, Sonntag, 28. Juli 1816: „Regen. Morgens Kirche und Gebäude – mittags Schwetzingen" (S. Boisserée, Tagebücher, Bd. I, S. 350).

Den 29. July [1816].

Ich schreibe schon früh wieder an meinem Tristan. Schinkel geht zu Boisserée; das Wetter ist fortwährend sehr wüst. Beym Frühstück überlegen wir unsere Reise über Trier etc. Ich schreibe fort, bis zum Mittagessen. Nach diesem geht Schinkel die Manuscripte in der Bibliothek in Augenschein zu nehmen; er kommt mit Sulpitz zu mir; letzterer will auch anmaßend etwas über die Handschriften u. über meinen Tristan raisonniren, allein, das gelingt eben nicht so gleich. Ich renne gegen 5 ½ mit Schinkel noch den Heiligen Berg [Heiligenberg] hinauf bis zu den Klosterruinen; durch die Thäler ziehen überall Regen- |27r| wetter; wir eilen ebenso schnell wieder hinab, ziehen uns an, u. gehen zu Wilken, wo wir zum Thee gebethen sind. Es sind da der Geheime Kirchen Rath Daub u. dessen Frau, die recht wohl zu seyn scheinen; der Prof. Tiedeman mit dessen junger Frau, der an Ackermanns, u. der Prof. Gaensler, ausgexxxxxx, der an Martins Stelle gekommen ist;[64] der Naegeli u. dessen Frau, u. noch einige andere, nebst den 2 Boisserées u. Schülgen, den nur seine Krankheit zu dem neuen fidelen Leben kann gesteigert haben, in dem er jubelt. Wir sitzen an einem Tisch zusammen u. Wilken erzählt manches von Rom, was er in den Kirchen u. in der Stadt dort gesehn u. gehört. – Mich hat meine alte, feste, lederne Hypochondrie gefaßt, die mich nicht einmal ordentlich reden läßt. Diese macht mich am Ende wohl schon zu einem recht frühen Mysanthropen, – oder zum Narren.[65]

Den 30. July [1816].

Ich schreibe früh am Tristan, u. nach dem Frühstück wieder bis zum Mittagessen. Mir ist noch immer sehr schwer, steifest im Unterleib; ich glaube für wahr, ich habe die schändlichste Hypochondrie von der Welt. Nach Tisch kaufe ich etwas schlechten Taback, |:–17:| u. ich gehe mit meinen Reisegefährten trotz des drohenden Wetters nach Rohrbach zu. Schon an der Krappfabrik überfällt uns der Regen, den wir aber abwarten, u. dann weiter gehn. Wir kommen mit Mühe nach Rohrbach, trinken Kaffee |27v| u. langweilen uns sehr, da es immer fort regnet.[66] Auf einem Bauerwagen fahren wir endlich zurück u. setzen uns still zu

---

[64] Friedrich Tiedemann wurde 1816 als Nachfolger von Jacob Fidelis Ackermann an die Heidelberger Universität als Direktor des Anatomischen Instituts berufen. Der Jurist Johann Caspar Gensler wurde 1815 an der Heidelberger Universität Nachfolger von Christoph Reinhard Martin.

[65] S. Boisserée, Montag, 29. Juli 1816: „Regen. Catalog. Brief an Mariännchen. Abends bei Wilken" (S. Boisserée, Tagebücher, Bd. I, S. 351).

[66] J. Schopenhauer beschrieb ihren Aufenthalt in Rohrbach, „in welchem die verwittwete Markgräfin von Baden ein nicht großes, aber elegantes Landhaus besitzt, welches sie im Sommer zuweilen bewohnt. Ein klarer Bach, ein von schattenem Gehölz umgebener Teich, ländliche Aussichten auf grüne Wiesen und freundliche Dörfer geben den dazu gehörigen Gartenanlagen etwas sehr anmuthiges. Der Eintritt steht dem gebildeten Publikum offen. Wir saßen dort an einem schönen Abend sehr fröhlich am Theetisch, als wir ein allmählich aufsteigendes Gewitter

Hause nieder. Nach dem Nachtessen ließt Schinkel aus Jean Pauls Aesthetik[67] vor.[68]

Den 31. July [1816].

Ich endige meine Abschrift des Schlusses von Tristan, und vergleiche noch einiges nach Myllers Sammlung. Schinkel ist zeitig zu Boisserées hingegangen, denen er heute, wenn er das allgemeine Verzeichniß ihrer Bilder erhält, die Vertragsbedingungen schriftlich vorlegen will. Ich lasse etwas an meinen grauen Hosen bessern, |: 1.4 :| u. gebe bey Tische Boehmischen Musikanten etwas. |: –8 :| Gegen 5, nachdem Schinkel schon wieder bey Boisserées ist, gehe ich zu Schelver, der aber im Klynikum ist, wo er Botanik liest.[69] Ich hospitire bey ihm; etwa 10 Studenten hören sein Colleg. Nachher gehe ich mit ihm in den botanischen Garten, wo wir besonders über den Magnetismus reden.[70] Er scheint darin seinen eigenthümlichen Gang zu nehmen und die Sache in religiöserem, christlicherem Sinne zu nehmen. Deswegen haßt er auch Wolfarth und seine Verhandlungsart, u. glaubt seine Manier, im Beyseyn vieler Andrer zu magnetisiren, müsse durchaus irrig seyn. Er macht auch auf unsern Pater Adams[71] aufmerksam, von dem er gehört hat, u. der allerdings wohl auf ähnliche Weise gewirkt haben kann. Auch Koreff kennt er, als seinen frühern Kandidaten, der sogar auf seine Empfehlung ohne Examen Doctor geworden seyn |28r| soll. (?)[72] –

Nachher gehe ich zu einem Drechsler, der mehrere schöne Pfeiffenröhre von Ziegenhainern[73] u. türkischen Weichseln[74] hat. Ich handle auf mehrere, die ich

---

bemerkten, welches plötzlich so schnell und in so drohender Gestalt sich über Heidelberg aufthürmte, daß wir eilen mußten, um vor dem völligen Ausbruch desselben die Stadt zu erreichen" (Schopenhauer, Ausflucht, S. 137 f.).

[67] Jean Paul, Vorschule der Aesthetik, nebst einigen Vorlesungen in Leipzig über die Parteien der Zeit, Hamburg 1804.

[68] S. Boisserée, Dienstag, 30. Juli 1816: „Regen und Sturm. Catalog abgeschrieben" (S. Boisserée, Tagebücher, Bd. I, S. 351).

[69] Vgl. das Vorlesungsverzeichnis für das Sommersemester 1816: „Botanik, nach Linné, Demonstration der Gewächse des botanischen Gartens und der umliegenden Gegend: Prof. Schelver, 5mal in der Woche von 5–6 Uhr" (Anzeige der Vorlesungen, S. 8).

[70] Schelver behandelte in seinen Vorlesungen an der Heidelberger Universität auch die „Lehre vom animalischen Magnetismus" (Universitäts- und Addreß-Calender auf das Jahr 1816, S. 67).

[71] Möglicherweise ist dies ein Hinweis auf den Kölner Jesuiten Pater Adam Schall von Bell, der im 17. Jh. als Missionar und Astronom in China tätig war. Von Praktiken im Sinne des Magnetismus ist allerdings nichts bekannt.

[72] David Ferdinand Koreff promovierte 1804 an der Universität Halle bei Johann Christian Reil.

[73] Ziegenhainer: knotige, zum Teil auch gedrehte Stöcke vom Holz des Korneliuskirschbaums, genannt nach dem Ort Ziegenhain bei Jena. Der Ziegenhainer Stock war am Ende des 18. Jh.s zunächst bei den Jenauer Studenten beliebt, wurde bald weit darüber hinaus zu einem Symbol der Studentenschaft.

[74] Türkische Weichsel, auch Steinweichsel (Prunus mahaleb): kleiner Baum, aus dessen Holz häufig Spazier- und Wanderstöcke hergestellt wurden.

morgen erhalten soll. Am Paradeplatz begegnen mir Melchior u. Bertram, die mich einladen, mit ihnen spazieren zu gehen. Studenten scheinen sich an diese nun gar nicht mehr anzuschließen; überhaupt aber scheinen Alle mir nicht mehr so scharf u. verständig, wie sie mir sonst wohl vorkamen. Selbst Sulpitz scheint mir wenig Originalität zu haben, sondern gar sehr von fremdem Urtheil beherrscht, geleitet, und imponirt. Bertram raisonnirt viel über das Deutschfranzosenthum in Berlin, welches sich auch bey den hiesigen Preußischen Studenten, in Rede, Kleidern etc. zeige, mehr als bey Allen andern. Er steupt[75] sehr auf Bayern; obschon dort vielleicht der Teufel regiere, so sey doch große Consequenz u. Tüchtigkeit nicht zu läugnen. Auch Würtenberg [Württemberg] scheint ihm sehr zu zusagen, u. ich rede über die Unmöglichkeit, daß sich alles in einem großen, zerrissenen Staate gleich so gestalte, wie in einem kleinen arrundirten. Er spricht über die Schlechtigkeit der Regierungen, die alles, Verfassung, Gesetze, ja Kunst u. Religion machen, konstruiren zu können glauben, u. nicht wissen, daß dieß[e] aus dem Innern hervorgehen, oder aus dem Alterthum als ehrwürdig dastehen müssen, wenn sie etwas seyn sollen. Darüber bin ich mit ihm ebenso einig, als daß eigentlich alle großen Staaten nichts |28v| taugen u. nie etwas getaugt haben, daß kein Catholizismus ohne Pabst u. zwar in Rom bestehen werde; daß man in Rom mit den teutschen Angelegenheiten gar sehr im Reinen ist etc. Neu u. grell scheint mir, daß eine frey gestimmte, gutdenkende deutsche Parthey durch Nassau etc. von Wirtenberg her am Rhein bestehen soll, die mit der Idee umgehe, die Rhein Provinzen zu einem eigenen Staate zu machen. Gegen seine Behauptung, daß es überhaupt hier und da noch zu Aufruhr kommen müsse, u. namentlich bey uns, kann ich ihm nur einwenden, daß es gewiß an Aufstand, Aufopferung u. aufrichtigem Wollen im Volke in den letzten Jahren nicht gefehlt, u. doch sey es noch nicht besser geworden. Görres soll gewaltig gegen Preußen u. dessen Verfassung an Creutzer geschrieben haben.[76] Er soll letztere einen tausendfüßigen Kellerwurm u. ein hunderträdriges Fuhrwerk nennen, u. die Einladung nach Bayern gar nicht weit weg werfen. Bertrams Behauptung endlich, daß keine Kunst u. keine Ruhe im Oeffentlichen wie im Einzelnen, und keine Verfassung ohne Religion möglich sey, muß ich wieder beypflichten, u. da mag den Herrn mein Buch als mein vollgültigstes Urtheil dienen. –

Abends werden wir nach dem Spaziergang noch recht naß; Sulpitz sitzt bey uns zu Haus; Schinkel sagt mir, die pecuniaria[77] scheinen den Herrn nicht glänzend genug zu dünken, wegen der zurückzuhaltenden Hälfte |29r| des Capitals nehmlich. Für die Zinsen der ersten Hälfte, rechnen sie ihre Dienste, für die sie kein weiteres Gehalt beziehen; für die Bilder selbst, u. die Abtretung derselben, scheinen sie sich mit dem halben Capital allein nicht begnügen zu wollen.[78]

---

[75] stäupen: mit Ruten schlagern, hier: schimpfen.

[76] J. Görres war seit längerem mit dem Philologen G. Fr. Creuzer in Heidelberg bekannt. Im Herbst 1816 reiste er mit seiner Familie nach Heidelberg, um sich dort mit den aus Rom zurückgekehrten Handschriften der Bibliotheca Palatina zu befassen (Fink-Lang, Görres, S. 172 f.).

[77] res pecuniaria: Geld, Geldangelegenheit.

Den 1. August [1816].

Der Drechsler schickt mir meine 8 Pfeiffenröhre, u. den Ziegenhainer Stock, zwey Röhre sind von Ziegenhainer, eines von türkischer Weichsel, u. ich bezahle ihm im Ganzen. |:16.17:| Dann sitze ich lang bey Schinkel, der sich Boisserées Catalogen abschreibt; ich lese ihm u. seiner Frau nachher einige Stellen aus der Handschrift des Tristan vor. Nachher gehe ich zu Boisserées, um ihnen noch zuzureden, daß sie Schinkel mit ihrer Entscheidung nicht zu lange hinhalten, was sie mir auch versprechen. Ich rede mit Bertram manches über den Rektor, über Wallraf, über das, was nun in Köln geschehen kann u.s.w.

Nach Tische gehe ich bald zu Thibaut.[79] Ich sehe bey ihm eine Copie von xxxx, nach dem schönen Raphaels Bilde aus der Galerie Colonna.[80] Dann gehe ich mit ihm in seinen Garten, u. er geht gleich heftig los in seinen politischen Ansichten, über Regierungen, Verfassungen etc. etc. Auch gegen Martin u. dessen Unternehmen in dem badenschen Lande[81] schimpft er sehr los. Sein übeles Gewissen scheint ihn zu verleiten, oft von Savigny anzufangen,[82] dem er zwar nichts reeles, aber doch eine Menge von Kleinigkeiten zur Last legen will, z.B. daß er es auch mit der Religion sonderbar nehme, ein großer Feind des Katholizismus sey u. dergl. Er erkund- |29v| digt sich auch nach Göschen, nach Niebuhrs u.a. Von Savigny sagt er noch, er müsse sich doch nun auf Dinge geworfen haben, die ihm nicht recht angehören, er hält ihn für einen gränzenlosen Verehrer des Preußischen Wesens u.s.f. Er spricht überhaupt sehr viel, renommirt, u. urtheilt scharf ab; es wird einem gar nicht heimlich bey diesem verschlagenen Kopf. – Ich gehe nachher zu Hepp,[83] wo ich nur die Sophie, u. deren recht hübsch gewordene Schwester Ernestine finde. Dort höre ich, daß heute mein alter Hauswirth, der Corrector Siebe begraben worden, der von einer Unverdaulichkeit, die er sich an Kirschen mit den Steinen an den Hals gegessen, gestorben ist. –

---

[78] S. Boisserée, Mittwoch, 31. Juli 1816: „abscheul. Wetter. Catalog revidiert. – Schinkel übergibt seine Artikel" (S. Boisserée, Tagebücher, Bd. I, S. 351).

[79] Anton Friedrich Justus Thibaut, „Doct. d. Rechte, Hofrath und ordentl. Prof.", wohnte Kaltenthal 428 (Universitäts- und Addreß-Calender auf das Jahr 1816, S. 69 u. 144).

[80] Raphael, Madonna Colonna, um 1507/08. Das Gemälde befand sich zeitweise in der Collezione Duchessa Maria Colonna Lante della Rovere. 1827 wurde es vom preuß. Staat für das Königliche Museum in Berlin erworben, heute befindet es sich in der Gemäldegalerie Berlin.

[81] Der Jurist Christoph Reinhard Martin hatte seit 1805 an der Heidelberger Universität gelehrt. Angesichts der politischen Entwicklung im Großherzogtum Baden, die 1818 schließlich in die Einführung einer konstitutionellen Monarchie mündete, entschied sich Martin 1815/16, an die Universität in Jena zu wechseln. Das Großherzogtum Sachsen-Weimar-Eisenach hatte sich im Mai 1816 eine liberale Verfassung gegeben.

[82] Groote bezieht sich auf den sogenannten Kodifikationsstreit, die Frage, ob in den deutschen Ländern ein einheitliches Rechtssystem eingeführt werden sollte. Thibaut und Savigny nahmen zu diesem Thema unterschiedliche Positionen ein. Vgl. Hattenhauer, Thibaut und Savigny, 2002.

[83] „Hepp, Schaffner, Kaltenthal 429" (Universitäts- und Addreß-Calender auf das Jahr 1816, S. 118).

Schinkel hole ich bey Boisserées ab. Letztere haben ihre Forderung noch sehr gesteigert, so daß Schinkel fast fürchtet, nicht mit ihnen fertig zu werden. Sie wollen nehmlich, ausser dem Capital von 200.000 Fl. u. dessen Zinsen von 10.000 Fl., auch noch andere 10.000 Fl. für ihre ausserordentlichen Ausgaben haben u.s.f. Schinkel ist darüber etwas in Verlegenheit gekommen, hofft aber, morgen mit ihnen zum Schluß zu kommen. Wir gehn noch mit seiner Frau bis an den Haarlas [Haarlaß] spaziren, wo es aber recht kalt, u. feucht ist. Abends entwirft Schinkel noch die höchsten möglichen Vergleichspunkte für Boisserées.[84] –

Den 2. August [1816].

Nach dem Frühstück, während Schinkel noch an einer allgemeinen Taxation der Boisseréeschen Sammlung arbeitet, kommen die beyden Boisserées u. Bertram, u. schlagen vor, nach Manheim zu fahren. Schinkel scheint dazu nicht |30r| Lust zu haben; die Frau mehr. Ersterer entschließt sich daher endlich auch dazu. Während nun der Wagen besorgt wird, hat Schinkel mit Sulpitz noch eine harte Diskussion wegen Berlin. Sulpitz wird äußerst heftig, in einer Art, wobey man gar nicht mehr begreift, warum er es wird, u. bittet Schinkel bald nachher wieder eben so linkisch um Verzeihung. – Man merkt ihm noch einigen Sporn an, der ihn immer noch stachelt. Sulpitz spannt die Geldforderung hoch, eigentlich höher als Schinkel sich einlassen darf; dennoch will er sich zu allem verstehn, u. sehn, wie es nachher in Berlin durchgeht. Gegen 11 ½ fahren endlich Bertram u. Melchior mit den Schinkels weg; ich sollte mit, allein, ich halte es für besser, hier noch einiges in unsern Sachen mit Sulpitz, u. meine Besuche etc. etc. abzumachen.

So gehe ich mit Sulpitz, der mich zum Essen ladet, spaziren, und da mir endlich körperlich einmal wieder ziemlich leicht u. klar ist, so kann ich ordentlich über manche Dinge mit ihm reden. Die Idee, daß man möglichst wenig unternehmen, sondern sich ganz in sich u. auf ein kleines Geschäft zurückziehen, u. darin wirken müsse, ist ihm sehr ernst geworden, u. er fängt mir immer wieder davon an, um mich von meinem, wie er glaubt, zu leichtem, unternehmenden, strebenden, weitem Thun u. Treiben abzubringen. Vor meinem Auftrag in Paris, u. dem, was sie darüber gehört u. gelesen haben, haben alle, Sulpitz besonders, großen Respekt,[85] u. sehen es ganz als ein großes, wichtiges Lebens-Verdienst an. So urtheilt man, wenn man die Sachen nur aus der Weite sehen kann; ich glaube nicht, daß ich darin etwas ausserordentliches gethan. – Sulpitz ist den ganzen

---

[84] S. Boisserée, Donnerstag, 1. Aug. 1816: „Regen, dunkel. Paket von Ehrmann mit dem Buch von Krause. Brief an Hegel datiert vom 30. Juli. Unterhandlungen Spaziergang am Neckar, ich lese in den Wolken" (S. Boisserée, Tagebücher, Bd. I, S. 351).

[85] So meinte S. Boisserée in einem Brief an seinen Freund Schmitz in Köln: „Das wirkliche Verdienst aber, welches Eberhard v. Groote um die Wiedergewinnung des Petrus, und der übrigen von den Franzosen geraubten Sachen hat, ist nicht genug zu loben" (S. Boisserée an Fr. P. Schmitz, Heidelberg, 6. Dez. 1815; in: S. Boisserée, Briefwechsel, Bd. I, S. 301).

Morgen |30v| und Mittag äußerst munter u. manierlich, so daß man ordentlich über alles mit ihm reden kann.

Nach Tische besuche ich Creuzer,[86] bey dem ich Herrn Prof. Kaiser, Herrn Monné, Philologe u.a. finde. Kreutzer ist sehr munter, gesprächig u. angenehm. Allein, nun hier höre ich es aus seinem Munde (woher also wahrscheinlich dieses Gerücht in Berlin entsprungen ist), daß die großen Herrn u. namentlich der Preußische König es sich nur ernstlicher in Rom hätten verwenden dürfen, um dorther auch den übrigen weit bedeutendern Theil der Bibliotheca Palatina zu erhalten. Ich sage recht deutlich meine Meinung, daß ich solche Aeusserungen für sehr unbillig halte, indem es einzig nur die Güte des Pabstes gewesen wäre, durch welche jene Dinge wiedergegeben seyen; von Recht sey da längst nicht mehr die rede. Auch über Tristan lasse ich mich ordentlich vernehmen, u. mache die Critik des in der Bibliothek befindlichen, damit nicht etwa jemand sich daran durch zu frühe Herausgabe ver- u. mir vorgreifen möge.[87] –

Später besuche ich die Fretters, die, Mann u. Frau, noch wie sonst, alltäglich u. gewöhnlich sind. Sie raisonirt über die Valckenberg in Worms,[88] als ob sie in ihrem Leben keinem fremden Mann einen Kuß gegeben – was doch schwer zu glauben. – Ich gehe nun zu Sulpitz zurück, da er aber einen Brabänter Maler bey sich hat, gehe ich zum Geyr, der nun, wie es scheint, mit seinem Alten in ernsthafte Unterhandlungen wegen seiner Rückreise getreten ist. –

Bald gehe ich zu Sulpitz zurück, u. mit ihm aufs Schloß. Er ist auch den ganzen Abend noch sehr freundlich, ruhig u. bescheiden, u. ich kann ihm mit Fug noch alles sagen, was ich ihm über Berlin, über Thibauts Benehmen gegen Savigny, |31r| über meine eigenen Verhältniße u.s.f. sagen will, u. wir werden sehr gut mitsamen fertig. Die Aussichten auf einen Deutschen Verein, der Sie und ihre Sammlungen, u. alles, was dahin gehört, aufnehmen, ihnen 15.000 Fl. Einkünfte etc. etc. geben etc. etc. will, scheint mir hauptsächlich von Stein auszugehen, der vielleicht einen Theil seiner Güter daran verwenden will; daß das Ganze noch in weitem Felde steht, läugnet Sulpitz selbst nicht. – Ich rede noch mit ihm über den Mangel an tieferer Kenntniß des Wesens der gothischen Architektur bey Schinkel u. in dessen Arbeiten. Wir kommen davon auf Süvern zu reden. Auch Sulpitz will von einem Zusammenhang der Freymaurerey mit den alten Bauinnungen nichts wissen. –

Abends vor dem Nachtessen wird Sulpitz noch freundlicher u. andringlicher. Ich fürchtete fast, daß ein Stück des alten Teufels sich wieder in ihm rege.[89] Er

---

[86] Georg Friedrich Creuzer, „Doctor, Hofrath und ord. Prof. der Philosophie, Director des philologischen Seminariums, mehrerer gelehrten Gesellschaften Mitglied", wohnte Kurzer Buckel 77 (Universitäts- und Addreß-Calender auf das Jahr 1816, S. 61 u. 108).

[87] Gottfried von Straßburg, Tristan (Heidelberg, Universitätsbibliothek Cod. Pal. germ. 360). Siehe oben.

[88] Eventuell ist ein Ereignis um die Wormser Familie Valckenberg gemeint. Seit 1813 war Peter Joseph Valckenberg Maire/Bürgermeister von Worms.

[89] S. Boisserée hatte in den frühen Jahren ihrer Freundschaft ein erotisches, vermutlich auch sexu-

redet über unsere manchfachen Schicksale u. Verhältniße seit unserer Bekanntschaft. Endlich kommt er dazu zu sagen, er habe auch mein Buch gelesen.[90] Glücklicher Weise bin ich darauf ganz vorbereitet, ja, ich erwartete es sogar. Er redet darüber anders, als ich gedacht, und glaubt nur, mich warnen zu müssen, daß ich mich von solchen Spekulationen nicht zu weit führen lasse. Als Manuscript würde es mich sehr gefreut haben, sagt er; da ich es aber gedruckt sah, hat es mich zum Theil erschreckt. Er verdammt weiter nichts darin, lobt vielmehr manches, besonders meine Leichtigkeit in schöner Darstellung. Allein, im Ganzen wird sein Reden wieder sehr breit, allgemein, u. weitschweifig, konzentrirt sich aber dahin, daß man sich von subjektiven Spekulationen nicht müsse zu weit führen lassen, so daß man sie endlich für objektiv halten u. der Welt aufdrängen |31v| möchte; daß es aber – worauf er in seiner, wie mir scheint, doch wieder auf große Eitelkeit fußend geringe Zuversicht zu sich u. seinem Können, immer wieder zurückkommt, – durchaus nöthig sey, sich zu beschränken, u. seine Wirksamkeit nicht auf zu großer Wirksamkeit zu verstäuben.[91] Bey manchen Männern der Regierung, wie auch bey der Pfaffschaft, glaubt er, könne das Buch mir schaden. Ich sage ihm nun auch meine Ansicht darüber, u. wie es mich wahrhaft schmerzlich ergriffen, da ich es gedruckt zuerst gesehen. Später in die Nacht hin reden wir noch über die geistlichen Angelegenheiten in unsern Provinzen, über den Dombau, über die Güter des Doms u.s.w. Da wir nun schon bis gegen 2 Uhr geraucht u. geredet haben, von den nach Manheim gereisten aber immer noch nichts zu sehn ist, gehe ich endlich nach Hause.[92] – Der Wäscherinn bezahlte ich heute für Wäsche 48 xx |:1.12:|

Den 3. August [1816].

Ich bin der Meinung, Schinkels seyen gar nicht zurückgekommen, allein, sie haben sich in Mannheim im Schloßgarten, auf der Rheinbrücke u. dergl. so gut unterhalten, daß sie erst gegen 3 Uhr zurückgekommen sind. Wir frühstücken u. nehmen die Collation[93] der Abschriften des Verzeichnisses von der Bilder-Samm-

---

elles Interesse an E. von Groote gezeigt. Groote nannte die Versuche Boisserées, sich ihm zu nähern, „Andringlichkeiten" oder „der Teufel" zeige sich in Sulpiz.

[90] E. von Groote, (Faust's) Versöhnung, 1816. S. Boisserée hatte das Buch am 5. März 1816 erhalten. S. Boisserée, Tagebücher, Bd. I, S. 306: „Brief von Schmitz, schickt Groote: ‚Fausts Aussöhnung mit dem Leben'!!"

[91] Der Satz müsste wohl lauten: „u. seine Wirksamkeit nicht auf zu große Bereiche zu verstäuben."

[92] S. Boisserée, Freitag, 2. Aug. 1816: „es wird schön Wetter. Heftiges Gespräch. Conjecturen als hätten wir die Aussicht nach Darmstadt. Wunderliches Vorrechnen. Fahrt nach Mannheim Melchior und Bertram mit Schinkel. Ich mit Groote den ganzen Tag zugebracht. Gespräche über Kaiser Franz, über die Philosoph. usw. Brief an Fuchs wegen dem Herweghschen Bild. M. u. B. schenken in Mannheim der Frau die Dresdener Madonna von Müller" (S. Boisserée, Tagebücher, Bd. I, S. 351).

[93] Collation: hier Ordnung, Anordnung.

lung vor; ich gehe zu Boisserées, uns zum Abschluß des Geschäfts auf den Nachmittag anzusagen, und gehe dann mit Schinkel aufs Schloß, wohin uns die Frau Schinkel schon vorangegangen ist. Bertram u. Melchior haben ihr gestern bey Artaria das Müllersche |32r| Kupfer nach der Raphaelschen Madonna in Dresden geschenkt, woran sie viel Freude hat. – Ich begegne der Schaffnerin Hepp, die sehr freundlich thut. –

Nach Tisch gehn wir gegen 3 ½ zu Boisserées. Sulpitz kommt uns aber mit einem niederländischen Maler begegnet [richtig: entgegen], der ihm einige Gemälde u. Handzeichnungen zeigen will. Wir gehen also in den Hecht zurück, u. sehen bey jenem zwey Bildchen von Breugel u. eines in Tenniers Manier, u. eine Menge meist sehr mittelmäßiger Zeichnungen aus allerley Schulen. Er selbst ist ein lederner Kerl, u. vielleicht ein Bisterfeder,[94] weil er von diesen soviel Wesen macht. Bey Boisserée, kommt erst die Frau Maerken mit Tochter etc. von Cöln an, wird aber spedirt mit der Ausrede, daß von den Bildern nichts aufgestellt sey.

Dann giebt uns Sulpitz die Entscheidung, daß sie unter den frühern Bedingungen, die sich in der Hauptsache auf 400.000 Fl. belaufen, u. nun noch näher schriftlich mitgetheilt werden sollen, ihre Sammlung an Preußen abzutreten, u. nach Berlin zu kommen entschlossen wären. Es wird noch einiges wegen Einrichtung des künftigen Lokals, mögliche Sicherstellung vor Feuer etc. besprochen, u. Sulpitz will sich über die Formalitäten erkundigen, die zur Abschließung eines förmlichen Vertrags nöthig sind.[95] Nachher reden wir noch einiges über die Verschiedenheit der italienischen u. deutschen Kunst, u. es heißt unter andern, eine Maria von van Eick sey gleichsam eine Knospe in dunkler Farbenpracht, bey der aber dem beschauenden Menschen deshalb recht wohl werde, weil es ihm vergönnt sey, sich dieselbe gleichsam noch weiter, bis zur |32v| völlig aufgeblühten Schönheit in seinem Gemüthe zu entfalten; eine Raphaelische Madonna aber

---

[94] Bister: braunfarbige Tintenart, die u.a. bei Federzeichnungen verwendet wurden. Bisterfeder Zeichnung: Zeichnung mit dieser Tinte. In welchem Sinn Groote diesen Ausdruck hier braucht, ist unklar.

[95] K. Fr. Schinkel an K. S. Fr. vom Altenstein, Heidelberg, 6./7. Aug. 1816: Er habe es für zweckmäßig gehalten, „den Vertrag mit den Herren Boisserée im Namen der Regierung, unter Vorbehalt der höchsten Vollziehung von Seiten seiner Durchlaucht des Herrn Staatskanzlers, nach hiesigem Landesgesetz rechtskräftig abzuschließen. Aber auch noch folgender Grund bestimmte mich dazu. Aus sehr sicheren Nachrichten wußte ich, daß die Herren Boisserée, – bei dem für sie auf die schmeichelhafteste Art geäußerten Interesse, welches Kaiser Franz persönlich an diesen Sachen nahm, – dem Fürsten Metternich versprechen mußten: vor Abschluß irgend eines Vertrags ihn mit dessen Bedingungen bekannt zu machen, wobei doch ein Andersbesinnen möglich sein könnte, und für uns die Sache auf immer verloren ginge, und so schloß ich, zufällig und folglich mit einem guten Omen, am 3. August, als dem Geburtstage des Königs, den Vertrag ab, nachdem eine Menge Schwierigkeiten bekämpft worden waren" (in: Wolzogen, Schinkel's Nachlaß, Bd. 2, S. 185 f.). Als Ausstellungsort für die Sammlung schlug Schinkel Gebäude von Schloss Monbijou vor: „Zugleich wage ich hier den Vorschlag in Betreff des Locals selbst zu thun: ich glaube, daß die sämmtlichen Gartengebäude von Monbijou [...] das zweckmäßigste Local in Berlin abgeben würden" (ebd., S. 188).

stehe in der vollsten vollendetsten Schönheit, u. wirke eigentlich auf den Betrachtenden unheimlich, weil er sich gleichsam vor derselben vernichtet fühle, da er sie kaum zu erreichen, wenigstens darüber hinaus nichts zu denken noch zu empfinden vermöge. – Dieß scheint mir eine sehr schöne Darstellung. In mancher Art der Kunst, wie bey den Rembrandtschen oder Tennierschen Bildern könne man nur die Behandlung des Gegenstandes gleichsam wie eine glücklich gelöste wissenschaftliche Aufgabe bewundern; das sey aber nicht alles. Rubens habe gleichsam zeigen wollen, daß es des kleinlichen, stillen Fleißes nicht bedürfe, sondern daß im bloßen Genie in großen Zügen alles sich gestalten lasse; aber dieß schon frevelhaft einwirkende Beginnen wirke nicht wohlthuend auf den Beschauer, sondern wie etwas Gigantisches.

Wir gehen nachher noch über das Schloß biß zu den Steinbrüchen, sehen in die von der hellen Sonne schönbeleuchtete große Abendlandschaft,[96] belustigen uns, große Steine vom Abhang zu wälzen, gehn dann auf das Schloß zurück, verzehren etwas Kirschen u. Butterbrot, u. kehren dann nach Hause zurück, wo Schinkels sich bald zur Ruhe begeben. Ich habe etwas Colik, u. verzehrte daher auf dem Schloß nur 2 Gläser Kirschwasser; Abends vergleiche ich noch ein Stück aus Tristan. Wir glaubten, morgen sey des Königs Geburtstag, aber er ist heute;[97] wir wollen dennoch zur Feyer morgen einige Freunde bitten. –

|A 1/9–17; 1r| *Heidelberg. Den 4. August. 1816. Sonntag.*

Ich gehe gegen 7 Morgens zur Kirche, von da bald zum Frühstück. Schinkel will gleich aufs Schloß, um einige Ansichten zu zeichnen. Ich ziehe mich an, gehe zu Boisserée, der gestern nicht die Rechtsgelehrten mehr hat finden können, mit denen er über die zu unserm Vertrage nöthigen Formalitäten reden wollte. Er hat nun den Vertrag selbst geschrieben, u. will eben hingehn, mit jenen Leuten zu

---

[96] Schopenhauer, Ausflucht, S. 128, schildert die Blicke von der Schlossruine aus: „Die ausgebreitetste Aussicht bietet eine große, mit wilden Kastanienbäumen besetzte Terrasse, auf welcher uns diesmal der Thee erwartete, denn ein Gasthof, wo man Erfrischungen aller Art findet, gehört auch mit zu den Annehmlichkeiten dieser Spaziergänge. Hier genossen wir nun einen herrlichen Abend, sahen die Sonne sinken und den Vollmond heraufsteigen."

[97] In Köln wurde der Geburtstag des Königs „außer feierlichem Gottesdienst in allen Kirche, großer Parade der Besatzung, mehrern Festmahlzeiten, Beleuchtung vieler Gebäude etc. besonders durch Erquickung der im Spitale befindlichen Vaterlands-Vertheidiger und durch Wohlthätigkeit" begangen (Köln. Zeitung, Nr. 125, 6. Aug. 1816). So veranstaltete der Kölner Frauenverein „im großen Saale auf der Ehrenstraße" einen Wohltätigkeitsball. Jeder Teilnehmende zahlte „3 Franken Eintrittsgeld", das zum Besten der Hausarmen verwendet werden sollte. „Wir sind überzeugt", erklärte der Verein, „daß diese Gelegenheit, das Loos der ärmern Klasse zu erleichtern, allen wohlhabenden Mitbürgern in diesem Augenblick, wo die Theurung jene so hart bedrängt, besonders willkommen seyn wird, indem wir die zweckmäßigste Vertheilung des Ertrages versprechen" (Köln. Zeitung, Nr. 120, 28. Juli 1816). Mitglieder des 1814 entstandenen Vaterländischen Frauenvereins waren vor allem Frauen des Adels und der bürgerlichen Oberschicht. Vgl. Mettele, Bürgertum, S. 101, 120–123.

reden. Eines Notars bedürfen wir nicht. Früher hat Schinkel Boisserée u. Wilke schriftlich zu unserer Parthie aufs Schloß, heute Abend eingeladen; ich gehe zum Geyr, der aber mit seinem Hausbesen[98] spazieren zu gehen zugesagt hat.

Ich gehe nun zu Schinkel, der oben auf dem Berge über dem Schloßgarten zeichnet.[99] Ich mache die Bestellung wegen des Abendbrots; später kommt Frau Schinkel. Da Schinkel die eine Ansicht des Schlosses vollendet hat, u. sich noch einen andern Standpunkt wählen will, gehe ich hinab, will den GeheimenKirchenRath Daub[100] besuchen, finde aber nur dessen Frau; gehe nachher nach Hause, noch meine Vergleichung der Handschrift mit der Müllerschen Sammlung zu vollenden, wo ich aber erfahre, daß man schon geschickt hat, die Handschrift zu haben, da heute die Ausstellung sämmlicher Handschriften auf dem Aulasaal statt hat. Ich setze mich aber ruhig zur Arbeit, bis nach 12 Geyr kommt, u. mich eine halbe Stunde langweilt. |1v| Dann fahre ich vor und nach Tisch mit meiner Arbeit fort, u. vollende sie. Die Handschrift ist hier und da unvollständig gegen die Myllersche Sammlung. Der Schluß scheint mir ganz defekt. Nun gehn wir zu Wilke, dem ich die Bücher wieder gebe. Schinkel holt Boisserées ab, die aber nachkommen wollen; wir gehn aufs Schloß, wo wir bald Thée trinken u. dann spazieren, u. da Boisserées u. Bertram nach u. nach kommen, in unserem Nachtessen weiter fortfahren. Wilke ist sehr unterhaltend. Nach Tisch finden wir bey unserm Gasthof großen Streit, der zu schlagende entflieht glücklich in den Hecht, wo er sich verbirgt; er ist ein Musiker, u. wahrscheinlich ganz unschuldig. – Bertram hat Reumatismus u. kehrt daher bald zurück. Auf morgen sind wir von Bertram nach Rohrbach zu Mittag gebethen. Das Wetter neigt schon wieder.[101]

Den 5. August [1816].

Als wir diesen Morgen gegen 9 Uhr zu Boisserées kommen, haben sich schon wieder mehrere Menschen durch Empfehlungen dahin gedrungen, daß ihnen die Bilder gezeigt werden.[102] Wir sehen einiges davon mit an, bis Sulpitz soweit fertig

---

[98] Besen: umgangssprachtlich, studentisch: Mädchen, Frau.
[99] Vgl. K. Fr. Schinkel, Ansicht des Heidelberger Schlosses mit der Neckarbrücke und dem Neckartal, Feder in Schwarz und Grau, über Vorzeichnung mit Graphitstift, 1816 (Berlin, Kupferstichkabinett; Inv.-Nr.: SM 9.2); Aus dem Schlossgarten von Heidelberg, Graphitstift, 1816 (Inv.-Nr.: SM 9.3).
[100] Carl Daub, „Doctor, geheimer Kirchenrath und ordentl. Prof. der Gottesgelahrtheit", wohnte in der Unterstraße 375 (Universitäts- und Addreß-Calender auf das Jahr 1816, S. 61 u. 108). Er war verheiratet mit Wilhelmina Charlotte Sophia Blum.
[101] S. Boisserée, Tagebücher, Sonntag, 4. Aug. 1816: „Kirche. Vertrag entworfen. Abends auf dem Schloß Geburts-Tag des Königs (d. 3.) gefeiert. Schinkel gab uns und den Wilken dies Fest. Bertram kann nicht dabei bleiben; wegen Übelbefinden" (S. Boisserée, Tagebücher, Bd. I, S. 351).
[102] Schinkel berichtete an Altenstein von „den unzähligen Fremden, welche jeden Tag, die Sammlung zu sehen, angemeldet wurden, und von denen die meisten eigens deshalb auf Heidelberg reisten". Durch manche der Besucher ergab sich für Schinkel die Gelegenheit: „Urtheile und Notizen

ist, uns die aufgeschriebenen Vertrags-Artikel zu zeigen. Schinkel ist im Ganzen damit einverstanden, nur daß er es hier und da etwas zu grell und schroff findet u. manches milder und runder aus- |2r| gedrückt wünscht, was denn auch in der Abschrift geändert werden soll. Morgen wird nun wohl das ganze Geschäft zu Ende kommen. Erst sehr spät, gegen 12 ½ kommen wir auf den Weg nach Rohrbach mit recht angenehmem Wetter. Bertram erzählt viel von Göthe, von den österreichischen Prinzen etc.; und ich kann nicht läugnen, daß es mich ärgert, wie er, und die Andern mit ihm, die ganze alte Ansicht nun verlassen, die ältesten u. idealsten Bilder in der Idealität nicht mehr auf die höchste Stufe setzen, sondern durch Göthe sich einen ganz andern Gang haben vorzeigen lassen, wo dann dort erst der höchste Gipfel der Kunst erreicht seyn soll, wo sie in das wirkliche, weltliche Leben bis zum Portrait hin, eingeführt wird, – bey Jan van Eick nehmlich.[103] Ueberhaupt habe ich es in diesen Tagen erst recht eingesehn, daß es diesen Herren allen 3 an eigener, origineller produktiver Genialität durchaus fehlt, u. daß sie bloß gemachtes nachweisen, nachmachen, gesagtes nachsagen u. verbreiten können. Die Trägheit und Schläfrigkeit ist nicht daß bloße Hinderniß, welches Bertram abhält, etwas hervorzubringen, es ist auch der Mangel an Originalität u. Produktionskraft daran schuld. Wie er soweit geht in seinen Erzählungen, daß er behauptet, der Erzherzog Johann habe Ihnen gesagt, wenn Sie es mit ihren deutschen Bildern etc. durchsetzten, deutschen Geist allgemein wieder zu fördern u. zu verbreiten, |2v| so haben sie so viel Verdienst, als haben sie eine Schlacht gewonnen, so wird es doch auch der Frau Schinkel zu toll, u. sie blickt mich seufzend an u. hebt die Augen gen Himmel. – Da es ein starkes Gewitter wird, fahren wir in einem Wagen, den uns Sulpitz schickt, zurück und kommen gegen 10 wieder in unserm Gasthof an.[104] Ich habe beschlossen, noch von hier, wo möglich an Savigny zu schreiben. – Ich habe meine Wäsche erhalten. |:16:|

---

zu erhalten, welche sich auf das Verhältniß dieser Sammlung zu andern Gallerieen dieser Art, besonders in Baiern, Oesterreich, den Niederlanden und Frankreich, ebenso wie auf die Absichten anderer Staaten für die Angelegenheit der Herren Boisserée bezogen" (K. Fr. Schinkel an K. S. Fr. vom Altenstein, Heidelberg, 6./7. Aug. 1816; in: Wolzogen, Schinkel's Nachlaß, Bd. 2, S. 181).

[103] Vgl. Goethe, Ueber Kunst, hier vor allem S. 166 f.: „Da dieses Bild [Dombild] 1410 gemalt ist, so stellt es sich in die Epoche, wo Johann von Eyck schon als entschiedener Künstler blühte, und so dient es uns das Unbegreifliche der Eyckischen Vortrefflichkeit einigermaßen zu erklären, indem es bezeugt, was für Zeitgenossen der genannte vorzügliche Mann gehabt habe. Wir nannten das Dombild die Achse worauf sich die ältere niederländische Kunst in die neue dreht, und nun betrachten wir die Eyckischen Werke als zur Epoche der völligen Umwälzung jener Kunst gehörig. Schon in den ältern byzantinisch-niederrheinischen Bildern finden wir die eingedruckten Teppiche manchmal perspectivisch obgleich ungeschickt behandelt. Im Dombild erscheint keine Perspective, weil der reine Goldgrund alles abschließt. Nun wirft Eyck alles Gestempelte so wie den Goldgrund völlig weg, ein freyes Local thut sich auf, worin nicht allein die Hauptpersonen, sondern auch alle Nebenfiguren vollkommen Portrait sind, von Angesicht Statur und Kleidung, so auch völlig Portrait jede Nebensache."

[104] S. Boisserée, Montag, 5. Aug. 1816: „Gewitter. Den Entwurf ins Reine gebracht. Bad. Melchior und Bertram mit Schinkel in Rohrbach etc." (S. Boisserée, Tagebücher, Bd. I, S. 351).

Den 6. August. [1816].

Beym Frühstück macht mir Schinkel eine Mittheilung Bertrams über die geschehenen Anerbiethen von jährlichen Renten von 15.000 Fl. Rheinisch bekannt.[105] Es soll dieß nehmlich weder von Darmstadt noch von Nassau noch von einem andern Hofe, sondern aus dem sogenannten Bendelschen Hause in Frankfurth[106] herrühren, u. auf einer Fundation beruhen, welche jährlich jene Summe einträgt. Meine Vermuthung über Minister v. Stein, war also auch irrig.[107] Sulpitz Boisserée kommt nachher, mit dem letzten Konzept zu dem Vertrag. Wir gehen das selbe einmal zusammen durch, u. Schinkel will es nun bald zurecht bringen lassen. Später gehn wir, das Bild von Albrecht Dürer zu sehen, welches zwar sehr schön, aber äußerst verdorben, u. übermalt ist.[108] Doch glauben Boisserées, es wieder in Stand zu bringen. |3r| Dann sehen wir noch die Bilder von Jan van Eyck[109] u. die von Lucas Leyden wieder an, u. gehn zu Tisch. Nachher fängt Schinkel seinen Bericht an Altenstein an,[110] ich schreibe an Savigny,[111] an Eich-

---

[105] Über die Vermögensverhältnisse schrieb Schinkel an Altenstein: Die Boisserées seien finanziell unabhängig und gut gestellt: „Dabei sind sie rücksichtlich ihrer Vermögensumstände vollkommen regulirt und können auf die jetzige Weise gemächlich fortexistiren, ja selbst täglich noch sehr bedeutende Summen für Ankauf von Kunstwerken verwenden, wie dies namentlich vor sechs Wochen noch der Fall gewesen, wo die Sammlung unendlich bereichert wurde durch die Erwerbung einer der größten und schönsten Compositionen Albrecht Dürer's, welche früher für die Holzschuher'sche Familie in Nürnberg gemacht wurde. [...] Bei dem Anblick dieses Bildes, nachdem es durch die Bemühungen der Herren Boisserée schon größtentheils aus seinem Schmutz hervorgezogen, erschrickt man über die Versunkenheit einer Stadt [Nürnberg], die ihren großen Mitbürger nicht mehr würdigt und seine schönsten Werke aus ihrer Mitte läßt. Zugleich kann man sich des Gedankens nicht erwehren, daß ein wunderbares Glück dieser Sammlung wohl will" (K. Fr. Schinkel an K. S. Fr. vom Altenstein, Heidelberg, 6./7. Aug. 1816; in: Wolzogen, Schinkel's Nachlaß, Bd. 2, S. 186).

[106] Eine Fundation eines Bendelschen Hauses ist nicht bekannt. Möglicherweise meint Groote das 1815 gegründete Städelsche Kunstinstitut.

[107] Vgl. E. von Groote an Fr. C. von Savigny, Heidelberg, 6. Aug. 1816 (Universitätsbibliothek Marburg, Nachlass Fr. C. von Savigny, Ms. 725/372). Siehe Briefe und Schriften.

[108] Albrecht Dürer, Grablegung/Die Beweinung Christi für die Familie Holzschuher, um 1500. S. Boisserée kaufte das Bild im Juni 1816 (S. Boisserée an M. Boisserée, Nürnberg, 17. Juni 1816; in: S. Boisserée, Briefwechsel, Bd. I, S. 307). Hier heißt es: „Wenn das Bild auch nicht gut erhalten ist, so ist es doch eine der größten und schönsten Compositionen von Dürer." Vgl. S. Boisserée an J. W. von Goethe, Stuttgart, 2. Juli 1816: „Das Hauptstück ist eine große schöne Composition von Dürer, das einzige ächte historische Werk, welches sich noch von diesem Meister in Nürnberg befand. Es wird für unsere Sammlung eine neue Zierde und recht erwünschte Ergänzung seyn" (in: S. Boisserée, Briefwechsel, Bd. II, S. 120 f.). S. Boisserée an J. W. von Goethe, Heidelberg, 27. Juli 1816: „Die Tafel von Dürer auf das glücklichste gereinigt, von braunem Firniß und einigen übermalten Stellen befreit, befindet sich unter den Händen des Restaurateurs. Sie werden darin eines der Hauptwerke jenes Meisters erkennen" (in: S. Boisserée, Briefwechsel, Bd. II, S. 125). Zu diesem Kauf: Wechssler, Restauratoren, S. 266.

[109] Vgl. etwa: Schopenhauer, Ausflucht, S. 162–171; Schorn, Gemählde des Johann van Eck, 1820; Schopenhauer, Johann van Eyck, Bd. I, S. 18–98.

[110] K. Fr. Schinkel an K. S. Fr. vom Altenstein, Heidelberg, 6./7. Aug. 1816 (in: Wolzogen, Schinkel's

horn, an Joseph,[112] wenigstens einige Entwürfe auf. Dieß währt bis um 6, wo wir aufs Schloß steigen; die Musik hat daselbst viele Menschen versammelt. Wir bleiben bis nach 8, steigen dann den Burgweg hinab nach Hause. Schinkels begeben sich Alle nach kurzem Abendessen bald zur Ruhe.[113]

Den 7. August [1816].

Der GeheimeOber Baurath schreibt unaufhaltsam an seinem Hauptbericht an den Minister Altenstein, u. an den Briefen an Eichhorn u. den StaatsKanzler. Ich vollende meinen Brief an Savigny, schreibe auch an Eichhorn u. an Joseph. Dann gehe ich aus, bringe die Briefe zur Post, u. meinen fidelen Ziegenhainer zum Drechsler, damit er wieder zurecht gemacht werde. Ich habe etwas Kopfschmerz, u. da ich im Marstall die Pferde angesehn u. Wippermann[114] besucht, die Bibliothek aber nachher nicht offen gefunden habe, gehe ich nach Haus u. lese bis zum Mittag-Essen, im Fiorillo.[115] Nachher kommen Melchior u. Bertram; es ist der Dr. Friedlaender bey Schinkel u. bey Boisserées gewesen; ich habe ihn nicht gesehen. Wir gehn nun bald zur Unterzeichnung des Vertrags, welches ziemlich viel Zeit fordert; dann gehe ich mit Schinkel, der in Kleudgens[116] Garten eine Ansicht der Brücke des Schlosses, u. eines Theils der Stadt zeichnet. Kleudgens selbst sehe ich nachher auf der Brücke vorbeygehend. Wir gehn nun mit |3v| Boisserées in die Krappfabrik,[117] u. sehn, obschon von Frieß niemand da ist, die

---

Nachlaß, Bd. 2, S. 179–189). Zugleich mit diesem Schreiben sandte Schinkel Briefe an Eichhorn und an Hardenberg, in denen er über die Verhandlung und ihr Ergebnis berichtete. Vgl. K. Fr. Schinkel an J. A. Fr. Eichhorn, Heidelberg, 6./7. Aug. 1816 (in: Wolzogen, Schinkel's Nachlaß, Bd. 2, S. 177–179).

[111] E. von Groote an Fr. C. von Savigny, Heidelberg, 6. Aug. 1816 (Universitätsbibliothek Marburg, Nachlass Fr. C. von Savigny, Ms. 725/372). Siehe Briefe und Schriften.

[112] E. von Groote an J. von Groote, Heidelberg, 7. Aug. 1816 (Archiv Haus Londorf, Herr von Groote, Familienbriefe, 1.1., Nr. 45). Siehe Briefe und Schriften.

[113] S. Boisserée, Dienstag, 6. Aug. 1816: „Vertrag abgeschrieben. Das Verzeichnis durch Köster" (S. Boisserée, Tagebücher, Bd. I, S. 351). Das Verzeichnis der Bildersammlung für die Verhandlungen fertigte der Maler und Restaurator Christian Philipp Koester an (Wechssler, Restauratoren, S. 265).

[114] Stallmeister Wippermann wohnte 1816 Marstall 126 (Universitäts- und Addreß-Calender auf das Jahr 1816, S. 150).

[115] Groote las den 1815 erschienenen 1. Band von J. D. Fiorillo, Geschichte der zeichnenden Künste in Deutschland und den vereinigten Niederlanden. Der Band widmete Köln ein eigenes Kapitel (S. 389–423). Fiorillos kunsthistorische Beschreibung und Einordnung der Kölner Gebäude und Gemälde bot eine Zusammenfassung des zeitgenössischen Wissens. Er bezog sich stark auf die Einschätzung Fr. Schlegels und erwähnte auch die Forschung S. Boisserées zum Dom. Fiorillo betonte die Existenz einer „cöllnischen Schule der Mahlerei" im Mittelalter (ebd., S. 420). Zu Fiorillos Bedeutung für die Kunstgeschichte der Zeit besonders: Schrapel, Fiorillos Sicht der „altdeutschen" Kunst, 1997; Niehr, Ästhetische Norm, 1997.

[116] Hofgerichtsrat Damian von Kleudgen, „Syndicus und Hauptcassirer der Universität", wohnte 1816 Markt 362 (Universitäts- und Addreß-Calender auf das Jahr 1816, S. 72 u. 123).

[117] Die Krappfabrik lag an der Rohrbacher Chaussee. Christian Adam Frieß, „Handelsmann u. Krapp-

schönen Landschaften, Ansichten des Heidelberger Schlosses von Wallis, u. die noch schöneren Landschaften von Moncheron. Nach diesem gehn wir zu Boisserées, wo wir den Christophorus[118] in der Lichtbeleuchtung sehn, u. bey Boisserées sehr freundlich zu Nacht essen. Mit wechselseitigen recht guten Wünschen nehmen wir Abschied. Die Pferde sind auf Morgen 4 Uhr bestellt. – Ich fange an zu packen, obschon es fast 12 Uhr ist; und der Teufel verführt mich noch zu Unfug.[119] – – – ∾

---

   fabrikant", wohnte „Ausserhalb gegen Rohrbach" (Universitäts- und Addreß-Calender auf das Jahr 1816, S. 113). Frieß besaß eine Gemäldesammlung, die u.a. Werke von George Augustus Wallis enthielt. Goethe hatte die Sammlung 1814 besucht.

[118] Das Gemälde des St. Christophorus befindet sich auf dem rechten Flügel des kleines Altars Anbetung der Könige, der um 1468 entstand. Anfang des 19. Jh.s wurde es Johann Hemmling, d.h. Hans Memling, heute wird es Dieric Bouts d. Ä. zugeschrieben. Das Bild erwarb Melchior Boisserée 1813 in Brabant. S. Boisserée schilderte es in einem Brief an Goethe: Auf dem rechten Flügel „der schwarzbärtige Riese Christof, in dunkler Dämmerung überrascht ihn die eben aufgehende Sonne, unter der schweren nie geahnten Last des der Welt gebietenden himmlischen Kindes; wankend und voll heiligen Schreckens trägt er es durch die zwischen Felsbergen wildbrausende Fluth, das Kind im höchsten Sinn lieblich und schön, wie bei unseren Alten fast nie, drückt, auf seinen Schultern gleichsam nur schwebend, den rohen gutmüthigen Riesen nieder, wie die Sonne die Schatten der Nacht. [...] Dieser Christof trägt über die andern bekannten Hauptbilder des Meisters Hemmling den Sieg davon" (S. Boisserée an J. W. von Goethe, Heidelberg, Jan. 1814; in: S. Boisserée, Briefwechsel, Bd. II, S. 30). Das Gemälde ist heute in der Alten Pinakothek, München.

[119] S. Boisserée, Mittwoch, 7. Aug. 1816: „2ter Vertrag abgeschrieben. Quälerei damit. unterschrieben und abgeschickt. Brief von Hegi. Abends bei Fries. Wallis Landschaften – dann bei uns. Großer Krebs in einer verdeckten Schüssel – Bertram hat einen auf dem Mittags-Spaziergang gekauft am Neckar wie er eben gefangen wurde. – Bertram macht viel Aufhebens von der bedeckten Schüssel. Die Frau Schinkel sagt gleich: ‚ach das wird ja nicht einen Krebs-Gang bedeuten!'" (S. Boisserée, Tagebücher, Bd. I, S. 351 f.).

Von Heidelberg nach Köln

Am frühen Morgen des 8. August 1816 nahmen Eberhard von Groote und Familie Schinkel in ihrem Wagen Platz und eilten, um „schnell von Heidelberg weg zu kommen".[120] Geplant war eine rasche Fahrt, die dennoch Gelegenheit bieten sollte, historisch und architektonisch interessante Bauwerke in den neuen preußischen Gebieten, die man passierte, zu besichtigen. Längere Unterbrechungen waren nur in den Städten Trier und Koblenz vorgesehen, da Schinkel sich dort mit regionalen und lokalen Beamten sowie mit einflussreichen Privatpersonen bekannt machen wollte.[121] Tatsächlich wurde diese knapp zweiwöchige Inspektionsreise Schinkels für die Entwicklung von Architektur, Städteplanung und Denkmalpflege im Rheinland von erheblicher Bedeutung, denn Schinkel registrierte nicht nur aktuelle Zustände, sondern fasste bereits mögliche Entwicklungen ins Auge, machte konkrete Vorschläge und leitete auf der Basis seiner weitreichenden Kompetenzen oft erste Schritte zu ihrer Realisierung ein. Die Reise, die von meist kühlem und regnerischem Wetter begleitet war, ist durch eine Reihe von Zeichnungen Schinkels dokumentiert,[122] zudem berichtete er in einigen Briefen über seine Beobachtungen und Einschätzungen. Anhand der Aufzeichnungen Grootes lässt sich diese Fahrt jedoch erstmals aus der Perspektive eines Reisegenossen nachvollziehen.

Die Reise führte in ihrer ersten Etappe durch das Großherzogtum Hessen, wo man kurz in Oggersheim, Worms und Oppenheim pausierte, um die bedeutendsten Gebäude zu sehen. Noch am selben Tag wurde die Stadt Mainz erreicht, die Groote insbesondere durch den „zwar äusserlich unansehnlichen, innerlich aber sehr merkwürdigen Dom"[123] beeindruckte. Nachdem die Reisegenossen am 9. August Ingelheim, Bingen und Simmern passiert hatten und den folgenden Tag schnell, „fast in beständigem Galop" weitergefahren waren, machten sie kurz Halt am Kloster Klausen, um die Kirche mit ihren Altargemälden aus der „Schule des Jan van Eick und des Hämmling" zu besuchen. Über den Hunsrück ging es dann „durch das schöne Moselthal nach Trier".[124]

Hier war Schinkel[125] mit seinem Cousin Carl Friedrich Quednow verabredet, der gerade sein Amt als preußischer Baurat angetreten hatte. Quednow war nicht nur Architekt und

---

[120] Groote, Tagebuch, 8. Aug. 1816.
[121] Schinkel hatte bis dahin die Rheinlande nur einmal, im Jahr 1804, durchreist; von dieser Reise sind keine Aufzeichnungen oder Bilder überliefert. Nach 1816 folgten bis 1838 noch vier Reisen ins Rheinland. Zu Schinkels Tätigkeit im Rheinland: Brües, Rheinlande, 1968; zur Rheinreise 1816: ebd., S. 4–18; hier auch Abbildungen einiger seiner Zeichnungen. Zu den Reisen Schinkels im Rheinland und seine Bedeutung für diese Region vgl. den Sammelband: Schinkel im Rheinland, 1991. Darin besonders: Giesberg, Schinkels Tätigkeit, S. 20–23; Riemann, Schinkels Aufenthalte, S. 33–56.
[122] Schinkels Zeichnungen sind, soweit sie identifiziert werden konnten, zu den Tagebuchnotizen angemerkt.
[123] Groote, Tagebuch, 8. Aug. 1816.
[124] Groote, Tagebuch, 10. Aug. 1816.
[125] Zu Schinkels Aufenthalt in Trier: Krüger, Rom, S. 23–27.

Historiker, sondern darüber hinaus ein engagierter Archäologe mit großem Interesse für das antike Erbe der Region. Die Ergebnisse seiner systematischen Ausgrabungen römischer Artefakte in und um Trier veröffentlichte er 1820 in der umfangreichen Schrift: *Beschreibung der Alterthümer in Trier und dessen Umgebungen*.[126] Gemeinsam mit dem kenntnisreichen Quednow besuchten Groote und Schinkel eine Reihe von Bauten in Trier und Umgebung. Ein Vergleich der knappen Notizen Grootes mit Quednows Schrift von 1820 gibt deutliche Hinweise auf Gesprächsthemen und Beobachtungen in diesen Tagen. Angaben zur Trierer Geschichte konnte Groote auch der Darstellung des Historikers und Bibliothekars Johann Hugo Wyttenbach *Versuch einer Geschichte von Trier*[127] entnehmen, ein Buch, das Schinkel, wie Groote notierte, las und das daher ihm selbst ebenfalls zur Verfügung stand. Einen eigentlichen Reiseführer für Trier und die Region hatte er zunächst nicht zur Hand, erst am 19. August kaufte er „die neueste Rheinbeschreibung von Aloys Schreiber",[128] und somit ein aktuelles Werk, in dem er sich im Nachhinein über das bereits Gesehene informieren konnte.

Die Reisegenossen trafen auch mit einigen Vertreter der neuen preußischen Regionalbehörden zusammen: mit dem Präsidenten des Regierungsbezirks Trier Daniel Heinrich Delius und dem Kreisrat des Trierer Landkreises Johann Heinrich Joseph Gustav Perger. Groote besuchte zudem mehrfach die Trierer Stadtbibliothek und ließ sich von ihrem Leiter Wyttenbach Handschriften und Drucke zeigen.[129] Am 15. August verließen Groote und Familie Schinkel die Stadt; zwei Wochen später fasste Schinkel seine Eindrücke von Trier in einem Schreiben an S. Boisserée zusammen:

„In dem schönen alten Trier wird für das römische Alterthum von allen Seiten sehr gewirkt, unser Präsident Delius ist ein höchst achtungswerther Mann, der auch dieß zu einem Zweig seiner Verwaltung gemacht hat. Sie werden gelegentlich auch diesen Ort einmal sehen müssen, weil er für die früheste Architektur in Deutschland manches höchst wichtige enthält; neben den Spuren einer früheren römischen Zeit, sieht man vieles Kirchliche, welches man mit ziemlicher Gewißheit der Constantinischen Zeit zuschreiben kann. [...] Von Kunstwerken der Malerei, welche in Ihrer Sammlung nützen könnten, habe ich in Trier gar nichts von Bedeutung finden können, die Kirchen sind ganz leer und entweder im überladensten Jesuitenstyl ausgeführt oder schrecklich zerstört, die einzige Marienkirche steht vollkommen da."[130]

---

[126] Carl Friedrich Quednow, Beschreibung der Alterthümer in Trier und dessen Umgebungen, Theil 1 u. 2, Trier 1820.
[127] Johann Hugo Wyttenbach, Versuch einer Geschichte von Trier, Bd. 1. u. 2., Trier 1810 u. 1812.
[128] Aloys Schreiber, Anleitung auf die nützlichste und genußvollste Art den Rhein von Schafhausen bis Holland [...] zu bereisen, Heidelberg 1816.
[129] Die 1804 gegründete Trierer Stadtbibliothek beruhte u.a. auf der Bibliothek des Jesuitenkollegs, der Bibliothek der 1798 aufgelösten Trierer Universität und Beständen säkularisierter Klöster. Sie befand sich in Räumen des Priesterseminars. Ihr Bestand an Handschriften und frühen Drucken gehört heute zu den herausragenden Sammlungen dieser Art.
[130] K. Fr. Schinkel an S. Boisserée, Köln, 3. Sept. 1816 (in: S. Boisserée, Briefwechsel, Bd. I, S. 316 f. u. in: Wolff, Briefwechsel, S. 75 f.).

Nach rascher Fahrt von Trier aus traf man um Mitternacht in Koblenz ein. In den folgenden Tagen fanden Unterredungen mit dem Oberpräsidenten des Großherzogtums Niederrhein Karl Heinrich Ludwig von Ingersleben, mit Baurat Francke und dem gerade erst ernannten Kreis- und Bezirksbaumeister Johann Claudius von Lassaulx statt. Wichtig für Groote selbst war vor allem das Wiedersehen mit Joseph Görres, in dessen gastfreundlicher Familie auch die Schinkels willkommen waren. Der Verleger Friedrich Perthes, selbst im August 1816 zu Besuch bei Familie Görres, schilderte die dort herrschende Atmosphäre:

> „Görres ist ein langer, wohlgebildeter Mann, kräftig und derb, letzteres aber etwas manierirt. [...] Ich traf ihn allein. Seine Frau war auf der Bleiche mit großer Wäsche; sie kam später, eine herzliche, einfache, gar liebe Frau von klarem Verstande; mit ihr kamen die Kinder, ein aufblühendes fünfzehnjähriges Mädchen, sehr hübsch, ein flinker, zutraulicher Knabe von zwölf Jahren, den ich gern gleich mitgenommen hätte, und noch ein kleines wildes Mädchen; die ganze Familie gar liebenswürdig, das Hauswesen recht bürgerlich ordentlich, einfach und überall reinlich."[131]

Auch der Aufenthalt in Koblenz war mit Besichtigungen der Stadt und des Umlands angefüllt: Man besuchte Schloss, Kastorkirche, die Alte Burg und Ehrenbreitstein, zudem führte ein langer Ausflug über Boppard nach Bingen und von dort mit einem „Kahn" nach Rüdesheim und Assmannshausen, schließlich von Bingen mit einem „eigenen Nachen" „ohne anzulanden" zurück nach Koblenz.[132]

Am Morgen des 20. August brach man wieder auf, nun mit der Absicht, die letzte Strecke möglichst schnell zu bewältigen. Zunächst fuhren die Reisenden über Frauenberg zu den berühmten Steinbrüchen bei Niedermennig, die man trotz aller Eile besichtigen wollte. „Wir steigen in einen solchen Bruch tief hinein", schrieb Groote, „u. ich sehe dort selbst, wie die Steine wie Baumstämme dicht neben einander stehen".[133] Das Handbuch A. Schreibers verdeutlicht diesen Eindruck:

> Der Krater des Steinbruchs „ist von beträchtlicher Tiefe, und gewährt, wenn man einen Gang von mehr als hundert Stufen hinabgestiegen ist, einen furchtbaren Anblick. Seine Tiefe ist von da aus noch sehr bedeutend, und man kömmt auf Leitern und in Körben hinab. Der Abgrund zeigt ungeheure Felsenriffe von fantastischer Gestaltung."[134]

Von Niedermennig ging es weiter zum Laacher See und zur „uralten Kirche" der Benediktinerabtei, über Andernach und Sinzig bis Remagen, um hier in einem kurzen Abstecher den Apollinarisberg zu besteigen. Schinkel schilderte S. Boisserée diesen Reiseabschnitt:

---

[131] Zit. in: Raab, Görres, S. 120 f.
[132] Groote, Tagebuch, 18. u. 19. Aug. 1816.
[133] Groote, Tagebuch, 20. Aug. 1816.
[134] Schreiber, Anleitung, S. 242.

„Von Trier über Koblenz nach Köln, habe ich die Rheinreise von Bingen nach Koblenz zu Land und zu Wasser gemacht; in Koblenz bei Görres sehr angenehme Tage verlebt und bei ihm manches hübsche Kunstwerk gesehen, bin über Kloster Laach weiter gegangen und habe auf dem Apollinarisberg ein paar Linien vom Rhein und dem Siebengebirge im Regen genommen, die ich Ihnen gelegentlich mittheile."[135]

Es ging nun weiter bis Bonn und schließlich, nach der Besichtigung einiger Sehenswürdigkeiten, mit einem Deutzer Kutscher nach Köln, wo sich Schinkel und Groote sofort den Aufgaben zuwandten, die auf sie warteten.[136]

---

[135] K. Fr. Schinkel an S. Boisserée, Köln, 3. Sept. 1816 (in: S. Boisserée, Briefwechsel, Bd. I, S. 317 u. in: Wolff, Briefwechsel, S. 76).
[136] Schinkel berichtete im Okt. 1816 zusammenfassend über die Kunstsammlungen, die er auf der Reise von Heidelberg bis Koblenz gesehen hatte, an Altenstein: „Von Heidelberg nahm ich meinen Weg über Mannheim, Worms, Mainz nach Trier, von da nach Coblenz; um Coblenz sah ich den Rhein bis Bingen aufwärts und ging dann abwärts über Kloster Laach, Andernach und Bonn nach Cöln. In diesem ganzen Strich Landes habe ich an Sammlungen, welche sich auf die altniederländische Schule beziehen, nichts Bedeutendes gefunden., man müßte denn die Anfänge zu Sammlungen und einzelne zerstreute Stücke bei Privatpersonen und in Kirchen berücksichtigen, welche in Coblenz und in der Gegend umher angetroffen werden, und worauf man angefangen, großen Werth zu legen. In der Kirche zu Oberwesel und in der Castorkirche zu Coblenz ist das wichtigste, was ich an öffentlichen Gebäuden wahrnahm." Darüber hinaus schilderte er, wie sich in der Region „eine vollkommene Jagd" nach Kunstwerken vollzog: „Die Kunstsammler und Kunsthändler, welche fast beständig auf Reisen sind, um jeden Winkel und alle großen und kleinen Kirchen und Kapellen von den Gewölben und Kirchenkammern bis unter die Dächer zu durchspähen", trieben „Geheimnißkrämerei" mit dem, was sie entdeckten, und arbeiteten „gewissermaßen zunftmäßig" (K. Fr. Schinkel an K. S. Fr. vom Altenstein, Berlin, 15. Okt. 1816 (in: Wolzogen, Schinkel's Nachlaß, Bd. 2, S. 190 f.).

Tagebuch 8. bis 21. August 1816

Den 8. August [1816]. Donnerstag. (Maynz).

Wir machen uns gegen 4 Uhr heraus, u. eilen, schnell von Heidelberg weg zu kommen. Das Wetter ist schön u. ganz heiter; nur ziehen hier u. dort Nebel durch die Ebene. Wir kommen sehr rasch nach Mannheim, u. schnell wird umgespannt. Ich kaufe mir Taback, |:1–7:| u. glaube, beim Vorbeyfahren Theresens Kammerjungfer am Fenster zu erblicken. Ach, was ist der Mensch! Ich sehe gar nicht, wie ihm das Leben der Mühe werth seyn kann, so schnell eilen ihm die köstlichsten Stunden hin, u. was er für das Herrlichste auf der Welt gehalten hat, sinkt ihm nach und nach zur Gleichgültigkeit herunter! –

Wir fahren nun auf der kurzen Station nach Oggersheim,[1] von da nach Worms, wo ich auf dem Markt Feuerstahl, Schwamm und Stein kaufe.[2] |:1.4:| Wir besehen den schönen Dom,[3] in seiner einfachen aber höchst edeln Größe. Dann fahren wir |4r| schnell weiter nach Oppenheim. Hier sehen wir wieder die Kirche mit ihren schönen Glasgemälden an.[4] Die beyden byzantinischen Thürme, die zwischen dem zu verschiedenen Zeiten gemachten Gebäude stehn, beweisen, daß früher schon eine ältere Kirche dort gestanden haben mag. Aelter noch soll eine dabeygestandene Kapelle gewesen seyn, die aber ganz zerstört ist. Wir fahren auf einer sehr langen Station nach Maynz,[5] wo wir in dem Römischen

---

[1] Schreiber, Anleitung, S. 94: „Bey Mannheim führt eine Schiffbrücke über den Rhein. Nach einer guten Stunde erreicht man Oggersheim, mit einem ehemaligen Kurfürstlichen Schlosse."

[2] Feuerstahl, Schwamm und Feuerschlagstein: Hilfsmittel zum Feuermachen.

[3] Schreiber, Anleitung, S. 98: Der Wormser Dom „ist ein ehrwürdiges Gebäude, zu welchem schon im 8ten Jahrhundert der Grund gelegt, welches aber erst nach einigen Jahrhunderten in seiner jetzigen Gestalt vollendet wurde. An diesem Dom, so wie an mehrern hiesigen katholischen Kirchen werden Kenner der Baukunst interessante Merkwürdigkeiten finden."

[4] Die gotisch-spätgotische St. Katharinenkirche, die vom 13. bis zum 15. Jh. entstand, wurde 1689, während des Pfälzischen Erbfolgekriegs, fast zerstört und in der folgenden Zeit nur teilweise in Stand gesetzt. Groote sah also keinen intakten Kirchenbau, allerdings eine Anzahl der originalen Fenster, so vor allem die „Oppenheimer Rose". Erst ab 1834 begannen umfangreiche Restaurierungen der Kirche.

[5] Schreiber, Anleitung, S. 101: „Mainz. Diese Stadt [...] liegt in einer der schönsten und fruchtbarsten Gegenden Deutschlands, da wo der Main in den Rhein sich ergießt, am Abhang eines Hügels, und längs dem Ufer des Stroms hin." Ebd., S. 105: „Das verhängnißvolle Jahr 1797 brachte Mainz unter Frankreichs Botmäßigkeit, und damit war der Hauptschlüssel zu Deutschland in des Deutschen Erzfeindes Händen. Aber das Jahr 1814 gab den herrlichen Mittel- und Unterrhein wieder an Deutschland". Eintrag in E. von Grootes Pass: „Mainz 8. Aug. 1816 nach Trier. Der Polizei-Direktor"; Stempel der Polizeidirektion Mainz (Stadtarchiv Hürth, Best. 3.01, Nr. 348, Bl. 5). J. Schopenhauer reiste von Schlangenthal zum Rhein bei Mainz und kam dort am 16. Aug. 1816, wenige Tage nach Grootes Besuch in Mainz, an: „Eine Stunde lang wanden wir uns zwischen schönen waldbewachsenen Felsen hindurch, dann traten wir aus dem Thal hervor und der mächtige Rhein und seine wunderschönen Ufer lagen plötzlich vor uns, in überraschender Herrlichkeit. In einiger Entfernung der Johannisberg, [...] weiter hin die Thürme von Mainz, die sich aus der grünlichen

Kaiser einkehren.⁶ Dieß ist gerade am Domplatz, u. wir sind nicht übel da. Wir gehn bald, den zwar äusserlich unansehnlichen, innerlich aber sehr merkwürdigen Dom [anzusehen], in seiner ächten alten byzantinischen Bauart.⁷ Merkwürdig sind wieder die nach Osten u. nach Westen gestellten Ho[ch]altäre; dann auch mehre Grabmonumente. In Oppenheim fand ich eines, auf welchem verzeichnet stand, den etc. verstarb der hochedele Friedrich von Worms, genannt Dalberg; also jenes wäre der Nahme dieses Geschlechts.⁸ –

Wir gehn dann auf die Rheinbrücke, wo ich dem Obristlieutnant Steinaecker begegne, der nun hier steht. Heute Abend soll ein großer Ball seyn, zu Ehren der Okkupation von Darmstadt.⁹ – Wir speisen an der Wirthstafel zu nacht, bestellen uns auf morgen um 5 Uhr Pferde nach Simmern, u. gehn bey Zeiten zur Ruhe. – Auch Herr Zelter aus Berlin,¹⁰ der in Wisbaden [Wiesbaden] badet, war von dort aus hier, u. wir begegneten ihm beym Dom.

Den 9. August [1816]. Bigberg [Bickberg], zwischen Simmern u. Trier.

Mit großer Mühe konnten wir heute früh nur in |4v| unserm Römischen Kaiser Frühstück u. Pferde haben; das Haus ist gut genug, die Bedienung sehr schlecht.¹¹

Fluth zu erheben scheinen; die lange Schiffbrücke sieht von hier wie eine durch den Strom gezogene Linie aus" (Schopenhauer, Ausflucht, S. 75).

⁶ Schreiber verweist auf fünf Gasthöfe in Mainz: „1. Die drey Reichskronen; 2. die hohe Burg; 3. die weisse Burg; 4. der Kaiser (auf dem Heumarkt); 5. der Adler (auf dem Ballplatze)" (Schreiber, Anleitung, S. 109).

⁷ Smets, Taschenbuch, S. 12 f.: „Der Dom zu St. Martin ist ein altes, hohes Gebäude und ladet mit geheimnißvollem Dunkel in seine stillen Hallen zu stillem Gebete und unbeobachteter Betrachtung; hohe Schätze sind hier aufbewahrt, die in ältern Zeiten unvergleichlich reicher waren. Die Bibliothek verdient gleichfalls volle Aufmerksamkeit; sie zählt an 80.000 Bände. Dasselbe Gebäude schließt ferner römische Denkmäler, ein Naturalienkabinet, Gemälde und einen ansehnlichen physikalischen Apparat in sich."

⁸ Ritter Friedrich von Worms wurde mit seiner Frau Katharina von Gemmingen in der Katharinenkirche in Oppenheim bestattet.

⁹ Aufgrund einer Entscheidung des Wiener Kongresses wurde das Gebiet Rheinhessen, zu dem auch Mainz gehörte, im Juli 1816 vom Großherzogtum Hessen-Darmstadt in Besitz genommen. Im annektierten Gebiet empfand man dies als Okkupation. Der Ball in Mainz war also vermutlich eine Veranstaltung der neuen Machthaber. Ich danke dem Stadtarchiv Darmstadt für seine Auskunft.

¹⁰ Vgl. Zelter aus Wiesbaden an Goethe: „Das Wetter ist so unartig sommerlich, daß ich mich nicht wenig über die gute Wirkung des Bades an mir zu wundern habe. Der Arzt aber verlangt, daß ich eben deswegen noch hier verharren und einen erträglichen Zustand nicht mit einer schlechten Reise verderben soll. Daher bleibe ich noch bis zum 12. dieses hier und gehe dann nach Darmstadt wo ich vielleicht acht Tage verharre" (C. Fr. Zelter an J. W. von Goethe, Wiesbaden, 1. Aug. 1816; in: Ottenberg/Zehm, Briefwechsel, Bd. 20,1. S. 445).

¹¹ Zu den Verkehrsverbindungen von Mainz und Köln vgl. Schreiber, Anleitung, S. 109: „Von Mainz geht eine Diligence, im Winter alle zwey Tage, Nachmittags um 3 Uhr, nach Cöln ab, bleibt den ersten Tag zu Bingen, den zweyten zu Koblenz über Nacht, und kommt den dritten Tag zu Cöln an. Im Sommer geht diese Diligence jeden Tag, bey Oeffnung der Thore, von Mainz ab; auch fährt, während dieser Jahrszeit, täglich eine Wasserdiligence nach Koblenz und Cöln."

Erst nach 6 Uhr kommen wir weg, u. fahren über den schönen Bergrücken von Maynz über Ingelheim nach Bingen. In Bingen müssen wir die selben Pferde (wir hatten auf halber Station mit einem Engländer gewechselt) behalten, die aber erst gefüttert werden.[12] Wir bleiben gegen 1 Stunde, u. sehen inzwischen das schöne Rheinthal, nach dem Mausthurm herab u. den Nahfluß [Nahe] hinauf, der die Gränze von den Preußischen u. Darmstätter Provinzen macht.[13] Endlich (11 Uhr) fahren wir weiter, u. zwar auf einer sehr langen Station bis Simmern (10 Stunden). Hier essen wir bey der eleganten Posthalterinn etwas zu Mittag, und fahren gegen 5 Uhr weiter über [gestrichen: xxxxberg] xxxxxxberg sehr rasch auf Nebenwegen nach [gestrichten: Kirchberg] Bigberg. Wir nehmen nur Kaffee, u. begeben uns in der kleinen Kneipe bald zu Bette. –

Den 10. August [1816]. (Trier).

Wir brechen schon um 4 Uhr wieder auf, und fahren fast in beständigem Galop weiter. Nach der zweyten Station haben wir manchen Aufenthalt, da die Pferde nicht zusammen gewöhnt zu seyn scheinen. Wir kommen auf dieser Station nach dem Kloster Klause [Klausen], wo wir in die schöne große Kirche[14] gehn. Es wird daselbst ein kleines Vesperbild der Heiligen Maria verehrt u. dahin gewallfarthet; der hohe Altar ist alt, mit aufschlagenden gemalten Thüren. Die innere Skulptur [richtig wohl: Struktur] mit den feinen Baldachinen ist ausserordentlich prächtich. Die Gemälde sind ver-|5r| schieden; die Flügel scheinen auf der Aussenseite besser als die innen; alles aus der Schule des Jan van Eick und des Hämmling.

Wir fahren bald nun über die große Berghöhe des höchsten Hundsrück [Hunsrück], wo wir etwas tief ein altes Schloß, und ein[en] verfallenen Thurm dicht neben dem Wege [sehen]; wir sehn es nicht näher an. Nun fahren wir durch das schöne Moselthal nach Trier,[15] u. zwar gleich durch das alte Römische Thor[16]

---

[12] Gasthöfe in Bingen: „1. Auf der Post; 2. zum weissen Roß, wo gewöhnlich die Passagiere, welche mit der Rhein-Diligence kommen, zu speisen pflegen" (Schreiber, Anleitung, S. 147).

[13] Vgl. K. Fr. Schinkel, Rheinansicht bei Bingen mit den Ruinen Rheinstein und Falkenburg, Feder in Braun, über Vorzeichnung mit Graphitstift, 1816 (Berlin, Kupferstichkabinett; Inv.-Nr.: SM 9.7). Rheinansicht bei Bingen, Graphitstift, 1816 (Inv.-Nr.: SM 9.10). Rheinansicht mit Mäuseturm bei Bingen und Burg Ehrenfeld, Feder in Braun, über Vorzeichnung mit Graphitstift, 1816 (Inv.-Nr.: SM 9.14). Ansicht von Burg Ehrenfeld, Feder in Braun, über Vorzeichnung mit Graphitstift, 1816 (Inv.-Nr.: SM 9.12).

[14] Die im 15. Jh. errichtete Wallfahrts- und Pfarrkirche St. Maria in Klausen bei Wittlich ist eine der wichtigsten spätgotischen Bauten im Moselgebiet. Noch heute enthält die Kirche Teile der originalen Ausstattung, so den um 1480 in Antwerpen entstandenen Flügelaltar mit einem Relief, das eine Vielzahl vergoldeter Figuren umfasst. Bei der von Groote bewunderten Struktur mit „feinen Baldachinen" handelt es sich um das kunstvolle Netzgewölbe des Raums.

[15] Vgl. K. Fr. Schinkel, Panorama von Trier, Graphitstift, (Berlin, Kupferstichkabinett; Inv.-Nr.: SM 9.23); datiert auf „nach 1816".

[16] Porta Nigra (Schwarzes Tor), römisches Stadttor, erbaut um 180 n. Chr.; siehe unten.

hinein. Wir fahren in der Stadt Venedig[17] an, wo ich auch damals xxxx, da ich mit Schreckenstein logiert hatte. Wir essen alle mit großem Hunger bis gegen 5 Uhr, wo wir die Lieb-Frauenkirche sehen, die gleich wie ein Tempel noch in einem fast gleichseitigen +. Sie ist aus der Hälfte des XIV. Jahrhunderts.[18] Es ist morgen daselbst ein großes Fest (Laurenz),[19] welches schon eingeläutet wird. Wir sehn nur auswendig den Dom, u. das Pallatium.[20] Wir gehn zur Porta nigra zurück. Schinkel betrachtet sie zu wiederholten Maahlen, u. glaubt, daß sie nur in Rom entworfen, aber von Künstlern, die man bey sich hatte, im Roohen ausgebaut wurde, wie es jetzt steht, um nachher polirt zu werden. Man sieht die ungeheuersten Quader an diesem Gebäude.[21] Wir sehn nun noch einige sehr alte Häuser etc. Abends finde ich den |5v| Kreisrath (ehemaligen Kriegskommissar) Herrn Perger[22] in diesem Gasthaus, u. er erzählt mir noch manches von Römischen Alterthümern, die hier gefunden worden etc., wovon Sammlungen bestehn sollen.

---

[17] Die Gaststätte „Zur Stadt Venedig" befand sich seit 1796 in der Brückergasse (Trier, Einwohnerverzeichnis 1818). Ich danke dem Stadtarchiv Trier für seine Hinweise.

[18] Die Liebfrauenkirche, unmittelbar neben dem Trierer Dom gelegen, stammt aus dem 13. Jh. und gehört zu den bedeutendsten Zentralbauten und frühesten gotischen Bauten Deutschlands. Die urspünglich bestehende bauliche Verbindung von Kirche und Dom wurde während der Französischen Zeit entfernt. Zur Liebfrauenkirche heißt es bei Schreiber lediglich: Zu den Sehenswürdigkeiten Triers gehört: „Die schöne Liebfrauenkirche, die von 1227 bis 1243 gebaut wurde, eines der herrlichsten Werke Deutscher Architektur" (Schreiber, Anleitung, S. 211). Vgl. K. Fr. Schinkel, Ansicht und Grundriss zweier Kirchen, darunter der Liebfrauenkirche zu Trier, Ansicht eines Schlosses, Ansicht des Dorfplatzes u. der Säule von Igel, Feder in Braun (Berlin, Kupferstichkabinett; Inv.-Nr.: SM 20b.103 recto). Die Zeichnungen sind bisher auf 1833 datiert, sie könnten aber bereits 1816 entstanden sein.

[19] Der 10. August ist der Namenstag des Heiligen Laurentius. Nachdem die der Liebfrauenkirche benachbarte Kirche St. Laurentius während der Französischen Zeit abgerissen worden war, nahm die Pfarrei der Liebfrauenkirche die Bezeichnung Unserer Lieben Frau und St. Laurentius an.

[20] Palatium, Konstantinbasilika: im 4. Jh. n. Chr. entstandene Palastaula, die Kaiser Konstantin als Thronsaal nutzte; sie diente im Mittelalter als Burg, später errichtete der Trierer Erzbischof auf dem Areal seine Residenz. E. von Groote sah Teile des ursprünglichen Gebäudes mit dem im 17. Jh. angebauten Erzbischöflichen Palais. Erst unter Friedrich Wilhelm IV. wurde ein vermuteter originaler Zustand der Basilika hergestellt. Vgl. K. Fr. Schinkel, Trier. Ansicht der Basilika, Feder in Braun, über Vorzeichnung mit Graphitstift, 1816; u. Trier. Basilika. Wandaufriss u. Teilgrundriss, Feder in Braun, „wohl 1816" (Berlin, Kupferstichkabinett; Inv.-Nr.: SM 18.40 recto u. 18.40 verso).

[21] Quednow, Beschreibung, Theil 1, S. 21 f.: „Es ist übrigens ganz unverkennbar, daß das Gebäude nicht beendigt ist, und die Erbauer desselben, wahrscheinlich durch Einfälle fremder Völker in das Land der Treviren, gestört worden sind; denn überall sieht man an den äußern und innern Seiten der Mauern hervorragende Theile der Steine, welche noch glatt gearbeitet werden sollten. [...] Die Käpitäler und Basen der Säulen sind ganz roh geblieben und sollten erst am Gebäude selbst [...] ausgearbeitet werden."

[22] Johann Heinrich Joseph Gustav Perger war von Juni 1816 bis 1847 Landrat in Trier. Vgl. Romeyk, Verwaltungsbeamten, S. 665 f.

Den 11. August [1816]. (Trier).

Nach dem Frühstück, gegen 8 ½ geht Schinkel zum Präsidenten Delius,[23] und zu seinem Vetter, dem Baurath Quednow [gestrichen: Quedno?].[24] Ich wollte bald nachher mit der Frau Schinkel in die Liebfrauen Kirche gehn, wo Prozession u. großes Fest wegen St. Laurenzius ist. Allein, Schinkel hat die Schlüssel zu den Koffers mit genommen, u. da ich ihn endlich beym Präsidenten aufsuchen will, ist er daselbst nicht mehr. Die Prozession geht über die Gassen hin; ich gehe in die Domkirche, wo alte Kanonicher, u. Seminaristen die Horen[25] und Hohe Messe ziemlich ordentlich halten. Der Dom selbst ist groß, byzantinisch, u. im Inneren freylich neu verziert, doch wohl erhalten. Es kommen noch alte Römische Sachen, uralte Kapitäle u. dergl. darin vor. Schinkel glaubt, ob es schon die Basilika Constantins gewesen sey?[26] –

Ich kaufe nun etwas Seife, u., der Wanzen wegen, die mich schon 2 Nachte lang gequält haben, – kölnisch Wasser. |:2.14:| Im Gasthof finde ich nun niemand mehr, u. ich gehe daher noch in einige weniger bedeutende Kirchen, höre ein Stück einer sehr mittelmäßigen Predigt in der Liebfrauen Kirche, u. gehe beym Pallatium vorbey zur Porta alba,[27] wo aber nur noch wenig altes Gemäuer aus römischer Zeit ist. Ich gehe über den Wall zur Brücke hin, die zwar neuer, doch auf alten, wie |6r| es heißt, Römischen, sehr festen Pfeilern steht.[28] Auch an einem der Stadtthore sind an den Seiten Steine mit Römischen Figuren, u. über dem Thor ein großer sitzender Christus, St. Peter u. ein Bischof, der eine Kirche trägt,

---

[23] Daniel Heinrich Delius amtierte von 1816 bis 1825 als Regierungspräsident des 1816 geschaffenen Regierungsbezirks Trier; Adresse 1818: Aufm Domfreihof, Haus Nr. 3, 4 und 5 (Trier, Einwohnerverzeichnis 1818). Delius amtierte von 1825 bis 1832 als Regierungspräsident in Köln. Zu Delius: Romeyk, Verwaltungsbeamten, S. 405 f.

[24] Schinkels Cousin, der Architekt und Historiker C. Fr. Quednow, war seit 1816 preuß. Baurat in Trier. Adresse 1818: Haus Nr. 57, Liebfrauenstraße (Trier, Einwohnerverzeichnis 1818). Um Grootes Besichtigungen in Trier zu verdeutlichen, wird im Folgenden aus diesem Werk Quednows von 1820 zitiert.

[25] Horen: Stundengebete in der katholischen Liturgie.

[26] Der Trierer Dom St. Peter geht auf einen ersten Basilikabau aus dem frühen 4. Jh. n. Chr. zurück, der wiederum auf einer römischenVilla errichtet worden war. In den folgenden Jahrhunderten kam es zu Erweiterungen, Zerstörungen und Erneuerungen. Im 18. Jh. wurden Veränderungen in barockem Stil vorgenommen. Groote sah also eine barocke Innenausstattung. Während des 19. Jh.s entfernte man die barocken Elemente zugunsten eines neoromanischen Stils.

[27] Porta Alba (Weißes Tor): römisches Stadttor, das man seit dem Mittelalter als Steinbruch nutzte.

[28] Quednow zur Moselbrücke: „Die Brücke ist 690 Fuß lang, 24 Fuß breit, hat 8 überwölbte Oeffnungen, und ist ganz von Quadersteinen aufgeführt. [...] Daß diese Brücke bei ihrer ersten Anlage mit Bogen erbauet worden ist, kann nicht bezweifelt werden, indem die an mehreren Pfeilern noch vorhandenen ursprünglichen Tragsteine, auf welchen die Lehrbogen bei Erbauung der steinernen Bogen gestellt werden mußten, solches deutlich zu erkennen geben. [...] Daß die Pfeiler gut gebauet seyn müssen, beweißt ihr hohes Alter, wahrscheinlich von mehr als 2.000 Jahren" (Quednow, Beschreibung, Theil 1, S. 11 u. 14). Quednow hielt die Pfeiler der Moselbrücke für altgriechisch (ebd., S. 16).

in Basreliefs aus byzantinischer Zeit.[29] – Ich begegne dem Obristen Kickbusch, der die letzte Zeit bey Thilemann war,[30] u. der mich sehr höflich bewillkommt. – Ich finde nun meine Gesellschaft zu Hause; Schinkel hat durch seinen Vetter schon manches gesehn u. erfahren, u. ist vom Präsidenten eingeladen, nach Igel zu fahren, um die Römische Säule[31] zu sehn. Ich hatte den Plan, mit hin zu reiten, konnte aber nachher kein Pferd bekommen. Bey Tische ist ein Fremder u. dessen Frau, der der General von Tippelskirch seyn soll; dann ein junger Husar, Offizier, der neben mir sitzt; er kommt von der Armee aus Frankreich, u. sagt, daß die dortigen Offiziere u. Truppen sich sehr der Ueppigkeit überlassen etc. Auch Perger ist wieder zu Tisch. Nachher arbeitet Frau Schinkel in dem schönen Garten am Haus an einem schwarz-seiden Kleid, welches sie hier gekauft hat; Schinkel liest in Wyttenbachs Geschichte von Trier.[32] Mich verführt der Teufel zu Unfug. ~~ –

Erst gegen 5 ½ kommt der Präsident mit dem Baurath, u. alles fährt fort nach Igel. Ich bemühe mich noch in mehrern Häusern umsonst, ein Pferd zu bekommen, lese noch etwas in jener Geschichte u. gehe nachher zu der schönen byzantinischen Kirche,[33] nach der Südseite ausser der Stadt, die zu |6v| den größten u. zum Theil zu den schönsten (nach dem Aeußern zu urtheilen) gehört, die ich bis jetzt gesehn, obschon sie sehr mit modernem Zeug verdorben ist. Es sind noch alte, u. auch prachtvolle neue Gebäude, sehr schön erhaltene Gärten, u. eingeschlossene Weingärten dabey, die auf ein ehemals sehr reiches Kloster, u. auch auf einen jetzigen sehr vermögenden Besitzer schließen lassen. Ich gehe über die Anhöhen, durch herrliche Gärten u. Fluren zur Stadt zurück, wo ich nach 8 Uhr meine Gesellschaft noch nicht wieder antreffe. – Das Volk scheint mir hier froh u. aufgeräumt, auch meist wohlhabend; es singt u. freut sich überall, und die Leute sind guter Dinge; die Gegend gehört wohl zu den schönsten in Deutschland. – Mir ist unwohl zu Muthe, u. ich setze mich still auf meine Stube, bis die Uebrigen kommen, darüber wird es 11 ½ Uhr.

Den 12. August [1816]. (Trier).

Gegen 9 Uhr, nach dem Frühstück gehn wir, den Vetter von Schinkel abzuhohlen, u. dieser geht mit seiner Frau mit uns. Zuerst sehn wir den sogenannten Pallast, ein großes Gebäude aus breiten, etwa nur 1 ½ Zoll dicken Backsteinen, die mit ebenso dicken Lagen von Mörtel verbunden sind. Es hat längst dem ganzen Gebäude hinauflaufende dicke Strebe-Pfeiler, u. viele gewölbte Bogen,

---

[29] Von den ursprünglich vier Stadttoren Triers ist lediglich die Porta Nigra erhalten.
[30] E. von Groote kannte Obristlieutenant Ludwig von Kiekebusch aus dem Feldzug 1815 als Mitglied des III. Armeecorps unter General von Thielmann.
[31] Zur Igeler Säule siehe unten.
[32] Zu J. H. Wyttenbach vgl. Laufner, Wyttenbach, 1973; Klupsch, Wyttenbach, 2012.
[33] E. von Groote besichtigte die Gebäude der Abtei St. Matthias. Dazu unten.

die aber nun ausgemauert u. mit Fenstern versehen sind. Es soll eine Römische Kaserne gewesen seyn.[34] Dann betrachten wir das Gemäuer an der |7r| Porta alba, wo überall Röhren scheinen durchgelaufen zu seyn, vielleicht, um Wasser zu den Bädern zu führen, die überall in den Nischen scheinen angelegt gewesen zu seyn. Dann gehen wir bis zum Amphitheater hinaus, an dem man noch 3 Haupteingänge zu entdecken sind [richtig: kann].[35] Das ganze ist mit Wein u. Klee bepflanzt. Abwärts bey dem Bächlein war vielleicht eine Naumachie.[36] Wir gehn nun zu Herrn Wyttenbach, wo ich verschiedene alte Handschriften finde, unter andern eine von Conrad von Wirtzburg, zum Lobe xxx xxxxx.[37] Auch das xxxxxx der xxxxxxx.[38] Auch sehn wir daselbst schöne Minerale, u. in der Gegend gefundene Münzen, Fossilien, Petrefakte.[39]

---

[34] Zum „Ueberrest des Constantinischen Pallastes" stellte Quednow fest: „Es ist zwar hier kein vollständiger römischer Pallast, sondern nur noch ein übrig gebliebener Theil desselben in seinen Mauern zu beschreiben; allein schon dieser Theil zieht die Aufmerksamkeit eines jeden, der Gefühl für das Erhabene und Große hat, auf sich, und Niemand kann sich des Gedankens – Dies muß ein majestätisches Gebäude gewesen seyn – erwehren. Ganz insbesondere wird der Baumeister an diesen Ueberbleibseln von den großen und kühnen Ideen jenes römischen Baumeisters, welcher dieses collossale Werk entworfen und ausgeführt, sich überzeugen, und bekennen müssen, daß ausser dem Erhabenen, welches in dem Entwurfe liegt, in so weit wir denselben nur im Umrisse kennen, auch die große Festigkeit, mit welcher das Ganze ausgeführt worden, höchst lobenswerth ist" (Quednow, Beschreibung, Theil 2, S. 1).

[35] Quednow, Beschreibung, Theil 2, S. 24: „Die Natur hat in Trier an dem Fuße des Marsberges, einen niedrigern Berg, in eliptischer Form als einen Ring, geschaffen, in welchem das Amphitheater, so zu sagen, eingeschnitten werden konnte, und bei der Festigkeit des Bodens, welcher zum Theil aus Schieferfelsen, zum Theil aus einer guten Lehmerde besteht, war es möglich das Amphitheater auf eine minderkostspielige Art, als anderwärts, zu erbauen."

[36] Naumachie, hier: Anlage zur Nachstellung einer Seeschlacht. Quednow, Beschreibung, Theil 2, S. 19: „Die Amphitheater wurden auch zuweilen so eingerichtet, daß sie zu Naumachien gebraucht werden konnten. Das Wort Naumachie ist griechischen Ursprungs und bedeutet ursprünglich eine Seeschlacht, dann auch den Platz, wo Lustgefechte zu Schiffe gehalten wurden. Zu dem Ende wurde auf irgend eine zweckmäßige Art das Wasser in die Arena geleitet, dort bis zu einer gewissen Höhe, so, daß Schiffe rudern konnten, angestaut, und nach Beendigung des Gefechts dasselbe, mittels eines Abzugkanals wieder abgelassen."

[37] Vermutlich: Konrad von Würzburg, Silvester. Trier, Stadtbibliothek, Hs. 1990/17 8°. Dazu: E. von Groote an J. Grimm, Köln, 15. Sept. 1816 (in: Reifferscheid, E. von Groote, S. 32). Siehe Briefe und Schriften. Das Original im Brüder Grimm-Museum Kassel konnte aus dortigen organisatorischen Gründen bis Anfang 2019 nicht eingesehen werden. Vgl. auch: W. Grimm, Konrads von Würzburg Silvester, Göttingen 1841. W. Grimm merkte an, dass dieses Gedicht K. von Würzburgs nur in der Bibliothek in Trier vorhanden sei und ihn Wyttenbach darauf aufmerksam gemacht hatte (ebd., S. III).

[38] Die Bezeichnungen der Schriften sind nicht leserlich.

[39] Schreiber, Anleitung, S. 216: Mittelschule und bischöfliches Seminar befinden sich „in einem großen Gebäude, wovon der eine Flügel eine sehenswerte Bibliothek enthält. Die Anzahl der Bände beläuft sich auf 70.000; sie sind in vier Sälen aufgestellt. Man findet hier mehrere herrliche Manuscripte und viele alte, seltene Druckdenkmäler. Der kundige und humane Bibliothekar Wyttenbach hat mehrere davon im neuen literarischen Anzeiger (1808) bekannt gemacht. Auch die Sammlung von alten Münzen verdient gesehen zu werden."

Nach Tisch |:3 Fr.:| reite ich schnell nach Igel u. betrachte daselbst das Monument genau.[40] Ueber dessen Bedeutung, mag wohl das Richtigste von denen gesagt seyn, die es für eine Ehrensäule halten, die der Familie Secundinus gesetzt ist, nachdem sie sich um die Verpflegung der Truppen verdient gemacht hat. Es scheinen auf derselben Kriegsvorräthe vor[ge]führt, Lebensmittel, Kleidungen, Arzneyen etc. bereitet und vertheilt zu werden. Oben stehn noch der Rumpf und die Flügel eines Adlers, unter dem auch noch Gewand und etwas von menschlichen Füßen sichtbar ist, u. was also wa[h]rscheinlich eine Apotheose[41] vorstellte. –

Ich trinke ein Glas schlechten Wein |:5:| |7v| u. reite langsam zur Stadt, etwas weiter als eine Stunde zurück. In der Stadt begegnen mir Schinkel, Quednow etc., um nach Pally [Palien] zu gehen. Ich reite also schnell nach Haus, gebe das Pferd ab, u. gehe bald nachher nach. In Pally finde ich sie im Wirthshaus erst nach langem Suchen; dort ist aber der Garten, mit dem dahinterliegenden Thale sehr schön. Die Herrn sind dahinein gegangen, die Frauen sitzen beym Thee. Ich laufe gleich über die hohe, große Brücke, u. durch die in die Felsen gehauenen Eingänge hinauf, u. hoch durch das Thal hin, finde aber niemand. Nun erscheint mir ein ferner hoher Gipfel mit einem Kreuz, u. ich eile hin, obgleich es noch sehr weit ist. Ich komme sehr erhitzt da an, u. kann einen Augenblick beten. Dann sehe ich von dem hohen steilen Felsen, an dem das Kreuz steht, in die dunkelwerdende weite Landschaft hin, u. eile dann in das Thal zurück. Man ist über mein Ausbleiben unruhig geworden. – Einen Wasserfall, den man mir als ganz ausserordentlich schildert, habe ich wohl doch nicht gesehn. Wir gehn nun zu einem kleinen Abendbrot, das uns Quednow bereitet hat, u. gegen 11 Uhr nach der Stadt zurück.

Den 13. August [1816]. Trier.

Ich habe nach den gestrigen Ermüdungen fest u. wohl geschlafen. Gegen 7 Uhr gehe ich in die Kirche am Markt,[42] wo ein schöner geschnitzter Altar mit gemalten kleinen Flügeln, auch ein unbe- |8r| deutendes Bild auf Goldgrund ist. Ich gehe auch in die Domkirche, wo die Schüler lateinische Lieder singen; dann

---

[40] Quednow, Beschreibung, Theil 2, S. 99 zur Igeler Säule: „Darüber sind all Schriftsteller einig, daß das Denkmal zu Igel in seiner Art das prachtvollste ist, welches uns die Römer dieseits der Alpen hinterlassen haben, aber über seinen Zweck sind die Meinungen verschieden." Er selbst hielt es für ein Familiendenkmal: „Die Familie der Secundiner scheint sehr angesehen, vielleicht gar mit einer Kaiser-Familie verwandt gewesen zu seyn, und daher wurde es derselben wahrscheinlich um so eher erlaubt, sich ein so prachtvolles Familien-Denkmal errichten zu lassen" (ebd., S. 100). Vgl. auch ein Schreiben Quednows an den preuß. Finanzminister zur Igeler Säule, 13. Dez. 1816; in: Meinecke, Geschichte, S. 596–598.

[41] Apotheose: Vergöttlichung, Erhebung zum Gott.

[42] Die Kirche St. Gangolf liegt in der Nähe des zentralen Marktplatzes; sie geht auf einen spätgotischen Bau zurück, der in den folgenden Jahrhunderten mehrfach verändert wurde.

wieder nach Hause, u. bald mit Schinkel auf die Post; dann zu dem neuen Thor, wo wir die Römischen u. byzantinischen Basreliefs sehn; dann nach dem Matthias Kloster u. Kirche,[43] wo wir auf dem Kirchhof eine alte Römische Catakombe mit mehrern Grabmälern sehn. Die Kirche ist sehr modernisirt, von der alten schönen byzantinischen Architektur wenig Herrliches mehr übrig; der Kreuzgang ist zu oekonomischen Gebäuden verwandt in dem großen Klostergut, das nun ein sehr reicher Banquier Nell[44] aus Trier besitzt. Wir gehn dann zu Herrn Quednow, den wir noch nicht finden, dann in den Dom u. dessen Kreuzgang, u. in die Liebfrauenkirche. Dann mit Queno in den Pallas,[45] der sehr zerstört ist u. zu den Kirchen Maximin u. Paulin, wo aber an beyden nichts von dem Alterthum zu finden ist, das dort einst gewesen seyn mag. Wir gehn nun noch zur Porta nigra, über deren künftige Bestimmung, vielleicht als Waffendepot, gesprochen wird.[46] Endlich gehn wir zu Tische; ich bin sehr müde u.

---

[43] Zur Benediktinerabteikirche St. Matthias vgl. Schreiber, Anleitung, S. 214: „St. Mathias liegt eine halbe Stunde von Trier, in einer schönen Gegend. Das Kloster datirt sein Alter vom 70ten Jahr der christlichen Zeitrechnung, wo der heilige Eucharius sich hier eine Zelle gebaut haben soll. Gewiß ist, daß dieses Kloster im 8ten und 9ten Jahrhundert schon eine Schule hatte, welche besonders auch für die älteste Geschichte von Trier thätig war. Das Kloster besaß eine bedeutende Bibliothek, und in der Kirche sind die Grabstätten vieler Bischöfe."

[44] Der Kaufmann und Bankier Christoph Philipp Bernhard von Nell hatte einen großen Teil des säkularisierten Guts 1803 ersteigert und „in einen großen Oekonomiehof verwandelt". „Das Gut besteht aus 200 Morgen mit Mauern umgebenen Landes; es hat ein geschmackvolles Wohnhaus, bedeutende Viehzucht, Fischerey, Gewächshäuser mit den seltensten ausländischen Pflanzen" (Schreiber, Anleitung, S. 216).

[45] Ob Groote mit „Pallas" die Gebäude des Konstantinischen „Palasts" oder das Kurfürstliche Palais meint, ist unklar. Das im 17. Jh. errichtete, im 18. Jh. zum Teil umgebaute Kurfürstliche Palais, das teilweise auf dem Areal der konstantinischen Basilika steht, war bis 1794 Sitz der Trierer Kurfürsten. In franz. wie in preuß. Zeit wurde der Bau als Kaserne genutzt.

[46] Die Porta Nigra entstand gegen Ende des 2. Jh.s n. Chr. Um 1040 wandelte man sie zur Simeonskirche, einer Doppelkirche, um. Auf Anordnung Napoleons wurde mit dem Abbruch der Kirche und eines Teils der Anbauten begonnen, 1815 ließ die preuß. Regierung diesen Abbruch vollenden. Vgl. ein Schreiben des preuß. Finanzministers an die Regierung in Trier v. Juli 1816 zur Porta Nigra (in: Meinecke, Geschichte, S. 595 f.). Schreiber, Anleitung, S. 211 f.: „Die Porta nigra, das schwarze Thor, ist ohne Widerrede das wichtigste Römische Gebäude, welches Deutschland besitzt. Noch ist der Anwurf des Schuttes auf der Stadtseite mit seinen hohen Treppen bis zum ersten Stockwerke über den beyden eigentlichen Thorwegen nicht weggeräumt, und diese nicht frey. Das Bley, womit das herrliche Gebäude bedeckt war, haben die Franzosen genommen, und so drohte es, trotz seiner ehrfurchtgebietenden, bisher wohl erhaltenen Gediegenheit nach und nach einzustürzen, wenn nicht die so großsinnige Preußische Regierung hoffen ließe, es werde gegen dieses klägliche Loos geschützt." Quednow, Beschreibung, Theil 1, S. 20: Nachdem auch die „in neuern Zeiten gemachten Flickereien" entfernt waren, stellte „im Herbste des Jahres 1816 dieses Alterthum sich frei, in seiner ursprünglichen Form, dem Auge dar". Groote und Schinkel sahen das Gebäude somit kurz vor der Fertigstellung. 1817 zogen Friedrich Wilhelm III. und der Kronprinz „durch diese uralte Porta nigra, welche seit dem eilften Jahrhunderte, zu dergleichen Zwecken nicht mehr gebraucht werden konnte", in die Stadt Trier ein (Quednow, Beschreibung, Theil 1, S. 21).

schlafe nachher. Dann fährt Schinkel mit Quedo nach Conz [Konz], wo noch Römische Alterthümer seyn sollen. Unser Hausgenoß, der Schwager des Staats-Rath Schütz, Artillerie Offizier, ladet mich ein, mit ihm hin zu reiten. Er reitet einen Moldauer schönen Braunen; ich einen ehrlichen raschen alten Schimmel. Wir finden Schinkel dort, |8v| aber von Alterthümern nur ein Stück alter Römischer Mauer, wo jedoch noch eine Verzierung wie die in Köln an dem alten Thurme[47] in bunten steinen sicht[b]aar ist. Nach diesem reiten wir langsam wieder zurück. Schinkels gehn zum Präsidenten zum Thee; ich mit dem Offizier in ein Caffeehaus, wo wir etwas zu Abend essen, über dessen Bezahlung wir fast in Streit gerathen. Es sind mehre Offiziere da, die mich aber wenig interessiren. Schinkels sind um 11 noch nicht zu Haus.

Den 14. August [1816]. (Trier).

Ich gehe mit Schinkel zeitig aus, u. wir besehen noch mehrere alte Gebäude, worunter noch eins mit sogenanntem opus reticulatum,[48] wie an den Römischen Thürmen zu Cöln. Auch das alte Propognaculum[49] sehn wir, u. das Sankt Simeons Kloster, welches uralte Gebäude u. Kreuzgang, u. einen in Fresko gemalten Saal hat, dessen Treppe dicht bey der Westlichen Wand der Porta nigra hergeht.

Wir gehn nun nach Haus zurück, erwarten Herrn Quednow u. gehn mit ihm zu einem Maler u. Lehrer bey der Zeichenschule, Ruben, einem Franzosen, der alte Bilder haben soll.[50] Er hat aber keine, sondern zeigt uns nur seine u. seiner Schüler Arbeiten u. dergl. Dann gehe ich zu Herrn Wittenbach in die Bibliothek, wo ich noch einige alte Handschriften, unter andern ein Evangelion wahrscheinlich aus dem 8. oder 9ten Jahrhundert[51] u. viele andere Sachen ansehe. Auch zeigt er mir von den aller ersten Maynzer u. Cölner Drucke, das Catholikon,[52] die

---

[47] Turm der römischen Stadtmauer in Köln, an der Kreuzung St. Apern-Straße/Zeughausstraße.
[48] opus reticulatum: Mauerverkleidung aus kleinen quadratischen, diagonal gelegten Steinplatten, die seit dem späten 2. Jh. verwendet wurden.
[49] propugnaculum: Schutzwehr, Bollwerk. Quednow erläutert: „In Trier befinden sich nur noch zwei römische Vertheidigungsthürme, der eine in der Dietrichsstraße, ohnweit dem Marktplatze, und der andere auf dem Hofe des Regierungs-Gebäudes. Beide sind nicht mehr in ihrer ursprünglichen Höhe vorhanden, und das Innere derselben ist durchaus umgeändert; nur allein die Umfassungsmauern sind ohne bedeutende Veränderungen geblieben, und es ist deren römischer Ursprung unverkennbar" (Quednow, Beschreibung, Theil 2, S. 13).
[50] Der Zeichenlehrer Karl Ruben wohnte vermutlich am Weberbach, Haus Nr. 192 ½. Dabei handelte es sich um das Trierer Gymnasium, in dem sich auch die Wohnung von Johann Hugo Wyttenbach befand.
[51] Groote sah möglicherweise das Ada-Evangeliar, entstanden zwischen 790 bis 810 (Stadtbibliothek Trier, Hs 22) oder Evangeliar von St. Maria ad Martyres, 1. Drittel des 9. Jh.s (Stadtbibliothek Trier, Hs 23/122 a/b 2°). Ich danke der Stadtbibliothek Trier für ihre Auskünfte.
[52] Catholikon: lateinisches Wörterbuch des Johannes Baibus de Janua aus dem 13. Jh., Mainz 1460.

Schoiffersche Bibel mit hölzern Buchstaben in Maynz gedruckt,[53] |9r| die ersten Ausgaben der glossirten Institutionen,[54] etc. Alles dieß steht in großer Anzahl, oft doppelt u. 3fach, in einem großen Saal der Bibliothek aufgestellt. Er schenkt mir endlich, wahrscheinlich auch mit Hinsicht auf sein Luxenburger Romanum[55] u. andern nach Trier gehörende, in Paris reklamirte Sachen, einen Sleidanus, de statu Religionis & Reipublicae de Carolo V. Caesare 1555[56] als opus rarissimum,[57] was er in Duplo hat. Aus einem Exemplar einer geschriebenen Limburger Chronik[58] schreibe ich mir die Stelle über den Maler Wilhelm in Cöln um 1380 ab. Ich bleibe bis nach Eins.[59] Nach Tisch reitet der Offizier (Buttman) weg. Wir gehn gegen 4 ½ an die Mosel nach Leiden [Leiwen] zu, fahren über, u. gehn bald zu den Steinbrüchen u. dem Wasserfall bey Pally hin. Schinkel zeichnet etwas, u. wir steigen zu der schönen Laube auf der Höhe hin, wo wir der köstlichsten Aussicht auf Trier u. die Gegend, genoßen. Schinkel zeichnet etwas daraus;[60] später wird mit vielen schönen Glocken das morgige Fest eingeläutet.[61] Dann gehn wir zu Quednow; Schinkel macht noch einen Besuch bey dem Präsidenten Delius, wir trinken Thee, es kommt ein Hauderer,[62] der aber, für uns nach Coblenz zu fahren, mehr abfordert, als die Post kosten würde. Ich nehme also den Prätext, die Post noch für morgen zu bestellen, u. drücke mich weg, kaufe mir Taback u. gehe still nach Haus, da mich Quednows, bey denen Schinkels zum Nachtessen bleiben, gar nicht gebethen haben, was mir auch ganz lieb ist.[63] -|9v|

---

[53] Peter Schöffer (Schoiffer) war seit ca. 1452 Mitarbeiter der Druckerei von Johannes Gutenberg in Mainz und arbeitete hier auch am Druck der sogenannten 42-zeiligen Bibeln mit. Die Bibel, die Groote sah, war vermutlich eine der beiden zu diesem Zeitpunkt in der Trierer Bibliothek vorhandenen Gutenberg-Bibeln.

[54] Glossierte Institutionen: Die Institutiones sind eine Art von Einführung zum Corpus Iuris Civilis, einer Sammlung von juristischen Texten, die auf das 6. Jh. n. Chr. zurückgeht.

[55] Eventuell: Missale Romanum. Amtliches Messbuch der römischen Kirche, Erstdruck 1483. Auf welches Exemplar Groote hier verweist, ist unklar.

[56] Johannes Sleidanus, De statu Religionis & reipublicae, Carolo quinto Caesare commentarii, Straßburg 1555.

[57] opus rarissimum: seltenes Werk.

[58] Vermutlich: Limburger Chronik von Tilemann Elhen von Wolfhagen (entstanden um 1378–1402).

[59] Zu seinem Besuch in der Trierer Bibliothek: E. von Groote an J. Grimm, Köln, 15. Sept. 1816 (in: Reifferscheid, E. von Groote, S. 31 f.). Siehe Briefe und Schriften.

[60] Diesen Angaben Grootes ließen sich keine Zeichnungen Schinkels zuordnen.

[61] 15. August: Mariä Himmelfahrt.

[62] Hauderer: Fuhrmann, Fuhrknecht.

[63] K. Fr. Schinkel an S. Boisserée, Köln, 3. Sept. 1816: „In dem schönen alten Trier wird für das römische Alterthum von allen Seiten sehr gewirkt, unser Präsident Delius ist ein höchst achtungswerther Mann, der auch dieß zu einem Zweig seiner Verwaltung gemacht hat. Sie werden gelegentlich auch diesen Ort einmal sehen müssen, weil er für die frühste Architektur in Deutschland manches höchst wichtige enthält; neben den Spuren einer früheren römischen Zeit, sieht man vieles Kirchliche, welches man mit ziemlicher Gewißheit der Constantinischen Zeit zuschreiben kann. [...] Von Kunstwerken der Malerei, welche in Ihrer Sammlung nützen könnten, habe ich in

Den 15. August [1816]. Abend. Coblenz.

Wir fahren gegen 5 Uhr aus dem schönen Trier, das mir seiner Gegend wegen mehr als irgend eine Stadt zugesprochen hat. Die Leute kommen schon aus der Frühmesse, da es hoher Marientag ist. Wir fahren ohne etwas Bemerkenswerthes zu finden über Wittlich die Straße nach Coblenz hin.[64] Sehr schön, aber mühsam sind die vielen Thäler, um die sich kleine Bäche vielfach winden, das Marterthal [Martertal] u.a. Bey der vorletzten Station bemerken wir, daß eine Feder am Wagen zersprungen ist; doch hält sie bis nach Coblenz, wo wir gerade um Mitternacht ankommen. Wir können weder in den 3 Schweitzern noch in der Post Quartier finden, kommen aber endlich bey Massen, der Post fast gegenüber, zurecht, trinken Thee, u. freuen uns der Ruhe.[65]

Den 16. August [1816]. (Coblenz).

Ich gehe mit Schinkel gegen 9 aus auf die Post, wo wir Briefe an ihn aus Berlin finden. Wir wollen zum Ober-Präsidenten, dem Minister von Ingersleben, gehn,[66] finden ihn aber noch nicht. Wir bringen also der Frau Schinkel die Briefe, u. gehn nachher zum Präsidenten zurück. Er ist ein großer, stattlicher Herr, der uns freundlich empfängt, u. mit Schinkel abredet, die öffentlichen Gebäude hierselbst zu besehen. Er ladet uns zu Tische ein. Wir gehn nun zu Görres, der uns in seiner Art gutmüthig bewillkommt. Nachher sehen wir seine Bilder, deren er manche noch recht gute bekommen hat.[67] Auch Manuscripte hat er viele, darunter einige Römische Classiker, alles aus der ehemaligen Maximin-Abtey zu Trier. Wir gehn nun nach Haus, u. bald zum Minister, wo ich mich viel mit der

---

Trier gar nichts von Bedeutung finden können, die Kirchen sind ganz leer und entweder im überladensten Jesuitenstyl ausgeführt oder schrecklich zerstört, die einzige Marienkirche steht vollkommen da" (in: S. Boisserée, Briefwechsel, Bd. I, S. 316 f.).

[64] Schreiber gibt die Landroute zwischen Trier und Koblenz auf eine Dauer von 24 Stunden an (Schreiber, Anleitung, S. 193).

[65] Schreiber, Anleitung, S. 188: „Unter den Gasthöfen ist besonders das weisse Roß, wo die Post ist, als eines der besten am ganzen Rheinstrom zu empfehlen. Man findet hier immer vorräthige Exemplare sowohl der gegenwärtigen Schrift, als auch einiger andern Werke, welche Reisenden als angenehm und nützlich empfohlen zu werden verdienen." Ebd., S. 192: „Gasthöfe in Koblenz: 1. Die Post; 2. Zu den drey Schweizern; zum goldenen Apfel; zum schwarzen Bären; zum Kölnischen Hof".

[66] Oberpräsident von Ingersleben residierte im ehemaligen Stadthof der Familie Boos von Waldeck am Paradeplatz, das der preuß. Staat 1816 kaufte. Vgl. Michel, Kunstdenkmäler, S. 163. Ich danke dem Stadtarchiv Koblenz für seinen Hinweis.

[67] S. Boisserée an J. W. von Goethe über einen Besuch von J. Görres in Heidelberg, Heidelberg, 7. Nov. 1816: „Er hat seit einem Jahr auch altdeutsche Gemälde zu sammeln angefangen und treibt sein Wesen mit gewaltigem Eifer, so daß er sogar selbst restaurirt!" (in: S. Boisserée, Briefwechsel, Bd. II, S. 144).

Frau[68] unterhalte. Es sind noch verschiedene |10r| Herrn zu Tisch, der Regierungs Präsident,[69] einige Regierungs Räthe, u. der Baurath Franke. Nach Tisch gehn wir ins Schloß, wo wir unter anderm die schöne Capelle sehn, die nun auch zum Protestantischen Gottesdienst eingerichtet werden soll.[70] Ich schiebe mich nun leise weg, u. gehe, die Frau Schinkel zu Görres abzuholen. Mit diesem gehn wir nachher auf die Carthaus,[71] u. noch weiter, wo wir die schönste Aussicht in's Rheinthal haben. Ich rede mit Görres viel über die öffentlichen Angelegenheiten, auch über das Treiben in Kunst etc. Wir trinken Thée, u. da es sehr trüb wird, gehn wir zurück, finden Schinkel u. Scharnhorst bey Görres u. bleiben dort zum Nachtessen, bis gegen 10 ½.

Den 17. August [1816]. (Coblenz).

Wir gehn zeitig aus, unsern reparirten Wagen zu sehn, dann zum Schloß u. an den Rhein, dort begegne ich Hofman u. noch einem andern aus Köln. Wir sehn die Castor Kirche[72] an. Das Monument auf dem Mauerbilde xxxxx nahe dem Altar,

---

[68] Ulrika Albertine Sophia Ottilie Adamine von Ingersleben, geb. von Brause.

[69] Groote irrt sich hier wohl in der Amtsbezeichnung: 1816 bis 1817 war K. H. L. von Ingersleben Oberpräsident des Generalgouvernements Niederrhein und Präsident des Regierungsbezirks Koblenz. Möglicherweise meint er Franz Edmund Joseph Ignaz Philipp Schmitz-Grollenburg, seit März 1816 Abteilungsdirektor bei der Regierung in Koblenz.

[70] Das Kurfürstliche Schloss wurde Ende des 18. Jh.s als Residenz des letzten Trierer Erzbischofs und Kurfürsten errichtet, der 1794 vor der franz. Armee floh. Während der Franzosenzeit wurde das Schloss als Kaserne und Lazarett genutzt, ab 1815 diente es für einige Jahre als preuß. Kaserne. Schreiber, Anleitung, S. 180: „Das Schloß ist im antiken Styl aufgeführt, mit Jonischen Säulen geschmückt, und die Wachhäuser, Remisen etc. schließen sich in einem Halbkreis an das Hauptgebäude an. Das Innere war ehemals mit Pracht und Geschmack verziert. Die Hofkirche spricht durch ihre edle Einfachheit an, und ist überhaupt eine der schönsten in Deutschland. Die Franzosen verwandelten diesen reizenden Fürstensitz [...] in eine Kaserne und legten oft Kriegsgefangene hinein, und es bietet gegenwärtig einen abscheulichen Anblick dar. Allein es ist zu erwarten, daß die Preußische Regierung dieses treffliche Gebäude wieder reinigen und herstellen lassen werde."

[71] Die Kartause auf dem Beatusberg in Koblenz war ein Kartäuser- bzw. Benediktinerkloster; 1802 wurde es säkularisiert und nach 1814 vom preuß. Militär als Lazarett verwendet. Nach 1818 wurden die Bauten abgerissen. Schreiber, Anleitung, S. 187: „Hinter der Stadt hängen an einem mit Weinreben und Bäumen bedeckten Hügel die Ueberreste der Karthause. In der weiten Ebene sind über dreißig Städte und Dörfer dem Auge sichtbar. Mit jeder Veränderung des Standpunkts gewinnt man eine neue, bezaubernde Landschaft."

[72] Kastorkirche (St. Kastor). Schreiber, Anleitung, S. 181 f: „Der Platz, auf welchem sie [die Kastorkirche] steht, war ehemals eine Rhein-Insel. Das Gewölbe wird von Korinthischen Säulen gestützt. [...] Im Chor sieht man vier schöne Gemälde von Zick, einem geistvollen, aber etwas manierirten Künstler, der im Thal Ehrenbreitstein lebte. [...] Nächst dem Hochaltare sind die Gräber der Erzbischöfe Kuno von Falkenstein und Werners von Königstein." W. Smets, Taschenbuch für Rheinreisende, S. 42 f. zur Kastorkirche: „Die Bauart ist vortrefflich und hat viel ähnliches mit der Gereonskirche in Kölln. Alt und ehrwürdig stand sie sonst als ein würdiges Seitenstück zu dem grauen gegenüber liegenden Felsen, aber durch eine zwecklos angebrachte Wohlthätigkeit wurde sie im Jahr 1816 rosenfarbig angestrichen, und mit einem neurömischen Portale versehen."

u. die, welche den Chor einfaßen, sind recht schön.[73] Schinkel muß zum Minister, der auch mich wieder zum Essen hat bitten lassen; allein, ich will nicht hingehn. Wir gehn nun weiter zur Verbindung des Rheins u. der Mosel, auf die Moselbrücke,[74] u. von dort nach Görres. Dieser führt uns zu xxxx in die Burg,[75] wo wir einige Altitalienische u. einige deutsche Bilder [sehen].[76] Wir gehn nun noch mit Görres spaziren, u. Schinkel kommt zu uns. Ich gehe mit Frau Schinkel bald zu Tisch in's Gasthaus; Schinkel zum Minister. Nach |10v| Tisch führe ich sie bald wieder zu Görres; ich gehe, Lange aufzusuchen, den ich nicht finde. Stosch habe ich gestern schon auf der Straße, u. bey Görres gesehn; ich besuche ihn u. seine Frau, u. finde einen Lieutnant Brandenstein bey ihm. Den Obrist Clausewitz sehe ich; er reitet nach Neuwied. Nachdem ich zu Görres zurück bin, gehn wir bald aus, u. zwar zuerst zu dem Herrn Delassov,[77] der einige ganz hübsche alte Bilder hat. Auch Schinkel holen wir bey Franke ab, u. wir gehn nach Ehrenbreitstein.[78] Dort steigen wir auf den Ruinen herum; Görres theilt uns daselbst mit vieler Tiefe seine Vermuthung über die Entstehung des vor uns liegenden Vulkanischen hohen Gebirgs, wo man allenthalben noch in den Kohlen Gruben, platt gedrückte Palmen findet etc. Ich gehe nun, nachdem wir für mein Geld übergefahren sind, |:1–:| sehe auch Herrn Schulsky; u. gehe dann wieder zu Lange, den ich mit Weib und Kind recht munter finde. Es ist ein Consistorial-Rath Schulz[79] bey ihm, dieser Schultz ist ein quasi gelerter, u. raisonnirt mir zu viel. Er begleitet mich nach Haus, wo ich meine Abschriften aus Heidelberger Manuscripten hole, die ich Görres später zeige, wo ich bis gegen 12 bleibe. |11r|

Den 18. August [1816]. (Bingen).[80]

Gegen 7 mache ich meinen Mantelsack fertig, und gehe einen Zeitlang in die Kirche, wo aber nicht Messe gelesen wird. Wir lassen unsre Sachen in dem

---

[73] Welche Monumente Groote sah, ist nicht klar.
[74] Balduinbrücke in Koblenz.
[75] Koblenz, Alte Burg. Die bis um 1800 kurfürstliche Burg wurde von 1806 bis Ende des 19. Jh.s als Fabrik genutzt. Heute ist dort das Koblenzer Stadtarchiv untergebracht.
[76] Welche Sammlung auf der Burg gemeint ist, ließ sich nicht feststellen.
[77] Johann Claudius von Lassaulx, Architekt; seit 1812 Kreisbaumeister in Kobenz, seit 1816 Kreis- und Bezirksbaumeister.
[78] Die Festung Ehrenbreitstein, im 16. Jh. errichtet, wurde 1801 von der franz. Armee gesprengt; sie lag also 1816 tatsächlich in Ruinen. Der preuß. Staat baute das Gelände von 1817 an zu einer der größten Festungsanlagen in Europa aus.
[79] Vermutlich: Johannes Schulze, Konsistorialrat in Koblenz; vgl. Varrentrapp, Schulze, S. 176–207.
[80] Vgl. Zeichnungen Schinkels von Abschnitten des Rheins: Ansicht des Rheintales, Graphitstift, 1816 (Berlin, Kupferstichkabinett; Inv.-Nr.: SM 9.4); Rheinansicht mit Schlossruinen, Graphitstift, 1816 (Inv.-Nr.: SM 9.8); Zwei Rheinansichten mit Schlossruinen, Graphitstift, 1816 (Inv.-Nr.: SM 9.9 recto); Burg am Rhein, Graphitstift, Strichproben mit Feder in Braun, 1816 (Inv.-Nr.: SM 9.9 verso); Rheinansicht bei der Pfalz Kaub, Feder in Braun, über Vorzeichnung mit Graphitstift, 1816 (Inv.-Nr.: SM 9.15); Ansicht des Rheintales, Feder in Grau, über Vorzeichnung mit Graphitstift, 1816/17

Wirthshaus (zu den 3 Reichskronen), u. fahren gegen 8 ½ mit einem Hauderer nach Boppart [Boppard], wo wir die uralte Kirche ansehn.[81] Eine dabey stehende Kapelle, in welcher nun die Küche des Küsters eingerichtet ist, ist wohl noch älter, etwa aus Carl Magni Zeit. Von da fahren wir bald weiter, essen in St. Goar[82] zu Mittag,[83] u. fahren bey kaltem Wetter u. langsam nach Bingen, wo wir gegen 7 ½ ankommen. Am Thor ist ein Streit zwischen Bayerischen Soldaten und den Bürgern los. Wir kehren in die Post ein, wo der Postmeister, der dem Streit zugesehen hat, darüber sehr schimpft u. lärmt über die Soldaten. Ich schreibe einige Zeilen an Joseph.

Den 19. August [1816]. (Coblenz).

In Bingen gebe ich schon frühe meinen Brief an Joseph auf die Post, u. gehe dann mit Schinkel, einen Kahn zu bestellen, um nach Rüdesheim u. Asmanshausen [Assmannshausen] zu fahren. Dann gehn wir nach Hause, u. nach dem Frühstück fahren wir alle zusammen nach Asmanshausen,[84] steigen dann die Berge hinan, bis zum Niederwald,[85] dessen angenehme Anlagen u. herrliche Aussichten uns sehr unterhalten. Mich wandelt auf einmal endlich wieder eine poetische Laune an; doch bis zu einer völlig fertigen Strophe bringe ichs nicht.[86] Wir fahren bey Rüdesheim wieder über, u. nachdem gegen 11 ½ die Dilligence angekommen, essen wir schnell, u. gehn aus, um |11v| einen eigenen Nachen aufzutreiben, was auch nicht schwer wurde. Ich kaufe noch die neueste Rheinbeschreibung von Aloys Schreiber,[87] |:9 Fr.:| u. nach Tisch fahren wir recht schnell, u. ohne irgend an zu landen, bis nach Coblenz. Schinkel erfreut sich an den herrlichen Gegenden.[88] Wir kehren in unsern ersten Gasthof, zu den 3 Kronen [ein]. Später

---

(Inv.-Nr.: SM 9.18. Die Zeichnung ist auf 1816/17 datiert, sie stammt vermutlich von 1816); Ansicht des Rheintales, Graphitstift, 1816 (Inv.-Nr.: SM 9.19).

[81] St. Severus in Boppard: errichtet als spätromanischer Bau im 12. u. 13. Jh. Die Türme wurden im 17. Jh. mit einer Turmbrücke verbunden, die man Mitte des 19. Jh.s wieder abbrach. Die Innenausstattung war barockisiert.

[82] Vgl. K. Fr. Schinkel, St. Goar, Blick auf St. Goarshausen und Burg Katz, Feder in Braun, über Vorzeichnung mit Graphitstift, 1816 (Berlin, Kuperstichkabinett; Inv.-Nr.: SM 9.13).

[83] Schreiber, Anleitung, S. 170 zu Gasthöfen in St. Goar: „1. Die Post, 2. zum wilden Mann."

[84] Schreiber, Anleitung, S. 159: „Kaum dreht sich das Fahrzeug durch die Rheinwindung unterhalb Bingen, so hat man schon Asmannshausen vor sich, und am linken Ufer die zerfallenen Mauern von Bauzberg oder Pfalzberg, die Trümmer von Königstein oder Rheinstein und etwas weiter hinab das alte Schloß Falkenburg." Vgl. K. Fr. Schinkel, Ansicht von Burg Rheinstein, Feder in Braun, über Vorzeichnung mit Graphitstift, 1816 (Berlin, Kupferstichkabinett; Inv.-Nr.: SM 9.11).

[85] Der höchste Punkt des Niederwalds bei Rüdesheim ist der Fichtenkopf mit ca. 350 Meter.

[86] Der Gedichtentwurf existiert wohl nicht mehr.

[87] A. Schreiber, Anleitung auf die nützlichste und genußvollste Art den Rhein von Schafhausen bis Holland [...] zu bereisen, Heidelberg 1816.

[88] Vgl. K. Fr. Schinkel, Rheinansicht mit Koblenz und Ehrenbreitstein, Feder in Braun, über Vorzeichnung mit Graphitstift, 1816 (Berlin, Kupferstichkabinett; Inv.-Nr.: SM 9.16).

gehe ich noch zu Görres, die ich nicht finde; dann zu Lange, der recht fidel ist. Die Königinn der Niederlande soll zu Schiffe ankommen, u. deshalb ist die Garnison aufmarschirt, u. das Volk drängt sich hinzu. Ich weiß nicht, wann u. warum sie angekommen ist. Ich esse mit den Meinen zu Nacht. – (Der Teufel hat noch sein Spiel mit mir). ~~

Den 20. August [1816]. (Andernach).

Gegen 9 gehe ich mit Schinkel zu Görres, u. wir nehmen Abschied von Ihm u. seiner Familie. Die kleine Sophie scheint mir recht gut zu seyn.[89] Görres geht noch mit uns in den Gasthof, wo wir aufpacken und mit einem Hauderer bald nach dem Kloster Lac [Laach] zu fahren. Die Königinn der Niederlande ist gegen 7 Uhr mit etwa 60–70 Pferden weggefahren; es war daher schwer, Pferde zu bekommen. Wir fahren durch die vulkanischen Gegenden, nach Frauenberg, wo wir die verödete Capelle der Heiligen Genoveva[90] sehn, deren Lebens- u. Leidensgeschichte auf einem |12r| verwüsteten Basrelief auf dem Hochaltar in Stein gehauen ist; das Grabmal u. die schönen, doch zertrümmerten Figuren von Siegmond u. Genoveva sind in einem verfallenen Abhang der Kirche noch zu sehn. Ach, die schöne Zeit, wo diese stillen, friedlichen Orte des Glaubens u. der Poesie noch von frommen Pilgern andächtig besucht wurden! Ich kann dieß schreiben, u. doch ist auch bey mir schon die schroffe Hand der frostigen Zeit vorübergegangen, u. ich stehe forschend u. sinnend bey diesen ehrwürdigen Denkmalen, u. bin schon zu weise geworden, ihnen eine stille Thräne der Erinnerung zu weihen! Herr, Herr sey mir Sünder gnädig!

Wir fahren nun weiter nach Niedermennig, u. sehen die dabey gelegenen Steinbrüche, in welchen die durchlöcherten harten Steine brechen, die meist zu Mühl-

---

[89] Ludwig Emil Grimm über einen Besuch bei Familie Görres im Sept. 1815: „Guido war ein hübscher Junge, Sophie war schön herangewachsen und hatte prächtige, lebendige Augen; die Marie war noch klein" (in: Raab, Görres, S. 111). Friedrich Perthes besuchte Familie Görres im Aug. 1816: „Görres ist ein langer, wohlgebildeter Mann, kräftig und derb, letzteres aber etwas manierirt. […] Ich traf ihn allein. Seine Frau war auf der Bleiche mit großer Wäsche; sie kam später, eine herzliche, einfache, gar liebe Frau von klarem Verstande; mit ihr kamen die Kinder, ein aufblühendes fünfzehnjähriges Mädchen, sehr hübsch, ein flinker, zutraulicher Knabe von zwölf Jahren, den ich gern gleich mitgenommen hätte, und noch ein kleines wildes Mädchen; die ganze Familie gar liebenswürdig, das Hauswesen recht bürgerlich ordentlich, einfach und überall reinlich" (in: Raab, Görres, S. 120 f.). Sophie Görres, geboren 1802, heiratete 1824 den Historiker und Pädagogen Johann Baptist Joseph Steingass.
[90] Schreiber, Anleitung, S. 242: Ungefähr eine Stunde von Niedermennig entfernt „ist das Dorf Frauenkirch mit der gleichnamigen Kapelle, in welcher die heilige Genofeva begraben liegt. Der Wohnsitz ihres Gemahls war zu Hohensimmern oder Altsimmern, nicht weit von Meyen, und sie lebte verborgen in dieser Wildniß, bis sie von ihrem Gemahl wieder gefunden wurde."

steinen verarbeitet werden.[91] Wir steigen in einen solchen Bruch[92] tief hinein, u. ich sehe dort selbst, wie die Steine wie Baumstämme dicht neben einander stehen. Sie fußen auf einer undurchdringlich festen Fläche, der Dielstein genannt, der etwa 70 Fuß tief liegt, u. durch den kein Beißel oder Hammer dringt. Auf diesem stehn die dicken Stämme, die sich mehr nach der Oberfläche hin spalten und verästen, doch ohne ihren Umfang zu ändern. Ueber die ganzen Stämme her liegt ein sehr hartes, um einander verzweigtes, einem gothischen Capitäl |12v| gleichendes Steingeflechte, welches dann noch mit etwa 50 Fuß Sand bedeckt it. In diesen Steinen findet sich das kleine blaue Steinchen, von den Geologen nach xxxxx in Paris so genannt. Wir ziehn dann weiter nach Lac, wo wir uns an dem Anblick des schönen, leicht bewegten großen Sees, sehr ergötzen.[93] Auch die uralte Kirche,[94] mit ihrer Gruft, in der sich das Bild des ersten Bischofs von Lac in Mosaic[95] enthält [richtig: befindet]. Wir essen in Lac, u. fahren bald nachher, gegen (4) nach Andernach, wo wir bey Ronier gegessen. Nachdem die Rechnung des Postillions zur Richtigkeit gebracht, gehe ich zu Carové, den ich recht ver-

---

[91] Satz sic.
[92] Schreiber, Anleitung, S. 242: Der Krater des Steinbruchs „ist von beträchtlicher Tiefe, und gewährt, wenn man einen Gang von mehr als hundert Stufen hinabgestiegen ist, einen furchtbaren Anblick. Seine Tiefe ist von da aus noch sehr bedeutend, und man kömmt auf Leitern und in Körben hinab. Der Abgrund zeigt ungeheure Felsenriffe von fantastischer Gestaltung." Vgl. K. Fr. Schinkel, Schlucht, Felsspalte, Graphitstift (Berlin, Kupferstichkabinett; Inv.-Nr.: SM 9.6). Die Zeichnung ist undatiert, sie könnte 1816 in Niedermennig entstanden sein.
[93] Johann Andreas Demian schrieb in seinem 1815 veröffentlichten naturwissenschaftlich und statistisch orientierten Buch: „Dieser See liegt in der Mitte eines Circus von waldigten Bergen, die sich zu einem Zirkel runden. Seine Oberfläche beträgt 1323 Morgen, seine Länge 8422, und seine Breite 7643 Fuss. Er soll über 3000 Quellen haben und 214 Fuss tief seyn. Das Wasser des Sees ist hell, bläulich und sehr kalt, und wirft, wenn es vom Winde stark bewegt wird, den berühmten Sand aus, der vom Magnete angezogen wird. [...] Es scheint, dass dieser See [...] der Krater eines alten Vulkans ist, da die umliegenden Felsen löcherige Laven und Haufen von Schlacken sind, welche die sichtbarsten Spuren der Feuereinwirkung und Schmelzung an sich tragen" (Demian, Ansichten, S. 158).
[94] Die romanische Abteikirche, deren Bau Ende des 11. Jh.s begonnen wurde, erfuhr gotische und barocke Um- und Anbauten. Nach der Säkularisierung des Klosters 1802 wurden die Ländereien versteigert, 1815 gingen Abtei und Kirche in das Eigentum Preußens über. Schreiber, Anleitung, S. 240 f.: „Am Ufer des Sees liegt die ehemalige, reiche Benediktinerabtey Laach. [...] Das ansehnliche Gebäude mit seinen Thürmen macht einen überraschenden Eindruck. In der Kirche, welche in einem neuern, aber guten Styl erbaut ist, sind die Grabmäler des Stifters und vieler Grafen und Frauen aus dem Hause Leyen. [...] Die Bibliothek war ansehnlich, und die Abtey besaß auch eine bedeutende Gemäldesammlung. Dies alles wurde weggebracht, und auch die Gebäude haben schon viel gelitten. [...] Gegenwärtig ist ein Pächter auf dem Gut, bey welchem man eine gute Bewirthung findet. [...] Die schönen Waldungen, ein Gut von 200 Morgen, viele Wiesen und treffliche Obstgärten, welche das Kloster umgeben, und demselben zugehörten, wurden mit den Gebäuden für 100.000 Franken verkauft."
[95] Mosaik über dem Grab von Gilbert, gest. 1152, dem ersten Abt des Klosters.

gnügt antreffe.⁹⁶ Er hofft, bald nach Cöln zu kommen, da Eichhof an seine Stelle zurück kehrt.⁹⁷ Carové hat nun wohl Aussicht, bald wieder angestellt zu werden, vielleicht in Cöln. Er geleitet mich gegen 10 Uhr nach Hause.

Den 21. August [1816]. (Cöln).

Ich besehe früh noch die Kirche in Andernach⁹⁸ mit Schinkel von Außen, u. wir fahren gegen 6 mit demselben Kutscher, der bis Cöln angenommen ist, weg. Es ist trübes, regnerisches Wetter; in Sinzig gehn wir in die schöne Kirche,⁹⁹ wo ein Seelenamt gehalten wird. Es sind auf dem Chor 3 Bilder auf Goldgrund, aus der Zeit des |13r| Mahlers von Meckenheim.¹⁰⁰ Nun geht es bald weiter, nach Remagen zu, wohin wir noch ziemlich schnell gelangen. Wir steigen auf den St. Apollinaris Berg,¹⁰¹ wo Schinkel trotz dem starken Nebel, der in den Bergen hängt, eine Zeichnung der Gegend entwirft.¹⁰² Eben fahren zwey Flösse vorbey.

---

⁹⁶ Fr. W. Carové war von Febr. bis Aug. 1816 in Andernach als Einnehmer der Rheinschifffahrtsgebühren tätig. Im selben Jahr zog er nach Heidelberg, um dort ein Philosophiestudium zu beginnen.

⁹⁷ Vermutlich: Johann Joseph Eichhoff. Er hatte für die franz. Rheinschifffahrtsverwaltung, seit 1811 als deren Generaldirektor, gearbeitet. 1814/15 war er auf dem Wiener Kongress als Experte für die Rheinschifffahrt tätig.

⁹⁸ Maria Himmelfahrt (Liebfrauenkirche) in Andernach: fertiggestellt als spätromanischer Bau im 13. Jh., Erneuerungen im 18. Jh.

⁹⁹ St. Peter in Sinzig: spätromanischer Kirchenbau; Baubeginn um 1225. Schreiber, Anleitung, S. 245 f.: „Die Pfarrkirche ist ein schönes, Gothisches Gebäude von Tufstein, in Kreuzform erbaut. An der östlichen Seite derselben steht eine Kapelle, älter als die Kirche, mit einer Gruft, in der man, vor vielen Jahren, einen, von der Natur selbst zur Mumie präparirten, Leichnam fand, welchen das Volk den heiligen Vogt nannte. Die Franzosen schleppten auch diese Mumie in das Naturalienkabinet nach Paris." Groote war 1815 an der Auffindung und Rückführung dieser Mumie beteiligt. Siehe Groote, Tagebuch, Bd. 1, vor allem S. 163 u. 245. Smets, Taschenbuch, S. 60: „Höchst ecklich ist dieses, wie mit Pergament überzogene Gerippe anzuschauen, und der jetzt gekrümmte Unterleib läßt vermuthen, daß die französischen Naturforscher einige Experimente mit diesem, ebenfalls der Auferstehung entgegenstarrenden Leichname, vorgenommen haben."

¹⁰⁰ Gotisches Triptychon mit Kreuzigung Christi, Christi Himmelfahrt und Tod Mariens, um 1480; in St. Peter, Sinzig. Das hier der Zeit des Israhel van Meckenem zugeschriebene Werk wird heute als Werk des Meisters des Sinziger Kalvarienberges bezeichnet.

¹⁰¹ Smets, Taschenbuch, S. 61: „Bis auf den Gipfel dieses Berges zu steigen, lasse der Reisende sich nicht verdrießen; unbeschreiblich ist die Umsicht, die man von hier genießt." Auf dem Apollinarisberg befand sich seit ca. 1100 ein Benediktinerkloster, das 1802 säkularisiert wurde. 1807 kauften S. und M. Boisserée das Areal, das für sie zu einem wichtigen Rückzugsort wurde. 1836 erwarb es Franz Egon Graf von Fürstenberg-Stammheim.

¹⁰² Zum Reiseabschnitt von Trier über Koblenz nach Köln vgl. K. Fr. Schinkel an S. Boisserée, Köln, 3. Sept. 1816 (in: S. Boisserée, Briefwechsel, Bd. I, S. 317) sowie die Zeichnungen: K. Fr. Schinkel, Ansicht des Siebengebirges von Godesberg aus, Feder in Braun, über Vorzeichnung mit Graphitstift, 1816 (Berlin, Kupferstichkabinett; Inv.-Nr.: SM 9.17); Ansicht des Rheintales von Remagen aus, in der Ferne das Siebengebirge, Feder in Grau, über Vorzeichnung mit Graphitstift, 1816 (Inv.-Nr.: SM 9.20).

Wir eilen nun, nach Bonn zu kommen, nachdem ich in Godesberg bey Blinzler[103] vergebens nach Briefen von Joseph gefragt, u. den Kriegskommissar Jakobi dort gesehn, der mich aber nicht zu kennen, oder nicht kennen zu wollen, schien. In Bonn[104] kehren wir im Stern[105] ein, sehn noch vor Tisch das Äußere des Münsters[106] u. die ara ubiorum,[107] dann durchlaufen wir nach Tisch die Schlösser von Bonn[108] u. Poppelsdorf,[109] um uns im Allgemeinen davon zu unterrichten, u. fahren mit einem deutzer Kutscher, der mit dem unsern wechselt, ziemlich rasch nach Cöln, wo wir erst am Rheinberg, u. als da nicht Platz ist, am Heiligen Geist[110] anfahren. Schinkel erhält dort ein Zimmer, wie er es wünscht, u. ich gehe

---

[103] Joseph von Groote hatte seinem Bruder geschrieben, dass er ihn möglicherweise im Hotel Blinzler erwarten werde (J. von Groote an E. von Groote, Köln, 11. Juli 1816). Hotel Blinzler/Plinzler an der Kurfürstenstraße in Godesberg. Während der Französischen Zeit hieß es Hotel Royal, ab 1815 Hotel Blinzler. Ich danke dem Stadtarchiv Bonn für freundliche Hinweise.

[104] Demian, Ansichten, S. 175: „Bonn ist eine ziemlich schöne Stadt, und hat in seiner ganzen Bauart einen heitern freundlichen Charakter. Es zählet 1159 numerirte Häuser." Vgl. zu Bonn auch: Schreiber, Anleitung, S. 261–266.

[105] Der Gasthof Stern (Im Stern oder auch Goldener Stern), in zentraler Lage am Bonner Markt gelegen, existiert noch heute. Demian, Ansichten, S. 190: „Gasthöfe und andere Herbergen sind in Bonn 33, worunter der Stern, der Karpfen, der Engel und der Kölnische Hof gegenwärtig die vorzüglichsten sind."

[106] Bonner Münster: romanischer Kirchenbau; Baubeginn im 12. Jh. Demian, Ansichten, S. 177: „Unter den Kirchen von Bonn verdient bloss die Münsterkirche einer Erwähnung. Sie ist im gothischen Styl gebaut, hat einen hohen Thurm, und soll im Jahr 316 von der heiligen Helena, der Mutter Kaiser Konstantins, aufgeführt worden seyn."

[107] ara ubiorum: Altar der Ubier. Vermutlich ist ein Altarstein gemeint, den der Kölner Sammler Franz Pick 1809 der Stadt Bonn geschenkt hatte. Der Stein galt als Altar der Ubier (vgl. Deeters, Wallraf, S. 43). Der Stein wurde 1809 zum 5. Jahrestag der Kaiserkrönung Napoleons aufgestellt. Er wird heute im Landesmuseum Bonn aufbewahrt.

[108] Das Bonner Schloss, Residenz der Kölner Kurfürsten. Demian, Ansichten, S. 175: Das Schloss „ist von dem Kuhrfürsten Clemens August erbaut worden, wozu aber schon sein Vorfahrer Joseph Clemens die Fundamente gelegt hatte. Im Jahr 1777 ward der schönste Theil dieses Schlosses ein Raub der Flammen, welchen zwar der vorlezte Kuhrfürst Maximilian Friedrich wieder herstellen liess, aber nicht so prachtvoll, als er vor dem Brande war." Während der Französischen Herrschaft wurde es unterschiedlich genutzt, etwa als Lazarett, Zuckerfabrik und Schule. 1818 zog die neu gegründete Bonner Universität in die Gebäude ein. Nach der Zerstörung 1944 wurden die Gebäude nach dem Krieg wieder aufgebaut. Die um 1779 errichtete Schlosskirche wurde 1817 renoviert, der Entwurf zur Kanzel stammte von Schinkel.

[109] Das Barockschloss Clemensruhe in Poppelsdorf entstand in der 1. Hälfte des 18. Jh.s als Lustschloss der Kölner Kurfürsten. Demian, Ansichten, S. 195: „Die Zimmer, welche ehedem reich und prächtig eingerichtet waren, sind jetzt größtentheils verwüstet, weil sich hier durch sechs Jahre ein französisches Militärspital befand." Seit 1818 nutzte es die Bonner Universität. Nach schweren Zerstörungen 1944 wurde es wieder aufgebaut; es ist heute Standort universitärer Einrichtungen.

[110] Die Gasthöfe Rheinberg (auch: Zum grossen Rheinberg) und Zum heiligen Geist gehörten zu den besten Unterkünften in Köln. Im Heiligen Geist auf dem Thurnmarkt Nr. 16 wohnte 1774 Goethe, 1815 und 1817 der preuß. Kronprinz (Bayer, Köln, S. 199, Anm. 51). Weyden, Köln, S. 7: „Aeußerst bescheiden, eine schlichte Bürgerwohnung mit ihren Spitzdächern, ihren einfachen grünen Jalousieladen und blendend weißen Gardinen, schaut der ‚heilige Geist', eines der ersten Gast-

bald nach Hause, wohin die meinigen von Geyr etwa eine halbe Stunde nachher ankommen, u. mich freundlich bewillkommen. Es ist Gott dank, durch mein längeres Ausbleiben weiter keine Confusion entstanden. Ich bezahle meinen Packträger, |:–12 S. :| Joseph wird von Solms geholt, u. wir gehn bald zu Tisch, wo wir bis gegen 11 Uhr bleiben. Ich habe Briefe von Grimm,[111] von v. Wenge u.a. – Wenges Brief enthält einen Ring für mich.

---

häuser der Stadt, das Absteige-Quartier der höchsten Herrschaften, aus seinen spiegelblanken, kleinen Scheiben hinüber nach dem öden, von der Rheinseite dorfähnlichen, traurig verfallenen Deutz." Demian, Ansichten, S. 331: Rheinberg und Heiliger Geist bieten „besonders wegen der vortrefflichen Aussicht, die man von da auf den Rhein, auf die fliegende Brücke, auf Deutz und überhaupt auf die ganze gegenüber liegende Landschaft hat, sehr angenehme und unterhaltende Quartiere."

[111] Es handelte sich vermutlich um: J. Grimm an E. von Groote, Kassel, 13. Mai 1816 (in: Reiffscheid, E. von Groote, S. 23–25). Groote antwortete ihm erst am 15. Sept. 1816 (in: Reiffscheid, E. von Groote, S. 28–33). Siehe Briefe und Schriften.

Zurück in Köln

Schinkels Arbeit in Köln

Am 21. August kehrte Eberhard von Groote in Begleitung der Familie Schinkel nach Köln zurück. Hier bestand Schinkels Auftrag in erster Linie darin, ein detailliertes Gutachten über den Zustand des Domes anzufertigen, die vorhandenen Bauschäden festzustellen und Maßnahmen zur Erhaltung vorzuschlagen.[112] Gleichzeitig sollte er sich einen Überblick über die in Köln und Umgebung vorhandenen bedeutenden Bauten sowie über die Qualität der privaten Kunstsammlungen verschaffen. Unmittelbar nach seiner Ankunft nahm Schinkel, teils vermittelt durch Groote, Kontakt zu den politischen Entscheidungsträgern auf. Er führte Gespräche mit Solms-Laubach, mit Mitgliedern des Regierungskollegiums, vor allem auch mit dem gerade erst zum Kölner Regierungs- und Baurat ernannten Carl Wilhelm Redtel.[113] Zudem lernte er die politisch und kulturell wichtigen Kreise der städtischen Gesellschaft kennen, wobei häufig Groote die Verbindung herstellte.

Wie sich der Kölner Dom zu diesem Zeitpunkt den Betrachtern darbot, lässt sich zeitgenössischen Beschreibungen entnehmen. Der Kunsthistoriker J. D. Fiorillo erläuterte 1815:

„Mit dem Anfange des sechszehnten Jahrhunderts wurde der Bau [am Dom] eingestellt, und seit der Zeit blieb er liegen, obschon der Krahn noch auf einem der Thürme steht, mit dem man die Steine hinaufzog. Vollendet ist blos das prächtige Chor, welches eine Höhe von 200 Fuß hat. Das Schiff des Doms ist kaum bis zu einer Höhe von 100 Fuß aufgeführt. Die Pfeiler sind überdeckt worden, und man hat ein nieriges Dach mit Brettern und Schiefern darüber geführt. Ein Thurm ist nur bis 25 Fuß über der Erde fertig, der andere ist bis auf ein Drittel seiner Höhe vollendet. Auf diesem steht der Krahn, und in ihm hängt die große Domglocke, die von 12 Mann gezogen wird, und 25.000 Pfund wiegt."[114]

---

[112] Zu K. Fr. Schinkel und dem Kölner Dom etwa: Brües, Rheinlande, S. 304–320; Gaus, Neugotik, 1983. Zu Dom und Dombau im 19. Jh.: Binding, Dom, 1983; Wolff, Baugeschichte, 1983; Dann, Dombau-Bewegung, 1983; Kramp/Euler-Schmidt/Schock-Werner, Der kolossale Geselle, 2011. Die Zeichnungen, die Schinkel in Köln anfertigte, werden im Text der Edition angemerkt.

[113] Auch Johann Peter Weyer dürfte zumindest zeitweise an den Gesprächen teilgenommen haben. Er war am 16. März 1816 als Assistent des Stadtbaumeisters Schmitz bestellt worden. Vgl. J. Schreiber, Anleitung, S. 180: „Das Schloß ist im antiken Styl aufgeführt, mit Jonischen Säulen geschmückt, und die Wachhäuser, Remisen etc. schließen sich in einem Halbkreis an das Hauptgebäude an. Das Innere war ehemals mit Pracht und Geschmack verziert. Die Hofkirche spricht durch ihre edle Einfachheit an, und ist überhaupt eine der schönsten in Deutschland. Die Franzosen verwandelten diesen reizenden Fürstensitz […] in eine Kaserne und legten oft Kriegsgefangene hinein, und es bietet gegenwärtig einen abscheulichen Anblick dar. Allein es ist zu erwarten, daß die Preußische Regierung dieses treffliche Gebäude wieder reinigen und herstellen lassen werde." Vgl. J. P. J Fuchs, Stadtchronik; HAStK, Best. 7030, Nr. 215, Bd. I, S. 16 f.; hier ist irrtümlich der 15. Mai 1816 angegeben.

[114] Fiorillo, Geschichte, Bd. 1, S. 409 f. Siehe auch: Demian, Ansichten, S. 240.

Poetisch äußerte sich der Kölner Wilhelm Smets 1818 zum Dominneren:

„In Form des heiligsten Zeichens, in Kreuzesform ist dieses gewaltige Haus erbaut, aber nur jener Theil, welcher den Punkt bedeutet, wo das Haupt des Erlösers hing, nur das Chorgebäude ist vollendet; da wimmelt's von undenklich mannigfaltigen Bildungen; Blumen, Knospen, Früchte, Blätter, Ranken und Bäume gestalten das Ganze zu einem Garten wo Immortellen blühen; denn schon während sechshundert Jahren stehen diese Knospen und Blüten und Bäume und erheben sich noch immer voll und schön und duftend in den Aether hinauf! In wessen Seele tagt es nicht freundlich, wenn er im Dunkel verweilt, das durch die gold- und purpurbemalten Riesenfenster leuchtet?!"[115]

Auch Schinkel, der sich schon länger mit Bauzeichnungen und Beschreibungen des Doms befasst hatte, war fasziniert. Am 24. August schrieb er seinem Schwager Johann Wilhelm Berger:

„Der Dom in Köln übertrifft doch alle Vorstellung. Obgleich ich ihn genau genug gekannt habe und bei weitem nicht soviel davon fertig gefunden, als ich geglaubt, macht er eine Wirkung von Vollendung, Pracht und dennoch großer Einfachkeit, sowohl von außen als innen, wie ich mir wohl nie habe denken können."[116]

In den folgenden Tagen widmete sich Schinkel mit Enthusiasmus der Analyse des Doms,[117] prüfte Mauern, Strebewerk, Dachstuhl und Regenabflüsse, sodass er Anfang September ein umfangreiches Gutachten mit Vorschlägen für die notwendigsten Reparaturen anfertigen konnte.[118] Dabei sah er diese Maßnahmen zur Erhaltung als Ausgangspunkte für einen allmählichen Fortbau des Doms.[119] Schinkels Domgutachten von 1816 war so ein entscheidender Schritt für die zukünftigen Pläne zur Fertigstellung des Doms. Seine Vorschläge zur Stadtplanung hatten zudem einen erheblichen Einfluss auf die Denkmalpflege in Köln während der folgenden Jahrzehnte. Über das Resultat seiner Bemühungen berichtete Schinkel an S. Boisserée:

---

[115] Smets, Taschenbuch, S. 78. Ebd., S. 80: „Die am Domgebäude sich befindliche Säulenzahl reicht an hundert. Die beiden Thürme, deren Jeder eine Höhe von 500 Fuß erreichen sollte, stehen mit Strauchwerk, Moos, Steinviolen bedeckt; [...] Stamm reiht sich an Stamm, und Zweig dehnt sich zu Zweig, und Blume drängt sich an Blume, – so steht das Gotteshaus, gleich einem alten Eichenhaine, wo unsere Urväter ihre Gottheiten verehrten! Doch es stelle sich der Wanderer vor den erhabenen Tempel, und trete hinein, und schaue und bete, und staune selbst!" Vgl. auch die 1821 von Anton Engelbert D'hame, einem Kölner, veröffentlichte Darstellung: Historische Beschreibung der berühmten Erz-Domkirche.
[116] K. Fr. Schinkel an J. W. Berger, Köln, 24. Aug. 1816 (in: Brües, Rheinlande, S. 307).
[117] Vgl. K. Fr. Schinkel an S. Boisserée, Köln, 3. Sept. 1816 (in: S. Boisserée, Briefwechsel, Bd. I, S. 316–321 u. in: Wolff, Boisserée, Briefwechsel, S. 75–79, hier ausführliche Anmerkungen).
[118] Brües, Rheinlande, S. 312–320.
[119] Vgl. auch S. Boisserée an K. Fr. Schinkel, Heidelberg, 11. Okt. 1816 (in: S. Boisserée, Briefwechsel, Bd. I, S. 326–331) u. K. Fr. Schinkel an S. Boisserée, Berlin, 14. Nov. 1816 (in: S. Boisserée, Briefwechsel, Bd. I, S. 331–333); Brües, Rheinlande, S. 103 f.; Herres, Köln, S. 19–21.

„Hier in Köln fand sich viel Arbeit. Für den Dom vor allem andern trug ich Sorge und es werden die Anstalten auf's schleunigste gemacht, wobei ich die Thätigkeit des Grafen Solms nicht genug rühmen kann. Die Zerstörungen an diesem herrlichen Denkmal haben mich erschreckt und es ist an allen Orten die schleunigste Hülfe nothwendig; ich habe mein möglichstes gethan, hier alles dafür zu interessiren und werde es in Berlin ebenfalls thun."[120]

Schinkel traf auch den Gartenarchitekten Maximilian Friedrich Weyhe, der bereits verschiedene Vorschläge für eine Stadtentwicklung entworfen hatte, zu denen auch sogenannte „Spaziergänge" gehörten.[121] Schinkel äußerte sich zu diesen Plänen kritisch und setzte stattdessen auf eine Veränderung im direkten Umfeld des Doms, ein Standpunkt, mit dem Groote völlig übereinstimmte.[122]

Neben den bedeutenden Kunstsammlungen von Fochem, Lyversberg und Wallraf besichtige Schinkel kleinere Privatsammlungen. Begleitet wurde er dabei meist von Mitgliedern der städtischen oder regionalen Behörden und anderen einflussreichen Kölnern, oft auch von Eberhard von Groote. Dieser führte ihn bei Kaufmann Lyversberg ein, „wo wir", heißt es im Tagebuch, „ganz fidel zu Mittag essen, die Bilder besehen, u. die Scheinkapelle".[123] In einem Brief an Altenstein urteilte Schinkel einige Tage darauf über das Gesehene:

Die Lyversberger Sammlung „enthält von altniederländischen Bildern etwa vierzig Stücke in einem wohl erhaltenen Zustande, gut restaurirt und eingerahmt. Außer zweien schönen Flügelbildern von Lucas von Leyden sieht man hier noch manches höchst interessante Bild älterer und gleichzeitiger Meister. Nach Aeußerungen will der Besitzer diese Sammlung in Verbindung mit einem großen Zimmer voll Bildern aus der späteren niederländischen, französischen und italienischen Schule für achtzigtausend Thaler oder circa hundertsiebenunddreißigtausend Rheinische Gulden verkaufen".[124]

---

[120] K. Fr. Schinkel an S. Boisserée, Köln, 3. Sept. 1816 (in: S. Boisserée, Briefwechsel, Bd. I, S. 317). Vgl. diesen Brief auch in: Wolff, Boisserée, Briefwechsel, S. 75–79, hier auch ausführliche Anmerkungen. Siehe auch: K .Fr. Schinkel an J. W. Berger, Aachen, 6. Sept. 1816 (in: Brües, Rheinlande, S. 318).

[121] Vgl. E. von Groote an S. Boisserée, Köln, 10. Okt. 1816 (HAStK, Best. 1108, A 118). Siehe Briefe und Schriften. B. Elkendorf schrieb 1825: „Oeffentliche Spatziergänge und Gärten. Der einzige, schöne, geräumige, offene Platz, der Neumarkt oder Paradeplatz genannt, ist sowohl an Sonn- als Werktagen wie die meisten übrigen Plätze vom Militär besetzt und schon allein wegen des an trocknen Tagen beim Exerciren rundum erregten Staubes nicht zu benutzen" (in: Becker-Jákli, Köln, S. 94). Zu M. Fr. Weyhe: Ritter, Weyhe, 2007.

[122] Vgl. E. von Groote an S. Boisserée, Köln, 10. Okt. 1816 (HAStK, Best. 1108, A 118). Siehe Briefe und Schriften.

[123] Groote, Tagebuch, 27. Aug. 1816.

[124] K. Fr. Schinkel an K. S. Fr. vom Altenstein, Berlin, 15. Okt. 1816 (in: Wolzogen, Schinkel's Nachlaß, Bd. 2, S. 193). In diesem Brief berichtete Schinkel zur Sammlung Fochems, sie enthalte „unter manchen anderen guten Bildern einen vorzüglichen Hemling [Memling] und ein kleines etwas verstümmeltes und verdorbenes Bild von Eyck", zudem eine Sammlung „italienischer und niederländischer Bilder der spätern Schule" (ebd., S. 193).

Beeindruckt war Schinkel vor allem von der Wallraf'schen Sammlung. Ihre Zukunft schien sich allmählich zu klären, denn Wallraf hatte Ende Mai 1816 endlich ein Testament verfasst, in dem er seine Sammlungen der Stadt Köln, „unter der Obhut" der preußischen Regierung, vermachte.[125] Als Standort für seine Sammlung hatte er Räume im ehemaligen Jesuitenkolleg an der Marzellenstraße Nr. 32 bestimmt, die er bereits seit längeren für Teile der Sammlung nutzte. Im Sommer 1816 setzte er den Umzug von Objekten fort.[126] Insgesamt gewann Schinkel in Köln den Eindruck, dass sich eine „Vereinigung" der Sammlungen zu einem Kunstmuseum anbahnte. An S. Boisserée schrieb er:

> „Was die übrige Kunst in Köln betrifft, so habe ich manche Sammlung gesehen und viel Schönes gefunden, welches, wie ich hoffe, bald in Köln einen Vereinigungspunkt finden wird. Die Regierung unterhandelt mit Wallraf, dem jetzt vorläufig in den Jesuiten Räume geschaffen sind, um nur erst sein Chaos auseinander zu breiten, dann wird man sehen, was damit anzufangen; man wird eine Auswahl treffen von dem was restaurirt und besser eingerahmt in einer gut geordneten Sammlung der niederrheinischen Kunst Platz finden kann, wahrscheinlich werden Fochems und Lieversbergs schöne Sachen dazu gethan und so wird auch hier etwas Gutes in dieser Art zu Stande kommen."[127]

Die baldige Entstehung eines Kölner Kunstmuseums schien also im Sommer und Herbst 1816 nicht unwahrscheinlich zu sein. Von einer Rückkehr der Boisserée'schen Sammlung nach Köln war allerdings keine Rede mehr.[128]

---

[125] Testament F. Fr. Wallrafs vom 25./26 Mai 1816 (HAStK, Best. 1105, A 27, fol. 10–24). Dazu vor allem: Schläwe/Schlinkheider, Eine unruhige Nacht, 2018; Thierhoff, Wallraf, S. 65–67. Tatsächlich wurde dieses Testament nicht realisiert; Wallraf verfasste am 9. Mai 1818 ein weiteres Testament (HAStK, Best. 1105, A 27, fol. 27–32. Vgl. Thierhoff, Wallraf, S. 67–72; Deeters, Wallraf, S. 92 f. Zu den Testamenten Wallrafs: Schläwe/Schlinkheider, Dreimal letzter Wille, 2018; Schläwe/Schlinkheider, Wenn nun der Wallraf stirbt, 2018.

[126] Zur Aufstellung der Sammlung im ehemaligen Jesuitenkolleg ab 1816: HAStK, Best. 1105, A 69, fol. 6 u. fol. 29.

[127] K. Fr. Schinkel an S. Boisserée, Köln, 3. Sept. 1816 (in: S. Boisserée, Briefwechsel, Bd. I, S. 320). Vgl. auch: K. Fr. Schinkel an S. Boisserée, Köln, 26. Sept. 1816: (in: S. Boisserée, Briefwechsel, Bd. I, S. 326 u. in: Wolff, Boisserée, Briefwechsel, S. 79–83, hier ausführliche Anmerkungen). Vgl. auch S. Boisserée an J. W. von Goethe, Heidelberg, 21. Sept. 1816 (in: S. Boisserée, Briefwechsel, Bd. II, S. 137). Zu den Kölner Sammlungen: K. Fr. Schinkel an K. S. Fr. vom Altenstein, Berlin, 15. Okt. 1816 (in: Wolzogen, Schinkel's Nachlaß, Bd. 2, S. 192–195) u. K. Fr. Schinkel an S. Boisserée, Berlin, 14. Nov. 1816 (in: S. Boisserée, Briefwechsel, Bd. I, S. 331 f.). Auch: K. Fr. Schinkel an J. A. Fr. Eichhorn, Berlin, 18. Okt. 1816 u. 9. Dez. 1816 (in: Wolzogen, Schinkel's Nachlaß, Bd. 2, S. 200–203).

[128] Vgl. Boisserée an Wallraf im Okt. 1816: „Wir haben zu unserer großen Freude von GeheimRath Schinkel und nun auch von mehreren köllnischen Freunden vernommen, daß endlich die Unterhandlungen zur Erwerbung aller Ihrer Sammlungen für die Stadt in vollem Gange und der Abschluß auch – auch Sie deshalb mit der Ordnung und Aufstellung lebhaft beschäftigt sind. Ich brauch Ihnen nicht zu wiederholen, daß wir hiemit einen unserer angelegensten Wünsche in Erfüllung gehen sehen. Es bleibt uns nun nichts übrig, als zu hoffen, daß Sie die Früchte sovieler Bemühungen und Aufopferungen recht lange in Zufriedenheit und Wohlseyn genießen mögen" (S. Boisserée an F. Fr. Wallraf, Heidelberg, 14. Okt. 1816; HAStK, Best. 1105, A 2, fol. 71, Bl. 78).

Am 5. September verließ Familie Schinkel Köln zu einer Reise durch die Niederlande und Brabant, von der sie drei Wochen später zurückkam,[129] um kurz darauf nach Berlin abzureisen.[130]

Assessor bei der Kölner Regierung

Eberhard von Groote hatte sich eine Woche nach seiner Rückkehr, am 28. August, „gegen 9 Uhr" bei der „Regierung" eingefunden, deren „Geschäftslokal" sich in den Gebäuden des ehemaligen Gymnasiums Montanum an der Stolkgasse/Unter Sachsenhausen befand.[131] Hier legte Groote den Eid auf die preußische Regierung und den König ab.[132] Er war nun als Assessor – ohne Bezüge und ohne Diäten – Mitglied des Regierungskollegiums für den Regierungsbezirk Köln und wurde der Abteilung I unter Regierungsdirektor Sotzmann zugeteilt. Das 1816 eingesetzte Kollegium[133] umfasste 16 Mitglieder: acht von ihnen waren „Altpreußen":

>Regierungsdirektor der Abteilung I Johann Daniel Ferdinand Sotzmann
Regierungsdirektor der Abteilung II Ludwig Philipp Wilhelm Freiherr vom Hagen
Geheimer Regierungsrat Wilhelm Christian Gossler
Geheimer Regierungsrat Roitzsch
Regierungsrat Ludwig Bernhard Sombart
Regierungsrat Carl Schlaefke
Regierungsrat und Oberforstmeister Carl Friedrich Freiherr von Stolzenberg
Regierungs- und Baurat Carl Wilhelm Redtel

Acht Mitglieder waren „Neupreußen":
>Oberpräsident und Regierungspräsident Friedrich Ludwig Christian Graf zu Solms-Laubach
Geheimer Regierungsrat von Caesar

Siehe auch K. Fr. Schinkel an S. Boisserée, Berlin, 14. Nov. 1816 (in: S. Boisserée, Briefwechsel, Bd. I, S. 332).
[129] Zu dieser Reise und den Kunstsammlungen, die er gesehen hatte: K. Fr. Schinkel an S. Boisserée, Köln, 26. Sept. 1816 (in: S. Boisserée, Briefwechsel, Bd. I, S. 324 f.). Vgl. auch Schinkel an K. S. Fr. vom Altenstein, Berlin, 15. Okt. 1816 (in: Wolzogen, Schinkel's Nachlaß, Bd. 2, S. 196–198).
[130] Familie Schinkel verließ Köln am 25./26. Sept. 1816.
[131] Das Gebäude Stolkgasse/Unter Sachsenhausen (AK 1822: Nr. 6 u. 8) hatte der Aachener Eigentümer F. Dautzenberg/Deutzenberg 1814/15 renoviert und anschließend an die Regierung vermietet. Am 18. Juli 1817 kaufte die Regierung das Gebäude für 20.000 Rtlr. Erst ab 1825 war das Gebäude auch Wohnsitz des Regierungspräsidenten. Vgl. Bollenbeck, Weyer, 1969, S. 117 f.; Vogts, Die profanen Denkmäler, S. 351 f.; Bär, Behördenverfassung, S. 177.
[132] Groote, Tagebuch, 28. Aug. 1816.
[133] Zum Kölner Regierungskollegium von 1816: Klein, Personalpolitik, S. 33–63. Vgl. Köln. Zeitung, Nr. 73, 7. Mai 1816.

Regierungsrat Ferdinand Wilhelm August von Auer
Regierungsrat Wilhelm Butte
Regierungsrat Johann Baptist Fuchs
Regierungsrat Franz Heinrich Gossen
Regierungsrat Werner Moritz Freiherr von Haxthausen
Regierungs- und Medizinalrat Johann Nepomuk Konstantin D'hame

Kölner unter diesen Neupreußen waren von Auer, D'hame und Fuchs.

Gliederung und Kompetenzen des Kollegiums hatte das Amtsblatt der Königlichen Regierung zu Köln in seiner ersten Ausgabe vom 23. April 1816 veröffentlicht:

„Die Regierung zu Köln verwaltet von dem 22sten dieses Monats an, durch ihre zwei Haupt-Abtheilungen, und zwar
I. durch die erste Abtheilung die Landeshoheits- Polizei- und Militair-Sachen, letztere, insofern dabei eine Einwirkung der Civil-Verwaltung Statt findet, so wie alles, was nicht dem Ober-Präsidenten, der zweiten Abtheilung der Regierung, oder andern besondern Behörden speciell zugewiesen ist.
II. Durch die zweite Abtheilung
a) das gesammte Staats-Einkommen des Regierungs-Bezirks, insofern nicht für einzelne Zweige, namentlich für die Bergwerks-Angelegenheiten, besondere Behörden ausdrücklich bestellt sind, also sämmtliche Domainen, secularisirte Güter, Forsten, Regalien, directe und indirecte Abgaben.
b) Die Gewerbe-Polizei, in Rücksicht auf Handel, Fabriken, Handwerke und gewerbliche Korporationen.
c) Das Bauwesen, sowohl in Rücksicht auf Land- und Wasserbau. Die geistlichen und Schul-Angelegenheiten, so wie das Medizinal-Wesen werden von dem unter unmittelbarer Leitung des Ober-Präsidenten stehenden Consistorium, und Medicinal-Collegium, welches demnächst gleichfalls organisirt werden wird, jedoch, insofern dabei von den äußern Angelegenheiten der Kirchen und Schulen oder von der Gesundheits-Polizei die Rede ist, unter Concurrenz der ersten Abtheilung der Regierung, besorgt."[134]

Der Einstieg in seine neue Tätigkeit und neue Umgebung fiel Groote schwer,[135] dennoch nahm er gewissenhaft an den Sitzungen der Regierung teil und übernahm verschiedene ihm zugewiesene Arbeiten, zu denen er sich in seinem Tagebuch gelegentlich – stets sehr kurz – äußerte.

Ein großer Teil der neuen Beamten am Rhein waren Protestanten, gehörten also den Konfessionen an, deren Anhänger in Köln erst 1797/98 durch die französischen Besatzer in Besitz aller bürgerlichen Rechte gelangt waren.[136] Groote, der wie viele der katholischen Rheinländer eine Benachteiligung durch die preußischen Behörden befürchtete, setzte sich immer wieder und in verschiedenen Bereichen für die Interessen der katholischen

---
[134] Amtsblatt d. Königlichen Regierung zu Köln, Nr. 1, 23. Apr. 1816, S. 4.
[135] Vgl. etwa: E. von Groote, Tagebuch, 11. Sept. 1816.
[136] Müller, Köln, S. 303–308; Becker-Jákli, Protestanten, S. 101–108.

Kirche ein, hatte jedoch in Hinblick auf die kirchlichen Amtsträger eine recht kritische Haltung. Im persönlichen Umgang mit Protestanten fühlte er sich, so schrieb er seinem Bruder aus Berlin, „immer nur unheimlich",[137] gleichwohl pflegte er in den folgenden Jahren gesellschaftliche, manchmal auch freundschaftliche Beziehungen zu protestantischen Kollegen. Zu den schon lange in Köln lebenden protestantischen Familien, von denen eine Anzahl zu den vermögenden Bürgern der Stadt gehörten, hatte Groote wie die meisten Angehörigen seines sozialen Umfelds häufige und oft enge Verbindungen.

Beziehungen zu jüdischen Einwohnern Kölns erwähnt Groote in seinen Aufzeichnungen 1816 nicht. Juden hatten zwar seit 1798 das Recht zur Niederlassung in Köln, erreichten ihre Gleichstellung mit den christlichen Bürgern jedoch im preußischen Staat erst Jahrzehnte später.[138] Die Mitglieder der noch sehr kleinen jüdischen Gemeinde, meist kleine Händler, gehörten nicht zu dem gesellschaftlichen Kreis, mit dem Groote verkehrte. Mit dem Mediziner und Botaniker Franz Peter Cassel und dem Juristen August Heinrich Simon, die christlicher Religion, jüdischer Herkunft waren, hatte Groote dagegen durchaus näheren Kontakt. In Bezug auf die Landgüter seiner Familie gab es verschiedentlich Berührungspunkte und auch Konflikte mit jüdischen Bewohnern der Umgebung.[139]

Teuerungs- und Hungerkrise

Das größte Problem, mit dem sich Regierungs- wie Stadtbehörden in den folgenden Monaten konfrontiert sahen, war die akute wirtschaftlich-soziale Krise, die mit den Missernten im Jahr 1815 begonnen hatte und sich während des laufenden Jahres verschärfte.[140] Eindrücklich schilderte der Stadtsekretär Johann Peter Jakob Fuchs in seiner Kölner Chronik die Situation:[141]

„Der anhaltende Regen im Frühjahr und im Sommer hatte eine Theurung der unentbehrlichsten Lebensmittel herbeygeführt. Seit einer langen Reihe von Jahren erinnerte man sich

---

[137] E. von Groote an J. von Groote, Berlin, 6. Apr. 1816 (HAStK, Best. 1552, A 20/9). Siehe Briefe und Schriften.

[138] Um 1816 lebten ca. 250 Juden in Köln. Zur Geschichte der Juden in Köln von 1798 bis in die 1840er Jahre: Müller, Geschichte, S. 11–86.

[139] Groote, Tagebuch, 29. Nov., 2. u. 28. Dez. 1816.

[140] Zur Situation im Rheinland vgl. Bass, Hungerkrisen, S. 128–177.

[141] Fuchs begann seine Chronik, die nie gedruckt wurde, mit dem Jahr 1816 (J. P. J. Fuchs, Stadtchronik, HAStK, Best. 7030, Nr. 215, Bd. I, Bl. 1–40). Bereits Mitte Juli hatte die Köln. Zeitung gemeldet: „Beinahe alle Zeitungen enthalten Nachrichten von der überall herrschenden übeln Witterung. Unaufhörliche Regengüsse zerrütten die Felder" (Köln. Zeitung, Nr. 112, 14. Juli 1816). F. Schubert veröffentlichte noch Ende September ein launiges Gedicht über den Sommer 1816: „An den Sommer. Er flieht, Herr Sommer! Daß Er niemals kehrte, / Er, bitterböser Mann! / Der alles, was Ihn sonst wohl liebt, bethörte, / Und lauter Unheil spann. / Recht, als wenn ER sich vorgenommen hätte, / Uns Nasen anzudreh'n, / Plagt Er die Welt mit Regen, wie zur Wette, / O pfui, das ist nicht schön!" (Beiblatt der Köln. Zeitung, Nr. 15, 29. Sept. 1816). Vgl. auch ein Gedicht von Ende Juni, unterzeichnet mit K. M–r: „An den Sommer" (Beiblatt der Köln. Zeitung, Nr. 9, 30. Juni 1816).

nicht, daß der Roggen in einem so hohen Preise gestanden habe wie in den ersten Tagen des Monats July. Derselbe wurde verkauft zu 13 Reichsthaler pr. Malter. Bei eingetretener besseren Witterung ging zwar dieser Preis in wenigen Tagen bis auf 9 ½ Reichsthaler wieder herunter; seit aber der Regen sich wieder eingestellt hatte, hob sich der Preis neuerdings. Bei der immer steigenden Theurung der Lebensmittel besonders des Brodes hat die Königliche Regierung durch Austheilung von Brod zu einem billigen Preise kräftig ausgeholfen. […] Der Regen hielt an und die Aecker wurden durch den häufigen Regen so verdorben, daß sie nur mit Mühe zum Saatbau bearbeitet werden konnten, auch will man im Monat September in vielen Gegenden Schnecken in der jungen Saat bemerkt haben. Wegen der nassen Witterung konnte der Hafer nicht eingefahren werden."[142]

Bereits in Grootes ersten Tagen als Mitglied im Regierungskollegium wurde über die Bereitstellung von 50.000 Reichstalern zur Bekämpfung der Not beraten;[143] angesichts der sich rasch weiter verschlechternden Situation hatte diese Unterstützung nur wenig Wirkung. Gleichwohl schränkte die Regierung Ende September ihre Hilfe wieder ein. Fuchs hielt fest:

„Die Erndte hatte kaum die Hälfte an Winterfrüchten in Vergleich mit den verflossenen Jahren hervorgebracht. Durch den anhaltenden Regen ist bei der Sommerfrucht auch nur eine halbe Erndte anzunehmen. Die Hülsenfrüchte sind gänzlich misraten. Die frühzeitige Kälte hat die Erdäpfel, die noch in großer Menge im Felde standen, zu Grunde gerichtet. Viehfutter namentlich Rüben und Runkelrüben sind durch den Frost ebenfalls verdorben. Durch den anhaltenden Regen ist ein Drittel der Winter Saat für die künftig jährige Erndte nicht in die Erde gekommen. Daher sind die Aussichten für die Zukunft keineswegs beruhigend."[144]

Die städtischen Behörden waren dieser Entwicklung nicht gewachsen:[145] Zum einen hatte die Stadt keine ausreichenden Finanzmittel, zum andern gab es keine effektive, übergreifende Armenverwaltung. Denn trotz Ansätzen zur Rationalisierung und Zentralisierung des Kölner Armenwesens in der Französischen Zeit war die Wohlfahrtspflege noch immer in eine Vielfalt verschiedener Einrichtungen zersplittert. Bereits im Sommer 1816

---

[142] J. P. J. Fuchs, Stadtchronik (HAStK, Best. 7030, Nr. 215, Bd. I, S. 1 f.).
[143] Groote, Tagebuch, 4. Sept. 1816.
[144] J. P. J. Fuchs, Stadtchronik (HAStK, Best. 7030, Nr. 215, Bd. I, S. 2). Vgl. auch S. 21–23.
[145] Die Dimension der Unterstützungen wird aus einem Bericht der Behörden nach Berlin deutlich: Die Regierung in Köln meldete, dass die Ausgabe von verbilligtem Mehl durch die staatliche Behörde Ende September eingestellt worden war. „Es wurden daher von den bisher zu Köln täglich ausgegebenen 14.000 Pfunden Brod, vom 9ten an nur 11.000, vom 16ten an nur 8.000, vom 23ten an nur 4.000, und am 30ten die lezten 4.000 Pfund ausgegeben; zugleich wurde auf unsere Veranlassung der Vertheilungs-Etat allmählich beschränkt, und nur denjenigen ausgeholfen, deren Bedürfniß nicht anders als durch jene Ausfuhr ganz oder theilweise gedeckt werden konnte. Von jezt an muß es der Städtischen Commune überlassen bleiben, für die Unterstützung ihrer Armen und Hülfsbedürftigen, für welche der Staat alles gethan hat, bei fortdauernder Theurung die nöthige Sorge zu tragen" (Zeitungs-Bericht für den Monat Sept. 1816, Köln, 15. Okt.1816 (GStA PK, I. HA Rep. 89 Geheimes Zivilkabinett, 16277, Bl. 72).

hatten unter Vorsitz von Oberbürgermeister von Mylius die Beratungen zwischen Regierung und städtischer Armenverwaltung zu einer grundlegenden Neuorganisation begonnen.[146] Bevor es aber zu dauerhaften Lösungen kommen konnte, erforderte die akute Situation schnelle Reaktionen. Am 7. November rief Mylius die Kölner Bürgerschaft zu Spenden auf, „um durch freiwillige Aufopferungen die öffentliche Verwaltung in den Stand zu setzen, die nothwendigsten Vorkehrungen zur Abwendung des Elendes und seiner oft schrecklichen Folgen zu treffen";[147] am selben Tag kündigte er die „Unterstützung der Nothleidenden" durch „eine ansehnliche Partie Erdäpfel" an.[148] Fuchs notierte:

> „Die durch die anhaltende Theurung höchst traurige Lage der Hülfsbedürftigen, deren Zahl im December sich von bis auf 18.000 vermehrt hatte, und die Ausmittelung einer nothdüftigen Hülfe beschäftigte die städtische Verwaltung unter dem Vorsitz des Commissarischen Oberbürgermeisters Freiherr v. Mylius rastlos, und es mußte auf außerordentliche Mittel Bedacht genommen werden, um in dem eintretenden Winter nicht nur die hiesigen Armen sondern auch solche Familien zu unterstützen, die sonst von ihrem Verdienst kärglich leben können, bei den jetzigen Umständen aber außer Stande gesetzt sind, sich und die ihrigen zu ernähren."[149]

Ende des Monats schließlich beschloss man die Gründung der Central-Unterstützungs-Commission, eine städtische Einrichtung, die im gesamten Stadtbereich die Versorgung der Armen übernehmen sollte.

„Es blieb daher nichts übrig", so Fuchs, „als Behufs Vertheilung der außerordentlichen Unterstützungsmittel eine eigene Commission zu errichten, die zwar in steter Verbindung und Wechselwirkung mit der Armenverwaltung stehen, von dieser aber einen getrennten Wirkungskreis erhalten mußte. Unterm 21. November wurde nun eine eigene Commission unter dem Namen Central Unterstützungs Commission bestellt, deren Wirkungskreis sich über die ganze Stadt erstreckte. In jedem einzelnen Pfarrbezirke wurde eine besondere Verpflegungs Commission ernannt um die Bedürfniße ihrer Pfarrgenossen zur Kenntniß der Central Commission zu bringen, und die Bestimmungen derselben gemäß den einzelnen Dürftigen die zu bewilligenden Unterstützungen zufließen zu lassen."[150]

Ein Ersatz für weitreichende Hilfen durch staatliche Behörden war dies allerdings nicht. Am 5. Dezember meldete die *Kölnische Zeitung*:

---

[146] Zum Folgenden: Schwarz, Armenwesen, S. 55–60; Finzsch, Obrigkeit, S. 104–108; Dorn, Armenpflege, S. 116–128; Gothein, Verfassungs- und Wirtschaftsgeschichte, S. 169–172; vgl. auch: Mettele, Bürgertum, S. 132–138.
[147] J. P. J. Fuchs, Stadtchronik (HAStK, Best. 7030, Nr. 215, Bd. I, S. 3).
[148] Köln. Zeitung, Nr. 178, 7. Nov. 1816.
[149] J. P. J. Fuchs, Stadtchronik (HAStK, Best. 7030, Nr. 215, Bd. I, S. 2 f.).
[150] J. P. J. Fuchs, Stadtchronik (HAStK, Best. 7030, Nr. 215, Bd. I, S. 4).

„Des Königs Majestät haben den wirklichen geheimen Rath, Herrn von Klewiz Exzellenz, nach den Rheinprovinzen gesandt, um sich mit den Ober-Präsidien in Koblenz und Köln, wegen Vertheilung der für diese Provinzen, zur Abhülfe eines in denselben bis zur künftigen Erndte zu besorgenden Mangels, bestimmten ansehnlichen Getreide-Quantitäten zu berathen."[151]

In den nächsten Wochen versuchte Wilhelm Anton von Klewitz gemeinsam mit den regionalen Behörden, Hilfsmaßnahmen in die Wege zu leiten.[152] Ende Dezember, ein dreiviertel Jahr nach Amtsantritt, berichtete Solms-Laubach seiner Mutter über die Lage:

„Die Noth ist gros in Theilen der hiesigen Provinzen, aber nicht so gros als sie gemacht wird, u. namentlich nicht so gros wie in Frankreich u. Holland. Der Himmel hat mir eine schwere Aufgabe bei meiner Verwaltung im diesem Jahr aufgelegt, u. die ersten 8 Monate von 1817 werden nicht minder schwierig seyn. Bei der beträchtlichen Zufuhr aus den altpreußischen Staaten ist indeß das Land vor Mangel gesichert, das Zutrauen des Volks zur Regierung nimmt zu, und ist einmal die Zeit überstanden, so findet man gewöhnlich, daß das Schlimme nicht übel[er] war. Ich habe fast 8 Tage lang, neben den laufenden Geschäften, nichts als Konferenzen mit Herrn v. Klewitz u. den Oberpräsidenten von Coblenz u. Münster abzuhalten gehabt."[153]

---

[151] Köln. Zeitung, Nr. 194, 5. Dez. 1816.

[152] J. P. J. Fuchs, Stadtchronik (HAStK, Best. 7030, Nr. 215, Bd. I, S. 4): „Die große Noth worin die ausserordentliche Theurung die Bewohner der Rhein Provinzen versetzt hatte, veranlaßte auch des Königs Majestät zu ausserordentlichen Maasregeln zur Linderung derselben. Höchstderselbe geruhten den wirklichen geheimen Rath Herrn v. Klewitz Exzellenz nach den Rheinprovinzen zu senden um sich mit den Ober Präsidien zu Coblenz und Cöln wegen Vertheilung der für diese Provinzen, zur Abhülfe eines in denselben bis zur künftigen Erndte zu besorgenden Mangels bestimmten ansehnlichen Getreide Quantitäten zu berathen." Unter dem Titel „Maßregeln gegen die Theurung" publizierte das Amtsblatt einen Brief des Königs an Klewitz v. 15. Nov. 1816: „Die jetzige Theurung des Getraides und der Lebensmittel in einem Theile Meiner Staaten vorzüglich in den neu erworbenen Rheinprovinzen, ist ein besonders wichtiger Gegenstand Meiner Aufmerksamkeit und Fürsorge. Ich wünsche die bedrängte Lage Meiner dortigen Unterthanen zu erleichtern, ohne zu Maßregeln, die das Eigenthum widernatürlich beschränken, und das Gewerbe stören, überzugehen; vor allen Dingen aber dem Wucher mit den ersten Lebens-Bedürfnissen wirksam zu steuern" (Amtsblatt d. Königlichen Regierung zu Köln, Nr. 32, 10. Dez. 1816, S. 229). Zur Tätigkeit von W. A. von Klewitz im Rheinland: Bass, Hungerkrisen, S. 139–142; zu von Klewitz: Herzfeld, Klewiz, 1926.

[153] Fr. L. Chr. zu Solms-Laubach an Elisabeth Charlotte zu Solms-Laubach, Köln, 22. Dez. 1816 (Privatarchiv d. Grafen zu Solms-Laubach, XVII, 106, Nr. 314). Im Herbst hatte der Kölner Regierungsrat W. Butte an E. Ch. zu Solms-Laubach geschrieben, die einen Besuch in Köln aufgeschoben hatte: Daß die Fürstin im Sommer nicht nach Köln gekommen sei, „war recht gut; eigentlich hatten wir diesen Sommer nichts als einen gelinden Winter. Indeß erhielten die Armen doch noch wohlfeiles Brod. Was desfalls geschah, und nothwendig geschehen mußte, hätte nicht jeder über sich nehmen und nicht jeder durchsezzen können!" (W. Butte an E. Ch. zu Solms-Laubach, Köln, 22. Sept. 1816; Privatarchiv d. Grafen zu Solms-Laubach, XVII, 106, Nr. 317).

Während die meisten Bewohner Kölns und der Rheinlande unter erheblichen Entbehrungen litten, schränkte sich die Lebensweise der vermögenden Familien nicht ein. Auch die Grootes konnten ihren komfortablen Alltag beibehalten: Man machte Ausflüge, aß gut und traf sich zu geselligen Abenden, zu Tanz, Theater und Konzerten. Als die Kölnische Zeitung im Juli verheerende Überschwemmungen der Äcker im Kölner Umland meldete und dabei feststellte: „Die Theurung des Brodes steigt leider schon eben so sehr, als die Anzahl der Armen",[154] schilderte Joseph von Groote seinem Bruder unterhaltsame Ausflüge mit Freunden, die lediglich durch Gewitter gestört wurden:

> „Ich bin in der vorigen Woche wieder recht herumgeschwärmt. Sonntag bin ich nach Godesberg geritten, von woher ich Montag Abends zurückkehrte. Es waren recht viele Cölner da, u. ich habe mich mit meinen Bekannten dort gar gut unterhalten. Wir sind nachher in einer ganzen Caravanne [...] zurückgekommen über Poppelsdorf, wo wir frühstückten, und Wessling, wo wir nachmittags um 4 Uhr bey Max Geyr zu Mittag assen. Dort zertrennte und zerschlug uns ein fürchterliches Gewitter, so daß wir uns erst den andern Morgen zufällig in Köln alle wieder zusammenfanden. Dienstag habe ich bei dem GeneralVicar v. Caspars gegessen, der mich jetzt fast in allen seinen Angelegenheiten consultirt. Mittwoch hatte mich Graf Solms zu Mittag gebeten; und Donnerstag nach dem großen Mozartschen Traueramt im Dom, bin ich mit v. Coels nach Blankenheim in die Eifel gefahren, wo er, aber ganz wider Willen, Landrath ist. Diese Reise hat mich sehr gut unterhalten."[155]

Im selben Brief erläuterte Joseph von Groote seinen Wunsch, Pferde für eine Equipage zu kaufen:

> „Ich hatte mich fast schon entschlossen, meinen Schimmel zu verkaufen, und ein paar Wagenpferde auf dessen Stelle anzuschaffen, die auch geritten werden können, und es stand mir ganz vor, daß ich mit denen dir entgegenfahren würde. Jetzt ist mir das auf den Augenblick wieder leid geworden, allein, ich kann mich doch noch nicht gut von dem Einfall trennen, weil es doch eine gar herrliche Sache ist, Equipage zu haben, u. weil mir am Ende, wenn du einmahl wieder hier bist, u. nicht mit ausreiten oder fahren kannst, meine manchfachen Streifereien vielleicht nicht mehr so behagen werden. Auch wäre doch für die Schwesterchen sehr viel dabei gewonnen, wenn sie nach Gefallen mit uns umherkutschieren könnten; und ich thue den Kindern gar gerne was zu Liebe, u. möchte sie gerne so recht sehr in Ehren halten. – Ich warte jetzt mit all diesen Planen, biß du zurückkehrst. Der Vater giebt gerne die Fourage, mein Peter kann so gut zwei als ein Pferd bedienen, und jetzt gerade erlaubte es auch meine Kasse noch, diesen Handel zu machen."[156]

Auch in den folgenden Monaten gab es viele Möglichkeiten, das Leben zu genießen. Ende September kündigte der Kölner Wirt Lempertz in einer Annonce an:

---

[154] Köln. Zeitung, Nr. 107, 6. Juli 1816.
[155] J. von Groote an E. von Groote, Köln, 11. Juli 1816 (Archiv Haus Londorf, Herr von Groote, Familienbriefe, 1.1., Nr. 80).
[156] J. von Groote an E. von Groote, Köln, 11. Juli 1816 (Archiv Haus Londorf, Herr von Groote, Familienbriefe, 1.1., Nr. 80).

„Heute Sonntag den 29. Sept. 1816 werde ich meinen Saal mit türkischer Musik zum Tanzen eröffnen, und damit alle Sonn- und Feiertage fortfahren. Durch gute Weine und sonstige Erfrischungen werde ich mich bestreben, meine mich beehrende Freunde bestens zu bedienen. Joh. Peter Lempertz, No. 9, auf'm Domhoff."[157]

Der beliebte Konditor Maus konnte seinen Kunden noch Mitte November versprechen:

„Bei Conditor Maus auf'm Heumarkt, Nr. 1720, sind alle Sorten eingemachter ostindischer Früchte, pariser Wachslichter, das Pfund zu 60 Stbr., wie auch Rahm-Früchte und Liqueurs, Gefrornes das ganze Jahr hindurch zu haben."[158]

Obwohl seine Familie als Eigentümerin erheblicher landwirtschaftlicher Flächen unmittelbar von der Krise betroffen war, thematisierte Groote Missernten und zunehmendes Elend in seinem Tagebuch und seinen überlieferten Briefen kaum. Zwar erwähnte er häufig das ungewöhnliche Wetter, doch meist als Unbequemlichkeit für sich selbst, nicht in ihrer Auswirkung auf Landwirtschaft und Bevölkerung. Nur einzelne Bemerkungen weisen darauf hin, dass ihm die Schwere der Situation durchaus bewusst war und er die Hilfsmaßnahmen von Stadt und Regierung unterstützte. Soweit es sich anhand seiner Aufzeichnungen sagen lässt, stand im Vordergrund seiner persönlichen Überlegungen jedoch eher die Sorge um Kunstwerke und ihre Erhaltung.

Central-Kommission für Kunst und Alterthum in den Rheinprovinzen

Im Juli 1816, Eberhard von Groote befand sich noch auf Reisen, berichtete ihm sein Bruder Joseph von einem Gespräch mit Solms-Laubach, in dem dieser das zukünftige Arbeitsgebiet Eberhards umrissen hatte:

„Der Graf hat mir nun schon mit seiner gewohnten Treuherzigkeit gesagt, daß dein ausschließliches Geschäft anfangs seyn würde, den Plan zur künftigen Kunstakademie in extenso auszuarbeiten. Du sollst daher nicht an Zeit u. Sitzungen gebunden seyn, sondern dieses Werk bis zu seiner Ausführung vollkommen vorbereiten; der Graf glaubt, das sey für dich die wahre Beschäftigung; und freut sich schon auf ihren Erfolg."

Joseph von Groote fügte hinzu:

„Und auch ich freue mich darauf, u. auch du sollst dich darauf freuen, u. ordentlich vernünftig und praktisch hand anlegen, daß wir was tüchtiges zu Stande bringen. Es braucht nur von der rechten Seite angegriffen zu werden; u. alles bietet dazu freudig die Hand, und was können wir dann nicht zu Stande bringen!"[159]

---

[157] Köln. Zeitung, Nr. 156, 29. Sept. 1816.
[158] Köln. Zeitung, Nr. 182, 14. Nov. 1816.
[159] J. von Groote an E. von Groote, Köln, 11. Juli 1816 (Archiv Haus Londorf, Herr von Groote, Familienbriefe, 1.1., Nr. 80).

Damit schien Grootes Tätigkeitsfeld in etwa festgelegt. Tatsächlich jedoch wurde der Plan eines Kunstmuseums aufgeschoben und erst 1817 wieder aufgegriffen.[160] Immerhin beauftragte Solms-Laubach Ende Oktober/Anfang November Groote damit, einen „Entwurf zu einer Central-Commission für Kunst und Alterthum" aufzusetzen. Dieser erläuterte in einem Schreiben an S. Boisserée:

„Ihr Zweck ist theils Schützung, Erhaltung u. Herstellung von Allen im Regierungs Bezirk befindlichen Kunstschätzen, theils Berathung zur zweckmäßigen Aufstellung derselben für Kunstbildung u. Geschichte, u. besonders auch für die Erbauung des Volkes in Kirchen u. sonstiges."[161]

Der Entwurf, den Groote am 7. November einreichte,[162] bezog sich zwar auf Ansätze zum Schutz von Kulturgut unter Generalgouverneur Sack,[163] belegte aber anhand der Akten,[164] dass bislang nur wenig verwirklicht worden war. Groote versuchte daher, Grundlinien für Zielsetzung, Organisation und personeller Ausstattung einer Kommission zu skizzieren, die in der Lage war, effektiv zu arbeiten. Bereits am 15. November reagierte Solms-Laubach auf die Vorschläge Grootes wie auf ein etwa zeitgleiches Schreiben, in dem Rektor Fochem den Schutz von Kunstwerken gefordert hatte, da ansonsten vieles Wertvolle „durch den Eigennutz fremder und einheimischer Spekulanten auf dem vaterländischen Boden angekauft, und nach allen Landen und Weltgegenden versandt" werde.[165] Solms-Laubach empfahl daraufhin Staatskanzler von Hardenberg, baldigst entsprechende Verordnungen zu erlassen.[166]

---

[160] Spiertz, Groote, S. 104–107. Vgl. Braubach, Verschleppung S. 148. Zu frühen Ideen eines Kunstmuseums als Bildungsanstalt in den Rheinlanden: Ehrhardt, Kunstmuseum, S. 13–21.

[161] E. von Groote an S. Boisserée, Köln, 10. Okt. 1816 (HAStK, Best. 1018, A 118). Siehe Briefe und Schriften.

[162] E. von Groote, Bericht, die Bildung einer Central Kommission für Kunst und Alterthum in den Rheinprovinzen betreffend, Köln, 6. Nov. 1816 (Landesarchiv NRW R, BR 0002 Nr. 404, Bl. 56–58). Siehe Briefe und Schriften. Grootes Konzept des Berichts (HAStK, Best. 1553, A 1/40 u. 41) ist mit kleineren Abweichungen gedr. in: Feldmann, Anfänge, S. 235–240. Zum Bericht: Spiertz, Groote, S. 102–104. Dem Bericht war beigelegt: Anlage No. 1. Uebersicht der von der Königlichen Regierung in Aachen übersendeten Akten die polizeylichen Maaßregeln zur Sicherung öffentlicher Anlagen, Kunstgegenstände u.s.w. betreffend (Landesarchiv NRW R, BR 0002 Nr. 404, Bl. 60 f.). Vgl. Grootes Konzept dazu: HAStK, Best. 1553 A 1/42 u. 43; gedr. in: Feldmann, Anfänge, S. 241–246).

[163] Vgl. insbesondere die Verordnung Sacks v. 10. Nov. 1814, die bereits die Gründung einer speziellen Kommission zur Auffindung und Rettung von Kunstwerken vorsah (Journal des Nieder- u. Mittel-Rheins, Nr. 65, 12. Nov. 1814) sowie den Aufruf Sacks v. 21. Juli 1815 (Journal des Nieder- u. Mittelrheins, Aachen, Nr. 87, 22. Juli 1815 u. Köln. Zeitung, Nr. 121, 25. Juli 1815): Groote, Tagebuch, Bd. 1, S. 153 f.

[164] Groote hatte sich aus Aachen die entsprechenden Akten zur Einsicht zuschicken lassen. Im Nov. 1816 sandte er sie an Regierungspräsident von Reiman in Aachen „mit Dank" zurück (E. von Groote an J. G. A. von Reiman, o. D., Entwurf; Landesarchiv NRW R, BR 0002 Nr. 404, Bl. 62). Reiman war seit März 1816 Leiter der Regierung in Aachen (Berlin. Nachr., Nr. 33, 16. März 1816). Zu Reiman: Poll, Reiman, 1967.

[165] G. C. Fochem an Fr. L. Chr. zu Solms-Laubach, Köln, 14. Nov. 1816 (Landesarchiv NRW R, BR 0002 Nr. 404, Bl. 64). Vgl. E. von Groote, Tagebuch, 14. Nov. 1816.

Das Interesse von Oberpräsident zu Solms-Laubach wie anderer Amtsträger an der Erhaltung von Kunstobjekten und der Bildung des Volks durch Kunst ist auf dem Hintergrund einer politisch-gesellschaftlichen Entwicklung zu sehen, die sich in Preußen seit Ende des 18. Jahrhunderts vollzog. Der Staat verstand sich zunehmend als entscheidende Instanz für die Organisation von Kultur und Bildung, betrachtete Kunstwerke mehr und mehr als Prestigeobjekte sowie als wirksame Mittel zur Stärkung eines patriotischen, nationalen Bewusstseins.[167] Eine staatlich bestimmte Denkmalpflege, die Errichtung von Museen, der Ankauf von Kunst und Kunstsammlungen waren wesentliche Teile dieses Prozesses, der nun auch im Rheinland begann.

Grootes Engagement für Kultur und Kunst, das sich zuerst um 1812 gezeigt hatte, war in diese Entwicklungen eingebettet. Es hatte sich durch seine Erfahrungen 1815 in Paris und seine Kontakte in Berlin zu führenden Bildungsreformern und Kunstexperten intensiviert. Insbesondere die Begegnung mit Schinkel beeinflusste seine historischen und kunsthistorischen Vorstellungen ebenso wie sein Bewusstsein für die Notwendigkeit gesetzlicher das Kulturgut schützender Regeln.

Doch auch Grootes persönliches Interesse spielte in seinem Entwurf eine erhebliche Rolle. Es richtete sich vor allem auf die 1815 in Paris reklamierten Bücher, Drucke und Handschriften, die man nach Aachen und Düsseldorf transportiert hatte. Dort hielten sie die preußischen Behörden zunächst zurück, in der Absicht, zu einem späteren Zeitpunkt über ihren Verbleib zu entscheiden.[168] Da Groote einige dieser Schriften für seine historisch-literarischen Studien, speziell für die Recherchen zum Tristan-Projekt, einsehen wollte, hatte er sich schon seit längerem um die Rückgabe der Objekte an ihre Ursprungsorte oder nach Köln bemüht. Noch während seiner Reise hatte er seinen Bruder gebeten:

„Gelegentlich erinnere doch Haxthausen, daß die Bücher und Manuscripte, die in Paris reklamirt wurden, und noch in Aachen stehen, mit den übrigen Gouvernementssachen durchaus nach Cöln geschafft werden müssen, damit sie in Aachen nur ja nicht verkommen. Allerdings wäre es für mich sehr wichtig, einen Tristan in niederländischer Sprache, ein dicker Band, in welchem auch noch sehr gute andere altdeutsche Sachen, z.B. der Otfried, wenn ich nicht sehr irre, auf Pergament geschrieben sind, zu haben. Sorge wenigstens, daß ihn kein anderer früher erhält, wenn du immer kannst. Die kritische Bearbeitung des Tristan wird noch lange zu meinen Lieblingsarbeiten gehören; und ich werde mich wohl mit v. d. Hagen dazu verbinden. Es wäre wichtig, daß alle jene Bücherkasten von Aachen in sichere Verwahrung gebracht würden."[169]

---

[166] Solms-Laubach an Hardenberg, Köln, 15. Nov. 1816 (Landesarchiv NRW R, BR 0002 Nr. 404, Bl. 65 f.).

[167] Zu diesem Prozess in Preußen (hier auch Literatur- und Quellenangaben): Holtz, Section, 2010; Holtz, Kultusministerium, vor allem S. 405–409, 416–431; Thier, Kultur, 2010. Zu den Anfängen staatlicher Denkmalpflege in Preußen und den Rheinlanden: Meinecke, Geschichte, S. 7– 141 (hier auch Literatur- und Quellenangaben); Rave, Anfänge, 1936. Zur frühen Denkmalpflege im Rheinland und in Köln: Feldmann, Anfänge, S. 233–235; Firmenich, Denkmalpflege, 1966; Först, Betrachtungen, S. 45–52.

[168] Vgl. Braubach, Verschleppung, S. 147 f.

[169] E. von Groote an J. von Groote. Es handelt sich um ein undatiertes Blatt, auf das mit Bleistift „vgl. 23. März 1816" notiert ist (Archiv Haus Londorf, Herr von Groote, Familienbriefe, 1.1., Nr. 44).

Nachdem Groote Ende 1816 sowohl Solms-Laubach wie Regierungsdirektor Sotzmann gedrängt hatte, ihn mit der Aufstellung einer genauen Liste der in Aachen aufbewahrten Bücher und Objekte zu beauftragen,[170] wurde er schließlich autorisiert, eine „Nachweisung über die in Aachen befindlichen Akten betreffend die Reklamations-Gegenstände" zu erstellen.[171] Groote konnte daher den Aachener Regierungspräsidenten von Reiman formell um die Zusendung derjenigen Akten bitten,

> „in welchen die Verzeichniße sämmtlicher, in Paris reklamirter, und in hiesige Provinzen zurückgekommener Gegenstände der Kunst, der Wissenschaft und des Alterthums enthalten sind. Die Einsicht dieser Verzeichniße ist mir zu einer übersichtlichen Zusammenstellung alles öffentlichen, zum Behuf des Studiums und des Unterrichts zu ordnenden Kunsteigenthums dieser Länder von großer Wichtigkeit."[172]

Wenig später stellte er eine Übersicht über die in Aachen vorhandenen Objekte fertig,[173] – mehr konnte er allerdings nicht erreichen. Im Dezember schrieb er an S. Boisserée:

> „Uebrigens lasse ich nicht ab, das Meinige dazu zu thun, und hoffe nun bald auch, die, leider immer noch theils in Aachen theils in Düsseldorf vertheilten, aus Paris gekommenen Bücher u. Handschriften hier zu vereinigen."[174]

Liquidationen gegen Frankreich

Die Sorge um rheinisches und kölnisches Kulturgut war nicht das einzige Thema, mit dem Groote bis Ende 1816 als Assessor beschäftigt war. Neben kleineren Aufgaben, die man ihm zur Bearbeitung zuwies, wurde er Ende September/Anfang Oktober beauftragt, den Vermögensstand der in Köln vorhandenen Wohltätigkeitseinrichtungen zu klären und eventuelle Ansprüche an den französischen Staat festzustellen.[175] Dieser Auftrag stand in Zusammenhang mit den sogenannten „Liquidationen gegen Frankreich". Nach Beendigung des Kriegs gegen Napoleon hatte Preußen im November 1815 eine Konvention mit Frankreich abgeschlossen, durch die finanzielle Forderungen von Institutionen wie von Privatpersonen an den französischen Staat möglich wurden,[176] Anfang 1816 erlassene

---

[170] Groote, Tagebuch, 16. Sept. u. 1. Dez. 1816. Vgl. auch Braubach, Verschleppung, S. 147 f.
[171] Groote, Tagebuch, 13. Dez. 1816.
[172] Diese Bitte war mit der Rücksendung der für seinen Bericht über eine Central-Kommission genutzten Akten nach Aachen verbunden (E. von Groote an J. G. A. von Reiman, Köln, o. D. [Nov. 1816], Konzept; Landesarchiv NRW R, BR 0002 Nr. 404, Bl. 62). Ebenfalls ein Konzept dazu befindet sich in: HAStK, Best. 1553, A 1/44.
[173] Auszug aus dem Generalakten-Repertoire, welches sich in der Registratur der Regierung zu Aachen befindet, o. D. (HAStK, Best. 1553, A 1/38 u. 39).
[174] E. von Groote an S. Boisserée, Köln, 24. Dez. 1816 (HAStK, Best. 1108, A 118). Siehe Briefe und Schriften.
[175] Groote notierte, er befasse sich mit den „zu erforschenden Armengüter, worüber man ein Gesetz nachsuchen will" (Groote, Tagebuch, 4. Okt. 1816).
[176] Zum Folgenden: Journal des Nieder- u. Mittelrheins, Nr. 13, 30. Jan. 1816; Ausserordentliche

Instruktionen leiteten die Verfahren zur Meldung von Ansprüchen konkret in die Wege. Demnach waren in den Provinzen die Gouvernements- und Regierungsbehörden für die Annahme der Anträge und ihre Bearbeitung verantwortlich. Dazu gehörte vor allem die Prüfung der Dokumente, die von den Antragstellern als Belege für die von ihnen reklamierten Gelder vorlegt werden mussten. Zuständig für alle Eingaben aus Köln war die General-Liquidations-Kommission in Aachen, als deren vorgesetzte Behörde die Haupt-Liquidations-Kommission in Paris fungierte.

Mit den Recherchen zu möglichen Forderungen der städtischen Wohltätigkeitsverwaltung stand Groote unter beträchtlichem Druck, denn Mitte Oktober wurde die Antragsfrist bei der General-Liquidations-Kommission in Aachen auf den 30. November 1816 festgesetzt.[177] Doch Ende November – also fristgerecht – konnten die, unter maßgeblicher Mitarbeit Grootes entstandenen *Verzeichniße sämmtlicher Forderungen des Armen-Fonds und sonstiger Korporationen gegen Frankreich und deren Liquidation*[178] vorgelegt werden. Gleichzeitig diente das von Groote erstellte Verzeichnis der Wohltätigkeitsanstalten vermutlich auch als eine Vorarbeit zu der geplanten und in den nächsten Jahren realisierten Reform des Kölner städtischen Armenwesens.

Familienbelange

Die Post

Nach der offiziellen Übernahme der rheinischen Post in die preußische Zuständigkeit Mitte 1816 musste in Köln vieles in Organisation und Verwaltung der Post neu geregelt werden.[179] Gerade für die Groote'sche Familie, die mit Spannung auf das Ergebnis der Ver-

---

Beilage zum Journal des Nieder- u. Mittelrheins, Nr. 14, 30. Jan. 1816; Journal des Nieder- u. Mittelrheins, Nr. 34, 19. März 1816; Köln. Zeitung, Nr. 19, 3. Febr.; Nr. 21, 6. Febr.; Nr. 23, 10. Febr.; Nr. 29, 20. Febr. 1816; Nr. 172, 27. Okt. 1816 sowie: Amtsblatt d. Königlichen Regierung zu Köln, vor allem: Nr. 7, 11. Juni 1816, S. 49–54; Nr. 25, 22. Okt., S. 191 f.; Nr. 27, 5. Nov., S. 197; Nr. 30, 26. Nov., S. 221 f. Siehe auch Gerschler, Oberpräsidium, S. 80–84.

[177] Amtsblatt d. Königlichen Regierung zu Köln, Nr. 25, 22. Okt. 1816, S. 192 u. Nr. 27, 5. Nov. 1816, S. 197.

[178] Vgl. „Acta betr.: Die Verzeichniße sämmtlicher Forderungen des Armen-Fonds und sonstiger Korporationen gegen Frankreich und deren Liquidation" (HAStK, Best. 650, 118). Die Akte enthält: a) „Erstes Verzeichniß. Verzeichniß der Foderungen der Wohlthätigkeitsverwaltung zu Köln an die Französische Regierung", Köln, 20. Nov. 1816 (HAStK, Best. 650, 118, Bl. 17–21); b) „Nachweise der zum anliegenden Verzeichnisse der Foderungen an Frankreich eingereichten Urkunden und Belege", 20. Nov. 1816, unterzeichnet „für die Wohlthätigkeitsverwaltung der Sekretair- und Archivar" (HAStK, Best. 650, 118, Bl. 29); c) „Nachweise der zum 2ten Verzeichnisse der Foderungen an Frankreich eingereichten und noch einzureichenden Urkunden und Belege", Köln, 29. Nov. 1816; unterzeichnet „Die Wohlthätigkeitsverwaltung" (HAStK, Best. 650, 118, Bl. 29 f.); d) „Nachweise zum 3ten Verzeichnisse der Foderungen an Frankreich" (HAStK, Best. 650, 118, Bl. 30). Bei diesen Akten handelt es sich entweder um Entwürfe oder Kopien, ein Teil des Textes stammt aus der Hand E. von Grootes.

[179] Zur Organisation des Postwesens in Köln und in den Rheingebieten zu Beginn der preuß. Zeit: Klaes, Post, S. 243–269; Sautter, Post, 1898; Wirminghaus, Verkehrswesen, S. 606 f.; Bär, Behördenverfassung S. 477 f. 1818 kritisierte E. von Groote Organisationsprobleme in der Rhei-

handlungen zwischen Preußen und dem Fürsten Thurn und Taxis gewartet hatte, schienen neue – in mancher Hinsicht zugleich alte – Zeiten anzubrechen. Wichtigstes Ergebnis für die Familie war die Ernennung von Everhard Anton von Groote zum Direktor des nun Königlich Preußischen Oberpostamts in Köln. Schulz, den Eberhard von Groote in Berlin als „freundlichen Mann" kennengelernt hatte,[180] wurde ihm als Postkommissar zur Seite gestellt. In den folgenden Monaten begann man, die Kölner Post den Strukturen des preußischen Staates anzupassen. Die Ämter in der Postverwaltung besetzte nun der Staat, der auch die Rechte zum Betreiben von „Postwagen-Unternehmungen" für bestimmte Strecken vergab.[181] Zudem verbesserte man bestehende Postverbindungen für Postwagen und Reitpost und richtete schon zum Ende 1816/Anfang 1817 neue Poststrecken ein.[182] Sitz des Preußischen Oberpostamts Köln war, als Wohnhaus des Oberpostmeisters von Groote, zunächst das Haus Marzellenstr. 82. Im Alltag der Familie spielten daher die Angelegenheiten der Post eine große Rolle, gelegentlich beeinträchtigten sie das Familienleben spürbar; so vermerkte Groote im November: „Der Vater ist wegen des engen Postlokals in einiger Verlegenheit, u. wird wohl noch das Speisezimmer dazu einräumen müssen."[183] Die Gebäude in der Glockengasse 25–27 dienten weiter den Zwecken der Post, und auch andere Einrichtungen der Post blieben in der Glockengasse, darüber hinaus beließ man die Postdienste oft in der Hand von Personen oder Familien, die sie schon Jahre oder Jahrzehnte ausgeübt hatten.[184] Die Kölner Post, ihre Einrichtungen und Tätigkeiten waren für Eberhard von Groote wie für seine Geschwister eine Tradition,[185] die

---

nisch-Preußischen Post (E. von Groote, Über das preußische Postwesen, in: Rheinische Blätter, Nr. 4 u. Nr. 5, 6. u. 8. Jan. 1818).

[180] Groote, Tagebuch, 30. Juni 1816.

[181] Vgl. etwa eine Anordnung in der Köln. Zeitung, Nr. 207, 29. Dez. 1816: „Wir finden uns demnach veranlaßt zu erklären, daß nur einzig und allein der Wittwe Pauli, hohe Pforte, Nr. 896 wohnhaft, die Befugniß zusteht, einen Postwagen nach Bonn zu unterhalten, [...] da außer der Pauli Niemanden vom Staate die Erlaubniß dazu gegeben ist. Köln, den 24. Dez. 1816. Königl. Preuß. Oberpostamt, E. v. Groote zu Kendenich. Schulz."

[182] Köln. Zeitung, Nr. 208, 31. Dez. 1816: „Der Cours der Reitpost zwischen Köln und Cleve, soll der Zweckmäßigkeit wegen, verändert werden: dem gemäß wird jene Reitpost vom 1. Januar kommenden Jahres an, von hier abgehen am Dinstage, am Donnerstage und am Sonnabend, Mittags, und von Cleve hier eintreffen am Montage, Donnerstage und Sonnabend, Morgens zwischen 8 und 10 Uhr, wovon wir dem Publikum hierdurch Mittheilung machen. Köln, den 25. Dez. 1816. Königl. Preuß. Ober-Postamt, E. v. Groote, zu Kendenich. Schulz." Vgl. zur Post in Köln um 1817/18: Heidemann, Handbuch der Postgeographie, S. 433 f.

[183] Groote, Tagebuch, 29. Nov. 1816.

[184] Das traf z.B. für einige Mitglieder der Familie Pauli zu. Auch Franz Christian Dihl/Diel, Glockengasse 15, der schon lange für die Post gearbeitet hatte, erhielt Ende 1816 die staatliche Genehmigung zum Betrieb der Postwagen-Expedition für Aachen und Koblenz (Köln. Zeitung, Nr. 183, 16. Nov. 1816). AK 1822: Sitz der Postwagen-Expedition Glockengasse 15. Vgl. Ueber die von 1798 bis 1822 in den Provinzen jenseits des Rheins bestandenen Privat-Posten und deren Aufhebung, 1839 (GStA PK, I. HA Rep. 103, Nr. 1224).

[185] Der Urgrossvater Eberhard von Grootes mütterlicherseits, Elias von Becker, hatte das Amt des Oberpostmeisters in Köln 1722 bis 1741 inne; nach seinem Tod übernahm es seine Witwe, Maria Esther Genovefa, geb. von Berberich, bis es 1745 dem ältesten Sohn, Franz Felix von Becker,

zu ihrem engsten Lebensumfeld gehörte. Eberhard hatte sich durchaus eine Tätigkeit im Postwesen vorstellen können,[186] Joseph von Groote arbeitete seit 1815 in einer vorläufigen Anstellung als eine Art Assistent des Vaters.[187]

Das Familienvermögen

Eberhard von Groote wurde schon kurz nach seiner Rückkehr klar, dass er als ältester Sohn, unterstützt von seinem Bruder Joseph, die Verantwortung für die Familie übernehmen musste. Als Erstes hatte er sich daher einen Überblick über die familiären Vermögensverhältnisse zu verschaffen; das hieß, den Besitzstand ermitteln, strittige Erbschaftsangelegenheiten klären, Verpachtung von Land kontrollieren, Pachtverträge kündigen oder neu abschließen. Zu klären war auch, inwieweit die Familie als private Antragstellerin Ansprüche gegenüber Frankreich einreichen konnte. Außerdem war es notwendig, den Status der verschiedenen Groote'schen Stiftungen zu prüfen. Bei der ersten Einsicht in die Familiendokumente stellte Groote mit Schrecken fest, wie chaotisch der Zustand der Papiere war und wie schwierig es sein würde, die vorhandenen Unterlagen zu ordnen und fehlende Dokumente zu beschaffen.

Das Familienarchiv der Grootes enthielt Anfang des 19. Jahrhunderts Dokumente aus mehr als zwei Jahrhunderten, darunter Besitztitel, Verträge und Korrespondenzen sowie Unterlagen zu den Stiftungen der Familie. Insoweit dies Studienstiftungen waren, bezogen sie sich auf die alte Kölner Universität und berührten somit die aktuelle Diskussion um die Finanzierung einer Universität in Köln. Familiäre und öffentliche Zwecke waren also eng verbunden, sodass sich Groote mit dem Familienvermögen und mit Fragen öffentlicher Belange gleichzeitig befassen musste. Kein Wunder, dass Groote nach langen Recherchen im Archiv festhielt: „Nach all diesem Wühlen ist mir der Kopf u. das Innere gar sehr, fast krampfhaft angespannt."[188] Da die Angelegenheiten oft äußerst kompliziert waren, sah sich Groote, selbst Jurist, gezwungen, juristischen Rat einzuholen. Überdies führten die Nachforschungen zu Konflikten innerhalb der Verwandtschaft. Besonders Gespräche mit seinen Onkeln Caspar Joseph Carl von Mylius, genannt der General, und

---

übertragen wurde. Nach dessen Tod 1786 trat sein Schwiegersohn Everhard Anton von Groote – bisher Unterpostmeister – in das Amt ein. Vgl. Friedlingsdorf, Post- und Verkehrswesen, S. 108–110.

[186] Anfang 1815 hatte Ev. A. von Groote versucht, für seine Söhne Eberhard und Joseph Anstellungen bei der Thurn und Taxischen Postverwaltung zu erreichen und dazu Generalpostdirektor Alexander Konrad von Vrints-Berberich (einen Verwandten) in Frankfurt a. M. um Unterstützung gebeten. Er erreichte, dass Joseph von Febr. 1815 an als „Adjunct" eine vorläufige Tätigkeit im Amt seines Vaters erhielt, zu einer definitiven Anstellung kam es aber nicht. Vgl. die Korrespondenz von Febr. 1815 bis 20. Nov. 1816 (Stadtarchiv Hürth, 3.01, Nr. 323, Bl. 22–32). Ende Nov. 1815 schrieb Ev. A. von Groote an Vrints-Berberich, das „Schicksal meines ältern Sohns" [Eberhard], liegt nun in den Händen des „Herrn Ministern Fürsten von Hardenberg und Herrn General Gneisenau welche denselben einer ganz besondern Protection würdigen" (Ev. A. von Groote an A. K. von Vrints-Berberich, Köln, 18. Nov. 1815, Entwurf; Stadtarchiv Hürth, 3.01, Nr. 323, Bl. 25).

[187] Groote dachte auch daran, den jüngeren Bruder Carl in die Nachfolge des Vaters zu bringen (E. von Groote an J. von Groote, Berlin, 11. Mai 1816). Siehe Briefe und Schriften.

[188] Groote, Tagebuch, 12. Nov. 1816.

Heinrich Joseph Anton Melchior von Groote, meist als „Bürgermeister de Groote" oder „der Bürgermeister" bezeichnet, waren Eberhard von Groote unangenehm. Zu letzterem notierte er: „Bey Tische ärgert mich der Bürgermeister DGroote wieder gar sehr, u. ich denke ernstlich an die Möglichkeit, ihn wegzuschaffen."[189] Trotz aller Schwierigkeiten gelang es Groote im Herbst 1816, zumindest einen Teil der familiären Forderungen an Frankreich fristgerecht einzureichen. Am 18. November heißt es im Tagebuch: „Ich schicke jene Nachweisung sammt dem Entwurf zu einem Schreiben an die General Liquidations Commission in Aachen."[190]

Die Groote'schen Stiftungen

Als besonders kompliziert erwiesen sich die Recherchen zu den Groote'schen Stiftungen,[191] die bis auf die Mitte des 17. Jahrhunderts zurückgehen. 1655 begründete der Kaufmann Jakob de Groote der Ältere mit 20.000 Reichstalern eine Studienstiftung an der Kölner Universität, durch die auf Dauer zwei theologische Lehrstühle für weltliche Priester und mehrere Freistellen für Theologiestudenten finanziert werden konnten. Diese Groote'sche Studien- oder Katechetenstiftung, die in erster Linie für Angehörige der Familie gedacht war und noch heute existiert, wurde im 18. Jahrhundert durch ein Legat von Agatha de Groote, geb. von Junckerstorff, der Ehefrau Franz de Grootes, aufgestockt. Eine weitere Stiftung der Familie entstand durch das Testament Jakob de Grootes des Jüngeren, dessen Schenkung sowohl für die Finanzierung von Messen und die Unterweisung von Kindern in der familieneigenen Elendskirche[192] genutzt wurde wie für die Unterstützung von Armen und für Erneuerungen und Erweiterungen an verschiedenen Kölner Kirchen. Diese Stiftungskapitalien wurden im Laufe der Zeit in schwierig nachzuvollziehender Weise angelegt, während der Französischen Jahre schließlich war die ordnungsgemäße Verwaltung der Gelder nicht mehr möglich.[193] Um die Katechetenstiftung Jakobs des Älteren wieder wirksam werden zu lassen, hatte Everhard Anton von Groote in seiner Funktion als Verwalter dieser Gelder 1807 vorgeschlagen, die Stiftung in die Verantwortung der Stadt zu geben. Das Angebot wurde von der städtischen Schulkommission angenommen und von den französischen Behörden 1813 genehmigt. Nachdem Generalgouverneur Sack Ende 1814 die französische Verwaltung der Kölner Stiftungen aufgelöst und im Januar 1815 einen neuen Verwaltungs- und Stiftungsrat geschaffen hatte,[194]

---

[189] Groote, Tagebuch, 23. Aug. 1816.
[190] Groote, Tagebuch, 18. Nov. 1816.
[191] Zu den Groote'schen Stiftungen: Spiertz, Groote, S. 276–281; Schoenen, Studienstiftungen, S. 259–264; Boley, Stiftungen, Bd. 5, S. 209–218; Trippen, Familie von Groote, S. 12–15; Klug, Familie von Groote, S. 8, 12–15. Umfangreiche Unterlagen zu den Groote'schen Stiftungen und zu den diesbezüglichen Reklamationen befinden sich im Landesarchiv NRW R, Generalgouvernement Nieder- u. Mittelrhein Nr. 1284 II.
[192] Die Groote'sche Familienkirche St. Gregorius zum Elend oder Elendskirche liegt an der Straße An St. Katharinen. Hierzu: Groote, Tagebuch, Bd. 1, S. 10 f.
[193] Zu der Situation der Kölner Studienstiftungen während der Französischen Zeit: Ahrendt, 200 Jahre, 2000.
[194] In dem am 18. Jan. 1815 gegründeten Verwaltungs- und Stiftungsrat war Joseph von Groote

überlegten die von Grootes, wie sie mit ihren Stiftungen verfahren sollten, wobei die Klärung des Problems nun vor allem bei Eberhard von Groote lag. Nach langer Beratung wurde schließlich entschieden, „daß die Familie die ganze Administration wieder ausbitten solle und dafür auch für die Erfüllung der ganzen Stiftung sehen wolle".[195] Die Familie forderte also sowohl die Unterlagen für die Verwaltung der Stiftung als auch die Stiftungssumme zurück.[196]

Die Landgüter

Im Herbst 1816 begann Groote sich auch intensiv mit den Gütern und dem großen Landbesitz seiner Familie zu befassen – mit Pachtverträgen, dem Verhalten der Pächter und den Erträgen, die sie für die Familie erzielten.[197] Bedeutendstes Gut war um 1816 die Wasserburg Kendenich bei Hürth, die 1766 in den Besitz der Groote'schen Familie gekommen war. Hundert Jahre zuvor war der Landsitz als prächtiges barockes Gebäude errichtet worden, Mitte des 18. Jahrhunderts aber war das Gut vernachlässigt, sein adeliger Eigentümer tief verschuldet. Als die „Herrlichkeit" Kendenich zum Kauf angeboten werden musste, konnte Bürgermeister Franz Jakob Gabriel de Groote, der Großvater Eberhard von Grootes, das gesamte Anwesen erwerben.[198] Es umfasste Burg, Ländereien, Wein- und Baumgarten sowie Fischerei- und Jagdrechte. De Groote, zu diesem Zeitpunkt noch nicht geadelt, gewann durch den Erwerb des Gutes eine erhebliche Prestigesteigerung für sich und seine Familie und legte zudem den Grund zur Erhebung in den Adelsstand im Jahr 1780, die mit dem Titel „Edle von Groote zu Kendenich" verbunden war. Franz Jakob Gabriel de Groote hinterließ Kendenich 1792 seinem Sohn Everhard Anton von Groote, der von ihm auch die Dransdorfer Burg im Ort Dransdorf (heute ein Ortsteil von Bonn) mit den dazugehörigen Ländereien erbte. Dieses Anwesen war Anfang des 18. Jahrhunderts durch Agatha von Junckerstorff in den Besitz der Familie von Groote gelangt, die um 1740 einen einfachen Neubau hatte errichten lassen.[199] Seit Ende des 18. Jahrhunderts gehörte eine zweite Wasserburg den Grootes – die Kitzburg[200] bei Walberberg (heute ein Stadtteil von Bornheim). Sie wurde um 1680 von Franz Egon von Fürstenberg, Bischof von Straßburg, als zweistöckiges Barockschlösschen gebaut; 1757 ging der Bau in das Eigentum

---

Mitglied des Verwaltungsrats und Everhard Anton von Groote Dirigent (Vorsitzender) des Stiftungsrats (Ahrendt, 200 Jahre, S. 69).

[195] Groote, Tagebuch, 12. Nov. 1816.

[196] Bis ein endgültiges Ergebnis erzielt war, dauerte es allerdings noch einige Jahre. Vgl. vor allem Spiertz, Groote, S. 277–280.

[197] Zu rheinischen Adelssitzen: Langbrandtner, Baukultur, 2009.

[198] Mitte des 16. Jh.s kam Kendenich in den Besitz der Familie Raitz von Frentz, seit Ende des 16. Jh.s gehörte es der Familie von Reuschenberg. Zur Geschichte des Landsitzes Kendenich: Klug, Die restaurierte Burg Kendenich, 1984; Klug, Die mittelalterliche Herrlichkeit, 1972; Klug, Familie von Groote, S. 26–34.

[199] Burg Dransdorf übertrug die Familie von Groote 1863 dem Kölner Gymnasial- und Stiftungsfonds (Spiertz, Groote, S. 278–280).

[200] Zur Kitzburg: Gondorf, Burgen, S. 51; Otzen, Burgen, S. 54 f. Die Kitzburg ist heute in Besitz der Familie von Canstein.

von Franz Felix von Becker, Leiter des Kaiserlichen Oberpostamtes in Köln, und seiner Frau Maria Ursula von Herwegh über. Erbin der Kitzburg wurde ihre älteste Tochter Maria Henriette Carolina von Becker, die 1784 Everhard Anton von Groote heiratete.

Während das Gut Dransdorf für das familiäre und gesellschaftliche Leben der von Grootes kaum eine Rolle spielte, waren die beiden repräsentativen Wasserburgen von großer Bedeutung. Vor allem im Sommer ritt oder fuhr man aufs Land, um die Tage im eigenen Gut zu genießen, im Herbst und Winter ging man dort zur Jagd. Für Eberhard von Groote waren die Güter nicht nur prägende Schauplätze seiner Kindheit und Jugend, sie blieben ein Teil seines gesamten Lebens – als ökonomische Basis, Möglichkeit der Repräsentation und als Mittelpunkt des engeren und weiteren Familienkreises.

Grootes Beziehung zu den auf den Gütern als Pächter (Halfen) lebenden und arbeitenden Familien beruhte ganz auf den patriarchalischen und feudalistischen Traditionen,[201] in denen er aufgewachsen war und denen er sich verpflichtet sah. Dabei empfand er die Verantwortung für die Pächterfamilien zeitweise als große Belastung und litt geradezu unter Konflikten, etwa wenn Pächter ihre vertraglich festgelegten Leistungen nicht erbrachten. Als Groote sich Ende 1816 nach einer juristischen Auseinandersetzung mit einem Kendenicher Halfen entschloss, diesem zu kündigen, notierte er:

„Mir geht bey allen diesen Sachen ein tiefer Schmerz durch die Seele. Schuldiger u. nichtswürdiger, als ich mich selbst fühle, kann sich nicht leicht jemand fühlen, und nun gleichsam mit zu Gericht zu sitzen, u. über andere abzuurtheilen, die vielleicht Engel sind, gegen mich, – ach Gott, dürfte ich doch nur in einer kleinen stillen Zelle mein armes Leben verweinen!"[202]

Insgesamt spürte Groote, nachdem er von Heidelberg nach Köln zurückgekehrt war, seine persönlichen Probleme besonders schmerzhaft. Er fühlte sich häufig den Anforderungen kaum gewachsen, wurde von Unsicherheit und Depression gequält. Hinzu kamen starke Schuldgefühle, die ihm seine sexuellen Bedürfnisse machten und die unerfüllte Sehnsucht nach einer Frau.

Ende 1816 konnte Eberhard von Groote auf ein bewegtes Jahr zurückblicken, das auf politischer Ebene wie für ihn persönlich einschneidende Entwicklungen mit sich gebracht hatte. Er beschloss das Jahr unspektakulär: Am Abend des 31. Dezember 1816 tanzte er auf einem Ball, brach um 1 Uhr auf, eilte nach Hause und ging bald zu Bett.

---

[201] Zu Verpachtungen und Pächtern auf Gütern im Rheinland: Rößner-Richarz/Gussone, Verpachtung, 2011.
[202] Groote, Tagebuch, 25. Sept. 1816.

Tagebuch 22. August bis 31. Dezember 1816

Den 22. August [1816].

Ich stehe zeitig auf u. mache meine Sachen in Ordnung, packe meine Koffer aus, u. gehe später zu Joseph, |13v| mit dem ich mich berechne, u. ihm auch die für den Rektor noch übrigen 17 ½ Friedrichd'or, 13 GG., 6 ß übergebe, weil er mit jenem noch in Berechnung zu stehen behauptet. Der Rektor kommt bald selbst. Boisserées haben schon an ihre Schwestern[1] wegen der Verhandlungen geschrieben, was der Rektor weiß. – Den Grafen Solms kann ich nicht sprechen, da er Consistorialsitzung hat.[2] Zum Vater kommt der Generalvikar v. Caspars, der mich wegen einiger geistlicher Angelegenheiten befragt;[3] später kommen Haxthausen u. der Justizkommissar Simon, der, wie mir schon Goerres sagte, vorläufig in Cöln bleiben wird. Endlich komme ich zu Schinkels, u. bald nach mir der Baurath Redel, und wir gehn nun zum Dom, den wir uns vorläufig betrachten. Redel, dessen Frau, u. Schinkels essen bey uns.[4] Nachher gehn wir zu Solms,[5]

---

[1] Marianne (Maria Anna Francisca Josepha) Boecker, geb. Boisserée, und Katherina Theresia Schülgen, geb. Boisserée. Boisserée hatte Schinkel einige Briefe zugeschickt, mit denen dieser sich bei den Verwandten S. Boisserées einführen konnte: bei seinem Bruder Bernhard Boisserée, seinem Schwager Johann Arnold Boecker und der Schwägerin Josephine Boisserée, geb. Uphoff. Darüber hinaus gab er Schinkel weitere Hinweise zu Kontakten in Köln. Boisserée schloss: „Sagen Sie auch Groote und den anderen Freunden viel herzliches und empfehlen Sie mich dem guten Andenken des Grafen Solms" (S. Boisserée an K. Fr. Schinkel, Heidelberg, 14. Aug. 1816; in: Wolff, Boisserée, Briefwechsel, S. 71–74).

[2] Das vom preuß. Staat eingerichtete Konsistorium in Köln begann seine Tätigkeit am 27. Aug. 1816, im Okt. 1817 wurden seine Zuständigkeiten genauer geregelt. Sein Arbeitsbereich bezog sich auf allgemeine Angelegenheiten der Kirchen sowie auf die Schulaufsicht in religiöser Hinsicht. Bis 1818 fungierte es auch als Kirchen- und Schulkommission für den Regierungsbezirk Köln. Am 31. Dez. 1825 wurde das Kölner Konsistorium aufgelöst, seine Aufgaben übertrug man dem Konsistorium und dem Provinzialschulkollegium in Koblenz. Vgl. Solms-Laubach: Bekanntmachung zu Aufgaben und Rechtsstatus des Konsistorium, Köln, 27. Aug. 1816 (Historisches Archiv des Erzbistums Köln, Best. Erzbistum Köln, Bh 1). Vgl. Bär, Behördenverfassung, S. 153–157; Gerschler, Oberpräsidium, S. 56 f.

[3] Generalvikar von Caspars hatte sich an Solms-Laubach gewandt, worauf dieser ihm im Sept. 1816 antwortete: „Mit Bezug auf Euer Hochwürden früher geäußerter Wünsche, die Befugnisse des Konsistorii, oder vielmehr des Oberpräsidii unter Einwirkung des Konsistorii, in Hinsicht der Jura circa sacra der Katholishen Kirche näher kennen zu lernen, theile Ich Ihnen hierdurch einen Auszug aus einer vorläufigen Instruktion eines hohen Ministerii des Innern mit, die jedoch nur interimistisch als Norm für den Geschäftskreis des Oberpräsidii in dieser Hinsicht angesehen werden soll, bis die Gesetzgebung sich darüber bestimmter und ausführlicher ausgesprochen haben wird" (Fr. L. Chr. zu Solms-Laubach an J. H. J. von Caspars, Köln, 18. Sept. 1816; Historisches Archiv des Erzbistums Köln, Best. Erzbistum Köln, Bh 1). Vgl. die vorläufige Instruktion des Innenministers Schuckmann, Berlin 12. Aug. 1816: ebd.; siehe Gerschler, Oberpräsidium, S. 56 f.

[4] Zur Kölner Küche schrieb B. Elkendorf: „Die Kochart der Cölner ist eine Mischung der englischen, französischen und holländischen Küche. Indem die Cölner Küche eine große Menge der in Frankreich üblichen Speisen angenommen hat, nähert sich die Art der Zubereitung mehr der englischen

der mich freundlich empfängt u. gern meine Entschuldigung wegen der verspäteten Ankunft gelten läßt. Ich habe schon einige Debatten mit ihm u. Redel wegen der, dem Militair überlassenen Dominicaner Gebäude.[6] – Künftigen Mittwoch soll ich in das Collegium eingeführt werden. – Später gehen wir noch bis an den Römischen Thurm auf der Burgmauer,[7] und dann zu Redels zum Thee, wonach ich Schinkels nach Haus begleite. Die Verschönerung der Stadt durch Promenaden im Innern scheinen Solms sehr zu interessiren.[8]

Den 23. August [1816].

Ich fange an, meine Sachen besser zu ordnen. Später kommen Lieutnant Hedemann, der mich sehr langweilt, u. Klein. Ich hole bey Joseph meine Pfeiffenköpfe, u. er zeigt mir die |14r| Rezension u. Anzeige, die er über mein Buch gemacht.[9] Ich gebe Wally u. Therese die Ketten, die ich mit von Berlin gebracht,

---

und holländischen Küche; denn unter Vermeidung zu vieler und zu starker Gewürze werden die Speisen mehr einfach und doch kräftig und schmackhaft zubereitet. Die Tafel der wohlhabenden Einwohner zieren Mittags gewöhnlich nicht mehr als 4 bis 5 Schüssel. Bei großen Gastereyen wird aber alles aufgeboten, was die Saison zuläßt" (in: Becker-Jákli, Köln, S. 77).

[5] Zur Einrichtung der Diensträume und der Wohnung von Solms-Laubach siehe unten.

[6] Das Kölner Dominikanerkloster wurde 1802 säkularisiert, die Kirche 1804 abgebrochen. Die Klostergebäude nutzte das franz. Militär bis 1814 als Kaserne, 1815 übernahm die preuß. Armee die Bauten, ebenfalls zur Nutzung als Kaserne.

[7] Römerturm mit ornamentaler Verblendung, Teil der römischen Stadtbefestigung, Zeughausstraße/St. Apern-Straße; errichtet im 3./4. Jh. n. Chr.

[8] Schon im Sommer 1815 hatte Solms-Laubach bei einem Besuch in Köln an seine Frau Henriette geschrieben: Man habe ihm „die Stadt Köln so häßlich geschildert", aber: „Ich finde sie erträglich. Es sollten hier keine Bäume wachsen; ich habe viele, in u. um Köln gesehen, u. wenn die Stadt einige 1000 Thl. darauf wendet, u. der König nur etwas thut, so können [...] die schönsten Promenaden angelegt werden" (Fr. L. Chr. zu Solms-Laubach an H. zu Solms-Laubach, Köln, 15. Aug. 1815; Privatarchiv d. Grafen zu Solms-Laubach, XVII, 114, Nr. 24). Solms-Laubach lebte sich rasch in Köln ein. Der Buchhändler Friedrich Perthes aus Hamburg, der ihn im Sommer 1816 aufsuchte, schrieb: „Ich fand in ihm [...] einen einfachen, biederen, offenen Mann, welcher mancher Klage über Hemmungen des Guten Luft machte. Doch böten sich in Cöln [...] der Regierung viele Mittel dar, um Liebe zu gewinnen; Anstalten für Wissenschaften und Kunst würden hier gedeihen; die Kölner hätten Sinn für die große Geschichte ihrer Stadt und deren Denkmale und erkennten es mit Dank, wenn die Regierung auf dieselbe aufmerksam würde. Noch sei großer innerer Reichthum in der Stadt und viel Gewerbethätigkeit" (in: Klein, Solms-Laubach, S. 82).

[9] Vermutlich bezieht sich dies auf einen in der Allgemeinen Zeitung, Nr. 241, 28. Aug. 1816 veröffentlichen Text: „Herr E. v. Groote, rühmlichst bekannt durch die Herausgabe des ‚Taschenbuchs für Freunde altdeutscher Zeit und Kunst', hat in diesem Buche als höchsten Zwek, als einzige Bedingungen eines heitern, glüklichen und frommen Lebens, die Hingabe an die Kunst, Liebe und Religion aufgestellt; mit einer Lebendigkeit und Wärme der Darstellung, die auf's innigste von ihrem Gegenstande durchdrungen ist. Jeder, der da fühlt, wie noth es thut, daß der gesunkne fast allem Göttlichen entfremdete Geist unserer Zeit auf jede Weise und bei jeder Gelegenheit ermahnt werde, sich aufzurichten zum Nachdenken über das Würdige, Erhabene, Ewigdauernde, wird das glükliche Streben unsers Verfassers segnen, womit er jene Wahrheit, die ihn belebt, bald in einem

u. wir gehn zu Geyrs; Jettchen gebe ich ein Paar Ohrgehängchen. Die hohe Familie scheint mir übrigens sehr in einandern zu versauern. Bey Tische ärgert mich der Bürgermeister DGroote wieder gar sehr, u. ich denke ernstlich an die Möglichkeit, ihn wegzuschaffen; auch Hedeman ist wieder da u. langweilt mich. Ich gehe nachher, Sotzmann aufzusuchen, finde ihn aber nicht. Schinkel ißt bey Solms, mit der Frau gehe ich nach dem Freyhafen,[10] u. an den Dom, wo wir Schinkel, der um 5 Uhr kommen wollte, umsonst erwarten. Ich bringe sie wieder nach Haus, wohin der Vater mit den beyden Schwestern kommt. Als wir gegen 8 zurückkommen, sind die von Metternich u. Wenge angekommen. Thresette ist ausgelassen, mir unangenehm lustig; die Kinder wie verquarkt. Sie versichern mich alle sehr ihrer Gewogenheit, u. wollen morgen Früh nach Wissen,[11] die Frau v. Loë, Louischen,[12] zu gratuliren. – Später mache ich meine Sachen in dem Schrank, den ich mir habe hinsetzen lassen, noch besser in Ordnung.

Den 24. August [1816].

Ich ordne noch einiges an in meinen Sachen, u. gehe bald in den Heiligen Geist, wo ich aber nur die Frau Schinkel finde. Er selbst ist schon ausgegangen. Ich finde ihn mit Redel, GeheimRath Roitsch, u. anderen im Dom, u. wir gehen bald auf den Dom, wo wir besonders das schadhafte Gebälk untersuchen, u. überhaupt uns mit den Reparaturprojekten beschäftigen.[13] Auch auf den Thurm steigen wir, u. gehn dann nach [der] Gereons Kirche. Roitsch, der |14v| ein rechter Bonvivant zu seyn scheint, nöthigt uns zum Frühstück, welches wir bey Dekotte[14]

---

ruhig gründlichen Vortrag, der seines Erfolges gewiß ist, bald mit der tiefen Begeisterung eines poetischen Gemüths, das von seinem Gegenstande fortgerissen wird, jedem gebildeten Leser eindringlich zu machen versucht. Nicht leicht wird Einer dieses Werkchen unbefriedigt aus der Hand legen, und selbst diejenigen, welche in den darin aufgestellten Ansichten und Resultaten etwas gewagt oder übertrieben finden sollten, werden dem Scharfsinn, dem Prüfungsgeist und der Religiosität des Verfassers Gerechtigkeit wiederfahren lassen. Köln, im Julius 1816. DuMont und Bachem'sche Buchhandlung." Das Buch mit fast 300 Seiten kostete „1 Thlr. oder 1 fl. 48 kr." Zur Rezeption des Buches generell: Spiertz, Groote, S. 57–59.

[10] Weyden, Köln, S. 8 f.: Auf der Hafengasse gelangte man „in den 1804 neuangelegten Freihafen. Zwei runde thurmähnlich massiv aus Stein aufgeführte Krahnen [...] mit beweglichen Dächern, unterbrechen bis zur Mühlengassen-Bastion die Linie des neuen Werftes. Unbeholfen strecken sie ihre riesigen Schnäbel in die Luft. Langsam dreht sich knarrend und stöhnend das große Gangrad, von Menschen, den so genannten ‚Eichhörnchen', getreten."

[11] Schloss Wissen am Niederrhein bei Weeze ist seit 1461 in 16. Generation im Besitz der Familie von Loë. Es wird heute als Hotel, Forst- und Gutsbetrieb geführt.

[12] Maria Louise Gräfin von Loë, geb. von Wolff-Metternich zur Gracht. Der 25. August ist der Namenstag von Louis, vermutlich wurde also Louise gefeiert. Zur Familie von Loë vgl. Schönfuß, Mars, S. 76–82, Stammtafel der Familie: Ebd., S. 474.

[13] Vgl. K. Fr. Schinkel, Chor des Domes, Turm von Groß St. Martin und St. Margarethen, Feder in Schwarz, über Vorzeichnung mit Graphitstift, 1816 (Berlin, Kupferstichkabinett; Inv.-Nr.: SM SKB F.010 = SM Skb.F Nr. 2).

[14] Gastwirt J. Dekotte; AK 1813: traiteur, Place St. André 8/Andreas Nr. 8.

an St. Andreas[15] einnehmen. Dann ziehn wir nach Gereon, wo ich die beyden Karovés, Vater und Sohn,[16] sehe. Der Sohn reißt nach der Mosel, dann vielleicht nach Heidelberg. Schinkel bemerkt über die Gereonkirche, daß der unterste Theil des Dekagons das älteste seyn müsse, auf welchem dann nachher zur Zeit der Erweiterung der Kirche, die weitere Erhöhung gesetzt worden sey.[17] – Nach Tische gehe ich gegen 4 wieder zu Schinkel, woselbst Hedemann, u. wir gehn erst in das Rathhaus,[18] dann in vielem Regen nach Cunibert,[19] wo wir bleiben, bis gegen 7 ½ die Kevelarer Prozession[20] kommt. Später bin ich noch bey Wallraf, wo Prof. Butte einen Vortrag über ein neues System der Zonen u. des Erdklimas hält, der mich nicht ganz befriedigt.[21] Die membra Olympi scheinen mich übri-

---

[15] St. Andreas. Dreischiffige Kirche mit spätromanischen und gotischen Gebäudeteilen.

[16] Fr. W. Carové und dessen Vater Johann Philipp Alexander Carové.

[17] St. Gereon: Spätantiker-romanischer Zentralbau in der nördlichen Altstadt. Smets, Taschenbuch, S. 72: „Auf einem geräumigen, mit Bäumen bepflanzten Platze steht die Kirche zum heiligen Gereon und den Märtyrern der thebaischen Legion. [...] In der Gruft, genannt Crypta, sind zwei Kapellen, in deren Boden sich noch einige Spur von Mosaik vorfindet [...]. Schauervoll ist's hier unten und der geheimnißvolle, zurückgezogene Geist des Christenthums aus den Zeiten der Erheberin des heiligen Kreuzes, der heil(igen) Helena, verklärt sich im sinnenden Geiste des dort Verweilenden. Man lasse sich gleichfalls vom Führer mit der Fackel die noch schwachen Ueberbleibsel gleichzeitiger Malerei an der Wand beleuchten." Vgl. K. Fr. Schinkel, St. Gereon, Ansicht des Chores, Graphitstift, 1816 (Berlin, Kupferstichkabinett; Inv.-Nr.: SM SKB E.086 = SM Skb.E Nr. 23); Stankt Gereon. Ansicht des Chores, Feder in Schwarz, über Vorzeichnung mit Graphitstift, 1816 (Inv.-Nr.: SM SKB F.018 = SM Skb.F Nr. 6). St. Gereon. Ansicht, Feder in Schwarz, über Vorzeichnung mit Graphitstift, 1816 (Inv.-Nr.: SM SKB F.016 = SM Skb.F Nr. 5). Zu St. Gereon vgl. etwa: Kier/Krings, Die romanischen Kirchen im Bild, S. 146–183.

[18] Köln und Bonn mit ihren Umgebungen, 1828, S. 159–161: Das Rathaus besteht „ausser dem Portale, dem Vorhause und dem Keller aus funfzehn Dienstlocalen. Unter ihnen zeichnet sich besonders der grosse Saal, die Muschel genannt, aus. [...] Die Decke des Saals ist reich verziert und stellt die vier Elemente vor, die Tapeten sind schön gewirkt und mit künstlichem Schnitzwerk eingefasst. Ueber demselben ist die Syndicatsbibliothek und das Archiv zum Gebrauche des Syndicats." Demian, Ansichten, S. 256: „Das Rathhaus hat ein schönes Portal aus Marmor, das aus einer doppelten, aufeinander gesetzten Reihe von Arkaden besteht, wovon die unteren von korinthischer und die oberen von römische Bauart sind. Schöne Basreliefs schmücken die Zwischenräume. Das Uebrige des Gebäudes ist weniger zu loben, besonders ist die Fronte gegen den Altenmarkt gar nicht ansprechend."

[19] St. Kunibert: Dreischiffige, romanische Basilika in der Nähe des Rheins; Baubeginn um 1210. Vgl. K. Fr. Schinkel, Ansicht von St. Kunibert aus, Vorzeichnungen für die Titelvignette zu S. Boisserées Domwerk, Graphitstift, 1816 (Berlin, Kupferstichkabinett; Inv.-Nr.: SM 9.21); Ansicht von St. Kunibert aus, Vorzeichnungen für die Titelvignette zu S. Boisserées Domwerk, Graphitstift, Feder in Grau, 1816/17 (Inv.-Nr.: SM 9.22); St. Kunibert von Südosten, Feder in Schwarz, über Vorzeichnung mit Graphitstift, 1816 (Inv.-Nr.: SM SKB F.012 = SM Skb.F Nr. 3). Zu St. Kunibert vgl. etwa: Kier/Krings, Die romanischen Kirchen im Bild, S. 186–219.

[20] Seit Mitte des 17. Jh.s hatte sich Kevelaer zum wichtigsten Marienwallfahrtsort am Niederrhein entwickelt.

[21] Wilhelm Butte publizierte eine Reihe von Schriften zu Geografie, Statistik und Bevölkerungspolitik; etwa: Politische Betrachtung über die großen Vortheile, welche die von Frankreich ausgegangene Verwüstung Europas in der besseren Zukunft gewähren kann und soll, Leipzig 1814 und Ideen

gens freundlich wieder bey sich zu sehn. – Morgen soll ich mit Schinkel nach Brühl u. Kitzburg fahren, woselbst Joseph uns erwartet.

Den 25. August [1816]. Sonntag.

Nach der Messe u. dem Frühstück gehe ich gegen 9 Uhr zu Haxthausen,[22] der mir seinen Bruder[23] vorstellt. Er sagt mir, wie er zum Zeitungs Censor ernannt sey,[24] u. ließt mir eine krasse Rüge vor, die wegen eines Artikels in dem Staatsboothen an ihn ergangen, der über den Glauben des Volks, durch Prozessionen etc. besseres Wetter zu erflehn, einige wohlgemeinte Worte ausgesprochen.[25]

über das politische Gleichgewicht von Europa mit besonderer Rücksicht auf die jetzigen Zeitverhältnisse, Leipzig 1814. 1816 erschien: Erinnerungen an meine teutschen Landsleute, welche versucht seyn sollten aus Europa zu wandern, Köln 1816. Vgl. eine Ankündigung des Buches in: Köln. Zeitung, Nr. 132, 18. Aug. 1816.

[22] W. von Haxthausen wohnte 1816 zunächst in der Hohe Str. 53. Köln. Zeitung, Nr. 125, 6. Aug. 1816: „W. Frhr. v. Haxthausen-Appenburg, Hochstraße, Nro. 53." Das Haus gehörte Johann Wilhelm von Bettendorf bzw. seiner Witwe Anne Marie Marguerite. Die Familien von Haxthausen und von Bettendorf waren verwandt. Nach einer Schätzung während der Franzosenzeit zählte ihr Haus zu den 15 wertvollsten Wohngebäuden Kölns. Vgl. Vogts, Kölner Wohnhaus, Bd. I, S. 346. W. von Haxthausen zog 1816/17 in den Brempter Hof am Bayenturm, auch Pützisches Haus am Bayen oder Pützischer Hof genannt (Bayengasse/Bayenstr. 27) um. Ende des 18. Jh.s hatte das Gebäude der Familie von und zum Pütz gehört (Vogts, Kölner Wohnhaus, Bd. II, S. 751), um 1816 war es im Besitz der Witwe Fernandine Heereman von Zuydtwyck, der Schwester W. von Haxthausens. Vgl. Schaden, Bei Haxthausen, S. 205. Das Gebäude lag in der Nähe des Bayenturms unmittelbar an der Stadtmauer, also in einiger Entfernung des Stadtzentrums.

[23] August Franz Ludwig von Haxthausen.

[24] W. von Haxthausen war mit der Kontrolle der in der Region erscheinenden Zeitungen beauftragt.

[25] Welt- und Staatsbote zu Köln, Nr. 116, 21. Juli 1816: „Köln vom 20. Juli. Endlich hat der Himmel unser Flehen erhört, und die Noth einer trüben Zukunft von uns abgewendet. Seit zwei Tagen haben wir schönes warmes Wetter, ohne Regen, bei Süd- und Südost-Wind, haben also alle Hoffnung, daß die Erndte geborgen, und die Preise des Getreides sehr bald herunterkommen werden. Dank! Dank der ewigen Vorsehung, deren Hülfe am nächsten ist, wenn die Noth am größten zu seyn scheint! Seit acht Tagen hatten sich hier die Einwohner aus allen Ständen bei Nachtzeit vor den Tempeln des Herrn zahlreich versammelt, und wallten singend und bethend Prozessionsweise durch die Straßen der Stadt von einer Kirche zur andern. Schauerlich sprachen bei stiller Nacht die aus dem Herzen kommenden Gesänge und Gebethe den Zuhörer an; so rührend diese Klagtöne auch waren, so erbauten sie, und ergriffen tief das Gemüth des Gläubigen; und es ist erfreulich, daß die hiesigen Einwohner den frommen und religiösen Sinn der Väter nicht abgelegt haben. Unser Gebeth ist nur erhört worden, und hat es sich von neuem das alte Sprichwort bewährt: ‚Wer auf Gott vertraut, / Auf Sand nicht baut!'" Haxthausen, der wegen des Erscheinens dieses Artikels scharf gerügt worden war, verteidigte sich in einem Schreiben an Solms-Laubach. Er erklärte: Die Bestimmungen, die man ihm als „vorläufige Richtschnur" mitgeteilt habe, „enthalten den allgemeinen Auftrag, alle Zeitungen in Rücksicht der Pflichten gegen Staat und Kirche, vorzüglich aber in Bezug auf Politik und unbefugte Critic des eignen Staatshaushalts in strenge Aufsicht zu nehmen. Nach dieser Bestimmung schien mir nichts anstößiges in der erwähnen Anzeige enthalten zu seyn; sie wiederhohlte eine schon oft von Christen aller Bekenntnisse aufgestellte Meinung, daß die Naturerscheinungen einem Willen unterworfen seyen, wel-

Seine Rechtfertigung schien mir ganz gut u. richtig, u. es ist darauf nichts weiter |15r| erfolgt. Er zeigt mir auch eine Menge Bilder, die er seither gekauft, unter denen wenig Gutes ist.[26] Ich kaufe nun für Marie einiges Zuckerwerk, |:1.16:| u. da mein Wagen da ist, fahre ich mit Caspar, Schinkels abzuholen, u. wir reisen nach Brühl in recht schönem Wetter. Dort sehen wir das Schloß u. den Garten,[27] |:1.10:| die Schinkel sehr wohl gefallen, lassen die Pferde etwas füttern, |:1.18:| u. fahren nach Kitzburg, wo wir Joseph, Carl, Herrn Schultz, Herrn Boecking schon finden. Nach Tisch zeige ich Schinkel den Garten, die Mühle, u. die Aussichten vom Berg, dann auch den alten Römischen Canal im Dorf[28]; wir sehn dem Vogelschießen noch eine Weile zu, bey dem die Brüder beschäftigt sind, u. fahren gegen 6 ½ wieder nach Cöln zurück. Wagen-Geld 3 Rth., Trinkgeld 34 Stb. |:10.14:|

---

cher durch Flehen und andere ihm angenehm geglaubte Handlungen, zu einer gewünschten Veränderung derselben bewegt werden könne. Dieser Meinung wird den Bewohnern Cölns zugeschrieben, und als der Väter würdig gerühmt. […] Die Extreme des Mysticismus und der Aufklärung sind in der Regel, also auch wahrscheinlich in Cöln, nur unter andern Formen, ziemlich gleich unter allen Ständen vertheilt. Es würde daher kaum auffallend scheinen, wenn Einwohner aus allen Ständen, die Meinung, welche in der Anzeige ausgesprochen ist, theilten, oder selbst den Gebeten und Umgängen beigewohnt hätten; und selbst dieser Zeitungsartikel, im wahrscheinlichsten Falle einer großen Verbreitung, wird gewiß von allen Ständen Deutschlands, wohl eben so häufig gelobt als getadelt werden. Es schien mir daher nicht gefährlich für den Ruf der Religiösität und Bildung der hiesigen Einwohner, daß von ihnen behauptet ward, sie hätten von allen Ständen bei Nachtzeit vor den Tempeln sich versammelt, und singend und bethend von einer Kirche zur andern gewalfahrt. Es würde mir aber gefährlich geschienen haben, dieses Lob einer vollbrachten, in der Meinung des Volkes lobenswürdigen und von der Regierung bis dahin nicht mißbilligten Handlung, wobei aller Unfug, welcher bei der Handlung selbst statt finden könnte, unmöglich war, ohne Autorisation zu verbiethen, und in einer Stadt, und in einem Lande, wo Mißverständnisse dieser Art so gefährlich werden könnten, bei dem ungebildeten Theile des Publicums den Schein zu erregen, als ob die Regierung religiöse Ansichten oder Meinungen des Volks unterdrücken, oder vielmehr ihre Äußerung sogar verbieten mögte" (W. von Haxthausen an das Regierungspräsidium, Köln, 25. Juli 1816; Privatarchiv d. Grafen zu Solms-Laubach, XVII, 115, Bl. 79 f.). J. P. J. Fuchs, Stadtchronik: „Im Monat July zogen hier bei Nacht Tausende von Menschen, besonders aus der Klasse deren ganze Hofnung künftigen Lebensunterhalts auf den Aeckern steht, Prozessionsweise betend und singend durch die Stadt vor die Gotteshäuser um die Abwendung der drohenden Vernichtung jener Hofnung zu erflehen" (HAStK, Best. 7030, Nr. 215, Bd. I, S. 1). Vgl. auch: Köln. Zeitung, Nr. 114, 18. Juli 1816. Zur Haltung der preuß. Regierung in Hinblick auf Wallfahrten 1816: Gerschler, Oberpräsidium, S. 167 f.

[26] W. von Haxthausen hatte um 1816 begonnen, Kunstwerke zu sammeln. Zu Haxthausen als Sammler: Schaden, Bei Haxthausen, 1995.

[27] Schloss Augustusburg: prachtvoller Barockbau, errichtet in der 1. Hälfte des 18. Jh.s durch die Kölner Kurfürsten. Demian, Ansichten, S. 337: Das Schloss zu Brühl steht „fast noch ganz in seiner vormaligen Pracht und Herrlichkeit da. Es ist im französischen Styl erbaut, was wohl die hauptsächlichste Ursache seyn mag, dass es von den Franzosen unzerstört und verschont blieb."

[28] Die römische Wasserleitung verläuft in der Nähe der Kitzburg.

Den 26. August [1816].

Ich gehe, weil es regnet, erst gegen 8 Uhr zu Schinkel; mit ihm in die Große MartinKirche, wo ihm der innere Wallrafische Geschmack[29] gar nicht gefällt. Wir gehn nun nach St. Cunibert, können aber den Schlüssel zum Thurm daselbst nicht erhalten. Wir gehn daher durch den Dom nach Lieversberg's Haus, wo wir uns bis nach Ein Uhr mit Betrachtung der schönen Bilder beschäftigen.[30] Nach Tisch gehe ich bald wieder zu Schinkel hin, u. mit ihm zu Herrn Regierungs Direktor Sotzman, der mich ganz freundlich aufnimmt. Er zeigt uns eine seltsame französische Legende, mit alten Miniaturen. Wir besuchen noch Boeckers, und |15v| Bernhard Boisserée, u. gehn dann mit Frau Schinkel an die Severins Mühle[31] u. über die Graben, die durch die hohen Welle durchaus unangenehm sind. Haxthausen u. Simon begegnen uns, u. gehn mit uns über den Neumarkt; wir reden ab, ohne die Frauen, nachher zum Graf Ober Präsident zu gehen. Schinkel holt mich ab, ich werde der Gräfinn vorgestellt, u. wir reden über die Geschäfte bis gegen 10 Uhr.

Den 27. August [1816].

Mich besucht der Rektor, u. kündigt mir ein neues Bild von Ober Wesel her an.[32] Später besucht auch der Offizier Wassow. Ich gehe nun aus, die Frau von Mylius zu besuchen, finde sie aber nicht, auch nicht den Regierungs Rath v. Stolzenberg u. gehe zu Herrn v. Münch. – Dann eile ich, Schinkels abzuhohlen, u. gehe mit ihnen zu Lieversberg, wo wir ganz fidel zu Mittag essen, die Bilder besehen, u. die Scheinkapelle;[33] dann gehn wir noch ans Arsenal,[34] wo die neuen Promenaden

---

[29] 1793/94 wurde Wallraf mit der Neugestaltung der im 12. Jh. entstandenen Abteikirche Groß St. Martin beauftragt. Der Kölner Maler Josef Hoffmann übernahm die Ausmalung des Kirchengewölbes nach den Bildvorstellungen Wallrafs. Die Abtei wurde 1802 aufgelöst, die Kirche nun als Pfarrkirche genutzt. Vgl. K. Fr. Schinkel, Köln. Chor des Domes, Turm von Groß St. Martin u. St. Margarethen, Feder in Schwarz, über Vorzeichnung mit Graphitstift, 1816 (Berlin, Kupferstichkabinett; Inv.-Nr.: SM SKB F.010 = SM Skb.F Nr. 2).

[30] Zur Sammlung von J. J. N. Lyversberg vgl. K. Fr. Schinkel an K. S. Fr. vom Altenstein, Berlin, 15. Okt. 1816; in: Wolzogen, Schinkel's Nachlaß, Bd. 2, S. 193).

[31] Severinsmühle, Bottmühle: viergeschossige Windmühle, hinter der Kirche St. Severin.

[32] Auf dieses Bild bezog sich Schinkel in einem Brief an S. Boisserée: „Fochem spricht mir von der Gewinnung eines kostbaren Bildes von Johann van Eyck, welches ich bei meiner Rückkunft nach Köln bei ihm sehen soll, er sagt, es sey ohne Zweifel das schönste, was dieser Meister gemalt und überträfe also auch die herrlichen Bilder Ihrer Sammlung. Ich bin sehr neugierig" (K. F. Schinkel an S. Boisserée, Köln, 3. Sept. 1816; in: S. Boisserée, Briefwechsel, Bd. I, S. 320 f.). Siehe auch: K. Fr. Schinkel an K. S. Fr. vom Altenstein, Berlin, 15. Okt. 1816 (in: Wolzogen, Schinkel's Nachlaß, Bd. 2, S. 192).

[33] Lyversberg hatte sich in seinem Haus Heumarkt 10/Ecke Börsengäßchen um 1807 eine neugotische Scheinkapelle einrichten lassen, die Maximilian Heinrich Fuchs nach Entwürfen von Matthias Joseph Denoël ausmalte. Zur Kapelle: Mädger, Lyversberg, S. 194 f. Goethe zu Scheinkapellen, die von privaten Sammlern errichtet wurden: „Man ersann scheinbare Hauscapellen, um Kirchenbil-

gemacht werden sollen, u. von da zu v. Haxthausen, wo die Prediger Sack, die Familie Simon, ein Rittmeister Bärsch, die Frau von Haxthausen u. Director Sotzmann. Wir bleiben dort bis gegen 11 Uhr. –

Den 28. August [1816].

Ich gehe gegen 9 Uhr auf die Regierung, wohin später auch Graf Solms, der Director Sotzman, u. die übrigen membra kommen, u. wo ich vereidet werde. Nach vorhergegangener Durchlesung einer kleinen Pro memoria über die Wichtigkeit des Eides, wird mir die Eidesformel schriftlich zum Ablesen gegeben, welches mit aufgehobenen Fingern geschehen muß.| A 1/9–18; 16r| Dann geht die Sitzung an, u. die Vorträge währen bis nach 2 Uhr. Nach Tisch arbeite ich ein wenig bey mir, u. Regierungs Rath Auer kommt zu mir. Noch später gehe ich aus, u. zwar, da ich Schinkel u. Carové nicht finde, zu Wallraf, der in den Jesuiten seine Gemälde aufstellt. – Abends gehe ich mit Joseph spazieren, u. noch wieder zu Schinkel, der sehr wünscht, daß auch ich morgen mit nach Altenberg gehe, wohin Graf Solms ihn führen wird. Ich werde also wohl mit hin reiten.

Den 29. August [1816].

Gegen 6 reite ich zu Solms hin, u. alles ist ziemlich zur Abreise fertig. Haxthausen kommt auch zu Pferde an, schickt aber das Pferd wieder weg, sobald er sich einen Platz in einem Wagen ausgemittelt hat. Ich reite also vor Solms, bey dem nun Schinkel, Goetschmann, Haxthausen, Redtel u. Graf Solms Roetelheim ist, auf die Brücke, u. so fort nach Mülheim, |:–6:| wo uns der Landrath von Spietz[35] erwartet. Dieser beredet mich nun, das Pferd in Mülheim zu lassen, u. mit ihm zu fahren. Wir fahren bis an den Straßhof [Strasserhof], von wo die Wagen nach Bensberg geschickt werden. Aber Spiess schickt seinen nach Mülheim zurück. Wir besuchen nun zu Fuß das halb zerstörte Altenberg,[36] dessen schleunigste

---

der und Geräthschaften in altem Zusammenhang und Würde zu bewahren. Man ahmte die bunten Glasscheiben auf Leinwand täuschend nach; man wußte an den Wänden theils perspectivische, theils halberhobene klösterliche Gegenstände als wirklich abzubilden" (Goethe, Ueber Kunst, S. 6).

[34] Arsenal: Zeughaus an der Zeughausstraße.

[35] Ludwig Joseph Fortunatus von Spies-Büllesheim amtierte von 1816 bis 1820 als Landrat des Kreises Mülheim am Rhein.

[36] Altenberger Dom. Schinkel berichtete an S. Boisserée: „Die Kirche in Altenberg wird noch in diesem Jahr mit einem neuen Dach versehen und zu einer Pfarrkirche gemacht und also auch als Monument erhalten" (K. Fr. Schinkel an S. Boisserée, Köln, 3. Sept. 1816; in: S. Boisserée, Briefwechsel, Bd. I, S. 320). Vgl. Amtsblatt d. Königlichen Regierung zu Köln, Nr. 21, 24. Sept. 1816: „Die Kirche der ehemaligen Abtei Altenberg im Kreise Mülheim hat durch eine Feuersbrunst im vorigen Herbste ihr Dach und ihren Thurm verloren, und es drohet dem offenliegenden Gewölbe, wie dem ganzen denkwürdigen Gebäude ein völliger Untergang, wenn nicht noch vor dem ein-

Reparatur aber der Graf beschließt. Wir ziehen nun bis nach Odendal [Odenthal], wo der Bürgermeister und Hofrath Fauth[37] ein sehr anständiges Frühstück aufwirft. Dann gehn wir weiter nach Bensberg; auf dem Weg will ich Haxthausen erschrecken, um ihm den Schluck zu vertreiben, allein, unvorsichtig stoße ich ihn in einen Graben, daß er die Hand verstaucht, u. nun von den Merkwürdigkeiten von Bensberg nicht viel sehen kann, da er sich zu Bette legt. Die Gräfinn Solms etc. sind von |16v| Köln gerade nach Bensberg gefahren. Das herablassende Wesen der Gräflichen Familie scheint mir etwas ans Gemeinmachen zu gränzen. Nach dem Essen fahrn wir bald wieder zurück, wobey Spietz u. ich Plätze auf den andern Wägen finden. Wir fahren mit bis fast nach Merheim, von wo wir zu Fuß nach Mülheim gehn. Dort nehme ich mein Pferd wieder, |:2 Fr.:| lasse mir die Brücke bestellen,[38] gebe dem Bedienten von Spietz noch etwas, |:1–10:| bezahle, da es schon 9 Uhr ist, die Brücke für mich allein sehr theuer |:3.4:| u. reite in der Dunkelheit glücklich ans Thor. |:–9:| Die Meinen sind noch wach, u. ich erzähle ihnen die Tagesbegebenheiten.

Den 30. August [1816].

Der Rektor besucht mich schon früh am Bette. Ich kaufe mir Visittkarten, |:1.3:| u. bleibe bey der Sitzung der Regierung bis gegen 1 ½ Uhr. Ich gehe nach Tisch zu Schinkels, die ich nicht finde, kaufe mir ¾ ℔ Tabak, |:2.12:| u. gehe in den Dom beym Regen, von da zu General Mylius, der mich mit seinen eigenthümlichen Ansichten aller Dinge sehr langweilt. Ich sehe auch die Clara, u. seinen Sohn Anton. Bey Imhof[39] kaufe ich mir Schreibmaterialien |:3.4:| u. gehe nach Hause. Später noch mit Joseph zu Solms, wo wir die einzigen Fremden sind; gegen 10 nach Hause.

---

tretenden Winter demselben wenigstens ein Schutzdach gegeben wird." Der Artikel erläutert im Weiteren die Bedeutung der Kirche als „Nationaldenkmal". Siehe zum Ausmaß des Brandes: Köln. Zeitung, Nr. 184, 12. Nov. 1815.

[37] Franz Heinrich Fauth, Jurist und Unternehmer, 1806 Maire von Gladbach, nach Ende der Franzosenzeit Bürgermeister von Bensberg und Gladbach.

[38] Elsholtz, Wanderungen, S. 17 f.: „Wir erwarten die sogenannte fliegende Brücke, welche langsam und majestätisch, ein wanderndes Gebäude daher schwimmt, um uns hinüber zu tragen. – Sie hat die Form eines Vierecks, ist ringsher mit einem Geländer versehen und ruht auf zwei großen mit einander verbundenen Nachen von eigenthümlicher Bauart, zwischen denen der Rhein mit Heftigkeit hindurch strömt. Von sieben kleineren Nachen [...], die in gewisser Entfernung von einander stromaufwärts auf der Mitte des Flusses liegen, ist der letzte auf dem Grunde fest geankert, und er hält an einer, über der ganzen Nachenreihe schwebenden, Kette die Brücke gefesselt gleich einem an den Block geschmiedeten Gefangenen, daß die Gewalt des Stromes sie nicht mit fortzureissen vermag."

[39] Vermutlich: Cornelius Urban Imhoff-Schwartz; AK 1813: marchand-papetier; Rue Large 105/Breite Str. 105.

Den 31. August [1816].

Der Rektor besucht mich schon am Bette. Gegen 9 gehe ich schon zu Schinkels, mit ihnen zu Liversberg, wo wir einige neue Bilder ansehn, dann zum Glaser Düssel[40] des Doms, wo wir viele gemalte Fenster sehn, deren Schinkel einige Scheiben kauft. Dann gehn wir noch zu Frau Boisserée Uphof.[41] Es ist so schändliches Regenwetter, |17r| daß ich gar nicht mehr ausgehe, sondern etwas noch an meinem Tristan schreibe.[42] Später besucht mich Carové, dem ich mein Buch schenke. Ich gehe gegen 8 in den Olymp, wo nicht viel neues vorkommt. Wir reden dort auch über den Bau der alten Kirchen, und Wallraf sagt, es haben sonst auf dem Domchor zwey kleine Altäre, mit Thürmchen zu Evangelisten u. Christus gestanden. Auf der Stelle der Glasthüre sey ein Kreuzaltar, u. neben diesem zwei kleine Thüren gewesen.

Den 1. September [1816]. – Sonntag.

Nach der Kirche gehe ich mit Herrn Rektor bis zum Heiligen Geist, um Schinkels in den Dom zu führen, allein, sie sind schon weg. Ich hole Joseph wieder ab, u. finde die Frau Schinkel im Dom, wo sie sich über die Musik sehr freut. Ich gehe nun mit Joseph zu v. Harff, wo auch die Frau von Stauffenberg ist.[43] Von da gehe ich zu Mylius, die mich zu Tisch gebethen. Ich rede mit dem General[44] manches über unsere Familien-Geschäfte, u. finde immer mehr in ihm zu große Sucht, seine Haabe zu vermehren. Doch gehe ich mit dem Vorsatz weg, unsre Sachen ernstlich anzugreifen, u. zu einem Ende zu führen. – Ich suche nachher Schinkels vergebens, u. gehe zum Rektor, wohin Herr Bürgers kommt, den ich wegen

---

[40] Mitglied der Kölner Glaser- und Glasmalerei-Familie Düssel, die auch Glasarbeiten für den Kölner Dom fertigstellte. AK 1813: Georg Düssel, vitrier et miroitier, Rue de l'Université 7/Am Hof 7. Zu den Glasern der Familie Düssel: Krischel, Rückkehr, S. 110, Anm. 47.

[41] Josephine Boisserée, geb. Uphoff. AK 1813: Rue St. Jean 39/Johannstr. 39/Johannistr. 39. Ihr Schwager S. Boisserée charakterisierte sie 1816 in einem Brief an Schinkel: „Sie ist eine liebenswürdige Frau, und als Miniaturmalerin eine schätzenswerte Kunstfreundin" (S. Boisserée an K. Fr. Schinkel, Heidelberg, 3. Aug. 1816; in: Wolff, Boisserée, Briefwechsel, S. 71).

[42] Der starke Regen in diesen Tagen war für die Untersuchungen Schinkels am Dom durchaus vorteilhaft: „Bei dem vielen Regen" hatte er Gelegenheit, „die Ursachen der Zerstörung recht gründlich zu studiren." So konnte er etwa feststellen: „Alle Fugen der Strebebogen rings um den Chor sind ausgewaschen und das Wasser läuft wie durch ein Sieb überall hindurch, das wenige, welches den Weg des Kanals noch findet, stürzt aber in der Ecke jedes Pfeilers wie ein zerstäubter Regen hinab" (K. Fr. Schinkel an S. Boisserée, Köln, 3. Sept. 1816; in: S. Boisserée, Briefwechsel, Bd. I, S. 317 f.).

[43] Die Familien von Harff und von Stauffenberg waren miteinander verwandt. Maria Charlotte Antoinette von Harff zu Dreiborn, Tochter von Franz Ludwig von Harff zu Dreiborn und Clara Elisabeth von Kerpen, war mit Adam Friedrich Schenk von Stauffenberg verheiratet.

[44] Caspar Joseph Carl von Mylius, genannt „der General", da er als General in kaiserlich-österreichischem Dienst gestanden war, hatte in 1. Ehe Maria Anna Henriette Walburga von Groote, Schwester von Eberhard von Grootes Vater, geheiratet; AK 1822: Gereonsdriesch 13.

seiner Jagdgeschäfte u. Ausxxxxx vertröste. Ich gehe von da wieder zu Schinkels, die ich auch finde. Meine schrecklichen, hypochondrischen Leiden bringen uns auf das Gespräch der gänzlichen Nichtigkeit der Kunst in unserer Zeit. Ich gehe dann noch schwermüthiger u. düsterer gestimmt weg, und rede noch eine Weile mit dem Vater und den Geschwistern. Es ist ein schwarzer, böser, finstrer Geist in mich gefahren, der mich zum Schändlichsten verführt. ∼|17v|

Den 2. September [1816].

Ich schreibe einige Blätter an meinem Tristan. Ehe ich zur Regierung gehe, kommt der Rektor einen Augenblick zu mir. Bey der Regierung wird ein neuer Assessor, Schoenewald, eingeführt, u. ich sehe zuerst den Direktor der zweiten Abtheilung, v. dem Hagen.[45] Ich gehe nachher mit v. Haxthausen zu Wallraf in das Jesuiten Colleg, wo auch Schinkel u. Redtel sind. Wir besehn noch einiges von Wallrafs Sachen, u. ich gehe zu v. Geyr, wo ich mit Joseph u. v. Münch esse. Nachher suche ich den Prof. Cramer nochmal auf; aber er ist schon seit gestern wieder abgereist. Bald holt mich Schinkel ab, u. wir gehn zu Herrn Katz,[46] wo wir schöne Sachen in Zeichnung u. Malerey sehn. Dann gehe ich mit Schinkel nach Hause, wo ich ihm unter anderm ernsthaft vorstelle, daß ich eine Berechnung meiner Reisekosten zu machen wünsche, worein Schinkel auch willigt. – Redtel glaubt, die Kölner Geistlichen haben ihn beym Ober Präsidenten verklagt, weil er durch ein Präsent an den Küster, die Glasfenster aus der Gruft in St. Gereon hat wegnehmen lassen. Bey Meister Führer habe ich mir heute neue Knöpfe zu meinem schwarzen Rock u. einen dito neuen bestellt.

Den 3. September [1816].

Ich schreibe noch etwas am Tristan, werde dann zu Joseph gerufen, wo Neigebauer ist, u. wohin später Wallraf kommt, um zu betreiben, daß er gewisse alte Bilder in der Zelle[47] ibidem[48] bekomme. Er erzält von dem Circulare wegen Abschaffung der Bordelle,[49] welches von den alten geistlichen Herren (Schnütchen) unterschrieben sey. – Später gehe ich zum Vater, um mit ihm wegen der

---

[45] Zu Ludwig vom Hagen: Klein, Regierungspräsidenten, S. 68–70; Hochscheid, Regierungspräsidenten, S. 52–54; Romeyk, Verwaltungsbeamten, S. 495.
[46] Franz Katz, Maler und Inhaber einer Zeichenschule, wohnte 1813 Rue (grande) des Boutiques 23/Große Budengasse 23. Zu Fr. Katz, der auch Kunstsammler und -händler war, vgl. Krischel, Kölner Maler, S. 250 f.
[47] Kölner Kloster zur Zelle: Kloster der Cellitinnen von der Heiligen Gertrud am Neumarkt; es wurde 1802 aufgehoben. Vgl. zur Geschichte des Klosters: Prieur, St. Gertrud, 1983.
[48] ibidem: dort, ebenda.
[49] B. Elkendorf stellte fest: „Bordelle sind dermalen vier in hiesiger Stadt vorhanden und ist die größte Anzahl nie über sechs gewesen." Die „darin befindlichen Lustdirnen" waren „im Durchschnitt sechzehn an der Zahl" (in: Becker-Jäkli, Köln, S. 100).

Theilungsgeschäfte mit General v. Mylius zu reden. Es ist sehr schwer [ihn] zu endlicher Beendigung derselben zu bereden, wegen der Persönlichen Unannehmlichkeit des |18r| Mylius. Ich rede auch mit ihm über unsre übrigen Post- u. Güterangelegenheiten. Gegen Mittag gehe ich nach Deutz zu Tische bey Herrn v. Caspars. Es sind daselbst einige Examinatoren, u. der Sekretair Schmitz.[50] v. Caspars scheint mir bey weitem noch der hellste unter diesen Obskuren Menschen. – Nachher gehe ich mit Schinkel, Redtel u. Haxthausen zu Schieffer,[51] wo wir schöne Glasgemälde sehn, u. von da sehe ich bey Haxthausen noch einiges an, gehe nach Hause, u. später mit Joseph zu Graf Solms, wohin noch mehrere Herrn zusammen kommen. Es ist erfreulich, den Grafen mit gleichem Interesse von seinen Anschlägen[52] zur Abwendung aller Noth u. Theurung im Lande nach dem schlechten Sommer, wie auch über die zur Verschönerung der Stadt u. Kunstsammlungen etc. reden zu hören.

Den 4. September [1816].

In unserer Sitzung in pleno kommt vorzüglich der bevorstehende Mangel an Früchten zur Sprache;[53] der Graf macht sich verbindlich, augenblicklich eine baare Summe von 50.000 Rth. zu schaffen, wenn das Collegium glaube, damit einstweilen hinreichende Magazine u. Credit erwerben zu können. Dieß wird angenommen, der Graf entfernt sich, u. da er nach ½ Stunde wieder kommt, sagt er, das Colleg habe über jene Summe zu disponiren. – Bey uns ist die Frau Schinkel u. Marie; Schinkel ist zum Grafen gebethen. Er kommt noch selbst zu uns, u. entschließt sich, morgen noch zu bleiben, u. den Abend bey uns zu zu bringen. Ich gehe nachher zu den Regierungs Räthen Roitzsch, Gossler, Butte, v. dem Hagen, Fuchs, die ich alle nicht finde. Bey Schlaefke bleibe ich ein wenig, u. gehe nun zum Bürgermeister Mylius, mit dem ich ganz gut weg komme. Nachher besuche ich den Präses, der aber eben ausgehn will. Auch er sieht nicht zu trübe in die Zeit. Ich mag zu Redtel, bey dem Schinkel u. Sotzmann u. Haxthausen sind, nicht hingehn, da er mich nicht gebethen hat. Ich lese zu Haus den Band I des Teufels Elixiere.[54]

---

[50] Der Geistliche Johann Wilhelm Schmitz war seit 1812 Sekretär von J. H. J. von Caspars zu Weiss, 1816 wurde er zum apostolischen Pronotar ernannt.

[51] Die Kaufmannsfamilie Schieffer besaß eine Sammlung von Glasmalereien, die u.a. aus Kölner Kirchen und der Kirche in Altenberg stammten. Das von Groote genannte Familienmitglied war vermutlich Heinrich Schieffer, Sohn von Johann Wilhelm und Maria Schieffer, geb. Pleunissen. W. von Haxthausen kaufte bei der Versteigerung der Sammlung Schieffer 1824 mehrere Glasgemälde. Zur Sammlung und Familie Schieffer: Wolff-Wintrich, Glasmalereien, S. 344–347; Ekkert, Bernhard von Clairvaux, S. 15 f.; Förster, Kunstsammler, S. 98 f.

[52] Anschläge, hier: Vorschläge.

[53] Vgl. hierzu den Bericht der Kölner Regierung über die Situation der Landwirtschaft und die Lebensmittelpreise im September (Zeitungs-Bericht für den Monat Sept. 1816, Köln, 15. Okt. 1816; GStA PK, I. HA Rep. 89 Geheimes Zivilkabinett, 16277, Bl. 71–74).

[54] E. T. A. Hoffmann, Die Elixiere des Teufels. Nachgelassene Papiere des Bruders Medardus eines Capuziners, Berlin 1815.

Den 5. September [1816].

Ich rede mit Joseph manchfaltig über unsere Familiengeschäfte, u. schicke inzwischen zu Schinkel, Sotzman, Auer, Redtel, |18v| Haxthausen u. Wallraf, um sie auf den Abend einzuladen. Inzwischen bezahle ich für die Parthie nach Bensberg, woran jeder pro rata Antheil zahlen muß, meinen, der durch einen Canzleydiener geholt wird. |:6–4 –:| Später kommt Schinkel zu mir, den ich zu Boisserée, Böckers, u. zu einem Geldwechsler begleite. Es regnet nachher so,[55] daß ich bey ihm zu Haus bleibe bis Mittag. Ich kaufe noch Chokolade, |:3.6:| um sie der kleinen Marie zur Reise mitzugeben; nach Tische gehe ich wieder zu Schinkels hin, u. mit Ihnen im Dom u. sonst herum, bis es Abend wird. Ihren Koffer hebe ich hier auf, bis zur Rückkehr aus Holland. Ich bezahle meine Stiefel; |:28.10:| u. nach u. nach versammeln sich noch bey uns ausser Geyr's, die wir schon finden, die oben benannten Herren. Es wird Punsch u. Thee getrunken, bis gegen 11; des Taback-Rauchens war fast zu viel geworden. Ich nehme einstweilen von den guten Schinkels Abschied;[56] in 3 Wochen wollen sie aus Holland zurück seyn.[57] – Sotzman fragte mich, welcher Art Sachen ich zu bearbeiten denke; u. ich habe ihm gesagt, daß ich Jurisprudenz getrieben, überdieß aber mit den Städtischen Angelegenheiten am besten bekannt u. des Zutrauens der Bürger gewiß sey; dieß schien ihm zu genügen.

Den 6. September [1816].

Ich lese u. schreibe noch etwas bis nach 9 Uhr, wo ich in die Sitzung gehe. Nach dieser, gegen 12 ½ gehe ich mit Haxthausen zu Dumbek, der von Carové einen Auszug aus einer merkwürdigen Chronik von Carl des Großen Zeit[58] erhalten hat. Nach Tisch schreibe ich an Beuth, schreibe auch die Schuldforderung an den Kendenicher Halfen auf Stempelpapier,[59] um sie morgen von ihm unterschrei-

---

[55] Über das Wetter im Sept. 1816 hielt der Bericht der Regierung fest: „Die Witterung war im Monat September etwas günstiger als in den vorhergehenden Monaten; Feuchtigkeit blieb jedoch vorherrschend, und einige Nächte zeichneten sich durch fühlbare Kälte aus. Vom 1ten bis 11ten, dann vom 19ten bis 29ten war mehr Regen als Sonnenschein; lezterer zeigte sich anhaltend vom 12ten bis 18ten. Am 19ten, 23ten und 29ten stellten sich Morgens Nebel ein, am 8ten und 18ten waren Gewitter. Die Nacht vom 3ten auf den 4ten war stürmisch, mit Regen und Hagel begleitet, der Wind wehte vom 14ten bis 17ten, dann auch vom 21ten bis 24ten meistens aus S. O., sonst abwechselnd bald aus S., bald aus S. W., am 19ten N., am 25ten, 26ten und 28ten W." (Zeitungs-Bericht für den Monat Sept. 1816, Köln, 15. Okt.1816; GStA PK, I. HA Rep. 89 Geheimes Zivilkabinett, Nr. 16277, Bl. 71).

[56] Über seinen Aufenthalt in Köln vgl. K. Fr. Schinkel an K. S. Fr. vom Altenstein, Berlin, 15. Okt. 1816 (in: Wolzogen, Schinkel's Nachlaß, Bd. 2, S. 192–195).

[57] Zu dieser Reise: K. Fr. Schinkel an K. S. Fr. vom Altenstein, Berlin, 15. Okt. 1816 (in: Wolzogen, Schinkel's Nachlaß, Bd. 2, S. 195–198). Schinkel kehrte mit seiner Familie am 25./26. Sept. 1816 nach Köln zurück.

[58] Um welche Chronik es sich handelte, ließ sich nicht feststellen.

[59] Stempelpapier: Papier mit einem behördlichen Aufdruck, das für offizielle, juristische Vorgänge genutzt wurde.

ben zu lassen, u. gehe mit dem Vater und den Schwestern zu Caroline, der ich die weiße Halskette aus Berlin bringe. Wir sollen |19r| morgen nach Gracht[60] fahren. Der Graf Metternich ist hier u. reitet morgen wieder weg. – Ich höre, daß die Cathechisten Fundation neuerdings vom Consistorio zur Sprache gebracht wird. –

Den 7. September [1816].

Ich reite schon früh nach Kendenich, wo ich den Halfen Paul Engels, der seine Wirthschaft nur schlecht führt u. schon mehrere Jahre Pacht schuldig ist, angehe, u. ihn dazu bringe, mir die ganze Schuldforderung, die ich, da Er keinen Pachtbrief hat, auf Stempelpapier gebracht habe, zu unterschreiben. Ich rede ihm zu, wegen seiner schlechten Aufführung, u. er verspricht, in wenigen Tagen nach Cöln zu mir zu kommen. Ich besehe auch Haus u. Garten, was alles in ziemlich gutem Stande ist. Dann reite ich durch scheußliche Wege im Walde nach Gracht, |:–5:| wo ich alles wohl u. munter u. zu unserm Empfang bereit finde. Joseph kommt mit den Schwestern erst eine Stunde später an; der Graf erst, als wir schon zu Tisch waren. Wir bleiben bis nach 4 ½ u. kehren langsam zur Stadt zurück. Joseph ist weiter nach Antweiler[61] u. Frauenberg[62] geritten. – Der Vater scheint mit meiner Expedition in Kendenich sehr wohl zufrieden. – Dem Kutscher Trinkgeld.|: 1.15 :| Brief an Beuth.

Den 8. September [1816]. Sonntag.

Der Diener Peter geht zur Kirmes nach Kendenich; ich gebe ihm Kirmeßgeld. |:1.9:| Dann lese ich den Band I des Teufels Elixiere zu Ende, u. schreibe an meinem Tristan noch einiges. Gegen 10 ½ Uhr erhalte ich meinen neuen schwarzen Rock, u. gehe bald in den Dom, u. nachher zu Schaaffhausen, die mich freundlich bewillkommen, u. mich bitten, bey Ihnen zu essen, was ich annehme, da der Vater mit den Schwestern bey v. Geyr ist. Ich bleibe bis nach 6 |19v| Uhr dort, des schrecklichen Gewitters wegen, u. da Frau v. Geyr zu Haus bey uns ist, gehe ich noch eine Weile zu dieser hin. Joseph kommt gegen 8 Uhr durchnäßt zurück. Ich schreibe noch spät meinen Tristan zu Ende.

---

[60] Schloss Gracht (heute in Erftstadt-Liblar) war seit dem 16. Jh. im Besitz der Familie von Wolff-Metternich zur Gracht. Während der Französischen Jahre wurde das Gebäude zeitweise als Lazarett genutzt; um 1816 befand es sich in einem renovierungsbedürftigen Zustand. Levin Wilhelm Anton von Metternich zur Gracht, Sohn von Max Werner von Wolff-Metternich zur Gracht und Mathilde von der Wenge zur Beck, ließ Anfang der 1850er Jahre einen neuen Hauptbau errichten. 1957 kaufte die Gemeinde Liblar das Anwesen, danach wechselten die Besitzer mehrfach. Ende 2018 wurde es erneut verkauft. Zu Schloss Gracht: Boebé, Gracht, 1990; Jung, Gartenanlagen, 2011.
[61] Antweiler: heute ein Stadtteil von Mechernich, Kreis Euskirchen.
[62] Frauenberg: heute ein Stadtteil von Euskirchen.

Den 9. September [1816].

Am Tristan vergleiche ich noch fort, bis gegen 9 Uhr, wo ich zur Sitzung gehe. Ich darf nicht eben sehr klagen, daß mir bis heran noch gar nichts zum Vortrag gegeben ist; die Sachen, welche Haxthausen u. Schoenwald vortragen, würde ich wagen, allesammt u. eben so gut zu referiren. – Nach Tisch kommt Regierungs Rath Fuchs, mich zu besuchen. – Ich kann noch schwer einen Faden finden, eine ordentliche feste Beschäftigung für die Zukunft anzuknüpfen. – Abends gehe ich in das Conzert von Klein,[63] welches ziemlich besucht ist. |:2 Fr.:| Ich conzipire einen Brief an den General v. Thielemann. Lange hatte ich mich fest gehalten, aber der Teufel weiß doch, seine Rolle gut zu spielen. ∼ Schändlich genug! –

Den 10. September [1816].

Die Strafe bleibt nach der Sünde nicht aus. Mir war wohl, nun stellt sich schon meine hypochondrische Lichtscheue mit allen ihren finstern Bildern wieder ein, der meine Seele schon lange verschrieben ist. – Ich schreibe an den General Thielmann. Der Rektor ist bey Joseph, u. speist nachher bey uns; auch Carové kommt, u. bespricht sich über altdeutsche Sachen mit mir. Nach Tisch suche ich Haxthausen umsonst auf; er speist mit Schmedding, der seit ein Paar Tagen hier ist, bey Solms. Ich finde nur seinen Bruder u. dessen Frau,[64] u. den JustitzCommissar Simon mit der seinen. Mit Letzteren gehe ich spaziren. – Dann gehe ich nach Hause, revidire meinen Tristan noch etwas, u. lese eine der kleinen Jean Paulschen Schriften. Mir ist es recht schlecht zu Muthe. – Gott, du weist es! |20r|

Den 11. September [1816].

Ich lese u. arbeite noch etwas an meinem Tristan, u. gehe nach 9 Uhr zur Sitzung. – Es wird immer klarer, daß Sotzmann u. die Regierung überhaupt den Grundsatz hat, die Einheimischen zurückzusetzen. Regierungs Rath Fuchs äußert sich ziemlich lebhaft, daß ihm nicht einmal etwas zu geschrieben worden, wie er sich jüngst noch darüber beklagte, daß Sotzmann alle von ihm vorgetragenen Sachen durch Roitzsch nochmal vortragen lasse. Ich selbst erhalte endlich die erste Sache, doch mit Haxthausen zusammen zum Vortrage. – Nach Tisch erwarte ich den Kendenicher Halfen umsonst. Nach 4 gehe ich mit Carové, Klein u. Elkendorf zu Lieversberg, um dessen Bilder zu sehn; dann nach Deutz |:–3:|, wo das

---

[63] Bernhard Klein gab 1816 mehrfach Konzerte in Köln. Vgl. Köln. Zeitung, Nr. 42, 14. März 1816: „Konzert-Anzeige. Endesunterzeichneter wird die Ehre haben, Donnerstag den 21. März im Lempertz'schen Saale auf dem Domhof, ein großes Vokal- und Instrumental-Konzert zu geben. Bern. Klein." Klein vertonte 1816 das Gedicht Mädchenklage von E. von Groote. Das Notenmanuskript befindet sich in der Universitätsbibliothek Bonn. Vgl. auch: Spiertz, Groote, S. 53 u. 322.

[64] Moritz Elmerhaus von Haxthausen, seit 1807 mit Sophia Louise Albertine von Blumenthal verheiratet. Er hielt sich in Köln auf, da er sich bei Solms-Laubach um ein Amt bemühte.

Feuerwerk auf dem Rhein abgebrannt wird. |:1.30:| Es ist daselbst der Ober Präsident, dessen Familie, u. fast alles von der Regierung etc. Mir ist bis jetzt noch all dieß Volk fremd, fatal u. widrig; ich werde schwerlich je auf guten Fuß mit ihm kommen. Ueberhaupt greift mich nun der gränzenloseste Mißmuth oft schrecklicher u. länger als je. Ich kann noch gar keinen Faden zu einer neuen, würdigen Thätigkeit finden, so quälend ich auch das Bedürfniß dazu fühle. – Möge sich der Himmel endlich meiner erbarmen! Ich möchte in der Stille eines fernen Klosters ungekannt meine Tage alle hinbringen! –

Den 12. September [1816].

Nachdem ich zu Haus noch etwas gearbeitet, gehe ich zu StaatsRath Schmedding, bey dem die Vorsteher der Protestantischen Gemeinde. Auch den Regierungs Rath Delbrück lerne ich da kennen. Ferner kommt Grashof mit Herrn Poll, Pastor von Neuss, dorthin. Diese Herrn gehn nachher zur Consistorialsitzung ab. Ich gehe zu v. Haxthausen, dem ich seine eisern Kreuzchen u. das Buch von Chateaubriand, was Prinzess Louise hatte, bringe, doch ohne, daß er mir erstere bezahlt. Es ist ein Graf v. Westphal |20v| bey ihm, den er heute noch eine Strecke begleiten will. Ich gehe später, Wallraf aufzusuchen, den ich aber erst finde, nachdem ich mit Kraeuser auf dem Lese-Kabinet in dem Jesuiten Collegium[65] war. Bey Wallraf ist die Familie Witte,[66] die auch, adressirt durch Herrn Mittag, bey uns schon gewesen ist. Haxthausen schickt mir ein Manuscript, einen Theil der Kölnischen Chronik, welches Willmes[67] gehört. Nach Tisch gehe ich wieder zum Staats Rath; mit mir kommt auch Herr v. Caspars hin; wir reden über unsre Ecclesiasticas[68] u. fahren nachher zum Praeses im Seminar,[69] bey dem

---

[65] Im Gebäude des ehemaligen Jesuitenkollegs an der Marzellenstraße befand sich auch eine umfangreiche Bibliothek. Vgl. Schmitz, Gymnasialbibliothek, 2000. Demian, Ansichten, S. 318: Die Bibliothek des Kollegs „hat noch einen geringen Werth. Sie ist aus den Bibliotheken der drei Gymnasien, der Universität und der Klöster gebildet worden, und enthält zwar eine reiche Sammlung theologischer, mathematischer und naturhistorischer Werke, aber in den übrigen Fächern der Gelehrsamkeit ist sie noch sehr arm, besonders in der Geographie, Statistik und neueren Werken der Geschichte."

[66] Das Wunderkind J. H. K. Witte reiste nach dem Doktorexamen in Heidelberg mit seinem Vater über Köln nach Berlin. Beiblatt der Köln. Zeitung, Nr. 14, 15. Sept. 1816: „Manchfaltiges. Der schon seit mehreren Jahren durch öffentliche Blätter als ein seltenes Beispiel frühzeitiger Entwicklung ungewöhnlicher Geisteskräfte bekannte Karl Witte von Berlin hat, nachdem er in seinem 13. Jahre Doktor der Philosophie, und in seinem 14. Jahre Mitglied der wetterauischen gelehrten Gesellschaft geworden, am 20. Aug., in seinem 16. Lebensjahre, zu Heidelberg, nach einem zweijährigen Studium der Jurisprudenz, auf die ehrenvollste Art die Würde eines Doktors der Rechte erhalten."

[67] Welche Chronik gemeint ist, konnte nicht geklärt werden.

[68] Ecclesiasticas: geistliche Angelegenheiten.

[69] Präses des Erzbischöflichen Priesterseminars war Ludwig Brouhon. Das Priesterseminar lag unmittelbar am Domhof, vor der Südseite des Doms. 1827 bezog es das ehemalige Jesuitenkolleg in

auch der Pastor Dechant Dumont. Dort reden u. sehn wir noch Einiges, wonach alle jene Herrn sich zu Grashof, ich [mich] aber nach Haus begebe, wo ich an Levin v.d. Wenge schreibe. Ein Stiefelsknecht gekauft. |: 1 Fr. :| –

Den 13. September [1816].

Nachdem ich gegen 11 ½ Uhr aus der Regierung komme, besuche ich die Herren Bruch u. Kraft[70] u. finde den RegierungsRath Butte daselbst. Nach Tisch kommt der Rektor, u. ich gehe mit ihm, den StaatsRath Schmedding[71] zu besuchen, den wir nicht finden, dann besehn wir die Bilder in der Zelle, ich gehe zum Regierungs Rath Sombart, u. zu v. Beywegh,[72] dann mit den Schwestern zu Gymnich,[73] die wir auch nicht finden, über die Gräben nach Haus, u. ich schreibe an Grimm.[74] Mir ist ganz schändlich schlecht im Innern zu Muthe, oder ich hab vielmehr weder Lust noch Muth, u. doch hat der böse Feind sein Spiel mit mir. Ach, wie war es sonst anders; wann mag mir wieder besser werden!

Den 14. September [1816].

Ich vollende meinen Brief an Grimm. Die Brüder sind bey dem schönen Wetter auf die Jagd gegangen.[75] Nun ende ich die Vergleichung der Heidelberger u.

---

der Marzellenstr. 32. Vgl. Elkendorf: „Das Seminarium war bisheran in dem jämmerlichsten Zustande. Die Professoren in demselben sind, mit Ausnahme eines Einzigen, altersschwache Leute, die wenigstens um 300 Jahre hinter ihrer Zeit zurück sind, alle ohne dem Zeitgeist gemäße, liberale Grundsätze" (in: Becker-Jákli, Köln, S. 114).

[70] Christian Gottlieb Bruch wurde 1803 zum ersten Pfarrer der Kölner lutherischen Gemeinde berufen. AK 1813: Rue de la Paix 14/Hinter St. Anton 14. Bruch war Mitglied der Olympischen Gesellschaft. Johann Gottlob Krafft amtierte seit 1814 als Pfarrer der reformierten Gemeinde in Köln. Beide wurden Mitglied des Kölner Konsistoriums. Vgl. Köln. Zeitung, Nr. 118, 25. Juli 1816: „Berlin, 19. Juli. Des Königs Majestät haben den lutherischen Prediger Bruch und den reformirten Prediger Krafft in Köln, zu Consistorialräthen bei dem dortigen Consistorio zu ernennen geruht." Am 22. Sept. 1816 starb Sophie Christine Krafft, geb. Strauß, Ehefrau von J. G. Krafft in Köln (Köln. Zeitung, Nr. 145, 26. Sept. 1816).

[71] Wenige Tage später berichtete Fochem in einem Brief an M. Boisserée, dass er Beziehung zum „katholischen Staatsrathe Schmedding" aufgenommen habe (G. C. Fochem an M. Boisserée, Köln, 17. Sept. 1816; HAStK, Best. 1018 A 118).

[72] Vermutlich: Eberhard Anton von Beywegh; AK 1813: Rue Haute 113/Hohe Str. 113. Das um 1604 gebaute Haus war seit 1750 im Besitz der Familie von Beywegh. Die Familie besaß auch das Haus Glockengasse 30/32, das sie um 1760 errichten ließ (Vogts, Kölner Wohnhaus, Bd. I, S. 116 f., 346 u. Bd. II, S. 764).

[73] Vermutlich: Witwe Clementina Freifrau von Gymnich, geb. Gräfin von Velbruck. Sie wohnte im Gymnicher Hof, Neumarkt 1, an der Ostseite des Neumarkts.

[74] E. von Groote an J. Grimm, Köln, 15. Sept. 1816 (in: Reifferscheid, E. von Groote, S. 28–33). Siehe Briefe und Schriften.

[75] Die Jagd wurde am 14. Sept. 1816 eröffnet. Vgl. Amtsblatt d. Königlichen Regierung zu Köln, Nr. 18, 3. Sept. 1816, S. 137: „Wegen der in diesem Jahr durch eine ungewöhnliche ungünstige

meiner Handschrift |21r| des Schlusses vom Tristan, u. versuche meinen Statum peractae vitae[76] in Ordnung zu schreiben. Nach Mittag lese ich in der geschriebenen Chronik der Stadt Cöln, erhalte mehrere Regierungs Akte, u. gehe später in den Olymp, nachdem ich weder Dr. Schmitz noch Cassel[77] zu Haus gefunden habe. Mir ist nicht wohl, ich weiß nicht, welch fieberhaftes Feuer in meinen Adern glüht. –

Den 15. September [1816]. Sonntag.

Im Dom ertheilt der Weihbischof v. Droste Weihungen der Diakonen. Nach der Messe[78] gehn wir gleich zu Tische, u. fahren bald nachher mit Frau v. Geyr, Frl. Jette, Nettchen etc. nach Brühl. Dort ist Gräfinn Solms u. viele andre. Ich setze auf[79] Wein, Butterbrot etc., |: 6 Fr. :| u. wir fahren gegen 8 zurück, da Metternichs wegen der morgigen Firmung gleich heute Nachmittag nach Cöln gefahren sind. – In Meschenich fährt unser Kutscher gegen einen Stein, wodurch gleich nur eine Wage[80] zerbricht; am Todten Juden[81] zerbricht aber auch das Holz, an dem die Vorderfedern sitzen, u. wir müssen von dort mit den Schwestern zu Fuß biß nach Haus gehn. –

Witterung so sehr verspäteten Erndte wird hiermit die Eröffnung der niedern oder kleinen Jagd für den Umfang des hiesigen Regierungsbezirks auf den 14. September festgesetzt, welches hierdurch den Jagdberechtigten zur Nachricht und Achtung bekannt gemacht wird."

[76] statum peractae vitae: den Stand meines bisherigen Lebens.

[77] Franz Peter Cassel wohnte vermutlich an der Adresse seines Vaters Dr. Reiner Joseph Anton Alexander Cassel. AK 1813: Rue Haute 51/Hohe Str. 51. Fr. P. Cassel war Mitglied der Olympischen Gesellschaft. Zur Biografie seines Vaters, des vom Judentum zum Katholizismus konvertierten Arztes Dr. Cassel, vgl. Becker-Jákli, Krankenhaus, S. 33 f.

[78] H. Barry über eine feierliche musikalische Messe im Dom: „Die Orgel über der Tür ist die berühmteste in ganz Deutschland und ist unerreicht in dem Reichtum, der Tiefe und Zartheit des Tones. Wenn sie von einer Meisterhand gespielt wird, erhöht sie wesentlich die Wirkung der musikalischen Messe, die jeden Sonntag von einem auserwählten, aber nicht zahlreichen Orchester und von 7 entzückenden Frauenstimmen ausgeführt wird. Die ganze Szene war imposant und großartig. Denn zu den Klängen der Musik entzückten das Auge die Gobelins nach der Zeichnung von Rubens, die farbenglühenden Fenster und die hochschießenden Pfeiler, die die Verzweigung des Gewölbes bildeten. Der üppige Pomp des katholischen Gottesdienstes, die reich gestickten Gewänder der Priester, die lange Reihe von Wachskerzen, die aus dem Weihrauch emporsteigen, das Erklingen der Glocke bei Erhebung des Herrn und das allgemeine Niederknien des Volkes, als dieser Teil des Gottesdienstes angekündigt wurde, bot ein Schauspiel, dergleichen ich niemals sah" (Barry, Excursion, S. 195).

[79] setzen auf, hier: einladen.

[80] Wage, vermutlich: Waagbalken.

[81] Am Toten Juden: Seit dem Mittelalter bis Ende des 17. Jh.s wurde ein Areal vor dem Severinstor und damit außerhalb der Reichsstadt Köln als jüdischer Begräbnisplatz genutzt, bis man um 1700 einen jüdischen Friedhof in Deutz einrichtete. Das Gelände vor dem Severinstor wurde bis ins 20. Jh. „Am Toten Juden" oder „Am Judenbüchel" genannt.

Den 16. September [1816].

Ich bespreche mit Joseph manches über die nunmehrige u. die eigentlich zweckmäßige Administration unserer Stiftungssachen. Er setzt den schlechten Zustand derselben, wie sie jetzt sind, klar auseinander. Bey der Regierung sitzen wir bis gegen 11 ½ u. ich gehe noch zu Herrn v. Buschmann, dann begegne ich Herrn v. Beywegh auf der Straße, u. unterhalte mich lang mit ihm. Metternichs haben schon früh ihre Firmungsgeschäfte abgemacht, u. ich spreche sie noch einen Augenblick auf dem Hof. Bey Geyr wird am Tisch das Gespräch heftig, wegen der von Herrn v. Geyr dem Oppenheim[82] zu 50% verkauften Schuldforderungen gegen Frankreich. – Abends gegen 8 gehe ich noch mit Joseph zu Graf Solms,[83] |21v| wo ein Fürst Salm[84] mit seiner Frau, Simons, u. Haxthausen mit seiner Frau ist. Das Gerücht hat sich verbreitet, der König komme noch diesen Herbst, der Graf ist deswegen etwas unruhig. Ich rede ihm auch wieder von den Büchern in Aachen,[85] u. er sagt wieder, ich würde wohl ehestens hin müssen. Wegen der Universität scheint er die beßten Nachrichten zu haben.

---

[82] Salomon Oppenheim, Gründer der Bank Sal. Oppenheim Jr. & Cie. in Köln.

[83] Einen Einblick in die Räume und Ausstattung im Haus Glockengasse 3, in dem Solms-Laubach seine Amts- und Wohnräume hatte, gibt ein Schreiben vom 16. Sept. 1816 an Staatskanzler Hardenberg. Solms-Laubach und seine Frau hatten seit ihrem Einzug in das Haus im April 1816 viel in Instandsetzung und Möblierung investiert. Solms-Laubach beantragte nun den Ankauf des Hauses durch den preuß. Staat. Vgl. Fr. L. Chr. zu Solms-Laubach an K. A. von Hardenberg, Köln, 16. Sept. 1816, Entwurf (Landesarchiv NRW R, BR 0002 Nr. 77, Bl. 8). Eine Auflistung der Möbel und ihrer Kosten lag dem Schreiben bei. Die jeweiligen Kostenangaben sind im Folgenden nicht wiedergegeben: „An Meublen in der Arbeits Stube, dem Vor und dem Sprech Zimmer der untern Etage": „6 Fenster Gardinen"; „1 Divan und 6 Stühle von Kirschbaum Holz und blauen Ueberzüge", „1 Divan und 12 Stühle mit schwarz Roßhaarenen Ueberzug, und 1 Comode von Kirschbaum Holz und 2 Spieltische", „1 Secretair von Mahagoni Holz", „1 Comode und 6 Stühle", „1 Schreibtisch von Nußbaum Holz", „1 holländischer runder Tisch", „3 verschiedene Fußteppiche", „3 ordinaire eiserne Ofen". „In dem Speise Saal": „2 ½ Dutzend Stühle mit schwarz Roßhaarenen Ueberzüge", „1 Lüster von Glas", „3 Fenster Gardinen und Zubehör", „1 Wachstuchener Teppich", „1 eiserner Ofen". „Im Saal der belle Etage": „2 Canape", „6 Fauteils", „6 Stühle und 4 Tabourets von Mahagoni Holz und seidener Ueberzüge", „3 seidene Fenster Gardinen mit Verzierungen", „zwey große Spiegel mit vergoldeten Rahmen", „zwey Consolls mit Marmorplatten", „zwey Spiegel", „1 Fußteppich", „1 eiserner Ofen", „3 Rouleau". Die Aufstellung enthält auch die Möbel weiterer Zimmer (ebd., Bl. 10 f.).

[84] Vermutlich einer der beiden Brüder: Franz Joseph August oder Joseph Franz Maria zu Salm-Reifferscheidt-Dyck; beide waren im Juni 1816 in den Fürstenstand erhoben worden. Vgl. Gersmann/Langbrandtner, Im Banne, S. 265–267. Zur Biografie der beiden Brüder ausführlich: Wunderlich, Studienjahre, 1984; zur Biografie von J. Fr. M. zu Salm-Reifferscheidt-Dyck: Sachse, Dyck, 2005.

[85] Vgl. E. von Groote an J. Grimm, Köln, 15. Sept. 1816: „Die in Paris zurückgenommenen Bücher sind immer noch in Aachen. Schon mehrmals habe ich darauf angetragen, sie hierhin zu schaffen, und unser Oberpräsident, Graf Solms Laubach, hat mir auch versichert, er werde ehestens mir ein Commissorium ausfertigen, um sie abzuholen" (E. von Groote an J. Grimm, Köln, 15. Sept. 1816). Siehe Briefe und Schriften.

Den 17. September [1816].

Ich schicke den Band II der Müllerschen Sammlung dem Herrn v. Falkenstein, um ihn an Steingass[86] zu besorgen, u. bitte mir Josephs Hefte[87] dafür wieder aus. Die Schwestern bestehn darauf, wieder nach Brühl zu fahren, u. obschon ich mit Joseph lieber hin geritten wäre, um zu Schmitz zu gehn, werde ich doch wohl nachgeben müssen, u. hinfahren. Ich bitte mir bey der Canzley Schreibmaterialien u. das Formular fürs Journal[88] aus, u. erhalte erstere, nicht letzteres. Bey Tisch erhalte ich meine Myllersche Sammlung gebunden. Der Bürgermeister[89] fragt mich wegen des Gesuchs um eine Anstellung etc., ich rede ziemlich grob mit ihm, doch da angespannt ist, muß ich bald fort. Ich fahre mit den Schwestern nach Brühl, auf dem Wege nehmen wir den Arnold zum Pütz mit. In Brühl sind v. Geyr, v. Monschaw, Metternichs etc., doch alles ziemlich gestört, u. bald bleiben nur wir mit v. Monschaw noch übrig. Wir besuchen auch Herrn Schmitz, u. fahren gegen 8 Uhr zurück. Ich entwerfe einen Brief an den Bürgermeister DeGroote, weil ich mit ihm nicht reden mag. – |22r|

Den 18. September [1816].

Ich schreibe den Brief an pp. DeGroote zurecht u. schicke ihm denselben. Ich habe ziemlich viele Sachen zum Vortrag, die aber in pleno nicht vorkommen. – Vor der Sitzung leite ich bei Dr. Nückel[90] die zu Kendenich vorzunehmende Saisie[91] ein, welches gleich noch heute besorgt werden soll. Nach Tisch kommt der Pachter Paul Engels von Kendenich, u. berichtigt die Schuldposten vom Holzverkauf u. von den gekauften Pferden. Wir kündigen ihm an, was wegen seiner Saumseligkeit gegen ihn vorgenommen ist. Er lamentirt u. klagt sehr darüber, allein, das ist nun zu spät. – Ich rede nachher noch mit dem Vater über unsre andern zu ordnenden Familien Geschäfte, u. gehe später mit Joseph zu Grashof, dessen Frau erst spät von einem Besuch wieder kommt. Er ist der nehmliche gezierte, u. pedantische Prädikant, der er auch sonst gewesen. –

---

[86] Vermutlich: Der spätere Historiker und Universitätslehrer in Bonn Johann Baptist Joseph Steingaß, geboren 1790 in Mülheim am Rhein.
[87] Josephs Hefte: konnte nicht geklärt werden.
[88] Die Regierungsbehörde stellte den Mitgliedern des Kollegiums Schreibmaterialien zur Verfügung.
[89] H. J. A. M. von Groote, genannt „Bürgermeister de Groote/DeGroote".
[90] Der Anwalt Joseph Adolph Nückel vertrat die Familie von Groote in ihrer Auseinandersetzung mit dem Pächter Paul Engels in Kendenich.
[91] Saisie: Beschlagnahme, Pfändung.

Den 19. September [1816].

Ich trage alle meine bisherigen Regierungssachen in ein Journal ein. Bald bringt Hedemann einen jungen Menschen, aus dem Miroir d'or von Anvers,[92] welcher unser Bild von Le Brun[93] besieht. Gegen 1 Uhr gehe ich mit Joseph zu Mylius, wo wir mit Herrn v. Heinsberg, Frl. Th. v. Heinsberg u. Dr. Peippers ganz angenehm zu Mittag essen. – Ich bezahle dann meine beyden Bände der Myllerschen Sammlung, |: 3 Fr. :| gehe zu Herrn Riegler, den ich nicht finde, u. dann nach Hause, wo ein Brief u. ein Kästchen von v. Netz angekommen sind. Das Schreiben ist äußerst freundlich; das Kästchen enthält einen kleinen Pokal von Schlesischem Glase, den er mir zum Andenken giebt. – Ausserdem finde ich noch ein Paquetchen unter meiner Adresse von unfester weiblicher Hand unorthographisch beschrieben, ohne Brief, bloß einen in GlasPerlen gestrickten Tabackbeutel enthaltend. Das kommt von verliebten Händen. Allein, mir gönnt mein Schicksal wenig Zufriedenheit, wie soll ich sie noch andern geben! – Ich bedaure Alles, was mich liebt! – |22v|

---

[92] Dieser Ausdruck ließ sich nicht klären.

[93] Charles Lebrun porträtierte 1660 den in Paris lebenden, aus Köln stammenden Bankier und Sammler Everhard IV Jabach, seine Frau Anna Maria de Groote und ihre vier Kinder. Es gab ursprünglich zwei Fassungen des Bildes, ein Original, das zunächst in Paris blieb, und eine wohl kurz danach fertiggestellte Kopie. Die Geschichte der beiden Bilder ist kompliziert und nicht ganz aufgeklärt. Vermutlich verhielt es sich so: Da Everhard IV Jabach 1648 Anna Maria de Groote, Tochter von Heinrich de Groote, geheiratet hatte, wurde die Kopie an die Familie de Groote nach Köln gegeben und hing dort im Wohnsitz der Grootes, in der Glockengasse 3. Nach dem Verkauf des Palais' in Französischer Zeit an Peter Anton Fonck ist der Standort unklar: Der letzte Groote'sche Besitzer der Glockengasse 3, Heinrich Joseph Anton Melchior von Groote (Onkel des Tagebuchschreibers) zog in seinen Landsitz, die Familie Everhard Anton von Grootes ging ins rechtsrheinische Exil. Nachdem sie 1802 nach Köln zurückgekehrt war, kam das Bild, das man schon seit langem für das Original hielt, offenbar in ihren Wohnsitz, Marzellenstr. 82. 1816 befand es sich hier (vgl. E. von Groote, Tagebuch, 19. Sept. 1816). Nach der Heirat Eberhard von Grootes mit Maria Franziska Walburga von Kempis 1818 zog das Ehepaar in das Haus der von Kempis, Glockengasse 9. Als Everhard Anton von Groote 1820 starb, erbte sein Sohn Eberhard das Bild, sodass es sich später im Haus Glockengasse 9 befand. 1836 wurde das Gemälde an einen Privatmann verkauft, der es 1837 den Königlichen Museen in Berlin überließ. Es verbrannte im 2. Weltkrieg. Das Original erbte nach dem Tod von Everhard IV Jabach 1695 der älteste Sohn Everhard V Jabach, der in Köln im Jabach'schen Hof, einem Palais, in der Sternengasse lebte. Dorthin kam das Gemälde spätestens um 1701. Es blieb – 1774 bewunderte es Goethe – bis es 1791 an einen Schweizer Kunsthändler verkauft wurde, der es weiter veräußerte. Schließlich galt es als verschollen, tauchte 2014 aber in London wieder auf. 2015 erwarb das Bild das Metropolitan Museum in New York, wo es sich heute befindet. Zum Jabach'schen Familienbild: Wagner, Weltkunst, 2014; Wagner, Kunstsammler, S. 124; Spiertz, Groote, S. 25 f.; Mosler, Beckenkamp, S. 122; Lüttichau, Le Brun, 2018; Goethe, Aus meinem Leben, 3. Teil, 14. Buch, S. 33; Schopenhauer, Ausflug, S. 206–211. Zu den Ahnenbildern im Haus Glockengasse 3 um 1749 (Nachlass der 1749 gestorbenen Agatha de Groote, geb. von Junckerstorff): Langbrandtner, Ahnengalerie, S. 197 f.

Den 20. September [1816].

Frühe schon kommt Geheimrath Pistor zu uns u. ich sehe ihn im Postamte. Auf der Regierung sitzt der Graf wieder dem Pleno vor, ich trage nur eine Sache vor. Nach Tisch, zeige ich Joseph Netzens Brief u. die andern Sachen. Ich schreibe an den Halfen zu Transdorf [Dransdorf] wegen der eingeschickten Entschädigungs Klage, u. schreibe an v. Netz. Ich zahle das Porto, |:4–15:| für das, was ich gestern erhielt, und gehe später mit Pistor in der Stadt umher. Noch später um 7 ½ gehe ich zum Grafen, wo große Gesellschaft ist. Wir spielen gesellige Spiele. Ein Adjudant von Ende, Rittmeister Janson, hat gute Art zu erzählen u. gesellige Unterhaltung einzuleiten. Wir bleiben bis um 11. – Der verheirathete v. Haxthausen erzählt mir u. Joseph, daß sein Bruder wegen einer Duellgeschichte, die einer der Grafen Westphal[94] mit einem Preußischen Offizier von hier hat, mit jenem verreist sey, u. obschon er nur 4 Tage [hatte] wegbleiben wollen, doch schon über 9 weg sey. Er hat Solms die Sache bekannt gemacht.

Den 21. September [1816].

Schon gegen 8 ½ Uhr gehe ich mit den Schwestern in den Dom, wo die Priesterweihe schon angefangen hat. Ich finde dort den Rath Schlosser von Frankfurt,[95] der uns gestern Abends umsonst aufsuchte. Auch GeheimRath Pistor ist im Dom, u. viele Leute. Minister v. Ingersleben kommt gegen Ende. Ich hole Pistor später wieder ab, gehe mit ihm zu Wallraf, den wir nicht finden, dann in den bothanischen Garten, endlich bey uns zu Tisch, wo Wallraf, Schultz u. Herr Louis Boecking ganz fideliter mit uns kneipen. Nachher gehe ich mit Pistor in die St. Peters-Kirche u. zum Rektor; später noch ein wenig nach Hause, u. zum Olymp, wo wir bis gegen 10 Uhr sind, u. uns an Wallrafs Alterthümern und Erzählungen freuen. – Mir ist so schwer u. trübselig zu Muthe, daß ich wieder nicht zu einiger Ruhe u. Freude kommen kann. Könnte ich doch ein frohes thätiges und |23r| freywirkendes Leben, mit der Hälfte der Tage erkaufen, die mir hienieden überhaupt beschieden sind. Aber ein eckler, finstrer, innrer Gram verzehrt mich, der mir durchaus zu allem würdigen u. bedeutenden den Muth benimmt. Es wird mir zu schwer, mich aus dem Gewirre, welches mich nun umgiebt; oder welches ich mir vielleicht auch nur einbilde, zu einiger tröstlichen u. ernstlichen Lebensansicht zu erheben; – Ach! u. das wird auch wohl nie recht anders! Gott erbarme dich! –

---

[94] Die Familien von Haxthausen und von Westphalen waren miteinander verwandt.
[95] Wahrscheinlich: Johann Friedrich Heinrich Schlosser, Jurist, Kaiserlicher Rat, Schriftsteller in Frankfurt.a. M. Vermutlich bezog sich ein nicht datierter Brief Wallrafs an Lyversberg auf diesen Besuch Schlossers in Köln (F. Fr. Wallraf an J. J. N. Lyversberg, o. D., Entwurf; HAStK, Best. 1105, A 11, fol. 219).

Den 22. September [1816]. Sonntag.

So schrieb ich gestern, u. konnte dennoch teuflischer Versuchung ¼ Stunde nachher erliegen!~~– Ich gehe heute früher in die Columban Kirche,⁹⁶ schreibe dann zu Haus, u. gehe um 10 ½ in den Dom. Früher kommen zu mir der Präses des Seminars u. ein Professor aus Trier, mir von Herrn Wittenbach empfolen. Nach der Messe im Dom, gehe ich mit Joseph u. der Frau v. Geyr Hendix zu Bürgermeister Mylius, zu Grashof, dann nach Haus, ziehe mich bald an, u. gehe mit Joseph u. dem Vater zu Herrn v. Caspars, wo der Weihbischof Droste u. viele andere zu Mittag essen.⁹⁷ Früher lasse ich mir für Schinkel Eau de Cologne holen. |:–12 Fr.:| Bey v. Caspars währt es bis gegen 8 ½ Uhr, wonach ich mit Joseph noch zu Solms gehe. Der Graf will gegen 11 fort; wir bleiben bis um 10.

Den 23. September [1816].

Haxthausen war gestern Abend bey Solms, heute kommt er in die Sitzung. Die Duellgeschichte ist, wie er versichert, aus Krass- u. Feigheit der Niederländischen Offiziere sehr dumm geworden, doch Westphalen in den Leib gestochen. – Nach der Sitzung nehme ich Auer mit zu Tisch, Pistor, der schon heute frühe zurück gekommen, u. Dietz⁹⁸ essen bey uns. – Nachher gehe ich mit Pistor in den

---

⁹⁶ Köln und Bonn mit ihren Umgebungen, 1828, S. 119: Die Kirche St. Kolumba „ist mit Ausnahme des Thurms aus dem fünfzehnten Jahrhunderte. Sehenswerth ist in derselben der Hochaltar, von acht Säulen aus weissem Marmor getragen, die oben eine colossale Krone schliesst. [...] Einige Gemälde aus dem siebzehnten Jahrhunderte an den Seitenaltären sind hier die einzigen Kunstwerke, seitdem das berühmte von Eick'sche Bild seine Stelle in der linken Seitencapelle mit jener in der Boisserée'schen Sammlung vertauscht hat." St. Kolumba in der Glockengasse war die Pfarrkirche der Familie von Groote. Zur Ausstattung der Kirche gehörten einige der bedeutendsten Werke der Altniederländischen und Altkölner Malerei, der Columba-Altar Rogier van der Weydens und der Bartholomäusaltar des Meisters des Bartholomäus-Altars. Das Gebäude wurde im 2. Weltkrieg fast völlig zerstört. Heute befindet sich hier das Erzbischöfliche Diözesanmuseum, das die Kapelle St. Kolumba umfasst. Vgl. Vogts, Kölner Wohnhaus, Bd. I, vielerorts; Hegel, St. Kolumba, 1996.

⁹⁷ Ein Festessen in Köln und im Kölner Raum bei einer Familie der Oberschicht kann man sich ähnlich vorstellen, wie es Karl Joseph Zacharias Bertoldi am 13. Juni 1816 in Mülheim am Rhein in seinem Palais „Zum Lämmchen", Mülheimer Freiheit 36 für seine Gäste ausrichtete: „Ich hatte zehn Freunde eingeladen, aber es kamen 28. Wir hatten an Speisen: erster Auftrag eine braune Sago- und eine weiße Macaroniesuppe – zwei Rindfleische – zweyerley Pastätger – vier Gemüsen und vier Beylagen, nämlich Erbsen, Möhren mit geräuchtem Salm, Kolrabi mit Coteletts, Blumenkohl mit ausgebackener Schink und geräuchtem Fleisch – vier Ragouts nämlich Tauben, Sach, Gehirn und Lammsbug – Macaronie – und Buding. Zweiter Auftrag: vier Braten, nämlich Reh, Ochsenlumer, Küchen und Lammsbraten – zwei Karbonaden und zwei xxxx – Backwerk – zwei Gelée als Aal und Schrut – Schmalzpastät, Maria Luise-Torte und Brodkuchen – Forellen, Krebse und zwei Schüsseln Spargel, mit Salat herumpräsentirt." Anlass für das Essen war die Gottestracht auf dem Rhein (Brendel, Tagebuch Bertoldi, S. 156 f.).

⁹⁸ Michael Diez/Dietz war 1816 Generalpostmeister und für die Auswahl der Postbeamten im Rheinland zuständig.

Dom, u. Schinkel, der eben wieder angekommen. Wir sehn die Schätze mit Wallraf, u. gehn nachher mit Schinkel in den Kaiserlichen Hof, wo er wohnt. Wir bleiben bis gegen 9 u. ich schreibe Abends noch einige Sachen zurecht, auch für Pistor an Boisserées.[99] |23v|

Den 24. September 1816].

Gegen 8 Uhr kommt Geheim Rath Pistor, u. wir gehn Schinkel abzuhohlen, mit diesem in den Dom, u. auf demselben herum, dann zu Wallraf in's Jesuit-Colleg, wo ich zuerst Frau de Rhon mit ihrem Manne sehe. Redtel ist auch da, u. ladet mich zu sich zu Tische, ich lasse aber Schinkel allein hin gehn, u. gehe mit Pistor zu uns. Nach Tisch schreibe ich an meinem Brief an v. Netz, u. gehe nachher mit Pistor, wir hohlen Schinkel ab, gehn zu Tossetty;[100] Wallraf kommt wieder zu uns, erklärt uns noch viel über die alte Stadt, u. geht mit uns nach Haus, zum Thée. Frau de Rhon mit ihrem Manne, u. ihrem schönen Knaben, kommt mit Fuchs, unser Bild[101] zu sehn; dem Jungen schenk ich ein Kaninchen. Später bin ich noch mit Pistor bey Frau Schinkel. Es ist merkwürdig, Pistor über seine Arbeiten an astronomischen Instrumenten reden zu hören. – Wir bleiben bis gegen 10 Uhr zusammen, wo wir von Pistor, der morgen nach Coblenz abreist, Abschied nehmen.

Den 25. September [1816].

Joseph reitet nach Walburg [Walberberg?] Der Rektor kommt, mir zu klagen, daß er sein Bild von Oberwesel nicht erhalten könne, weil der Kirchenvorstand es nicht wolle passiren lassen. – Der Huissir[102] Palm kommt, uns sein Prozesverbal[103] vorzulegen, welches Er zu Kendenich aufgenommen. Es sind dort alle Mobilia unter Sequestre[104] gelegt, u. auf den 4ten October der Verkauf angesetzt. Mir geht bey allen diesen Sachen ein tiefer Schmerz durch die Seele. Schuldiger u. nichtswürdiger, als ich mich selbst fühle, kann sich nicht leicht jemand fühlen, und nun gleichsam mit zu Gericht zu sitzen, u. über andere abzuurtheilen, die vielleicht Engel sind, gegen mich, – ach Gott, dürfte ich doch nur in einer kleinen stillen Zelle mein armes Leben verweinen! – Nach der Sitzung bey der Regierung gehe ich zu Tische, u. schreibe und lese |24r| nachher bis um 4 Uhr noch etwas.

---

[99] Vgl. E. von Groote an S. Boisserée, Köln, 10. Okt. 1816; hier wiederholte er seine Empfehlung Pistors an Boisserée (HAStK, Best. 1018, A 118). Siehe Briefe und Schriften.
[100] Thomas Jacob Tosetti, Kaufmann und Kunstsammler; AK 1822: Elogiusplatz 5. Vgl. eine kurze Beschreibung seiner Sammlung: Köln und Bonn mit ihren Umgebungen, 1828, S. 94 f.
[101] Charles Lebrun, Die Familie Jabach, 1660.
[102] Huissier: Gerichtsbote, Amtsdiener, Gerichtsvollzieher.
[103] Procès-verbal: Protokoll, Niederschrift.
[104] Sequestre, Sequestration, hier: unter Verwaltung, unter Treuhänderschaft gesetzt.

Dann finde ich bey Schinkel, Redtel u. Wey[105] beschäftigt über den Verschönerungs Planen von Cöln. Wir gehn später, den Domplatz, die Mauern u. abzureißende Gebäude etc. [zu sehen], gehen längst dem Rhein wieder in die Stadt. Ich gehe noch bis 8 Uhr nach Hause, lese daselbst noch ein wenig, u. gehe dann wieder zu Schinkel, wo ich bis gegen 10 bleibe. Merkwürdig ist das Programm, welches Prof. Schaefer in Düsseldorf zu seinem Werke über die öffentlichen Gebäude von Julio Romano in Mantua,[106] will herausgeben.

Den 26. September [1816].

Der Halfen von Kendenich kommt schon gegen 8 ½ Uhr, u. sagt, er könne einiges Geld schaffen, ich gehe auch mit ihm zum Vater, wir stehen aber fest dabey, uns auf keine Versprechungen einzulassen, ehe wir nicht Ernst sehen. Der Mann spricht mit Grund über sein Unglück, welches zum Theil durch die vielen Geschwister auf dem Einen Hofe entstanden ist. – Nachher giebt mir der Vater die Briefe von Mylius, worin er die Capitalien von 5.000 Thl. aufkündigte. – Ich gebe meinen Brief an Netz auf die Post, u. bald kommt Schinkel, mit dem ich zu Sotzman gehe. Dieser scheint sich in seine geringe Meinung über alle hiesigen recht fest zu setzen, u. nur stets mehr darauf hinarbeiten zu wollen, alles unter höhere Gewalt zu bringen. – Es begegnet uns Prof. Zeune aus Berlin, der auch eine Eilreise nach Strassburg u. den Rhein herab gemacht hat, u. nun durch Cöln rennt. Ich lade ihn zu Tische. Nun gehe ich mit Schinkel in den Dom, wo wir den Kasten lange besehn, dann später nach Hause. Zeune läuft auch einmal durch meine Handschriften u. nach Tisch wieder auf den Dom. Ich gehe mit Schinkel noch einmal bey Aposteln,[107] Gereon u. dem Dom vorbey, dann nach Deutz, wo wir aber gleich wieder auf die Brücke zurückkehren, u. nachdem ich mir etwas Taback gekauft habe,|:2.12:||24v| gehe ich nach Haus bis gegen 8 ½. Bey Schinkel finde ich den Vater u. die Schwestern, die aber bald weggehn. Ich bleibe bis 10 ½ u. nehme von den guten Menschen vielleicht für immer, herzlich Abschied.[108]

---

[105] Gemeint ist hier entweder Johann Peter Weyer, der bereits Gehilfe von Stadtbaumeister P. Schmitz war, oder der Gartenarchitekt Maximilian Friedrich Weyhe, der auf die Planungen in Köln zeitweise Einfluss hatte.

[106] Karl Friedrich Schaeffer plante eine Edition des Gesamtwerks von Giulio Romano. Der Architekt Romano war von 1524 bis zu seinem Tod 1546 in Mantua tätig.

[107] St. Aposteln. Köln und Bonn mit ihren Umgebungen, 1828, S. 111: „Den Haupteingang bildet ein einziger, mächtiger, schwerer Glockenthurm. Der Chor, im Style der Sophienkirche zu Constantinopel, wird durch drei halbe Rotunden gebildet, über welchen sich drei Giebel erheben: zwei schlanke Minarettthürmchen schmücken die mittlere Rotunde am Ende des Chors und über den drei Rotunden und Giebeln erhebt sich die achteckige Hauptkuppel." Vgl. K. Fr. Schinkel, Köln. St. Aposteln. Ansicht des Chores, Graphitstift, 1816 (Berlin, Kupferstichkabinett; Inv.-Nr.: SM SKB E.088 = SM Skb.E Nr. 24). Zu St. Aposteln umfassend: Stracke, St. Aposteln, 1992; Kier/Krings, Die romanischen Kirchen im Bild, S. 62–95.

[108] Schinkel schrieb an diesem Tag an S. Boisserée und berichtete von seiner Reise in den Niederlan-

27. September [1816].

Joseph u. Karl gehn auf die Jagd; mit Ersterem bespreche ich erst noch die an den Herrn v. Mylius zu erlassende Antwort auf die Aufkündigung der 5.000 Rth. u. entwerfe dasselbe. Dann kommt der Rektor, später Peter Wilmes zu mir. Ersterer scheint sich in seinem jetzigen Leben sehr zu langweilen. Ich gehe zu Dr. D'hamen, mit ihm wegen der vorzutragenden Sache des Oekonom in der Carthaus,[109] Hamacher, zu reden. In der Sitzung ist weiter nichts neues; Sotzmann macht mich in aller Höflichkeit mit der hergebrachten Form der Dekreten u. Responsen[110] bekannt. Nach Tisch kommt Everhard Geyr zu uns, der gestern von Heidelberg angekommen ist. Später gehe ich in die Prüfung,[111] wo Nussbaum in seiner Rede einen Saltum[112] macht, nehmlich wegen des Kinderzeugens, wozu die Eltern sich Zeit nehmen, nicht zum Kinder ziehen! – Ich gehe nun nach Haus, u. schreibe aus dem Manuscript des Kräuser[113] ab, welches Biographien von Dagobert, Carl Magni, Ludwig I. u. vom Ursprung der deutschen Stämme schreibt [richtig: enthält] etc.

Den 28. September [1816].

Ich bleibe ruhig zu Hause u. lese. Herr v. Rolshausen kommt, u. konsultirt mich, auf welche Universitaet er seinen Sohn schicken solle; er geht unentschlossen fort. – Der Diener des Olymps kommt, meinen Beitrag zu hohlen; |: 6 Fr. :| Nachtrag habe ich nicht zu geben. Ich übergebe später dem Vater den an den General v. Mylius zu erlassenden ernsthaften Brief, u. wir reden noch manches über unsre Familienge-|25r|schäfte. – Nach Tisch reitet Joseph nach Düsseldorf ab. Ich lese ruhig, bis der jüngste der v. Haxthausen zu mir kommt, u. mir einen Gruß von Jacob Grimm bringt. Nachher kommt auch Zeune. Wir gehn auf den Domt-

---

den, insbesondere über dortige Kunstsammlungen. Weiter hieß es: „In Köln ist man in voller Thätigkeit, ein Museum der Alterthümer zusammen zu bringen. Mit Wallraf wird vom Staate unterhandelt, und er hat vorläufig sein Chaos auseinandergewickelt, in den Jesuiten aufgestellt, eine ungeheure Masse, die noch nicht genießbar ist, jedoch ist durch sie der Anfang zu mancherlei schöner Thätigkeit gemacht. Gute Künstler als Restauratoren werden angestellt und die Sammlungen von Lieversberg und Fochem künftighin damit vereinigt werden, so daß auch hier ein rechter Schatz zusammen kommen wird" (K. Fr. Schinkel an S. Boisserée, Köln, 26. Sept. 1816; in: S. Boisserée, Briefwechsel, Bd. I, S. 326; vgl. diesen Brief auch in: Wolff, Boisserée, Briefwechsel, S. 79–83, hier auch ausführliche Anmerkungen). Ganz ähnlich: K. Fr. Schinkel an S. Boisserée, Köln, 3. Sept. 1816 (in: S. Boisserée, Briefwechsel, Bd. I, S. 320).

[109] Die Gebäude des Kölner Kartäuserordens wurden 1794 zwangsweise geräumt und von den franz. Truppen als Lazarett genutzt. 1810 gingen sie in den Besitz der Stadt Köln über, 1816/17 übernahm das preuß. Militär das Areal, um u.a. Ställe, Remisen, Depots einzurichten.
[110] Responsen, hier vermutlich: Antworten, Entgegnungen.
[111] Vermutlich: Prüfung am Marzellengymnasium, an dem Jacob Nussbaum unterrichtete.
[112] Saltus, hier: Sprung im Denken.
[113] Vermutlich: Handschrift, die sich im Besitz von J. P. B. Kreuser befand.

hurm. |: 10 S. :| – Im Dom finde ich den Major Schack, Adjudant des Kronprinzen, mit mehrern Damen. Er will mich auf morgen bitten, mit ihm in der Stadt umherzugehn. – Ich entlasse auch v. Haxthausen, Zeune wollte nach Deutz, sich die Post zu bestellen. Er läuft mit Schack fort, und ich werde ihn nun wohl nicht mehr sehn. Er ist überhaupt auch zu windig u. baselig, es wird einem nicht wohl bei ihm. Ich gehe in die Jesuiten-Kirche[114] Confessiren.[115] – Dann gehe ich nach Hause, u. hohle später Haxthausen ab zum Olymp, wo aber sehr wenige Membra sind. – Zu Haus finde ich mehrere Akten.

Den 29. September [1816]. Sonntag.

Ich gehe frühe um 5 Uhr ad + in die Jesuiten Kirche. Dann arbeite ich zu Haus bis gegen 10, wo ich v. Haxthausen abhole und mit ihm zu Wallraf gehe. Wir sehn seine Sachen in seinem Haus u. im Collegio, u. finden nachher in der Jesuitenkirche den Major Schack mit seiner Frau u. niedlichen Schwester, dann den Regierungs Rath v. Auer mit seiner Schwester, welche alle herumfahren, um die Kirchen etc. zu sehn. Ich gehe mit Haxthausen nach Lyskirchen,[116] wo das Michaelsfest sehr feyerlich begangen wird.[117] Dann gehen wir in das von Leykampsche Haus in der Rheingaß, u. ich begleite ihn nach Haus. In jenem Haus ist wenig Merkwürdiges mehr im Innern; der Giebel nur ist noch aus jener ältesten Zeit.[118] Eine Tischlerwerkstätte in den alterthümlichen Kämmerchen machte einen angenehmen Eindruck. – Nach Tisch kommt Dr. Goebel, der mit Joseph sprechen will, u. bald v. Haxthausen, der den Vater besuchen will. Ich arbeite nachher still zu Haus, bis gegen 7, wo Haxthausen wieder kommt. Ich führe ihn nach der Apostelkirche, die prächtig erleuchtet ist. Wir bleiben dort bis nach 8 u. ich begleite ihn nach Haus, wo er zum Klavier viele schöne Volkslieder singt.[119]
|25v|

---

[114] Die barocke Jesuitenkirche in der Marzellenstraße entstand im 17. Jh. als Teil des Jesuitenkollegiums, Während der Französischen Zeit wurde sie für den Revolutionskult genutzt, 1801 erneut als Kirche geweiht. Für die Familie von Groote war sie die nächstliegende Pfarrkirche, dennoch besuchte E. von Groote dort selten den Gottesdienst. Zur Jesuitenkirche vgl. Bellot, Jesuitenkirche, 2015. Schreiber, Anleitung, S. 331 f.: „Die Maria-Himmelfahrts- oder ehemalige Jesuitenkirche zeichnet sich zwar nicht durch architektonische Vorzüge aus, hat aber schöne Verzierungen im Innern, besonders eine prächtige Kommunionbank mit Arabesken und Basreliefs aus weißem Marmor. Am Hochaltar sind einige Gemälde von Schütt. Die Wände des Chors sind mit Landschaften geschmückt. Auch der Marmorboden, die Kanzel und die Orgel sind schön."

[115] confessieren: beichten.

[116] St. Maria in Lyskirchen, nahe dem Rheinufer, wurde Anfang des 13. Jh.s errichtet, in den folgenden Jahrhunderten mehrfach umgebaut. Im 2. Weltkrieg wurde das Gebäude beschädigt. Vgl. etwa: Kier/Krings, Die romanischen Kirchen im Bild, S. 260–279.

[117] 29. September: Fest des Heiligen Michael.

[118] Leykam'sches Haus: Das Overstolzenhaus, Rheingasse 8 entstand um 1230. Es gehörte 1816 Herrn von Leykamp, der es jedoch verkaufen wollte (S. Boisserée an K. Fr. Schinkel, Heidelberg, 15. Aug. 1816 (in: Wolff, Boisserée, Briefwechsel, S. 75). Vgl. Weyden, Haus Overstolz, 1842; Vogts, Kölner Wohnhaus, Bd. II, S. 391–401; Wirtler, Haus Overstolz, 1994.

[119] Der in vielen Bereichen äußerst talentierte Werner von Haxthausen war auch ein guter Pianist.

Den 30. 7bris [September 1816].

Nach der Sitzung sehe ich das schöne Frl. v. Pfeil allein in einer offenen Chaise fahren, allein, sie fährt zu rasch, als daß ich absehn konnte, wo Sie bleibt. Mag das hübsche Kind, ihrem Wunsche gemäß, immerhin Nonne werden, vielleicht entgeht sie dem trostlosen Gewirre der brausenden Welt! – Bey uns zu Tisch sind die v. Geyr u. August v. Haxthausen. Mit diesem gehe ich nachher zum Rektor, dessen Sachen zu sehn. Wir wollten morgen nach Gracht. Allein, bei Josephs Abwesenheit habe ich doch nicht große Lust dazu. Haxthausen bestellt inzwischen ein Pferd für sich, und kommt noch spät wieder zu mir, um mich zu bewegen, mit ihm zu reiten.

Der 1. October [1816].

Ich stehe frühe auf, warte aber vergebens auf Haxthausen bis gegen 8 Uhr. Endlich kommt er, ich gehe mit ihm nach Haus, allein, er hat eine kleine Katze von steifem Reitpferd, die übrigen seines Bruders sind ganz unbrauchbar; mit einer Chaise sehn wir nicht durch zu kommen. So also wird aus der Reise gar nichts. Zudem fällt viel Regen ein. Ich gehe nach Hause, rede mit dem Vater lange wegen den auszuforschenden Armenstiftungen, u. lese u. arbeite dann für mich, bis die Schwestern mich rufen, zu den Damen v. Gymnich, welche zum Besuch da sind. Haxthausen ist wieder bey mir, u. wir gehn zusammen hinüber. Er bleibt bey uns zu Tisch. Ich sitze wieder einige Zeit ruhig für mich, es regnet heftig; Haxthausen kommt später noch wieder. v. Geyr, die morgen auf's Land wollen, kommen noch zu uns, wir gehn hinüber zu ihnen. So wird es Abend.

Den 2. October [1816].

Der Rektor kommt u. bleibt bis gegen 9 Uhr. Ich sehe auf Josephs Zimmer meine alten Sachen ein wenig durch, und nehme Einiges mit. In der Plenarsitzung wird es spät; ich komme mit meinen Sachen gar nicht mehr zur Sprache. Bald nach Tisch, wo ich eben dabey bin, meine alten Amoralien |26r| ein wenig zu untersuchen, kommt August v. Haxthausen, der auch den Morgen schon lange bey den Schwestern war; ich gehe mit ihm zu Willmes.[120] Es ist nicht zu läugnen, daß dessen Apostel, die mit denen, welche über Bertrams Sopha hingen, viel Aehnlichkeit haben, sehr schön sind. Auch die angebliche Luinische[121] Madonna, eine der vielen Exemplare dieses Bildes, ist ungemein gut. Die übrigen Sachen sind minder. – Wir gehn nun wieder nach Hause, kommen auf Liebesgeschichten zu erzählen, u. Haxthausen erzählt von seinen u. besonders seines Bruders Carls

---

[120] Vermutlich: Engelbert Willmes, der als Maler und Sammler tätig war. Vgl. Krischel, Kölner Maler, S. 251 f.; Merlo, Künstler, S. 966.
[121] Bernardino Luini, italienischer Maler.

Abentheuern mit Tresette Wenge. Diese dürfte wohl laut Bericht, ziemlich nahe mit ihm verschwägert seyn. Auch er ist überzeugt, daß Nette Wenge blutarm ist,[122] vielleicht noch Schulden hat. Fritz Wenge soll 200.000 Thl. Schulden zu bezahlen haben, welches bey der von Levin projektirten Heirath mit der Gräfinn P.D. zur Sprache gekommen seyn soll, die 800.000 Schulden haben soll.[123] – Eine Verkeilung[124] der Gräfinn M. von vorigem Winter, möchte wohl Ursache seyn, warum man dieß Jahr Düsseldorf zu den Hiberania[125] gewählt hat.

Den 3. October [1816].

Ich erhalte früh schon Briefe an Schinkel von Aachen. Dann lese ich etwas für mich, bis gegen 9 Uhr der Rektor kommt. Dann erhalte ich einen Brief von Sulpitz Boisserée, der mir Schenkendorfs Ankunft meldet.[126] |:–15:| Später kommt Dr. Nückel, der eine Schätzung der von dem Kendenicher Halfen zu liefernden Gegenstände in baarem Gelde haben möchte, die ich ihm machen helfe. Ich rede ihm auch in Gegenwart des Vaters von den ältern Erbschafts-Sachen, zu deren Auseinandersetzung er gute Lust zu haben scheint. – George Rolshausen kommt noch, mich wegen Berlin zu konsultiren, wohin er zu gehen hofft. Ich verspreche ihm Adressen dahin. Nach Tische gehe ich, Herrn v. Herwegh[127] aufzusuchen, den ich aber nicht finde, so wenig als Schoenwald. Ich gehe noch einen Augenblick zu v. Heinsberg, der in seiner alten fuchshaften Manier sitzt. |26v| Zu Hause finde ich ein Briefchen, worin mich die beiden v. Haxthausen u. der Regierungs Rath Simon einladen, um 7 zu ihnen zu kommen. Doch kommt früher noch August v. Haxthausen zu mir, u. sagt, daß ich eigentlich zu einer lustigen Geschichte gebethen sey, weil Regierungs Rath Roitzsch dem Herrn Simon öffentlich Abbitte thun möchte. Roitzsch hatte nehmlich Schändliches Zeug von Simon gesagt. Haxthausen (Moritz) constituirt ihn darüber; Er läugnet es. Allein, unter andern sind Zeugen Butte u. Kempis. Er wird überführt zu Deutz, Simon nennt ihn einen niederträchtigen Buben, was er alles einsteckt, u. sich sogar zu öffentlicher Abbitte bereit erklärt. Diese nun hatte heute Abend statt, u. auf gemeine Weise schob Roitzsch seine fast, beständige Besoffenheit etc. vor, die ihn zu so etwas verleite. Etc. Ich gehe mit Fleiß nicht hin, Haxthausen aber kommt bald wieder zu mir, u. erzählt mir den ganzen Vorgang dieser Schändlichen Geschichte.[128] – Er bleibt nachher zum Thee bey uns.

---

[122] Antoinette (Nette) von der Wenge zur Beck, geboren 1790, starb bereits 1819.
[123] Friedrich Florens Raban (Fritz) von der Wenge zur Beck blieb unverheiratet.
[124] Verkeilung, hier: Verliebtheit, Liebesbeziehung.
[125] Vermutlich: Winteraufenthalt, Überwinterung.
[126] Max von Schenkendorf war mit seiner Familie am 27. Sept. 1816 in Heidelberg angekommen (S. Boisserée, Tagebücher, Bd. I, S. 361). Siehe auch: S. Boisserée: „Samstag, 28. Schenkendorf. Dom. Kramerei in den got. Architectur-Sachen, Nachmittags mit Schenkendorf nach dem Wolfsbrunnen" (ebd., S. 362).
[127] Franz Jakob Joseph von Herwegh wohnte Rue de la Porte de Mars 7/Oben Marspforten 7 (AK 1813).

Den 4. October [1816].

Gegen 8 ½ gehe ich zu v. Rolshausen. Früher ist schon Herr v. Herwegh bey mir, dem ich auch ausführlich wegen der zu erforschenden Armengüter, worüber man ein Gesetz nachsuchen will,[129] u. über manche dahin gehörenden Geschäfte, rede. Nach diesem finde ich auch den Paul von Kendenich, der an das Tribunal gehn, u. nachher abschlägig Geld bezahlen will. (Allein, ich sehe ihn später doch nicht wieder.) Der alte Rolshausen will eben wegfahren; der junge soll nach Berlin, ich soll ihm zu einem Paß |27r| verhelfen, u. ihn Abends zur Gräfinn Solms führen. – Bey der Regierung steckt man wegen der gestrigen Geschichte die Köpfe sehr zusammen, allein, alles bleibt doch still. Nach Tisch erwarte ich den Paul bis 4 Uhr umsonst, gehe dann zum Referendar Alfter, zu Herrn v. Nagel, den ich nicht finde, dann zu August Haxthausen. Dieser geht mit mir nach Hause, u. später zu v. Harff, wo Schaaffhausen, Baron Hornstein etc. Dann gehn wir gegen 8 mit Georg Rolshausen zu Solms, wo der Baurath Redtel u. dessen Frau. Dort wird's fast 11 Uhr. Haxthausen geht noch mit mir zum Nachtessen. Joseph ist zurückgekommen.

Den 5. 8bris [October 1816].

Der Rektor, nachher August Haxthausen halten mich bey Joseph lange hin. Später arbeite ich einiges in meinen Sachen, u. gehe dann zu Nückel, ihn wegen der Gerichtsverhandlungen mit dem Kendenicher Halfen zu fragen. Dieser hat einen Advokaten angenommen, um die Pacht von 1816 einstweilen noch nicht zu zahlen, u. das Urtheil ist bis nächsten Montag aufgeschoben. Doch kann dieß im Ganzen nichts ändern. – Ich habe Haxthausen versprochen, mit ihm nach Gracht zu reiten. Er kommt gegen 2 Uhr, u. Moritz Haxthausen begleitet uns bis an die Windmühlen von Kendenich. – Früher habe ich noch einen Brief an Schinkel[130] geschrieben, u. ihn mit dem von Aachen abgeschickt; auch an v.

---

[128] Zur Affäre um den Justitiar bei der Kölner Regierung Roitzsch: Klein, Solms-Laubach, S. 67 f.; Klein, Personalpolitik, S. 61. Roitzsch hatte den Beisitzer der Kölner Immediat-Justiz Kommission August Heinrich Simon, auch wegen dessen jüdischer Herkunft, öffentlich beleidigt. Einer Forderung Simons zum Duell stellte er sich nicht, weshalb ihn W. von Haxthausen „einen feigen und ehrlosen Buben" nannte und die Regierungsräte Schlaefke, Butte, Auer, Oberforstmeister Stolzenberg und Regierungsassessor Schönewald erklärten, er sei für das Kollegium der Regierung nicht mehr tragbar. Roitzsch wurde versetzt. Simon nahm in einem langen Schreiben selbst zu den Vorgängen Stellung: A. H. Simon an Fr. L. Chr. zu Solms-Laubach, Köln, 9. Okt. 1816 (Privatarchiv d. Grafen zu Solms-Laubach, XVII, 115). Weitere Korrespondenz zur Affäre Roitzsch: Privatarchiv d. Grafen zu Solms-Laubach, XVII, 115, vor allem Okt. 1816.

[129] Fr. J. J. von Herwegh war nicht nur Ratsmitglied, sondern auch seit 1813 Präsident der städtischen Armenverwaltung. Groote hatte schon 1815 festgestellt, dass Herwegh sich sehr für die Kölner sozialen Einrichtungen engagierte. Vgl. Groote, Tagebuch, Bd. 1, S. 319.

[130] E. von Groote an K. Fr. Schinkel, Köln, 6. Okt. 1816; Staatsbibliothek Berlin, Handschriftenabteilung. Siehe Briefe und Schriften.

Savigny habe ich eine Empfehlung für Rolshausen zurechtgeschrieben. Wir reiten nun unter Erzählung unzähliger Liebesschwiten, die sich in den benachbarten westphälischen Familien zugetragen, weiter u. kommen vor 6 Uhr in Gracht an. August Haxthausen hat wegen seines Bartes viel zu leiden. Es ist dort der Französische Rittmeister v. Loë u. seine niedliche Schwester Julie. Nach dem Abendessen gehn wir frühe in den Flügel am |27v| Unterhof zu Bette; dort: weil vielleicht der Graf dem Landfrieden nicht traut. – Einige Nägel in die Hufeisen meines Schimmels. |: 6 St. :| –

Den 6. 8bris [October 1816]. Sonntag.

Erst spät um 8 kommen unsre Stiefel, nachdem ich schon ein Paar Stunden mich bey Haxthausen u. am Fenster ausser dem Bette umgetrieben habe, um des herrlichen Morgens zu genießen. Auch heute, schon beym Frühstück scheint mir die kleine Loë noch sehr.[131] Thresette ist geschwätzig u. üppig, wie immer, u. scheint bey mir einiger Maaßen xxxxx vorzugeben. Wir gehn um 9 ½ in die Hochmesse,[132] |: 4 Stb. :| dann im Garten spaziren, bis zum Tisch. Viel denkwürdiges wird nicht getrieben. Bey Tische sitze ich bey der netten Loë, die mich nicht ganz zu verachten scheint. Sie ist ganz angenehm. Nachher fahren wir auf dem Wasser, u. gehn noch spaziren, bis gegen 5 Uhr, wo wir nach kurzem Abschied wieder fortreiten. Trinkgelder. |: 4 Fr., 10 S. :| Wir reden auf dem Wege noch von manchen Amoralien, u. kommen erst gegen 8 ½ wieder in Köln an. Haxthausen kommt noch mit zum Abendessen. – Ich finde einen Brief von Schinkel vom 2. 8bris [October] aus Cassel.

Den 7. October [1816].

Ich gehe frühe zu Joseph, ihn wegen verschiedener Sachen zu befragen. Um 9 ½ gehe ich zu Dr. Nückel und mit ihm ans Tribunal, wo aber es so lang wird, ehe die Session anfängt, daß ich nicht mehr warten kann, sondern zur Regierung gehen muß. Roitsch kommt nicht, u. ich höre, daß man ihn gebethen hat, sich zu entfernen. Schoenwald ist nach Coblenz. |28r| Nach Tische kommt bald August v. Haxthausen u. ich muß nolens volens[133] mit ihm nach dem xxxxxx gehn, wo Kirmeß ist. Graf Metternich war schon gegen Mittag in Köln, die Damen kommen erst gegen 3 Uhr. Auf der Landstraße sind viele Menschen; die Schwestern gehn mit Frau v. Herwegh u. der Frl. v. Hagen spaziren. Ich gehe später noch zu Herrn v. Caspars, wohin auch Joseph mit dem Schimmel kommt. Der

---

[131] Satz sic.
[132] Man besuchte wohl die Messe in St. Alban in Liblar. Der Neubau der Kirche im 17. Jh. wurde von der Familie Wolff-Metternich zur Gracht finanziert, die in der Folgezeit auch maßgeblich zur Ausstattung beitrug. An der Kirche ist das Wappen der Familie angebracht.
[133] nolens volens: wohl oder übel, notgedrungen.

alte Herr ist ziemlich wieder wohl, doch noch sehr heiser. Gegen 8 Uhr gehn wir nach Hause, u. ich arbeite noch ein Stück in Regierungs Sachen. Morgen sollen v. Mylius (Bürgermeister u. Frau) u. v. Haxthausen bey uns essen.

Den 8. October [1816].

Ich arbeite frühe in den Regierungs Sachen u. an dem Bericht wegen der Jagdgerechtsamen. Metternichs schweben in ihrer adelichen Schönheit schon bey Zeiten hin und her auf dem Hofe. Der Vater bringt mir ein Schreiben des Generals v. Mylius die Erbschaftssachen betreffend. Der Graf kommt, mich wegen der von Liblar verlangten Thaue, zum Aufziehn der Glocke[134] zu befragen, die ich ihm auch, da eben der Rektor hier ist, aus dem Elend besorgen kann. – Gegen Mittag kommt Louis Boecking, mich zu besuchen. Zum Essen kommt August v. Haxthausen, dann Wallraf, u. der Bürgermeister u. dessen Frau. Damit geht die gute Zeit hin bis gegen Abend. – August Haxthausen geht bey mir noch einige Mahle zu und ab, zur Post, zu v. Zuydtwick u. dergl. Bis gegen 8 lese ich ihm allerley von meinen alten Schwiten.[135] Er will morgen mit dem Postwagen fort, u. ich gebe ihm einen Brief an Lange. Abends nach 11 Uhr ist es noch gar schön am Himmel; ich sehe lange noch an ihn hinaus, u. denke mir viel. –

Den 9. 8bris [October 1816].

Ich gehe mit meinen Arbeiten frühe zu Joseph an's Bett, ihn wegen verschiedenem zu fragen. Dann |28v| schreibe ich meinen Bericht, wegen verheimlichter Stiftungs Sachen[136] in's Reine; u. diesen gebe ich in der Sitzung dem Herrn Director Sotzmann. – Vor Tische kommt August v. Haxthausen noch zu mir, Abschied zu nehmen, u. fährt mit dem Postwagen ab. – Da heute noch die Sachen zu dem Bericht an den StaatsKanzler abgegeben werden sollen, so schreibe ich meine Jagdreklamation gleich noch in's Reine, u. überdem läßt sich der Minister Stein ansagen, das Bild zu sehn.[137] Er kommt auch, ist freundlich,

---

[134] 1816 erhielt die Kirche St. Alban in Liblar Glocken, die möglicherweise aus der 1803 säkularisierten Kirche St. Jakob in Köln stammten.

[135] Schwiten, hier vermutlich: die lustigen Texte, die Groote in den vorangegangenen Jahren geschrieben hatte.

[136] Vgl. den Bericht der Kölner Regierung nach Berlin: Aufgrund von Nachforschungen „hat das Consistorium die Gewißheit erlangt, daß besonders auf der linken Rheinseite bedeutende bei der Secularisation der Stifter und Klöster, und bei der Reduktion der Pfarrkirchen verheimlichte Kirchengüter sich in fremden Händen befinden, und daß selbst die Angaben von Pfarr- und Kirchen-Einkünften meistens unrichtig sind, worauf höhern Ortes in Antrag gebracht wurde, durch ein besonderes Gesetz die stiftungsmäßige Verwendung dieser Güter zu vergewissern und zur Aufdeckung derselben nachdrücklich aufzufordern" (Zeitungs-Bericht der Kölner Regierung für den Monat Sept. 1816, Köln, 15. Okt. 1816; GStA PK, I. HA Rep. 89 Geheimes Zivilkabinett, 16277, Bl. 83).

[137] Charles Lebrun, Die Familie Jabach, 1660.

macht mir ein Paar Westenknöpfe auf u. zu,[138] u. redet von der Universitaet, von Schmedding etc. Er hat seine Tochter u. eine andere Dame bey sich. – Ich bringe nun meinen Bericht fort. Sehr viele Menschen kommen vom Luftballon.[139] Am Malzbüchel steht viel Volks, weil es bey einem Becker im Keller brennen soll. Ich suche Dr. Gadé[140] vergebens auf. Nach Hause kommt später Auer zu mir, u. wir trinken bey den Schwestern Thée. Nach dem Nachtessen sitze ich in meinen Träumereyen und klage, daß ich allein seyn muß u. schreibe

Liebessehnsucht.

> Noch plätschert im Bächlein die Welle,
> Noch feuchtet die Blumen der Thau,
> Noch lugen die Sternlein so helle,
> Noch wehen die Lüftchen so lau. –
> Aber einsam ist's um mich u. trübe,
> Und mein Liebchen ist so weit entflohn!
> Ach, ich fühle noch die Lust der Liebe,
> Doch sie selbst entbehr' ich lange schon.
> Oft träum' ich sie mir noch so köstlich,
> So warm ist ihr Händchen, ihr Mund,
> Noch schimmert sie vor mir so festlich,
> Thut heimliche Liebe mir kund! –
> O noch einmal, einmal noch, ihr süßen
> Liebesschmerzen bebt durch meine Brust!

---

[138] E. von Groote an S. Boisserée, Köln, 10. Okt. 1816: Stein sprach mit Groote, „während er mir geschäftig die oberen Westenknöpfe auf, u. wieder zu knöpfte" (HAStK, Best. 1018, A 118). Siehe Briefe und Schriften.

[139] Köln. Zeitung, Nr. 158, 5. Okt. 1816, Annonce: „Madame Fondard hat die Ehre, das Publikum zu benachrichtigen, daß Sie morgen Sonntag den 6. Oktober um 3 Uhr Nachmittags, eine Luftfahrt machen wird. [...] Die Anschlagezettel werden das Lokal und den Eintrittspreis anzeigen." Am 15. Okt. 1816 meldete die Köln. Zeitung, Nr. 165: „Am 8. dieses Monats kündigte Madame Fondard eine Luftschifffahrt an, welche aber, der eingetretenen ungünstigen Witterung wegen, auf den folgenden Tag ausgesetzt ward. [...] Am 9. dieses Monats fand denn auch das angekündigte Schauspiel Statt; aber, o lieber Himmel! in welcher Art!" Der Ballon „bestand aus blau und weiß gestreiftem Papiere, ganz in der gewöhnlichen Art, unten mit einer Oeffnung, worin das Feuer, zur Entwickelung der leichten Luft, angebracht war; unter diesem hing ein Machwerk, ebenfalls von Papier, in Form einer kleinen Gondel, in welcher sich nicht eine taube Nuß, vielweniger das Erforderniß zu einer langen Reise befand. Madame Fondard blieb denn auch ganz natürlich wohlbehalten unten zurück und sah mit den Uebrigen ihrem Lieblinge nach, welcher, nachdem er eine mäßige Höhe erreicht hatte, nach einer halben Stunde unweit der Stadt glücklich niederfiel." Madame Fondard sollte daher, so die Zeitung, ihren Titel als „Luftschifferinn" mit dem der „Papierkleisterinn" verbinden.

[140] Der Anwalt Jean Joseph Gadé wohnte 1816 In der Höhle 14. Er vertrat in der Folge die Familie von Groote in ihren Vermögensangelegenheiten.

Einmal noch u. ewig mag sich schließen
Dann mein armes Herze eurer Lust! –

|29r| Darüber ist Feuer Lärm; Joseph ruft mir, wir gehn erst auf den Speicher, dann nachher hinaus. Es ist noch in demselben Hause auf dem Malzbüchel, allein, im innern Keller, u. nichts zu sehn; wir gehn um Mitternacht nach Haus.

Den 10. 8bris [October 1816].

Frühe schreibe ich an Sulpitz Boisserée,[141] ausführlich wegen unsern hiesigen Angelegenheiten. Dann lese ich mancherley für mich bis Mittag, u. so fort. Nach Tisch wieder biß gegen 5. Dann gehe ich zu Minister Stein, von dem eben Wallraf u. Denoël[142] kommen, die bey ihm gegessen haben. Er hat [zu] Wallraf geäußert, Er würde vielleicht einmal hierhinziehn. An die Ankunft des StaatsKanzlers glaubt er nicht.[143] Es ist v. Mihrbach[144] bey ihm, mit dem Er nachher zu Solms geht. Er hat mich schon wiederholt gefragt, ob ich künftigen Winter nicht werde nach Berlin gehn. Da muß er etwas vor haben. – Ich gehe zu Herrn Simon, der mit seinen neuen Geschäften sehr zufrieden ist. Von ihm finde ich auf dem Rückwege gegen 8 Schülgen von Heidelberg, u. Lieversberg. Ich eile nach Haus u. bald zu Solms, wo aber in gebethener Gesellschaft, v. Hagens, Harffs, u. Schaaffhausens sind. Alles spielt. Ich suche unter dem Vorwand, noch mit Stein, den ich bloß gesucht habe, reden zu müssen, bald wieder Gelegenheit, weg zu kommen.

---

[141] E. von Groote an S. Boisserée, Köln, 10. Okt. 1816 (HAStK, Best. 1018, A 118). Siehe Briefe und Schriften.

[142] Matthias Joseph Denoël/Denoel, Kaufmann, Maler, Schriftsteller, Kunstsammler und Mitbegründer der Olympischen Gesellschaft, gehörte zum engen Kreis um Wallraf. S. Boisserée an K. Fr. Schinkel, Heidelberg, 14. Aug. 1816: „In Bezug auf die Wallrafsche Sammlung und die Behandlung seiner Person bitte ich vor der Hand einiges Augenmerk auf einen Herrn De Noël zu richten. Dieser hat viel künstlerischen Sinn, auch recht schöne Talente zum Zeichnen und mannigfache artistische und literarische Kenntnisse, überdem genießt er das Vertrauen von ganz Köln" (in: Wolff, Briefwechsel, S. 72). Zur Biografie von Denoël: Böhm, De Noel, 1977; Blöcker, De Noel, 1995; Merlo, Künstler, S. 186 f.; Ennen, Olympische Gesellschaft, 1880; Wegener, Leben, Teil 1, S. 191–201, 237–240.

[143] Köln. Zeitung, Nr. 178, 9. Nov. 1816: „Die früherhin beabsichtigte Reise Seiner Durchlaucht des Fürsten Staatskanzlers nach den Rheinprovinzen soll, laut Versicherung des deutschen Beobachters, bis zum künftigen Jahre aufgeschoben seyn."

[144] Zu den Beziehungen von Johann Wilhelm von Mirbach-Harff zu Fr. K. vom und zum Stein und Solms-Laubach sowie zu Mirbachs politischer Rolle von 1815 bis Anfang 1816 siehe Beusch, Standespolitik, S. 40–92. Zur Familie von Mirbach-Harff: Schönfuß, Mars, S. 82–86; Stammtafel der Familie: Ebd., S. 475.

Den 11. 8bris [October 1816].

Vor der Sitzung gehe ich zu Gadé, mit ihm wegen der Geschäfte gegen v. Mylius zu reden; dann zu Dr. Sitt, ihn anzumahnen, daß er die Vollmachten zu erhalten sucht. In der Sitzung erhalte ich einen Brief v. Rolshausen, der seine Adressen nach Berlin geschickt haben will, da er nicht mehr nach Köln kommen könne. Der Bote wartet zu Haus auf Antwort. Ich schreibe ihm also noch alles zurecht, u. schicke ihm meinen Brief an Savigny,[145] u. in dem an ihn, Grüße an andere. |29v| Die Gräfinn Louise Metternich, jetzige Frau v. Loë, ist bey den Schwestern. Sie kann einen neuen Beweis liefern, daß das Heirathen auch ziemlich jungen Mädchen nicht schadet, denn sie sieht sehr wohl u. vergnügt aus, mehr als sonst. Sie reist nach Gracht zum Namensfest.[146] Nach Tisch rede ich mit dem Vater über die eingeleiteten Geschäfte, u. Er kommt bald darauf zu mir, mir das Compromiss wegen Dransdorf u. andere dahin gehörende Sachen zu bringen, worüber wir bis gegen 8 U. reden.

Den 12. 8bris [October 1816].

Da ich in Regierungs Geschäften nichts zu thun habe, bleibe ich still zu Hause, u. lese für mich in den alten Erbschaftssachen. Nach Tisch reitet Joseph nach Wessling [Wesseling] zum Max Geyr. Als ich eben auf seinem Zimmer einige Zeitschriften u. Bücher geholt habe, kommt Max Schenkendorff,[147] u. sagt, er habe seine Familie zu Wasser nach Köln gebracht, sie sey aber noch im Schiff, bis er wisse, wo er absteigen könne. Er geht zum Vater, u. bald mit mir in Bettendorfs Haus, wo uns Mauritz Haxthausen freundlich empfängt, u. gleich die nöthigen Zimmer anweist. Wir holen nun Wagen, u. fahren an den Rhein, packen aus u. ein, u. ziehen in die Stadt. Schenkendorfs Familie besteht in seiner (dicken, stattlichen) Frau,[148] seiner Stieftochter, einer Freundinn derselben, u. einem Dienstmädchen. Wir richten nun im Hause ein wenig ein; später kommt der Vater noch hin, mit dem ich gegen 7 weggehe. Ich gehe noch zu Wallraf, wo ich

---

[145] E. von Groote an Fr. C. von Savigny, Köln, 11. Okt. 1816 (Universitätsbibliothek Marburg, Nachlass Friedrich Carl von Savigny, Ms. 725/373). Siehe Briefe und Schriften.

[146] Der 12. Oktober ist der Namenstag von Maximilian und Maximiliane. Vermutlich reiste Maria Louise von Loë zum Namenstag eines oder einer Verwandten nach Gracht.

[147] Max von Schenkendorf hatte im Sommer aus Koblenz an W. von Haxthausen geschrieben: „Gott zum Gruß, lieber Bruder, und herzlichen Dank für Deine Einladung, bei Dir mit den Meinen Herberge zu nehmen, wenn ich nach Köln komme. Ich nehme das mit Freuden an und werde mich zu seiner Zeit anmelden. – Grüße Groote und Mums und Bärsch, mehr als sie aber den Rhein und den Dom und die Gereonskirche und die 11 000 Jungfrauen, denen die Kölnerinnen ja alle ähnlich sehen, und lebe frisch und froh, und schreibe mir über Dein Dienstleben, und glaube mich für Schimpf und Ernst, für Leid und Freud Deinen treuen Freund Max von Schenkendorf" (in: Klein, Haxthausen, S. 171).

[148] Henriette Elisabeth von Schenkendorf, geb. Dittrich, verwitwete Barclay war seit 1812 mit Max von Schenkendorf verheiratet.

mich neuerdings überzeuge, daß der junge Fuchs sich über die alten städtischen Sachen ordentlich unterrichtet.[149] Es ist viel Redens über die traurigen Aussichten des Jahrs, über die übertriebenen Forderungen des Militairs u.s.f.

Den 13. 8bris [October 1816]. Sonntag.

Ich gehe gegen 7 in die Kirche, lese die Rezension gegen Stolberg in dem Heidelberger Jahrbuch[150] u.s. fort, bis gegen 10 ½, wo ich |30r| Schenkendorfs zum Dom abzuhohlen versprochen. Wir gehen dorthin, u. nachher noch im Dom umher u. äußerlich herum. Gegen 1 kommen wir bey uns zum Essen zusammen. Auch Hedemann hat sich eingeladen. Nachher gehn wir in das zum Pützische Haus am Bayen, welches sonst recht hübsch, aber zu schrecklich weit entfernt ist. Von da gehen wir zu Elias Mumm[151] heran, wo wir die Mlle Niederstaedter lassen, u. nun mit Mlle Lenchen Mumm weiter nach St. Gereon ziehn. Sie ist äußerst gesprächig, u. bringt allerley aus frühern Zeiten vor. In Gereon kommen wir fast post factum, mit dem Thorschluß. Wir bleiben noch eine Weile, bis die Lichter ausgelöscht werden, u. nun ziehn die übrigen zu Mumm, wohin ich vielleicht auch ganz willkommen wäre, was ich aber mit Fleiß nicht thue. – Ich lese zu Haus Virginia von Alfieri.[152]

Den 14. 8bris [October 1816].

Meine Brüder gehen frühe auf die Jagd. Ich schreibe an Capitain Podewils nach Maynz wegen seiner Bücher. Bey der Regierung habe ich wieder nur das Zuhören. Alles unselbstständige Arbeiten möchte man doch verfluchen! Habe ich doch lange genug nach eigenem Plan u. Willkühr gearbeitet, und manches zu Stande gebracht, u. soll nun wieder von der subjektiven Ansicht eines krassen Direktors abhängen, ob er nehmlich mich beschäftigen, oder meine Arbeit genehmigen will oder nicht. – Ich kann nur Geduld haben. – Zu Hause finde ich Schenkendorf, der nach Briefen fragt. Nach Tisch lese ich noch etwas, u. gehe später zu Schenkendorf, die bey Haxthausens sitzen. Mit Erstern gehe ich nachher aus, bis zu Rittmeister Baersch. Dann begleite ich noch den Vater bis an den Rhein, wo viele Menschen von Deutz kommen, u. gehe nach 7 zu Simon, wo ich gebethen bin. Dort ist Moritz Haxthausen, v. Auer, Baersch, u. dessen Frau, u.

---

[149] J. P. J. Fuchs war seit Juli 1815 Kölner Stadtsekretär und Leiter des Stadtarchivs (Obersekretär bei der städtischen Verwaltung).
[150] Friedrich Leopold zu Stolberg-Stolberg publizierte von 1806 an ein Werk, das bis 1818 schließlich 15 Bände umfasste (Geschichte der Religion Jesu Christi, Hamburg 1806–1818). Groote bezieht sich hier auf eine 1816 in den Heidelbergischen Jahrbüchern der Litteratur (Nr. 28 u. 29) erschienene Rezension zu dieser Publikation.
[151] Vermutlich: Weinhändler Elias Mumm, Mühlenbach 14.
[152] Vittorio Alfieri, Virginia, Tragödie, 1777–1783.

ein junger Mann, der bey dem Secretariat angestellt seyn soll. Wir bleiben bis gegen 10 ½ zusammen. Heute erhielt ich einen Brief von Seidewitz.

Den 15. 8bris [October 1816].

Der Schneider kommt, dem ich eine Menge auszubesserndes Zeug mitgebe. Später gehe ich zu Joseph, wohin auch der Rektor |30v| kommt, dieser bleibt noch, nachdem Joseph ins Consistorium geht, u. wir reden manches über Boisserée etc. Dann kommen Schenkendorf u. Schülgen. Ersterer eilt bald wieder weg. Mit Schenkendorf gehe ich bald aus. Wir begegnen Schreckenstein mit andern Officiren. Er präsentirt mir einen, der die Stadt sehn u. nach Spanien gehn will. Mit Schenkendorf gehe ich weiter, zu seiner Frau, dann zum Rektor, wo wir Bury u. Hummel finden.[153] Wir sehn die Bilder etc. bis nach Eins. – Bey uns ißt Everhard v. Geyr, der nachher mit Joseph zu Schülgen geht. Ich bleibe zu Hause, u. lese meinen Carl Magnus u. Stolbergs Religions Geschichte.

Den 16. 8bris [October 1816].

In der Plenarsitzung erhalte ich acta über die Jagd u. Gewehr-Erlaubniß-scheine,[154] die aber nicht zum Vortrag kommen, weil Herr v. Hagen zu schnell die, durch die Salzaccise Geschichte[155] verlängerte Sitzung aufhebt. Nach Tische

---

[153] Die Maler Johann Erdmann Hummel und Johann Friedrich Bury hatten kurz zuvor Boisserées in Heidelberg aufgesucht. Dazu schrieb S. Boisserée an Goethe: „Sie haben wohl recht, über die Anarchie der lieben deutschen Welt, zumal der Kunstwelt, zu klagen. Der Aberwitz und die Anmaßung übersteigt hier oft alle Gränzen. Noch ganz kürzlich [...] ist uns ein auffallendes Beispiel davon vorgekommen. Die Maler Hummel und Buri sprachen bei uns ein, nicht etwa schien es, um sich in unserer Sammlung zu erfreuen und zu belehren, sondern nur um ihre Zweifel zu äußern. Da sollten die Byzantiner nicht vor Eyck, dieser selbst kein Eyck und so fast alle übrigen nicht seyn, was sie sind; weil es ja alles zu gut wäre! Die Kerls glauben wohl die Geschichte der altdeutschen Kunst sey einem im Schlaf eingefallen und sie brauchten nur von ihrer Bärenhaut aufzustehen, um in ein paar Stunden alles umzuwerfen, was man seit mehr als zehn Jahren mit redlichem Bemühen gelernt, gefunden, durchdacht hat. Sie sind schön nach Hause geleuchtet worden" (S. Boisserée an J. W. von Goethe, Heidelberg, 9. Okt. 1816; in: S. Boisserée, Briefwechsel, Bd. II, S. 140).

[154] Vgl. die Verfügung vom 6. Sept. 1816: „So wird hiermit den Jagdberechtigten im Umfange des hiesigen Regierungs-Bezirks [...] das Jagd-Reglement in Erinnerung gebracht, nach welchem niemand befugt ist zu jagen, der nicht mit einem besondern Jagderlaubnißscheine dazu versehen ist. Diese Jagderlaubnisscheine sollen zu dem früher bereits festgesetzten Preise von 10 Franken pro Stück nach vorheriger Meldung bei den landräthlichen Kommissarien der betreffenden Kreise, von denselben ertheilt werden. Wer ohne einen solchen Jagderlaubnißschein, der durchaus nur für die Person auf die er ausgestellt, gültig ist, jagt, verfällt in die gesetzlich verordnete Strafe von 30 Franken" (Amtsblatt d. Königlichen Regierung zu Köln, Nr. 19, 10. Sept. 1816, S. 146).

[155] Im Juni 1816 hatte die preuß. Regierung das Salzregal auch in den neuen westlichen Landesteilen eingeführt. Die Köln. Zeitung erläuterte: „Es besteht nun für Jedermann nur die Verpflichtung, seinen Salzbedarf aus den königlichen Salzwerken oder Salzniederlagen zu kaufen. Außer dem bestimmten und öffentlich bekannt gemachten Preise des Salzes, hat dessen Käufer weiter keine

gehe ich gegen 4 ½ mit dem Vater u. den Schwestern zu Schenkendorf u. mit ihnen nach Deutz. Max ist allein spazieren gegangen. Der Lieutnant Siegenhorn, der mit Schreckenstein gekommen, ist schon verschiedene mal bey mir gewesen, ich schaffe ihn mir aber bestmöglichst vom Hals. Abends ist Max wieder da, u. ich bleibe noch bis nach 7 Uhr bey ihm. Die Weiber sind gut genug, doch scheinen sie sich zu sehr hier zu langweilen, u. es ist schwer, sie zu unterhalten; sie sind höllisch languissantes.[156] – Ich gehe dann nach Hause.

Den 17. October [1816].

Schon gegen 8 kommt der Lieunant Siegenhorn, den ich mit dem Rektor schicke, dessen Sachen zu sehn. Später kommt Dr. Nückel mit dem Paulus von Kendenich, den Joseph u. ich so in die Ordnung bringen, daß wir nun die Saat ordentlich erhalten, u. doch übrigens alles seinen Gang geht. Es kommt Herr u. Frau v. Loë u. die kleine Julie von |31r| Gracht, um nach Düsseldorf zu fahren. Es geht mir aber schlimm mit ihnen, da ich sie wegen allerley Aufenthalt nur einen Augenblick sehn kann. Die kleine Julie ist nicht schön, aber interessant genug. Der Rektor Siegen spricht mit uns. Nach Tisch gehe ich den Lieutnant Siegenhorn aufzusuchen, finde ihn vor dem Maynzer Hof, u. bleibe eine Zeitlang bey ihm. Dann gehe ich nach Hause u. lese für mich, bis zum Abend.

Den 18. October [1816]. Jahrtag von Leipzig.[157]

Zur Feyer des Tages bemerkt man wenige Anstalten, besonders da die kirchliche bis auf Sonntag verlegt ist. Frühe schon kommt Schenkendorf zu mir u. Joseph,

---

Abgabe darauf zu entrichten, auch wenn er weitern Handel damit treibt [...]. Alle Einfuhr fremden Salzes ist unter den gesetzlichen Strafen des Schleichhandels verbothen" (Köln. Zeitung, Nr. 160, 6. Okt. 1816). Da der Salzhandel traditionell eine erhebliche Bedeutung für Köln hatte, kam es in der Folge des Gesetzes zu heftigen Protesten seitens der Kaufmannschaft. Vgl. Amtsblatt d. Königlichen Regierung zu Köln, Nr. 12, 16. Juli 1816, S. 86 f.

[156] languissantes, hier: matt, lustlos.
[157] Jahrestag der Schlacht von Leipzig, 18. Okt. 1813. Welt- und Staatsbote zu Köln, Nr. 167, 19. Okt 1816: „Den heutigen denkwürdigen Tag feierte die hiesige Besatzung durch eine große Parade und öffentlichen Gottesdienst, nach dessen Beendigung dem Könige unter dem Donner des Geschützes ein dreimaliges Lebehoch! gebracht wurde. Die kirchliche Feier dieses Tages ist auf nächsten Sonntag versetzt. Zum drittenmale feiern wir also den Tag, wo vereinigte deutsche Kraft unter Gottes Beistand fremde Fesseln brach. Wenn bis jetzt noch mancher Wunsch unerfüllt geblieben, manches Bedürfniß noch unbefriedigt ist, so suchen wir die Ursache in der Verworrenheit der Zeit, den vielfältigen Ansprüchen, den vielseitigen Ansichten der Dinge auf, die sich nicht alle auf der Stelle ausgleichen lassen [...]; vieles aber hat sich zum Bessern gestaltet; mehreres wird sich auf dem nun bald zu eröffnenden deutschen Bundestage entfalten und zum Guten gedeihen." Das Beiblatt der Köln. Zeitung, Nr. 16, 20. Okt. 1816 veröffentlichte einen „Feiergesang" von Ferdinand Schubert (erste Strophen): „O Tag voll Schmerz! o Tag voll hoher Freude! / Du leuchtest uns im Feierschmuck entgegen, / Du einst Triumph-Gesang mit stillem Leide / Und

u. will mit den Seinigen nach Mühlheim zu Mittag. Wir haben Sitzung bey der Abtheilung I, bey der II geschieht nichts. Nach Tisch reitet Joseph nach Mühlheim. Es wird weder geläutet noch erleuchtet; die vielen Herrn, die bei Sittmann[158] waren, klagen über das gar zu schlechte Essen. Ich gehe gegen 6 zu v. Geyr, wo man sich zum Balle bereitet. Auch wir gehn nach dem Nachtessen, gegen 10 Uhr dahin, allein, es ist sehr leer. |:5.10:| Es wird getanzt bis gegen 1 ½, wo die meisten Menschen weggehn.[159] – Ich zahlte heute das Porto für mehrere Briefe. |:1.10:| –
– –

Den 19. 8bris [October 1816].

Schon am Bette besucht mich Herr Rektor, u. redet von manchen neuen Sachen, die er gekauft hat. Mir ist etwas unwohl, nach der halbdurchtobten Nacht. Gegen Mittag kommt v. Münch zu mir. Er klagt sehr über die Art, wie er von den Direktoren behandelt wird, u. scheint mit seiner jetzigen Lage sehr unzufrieden. – Nach Tische reite ich mit dem wackren Schimmel aus, nach der Kitzburg [Kitschburg][160] von Schaaffhausen u. weiter. Dann lese ich zu Haus u. gehe später zu Schenkendorf, die aber zum Thee bey v. Haxthausen gebethen sind. Dorthin soll die Gräfinn Solms, Simon etc. kommen. Ich gehe |31v| später noch in

---

Grabes Wehmuth mit des Himmels Segen. / Die Trommel wirbeln, / Die Fahnen flattern, / Vom hohen Dome / Ruft ernst die Stimme / zum Weihegesang." Letzte Strophe: „Berge erzählen mit flammendem Munde / Allen Germanen die himmlische Kunde: / Ewig wird Deutschland der Freiheit sich freun! / Und nun in dieser erhebenden Stunde, / Brüder, die Hände zum heiligen Bunde! / Brüder, die Herzen zum schönen Verein!" Vgl. auch: Köln. Zeitung, Nr. 165, 15. Okt. 1816. Freiherr vom Stein sandte Wallraf „an dem Jahrestag der Befreyung Deutschlands vom fremden Joch" ein Geschenk: „es ist ein gut erhaltener gläserner Aschenkrug, der in der Nähe von Coblenz ausgegraben worden" (Fr. K. vom und zum Stein an F. Fr. Wallraf, Nassau, 18. Okt. 1816; HAStK, Best. 1105, A 19, fol. 78).

[158] Leonard Sittmann führte das Lokal „im Alten Kuhberg an der Schnurgasse" (Vor den Siebenburgen 5). Vgl. eine Annonce Sittmanns: Köln. Zeitung, Nr. 179, 10. Nov. 1816.

[159] B. Elkendorf: „Der Tanz gehört zu den Lieblings-Belustigungen der Cölner. Die vielen Bälle, Redouten, Thés dansants so wie die Menge der besuchten öffentlichen Tanzsäle im Winter sowohl als bei den Kirchweihen im Sommer liefern hievon den Beweis. Die in frühern Jahren so beliebt gewesenen und häufig besuchten Redouten sind seit einigen Jahren etwas in Verfall gerathen. Die Gesellschaften dieser Redouten, aus französischen Zeiten übergegangen, wo die Grenzlinien der verschiedenen Stände beinah gar nicht merklich gezogen waren, scheinen dermalen, nachdem in jüngern Zeiten diese Grenzlinien zwischen Adel und Bürger täglich greller werden, in ihren verschiedenartigen Elementen sich nicht mehr halten zu wollen. Der Adel, nicht zahlreich und nicht reich genug, um allein große Bälle und Redouten zu bilden und erhalten zu können, trennt sich allmählig von diesen frühern Gesellschaften und entschädigt sich durch Thés dansants in Familien-Zirkeln und durch Casinos in beschränktern Lokalen mit Hinzuziehung der ersten Civil- und Militär-Beamten" (in: Becker-Jákli, Köln, S. 96).

[160] Die Kitschburg, ein Anwesen im Westen vor den Mauern Kölns gelegen (zwischen Dürener und Aachener Straße) gehörte seit Anfang des 18. Jahrhunderts dem Kölner Priesterseminar. Nach der Säkularisation in der Französischen Zeit kaufte es Abraham Schaaffhausen, um es als Landhaus zu nutzen.

den Olymp, wo Herr Butte more solito[161] eine Menge von Anectoden besonders vom Oesterreichischen Hofe erzählt.

Den 20. 8bris [October 1816]. Sonntag.

Es ist dunkles trübes Regenwetter, und dabey wird man stille und weich gestimmt. Ach, wer an einem heißen, treuen, liebenden Herzen solche Tage, u. – solche Nächte – redend, u. küssend, u. – betend, und ruhend und schlummernd, u. wieder erwachend vorüberzaubern könnte. Aber ihr geht hin, schöne Tage der Kraft u. der Liebe, u. der Blüthe, u. wenn ich bald rückwärts sehen werde, so werde ich sagen: Gott, wie schnell sind sie, ungenossen dahin! Aber das ist der Mensch, – sehend in die Zukunft, läßt er die köstliche, unscheinbare Gegenwart, leichtsinnig vorüberfliehn. – Es ist schändliches Wetter. Nach der Messe im Dom finde ich Hedeman zu Haus, der auch zum Essen bleibt. Nach Tisch kommt Schenkendorff u. dessen Tochter u. Mlle Niederstaedter. Ich lese u. schreibe ruhig bis gegen 7 Uhr, wo ich mit den Schwestern zur Gräfinn Solms fahre, wo v. Geyrs, v. Haxthausen, Redtels, Gossler, Auer etc. sind. Es wird daselbst gesellschaftliches Kartenspiel gespielt u. gelacht bis gegen 11 Uhr.

Den 21. 8bris [October 1816].

Karl u. Joseph gehn mit Everhard v. Geyr auf die Jagd nach dem Roettgen.[162] Der Rektor kommt, mit dem ich zu Wilmes gehe, ein Bild aus Geldorfs Zeit zu sehn, auf dem ein Mann mit 4 Söhnen u. dem v. Grootischen doppelten Wappen nebst noch einem andern steht. Auf der Regierung kommt der Paulus von Kendenich zu mir, der sich auch heute noch nicht entschließen kann, an das Tribunal zu gehn. – Ich wollte zu Herr v. Caspars gehn, allein, der Vater begegnet mir, der eben von ihm kam, da der alte Herr zu Tisch gehn wollte. Ich kaufe in der Bechergass Lichtspäne u. 3 zinnerne Pfeiffenabgüsse u. gehe zu |:2.8:| | A 1/10–19; 1r| Dr. Nückel, der das Urtheil gegen Paul Engels auf dessen bloße schriftliche Schuldanerkennung erhalten hat. Nach Tische bleibe ich des schlechten Wetters wegen ruhig zu Haus, und lese für mich. Gegen 7 kommt die Jagdgesellschaft wieder. Joseph hat eine Rehgeiß u. ein Feldhuhn, Carl einen Haasen geschossen. Sie sind mit ihrer Jagd ganz zufrieden. Es ist sehr kalt, und nur im Bette läßt sich noch etwas lesen.

---

[161] more solito: wie üblich.
[162] Gelände um Schloss Röttgen bei Rath-Heumar. Das Rittergut Röttgen hatte Cornelius Joseph von Geyr zu Schweppenburg 1790 erworben. Das Schloss ließ er niederlegen, das Gutshaus blieb erhalten. 1866 wurde ein Neubau errichtet.

Den 22. 8bris [October 1816].

Ich gehe nicht aus, sondern arbeite zu Haus. Gegen 10 Uhr kommt Carl Spiess zu mir, der nach Göttingen gehn will. Er wünscht Briefe zu haben, u. ich schreibe ihm welche, an August Haxthausen u. den Prof. Heise in Göttingen. Nach 1 Uhr gehe ich mit Joseph zu v. Beywegh, wo wir zu Mittag gebethen sind. Es ist da Herr u. Frau v. Mylius, Frau u. Mlle Best, Everhard v. Geyr u. Philipp v. Kempis. Als ich um 5 Uhr nach Hause komme, wollen die Schwestern zu Mylius fahren, wohin die Gräfinn Solms kommt. Dieß geschieht, gegen 6 ½ , u. wir treiben dort mit einem kleinen Spiele, wo ein Theil eines Satzes verborgen von jedem willkührlich geschrieben, und nachher das Ganze zusammengefügt wird, viel Schimpf. Es wird fast 11 Uhr, ehe wir nach Haus kommen. |:–18:| –

Den 23. 8bris [October 1816].

Frühe schon kommt Herr Rektor, mir anzuzeigen, daß er eine Menge von Gemälden, die er noch im Plane zu kaufen gehabt, wirklich schon in seinem Hause habe. Ich gehe zu Dr. Sitt, der heute endlich erst die Conzepte zu den Vollmachten nach Räuschenberg [Reuschenberg][163] schickt. Ich gehe noch einen Augenblick zu Moritz Haxthausen, der eben nach Bonn abreisen will, und dann zur Regierung. Auf dem Wege begegnet mit Ruckstuhl, der nun in Bonn Professor ist.[164] Wir sitzen bey der Regierung bis gegen 2 Uhr, u. ich trage meine Sache wegen des port-d'armes[165] |1v| vor. Nach Tische lese ich noch etwas für mich bis gegen 6 Uhr. Ich erhalte einen Conskriptionszettel,[166] in der Voraussetzung, daß ich anno 1795 geboren sey, was aber leider schon 6 Jahre früher der Fall war. Ruckstuhl besucht mich, u. ist noch langweilig, wie sonst. Für das Post Landrecht 5 Bände[167] muß ich viel Geld bezahlen, |:29.8 + 3 = 32.8:| u. Scholtes[168] nimmt es zum binden mit. Später gehe ich mit Joseph zu Schenkendorf, wo auch der Vater mit den Schwestern ist. Eben ist auch Werner Haxthausen mit der Frau v. Zuydtwyck[169] u. einer andern Schwester angekommen. Schenkendorfs gehn zu Mumm, Joseph u. ich bleiben bey Haxthausen bis gegen 9 Uhr. Abends

---

[163] Schloss Reuschenberg bei Leverkusen gehörte seit 1767 dem Onkel Eberhard von Grootes, Caspar Joseph Carl Freiherr von Mylius, der dort mit seiner Familie lebte. 1968 wurde das Schloss abgebrochen.
[164] K. J. H. Ruckstuhl wurde 1816 Lehrer am Bonner Gymnasium. Vgl. Buschmann, Schulwesen, S. 28.
[165] Vgl. oben: Grootes Auftrag, sich mit Jagdberechtigungen zu befassen.
[166] Conskription: Einberufung zum Militärdienst.
[167] Das Allgemeine Preußische Landrecht war 1805 als neue Ausgabe in fünf Bänden erschienen. Es enthielt auch die rechtliche Regelung des Postwesens in Preußen.
[168] Der Buchbinder Johann Melchior Schultes wohnte in der Herzogstr. 5.
[169] Ferdinandine von Haxthausen war die Schwester von Werner von Haxthausen. Sie hatte 1805 Engelbert Heereman von Zuydtwyck geheiratet, der 1810 starb. Sie wohnte auch weiter zeitweise im Palais Zuydtwyck, Gereonstr. 12.

schreibe ich noch an den Bürgermeister Mylius ein Paar Worte, u. schicke ihm die Conskriptions Aufforderung zurück. – Zwischen Schlaf u. Wachen greift mich der Teufel noch. ~~

Den 24. 8bris [October 1816].

Ich arbeite an meinem Bericht über die Waffenpässe, während Herr Rektor mich besucht. Mit ihm gehe ich, seine neuen schönen Fenster[170] u. Bilder zu sehn. – Gegen 12 gehe ich mit Joseph zu v. Kempis,[171] den wir nicht finden, dann zu Stolzenberg, dessen niedliche Frau[172] ich zuerst kennen lerne. – Von da gehn wir zu v. Geyr zu Tisch. – Ich habe von Bodewils einen Brief wegen dessen Büchern erhalten. Nach Tisch gehn wir bald weg, u. ich lese für mich zu Haus. Schnupftaback |:–7:| Everhard v. Geyr, der morgen weg will, kommt noch zu mir, später um 8 auch noch Philipp von Kempis. Beide wollen morgen früh nach Heidelberg abreisen. – Meine Schwestern u. Joseph sind bey v. Monschaw in Gesellschaft, wohin auch die Gräfinn Solms erwartet wurde, die aber wegen der Ankunft des Grafen nicht kam. Die Gesellschaft soll |2r| ledern gewesen seyn. Ich erhalte noch Acta über bönnische Angelegenheiten.

Den 25. 8bris [October 1816].

Frühe schreibe ich an meinem Berichte wegen der Jagdscheine. Ein Schwager des Transdorfer Halfen, Severin Sater kommt wegen zu reklamirenden Hafer, die nach Coblenz 1814 geführt sey, zu mir.[173] In der Sitzung ist es langweilig, weil weder Butte noch Fuchs vom Fleck können. Zu Mittag ist der Bergheimer Posthalter Offermann bey uns. Nachher reite ich eine Stunde lang aus, u. lese dann für mich bis gegen 7 ½, wo ich zu Simon gehe. Moritz Haxthausen ist von Bonn aus hin gekommen. Werner kommt mit seinen Schwestern u. Schenkendorf später. Auch Baersch ist mit seiner Frau da. Wir bleiben bis nach 11 Uhr. Brief v. August Haxthausen.

Den 26. 8bris [October 1816].

Der Buchbinder bringt mir die 5 Bände des Landrechts, welches zusammen Fr. 32, GG. 8 kostet. – Beym Vater macht Carl Kugeln zur künftigen Jagd. Vor Tisch

---

[170] Zu Kölner Sammlungen von Glasmalereien im 19. Jh.: Wolff-Wintrich, Glasmalereisammlungen, 1995. Vgl. auch: Steckner, Wallraf, S. 170 f.
[171] Die Familie von Maximilian von Kempis und Anna Lucia Philippina von Herwegh wohnte in der Glockengasse 9.
[172] Elisabeth Therese Stolzenberg, geb. Dufour.
[173] Die Lieferung war offenbar von franz. Seite nicht bezahlt worden, daher sollte die Zahlung bei der Liquidationskommission beantragt werden.

kommt Moritz Haxthausen, mich zu besuchen. Bald nach Tisch kommt Schenkendorf, Bücher in den Kisten zu suchen, die wir ihm hier aufbewahren. Vor 6 Uhr gehe ich ad +, und dann nach Hause zurück, wo die Schwestern mir den Besuch der v. Schenkendorff auf morgen ansagen. – Im Olymp ist früher Cassel, der von seiner Reise nach Heidelberg zurück ist.[174]

Den 27. 8bris [October 1816]. Sonntag.

Ich gehe mit Joseph in die St. Ursula Kirche,[175] wo schlechte Musik ist; mit Schenkendorf gehn wir von da zum Bäcker Mayer,[176] weil er frühstücken will. Ich setze ihn.[177] |:1.16:| Nach Tisch bleibe ich ruhig zu Haus, und lese einen Brief, den ich von General Thielman erhalten. |2v| Abends kommen v. Geyr, Schenkendorf, Haxthausen, Simon u.a. zu uns. Wir machen viel lustig Zeug, u. zeigen unter anderm das Schattenspiel. Die Gesellschaft bleibt bis nach 11 U. zusammen.

Den 28. October [1816].

Nachdem ich meine Acten ein wenig durchgesehn habe, gehe ich in die Sitzung, nehme nachher für Joseph u. für mich beym Grafen Solms, und Director Sotzmann Urlaub, eile nach Hause und bald mit allem Waidzeug u. den beyden Brüdern nach Deutz, |:1 Fr.:| wohin die Gesellschaft der Schützen nach u. nach zusammen kommt. Wir speisen bey Windeck, |:3.2:| u. fahren dann mit Extrapost[178] nach Siegburg. Joseph reitet; in unserm Wagen fahren v. Münch, v. Oettinger, Carl u. ich. |:5.10:| Wir kommen gegen 5½ in Siegburg an, steigen bey Bodené ab,[179] wo wir schon viele Genossen finden. Es wird gesellig gespielt, wo ich verliere. |:7.10:| Erst spät wird gegessen, u. sehr spät zur Ruhe gegangen. Schlafen kann in dem Gewühl fast niemand. Münch hat eine Fehde mit dem Bürgermeister von Deutz,[180] der betrunken ist, u. nach vielem Lärm erst um 3 Uhr sich niederlegen will.

---

[174] Fr. P. Cassel hatte in Heidelberg die Brüder Boisserée besucht. Vgl. S. Boisserée, Tagebücher, 6. Okt. 1816, Bd. I, S. 363: „Cassel besucht uns."
[175] Demian, Ansichten, S. 254: „Die Kirche zu St. Ursula ist wegen der sogenannten goldenen Kammer merkwürdig, in welcher die Legende jene Heilige mit den hier gefallenen Köpfen der 11000 Jungfrauen aufbewahren lässt. Die Geschichte davon ist im Chor gemahlt." Vgl. Urbanek, Zur Vermehrung, 2014; Bergmann, Goldene Kammer, 1996; Bock/Höltgen, 11.000 Jungfrauen, 2014.
[176] Bartholomäus Mayer/Meyer, Bäcker; 1816: Unter Goldschmied 10–12.
[177] setzen auf, hier: einladen.
[178] Im Gegensatz zu regulären Postwagen konnten Extra-Fahrten zu einem bestimmten Termin bestellt werden; sie waren allerdings sehr teuer.
[179] Der Gastwirt Johann Peter Bodené führte in der Siegburger Mühlenstraße ein Lokal, das Kaiserhof, später Kaisergarten und Zum Herrengarten hieß. Ich danke dem Stadtarchiv Siegburg für diese Auskunft.
[180] Bürgermeister von Deutz war von 1808 bis 1842 Wilhelm Franz Neuhöffer.

Den 29. [October 1816].

Schon um 5 Morgens wird mit Gesang die Langweil vertrieben, nach u. nach gefrühstückt, u. erst gegen 8 hinausgefahren nach Troisdorf, wo sich alles versammelt. Dort geht es endlich nach Vorlesung der Jagdgesetze in den Wald. Es |3r| wird 7 mal getrieben. General Ende schießt ein Reh, ich einen Fuchs u. ein Kanin, Joseph einen Haasen. Ausserdem wird noch ein Paar Schnepfen, ein oder 2 Haasen, u. ein Fuchs geschossen, doch im ganzen sehr wenig. Abends gegen 7 kommt alles müde nach Haus, es wird nach dem Essen nur von wenigen noch gespielt, u. die Nacht sehr ruhig zugebracht.

Den 30. 8bris [October 1816].

Heute wird es fast noch später, ehe alles in Gang kommt. Manche sind theils gestern, theils heute früh schon wieder weggereist. Auf der Jagd kommen noch mehrere Rehe vor, doch wird keins erlegt. Es fallen nur einige Füchse. Es währt bis nach 2 Uhr, wo wir nach Troisdorf gehn u. jeder zurückzukommen sucht. Die Zeche von Siegburg haben wir diesen morgen schon berichtigt. |:20.13:| Wir fahren, wie wir auch kamen, |:5.3:| doch sehr langsam, u. kommen gegen 7 ½ in Deutz an, wo wieder bey Windeck gespeist wird. |:3.10:| Später kommt noch der General Ende, u. gegen 9 ½ fahren wir nach Köln über. In unserm Hause sind Metternichs auf ihrer Durchreise nach Düsseldorf angekommen. Treibergeld u. Brückengeld. |:2–:|

Den 31. 8bris [October 1816].

Metternichs fahren gegen 9 schon weg, ich sehe sie einen Augenblick. Der Landrath Spiess ist schon bei ihnen, u. scheint bey Gräfinn Nette nicht übel angeschrieben zu seyn. Sehe jeder, wie er's treibe, wo er bleibe! Ich habe ziemlich viele Akten von der Regierung erhalten, u. arbeite |3v| daran. Von Dr. D'hame lasse ich mir ein nöthiges Aktenstück holen. Nach Tisch gehe ich wieder an meine Sachen, u. ordne nachher einiges in meinen Papieren. Nach 6 gehe ich ad + in die Jesuiten Kirche. Dann wollte ich zu Haxthausen, die aber mit Fuchs u. Auer in tiefsten Geschäften sitzen. Ich gehe also nach Haus, u. lese daselbst noch bis zum Nachtessen.

Den 1. 9bris [November 1816].

Ich gehe frühe um 6 ½ in die Kolumbakirche; später kommt Joseph u. wir machen die Berechnung wegen der Reise nach Siegburg. Ich schicke zu Haxthausen, um fragen zu lassen, ob Sitzung sein wird. Dieser schickt mir neben der Antwort, daß keine ist, auch die Rth. 4, GG. 6., die er mir von den gekauften eisern Kreuzbildchen schuldig ist. Nach 11 Uhr gehn wir in den Dom, wo prachtvolle Musik ist. Nach Tische arbeiten wir noch etwas an jener Rechnung, u. ich gehe in die Elendskirche,[181] wo ich auch bis gegen 7 bleibe. Dann gehn wir zu Schenkendorfs, die eben mit Haxthausen zu Simon fahren wollen.[182] Ich gehe mit Joseph zu Solms, wo Redtel u. Stolzenberg; wir bleiben biß nach 10 Uhr.[183]

Den 2. November [1816].

Ich gehe bald nach 8 Uhr in die Elendkirche, u. bleibe da bis gegen 10; gehe dann mit Joseph in den Dom. Wir finden v. Schenkendorfs auf dem Wege, in's Elend zu gehen, nehmen sie aber mit in den Dom. |:–10:| Das große Requiem wird sehr herrlich ausgeführt. – Wallraf bittet mich nachher, zu sorgen, daß der Pastor in St. Cunibert nicht das schöne Gitter aus seiner Kirche brechen dürfe.[184] Nach Tisch bleibe ich zu Haus, biß gegen 5 Uhr, dann zu Dr. Sitt, wegen der aus den Erbschaftspapieren zu nehmenden Quittungen über das Empronte forcée[185] von

---

[181] Grootesche Familienkirche zum Elend.
[182] Regierungsrat Simon hatte freitags seinen Besuchstag. Vgl. A. H. Simon an F. Fr. Wallraf, Köln, 13. Dez. 1816: Er lud Wallraf zum Freitag zu sich ein (HAStK, Best. 1105; A 19, fol. 21).
[183] Solms-Laubach war in diesen Tagen krank. Am 31. Okt. schrieb sein Sekretär Christian Arndts an dessen Mutter: „Unser Herr Graf ist von seinem heftigen Katharr noch nicht ganz befreyt. Wäre er nicht der außerordentlich starke Mann, so hätte ich die ersten Tage mich sehr geängstigt. Eine traurige Nachricht über den Tod seines Schwagers in Ungarn beugte ihn ganz nieder. Ich gestehe es offenherzig, daß mir sein Zustand Thränen ausgepreßt hat. Doch Gottlob jetzt ist er beynahe wieder ganz der alte. Die Verkältung hat sich durch eine außerordentliche Verschleimung gelößt, er geht wieder aus, und ist wieder recht heiter" (Chr. Arndts an E. Ch. F. zu Solms-Laubach, Köln, 31. Okt. 1816; Privatarchiv d. Grafen zu Solms-Laubach, XVII, 106, Nr. 311). Am 14. Nov. 1816 schrieb Solms-Laubach an seine Mutter: „Also so sich zu ängstigen, beste Mutter, dies ist doch würklich nicht erlaubt, um so mehr, als mein Katarrh mich auf 10 Jahre u. von 10 Jahren her gereinigt hat, u. ich mich jezt xxxx ausschlafen u. satteßen kann. Keinen einzigen halben Tag bin ich bettlägrig gewesen – jeden Morgen um 9 Uhr war ich an meiner Arbeit u. der Husten hat sich so allmälig verloren, daß ich jezt schon nicht einmal mehr hüstele" (Fr. L. Chr. zu Solms-Laubach an E. Ch. F. zu Solms-Laubach, Köln, 14. Nov. 1816; Privatarchiv d. Grafen zu Solms-Laubach, XVII, 106, Nr. 313).
[184] Das Ausbrechen von Objekten aus Kirchen wie das Beschneiden von Gemälden war nicht ungewöhnlich. Vgl. Boisserée an Wallraf im Okt. 1816: „Sie erinnnern sich, daß zu den Gemälden, welche Sie mir im Tausch gegen das große Altarbild – das Martyrium des Heiligen Sebastian vorstellend – gegeben haben, auch ein kleines, unten in dem Fries eines großen Klosterbildes befindliche Stück – die die Flucht nach Egypten – gehörte. Meister [Schreinermeister] Commer hatte das große Bild im Hause und sollte das mir zugedachte Stück absägen; Sie hatten dazu Ihm Aufträge gegeben". Da dies nicht geschehen sei, bat er Wallraf, für die Erfüllung des Auftrags zu sorgen. „Das Bildchen hat für uns des Meisters wegen Werth, und auch einigermaßen der Compostion halber. Zudem sind wir jetzt selbst im Begriff unsere Sache samt und sonders zu ordnen" (S. Boisserée an F. Fr. Wallraf, Heidelberg, 14. Okt. 1816; HAStK, Best. 1105, A 2, fol. 71, Bl. 38 f.); vgl. Deeters, Wallraf, S. 83.
[185] emprunt forcé, hier: erzwungene Abgabe, Anleihe, die von der franz. Besatzung von den vermögendsten Bürgern eines Departements erhoben wurde (Gesetz vom 10. Dez. 1795).

1794, und |4r| von da in die Elendskirche. Max Schenkendorf kommt auch dahin, u. ich gehe nachher mit ihm in den Olymp, wo es sehr ledern ist. Herr Hüssen sagt mir, er wolle mich morgen früh besuchen, um meinen Jacob Boehme zu sehn. Cassel wünscht, seine Bücher zurück zu haben.

Den 3. November [1816]. Sonntag.

Das Wetter ist trübe u. schwer, – ich auch nach mehrern unruhig durchwachten Nächten. – Es ist nicht gut, daß der Mensch allein sey – besonders nicht bey der Nacht; man langweilt sich zu schrecklich. – Dr. Nückel kommt, uns zu sagen, daß er die Expedition[186] des Urtheils gegen den Kendenicher Halfen erhalten habe, zugleich aber auch, mich u. Joseph auf den Abend einzuladen, wo Herr v. Gall u. dessen Tochter zuerst im Nückelschen Hause speisen werden.[187] Ich habe eigentlich keine Lust hinzugehen. – Herr Hüssen kommt, dem ich meinen Jacob Boehme u. das Werk von Picart zeige. Wir reden mancherley über religiöse Ansichten, über die maison grise in Paris,[188] etc. Nach 10 ½ gehe ich in die Elendskirche, wo Herr Rütten die Hochmesse hält. Nach dem sehe ich beym Rektor den Stich von Risst[189] nach der Verklärung, wie sie Mosler[190] gezeichnet, u.a. Nach Tisch bleibe ich zu Hause; Consistorial Rath Grashof besucht mich gegen 7 Uhr. Nach 8 ½ kommt der jüngste Nückel, um mich abzuhohlen. Ich gehe auch mit ihm u. finde die Gesellschaft schon bey Tische. Grashof u. dessen Frau sind auch da. Es wird pro dignitate getrunken,[191] gesungen u. sponsirt,[192] bis 3 Uhr, wo ich aber ziemlich so viel habe, daß ich mich freuen muß, zu Bette zu kommen. |4v|

Den 4. November [1816].

Als ich heute gegen 9 Uhr aufwache, ist mir nicht sonderlich gut zu Muthe. Ich habe den Katzenjammer in optima forma.[193] Ich muß leider hinaus, zur Regierung, wo ich mehreres vortrage. Ich habe nachher noch nicht Lust zu essen, sondern suche nach Tische mit Herrn Sitt u. Herrn Bürgers in den Gülchenschen Papieren,[194] nach einer Quittung über ein gegwährtes Darlehen von 1794 vergebens. Nachher strecke ich mich über das Bette, doch ohne zu schlafen, bis

---

[186] Expedition, hier vermutlich: Ausfertigung.
[187] Elisa Gertrud Benigna von Gall heiratete 1817 Joseph Adolph Nückel.
[188] Maison grise: Um 1810 hatte der Utopist François-Guillaume Coëssin in Paris das Maison grise als Ort einer „spirituellen Familie" gegründet.
[189] Gottfried Rist, Zeichner und Kupferstecher in Stuttgart. Eventuell handelt es sich bei dem erwähnten Stich um Die Verklärung oder Himmelfahrt Christi nach Raphael, 1516/20.
[190] Karl Josef Ignaz Mosler, Maler, Kunsthistoriker.
[191] pro dignitate, vermutlich ein Ausdruck aus der Studentensprache.
[192] sponsieren: flirten, liebeln.
[193] in optima forma: in höchster Form.
[194] Gülchenschen Papiere: Welche Papiere gemeint sind, konnte nicht geklärt werden.

gegen 6. Ich bin ziemlich auf den Hund. Später gehe ich noch zu v. Mylius, dessen Namenstag ist;[195] es sind da Geyers u.a. u. wir gehn im schönen Mondschein zusammen nach Haus.

Den 5. November [1816].

Ich beginne gleich früh meinen Bericht über die Aachener Akten an Graf Solms,[196] u. bleibe dabey, biß Mittag. Nach Mittag schreibe ich Manches ins Reine, bin aber Abends um 9 noch nicht fertig. Ich erhalte eine Expedition, wieder wegen einer versäumten Förmlichkeit, von Sotzmann zurück. Ich bin heute nicht vor's Haus, fast nicht vor meine Stube gegangen. Carl war auf der Wolfsjagd,[197] vergebens. Ich erhielt heute einen Brief von Jacob Grimm aus Cassel.[198] |: 1–10 :|

Den 6. November [1816].

Es sollen heute v. Haxthausen u. Schenkendorfs bey uns essen. Ich vollende meine Berichte an Graf Solms. In pleno kommen ganz interessante Dinge über die Kirchenfabrik Güter vor.[199] Minister Bülow hat 2.000 Rth. zu dem Bau der Aldenberger [Altenberger] Kirche gegeben. – Nachher gehe ich mit Werner v. Haxthausen zu uns nach Haus, wo v. Schenkendorfs schon sind.[200] Nach Tisch

---

[195] 4. November ist der Namenstag von Karl; hier ist der Namenstag von Karl Joseph von Mylius gemeint.

[196] E. von Goote, Bericht, die Bildung einer Central Kommission für Kunst und Alterthum in den Rheinprovinzen betreffend, Köln, 6. Nov. 1816 (Landesarchiv NRW R, BR 0002 Nr. 404, Bl. 56–58). Siehe Briefe und Schriften. Vgl. den Entwurf des Berichts: HAStK, Best. 1553, A 1/40–43; gedr. nach dem Entwurf in: Feldmann, Anfänge, S. 235–247.

[197] Am 12. Sept. 1816 hatte die Regierung die Prämien für die „Vertilgung der Wölfe" im ganzen Regierungsbezirk vereinheitlicht. Danach wurde für die „Einlieferung einer trächtigen Wölfinn" 40 Franken, einer „nichtträchtigen Wölfinn" 30 Franken, eines Wolfes 20 Franken und eines jungen Wolfes 10 Franken gezahlt (Amtsblatt d. Königlichen Regierung zu Köln, Nr. 21, 24. Sept. 1816, S. 156).

[198] J. Grimm an E. von Groote, Kassel, 1. Nov. 1816 (Brüder Grimm-Museum Kassel, Gr. Slg Autogr. 721); gedr. in: Reifferscheid, E. von Groote, S. 33–35). J. Grimm gab in dieser Antwort auf Grootes Schreiben vom 15. Sept. 1816 eine knappe Einschätzung zur Situation im nun preuß. gewordenen Rheinland: „Kurz, das Land hat noch den Nachgeschmack der französischen Freiheit zu verwinden, die manches einzelne bürgerliche sorgsam wahrte, in der Hauptsache aber kein Murren duldete. Die gute deutsche Verfaßung ganz umgekehrt, schmeichelt im kleinen wenig, ja es mag seyn, daß sie in manchen wichtigen Formen zu viel versäumt, aber dafür behält sie im Grund ein mildes Herz von Liebe." Darüber hinaus beriet Grimm E. von Groote in der Frage, ob Groote bei der Edition des Tristan mit Fr. H. von der Hagen zusammenarbeiten solle (ebd., S. 34 f.).

[199] Kirchenfabrik: Kirchengebäude sowie Vermögen, Güter und Stiftungen zum Erhalt des Gebäudes. Möglicherweise bezieht sich Groote auf eine Besprechung über die ausstehenden Einkünfte und rückständigen Zinsen für die rheinischen Kirchen.

[200] Am 7. Nov. 1816 schrieb M. von Schenkendorf von Köln aus an Henriette von Reden: „Es ist mir

gehen letztere mit den Schwestern |5r| u. mit Joseph, Carl u. Caspar in das Marionetten Spiel.[201] Ich siegle meinen Bericht, u. lese Le Tableaux Naturel du philosoph inconnue.[202]

Den 7. November [1816].

Ich schicke meinen Bericht dem Grafen. Gegen 11 Uhr gehe ich zu Prof. Hamm, wegen des Halfens zu Kendenich; dann noch ein wenig in der Stadt umher. Nach Tisch kommt Herr Präses Seminarii, mit dem besonders wegen Schwester Therese gesprochen wird, rücksichtlich der Fortsetzung ihres Unterrichts.[203] Dann reite ich im Regen aus, kehre aber bald um. Von der Registratur des Ober Präsidiums erhalte ich die, diesen morgen hingeschickten Akten wieder zurück. Auch gehe ich in dem wüsten Wetter nicht wieder aus, sondern bedenke meinen morgigen Vortrag u. lese für mich.[204]

---

klar, daß es in Berlin einige vornehme Leute giebt, die mir und meines Gleichen immer noch nicht trauen. Dagegen kann nun keine Gunst und kein guter Wille des Königs, des Kanzlers und vieler andern etwas ausrichten. Was diese Herren eigentlich fürchten an uns ob die deutsche oder oesterreichische Gesinnung, weiß man nicht, und wissen es wohl selbst nicht. Das Gespenst der Furcht ist auch hier wie überall größer als die Gefahr welche wirklich eintreten könnte, und bei mir kommt die Furcht vor dem Katholizimus dazu" (in: Schoof, Schenkendorfbriefe, S. 176).

[201] Marionettenspiel: Vermutlich ist eine Aufführung des Puppentheaters von Johann Christian Winters gemeint. Es wurde 1802 gegründet und ist Vorgänger des späteren Hänneschen-Theaters. Seine Spielstätten in Köln wechselten während dieser Anfangszeit häufig. In der Köln. Zeitung, Nr. 179, 10. Nov. 1816 meldete Winters: „Ich habe die Ehre, meinen Freunden und Gönnern anzuzeigen, daß das Marionettenspiel, welches bisher unter meiner Direktion bestanden, noch immer in der Lindgasse in der Wohnung des Herrn Broich bestehet. Ich werde mich bestreben, meinen Freunden und Gönnern stets angenehme Abende zu verschaffen."

[202] Louis-Claude de Saint-Martin (genannt Le Philosoph Inconnue), Tableau Naturel des Rapports qui existent entre Dieu, l'Homme et l'Univers, Paris 1782.

[203] E. von Grootes Schwester, die 16-jährige Therese von Groote, erhielt entsprechend dem Stand ihrer Familie neben einer Erziehung im Lesen, Schreiben und Rechnen, in Grundsätzen der katholischen Religion und des moralischem Verhaltens sowie vor allem in hausfraulichen Fähigkeiten vermutlich zumindest auch Unterricht in Musik und in Französisch. Der Unterricht erfolgte durch Privatlehrer oder -lehrerinnen. 1810 schrieb ihre Schwester Walburga in einem Brief an ihren Bruder Eberhard, dass sie bei einer jüdischen Frau Unterricht im Sticken erhielt. Vgl. Rößner/Richarz/Gussone, Erziehung, 2009.

[204] J. P. J. Fuchs, Stadtchronik: „Der Herr Oberbürgermeister erlies daher unterm 7. November einen Aufruf an die hiesige Bürgerschaft um durch freiwillige Aufopferungen die öffentliche Verwaltung in den Stand zu setzen, die nothwendigsten Vorkehrungen zur Abwendung des Elendes und seiner oft schrecklichen Folgen zu treffen; und es wurde, da die zu treffenden Veranstaltungen mannigfaltig seyn mußten, jedem überlaßen die Art von Wohlthätigkeit auszuüben, die seinen Verhältnißen am Besten entsprachen. Zur Einsammlung der desfallsigen Erklärungen sind die Herrn Pfarrer ersucht worden, sich in Begleitung eines angesehenen Bürgers von Haus zu Haus zu bemühen" (HAStK, Best. 7030, Nr. 215, Bd. I, S. 3). Siehe auch: Köln. Zeitung, Nr. 178, 7. Nov. 1816: „Ein Paar Worte zur Beherzigung an die großen Gutsbesitzer."

Den 8. 9bris [November 1816].

Vor der Sitzung gehe ich zu Dr. Nückel, u. rede mit ihm ab, morgen nach Mittag nach Kendenich zu reiten, wegen unsrer Geschäfte. Nachher rede ich mit Herrn Bürgers wegen der Erbschaftssachen, wegen Bürgermeister de Groote u.a. – Nach Tisch bleibe ich zu Haus, bis gegen 6 Uhr. Ich besuche Haxthausens u. Schenkendorfs; letztere gehn zu Lippe, erstere zu Mumm; Werner holt mich ab, zu Simon zu fahren, wo er viel von seinen Steffenschen Ideen über die Bildung der Völker nach Zeiten u. Weltgegenden zum Besten giebt.[205] Wir bleiben da bis nach Mitternacht. Mir ist dumpf zu Muthe, u. ich komme mir gar dumm vor. – Schenkendorf warf mir vor, daß ich ihn nicht besucht. Ich kann es nicht läugnen, daß ich zur großen Geselligkeit u. vertrautem Umgang mit Freunden nie rechten Sinn gehabt habe. Es mag dieß allerdings ein Fehler des Charakters oder der Erziehung seyn, der mir nothwendig selbst zum größten Nachtheil gereichen mag. – Gott weiß! |5v|

Den 9. November [1816].

Ich bin müde nach einer matten Nacht, u. lese fort in meinem Tableau Naturel, welches tiefsinnig genug geschrieben ist. Mir fehlt viel meiner ehemalichen Energie, um auf meinem jetzigen Standpunkt etwas Bedeutendes unternehmen zu können. Ach, das Leben ist für Manche zu schwer! – Beym Vater entwerfe ich die Materialien zu einem künftigen Pachtbrief für den Pachter zu Kendenich. Darüber kommt Dr. Nückel, wir essen schnell etwas, u. reiten in wüstem Wetter nach Kendenich. Dort reden wir mit dem Halfen, richten ein, daß ausgedroschen wird, u. lassen den Halfen das Urtheil unterschreiben. |: Wein etc. 3 Fr.:| Dann reiten wir nach 4 wieder weg, da wir aber Nückels wegen nur sehr langsam reiten müssen, so wird uns schon hinter Kalscheuern [Kalscheuren] dunkel, u. später müssen wir des schändlichen Weges halber absteigen, u. die Pferde führen. Durch schrecklich Wetter u. viel Wasser waten wir bis zur Stadt. Ich setze mich ausgezogen still zum Feuer u. lese.

Den 10. November [1816]. Sonntag.

Ich entwerfe ein Schreiben an Herrn Prof. Hamm, wegen der frühern Convektionallstrafen, die gegen den pp. Klein verhängt worden, der sich als Pachter nach Kendenich gemeldet hat. – Es wird der Tod des Domherrn Balthasar v. Mylius[206] angesagt. – Nach der Messe im Dom gehe ich zu Prof. Hamm, bey dem

---

[205] W. von Haxthausen hatte den Philosophen und Naturforscher Henrich Steffens um 1809 bei seinem Studium in Halle kennengelernt.
[206] Balthasar Angelus Aloysius von Mylius, geboren 1743, starb am 9. Nov. 1816 (Universität- und Stadtbibliothek Köln, Totenzettelsammlung). Auf dem Totenzettel heißt es: „Nach langwieriger,

jener Klein schon war, u. dieser glaubt, er werde sich wegen jenen Strafen ganz entschuldigen können. Zu Hause rede ich deshalb mit dem Vater. Lieutnant Hedeman kommt, u. langweilt uns. – Nach Tisch kommt jener Klein mit seinem Oheim, u. wir bescheiden ihn dahin, daß wir uns erst wegen jener Strafen |6r| erkundigen wollten. Es ist dieß freylich eine unangenehme Sache, indessen bleibt keine große Wahl übrig. – Schenkendorfs fahren vor, um Abschied-Visite zu machen. Ich lese auf meinem Zimmer. Um xx wollte ich mit Joseph zu Solms gehn, aber wir finden niemand.

Den 11. 9bris [November 1816].

Der Rektor kommt eben von Graf Solms zu mir, dem er wegen seiner gekauften u. zum Theil wieder zu verkaufenden Sachen gesprochen hat. Dieser hat ihn zu schleunigem Berichte aufgefordert. Ich lese ihm, was ich darüber an den Grafen schon geschrieben.[207] Ich kaufe etwas Schnupftabak, |:–4 Sls:| u. höre an der Regierung, daß nichts zu thun sey. Nun gehe ich zu Brassert,[208] bey dem ich manche schönen Sachen des Alterthums u. der Naturgeschichte sehe. Von ihm gehe ich zu Schenkendorf, der eben zu Lieversberg zu gehen wünscht. Die Gräfinn Carl Lippe hält ihn noch ab. Bald aber gehen wir, u. sehen Lieversbergs Bilder; auf die Kapelle läßt er uns allein, und unglücklicher Weise stoße ich einen Vorhang herab, der etwas an den Gemälden zerschlägt, die in den Fenstern stehn; dieß quält u. ärgert mich gar sehr. Wir gehn noch an den Dom, kleine 3 Königen Briefchen[209] zu kaufen, die Schenkendorf nun xxxx will heften lassen. – Es ist mir gar schwer u. wehe zu Muthe, ich liege vor dem Herrn wieder sicut terra sine aqua,[210] – aber beten kann ich doch! – Nach Tisch lese ich stille zu Haus, u.

---

mit grösster Geduld, Sanftmuth und Ergebung in den Willen Gottes überstandener Gichtkrankheit und allmählich gesunkener Lebenskraft, endigte derselbe, mit den heiligen Sacramenten mehrmalen versehen, seine irdische Laufbahn am 9ten November 1816, um 7 Uhr Abends, in dem 74ten Jahre seines Lebens, dem 35ten seiner Priesterwürde. Reine Religiosität, Liebe zum Vaterland und zu seinen Angehörigen, vielseitige Kenntnisse, vorzügliche Gemüthsgaben, Herzensgüte und Menschenliebe waren die unverkennbaren Eigenschaften, welche sich bei ihm in hohem Grade vereinigten."

[207] Vermutlich ging es um ein Verzeichnis der Gemäldesammlung Fochems und der Frage, wie er über sie entscheiden wollte. Mitte September hatte Fochem in einem Brief an Melchior Boisserée erklärt, dass er über seine Bildersammlung endgültig verfügen, insbesondere seinen besten und liebsten „altdeutschen Gemälden eine definitive Bestimmung" geben wolle (G. C. Fochem an M. Boisserée, Köln, 17. Sept. 1816 (HAStK, Best. 1018, A 118). Unklar ist auch, welchen Text Groote an Solms-Laubach geschrieben hatte.

[208] AK 1813: Gérard Anton Brassart, „marchand en objects d'antiquité et d'histoire naturelle", Rue du Lycée 76/Marzellenstr. 76.

[209] Drei König Briefchen: Kleine Briefe mit den Namen der Heiligen Drei Könige und einer Fürbitte wurden als Amulette getragen. Sie waren „auf kleinen rechteckigen Stücken farbiger Seide" gedruckt, „die als Amulette gegen die Gefahren des Reisens, die Fallsucht, Zauberei und alle Arten von Uebeln gebraucht werden" (Barry, Excursion, S. 197).

[210] sicut terra sine aqua: wie die Erde ohne Wasser.

schreibe wegen des Vorgangs an Lieversberg. – Der Präsident v. Vinke speist bey Solms, auch Haxthausen u. Schenkendorf. Bey Haxthausen ist er diesen Abend. Niemand hat mich gebethen, u. ich gehe zu niemand. |6v|

Den 12. November [1816].

Ich packe eines der Koffer für Schenkendorf. Gegen 9 ½ kommt Wallraf zu mir, der mit Graf Solms wegen seiner Sachen gesprochen hat. Die Straßenbenennung, wegen der er von der Regierung zum gutachtlichen Berichte aufgefordert worden ist,[211] verrücken ihm fast den Kopf; er redet über tausendfache Dinge, bis er endlich nach 10 wieder mobil wird, als ich ihm sage, daß ich zu Schenkendorf gehn müsse, der heute fort wolle. Ich eile dorthin, finde aber noch Alles in guter Ruhe, da sie nun, statt um 10, erst gegen 12 fort wollen. Ich gehe noch einige Zeit mit Schenkendorf, der ausserordentlich wischig und planlos all sein Wesen treibt, aus, bald aber nach Haus, rede mit dem Vater wegen der Cathechistischen Sachen, u. gehe auf die Archiv, die dazu gehörenden Papiere zu hohlen. Auch da ist die Unordnung seither leider groß geworden. Gäbe Gott, daß erst all das Güter- und Stiftungswesen in Ordnung wäre! Wir sehn nun die alten Urkunden durch, bis zu Tische. Nach diesem kommt der Präses Seminarii, mit dem ich auch noch über diese Angelegenheiten rede, bis die Herrn: Cramer, Zumpütz,[212] Vicar Klein zusammenkommen, wegen unserer Cathechistenstiftung zu reden. Das Definitum[213] geht dahin, daß die Familie sich die ganze Administration wieder ausbitten solle, u. dafür auch für die Erfüllung der ganzen Stiftung stehen wolle. – Ich sehe auch die Walberberger Vicariesachen nach, in welchen sich findet, daß allerdings die Vikarien, nicht die Gemeinde das Vikariehaus in Stande halten müssen. – Nach |7r| all diesem Wühlen ist mir der Kopf u. alles Innere gar sehr,

---

[211] 1812 hatte Wallraf im Auftrag der franz. Behörden an der Neubenennung der Kölner Straßennamen mitgewirkt. Die neuen Namen in franz. und deutscher Sprache wurden im Dez. 1812 als verbindlich eingeführt. 1816 wurde Wallraf erneut um seine Hilfe bei der Umbenennung der Straßen gebeten – diesmal von der preuß. Regierung zur Wiedereinführung deutscher Straßennamen, wobei dies auch die Vergabe neuer Namen heißen konnte. Die Königliche Regierung beauftragte Wallraf am 4. November: „uns über das Ganze dieses Gegenstandes binnen acht Tagen nach Empfang dieses, Ihr Gutachten abzugeben, indem es unerläßlich ist, in der Sache einen baldigen definitiven Entschluß zu fassen. Wir empfehlen Ihnen besonders, nicht bloß das Wünschenswerthe, sondern auch das Ausführbare dieser Sache zu beachten, und nicht aus dem Auge zu lassen, daß der erste Zweck der Straßenbenennung der ist, sich mittelst ihrer zurecht zu finden, und zwar nicht bloß bei Tag, wo die an den Ecken angeschriebene Namen gelesen werden können, und wo man in jedem Hause nachfragen kann, sondern auch bei Nacht, wo der Verirrte einzig auf Nachfrage bei einen und dem andern beschränkt ist, der ihm etwa noch zufällig aufstößt" (Regierung Köln, Abteilung I an F. Fr. Wallraf, Köln, 4. Nov. 1816; HAStK, Best. 1105, A 103, Bl. 138). Vgl. Kramer, Strassennamen, 1984; Kröger, Wallrafs Straßenneubenennung, 2016.
[212] Der Jurist Hermann Joseph Kramer und der Scholaster von und zum Pütz waren 1815 Mitglieder des Stiftungsrats des Kölner Verwaltungs- und Stiftungsrats (Ahrendt, 200 Jahre, S. 69).
[213] Definitum: Entschluss.

fast krampfhaft angespannt, und ich bin froh, mich still in mein Kämmerlein zurückzuziehen. – Was doch die Sorgen um die rara terrestria[214] uns Elenden nicht manche saure, trübe Stunde verursachen.

Den 13. November [1816].

Herr Rektor Fochem kommt, mir seinen Bericht an den Graf Solms über das Verbringen der Kunstsachen vorzulegen. Später kommt Herr Boeking, wegen des Verloosens seines Gutes mit mir zu reden. Ich eile nun in die Sitzung, wo die Verhandlungen über die Unterstützung der hiesigen Armen uns bis gegen 2 ½ Uhr hinhalten. Ich esse nun schnell etwas, rede noch mit dem Pachter Klein, der wegen Kendenich wieder zu mir kommt, u. eile dann in das Jesuitenkolleg, wo ich bey der Commission sitze, die wegen der Catechistenstiftung vom Graf Solms ernannt ist. Ich trage dort meine Gründe für die Zurückgabe der Administration dieser Stiftung an die Familie vor, u. nachdem hierüber an das Ministerium zu berichten entschlossen ist, verhandeln wir über die Verwendung des nunmehrigen disponibeln Fonds, u. werden einig, daß den Pastoren der Stadt soll aufgegeben werden, hierüber Vorschläge zu machen, ob die Sonntagsschulen durch ihre Lehrer oder Unterlehrer an den Pfarrschulen versehen werden könnten. Dieß alles wird zu Protokoll genommen. Ich rapportire dem Vater das Vorgegangene, u. begleite ihn zu v. Geyr, wo wir die Schwestern abholen. Abends mache ich noch die Revision des Berichts des Herrn Rektors. – Ich kaufe etwas Taback.[215] |: 1 Fr. :|

Den 14. November [1816].

Der Rektor kommt, seinen Bericht zu holen.[216] v. Auer läßt die Akten über die Kunstsachen bey mir abnehmen. Von Cassel lasse ich mein |7v| botanisches Heft

---

[214] rara terrestria: irdische Seltsamkeiten.

[215] Köln. Zeitung, Nr. 179, 10. Nov. 1816: „Aechter Jamaika-Rhum, die große Flasche à 50 Stbr., pr. Maß, à 60 Stbr., holländischer Rauchtabak à 10, 20, 32, 36, 48 Stbr. pr. Pfund, harte Seife 4 Pfund à 60 Stbr, ächter Düsseldorffer Senf à 24 Stbr. pr. Maß, Senfmehl à 9 Stbr. pr. Pfund, ist zu haben bei F. A. Köller, am Malzbüchel."

[216] Vgl. das von Groote redigierte Schreiben Rektor Fochems an Solms-Laubach: „Euer Hochgeboren erlaube ich mir gehorsamst vorzustellen, daß die Schätze der Kunst und des Alterthums, welche kaum erst durch die Bemühung kundiger Männer und durch die Liberalität edler Fürsten aus der Vergessenheit hervorgezogen sind, nunmehr schon als reine Handelsartikel angesehen, durch den Eigennutz fremder und einheimischer Spekulanten auf dem vaterländischen Boden angekauft, und nach allen Landen und Weltgegenden versandt werden. Dieser Unfug konnte bisheran weder durch die Bemühungen unseres verehrten Wallraff, noch durch die Anstrengungen derer, welche sich mit Sammlen und Aufstellen jener Gegenstände beschäftigten, gehemmt werden. Vielmehr wird selbst von fremden Regierungen, namentlich von Darmstadt, Würtenberg, Bayern, Oesterreich und Hannover nichts unversucht gelassen, die nun noch hier in den Sammlungen der Herrn Wallraff, Lyversberg, Tossetti, und selbst in der meinigen aufgestellten Gegenstände zu jedem

zurückfordern, u. gebe ihm auch seine, mir geliehenen Bücher zurück. Dann mache ich die Vorstellung, über die Gründe unsrer Familie die Administration der Catechistischen Stiftung zurück zu erhalten, u. gehe in den Dom, wo die Exequien für den Herrn Balthasar v. Mylius gehalten werden. Fast den ganzen Nachmittag u. Abend habe ich beym Vater mit Nachsuchen der alten Fundationssachen zu thun. Herr v. Oettinger bringt mir seinen Antheil an der Reise nach Siegburg, 31 Fr.,10. Abends kommt noch der Geistliche Schilberg von Niederem [Niederembt] mit dem Vater wegen einer abzukaufenden Grundpfacht zu reden.
– Ich lese die Statuten des Tempelordens.[217]

---

beliebigen Preiße zu erlangen, nachdem alle Plane auf die Boiseréesche Sammlung in Heidelberg gescheitert, und nachdem man gesehen hat, welche hohen Werth die Königliche Preußische Regierung auf diese gelegt, und mit welchen Anerbiethungen Sie dieselbe zu gewinnen gesucht hat. Dazu kommt nun, daß die Herrn Boiserée selbst, ermuntert durch die hohen Vergünstigungen, welche ihnen von der Königlich Preußischen Regierung gestattet sind, manche der hiesigen Kunstfreunde aufgefordert haben, ihnen ihre Sammlungen zu übertragen, um ihre Sammlung zu vervollständigen. Die angebothenen Kaufpreiße aber waren so hoch, daß sie selbst noch die von manchen vornehmen Kunstfreunden gemachten Anträge überstiegen. Dieß war daher gerade der Zeitpunkt; wo schnell Alles, was irgend noch Gutes zu haben war, aufgebracht werden mußte, und wo selbst unterzeichneter noch mit großen Koßten Ankäufe machen sich veranlaßt fand, wozu es später nie mehr Gelegenheit würde gegeben haben. Denn so löblich auch immerhin das Bestreben der Königlich Preußischen Regierung seyn mag zur Aufnahme von Kunst und Wissenschaft im Allgemeinen recht viel zu thun, so wird es doch die heiligste Pflicht jedes einzelnen wieder seyn, für sein näheres Vaterland und seine eigenen Umgebungen so viel Schönes und Gutes, als möglich zu gewinnen, und so also auch das Bestehende ängstlich zu sichern und festzuhalten. Leider aber ist dazu das Vermögen der Einzelnen nur zu sehr unzureichend, und namentlich wird sich unterzeichneter in dem Augenblicke in die traurige Nothwendigkeit versetzt sehen, einen Theil des Gesammelten abzugeben, um das übrige zu retten. Daher geht mein gehorsamster Antrag dahin, daß Euer Hochgeboren hier ins Mittel träten, und eines theils zur Sicherung und Festhaltung des noch hier bestehenden Kunsteigenthums die zweckmäßigsten Maaßreglen ergriffen, theils aber auch da, wo im Einzelnen es den Privatkräften unmöglich würde, das Wankende und Schwankende festzuhalten, hilfreiche Hand anzulegen geruhten, um das zu sichern, was außerdem für immer unwiderbringlich verloren seyn würde. Außer dieser durchgreifenden Maaßregel halte ich es für unmöglich, länger auf mich allein beschränkt, den andringenden Strom aufzuhalten, und um einen Theil zu retten, würde ich selbst mich zu der Maaßregel gezwungen sehen, den anderen Theil abfolgen zu lassen, und nach dem mir zustehenden Eigenthums-Rechte ins Ausland zu senden. Was mir um so mehr Leid thun würde, mit je mehr Mühe und Aufwand ich diese vaterländischen Kunstprodukte gesammelt und mit je größerer Liebe aufgestellt habe; und je leichter sie auch für die Zukunft vom und fürs Vaterland gerettet werden könnten" (G. C. Fochem an Fr. L. Chr. zu Solms-Laubach, Köln, 14. Nov. 1816; Landesarchiv NRW R, BR 0002 Nr. 404, Bl. 64).

[217] Friedrich Münter, Statutenbuch des Ordens der Tempelherren. Aus einer altfranzösischen Handschrift herausgegeben und erläutert, Theil I, Berlin 1794.

Den 15. November [1816].

Ich lese schnell jene Statuten der Templer, die dem Schenkendorf gehören, durch. Dann gehe ich zu Joseph, wo der Rektor ist. Dort höre ich, daß bey der Abtheilung I wieder keine Sitzung ist. Ich gehe zu Bromeus Sandt, finde ihn aber nicht. Ich suche ihn am Appellhofe,[218] wo die Sitzung aber schon angefangen, u. wo eine Sache wegen alter Geyrischer Vermögens Sachen plaidirt wird. Herr v. Herwegh ist da. Ich kann aber mit v. Sandt wegen des Halfen Klein nicht reden. Zu Haus finde ich den Gardien[219] von Kendenich, der mir wegen des Dreschens daselbst, schlechte Nachricht giebt. Ich schreibe deshalb an den Engels, u. setze eine vorläufige Aufkündigung hinzu. Dann packe ich die Koffer Schenkendorfs, u. siegle u. schließe sie. Nach Tisch gehe ich mit dem Vater ans Suchen zweyer Urkunden über geistliche Stiftungen, die gegen Frankreich liquidirt werden sollen. Eine, welche auf St. Gereon spricht, |8r| finden wir. Wir blättern u. suchen in den alten Büchern, bis zum Nachtessen.

Den 16. November [1816].

Der Rektor kommt u. sagt mir viel von seinen frühern Erbschaftsgeschichten. – Mit dem Vater suche ich neuerdings in dem Archiv, u. wir finden dort endlich auch die auf dem Dom stehende Rentverschreibung der Fondation Junckersdorff. Ich gehe nun noch mit ihm meinen Bericht an das königliche Consistorium durch, u. Carl giebt sich an das Abschreiben desselben.[220] Nun gehe ich zu Herrn Fuchs auf die Bürgermeisterey, der die Urkunden allerdings für geeignet hält, gegen Frankreich liquidirt zu werden. Er weist mich damit an Herrn Greffier Heimsoeth.[221] Diesen finde ich aber nicht zu Haus. Mit dem Prokurator Sandt rede ich wegen des Pachters Klein, der diesem im ganzen ein gutes Zeugniß giebt, abgesehn, daß er etwas feurig zu seyn scheine, woher auch die Arreststrafe komme, die er noch abzusitzen habe. Nach Tisch berechne ich mich mit Joseph wegen der Siegburger Reise, u. lese bis gegen 7. Schenkendorfs Koffer werden durch Haxthausens Leute endlich abgeholt. – Um 7 gehe ich wieder zu pp. Heimsoeth, mit dem ich die Dokumente durchgehe. Wir werden einig, vorläufig ein Anmeldungsschreiben an die Commission nach Aachen[222] zu schicken, u. in-

---

[218] Zu Tribunal bzw. Appellationsgerichtshof in Köln siehe oben.

[219] Gardien: Aufseher, Verwalter, hier vermutlich in juristischem Sinne.

[220] Die Junckerstorff'sche Stiftung wurde von Agatha von Junckerstorff gegründet, Tochter von Franz Junckerstorff und Ursula von Schnellen, seit 1704 verheiratet mit Franz von Groote. Bei dem Bericht E. von Grootes an das Konsistorium handelte es sich sicherlich um eine Zusammenstellung der zu dieser Stiftung gehörenden Finanzen und Anlagen.

[221] Greffier: Beschäftiger eines Gerichts, z.B. als Protokollführer. Der Greffier Johann Marcus Leonhard Heimsoeth wohnte 1813: Rue de l'Université 5/Am Hof 5; 1822: Am Hof 3. Er war Mitglied der Olympischen Gesellschaft. Vgl. Wegener, Leben, Teil 1, S. 162.

[222] Die General-Liquidations-Kommission der Forderungen gegen Frankreich in Aachen war zustän-

zwischen die Abschrift etc. der Urkunden zu besorgen. Im Olymp wird wegen der Aufnahme des Kandidaten Frohberg gestimmt. Ich stimme gar nicht, weil ich ihn nicht kenne. Wir sehn Wallrafs Portrait u. seine geschnittenen Steine. Abends nach dem Nachtessen lese ich noch etwas in der Religions Geschichte von Stolberg. Aber der Böse besucht mich doch, u. gewinnt mir ab. ∼–|8v|

Den 17. November [1816]. Sonntag.

Wegen der irrig an v. Auer statt an Arndt[223] geschickten Akten über die Kunstgegenstände, gehe ich zu Beyden, um dieß in Ordnung zu bringen. Nach der Messe im Dom, gehe ich mit Joseph erst zu Dr. Nückel, dann zu Frau v. Geyr Henricks. – Nach Tisch gehe ich zu Dr. Sitt, u. Herrn Dr. Gadé, um unsre alten Erbschaftssachen in Gang zu bringen. Der erste will die Vollmachten morgen unterschreiben lassen, der andere wünscht, immer den Sonnabend zur Zusammenkunft wegen dieser Geschäfte zu haben. – Abends wollte ich zu Schaafhausen gehn, die aber eben ausfahren. – Ich gehe ruhig nach Haus; Vater u. Schwestern sind bey Geyr.

Den 18. November [1816].

Ich werde beym Vater, wo Herr Sieger, der mit Carl eben nach Kendenich fahren soll, ist, lange hin gehalten; gehe dann zu Greffier Heimsoeth, welcher die Nachweisung über unsre Forderungen an den Dom u. an Gereon fertig hat, u. bey der Uebersetzung der Urkunden über dieselben fleißig beschäftigt ist. Ich schicke jene Nachweisung sammt dem Entwurf zu einem Schreiben an die General Liquidations Commission in Aachen aus der Sitzung an Joseph, daß sie noch heute abgesandt werden. – Nach der Sitzung bestelle ich bey Dr. Merlo die Vollmacht, für unsern Sachwalter Gadée. Nach Tisch gehe ich auf das Archiv, wo ich noch die fernere Anschreibung der Familie |9r| Junkersdorf auf die Domrente suche, aber nicht finde. Doch finde ich die Testamente des Herrn Nicolaus DeGroote, der die Musikalischen u. anderen Stiftungen in dem Kreuzbrüder Kloster[224] gemacht hat. In diesen lese ich mit Joseph bis nach 6 Uhr. Dann bleibe ich stille auf meinem Kämmerlein allein.

---

dig für die Bearbeitung der Liquidationsanträge von Privatpersonen wie Einrichtungen. Siehe oben.

[223] Gemeint ist: Christian Arndts/Arends, 1816 Regierungssekretär in Köln.

[224] Das Kölner Kloster der Kreuzbrüder, das sich im Bereich der heutigen Kreuzgasse nahe der Schildergasse befand, wurde Anfang des 14. Jh.s gegründet. Ein Mitglied der Familie Groote, Nicolaus de Groote, gest. 1666, war Mönch des Ordens der Kreuzbrüder (Boley, Stiftungen, S. 209 f.).

Den 19. November [1816].

Frühe schon erwache ich u. bin wieder über die Vermögensgeschäfte so im Kopf angegriffen, wie ich es auch gestern beym Schlafengehn war. Ich gehe auf das Archiv, noch die junkersdorfsche Anschreibung auf die Rente des Domkapitel zu suchen, finde aber nichts mehr. Ich nehme einiges, und unter andern in der Recherche sur les antiquitez de la Noblesse de Flandre von Epinoy[225] eine geschriebene Notitz mit, daß unsre Familie sonst ein halbes Pferd mit rothem Zügel in weißem Felde u. auf dem Helm Straußfedern geführt, welches Wappen auch die Grafen von Schwerin haben sollen. Ich gehe nun mit mehrern dieser Sachen herunter u. untersuche sie in meinem Zimmer. Vor der Finsterniß, welche inzwischen an der Sonne statt hat,[226] werde ich nichts gewahr, wohl aber nachher, daß der Fürst der ewigen Finsterniß an mich Gewalt hat, denn er überwindet mich nach Lust. ~a tale malo liberia me, domine![227] Später gehe ich zu v. Harff, Glück zu wünschen; dann zu Heimsöth, der mit den Uebersetzungen der Urkunden fast fertig ist. Nach Tisch gehe ich gleich, alle Memoires u. Briefe zu diesen Urkunden beym Vater fertig zu machen. Dieß dauert |9v| biß gegen 8 Uhr, dann schickt Heimsoeth noch das Uebrige, u. ich bringe das Ganze auf die fahrende Post, u. bin ziemlich müde. Heimsoeths Rechnung für all dieß Wesen ist nur Fr. 26.

Den 20. November [1816].

Ich vollende beym Vater die Notitzen, über die weggeschickten Urkunden, die den übrigen Papieren in der Archiv beygelegt werden. Dann gehe ich zur Sitzung, welche bis gegen 2 währt. Heimsöth treffe ich nicht zu Haus. Ich erhalte ein Monitorium[228] von dem Ober Präsidium wegen Akten, die ich nie erhalten. Hierauf antworte ich, schicke dem Herrn Heimsoeth sein Geld u. reite nach der Windmühle von Louis Boeking, wo ich die Frauen, aber nicht den Herrn Boeking finde. Lina ist fast schon etwas ältlich geworden, doch ist sie noch immer zu hübsch u. zu gut, um eine alte Jungfer zu werden. Ich reite vor Dunkel wieder weg, u. schreibe nachher beym Vater die Bedingungen zur Kendenicher Pacht auf. Dieß währt bis gegen 9 Uhr. |:–8 Stb.:|

---

[225] Philippe L'Espinoy, Recherche des antiquitez et noblesse de Flandres, 1631.
[226] Am 19. Nov. 1816 trat über Deutschland eine totale Sonnenfinsternis ein. Vgl. Abhandlungen der Königlichen Akademie der Wissenschaften in Berlin. Aus den Jahren 1816–1819, Berlin 1819, S. 134–139). Köln. Zeitung, Nr. 185, 19. Nov. 1816: Die Sonnenfinsternis werde zwei Stunden und 31 Minuten dauern. „In unserer Gegend fällt, ohne mathematische Genauigkeit, der Anfang gegen 9 Uhr und die Sonnenscheibe ist im Mittel so bedeckt, daß nur rechter Hand, etwas abwärts, ein sichelförmiger Streifen sichtbar ist. Diese Sonnenfinsterniß ist eine der größten, die wir wohl seit 1706 gehabt haben, und […] wird keine größere bis 1860 vorfallen."
[227] a tale malo liberia me, domine: von solchem Übel befreie mich, Herr.
[228] Monitorium: Mahnschreiben.

Den 21. November [1816].

Früh schon kommt der Rektor, u. bald nachher Prof. Hamm, wegen des Halfen Klein zu mir; dieser ist selbst schon beym Vater, der mich rufen läßt. Wir können ihm freilich keine Entscheidung geben, doch geben wir ihm die Bedingungen zur Einsicht mit. – Nun bringen wir die nicht mehr nöthigen Archivstücke in diese zurück, u. suchen die Materialien zur Verpachtung des Kitzburger Hofes zusammen. Nach Tisch sehe ich den AuktionsCatalog von Hansen[229] durch, u. gehe auf meine Stube, die Pachtbedingungen ins Reine zu bringen, worüber ich auch bis spät beschäftigt bin. Carl u. Herr Sieger kommen von Kendenich zurück. |10r|

Den 22. November [1816].

Herr Rektor kommt früh zu mir. Dem Vater übergebe ich die Kitzburger Pachtbedingnße zur Durchsicht. Bey der Regierung wird der wichtige Bericht von Herrn Sombart über die Truppenaushebungen unterschrieben. Bey Tische ist Caspar Heinrich Pilgeram von Kitzburg bey uns, dem ich nachher mit scharfem Bedeuten seine Pachtbedingungen übergebe, daß er sie mit seiner Mutter bespreche.[230] Nachher rede ich mit dem Vater noch mancherley über unser Fundationswesen. Um 7 ½ kommt Joseph zu mir und wir gehn zusammen zu Simon, wo Baersch, Butte u. Haxthausen. Es wird vielfach disputirt und demonstrirt, über Recht, Freyheit, Staat, Kirche, Polizey etc., wobey aber, wie immer, nichts herauskommt, indem der, der ein System hat, dieses aufstellt u. durchzufechten sucht, u. der, der keines hat, schweigt, die Uebrigen intermedii[231] aber Kreuz u. Querr mit rhapsodischen[232] Ansichten dazwischen fahren. Wir bleiben bis gegen 11 ½. Werner länger. Wir gehn mit Herrn Butte zusammen weg.

---

[229] Es handelte sich um einen Katalog des Kölner Vikars, Buchhändlers, Antiquars und Auktionators Caspar Jacob Hansen, der unterschiedlichste Objekte: Gemälde, Möbel, optische Geräte, Textilien etc., versteigerte und dazu Verzeichnisse (Kataloge) verkaufte. Adresse: Burgmauer/Ecke Pfaffenpforte. Ein Schwerpunkt seines Geschäftes war der Handel mit wertvollen Büchern. Köln. Zeitung, Nr. 166, 17. Okt. 1816: „Montag den 18. November 1816 und die folgenden Tage, Nachmittags um 5 Uhr, wird im Parnaß auf der Burgmauer, No. 7, unter der Direktion des Vikar und Antiquar Johann Caspar Hansen, eine Sammlung auserlesener meist sauber gebundener Bücher aus allen Fächern in den vorzüglichsten Sprachen, worunter mehrere aus den ersten Druckzeiten, wie auch schöne Mineralien, Konchilien und andere Kunstsachen befindlich sind, verkauft werden. Das Verzeichniß ist für 6 Stüber allda zu haben, wo man auch Bestellungen annimmt." Hansen inserierte häufig in der Köln. Zeitung. Zu C. J. Hansen: Kronenberg, Entwicklung, S. 129.

[230] Zur Regelung mit C. H. Pilgram: „d. 22ten Novemb. 1816 zahlte Caspar Heinrich Pilgram auf seine Pacht Rthl. 100, d. 7ten Decemb. 1816 zahlte derselbe Rthl. 60 (Stadtarchiv Hürth, Best. 3.01, Nr. 322, Bl. 71). Vgl. zu den Abrechnungen mit Pächtern der Groote'schen Güter 1816 u. 1817 etwa: Stadtarchiv Hürth, Best. 3.01, Nr. 322, Bl. 70 f.

[231] intermedii, hier: die dazwischen Liegenden.

[232] rhapsodisch: bruchstückhaft.

Den 23. November [1816].

Es wird uns vom VerwaltungsRath[233] die Copie der Catechisten Fundation abbegehrt; ich rede deshalb mit Joseph u. dem Vater. Bey diesem sind viele Leute, die theils Renten bezahlen, theils Geld hohlen, theils Empfelungen zu der durch Klöckers Tod erledigten Postoffizialstelle[234] eingeben. Wir sollen zur Frau v. Gymnich gehn, deren Namenstag ist.[235] Ich kaufe einen nöthigen Hosenträger. |:6 Fr.:| Nach Tische |10v| kommt ein Halfer Berg, welcher sich nach Kendenich meldet, bald nachher aber auch Klein mit seinem Oheim, der die Pachtung ganz, wie ich sie ihm entworfen, annehmen will. Wir werden darüber also mit ihm einig, wenn er gleich noch keinen Pachtbrief erhält. – Abends gehe ich in den Olymp, wo Schaaffhausen viel erzählt.

Den 24. [November 1816]. Sonntag.

Ich gehe frühe auf die Archiv, die Fundation Jacob de Groote junior aufzusuchen. Ich finde unter andern mehrere Briefe des Herrn Jabach an Herrn Nicolaus deGroote,[236] u. studire in diesen Sachen bis gegen 10 ½ Uhr. Nach der Messe im Dom gehe ich zu Dr. Nückel wegen der Aufkündigung zu Kendenich, mit ihm auf das Caffeehaus, |:1 Fr., 4:| wo wir Kassel finden, mit dem wir nachher herumspazieren. Nach Tisch kommt Herr Denoël zu mir, der jene Briefe, von denen ich ihm gesagt hatte, gerne sehn möchte; er bleibt bis gegen 6 Uhr. – Früher war auch Herr Louis Boeking u. Eckardt bey uns. Abends soll ich mit den Schwestern zu Graf Solms gehn. Es sind da v. Geyr, v. Kraus, v. Stolzenberg, Redtel, Auer u.a. Es wird allerley getrieben, u. nachher sogar getanzt bis um 10 ½. Mir ist ganz verflucht hypochondrisch zu Muthe, u. in dieser pestilenzialischen Stimmung hat mich immer der Böse Feind fürchterlich in der Gewalt. Er hat auch nun wieder leichten Sieg gehabt. Der Mensch ist das geplagteste aller Thiere. ~

---

[233] Verwaltungsrat des 1815 gegründeten Kölner Verwaltungs- und Stiftungsrats. Zur personellen Zusammensetzung der Gremien siehe Ahrendt, 200 Jahre, S. 69.

[234] Johann Laurenz Klöcker, Beschäftigter bei der Post; AK 1813: employé à la poste aux lettres; Rue des Harnois 33/Hämergasse 33. Vgl. die Todesanzeige in der Köln. Zeitung, Nr. 188, 24. Nov. 1816: „Ich erfülle die traurige Pflicht, meinen Verwandten und Freunden den Todesfall meines innigst geliebten Gatten, Joh. Laurenz Klöcker, Oberpostamts-Beamten hieselbst, anzuzeigen. Er schied zu einem bessern Leben hin am 22. dieses, 4 Uhr Morgens, im 43. Jahre seines Alters, dem 12. der glücklichsten Ehe, an den Folgen eines Schlagflusses. […] Köln, den 23. Nov. 1816. Gertrud Klöcker, gebohrne Bruchmann."

[235] Der 23. November ist u.a. Namenstag der Heiligen Clementina. Groote besuchte die Witwe Clementina von Gymnich, geb. Gräfin von Velbruck.

[236] Zur Verbindung der Familie Jabach mit Köln und der Familie Groote: Groote, Tagebuch, Bd. 1, S. 17 u. 8. Dez. 1815, S. 264 f. Zur Familie Jabach zuletzt: Lüttichau, Le Brun, 2018; Wagner, Kunstsammler, 2014.

Den 25. November [1816].

Ich schreibe an den Verwaltungs Rath, u. schicke eine Copie der Jacob deGroote senior theologischen Stiftung |11r| an Herrn Bochem.[237] Dann gebe ich gratulaturus[238] bey v. Engelberg eine Carte,[239] kaufe etwas Schnupftabak |: 2 S. :| u. gehe in die Sitzung, wo ich den Dr. Nückel, mit dem ich nach Godorf auf die Kirmeß fahren wollte, umsonst erwarte. Nach der Sitzung suche ich ihn vergebens auf, schicke aber nachher zu ihm, u. er sagt mir, er habe nicht Zeit. Die Pachtbedingniße von Kendenich schicke ich ihm, zur Ausfertigung der Contracte, u. belange ihn um die Aufkündigung gegen den jetzigen Halfen. Es kommt Canonicus Lunighausen zu mir, wegen eines Schreibens des Bürgermeisters von Mylius an Herrn v. Caspars. Nachher ist die Frau Haesinger bey den Schwestern, die ich einen Augenblick sehe. Ich suche noch in der Fundation Jacob junior in der Archiv, u. gehe nachher auf eine Stunde zum Präses Seminarii. Abends ist Joseph von Walberberg u. Carl von der Jagd zurück.

Den 26. [November 1816].

Wie schwer es dem Menschen wird, wenn er nicht in einem angewiesenen Wege der Nothwendigkeit gehen muß, sich selbst einen festen, sichern Pfad vorzuzeichnen! Nun geht es mir so; in Regierungssachen ist schon so wenig zu thun, daß Herr Fuchs gestern nur Eine, Haxthausen keine, u. ich keine einzige No. vorzutragen hatte. Da sollte ich mir nun selbst wohl genug zu arbeiten schaffen können, u. das könnte ich auch allerdings, aber schwer ist es so gleich, für eine bestimmte Sache genug Liebe u. Eifer gewinnen zu können, um etwas tüchtiges darin zu leisten. – Der Aufwärter des Olymps, Hof, kommt zu mir u. ich muß Anstands halber die beyden geschabten Blätter Hardi's u. Wallrafs Portraite nehmen, welche Lützenkirchen[240] hauptsächlich in Hinsicht auf unsre Gesell-

---

[237] Johann Christian Bochem war seit 1815 Rendant im Verwaltungsrat des neugegründeten Stiftungs- und Verwaltungsrats, also auch mit den Groote'schen Stiftungen vertraut. Vgl. Ahrendt, 200 Jahre, S. 68 f.
[238] gratulaturus: um zu gratulieren.
[239] Der 25. November ist der Namenstag der Heiligen Katharina. Groote gratulierte der Witwe Catharina von Engelberg, die in der Schildergasse 49 wohnte.
[240] Peter Joseph Lützenkirchen, ein ehemaliger Schüler Wallrafs, hatte 1816 nach Gemälden von B. Beckenkamp Porträts von F. Fr. Wallraf und C. B. Hardy als Schabkunstblätter geschaffen. Zu Lützenkirchen vgl. J. W. von Goethe: „Noch ist hier [in Köln] ein geschickter Miniaturmaler zu erwähnen, Herr Lützenkirchen, welcher sich, bey sehr schönen Talenten, als ein denkender Künstler erweist, und sich auch schon das Vertrauen hoher Personen bey bedeutenden Gelegenheiten erworben hat" (Goethe, Ueber Kunst, S. 25). Köln. Zeitung, Nr. 200, 15. Dez. 1816: „Unser geschätzter Mitbürger und Künstler Herr Lützenkirchen hat sich einen gerechten Anspruch auf den Dank seiner Vaterstadt erworben; indem er, auf Veranlassung einiger Freunde sich entschlossen hat, die Bildnisse Hardy's und Wallrafs in Schwarzkunst zu liefern. Beide Porträts sind jetzt vollendet: beide sprechend ähnlich, und sichtbar an ihnen die Liebe zum Werk, welche den Künstler

schaft[241] gemacht hat. |:12 Fr.:| Dann gebe ich mich einmal wieder an meinen Tristan, die Eintheilung der einzelnen Abentheuer, deren etwa 40 sind, zu machen, u. die schwierigsten alten Worte aufzuzeichnen u. zu erklären. Abends, nachdem der Präses u. Luninghaus, die bey uns aßen, weg sind, |11v| gehe ich zu Werner Haxthausen, der mehrere Bücher durchsieht, die er eben erhalten hat. Bey seinen Schwestern sind die von Zuydtwyck. Ich gehe mit Werner aus, erst zu Herwegh, die wir nicht finden, dann wollen wir zu v. Mylius gehn. Allein, wir gerathen auf den Gedanken, Besenschwiten[242] zu genießen, u. gehen, weil dazu keiner von uns Bescheid weiß, biß 9 Uhr in der Stadt umher.

Den 27. November [1816].

Ich arbeite noch etwas an meinem Tristan, u. gehe bey Zeiten zur Sitzung, welche bis gegen 3 Uhr dauert. Nach dem Essen kommt Hedemann, der wahrscheinlich etwas anderes auf der Leber hat, allein wegen den Kirchenreglements, die Joseph zu haben wünschte, gekommen zu seyn vorbringt. – Es wird mir ein Billet zu dem Conzert v. Varrenhagen[243] gebracht, auf welches wir bey der Regierung vor etwa 2 Monathen subscribirt haben, |: Fr. 3 :| dann kommt der Huissier Bellem, wegen der Aufkündigung u. Insinuation[244] des Urtheils zu Kendenich. Später gehe ich zu General v. Mylius, den ich wegen unserer alten Erbschaftsgeschäfte ernsthaft coram nehme.[245] Dann gehe ich zu Merlo, wegen der Vollmacht, dann zu v. Cols, den ich nicht finde, u. Abends endlich mit Joseph zu v. Stolzenberg, wo wir nur die Frauen finden, u. uns artig unterhalten. Stolzenberg kommt erst gegen 9 ½ zurück. Morgen soll ich mit Joseph beym Bürgermeister v. Mylius essen, wo dessen Bruder Major[246] angekommen, angeblicher Prätendent der Jette v. Geyr. Meine Schwestern wollen wissen, daß Nette v. Wenge in wenigen Tagen hier hin kommen soll. Es ist traurig, daß so manches sich feindlich zwischen Sie und mich aufstellt, u. ich deswegen auch nun ihr wenig erfreuliches werde sagen u. thun können. |12r|

---

beseelte." Hinzugefügt wurde, „daß der Künstler die ersten Abdrücke seines Werkes bei uns zum Verkauf niedergelegt hat. Das Exemplar kostet Rt. 2 12 St. DüMont u. Bachem'sche Buchhandlung." Zu Lützenkirchen auch: Giesen, Maler, 1927.

[241] Die Porträts wurden in den Räumen der Olympischen Gesellschaft aufgehängt. Vgl. F. Fr. Wallraf an P. J. Lützenkirchen, Köln, 9. Dez. 1816 (HAStK, Best. 1105, A 11, fol. 201).

[242] Besenschwiten (wohl aus der Studentensprache): Beziehungen zu Mädchen, Liebesgeschichten.

[243] Köln. Zeitung, Nr. 189, 26. Nov. 1816: „Unterzeichnete macht einem geehrten Publikum bekannt, [daß] sie den nächstkommenden Donnerstag den 28. dieses Monats[im] Saale des Herrn Lempertz auf dem Domhofe, ein Vokal- und Instrumental-Klavier-Konzert geben wird. C. Varnhagen von Ense."

[244] Insinuation des Urteils, hier vermutlich: Bezeichnung für eine öffentliche, förmliche Eingabe einer Sache vor Gericht, möglicherweise Vorladung oder Bestätigung einer Vorladung.

[245] coram nehmen, hier vermutlich: zur Brust nehmen, sich vorknöpfen.

[246] Eugen Franz Alois von Mylius, Bruder von Karl Joseph von Mylius.

Den 28. November [1816].

Der Rektor Fochem kommt frühe zu mir, mit Mühe bewege ich ihn nur, einen beleidigenden Brief, den Er an Boisserées schicken wollte, wegen eines vorenthaltenen Bildes, nicht abzuschicken. Nachher kommt der Halbwinner Klein, u. bezahlt 256 Rth. trockener Weinkauf[247] auf die Pachtung zu Kendenich. Mit ihm gehe ich zu Dr. Nückel, wo die Pachtbriefe zurecht geschrieben werden. – Um 1 Uhr gehe ich mit Joseph zu Mylius, wo Haxthausen u. Wallraf. Bey Tische wird viel über die Bildung u. Verbildung der Sprache u. dergl. gesprochen. Jener Major Eugen v. Mylius ist ein kurzer, dicker Kerl geworden, der äußerlich u. durch seine Zerstreuungen u. sein Hinstöhnen sehr dem verstorbenen Balthasar v. Mylius ähnlich sieht. Wir bleiben bis gegen 5 u. ich gehe, nachdem ich umsonst die Wohnung der κορη,[248] die ich neulich mit Haxthausen sehen wollte, auszuspähen suche, nach Haus, wo ich den Schwestern abrathe, das Varnhagensche, wahrscheinlich sehr leere Conzert, zu besuchen. Ich selbst gehe aber hin, u. finde ausser der Gräflich Solmsschen Familie wenig daselbst. Das Conzert selbst ist schlecht. Eine andere κορη sehe ich dort wieder, die ich wohl fast schon sehr leiden mochte, u. für την eines Schreiners θυγατρην halte.[249] Ich ziehe darüber Erkundigungen ein, u. höre, daß sie wohl à la mode de Francfort[250] Abends bey einem gewissen Ophof in der Sterngasse zu sehn sey. Mir ist überhaupt ganz schändlich schwül zu Muth, als hätt' ich Lieb im Leibe. Auch die v. Auer scheint mir.[251] – Zu Haus finde ich einen Brief, von Herrn Ernst, Pastor in Afden,[252] wegen einer Nachsuchung de Historia St. Heriberti. |12v|

Den 29. November [1816].

Nach der Sitzung, welche bis gegen 1 ½ dauert, finde ich zu Haus eins von den Mädchen vom Hof zu Kendenich, mit welcher ich wegen des verdrießlichen Abzugs von da nicht viel angenehmes reden kann. Der Transdorfer Halfen hat einen Theil seiner Pachtung gebracht, soll aber über den Halfen Klein, der sein Verwandter ist, nicht viel Gutes gesagt haben. – Der Obristlieutenant Schaetz kommt zu uns. Später kommt wieder der Geistliche Schilberg wegen der Grundpacht zu Troisdorf, dem wir einen Verkaufs Vorschlag zu 400 Rth. mitgeben. Der Vater ist wegen des engen Postlokals in einiger Verlegenheit, u. wird wohl noch

---

[247] Trockener Weinkauf: eine Form der Pachtzahlung, bei der, statt tatsächlich Wein als Pacht zu zahlen, die Pacht in Geld entrichtet wurde.
[248] Κορη, hier: Frau, Mädchen.
[249] ... την eines Schreiners θυγατρην: ... für eines Schreiners Tochter halte.
[250] à la mode de Francfort: der Ausdruck ließ sich nicht klären.
[251] Der Satz ist unvollständig.
[252] Der katholische Geistliche Simon Peter Ernst war seit 1787 Pfarrer in Afden (heute ein Ortsteil von Herzogenrath), zugleich war er als Historiker tätig und verfasste eine umfangreiche Geschichte Limburgs. E. von Groote unterstützte ihn bei Recherchen.

das Speisezimmer dazu einräumen müssen. Gegen 7 ½ fahren die Schwestern mit Frau v. Zuydtwyck zu Simon, wohin ich auch, nach einigen Umwegen, gehe. Ich lerne dort den Präsident Koenen[253] u. den Medizinal Rath Merheim[254] kennen. – Von dem Advocat Kramer ist uns eine Ladung des Tribunals auf Montag zu gekommen, worin die Juden sich als Käufer aller Mobilien zu Kendenich angeben. Ein privilegium juris[255] wird uns dagegen sichern.

Den 30. November [1816].

Ich gehe gegen 9 mit jener Ladung zu Dr. Nückel, der ebenfalls die Sache für unbedenklich hält. Dann gehe ich zu Herrn Stadtsekretär Fuchs, u. mit ihm zum Registrator Imhof,[256] wegen der Sachen, die ich für Pastor Ernst im Stadtarchiv nachsehn soll. Allein, der Schlüssel dazu ist zerbrochen u. ich komme nicht hinein. – Ich gehe zu Wallraf, der mir einen schönen |13r| ungeschnittenen Nicolo[257] für die beyden aus Fontainebleau von der Uhr mitgenommenen (modernen) geschnittenen Steine giebt.[258] Wir reden lange über Mancherley. Nach Tisch kommt jener Halfen Klein, der noch wegen einiger Artikel des Pachtkontakts mit uns zu reden hat. Wir berichtigen dieß, und ordnen noch den Pachtbriefs Entwurf für Kitzburg. Später gehe ich in ad + in die Jesuiten Kirche und Abends in den Olymp, wo die Olympischen Gesetze und Statuten[259] vorgelesen werden, u. wo ich die Jabachschen Briefe der Gesellschaft zeige.

Den 1. December [1816]. Sonntag.

Gegen 8 ½ kommt der Schlosser Meister Bolder, mit dem ich die Einrichtung des Ofens im künftigen Speisezimmer überlege. Später kommt der Rektor, welcher Geld verlangt, um [richtig: und] die Zinsen für das zum Taschenbuch aufgenommene Capital fordert. Nach der Messe im Dom gehe ich zu D'Hame, um ihm wegen dessen, was wir vom Transdorfer Halfen über Klein hörten, zu sprechen.

---

[253] Koenen war 1815 bis 1817 Präsident des provisorischen Kölner Appellationsgerichtshofs.

[254] Merheim: Medizinalrat Daniel Karl Theodor Merrem.

[255] privilegium juris oder beneficium juris, hier vermutlich: vom Gesetz für einen Einzelfall vorgesehene Erleichterung gegenüber dem Regelfall.

[256] Johann Arnold Joseph Imhoff, Registrator, Archivar, Buchhändler. AK 1813: archiviste de la ville (ohne Angabe der Adresse). Zu seiner Tätigkeit: Müller, Köln, S. 324.

[257] Niccolo: besonderer Schliff eines Schmucksteins, bei dem die oberste Schicht des Steins so dünn geschliffen wird, dass darunter liegende Schichten durchschimmern. Auf den hier erwähnten Stein bezieht sich vermutlich die Korrespondenz Wallrafs mit Alexander von Hornstein vom 24. Okt. u. 1. Nov. 1816 (HAStK, Best. 1105, A 9, fol. 56).

[258] Groote hatte im Sommer 1815 bei einem kurzen Aufenthalt im Schloss Fontainebleau eine Uhr entwendet. Er notierte in seinem Tagebuch: „Antikendiebstahl an der Uhr" (E. von Groote, Tagebuch, Bd. 1, 15. Juli 1815, S. 137).

[259] Statuten der Olympischen Gesellschaft (HAStK, Best. 1078, Nr. 2); vgl. Deeters, Wallraf, S. 72.

Bey Tische sind der kleine Loë u. Herr Präses bey uns. Nachher redet der Bürgermeister mir wegen seines Jacobs,[260] der, wie er behauptet, von Stolzenberg irgend beym Forstwesen soll verlangt werden. Ich sage ihm meine Meinung darüber deutlich, wie das schwerlich von Dauer seyn werde. Aber der Mensch ist wie Vernagelt. Ich rede mit Joseph wegen des Geldes, der es auch dem Rektor besorgen will. Denoël bringt die abgeschriebenen Briefe von Jabach zurück. Abends sind wir bey v. Haxthausen, wo ich dem Dr. Sotzman wegen der Sachen in Düsseldorf ordentlich einheitze. |13v|

Den 2. December [1816].

Mit Dr. Nückel gehe ich an das Tribunal, wo aber unsre Geschichte gegen die Juden auf morgen früh verwiesen wird. Herr v. Geyr ist da wegen der verkauften Obligation des Bürgermeisters DeGroote. Ich rede auch mit Dr. Sitt. Nach der Sitzung bey der Regierung begegne ich dem Präsidenten Blanchard, der nicht glaubt, daß wir gegen die Juden etwas zu befürchten haben. Ich bringe Merlo die entworfene Vollmacht zur Ausfertigung zurück. Zu Haus ist ein Brief von Koerfgen aus Aachen angekommen, wegen einer zu einer Fundation gehörigen Landständischen Obligation; wir geben uns viel vergebene Mühe zu erforschen, wohin sie gehöre. Nach Tische kommen gegen x ½ Graf Metternich, Frl. Nette Wenge, u. die beyden Frl. Kettler. Mit ihnen bringen wir bey den Schwestern den Abend hin.

Den 3. December [1816].

Nach dem Frühstück bey den Schwestern gehe ich bald zu Dr. Nückel u. mit ihm an's Tribunal, wo wir mit Advocat Kramer bey dem Präsidenten zusammen kommen. Unser Gegner begnügt sich damit, noch einen Gardien nach Kendenich setzen zu können, und erkennt übrigens unser PrioriätsRecht daselbst an. Zu Haus erhalte ich 3 Hefte der wöchentlichen Nachrichten[261] durch Zeune, wofür sehr viel Porto bezahlt werden muß. |:1–19:| Ich wollte noch zu Herrn v. Geyr, wegen des Briefs von Koerfgen, finde ihn aber nicht. Ich kaufe etwas Taback.|:–15:| Zu Haus finde ich Paul von Kendenich u. dessen Schwester Clara; auf ihr Ansuchen um baare Angabe der gemilderten Schuld, kann ich ihnen nur sagen, daß wir |14r| bey der Unsicherheit der Forderung aller Gläubiger garnichts nachzulassen Willens sind, biß sich das ganze ausweist. Sie wollen nun ein Theil des von demselben Juden gekauften Domenhofs zu Godorf in Pachtung nehmen.[262] Metternichs etc. essen bey v. Harff. Nach Tisch gehe ich wieder zu v.

---

[260] Franz Maria Jacob Gabriel (Jacob) von Groote (1792–1853) war E. von Grootes Cousin.
[261] Ausgaben von: Büsching, Wöchentliche Nachrichten.
[262] Der Gutshof Domenhof liegt in Godorf, das seit dem Mittelalter zum Kurfürstentum Köln gehörte, seit 1816 zur Bürgermeisterei Rondorf; Godorf ist heute ein Stadtteil von Köln. Der Domenhof

Geyr u. höre, daß die fragliche Obligation zu den Stiftungen des Canonicus deGroote, u. namentlich zu der Kapelle zu Transdorf[263] gehören soll. Ich besuche die noch immer unpäßliche Frau v. Geyr, u. suche mit dem Vater nachher lange vergebens nach der Obligation, die nirgend angeführt ist. Abends kommt Frau v. Zydtwyck, u. nachher die Gräfinn Modeste Lippe, Nettchen v. Wenge zu besuchen. Beyde bleiben nicht lange. Die Gräfinn ist gar kalt und störrig. Wir sitzen mit dem Frl. v. Wenge ziemlich langweilig zusammen, bis zum Abendessen. In ihr Nähköfferchen bringe ich ihr heimlich den in Paris gekauften Ring u. Halskette, u. das in Berlin gekaufte Ohrgehänge mit des Königs u. der Königin Portrait. Möchte es sie freuen, sie sich aber übrigens bereden, daß eine nähere Verbindung mit unserm Hause nicht statt haben wird. Sie hat wohl nicht mehr zur Mitgift als ein gutes Herz, übrigens wenig Talent noch Geistesgabe u. Vermögen wohl gar nichts. Ich bin ihr stets recht gut gewesen, aber sie wird nicht behaupten, daß ich ihr irgend gegründete Hoffnung erregt habe, u. das geschieht auch nun nicht. Selbst die Geschenke erhielte sie nicht, wenn ich sie ihr nicht wirklich aus Dankbarkeit für so manches, was sie mir gegeben, schuldig wäre. – Abends rede ich noch mit Joseph wegen der Obligation, u. er glaubt doch noch, die Reklamation derselben hinreichend motiviren zu können. – Mir ist recht unheimlich zu Muthe. – |14v|

Der 4. December [1816].

Wir nehmen früh bei den Schwestern das Frühstück ein, u. gegen 8 ½ fährt der Graf mit seiner Schwägerinn nach Düsseldorf zurück. Ich studire in den Sachen der Niederländischen Papiere, entwerfe ein Antwortsschreiben an Herrn Bartels, u. gehe mit Joseph wegen der Reklamation der Landständischen Obligation zu conferiren. Er will dieselbe Herrn Bochem zur Berathung mit nehmen. Beym Vater expedire ich obigen Brief, u. suche auch nach Tisch noch in der Archiv, ob ich über die Obligation nichts finde, aber umsonst. Ich habe einige alte Reisebücher früher deGrootescher Vorfaren vom Archiv zur Einsicht mitgenommen. Ich bringe den Abend still zu Haus zu, u. laure spät in der Nacht noch auf die Mägde, die sich mit Schubart unterhalten. –

Den 5. December [1816].

Mit dem Rektor, der früh schon kommt, gehe ich aus u. zu Notar Merlo, mit dem ich wegen der Obligation, die reklamirt werden soll, rede. Wir werden einig, einen acte de notariété[264] zu machen, den Herr v. Geyr, Herr Maevis u. Herr

---

wurde bis um 1960 bewirtschaftet. Um wen es sich bei dem jüdischen Käufer handelte, konnte nicht geklärt werden.
[263] Zu Burg Dransdorf gehörte auch eine Kapelle, die St. Antonius geweiht war.
[264] acte de notoriété, hier vermutlich: eidesstattliche Versicherung.

Rütten unterschreiben sollen. Ich gehe dann zu Herrn Maevis, in dessen Büchern sich auch die Obligation, u. zwar zum Besten der Capelle in Transdorf, verzeichnet findet. Er erklärt sich willig zum unterzeichnen des Acts, wenn Herr v. Geyr es ebenfalls thun wolle. Ich melde dieß Herrn Merlo, der um Mittag zu mir kommt, u. mit mir zu Herrn v. Geyr geht. Es kostet viele Mühe, diesen zum Unterzeichnen zu bewegen, weil er nicht wissen will, wozu die Obligation angelegt, und ob die Kapelle in Transdorf noch besteht, oder nicht. Endlich, da wir ihm noch sehr zusetzen, lassen sich |15r| die Herrn v. Auer, v. Stolzenberg u. Friesleben zum Besuch melden, dieß, u. das Mittagessen bey Herrn v. Beywegh bestimmen ihn, die Sache kurz zu machen. Er unterzeichnet, u. Herr Maevis u. Herr Rütten ebenfalls. Nach Tische bringe ich noch die Briefe u. das Memoir zu dieser Obligation zu Recht, u. reite aus zum Rektor, wo ich v. Haxthausen mit seinen Schwestern u. Baersch finde. Ich sehe einige neue Bilder u. reite weiter. – Dann lese ich bey mir, biß gegen 7 ½ Haxthausen zu den Schwestern kömmt. Zum Glück frage ich den Vater, ob die Briefe zu der Obligation schon fertig sind. O ja, sagt er, alles ist schon zur Post gegeben, u. geht morgen ab. Ich frage, haben Sie denn die Acte schon? Und nun besinnt er sich erst, daß er Memoire u. Brief allein zusammen gepackt, u. mir also die ganze Arbeit fast verdorben hat. – Mit Haxthausen gehe ich noch aus. Graf Solms finden wir nicht. Wir gehn zur Madame Ophof in die Sterngaße, die uns aber für's Erste nicht aufnehmen will; vielleicht aber ein ander Mal. Wir gehn noch über den Neumarkt, u. Werner Haxthausen bleibt bey uns zum AbendEssen.

Den 6. 8bris [richtig: December 1816].

Vor der Sitzung gehe ich zum Vater, die Expedition der Papiere wegen der Obligation an Körfgen nach Aachen zu besorgen. Wir wollten morgen nach Transdorf, allein, da eben stark Schnee fällt, ladet der Oberforstmeister Stolzenberg auf morgen zur Wolfsjagd in der Ville ein. Ich schreibe deshalb an Carl aus der Sitzung, die bis nach |15v| 2 Uhr dauert. Nach Tisch rede ich noch mit dem Pachter Klein wegen Kendenich, u. lese auf meiner Stube, bis gegen 6, wo ich einiges mit Carl zum Jagdaparat fertige, und noch an Gadé schreibe, dessen Vollmacht der Vater wieder irrig zu den Sachen, wegen der Landständischen Obligation gelegt hatte. Ich schicke Gadé die Vollmacht, mit einem ernstlichen Schreiben. Abends mache ich noch einige Anordnungen zur Jagd, u. begebe mich zur Ruhe.

Den 7. December [1816].

Ich gehe mit den Brüdern Joseph u. Carl früh um 7 aus; den Jäger des Grafen Königsegg finden wir gleich vor dem Hause, u. er geht mit uns. Es ist sehr uneben gefrohren u. deswegen der Weg nach Hermülheim zu schlecht. Hinter diesem

Dorfe sehen wir mehrere Fährten von Wölfen. Mir thun die Füße wegen zu kurzen Stiefeln an den Versen sehr weh. Da wir beym Viller-Häuschen²⁶⁵ ankommen, sind dort erst die Treiber, Jacob de Groote von Pesch, einiges krasses Volk von Köln, u. der Bürgermeister Scholl von Hürth. Ich ziehe die Strümpfe aus, u. gehe nun etwas bequemer. Den von Brühl her kommenden Herrn gehn wir bis auf die Weilerstraße entgegen, wo wir sie auch finden. Graf Solms hat große Wildschuhe an, u. sieht aus wie ein Moskauwitt. Wir gehn nun alle zum Villerhäuschen zurück. Bald sind dicht dabey die Wölfe umstellt, u. der alte Förster Fasbänder versichert, sie so gut als an einer Kette zu haben. Es wird ausgestellt u. getrieben. Es fallen 5 Schüsse. Einer vom Grafen Solms, einer |16r| von Herrn v. Auer, einer vom Oberforstmeister, einer von meinem Bruder Joseph, u. einer von dessen Nachbarn, einem Huissier Mirbach. Dieser schießt zuletzt, u. zwar meinem Bruder einen Streifschuß bey dem Bein vorbey, wodurch er vom starken Hagel etwas verletzt wird. Mein Bruder aber trifft einen großen Wolf, dem, wie sich nachher ausweist, der Oberforstmeister schon mit einer Kugel einen Hinterlauf entzwey geschossen hatte. Wir gehn ihm nach, u. finden, wie er Schweiß u. Schaum weit umher über den Schnee geschüttelt hat. Wir gehn bald in das Villerhäuschen zurück, wo Scholl inzwischen etwas Glühwein hat machen lassen, u. nach ¼ Stunde wird der von Graf Solms mit dicken Rehposten²⁶⁶ durchschossene Wolf gebracht, worüber große Freude ist. Dem andern gehn wir nach, umsetzen ihn wieder, erhalten ihn aber heute nicht. Es wird noch ein Schwein umstellt, allein, es geht ein Fehler im Treiben vor, u. wir erhalten es darum nicht. Nun geht der Zug nochmal dem verlohrenen Wolf nach, allein, es wird zum Treiben und Schießen zu spät, der Wolf aber sitzt fest, u. schweißt sehr. Wir kommen oberhalb Fochem [Vochem] aus dem Wald. Ich gehe mit den Brüdern nach Kendenich, wo wir etwas essen u. in der Burg übernachten. Die Uebrigen ziehen meist alle nach Brühl, von wo der Graf u. andere nach Köln zurückfahren, die andern aber morgen weiter zur Jagd nach Frießheim [Friesheim] ziehen wollen. Wir sind recht müde.

Den 8. December [1816]. Sonntag.

Die beyden Brüder gehn gegen 7 Uhr nach Fischnich [Fischenich] in die Frühmesse, u. von da weiter nach Liblar u. Friesheim. Ich aber ziehe, theils weil meine Füße mich zu sehr |16v| schmerzen, theils weil ich nicht weiß, ob wir heute zurückkehren, ich also morgen in der Sitzung werde seyn können, nach Köln, wo ich gegen 10 ½ Uhr ankomme. In Kendenich habe ich den Pachter gar nicht gesehn, der, wie mir seine Schwestern klagen, gar nicht mehr nüchtern wird. Das

---

²⁶⁵ Villerhäuschen: ehemaliges Forsthaus an der Luxemburger Straße, südwestlich von Knapsack auf der Villehöhe. Das Gebäude wurde in den 1920er Jahren im Zuge des Braunkohleabbaus niedergelegt.
²⁶⁶ Rehposten: Schrotkugeln.

Leiden dieser Leute scheint groß zu seyn; auch weil es unnatürlich ist, daß da Kinder zusammen hausen, keiner eine Familie hat u. versorgt [wird], u. also weder für sich noch für andere Interesse genug am Leben u. dessen Verhältnissen haben kann. Das sollte man allwegen bedenken. – Ich gehe in St. Columba zur Messe, ziehe mich um, u. mit Hedemann, der zu mir kommt, bald zu Tische; es wird oben auf dem Großen Zimmer gespeist, weil das untere zur fahrenden Post hat eingeräumt werden müssen. Nach Tisch reite ich aus, dem Schimmel zu lieb, u. gehe dann zu Haxthausen, wo keine Seele zu Haus ist, dann zu Dr. Sotzmann, wo ich Wallraf finde. Dort ist eben großer Schreck gewesen, weil es im Schornstein gebrannt hat. Ich bleibe mit Wallraf bis nach 8 u. wir sehn ausser dem großen, aus 9 Blättern bestehenden, äußerst schönen Holzschnitt von Cöln, den Anton von Worms 1537 machte,[267] noch viele andere schöne Zeichnungen u. Holz- u. Kupferstiche.[268] Sotzman ist recht gut u. freundlich. – Zu Haus kommen bald die beiden Brüder wieder an, u. bringen Nachricht, daß der Zweite Wolf diesen morgen richtig noch erlegt, bey Friesheim viele Haasen u. Füchse geschossen, dann aber dicht bey der Kreuzkapelle[269] von dem Grafen Fritz Solms Roedelheim ein mächtiger Eber erlegt seye. Darauf haben die armen Jungen zu Brühl etwas gegessen, u. sind dann zu Fuß noch nach Cöln gegangen, sind aber auch recht herzlich müde. Die ganze Gesellschaft soll über diese edle Jagd sehr erfreut seyn. |A 1/10–20; 17r|

Montag, den 9. December 1816.

Ich bringe meine Sachen, Bücher u. Papiere etwas in Ordnung, u. mache mich zur Sitzung fertig. Diese währt bis nach 1 Uhr, u. als ich bey des Grafen Haus vorbeykomme, wird dort eben die gestern geschossene Sau hingebracht. Nach

---

[267] Anton von Worms, Anton Woensam, Die große Ansicht von Köln, Holzschnitt in neun Teilen, vermutlich im Auftrag des Kölner Rats angefertigt; die ersten Exemplare wurden von dem Kölner Verleger Peter Quentell 1531 gedruckt, spätere Exemplare 1557. Das Werk wurde Ferdinand I. in Köln überreicht. E. von Groote schrieb an S. Boisserée begeistert über den Holzschnitt, der seiner Ansicht nach „zu den wichtigsten neuen Entdeckungen, die seit kurzem gemacht wurden", gehörte (E. von Groote an S. Boisserée, Köln, 24. Dez. 1816; HAStK, Best. 1018, A 118). Siehe Briefe und Schriften. Diesen Holzschnitt hatte Sotzmann von Carl Wilhelm Silberberg, einem Kunsthändler in Frankfurt a. M., erworben. Vgl. C. W. Silberberg an F. Fr. Wallraf, 26. Dez. 1816 (HAStK, Best. 1105, A 19, fol. 15).

[268] Johann Daniel Ferdinand Sotzmann war der Sohn des preuß. Kartografen Daniel Friedrich Sotzmann, der ebenfalls Sammler war. Er besaß in Berlin eine bedeutende Privatsammlung an Landkarten (Gädicke, Lexicon von Berlin, S. 344). 1819 erschien beim Verlag DuMont-Schauberg eine Schrift von J. D. F. Sotzmann, Ueber des Antonius von Worms Abbildung der Stadt Köln, Köln 1819.

[269] Die im 18. Jh. entstandene Kreuzkapelle wurde bereits Anfang des 19. Jh.s abgebrochen. Ob Groote noch die Kapelle sah oder lediglich einen Bildstock, der nach dem Abbruch an die Kapelle erinnerte, ist unklar. Anfang des 20. Jh.s wurde an dieser Stelle die Birkhofkapelle als Wallfahrtsort errichtet. Ich danke dem Stadtarchiv Hürth für diese Auskunft.

Tisch gehe ich bald auf den Platz,[270] wo ich bey Herrn Fuchs im Sekretariatszimmer[271] für Herrn Pastor Ernst den Band 17 Farraginum Geleny[272] durchgehe, welcher wirklich, wie er vermuthete, die Annales Sanct Heribertti von Johannes Gelenius enthält. Ich exzerpire manches, u. komme erst nach 8 Uhr nach Haus. Auch habe ich durch Herrn Redtel Briefe von Schinkel, u. von Schulze 10 Ellen schmales Medaillenband erhalten. |: 6 Fr., 8:| Joseph geht noch zu Solms, von wo er erst sehr spät zurückkommt. Ich lese in den kleinen Gedichten von Göthe.

Den 10. December [1816].

Ich lese u. schreibe etwas zu Haus, bis später der Pachter Klein zu mir kommt, mit dem ich, weil etwas im Pachtbrief verkehrt geschrieben ist, noch zu Dr. Nückel gehn muß. Nachher schreibe ich an Herrn Pastor Ernst in Afden. Nach Tisch erhalte ich einen Brief |: 9 Sls :| u. den Theil 11 der Religionsgeschichte[273] von Levin v.d. Wenge. Ich reite den Schimmel nach Melaten, u. gehe um 6 ½ zu Haxthausen, wo ich die Frauen zum Abschied besuche. Ich sehe da den 2. Jahrgang des Helwigschen Taschen Buchs der Sagen u. Legenden,[274] der mir aber nicht viel sonderliches zu enthalten scheint. Graf Ernst Lippe ist da, der recht freundlich u. artig ist, seine Frau ist auch etwas manierlicher, aber ihre Urtheile über Zeichnungen, Holz- u. Kupferstiche, die ihr Werner zeigt, unausstehlich. – Auf Morgen Abend sind wir zu großer Gesellschaft alle zu Solms gebethen. Joseph, Caspar u. Herr Nussbaum waren im Theater.[275] |17v|

---

[270] Platz vor dem Kölner Rathaus, auch Stadthausplatz.

[271] Vgl. Johann Peter Jakob Fuchs zum Gedenken, S. 40: „Das damalige Archiv, so wie es der Obersekretär Fuchs anlegte", umfasste „das Hauptarchiv im Erdgeschoß des Rathausturmes, das kleine Syndikatsarchiv im Gewölbe neben der Wendeltreppe im ersten Stock des Rathauses, das Syndikatsarchiv über dem großen Saale, das Archiv der französischen Verwaltungsperiode, das Archiv im Winterzimmer, das Archiv in der Freitags-Rentkammer im Erdgeschoß des Turmes und das Archiv der Mittwochs-Rentkammer neben der goldenen Kammer im Erdgeschoß des Rathauses." Im Erdgeschoss des Turmes befand sich die „alte Registratur": sie bestand „aus 54 Aktenkästen, deren Vorderseiten mit Temperamalerei aus der ersten Hälfte des 16. Jh., teilweise später erneuert, versehen" waren. Die Malereien zeigten Embleme „wie Tiara, Bischofsmütze, Krone u.a., die auf den Inhalt der Schriftstücke Bezug" hatten (Vogts, Kunstdenkmäler, S. 244).

[272] Die Brüder Johannes und Aegidius Gelenius waren Autoren der Farragines Gelenianae, einem Kompendium zur Kölner Geschichte. Die 30 Bände der Farragines befinden sich im Historischen Archiv der Stadt Köln.

[273] Fr. L. Stolberg-Stolberg, Geschichte der Religion Jesu Christi, Hamburg 1806–1818.

[274] Amalie von Helwig, Fr. Baron de la Motte Fouqué (Hg.), Taschenbuch der Sagen und Legenden. Im Beiblatt der Köln. Zeitung, Nr. 18, 15. Dez. 1816 war annonciert: „In der DüMont u. Bachem'schen Buchhandlung ist neu angekommen: Taschenbuch der Sagen und Legenden. Herausgegeben von Amalie von Helwig geb. v. Imhof und Fr. de la Motte Fouque. Mit Kupf. 12, Berlin. 3 Rthlr. 34 St. Dasselbe auf Velinp. 5 Rthlr. 20 St."

[275] Für den 5. Dezember kündigte eine Annonce in der Köln. Zeitung, Nr. 193, 3. Dez. 1816 eine Aufführung von „Carl, der Zwölfte oder die Schlacht bei Benda. Ein historisches Schauspiel in 5 Aufzügen von Vulpius" an. Eine weitere Annonce zwei Tages später erklärte, dass wegen „einge-

Den 11. December [1816].

Schon gegen 8 kommt der Friseur, u. schneidet mir die Haare, |:1 Fr.|: dann bringe ich meine Sachen zur Sitzung in Ordnung. Es kommen daselbst ganz interessante Dinge, über die Zufuhr des Getreides, u. dergl. vor. Nach Tisch rede ich sehr lange mit Joseph wegen unserer Vermögens Sachen, was gegen v. Mylius u. sonst vorzunehmen. Abends fahren wir zu Graf Solms, wo viele Leute sind. Es wird daselbst einiges langweilige Zeug getrieben, woran ich wenig Antheil nehme. Allein, es sind Leute genug, mit denen sich wohl reden läßt. Es währt bis vor 11 Uhr.

Den 12. December [1816].

Ich bringe ein kleines Gedicht zurecht, meine Lehrjahre,[276] welches ich gestern flüchtig aufschrieb, u. nun lese ich in meinem Paleotimus[277] still fort. Später gehe ich zum Vater, mit ihm wegen einiger Sachen zu reden. Gleich vor Tisch kommt der Lieutnant Oetzel, der mit dem Hauptmann Wittich von Coblenz gekommen ist. Er bleibt bey uns zu Tisch, u. nachher auch bey mir sitzen, bis Wittich kommt, wo wir dann endlich zusammen in's Conzert gehen, das erste, welches gegeben wird. |:–6 Sls:| Es sind ziemlich viele Menschen da. Ich ärgere mich über die Arroganz des Rittmeisters Jansen. – Farina spielt gut Clavier. Nachher wird es lang, ehe die Gräfinn Solms ihren Wagen erhält; wir warten bis gegen 9 ½ darauf. Zu meiner großen Verwunderung sagt mit Graf Fritz Roedelheim, daß er als Referendar nach Münster gehen, sein älterer Bruder Carl aber hier bleiben werde. Jenes ist ein neuer Beweis, daß der alte Graf auch nicht einmal den Namen haben will, daß er die Seinen protegirt. |18r|

Den 13. December [1816].

Vor der Sitzung gehe ich zu Dr. Gadé, der mir versichert, er habe mit Herrn Sitt gesprochen, um unsre Geschäfte ehestens in Gang zu bringen. Herr Haass, welcher sich bey ihm befindet, verspricht mir die von Prof. Thibaut über Neigebauers Wünsche u. Hoffnungen,[278] etc. geschriebene Rezension.[279] – In der Sitzung

---

tretener Hindernisse" die Vorstellung vom 5. auf den 10. Dezember verschoben werden musste (Köln. Zeitung, Nr. 194, 5. Dez. 1816). Zum Kölner Theater vgl. B. Elkendorf: „Im nordwestlichen Theile der Stadt, in der Comödienstraße, liegt das Cölner Theater, nemlich ein hinter einer von Backsteinen erbauten geschmacklosen Façade gelegenes, mit zwei Reihen von Seitenlogen versehenes, aus blosen Brettern errichtetes elendes Gerüste, welches höchstens 800 bis 900 Menschen zu fassen im Stande ist, und an den Tagen, wo gespielt wird, wegen Feuersbrunst immer eine besondere Aufmerksamkeit erfordert" (in: Becker-Jákli, Köln, S. 57 f.).

[276] E. von Groote, Meine Lehrjahre (vgl. Giesen, Groote, S. 141; Spiertz, Groote, S. 323).
[277] Siehe Groote, Tagebuch, 27. Jan. 1816.
[278] Johann Daniel Ferdinand Neigebaur: Die Wünsche der neuen Preußen bei der zu erwartenden

erhalte ich von Dr. Sotzmann die Nachweisung über die in Aachen befindlichen Akten betreffend die Reklamations-Gegenstände.[280] Nach der Sitzung gehe ich zu General v. Mylius, ihn wegen dem, was die Jungfrau Schneiders noch zu fordern hat, zu fragen; er schlägt es ab, dazu etwas zu geben. Ich rede auch noch ernstlich über unsre übrigen Sachen mit ihm, Er aber scheint, die Sachen mit Fleiß zurückzuhalten, was ihm übel bekommen könnte. – Nach Tisch lese ich die von Joseph erhaltene Denkschrift des Herrn v. Nagel über die Catechistische Fundation[281], u. mache meine Gegenbemerkungen darüber. Joseph reitet aus, u. besucht den Herrn Rektor, der selbst unwohl ist, u. dessen arme alte Mutter,[282] da sie allein bey Nacht hat aus dem Bette gehn wollen, um ihn nicht zu stören, gefallen ist, u. vielleicht ein Bein gebrochen hat. Sie soll sehr schwach und elend seyn.

Den 14. December [1816].

Ich bringe jene Bemerkungen u. den Kitzburger Pachtbrief zu recht, u. bringe dem Vater Nachricht darüber. Wir werden alle auf den Abend zum Bürgermeister v. Mylius gebethen. Nachher |18v| gehe ich auf die Archiv, noch einige nöthige Aktenstücke zu holen. Später kommt ein Herr v. Mühlenfels zu mir, ein

---

Justiz-Reform in den Rheinländern; und zu welchen Erwartungen etc. ernannte Immediat-Justiz-Commission berechtigt? Köln: Heinrich Rommerskirchen 1816. Vgl. Köln. Zeitung, Nr. 158, 3. Okt. 1816; Nr. 198, 12. Dez. 1816. Eine Kabinettsorder vom 20. Juni 1816 hatte die Bildung einer „Immediat-Justiz-Commission für die Rheinlande zu Cöln" verfügt, die u.a. das Rechtssystem im Gebiet der neuen Provinzen erarbeiten sollte. Vgl. Faber, Rheinlande, S. 137–139; Landsberg, Gutachten, 1914; Herres, Köln, S. 75 f. Die Köln. Zeitung informierte immer wieder über die Kommission, so z.B.: Nr. 155, 28. Sept. 1816; Nr. 174, 31. Okt. 1816. Siehe auch: J. P. J. Fuchs, Stadtchronik (HAStK, Best. 7030, Nr. 215, Bd. I, S. 9–13). Ebd., S. 13: „Diese Kommission nahm ihren Sitz in dem ehemaligen Settinger Hofe am Hof No. 5 und in dem daneben gelegenen Hause No. 3."

[279] A. Fr. J. Thibaut, Rezension der Schrift von J. D. F. Neigebaur; in: Heidelbergische Jahrbücher der Litteratur, Nr. 63, S. 993–1000. Zur Einführung des preuß. Rechts in den neuen Provinzen vgl. Thibauts Rezension: „Es kommt nämlich alles darauf an, wie man vorerst die Rheinlande zu verwalten gedenkt. Will man im unbedingten Selbstvertrauen allgemeines Mißtrauen in die Gesinnungen der Bewohner derselben setzen, und nicht allen Fleiß anwenden, um alle Fähigen aus jenen Ländern für dieselben anzustellen, will man vielmehr oben, in der Mitte und unten die neuen Provinzen durch Alt-Preußen regieren, so kann man nichts so sehr wünschen, als daß in aller Eile das ganze Preußische Recht als Gesetz mit den neuen Beamten über den Rhein ziehe. Denn nichts ist widernatürlicher und verderblicher, als wenn Neulinge Gesetze anwenden sollen, welche sie nicht kennen und nicht in Eil erlernen können" (ebd., S. 996).

[280] Aus diesen Akten kopierte Groote Teile, vgl. „Auszug aus dem Generalakten-Repertoire, welches sich in der Registratur auf der Regierung zu Aachen befindet"; Abschrift Grootes, o. O., o. D.; vermutlich: Köln, Nov. 1816 (HAStK, Best. 1553, A 1/38).

[281] Es handelte sich wohl um eine Schrift, die Fr. A. J. von Nagel zur Gaul, Vorsitzender des Verwaltungsrates des Kölner Verwaltungs- u. Stiftungsrats, verfasst hatte.

[282] Apollonia Gertraude Fochem, geb. von Baumann starb am 18. Febr. 1817.

Schwede, der mir einen Brief von Sulpitz Boisserée bringt,[283] und hier angestellt seyn will. Der Mensch scheint nicht übel zu seyn, u. ich lade ihn ein, heute Abend mit zu Wallraf zu gehn. Bey Tische kommt Werner Haxthausen zu uns, der auch zu Mylius gehn wird, wo GeheimRath Klewitz sein soll. Bis 6 lese u. schreibe ich aus des Paleotimi originum ecclesiasticarum. Dann gehe ich zu v. Mühlenfels, bey dem auch der Schwede Hauptmann v. Eckerdahl ist; mit beyden gehe ich zu Wallraf, zu dem auch v. Haxthausen mit seinem Cabriolet eben anfährt. Fuchs zeigt einige perspektivische Blätter, bald aber fahre ich mit v. Haxthausen zu Mylius, wo schon viele Leute sind. Ich spiele daselbst nicht unangenehm mit dem Freiherrn Harff u. Auer, u. Fritz Roedelheim. Nach 10 fahren wir zurück. Klewitz[284] kommt [zwei Worte gestrichen] spät mit Graf Solms, bleibt aber nicht lange. Dessen Frau scheint recht artig zu seyn. Eis u. Backereyen haben mich zum Uebel gereitzt, u. der Teufel kriegt mich wieder beym Zipfel. ~

Am 15. December [1816]. Sonntag.

Ich lese früh in meinen Sachen, u. der Schneider Brauman kommt, bey dem ich mir schwarze wollne gestrickte Gamaschen bestelle. Ich gehe mit Joseph in den Dom, u. von da mit ihm, Caspar u. Loë zum Prinz Salm Krautheim, u. dessen Hofmeister Herrn v. Wittich, welches beide recht gebildete Leute zu seyn scheinen. Dann gehn wir zu Frau Zuydtwyck Els,[285] welches natürlich |19v| etwas langweilig ist. Mein Vater wünscht sehr, daß ich morgen bey dem Holzverkauf in Kendenich seyn möchte. Nach Tisch ist Hedeman u. Loë bey uns. Ich gehe bald zum Rektor, den ich selbst wieder ziemlich munter finde, auch soll seine Mutter nicht ein Bein gebrochen haben, wie es früher hieß, sondern sich nur durch einen Fall sehr verletzt haben. Ich bleibe bey ihm bis gegen 3 Uhr u. gehe nun zu Dr. Sotzmann, mir auf morgen Urlaub zu nehmen. Bey ihm ist von Auer, der den Bericht über die Verhandlungen mit dem GeheimRath Klewitz vorliest, u. Haxthausen, der Kupferstiche besieht. Mit Letzterem gehe ich bald fort, u. zwar nicht mehr zu Carl Lippe, wie ich wollte, sondern zu v. Geyr auf die Breitestraße, wo ich Joseph u. Herrn u. Frau v. Mylius Bürgermeister finde. Alle diese gehen bald

---

[283] Vgl. E. von Groote an S. Boisserée, Köln, 24. Dez. 1816 (HAStK, Best. 1018, A 118). Siehe Briefe und Schriften. Ludwig von Mühlenfels hatte 1816 in Heidelberg als Jurastudent promoviert; in Köln war er ab 1817 am Kreisgericht tätig.

[284] In der Köln. Zeitung, Nr. 201, 17. Dez. 1816 erschien als „Gruß an seine Exzellenz den Königlich Preußischen wirklichen geheimen Rath, Herrn von Klewiz" ein Gedicht von Ferdinand Schubert: „Willkommen! Heil dem hohen Abgesandten! / So ruft ein Volk, ein deutsches Volk Dir zu. / Wir Alle, die schon längst den Edlen kannten, / Zu dem die Herzen sich mit Freude wandten: / Wir alle rufen Dir: willkommen! zu. / Du trittst, ein Segnender, in uns're Mitte, / Mit Dir erscheint ein schönes Morgenroth. / Erhörung schenkst Du gern bescheid'ner Bitte / Und Wohlthun folget jedem Deiner Schritte; / Denn tief empfindest Du des Bruders Noth."

[285] Maria Charlotta Heereman von Zuydtwyck, geb. von Eltz-Rübenach hatte 1784 Theodor Joseph Heereman von Zuydtwyck geheiratet. Sie war seit 1813 verwitwet.

fort, u. ich finde Gelegenheit, denen v. Geyr ernstlich über unsre Verhältniße mit General v. Mylius zu reden, der ihnen weiß gemacht hat, mein Vater halte die Regulirung unsrer Geschäfte zurück. Ich stelle ihnen diese Sache in grelles Licht, u. gehe gegen 8 nach Hause.

Den 16. December [1816].

Nach 8 Uhr fahre ich mit Carl nach Kendenich. Es ist windiges, kaltes Wetter. Als wir nach 10 Uhr hinkommen, finden wir schon den Greffier Krahe, Förster Faßbänder, u. den Pachter Klein. Ich rede mit Paul Engels u. dessen Schwestern, allein, er weigert sich, die Anerkennung der geschehenen Aufkündigung zu unterschreiben. Auf der Burg ist von dem gefrorenen Weiher her, ein ganzer Fensterflügel im Bedientenzimmer zerschlagen. Es liegen etwa 28 Malter Weitzen, eben so viel Gerste, |19v| wenige Malter Hafer, u. etwas Korn da ausgedroschen. Wir halten den Holzverkauf, der ziemlich gut ausfällt. Dann trinken wir etwas Wein, nehmen einige Butterbrot, u. Klein besieht inzwischen Ställe und Scheunen. Ich rede nochmal mit Paul Engels, der verspricht, morgen früh zu mir zu kommen, aber nicht unterschreibt. Wir fahren nach Cöln zurück, wo wir gen 6 Uhr ankommen. Ich bin müde u. trübe, und kann nicht viel mehr thun.

Den 17. December [1816].

Ich lese eine der Beylagen in Stolbergs Theil I der Religions Geschichte. Es kommt weder Engels, noch sonst jemand zu mir. Auf dem Archiv versuche ich den wieder zurechtgemachten Schlüssel zur eisernen Kiste der Fundation Jacob de Groote junioris, allein, er ist zu schwach, u. ich muß den Schlosser wieder bestellen. Der Pachter Klein kommt, dessen Pachtbriefe immer noch nicht einregistrirt sind. Ich gehe zu Dr. Nückel ohne ihn zu finden. Nach Tische kommt der Schlosser, der jenen Schlüssel ganz anders machen muß. Gegen 4 Uhr gehe ich wieder umsonst zu Nückel, u. ebenso zu den beiden Lippe u. zu Elkendorf.[286] Um 5 sind Joseph u. ich zu Haxthausen geladen. Ich gehe vor 6 Uhr hin. Die beiden Lippes sind da, u. Moritz Haxthausen. Es werden wieder Kupferstiche u. Handzeichnungen ausgesucht. Gegen 8 ½ gehe ich mit Werner noch zu Solms, wo Ingersleben u. Vinke sind.[287] Letzterer hat eine Abhandlung über den Petrus von Rubens vorgelesen, von einem gewissen Storke,[288] in einer literarischen Ge-

---

[286] Der Arzt B. Elkendorf wohnte 1816 bei seinem Onkel, Pfarrer Bernard Claren, St. Marienplatz 15 (AK 1822).
[287] Am 18. Nov. 1816 hatte Solms-Laubach gemeinsam mit den Oberpräsidenten von Ingersleben (Großherzogtum Niederrhein) und von Vincke (Westfalen) eine Denkschrift an Staatskanzler Hardenberg geschickt, die sich kritisch mit Stellung und Aufgaben des Oberpäsidenten befasste. Vgl. Gerschler, Oberpräsidium, S. 37.
[288] Der Pädagoge und Historiker Philipp Adam Storck war Mitherausgeber der Anfang 1814 in Hagen

sellschaft in Hagen; Wallrafs früherer Aufsatz[289] wird darin etwas mitgenommen. Ich gehe später noch einen Augenblick zu Graf Carl Solms ins Flamische Haus,[290] u. dann nach Haus. |20r|

Den 18. December [1816].

Fast sollte man glauben, der Mensch, wenigstens mancher, wäre zur Viehheit verdammt, u. könne sich einmal davor nicht retten. Der Teufel hat einen beym Schopf, ehe man daran denkt, und nachher möchte man erst des Teufels werden, wenn man es nur nicht schon wäre. ∽ Verflucht – aber mit aller Klugheit sind die Einrichtungen der Menschen gränzenlos dumm, wenigstens sollte jeder – abgesehn von allen Fixfaxen, sorgen, daß er mit gewissen Dingen im Sichern wäre, u. damit Punktum. –

Ich gehe vor der Sitzung zu Nückel, um zu sorgen, daß Paul Engels von ihm zur Anerkennung der Aufkündigung zitirt wird. – Bey der Regierung hat nur die Abtheilung I Sitzung, u. wir sind schnell fertig. Zu Haus untersuche ich die von Aachen zurückgekommenen Schulddokumente vom Dom u. von St. Gereon, deren Reklamation durch die betheiligten Kirchen, wie sie gefordert wird, äußerst schwer seyn wird, da sie zu nichts bestimmtem angewiesen sind. Ich ärgere mich über dieß Zeug, weil man wegen demselben die Zeit versitzen muß, u. was allenfalls herausgebracht wird, von unserm jetzigen Clerus doch zu nicht viel Gescheitem verwandt wird. –

Aber überhaupt habe ich den Tag zu schlecht angefangen, u. deswegen ist mir ganz zu verzweifeln schändlich zu Muth! Es ist eine wahre Chikane um das Leben der armen Menschen; wenige würden bey der Geburt sich sehr erfreuen, wenn ihnen die irdische Zukunft offen läge. Gott weiß, wofür es gut ist; meine Hypochondrie wenigstens wird keiner, der diese dummen Blätter je lesen sollte, für |20v| beneidenswerth halten. –

---

gegründeten Zeitschrift Hermann. Zeitschrift von und für Westfalen. In dieser Zeitschrift war der Artikel Die Kreuzigung Petri von Rubens erschienen. Der Artikel, der das Gemälde beschreibt und interpretiert, war zuvor „im literarischen Verein in der Grafschaft Mark" vorgelesen worden und sollte im Frühjahr 1817 in einer größeren Publikation von Storck veröffentlicht werden (Hermann. Zeitschrift von und für Westfalen, Nr. 76, 20. Sept. 1816, S. 601–605).

[289] Wallraf hatte 1815 einen Aufsatz über das Bild Die Kreuzigung des Petrus verfasst: Beschreibung der gestochenen Abbildung. Er erschien in der kleinen Druckschrift Getreue nach dem Original fein in Kupfer gestochene Abbildung, die 1815 zur feierlichen Rückführung des Gemäldes in die Kölner St. Petruskirche veröffentlicht wurde. Die Schrift enthielt eine von E. C. Thelott angefertigte Radierung des Bildes. Wallraf hatte bereits 1805 eine Beschreibung des Gemäldes veröffentlicht: Beschreibung der Kreuzigung Petri (in: Taschenbuch auf das Jahr 1805, S. 51–68). Vgl. auch: Wallraf, Die Kreuzigung des Apostels Petrus (in: Richartz, Ausgewählte Schriften, S. 327–336).

[290] Flamisches, Flämisches Haus: Möglicherweise ist das Hotel Brabanter Hof, Am Hof 20-22 gemeint. Ich danke Rita Wagner für ihre Hinweise.

Max v. Loë kommt auf den Abend noch zu mir. Mir scheint es wünschenswerth, daß seine niedliche Schwester Julie meine Frau wäre. Ich bin dem Jungen gut, wegen des Mädchens. Beym Nachtessen kommt noch Hedemann u. bringt den Schwestern Stickmuster. Der Mann langweilt mich auch schändlich; vielleicht ist es gar nicht seine Schuld. Alle Nachrichten sind darin einverstanden, daß der Körper des längst vermißten Menschen bey Düsseldorf gefunden worden seyn soll.[291] – Der Vater ärgert mich auch mit seinen Reden, indem er mit allerley Dingen, Curen, Entdeckungen und Untersuchungen, die er in seinem Leben will gemacht haben, groß thut, u. mir über unsre Sachen, die ich nun so nöthig wissen müßte, auch nirgend bescheid zu geben weiß. Es ist gar wenig Thatkraft von jeher in ihm gewesen, nun nimmt sie leider noch mehr ab.

Den 19. December [1816].

Ich arbeite in den Reklamationsgeschichten, und entschließe mich, die der Junkersdorfschen Stiftung durch das Generalvikariat in Aachen betreiben zu lassen. Ich gehe desfalls noch zum Präses, der der nehmlichen Meinung ist. Am Rhein, der sehr hoch ist, finde ich Herrn Simon. Ich kaufe etwas Taback |: 3 Fr.:| u. gehe nach Haus, noch nach Aachen zu schreiben, allein, es wird zu spät. Caspar Heinrich Pilgeram kommt, wegen seines Pachtbriefes zu reden, den er mit einigen Modifikationen annimmt. Noch muß ich neue Pachtbriefe |21r| für die kleinen Pächter zu Neukirchen entwerfen, u. das neue Memoir für die Reklamation des zu St. Gereon stehenden Zinsen Rückstands machen, die nun vor den Kirchmeistern geschehen muß. Erst spät gegen 7 ½ komme ich ins Conzert, wo sehr viele Menschen sind. – Mir ist aber schlecht zu Muth, u. ich bin des Gewühls bald müde. –

Den 20. December [1816].

Ich schreibe mein Memoir zurecht, u. schicke es mit einem Briefe an den Rektor. Dann mache ich mich fertig zur Plenarsitzung, welche bis gegen 1 ½ dauert. Nach Tisch gehe ich, das Memoir auf dem Bürgermeisterey Amte visiren zu lassen, welches, da Herr v. Mylius nicht da ist, Herr v. Monschaw thut. Dann schreibe ich einen Brief dazu an die General Commission, u. übergebe das Ganze dem Vater, der es nach Aachen[292] sendet. Später gehe ich zum Rektor, der das Heft über Kunst u. Alterthum von Göthe nicht zu haben vorgiebt, sondern mich anweist, es bey Beckenkamp holen zu lassen.[293] Ich gehe zu Simon, wo mehrere

---

[291] Es handelte sich um die Auffindung der Leiche des Krefelder Kaufmanns Wilhelm Cönen. Siehe unten.

[292] Die General-Liquidations-Kommission für die Forderungen gegen Frankreich in Aachen war zuständig für die Bearbeitung der Liquidationsanträge von Privatpersonen wie Institutionen. Siehe oben.

[293] Der Maler B. Beckenkamp wohnte 1816 St. Georgs-Str. 1.

der Appellations Richter, Eckendal u. Mühlenfels. Wir bleiben dort bis gegen 11 Uhr.

Den 21. December [1816].

Die beyden Brüder Joseph & Carl gehen auf die Jagd. Ich mache einen Bericht an das Ministerium der Finanzen u. des Innern wegen der Bank in Godesberg,[294] u. schreibe nachher einen langen Brief an Levin v. Wenge, der wegen Nettchen Wenge wichtig werden könnte, wenn er darauf eingeht. Hedeman hat gestern an Schwester Wally geschrieben, u. Ihr Heyrathsanträge gemacht. Dieß sagte mir der Vater, sie aber verheimlicht es mir, u. zieht Joseph zu Rath, als er diesen Abend zurück kommt. Wir sind Alle der Meinung, daß der Herr |21v| Lieutenant mit sehr deutlichen, bestimmten Worten abgewiesen werden muß, da es viel gewagt ist, was er gethan, u. sich die Sache auf keine Weise fügt. Ich finde im Olymp ziemlich viele Götter, aber mir ist wieder alles im Innern wie im Netz verstrickt, u. ich kann zu keiner ordentlichen Idee kommen. Früher war Mühlenfels lange bey mir, u. hat den Band II der Müllerschen Sammlung mit genommen. In der Kiste der Fondation Jacob de Groote senior habe ich in den Papieren manche Nr. nicht gefunden, welches mir höchst unangenehm war. Vielleicht weiß der Vater darüber Bescheid.

Den 22. December [1816]. Sonntag.

Ich siegle den Brief an v. Wenge u. gebe ihn zur Post. Die Brüder sind wieder zur Jagd mit v. Stolzenberg auf die andere Seite. Ich gehe in den Dom, u. von da zu v. Wittgenstein, die, wie immer sehr höflich und freundlich sind. Schon bald nach Tisch kommen meine Brüder zurück. Ich reite noch aus nach Melaten zu, Joseph geht [zu] Frau Hirn, wo dem Grafen u. der Gräfinn Solms ein Fest gegeben wird, wobey Cantaten gesungen werden etc. Ich gehe später mit den Schwestern zu v. Herwegh, wo ziemlich viele Leute sind. Doch langweile ich mich einigermaßen an einer großen Parthie,[295] die zum Glück bald endet.[296]

---

[294] Groote berichtete über die Spielbank in Godesberg, die Kurfürst Max Franz im Rahmen seines Plans, Godesberg als Bade- und Kurort zu entwickeln, eingerichtet hatte. Die Bank wurde mit der Gründung der Bonner Universität 1818 geschlossen, um eine Ablenkung der Studenten zu verhindern.

[295] Partie eines Kartenspiels.

[296] An diesem Tag bedankte sich Solms-Laubach bei seiner Mutter für ein Weihnachtsgeschenk: „Wie soll ich es anfangen um für den schönen Hosenträger recht herzlich zu danken, den ich vor einigen Tagen erhalten habe? Beßer kann ich es nicht als, daß ich bei nächster feierlicher Gelegenheit, etwa am 18. Januar am Krönungsfeste, das Kunstwerk über die StaatsSchabrakke werfe, u. mich so allem Volk zeige. Er hat mich herzlich gefreut, liebe Mutter, u. so wie ich Ihr früheres Geschenk, den mit Eichenblättern täglich trage, so soll der neue zu festlichen Gelegenheiten bestimmt seyn" (Fr. L. Chr. zu Solms-Laubach an E. Ch. zu Solms-Laubach, Köln, 22. Dez. 1816; Privatarchiv d.

Der 23. December [1816].

Es ist der Geburtstag der Gräfinn,[297] u. keiner weiß recht, wie er's halten soll. Ich gebe dem Vater das Verzeichniß der in dem Kistchen der Fondation Jacob deGroote |22r| senior fehlenden Papiere. Joseph hat an Hedemann einen Brief geschrieben, den der Vater in seinem Namen wegschickt. Nach der Sitzung, wozwischen das Portrait des Königs lebensgroß ankommt,[298] esse ich schnell, u. erhalte Briefe von Schenkendorf mit seinen kleinen neuen Weihnachts Gedichten,[299] |:–19:| u. ein Schreiben von Vicarius Generalis Fonck,[300] daß er die Reklamation für die Junkersdorfsche Stiftung übernehmen will. Ich gebe mich nun gleich ans Zurechtschreiben der dazu gehörenden Papiere, wobey ich durch den kleinen Loë, der zu Solms gebethen ist, u. bald durch Graf Fritz Roedelheim u. Hauptmann Fregsleben unterbrochen werde, welche durchaus wollen, ich soll zu Solms um 8 kommen, wo sie hinter der Gräfinn her, Musik zum Tanz bestellt haben. Ich endige meine Briefe, u. übergebe sie dem Vater, zum wegschicken. Die Schwestern wollen nicht mit zu Solms, die Brüder sind nicht zu Haus, u. so gehe ich allein hin, u. finde schon alles zum Tanz versammelt, gehe auch gleich fidel mit los. Alles macht sich ziemlich gut; auch die Angst, Noth u. Verlegenheit, der kleinen Eone vom Hagen, die ich zum Tanz gebethen u. die mir zu gesagt, u. nachher nicht glaubte, dem Prinzen Salm, weil er Prinz ist, den Tanz abschlagen zu dürfen. Sie bittet mir nachher auf das beweglichste ab, u. ich bitte Sie, den Herrn Prinzen ja nicht so zu verwöhnen, indem dieß gewiß in Zukunft nicht angehen könne. Sie klagt noch lange über dieß Gewirre, bis ich nachher noch mit ihr tanze. |22v| Wir kommen gegen Mitternacht nach Hause. Wegen der Geschichte des getödten Menschen, soll der Kaufmann Fonck u. der Kaufmann Schroeder jeder einen Gensdarm im Hause haben. Eine sonderbare Geschichte.[301] –

Grafen zu Solms-Laubach, XVII, 106, Nr. 314). Der Gedenktag der Krönung Friedrichs III. von Brandenburg zum König Friedrich I. von Preußen am 18. Jan. 1701 war für den preuß. Hof ein wichtiger Feiertag.

[297] Henriette zu Solms-Laubach, geb. Gräfin von Degenfeld-Schönburg wurde am 23. Dez. 1776 geboren.

[298] Dieses Porträt von Friedrich Wilhelm III., das wohl zum Inventar des Regierungspräsidiums gehörte, ist vermutlich verloren.

[299] Vgl. E. von Groote an S. Boisserée, Köln, 24. Dez. 1816: „Hast du schon Schenkendorfs kleine Weihnachtsgedichte zu diesem Jahr gesehn? Sie sind fromm und trostreich und treu wie Er selber" (HAStK, Best. 1018, A 118). Siehe Briefe und Schriften.

[300] Martin Wilhelm Fonck war seit 1803 Generalvikar im Bistum Aachen, zu dem 1816 auch die Stadt Köln gehörte.

[301] Am 19. Dez. 1816 wurde bei Friemersheim/Duisburg die Leiche des am 9. November in Köln verschwundenen Kaufmanns Wilhelm Cönen entdeckt. Cönen, der in eine Auseinandersetzung zwischen dem Krefelder Kaufmann Franz Schröder und dem Kölner Peter Anton Fonck involviert gewesen war, wurde ermordet. Fonck geriet als Täter in Verdacht. Vgl. Köln. Zeitung, Nr. 183, 15. Nov. 1816; Nr. 189, 26. Nov. 1816. Nr. 205, 24. Dez. 1816: „Köln, 23. Dez. Am 19. dieses

Den 24. December [1816].

Ich bin frühe dabey, an Sulpitz Boisserée zu schreiben.[302] Der Balllistenträger kommt, mir das Redouten Geld abzutreiben.[303] |: Fr. 31 :| Dann kommt Wallraf, mir wegen allerley Dingen zu reden. Auch Loë kommt noch u. Simon läßt einen Tacitus holen, so daß ich doch ausser dem Briefe zu nichts rechtes komme. Mittags ißt v. Haxthausen mit uns, u. fährt dann zu Simon. Mit dem alten v. Auer gehe ich, ein Haus in der Breitestraße anzusehn, welches ihm aber gar nicht gefällt. Ich endige meinen Brief u. gehe nachher noch ad + in die Jesuiten Kirche, wo aber schon alles zu Ende ist. So also lese ich still zu Haus, schreibe auch noch an Schenkendorf.

Den 25. December [1816]. Weihnachten.

Ich gehe frühe um 5 ½ wieder in die Jesuiten Kirche ad + bis um 8. Bringe dann meine Briefe an Boisserée u. an Schenkendorf auf die Post, u. gehe um 11 in den Dom, wo es recht feyerlich ist. Nachher gehe ich mit Joseph zu Herrn Dumont, wo die schöne Dusberg, u. zu den jungen Grafen Solms. Bey Tische ist Herr Vicar Klein bey uns, nachher kommt Herr Poll, Pastor von Neuss, nun Consistorial Rath,[304] Joseph zu besuchen. |23r| Ich gehe spät noch in St. Columba, |: –6 S. :| und gegen 7 zu Schaaffhausen, wo gespielt wird, u. es ziemlich langweilig ist.

---

entdeckten einige Bauern einen bei Friemersdorf von dem Rheine ausgeworfenen Leichnam, welcher völlig angekleidet war, und eine goldene Uhr bei sich hatte. Auf die hiervon erhaltene Nachricht, verfügte sich das Gericht von Kreveld sogleich auf Ort und Stelle, und man erkannte den Leichnam für den Körper des seit dem 9. des vorigen Monats auf eine ganz unerklärbare Weise zu Köln, Abends gegen 10 Uhr, verschwundenen jungen Mannes." Seit dem 22. Dez. 1816 wurde Fonck in seinem Haus von Gendarmen bewacht, am 24. Dezember fand eine Obduktion der Leiche Cönens statt, die einen gewaltsamen Tod feststellte. Der Prozess gegen Fonck fand 1822 statt, er wurde zum Tode verurteilt, das Urteil jedoch durch den preuß. König aufgehoben. Der „Mordfall Fonck" war einer der spektakulärsten Kriminalfälle der Zeit. Dazu folgende Literatur: Busch, Hitzig, S. 290–300; Reuber, Mordfall, 2002; Wegener, Leben, Teil 1, S. 161 f.; Peter Anton Fonck und seine Vertheidiger, Köln 1823; Peter Anton Fonck, Die getreue und vollständige Darstellung, 1823. Eine Verbindung Foncks zur Familie von Groote gab es, da die franz. Besatzer das alte Familienhaus Glockengasse 3 beschlagnahmt und es an Fonck verkauft hatten. Fonck hatte darin eine Bleiweißfabrik eingerichtet. P. A. Fonck, Neffe des Aachener Generalvikars M. W. Fonck, war auch Kunstsammler (Ost, Bildnisse, S. 274–279). Wo P. A. Fonck zum Zeitpunkt des Mordes wohnte, ist unklar. Das Palais Glockengasse 3 war an Solms-Laubach vermietet.

[302] E. von Groote an S. Boisserée, Köln, 24. Dez. 1816 (HAStK, Best. 1018, A 118). Siehe Briefe und Schriften.

[303] Balllistenträger: Person, die das Geld für die Teilnahme an Bällen in der Redoute (Ballsaal, Festsaal) kassierte. Am 31. Dez. 1816 fand ein Ball statt.

[304] Köln. Zeitung, Nr. 185, 19. Nov. 1816: „Berlin, 12. Nov. Des Königs Majestät haben den Kanton-Pfarrer Poll zu Neuß, zum geistlichen Rath im Konsistorio zu Köln zu ernennen geruhet."

Den 26. [December 1816].

Ich gehe gegen 9 Uhr in St. Columba, u. bin nachher dabey, die Pachtbriefe für die kleinen Pachter zu Kitzburg [fertigzumachen]. Dann kommt Hallberg zu mir, u. bleibt lange, nach seiner Art schimpfend u. raisonnirend, gegen die Regierung etc. Er besteht noch immer darauf, es sey Unrecht, daß ich das eiserne Kreuz nicht bekommen, u. will deshalb wieder an den StaatsKanzler schreiben. Mittags speist der Vater mit den Schwestern bey Geyr.[305] Nach Tisch kommt Hedemann zu uns, als ich mit Joseph noch allein im Speisezimmer bin. Er verlangt ziemlich kurz, den Vater zu sprechen u. giebt, da er hört, er sey nicht da, Joseph ein geliehenes Taschenbuch wieder, u. drückt wieder ab. Es scheint, als wolle er den Vater über jenen Brief zu Rede stellen. Allein, er mag sich hüthen, u. sich mäßigen, sonst dürfte es ihm übel zu stehen kommen. Später arbeite ich noch etwas in den Fundations Papieren, lasse für Halberg eine Conzert Carte holen, u. gebe Dr. Nückel, der zu mir kommt, die beyden Stiche, Hardys u. Wallrafs Portraits von Lützenkirchen, die nun 4 Rth. kosten, wie ich ihm versprochen, für 2 Rth. wieder. Im Conzert wird der Messias von Haendel[306] aufgeführt; ich nehme daselbst |23v| schon mehrere Ballengagements.[307] Alles ist früh zu Ende.

Den 27. December [1816].

Ich gehe frühe auf's Archiv, wohin ich einige Papiere zurück bringe, u. wo ich anderes ordne. Es ist Plenarsitzung, die aber bald zu Ende ist, weil Solms eilt, zu der Conferenz mit Geheim Rath Klewitz zu kommen, der wieder hier ist. Der Graf verbittet sich alle Neujahrsbesuche, u. wünscht, daß das Collegium sich auch untereinander davon dispensiren möge. Das Neujahrsgeld für Bothen u.

---

[305] C. J. von Geyr zu Schweppenburg schrieb in seinen Aufzeichnungen über das Jahr 1816: „Das Jahr war das schlechteste von allen, die ich erlebt habe; indem es das ganze Jahr hindurch geregnet hat und kaum 20 schöne Tage gewesen sind. Die Winter- und Sommerfrüchte waren voll Specher, man konnte die Früchte kaum auf 1/3 rechnen. Der Malter Roggen hat außerdem anstatt 230, nur 180 Pfund gewogen, und aus dem Roggenmehl konnte nicht einmal ohne Zusatz Brot gebacken werden. Der Malter Roggen stand durchgängig auf 14 Reichstaler und ist öfters auf 18,20 Reichstaler gestiegen. Die Erdäpfel waren auch äußerst schlecht und sehr viele sind dabei, wegen des Anfang November einsetzenden Frostes, erfroren. Das Pfund ist auf 1 ½ Stüber gestiegen und wird künftiges Jahr noch teurer werden. An den meisten Orten hat es gar keinen Wein gegeben, und wo noch einge Trauben reif geworden sind, hat die Lese erst Ende Oktober stattgefunden. Das Obst war auch sehr schlecht, unschmackhaft und ist auf den Bäumen verfault. – Es sind 5 ungewöhnliche Flecken in der Sonne beobachtet worden. Ich glaube, daß dadurch das nasse Wetter verursacht worden ist. Und merkwürdig war dabei, daß das Barometer öfters auf schönes Wetter gestanden hat, und es dennoch regnete, und wenn das Barometer auf schlechtes Wetter stand, das Wetter oft am schönsten war. So schlecht also war das Jahr 1816, und ich fürchte, daß die Teuerung im Jahr 1817 noch steigen wird" (C. J. von Geyr zu Schweppenburg, Hauptsächliche Begebenheiten, S. 335).

[306] Georg Friedrich Händel, The Messiah, Oratorium, uraufgeführt 1742.

[307] Ballengagements: Verpflichtungen zu Tänzen auf dem einige Tage später stattfindenden Ball.

Canzleydiener wird circa auf 15 Fr. für jeden Rath bestimmt, wiewohl es jedem freystehn soll. Ich gehe mit Haxthausen zu Brassert, wo wir den ausgestopften Wolf, u. mehrere andere Naturalien sehn. Dann geht er mit mir nach Haus zum Essen. Bald nach Tisch kommt Halberg wieder zu mir, der auch ziemlich lang sitzen bleibt, und wieder über allerley Sachen spricht u. schimpft u. klagt. Nachher bringe ich die zurechtgeschriebenen Pachtbedingungen für die kleinen Pächter zu Walberberg zum Vater, u. schreibe besonders wegen meines Wagens, an Zeune in Berlin. Spät kommt Joseph aus der Schulverwaltung, u. ich gehe mit ihm noch zu Simon, wo unter vielen Andern auch Kortüm von Düsseldorf, von dem ich höre, daß die Bücher noch verschlossen dort stehen, welche von Paris aus Aachen hin geschickt wurden, – auch ein Baron v. Gervasi ist da, ein wohlunterrichteter Piemonteser. Es wird bis spät ein interessantes Gespräch über die Zuläßigkeit der Ehescheidung geführt.

Den 28. December [1816].

Ich sitze den ganzen Morgen still bey meinem Paleotimus. Joseph ist im Consistorium, wo er bis gegen 3 bleibt. Christ Marx zeigt an, daß die Juden von Brühl[308] einen Drescher zu Kendenich bestellt haben. Abends bleibe ich wieder lesend bis nach 6 ½ zu Haus. Mühlenfels geht mit mir in den Olymp. Ich wollte noch zu |24r| Schaaffhausen, wo ein neuer Flügel versucht wird; allein, es sind nur sehr wenige im Olymp, u. ich bleibe bis um 9 da.

Den 29. [December 1816]. Sonntag.

Ich lese Schelvers Geheimniß des Lebens.[309] Klein kommt, wegen den nach Kendenich zu ernennenden Experts zu fragen, ich schicke ihn zu Dr. Nückel, wo er darüber nähern Bescheid holen soll, u. sage ihm meine Meinung, daß Er, u. Rolshoven von Meschenich wohl dazu ernannt werden könnten. Nach der Messe im Dom gehe ich mit Joseph zum Consistorial Rath Poll. Nach Tische lese ich noch etwas, u. gehe gegen Abend zu Nückel wegen der Experts, dann zu Gadé, der glaubt, wir würden mit v. Mylius ohne Klage auf Theilung nicht fertig werden; endlich zu v. Auer, die eben zu v. Harff fahren wollen. Mit Joseph gehe ich bald zu v. Chissels, wohin wir gebethen sind. Ich muß nolens volens spielen, u. gewinne circa 5 ½ Fr. Es währt bis gegen 10 Uhr.

---

[308] In Brühl gab es Anfang des 19. Jh.s eine kleine jüdische Gemeinschaft, die 1809 etwa 50 Personen umfasste. Fast alle waren unbemittelt oder sehr arm. Vgl. Becker-Jákli, Juden in Brühl, S. 47–53.
[309] Franz Joseph Schelver, Von dem Geheimniße des Lebens, Frankfurt a. M. 1815.

Den 30. [December 1816].

Ich schreibe einen Bericht auf die Anfrage des Grafen Solms über die von Herrn Wittenbach in Trier reklamirten Bücher.[310] Von Aachen ist noch ein Schreiben über das Capital auf St. Gereon gekomken, wobey noch bewiesen werden soll, daß es zum Elend[311] gehört. In der Sitzung erhalte ich einige Sachen. Nachher kaufe ich Visitenkarten, |:Fr. 1:| u. nach Tische kommt die Liste zum Souper auf dem morgigen Ball.[312] |:Fr. 5:| Ich schreibe nun den Extract aus unsern Rentbüchern für des Elends Capital, und gehe |24v| zu Herrn Fuchs auf den Platz, der mich auf morgen noch zur Fertigung eines bestimmten Zeugnißes bescheidet, daß dieß Capital ans Elend gehörte. Zu Haus bringe ich meinen Bericht an den Grafen in's Reine, u. arbeite an meinen andern Sachen. Von Zeune in Berlin habe ich wieder 2 Hefte der wöchtlichen Nachrichten für großes Porto erhalten. |:2 Fr.:|

Den 31. December [1816].

Ich gehe schon früh mit dem Fundationsbuch Jacob de Groote junior zu Herrn Fuchs, allein, es kann mir nichts andres bescheinigt werden, als der Auszug aus dem Rentbuch, daß dieß Capital zum Elend gehört. Damit gehe ich nach Haus, u. schreibe der General Liquidations Commission nach Aachen, daß ich keinen andern Beweis liefern könne, sie sich also damit begnügen müßen. Auch mache ich meinen Brief an den Grafen Solms fertig u. schicke beydes weg. Nach Tisch revidire ich die Schreinsfüße[313] zur Fundation Jacob deGroote junior, u. packe

---

[310] Anweisung an Groote vom 28. Dez. 1816: „Der Bericht des Herrn Wyttenbach Bibliothekar in Trier […] vom 10. December 1816 wegen Restitution zur Trierer Bibliothek gehöriger Bücher ist dem Herrn Regierungs Assessor v. Groote nach dem Dekret des Herrn Oberpräsidenten vom 26ten December 1816 über das ihm darüber bekannte zu berichten […] gegeben worden" (Landesarchiv NRW R, BR 0002 Nr. 404, Bl. 67). Wyttenbach hatte sich am 10. Dezember an Solms-Laubach gewandt: „Herr von Groote zu Cöln hat mir bey seinem Aufenthalte zu Trier die sehr angenehme Nachricht mitgetheilt, daß von den Trierischen literärischen Schätzen, welche durch die Franzosen von hier entwendet worden waren, mehrere zu Cöln in Verwahrung lägen. […] Herr von Groote glaubte mich versichern zu können, daß unsere öffentliche Bibliothek recht bald ihr altes Eigenthum erhalten würde; aber bis jetzt ist noch nichts angekommen." Wyttenbach bat daher, „daß der Trierischen Bibliothek das wieder zu Theil werde, was sie auf eine so ungerechte Art verlor" (J. H. Wyttenbach an Fr. L. Chr. zu Solms-Laubach, Trier, 10. Dez. 1816; Landesarchiv NRW R, BR 0002 Nr. 404, Bl. 68). Wyttenbach hatte bereits 1815 ein Verzeichnis der geraubten Schriften und Bücher angefertigt, das an Generalgouverneur Sack gesandt worden war. Vgl. Braubach Verschleppung, S. 137 f. Groote verfasste den geforderten Bericht zu Wyttenbachs Anfrage am 31. Dez. 1816: Die von dem Bibliothekar Wyttenbach in Trier zurückgeforderten Bücher betreffend (Landesarchiv NRW R, BR 0002 Nr. 404, Bl. 69 f.). Siehe Briefe und Schriften.

[311] Groote'sche Familienkirche zum Elend.

[312] Vermutlich musste man sich auch für das Souper beim Ball am 31. Dezember in eine Liste eintragen.

[313] Schreinsfuß: Eintrag in ein Schreinsbuch.

alles wieder in die reparirte eiserne Kiste ein. Für ein Paar gewebte wollene Kamaschen zahle ich dem Schneider Baumann die Rechnung. |:11.5:| Dann xxxxxx ich noch Geld bey Joseph, |:10:| u. wir fahren gegen 6 zum Ball, wo recht munter getanzt wird, bis gegen 11 Uhr. Auch das Abendessen ist recht lustig, der Wein nicht besonders; |:4 F.:| schon gegen 1 Uhr bricht alles auf u. eilt nach Hause, wo ich auch ziemlich ermüdet ankomme u. mich alsbald zu Bette begebe.

Hier enden Grootes Aufzeichnungen für das Jahr 1816.

Der Welt- und Staatsbote zu Köln und die Kölnische Zeitung blickten auf ihren Titelseiten des 31. Dezembers mit einem Gedicht auf das vergangene Jahr 1816 und auf das zukünftige Jahr 1817:

„Wer singt uns zum neuen Jahre?
Wer singt uns ein freies Lied?
Wie die Ritter den Drachen erschlagen,
Und der Feind das Reich verrieth;
Und wie künftig die Freiheit gedeihe,
Und das Volk, den kühnen Gesang?
Die lauten Wünsche der Menschen
Und der Hoffungen leisen Klang?

Ach Fremdling! zieh weit von hinnen,
Die Tage sind feucht und kalt!
Die Wünsche sind weit gezogen,
Die Hoffnungen lange verhallt!
Ach Fremdling! zieh weit von hinnen,
Die Blumen sind lange verblüht!
Verstummt sind die frommen Sänger,
Verklungen das letzte Lied!

Und sind auch die Wünsche verzogen,
Und die Tage düster und kalt,
Und wollen auch Hoffungen schwinden,
Die Hoffnung wird nimmer alt.
Tief unter des Schnees Hülle,
Da ruhet des Lebens Keim;
Einst werden erwachen die Todten,
Einst kehret der Frühling heim.

Wir singen zur fröhlichen Arbeit,
Wir feiern das erste Fest,
Zu sorgen des kommenden Frühlings,
Wenn der Winter die Erde verläßt;
Wir singen den freien Jäger
Und den fröhlichen freien Muth,
Zu wehren dem Raube des Wildes,
Zu wahren des Landes Huth.

Zu Häupten den siegenden Adler,
Den unnahbaren Löwen zur Hand;
So zog von den Bergen der Wetter
Der freie Jäger in's Land.
Schon haben die wälschen Wölfe
Des Landes Beute gerafft,
Wohl bedarf es des Adlers Schnelle
Und des Löwen daurender Kraft.

Wir singen zur fröhlichen Arbeit,
Wir feiern das erste Fest,
Wir haben das Werk vollendet,
Wenn der Schnee die Furchen verläßt.
Wohl kehren die Blüten dem Stamme
Den Blüten die Sänger zurück;
Ich höre die Wälder rauschen,
Einst kehret das alte Glück."[314]

---

[314] Welt- und Staatsbote zu Köln, Nr. 208, 31. Dez. 1816; Köln. Zeitung, Nr. 208, 31. Dez. 1816. Das Gedicht erschien jeweils auf der Titelseite, ohne Angabe des Autors. Der Adler symbolisiert Preußen, der Löwe war das Wappentier der Familie zu Solms-Laubach.

Tagebuch: 31. Dezember 1816 (HAStK, Best. 1552, A 1/10)

Briefe und Schriften

Dieser Teil der Publikation enthält Briefe und weitere Texte, die Eberhard von Groote während des Jahres 1816 verfasste. Die Schreibweise wird jeweils beibehalten, Abkürzungen werden aufgelöst. Die Dokumente werden nicht annotiert.

Eberhard von Groote, Denkschrift zugunsten der Kölner Universität, 1815/16, S. 417

Eberhard von Groote an Joseph von Groote, Aachen, 3. Januar 1816, S. 426

Eberhard von Groote an General August Wilhelm Anton Graf Neidhardt von Gneisenau, Aachen, 4. Januar 1816, S. 427

Eberhard von Groote an den Kommissarischen Oberbürgermeister Karl Joseph von Mylius und den Rat der Stadt Köln, Aachen, 4. Januar 1816, S. 429

Eberhard von Groote an den Kommissarischen Oberbürgermeister Karl Joseph von Mylius, Köln, 6. Januar 1816, S. 430

Eberhard von Groote an Sulpiz Boisserée, Koblenz, 5. Februar 1816, S. 431

Eberhard von Groote an General August Wilhelm Anton Graf Neidhardt von Gneisenau, Köln, 18. Februar 1816, S. 431

Eberhard von Groote an Joseph von Groote, Elberfeld, 19. Februar 1816, S. 432

Eberhard von Groote an Staatskanzler Karl August Fürst von Hardenberg, Berlin, 12. März 1816, S. 433

Eberhard von Groote an Joseph von Groote, Berlin, 12. u. 13. März 1816, S. 435

Eberhard von Groote an Joseph von Groote, Berlin 19. März 1816, S. 439

Eberhard von Groote an Joseph von Groote, Berlin, 26. März 1816, S. 443

Eberhard von Groote an Melchior Boisserée, Sulpiz Boisserée und Johann Baptist Bertram, Berlin, 26. März 1816, S. 444

Eberhard von Groote an den Kommissarischen Oberbürgermeister Karl Joseph von Mylius und den Rat der Stadt Köln, Berlin, 2. April 1816, S. 449

Eberhard von Groote an Joseph von Groote, Berlin, 5. u. 6. April 1816, S. 452

Eberhard von Groote an Joseph von Groote, Berlin, 26. u. 27. April 1816, S. 460

Eberhard von Groote an Jakob Grimm, Berlin, 29. April 1816, S. 466

Eberhard von Groote an Joseph von Groote, Berlin, 10. u. 11. Mai 1816, S. 470

Eberhard von Groote an Joseph von Groote, Berlin, 26, 27. u. 28. Mai 1816, S. 475

Eberhard von Groote an Joseph von Groote, Berlin, 3. u. 4. Juni 1816, S. 481

Eberhard von Groote an Joseph von Groote, Berlin, 8. Juni 1816, S. 487

Eberhard von Groote, Köln als Universität bloß ökonomisch betrachtet, Juni 1816, S. 490

Eberhard von Groote an Joseph von Groote, Berlin, 14. u. 15. Juni 1816, S. 496

Eberhard von Groote an Joseph von Groote, Berlin, 16., 17. u. 18. Juni 1816, S. 501

Eberhard von Groote an Joseph von Groote, Berlin, 21. u. 22. Juni 1816, S. 504

Eberhard von Groote an Joseph von Groote, Berlin, 1. u. 2. Juli 1816, S. 508

Eberhard von Groote an Joseph von Groote, Potsdam, 7. Juli 1816, S. 511

Eberhard von Groote an Friedrich Carl von Savigny, Heidelberg, 6. August 1816, S. 512

Eberhard von Groote an Joseph von Groote, Heidelberg, 7. August 1816, S. 520

Eberhard von Groote an Jakob Grimm, Köln, 15. September 1816, S. 521

Eberhard von Groote an Karl Friedrich Schinkel, Köln, 6. Oktober 1816, S. 525

Eberhard von Groote an Sulpiz Boisserée, Köln, 10. Oktober 1816, S. 526

Eberhard von Groote an Friedrich Carl von Savigny, Köln, 11. Oktober 1816, S. 529

Eberhard von Groote, Bericht, die Bildung einer Central Kommission für Kunst und Alterthum in den Rheinprovinzen betreffend, Köln, 6. November 1816, S. 531

Eberhard von Groote an Sulpiz Boisserée, Köln, 24. Dezember 1816, S. 534

Eberhard von Groote, Die von dem Herrn Bibliothekar Wyttenbach in Trier zurückgeforderten Bücher betreffend (Bericht), 31. Dezember 1816, S. 538

Eberhard von Groote, Denkschrift zugunsten der Kölner Universität, 1815/16

Historisches Archiv der Stadt Köln, Best. 1553, A 1/33–37
Mit kleineren Abweichungen gedruckt in: Gunter Quarg, Ein Gutachten Eberhard von Grootes zur Frage der Wiederbegründung der Kölner Universität nach 1814, in: Jahrbuch des Kölnischen Geschichtsvereins, Nr. 60, 1989, S. 229–239

|33r| Ein feiner Kunstgriff der Franzosen, um sich neueroberte Provinzen alsobald ganz anzueignen und alles unfranzösische Leben und Streben im Keime schon zu ersticken, war unstreitig die Einführung ächtfranzösischer Lehrprinzipien und französischen Unterrichts bey der Erziehung der Jugend. Sie wußten sehr gut dadurch die jungen Gemüther schon gleich bei der ersten Entwicklung auf diejenige Bahn zu führen, auf welcher sie wandeln mußten, wenn der Staat sie dereinst zu seinen Zwecken gebrauchen wollte. Bey dieser ersten Bildung nehmlich wußte man sie eines Theils fern zu halten von dem, was sie nicht kennen mußten, um gute französische Bürger zu seyn. Dazu zählen wir [gestrichen: nehmlich] alle Philosophie, tiefere Philologie und die heiligen Mysterien der Kunst. – Anderen Theils prieß man ihnen alles das als das Höchste an, dem sich ein Mensch nur mit ganzer Seele widmen darf, um aus sich selbst ein scharf zubereitetes Instrument zu machen, dessen sich die Regierung nachher recht bequem zu ihrem Zwecke bedienen kann. Hierhin gehört vorzüglich Mathematik, Physik, das praktische der Kriegswissenschaften, Kenntniß der französischen Sprache etc. etc. Dieß war mit wenigen Worten ausgesprochen [gestrichen: ohne Widerspruch] die Tendenz des ganzen französischen Lehrsystems, welches sich sehr gut auch im Einzelnen nachweisen ließe, wenn es hier zu unserem Zwecke frommte.

Um so löblicher aber ist es, daß nun die Preußische Regierung in demjenigen Theile ihres Reiches eine deutsche Universität zu gründen beschlossen, welches am längsten in jenen Sklavenbanden geschmachtet, und jene geistigen, zugleich mit den körperlichen Fesseln getragen, die der wissenschaftlichen Ausbildung und allem höhern Streben, wie dem Leben überhaupt und aller politischen und persönlichen Freyheit des Menschen angelegt wurden.

Nun wird [gestrichen: daher] die Stiftung einer solchen Lehranstalt im Gegentheil auf die vaterländischen, deutschen Gesinnungen der Landeseinwohner ebenso sehr, wie auf ihre geistige Entwicklung und ihre moralische Existenz den herrlichsten Einfluß haben.

So schön und bedeutend aber auch die Gründung einer Universität am Niederrhein in ihrer Idee schon seyn mag, und wie herrlich sich dieß in der Folge erst zeigen und belohnen wird, so sehr ist doch auch auf der anderen Seite wieder die schärfste Prüfung nöthig; bey der wichtigen Frage nehmlich, wo eine solche

Anstalt eigentlich am besten und zweckmäßigsten nicht nur für den Augenblick u. die Gegenwart, sondern auch für die Zukunft und die Nachkommen gestiftet werden möge, und welche der Niederrheinischen Städte sich am besten zu einer solchen eigne.

|33v| Um diesen Preiß sind in der letzten Zeit vorzüglich zwey Städte in den Kampfplatz getreten. Beyde sind ehemalige Universitäten, beyde haben ihre Vorzüge geltend zu machen gesucht, und eine von ihnen wird wahrscheinlich den Sieg davon tragen. Es mag uns vergönnt seyn, in Kurzem hier die Ansprüche Beyder etwas näher zu beleuchten.

Von einem der letzten Erzbischöfe und Churfürsten von Köln wurde die Universität Bonn gestiftet. – Die Gründe, warum man neben einer uralten, deutschen, berühmten Universität, Köln nehmlich, eine neue Universität gründete, waren einfach diese: Einmal wollte der alte Haß der Churfürsten gegen die Freye Reichsstadt, dieser dadurch einen Theil ihre langjährigen Rhumes und einen bedeutenden Nahrungszweig entreißen, indem Sie ihr die Studenten abzuwenden, u. dieselben nach Bonn zu ziehen hofften. Dann nahm wohl auch die von Frankreich hinüberwehende, u. in Bonn und am Hofe so gut gedeihende moderne Aufklärung an dem schlichten, alterthümlichen, wenn man es so nennen will, vielleicht etwas finstern Wesen der kölnischen Gelehrten gar großes Aergerniß; und so sollte denn in Bonn der Brennpunkt allen Lichtes neu entzündet werden, welches neben dem trübsinnigen Studium der Kölner etwa so, wie die helle marmorne Hofkapelle gegen den alten, dunkeln Dom stralen und leuchten sollte.

Wie dieß nun alles sich gestaltat, mögen wir hier nicht genauer ausführen; was aber davon das Ende gewesen, ist nicht nötig zu erörteren. Denn wem sollte es unbekannt seyn, daß mit einem der Hauptlichter der Universität Bonn, ein zweyter Robespierre, eines der größten Scheusale, die je die Erde getragen, in der ersten Revolutionsperiode zu Straßburg guillotinirt wurde.[1]

Doch können wir es zum Lobe des guten, Rheinischen Volkes hier nicht übergehen, daß sie von jenem Feenschlosse neuer Aufklärung wie von einem verzauberten Blendwerke ihre Söhne so lange als möglich ferne hielten, und sehr schwer nur, wirklich durch persönlichen Zwang, oder leider hier und dort durch Schmeicheleyen, Lockungen und Bestechungen vermocht wurden, dieselben nicht mehr nach dem alten Köln, zu dem sie alles Vertrauen von jeher hatten, sondern nach dem modernen Bonn zu schicken. Dazu kam nun auch noch, daß allen Bewohnern des Churfürstenthumes die Stadt Bonn allzeit im Innersten verhaßt war; theils weil Bonn der Sitz eines oft sehr verderbten, und von den verkehrtesten Menschen zusammengesetzten Hofes war; theils unläugbar auch deswegen, weil die Stadt, Hofschranzen und Churfürsten in allen Zeiten mit Frankreich gemein-

---

[1] Eulogius Schneider, von 1789 bis 1791 Professor für Literatur und Schöne Künste an der Bonner Universität, wurde im April 1794 in Paris hingerichtet.

same Sache gemacht, das Reich an dasselbe oft, und zwar hauptsächlich immer aus Hass gegen die freye Stadt Köln, verrathen, und theils endlich, weil Bonn in seinem fremdartigen, |34r| gegen das Land meist feindlichen Beginnen sich immer gegen die übrigen Städte des Fürstenthumes auszuzeichnen strebte, wie dieß Alles aus der französischen sowohl, als aus der Geschichte des Erzbistums Köln hinlänglich bekannt ist. –

Wenn nun bey Gründung einer Universität unstreitig sehr vieles auf den Glauben und die Meinung des Volkes ankommt, für welches sie zunächst gestiftet wird, wenn wir aber mit Wahrheit behaupten können, daß auch nun noch bis auf diese Stunde, jene Meinung und jene alte Abneigung gegen Bonn, als den Sitz so vieler Schlechtigkeiten und Gräul noch gar nicht ausgestorben, sondern nur in gar zu frischem Andenken beym Volke noch fortlebt, so wollen wir doch diese Berücksichtigung hier durchaus ausser Acht lassen, weil man uns vielleicht mit Recht einwenden könte, daß dieser alte Ruf sehr bald durch einen besser begründeten neuen verdrängt werden könne und dafür lieber die innere Beschaffenheit, gleichsam den wissenschaftlichen Apparat und Haushalt beyder Städte näher betrachten, um daraus zu ersehen, welche von beyden für eine künftige Universität am meisten aufzuweisen habe.

Vor jener ephemeren Universität, welche wie gesagt, von einem der letzten Churfürsten errichtet wurde, und so bald und so schändlich endete, hatte Bonn nur kleine Schulen, auf welchen die jungen Leute zu den höheren akademischen Studien vorbereitet wurden. Es ist also leicht begreiflich, daß damals von Allem dem, was zu einer Universität nothwendig gehört, z.B. von großen Gebäuden, Sammlungen, Bibliothek, botanischem Garten, anderen medizinischen Anstalten, und was das wichtigste ist, von dem Fonds zur Erleichterung der Studirenden, u. zum innern Bedarf der Universität selbst, gar nicht die Rede war. Die Stiftung derselben wurde sehr übereilt, und ihre Existenz war viel zu kurz, als daß für alles dieses schon hinlänglich hätte gesorgt werden können. Was aber das Letztere, die Fonds nehmlich, in's Besondere betrifft, so wollten sich die Churfürsten einmal das Recht anmaaßen, die Kölnischen, besonders die von den Jesuiten herrührenden Stiftungen dazu in Anspruch zu nehmen; allein, da dieß durch ein förmliches Kammergerichts-Konklusum Ihnen untersagt wurde, da ferner die Privatchatouillen dazu nichts zu spendiren geneigt waren, so wurden Lehrer aus reichen Abteyen und Klöstern berufen, letzteren aber, ausser dem Unterhalt des aus ihnen berufenen Professors, auch noch ein jährlicher Beytrag zu den Universitätskosten aufgelegt, wodurch sich dann die neue Universität erhielt. Auch wollen wir diese letzte Maaßregel der Erzbischöfe gar nicht tadeln, wenn nur der dabey beabsichtigte Zweck besser erreicht worden wäre.

|34v| Was aber nun noch die zu einer Universität nöthigen Gebäude anbelangt, so hat in den letzten Zeiten ein Freund und Sachwalter der Stadt Bonn, in seiner Schrift über die Vorzüge derselben zu einer Universität, nach unserer Meinung mit wahrhaft sophistischer Schlauheit das herrliche, große Schloßgebäude ange-

führt und darzuthun versucht, wie dieß Eine Gebäude vollkommen alle diejenigen ersetzen könne, welche immer zu einer Universität erforderlich seyen. Wir aber wollen es nur jedem unbefangenen, kalten Beurtheiler zu entscheiden überlassen, ob es angemessen sey, in einem, auch noch so großen Gebäude juristische Vorträge, Anatomietheater, Turnier- und Fechtböden, theologische Lektionen, Philosophische Spekulationen, Musikübungen, u. dergl. zu vereinigen. Und dennoch hat jener Lobredner Bonns wirklich Recht, wenn er sagt, daß nur das Eine Schloßgebäude zu Allem diesem angewiesen werden kann. Nur übergeht dieser Mann noch mit der nehmlichen sophistischen Schlauheit, daß der Saal zu einer Bibliothek, nicht die Bibliothek, der Raum und das Lokal zu einem mineralogischen, physikalischen, anatomischen etc. Kabinet, noch nicht das Kabinet selbst, – so wenig wie ein Stück Gartenland zu einem botanischen Garten, der wirkliche botanische Garten sey. – –

Sehr malerisch führt er hingegen in die herrliche Lage Bonns als besonderen Vorzug zu einer Universitätsstadt an, preist den kleinen Ort, der nichts anderes einschließe, was etwa zur Zerstreuung der Studenten führen könne, und lobt die Nähe desselben bey allerley Naturhistorischen Merkwürdigkeiten, Bergwerken, Kohlengruben, Mineralquellen etc., die alle zum Unterrichte der Studierenden benutzt werden können.

Allein, wir wagen hiergegen eine andere Ansicht aufzustellen. Wir glauben nehmlich, daß gerade die Geschichte der letzten Zeit es bewiesen hat, daß die Umgebung großer Werke der Kunst und wichtiger Dokumente der Wissenschaft und Geschichte auf den Geist der jungen Studirenden mehr zu wirken vermögen, als die reichste Natur und lieblichste Landschaft, die allenfalls dem einzelnen betrachtenden Künstler, oder einem zurückgezogenen Privatmanne in gänzlicher Muße recht willkommen seyn mögen; aber nicht so dem Studenten, der sie am Ende doch nur zu seiner Erholung genießen kann, wozu sich leicht Raum genug überall findet. Zu naturhistorischen Exkursionen mag er kleine Wanderungen anstellen, u. dafür lieber in einer durch Kunst und Geschichte merkwürdigen Stadt bey den lehrreichen Werken derselben stäter weilen, um in ihren innersten Sinn und tiefstes Wesen einzudringen. Zu einem innigen, ganz ungestörten Genuße der schönen Natur mag sich nach allem diesem erst eine andere Zeit finden.

Ebenso scheint es uns durch die Erfahrung hinlänglich erprobt, daß die Studierenden nicht einer ganzen Stadt zum Tummelplatz ihres Unwesens |35r| bedürfen, welches die Bessern und Fleißigern gewiß mehr stört, als daß es ihnen förderlich seyn sollte. Eine anständige Gesellschaft manchfach entwickelter Menschen in einer größeren Stadt, wird jedem der, wie er es soll, für das Leben, nicht für die Universitätsjahre studirt, und etwas Rechtes will, gewiß willkommner seyn, als jenes leere Treiben und Renommiren in schalem Lärm.

Wollte man aber dennoch [gestrichen: zugeben, daß] ein solches freyes republikanisches Commerzleben, als unumgänglich zum Charakter deutscher Universitäten gehörend, gelten lassen, so wird sich immerhin für die, welche es genießen wollen, dazu auch in einer größeren Stadt Gelegenheit finden. Um die Universitätsgebäude her, überhaupt in demjenigen Theile der Stadt, den die Studenten bewohnen, wird sich leicht ein solcher froher, burschikoser Verein bilden, es wird sich gleichsam ein abgeschlossener Studentenstaat gestalten, der sich von dem übrigen Theile der Stadt absondert, wie davon ebenfalls große Städte, welche Universitäten haben, hinlänglichen Beweiß liefern. –

Wir glauben nun ziemlich alles das, was Bonn als Wichtig für eine künftige Universität anbiethen kann, so viel es uns bewußt, dargethan und nach Wahrheit und Billigkeit gewürdigt zu haben. Wir wollen nun einen Blick auf Köln zurückwerfen, welches mit Bonn in die Schranken tritt, um zu sehen, was diese Stadt für sich zu jenem Zwecke Wichtiges anführen kann.

Das Prioritäts-Recht kann hier gar nicht in Anspruch kommen, und deswegen übergehen wir es, daß Köln schon im XIV. Jahrhundert aus eigenen Mitteln sich eine Universität stiftete, welche bald mit den vorzüglichsten in Deutschland und Frankreich wetteiferte, u. hundert Jahre später schon mehr als tausend Studenten zählte. Sie gehörte damals unstreitig zu den berühmtesten Universitäten, wie dieß die vielen ehrwürdigen Gelehrten beweisen, deren Namen in den kölnischen Annalen jener Zeit zu lesen sind. Wenn dieß nun auch nicht immer so auf gleicher Höhe geblieben, so hat sich doch wenigstens aus jener reichen, frommen Zeit her großentheils alles das erhalten, was überhaupt zu einer Universität gehört, und was jetzt nur auf die rechte Weise wieder aufgestellt und benutzt werden dürfte, um zu seiner ehemaligen Pracht und Herrlichkeit zurückzukehren.

Vor Allem zählen hierzu ihre Fonds, deren Capitalschatz wir, nach der Kenntniß, die wir durch einige Einsicht in die Verwaltung desselben eine Zeitlang hatten, selbst nach der Aufhebung so vieler mittelbar oder unmittelbar dazu gehörenden Präbenden, Benefizien, Pfründen, Freytische, Stipendien u.s.w. immer noch auf Eine Million und 800.000 francs anschlagen können.

Man wird uns einwenden, daß dieses Capitalvermögen nun nicht mehr wie ehemals, der freyen Reichsstadt oder der Universität angehöre, und daß |35v| der jetzige Landesherr nach Willkür darüber verfügen könne, je nachdem er es zum beßten des Landes bey den nunmehrigen Verhältnißen am zweckmäßigsten glaube.

Dieß Recht wollen wir absolut auch im Geringsten nicht bestreiten, doch mag man nur Folgendes dabey bemerken: Jene Fonds hafften eines Theils auf gewissen Familien, auf Grundstücken, Gebäuden u.s.w. in der Stadt selbst; von diesen wurden die Renten ehedem und bisheran in der Stadt bezahlt, und in der Stadt verzehrt; sie waren Eigenthum der Stadt, Privateigenthum der Familien, welche sie in der Stadt gestiftet hatten; noch mehr, die Stiftungsurkunden, die übrigens nur durch einen Machtspruch vernichtet werden können, lauten fast immer so, daß die Renten nur an Studirende in Köln bezahlt werden sollen; wenn aber solche nicht vorhanden, oder die vorhandenen durch besondere Verhältnisse nicht in Köln studiren können, so sollen die Renten zu diesem oder jenem anderen Zwecke verwendet werden. Jeder wird es einsehen, wie unvortheilhaft und nachtheilig eine solche Veränderung, wenn sie wirklich durch einen Machtspruch hervorgebracht würde, auf die öffentliche Meinung der Kölner und des ganzen Landes einwirken müßte, und umso mehr noch, wenn sie zum Vortheile der Stadt Bonn geschähe, gegen welche ohnehin, und nicht ohne gerechten Grund, die Abneigung aller übrigen LandesEinwohner so groß war.

Ein sehr bedeutender Theil des öffentlichen Universitätsfonds rührt aus den Gütern der in dem letzten Drittheil des vorigen Jahrhunderts aufgehobenen Jesuiten her. Diese waren durch besondere Päbstliche Bullen an den kölnischen Magistrat zum Behufe der Universität übergeben; und von ihnen gilt es, was wir schon oben berührten; daß nehmlich ein ausdrücklicher Kammergerichtsschluß dem Churfürsten verbot, sie anzutasten, als er sie zu der Bönnischen Universität ziehen wollte.

Ausser diesen Renten hat nun schon gleich bey der Errichtung der Propaideutischen Lehranstalt zu Köln der Stadtrath aus den Einkünften, welche rein in die Kassen der Stadt fließen, der zu hoffenden künftigen Universität einen jährlichen Beytrag von 24.000 Fr. zugesagt; ein Einkommen, welches vielleicht allein bedeutender ist, als alles, was Bonn aus seinen Mitteln einer Universität anbiethen kann, und welches doch wieder, wenn man gerecht seyn will, als bloß örtlich für Köln angesehen werden muß.

Endlich sind wir noch [gestrichen: fest] überzeugt, daß die Meinung des Volkes so fest für die Universität zu Köln, und so entschieden gegen die von Bonn ausgesprochen ist, daß manche Familie sich in Zukunft noch willig finden würde, für erstere neue Stiftungen zu machen, wofür wir sogar selbst einige Beyspiele anführen könnten, da hingegen für letztere schwerlich jemand auch nur eine geringe Aufopferung machen würde.

|36r| Wir kommen weiter zu den Gebäuden. Schon als ehemalige große Universitätsstadt besaß Köln eine Menge herrlicher Säle, Cabinetten, Anstalten etc., wie sie für eine Universität gehören. Neuerdings aber sind durch Aufhebung der Stifter und Klöster so viele schöne und große Gebäude leergeworden, daß in dieser Hinsicht gewiß nichts zu wünschen übrig bleiben kann. Statt vieler andern führen wir nur das große Jesuiten-Collegium mit seinen unzähligen Sälen und Zimmern an, welches als Hauptuniversitätsgebäude ganz [gestrichen: gewiß] unvergleichlich ist. An dieses gränzt zunächst das ehemalige große Gymnasium der Jesuiten; an dieses wieder das weite Kloster der Dominikaner; eine Reihe von Gebäuden, welche sich ohne große Kosten zu den einzelnen Lehrfächern einrichten ließen, die dort ungestört neben einander bestehen könnten.

Ueberdieß aber stehen diese Gebäude nicht alle leer, wie das Schloß in Bonn; vielmehr sind viele jener Sammlungen und Cabinette, für welche in Bonn höchstens nur der Raum nachgewiesen wird, in Köln wirklich schon vorhanden, gehören aber theils der Stadt, theils Gelehrten und Kunstfreunden eigenthümlich an, und würden daher mit Recht nie verbracht werden können. So besteht in Köln z.B. eine große öffentliche Bibliothek, ein wichtiges physikalischen Kabinet, mehrere vollständige Naturaliensammlungen, ein wohleingerichteter botanischer Garten, mehrere große Kunst- und Antiquitäten-Kabinette (unter diesen das des Prof. Dr. Wallraf), ein Gebährhaus, eine Anatomie, Rettungs-Anstalten, Spitäler, ein Seminarium für junge Geistliche etc., lauter Gegenstände, deren Wichtigkeit für eine Universität jeder bald einsieht, die aber meist nur örtliches Eigenthum sind, und daher nicht verlegt werden können.

Ob endlich nun der nähere Umgang mit den wichtigsten Werken Römischer und vorzüglich Deutscher Kunst, die erst durch nähere, vertrautere Bekanntschaft in Geist und Leben eingehen, nicht mehr werth sey für junge Studirende als die Berge, Wiesen, Steinbrüche und Bergwerke anderer Gegenden, das wollen wir der Entscheidung erfahrener Männer anheimstellen.

Einige sind nun noch in ihrer mitleidigen Gutherzigkeit so weit gegangen, daß sie eine Universität als einen Erwerbzweig ansehen, und sie daher in eine arme Stadt verpflanzen wollen, damit sie sich daran erhohle. Allein, keine Idee ist uns je erbärmlicher vorgekommen. In andern, ordentlichen Universitäten sind es leider meist die Juden, welche ewig als diebische Schmarotzerpflanzen auf den armen Studenten sitzen und sich durch ihre Noth oder ihren Leichtsinn bereichern. Darum sind dann aber auch den Studenten eigene Privilegien gegen diese Wucherer ertheilt, und sie können sich in integrum gegen sie restituiren² lassen. – Was aber sollen wir sagen, wenn nun eine ganze Stadt als eine große Schmarotzerpflanze auf das arme Studentenvolk angewiesen wird, um sich wo |36v| möglich von dem zu bereichern, was sie jenen abzwacken können! Da werden wahrscheinlich beyde Theile schlecht ihre Rechnung finden, den Studierenden aber würden wir rathen, sich in einer solchen Stadt nicht niederzulassen, in welcher sie sich ipso jure³ müßten zu Philistern machen, u. von Juden prellen lassen. Das haben die Alten besser verstanden, und stifteten ihre Universitäten lieber in wohlhabenden, blühenden Städten, in welchen dem Studenten vielmehr von den bemittelten Bürgern durch Stipendien, Freytische, u. dergl. manche Ersparniß vergönnt war, als daß er hier nur alles doppelt bezahlen soll. Dieß ist auch gerade das Mittel, in einem kleinen Orte alle Preise zu erhöhen, welches wieder in einem größern nicht zu erwarten ist. Es tritt hier das Verhältniß ein, wie zwischen großen, vornehmen, und armen, kleinen Gasthöfen. In ersteren lebt man besser und wohlfeiler.

Soviel über den ökonomischen Gesichtspunkt in Erörterung jener Streitfrage. Zum Schlusse fügen wir noch einige Bemerkungen hinzu, zu welchen uns die genauere Betrachtung des Strebens geführt, welches sich durch die letzten großen Zeitbegebenheiten entwickelt hat, und welches man nicht unberücksich-

---
² restitutio ad integrum: Wiedereinsetzung in den vorherigen Stand.
³ ipso jure: durch das Recht selbst.

tigt lassen kann, ohne sich an dem Genius der Zeit zu versündigen, der über Deutschland die Siegespalme schwebend hinhält, und mit seiner Fackel einen Lichtweg bezeichnet, der früher nie an dem politischen und szientifischen Himmel gekannt war.

Mit unendlicher Liebe werden die neuen Rheinprovinzen von den Bewohnern der übrigen Preußischen Lande begrüßt und gleichsam als alte, längstersehnte Freundinnen bewillkommt und umarmt.

Die strenge Verständigkeit des Nordens reicht zu göttlichem Bunde der frommen Poesie und andächtigen Begeisterung des Südens die Hand, und beyde scheinen ein junges Geschlecht herrlicher Gestaltungen auf die so lange unfruchtbar gewesene Erde herabführen zu wollen.

Freudig erhalten würdige gelehrte Männer aus den alten Provinzen den Ruf an den Rhein, den alten Vater des deutschen Ruhmes und der deutschen Kunst, – um dort theils in den Verwaltungsgeschäften, theils im Lehrfache zu arbeiten. Alles drängt sich zu den lieblichen, weinbewachsenen Thälern hin, als ob dort das gemeinsame Vaterland der Deutschen wäre; alles fühlt sich heimathlich dort, und ergötzt sich in den gesegneten Niederungen, bey den alten Burgen und Domen, und in dem bunten Gewimmel eines frohen, weintrinkenden Volkes.

Wer aber wüßte es nicht, daß als Repräsentantinn und Vorsteherinn des ganzen Rheinischen Landes, das alte Köln mit seinen grauen Thürmen, und Mauern |37r| und Domen dasteht und bedeutsam in den Gang der Zeit hineinschaut. – Dort schwebt gleichsam ein heiliger Zauber um die festen Zinnen und die hohen Heiligthümer, als ob der Stein der Weisen in ihren bewahrt würde, der nur durch frommes, treues Streben und Forschen enthüllt werden könne. Dort ist nichts luftig und rankig aus dem schalen Treiben der Flatterhaftigkeit aufgesproßt, sondern Alles steht noch, aus einer großen, inhaltschweren Zeit hinübergerettet, fest und sicher, und wartet nur der würdigen, kraftvollen neuen Arbeiter, die das herrliche Werk wieder kühn beginnen und weiter fördern sollen.

Das ist die Meinung aller, die durch die dunkle Veste wandern, und das ist auch der Vorsatz aller, die an den Rhein hinunterkommen, und denen wahrhaft aufgegangen, was das Land am Rheine dem preußischen Reiche bedeute und was es ihm werden soll.

Darum aber sollen die, denen die Leitung des Ganzen vom Himmel anvertraut wurde, wohl bedenken, wohin sie die Männer, die da für alte und neue Provinzen arbeiten und dem nahenden guten Geiste die Wege bereiten sollen, zum Werke bescheiden, und nicht glauben, daß dieß sich in bunten, blanken [ein Wort gestrichen] Schloßsälen, die von dem üppigen Jubel unsittlicher Hofschranzen noch nachtönen, eben so gestalte, und daß sich dort die Lehren der Weisheit mit gleicher Würde verkünden lassen, wie in den ernsten Räumen, da, wo den Betrachtenden noch bey jedem Blicke der heilige Schauer in der Erinnerung großer Vorgänger ergreift.

Hier sollte das kleinliche Privatinteresse einzelner, müßiger Höflinge kein Wort zu reden haben, die zum Zeitvertreibe, oder in der Hoffnung, die Hauszinsen erhöht zu sehen, eine Universität errichtet [gestrichen: sehen] wissen möchten; – Mag man ihnen für ihre heitere Residenzstadt wieder geben, was sie sonst hatten, einen Regierungssitz, Dikasterien oder gar eine Hofhaltung, damit geschniegelte Herrn u. Damen in reichem Schmuck durch die goldnen Zimmer und auf den reitzenden Spaziergängen einhergehen. – Aber Lehrstühle gehören in Hörsäle, nicht in Tanzsäle, und dem Staate so wie der Wissenschaft wird es mehr frommen, wenn Lehrer und Studirende die ehrwürdigen Monumente großer herrlicher Zeitalter würdigen und verstehen lernen, als wenn sie ihre Muße in lieblichen Lusthäusern, bey Badequellen und auf Spaziergängen vertändeln.

Was man endlich gegen die Errichtung einer Universität in einer |37v| Vestung hat sagen wollen, spricht gerade gegen das, was der Geist der neuesten Zeit so herrlich verkündet hat. Beym Kampfe für Gott, König und Vaterland stehen die Hörsäle ohnehin schon leer, und es ist billig, daß es also sey, damit die That das Wort nicht Lügen strafe. Da also ist es schon einerley, ob sie aus der Vestung herziehen oder aus der Residenz, oder aus ihren Bauernhütten, die zur Vertheidigung des Vaterlandes sich zu den Fahnen stellen. Für diejenigen aber, welche sich zum offenen Kampfe nicht fähig fühlten, wäre gerade die Vestung noch der würdigste Aufenthalt auf den Nothfall der Vertheidigung. Im Frieden aber mögen die, welche im Felde zusammen standen, und zusammen bluteten, auch zu den Lehrstühlen freundlich sich zusammenfinden, und um den Preis des Wissens wetteifern, wie um den des Ruhmes in den Waffen. – Sollte endlich ungleichartiges dennoch daselbst aufeinander stoßen, das sich in diesen Ideen nicht friedlich vereinigen könnte, – nun so würden auf den ersten Augenblick vielleicht einige Funken sprühen, das Kräftigere und Bessere aber bald das Mindere und Schlechte zu Boden drücken, und ungestört dann auf seiner Bahn weiterziehen. –

Groote

Eberhard von Groote an Joseph von Groote, Aachen, 3. Januar 1816

Archiv Haus Londorf, Herr von Groote, Familienbriefe, 1.1., Nr. 42

|1| Aachen, den 3. Januar Abends 9 Uhr.

Meine Sachen gehen im Ganzen nicht so recht, wie sie sollten, lieber Alter. Leider ist meine Vermuthung wahr gewesen, daß man hier nehmlich dafür hielt, die Stadt Cöln wolle nun schon einen Deputirten nach Berlin zu der Tagsatzung schicken, ohne daß noch irgend eine Aufforderung geschehen, u. ohne daß man überhaupt wisse, ob sie zu einer solchen Sendung werde authorisirt werden. Es folgt daraus natürlich, daß man im Budjet die Kosten zu einer solchen Sendung nicht will passiren lassen. – Hätte man nun dem Verlangen des Stadtraths zu Folge einstweilen nur gesagt, man wünsche, daß ich nach Berlin gehe, weil der Fürst Hardenberg u. General Gneisenau mir aufgetragen, die Stadt in Ihrem Namen dazu zu belangen, und um ihr spezielles Interesse daselbst wahrzunehmen, so wäre es vielleicht besser gewesen. –

Nachdem ich den Brief des Herrn v. Mylius erhalten, ging ich diesen Morgen zuerst zu Gouvernements-Rath Boelling, und nachdem ich diesen nach vorhergegangenem vielem Schmeichelhaftem, was er mir wegen meinem Benehmen in Paris sagte, auf jenen Gegenstand gebracht hatte, gab er mir ungefähr die obige Erklärung, und äußerte, daß die Sache wenigstens auf die Art, wie sie bis jetzt vom Stadtrathe vorgestellt sey, nicht durchgehen könne. – Beym General Gouverneur konnte ich erst um 6 Uhr Abends Audienz haben, und dieser vermied, wie es mir schien absichtlich, mir auf meine wiederholten Anfragen, eine bestimmte Auskunft zu geben, wahrscheinlich, um erst den Brief durchzulesen, den ich |2| ihm übergeben, und der hoffentlich noch etwas Erhebliches enthält. Morgen werde ich nun vor Mittag eine definitive Entscheidung erhalten, und im Falle, daß diese ungünstig ausfällt, kurzum erklären, daß ich mich also an die Herrn, von welchen ich jenen Auftrag erhalten, namentlich an General Gneisenau, wenden würde, um ihn zu überzeugen, daß die Vereitlung seines Planes weder an der Stadt noch an mir, sondern einzig an dem General Gouvernement liege; von da mögen wir dann weiter sehn.

So stehen einstweilen die Sachen. Uebrigens behauptet Bölling, es sey schon jene Entscheidung vor 4 Tagen an Herrn v. Maerkens zur Mittheilung an den Stadtrath abgegangen. –

Meine Rückkunft wäre somit um 1 Tag verspätet; allein, Freytag komme ich gewiß, weil alles, was nun weiter betrieben werden müßte, nicht durch mich, sondern durch den Stadtrath geschehen muß. – Ich wohne bei Stürz; Groeben ist in sein altes Quartier gezogen. General Doernberg ist noch nicht hier, sondern wahrscheinlich noch in Lüttig, von wo er wohl erst morgen oder Uebermorgen kommen wird. Es ist Groeben sehr unangenehm, daß seine Sachen [ein Wort gestrichen] verloren sind. Er weiß selbst durchaus nicht, ob sie in Coblenz geblieben, auf der Reise verloren oder gestohlen sind. Sollten sie sich vielleicht irgend finden, so schicket sie ihm doch her; ich will ihm sagen, daß er bey Stürz zuweilen nachfragt. Netz habe ich recht wohl in Jülich gesehn. Er wird wohl mit mir zurückkommen, und ich werde auch ihm daher noch schreiben, daß er mich erst auf den 5ten erwartet. |3| Ich habe hier weiter noch niemand besuchen können, u. werde auch wohl schwerlich viel dazu kommen. Die Taschenbücher sind besorgt, ebenso das Geld von Herrn v. Geyr. – v. Münch habe ich auf seinem Bureau bey dem General Kommissair Boelling gesehen; eben so Ritz; beyde grüßen dich. –

Thue mir doch die Liebe, den Prediger Bruch (Oeconom des Olymps) mündlich oder Schriftlich zu ersuchen, daß Er die Besorgung unseres Punschs, u. allenfalls einiger Butterbrote etc. quod juris,[1] übernehmen möge. Er wird dir das durchaus nicht abschlagen, denn er befaßt sich gewöhnlich damit.

Eberhard von Groote an General August Wilhelm Anton Graf Neidhardt von Gneisenau, Aachen, 4. Januar 1816

Geheimes Staatsarchiv Preußischer Kulturbesitz, VI. HA, NL Gneisenau, August Graf Neidhardt von

|1| Eurer Exzellenz beehre ich mich gleich von hieraus, den Fortgang meines Strebens, meiner Vaterstadt und den Rhein-Provinzen überhaupt fürder in Berlin nützlich zu werden, ganz unterthänig zu berichten. Auf mein erstes Anschreiben an den Stadtrath von Paris aus, war die einstimmige Entscheidung erfolgt, daß man das gnädige Zutrauen, dessen mich des Fürsten StaatsKanzlers Durchlaucht gewürdigt, nicht unbeachtet lassen, sondern dadurch noch in Berlin alles das Gute zu bewirken suchen wolle, zu dem man sich durch Seiner Durchlaucht Exzellenz huldreiche Aeußerungen Hoffnung machen dürfe.

Freylich war die Stadt Cöln zur Sendung eines eigenen Deputirten zu den Tagsatzungen in Berlin offiziell noch nicht aufgefordert noch authorisirt; doch glaubte man, daß ich daselbst vorläufig schon manche Dinge einleiten und vorbereiten könne, die nachher bey den öffentlichen Sitzungen dann um so leichter und sicherer zum allgemeinen Besten entschieden werden dürften. Doch be-

---

[1] quod juiris, hier: wie es die Regel ist, wie es üblich ist.

durfte es zu einer solchen Sendung der Befugniß, die dazu erforderlichen, wenn gleich nicht sehr bedeutenden Kosten aus der Kasse der Stadt nehmen zu dürfen, und diese Befugniß mußte bey dem General-Gouvernement nachgesucht werden. – Das desfalls an den Herrn Oberpräsidenten Sack in Aachen eingereichte Schreiben blieb länger unbeantwortet, als man erwartet hatte, und so begab ich mich auf Anrathen des Stadtrathes selbst hierhin, um die Beschleunigung der Entscheidung zu bewirken.

Allein, von dem Herr Oberpräsidenten erfahre ich nun, daß Er dem Ansuchen des Kölnischen Stadtrathes nicht glaube unbedingt willfahren zu dürfen, weil Er es nicht für rathsam |2| halte, eine Stadt ausnahmsweise zur Sendung eines Deputirten, und zu einer Ausgabe zu diesem Zwecke authorisiren zu wollen, da dadurch andere Städte sich zurückgesetzt, oder zu ähnlichen Sendungen berechtigt glauben könnten; welches letztere aber durchaus nicht im Sinne der Regierung und des Ministeriums liege. Wie weit in diesem Punkte die Rechte einzelner Gemeinheiten [Gemeinden] gehen, wage ich nicht zu entscheiden.

Uebrigens ist mir von dem Herrn Oberpräsidenten die Zusage geschehen, daß Seine Exzellenz mich bey des Fürsten Staatskanzlers Durchlaucht für die künftige offizielle Ernennung zum Deputirten der Stadt Köln bey den Tagsatzungen in Berlin in Vorschlag bringen, und dem Stadtrathe anrathen wollen, sich zu eben jenem Zwecke direkt an des Fürsten Durchlaucht zu wenden. Dieß wird um so füglicher geschehen können, da der früher von dem Herrn Oberpräsidenten in Vorschlag gebrachte Herr von Herwegh aus Cöln, erklärt haben soll, aus mehreren wichtigen Gründen sich diesen Geschäften durchaus nicht unterziehen zu können.

Das Einzige, worum ich Euer Exzellenz nun ganz gehorsamst zu bitten wage, wäre, daß Sie gelegentlich dem Herrn Oberpräsidenten die gnädige Äußerung bestättigen, daß Sie mich zu jenen Geschäften in Berlin tauglich glauben, und mich dann zugleich dem gütigen Andenken und der Gewogenheit des Fürsten v. Hardenberg empfehlen, dessen erste huldreiche Aufnahme ich einzig dem freundlichen Wohlwollen Eurer Exzellenz verdankte.

|3| Indem ich auf diese Weise meine Angelegenheiten in die Hände Eurer Exzellenz vertrauensvoll niederlege, kehre ich einstweilen zu den Meinigen nach Cöln zurück, und werde daselbst ruhig den weiteren Erfolg abwarten.

Eurer Exzellenz ganz gehorsamer Diener
Eberhard von Groote
Aachen, den 4. Jänner 1816

Eberhard von Groote an den Kommissarischen Oberbürgermeister Karl Joseph von Mylius und den Rat der Stadt Köln, Aachen, 4. Januar 1816

Historisches Archiv der Stadt Köln, Best. 400, A 667, Bl. 11

|1r| An den hochwohlgebornen Herrn Bürgermeister und den hochweisen Rath der Stadt Köln

Meine Herrn

In einem Schreiben, welches zufolge der Aeußerung Seiner Exzellenz des Herrn Oberpräsidenten Sack an Sie ergangen seyn, oder ehestens ergehen wird, werden Sie wahrscheinlich die Mittheilung wiederholt finden, welche Seine Exzellenz mir mündlich zu thun die Güte hatte. Hochdieselbe glauben nehmlich, daß die spezielle Sendung eines Deputirten nach Berlin einer einzelnen Gemeinde nicht wohl zu gestatten sey, weil dadurch andere Gemeinden sich zurückgesetzt, oder zu ähnlichen Sendungen sich berechtigt glauben könnten, welches letztere aber dem Geiste der Regierung und des Ministeriums nicht genehm zu seyn scheine.

Seine Exzellenz hielten es daher für das Zweckmäßigste, daß der Stadtrath direkt, oder durch Vermittlung des für Cöln äußerst günstig gesinnten Generals Grafen Gneisenau bey des Fürsten Staatskanzlers Durchlaucht einkomme, und Hochderselbem die Gründe vorlege, welche denselben zu meiner Wahl zum Deputirten nach Berlin bey der dortigen Ständeversammlung bestimme. Der Oberpräsident hat nehmlich bey dieser Sache nur die Präsentation der tauglichen Subjekte, der Staatskanzler aber die Bestimmung der einzelnen Mitglieder zu machen. Ich habe des Generals Grafen Gneisenau Exzellenz vorläufig diese Ansicht des Herrn Oberpräsidenten, eröffnet, und denselben um |2| seine weitere gnädige Gewogenheit für unsre Stadt und alle unsre Angelegenheiten gebethen.

Indem ich nun die fernere Verfügung in diesen Sachen Ihrem weiseren Ermessen gehorsamst anheimstelle, unterzeichne ich mich mit Hochachtung.
Meine Herrn, Ihr ganz ergebenster Diener
Eberhard von Groote.
Aachen, den 4. Jenner 1816

Eberhard von Groote an den Kommissarischen Oberbürgermeister Karl Joseph von Mylius, Köln, 6. Januar 1816

Historisches Archiv der Stadt Köln, Best. 400, A 667, Bl. 13

|13r| Indem ich Euer Hochwohlgeborenen die beyliegende Zuschrift des Herrn Oberpräsidenten übermache, beehre ich mich zugleich folgendes noch hinzu zu fügen, welches Seine Exzellenz mir beym Abschiede mündlich Ihnen mitzutheilen auftrugen:

„Sagen Sie dem Herrn Oberbürgermeister und den respektiven Herrn Mitgliedern des Kölnischen Stadtrathes, daß der Beweis des Wohlwollens und des Vertrauens, welches Sie Ihnen, wie ich aus den beyden Zuschriften ersehe, in so reichem Maaße schenken, mir nicht minder angenehm und erfreulich, als für Sie schmeichelhaft und ehrenvoll ist. Zur Erreichung Ihrer löblichen Wünsche und Absichten, kann ich den Herrn keinen bessern Rath ertheilen, als sich mit Ihren Vorstellungen direkt an des Fürsten Hardenberg Durchlaucht zu wenden. Ich habe Ihnen die Gründe mitgetheilt, welche der unmittelbaren Gewährung Ihres Ansuchens von meiner Seite entgegenstehen; allein, die Rechtlichkeit und Wichtigkeit Ihrer Plane, und das gnädige Wohlwollen, dessen des Fürsten Durchlaucht Sie schon früher persönlich gewürdigt hat, verbürgen mir, daß Hochdieselben gerne Ihrem Wunsche genüge leisten, und Sie zu den Ständeversammlungen in Berlin, wozu Sie sich die Ernennung der einzelnen Mitglieder vorbehalten haben, und zur Einleitung und Vorbereitung derselben, vielleicht auch früher schon, einladen werden. Ich werde mit Vergnügen meinerseits dieses Ansuchen bey des Fürsten Durchlaucht unmittelbar unterstützen; Sie aber werden wohl thun, durch des Generals Grafen Gneisenau Exzellenz, dessen Gewogenheit Sie sich zu erfreuen haben, die Sache noch möglichst zu beschleunigen und zu fördern zu |13v| streben. Sagen Sie dem Herrn Oberbürgermeister und den Mitgliedern des Stadtrathes in Cöln meinen verbindlichen Gruß."

Euer Hochwohlgeboren bemerke ich schließlich noch, daß ich diesen gütigen Aeußerungen zufolge, des General Grafen v. Gneisenau Exzellenz die Lage der Sache zur Kenntniß vorzulegen, und dessen fernere gnädige Verwendung nachzusuchen geneigt bin.

Auf Ihr früheres Anschreiben, ist, wie mir Herr GouvernementsRath Boelling sagen, schon vor mehreren Tagen die Antwort an den Herrn Kreisdirektor v. Maercken abgesandt worden. Von meinem Berichte für die Universität in Cöln, behalte ich mir vor, Euer Hochwohlgeboren ehestens eine Abschrift mitzutheilen.

Cöln, am 6. Jänner 1816
Eurer Hochwohlgeborenen ganz ergebener Diener
Eberhard von Groote

Eberhard von Groote an Sulpiz Boisserée, Koblenz, 5. Februar 1816

Historisches Archiv der Stadt Köln, Best. 1018, A 118

|1| 5. Februar 1816.

Von des Grafen Gneisenau Exzellenz soll ich Euch melden, daß Ihr aus Liebe für Ihn, und für alles das, was Er seit vieler Zeit schon aus Achtung für Euch und Eure Sachen gethan u. betrieben, doch in diesem Augenblick Euch weder durch das Manche Verkehrte, was von Oben her spuckt, noch durch irgend andere Einlispelungen verleiten laßt, etwas vorzunehmen, ohne Ihm freundlich Euren Entschluß mitzutheilen.

Graf Gneisenau verdient gewiß in jeder Hinsicht dieß Vertrauen und in seinem Auftrage bitte ich Euch daher um unserer Alten Freundschaft willen, daß Ihr in dem, was Ihr thun werdet, entweder durch mich, oder unmittelbar mit dem General in Verbindung tretet, der Euch übrigens in besonderer Achtung und Gewogenheit zugethan ist.

Dieß nur kurz auf ausdrücklichen Befehl Seiner Exzellenz.
Coblenz, den 5. Februar 1816
von Groote

Eberhard von Groote an General August Wilhelm Anton Graf Neidhardt von Gneisenau, Köln, 18. Februar 1816

Geheimes Staatsarchiv Preußischer Kulturbesitz, VI. HA, NL Gneisenau, August Graf Neidhardt von

|1| Eurer Exzellenz beehre ich mich, anbey die Kölnische Zeitung vom 13. Februar zu zustellen, in welcher der von Hochdenselben eingesandte Artikel abgedruckt steht. –

Aus der Manufaktur des Herrn Christian Andreae in Mühlheim a/R., der vorzüglichsten, welche in unsern Gegenden bekannt ist, habe ich in Auftrag Eurer Exzellenz 15 Brabänter Ellen des schwersten Sammts gekauft, und freue mich sehr, dadurch eine neue Gelegenheit zu haben, mich bey Ihrer Exzellenz, der Frau Generalinn einer gnädigen Aufnahme zu versehen. Der Preiß ist per Elle 3 2/3 rthl. rheinisch (Franken 11–); Summà also rth. rheinisch 55 (Franken

165), welche Euer Exzellenz gelegentlich an meinen Vater, adresse Herrn Oberpostdirektor von Groote zu Kendenich Cöln, remittiren wollen. –

Meine Abreise hat sich noch um einige Tage aus dem Grunde verzögert, weil der Bürgermeister und der Stadtrath mir immer noch nicht die Aktenstücke und die Instruktionen übergaben, die sie mich mitzunehmen ersucht haben. Inzwischen ist meine Reise auf Montag, den 19. laufenden Monats nun festgesetzt, und ich hoffe, von Berlin aus bald die Freude zu haben, Euer Exzellenz glückliche Resultate meines dortigen Aufenthalts vorlegen zu dürfen.

Mit vorzüglichster Hochachtung Eurer Exzellenz gehorsamster Diener
Eberhard von Groote
Cöln, den 18. Februar 1816

Eberhard von Groote an Joseph von Groote, Elberfeld, 19. Februar 1816

Archiv Haus Londorf, Herr von Groote, Familienbriefe, 1.1, Nr. 43

|1| Elberfeld, den 19. (Montag) 1816.

Nachdem wir schieden, fuhren wir mit unsern 3 Pferden leider langsam genug, bis zwischen Deutz u. Langerfeld [Langenfeld], wo wir jene 3 mit entgegenkommenden 2 verwechselten, u. nun sehr rasch weiter kamen. Hier waren wir schon um 5 Uhr. Aber leider waren die Eisen, auf welchen mein Koffer festgeschraubt war, so schlecht, daß das Eine mitten durchbrach, von dem andern 2 Mutterschrauben verloren waren, u. wir also das Koffer etwa 1 Stunde von Hier festbinden mußten. So eben habe ich die Reparatur mit 50 Stb., sage fünfzig Stüber, bezahlen mußte [richtig: müssen]. |:Dies Meister Fink zu beliebiger Nachricht:| –

Hier habe ich Laar gefunden, der mich Contra quoquamque[1] zu seiner verehrten Frau Eller führte, zu der er noch immer in heiliger Gluth entbrannt ist. Die Frau scheint recht gescheut zu seyn. Laar grüßt freundlich. Dann habe ich die Gelegenheit wahr genommen, den Buchhändler Büschler aufzusuchen, u. ihn wegen unseres TaschenBuchs zu fragen. Das war ihm sehr lieb; denn er versicherte mir, er habe, trotz des wiederholten Schreibens an Dumont u. die Postdirektion, auch nicht 1 Exemplar haben können! Ich hätte ihm gleich die 6 Exemplare, die er verlangt, lassen können; da es aber noch so nahe bey Köln ist, so habe ich ihm einstweilen versprochen, noch ausser dem 1, welches ich ihm ließ,

---

[1] contra quoquamque, hier: wogegen (gegen welche Einwände) auch immer.

gleich noch 5, u. zwar dieß ½ Dutzend nur gegen 25 Rabatt, zu besorgen. Schicke also gleich noch 5: an die Büschlersche Buchhandlung in Elberfeld; Er will gleich den Betrag auf der Post berichtigen; noch besser vielleicht, du schickst an die hiesige Post. Büschler versichert, er würde noch viele nehmen, u. würde mehrere 100 habe brauchen können, wenn er sie nur früher gehabt hätte. Eile also. Laar, u. die Eller sind ganz entzückt davon.

Netz hat seine Decke hier erhalten, grüßt, empfielt sich, u. dankt dir sehr. Lebe wohl. Grüße alle. Schicke 5 Bücher, und lebe wohl. Von Münster mehr.

Dein Ebbo

Eberhard von Groote an Staatskanzler Karl August Fürst von Hardenberg, Berlin, 12. März 1816

Geheimes Staatsarchiv Preußischer Kulturbesitz, I. HA Rep. 74 Staatskanzleramt, J III, Nr. 32, Bd. 2, Bl. 3–4

|3r| Durchlauchtester Fürst
Gnädiger Herr!

Eure Durchlaucht haben mir durch wiederholte gnädige Aeußerungen die Erlaubniß ertheilt, Höchstderselben die Art und Weise bekannt zu machen, wie ich in Zukunft am nützlichsten und zweckmäßigsten für das Vaterland, und namentlich für die Rheinischen Provinzen beschäftigt zu seyn wünsche. Was ich in den, in Paris mir aufgetragenen Kunstreklamationsgeschäften und später zur Bestimmung der künftigen Universität am Rheine gearbeitet, und das gnädige Zutrauen, welches ich dadurch bey Eurer Durchlaucht erworben zu haben mir schmeicheln darf, begründet in mir die frohe Hoffnung, fürderhin jene gnädigen Gesinnungen in noch höherem Grade verdienen zu dürfen.

Durch fünfjährige juristische akademische Studien in Cöln und in Heidelberg, glaube ich, diejenigen Vorkenntniße erworben zu haben, deren es im allgemeinen in dem administrativen Fache bedarf. Seit der Beendigung der akademischen Lehrjahre bis zur Befreyung der Rheinprovinzen vom französischen Joche, waren Privatstudien, Arbeiten im Schulwesen, Forschungen in der |3v| Landesgeschichte, überhaupt näherer Antheil an dem wissenschaftlichen Streben daselbst meine Beschäftigung; bis die neuerdings drohende Gefahr alle treuen Söhne des Vaterlandes gegen den gemeinsamen Feind in die Waffen rief.

Den Wunsch nach wiedererkämpfter Ruhe nun, und nach einer früheren bloß wissenschaftlichen Tendenz, in meinem Vaterlande ebenfalls wieder in ähnlicher

Thätigkeit angestellt zu werden, wird Eure Durchlaucht als ein ganz richtiges und zweckmäßiges Bestreben billigen, und somit wage ich es in festem Vertrauen auf Höchstdero gnädiges Wohlwollen und in vollem Gefühle meines aufrichtigsten Wollens und Trachtens, Eure Durchlaucht um eine Anstellung als Assessor bey der Regierung ganz unterthänigst zu bitten, wo ich dann bey dem Oberpräsidium des Herrn Grafen von Solms Laubach gerade jene in das Departement der Schulenverwaltung und des Cultus einschlagenden Geschäfte, mit Kunde, Liebe und Eifer zu betreiben hoffe. Auch ist wohl in diesem Fache die Form das mehr Untergeordnete, die Kenntniß der einzelnen Verhältniße das Wesentliche; so daß es mir also um so leichter seyn würde, das Praktische in diesem Theile der Geschäftsführung schnell zu erwerben.

|4r| Es werden ohne Zweifel zur neuen Regierung in den Rheinprovinzen Männer treten, die mit dem GeschäftsGange durch ihre praktischen Kenntnisse auf das genaueste vertraut sind: – nichts aber scheint zweckmäßiger, als daß diesen Männern, welche aus den alten Provinzen hinüberkommen, andere aus den neuen Provinzen zur Seite treten, die mit der lokalen, ökonomischen, historischen, statistischen Beschaffenheit des Landes und seiner bisherigen Verwaltung sich durch längern Umgang bekannt gemacht haben. Nur in dem Vereine Beyder ist es zu erwarten, daß die Geschäfte in schnellem und sicherm Gange fortschreiten; wo im Gegentheile beyde in getrenntem Streben, nur schwerer und ungewisser zum Ziele gelangen dürften. Obiger Ansicht gemäß aber, kann ich hoffen, dem Staate meine Dienste nicht fruchtlos anzubiethen.

Es würde an Unbescheidenheit gränzen hier andere Gründe aufzuzählen, welche mir den Muth gaben, Eurer Durchlaucht obgemeldetes Gesuch gehorsamst vorzulegen. Nur das reinste Bewußtseyn, ohne alles eigene Interesse nach bestem Wissen und Können, dem Vaterlande meine Kräfte und Dienste widmen zu wollen, mögen meine Wünsche rechtfertigen und zu gutem Ziele führen. In diesem Vertrauen, und mit wiederholtem gehorsamstem Danke, für alle Güte und Gnade, welche Eure Durchlaucht mir bisheran bewiesen, habe ich die Ehre mich hochachtungsvoll zu unterzeichnen

Eurer Durchlaucht ganz gehorsamster Diener
Berlin, den 12. Maerz 1816.
Everhard von Groote

Eberhard von Groote an Joseph von Groote, Berlin, 12. u. 13. März 1816

Historisches Archiv der Stadt Köln, Best. 1552, A 20/6

|1| Berlin, den 12. Maerz 1816.

Die Post geht hier nur 2mal die Woche nach dem Rheinland und deswegen kann man nicht Briefe schicken, wann man will. Zudem weiß ich nicht, woher ich die Zeit nehmen soll, so drängt es sich, daß ich meine Besuche mache u. hier und dort betreibe, was Noth thut. Mein Aufenthalt hierselbst ist von äußerster Wichtigkeit, noch in diesem Augenblick ist nicht alles ausgemacht, selbst unsre Universität nicht. Nach Aeußerung des Fürst StaatsCanzlers, der mich sehr gnädig empfangen, u. mir, nachdem ich bey ihm gespeist, eine ordentliche Audienz ertheilt, steht zwar alles gut; von andren Seiten her hört man wieder manches widrige. Ich darf es mir schmeicheln, daß meiner Schrift, von allem, was über diesen Gegenstand ist gesagt worden, bey weitem der wichtigste Einfluß gehört. Mylius seine wird auch gelobt. In den ersten Tagen wird die Organisation in ihrer allgemeinen Form vollendet seyn; Graf Solms will am Ende laufenden Monats abgehen, u. sich so schnell wie möglich über Laubach nach Cöln verfügen, um seine Geschäfte zu beginnen.

Ich habe die Bekanntschaft aller der gelehrten u. vornehmen Männer gemacht, an die ich theils von General Gneisenau adressirt war, u. die theils noch ausserdem zu unserem Zwecke mir von Wichtigkeit schienen. Bey allen hatte ich mich der freundlichsten Aufnahme zu erfreuen; alle sehen nach unserm Cöln, wie nach |2| einer Fundgrube hinüber, aus welcher für die deutsche Kunst u. Geschichte noch viel großes u. herrliches hervorgehen soll. Dieser Meinung sind besonders Niebuhr u. Savigni; mit letzterem hatte ich erst heute noch eine sehr lange Unterredung darüber. Auch mir ist es wahrscheinlich, daß Er, wenn es nur sonst ein wenig ordentlich bey uns wird, bloß des Forschens wegen sich entschließen könnte, zu uns zu kommen. Niebuhr ist ein ganz herrlicher Mann. – Unserer Universität geben am Ende die finanziellen Gründe den Ausschlag; diese haben ein Alles überwiegendes Gewicht. – Wegen den Geistlichen Sachen will man mit dem Pabste, den man übrigens sehr achtet, möglichst bald in unmittelbare Verhandlungen treten, u. mit ihm ein Concordat zu schließen suchen, wie dieß auch der König von Holland schon gethan. Suche dieß dem Herrn v. Caspars kund zu thun, u. sage ihm, alles scheine mir hier geneigt, im Uebrigen in den geistlichen Angelegenheiten nichts vor zu nehmen. An einen Erzbischof wird am ernsthaftesten gedacht; traurig ist es freylich, daß man mit bestem Willen, auch nicht im Stande ist, Einen einzigen Mann vorzuschlagen. Daß Cöln auch den Bischofsitz erhalten wird, scheint außer Zweifel.

Mylius Briefe habe ich erhalten und theils nach ihrer Adresse abgegeben, theils zu meinen Notitzen ad acta genommen. – Solms ist ein freundlicher Mann, mit dem ich auf gutem Fuß stehe. Er ist äußerst für unsre Stadt gestimmt. Auch Haxthausen hat sehr gut für uns gearbeitet und nichts fehlen lassen, alles in Bewegung |3| zu setzen. Doch da auch er bald weg will, so ist mein Aufenthalt um so wichtiger, da auch noch einige Zeit hingehen kann, ehe alles zu unseren Wünschen entschieden ist. – Ein großes Geschrey macht hier, ein von StaatsRath Süvern u. Herrn Schmidding verbreitetes Gerücht, über einen Menschen, den Grashof (der übrigens nicht im besten Lichte steht) zum Gymnasium nach Cöln gezogen haben soll. Früher soll er in Lüttig gelebt haben, geistlich gewesen seyn, aber nachher geheirathet haben. Säume nicht, mir, was dir etwa davon bekannt ist, so schnell als möglich mitzutheilen, damit ich dem Geschrey ein Ende mache. – Nichts wäre in diesem Augenblick hier noch nöthiger und ersprießlicher, als Wallrafs Schrift. Grüße ihn doch in meinem Namen, und suche mir, wo möglich, wenigstens ein Paar Exemplare der fertigen 48 paginae zu verschaffen. Es ist unsäglich, wie alles, was dahin einschlägt, hier in ausserordentlicher Hast ergriffen wird. – Auch wegen den Rheinzöllen habe ich in meiner Conferenz bey dem StaatsKanzler, so wie bey andern, die dieß eben angeht, schon gesprochen, u. erfahren, daß dieß alles noch nicht aufgegeben, sondern mit den Holländern darüber neue Verhandlungen angeknüpft werden sollen. Endlich habe ich wegen der städtischen Schulden den Bescheid erhalten, daß die Regulirung derselben eines der ersten Geschäfte des neuen Oberpräsidiums seyn müßte, u. daß sie also gleich nach der neuen Organisation zur Sprache gebracht werden sollen. –

Du verlangst in deinen Briefen vom 3., die ich endlich heute erhielt, von mir gewisse |4| und sichere Nachrichten. Kurz gesagt: Es giebt deren hier gar keine, sondern alles ist ungewiß u. unsicher. Darum nutze, was ich dir von hier schreibe, wie du am besten kannst; allein, allen öffentlichen Gebrauch davon, muß ich ernstlich verbitten, bis die Zeit dazu kommt, u. ich dir es melden werde. Beuth kommt in etwa 6 Wochen an den Rhein, u. zwar, um in der Gegend von Trier seine Braut, eine Gräfin Mons, wie ich glaube, die Tochter eines Preußischen Majors, abzuhohlen. Ob er nach Cöln wird kommen können, weiß er noch nicht. Wegen der Taschen Bücher, die im Buchhandel seyn sollen, weiß ich noch nichts, da er mir nichts darüber geäußert; ich werde ihn aber fragen. Uebrigens hat er von den letzten 50 noch wieder verschiedene verkauft, u. wir haben den Plan gemacht, daß er seine Madonna aus dem Dombild will in eine hiesige Kunstausstellung geben, wo dann nebst der Anzeige davon, zugleich gesagt werden, soll, daß das Taschen Buch nebst der Beschreibung des ganzen Bildes dort zu haben sey. Natürlich müssen wir da ein anständiges Rabatt geben. Auch bin ich der Meinung noch ganz, daß Exemplare nach Frankfurt, u. wo möglich nach Leipzig zur Messe geschickt werden müssen. Der Plan, es dem Buchhandel ganz zu entziehen, mag doch wohl der beste nicht gewesen seyn. –

Was man Euch von Boisserée sagt, ist bestimmt noch nicht wahr. Ich habe Ihre letzte Antwort auf Anschreiben des hiesigen Ministerii gesehen, welche nur ganz kurz meldete, sie können sich in diesem Augenblick noch auf nichts einlassen, da die Krankheit ihres Vetters (Schüllgens?) sie durchaus an allem verhinder[t]. Hier |5| bey Herrn CabinetsRath Eichhorn kamen vor einigen Tagen mehrere große Pergamentblätter, in einer großen Blechbüchse, aus Weimar, ohne weitere Briefe, noch sonst eine Bestimmung an. Es sind nothwendig entweder die in Darmstadt aufgefundenen, oder die von Paris; denn daß es Risse des Doms sind, u. wahrscheinlich von Boisserées geschickt sind, ist sehr zu vermuthen. Daß letzteren wirklich von hier große Anerbiethen geschehen, ist ganz gewiß. –

Durch Haxthausen bin ich zum Theil hier in gar vornehme Zirkel gekommen, die zum Theil zum Sterben langweilig sind. Allein, ist man einmal darin aufgenommen, so wird man wöchentlich ein Paar mal eingeladen, u. kann sich schwer entschuldigen. So z.B. bey der Prinzess Louise Razwil, welche wöchentlich 3 Mal Leute sieht, u. wo man sich gegen 8 Uhr versammelt, u. erst gegen 12, 1 U. weggeht. Auch der Prinzess Wilhelm bin ich vorgestellt worden, welche mich äußerst freundlich aufnahm; die mir jedoch mehr als eine gute, schlichte deutsche Frau, als eben ausgezeichnet durch Geistesgaben zu seyn scheint. Auch Savigni habe ich besucht. Er u. alle deine übrigen alten Bekannten hierselbst, haben sich deiner sehr freundschaftlich erinnert. Da du mit Haxthausen nähere Absprache scheinst genommen zu haben über deine persönlichen Angelegenheiten, so will ich deshalb erinnern. Man muß es sich hier zum Geschäfte machen, immer fort von einem zum Andern |6| zu wandern, um wie ein Bußprediger die Meinungen der Menschen zu berichtigen, u. sie für sich zu gewinnen. Es sind mit unter gar pfiffige Cameraden darunter, die jedes Wort auf die Goldwage legen, was man von sich giebt. Diese gehen auch in ihren Raisonnements gewaltig tief u. man kann sie nur schwer behandeln.

Den 13. Maerz
Ihr werdet wahrscheinlich wissen, daß Herr v. Segewart hierselbst sehr krank ist, u. man sein Ende erwartet. So wenigsten hörte ich bey meiner Ankunft. Stürbe er, so könnte dieß auf das ganze Postwesen großen Einfluß haben. Nach der Meinung vieler würde ihn der jetzige Generalintendant StaatsRath Ribbentrop ersetzen. Das wäre insoweit gut, da ich ihn persönlich genau kenne, u. er mir immer sehr gut war. Uebrigens höre ich über die Postsachen nicht das mindeste, u. ich glaube, es wird darüber nicht eher, bis zur allgemeinen Organisation Sprache seyn.

Herrlich ist das hiesige Theater, obgleich ich es nur erst einmal besuchte. Ich sah den Kaufman von Venedig, Herrn Devrient als den Juden, ganz unvergleichlich. Ich bin zwar schon längst der Meinung gewesen, u. werde es stets mehr, daß alles Theaterwesen nichts taugt, und entweder ganz umgeändert, oder abgeschafft werden muß, weil es in der jetzigen Form entweder Heidnische Erfindung oder Französisches Machwerk ist. Allein, wenn man doch wenigstens etwas befriedigendes sehen will, so ist hier gewiß ziemlich das höchste, was in Deutschland seyn mag. –

Kommt nun Solms zu Euch, so ist das wichtigste, Euch alle recht bald fest anzuschließen, u. nicht von ihm zu lassen, damit er |7| von anderm Volke so viel ferner bleibt. Es freut mich sehr, daß ihr mit v. Schenkendorf immer auf recht freundschaftlichem Fuße lebt.

Mein Plan ist, hier, wo immer möglich, wenigstens solange zu bleiben, bis unsre Universitaets- u. Kirchlichen Angelegenheiten einiger maaßen berichtigt sind. Freylich ist die Theurung kaum auszuhalten, u. ich bin fest überzeugt, daß das Leben hier um mehr als die Hälfte theurer ist als in Paris. – Was du daher irgend noch von auxilien[1] für mich auf anständige Weise aufbiethen kannst, die sollen mir recht willkommen seyn. (Letztere Stelle muß zweymal gelesen werden NebenBemerkung). Auch wegen Boeckings Sachen will ich hier Gelegenheit suchen, etwas zu thun. Seinen Bruder habe ich schon bey Herrn Prof. Schleyermacher in Gesellschaft gefunden, u. sehe ich ihn wieder, oder kann seine Adresse erfragen, so will ich ihn mit in die Sache zu ziehen suchen. –

Die Verkeilung W's, von der du mir schreibst, wird schwerlich zu etwas führen. G. ist zu jung, u. – zu stolz, u. wird schwerlich eine unebenbürtige heirathen, was aber endlich das Schlimmste ist, so glaube ich, daß Er Sie kaum kennt, geschweige denn liebt, und Gott weiß, wo er sich noch in seiner warmen Jugendnatur herum treiben wird. Uebrigens möchte Gott seinen Segen zu einer ähnlichen, anständigen Zusammenfügung geben. – Sey doch so gut, bey Dumont gelegentlich zuweilen ein wenig nachzuhören, u. bitte ihn, mit dir doch zu konferiren, wenn er etwa, wie er mir einmal vorschlug, in meinem Buch Veränderungen vornehmen will. Du kennst den Ideengang desselben [u.] wirst es daher besser als er wissen, was sich |8| allenfalls ändern ließe, u. was nicht. Dieß Ding beunruhigt mich etwas. – Und was ist dem General Mylius geantwortet? Kommen die Sachen zur Sprache, und wirst du dich in deiner gewohnten Unerbittlichkeit vernehmen lassen? Gut wäre es, und wenn es sonst geschehen kann, besser heute als morgen. – Auch über Goerres weiß noch niemand hier recht, was aus seiner Geschichte geworden. Nur daß sie vom 17. auf den 23. Februar sollte ajournirt worden seyn, ist hier gesagt worden, das Ende aber ist allen unbekannt.

Nun muß ich schließen, weil die Zeit mich sehr drängt. Kannst du gelegentlich etwas nach Coblenz wissen lassen, so thu es, u. sage ihnen, wie es mir geht. Von Groebens Schwester, der Gräfinn Gröben im königlichen Schloße, empfange ich die meiste Freundschaft, u. ich glaube, daß sie mir recht gut ist. – Grüße mir die unsern Alle. Ueber die Taschen Bücher bald mehr. Die Prinzessen Louise u. Wilhelm haben dessen beyde mit viel Güte bey mir gedacht. Letztere ist doch wirklich eine sehr schöne Frau, u. ich könnte mich wohl entschließen, [als] ein

---

[1] auxilien, hier: finanzielle Unterstützungen.

anderer Tasso tagelang zu ihren Füßen zu sitzen u. ihr Minnelieder u. Rittergeschichten vorzusagen. Schade, daß man zu ihr nicht wie zur Prinzess Louise (Raziwill) wöchentlich ein Paar mal hingehen kann!

Grüße mir alle, Vater, Geschwister, Freunde herzlich, u. sage ihnen, daß ich gerne alles hier thun möchte, was uns heilsam sey, manches sey auch schon geschehen. Grüße auch den Rektor. Ich werde Beuth bereden, daß er doch nach Cöln kommt. – Deine Carnevalsschwiten haben mich sehr ergötzt. – Auch die Genesung des Schimmels freut mich. Traurig, daß die Posten von hier so lange gehen! Ich wohne noch immer im Quartier von Netz, Breite Str. No. 11, welches er eben erst noch wieder auf 14 Tage verlängert erhalten hat. Doch gehen deine Briefe sicherer an Beuth.

Vale Ebbo.

Eberhard von Groote an Joseph von Groote, Berlin, 19. März 1816

Historisches Archiv der Stadt Köln, Best. 1552, A 20/7

|1| Berlin, den 19. März 1816.

Ich bin mir in diesem Augenblicke wieder mehr selbst überlassen, und obgleich ich nur erst Briefe vom 3. laufenden Monats von dir habe, kann ich mir doch nicht versagen, dir einige Nachricht von mir zu geben.

Haxthausen ist diese Nacht um 12, Solms, – wenigstens seinem Plane zu Folge, heute Frühe um 4 abgefahren. Ersterer geht noch zu den Seinigen in Westphalen, letzterer nach Laubach, und so möchte es doch immer noch einige Zeit dauern, ehe sie bey Euch eintreffen. Ich kann mich nicht enthalten, dir in wenigen kurzen Worten, die du aber keinem Menschen mittheilen sollst, u. gewiß auch aus alter Freundschaft zu mir, nicht mittheilen wirst, meine Meinung über jene beyden Männer mitzutheilen, deren Einfluß auf unser Land gewiß der größte seyn wird, um so mehr, da wir ja, wie du schon wissen wirst, weder Schenkendorf, der nach Magdeburg soll! – noch Lange, der in Koblenz bleiben wird, – bey uns haben werden. Du weißt, daß ich in der Regel mich nicht von grundlosen Vorurtheilen und kaltem Mißtrauen verleiten lasse, und deswegen z.B. hundertmal den Rektor gescholten habe, wenn er sich über alle Dinge ein finsteres Gewebe herzog, ohne zu wissen warum. – Daß aber hier nun selbst von jenen, alles mit rechten Dingen zugegangen, habe ich Grund zu bezweifeln. Haxthausen war, wie du weißt, schon vor Solms hier. Er hatte von letzterem offizielle Briefe, mit denen er hier als quasi Vorläufer des Oberpräsidenten auftrat, und recht eigentlich das

Ansehen hatte, als sey er gesandt, um jenem die Wege zu bereiten, u. dieselben von allem Unrath (das ist Sackischem Wesen) quovis meliori modo¹ zu säubern. Das Johanniter + u. ein etwas vornehmes Wesen schaffte ihm dazu leicht den Eingang in den aller ersten Cirkeln, u. es war kein Minister, ja kein Haus, bis hin zu dem des Königs, in welchem er nicht aufgenommen war. Dagegen ist nun im Ganzen nichts zu sagen, u. es wäre dieß im Gegentheil |2| der gute Weg gewesen, um sich alles geneigt zu machen, und so der guten Sache den besten Fortgang zu verschaffen. Allein, nimm mir nicht übel, daß ich von einem Freunde, aller Liebe, die wir für ihn haben unbeschadet, einem Bruder dennoch mir Bemerkungen zu machen erlaube, die ich nur diesem machen, die nur dieser hören darf. – Allein, sage ich, in Haxthausens Benehmen schien mir doch der verschmitzte Westphälinger auf allen Seiten hervorzublicken, und wenn ich auch weit entfernt bin zu muthmaßen, daß er gegen diejenigen etwas gethan, die sich auf ihn verließen und mit ihm ziemlich im nehmlichen Verhältniß standen, so kann ich mir doch nicht versagen zu glauben, daß er sich gerne obenan sehen möchte, und somit für jene vielleicht manches noch hätte versuchen können, was nicht geschehen. Ich selbst habe an mir die ähnliche Erfahrung gemacht. – Doch davon ein andermal mehr. –

Solms ist ein schlauer, doch nach meiner Meinung auch barscher, und wenn er will, äußerst zurück stoßender Mann. Ich habe trotz aller Mühe und aller Versuche nie recht freundlich mit ihm zusammen kommen können, und weit gefehlt, daß ich einige Berücksichtigung dessen, was ich doch als Staatsbürger, und als in Paris mit wichtigen und schwierigen Geschäften Beauftragter gethan, von seiner Seite bemerkt hätte, schien er mich vielmehr als einen Clienten anzusehen, der bloß hier sey, um für sich irgend etwas zu erhaschen, oder vielleicht gar für einen Controlleur seiner hiesigen Geschäftsführung. Solms hat äußerlich und innerlich mit dem alten Carové unverkennbare große Aehnlichkeit, nur daß er noch abstoßender ist, und eine gewiße vornehme Miene annehmen kann, unter der man den Reichsgrafen gar wohl entdeckt. Dieß ließe ich mir auch wohl gefallen, allein, es müßte doch mit einer gewißen Art geschehen, u. es scheint mir, er könnte mit Leuten, die ihm doch in seiner neuen Geschäftsführung wenigstens von weitem zur Hand gehen könnten, doch mit etwas mehr zuvorkommender Gefälligkeit sich benehmen. Ueberdieß hat mir ein gewißes linkisches Wesen, und eine gewiße Halbheit in seinem Benehmen gar nicht gefallen.

Ich bin fest überzeugt, daß der Bericht über die Rheinuniversität, worauf er sich |3| gar viel zu Gute thut, weil er darin Bonn und Cöln so durchaus als tauglich zur Universität einander völlig gleich gesetzt hat, daß auch keiner irgend ein erheblicher Vorzug zuerkannt ist, – Cöln mehr geschadet hat, als alles, was die Bönnischen für sich angeführt haben. Meine Schrift für Cöln rühmt er darin zwar sehr, – allein, auf meine Anfrage sagte er mir, er habe durchaus nicht

---

¹ quovis meliori modo, hier: auf irgendwie bessere Weise.

partheyisch erscheinen dürfen, und habe daher nicht einer der Beyden Städte ein Vorrecht zuerkennen können, da doch eine so gut als die andere seinem Oberpräsidium anvertraut sey. (!) Wozu aber dann sein Bericht? Warum dann nicht geradezu gesagt, er kenne die Verhältniße noch nicht genau genug, um davon urtheilen zu können? Daher ist dann aber nun auch die Sache bey seinem Hierseyn noch gar nicht entschieden worden, und in diesem Augenblicke bin ich gar nicht im Stande zu sagen, was mir das Wahrscheinlichere ist, da die Partheyen beyderseits fast gleich stark scheinen. Gestern hörte ich freylich, der König habe nach dem ihm nun zur Entscheidung vorliegenden Hauptberichte, sehr günstig für Köln sich geäußert, ja, es solle ein Schreiben von Boisserée neuerdings angekommen seyn, worin sie den Wunsch äußern, wenn der König die Universität nach Köln verlegen würde, so möchten sie am liebsten dorthin mit ihren Sachen zurückkehren, und auch dieß Schreiben solle ganz die Zufriedenheit der obersten Behörden hierselbst für sich gewonnen haben. Verbürgen kann ich diese Sache freylich noch nicht, obgleich ich sie im Königlichen Schloße von einem Manne gehört habe, der ziemlich mit allem vornehmen Volke zusammentrifft. Ich werde nun von allen Seiten das mögliche thun, um die Sache zu gutem Ziele zu führen, und kann es vielleicht nun noch mit mehrerem Einfluß, da ich ungestörter meines Wegs allein gehen kann. –

Auch auf eine ausführliche Denkschrift werde ich einigen Einfluß haben, welche von dem tüchtigen, einsichtsvollen StaatsRath v. Staegemann ehestens wegen der Aufhebung der holländischen Zölle auf Wahl, Leck und Jisel verfasst werden wird; er selbst hat mich um meine Mittheilung dazu gebethen. Du kannst alle unsre Landsleute, Bürgermeister u. Rath |4| in Cöln unter der Hand wissen lassen, daß auch in dieser Hinsicht gewiß das Mögliche geschehen werde. Endlich bin ich mit dem künftigen Gesandten in Rom, Niebuhr, der wohl in den ersten Wochen abgehen wird, in ganz freundlichem Verhältniß, und bin überzeugt, daß er in Rom alles gerne thun wird, worum man ihn auf bescheidene Art ersucht, und was sonst nur irgend mit seinen Instruktionen vereinbar ist. –

Für mich selbst habe ich nun eigentlich hier noch sehr wenig gethan. Ich bin überzeugt, daß ein anderer als Graf Solms (Sack z.B.) auf mein allgemeines Ansuchen mehr für mich gethan haben würde; das, was etwa geschehen seyn mag, verdanke ich nicht jenem, – sondern wohl bloß meinen persönlichen Verhältnißen zum StaatsKanzler und dem Wohlwollen der Männer, die ich aus seiner Umgebung in Paris habe kennen lernen. Auch will ich noch weiter nicht viel darin vornehmen, sondern nur möglichst das Betreiben, warum ich eigentlich hier bin. Sollte das, ich meine nehmlich das Universitäts Wesen, aller Bemühung ungeachtet, schief gehen, so weiß ich selbst nicht, was ich weiter thun werde, und ich wäre fast entschlossen, für's erste gar nicht wieder an den Rhein zu kommen – oder – Gott weiß was. – Im andern Falle aber würde ich gerne eine, wenn gleich auch ganz mäßige Stelle in unserer Stadt annehmen und nach Kräften zum Besten mitwirken. –

Alle andern Geschäfte, z.B. wegen den Städtischen Schulden u. dergl., sind nun, wie ich hier überall höre, dem neuen Oberpräsidium zur Betreibung übergeben, und es wird daher gut seyn, daß sich Männer, welche mit diesen Gegenständen genau bekannt sind, fest an Solms anzuschließen suchen, damit sie ernstlich betrieben werden. Ueberhaupt wird dieß alles, gleich mit dem Eintritt der neuen Organisation, seinen angewiesenen Weg gehen, u. unmittelbarer Einfluß hierselbst schwerer seyn. Was aber dennoch ausserdem noch zu genauerer Kunde des Ministeriums gebracht werden soll, |5| darüber würde ich unsere Städtischen Herrn bitten, die genauen Aktenstücke, Urkunden und Nachweisungen so vollständig als möglich zusammenzustellen, weil es sicher zu seyn scheint, daß der König und der StaatsKanzler im Frühling die Rheinprovinzen bereisen werden, u. letzterer dann gewiß über dergleichen Sachen möglichst genaue Erkundigungen einziehen wird.

Immer noch hoffe ich mit Sehnsucht auf die Schrift, oder auch nur das Fragment Wallrafs über die Universität. Hätte ich es nur, so würde dessen Mittheilung bey der hiesigen Behörde einmal wieder neuen Trieb und neue Anregungen erzeugen, deren man nie genug aufhäufen kann. Neuerdings hat vielleicht meine Relation über all das historisch u. diplomatisch merkwürdige, welches sich noch ungekannt, aber auch unverletzt in den alten Kölnischen Archiven u. Bibliotheken befinde, u. welches von gelehrten, bey der künftigen Universität angestellten Männern alles nach und nach hervorgezogen u. benutzt werden könne, mehr zu der guten Sache geholfen, als vieles, was man seither dafür gesagt u. gethan hatte. Aber gerade solche Dinge finden bey dem verständigen, kritischen Volke hier am meisten Eingang, darum wurde Haxthausens bloß allgemeine, und oberflächlich raisonnirende Schrift kalt aufgenommen, weil daraus gänzlicher Mangel an Lokalkenntniß, und an Praktik hervorging. – –

Im Uebrigen ist nun das Leben hier unterhaltend genug. Die Aufnahme ist meist leicht und freundlich, und die Gesellschaft lehrreich und unterhaltend. Selbst in den vornehmsten, fürstlichen Zirkeln geht es nicht gar zu höfisch und steif zu; – mir däucht, man bemerkt über all den gänzlichen Mangel einer alten, ehrenfesten, auf langjährige Hoheit gestützten Etikette, wie sie z.B. an dem Oesterreichischen Hofe noch möchte zu finden seyn. – Das ist nun eben auch nicht zu verwundern. |6|

– Ich schrieb dir neulich schon, wie Beuth durch die Copie des Dombildes, die er in dem hiesigen, sogenannten Museo will aufstellen, unserm Taschen Buche neuen Abgang zu verschaffen suchen will. Das Bild ist nun schon hingebracht, und heute werde ich die Anzeige in der Zeitung mit dem Vorsteher jenes Musei, Herrn Weiss, besprechen.

Es ist nur traurig, daß der Postenwechsel hier so langsam geht, und ich auf meine Briefe gewiß, wenn es hoch kommt, nur in 18–20 Tagen Antwort haben kann. Netz ist in diesem Augenblick noch hier, und besorgt seine Anstellungsgeschäfte bey der Gend'armerie oder etwa bey einer [gestrichen: künftigen]

Kriegsschule als Lehrer der Geschichte. Aber auch er klagt sehr, über die Langsamkeit, mit welcher alles betrieben wird. Er grüßt Euch alle recht freundlich. – Wenn du Louis Boeking sprichst, so sage ihm, daß ich mit seinem Bruder Bernhard seine Sachen möglichst besprochen u. auch mit dem Legations Rath v. Philippsborn darüber Rath gepflogen, aber den Bescheid erhalten habe, daß diese Sachen durchaus von dem Oberpräsidium betrieben werden müßten. Daher habe ich auch mit Haxthausen schon gesprochen, u. ihm gesagt, daß Boeking zu ihm kommen, u. ihn über diese Sache in Kenntniß setzen würde. Kommt Haxthausen nach Cöln, so kann Boeking nicht besser thun, als sich gleich zu ihm zu begeben. –

Diesen Brief wirst du nun freylich vor Ende des Monats nicht haben. Mit einigem Schreck sehe in den Calender und bemerke, daß ich gerade an deinem Namenstage, und ach! an meinem 28ten Geburtstag schreibe. Glück zu! 27 Jahre habe ich mich also in Gottes Welt nun schon umgetrieben – u. Gott weiß, wie lange ich noch mich umtreiben soll! Herr, wie du willst. – dir hab' ich mich ergeben! –

Grüße mir alle unsere Lieben herzlich, laß mich nicht immer zu lange ohne Nachricht, schreib, wenn du kannst, etwas von meinem Buche bey Dumont, von dem ich 4 Exemplare gleich haben muß, u. lebe wohl.

Ebbo

[Vermerk am oberen Rand von S. 6]: (Doch scheint es mir noch sehr rathsam, keinen Plan zum Absatz des TaschenBuchs, z.B. bey der Frankfurter Messe, aufzugeben).

Eberhard von Groote an Joseph von Groote, Berlin, 26. März 1816

Historisches Archiv der Stadt Köln, Best. 1552, A 20/8

|1| Berlin, den 26. Maerz 1816.

Ich müßte dir eigentlich mehrere Briefe schicken, an unsern Magistrat nehmlich, u. an den Herrn v. Caspars, dann müßte ich auch dir ausführlich schreiben. Aber leider habe ich auf deine Briefe heute (dienstags u. donnerstags kommt die Post vom Rhein) wieder umsonst gewartet, u. habe deswegen die Zeit versäumt. Nun will ich sehen, ob ich bis Sonnabend alles dieß zusammen mache, in der Hoffnung, vielleicht bis dahin etwas von dir zu erhalten. Ich kann nur denken, daß die Posten unrichtig gehen, u. deswegen die Briefe zu lange aufgehalten werden; sonst möchte ich wohl unruhig werden, da ich nur erst 1 Brief von dir, nehmlich den vom 3. vorigen [richtig: laufenden] Monats [ein Wort gestrichen] hier erhielt.

Wegen der Universität noch immer nichts, als gute Hoffnung. Wegen der holländischen Zölle werden neue Unterhandlungen angeknüpft; wegen der geistlichen Sachen soll ein Conkordat mit dem Pabste abgeschlossen werden. Unser Gesandte, Niebuhr, wird wohl ehestens nach Rom abgehen; doch wegen einiger andrer Gegenständen hätte ich an v. Caspars noch zu berichten. –

Dießmahl schreibe ich noch flüchtig, um dich zu bitten, mir ehestens noch 50 Taschen Bücher quovis meliori modo |2| hierhin zu besorgen. Der Buchhändler Tümmler will sie übernehmen. Dieser ist es auch, welcher sich eines der Exemplare von Beuth zu verschaffen suchte, das er nachher für Rth. 3 wieder verkaufte. Der Plan Beuths mit dem Kunsthändler Weiss ist durchgegangen u. dadurch werden wir wohl alle hier noch vorräthigen Exemplare ohne.[1] Vergiß nicht, wo möglich mir mit jenem Transport folgendes Büchlein: Psaelterlein patrum societatis Jesu, welches vielleicht bey Imhof zu haben ist, und joci causa[2] ein halb duzend meiner wie holt ihn der Teufel, weil derley Dinge hier rasenden Spaß machen, zu schicken.

Mir macht Clemens Brentano, der eben wieder bey mir sitzt, viel Spaß. Vale.

Ich schreibe mehr, sobald ich etwas von Euch höre. Heute habe ich an Boisserée geschrieben.

Ebbo

Grüße alle herzlich.

Eberhard von Groote an Melchior Boisserée, Sulpiz Boisserée und Johann Baptist Bertram, Berlin, 26. März 1816

Historisches Archiv der Stadt Köln, Best. 1018, A 118; mit Kürzungen gedruckt in: Alexander Reifferscheid (Hg), Eberhard von Groote. Mitteilungen aus seinem Briefwechsel mit G.Fr. Benecke, J.Fr. Böhmer, M. und S. Boisserée [...] aus den Jahren 1815–1859, Bonn 1875, S. 14–18; sowie in: Alexander Reifferscheid (Hg.), Erinnerung an Eberhard von Groote, in: Monatsschrift für rheinisch-westfälische Geschichtsforschung und Alterthumskunde, Jg. 1, 1875, S. 539–543

|1| Berlin, am 26. März 1816.

Schon lange hätte ich Euch, lieben Freunde, von meinem nunmehrigen Thun und Treiben einige Nachricht geben sollen, u. ich selbst fühle ein Unrecht darin, daß es bis heran nicht geschehen. Aber gerade dieß, mein vielfach getriebenes

---

[1] Satz sic.
[2] joci causa: des Scherzes halber.

und bewegtes Leben, hat mich daran verhindert, und nun, da mir endlich wieder ein wenig Ruhe geworden, mag ich vielleicht ein sinnigeres und herzlicheres Wort mit Euch reden können. Als ich vor etwa Einem Jahre in dem glänzenden, jubelnden Heidelberg von Euch schied, träumte ich mir nicht, daß ich heute von Hier an Euch schreiben würde; aber das ist der Mensch; er kann nur auf sein nächstes Tagewerk sehen, und es fromm pflegen und nach Kräften zum Guten fördern; das Fernere muß er schon seinem guten Herrn im Himmel zu leiten überlassen. –

Ich weiß nicht, ob Ihr meine wenigen Zeilen, die ich auf ausdrückliches Geheiß des Generals Graf Gneisenau vor etwa 6 Wochen an Euch schrieb, erhalten habet. Leider konnte ich sie nur ganz flüchtig hinwerfen, da die Zeit mich sehr drängte; allein, auf Eure freundlichen Gesinnungen rechnend, durfte ich hoffen, daß Ihr weder des herrlichen Generals noch meinen guten Willen darin verkanntet. Ersteren solltet Ihr nur kennen, um in ihm einen der vortrefflichsten Menschen, u. namentlich für unsre vaterländischen Provinzen bestmöglichst gesinnten Mann zu verehren. –

Ich mag Euch über mein manchfaltiges Treiben und Trachten in Paris nichts weiter erzählen, da ich vermuthen kann, daß Ihr durch meinen Bruder und sonst wohl davon Kunde erhalten, so wie auch, daß ich nachher eine ganz angenehme Reise durch Holland machte und dann die Freude hatte, etwa 4 Wochen lang in meinem elterlichen Hause zu zubringen. Ich habe dort meine Zeit nicht fruchtlos verlebt, sondern, so viel es in meinem Vermögen stand, manches noch mit vorbereiten und fördern helfen, was bey dieser neuen Gestaltung der Dinge zum guten Ziele gebracht werden muß.

Allein, es schien mir sehr bald wichtiger |2| zu versuchen, ob nicht unmittelbarer auf die, mit der nahen Organisation unseres Landes beschäftigten Männer in Berlin zu wirken möglich sey, u. nun benutzte ich die von des Fürsten Staats-Kanzlers Durchlaucht mir in Paris oft mündlich gemachten, und nachher schriftlich wiederholten Einladungen und trat meine Reise nach Berlin an, wo ich denn auch zu einer Zeit angelangt zu sein mich freuen kann, wo meine Anwesenheit für mich eben so wichtig als für unser Rheinisches Land förderlich seyn kann. Die vielen Bekanntschaften, die ich sowohl von der Universität her, als später am Rheine und endlich im Kriege mit Männern aus hiesiger Gegend machte, trugen viel dazu bey, mich hier schnell mit allen denjenigen Leuten in Berührung zu setzen, die mir zu jener Absicht behülflich seyn können.

Im Ganzen kann ich auch nicht läugnen, daß ich überall den besten Willen und wahren Ernst gefunden habe, für die neuen Provinzen etwas rechtes und tüchtiges zu thun; ja noch mehr, man sieht aus dieser jungen, lustig und zierlich hingebauten Hauptstadt mit einer gewissen Ehrfurcht u. Achtung zu dem alten Rheine und seinen grauen Vesten hinüber, und ist überzeugt, daß sie, so wie von Alters her, so auch nun noch, bedeutsame, für ganz Deutschland höchst wichtige Kleinodien sind. Der Graf v. Solms-Laubach ist als Oberpräsident nun nach unserer Vaterstadt abgereist. Alles erwartet von ihm, einem alten Reichgrafen, daß er mit Würde und Liebe seinem Amte vorstehen wird.

Für den Handel wird best-möglich gesorgt, u. wegen der Zölle und Oktroieinnahmen werden mit den Holländern neue Unterhandlungen angeknüpft. Unsre geistlichen Angelegenheiten sollen durch ein eigenes Conkordat mit dem Pabste geordnet werden. Die Liberalität, welche in dieser Hinsicht bey den meisten Mitgliedern des Ministeriums und dessen nächsten Räthen herrscht, läßt hoffen, daß jenes Conkordat zu allgemeiner Zufriedenheit abgeschlossen |3| werden wird. Den Mann, welcher als Gesandter zum Pabste gehen wird, habe ich als einen der gelehrtesten u. rechtschaffensten, dabey, wenn auch weder von dem neusten katholischen, noch dem polemisch-protestantischen Geiste ergriffen, in den tiefsten Geist des alten Christenthums mächtig eingedrungenen und von demselben durchdrungenen Mann kennen gelernt, und nach den genauen Erkundigungen, die dieser Mann (der geheime StaatsRath Niebuhr) in seinen öfteren Unterredungen mit mir selbst von den speziellsten Einzelheiten unserer Geistlichen Verfassung einzieht, bin ich fest überzeugt, daß er alles, was in seiner Macht steht, anwenden wird, um unsere kirchlichen Angelegenheiten auf das beste in Rom zu besorgen u. zu vertreten. –

Das wichtigste, was nun ausser dem noch hier zu betreiben übrig blieb, war das Fach des öffentlichen Unterrichts, namentlich die Stiftung einer Universität am Rheine. Ich läugne es nicht, daß diese Angelegenheit mich ziemlich am meisten mit zu meiner Reise nach Berlin bestimmte, und ich darf mir gestehen, daß ich seit dem Berichte, den ich darüber in Paris schon durch des General Gneisenaus Exzellenz an den Fürsten StaatsKanzler einreichte, bis heran, wo ich noch immer diese Sache nach Kräften zu betreiben suche, nichts unterlassen habe, für unser Land dasjenige zu bewirken, was ich in dieser Hinsicht für das Zweckmäßigste und Beste halte. Daß ich unser Köln zu seiner alten Würde als Universität am Rheine wieder erhoben zu sehen wünsche, dieß ist eine Hoffnung, die ich, so viel ich weiß, von jeher mit Euch, lieben Freunde, und mit jedem unserer guten Mitbürger theilte. Wie viele Schwierigkeiten aber die Erfüllung dieses Wunsches bey einer Regierung hat, die theils als protestantische von manchen Vorurtheilen gegen eine ächtkatholische Stadt eingenommen, theils als noch zu neu u. unbekannt, mit unendlich vielen Verhältnissen |4| ihrer neuen Provinzen unbekannt ist; dieß darf ich Euch nicht erst noch sagen. Dennoch habe ich aber die Meinung nicht aufgegeben, daß Ihr noch in gleicher Liebe für unsre Stadt auch die gleichen Wünsche für ihr künftiges Wohl nicht aufgegeben habet, und daher gerne, wie Ihr es stets gethan, zu jenem Ziele hinstreben werdet. –

Ich weiß es, was an Euch für Aufforderungen ergangen, u. weiß, wie ehrenvolle u. wahrhaft königliche Anerbiethen Euch von hier sind zugegangen, um Euch zu bewegen, mit Euren Sammlungen hier hin zu kommen. Auch habe ich die Briefe gelesen, die ihr in Antwort hierauf schriebet. Nur in der Voraussetzung, daß Ihr mir aus alter Kenntschaft und Freundschaft ein traulich Wort vergönnet, welches ohne jene Voraussetzung Euch vielleicht vorlaut oder unzeitig bedünken möchte, erlaube ich mir hier, Euch meine Ansicht der Sache, die mich so sehr interessirt, mitzutheilen, was mir doch auch in der Hinsicht erlaubt seyn kann, als ich hier zunächst bey der Quelle, alles im Einzelnen zu hören und zu sehen Gelegenheit habe, was Euch zu wissen nicht gleichgültig seyn kann. Nichts ist nehmlich gewisser, als daß Ihr selbst als Liebhaber und Kenner der vaterländischen Kunst, und Eure Sachen und Arbeiten als Dokumente derselben, allen denen, die sich hier zunächst um Etwas bekümmern, von der größten Wichtigkeit sind. Schon in Paris, wo für allerley, vielleicht zum Theil sehr mittelmäßige Dinge, große Summen verwandt wurden, kam Eure Sammlung bald zur Sprache, und Alle vereinigten sich dahin, Euch einzuladen, dieselbe dem Preußischen Reiche nicht zu entziehen. Ich weiß, daß der Minister v. Altenstein und der treffliche CabinetsRath Eichhorn Euch in Heidelberg besuchten, und daß neuerdings von hieraus neue Vorschläge |5| zu eben jenem Zwecke gemacht wurden, die Ihr aber unter verschiedenen Einwendungen einstweilen von der Hand wieset. –

Dieß hat nun im Ganzen hier die beste Wirkung nicht gemacht, denn man fand es auffallend, daß Ihr so bedeutende Anerbiethen des Königes unbeachtet ließet, ohne eigentlich den Grund dieser Zögerung genauer anzugeben, ja ohne auch nur etwas Bestimmtes über Euren eigentlichen Plan kund zu geben. Mir aber war dieser Verschub äußerst angenehm, weil ich noch immer darin meine Hoffnung genährt sehe, daß Ihr diese herrliche Gelegenheit nicht ungenützt vorübergehen lasset, um die Regierung gleichsam zu zwingen, etwas tüchtiges für unsre Stadt zu thun. Ich muß hier mit wenigen Worten von den verschiedenen Partheyen reden, die hier, jede mit verschiedener Ansicht von dieser Sache, redet. Die Eine ist bloß die der Neugierigen, die in großer Sucht etwas Neues zu sehen und zu hören, hofft, ja glaubt u. wissen will, daß Ihr Eure Sachen an den König verkauft habt, u. schon auf dem Wege seyd, sie ihren vorwitzigen Augen zu zeigen. Diese ist die niedrigste u. bedarf weiter keiner Schilderung. Eine Zweyte größere aber sieht nur in Berlin den wahren Mittelpunkt alles Vorzüglichen und Wichtigen von ganz Deutschland, und denkt, jeder müsse sich bestreben, in Berlin alles zusammen zu bringen, was demselben den Namen eines anderen Paris sichern könne. Zu dieser gehört ein Theil derjenigen Leute, die sich um Euch bemüht haben, allein, Ihr könnt versichert seyn, daß Ihr nur hierhin kommen dürftet, um die Eitelkeit dieser Menschen zu schmeicheln, und daß sie Eure Anwesenheit nur als Thriumph ihres Strebens betrachten, dann aber auch durch Intrigue |6| und Hofkünste (wer kennt Ihre Macht nicht!) alles anwenden würden, Euch für immer hier zu fesseln. Leider ist ja das Treiben der neuesten Zeit am Ende doch nur auf Critik und historische, wissenschaftliche Entzieferung alles Großen der Vorzeit berechnet, und so wäre dann dem kalten Volke auch Eure vortreffliche Sammlung dem raisonirenden, anatomirenden frostigen Geschlechte freygestellt, die ihren Witz und ihren Scharfsinn daran zu üben, sich nun schon freuen.

Eine dritte, und ich möchte sagen, die edelste, vielleicht selbst die größte Parthey wünscht gar nicht, Euch hier zu sehen. Sie erkennt Euren Werth u. den Eures ganzen Bestrebens auf das tiefste an, und würde es bejammern, so viel Gutes an einen Ort verpflanzt zu sehen, wohin es nicht gehört, nicht verstanden, nicht nach Würde geliebt wird. An den Rhein, sagen sie laut, gehört, was am Rheine blühte und reifte; ja an den Rhein möchten sie sich aus dem kalten Norden, mit allem, was Ihnen lieb geworden, verpflanzen, denn sie wissen es nur zu wohl, daß die lieblichen Südfrüchte die Stürme der kälteren Zone nicht vertragen können. Laut spricht sich diese Stimme hier aus, und eben so laut als Ihr von den beyden ersten bewillkommt werden würdet, eben so würde Euch die andere wehmüthig ansehen, und Euch beklagen, daß ihr nicht anders wähltet.

Ueberdieß kann ich Euch versichern, daß es nicht sowohl der bloße Wunsch ist, Euch hier zu sehen, welcher alles das veranlaßte, was ihr in der letzten Zeit gehört und vernommen; sondern bey den meisten, die in dieser Sache arbeiteten, war es vielmehr nur der Wunsch, Euch und |7| Eure Sachen, nur dem Preußischen Staate gerettet zu sehen. Daher erlaubt nun, daß ich aus diesen Voraussetzungen hier unmaßgeblich meine Schlußfolge hinzufüge, die, wenn sie auch mit Euren Ansichten u. Planen nicht genau übereinstimmen sollte, – Ihr mir doch gewiß in der Hinsicht, daß sie aus dem besten Willen herrührt, mir vergeben werdet. Ich setze voraus, daß Eure Liebe für unsre Stadt, wie dieß nicht anders seyn kann, dieselbe geblieben, die sie stets war; ich setze voraus, daß ihr aus allem, was Euch zugekommen, wisset, welchen hohen Werth die Regierung auf Euch u. eure Sachen setzt; ich setze voraus, daß Ihr nicht schon einen andern, mit diesem unverträglichen Plan gemacht habet, und füge dann die Bitte hinzu, daß Ihr diese, vielleicht ewig unwiderbringliche Gelegenheit ergreift, dem Könige zu sagen: Wir sind bereit, in die Rheinprovinzen zurückzukehren; dann aber setzet alle Bedingungen, die Euch zu Eurem, Unserm, und unserer ganzen Stadt besten nöthig und nützlich scheinen, so ausführlich, als ihr für Gut haltet, hinzu, – sagt, daß Ihr die Universität, u. wie ihr sie haben wollt, – sagt, was Euch über Kunstschule, Akademie etc. gut scheint, – und seyd dann versichert, daß eines Theils die Freude über Euren Entschluß hier so groß, u. wie ihr aus den großen Anerbiethen des Königs seht, der Werth, den man darauf setzt, so bedeutend ist, daß man gewiß auf Eure Vorschläge Gehör geben, u. was mir, und allen, die dafür arbeiten, bisher noch immer nicht gelang, dann durch Eure Erklärung vielleicht mit einem Male entschieden seyn wird. Wie schnell würde dann Bonn nicht gegen uns zurückstehen, was nun noch nicht der Fall ist; wie bald |8| würden wir alles das für uns erlangen, was nun noch immer in's Weite geschoben wird; welch einen Großen Dank würdet Ihr Euch endlich nicht um unsre Stadt selbst verdienen, deren Wohl Euch ohnedieß schon nicht gleichgültig ist, noch seyn kann, wie wir dieß von jeher wissen. –

Mein Aufenthalt wird hier von nicht sehr langer Dauer mehr seyn. Vermuthlich werde ich bey unserer neuen Regierung angestellt, u. kehre zu dieser zurück.

Uebrigens ist mein Aufenthalt hier äußerst angenehm, da ich mich überall der freundlichsten Aufnahme zu erfreuen habe. Mit Sehnsucht sehe ich Göthes Schrift entgegen, auf die Ihr uns zunächst verwiesen habet, mehr noch Eurem nächsten Brief. Sehr wünsche ich Euch die Bekanntschaft des Bauraths Schinkel, den ich als einen recht lieben interessanten Mann habe kennen gelernt. – Wollt ihr nun meine wohlgemeinte Zuschrift, wie ich sie schrieb, also aufnehmen, u. mir vielleicht etwas darauf antworten, so schickt es mir unter meiner Adresse, an Herrn Geheim Rath Beuth, Georgenstraße No 17, oder, wenn es länger werden sollte, als ich hoffe, an meinen Bruder Joseph in Cöln. Eben sitzt Clemens Brentano bey mir, der nun viel ruhiger geworden, u. den ich, wenn er gleich vielleicht ein Stück des Mephistopheles ist, als einen in mancher Hinsicht merkwürdigen Menschen kennen gelernt habe.

Lebt recht wohl und behaltet mich lieb.
Ebbo.

Eberhard von Groote an den Kommissarischen Oberbürgermeister Karl Joseph von Mylius und den Rat der Stadt Köln, Berlin, 2. April 1816

Historisches Archiv der Stadt Köln, Best. 400, A 667, Bl. 58 f.

|58r| Während der Dauer meines hiesigen Aufenthalts habe ich es mir angelegen seyn lassen, über diejenigen Geschäfte, welche zunächst unsre Stadt betreffen, mir möglichst genaue Kenntniß zu verschaffen, und darf es hier im Allgemeinen schon bevorworten, daß ich Ihnen, meine Herren, ziemlich erfreuliche Resultate meiner Erkundigungen mittheilen kann. Der Oberpräsident, Graf Solms Laubach, wird in diesem Augenblicke vielleicht schon in Cöln eingetroffen seyn, und so wie ich denselben hier kennen zu lernen die Ehre hatte, glaube ich unserer Vaterstadt Glück wünschen zu können, einen so kundigen, thätigen, zugänglichen Mann an der Spitze der neuen Regierung zu sehen. –

Bey der ehestens zu erwartenden neuen Organisation wird allerdings der gute Fortgang der Geschäfte zunächst von den Berichten abhängen, welche der Oberpräsident darüber bey den hiesigen Ministerien einreichen wird; über diejenigen Gegenstände aber, welche wirklich schon hier zur Entscheidung vorliegen, erlaube ich mir, Ihnen kurz folgende Ansichten mitzutheilen:

Nach den Aeußerungen der Herrn Staats Räthe und Minister selbst, ist nicht leicht eine Sache mit soviel Ernst und Kraft von verschiedenen Seiten betrieben worden, als die Bestimmung der künftigen Universität am Rheine. Jede der beyden Städte, welche sich darum bewerben, hatte in dem hiesigen Staats Rathe beynahe gleich mächtige Patronen gefunden. Graf Solms hatte mit Absicht keiner einen Vorzug zugestanden, sondern in seinem Berichte nur gleiche Gründe auf beyden Seiten herausgehoben. Für Köln mögen freylich die in einigen Berichten angeführten ökonomisch wichtigen Gründe von bester Wirkung gewesen seyn; bald fand ich aber auch, daß noch ein anderer Gesichtspunkt, den ich beyläufig in einer Unterredung mit den StaatsRäthen aufstellte, mit größtem Interesse ergriffen wurde. Es ist dieß nehmlich |58v| die Wichtigkeit Cölns für die, neuerdings mit so vielem Eifer wieder angeregte, Bearbeitung der deutschen Städtegeschichte. In einer Zeitschrift für geschichtliche Rechtswissenschaft, welche Herr Professor v. Savigny hier herausgiebt, hat der bekannte Geschichtsforscher Eichhorn, die Vorzüglichkeit Kölns für jenen Zweck herausgehoben, doch ohne im einzelnen mit den herrlichen Materialien bekannt zu seyn, welche daselbst für diesen Theil der Geschichte verborgen liegen. Um so aufmerksamer wurden daher diejenigen Mittheilungen beachtet, welche ich in dieser Hinsicht über die Kölnischen Sammlungen, Archive, Denkmale etc. so wie über die Männer machen konnte, welche sich mit diesen Gegenständen beschäftigt haben, und dieß wurde als ein neuer, wichtiger Grund aufgestellt, in Cöln Männer zu versammeln, welche mit jenen Sachen der Wissenschaft sich zunächst befassen könnten; wozu gerade wieder eine Universität die beste Gelegenheit an die Hand biethe. –

Mit Sicherheit läßt sich immer noch behaupten, daß im StaatsRathe für Köln bey weitem die meisten und gewichtvollsten Stimmen sind, und der Bericht welcher von demselben nun dem Minister des Innern vorgelegt ist, läßt für unsre Stadt alles Gute hoffen. Allein, auf die Vorstellung des Ministeriums an den König, und auf die endliche Entscheidung Seiner Majestät selbst kommt Alles noch an, und mit Sicherheit kann man nicht absehen, wie und wie bald diese erfolgen wird. Das Einzige, was sich also einstweilen nur thun läßt, ist, die Sache in gutem Andenken zu erhalten, und sie von Zeit zu Zeit wieder anzuregen, wozu mir denn auch meine nähere Bekanntschaft mit den Mitgliedern des StaatsRathes und des Ministeriums oft Gelegenheit giebt. –

Möglich wäre es auch immer noch, daß ein Bericht des Herrn Oberpräsidenten, und in diesem eine genaue Nachweisung über die, |59r| immer nur im Allgemeinen berührten Fonds der Kölnischen Universität abgewartet würde, zu dessen schleuniger Anfertigung gewiß jeder, der mit diesem Gegenstande näher vertraut ist, gerne die Hand biethen wird. Ausser dem aber wäre mir hier alles, was etwa über die Universität noch von Herrn Prof. Wallraf oder sonst gesagt werden könnte, von äußerster Wichtigkeit, gerade um die günstige Meinung für unsere Stadt nur immer noch mehr zu befestigen und zu sichern.

Was ferner die für unseren Handel so nachtheiligen Holländischen Zölle betrifft, so ist viele Hoffnung, daß die Holländer entweder zur gänzlichen Aufhebung, oder doch zur Mäßigung derselben bewogen werden dürften. Es sind über diesen Gegenstand neue Unterhandlungen angeknüpft, und dem Herrn Staats-Rath von Staegemann ist von dem Ministerio des Innern die Sache zum Berichte und zur Bearbeitung übergeben, der auch nach wiederholten mir gemachten Aeußerungen schon Mittel und Gründe entdeckt zu haben glaubt, jenen Zweck wirklich zu erreichen. Man ist völlig von der Wichtigkeit, ja der Notwendigkeit der Sache überzeugt, und von den Männern, welche mit der Bearbeitung derselben beauftragt sind, läßt sich erwarten, daß Ihre Thätigkeit den besten Erfolg haben wird.

Einer der Gegenstände, welche zunächst nach erfolgter Organisation der Rhein-Provinzen verdient zur Sprache gebracht [zu] werden, ist unstreitig das Stadt-Kölnische Schuldenwesen. Dieser Punkt gehört unmittelbar zu denjenigen, worüber ehestens von dem Oberpräsidium Bericht erwartet wird, daher es denn auch rathsam seyn wird, daß dem Herrn Oberpräsidenten darüber also bald die wichtigsten Ansichten von allen einschlagenden Behörden vorgelegt werden. Dann aber dürfte auch wohl die schleunige Berichtigung dieses Gegenstandes weiter keine Schwierigkeit haben, da man von der Billigkeit der Forderung im Allgemeinen hier völlig überzeugt ist.

|59v| Sehr erfreulich war es mir endlich auch, die kirchlichen Angelegenheiten der Rhein-Provinzen einsichtsvollen und sehr rechtschaffenen Männern anvertraut zu sehen, und ich behalte mir vor, über die dahin gehörenden Geschäfte der Geistlichkeit unserer Stadt meine unmaßgeblichen Ansichten vorzulegen.

Genehmigen Sie, Meine Herren, inzwischen die Versicherung meiner vorzüglichsten Hochachtung.

Berlin, den 2. April 1816.

Eberhard von Groote

NebenSatz: Die neulich mir gütigst zugestellten Briefe an des Ministers des Innern Exzellenz habe ich an Dieselbe überreicht, und die übrigen Aktenstücke zu meiner eigenen Notitz benutzt.

Eberhard von Groote an Joseph von Groote, Berlin, 5. u. 6. April 1816

Historisches Archiv der Stadt Köln, Best. 1552, A 20/9

|1| Berlin, den 5. April 1816.

Es war bloß Nachläßigkeit von Beuths Leuten Schuld daran, daß ich nicht deinen dicken Brief vom 24.–26. vorigen Monats, zugleich mit einem von Seydewitz, am 2. April schon erhielt, den ich dort abholte; deiner hatte schon 2 Tage, also um 1 Tag vor dem Abgang meines Briefs vom 2. April, dort gelegen. Es hat mich gefreut, endlich einige Nachricht von dir zu erhalten, lieber Alter, denn fast glaubte ich, du hättest mich schon ganz aufgegeben, und wolltest mich nicht einmal mehr um dein Leben wissen lassen. Auf den Brief komme ich später zurück.

Vorab aber nimm mir die wiederholte Frage nicht übel, ob es denn durchaus unmöglich ist, daß mir das Porto etwas gemindert werde. Du glaubst vielleicht, auf deinen früheren Briefen haben Eure Postzeichen, die ich nicht kenne, u. auf dem letzten das H.D.S.[1] und das Postsiegel etwas geholfen; aber keines ist der Fall. Deine einfachen Briefe kosten zwischen 8 u. 10 GG., immer also gegen 1 ½ Franc; der letzte große aber gen 2 ½ Thl. also gegen 9 Fr., u. das ist doch etwas viel. Jenes H.D.S. wird nur unter Dienstsiegel, oder Adresse an einen wirklichen Beamten berücksichtigt; und da ich einmal letzteres nicht bin, u. Euer Postsiegel jene Achtung nicht zu haben scheint, so müßen wir uns anders einzurichten suchen. – Ich bitte Euch, mir auf meiner Adresse den Titel Königlich Preußischer Professor nicht weiter zu geben. Professor lasse ich mir noch wohl gefallen; aber Königlich Preußischer Professor läßt sich selbst kein Professor auf einer Preußischen Universitaet nennen; denn qua Professor hält er sich gewiß nicht für Königlich noch für Preußisch. Es ist mehreren aufgefallen; darum bitte ich Euch nur kurz Herrn Professor Eberhard v. Groote Berlin. – bey Beuth etc. zu adressiren.

|2| Ich will nun deinen Brief durchgehen. Erstens möchte ich wissen, ob du auch meinen Brief von Magdeburg vom 2. Maerz und darin die Anzeige erhalten hast, daß ich an die dortige W. Heinrichshofensche Buchhandlung 6 Taschen Bücher zu 25 % rabatt abgegeben u. zugleich deine Adresse gelassen habe, wogegen ich das Versprechen erhielt, daß man längstens in 3 Wochen an dich schreiben, und dir entweder den Betrag für alle Taschen Bücher oder die unverkauften zurückschicken wolle. [zwei Worte gestrichen] Ich erinnere mich nicht, daß du bisher mir darüber etwas gesagt hast; bitte dich aber, es zu thun, wo ich, im Falle noch etwas zu erinnern wäre, an jene Buchhandlung schreiben werde. –

---

[1] H.D.S., Kürzel der Post für: Herrschaftliche Dienst Post.

Es ist ungeheuer, wie verschiedenartig über jenes arme Taschen Buch geurtheilt wird! Es geschieht mir sehr oft, daß ich es an Einem u. demselben Tage zur Tollheit tadeln u. dann ebenso sehr wieder loben höre. Gilt gleich viel! Böses können wir damit nicht gestiftet haben; Erbaut sich eine stille Seele daran, desto besser. Mir ist es, wie ich dir schon sagte, wie eine Allgemeine Adresse oder Anmeldung in ganz Berlin, weil jeder wenigsten davon gehört, u. meinen Namen dabey erfahren hat. – Bey jenem Weiß geht die Spekulation wahrscheinlich gut; ich werde mich ehestens wieder erkundigen. Die 50 Exemplare für die Dümmlersche Buchhandlung wirst du mir wohl noch zu verschaffen sorgen. Was Beuth an Fochem schreibt, hat er auch mir alles schon gesagt; das Ganze dreht sich aber nur darum, daß der Buchhändler Dümmler von Brentano (der bey Beuth ein Exemplar gekauft hatte!) u. eine unglückliche Königsberger Buchhandlung auf ähnlichem Wege, sich eins zu verschaffen gesucht, und es nachher zu ungeheurem Preise wieder verkauft haben. |3| Da hat Beuth nun geglaubt, sie hätten dieselben durchaus, u. daher sein Geschrey. Er ist übrigens ein grämlicher, innerlich krankhafter Kerl, der, wie er selbst unreif und unvollendet ist, so auch, nach meiner Ansicht, alles, was er ergreift, nur so ins Laub treibt, u. dann wieder fahren läßt. Sollte wohl die, wie ich höre, äußerst schöne, blühende, üppig volle Gräfin Mons an seiner Seite sich die vollesten Lebensgenüße erwarten können? Manches spricht dagegen. –

An Leipzig u. Frankfurth denket nur ordentlich. Ich thue, wie ihr seht, hier gerne das Meinige. – Daß ich es nur gleich nicht vergesse: Es ist mir lieb, daß du mir schreibst, wie es mit meinem Büchlein ist, u. daß ich noch Hoffnung habe, es vor der Leipziger Messe vollendet zu sehen. Allein, ein Schreck hat mich befallen, als ich vor einigen Tagen eines der Gedichte zur Hand nahm, die in dem Buche vorkommen, u. darin einen Schnitzer entdeckte, den ich zehnmal schon habe bessern wollen, von dem ich aber nicht weiß, ob er in dem Exemplar, wonach gedruckt wird, steht oder nicht steht. Thu mir die Liebe, so es noch Zeit ist, einmal nachzusehen. Ist die Stelle gut, so magst du sie lassen, ist sie aber verkehrt, oder folgende nach deinem Urtheil besser, so sey so gut, sie so, wie sie hier steht, abdrucken zu lassen. Es ist dieß nehmlich in dem Gedichte, welches zum Schluß des Werkchens steht, in der Strophe 10. In meinem hiesigen Exemplar steht der fehlerhafte Vers: Von dem sich alles Wesen trennte. Daher fand ich mich veranlaßt, die 4 Versen so einzuarbeiten:

Dem alles Wesen sich entwunden,
durch Sünde in sich selbst entzweyt,
der mit dem Geist den Leib verbunden,
von dem der Tod ihn nur befreit. etc. etc.

|4| Möglich ist es auch, daß ich es gebessert habe; ich hoffe aber, daß es wenigstens noch nicht dazu zu spät seyn wird. –

Mit dem Buche selbst denke ich hier bey manchen Menschen Gutes zu stiften. Ich habe nehmlich Gelegenheit gehabt, die Hauptanführer der hiesigen Magnetismussekte kennen zu lernen, u. an ihnen wahrhaft entsetzliche Menschen gefunden. Das ganze Wesen mit dem Magnetismus wird hier mit solcher Wuth getrieben u. so allgmein ist der Antheil, den man daran nimmt, und den der Protestantismus schon ex officio, qua talis² an diesem Triumpf der verständigen Wissenschaftlichkeit gegen die Wunder des frommen Glaubens nehmen muß, daß man selten in einer Gesellschaft ½ Stunde lang seyn kann, ohne daß das Gespräch darauf gebracht würde. Erst gestern hörte ich den Repräsentanten des ganzen neueren Wege Systems (Wolffarth), wie er gefällig zu mir sagte „Glauben Sie mir, lieber Freund, wir haben nun so tief den Weg alles Lebens und Seyns in unserm System verfolgt, daß es kein Wunder, kein altes Mysterium u. kein Heiligthum mehr durch alle Zeit u. Geschichte hinauf giebt, das wir nun nicht entziefern, u. zerlegen könnten." Heute habe ich mich bey Herrn Prof. v. Savigny über diese frevelhaften Reden vor mehrern Leuten schrecklich vernehmen lassen, so wie du denn weist, daß sie gegen mein System Schnurgerade anstreiten. – Arme Wichte, oder vielmehr, frevelnde Buben, so schloß ich meine Erörterung, kaum habt Ihr in Eurem stolzen Beginnen, so von weitem einen Zauberlaut wieder entdeckt, der, als ihr ihn aussprachet, eine der schlummernden Naturkräfte wieder anregte, die dereinst dem stillen, frommen Menschen, wenn er nur glaubte u. vertraute, zu Gebothe standen; Und kaum ist euch dies gelungen, ja kaum habt ihr euch von dem Schrecken wieder [...]³

|9| reichen sollen. Das ist Alles, was man hier wünschet; das ist aber auch das Einzige, wovon etwas zu erwarten steht; denn einmal denkt man über tausend andern Dingen gewiß an die katholischen Kirchen Angelegenheiten hier zuletzt, u. weiß darin anderntheils auch wieder so wenig Bescheid, daß von hier aus gewiß nichts Besonderes zu erwarten ist, wenigstens nichts Erfreuliches. Jene Einigung der wenigen Guten u. Vernünftigen, die bey uns noch sind, u. ihr freyes kühnes Auftreten, Fordern und Ansuchen bey den hiesigen Behörden ist der einzig mögliche Weg zu gutem Ziele; geschieht dieß nicht, so wird theils Gleichgültigkeit dagegen bey uns vermuthet, theils hier dieselbe nur immer vermehrt, u. es geschieht nichts. Möge der Himmel also die Herrn dort, was ich ihnen in bester Einsicht u. Absicht rieth, als richtig erkennen, u. es nicht umsonst sich gerathen seyn lassen.

Wäre ich vielleicht früher hier gewesen, so wäre [gestrichen: vielleicht] mein Plan, den ich Netzen schon auf unserer Reise mittheilte, nehmlich zur Römischen Legation zu kommen, auszuführen möglich gewesen. Nun geht ein junger Mann, ein Freund Niebuhrs, ein bloser Philologe, Brandis, mit ihm, der ihm wohl zu den Forschungen in den alten Klassikern, schwerlich aber zur Berathung über die katholischen Kirchen Angelegenheiten zur Hand seyn wird! – Wäre jener Plan nicht herrlich gewesen, u. hätte ich nicht am Ende vom Himmel zu einem künftigen Bischof von Cöln bestimmt seyn können?

---

² ex officio, qua talis: von Amts wegen, als solcher.
³ In der Akte fehlen die Seiten 5 bis 8.

Jenen xxx, von dem du schreibst, kenne ich gar nicht, will mich aber erkundigen, ob einer der Hiesigen ihn kennt. Ist aber unser Clerus über seine Tüchtigkeit einig, dann nur frisch vorgeschlagen, u. berichtet, u. geschrieben, bis wir ihn haben, das ist das einzige Mittel, aber das hilft auch. – Ging es nicht, so besinne man sich auf einen andern, aber nur nicht gesäumt; es ist periculum in mora.[4]
Gute Nacht.

|10| Den 6. April. Sonnabend

Was ich von den Postsachen wußte, hab ich neulich geschrieben. – Was du wegen den Kendenichern schreibst, ist mir sehr leid. Es hätte dort, wie auch zu Kitzburg, anfänglich mit mehr Ernst und Strenge müssen durchgefahren, Paulus zum Pachter bestimmt, u. die Uebrigen anders untergebracht werden. Die vielen Schmarotzerpflanzen auf Einem Stamm, müssen ihn am Ende zu Grunde richten. Auf allen Fall möchte es gut seyn, nicht gar zu nachgiebig zu seyn, damit aus Schlimm nicht Aerger wird. Recht unangenehm ist mir auch, daß du bis dahin für die Pferde das Geld nicht hast, u. hoffe nur nicht, daß es dich auf den Augenblick genirt. Recht gut ist es, daß wenigsten dein Schimmel wieder fidel ist, u. dir Freude macht. Gott behüthe dich nur vor allem Unglück damit; es ist ein kitzlicher Teufel. – Bruder Karl begrüße mir spezialiter, u. sage ihm, ich freue mich, [ihn] in ordentlicher Aktivität zu sehen; er mag nur fortfahren, u. sich's nicht verdrießen lassen; alle bestimmte Thätigkeit führt zu irgend einem guten Zwecke.

Da du doch einmal vom Theater sprichst, will auch ich dir ein Paar Worte von dem hiesigen sagen. Oft habe ich es freylich noch nicht besucht; einmal, weil ich überhaupt kein entschiedener Theater Freund bin, dann auch, weil ich meist den Abend anderwärts zuzubringen habe. Ich glaube, die hiesige Bühne mag ziemlich mit die Beste in Deutschland seyn. Es wird viel daran vom Könige gewendet, u. ist meist stark besucht. Ich habe seit Kurzem den Kaufmann von Venedig u. Clavigo gesehen; in beyden Stücken war Devrient (als Jude und als Karlos) unvergleichlich. Auch in kleineren Lustspielen habe ich ihn gesehen, u. man möchte schwer entscheiden, ob jene boshaften Rollen, oder die komischen mehr sein Fach sind. Trauerspiele, z.B. den Clavigo, lieben die Berliner nicht sehr, u. würde nicht, wie in Frankreich, ein Lustspiel hinterher gegeben, es ging fast gar niemand hinein. Es werden viele große u. herrliche Stücke gegeben, u. kein Spieler verdirbt |11| leicht etwas an seiner Rolle. Neulich wurde zum Besten des Vaterländischen Vereins morgens um 10 bis 2 Theatralische Vorstellung gegeben. Das Haus war gesteckt voll, u. auch wir ließen uns verleiten mit hineinzugehen. Der ganze Hof (der König ist fast in jeder Vorstellung) war dort. Aber die Monodrama's, u. die Deklamationen einzelner Balladen, während welcher die darin vorkommenden Szenen, in Gemälden von lebenden Figuren (der Hauptwitz des

---

[4] periculum in mora: Gefahr im Verzug.

Ganzen) gezeigt wurden, gefielen mir gar nicht. Besser waren 4 u. 5 stimmige Gesänge, welche, hinter dem Vorhang zwischen her, von Madame Milder Hauptmann, Mademoiselle Eunike, u. Mitgliedern der Singakademie gesungen wurden. –

Es fing auf einmal an, nach etwas Verbranntem zu riechen, einige wollten Funken gesehen haben, u. es war eben daran, daß sich das ganze Volk nach den Thüren drängen wollte. Viele rissen schon aus; allein, da man nun weiter nichts sah, auch der Hof weiter keine Unruhe bezeigte, so blieb man wieder ruhig, und so wurde verhüthet, daß nicht wenigstens ein halb dutzend Menschen erdrückt wurden, was gewiß geschehen wäre. Heute wird die Braut von Messina gegeben, die ich wohl einmal sehen möchte. Der König hat nun ein Paar der vorzüglichsten Tänzer des Pariser Ballets hier, denen er viel Geld giebt (ut scandalizetur populus!).[5] Ich habe sie nicht gesehen, da ich sie leider genug vom Pariser Theater kenne, u. sie für höchst unpassend für deutsches Volk – deutsche Frauen – erklären muß. Auch würden sie sich schwerlich hier halten, wenn nicht besondere Kunstgriffe dazu gebraucht würden, die ich hier nicht anführen darf. –

Wegen Schenke u. Lange wirst du nun näheres wissen, oder es doch erfahren, wenn Haxthausen kommt. Gerne hätte ich längst schon nach Coblenz geschrieben; aber direkt – das wäre viel gewagt, wenn man sonst nach Herzenslust schreiben wollte; – also immer nur unter xxxxx Adresse; u. dann kann ich auch immer schwer Zeit finden.

|12| Daß in den Geschäften mit dem General v. Mylius endlich etwas geschehen soll, freut mich sehr. Gott gebe, daß wir mit diesem widrigen xxxxxxx endlich einmal ganz aus einander wären! Ich weiß nicht, ob ich dir schon schrieb, daß ich Haxthausen wegen des Bürgermeisters gefragt, und Er mir versichert hat, daß er von Briefen, die jener an Solms geschrieben, oder habe schreiben lassen, wegen Anstellung als Landrath oder dergl. gar nichts wisse. Das wäre also wohl auch nur wieder eine Vorspieglung, die der saubere Herr Oheim uns vorgemacht. Ich hoffe auch darin wird nun Rath werden. Es bedürfte ja nur eines (selbst unoffiziellen) Wisches, zu dem Haxthausen wohl zu bringen seyn würde, um dem bangen Haasen bedeuten zu lassen, daß er sich unverzüglich auf seine Bürgermeisterey verfügen solle, da man sich sein Vagabundenleben nicht wolle gefallen lassen, u. er würde nicht säumen, ganz unterthänigst abzufahren. Auch dafür wird nun wohl Hilfe zu schaffen seyn. Ich danke Gott, daß du die Hand in allen diesen Dingen fest hältst, so daß wenigstens nichts versäumt, oder gar mehr verdorben wird, als es wirklich ist. –

Dein Lohn soll dafür am Ende auch eine recht fidele Frau seyn, die du doch hoffentlich eher, als unser [einer], einst gewinnen sollst. Wegen des Verkeiltseyns, glaube dich nur so sicher nicht; denn gerade, wenn man sich am fernsten davon glaubt, führt einen der Liebesteufel wohl am ersten zur Schlinge. Ich bin

---

[5] ut scandalizetur populus: sodass das Volk verärgert ist.

frey genug zu behaupten, daß ich wohl bey einem halben Dutzend fideler Besen hier etwas wagen dürfte; das anmuthige Völkchen ist hier so ehelustig wie anderwärts auch. Aber leider gerade bey den Prinzessinnen ist nicht viel Erbauliches zu sehen; sonst könnte man wohl zu gutem Zwecke sich ein Romänchen anspinnen. Wäre nur die Prinzess Wilhelm zugänglicher als sie ist, vielleicht könnte es da etwas werden, besonders da sie sich für die Altdeutschen Sachen doch so interessirt. Allein, das ist wohl umsonst. Sie sieht nie Gesellschaft, u. ich sehe nicht, wie ich in Ihre Nähe kommen soll, da sie fast nur |13| ins Theater geht, u. ausserdem mit Ihrem Gemahl allein lebt. Auch ist es ein Jammer, wie hier das Volk, die Prinzess gar nicht ausgenommen, sich von der de La Motte Fouqué-schen u. dergl. elenden After-Romantik hat verblenden lassen, wo man noch einen harten Kampf haben würde, wenn man ihnen zeigen wollte, wie doch dieß so gar nichtiges Zeug, u. mit den eigentlichen Alten gar nicht zu vergleichen. Vielleicht würde der Beweiß nicht so schwer, wenn man Sie erst so weit gebracht hätte, sich den alten Tristan oder so etwas, von Anfang bis zu Ende vorlesen zu lassen. –

Wenn nun auch nicht geradezu durch Verkeilung, so darf ich doch glauben, daß überhaupt durch mein freyes Auftreten in allen möglichen hiesigen Gesellschaften ich mich so ziemlich poussire; kommt [es] vielleicht zu etwas mehrerem mit der Zeit Gelegenheit, desto besser. Ernst kann es nicht werden, denn am Ende ist mir doch bey dem protestantischen Volke immer nur unheimlich, und nur bis auf einen gewissen Punkt, bey dem ich meiner Art nach bald ankomme, kann ich mit Ihnen von Dingen reden, die bey jedem näheren Verhältnisse erörtert werden müssen. Somit wollen wir lieber beym Alten bleiben, wenn nicht etwas ganz ausserordentliches uns davon zurückbringen wird; obschon auch eben beym Alten meine Erfahrungen sonderbar sind, und mich manches unheimlich dabey ergreift, was sich nicht wohl sagen läßt, aber mir immer störend sich vor die Seele stellt. Gott, wie du willst! –

Boisserée's machen noch immer den Gegenstand vielen Geredes aus. Man ist mit ihnen höchst unzufrieden, und hält sie für eben so eingebildet u. widrig stolz, als für unentschlossen. Was ich ihnen schrieb, habe ich dir neulich schon gesagt. Erhalte ich Antwort, die vielleicht durch deine Hände geht, so wollen wir weiter reden. Ich habe ihnen ernsthaft u. doch auch freundlich geschrieben; sollten sie es nicht so aufnehmen wollen, so kümmere ich mich weiter nicht um sie; allein, ich werde mich zu verhalten wißen.

|14| Da ich nun eben, es ist halb 11 U. morgens, mein Blatt wende, u. auch ziemlich alles beantwortet u. geschrieben habe, was ich für gut hielt, kommt wie ein guter Engel, Beuths Diener, u. bringt mir deinen Brief. Erfreulich ist schon der Ausspruch desselben, „dieser ist nicht so theuer wie der letzte, er kostet nur 1 GGr. Münze." Ich zünde daher meine Pfeiffe wieder an, und erbreche und lese. – Dann mehr. Gott gebe etwas Gutes. – – – Deine Nachrichten vom 23. März sind mir lieb. – Die Professoralgeschäfte werden wohl berichtigt werden. Einstweilen

ist es schlimm, daß solche Dinge, wie wegen Luther von Dumbeck zur Sprache kommen, obgleich ich sehr mit Haxthausen der Meinung bin, daß wenn wir erst die Universität errungen haben, alles geschehen muß, um sie so rein katholisch, als möglich zu gestalten und zu erhalten. Nur dann sehe ich einiges Heil, in klar ausgesprochener Tendenz. Ein Gemische ist das Schlimmste von allem.

Sack wird hier erwartet, und dann ohne weiteres nach Schwedisch Pommern gehen. Anderes weiß man hier nicht. Ich finde nicht, daß er viele Feinde hier hat. Man hält ihn für ehrlich u. tüchtig in seinen Geschäften. Dennoch sollen mehrere im Ministerio gegen ihn, der König aber ihm sehr gewogen seyn. Seine größten Feinde soll er im Militair und in den Militairischen Oberbehörden haben. –

Wegen den Glasmalereyen kann ich hier nur im allgemeinen etwas thun; Alles, was in dieser Hinsicht, so wie überhaupt in Kunst und Wissenschaft geschehen soll, muß fortan durch das Oberpräsidium zum Berichte gebracht werden; dieß ist der einzige, aber auch sicherste Weg. Leicht würde Graf Solms, der schon ohnedieß sehr auf alle vaterländischen Merkwürdigkeiten hält, |15| zu bewegen seyn, einen Befehl ergehen zu lassen, daß durchaus nichts für altdeutsche Zeit u. Geschichte merkwürdiges aus seinen Provinzen mehr verbracht werden soll, u. dieß zwar aus dem einfachen, hier sehr allgemein angenommenen Grundsatz, weil die Besitzer solcher, aus Kirchen u. Klöstern geretteter Sachen eigentlich nur als Depositarii miserabiles[6] anzusehen sind, so gut als hätten sie die Sachen aus einer Feuersbrunst gerettet. Warum sollte dieß auch so unbillig seyn? Hat doch die Regierung das Recht, die Ausfuhr anderer Gegenstände, aus niederen, merkantilischen Gründen zu verbiethen, warum hier nicht aus weit wichtigern Absichten? Es sollte mir, wenn ich sonst wollte, nicht schwer werden, gegen Boisserée, unter Androhung der Konfiskation ihres Vermögens [ein oder zwei Worte gestrichen] den Befehl auszuwirken, daß sie ihre Sachen [aus] den Rheinischen Provinzen nicht verbringen dürften. Manche wundern sich, daß dieß nicht schon geschehen. Es würde freylich etwas terroristisch aussehen, und die Herrn würden Ceter u. Mordio schreyen. Aber was hier genau nach Rechtsprinzipien zu entscheiden, wüßte ich nicht zu sagen. Es kommt alles auf die Ansicht an. Ich bin weit entfernt, etwas dieser Art vorzunehmen, aber ich sage es dir bloß, um dich zu versichern, daß es nicht schwer wird seyn, ein solches Verbot der Ausfuhr (bey dem man die Aufzeigung des Certificat d'origine bey jedem zu verbringenden Stücke, u. sodann ein Vorkaufsrecht der Regierung festsetzen würde), zu bewirken. Ein einziges Wort an Haxthausen oder Solms, u. die Sache ist gemacht. Fürs erste also nur noch alles zurück zu halten gesucht. –

Ob streng rechtlich nicht jene 3 Rth. 26 Stb., die für den Wechsel wegen Verschiedenheit des Münzfußes zuviel bezahlt wurden, dem General gehören, weiß ich in diesem Augenblick nicht. Allein, es würde kindisch u. kleinlich seyn, sie ihm zurück zu schicken, so wenig als man sich, wenn etwa soviel |16| fehlen

---

[6] depositarii miserabiles: in Not Hinterlegtes (juristischer Ausdruck).

würde, es könnte nachzahlen lassen. Magst du also darüber nach Wohlbefinden disponiren. Hat mir am Ende der Transport auch viel Schwierigkeit gemacht, u. ist der verfluchte Kasten schuld gewesen, daß ich mir ein Paar seidene Hosen ganz verdorben habe, die ohne dieß im Koffer hinreichend Platz gehabt hätten. Also abgemacht. –

In dem Briefe an den Bürgermeister u. Rath ist auch der Zölle Erwähnung gethan, u. gesagt, daß zur Aufhebung derselben in Holland noch viel Hoffnung sey. Alle Ansichten darüber sollen mir inzwischen recht willkommen seyn, da ich schon mehrmals mit dem StaatsRath Staegemann, der die Sache betreibt, darüber conferirt habe. – Wegen der Justitzsachen weiß ich so wenig als du, und es scheint, daß diese auch vor der Organisation nicht bekannt werden sollen. Solms wird vielleicht Näheres wissen. –

Nach Auszügen aus Göthes Schrift im Morgenblatt, hat der gute Mann ja über unser Dombild nicht sehr rühmliche Meinung. Auch er will es in Italien, oder von Italienischem Meister entstehen, übrigens aber nicht eben sehr bedeutend seyn lassen. So höre ich, – gelesen habe ich den Aufsatz nicht. Die Schrift ist noch nicht hier; könnte aber für all unsre Hoffnungen sehr wichtig werden. –

Was v. Caspars wissen mußte, hab ich ihm alles geschrieben. Wegen jener Häuser ist es lange noch nicht an der Zeit. Man bedauert hier sehr, daß der Mann bey seinem vielem gutem Willen nicht wenigstens Leute um sich hat, die in ordentlichem Stil zu schreiben wissen. Doch ich habe ihn auf alle Weise vertheidigt, u. seine beschränkte Lage, so wie seine manchfachen Verdienste nach Kraft in Schutz genommen. Er wird gewiß verbessert werden.

Nun lebe wohl, grüße den Vater, die Schwestern u. Brüder, u. gieb Theresen ein Privatküßchen ganz heimlich für mich; lieber möchte ich es ihr selbst geben. Mit Jettchen möchte ich mich gerne versöhnen, u. ihr wenigstens die Hand küssen, wenn ich mehr nichts darf. Sage Carl, daß ich den General Rauch nicht zu Hause gefunden, den Brief aber in sichere Hände gebracht habe. Caspar muß hier Student werden! – Ich weiß über meine Zukunft noch nichts. So lange meine armen Finanzen aushalten, will ich hier gerne mein Mögliches thun. Ich lebe ganz eingeschränkt; aber das Leben ist theuer hier, mehr als in Paris.

Grüße an Rektor u. Nussbaum.
Ebbo

Eberhard von Groote an Joseph von Groote, Berlin, 26. u. 27. April 1816

Historisches Archiv der Stadt Köln, Best. 1552, A 20/10

|1| [Anmerkung links oben]: xxx xxx Neben Bemerkung im Couvert; Den 26. Abends erhielt ich deinen Brief vom 14.–16. laufenden Monats.

Berlin, den 26. April 1816.

Da ich nach deinem langen Schweigen (vom 4. laufenden Monats sind deine letzten Briefe) doch fast verzweifelte, noch etwas von dir bis Morgen zu erhalten, fange ich heute schon dieß Blatt an, um es mit der morgigen Post abzuschicken. Irgend eine Feyer, sey es zu Gracht, oder in Cöln wegen des Oberpräsidenten hat dich wohl hingehalten, und so erwarte ich mir von einer der beyden nächstens deine Beschreibung.

Ich habe in den letzten Tagen in allerley stillen, betrübten Augenblicken manchfaltig gelitten, und bin noch nicht so viel zu Hause gewesen, u. habe so wenig Leute gesehen als diese letzte Woche, solange ich in Berlin bin. Auch gehen die Geschäfte langsam und unstet fort, um so mehr, da der StaatsKanzler gar nicht wohl ist, schon seit 3 Wochen sich auf seinem Landhaus bey Potsdam aufhält, und also keine Audienz giebt, als denen, die in dringenden Geschäften zu ihm hinreisen. Doch kann ich dir u. allen, die es interessirt, wegen der Universität immer noch ganz angenehme Nachricht geben. Ich weiß nehmlich durch einen Freund, der dieß selbst mit anhörte, daß der Minister Schukmann (bekanntlich einer der hartnäckigsten Gegner von Cöln!) sich vor kurzem erst wieder dahin geäußert hat, die Urtheile vereinten sich jetzt von allen Seiten so sehr immer mehr via Cöln, u. er selbst habe neuerdings so wichtige Gründe dafür vernommen, daß er nunmehr ganz entschieden sey, die Universität nach Cöln zu verlegen. – Inzwischen sage dieß nur unsern Freunden, u. mache öffentlich nichts davon bekannt. Wenn's dazu Zeit ist, sollst du es gleich erfahren. Allein, bey dem großen Wechsel der hiesigen Ansichten u. Meinungen, ist's nicht gut, zu vorlaut zu seyn.

Ich weiß nicht, ob ich dir schon sagte, daß ich von Sulpiz Boisserée ein Schreiben vom 4. laufenden Monats erhalten habe. Er schreibt mir sehr freundlich, dankt mir für meine Mittheilungen, ist aber übrigens wegen des Hierherkommens, Bleibens, oder nach Cöln gehens noch eben so unschlüssig und dunkel, wie in seinem früheren Briefe an den Herrn Cabinets Rath Eichhorn. Er entschuldigt sich noch immer mit der langwierigen Krankheit Schülgens, mit eigener Unpäßlichkeit und |2| verweist endlich noch stets auf Göthes Schrift, welche nothwendig sehr wichtige Ansichten über das Treiben in Wissenschaft und Kunst am Rheine aufstellen werde. Auch beklagt er sich sehr über Göthe, daß dieser nehmlich früher, bis zur Hälfte des März, immer geschrieben, und, was er gearbeitet, mitgetheilt habe. Auf die Hälfte des März hätte er ihnen das ganze Buch versprochen, ja sogar den letzten Bogen noch geschickt, als Beweiß, daß das Ganze also vollendet seyn müsse. Nun aber habe er auf einmal gar nicht mehr geschrieben u. nichts geschickt, so daß Sie nöthig hätten denken müssen, der Alte sey krank u. dergl. Diesem haben nun Reisende u. Nachrichten durchaus wiedersprochen, u. somit wüßten sie nun gar nicht, woran sie seyen. Inzwischen sollte ihre Antwort an pp. Eichhorn, so wie die Erklärung an den Minister, in wenigen Tagen folgen. – Davon ist nun noch nichts geschehen, u. auch Göthes Schrift ist bisher hier noch nicht erschienen, sondern nur einen ziemlich vollständigen Auszug davon haben wir im Morgenblatt gesehen. Ich weiß also immer noch nicht, was das Ende des ganzen Liedes seyn wird.

Boisserée reden in ihrem Briefe noch immer sehr viel von ihrer großen Liebe zum Rheinischen Vaterlande, und freuen sich sogar sehr der Äußerung in Göthes Schrift, daß alles, was in Preußischem Lande für Kunst u. AlterthumsForschung geschehen solle, an dem Rhein vereinigt werden müsse. Allein, ich glaube trotz allem diesem, daß sie der Versuchung, auf eine Zeitlang wenigstens hierhinzukommen, nicht widerstehen werden, wie sehr ich ihnen auch in meinem Briefe deutlich zu machen gesucht habe, wie es ihnen hier wohl schwerlich nach ihrem Wunsche gehen, u. die Rückkehr ausserordentlich erschwert werden würde. Freilich sind die Anerbiethen des Königes sehr bedeutend, u. es möchte überhaupt der Schaden der Herrn nicht seyn, wenn sie kämen; allein, auf ein Paar Monate wäre es nicht der Mühe werth, ja selbst für ein Paar Jahre sehe ich nicht ein, daß solche Anstalten und Kosten sich lohnten; auf allen Fall wäre also das Unternehmen wenigstens auf 3–4 Jahre, und es wäre zu bedenken, ob 3–4 |3| der nächsten Jahre nicht gerade diejenige Zeit wären, wo am Rheine das Meiste zur festen Begründung dessen, was man eigentlich dort will, geschehen müßte. Ich bin recht begierig, den Ausgang dieser Sache zu erfahren, u. werde dir dann bald darüber schreiben. –

In der Zeitung vom 25. laufenden Monats habe ich die Ernennung der Herren Schaffhausen, von der Leyen, u. Herstadt zu Commerzienräthen gesehen. Ich wünsche herzlich Glück dazu. Es scheint ja, daß man alle Mittel versucht, daß auch bey uns bald die Briefadressen recht voll von Ritter, Exzellenz u. andern Titulaturen angefüllt werden sollen. –

Ich sehe nun den Hellermann, Schwiegersohn des Generals Vernier, viel hier herumlaufen u. fahren, u. möchte wohl wissen, was er treibt. Gesprochen habe ich ihn nicht, u. er scheint mir auszuweichen, was mir auch recht lieb ist; allein, ich kann doch nicht denken, daß auch er wegen seines Betragens von 1813–14 hier dekorirt werden soll. Gelegentlich kannst du dem Herrn Commerzienrath Schaffhausen sagen, daß ich ihn hier gesehen. –

Die Geschichte mit Beuths Brautschaft hat sich anders gewendet, als er erwartete. Du mußt wissen, daß Seine Geliebte, ein schönes, junges, volles, blühendes Mädchen, dazu eine Gräfinn seyn soll. Ich will zwar über Beuths Liebenswürdigkeit nichts sagen, glaube aber nicht, daß ich mich als Mädchen in ihn zu verlieben Gefahr liefe. Auch war es auffallend, wenn in Gegenwart der anständigsten Mädchen davon die Rede kam, daß Beuth heirathe, sagte immer eine oder die andere unwillkührlich, während die andern lachten: wie, Beuth heirathet? Kann der denn heirathen? so daß es also offenbar war, daß sich den Weibern a priori gleichsam ein Zweifel über seine Pubertät aufdrängte. Freylich ließen auch sein gänzlicher Mangel an Bart, sein Kindergesicht, seine breiten Hüften, und sein weibliches Sprechorgan fast auf etwas schließen, was zum Heyrathen nicht recht paßt; – allein, genug, er war Bräutigam der schönen Gräfinn Mons, u. reiste in 14 Tagen sie abzuholen; das wußten alle Menschen, und somit genug. Auf einmal hieß es, Beuth hat unangenehme Nachrichten bekommen, |4| er ist wie verzweifelt, und man fürchtet, er bringt sich um. In den ersten Tagen konnte ich ihn nicht sehen, sondern bloß mit seiner Schwester reden, die aber auch nichts recht bestimmtes wußte. Endlich kam ich zu ihm, und erfuhr dann nach und nach die ganze Geschichte. Beuth behauptet nehmlich, die Gräfinn habe sich hier sehr in ihn verliebt, so wie er in sie, u. die Eltern hätten dieß auch ruhig mit angesehen. Nun aber habe der Graf Mons eine militärische Anstellung am Rhein erhalten, und gewünscht, seine Familie bey sich zu haben. Dieß sey seiner Braut schwer gefallen, u. nur durch eine förmliche Einwilligung der Mutter in das Verhältniß zu Beuth, sey es dieser möglich geworden, die Tochter von Berlin wegbringen zu können. Briefe der Eltern u. der Braut hätten seither auch nichts übeles ahnden lassen, bis nun Beuth anzeigte, er wolle seine Braut abhohlen. Nun erst sey ein Brief der Mutter gekommen, worin sie sagt, daß es damals bloß der Zweck ihrer etwaigen Einwilligung gewesen wäre, die Tochter zur Reise zu bewegen; der Vater sehe diese Verbindung nicht gerne, u. dergl. Im nehmlichen Briefe sollen (erzwungene) Zeilen der Tochter gestanden haben, worin sie sagt, die Eltern ließen ihr bloß die Wahl, Ihnen oder Ihm für immer zu entsagen, u. Er könne wohl denken, daß Ihr da keine Wahl bleibe u.s.w. Ein Brief der Tochter soll endlich ein Paar Tage nachher gekommen seyn, worin sie ihr Unglück, ihre Verzweiflung schildert, u.s.f. – Mich wunderte bey allem diesem nur, daß Beuth nicht gleich hinreiste, u. die Sache persönlich abmachte; auch habe ich ihm dieß gleich geäußert, um so mehr, da er schriftliche Beweise in Händen zu haben glaubte, welche die Einwilligung der Eltern bezeugten. Er hat aber vorgezogen, zu schreiben, den Eltern ihr Unrecht vorzuhalten, u. dergl. Somit wird er also für's erste nicht reisen, sondern abwarten, was aus der Sache wird. – Wie scheint dir diese Geschichte? – Hier wundert man sich nicht darüber, sondern glaubt, daß dieß vorzusehen gewesen sey. –

Ad propositum,[1] schreibe mir doch umgehend, ob du nicht willst, daß ich gemeinschaftlich mit dir, auf Göthes Werke neueste vollständigste Edition hier

---

[1] ad propositum: diesbezüglich.

pränummerire, u. wie? Die wohlfeilsten Exemplare, auf gewöhnlichem Druckpapier, kosten nur 15 Berliner Thl., bessere einige 20, die besten auf Velin einige 30. Ich glaube, es werden 20 Bände; wovon schon einige erschienen. Wenn du dazu Lust hast, so mußt du dich bald entscheiden, denn ich glaube, die Pränumerations-Zeit ist nur noch sehr kurz.

|5| Sonnabend, den 27. April.
Gottlob, ich habe gestern Abend noch deine Briefe vom 14.–16. laufenden Monats erhalten. Hätte ich auch heute noch keine, es wäre eine harte Prüfung vom Himmel, denn gerade heute that es mir recht Noth, mit Euch auf irgend eine Art zusammen zu seyn, wenn ich es auch persönlich nicht konnte. Möge Euch und mir dieser traurige Erinnerungstag stille und nicht ohne einigen innern Trost und Friede vorübergehen! Ich habe meine Jährigen Tagebücher dieser harten Zeit nachgesehen, und erleben wir diesen Tag einmal wieder zusammen, so werde ich dir einiges sonderbare noch zeigen, was sich damals auf seltsame Weise begegnete. – Gebe Gott allem Guten Geiste den Frieden, den gewiß die Verklärte nun schon ein Sonnenjahr hindurch, hoch erhoben über alles Gestirn, wie über die Leiden der Erde, in der Wonne ewiger Anschauung genießt! Gebe Gott ihn auch mir und uns allen! – Grüße mir Vater und Geschwister recht herzlich, wenn du dieß Blättchen erhältst, und sage ihnen, daß auch ich in meinem Kämmerlein in diesen Tagen der Mutter recht innig, und nicht ohne viel Thränen gedacht. Möge uns alle der Himmel nun einander zum Troste noch recht lange erhalten! + –

Ich muß nun, wo ich gestern abbrach, weiter schreiben, da mich die Zeit drängt, und die Post heute abgeht. Beuth wünscht, ich solle dem Rektor sagen, daß er hier für die verkauften Taschen Bücher das Geld bereit liegen, und schon lange erwartet habe, daß er darüber disponire, ob und wie er es geschickt haben wolle; auch, daß er für den Rektor für etwas von dem Gelde die Eisengußarbeiten von Büsching gekauft habe, die der Rektor bestellt. Dem Rektor könntest du wohl in meinem Namen sagen, es würde mir sehr lieb seyn, wenn er mir doch einmal schriebe. –

Vor einigen Tagen war der kleine Heise hier, und ich habe ihn bey Savigny viel gesehen. Er freute sich recht, seine alten Heidelberger Bekannte hier wieder zu sehen. –

Ich will nun deine Briefe zur Hand nehmen, und dir darüber noch einiges schreiben. Es ist mir lieb, daß Solms endlich bey euch ist, es ist die erste Nachricht, die darüber hierhin kommt; und hoffentlich wird es nun wohl mit dem Organisiren bald vorwärts gehen. Mit den Urtheilen über die Neuangestellten müßt ihr doch auch wieder nicht gar zu strenge seyn. Es liegt doch auch in der Natur der Sache, daß man nicht lauter Menschen anstellen konnte, die in dem Preußischen Administrationswesen durchaus nicht gewandt waren; ich glaube, daß es zum Besten unseres eigenen Landes gereicht, daß man uns Männer, wie z.B. den Herrn Sotzmann, den ich dir sehr empfehlen muß, geschickt hat, die mit sehr tüchtiger praktischer Kenntniß auch Liberalität der Ansicht genug verbinden, um in den neuen Provinzen |6| etwas recht gutes zu Stande zu bringen. Ich weiß es wohl, daß sich mancher dadurch zurückgesetzt glauben wird, ich weiß es auch, daß es für manchen sehr hart seyn wird, der bey den Franzosen schon in Geschäften gestanden, nun wieder von vorne anfangen zu müssen; auf der anderen Seite ist aber auch zu erwarten, daß da mancher, der doch eigentlich nichts versteht, und nur durch Connexionen zu einer Stelle gekommen, der er nicht gewachsen ist, ausser Kraft gesetzt wird, durch seine Unkenntniß oder Schlechtigkeit zu schaden. Gegründete Klagen aber magst du nur fleißig an Haxthausen zu bringen suchen, einmal, weil Er auf manche der Ernennungen hier Einfluß gehabt, und dann auch, weil er doch ziemlich dem Oberpräsidenten immer am nächsten stehen wird, sein Vertrauen hat, u. so also manches wird durchsetzen können. Was dich nun persönlich betrifft, so mußt du mit etwas Kühnheit und Selbstvertrauen auftreten, und die Zeugnisse deiner Collegen vorschieben, die dir ja doch nicht fehlen können; man wird dann bald u. leicht einsehen, was du bisher gethan, u. wozu man dich brauchen kann, u. sich dann wohl hüthen, dich zurückzusetzen. –

Was eigentlich hinsichtlich der Religion für Grundsätze hier obwalten, davon könnte ich dir eine große Erörterung geben, aber ich mag es aus manchen Gründen nicht. Soviel aber ist gewiß, daß wir dort am Rheine nicht nachgeben, sondern immerfort zusammenhalten, und unermüdet unsere kirchlichen Angelegenheiten selbst berathen, u. hierhin darüber einberichten müssen. Es sitzen auch Männer hier im StaatsRathe, die sich unser mit möglichstem Eifer annehmen, und denen ich z.B. die mir zugekommenen Notitzen von Herrn v. Caspars mit der Vollen Ueberzeugung vorlegen darf, daß sie darauf alle Rücksicht nehmen. – Auch daß die Kölnischen sich nun ordentlich zusammen thun, freut mich sehr. Offizielle Berichte, deren sie dreist u. kühn nur machen dürfen, so viel es ihnen gut dünkt, mögen sie direkt oder durch mich an das Ministerio des Innern einschicken. Uebrigens aber muß ich bitten, daß man mich immer vor den Berichten ein wenig benachrichtige, und sich besonders recht hüthe, nichts einzumischen, was im mindesten an Alfanzerey[2] oder Quiseley[3] gränzen könnte; übrigens aber nur recht bestimmt und ohne viel Complimente geschrieben! |7|

Eine Frage, die ich nie recht zu beantworten weiß, und über die ich mir daher sehr gerne eine Erörterung der Kölner Herren Theologen ausbitten möchte, ist die, in wieweit die Wahl des Anton Victor[4] diesen wirklich zum Erzbischof von Cöln mache, oder nicht. Ist er es in der That durch diese Wahl geworden? gehörte noch die Confirmation von Rom dazu, oder ist er es gar nicht, u. kann ohne alle Rücksicht auf ihn, zu einer andern Wahl geschritten werden? Hier weiß ich keinen Ausweg, u. ich hielte es für sehr gut, daß die dortigen Herrn Theologen

---
[2] Alfanzerey: Schwindelei.
[3] Quiselei, Quisselei: Schmeichelei
[4] Erzherzog Anton Viktor von Österreich.

über diesen Gegenstand ihre Meinung mit einfließen ließen. – Mit vielem Danke werde ich ehestens an Herrn v. Caspars, dessen herzlicher und recht verständiger Brief mich sehr erfreute, [gestrichen: ehestens] wieder schreiben, und auch, was mir noch nöthig scheint, an unsere kölnischen Geistlichen einschicken.

Vom Stadtrathe sagst du mir noch gar nichts. Ich zweifle aber nicht, daß du an ihn sowohl als auch an Solms meine Briefe besorgt hast. Vergiß doch auch nicht, Haxthausen wegen des Buches bey der Prinzess Louise zu fragen, worüber ich dir schrieb. Daß Schenke sich so entschieden, ist mir recht lieb, u. schien mir für den Augenblick das rathsamste. Grüße ihn freundlich, wenn du ihn siehst. An Carové schreibe ich gelegentlich. Es wäre schön, wenn er hierhin käme, es könnte mich sehr freuen. – An den fidelen Grimm werde ich in den ersten Tagen schreiben. –

Mein Buch zu sehen, freue ich mich kindisch, wie du denken kannst. Thu mir nur die einzige Liebe, dich in Cöln gar nicht darum zu bekümmern, so als ob du es gar nicht kennest. Sprich nicht davon; was du aber zufällig von Leuten, die ein Urtheil darüber haben, gilt gleich Gutes oder Schlechtes, darüber hörst, das, sey so gut, mir zu schreiben. Sorge, meine 12 Exemplare in Empfang zu nehmen, 2 schickest du mir hoffentlich gleich, oder hast sie nun schon abgeschickt. Eines will ich dir mit tausend Freuden schenken. Die übrigen verschließe, u. gieb sie keinem. Gerne möchte ich, daß du Dumont, den ich darum belangt, das Manuscript qualecumque sit,[5] wieder abfordertest. Soviel darüber nur, u. Gott befohlen! –

Von hier reist ehestens Ruckstuhl, der Schweitzer, nach Cöln ab, um, wie er sagt, bey einem Gymnasium als Lehrer angestellt zu werden. Er ist ein seltsamer Kerl; wenn er mich darum belangt, will ich ihm wohl ein Paar Briefe an dich mit geben. Mich ärgert es schon, daß er nicht nach der |8| Schweitz will, wie es einem ehrlichen Schweitzer zusteht, u. das habe ich ihm auch gerade heraus gesagt. Wegen der Consistorial Räthe werde ich mit unserm Catholischen StaatsRath Schmedding nun wieder genauere Absprache nehmen, und dir darüber schreiben. Wolltest du es nicht selbst werden? Für mich thue ich eigentlich noch wenig; mehr für das ganze, was ich kann u. weiß. Solange meine Baarschaft, mit der ich so räthlich als möglich umgehe, ausreicht, will ich alles gerne hier betreiben, was in meiner Macht steht. Ist jene zu Ende (ihre Neige werde ich dir früher anzeigen) oder schickt oder ruft man mich anderswo hin, so ziehe ich ab; alles, wie Gott will. –

Den Hochzeitleuten und allen, die dazu gehören, mache meinen freundlichsten Gruß, besonders wenn sich wer auch meiner erinnert. Eine lustige Sache Hochgezeite zu halten, und gerade in den blünden vier Wochen, so der vil süze may in gat. Das ist wie in alter Zeit, wo die Herrn ihre Hochgezeiten gegen die schönen Pfingstfeste hin halten. Ich möchte es auch wohl, wenn ich sonst könnte; ein lustig Ding um eine liebe Frau! –

---

[5] qualecumque sit: wie auch immer es beschaffen sei.

Süvern sagt mir, daß ihm Schmitz die Kataloge von Wallraf geschickt habe. Das wird nun auch wohl nach grade in Ordnung kommen. Was aber wird es mit Wallrafs Schrift! Du glaubst gar nicht, was der Mann sich für Schaden thut, da er überall Beweise seiner Unbeständigkeit, u. seines fragmentarischen Geistes u. Thuens giebt. Machte er die Schrift fertig, das würde die Meinung, die man für ihn hat, noch sehr heben, u. für die gute Sache ausserdem noch sehr heilsam seyn. Bey der künftigen Universität will man ihn ganz in Ruhestand setzen, mit der einzigen Verbindlichkeit, Kölnische Geschichte zu lesen. Das ist auch recht gut, und wenn je, so wird dort dann das Nachschreiben recht an seiner Stelle seyn. –

Schreibe doch einmal etwas von Everhard Geyr, wie du ihn findest, u. was von ihm zu halten. Ist er denn wirklich verkeilt? Die Taschenbücher erwarte ich, mit dem Uebrigen. Dem Rektor danke für das Büchlein. Nach Magdeburg will ich nochmal schreiben. – Den beiliegenden Brief gieb Schwester Wally mit freundlichem Gruß. Von den Couverts hab ich nur das beyliegende, wofür ich, wie ich glaube, 4 GGr. (etwa 12 Stb.) bezahlt habe, was nun auch der gewöhnliche Preiß meiner Briefe ist. Das geht auch noch an, u. ich beklage mich nicht darüber. Ich hoffe doch nicht, daß du für meine auch bezahlen mußt, oder Auslagen machst für die, die du mir schickst? – Was macht dein Schimmel, und hast du dein Geld. – Sonderbar, daß die Briefe oft in 7 Tagen, oft kaum in 10–14 hier sind.

Lebe wohl u. halt mich lieb.
Ebbo

Eberhard von Groote an Jakob Grimm, Berlin, 29. April 1816

Mit Kürzungen gedruckt, in: Alexander Reifferscheid (Hg.), Eberhard von Groote. Mitteilungen aus seinem Briefwechsel Mitteilungen aus seinem Briefwechsel mit G.Fr. Benecke, J.Fr. Böhmer, M. und S. Boisserée [...] aus den Jahren 1815–1859, Bonn 1875, S. 20–23[1]

Berlin, den 29. April 1816.
Herzlieber Freund.

Die, wenngleich sehr verspätete, Ankunft meines Blättchens aus Mecheln[2] [Mechelen, Malines] gab wenigstens einen Beweis der Gewissenhaftigkeit der fran-

---

[1] Das Original des Briefes war in der Grimm-Sammlung der Stadt Kassel aus dortigen organisatorischen Gründen bis Ende 2018 nicht einzusehen. In der Universitäts- und Landesbibliothek Münster, Historische Bestände, Nachlass Schulte-Kemminghausen befindet sich eine maschinenschriftliche, nachlässige Abschrift eines Teils des Originalbriefes, der in einem Abschnitt den bei Reifferscheid veröffentlichten Text ergänzt.

[2] Groote hatte am 7. Dez. 1815 aus Mecheln an J. Grimm geschrieben; der Brief erreichte Grimm

zösischen Posten, wenn es gleich übrigens seinen Zweck verfehlte. Es war mir bei meiner Reise durch die Niederlande sehr leid, daß wir diese Reise nicht zusammen machten; ich habe daselbst manche recht interessante Dinge in alter Literatur gesehen. Ihren Brief poste restante in Cleve habe ich nicht erhalten.

In Xanten habe ich mich einen halben Tag aufgehalten, um die äußerst interessante Kirche anzusehen. Sie gehört schon wegen ihres Baues und der ganzen innern Einrichtung mit zu den merkwürdigsten, die ich gesehen. Sehr schön sind außerdem allerdings die alten Altargemälde, die zum Theil von Johann v. Calcar, zum Theil aber nach der Angabe des Kirchendieners von einem gewissen Laurenz v. Cöln seyn sollen. Nur erstere haben besonderen Werth; letztere mögen wohl schon in den Anfang des 17. Jahrhunderts fallen. Außerdem war von alten Sachen dort nichts zu sehen, und die Kirche schien mir das einzige feste, große Denkmal einer herrlichen, schönen Zeit zu seyn, die in jenen Städten einst mag geblüht haben. Alles, was sonst noch in Xanten erschien, hatte nur das Ansehen ärmlicher Wurzelsprößlinge, um einen alten, halb morschen, würdigen Baumstamm, in denen man von der Kraft und Herrlichkeit des alten Keimes und Saftes nichts mehr gewahr wird. Nur römische Münzen, deren noch immer sehr viele in der dortigen Gegend gefunden werden, werden von einigen Menschen gesammelt, aber blos, um sie der Seltenheit wegen dem ersten besten Durchreisenden zu verkaufen.

Mein Aufenthalt in meiner Vaterstadt war nur vom 23. Xbris [December] bis zum 19. Februar, wo neue Geschäfte mich nach Berlin riefen. Recht sehr habe ich es bedauert, Sie in Cöln nicht mehr gesehen zu haben, da Ihre kürzere, schnellere Reise Sie schon dorthin führte, während ich noch in Holland war. Es ist mir inzwischen lieb, daß Ihnen Fochem seine Manuscripte zeigte. Mir gehören davon nur der Tristan auf Pergament, und die kleinen Haimonskinder. Die Uebrigen, welche meist theologische Sachen enthalten, gehören ihm; allein, ich bedaure, daß Sie einige andere alte Handschriften nicht gesehen haben, welche mein Bruder von mir in Verwahrung hatte. Es gehört unter andern dazu eine recht gute Handschrift des Renner und eine des Heinrich von Narbonne, starken Rennuwart, und Wilhelm v. Oranse.

Ihr Urtheil über die Handschrift des Tristan (welches ich aus dem Schreiben vom 8. dieses Monats, das mir mein Bruder zusandte, ersehe) hat mich einigermaßen verwundert.[3] Nach meiner Meinung kann mit derselben weder der Abdruck in der Myllerschen Sammlung noch die Handschrift des Oberlin, die in dem Grundriß von v.d. Hagen und Büsching mit aufgezählt wird (wahrscheinlich dieselbe, die ich in Paris von Oberlin kaufte!) nur von Weitem in Verglei-

---

am 18. Febr. 1816 in Kassel (Reifferscheid, Groote, S. 18). Vgl. J. Grimm an E. von Groote, Kassel, 8. Apr. 1816 (in: Reifferscheid, Groote, S. 18–20). Eine maschinenschriftliche Abschrift dieses Briefes findet sich in der Universitäts- und Landesbibliothek Münster, Historische Bestände, Nachlass Schulte-Kemminghausen.
[3] Beginn des Textes aus der maschinenschriftlichen Abschrift.

chung gebracht werden. Bey näherer Untersuchung finde ich täglich mehr, daß die Myllersche Abschrift entweder nach einem sehr undeutlichen Original oder mit unverzeihlicher Nachlässigkeit gemacht ist. Früher legte ich ihre Unverständlichkeit meiner Unkunde der alten Worte und ihrer Etymologie zur Schuld. Nun aber, da ich wirklich eine Abschrift meines Tristan mit Zuziehung der Myllerschen und meiner Pariser Handschrift angefangen habe, entdecke ich erst recht die Correktheit des ersteren und die Verworrenheit und Unrichtigkeit des Myllerschen Abdrucks. Es ist dabei eine Menge von Worten, die getrennt sein sollten, aneinander geschrieben und umgekehrt; manche Anfangsbuchstaben, welche wahrscheinlich in der Handschrift erst mit verschiedener Farbe hätten gemalt werden sollen, sind ganz weg gelassen, andere ganz falsch geschrieben, z.B. sehr oft Kiwalin statt riwalin u. dergl. Da ich voraussetze, daß Sie die Myllersche Sammlung zur Hand haben, so will ich Ihnen zur Probe nur eine Stelle aus meiner Handschrift zum Vergleiche mitheilen, und ich glaube, es wird dieß schon hinreichen, Sie zu überzeugen, daß meine Handschrift wenigstens dem Myllerschen Abdruck nicht nachstehet. Ich nehme gleich die Schilderung der Hochgezeit des Königs Markus, Myllersche Sammlung v. 431, nach meiner Handschrift 504.
no was die hochgezit
benant, vnde besprochen [...]⁴
    Die Herausgabe des Schlusses von Ulrich v. Türheym wäre nun allerdings eine sehr leichte Sache, und ich wollte mich wohl verbindlich machen, die Abschrift davon in 3 Wochen zu liefern. [...]⁵ v.d. Hagen schreibt mir, daß er sich lange schon mit der Bearbeitung des Tristan beschäftigt und vieles darüber gesammelt habe. Ich werde ihm meine Gedanken mittheilen, und sehen, auf welche Weise wir unser Vorhaben vielleicht vereinigen können.
    Mit der Handschrift des Wigolais hat es ein sonderbares Bewenden. Ich war der Erste, der ihn bey einem Domainenempfänger in einer kleinen Landstadt unweit von Cöln entdeckte, und mir einige kleine Auszüge daraus machte, weil ich ihn nicht kannte. Der Rektor Fochem war bey mir. Der Besitzer setzte großen Werth auf das Buch und wollte mir es selbst nicht einmal auf kurze Zeit leihen. Der Rektor, der etwas von Artus und der Tafelrunde, wovon in dem Buche geschrieben war, durch mich gehört hatte, sprach mit Arndt davon, und entdeckte diesem wahrscheinlich auch, wo es sich befinde. Arndt brachte dieß nun zur Sprache, und bey einem Mittagessen, dem der Graf Solms in Cöln beywohnte, und wobey Arndt groß Gerede von diesem Buch mag gemacht haben, äußerte Graf Solms den Wunsch, es zu besitzen oder wenigstens zu sehen. Dies war hinreichend, den Oberempfänger von Cöln, der eben gegenwärtig war, zu bestimmen, seinem Untergebenen alsobald einen Boten mit dem Ansuchen zu-

---
⁴ Die maschinenschriftliche Abschrift bricht hier ab.
⁵ Auslassung in der Abschrift Reifferscheids.

zuschicken, das bemeldete Buch einzusenden, und wenn er es etwa verkaufen wollte, gleich den Preiß dabey zu bemerken. Zu letzterem wollte der Besitzer sich durchaus nicht verstehen; ersteres aber ließ sich nicht abschlagen, und so erhielt es der Oberempfänger, mit der dringenden Bitte, es bald wieder zurückgelangen zu lassen. Ob und wie Graf Solms, der doch damals nur durchreiste, das Buch nun erhalten, das weiß ich nicht. Ich war damals noch nicht in Cöln. Nur hörte ich, daß es nachher Prof. Dumbeck, der sich mit altdeutschen Sachen beschäftigt, und in Cöln das Niebelungen Lied vorträgt, gehabt habe, und wahrscheinlich noch hat. Dieser soll eine Abschrift davon gemacht und den Plan, es herauszugeben, gehabt haben; bis er zufällig, wie einige sagen, den Schilter, wie andere wissen wollen, einen anderen alten Druck gefunden, in welchem sich ein Theil oder das Ganze dieser alten Handschrift entdeckt habe. Ich weiß dieß alles nicht ganz genau; weiß auch nicht, was aus der Handschrift geworden, werde aber ehestens in Cöln bey Prof. Dumbeck mich danach erkundigen lassen, und Ihnen alles mittheilen, was ich erfahren kann. Hier hatte übrigens das, was Arndt darüber gesagt und geschrieben, solches Aufsehen gemacht, daß ich von allen Seiten gefragt wurde, wie es sich doch eigentlich mit dem in Cöln aufgefundenen Codex von Artus und der Tafelrunde verhalte. –

Es wird mich sehr freuen, Ihre neuesten Arbeiten zu sehen. Carové ist gegen seinen Willen wieder beym Rheinoktroy in Andernach angestellt. – Boisserée haben sich bis dahin trotz aller Aufforderungen und Anerbieten des Königs noch nicht entschieden, ob sie hierhin kommen, nach Cöln gehn, oder in Heidelberg bleiben wollen. Man sieht ihrem endlichen Entschlusse mit Ungeduld entgegen. – Ich besorge hier die Angelegenheiten meiner Vaterstadt, so gut es eben gehen will. Man kommt nur schwer vom Fleck. Eichhorn glaubt noch immer, wir werden in Paris einiges von den zum Ersatz bestimmten Gegenständen erhalten, z.B. die Manessische Sammlung u. dergl. Er denkt Ihrer oft mit viel Freude. Savigny ist auf ein Paar Tage zu Achim v. Arnim gereist, der an einer Lungenentzündung sehr krank liegt. Ich weiß noch nicht, wie es ihm nun geht. Auch bey Savigny wird Ihrer und Ihres Bruders, den ich herzlich zu grüßen bitte, oft gedacht.

Wie und wann ich zurückreise, weiß ich noch nicht; gerne möchte ich Sie besuchen und werde alles bedenken, wie ich es möglich mache. – Was macht Ihr hölzerner Sancho-pansa-Windfechter? ist er noch in Thätigkeit. Es könnte mich sehr freuen, auch den in seiner ernsten Arbeit zu sehen.

Leben Sie recht wohl, schreiben Sie mir bald, Adresse Eberhard v. Groote bey Herrn Geheimrath Beuth, Georgenstr. Nr. 17 in Berlin.

Ganz Ihr Freund

Eberhard Groote

Abends. Ich habe v. Savigny gesehen, der zurückgekommen ist und versichert, es gehe mit Arnim viel besser.

Eberhard von Groote an Joseph von Groote, Berlin, 10. u. 11. Mai 1816

Historisches Archiv der Stadt Köln, Best. 1552, A 20/12

|1| Berlin, den 10. May. Abends.

Deine Briefe und das Paquet der 3 Exemplare meines Buches erhielt ich heute Abend, in dem Augenblicke, wo ich zum StaatsKanzler gehen mußte, und mußte daher das Vergnügen des Lesens aufschieben, bis nun (10 Uhr), wo ich dann so eben damit fertig geworden bin. Mit deinem Briefe zugleich erhielt ich auch endlich einen von Netz aus seiner Heimath, der Euch alle recht herzlich grüßen läßt und sich bey den Seinigen äußerst glücklich fühlt. Wenn ich nun gleich dir nicht versprechen kann, ob dieser Brief schon morgen oder erst Dienstag abgehen wird (dieß sind die 2 Posttage nach dem Rhein), weil ich mancherley zu thun habe, so will ich doch schon gleich anfangen zu schreiben, und zwar gleich damit anfangen, was ich beym StaatsKanzler gethan.

Ich stand bey Fock, der seit einigen Tagen hier ist, u. den ich bey seinen Schwestern schon gesehen hatte. Als der StaatsKanzler mich sah, grüßte er mich sehr freundlich. Fock wollte mit ihm reden, kannte ihn aber weiter noch nicht. Doch kam er dazu; nach diesem sprach der Fürst mit dem Oberpräsident Vinck von Münster, der hier ist, und manche der Uebrigen, die dort waren, vorbeygehend, kam er sehr freundlich zu mir, bot mir die Hand, und sagte gleich, „es ist ziemlich lange her, daß ich nicht das Vergnügen hatte, mich mit ihnen zu unterhalten." Das war nun freylich auch wahr, denn er hatte seit dem Freytag vor der heiligen Woche keine Audienz gegeben, weil er auf seinem Landgut, u. krank war; und als er vorigen Freytag die erste wieder gab, waren der Audienden so viele, daß er mir nur flüchtig guten Abend bot, was er wenigstens jedes mal thut, wenn er mich sieht.

Dieß mal aber fing er nun, nachdem er mich wie gewöhnlich, aus der Gesellschaft weg, in ein anderes Zimmer geführt hatte, damit an, mir zu sagen: Ich höre, die Klagen sind groß am Rhein, weil man so wenige aus Ihrem Lande angestellt hat. Ich läugnete das gar nicht, u. gab ihm zu verstehen, daß es doch unmöglich Liebe u. Zutrauen zur Regierung erregen u. begründen könne, wenn man nur Fremde in dem Lande anstelle u.s.w. Darauf sagte er, darum haben wir aber auch einstweilen erst die aller dringendst nothwendigen Stellen besetzt, und noch sehr viele offen |2| gelassen, um sie mit Eingebohrnen zu besetzen. Darauf nahm ich das Schreiben von Solms, welches ich wohl weislich beygesteckt hatte, hervor, u. übergab es ihm mit den Worten, umso eher würde also auch ich hoffen dürfen, daß mein Gesuch und die Vorschläge des Grafen Solms Gehör finden würden, welches in diesem Schreiben wiederholt, als dem hohen Ministerium in dem Berichte des Grafen Solms vorzutragen, mir angezeigt wurde. Er las den Brief durch, und gab ihn mir zurück, indem er sagte, daß dieß nicht das mindeste Bedenken haben würde, wenn erst jener Bericht eingehen werde. Dieß scheint mir also in soweit berichtigt, und ich kann dir überhaupt sagen, daß die Herrn Minister auf alles das, was so unmittelbar aus den Provinzen einberichtet wird, viel, sehr viel, u. mehr Gewicht legen, als auf das, was hier nur so angeregt wird. So glaube ich auch, daß alle Vorschläge von Solms, u. gerade, wenn sie für LandesKinder sind, nun unbedingt durchgehen werden. Ob die Herrn von der Zeitung, von der du mir schreibst, oder sonst Wind gekriegt haben, das weiß ich nicht; aber beynahe scheint es mir so. – Wiederholt versicherte mir nun der Fürst noch, daß er ganz bestimmt an den Rhein kommen, u. hoffentlich ziemlich lange da verweilen werde, um sich alles recht anzusehen. Früher sey er wohl schon dort gewesen, er werde nun aber alles mit andern Augen ansehen, als damals. Mit recht väterlichen, erwiderte ich ihm, u. setzte hinzu, ich sey überzeugt, daß er mit der lebhaftesten Freude und großem Zutrauen in den Rheinischen Provinzen werde empfangen werden. Das schien den alten Herrn sehr zu freuen, und ich hoffe sehr, daß es zu dieser Reise kommt, wenn nur nicht, wie dieß der Staats-Rath Jordan befürchten wollte, der Geschäfte gar zu viel kommen würden, die Seine Durchlaucht wieder davon abhalten könnten. Der König wird, wie es nun heißt, dieß Jahr wohl noch nicht zu uns kommen, da er wieder andere Plane gemacht |3| haben soll.

Du siehst übrigens aus diesen Aeußerungen, daß man wohl Grund hätte, manches Gute zu erwarten. Es kommt nur darauf an, daß von Solms ordentlich berichtet wird. Kannst du es durch Haxthausen treiben, daß Er in unsern Geschichten recht tüchtig schreibt, so bin ich des besten Erfolges gewiß. Die größeren, u. wichtigeren Sachen kann ich hier durchaus noch zu keiner Entscheidung bringen. Es scheint, daß sie nicht sollen ausgemacht werden, bis die hohen Herrn selbst an den Rhein gekommen sind, um sich an Ort und Stelle von allem zu unterrichten. Da wird nun freylich die Hetze erst recht wieder los gehen, und der wird am besten weg kommen, der am triftigsten spricht. Wahrscheinlich bin ich bis dahin zurück, und wäre im Stande, den Fürsten schon von Coblenz her, oder woher er sonst kommen mag, wie sein Schatten zu begleiten, um ihm überall ordentlich einzutrichtern, was er wissen muß. Das würde er sich übrigens auch schon gefallen lassen, wenn ich ihm überall nur zeigte und sagte, was er gerne sieht u. hört.

Jener Rother, von dem du in deinem vorletzten Briefe schreibst, ist, wie ich höre und merke, difficillimum aditu;[1] Fock ist, wie ich glaube, auch an ihn gewiesen, u. kam eben so wenig zu Stuhl. Ich will es aber doch wohl zu Wege bringen, durch einen der Staats-Räthe, die ihn gewiß kennen. –

Als du am 30. April schriebst, mußt du dich freylich geärgert haben, daß du so lange keinen Brief von mir hattest. Ich hatte, auf die deinen wartend, bis zum 26.

---

[1] difficillimum aditu, hier: schwierig zu erreichen, unzugänglich.

nicht geschrieben, dann aber auch ordentlich wieder am 7. und nun jetzt; so daß du dich beruhigen wirst. Es ist so ecklich hier mit den 2 einzigen Posttagen; versäumt man einen, so wird es gleich wieder 4–5 Tage länger. –

Die Schwite von Caspar hat mich sehr gefreut; der wird schon früh zum Burschenleben eingeweiht, und das ist sehr gut. Uebrigens möchte ich fast nicht rathen, ihn hier hin zu schicken, wenn er künftig noch auswärts studieren soll. Es ist hier nicht fidel genug. – |4| Auch in Heidelberg soll es jetzt ziemlich krass seyn xxxxxxx, rühmliches hört man von Halle. Es kommt wohl darauf an, worauf er sich vorzüglich legen wird. Eigentlich wünschte ich, daß sich dieß früh bestimmt bey ihm entschiede, denn dieß studieren ins Blaue hinein, selbst so, wie wir es zum Theil getrieben, thut doch selten recht gut. Davon müssen wir künftig weiter reden. – Was macht doch der Bürgermeister DeGroote, sitzt er Euch noch auf dem Halse, und glaubt er noch, Landrath zu werden? Ihr könntet ihn nun auf die bequemste Weise los werden, wenn ihr den Haxthausen anstiftetet, ihm ein consilium abeundi,² wenn auch nur fictum,³ zu geben. Gäbe Gott, daß es mit den Erbschaftsgeschichten einmal zur Entscheidung käme; allein, es scheint, es ist so schwer, die Sachen recht in Gang zu bringen, und doch ist es sehr nöthig. –

Die Schwite von Schmitz gefällt mir über alle Maaßen. Seine Braut ist doch die des damals ehrenvoll verstorbenen Cornille? Wünsche dem Alten in meinem Namen recht herzlich Glück dazu; u. sage, das sey einer seiner klügsten Streiche, die er je vollführt. Er thut ein Gutes Werk, indem er, den manche schon für einen halben Hagestolz gehalten, andern, die da noch wanken mögen, mit gutem Beyspiel vorangeht. – Dem hiesigen StaatsRath ist er durch Süvern sehr gut empfohlen.

Die Ankündigung meines Buchs in der Zeitung mag sonderbare Wirkung gemacht haben. Ich bin vorwitzig, was du etwa darüber hören wirst; bin aber in dieser Hinsicht nur recht froh, das nicht alles selbst hören zu müssen. Du mußt mir aufrichtig schreiben. Hier hat es viele im Meßkatalog aufmerksam gemacht. Sie fragen mich darum; ich aber thue, als hab ich es noch nicht erhalten. Da es erst unter den ehestens fertig werdenden Büchern steht, so weiß bisher keiner, ob und wann es zu haben seyn wird, und wahrscheinlich wird es von mir niemand erhalten, ausser Netz, dem ich es zu schicken versprochen habe, u. dem ich auch gleich |5| Wort halten werde. Ich habe dir schon gesagt, daß ich im Ganzen 12 Exemplare zu erhalten habe. Hier brauche ich für's erste weiter keine. Auch von den Planen, die ich früher damit hatte, es der Frau v. Clausewitz nach Coblenz und (aus altem Versprechen) der B.C. in Mannheim zu schicken, will ich mehrerer Gründe wegen für's erste keinen ausführen. Ob du es verantworten willst, Wally das Buch zu geben, muß ich deiner besten Ueberzeugung überlassen. Auf allen Fall behalte ein Exemplar für dich, und lies das dings einmal in einer Mü-

---

² consilium abeundi: Rat abzugehen.
³ fictum: vorgegeben.

ßigen Stunde durch, und sage mir aufrichtig, was du davon denkst. Es ist ein sonderbares Gefühl, was einen bey dem Gedanken ergreift, so auf einmal seine geheimsten, tiefsten [gestrichen: Gedanken] Gefühle öffentlich, unwiderbringlich der Welt kund gegeben zu sehen. Allein, ich habe es ja schon zum Motto geschrieben: ich habe treulich aufgeschrieben, was innre Lust mir offenbart. –

Beykommend erhältst du einen Brief, den Grimm an Savigny in der Meinung geschickt, daß der Offizier Fallenstein noch hier sey. Wie wir aber hören, ist er in Düsseldorf. Könntest du vielleicht einrichten, daß einige Nachricht gegeben würde, ob man ihn nach seiner Adresse hat besorgen können, oder nicht? Du würdest Savigny damit großen Gefallen erzeigen. Auch von der Heinrichssohnschen Buchhandlung aus Magdeburg habe ich Nachricht, daß der Betrag von 4 Taschenbüchern nach Abzug von 25 % mit Rth. 7, GGr. 12 an dich abgegangen sey. Ob dieß so richtig, weiß ich in der That nicht genau zu bestimmen. Die andern Beyden, oder den Betrag dafür, wolle man in 2 Monaten an dich oder mich einschicken. Die 100 Stück, die ich nun hier noch habe, ängstigen mich zuweilen ein wenig. Allein, kommen erst die Buchhändler von der Messe zurück, so will ich alles versuchen, um sie los zu werden. – Rühl sagt mir, er habe an Fuchs geschrieben |6| wegen Geld, welches er ihm glaubte, durch mich übermachen zu können, da ich doch gewiß welches von dort zu beziehen habe. Ich habe ihm geantwortet, daß dieß, so lieb es mir übrigens auch seyn würde, wohl schwerlich würde geschehen können. Nur im Falle ich zurückreise, würde ich es vielleicht mitnehmen können. Auch einer der ehemaligen Adjudanten des General Thielmann bat mich, 20 Louisdor an Louis Himmen für einen gekauften Wagen zu besorgen; ich habe dieß aber für's erste noch unter dem Vorwande abgelehnt, daß ich den nunmehrigen Aufenthalt von Hymmen nicht kenne: So könnte ich also noch Geld genug hier auf Credit haben!! –

Heute ist auch Wittgenstein mit Steinäcker abgereist. Der Junge scheint bey seinem irren Treiben durch die Welt und in der lockern Gesellschaft, in der er sich umgetrieben, etwas verwildert. Er gefällt mir so wenig, als sein Herr Schwager, u. wenn beyde, wie ich glaube, bald unsere Stadt wieder verlassen, so haben wir uns, wie mir scheint, nicht über zu großen Verlust zu beklagen. Wittgenstein will auf eine Universität gehen, wie er sagt. Er kommt von Cossen, wo er beym Leibregiment bisher war. – Den Schoenermark habe ich einmal flüchtig im Vorbeygehen auf der Parade gesehen, aber noch nicht gesprochen. Wo er wohnt, könnte ich leicht erfahren; allein, ihn, u. manche meiner andern Bekannte, besuche ich deswegen nicht gerne, weil ich immer fürchte, die Leute glauben, man komme, um bey ihnen wieder zu hohlen, was sie bey uns genossen. Allein, ich will nun doch sehen, den Schoenermark bald zu sprechen, um Euch wenigstens Nachricht von ihm u. seiner Familie geben zu können. – Deinen Hoffmann habe ich hier zuweilen gesehen. Er ist ein kleiner schwarzer Kerl, mit scharfem Gesicht. Gelesen habe ich bis jetzt noch nichts von ihm; möchte aber gerne.

Gute Nacht. Es ist Mitternacht. Schlaf recht wohl!

|7| Den 11. May. Sonnabend.

Kaum hatte ich diesen morgen die Augen recht auf, so kam jener Schweitzer Ruckstuhl schon zu mir, und wollte mich, was man recht so nennt, mit 3 Louisd'or breitschlagen. Den nehmlichen Vorschlag hatte er mir schon einmal in Paris gemacht. Der Mensch ist in dieser Hinsicht zu sonderbar. Er renommirt mit seiner Familie in Bern, wo er Mitglied des großen Raths sey u. dergl., fragte ich ihn nun, warum er sich von Hause kein Geld kommen lasse, so erwiedert er, er habe dahin geschrieben, allein, zur Antwort erhalten, man statte eben eine Tochter aus, und solcher Faxen mehr. In der Ueberzeugung also, daß er unsinnig in den Tag hineinlebt, und die 3 Louisd'or, von denen er schon, wie er sagt, 7 Rth. hier bezahlen müßte, ihm nichts nützen, und für mich, der ich sie auch nicht wegzuwerfen habe, verloren seyn würden, habe ich ihn rein abfahren lassen, mit der Erklärung, ich habe selbst kein Geld. Du magst dich, wenn er würklich bis zu Euch kommt, in dieser Hinsicht bald auf festen Fuß mit ihm stellen, was auch nicht schwer ist. –

Wegen unsern Postgeschichten kann ich immer noch nichts recht sicheres erfahren, und habe mir deswegen schon vorgenommen, den Herrn v. Segebart ehestens einmal zu besuchen, obschon jener Geheimrath Pistor, von dem ich dir wohl schon schrieb, eigentlich die ganze Sache betreibt, und mir schon mehrmals versicherte, daß noch nichts ausgemacht sey. Ich will mir aber Mühe geben, etwas ausführliches darüber zu entdecken. Ich bin ganz der Meinung, daß wir die Postsachen, so lange immer möglich, festhalten müssen, und, inter nos dictum,⁴ wäre es am Ende die Frage, ob, wenn es uns beyden gelänge, in andern Dingen ordentlich zu etwas zu kommen, man die Post nicht an Carl könnte zu bringen suchen, der sich doch wohl endlich soviel zusammenraffen wird, daß er dieß betreiben könnte, wenn wir ihm auch so viel als nöthig a consiliis⁵ blieben. Aber bey den Preußen ist dieß eine üble Sache, und sie geben, so viel ich weiß, keine Exspektanzen, und lassen solche Stellen nicht leicht von Vater auf Sohn kommen. –

Du sagst mir, ausser den Familiensachen, sey nun alles in guter Ordnung. Zählst du da zu auch die Güterverwaltungssachen, Kitzburg, Kendenich? Das wäre zu wünschen, allein, ich fürchte, es wird dieß doch so leicht nicht hergegangen seyn. Die Erbschaftssachen müßten eigentlich jetzt mit |8| möglichstem Eifer betrieben werden, denn kommt erst, was doch über Kurz oder Lang zu erwarten steht, noch die dritte Änderung der Gerichtsverfassung, die Einführung der Preußischen nehmlich, so möchte wohl die Entscheidung nur noch immer schwieriger werden. Ich glaubte Euch nach einem deiner früheren Schreiben einmal auf Gutem Wege. –

---

⁴ inter nos dictum; unter uns gesagt.
⁵ a consiliis: als Berater.

Hier ist nun die Königinn der Niederlande, des Königs Schwester, angekommen. Es sind deshalb bey Hofe allerley Feste, große Cour, Hofbälle, u. dergl., wohin ich mich nicht versteige. Ihr zu Ehren wurde vor einigen Tagen auch die Zauberflöte sehr schön gegeben. Es sind darin wohl 15–18 ganz neue herrliche Dekorationen, von dem hiesigen Geheimen Baurath Schinkel, u. auch die Maschinerie war so, wie ich kaum in Paris etwas ähnliches gesehen habe. Ausserdem sah ich vor einiger Zeit Göthes Iphigenie auf Tauris, welche die Madame Wolf vom Weimarer Theater, die nun hier engagirt ist, sehr schön spielte. Ausserdem besuche ich das Theater nicht oft, da ich, wie du weißt, kein leidenschaftlicher Verehrer desselben bin. Könnte ich in einem unserer alten Dome den alten Episkopaldienst in seiner ganzen ehemaligen Pracht und Herrlichkeit wieder herstellen, es wäre mit lieber als alle Theater. –

Von Frankfurth schreibt man, daß der vor kurzem katholisch gewordene Dr. Schlosser, der Bruder dessen, den wir kennen, nun Priester, und seine Braut, eine Mademoiselle Gontar, Nonne werden wolle. So etwas wird hier meist kurzum für Verrücktheit erklärt. Die meisten scheinen mehr dafür zu halten, daß durch ein flaches Gemisch, wo jeder nicht mehr weiß, was er eigentlich glaubt und will, eine endliche Religionsvereinigung, ich möchte sagen, Religionsauflösung, möglich sey, als durch ordendliche Festhaltung dessen, was jedem das Wesentliche scheint. So ist hier das meiste Volk. –

Ich muß schließen, weil ich noch mit der heutigen Post mehrere andere Briefe besorgen will. Ich will, so Gott hilft, bald wieder schreiben. Kommt nicht anderes zu thun, so werde ich wenigstens mit den Ministern am Rhein seyn, geht das Geld vollends auf, natürlich früher, oder auch, wenn ich sollte berufen oder geschickt werden.

Grüße Haxthausen u. sage, ich wolle ihm ehestens schreiben. Auch den Vater und die Unsern grüße alle u. den Rektor. Schreibe bald, recht bald wieder.
Dein Ebbo

Eberhard von Groote an Joseph von Groote, Berlin, 26., 27. u. 28. Mai 1816

Historisches Archiv der Stadt Köln, Best. 1552, A 20/13

|1| Berlin, den 26. May. Abends, in großem Gewitter.

Mein letzter Brief an dich vom 20.–21. war noch nicht abgegangen, als ich schon in der Zeitung die Anzeige von der fertig gewordenen Schrift Göthe's über Kunst u. Alterthum in den Rhein u. Main-Gegenden, als hier in mehreren Buchhandlungen zu haben, angekündigt fand. Ich kaufte sie mir gleich, obschon sie höllisch theuer ist (Thl. 1, GGr. 8) und fand nur leider zu bald, daß sie geschenkt kaum wohlfeil genug gewesen wäre, daher ich sie denn auch, nachdem ich sie aufmerksam durchgelesen und mit Noten begleitet hatte, schon gleich andern Tags an einen Bekannten, der sie gerne haben wollte, für das nehmliche Geld wieder verkaufte. Vielleicht habt ihr sie nun auch schon bey Euch und ich kann dir etwas darüber sagen.

Ist dieß also die langerwartete, langverkündete, berühmte Schrift des alten Heyden, wodurch die Propyläen umgestürzt und die Bekehrung zum Christenthum der Welt bekannt gemacht werden sollte? Ist dieß, was da Göthe ausspricht, dasjenige, was es mit der ganzen altdeutschen christlichen Kunst soll, und ist dieß die würdige Art, darüber zu reden? Sollen Evangelisten nun Annalenschreiber heißen, u. sollen wir gelehrt werden, daß der Heilige Geist bey der Verlobung der Jungfrau, oder bey der Verkündigung erschienen, um die „Mißheirath" mit dem ältlichen Joseph zu bemänteln, u. „um dem neugeborenen Kinde einen Vater zum Schein und zum Pfleger zu geben"? Woher die neue Lehre, daß der oberste (!) Gott der Christen menschlicher, der Jupiter der Griechen königlicher gewesen? Wozu ferner das entsetzliche Gewäsche bey Frankfurt u. Hanau über die unbedeutendsten Dinge? Woher solche weithergeholten Dinge, wie z.B. bey Wisbaden: Herr v. Gerning in Frankfurt habe auch eine sehr schöne Sammlung von Kunstsachen, u. es wäre sehr schön u. löblich, wenn er diese nach Wiesbaden bringen wolle, obschon gar kein Grund angegeben ist, daß dieß wahrscheinlich sey. Die Schrift macht im Allgemeinen hier gar schlechten Effekt: Savigny, Eichhorn, Brentano, u. viele andere sind empört darüber. Ich habe mit Fleiß nichts gesagt, aber jedem, der Köln kennt, war es auffallend, warum er denn, da er Jabach nennt, und |2| unser Bild doch wahrscheinlich durch dich gesehen hat, unser und unserer Familie auch nicht mit einem Worte Erwähnung thut; so wenig als manches anderen Guten, was in Köln für die Kunst geschieht. Warum nicht lieber den doch allerdings fleißigen, geschickten u. verdienten Maler Katz anführen, als den Lützenkirchen, der doch, so viel ich weiß, jenem nicht vorzuziehen ist? Wozu das ewig wiederholte Geschwätz über Scheinkapellen, ein Unding, was nach meiner, u. ich glaube, jedes besseren und geistlicheren Menschen Ansicht, zu dem manchen kläglichen, unseligen und unnützen Machwerk der neuesten Zeit gehört, etwa wie eine Eremitage, als pendant zu einer Mochée in einem Englischen Garten, vorausgesetzt, daß sie nicht wirklich noch zu religiösem Gebrauch bestimmt ist. Eben so hat man Göthe allgemein das, was er wahrscheinlich uns und Schenkendorf zum Aerger geschrieben, nehmlich: es wird von Hymnen umräuchert, – wo er von dem Dombilde pagina 163 spricht, sehr übel genommen, weil er, auch abgesehen von dem Werthe oder Unwerthe, die jene Gesänge selbst haben mögen, durch jenen Ausdruck wenigstens zu verstehen giebt, daß er von dem, was die neuste Zeit in frommem Gefühl für die alten christlichen Heiligthümer, ausgesprochen und gethan hat, nichts versteht oder doch nichts wissen will. –

Uebrigens mag es nicht zu läugnen seyn, daß er zum Schluß über die Kunst und deren Geschichte manches Gute und Lehrreiche gesagt hat, was auch mit Dank erkannt wird. Was er über die Universität sagt, scheint ihm von fremder Hand supeditirt,[1] so wie dieß an manchen Stellen, u. überhaupt von der ganzen Schrift gesagt werden kann, die er offenbar nicht aus eigenem Trieb, u. con amore, sondern auf äußere Veranlassung geschrieben hat. Giebt er gleich Cöln, als zur Universität geeigneter, gegen Bonn den Vorzug, so hält er das Alles doch so flach wie möglich, u. hüthet sich auf der andern Seite auch wieder, Bonn nicht zu nahe zu treten. Welchen Eindruck die Schrift bey dem hiesigen Ministerio macht, dem sie schon Bogenweise gleich, wie sie gedruckt wurde, zugesandt ward, weiß ich nicht; vielleicht einen besseren, als wenn sie anders gefaßt wäre. Für uns habe ich einstweilen keinen |3| besonderen Nutzen daraus zu ziehen gewußt, als daß ich bey einer neuen Ankündigung unseres Taschenbuchs bemerkt habe, daß dieß die von Herrn v. Göthe in der pp. Schrift rühmlichst erwähnten Kupfer enthalte; vielleicht hilft dieß noch etwas.

Deinen Brief vom 13.–14. laufenden Monats erhielt ich gestern. Was du darin von dem Reskript des Ministeriums, wegen des Dominicaner Klosters sagst, ist freilich etwas, wenn auch noch nicht viel. Gott gebe, daß die Anwesenheit der Minister am Rheine, das Mehrere bewirke. –

Du hattest mich auf deine Briefe ziemlich lange warten lassen. Ich bin indess, wie du mir zugeben wirst, desto fleißiger, und zwar schreibe ich dir recht interessante Dinge, wozu denn unter andern Folgendes gehören soll, daß das erste, was mir diesen Morgen vor Augen kam, ein Kanzleybothe war, der mir die, von den Herrn Ministern des Innern und der Finanzen unterschriebene Anzeige meiner Anstellung als Assessor bey der Regierung in Köln, brachte. Das Wichtigste daraus ist: daß mich das pp. Ministerium auf den Bericht des Herrn Ober Präsidenten Graf Solms, u. mein eigenes früheres Gesuch zum Assessor bey der Königlichen Regierung in Köln, NebenBemerkung ohne Gehalt, ernannt habe. Das weitere solle ich in Köln selbst, wohin man mich bald abzugehen bittet, erfahren; daß man mit Vertrauen vorzügliche Applikation von mir erwarte, u. für meine Beförderung zum Rathe, bey vorkommender Gelegenheit gerne wirken werde. – Dieß ist ungefähr das Ganze, u. mir auch einstweilen genug.

Ich habe alles Vertrauen, daß deine Ernennung unter dem nehmlichen Dato (das Schreiben ist vom 21. laufenden Monats) erfolgt seyn wird, umsomehr, da ich Grund zu glauben habe, daß du von dem Grafen Solms noch dringender empfohlen seyn magst, als ich. Ich wünsche dir also vorläufig alles Glück, und glaube, uns dieß umsomehr beyden wünschen zu können, da ich es leider hier noch täglich mehr und mehr sehe, wie schwierig es den jungen Leuten wird, sich auch nur bis zum Referendar zu bringen, |4| und wie sie manche Jahre sauer verschwitzen müssen, bis sie sich endlich zu einer Assessorstelle herangeschwun-

---

[1] suppeditiert: untergeschoben.

gen haben. Vielleicht haben die von allen Seiten einbrechenden Klagen, über die wenigen Eingebohrnen Angestellten in den R̲h̲e̲i̲n̲i̲s̲c̲h̲e̲n̲ Provinzen zu dieser schnellen Ernennung etwas mit beygetragen. Ich hatte leider nicht Gelegenheit, heute schon zu erforschen, ob auch wirklich d̲e̲i̲n̲e̲ Anstellung schon erfolgt ist, obschon ich daran nicht zweifle. Ich werde mir Mühe geben, es zu erfahren, u. dir sodann gleich schreiben, wenn du es gleich dort wahrscheinlich früher schon wissen kannst. Behalte Alles dieß einstweilen für dich, u. thue nur recht, so wie ich hier, als ob uns das gar nicht befremde, auch gar nicht ausserordentlich vorkomme. Ich sage niemanden etwas davon, der es nicht anderen Interesses wegen wissen muß, und so magst du es auch thun, damit es nicht den Anschein habe, als haben wir Mittel gefunden, uns gegen andere vorzudrängen. Soviel einstweilen hiervon.

Dieß aber, und dazu die Abreise des Königes und der Minister von hier, wird, wie es niemanden befremden kann, mit den dazu kommenden Finanzumständen, die, wie es scheint, von Aussenher sich keiner Verbesserungen mehr werden zu erfreuen haben, – meine Abreise sehr beschleunigen, so daß ich dir wohl noch mit dem Schluße dieser Woche werde sagen können, bis wann du die letzten Briefe (die, wie die letzten, doch 12 Tage laufen) an mich abschicken kannst. –

Ueber jene Reise habe ich dir neulich schon vorläufig etwas gesagt, und obschon ich davon auch in diesem Augenblick noch nichts genaueres weiß, so will ich dir doch, was aber streng unter uns beiden bleiben muß, sagen, was etwa zu erwarten steht. Du weißt nehmlich aus meinen früheren Briefen, daß Boisserées sich zwar im Allgemeinen in einem Berichte an das Ministerium erklärt, aber doch noch immer so unbestimmt und unzuverläßig geäußert haben, daß keiner recht weiß, was oder wie sie es eigentlich halten wollen. Da ist mir nun von weitem der Plan des Ministeriums zu Ohren gekommen, daß der Geheime Oberbaurath Schinkel, der berühmte, herrliche Architekt von hier, |5| der ohnehin eine Reise in die Rhein Provinzen machen soll, um über unsern Dom sowohl als über andere vorzügliche alte Bauwerke ein Verzeichniß und Berichte zur Erhaltung und Ausbesserung derselben abzufassen, – über Heidelberg reisen, ich aber, da ich B̲o̲i̲s̲s̲e̲r̲é̲e̲s̲ u. deren Verhältniße genauer kenne, ihn begleiten, u. so von dort bis in unsere Gegenden führen solle. Schinkel soll sich dann B̲o̲i̲s̲s̲e̲r̲é̲e̲'s Sachen genau ansehen, mit ihnen alles reiflicher überlegen, u. das Ganze zu einer möglichst genauen Entscheidung zu bringen suchen. Man hat mir von Weitem diesen Vorschlag gethan, u., wie du denken kannst, ließ ich mich dazu bald willig finden. Genaueres weiß ich nun freylich noch nichts; morgen oder übermorgen soll die Sache erst zum förmlichen Vortrag kommen, u. dann erst kann ich das weitere erfahren. Zum Geringsten könnte es mir die Kosten der Rückreise mindern, und an jenem Schinkel hätte ich die angenehmste und lehrreichste Unterhaltung. Doch es steht noch im Trüben, und deswegen genug davon, bis nächstens.

Was ich aber neulich damit gewollt, ob du denn deine Arbeiten nicht auf 14 Tagen etwas zusammenstempeln u. ruhen lassen könntest, wird dir soviel klarer seyn. Ist doch mein Wagen groß, wie du weißt, für 5 Personen, u. wie fidel könnte eine solche Schwite werden. Ich freue mich schon im Geiste darauf. – So bin ich nun über lauter hiesigen Geschichten zu deinem Briefe noch kaum gekommen. Aber was kann ich auch viel dazu sagen, da er fast von oben bis unten Hochzeitschwite enthält! Es ist mir lieb, daß du das Alles mit angesehen, und also einen Begriff von einer sogenannten westphälischen Hochzeit bekommen hast, wovon wir immer so viel Rühmens haben hören müssen. Dein nächster Brief mag erbauliche Dinge enthalten! Wenn ich mir die Braut so denke, so weiß ich oft selbst nicht, was ich davon sagen soll. Manchmal scheint es mir, als wenn sie noch davon stürbe, und es ist mir ordentlich räthselhaft, wie so ein junger Besen, den |6| wir noch vor Jahresfrist im Mädcheninstitut als halb noch Kind gekannt haben, nun schon zur Frau gemacht werden soll. Allein, ich denke wie in vielen Fällen: malitia supplebit aetatem.[2]

Ist etwa bey Ankunft dieses Briefes von der v. Wengischen oder Metternichschen Familie noch etwas bey Euch, so melde meinen freundlichsten Gruß u. Glückwunsch. – Hat dort das Wesen in Gracht und in Viehsen [Wissen] so lang und so gräulich gedauert, wie du es vermuthest, so mag Gott allen lieben Gästen dabey gnädig seyn. Eine Hochzeit ist ein kurioses Ding; zu beklagen sind dabey am meisten die jungen unverheyratheten Besen; sie helfen ein Fest feyern, bey der einer Ihrer Gespielinnen das geraubt wird, was Ihr und Ihnen bisher als das theuerste zu verwahren heiligste Pflicht war, und ist das Fest vorbey, ja selbst während desselben, müssen sie selbst dieses Theuerste immer noch auf's strengste hüthen, was manche wohl, – wenn auch ohne Fest, – auch gerne hingeben möchte. – Die Mädchen sind manchfach zu bedauern.

Den 27. May.

Des Rektors Brief hat mich etwas befremdet. Der Mann hat doch nicht den rechten Sinn für stille, ruhige, frohe Häuslichkeit, die, wenn sie hat, was sie braucht, um sich das Leben froh und harmlos hinzubringen, nun gerne allem äußeren Treiben, allem eiteln, Ruhmsüchtigen Trachten und Jagen nach leerem Schein und glänzendem Tand entsagen mag, weil sie weiß, daß darin kein Heil zu finden. Das Bewerben um eine Pfarrerstelle wollte ich mir allenfalls noch gefallen lassen, weil dieß aus dem Wunsche, einen größeren Wirkungskreis zu wohlthätigem Leben zu haben, hervorgehen könnte. Aber nun seine weiteren, ich möchte sagen, gewaltsamen, schwindelnden Ideen, was er alles thun will, wenn es vielleicht mit der Pfarrey mißlänge, das will mir alles nicht gefallen. Er sagt nehmlich, wenn ihm jene Plane fehlschlagen, so werde er dennoch das Elend verlassen, sich bis zum Ableben seiner alten Mutter zurückziehen, und dann nach Italien gehn, u. in Rom wohnen und bleiben. Was will so ein Mann, ohne Beschäftigung

---

[2] malitia supplet aetatem (mittelalterliches Rechtsprinzip): Die Boshaftigkeit der Tat ist Beweis für das (Erwachsenen-) Alter, die Rechtsmündigkeit.

und |7| ohne ferneren Zweck, ja ohne Kenntniß des Alterthums und ohne rechte wissenschaftliche und gründliche Kunstkenntniß, ohne Kunde der heidnischen u. christlichen klassischen Zeit daselbst etc. etc. in Rom machen? Sind ja doch selbst unsre deutschen Künstler, trotz der reichsten Ernte, die ihnen dort wird, nachdem, was ich dir neulich von Cornelius Brief mittheilte, nicht gesonnen, länger da zu bleiben, als bis in Deutschland etwas zu Stande kommt, wozu sie mitwirken können.

Man sieht es dem Rektor an, daß er nie viel u. lange von dem vaterländischen Boden entfernt war, sonst würde es ihm schon klar geworden seyn, daß es mit all diesem Umtreiben in der Ferne nichts als Schein und Tand ist, was zu nichts führt, wenn nicht ein bestimmter, fester Zweck dabey aufgestellt ist, den man unaufhaltsam zu erreichen strebt. Alles übrige, die fremden Menschen, das Neue der Länder und Städte und alles, was sonst für's Erste reitzend scheinen kann, wird bald höchst langweilig, ja widrig u. unausstehlich, bey dem Gedanken, daß das Betrachten aller dieser Dinge doch eigentlich zu nichts führen und zu unserm bleibenden, sicheren Wohl in der Folge nichts oder wenig beitragen könne, ja, daß es auf das Gemüth eine schlechte Wirkung macht, indem es uns an eine gewisse müßige Neugierde gewöhnt, uns immer mehr aus uns selbst u. von uns selbst weg treibt u. uns mit uns selbst fremd macht, das Schlimmste, was dem Menschen geschehen kann. Ich darf es daher mir nicht versagen, dem Rektor meine Meinung über diese seine Außerungen, die hoffentlich doch am Ende nur so Erzeugniße eines trüben Augenblickes werden gewesen seyn, mitzutheilen. Ueber manches, z.B. die Besetzung der Domherrnstellen, die, wie er glaubt, nur Adlichen gegeben werden sollen, hat er offenbar unrichtige Ansichten, die, Gott weiß wer, ihm in den Kopf gesetzt hat. –

Beuth war diesen morgen bey mir. Was er mir über die Aussichten zu einem ganz mäßigen Steuersysteme, so wie über die Berücksichtigungen, die einer von der HandelsKammer hierhin eingeschickten Vorstellung über die Rheinzölle, geworden sey, sagte, scheint ganz erfreulich für unsere Gegenden zu seyn. – Arndt ist seit einigen Tagen hier u. bleibt noch etwa eine Woche; u. will dann weiter nach |8| Schweden hin, wo er den Sommer und Herbst zu bleiben, gegen den Winter aber nach Deutschland, u. zwar gerade an den Rhein zurückzukehren denkt. Wo er seinen künftigen Aufenthalt wählen wird, bestimmt er noch nicht; allein, vom Rheine erklärt er, sich auf keine Weise entfernen zu wollen. –

Was wird es denn in Frankreich? Das scheint wieder bunt werden zu wollen, u. der arme Ludwig XVIII. wird wohl seine theuren Alliirte bald wieder zu Hülfe rufen. – Görres' Vertheidigung, oder vielmehr der Epilog, den er dazu in Trier gesprochen, steht in der Allgemeinen Zeitung u. wurde hier mit vielem Interesse gelesen u. sogar abgeschrieben. Allein, ich möchte wissen, ob Görres, wie er damals doch vorgab, nicht eine größere Vertheidigung in Frankfurt hat drucken lassen. Diese möchte wohl noch interessanter ausgefallen seyn.

Den 28. May.

Ich bin im schreiben oft gestört worden, u. da der Brief doch heute zur Post soll, so schreibe ich nur noch ein Paar Notizen hier hin, die dich interessiren können. Auf die wöchentlichen Nachrichten, welche auch Göthe in seiner Schrift erwähnt, u. die Büsching in Breslau herausgiebt, hatte ich schon lange subscribirt u. zwar bey Prof. Zeune hierselbst, der sich viele Mühe darum giebt. Heute brachte er mir 4 Hefte derselben, u. ich finde auf der Decke des Heftes vom April ein Motto aus meiner Vorrede zu unserem Taschenbuch mit der Unterschrift Ebbo v. Groote. Nicht wahr, wie doch der Mensch an Celebrität gewinnt! Allein, es geschieht dieß wohl nur, um zu ködern, damit man recht viele Notizen einschicke, woran bey einem fortgehend erscheinenden Blatte leicht Mangel entstehen kann. Nächstens wird wohl darin eine Nachricht über meine Manuscripte des Tristan erscheinen, die ich Zeune mitgetheilt habe. – Vor einigen Tagen habe ich den großen Breuer hier gesehen, der wohl seine Geschäfte im Lieferungswesen noch fortsetzt, oder alte Zahlungen einzutreiben sucht. –

Könntest du den Rektor, den ich um irgend eine gothische kleine Alterthümlichkeit, die ich der Prinzeß Wilhelm geben könnte, gebethen habe, bewegen, mir eine solche zu verschaffen, und noch recht bald zu zuschicken, so geschähe mir ein großer Gefallen. Ich hoffe, daß er die Betrachtungen, die ich ihm in meinem Briefe mitteile, nicht übel nehmen wird. Gott erhalte Euch alle. Mit den Postsachen, an denen noch immer laborirt wird, steht alles beym alten. Es ist von einer bedeutenden jährlichen Entschädigung die Rede, die dem Fürsten gezahlt werden soll.

Grüße an alle. Ebbo.

Eberhard von Groote an Joseph von Groote, Berlin, 3. u. 4. Juni 1816

Historisches Archiv der Stadt Köln, Best. 1552, A 20/14

|1| Berlin, den 3. Juny 1816.

Deine Hochzeitsschwiten scheinen dich wirklich etwas lange hingehalten zu haben, lieber Alter; so, wie du es schon in deinem letzten Briefe v. 13. May als möglich annahmst, denn seitdem habe ich auch nichts mehr von dir gehört oder gesehen. Oder haben sich am Ende durch ein Paar Tage Aufschub deine Arbeiten wieder so gehäuft, daß du nicht fertig werden kannst, u. ist dieß also die Ursache, warum ich nichts höre? So vergebe ich dir um so williger, u. lasse mich deswegen nicht abhalten, dir zu schreiben, um so weniger, da ich dir einige ganz interessante Dinge mitzutheilen habe.

Zu diesen gehört primo loco,¹ daß die Convention mit den Taxischen Commissarien abgeschlossen, u. also diese Sache zum Schluß gebracht ist. Sie lautet so, daß dem Fürsten Güter, die jährlich 60.000 Thl. eintragen, zur Entschädigung für den Verlust der Posten in den Preußischen Provinzen angewiesen werden. Dieß ist sicher; welche Güter, wie u. wo, weiß ich noch nicht. Sage dieß, mit meinem herzlichsten Gruße, unserm Alten, wenn ihr es aber nicht ohne dieß schon wißt, so sagt nicht gerade, daß ich es zuerst geschrieben. Was ich weiteres erfahren kann, sollt Ihr gleich wissen, allein, es wird nun einfach alles darauf hinauslaufen, daß der Fürst in Besitz der Güter, u. der König in den der Posten gesetzt, u. also mit der Uebergabe derselben bald angefangen wird. Es ließ sich dieß wohl vorsehen, und wir werden uns noch immer freuen können, wenn, wie doch zu erwarten ist, die alten Beamten beybehalten, und nicht so gerade mit Haut und Haar die allgemeine Preußische Postordnung eingeführt wird.

Ich glaube dieß letztere fest, da man auch hier mit einigem unzufrieden ist, was sich nur in dem Augenblick nicht gut abschaffen läßt; wird ja doch auch in andern Dingen, z.B. mit dem Steuer-, Zoll- u. Accise-Wesen nicht Alles auf den altpreußischen Fuß eingerichtet; so gar ist nicht zu vermuthen, daß die Gerichtshöfe, die Städteordnung u. das Landrecht genau, wie es bisheran in den alten Provinzen bestanden hat, auch in den neuen eingeführt werden; und so habe ich Grund, dieß auch bey den Posten anzunehmen. Einige |2| Mitglieder des Staats-Rathes, u. zwar solche, von denen man vermuthen kann, daß mit der Zeit ihr Einfluß auf das Postwesen von Bedeutung seyn werde, behaupten, man müße durchaus von dem Grundsatze ablassen, das Postwesen als einen Zweig des öffentlichen Einkommens anzusehen [gestrichen: zu halten]; es müsse bloß als ein Beneficium, welches der Staat für die Unterthanen einrichte, betrachtet werden. Ich erwiderte auf diese Behauptung, daß dann ja aber das Porto ungeheuer vermindert, ja, wenn nur die AdministrationsKosten herausgebracht werden sollten, beynahe zu gar nichts herabgesetzt werden könnte; und ich hörte zu meiner Verwunderung, daß dieß auch die richtige Ansicht sey, u. darauf hingearbeitet werden müsse. Ich gebe es gerne zu, daß dieß in der Theorie des öffentlichen Rechts vielleicht ganz richtig seyn kann, glaube aber eben so gewiß, daß wir in unseren theuern, armen Zeiten, wo man lieber noch neue Abgaben erfindet, als alte abschafft, von solcher Liberalität noch weit entfernt seyn mögen. –

Es wäre nach diesem nun das nächste, daß ich dir sagte, was ich von deiner Anstellung gehört u. erfahren habe; aber leider habe ich darüber bis heran noch nichts erforschen können, so gerne ich es auch gewünscht. Man scheint in dergleichen Dingen sehr zurückhaltend zu seyn; da ich aber überzeugt bin, daß du vom Graf Solms vorgeschlagen bist, u. deine Ernennung gewiß eher leichter als schwieriger, denn die Meinige, beschlossen würde, so tröste ich mich damit, daß sie gleichzeitig mit der meinigen erfolgt, und also ebenfalls gegen den 21. May

---

¹ primo loco: an erster Stelle.

von hier aus dem Kölner Ober-Präsidium wird angezeigt worden seyn. Dein nächster Brief giebt mir vielleicht schon Nachricht davon. –

Ich glaubte meine Abreise von hier letzthin schon so nahe, daß ich dir zum Schlusse der vorigen Woche, oder doch gewiß nun, sichere Nachricht davon hätte geben können. Allein, wenn ich gleich vermuthe, daß es bey dem, was ich dir damals mittheilte, sein Bewenden haben wird, so kann ich doch genau von der Zeit noch nichts bestimmen, da der Plan zu jener |3| Reise zwar dem Ministerio übergeben, der StaatsKanzler nun aber schon lange wieder zu Potsdam ist, u. erst morgen oder übermorgen in die Stadt zurückkommen wird, wo dann erst zu hoffen ist, daß Seine Entscheidung erfolgt. Lange kann es auf keinen Fall mehr dauern, da ich dem Reskript meiner Anstellung zu folge schon angewiesen bin, mich bald zu meinem neuen Posten zu begeben.

Das letzte, was ich von Köln erhielt, waren einige Exemplare der Denkschrift der Handelskammer, nebst einem Schreiben des Herrn Heymann. Der Brief, welcher zugleich Umschlag war, war so verwetzt, daß ich ihn nur zur Noth noch lesen konnte; die Schrift aber, welche früher schon an das Ministerium und den StaatsRath gekommen war, wird sehr gelobt, u. für recht gründlich und sinnig gehalten. Ich habe Sie noch mehrern, die sie interessiren kann, gegeben, u. mit Einigen, die es zunächst angeht, viel darüber gesprochen. – Von der, in der Schrift richtig aufgestellten Alternative – entweder die Holländer zu bewegen, ihre Zölle auf allem Rheinwasser aufzuheben, u. freyen Handel bis ins Meer zu verstatten, – oder den bestehenden Stapel für alle von und nach Holland gehenden Waaren, als Repressalie gegen die Holländer einstweilen bey zu behalten, – wird wohl nur der letzte Vorschlag, als einstweilen einzig durchführbar, realisirt werden, bis man vielleicht auf anderem Wege die Holländer zu der Annahme der ersten zwingen kann. Daß dieß WiedervergeltungsRecht aber in Köln wird gestattet werden, ist ausser Zweifel, u. das kannst du jedem sagen, der sich dafür interessirt. Es ist schlimm, daß man sich nicht gleich bey den dorthin einschlagenden Artikeln der Wiener Congressakten mit den verschlagenen Holländern genauer verständigt hat; jetzt werden entweder lange Traktate, oder gewaltsame Mittel in Zukunft einmal das gemachte Versehen wieder gut zu machen im Stande seyn. Dieß ist die Ansicht, welche ich über diesen Gegenstand hier als die allgemeinste angenommen gefunden habe. –

|4| Wenn ich dir neulich schrieb, daß es noch immer möglich sey, den Prinz Wilhelm, mit der Zeit als Stellvertreter des Königes in unsern Provinzen zu sehen, so gewinnt nun diese Meinung noch an Wahrscheinlichkeit, da, wie du aus den Zeitungen wirst gesehen haben, der König diesen seinen Bruder zum Chef der Rheinischen Landwehr Gardebataillons ernannt hat. Allein, meine Bitte an den Rektor, um etwas Altgothisches, was ich der Prinzess überreichen könnte, mag einstweilen unerfüllt bleiben, wenn ihr sie mir nicht voreilig schon gewährt habt. Die Prinzess geht eher als ich, und zwar schon gegen die nächste Woche, von hier ab, um die Bäder zu Wiesbaden u. Schwalbach zu besuchen. Ich glaube

wohl, daß sie nachher auch herunter bis zu uns kommen wird, u. es würde mich sehr freuen, diese angenehme, holde Fürstinn in Köln wieder zu sehen. –

So geht nach und nach ein großer Theil meiner hiesigen Bekannten weg. Savignys u. Brentano sind in diesen Pfingstferien auf 8 Tage zu Arnim gereist; die Familie Groeben geht nach Spaa [Spa], die Frau v. Humbold ist schon längst nach Frankfurt abgereist; der StaatsKanzler, der Minister des Inneren, u. der der Finanzen, reisen alle vor der Hälfte dieses Monats, eben so einige der Staats-Räthe; die Fürstinn Radzivill geht in Kurzem mit ihrer Familie nach Pohlen ab, mein Wirkungskreis wird also auf alle Weise so vermindert, daß eine baldige Bestimmung über meine Reise mir sehr willkommen seyn würde. Schlüge jener obige Plan fehl, so würde meine Reise wohl über Cassel [Kassel] gerade an den Rhein gehen, da mich dann nichts so sehr interessiren würde, als die Brüder Grimm zu besuchen, u. ihre Arbeiten und Sammlungen in altdeutscher Literatur zu sehen. Sie haben mich wiederholt und sehr freundlich zu diesem Besuche eingeladen. Freylich würde ich in einiger Verlegenheit seyn, wie ich meine Reise einrichten solle; denn mit meinem etwas schweren Wagen, allein mit 3–4 Pferden Extra Post zu fahren, würde wohl etwas toll seyn, da es ganz schrecklich theuer werden müßte. Ich müßte also entweder glücklicher Weise einen Reisegesellschafter zu gemeinsamen Kosten finden, oder |5| ich sehe mich gezwungen, den Wagen hier zum Verkauf auszubiethen, und mit der ordinären Post zu reisen. Das muß alles noch überlegt werden. –

Die Taschenbücher habe ich nun, wenn auch noch nicht verkauft, doch wenigstens sicher unter gebracht. Die Dümmlersche Buchhandlung hat deren 25 Exemplare erhalten, u. sie in der No. 66 der Berlinischen Zeitung vom 1. laufenden Monats mit Beziehung auf die Göthesche Schrift, angekündigt. Die Uebrigen wird Herr Reimer in der Realschulbuchhandlung übernehmen, ein lieber, freundlicher, gefälliger, u. ganz zuverläßiger Mann; Haxthausen kennt ihn genauer, u. duzt sich mit ihm. Er versicherte mir, er wolle schon Mittel finden, sie anzubringen, wenn es auch erst gegen die Zeit geschehen könne, wo die neuen Taschenbücher zu erscheinen pflegen. Da er noch kein Exemplar davon gesehen zu haben vorgab, u. doch sehr danach getrachtet hatte, so konnte ich nicht weniger thun, als ihm gleich eins zu geben, was ihm denn auch der äußeren Eleganz wegen (u. von den Kupfern besonders der Heilige Michael), sehr gefiel. So hätte ich also für mein Theil gewiß redlich gesorgt, u. der Rektor wird mit mir zufrieden seyn. –

Auch der Kronprinz scheint wieder Lust zu haben, zu uns an den Rhein zu kommen. Ich wurde vor einigen Tagen sehr freundlich von ihm empfangen, u. er that, als ob er mich schon lange gekannt. Etwas jugendlich und flüchtig mag er allerdings seyn; aber es scheint bey ihm doch ein guter Fonds zu seyn, auf dem mit der Zeit etwas Tüchtiges gedeihen kann. Seine Zimmer sind mit vielen Kupferstichen, Gemälden, u. Gypsen verziert. Auffallend war mir, so viele Straußeyer darin zu sehen, die er sogar an einige ausländische Gewächse u. Stauden befestigte, was dann ein ganz seltsames Ansehen hatte, da man nicht gleich wußte, was dieß für fremde Blumen oder Früchte seyen. Solche Späße mag man ihm auch gerne verzeihen, obgleich im Ganzen auch seine Professoren (Savigny, Niebuhr etc.) etwas mehr Festigkeit und Ausdauer bey ihm zu wünschen scheinen. Es ist ein sonderbares Ding; aber Prinzen |6| scheinen in der Regel einmal von andern Menschen spezifisch verschieden zu seyn, so daß mit ihnen besonders in wissenschaftlichen Dingen nur schwer durchzukommen ist. Ich glaube immer, sie müßten von frühester Jugend von ihrem Stande gar nichts wissen, sondern ordentlich in Schulen und auf Universitäten umgetrieben, u. nachher dann erst zum Regieren erzogen werden; sie bekämen so mehr Begriff vom Leben selbst, und würden sich eher, auch in fremden Verhältnissen, zurecht zu finden wissen. –

Ich kann nun nicht umhin, dich noch einmal wegen Wallraf zu fragen. Es ist traurig, daß dieser Mann bey aller seiner Eitelkeit und Ruhmsucht, gerade dasjenige versäumt, was ihm einigermaßen hier zur Ehre gereichen könnte. Ich schäme mich selbst, die oft fragenden StaatsRäthe immer nur auf die Zukunft wegen Fortsetzung, wenn auch nicht Vollendung, seiner Schrift, verweisen zu können. Hätte nicht diese lange Frist, welche immer noch bis zur endlichen Bestimmung der Universität verfließt, auch von ihm zum Besten unserer Vaterstadt verwandt werden sollen, und sieht es am Ende nicht aus, als ob Wallraf selbst nicht eben sehr für die Wichtigkeit Kölns für eine Universität überzeugt wäre, da es ihm so mühsam oder so unbedeutend scheint, sein Heft über diesen Gegenstand zu vollenden? Wenn es dann heist, der Mann ist doch nun von aller Arbeit, Vorlesungen etc. befreit, so könnte er doch dieß, das wichtigste von allem, was für die Stadt getrieben werden mag, vollenden; – so weiß ich nicht, was ich sagen soll, und muß alles aufwenden, um ihn gegen diese, – wenn auch vielleicht ganz gerechte – Klagen in Schutz zu nehmen. Ich wünschte wohl zu wissen, was er denn nun zu seiner Rechtfertigung noch zu sagen hat, um es hier in seinem Namen ebenfalls sagen zu können. –

Von Landsleuten ist nur noch der große Breuer, den ich vor einigen Tagen zuerst sah, der aber schon lange hier zu seyn versichert, und, – Graf – doch |7| seit kurzem Fürst, Salm hier. Ich glaube, daß man diesem den Fürstentittel einzig gegeben hat, um ihn los zu werden, da man ihm von dem Uebrigen, was er verlangte, wohl nichts geben konnte. Er wollte nehmlich, soviel ich gehört habe, seine Patrimonialgerichtsbarkeit, wie er sie ehemals besessen, u. alles, was damit zusammenhing, wieder zurückhaben. Das konnte nun natürlich nichts werden. Bey den Ordensvertheilungen und Standeserhöhungen war er ebenfalls leer ausgegangen, – vielleicht, weil man einiges aus seiner früheren Biographie kannte. Er ist nun hier ungefähr so lange als ich, und wird nun wohl wahrscheinlich, da nichts weiter zu machen ist, – sich mit seinem neuen Titel Durchlaucht begnügen, u. abziehen müssen.

Den 4. Juny. Dienstag.

Es scheint, du streifst noch immer in der Weite umher, und dieß ist die Ursache, warum ich deine Nachrichten umsonst erwarte. So eben erhalte ich ein Schreiben des Herrn Victor Bürgers vom 27. May laufenden Jahres, worin er mir sagt, du und der Rektor, ihr seyd nicht in der Stadt, und er müsse mir daher selbst wegen seiner Angelegenheiten beym Finanzministerium schreiben, worüber mir Herr Rektor schon die einzureichende Bittschrift früher zugestellt habe. Ich bitte dich nun, Herrn Bürgers möglichst bald wissen zu lassen, daß ich von Herrn Rektor eine solche Bittschrift bis heran noch gar nicht erhalten, daß letzterer vielmehr neulich geschrieben, jene Geschäfte seyen noch nicht so weit geordnet, daß er sie mir hier zur Besorgung übertragen könne; vielmehr werde das Ganze nun wohl ausgesetzt bleiben, bis, meiner Nachricht zu folge, der StaatsKanzler selbst an den Rhein komme, wo dann Herr Bürgers mich bitten würde, diese Angelegenheit seiner Durchlaucht vorzutragen. Zugleich aber laß Herrn Bürgers wissen, daß, wenn er wirklich noch seine Bittschrift hier dem Herrn Finanzminister persönlich vorgelegt wissen wolle, Er sich sehr eilen muß, |8| da nicht nur mein Aufenthalt hierselbst nur noch von sehr kurzer Dauer seyn könne, sondern auch der Finanzminister gegen die Hälfte des Monats in die neuen Provinzen in Pohlen abgehen, und also nichts mehr bey ihm zu betreiben möglich seyn werde. Es scheint, die beyden Herrn, Herr Bürgers u. der Rektor, haben sich über diese Sache nicht gehörig verständigt, da ihre Briefe an mich gar nicht harmoniren. Sollten aber dennoch Papiere über diesen Gegenstand abgegangen seyn, so schreibe es mir doch umgehend, damit ich sie zu erhalten suche. Der Zweck deiner Reisen wird hoffentlich kein unangenehmer seyn, und wenn ich auch dadurch um deine Briefe auf einige Tage beeinträchtigt werde, so gönne ich dir doch deine lustigen Fahrten, die, so Gott will, der einzige Grund davon sind, aus ganzem vollem Herzen. – –

Die heutigen Zeitungen enthalten einige gute Dinge: z.B. „In den Preußischen Festungen am NiederRhein soll kein Ausländer, ohne besondere Erlaubniß, sich aufhalten dürfen; über die bereits ansäßigen aber Bericht erstattet werden." – Auch die Aufforderung des StaatsKanzlers, an alle junge Männer, die früher als Civilbeamte angestellt, aber gering bezahlt waren, und nun die Kriege von 1813/15 mitgemacht haben, sich bey ihren respektiven Oberpräsidenten zu melden, um wieder angestellt zu werden, ist gewiß für manchen von großem Werthe. –

Lebe wohl, lieber Alter. Ich hoffe, die versprochenen, langerwarteten großen Briefe von dir, werden mit Stoff geben, recht bald wieder zu schreiben; an mir soll es wenigstens nicht liegen, um so weniger, wenn ich wegen meiner Abreise etwas erfahre, was gewiß bald geschehen wird. – Grüße die unseren Alle recht herzlich, und sage ihnen, daß ich mich sehr freue, nun bald wieder auf längere Zeit bey ihnen bleiben zu dürften.

Dein Ebbo

Eberhard von Groote an Joseph von Groote, Berlin, 8. Juni 1816

Historisches Archiv der Stadt Köln, Best. 1552, A 20/15

|1| Berlin, den 8. Juny. Sonnabend 1816.

Lieber Herr Collega

Habe ich gleich dießmal deine Briefe gar zu schrecklich lange erwarten müssen, so will ich doch schnell zur heutigen Post noch dieß Blättchen fördern, um dir kurz das Wichtigste zu sagen, was ich in diesem Augenblick weiß. – Erst gestern Abend erhielt ich deinen Brief vom 23.–25. vorigen Monats, der also wieder wenigstens 14 Tage lief. Es ist sonderbar, daß meine Briefe viel schneller nach Cöln kommen, als die meinen [richtig: deinen] hierhin; u. da du mir versprochen hattest, bald wieder zu schreiben, so war meine Ungedult dießmal auf's Höchste gestiegen. Noch unbegreiflicher ist mir, daß ich den Brief des Herrn Bürgers vom 27., worin er mich bittet, die Papiere noch nicht zu besorgen, die ich gestern in dem Deinigen erhielt, schon seit Dienstag, den 4. habe; ich kann mir dieß nur so deuten, daß du vielleicht, um mir das Porto zu ersparen, die Briefe auf anderem Wege sendest; dieß ist auch allerdings ein triftiger Grund, welcher nicht zu verwerfen ist.

Wegen jener Sache des Herrn Bürgers warte ich also auf dessen weitere Ordre, hoffe aber, daß diese bald erfolgt, weil, wie ich schon in meinem letzten Briefe sagte, der Finanzminister ehestens nach den neuen Pohlnischen Provinzen abgehen wird. Was ich übrigens in der Sache thun kann, soll gerne geschehen, obgleich ich fest überzeugt bin, daß das meiste von den Berichten der dortigen Regierung abhängen wird, die also, auch ehe sie von hier gefordert werden, mit möglichster Eile betrieben werden müssen. Dergleichen Dinge gehen, wenn sie auch hier unterstützt werden können, immer auf dem geraden Wege am sichersten. Auf Schmieralien, was man eigentlich so nennt, kann ich mich selbst in den billigsten Sachen meiner Natur nach schon nicht einlassen. Ist mit einem Präsent, ausserordentlicher Gefälligkeit eines Beamten wegen, etwas auszurichten, so ist das etwas anderes. Auch ist mir leid, daß diese Papiere so spät kommen, da ich mich doch bloß |2| der einen Sache wegen nicht wohl länger hier aufhalten kann; kommt der neue Brief, so will ich zur Einleitung des Ganzen gerne alles thun. – v. Münchs Angelegenheiten will ich gerne besorgen, so gut ich kann. Ich werde es in Güte und Ernst versuchen, jenen Herrn zur Zahlung zu bringen, u. sehen, was ich ausrichte. –

Deine Hochzeitserzählung hat mich erfreut: Es ist doch noch einmal ein rechtes, glänzendes, gräfliches Fest gewesen, wie man deren in unsern ausgehungerten Zeiten wenig mehr feyert. Ich lobe mir das und finde es ganz billig. Alte edele

Geschlechter mögen sich mit solcher äußeren Festlichkeit auch die Würde ihres Stammes, so wie ihr reines Blut vor dem Wuste der Gewöhnlichkeit rein erhalten. Es hängt etwas großes, bedeutsames daran; wer weiß, ob mit ihnen der Nachwelt nicht noch einige Funken der Herrlichkeit des alten Mittelalters erhalten werden, aus denen eine neue Ritterlichkeit ersproße. – In das Heldenthum der neuen Zeit hat sich doch immer wieder zu viel eiteles, schmutziges, niedriges Gesindel besudelnd gemischt, als daß es der Nachwelt sich forterbend übertragen könnte. –

Heute gebe ich dir auf deiner Adresse zuerst deinen neuen gebührenden Titel, und bitte mir mit nächstem auch den meinen, nehmlich statt Prof-, Ass-essor aus! Erst gestern Abend ist mir gelungen, durch den Herrn StaatsRath Süvern zu erfahren, daß Du zum Consistorial-Assessor, u. Schmitz ebenfalls in seinem Fach als Assessor ernannt sey. Man ist noch unentschieden, welchen unserer Kölner Herrn man ferner zum Consistorial Assessor machen soll; ich glaube, die Wahl steht zwischen Seber, Dumont, u. Brouhon. Ich hätte vielleicht Gelegenheit gefunden, an Fochem zu denken, wenn nicht sein sonderbares Schreiben, wo er nach Rom, und Gott weiß, was sonst noch, will, mich in die Unsicherheit gesetzt hätten, ob ihm überhaupt nur mit irgend etwas dieser Art gedient wäre. Auch hat er selbst mir nie etwas davon weder |3| gesagt noch geschrieben, als höchstens wegen dem Domkapitel, was aber, wie du selbst weißt, noch in weitem Felde steht. Es war dieß auch der Grund, warum ich nach einer, von dir vor langer Zeit gemachten Äußerung über den Rektor, – mehrmals mich über sein gänzliches Stillschweigen beklagte. Sein Brief hat mich nun vollends irre gemacht. Möge er doch voreilig nichts thun, was ihn nachher reuen könnte, sondern die Sachen ruhig ansehen, da noch alles im Werden ist. Es ist schneller, eine bestehende, friedliche Existenz aufgegeben, als eine neue wiedergefunden. –

Ich muß dir doch nun ferner sagen, daß man in unsern Provinzen wegen General Baudirektoren, u. Unterbeamten, die den Namen Conduktoren führen, u. zu den Beamten jeder Provinz gehören, in Verlegenheit ist, u. deshalb geschrieben hat. Vergiß doch ja nicht, bei Sotzmann oder Haxthausen, oder wo du sonst weißt, durch Schaafhausen besonders, unsere guten Landsleute Weyer u. Gau in Vorschlag zu bringen. Auch Lieversberg wird sich für Ersteren gewiß interessiren. Ich habe sie, sobald ich es hörte, hier gleich empfohlen, obschon ich selbst nicht weiß, ob sie dazu tauglich u. willig sind, sondern bloß, weil sie Kölner sind u. in gutem Ruf stehen. Wollen oder können sie nachher nicht angestellt seyn, so mögen sie es immer ablehnen, wir haben dann doch das Unsere gethan. –

Sage doch auch dem Rektor, der Geheimrath Beuth habe sich sehr angelegentlich nach den Abdrucken der Antiken am Domkasten erkundigt, u. bitte ihn sehr, ihm doch dieselben zu vollenden u. zu schicken. Eben so wünscht er, über einige gemalte Fenster, die, wie ihm der Rektor geschrieben, noch bey einem Privatmanne, ich glaube für 100 Louisd'or zu haben seyen, nähere Nachricht zu haben. Der Rektor könnte wohl einmal wieder direkt an ihn schreiben. –

Ich habe hier vor einigen Tagen durch Beuth eine ganz vortreffliche Sammlung von Kunstsachen bey Herrn StaatsRath Nageler gesehen. Sie besteht aus sehr guten deutschen Bildern; unter andern aus einem großen, |4| welches ganz an die Grablegung Xti [Christi], die ich aus Rotterdam mitbrachte u. den nehmlichen Gegenstand vorstellt, erinnert. Es ist mit dem Zeichen AD 1518 bezeichnet, u. der Besitzer hält es für Dürer, was mir aber nicht wahrscheinlich ist. Er hat ausserdem sehr gute Sachen von Wohlgemuth u. Pirkheimer, u. kostbare Original Handzeichnungen, von Dürer mit dessen eigenhändigen Briefen und Notitzen. Ferner sind da sehr gute neue Gemälde, Gläser, geschnittene Steine, allerley Antiken, vorzügliche Zeichnungen, Miniaturen, Porzellane, Kupferstiche, alte Drucke [ein Wort gestrichen] u.s.w. Alles in schönster Ordnung aufgestellt. An Manchfaltigkeit kann ich diese Sammlung nur der von Wallraf an die Seite stellen, u. sie dürfte sich wohl mit derselben messen. Sie füllt gewiß 8–10 Zimmer, u. NebenBemerkung: geordnet. –

Weißt du vielleicht etwas näheres wegen Gneisenau. Ich hörte hier, er werde nur auf kurze Zeit in ein Bad, dann aber nach Coblenz zurückgehen, u. nicht unbestimmten Urlaub nehmen. Ein Brief desselben über den ganzen subjektiven u. objektiven Zustand der Rheinischen Provinzen an den König, soll große Sensation gemacht haben. Man spricht von großen Veränderungen im Steuersystem, über ein eigenes Ministerium in den RheinProvinzen, um einen der Prinzen versammelt, von wichtigen Veränderungen der Protestantischen Kirchlichen Angelegenheiten u. dergl., was ich alles noch nicht genau weiß, u. du nicht, als von mir kommend, zu laut mußt werden lassen. – Der StaatsKanzler geht den 12. oder 13. von hier auf 20 Tage nach Carlsbad, dann wieder hierhin, vor der Abreise des Königs aber dahin zurück. Nach diesem geht er nach Doveran [Doberan], u. später geht er an den Rhein. Ich hoffe, er bestimmt, ehe er abgeht, über meine projektirte Reise; wo nicht, so gehe ich via recta,[1] indem ich ihn [gestrichen: länger] nicht wieder hier erwarten kann.

Da eigentlich nichts dabey verloren ist, wenn deine Briefe mich auch nicht mehr hier finden, u. also zurücklaufen, so magst du immerhin noch schreiben, bis ich dir etwas Sicheres melde. Auf allen Fall sehen wir uns bald, so Gott will. Bülow's Tod ist von der Düsseldorfer Regierung ganz umständlich als ein bloßes Unglück, u. Folge eines plötzlichen Schlagflusses, berichtet worden. Doch sagt mir sein eigener Vetter, er habe sich schon vor 16 Jahren einmal erhängen wollen.

Adio lieber Collega, grüße den Vater u. alle unsere Lieben, und lebe mit Gott recht wohl. – Wo möglich bald mehr.
Ebbo.

---

[1] via recta: geraden Wegs.

Eberhard von Groote, Köln als Universität bloß ökonomisch betrachtet, Juni 1816

Geheimes Staatsarchiv Preußischer Kulturbesitz, I. HA Rep. 76 Kultusministerium, Va Sekt. 3 Tit, I Nr. 2, Bl. 133–136

|133r| <u>Köln als Universität bloß ökonomisch betrachtet.</u>

Von Alters her waren mit der Universität Köln mehrere Gymnasien verbunden, in welchen die jungen Leute, die sich den Wissenschaften widmeten, ihre Studien begannen und verfolgten, bis sie sich später zu einer der 4 Fakultäten bekannten, und so ihrem Berufe weiter entgegen geführt wurden. Von jenen vielen Gymnasien waren in der letzten Zeit der Universität nur noch 3 übrig geblieben, nehmlich das Laurentianum, das montanum, und das tricoronatum (bey dem Jesuiten–Collegio). Bey jedem derselben befanden sich besondere Stiftungen, auf welche ein sogenannter Convictus angewiesen war.

Es wurden nehmlich diesen Stiftungen zu Folge an den Gymnasien in dazu angewiesenen Wohnungen eine bestimmte Anzahl von jungen Studierenden aufgenommen und mit allem nöthigen für ihren Unterhalt und ihre Studien versehen. Jeder dieser Convictus hatte einen Direktor, welcher für Aufsicht, Oekonomie etc. zu sorgen und mit der Leitung der Studien im Allgemeinen beauftragt war.

Besonders giengen aus dem Convictu des Gymnasii tricoronati eine lange Periode hindurch sehr vorzügliche Leute hervor, und während wir die übrigen Fächer der Wissenschaft und Kunst hier unberührt lassen, verdient es bemerkt zu werden, daß in diesem Convictu die Musik zu so hoher Vollendung getrieben wurde, daß mehrere Komponisten und Kapellmeister (unter diesen z.B. Smidtbauer in München) an deutschen Höfen berühmt geworden sind, die in dieser Anstalt ihre erste gründliche Bildung erhielten.

Zur Zeit der französischen Ocoupation blieb nur noch Einer dieser Convictus übrig, von dem sich aber, da Aufsicht und Oekonomie nur sehr schlecht verwaltet wurden, wenig rühmliches mehr sagen läßt. |133v| Seit dem Tode des letzten Direktors aber hat diese Anstalt ganz aufgehört, und die Stiftungen, welche dazu gehörten, werden dem allgemeinen Stiftungsfonds einverleibt worden seyn.

Natürlich konnten früher schon in diesen Convictus nur eine bestimmte Anzahl junger Leute aufgenommen werden, und meistens nur solche, welche durch ihre Familienstiftungen dazu berechtiget waren; die aufgenommenen Zöglinge hatten gewöhnlich dann den Genuß derselben, solange sie sich wegen ihrer Studien auf der Universität zu Köln aufhielten.

Der übrige größere Theil der Studenten lebte in hospitiis. Hospites nehmlich hießen von alten Zeiten her wohlhabende Bürger, Kleinhändler, angesehene

Handwerker, Männer, die bey dem Magistrate kleine Aemter bekleideten, u.s.f. und einen Theil ihrer Wohnungen zu sogenannten Hospitien der Studenten einräumten, die sie dann mit allem zu ihrem Unterhalt Nöthigen in bestimmtem Vertrage versahen, und ihnen Mittag- und Abendtisch, etwa noch mit Zuziehung einiger, einzeln wohnender Studenten, zu billigem Preise gaben. Ein solcher als ein redlicher Mann anerkannter hospes, hatte immerfort seine gewisse Anzahl von Studenten in hospitio, und da diese meistens schon sehr frühe, nehmlich als Gymnasiasten, zu Ihm zu kommen pflegten, so hatte er auch wohl eine gewisse Aufsicht und Vormundschaft über dieselben, setzte sich mit den Eltern in Correspondenz, und selbst ältere Studenten der Universität pflegten in diesen Hospitien zu bleiben. In den früheren äußerst wohlfeilen Zeiten war der Unterhalt in denselben gar nicht kostbar; die Menge der Studenten trug dazu nicht minder noch bey.

Ausserdem lebte eine große Menge ärmerer Studenten von den Klöstern und Abteyen, wo sie ein kleines Zimmer, oder wenigstens die Kost umsonst, und wenn sie einigermaaßen Talent und Fleiß zeigten, bey den Mönchen oft in ihren |134r| Studien manchfache Unterstützung fanden. Es sind gar nicht seltene Beyspiele, daß aus dieser Klasse sehr vorzügliche Männer hervorgiengen.

Endlich war es nicht nur sehr gewöhnlich, daß reiche Leute, vornehmlich Geistliche, jungen Leuten die Kosten zu ihren Studien hergaben, sondern viele Familien pflegten zu ihren studierenden Söhnen arme Studenten zur Gesellschaft und zu gemeinschaftlichem Studium auf den Gymnasien und bey der Universität, zu sich zu nehmen, sie mit allen Bedürfnißen zu versehen und für ihr ferneres Fortkommen zu sorgen. Dieses war dann auch ein Sporn zur Nacheiferung, indem diese Gesellen zugleich an dem Privatunterrichte oder den sogenannten Silentien und Repetitorien Theil nahmen. Freytische, und andere Unterstützungen armer Studirender war ausserdem noch etwas so allgemein Herkömmliches von jeher, wie das Allmosen überhaupt in alten reichen Städten.

Aber auch für den erwachsenern Studierenden bey der Universität und in den Fakultäten war noch auf manchfache Weise gesorgt. So bestanden z.B. ausser den oft angeführten Fundationen, die von den Studenten während ihrer akademischen Lehrjahre genoßen werden konnten, – auch noch bey vielen Familien Privat-Benefizien, die nach Gutbefinden des Collators[1] irgend einem Studenten angewiesen wurden. Meistens war mit dem Genuß derselben die Verbindlichkeit zu irgend einem kleinen Gebethe im frommen Sinne der alten Stifter verbunden, und viele Studirende aller Fakultäten hatten solche Benefizien, die nun leider im Drange der Zeiten, und da der Zweck derselben nicht mehr erreichbar war, meist untergegangen seyn mögen.

Für die theologische Fakultät ins Besondere aber bestanden, ausser dem, was die Klöster für ihre Novitzen, und das Bischöfliche Seminar für seine Geistlichen

---

[1] Collator, hier: Vergeber einer Pfründe.

überhaupt und namentlich für die Portionisten zu thun vermochte, manche ganz vorzügliche Stiftungen, die durch ihre re[iche] Dotation und den liberalen Geiste, in dem [sie] |134v| gegründet waren, wahrlich zu den bedeutendsten Denkmälern einer wahrhaft großen Zeit gehören. Statt mancher anderen führen wir hier nur eine der wichtigsten, nehmlich die fundatio deGrootiana Catechistarum an, die, von den Vorfahren des deGrootischen Geschlechtes herrührend und manchfaltig vermehrt und bereichert, in der letzten Verwirrung der Zeit zwar oft angegriffen, auch zum Theile als geistliche Stiftung von der Französischen Regierung unterdrückt und aufgehoben wurde, dennoch aber zum großen Theile von den zeitlichen Verwaltern derselben, nicht ohne viele Mühe und Entschlossenheit, theils verheimlicht, theils als zum Schulwesen gehörig gerettet und erhalten wurde; nun aber mit Capital und Zinsen in treuer, sicherer Verwahrung liegt, um mit der Zeit, wenn erst die geistlichen Angelegenheiten sich mehr gestaltet und geordnet haben werden, in der würdigen Absicht des Stifters möglichst wieder verwandt zu werden.

Der Zweck derselben ist nehmlich, unter einem Rektor oder Magister eine bestimmte Anzahl junger Leute zu versammeln, die in einem besondern Hause, bey einer dazu gehörenden Bibliothek gemeinsam ihre Studien betreiben und unentgeltlich ihren Lebensunterhalt und ausserdem noch angemessene Unterstützung erhalten. Ihre Pflichten bestehen hauptsächlich darin, den Pfarrern der Stadt im geistlichen und weltlichen Unterricht, besonders bey der ärmeren Klasse, behülflich zu seyn, und die sogenannten Sonntagsschulen zu halten, an gewissen Tagen den Chor zu besuchen, u. andere geistliche Uebungen zu verrichten, welche sie zu künftigen Pfarrern tüchtig machen. Seit vielen Jahren hatte diese Stiftung den Ruf, daß ihre Kandidaten bey den Konkursen zur Besetzung der Pfarreyen, deren von Zeit zu Zeit der Erzbischof zu eröffnen pflegte, gegen alle übrigen den Preiß davon trugen, so daß die vorzüglichsten Pfarreyen der Diözese mit ehemalichen Catechisten besetzt waren. – Billig erlauben wir uns den Wunsch, daß die Regierung ehestens der wohlmeinenden Absicht der Familien Gelegenheit verschaffen wird, eine so wohlthätige Anstalt wieder herzustellen.

|135r| Es mag aus dem bisher gesagten hinreichend klar seyn, welcher der ökonomische Zustand der alten kölnischen Universität war, und wir wollen es nunmehr versuchen, in der nehmlichen Hinsicht von der jetzigen Lage der Stadt ein Bild zu geben.

Rücksichtlich der äußeren Existenz der Studierenden wird sich zur Universität weder eine zu reiche, und ebensowenig eine durchaus verarmte Stadt eignen. In ersterer würden sich die Hauseigenthümer die Unbequemlichkeit, Studenten als Miethsleute bey sich aufzunehmen, entweder gar nicht, oder nur zu sehr hoher Miethe gefallen lassen; ferner sind bey großem Reichthum und Luxus die Lebensmittel meistens sehr theuer, das Leben im ganzen sehr kostbar, überdieß der Zerstreuungen mancherley: lauter Dinge, die zum Zwecke der Universität schlecht zusammenstimmen. – Allein, ganz arme Städte werden eben so wenig zu

Universitäten taugen. Diese werden die Studenten nothwendig als willkommene Gäste ansehen, an welchen ihnen die Hofnung, sich zu erhohlen, neu aufblüht. Es tritt da ungefähr das nehmliche Verhältniß ein, wie in armen, geringen Gasthöfen, wo der unglückliche Ankömmling das wenige, was für ihn hergeschaft wird, viel theurer bezahlen muß, als in einem wohlhabendern Wirthshause, wo schon die Fülle des großen Verkehrs auch den Einzelnen besser und billiger zu bewirthen erlaubt. In einer armen Stadt, wo jede bedeutende Anschaffung und Einrichtung den Einwohnern schwer und jede Auslage drückend seyn wird, kann erst der zurückgelegte Gewinst einer Reihe von Jahren den künftigen Generationen eine frohere Existenz versprechen, während der jetzige Studirende sich kümmerlich behelfen, u. zu dem Genuße, der erst seinen Nachfolgern in 20 Jahren angedeihen soll, nun schon das Doppelte und Dreyfache steuern muß. So viel Nächstenliebe darf man dem Studenten nicht zumuthen, während ihm selbst nur zur Noth ein dürftiges Unterkommen und schlechter Lebensunterhalt gegeben werden kann, weil zu ordentlichen ökonomischen Einrichtungen die Mittel fehlen. Wenige theure Gasthöfe würden da seine einzige Zuflucht bleiben, und diese sind dem Leben auf der Universität nicht angem[essen].

|135v| Nach diesen allgemeinen Ansichten können wir nun näher über den jetzigen Zustand Kölns reden. Es läßt sich nicht läugnen, daß diese, ehemals so blühende, reiche Stadt durch die Drangsale der letzten zwey Jahrzehende im Verhältniß eben so, vielleicht noch mehr gelitten hat, als die meisten ihrer Nachbarinnen. Die Zahl der durchaus verarmten Familien ist leider sehr bedeutend daselbst, während im einzelnen auch noch großer Wohlstand herrscht und manche Häuser sich wohl mit den angesehensten deutschen Handlungs-Comptoirs und dem reichsten Adel messen dürfen. Beydes gilt freylich nach unserer oben aufgestellten Ansicht für eine Universität nicht viel: allein, überdieß wird es auch niemanden, der Köln in den letzten Jahren besuchte, entgangen seyn, daß daselbst noch ein zahlreicher, wohlhabender Mittelstand bestehe, und daß gerade für diesen die Veränderungen der letzten Jahre, das Wiederaufblühen des Handels auf dem Rhein nehmlich, und so manches, was mit diesem zunächst verbunden ist, äußerst förderlich gewesen sey. Dieß aber ist gerade die Klasse, die wir oben als die Inhaber der Hospitien anführten, und die auch bey den nunmehrigen Verhältnißen sehr geneigt seyn würde, ihre Wohnungen zu ähnlichem Zwecke wieder einzurichten, da sie eben durch den günstigen Zeitwechsel nun vielleicht mehr als je dazu im Stande seyn wird. Denn wenn die Bürger der alten Reichsstadt in den guten Zeiten, wo sich alle Abgaben auf den Kopf jährlich wohl nicht auf 2 Thl. beliefen, damals weniger des geringen Gewinstes wegen, als vielmehr aus Stolz auf ihre Universität und aus Liebe zum Glanz ihrer Stadt sich der Last der Hospitien willig unterzogen, – so kommt nun noch der ökonomische Zweck mit zur Sprache, daß jeder auch des Verdienstes wegen sich zu ähnlichen Einrichtungen verstehen und manches nun um eines Interesses willen unternehmen wird, welches er ehemals weniger zu beachten genöthiget war.

Und durch wen sollten auch die Wohnungen, in welchen in alten Zeiten 1.500 bis 2.000 Studenten Unterkommen fanden, nun, da im ganzen die Bevölkerung der Stadt noch abgenommen hat, bewohnt seyn? Vielmehr sind manche Wohnungen, in welchen sich ein |136r| zahlloser Schwarm der französischen Employés, Beamte der Douane, der Regie, des ganzen Zoll- und Accise-Wesens u.s.w. eingerichtet hatte, nun leer geworden und gewiß nicht wieder besetzt. Es sind ganze Familien nach Frankreich zurückgewandert, die Häuser derselben zu geringem Preise feil geworden, die von den jetzigen Besitzern gerne den jungen Studierenden zum Theile würden eingeräumt werden. Es sind endlich selbst in dem letzten Jahre, bey der Errichtung der propaideutischen Lehranstalt, welche die Hoffnung auf die künftige Universität auf das lebhafteste begründete, schon manche Wohnungen zum Behufe der Studirenden wieder eingerichtet worden, die früher unbeachtet geblieben waren.

Ueber den wohlfeilen Preis der äußeren Lebens-Bedürfniße am Niederrhein ist übrigens bey allen, die daselbst gewesen sind, nur Eine Stimme, und es dürfte wohl anzunehmen seyn, daß in dieser Hinsicht die dortigen Provinzen wenigen deutschen Ländern nachs[tehen.] Daß eine der Rheinischen Städte in diesem Punkte vor den andern den Vorzug habe, möchte schwer zu glauben seyn; der Strom selbst macht die schnellste und wohlfeilste Verbindung zwischen ihnen aus, so daß, was die Eine etwa voraus hat, den übrigen mit geringer Mühe zugesichert werden kann. Durch dieses Mittel sendet das Oberland dem Niederlande seine Weine, Bauholz, Obst, und erhält dafür Mxxx, Vieh, Steinkohlen, Zeuge und ausländische Waaren zum Ersatz. Wie gesagt, ist diese Verbindung so leicht und so wenig kostbar, daß es eine augenscheinliche Unbilligkeit seyn würde, eine der Städte an den Preußischen Rheinufern wegen des theurern Lebensunterhaltes zurücksetzen zu wollen.

Unsre Ansicht ist also kurz diese: Daß, wenn gleich Köln durch die Verhältniße der Zeit überhaupt, wegen der Aufhebung alter wohlthätiger Stiftungen und wegen vermehrter Armuth nicht mehr mit solcher Liberalität gleich in den ersten Jahren für die angenehme Existenz der jungen Studirenden in ökonomischer Hinsicht wird sorgen können, wie dieß die alte Universität einst vermochte: diese Stadt dennoch

weil sich daselbst immer noch eine Menge gerade zu diesem Zwecke angewiesene Stiftungen befinden;
weil daselbst noch ein bedeutender, wohlhabender Mittelstand bereitwillig die ökonomischen Bedürfniße der Studir[enden] zu befriedigen, und für deren anständige, Auf[nahme] |136v| gerne Sorge tragen wird; und endlich
weil Köln durch Wohlfeilheit der Lebensmittel und hinreichenden Raum zu Wohnungen, durch seine, zu allen Reisen und überhaupt zu jeder Bequemlichkeit für die Studierenden günstige Lage, wenigstens gegen keine seiner Nachbar-Städte zurücksteht,

nicht nur in ökonomischer Hinsicht sich zum Sitze der Universität vorzüglich eigne, sondern aus mehrern der angeführten Gründe offenbar gegen alle andern Städte am Niederrheine den Vorzug habe.
    von Groote

[Anmerkungen am Rande des Textes]:
|133r| Des Herrn xxxx Excellenz vor Ihrer Reise in die Rhein-Provinzen vorzulegen. Berlin, den 14. July 1816. Süvern.

|133r| Die durch Reisende hier verbreiteten Nachrichten von der Theurung in Cölln, und von der großen Verlegenheit, Wohnungen für Studenten auszumitteln, im Fall dort eine Universität errichtet würde, haben mich veranlaßt, darüber mit dem jezt hier anwesenden Herrn de Groote aus Cölln zu sprechen, der mir jezt diesen Aufsatz zugeschickt hat. Nicolovius, 20. Juny 1816.

|133r| Nota. Die Nachrichten von der Theurung in Cöln finden sich auch in officiellen Berichten, unter andern in einem der neuesten Berichte xxx xxx Graf Solms-Laubach über die Organisation des Consistorii in Cöln. In Hinsicht auf diese Theurung kommt es auch nicht bloß darauf an, wie für die Studenten gesorgt werden könne, sondern wie ein zahlreiches Personal von Lehrern besoldet werden müsse, um anständig zu leben, und wie es ein Unterkommen finden könne, das den Professoren, zumal bei der Gedrängtheit, welches durch Militair, Geistlichkeit, Civilbehörden und Handel entstehen wird, den Aufenthalt nicht bald wieder verleide. Süvern.

|134r| Darauf muß der Student nicht gewiesen werden. Um die Studirenden minder abhängig von solchem störenden und sie von ihren Studien abhaltenden Erwerb zu machen, ist in Königsberg erst eben der neue große Stipendienfonds ausgexxxxx worden.

|134v| Diese schöne Stiftung ist also nur für junge Geistliche, die ihren Universitätscursus schon gemacht haben müssen, und würde erneuert werden können, die Universität mögte in Cölln seyn oder nicht.

|135r| Diese Ansichten sind so allgemein, und lassen sich für und wider so leicht wenden, daß aus ihnen nichts zu folgern ist. Es kommt alles auf die Beschaffenheit der bestimmten Lokalitäten an, von denen die Rede ist.

|136r| Bemerkungen
ad a) Der größte Theil der noch vorhandenen Stiftungen hat seine bestimmte stiftungsmäßige Verwendung. Andrer Bestimmungen nicht zu gedenken, so ist mit Gewißheit anzunehmen, daß sie alle nur an Katholiken gegeben werden dürfen. Für den dürftigen protestantischen Studenten ist also nicht gesorgt. Es mögte jedoch wohl seyn, daß die Stiftungscuratoren auch solchen Unterstützungen zukommen ließen. Allein, darauf es ankommen zu lassen, ist bedenklich.

Will man daher in Cölln eine grosse Rheinische, auch Protestanten zugängliche Universität, so müsste der Staat nothwendig einen eignen reichlichen Unterstützungsfonds für dürftige Studenten protestantischer Confession ansetzen, woraus sie, unabhängig von den Curatoren der katholischen Stiftungen Beihülfen erhalten könnten.

ad b) In wie fern der vormals vorhandene Raum nicht jetzt durch alles, was sich in Cölln zusammendrängt, sehr beengt seyn würde, ist eine große Frage.

Im Allgemeinen ist es ... [Der untere Rand des Blattes ist stark beschädigt].

Eberhard von Groote an Joseph von Groote, Berlin, 14. u. 15. Juni 1816

Historisches Archiv der Stadt Köln, Best. 1552, A 20/16

|1| Berlin, Freytag, den 14. Juny 1816.

Nach dem du nun dieß Blatt von mir noch wirst erhalten haben, mußt du mir hierhin nicht mehr schreiben; vorausgesetzt, daß deine nächst zu erwartenden Briefe nicht Dinge enthalten, die meinen längeren Aufenthalt durchaus nöthig machen, oder gegen Vermuthen ich durch neue Geschäfte hier noch länger aufgehalten würde, was ich dir aber dann gleich melden würde. Der Minister des Innern ist schon vor einigen Tagen abgereist; der Fürst StaatsKanzler reist heute und somit ist mein Wirkungskreiß ziemlich aufgelöst. Der StaatsKanzler hat bis diesen Augenblick über die Reise nach Heidelberg, so viel ich weiß, noch nichts entschieden: Dieß, wie so manche, wohl noch viel wichtigere Sachen, müßen bis zu dessen Rückkehr aus den Bädern verschoben bleiben. Viele wollten gar nicht an die Möglichkeit seiner Abreise in den nächsten 4 Wochen glauben, da der noch abzumachenden Geschäfte noch gar zu viele wären; allein, Er ist trotz allem dem gereist, u. es ist nur zu erwarten, daß ihn die sich inzwischen noch mehr häufenden Geschäfte desto balder zurückrufen, und wahrscheinlich auch die projektirte Reise an den Rhein vereiteln werden.

Bleiben also die Aspekte, wie sie nun sind, so werde ich wohl gegen das Ende des laufenden Monats von hier nach Cassel, u. sofort gleich weiter an den Rhein kommen. Meine Reisegesellschaft zur Verminderung der Kosten werde ich mir best möglich zu verschaffen suchen. Inzwischen erwarte ich die Papiere, deren veränderte Ausfertigung mir Herr Bürgers angekündigt hat, und habe mich inzwischen schon um die Herrn umgethan, denen diese Geschäfte zunächst zugewiesen sind. Reiset auch gleich der Minister Bülow in den nächsten Tagen nach Preußen ab, so kann ich jene Angelegenheit hier dennoch gut empfehlen, u. hoffe daher, daß Herr Bürgers die Papiere ungesäumt abgegeben hat. –

Aber wegen v. Münchs Schuldforderungen werde ich schwerlich etwas ausrichten können. Jener Herr KriegsRath Frandorf ist, wie ich in seinem ehemaligen Quartier erfuhr, schon |2| seit 2 Monaten von hier nach Reichenbach (in Schlesien) versetzt. Er soll nur einen Schwager, den Prof. Kluge, hier haben, den ich aber bis jetzt noch nicht habe ausmitteln können. Ich will es versuchen, diesem die Forderung vorzulegen, u. sehen, was der dazu sagt. Ausserdem aber wird v. Münch an ihn selbst sich wieder wenden müssen, da ich doch die Papiere nicht aus Händen geben, und wenn ich auch von hier an ihn schreiben wollte, mich nicht würde legitimiren können, daß ich zur Hebung der Forderung berechtigt wäre. Theile ihm vorläufig diese Nachricht mit. –

Eure dortigen Herrn wird es hoffentlich nicht befremden, daß ich meine Rückreise nun ernsthaft zu bedenken anfange. Daß ich von allen Seiten, was ich irgend vermocht, hier habe zu betreiben gesucht, wenn auch nicht immer mit dem besten Erfolg, werden meine Briefe sattsam erwiesen haben; daß aber das Geld, welches ich erhielt, nicht bloß zu der Reise und dem Aufenthalt hierselbst verwandt werden konnte, sondern, daß ich auch von dem Meinigen noch Bedeutendes zusetzte, wird man wohl leicht einsehen, und es sollte mir auch der Beweiß darüber nicht schwer fallen. Meine neue Anstellung wird mich überdieß noch mehr rechtfertigen, von welcher ich ohne hinreichenden Grund nicht wohl länger wegbleiben kann. Wenn also dagegen jemand etwas einwendet, so wirst du wohl so gütig seyn, aus diesen Gründen meine Rechtfertigung zu übernehmen. –

Ich habe neuerdings noch etwas gehört, was für unsre Stadt als Universität nicht ganz unwichtig scheint. Es war nehmlich immer noch bedenklich, ob man denn in einer Vestung, die doch leicht dem Gewühl und der Zerstörung des Krieges ausgesetzt sey, eine Universität anlegen, und große Kunstschätze zusammenstellen dürfe, die doch gerade da am unruhigsten und unsichersten bestehen würden. Nun traf es sich, daß der Obrist v. Rühl in einer Gesellschaft, in welcher sich gerade einige der besonders in diesen Sachen beschäftigen |3| StaatsRäthe befanden, über die neuesten BefestigungsPlane sprach, die man nun bey Köln entworfen habe u. verfolge, gemäß welchen die Werke soweit ausgedehnt würden, daß unmöglich ein Bombe in das Innere der Stadt gelangen könne. Die Befestigung gebe somit dieser Stadt, weit gefehlt, sie unsicher und der Zerstörung leicht unterworfen zu machen, vielmehr eine solche Zuverläßigkeit selbst im Falle einer möglichen Belagerung, daß gerade sie mehr als irgend eine andere am Niederrhein als der sicherste Zufluchts- und Bewahrungsort für alle Schätze des Lebens, der Kunst und der Wissenschaft angesehen werden müsse. Ich lasse es ganz hingestellt seyn, in [wie] weit diese Behauptung gegründet, und in ihrer ganzen Ausdehnung anzunehmen sey; freue mich aber, daß sie die erfreuliche Wirkung hervorbrachte, daß nun wohl auch jener Zweifel, ob Cöln als Vestung auch zur Universität geeignet sey, ganz gehoben zu seyn scheint. –

Arndt, der vor einigen Tagen von hier nach Schwedisch Pommern und Schweden abgereist ist, u. allen versicherte, er werde noch vor dem Winter an den Rhein zurückkehren u. dort auch sein Domicil wählen, ist u. bleibt noch immer der entschiedenste Gegner gegen die Universität in unserer Stadt. Ich habe ihn selbst darüber nicht reden hören, und er mag dieß auch wohl in meiner Gegenwart vermieden haben, da er weiß, daß ich nie seiner Meinung in diesem Punkte seyn kann. Allein, von anderen habe ich gehört, daß sein wichtigstes Argument gegen uns seyn soll: die Bürger von Köln seyen alle gar zu wohlhabend (?), sie würden sich schwerlich dazu verstehen, Studenten zu sich in's Haus, u. in die Kost zunehmen. Die Quartiere würden ausserordentlich theuer und mit der Zeit auch eben so der Preiß der Lebensmittel sehr hoch werden, u. dergl. – Ich habe dieß bey einem, der sehr gut für uns gesinnten StaatsRäthe erfahren, und mich erbothen, durch einen eigenen Bericht, über: Cöln als Universität in ökonomischer Hinsicht, theils aus der Erfahrung der ehemaligen Zeit, wo die Hospitien, Convictos etc. bestanden, u. theils aus einer Schilderung der nunmehrigen Beschaffenheit des bürgerlichen Lebens |4| in Cöln, darzuthun, wie jene Zweifel durchaus ungegründet, und gerade in ökonomischer Hinsicht Cöln vielleicht mehr als irgend eine andere Stadt zur Universität geeignet sey. Ich werde dieß ordentlich ausführen, und es wird wohl meine letzte Arbeit über diesen so lange und vielseitig besprochenen Gegenstand seyn. – Die Entscheidung über die Universität selbst wird wohl vor dem Besuch des Ministers des Innern am Rheine nicht zu erwarten seyn. Bey diesem liegen noch alle Akten über diesen Gegenstand, und bis jetzt ist dem Könige noch nichts darüber abgegeben. Aber es ist auch wohl zu bedenken, daß der Minister des Inneren gerade nicht zu den wärmsten Freunden Kölns gehört, und man daher seinen Aufenthalt bey uns wohl mag zu benutzen suchen. –

Der Brief von Rom, den Herr v. Caspars ans Ministerium eingeschickt hat, hat hier große Freude verursacht. Man ist mit den freundschaftlichen Ideen des Pabstes sehr zufrieden, und ich glaube selbst, daß die Organisation der geistlichen Angelegenheiten in diesem Augenblicke in Preußen weniger Schwierigkeit, als selbst in altkatholischen Landen, z.B. den Oesterreichischen, haben würde. Gerade in Oesterreich ist eine Art von brutaler, dummkluger Aufklärung nun sehr im Schwang; man spricht vom Pabste mit wenig Achtung, und klebt an alten hergebrachten Förmlichkeiten, ohne Sinn und Wärme, während man hier sich wenigstens aus dieser armseligen Periode, selbst mitten im Protestantismus erhoben, sich wenigstens auf einen streng historischen Standpunkt gestellt hat, von welchem man doch der katholischen Kirche und dem Pabste die Rechte u. die Achtung angedeihen läßt, die ihnen wirklich zukommen.

Der StaatsRath Niebuhr, welcher nach dem vor etwa 1 Jahr erfolgten Tode seiner Frau, sich fast in einer gänzlichen Melancholie verzehrte, wird ehestens nun eine Nichte seiner verstorbenen Frau heyrathen, u. mit dieser dann bald nach Rom abgehen. – Sage dieß Haxthausen, der den StaatsRath genauer kennt.

Noch will ich dir bemerken, daß ich in einem der letzten Blätter der eleganten Zeitung eine, im ganzen günstige Rezension unseres TaschenBuchs gesehen habe. Der Rezensent beschränkt sich freylich nur auf die prosaischen Aufsätze, u. Carové kommt deshalb sehr gut weg. Das kannst du ihm gelegentlich mittheilen. Ich hoffe sehr noch auf Briefe von dir, u. schließe daher für itzt.

|5| Den 15. Juny. Sonnabend.

Es ist mir nicht mehr wahrscheinlich, daß ich heute noch Briefe von dir erhalten kann, u. so muß ich diesen beendigen. Der Fürst StaatsKanzler ist heute nach Potsdam gefahren, von wo er seine Reise nach Carlsbad fortsetzen wird. Ich glaube nicht, daß ich noch Aufträge von Ihm zu erwarten habe, und werde also meine Reise ganz nach eigener Willkühr einrichten können; und so habe ich den Plan, wenn sonst nichts weiter vorfällt, gegen das Ende der nächsten Woche mit einem Herrn von Bülow, einem recht lieben jungen Mann, Vetter des Ministers, u. einem Herrn v. Gerlach, den du wohl bei Ammons in Düsseldorf gesehen haben magst, dem 3ten der Brüder, von hier über Quedlimburg [Quedlinburg] bis in die Gegend des Harzes zu fahren. Die beyden Reisegefährten haben den Plan, den Harz zum Theil zu bereisen, wovon ich ein Stück, was mir vielleicht nicht gar zu entfernt liegt, auch wohl sehen möchte. Dann gehen diese weiter nach Halle, und in die dortige Gegend, u. später hierhin zurück. So hätte ich freylich eine sehr angenehme, aber leider nur kurze Gesellschaft zur Reise, und den bey weitem größeren Theil derselben werde ich wohl allein machen müssen, wenn sich nicht günstige Gelegenheit findet.

Nichts ist mir nun so leid, als daß ich nicht gleich alle deine Briefe noch erwarten kann, indem sie auf großem Umwege leider nur gar zu lange laufen. Allein, ich kann dieß nicht ändern, und es bleibt mir nichts übrig, als zu bestellen, daß sie mir zurück geschickt werden. Wäre das Glück recht gut, so könnte ich deren noch 2 hier erhalten, Einen zwischen heute und Morgen, u. vielleicht noch einen in nächster Woche. Allein, ich zweifle fast, und würde mich schon freuen, wenigstens Einen zu haben, aus dem ich etwa sehen könnte, wie es bey Euch stände. Besonders die Papiere für Herrn Bürgers möchte ich gar zu gerne noch besorgen können. Der seit kurzem |6| gefürstete Graf Salm wird in diesen Tagen ebenfalls abgehen, u. zwar auf dem Wege, den ich zu machen gewünscht hätte. Er geht über Leipzig, Frankfurth, Heidelberg nach Schwaben, seinen Bruder zu besuchen, u. von dort den Rhein hinunter nach Hause. –

Ihr werdet schon wissen, daß unser Herr Oberpräsident, u. mit ihm mehrere andere, das Prädikat Exzellenz von Seiner Majestät allerhuldreichst erhalten haben. Man sagt, der König habe sich dazu bewogen gefunden, weil Sack sich dasselbe beygelegt habe, und man es ihm und seinen Collegen schwer wieder nehmen könne. Er selbst hat es nun ebenfalls offiziell. –

Wenn ich bey dieser Hitze den weiten Weg bedenke, den ich zu machen habe, so graut mir fast. Zudem allein mit einem ganzen Wagen und Gepäck zu ziehen, wo man dann überall selbst nachsehen und aufpassen muß; es ist dieß doch etwas ganz anderes, als wie wir sonst wohl mit einem leichten Mantelsack, der überall untergebracht wurde, lustig und froh durch die Welt zogen. Ich wüßte gar nicht, was ich darum gäbe, dich in diesem Augenblick bey mir zu haben. Ich gäbe gerne den Wagen und einen Theil meiner Habe darum, u. wir wollten schon sehen, wie wir auf lustigen Wegen zur Heimath gelangten. –

Ach, es wird mir oft schwer, wenn ich es bedenke, wie man doch den besten und größten Theil der schönen Lebenszeit bey dummen Geschäften trübe und hypochondrisch versitzt, wo man mit geringen Kosten frey und frank durch die Welt ziehen könnte, ohne sich sein bischen Daseyn so zu verkümmern. Ich mag daran gar nicht denken, u. selbst an die Streifereyn nicht, die ich seit Jahresfrist nun unternommen, weil mir nur die |7| wenigstens in recht traulicher Gesellschaft und so, wie ich es wohl gewünscht hätte, zu machen vergönnt waren. Nun wird auch wohl die Zeit zum stille sitzen wieder eintreten, u. ich will mich gerne dazu verstehen, wenn es sonst mit den Geschäften nur zu gutem Ziele geht, und einem auch hier und dort noch ein bischen Lust und Liebe geboten wird. –

Lebe wohl und grüße mir alle die Unsern herzlich; ich hoffe, Sie alle wohl und vergnügt zu finden. Ich will dir nun sofort mit jedem Posttage noch etwas schreiben, wie ich mit meinen Reiseplanen nach u. nach in's Reine komme, u. dann auch auf der Reise selbst, damit Ihr ungefähr meine Ankunft wissen möget. Gebe nur Gott, daß ich, indem ich unmöglich alle Briefe noch abwarten kann, nicht vielleicht etwas versäume, was mich nachher verdrießen würde. Wenigstens Einen Brief von dir muß ich noch haben, nach dem ich mich ungefähr richten kann; du hast mir ja auch in deinem letzten versprochen, ehestens wieder zu schreiben. –

Wegen von Münchs Sachen habe ich das Möglichste versucht; allein, es ist, wie ich dir schrieb; Frandorf ist in Reichenbach u. somit kann Münch ihm nur selbst schreiben, indem es nur zu neuen Weitschweifigkeiten führen würde, wenn ich, den er nicht kennt, u. der sich nur durch die beygelegten Papiere, die aber an Quittungsstatt dienen sollen, legitimiren kann, an ihn schreiben wollte. Er muß ein schuftiger Kriegsrath seyn, daß er sich um eine solche Läugnerey so lange treten lässt.

Gott zum Gruß, Ganz dein Eberhard Groote. volti subito[1]

|8| Den 15. Abends, 6 U.

Ehe ich zur Post ging, eilte ich noch zu Beuth, und fand dort deine Briefe vom 2. u. den vom Rektor vom 6. Juni. Soviel macht der Umweg über Wesel wahrscheinlich Unterschied, daß die beyden Briefe am nehmlichen Tage ankamen! Ich kann dir nicht viel mehr schreiben, nichts, was die Aenderung meiner obigen Plane absolut nöthig machte. Hätte ich das Elfenbeinbild, wovon der Rektor schreibt, das wäre mir allerdings lieb; jetzt werde ich es vielleicht nicht mehr hier

---

[1] volti subito: wende rasch um.

erhalten. Alles, worauf geantwortet werden muß, erspare ich für nächstens, u. somit Gott befohlen. Den Brief werde ich quovis meliori modo zu besorgen suchen.
Ebbo

Nichts ist nöthiger, als daß wegen der Manucsripte u. Bücher, die von Paris nach Aachen gekommen sind, wachtsames Auge gehalten werde. Ich weiß bestimmt, daß auf einige, namentlich den Codex aureus, von hier aus Jagd gemacht wird. Die Uebrigen sollen zum Theil nach Düsseldorf gebracht worden seyn. An allen, besonders den altdeutschen, ist mir, wie du denken kannst, ungeheuer viel gelegen; u. mir deucht, ich hätte doch vor allen andern ziemlich das Erste Recht daran; denn ich nahm sie doch in Paris nicht ohne manche Mühe weg. Sage doch Solms davon. Nochmals leb wohl!

Eberhard von Groote an Joseph von Groote, Berlin, 16., 17. u. 18. Juni 1816

Historisches Archiv der Stadt Köln, Best. 1552, A 20/17

|1| Berlin, Sonntag, den 16. Juny 1816.

Meinem Versprechen zufolge fange ich gleich schon heute wieder einen Brief an dich an, um ihn nach Muße beendigen zu können, da nun meine Zeit in diesen letzten Tagen meines Hierseyn's ziemlich beschränkt seyn wird. Ich habe dir von hier nicht viel mehr zu sagen, da, wie du schon weißt, alle meine respektiven hohen Herrn zu den Bädern gereist sind. Die Wahrscheinlichkeit hat sich noch vergrößert, daß der Fürst Hardenberg dieß Jahr nicht an den Rhein kommt; der Minister Schuckmann aber vermuthlich doch. Am Besten wird für uns der Besuch des StaatsRaths Schmidding seyn, der gewiß alles ordentlich ansehen, und namentlich für Schulverwaltung und Geistlichkeit, was hauptsächlich in seinen WirkungsKreis gehört, sich recht interessiren wird. –
  Deinen Brief an des Königes Majestät werde ich zwar auf sehr sicherm und gutem Wege befördern, für die Folgen desselben aber kann ich nicht stehen. Allen Militairpersonen ist es unter Strafe streng verboten, mit Umgehung ihrer Oberbehörde unmittelbar an den König zu schreiben; auch sollten Civilpersonen es eigentlich ausser [in] ganz ausserordentlichen Fällen nicht; allein, ich ignorire dieß alles, und besorge den Brief deinen Aufträgen gemäß, und kann daher nur das Beste wünschen, da es zu spät werden würde, erst bey Frau v. Geyr anzufragen, ob sie dieß alles auch so gekannt.

|2| Herrn v. Caspars kannst du gelegentlich wissen lassen, daß es ganz bestimmt nur auf eine einzige Vorstellung des Grafen Solms ankommen würde, um ihm nicht nur die Erlaubniß Weihbischof zu werden, sondern auch das Gehalt, das dazu in allen katholischen Preußischen Staaten ausgeworfen ist, zu verschaffen. Man ist im StaatsRath ganz gut für ihn gestimmt, und namentlich der Staats-Rath Schmidding würde dieß sehr bald durchsetzen. Die Gründe, warum ich auf keinen Fall länger hier bleiben kann, wenn ich mich nicht in Verlegenheit setzen will, sind dir bekannt: Aus dem Schluß des Schreibens des Herrn Vetters scheint mir eben keine große Hoffung aufzugehen, da im Gegentheil der ganze Brief nur Lamento über die schmalen Einkünfte enthält. Ich bedaure also recht sehr, Ihm hier nicht länger dienen zu können, werde ihm aber, wenn ich erst zurück bin, die Quellen angeben, an welche er sich künftig mit größter Zuversicht, und so sicher als an mich selbst, wenden kann. Dieß mag ihm zum Troste dienen. – Leider ist der Mann, dem ich Herrn Bürgers Sachen empfehlen wollte, nun auf 3 Wochen verreist, und ich muß sehen, wem ich dieselben nun am besten übergebe. Es ist nicht gut, dergleichen Dinge einem Ministerio, mit dem man nicht in ganz genauen Verhältnißen steht, unmittelbar zu überreichen, sondern besser giebt |3| man sie vorläufig einem Beamten, in dessen Departement sie gehören, u. der sie dem Ministerio vorträgt; so denke auch ich es zu machen, u. bin nun, da der Staatsrath Borsch verreist ist, in der Person selbst noch nicht recht mit mir einig. Daher ein ander Mahl mehr hierüber. –

Des Rektors Brief hat mich sehr gefreut. Er mag nur an unserm Grafen fest halten; der wird ihn schon in Schutz nehmen. Doch ärgert mich, daß er so mit Gewalt vom Elend [Kirche im Elend] weg verlangt. Wäre nur nicht schon so manches Andere geschehen, ich glaube, ich möchte selbst Rektor werden, und wollte den Henker darum fragen, was in der dummen großen weiten Welt vorgeht. Es ist im Ganzen darin wenig Heil zu finden. –

Mit deinen Briefen erhielt ich gestern auch welche von Netz, der dich freundlich grüßt. Er ist nun in Warmbrunn in Schlesien, und wird gegen Anfang August hierhin zurückkehren, um zu seinem Bataillon nach Spandau zu gehen. Er hat auch xxxxxx besucht, der noch immer bey seinem Referendariat mit vieler Arbeit und in der übelsten Laune lebt. Ich glaube zwar, daß der arme Teufel wenig Glück in seinem Treiben hat, aber es scheint auch, daß er sich mit allem Leben so entzweyt hat, daß er dem Geschicke kaum eine Hand biethen mag, in die es ihm eine gute Gabe zu legen vermöchte, viel weniger, daß er wagen sollte, ihm irgend etwas abzutrotzen, was bey der eigensinnigen Fortuna immer das beste Mittel ist: quid audaces juvat.[1] Ich fürchte, er geht doch in seinem Groll sehr frühe zu Grunde.

|3| Heute war ich wieder bey der schönen Prinzess Wilhelm zu Tische. Mit dem Prinzen habe ich mich noch einmal recht lustig gemacht, über meine Schwiten im

---

[1] quid (fortuna) audaces adiuvat: das Glück hilft dem Tapferen.

Museum zu Paris, wo er mich öfters heimsuchte. Auch er glaubt, daß meine Compagnie in den ersten Tagen dort die beste Wirkung gethan, u. vielleicht die ganze Sache entschieden habe, die fast wohl wieder anders hätte gewendet werden mögen. Es wäre mir sehr lieb gewesen, der holden Fürstinn zu ihren mancherley alterthümlichen Sächelchen etwas aus unseren Gegenden schenken zu dürfen, worum ich Euch neulich bat; sie hätte mir dieß gewiß sehr hoch aufgenommen, u. es wäre schon an sich eine Lust, der schönen Frau etwas angenehmes erzeigen zu können. Nun werde ich, trotz dem, was mir der Rektor schreibt, diese Lust wohl nicht mehr haben, da es entweder zu spät wird, oder mein späterer Brief Euch schon den Muth benommen hat, es mir noch zu schikken. Es ist mir Leid, Euch nicht früher darum gebethen zu haben. Ich habe mich bey Ihr noch nicht beurlaubt, u. werde Sie vor meiner Abreise daher wohl noch sehen. Gegen den Andern Monat reist sie nach Hessen Homburg [einige Worte gestrichen]; ob auch vielleicht bis zu uns herab, weiß ich noch nicht.

Den 17. Juny.
Noch stehen meine Aussichten so, daß ich wohl Dienstag, den 25. laufenden Monats von hier abgehen werde. Ueber die Dauer meiner Reise kann ich nichts bestimmen; ich werde dir von Cassel aus oder vielleicht schon früher darüber schreiben, u. da du doch einmal ein wenig im Herumschwärmen bist, so erwarte ich mir nichts weniger, als daß du mir eine Strecke entgegen kommst, u. dann mit mir in Cöln wieder einziehest.
|4| Den 18. Juny.
Heute wird nun das Siegesfest von Belle-alliance auf das Feyerlichste hier begangen. Schon frühe schmettern die Trompeter, und alles versammelt sich auf dem Parade-Platz vor dem Brandenburger Thor. Ich will auch hingehen, um so mehr, da ich von den Militairischen großen Aufzügen bis heran wenig gesehen habe. –
Sage dem Vater, daß ich den Hauptmann Schoenermark hier besuchte, u. recht wohl fand. Er empfielt sich unserm ganzen Hause ganz ergebenst. Er versichert zwar, der strenge, kostbare Gamaschen Dienst[2] in Berlin sey ihm nicht angenehm, u. er wünsche, wieder an den Rhein oder zum alten Regimente versetzt zu werden. Doch hat er übrigens noch ziemlich viel Glück, und ist der älteste Hauptmann zum Major. Er freute sich sehr, mich zu sehen u. erkundigte sich nach Allen den Unsrigen recht theil nehmend. – Du wirst wissen, daß des Grafen Carl v. Groeben Hochzeit auf den Johannistag festgesetzt ist; aber noch unbestimmt, ob in Hausen bey Cassel, oder in Cöln. Seine Braut soll sich nun sehr wohl befinden. Von Langes u. Schenkens Schicksal weiß ich doch auch gar nichts mehr; ob ich letzteren etwa schon in Magdeburg treffe? Lebe wohl, auf baldig Wiedersehen.
Ebbo

---
[2] Gamaschendienst: strenger militärischer Dienst.

Mittag 1 Uhr.
So eben ist die Feyer auf dem Paradeplatz vorbey. Es waren |5| zu viele Truppen zusammengestellt, als daß man von der Rede etwas hätte verstehen können. Alle Prinzen und Prinzessinnen des Hofes haben beygewohnt. Der König schien bey der schönen Haltung der vorbey defilirenden Truppen sehr große Freude zu haben. Heute abend ist große Musikalische Akademie zum Besten der bey Alliance verwundeten Krieger. Vale.

Eberhard von Groote an Joseph von Groote, Berlin, 21. u. 22. Juni 1816

Historisches Archiv der Stadt Köln, Best. 1552, A 20/18

|1| Berlin, den 21. Juny 1816.

Mein Reise-Plan scheint sich nochmal wieder zu ändern. Als ich den 18. Juny Herrn Eichhorn besuchen wollte, erfuhr ich zu meiner großen Verwunderung, daß Er nicht hier, sondern schon seit 2 Tagen bey dem Fürsten StaatsKanzler in Klinicke sey. Letztern glaubte ich längst schon weiter. Am nehmlichen Tage erhielt ich deinen Brief vom 8. Juny. Den 19. habe ich gleich alles besorgt, deine Gebühren bezahlt, u. dein Schreiben auf dem Bureau des (verreisten) Ministers Schuckmann abgegeben. Laß dieses nun stehen, bis wir zusammenkommen. Ich werde Herrn Rektor dann das eingenommene Geld in toto übergeben, u. wir wollen uns schon berechnen. Dir muß man freylich Glück wünschen, da du doch gleich schon Gehalt beziehest, während ich armer Teufel, weiß Gott noch wie lange, umsonst arbeiten soll. –
 Nun wieder zur Sache. Den 19. ging ich nochmal zu Herrn Eichhorn u. hörte von ihm, daß der Fürst StaatsKanzler den Vorschlag zu meiner Reise mit Schinkel genehmigt, u. eine Ausfertigung hierüber in den ersten Tagen zu erwarten sey. Da muß ich nun freylich den andern Reiseplan fahren lassen, u. hoffen, daß dieser ehestens realisirt wird. So stehen also meine Sachen einstweilen noch im Unsichern; ich werde dir alles gleich schreiben, was ich über das weitere erfahre. Beuth reist, auf den Fall alles in Gang kommt, wahrscheinlich mit, u. nicht nach Schweden, wie er früher wollte. Aber was sagst du, daß, wenn ich irgend nun der Verzweiflung nahe, oder sonst mit meinen Verhältnissen entzweyt wäre, ich auf u. davon, u. Gott weiß wohin, zu gehen Gelegenheit hätte? Das hättest du lange schon gehabt, wirst du sagen, aber ich will dir doch erzählen, wie ich es meine. Vor zwey Tagen erhielt ich einen freundlichen Brief von v.d. Hagen, der damit anfing, mich zu bestürmen, mit ihm u. 2 Freunden urplötzlich eine Reise durch

Deutschland, die Schweitz, bis nach Italien zu machen. Der König hat diesen Leuten jedem 15.000 rth. zu einer Forschungs Reise in alter |2| Kunst u. Literatur geschenkt, u. den 4ten noch leeren Platz in ihrem Wagen biethen sie mir an, damit ich mitreise. „Die schnellen Entschlüsse", sagt v.d. Hagen, „sind meist die besten. Also nur vorwärts! Antworten Sie doch recht bald hierüber." – Wäre ich nun nicht angestellt, ich wüßte wahrhaftig nicht, was ich thäte; nun geht es nicht, u. ich würde es für unrecht halten. – Ueberdieß macht uns v.d. Hagen sehr die Kur, wegen der Handschrift des Tristan, zu dessen gemeinsamen Herausgabe er mit aller Bereitwilligkeit die Hand biethet; auch wegen des Taschenbuchs; von dem er unter anderm sagt: „Es gefällt hier allgemein, u. spricht sehr an. Sie gehen etwas zu hart mit dem Büchlein um, u. beurtheilen sich selber zu strenge." (Dieß in Beziehung auf einen meiner frühern, etwas demüthigen Briefe.) – „Wenn auch nicht alljährig, doch von Zeit zu Zeit ist ein solches TaschenBuch unter der Heerde der übrigen, sehr heilsam: bereiten Sie also im Stillen immer ein Zweites vor. Dieß ist Wunsch aller Freunde u. die äußere Aufnahme begünstig ihn öffentlich auch." – „Senden sie doch bald 6–12 Exemplare an die hiesige Maxische Buchhandlung; hier ist es gar noch nicht durch den Buchhandel hergekommen, u. es kommen Bestellungen über Bestellungen darauf." – Letzteres lasse ich nun durch Herrn Buchhändler Reimer thun, dem ich den ganzen Rest, den ich hier habe, übertragen habe, u. der es gleich besorgen will. Ich könnte zu einem künftigen TaschenBuch ein großes Stück liefern: den Schluß des Tristan von Ulrich v. Turkheym nämlich. Auf diesen ist alles sehr gespannt, u. von allen Seiten werde ich gebethen, ihn herauszugeben, da er sonst nirgend ist. – Wie wäre es also, wenn man unter der Hand an 1818 dächte? –

Meinem Buche ist es hier sonderbar gegangen. Nur der Buchhändler Dümmler hat davon 25 Exemplare mit gebracht, u. angezeigt. Freylich hätte einstweilen nur der Name hier und dort einen, der mich kannte, reitzen können, das Buch wenigstens einmal anzusehen, allein, |3| da wurde nun, Gott weiß, war es verschrieben oder verdruckt, mein Nahme in der Zeitungs-Anzeige so verhunzt, daß gewiß kein Mensch dabey auf mich gedacht hat. Der Titel war richtig, allein, statt meines Namens stand von: F. v. Grolen, welches wahrscheinlich eine Zusammenziehung von Groote und Cöln ist. So komme ich ziemlich ungeschoren weg, während ausserdem gewiß des Redens u. Raisonnirens kein Ende seyn würde. Dümmler giebt nun erst einen Katalog heraus, in dem ich dann auch paradiren werde: allein, das gilt mir gleich, ich bin dann schwerlich mehr hier. Von den Exemplaren, die du mir schicktest, habe ich nur Eines an Netz gesendet, der mir auch den Empfang schon anzeigte. Die Uebrigen habe ich nur einigen wenigen gezeigt, von denen ich hoffen konnte, nicht mißdeutet zu werden.

Seit gestern habe ich auch schon das Elfenbein Bild. Ich danke dem Rektor recht herzlich dafür, u. hoffe, Ehre damit einzulegen. Da ich einen Tischler im Hause habe, lasse ich ein kleines schwarzes Kistchen statt des etwas verdorbenen Rahmens darum machen; dieß wird auch schon deswegen zu meinem Zwecke besser seyn, weil die Prinzess keine so kleinen Sachen in ihren Zimmern aufhängt, sondern nur in Schränken, u. auf schön geordneten Tischen verwahrt. Sollte es sich nicht fügen, daß ich es ihr gäbe, so soll es Herrn Rektor gewiß unverloren seyn. Weiß ich doch eigentlich selbst nicht ganz recht, ob die Fürstinn sich würdigen wird, es anzunehmen. – Möge dem Rektor dafür sein guter Genius in Leben u. Kunst recht hold seyn. –

Du wirst es mit recht befremdend finden, daß ich von den Geschäften, die doch eigentlich der Zweck meines hiesigen Aufenthalts sind, fast gar nichts mehr schreibe. Allein, was willst du, daß ich sagen soll? Ich habe gethan, was ich konnte und wußte, u. noch jüngst zur Widerlegung der Aeußerungen Arndts gegen Cöln, einen Bericht von 2 Bogen über den |4| ehemalichen u. gegenwärtigen Zustand Kölns als einer Universität in ökonomischer Hinsicht an den Staats-Rath eingereicht. Alles, was darauf Bezug hat, liegt noch beym Ministerium des Innern, und wird gewiß nicht früher an den König gebracht, als bis der Minister Schuckmann am Rhein gewesen seyn wird. Da mag ihn nur ein guter Engel gute Wege leiten. – Von den übrigen Städtischen Angelegenheiten wird eben so wenig etwas zu Ende gebracht. Die Schrift der Handelskammer wurde im Ganzen sehr gut aufgenommen. Gegen die Holländer aber strenge Maaßregeln zu ergreifen, scheint man nicht Lust zu haben. Die Städtischen Schulden Sachen liegen beym Finanzministerio, u. die geistlichen Sachen beruhen auf einem, wer weiß wie weit noch entfernten Conkordat. Doch wird hierin der Besuch des StaatsRaths Schmidding am Rhein von guter Wirkung seyn. Die Vorstellung des Herrn Bürgers habe ich in Abwesenheit des StaatsRaths Borsche dem StaatsRath Willkens, der dessen Geschäfte versieht, übertragen, der mir auch versprach, dieselbe ungesäumt an das Ministerium zu bringen. Ich begleitete dieselbe mit einem Schreiben, in welchem ich die Hauptpunkte des Ganzen und alle mir bekannten Beweggründe dafür zusammenfaßte. Dieß Herrn Bürgers zur Nachricht.

Der Legations Rath Eichhorn hat einen fatalen Correspondenten in Coblenz; wer es ist, weiß ich nicht genau, allein, dieser Mann macht immer fort so schreckliche Schilderung des dortigen Zustandes u. der Stimmung am Nieder Rhein, daß man sieht, es kann nur jemand so reden, der alles schwarz ansieht. Er versichert z.B., man wünsche nur den provisorischen Zustand zurück, weil der gegen den jetzigen noch ein goldenes Zeitalter gewesen sey. Die Leute wären auf's äußerste gebracht, alles glimme unter der Asche und sehr bald sey Aufruhr zu erwarten. Mag es auch noch an manchen Dingen nicht seyn, wie es sollte, so scheinen mir dergl. Aeußerungen doch höchst übertrieben u. unbillig. –

|5| Den 22. Juny.

Es ist mir des Rektors neuer Fang mit den Bildern sehr lieb. Sollten es würklich Dürers seyn, so wäre ja einer seiner liebsten Wünsche erfüllt; nur nicht so schnell geurtheilt! Es ist mir bey dieser Gelegenheit eingefallen, daß jene Apostel, in der

Manier der Heisterbacher Bilder, die wir einmal von Brenich holten, mir ganz verkommen sind, und ich gar nicht mehr weiß, wo sie blieben. Sie müssen wohl auf dem Speicher zu Kitzburg stehen, wenn Sie dir nicht etwa bey dem Ausziehen von der Marzellstraße aufgefallen sind. Zwey derselben waren doch noch sehr gut erhalten, und es wäre wohl der Mühe werth, den Rektor darauf aufmerksam zu machen. Bey dem, wie ich täglich sehe, noch immer zunehmenden Treiben u. Trachten nach diesen Dingen, wäre es vielleicht thunlich, sie soweit herzustellen, daß sie, wenn auch nicht in eine unserer Sammlungen aufgestellt, doch irgend einem aufgebunden, und für andere Sachen davon etwas gewonnen werden könnte. Die Köpfe waren wenigstens noch wohl erhalten, u. so ließen sich doch am Ende zwey schöne Brust- oder Kniestücke daraus machen. Gieb das Herrn Rektor ad deliberandum.[1] –

Heute bin ich bey Herrn Geheimen StaatsRath Sack Exzellenz zu Tische. Er war mir überhaupt sehr freundlich, obschon ich nicht gerade weiß, wodurch ich dieß vorzugsweise verdient habe. Hier ist er im Allgemeinen nicht verhaßt, aber man belächelt vielvaltig seine kleinliche Eitelkeit. So hat er neuerdings die Wiederlegung der Klagen über das Provisorium, die, ich glaube, im Mercure Surveillante[2] standen, welche Wiederlegung in eine der Rheinischen Zeitungen eingerückt waren, mehrere Tage in der Tasche geführt u. sie allen Menschen gezeigt, u. sich [ein Wort gestrichen] damit [ein Wort gestrichen] gespreitzt, u. sie wohlgefällig dann wieder eingesteckt. Wem fällt da nicht ein, daß, wer sich unaufgefodert entschuldigt, sich vel quasi[3] anklagt. Er geht nun in wenigen Tagen nach seiner neuen Bestimmung ab. Carl Focke ist Regierungs Rath in Stettin geworden, was ihm einstweilen lieb ist. Mit der Zeit hofft er an den Rhein, oder nach Berlin zurückzukommen. |6| Herr Gouvernements Rath Boelling ist mit seiner ganzen Familie hier. Er hat eine weite Reise von 3–4 Wochen gemacht, um hierhin zu kommen, u. wird, wie er mir sagt, auch in unsern Gegenden wieder angestellt und in einigen Monaten dahin zurückkehren.

Gestern gab mir der Hofmarschall Graf Gröben die Versicherung, daß der Brief (der Frau von Geyr) sicher an den König gebracht sey. Der Graf hatte sich selbst mir zu dessen Besorgung sehr freundlich, wie er überhaupt ist, angebothen. Vielleicht siehst du Ihn, einen der größten und breitesten Männer, die mir je vorgekommen, seine Frau, die Carl Gröben, ihrem Bruder, sprechend ähnlich sieht, u. den kleinen Julius, beyder Sohn, u. endlich Graf Fritz Groeben, unsers Carl's Bruder, eher als mich bey ihrer Durchreise nach Spaa in Cöln. Sie reisen heute ab. Wäre ich da, sie würden mich gewiß aufsuchen; jetzt werden sie sich wohl an v. Haxthausen wenden, um in Cöln etwas zu sehen. Sey ihnen zu Dienst, wenn du kannst. –

---

[1] ad deliberandum: zur Erwägung.
[2] Die Zeitung Mercure Surveillante erschien in Lüttich.
[3] vel quasi: fast.

Es verlautet hier, der Pabst mache nur bey Auslieferung der Manuscripte deswegen Schwierigkeit, weil er sich eingebildet, Heidelberg sey nunmehr Preußisch, und in dieser Meinung nur die Zurückgabe dorthin bestimmt habe. Es scheint dieß aber nicht ganz wahrscheinlich, da Heidelberg, so viel ich weiß, vom Könige willkührlich zur Aufbewahrung derselben bestimmt ist. –

In publico ist es hier nun ziemlich lebhaft. Ich meine, es kommen viele fremde Künstler, Schauspieler, u. Virtuosen an, weshalb sich die öffentlichen Säle sehr füllen. Es werden viele vorzügliche Schauspiele kurz hintereinander gegeben, der ich gelegentlich hier und dort eins besuche. Die Sängerinnen Milder Hauptmann u. Seidel vom Wiener Theater, sind nun hier engagirt; nun kam gestern noch die Madame Catalani hier an, die nun alles zu hören sich drängen wird. Montag giebt sie das erste Conzert, man sagt, zu einem Friedrichsd'or Entrée. Das ist mir zu theuer, nachdem ich sie in Paris oft genug wohlfeiler gehört habe.

Lebe wohl. Schimpfe über mein vieles, dummes Schreiben nicht, dieß geschieht nun so fort, weil ich hier bin, selbst wenn du nicht mehr schreibst.

Vive, Vale. Ebbo.

Eberhard von Groote an Joseph von Groote, Berlin, 1. u. 2. Juli 1816

Historisches Archiv der Stadt Köln, Best. 1552, A 20/19

|1| Berlin, den 1. July 1816. Abends.

Ich kann dir dießmal nur noch mit kurzen, flüchtigen Worten von hier schreiben, u. zwar wahrscheinlich zum letzten mal. Müde und dumm von vielem rennen und Visitenmachen sage ich dir nur schnell noch, wie es hier geworden, u. dann Gott befohlen. Von dir habe ich seit dem vom 17., den ich den 24. vorigen Monats erhielt, keinen Brief mehr erhalten, u. erwarte nun auch keinen mehr. –

Ich suchte jenen Postkommissar Schultze, von dem ich dir schrieb, nachher auf, fand ihn aber nicht, weil er verreist war. Ein genauerer Bekannter, den ich auf der Post habe, sagte ihm, sobald er wieder kam, daß ich ihn wünsche kennen zu lernen, u. so kam er selbst am Sonntag (gestern) früh zu mir angestiegen. Ich fand in der Art, wie er sich mir vorstellte, u. wie er in der ½ Stunde, wo er bey mir war, redete u. war, einen recht guten, umgänglichen, sehr bescheidenen u. vernünftigen Mann an ihm. Ich kann ihn fast nur vergleichen mit dem Oberchirurg Hohenhorst, der bey General Pirch damals war, bey Geyr logirte, Jettchen Geyr den Fuß kurirte, den du freylich wenig wirst gekannt haben, ich aber mehr, weil er nachher bey Thielmann war. Er scheint ein recht thätiger Mann zu seyn, u. sagte treuherzig, wie er unserm Vater, den er sich als einen alten vornehmen Mann denkt, die Arbeit recht leicht zu machen hoffe, er solle nur die Oberste Leitung u. Direktion haben, die einzelnen Arbeiten wolle er schon versehn. Ich sagte ihm allerdings, daß er sich da sehr irren würde, daß er an dem Vater noch einen recht rüstigen u. thätigen Mann finden werde, der auch im Einzelnen sich die Einsicht in die Geschäfte nicht wird nehmen lassen u.s.w. Kurz, ich bin überzeugt, daß Ihr sehr gut mit ihm fertig werden sollt, u. empfehle ihn, auf seine Bitten, und nach meiner besten Ueberzeugung, sehr eurer freundlichen Aufnahme. Es wird Euch gewiß nicht reuen. Sogar versprach ich ihm, dich vorläufig zu bitten, daß du ihm doch wo möglich |2| ein kleines nicht gar zu entferntes Quartier ausmitteln möchtest. Thu dieß, wenn du sonst kannst. Er hat eine Frau, keine Kinder, wahrscheinlich eine Magd. – Nochmal, ich glaube, Ihr könnt Ihn kühn recht freundlich empfangen. –

Auch über das Eingeben der Convention weiß ich nun noch einiges Nähere. Der hiesige GeheimRath Pistor hat die Ausmittlung des reinen Ertrags der Posten in den jetzigen Preußischen Provinzen auf dem rechten Rheinufer zu machen gehabt. Nach der Wiener Convention, wo die Fürstinn Thurn &. Taxis alle ihre Zauberkünste soll verschwendet haben, soll [nach] Art. 17 der ganze Ertrag dem Fürsten, natürlich nach Abzug der Administrations-Kosten, als Entschädigung gegeben werden; u. Pistor fand, daß dieß 65 mille [65.000] Thl. ausmache, wofür, wie gesagt, dem Fürsten Güter gegeben werden sollen. Wo u. welche, weiß ich selbst nicht. Der Finanz Minister soll sich über diese Bestimmung höllisch ärgern, allein, quod scripsi, scripsi.[1] Die Preußische Regierung zieht also von diesen Posten nur das, was sie mehr als die taxische Administration davon herausbringt. – Für die Posten auf dem linken Rhein Ufer erhält der Fürst keine Entschädigung. Die fahrenden Posten sollen und müssen mit der Zeit mit den Reitenden vereinigt werden. So wie ich mich hier fast davon überzeugt habe, u. ich es dir einmal mündlich auseinander setzen kann, ist dieß – hinsichtlich der Polizey und des Dienstes selbst, ganz unvermeidlich. – Einstweilen aber sind die Entreprisen bey uns noch auf 3 Jahr nach dem bisherigen Fuß beybehalten. Schultze ist im Einzelnen sehr gegen das Preußische Administrations Wesen; gegen das Encartiren[2] etc. Allein, er versichert auch, mit dem alten Segebart sey nichts anzufangen, er sey eigensinnig u. hartnäckig, besonders bey allem, was Er eingeführt. Zudem hat er den Grundsatz, alles, was nach Französischer Einrichtung nur von weitem aussehe, sey schlecht, u. sobald er etwas davon ahndet, verbannt er es ohne alle weitere Untersuchung. Das mag im Allgemeinen löblich, im Einzelnen nicht gut zu heißen seyn. Uebrigens hat er den Ruf, von jeher, u. noch jetzt in seinem Alter, einer der redlichsten, thätigsten und unverdrossensten Preußischen Beamten zu seyn. Sollte er |3| einmal abgehen, so dürften wohl viele

---

[1] quod scripsi, scripsi: Was ich geschrieben habe, habe ich geschrieben.
[2] encartiren, enkartieren: namentliches Verzeichnen von Briefen, eine Art Einschreiben.

seine einträgliche Stelle ambiren,[3] aber der jetzige Polizey Minister Fürst Wittgenstein vielleicht die meiste Hoffnung dazu haben. – Soviel hierüber für jetzt; du wirst so gut seyn, dieß Alles, nebst meiner besten Empfehlung dem Vater mitzutheilen. –

Meine weiteren Plane sind nun folgende. – Da Beuth u. sein fideler Reisegenoß StaatsRath Hecht keine Pässe nach Schweden u. Norwegen haben kann, da man sie von Schweden selbst erst müßte kommen lassen, u. dieß ihnen zu lang würde, so reisen sie, wie es bis jetzt steht, mit Schinkel u. mir, mit an den Rhein; ich entweder mit den Beiden in Ihrem Wagen, oder mit Schinkel; das wird sich erst finden. Auf allen Fall reise ich wohl Freytag, den 5. July mit den Beyden nach Pottsdamm, wo Hecht angestellt ist u. noch etwas zu thun hat. Inzwischen treibe ich mich dort mit Beuth herum, bis Sonnabend spät, oder Sonntag früh Schinkel mit Frau u. Kind auch hinkommt, u. wir dann wahrscheinlich in Einem Athem fort bis nach Halle kutschieren. Von da wollen wir über Weimar, Bamberg u. Wirzburg nach Heidelberg. Hier werden die nöthigen Anstalten getroffen, um mit Boisserées auf sichere Resultate zu kommen. Dort erwarte ich auch wenigstens Briefe poste restante von dir. Vom Wege aus gelingt es mir vielleicht, dir noch zu schreiben. – Von Heidelberg soll es über das linke Rheinufer nach Maynz, Coblenz u. nach Cöln gehn. Schinkel hat Auftrag, sich in den ganzen RheinProvinzen alles öffentliche Bauwesen ordentlich anzusehen, u. wird sich daher ziemlich lang aufhalten. Dann hat Beuth den Plan, mit ihm noch weiter nach Düsseldorf, von da nach Neuss u. Aachen, dann über Brüssel durch die Niederlande nach Antwerpen, Rotterdam u. Amsterdam, von da über Utrecht nach Nimwegen u. Xanthen, nach Cleve, über Wesel u. Münster wieder nach den hiesigen Gegenden zu reisen. Wieviel von diesem Plan realisirt wird, wird sich ausweisen, wenn ich erst wieder bey Euch an Ort u. Stelle bin. Daß mir diese Reise übrigens, besonders da ich hinsichtlich der Kosten noch ziemlich gnädig davon kommen werde, ganz angenehm ist, kannst du dir denken. –

Meinen Wagen muss ich nun freylich hier lassen. |4| Gerne hätte ich ihn Schultze aufgehangen, der morgen abreist; aber der hatte einen eigenen. Ich habe ihn in den Zeitungen zu einem Preise ausgeboten, den zu erhalten, mir ganz lieb seyn würde. Doch habe ich Auftrag gegeben, im Fall er nicht verkauft würde, ihn stehn zu lassen und auf Gelegenheit zu warten, wo ihn vielleicht jemand mit nach Cöln nehmen würde. Doch dieß wird schwer halten, da er wirklich zu schwer ist. Es blieb mir nun, wie du leicht einsehen wirst, nichts andres übrig, als meine Sachen auf geradem Wege nach Cöln zu senden, und zwar, da ich bey der Hinreise eine Menge Sachen lose im Wagen hatte, ich auch einiges hier noch zu bekommen habe, muß ich nun zu meinem Koffer noch ein Kleines hinzunehmen, die ich dann beide durch einen Fuhrmann werde nach Cöln gehn lassen, weil die Post zu schrecklich theuer ist. Du wirst erlauben, daß ich sie an dich adressiren,

---

[3] ambiren, ambieren: bewerben.

u. im Fall, ich das Porto nicht hier bezahlen muß, worüber ich dir noch schreiben will, dieß für mich auslegen. Mit mir kann ich nur einen Mantelsack nehmen.

Den 2. July

Wenn ich mich recht bedenke, so habe ich noch rasend viel zu thun, um fertig zu werden. Dringendes habe ich dir auch nichts mehr zu schreiben. Kannst du es vielleicht machen, mir irgend rendez vous zu geben, so thu es immerhin, obgleich ich dir nicht ganz fest versprechen kann, daß du bey unserer Reisegelegenheit bequem Platz finden wirst. Doch das möchte sich machen. In Cöln werden wir mit Schinkel ein recht fideles Leben haben, denn die alten Kirchen werden ihn unendlich freuen.

Lebe wohl. Grüße Alle und vergiß nicht, mir nach Heidelberg zu schreiben. Bleibt alles bey der Abrede, so denke ich gegen den 14.–15. da zu seyn.

Gott befohlen. Ebbo.

Eberhard von Groote an Joseph von Groote, Potsdam, 7. Juli 1816

Historisches Archiv der Stadt Köln, Best. 1552, A 20/20

|1| Potsdam, Sonntag, den 7. July 1816.

Seit gestern morgen 10 U. habe ich Berlin nun wieder hinter mir. Ich fuhr mit Beuth u. dem Regierungs Rath Hecht von dort hierhin; wir trieben uns in der schönen Gegend, in Gärten u. Schlößern, Cabinetten etc. ordentlich um, bis nun meine Reisegefährten diesen Morgen gegen 6 wegfuhren. Ich erwarte in jedem Augenblick den Ober Baurath Schinkel mit seiner Frau u. Kind, die diesen morgen um 4 von Berlin abreisen wollten, gegen 9 (es ist eben 8 ½ vorbey,) hier seyn können, u. mit denen ich dann gleich nach Halle abfahre, wo wie die Beyden, Beuth u. Hecht, wieder finden. Hecht ist ein komischer Kerl. Er hat viel von Levin Wenge, beynah seine Gestalt, sein Aeusseres; ist dabei ein eben solcher Lebemann ερωτικός [einige Worte gestrichen], sed via recta.[1] Doch auch oft sehr Hypochonder, weiß aber viel, ist leidenschaftlicher Botaniker, spricht viel u. angenehm. Du wirst ihn schon selbst kennen lernen. –

Wir reisen nun ziemlich schnell weiter über Halle nach Weimar, Bamberg u. Wirtzburg, u. können wohl gegen Freitag, Sonnabend, in Heidelberg seyn. Mich wird verlangen, wie wir da aufgenommen werden. Ich schreibe, so Gott will, von

---
[1] Ερωτικός, sed via recta: dem Eros ergeben, aber auf rechtem Wege.

[dort], wenn ich Zeit habe, auch noch früher. In Berlin gab es die letzte Zeit nichts neues mehr. Mein Wagen blieb bey Beuth, wo dessen Bedienter, ein recht ordentlicher Mensch, Auftrag hat, ihn zu verkaufen, oder wo möglich einem, der an den Rhein reist, mit zu geben.

Meine Koffer gehen per Axe auf Frachtwagen nach Cöln. Ich wußte sie bey meinem nunmehrigen Verhältnissen nicht wohlfeiler hin zu bringen. Die Fracht wird etwa 8 Thl. per Centner machen, die du, wenn die Koffer, wie ich hoffe, vor mir ankommen, gütigst für mich auslegen, u. zu Dank gleich wieder erhalten wirst. Du wirst meinen Frachtbrief vom 4. July dazu erhalten. Wenn ich, wie ich mir schmeichle, diese Reise ziemlich umsonst mache, so kann ich mir jene Kosten wohl gefallen lassen. Hätte ich mit eigenem Wagen, und auch allenfalls zu halben Kosten, die Reise gemacht, so würde mehr dazu gegangen seyn. –

Lebe wohl, ich erwarte dich, oder deine Briefe poste restante in Heidelberg, wo wir doch gewiß 6–8 Tage bleiben. Ich werde mir Mühe geben, alles daselbst best möglich auszukundschaften. Grüße mir alle unsre Lieben, und bitte, daß sie mir freundliche Aufnahme bereiten. Den Schwestern sollst du sagen, daß ich Ihnen meine Reisegefährten vorstellen will, u. sie mögen dann dem Vater bitten, daß wir sie zuweilen zu uns einladen dürfen, während ihres Aufenthalts in unserer Stadt. Der Rektor kann sich gefaßt machen, fleißig besucht zu werden. Ich bringe ihm auch Geld u. Sachen mit. Auch Haxthausen grüße; lebe wohl, recht wohl, u. vergiß meiner nicht; in Heidelberg erwarte ich doch bestimmt Nachricht von dir.

Dein treuster Bruder
Ebbo

Eberhard von Groote an Friedrich Carl von Savigny, Heidelberg, 6. August 1816

Universitätsbibliothek Marburg, Nachlass Friedrich Carl von Savigny, Ms. 725/372

|1| Heidelberg, am 6. August 1816.[1]

Wenn ich Ihnen, hochgeehrter Freund, die Resultate unserer hiesigen Verhandlungen schon möglichst bald, gleich noch von hier aus mittheile und so mein Versprechen genau erfülle, so muß ich mir dafür nur die strengste Verschwiegenheit, und zwar in doppelter Hinsicht ausbitten. Denn einmal würde jeder Verdacht einer Aeußerung über das, ganz als Geheimniß zwischen uns und Boisse-

---

[1] Als „Herren B." sind im Folgenden die Eigentümer der Sammlung Melchior und Sulpitz Boisseré sowie Johann Baptist Bertram gemeint.

rées verhandelte Geschäft, zunächst auf mich fallen; dann aber könnten daraus auch noch andere, der Sache selbst nachtheilige Folgen entstehen, die sich unten noch näher ergeben werden. – Einstweilen also nur — inter me et te.² –

Von Potsdam reisten wir ziemlich angenehm über Halle, Jena, Weimar, Coburg, Bamberg, Wirtzburg nach Darmstadt. Hier wünschte ich nehmlich dem OberbauRath die Bekanntschaft des Herrn Oberbaudirektors Moller zu machen, der uns auch sehr freundlich aufnahm und uns eine Menge seiner, wahrhaft sehr schönen Arbeiten, dazu auch die alten Risse und seine eigenen Zeichnungen zum Kölner Dom zeigte, – Dinge, die Schinkeln, als Einleitung zu dem, was er hier sehen sollte, ganz interessant waren. Am 19. July fuhren wir nun bey recht heiterm Wetter, das wir lange entbehrt hatten, auf der schönen Bergstraße nach Heidelberg. – Von Beuth und Hecht, die etwa um 4 Stunden früher als wir von Potsdam abgefahren waren, hatten wir den ganzen Weg über nichts mehr gesehn. Sie waren fast mit unsinniger Eile durchgereist, und erwarteten uns hier; mehrere Kölner, unter diesen meinen Bruder und den Rektor Fochem hatte das gute Geschicke ebenfalls hierhin geführt, und so wurden in den ersten Tagen nur die allgemeinsten, nöthigsten Bekanntschaften gemacht, ausserdem aber viel erzählt und gelustwandelt.

|2| Den Ruf, in welchem der Oberbaurath durch manche Aeußerung des Kronprinzen und anderer, die ihn kannten, hier schon stand, vermehrte noch gar sehr ein Schreiben, welches Göthe uns von Weimar voranschickte. Diesen hatte Schinkel besucht, und ihm sich, wie es scheint, gar gut empfohlen. Göthe wollte auch in wenig Tagen selbst hier seyn, allein, nachdem er wirklich abgefahren, kurz vor Weimar aber umgeworfen hatte, schrieb er wieder, daß sein Meyer sich am Kopf verletzt habe, er selbst aber dieß Umwerfen als ein malum omen³ ansehe, und deswegen einstweilen nicht reise. – Die nähere Bekanntschaft Schinkel's mit B. machte sich nur erst so nach und nach. Bertram und der jüngere Boisserée hielten sich noch mehr zurück; an Sulpitz fand er (auch schon seiner architektonischen Kenntnisse wegen) mehr Berührungspunkte. Mit unsern eigentlichen Anträgen hielten wir wohlbedachtsam bis nun noch ganz zurück: schon frühere Briefe und unsere Anwesenheit selbst hatten sie hinreichend darauf vorbereiten können.

Da hatten wir aber gleich auch manches harte Wort einzustecken: Thibaut guckte und zuckte an allen Ecken heraus; ja, um ein spezielles Beyspiel anzuführen, als Thibaut selbst mich auf einem Spaziergang bey Boisserées zuerst sah, und mich, und mein armes Medaillenband recht mit scharfem Blicke abgemessen hatte, war nachher die Rede vom Schwimmen, worauf wir kamen, weil kurz vorher jemand ertrunken seyn sollte. Zufällig erzählte ich, daß es mit zu den Vorschlägen in der Kriegskunst erfahrener Männer in Preußen gehöre, alle Trup-

---
² inter me et te: zwischen Dir und mir.
³ malum omen: schlechtes Vorzeichen.

pen schwimmen zu lehren. – Dafür möge uns Gott behüthen, sagte Thibaut, denn so wäre ja zu erwarten, daß die Preußen noch durch alle Flüsse hinauf und hinunter ihre Nachbarländer überschwemmten. Mich ärgerte diese, eigentlich nicht einmal witzige Äußerung, habe ihn nachher nur kurz einmal besucht, ausserdem aber wenig gesehn. Er scheint mir noch lauter, wilder, und ungeregelter in seinem ganzen Wesen als je, spricht unaufhörlich von Revolutionen, von Gährung im Volke, von einem Kriege, der nothwendig gleich im nächsten Frühling mit Rußland geführt werden müsse u.s.f. Manches, was ich hier nicht gerne weiter ausführen mag, verrieth in ihm ganz den Mann, der kein gutes Gewissen hat, – man fängt sonst nicht so immer wieder und wieder |3| von Menschen und Gegenständen an, von denen schon die Rede lang genug gewesen, und über die man seine Meinung gesagt; – das that Er. – Ihm habe ich offen und frey gesprochen; streiten mochte ich nicht mit ihm. War aber bey Boisserée von ihm die Rede, so habe ich wohl zuweilen etwas weiter ausgeholt, und dann ließen diese sich auf gar nichts ein, schoben auch vor, manches nicht gelesen zu haben, und sich um literarische und Politische Händel nicht gerne zu bekümmern. Berührte man aber Punkte, die doch ganz bekannt und offenkundig sind, und keinem fremd seyn können, so hieß es: „ach, man kennt ja Thibaut's Art, sein schroffes Wesen, seine Heftigkeit, u.s.f.", und dann blieb es dabey. –

Der Oberbaurath ging nun täglich mehrere Stunden zu B. hin, wo ihm Bertram mit vieler Ausführlichkeit die Bilder und deren Geschichte und Schicksale erklärte. Ich war oft dabey, oft aber auch aus meiner alten Liebhaberey bey den schönen, alten deutschen Handschriften hingehalten, unter denen ich ein Paar fand, die mich zunächst sehr interessirten, und die mir auch von Wilke mit vieler Gefälligkeit mitgetheilt wurden. Ob letzterer nach Berlin kommen wird, ist noch unentschieden. Es handelt sich noch über die Wittwenpension, welche hier von großer Bedeutung ist, auf die aber in Berlin eigentlich die überlebende Frau keinen Anspruch hat. Er hat sich erbothen, nach Berlin zu gehen, wenn man ihm dort dieselben Vortheile in jener Hinsicht gewähren wolle; widrigenfalls durchaus nicht; so stehn die Sachen noch. Allein, Wilkes nähere Bekanntschaft mit B. (diese gehn mit ihm mehr um, als mit sonst niemand) und zugleich die Aussicht desselben, nach Berlin zu kommen, wirkte im Ganzen für unsere Absichten vortheilhaft, weil es Wilke natürlich lieb wäre, seine Freunde auch dort wieder zu finden. –

Indessen sprach sich die Abneigung gegen Preußen überhaupt nicht nur bey den Herrn B. oft sehr heftig und laut aus, sondern wenn man Ihnen mit den Anträgen im Allgemeinen nur etwas näher rückte, so war gleich von sehr vortheilhaften Verhältnissen die Rede, die Ihnen von andern Seiten angebothen seyen; von der unabhängigsten Existenz in einem der schönsten Länder am Rheine; von einem reinen Einkommen von 15.000 Fl. ferne von allem Einfluß eines Hofes, oder dergl. |4| Es blieb lange im Dunkeln, von wem und wo so liberale Anerbiethen gemacht würden, und wir schlossen auf Würtenberg, auf Oesterreich, nachher, wegen der schönen Rheingegend, wovon die Rede war, auf Darmstadt, auf die neuen Bayerischen Provinzen, endlich wegen der großen Unabhängigkeit von aller Regierung, auf Nassau, wo etwa der Minister v. Stein zu einem bedeutenden Verein für deutsche Kunst die Hand biethe, dazu Stiftungen mache, u. zum nehmlichen Zwecke auch unsre Herrn B. zu gewinnen wünsche. Diese Vermuthung gewann an Wahrscheinlichkeit durch die immer wiederkehrenden Aeußerungen: Ein großer deutscher Bund, eine herrlich aufstrebende Verbindung deutscher Männer, die von Würtenberg, als Ihrem Hauptquell ausgehend, sich hinab an den Rhein, und längst beyden Ufern, bis fern ins Land hinunter verzweige, sey aus dem Kampfe der letzten Jahre hervorgegangen, kenne nicht Oesterreich mehr, und nicht Preußen, noch Bayern und Würtenberg, sondern nur den Verein vieler Länder in einem einzigen Deutschland, das am Ende nur wieder als Haupt einen einzigen Kaiser verehren dürfe, und werde. Abgesehen von der Statthaftigkeit, oder auch nur Möglichkeit der Realisirung dieser Idee für die Zukunft, konnten wir uns einstweilen wenigstens die Einwendung erlauben, daß dieselbe gewiß nur größtentheils noch unter die pia desideria[4] gehöre; und das wurde denn auch zugegeben, so wie man es wohl gestehen wollte, daß vielleicht in den ersten Jahren an jene glücklichen Verhältniße, die sich darauf gründen sollten, noch nicht die Rede seyn könne. –

Welche Bewandniß es eigentlich damit habe, erfuhren wir zufällig erst nachher, und ich will ein anderesmal darauf zurückkommen; meine oft wiederholte Einwendung aber, daß man sich doch gar sehr am Vaterlande versündige, wenn man weder jene alten Schätze der Kunst und Religion unmittelbar dahin zurückbringe, noch auch dieselben als Mittel gebrauche, um bey dieser schön angebothenen Gelegenheit für die Länder, wo sie erzeugt wurden und blühten, etwas Tüchtiges und Erfreuliches zu bewirken, – |5| schien einiges Gehör zu finden, und inzwischen hatte man sich wechselseitig schon soviel genähert, daß die Herrn B. die genauen Verzeichniße ihrer Sammlung, und der Oberbaurath die schriftlichen Bedingungen zur künftigen Erwerbung derselben für den Preußischen Staat vorlegte. Die Herrn B. schienen bisher es als ein sündliches Unternehmen gegen jenen deutschen Bund anzusehen, wenn sie sich auf irgend einen fremden Vorschlag einließen. Ob nun die große Liberalität der Preußischen Anträge, oder die begriffene größere Realität derselben, gegen alles, was man sich bisheran nur in schönen Träumen ausgemalt haben mochte, die Ansicht änderte, will ich nicht entscheiden. Allein, nach und nach näherte man sich wechselseitig nun schon so, daß die questio an![5] als entschieden angesehen wurde. Freylich mochte Göthes Brief, und dann auch die Meinung des Generals Graf Gneisenau, der wenige Tage vor unserer Ankunft hier gewesen war und sich viel mit den Herrn B. unterhalten hatte, von gutem Einfluße gewesen seyn. Graf Gneisenau war früher

---
[4] pia desideria: fromme Wünsche.
[5] questio an: die Frage, ob.

durchaus dagegen, daß die Sammlung vom Rhein entfernt würde; nachdem er sich aber überzeugt, wie wenig im Ganzen am Rhein noch anzufangen, wie vielmehr alles noch einstweilen in Berlin betrieben und vorbereitet werden müsse, was für die neuen Provinzen gedeihlich werden solle, hatte er sich ganz für die entgegengesetzte Meinung entschieden. –

Der Geheime Oberbaurath hielt nach speziellem Ueberschlag der ganzen Sammlung, die er mit größter Ruhe und ausserordentlicher Freude betrachtet hatte, die erste allgemeine Forderung der Herrn B. gar nicht für übertrieben. Freylich wurde diese noch um einige Punkte gesteigert; aber auch nun ließ er sich noch gerne darauf ein, da er der festen Meinung ist, daß diese Sammlung – natürlich abgesehn von allen Nebenverhältnißen der Herrn B., die hier zur Sprache kommen könnten, – fast unschätzbar, ihre Erhaltung für den Preußischen Staat von größter Wichtigkeit, ihr Verlust aber durchaus nicht zu rechtfertigen, ja unverantwortlich und schimpflich seyn würde. Er fand mehrere Stücke darin, welche er zum Geringsten zu 20–24.000 Fl. an schlagen zu müssen glaubte. –

|6| Ich theile Ihnen hier nur in gedrängter Uebersicht die Verbindlichkeiten mit, die, versteht sich selon ratificatione,⁶ der Geheime OberBaurath vorläufig für den Preußischen Staat eingegangen. Letzterer erhält nehmlich für ein Capital von 500.000 Fl. Rheinisch die im Catalog genau verzeichnete Sammlung der Herrn B. als Eigenthum. Jenes Capital aber wird folgendermaaßen näher bestimmt. 200.000 Fl. werden als unbedingtes Eigenthum der Herrn B. vom Tage der Ratifikation des Vertrags an, betrachtet. Diese werden, so lange sie in des Staates Händen sind, vom 1. Januar 1817 an, mit 5 % verzinst, sollen aber auch von dieser Zeit an in halbjährigen Terminen, auf Verlangen der Herrn B., abgelegt werden müssen. Die andern 200 mille [200.000] Fl. bleiben als Capital für immer dem Staate, die Zinsen derselben zu 5 % aber werden so wie die ersten, als wahres pretium⁷ für die übertragene Sammlung angesehen, u. auf LebensZeit des letzten der 3 Herrn Boisserée u. Bertram, abgetragen. Die noch übrigen 100 mille [100.000] Fl. Capital u. Zinsen sollen zu Reise und Transportkosten, zur Einrichtung des Lokals, zur Verbesserung und Vermehrung der Sammlung selbst etc. etc. verwandt werden, wozu die Herrn B. ihre Vorschläge jedesmal einreichen werden. –

Dieß waren die Forderungen, welche die Herrn B. gleich als unabänderlich aussprachen, und unter deren Bewilligung in ihrer ganzen Ausdehnung, sie einzig sich auf die Anträge des Preußischen Staats einlassen zu können versicherten. Wollte man also die ganze Sache nicht aufgeben, so mußte man jene Punkte natürlich als Grundlage des Geschäftes annehmen. Nachdem dieß aber geschehen, wurden auch alsbald die Verhältniße zwischen uns und den Herrn B. ganz anders. Alles näherte sich freundlicher einander an, und ich selbst fand nun

---

⁶ selon ratificatione: gemäß der Unterzeichnung.
⁷ pretium: Preis, Entgeld.

erst Gelegenheit in ehemalicher Vertraulichkeit mit Sulpitz über Berlin und die Art, wie man dort die Sache sowohl bey dem Ministerio als auch im Publiko ansehe, zu reden. Ich sagte |7| ihm, daß ich zwar die Meinung theile, daß einstweilen alles, was für Wissenschaft und Kunst in den Rheinprovinzen gewonnen werden solle, nur in Berlin betrieben und gefördert werden müsse; daß aber der Sinn und der Geist im Allgemeinen vielleicht nicht überall so seyn möchte, wie sie ihn zu ihrem Zwecke mit ihrer Sammlung wünschten. Ich sagte ihm sogar, daß eine große Parthey in Berlin selbst gar nicht der Meinung sey, daß jene Bilder dorthin gehören, und sie lieber wieder am Rhein sehen möchten: unter diesen sey vielleicht der Kronprinz einer der ersten; – allein, dennoch scheint mir in den Vertragspunkten die Befugniß, nach Wohlbefinden künftig die Sammlung wieder an den Rhein zurückbringen zu können, etwas zu flüchtig berührt. Der vorläufige Abschluß des Vertrags kam nun am Geburtstage des Königs zu Stande, an welchem Tage der Oberbaurath die Herrn B. und die Familie des Hofraths Wilke, die er kennengelernt hatte, Abends aufs Schloß bat, wo wir im lustigen Kreise den Tag feyerten.

Bertram ist nun ganz voll von Anektdoten von den vielen Menschen, die seither die Sammlung gesehen, allein, niemand hat auf die 3 Herrn so gewaltig gewirkt, als Göthe. So wie früher Friedrich Schlegel ihr höchstes Ideal war, bey dem sie einzig schworen, und dessen Urtheil Ihnen mehr als alles galt, so, und noch weit ärger, ist es nun mit Göthe. Mir scheint es zwar immer ein großer Beweis des Mangels an eigener Originalität und ProduktionsKraft, – dieß ewige jurare in verba magistri;[8] allein, will man einmal einen, so mag man sich freylich Göthe noch am ersten gefallen lassen, – wenn gleich nicht bey christlichen Bildern.

Allein, leider ist es mit dem Christlichen, welches sonst wenigstens als erstes Prinzip dieser Kunstwelt angesehen und verehrt wurde, gar so arg nicht mehr. Bisheran hatte man die bedeutsamen, noch in goldenem Dufte schwebenden, strengen Bilder, für die ältesten und zugleich für die idealsten gehalten; alle spätere Manier, in Landschaften, in weltlicherer Darstellung, in freyeren Formen |8| für geringere Abstufung dieser ursprünglichen Idealität zum Leben in der Zeitlichkeit hinunter, angesehn. Nun ist dieß alles ganz anders geworden. Johan v. Eyck, der nicht mehr jenes göttliche, übermenschliche Ideal, sondern das wahre, treue, wirkliche Leben, wie es die Menschen leben, der Natur ganz nahe und befreundet, ja bis zur Copie, zum Portrait hin, darzustellen gesucht hat, und wirklich darstellt, – das ist der Lehrer, wenigstens der Verbesserer aller Uebrigen, der ist der größte, der Bewunderungswürdigste; von ihm, als dem Culminations Punkte verzweigt sich erst alles, was sonst noch ist geleistet worden. Scharfe, historische und kritische Forschungen mögen diese neue Ansicht rechtfertigen; ich kann es mir nicht verwehren, sie für ganz eines Göthe werth,

---

[8] jurare in verba magistri: auf die Worte des Meisters schwören.

ganz in seiner Art und Weise aufgefaßt zu halten. Ich gestehe es, daß mir die erstere lieb geworden, und daß ich mich ungerne davon trenne; wird aber die zweyte erst näher beleuchtet und fester begründet, so wird ihre Wirkung für die Geschichte und die ganze Beurtheilung der altdeutschen Kunst allerdings von der ungeheuersten Wichtigkeit. In der Jahresfrist, welche die Herrn B. sich bis zu ihrer Ueberkunft nach Berlin noch ausbedungen, kann vielleicht noch manches darüber erörtert werden. –

Göthes Einfluß auf Sie war überhaupt von größter Bedeutung. Ich habe dessen Schrift hart angegriffen, und meine Meinung darüber nicht verhohlen. Wenn dann aber erwidert wurde, es lasse sich dieß so nicht beurtheilen, man müsse Göthe selbst kennen, um zu wissen, daß er vielleicht christlicher sey als Hundert andere, die sich dafür ausgeben, so ließe sich freylich nicht viel sagen. – Von etwas anderm, als strenger, historischer Critik soll nun auch bey diesen alten Heiligthümern einmal gar nicht mehr die Rede seyn, und sie stehn, nachdem sie ihre ehrwürdigen Kirchen verließen, nach meiner Meinung nun ebenso aus ihrem natürlichen Leben gerissen, wie die schöne Coralle, die der Taucher vom Meeresgrund brach; sie stehn als Apparat der Wissenschaft, nicht als Meteore, die den Himmelsweg bezeichnen, in Cabinete geschichtet. Mag es seyn; – nur wird mich niemand lehren wollen, daß aus dieser Kritik, und aus diesem Studium und aus diesen Nachbildungen ein wahrhaftes großes neues und originelles |9| Feld für die Kunst geöffnet werden könne; erscheint diese wahrhaft in ihrer hohen Göttlichkeit und lieblichen Jugend auf unserer altklug gewordenen Hämisphäre, so wird sie wohl schwerlich aus diesem Forschen und Berechnen und Messen, sondern wohl eben so wieder fremd vor allem diesen, aus dem Manna einer neuen, frommen, gläubigen Liebe geboren; dem einzigen Quell, xxxx [dem sie] bisheran noch in aller Geschichte und in allen Perioden, wo sie ihre Schönheit dem Auge der Sterblichen entfaltete, in eigener Kraft entstieg. –

So viel für dießmal, geschätztester Freund, da mir einstweilen meine Zeit nicht erlaubt, noch manche kleine Dinge zu berühren, die sie interessiren könnten, die ich aber bis auf ein anderes mal treu bewahren u. Ihnen mittheilen will. Die möglichste Geheimhaltung der Verhandelten Punkte ist vorzüglich darum von größter Wichtigkeit, weil die Herrn B. noch manche Stücke aus Staaten gewinnen zu können glauben, die Ihnen Anträge gemacht, – und wahrscheinlich alle ihre Plane zu neuen Anschaffungen vereiteln würden, sobald sie hörten, daß Sie mit Preußen in feste Verhältniße getreten. –

Sagen Sie gefälligst ihrer Frau Gemahlin nebst meiner höflichsten Empfehlung, daß ich in der Ungewißheit, ob ich nach Frankfurt komme, vorläufig von Darmstadt aus das Paketchen nebst einigen Zeilen an die Frau v. Guaita geschickt habe. Auch nun ist unser Weg in die Rhein-Provinzen noch nicht genau bestimmt; sollte ich noch nach Frankfurth kommen, so würde ich mich sehr freuen, die Ihrigen zu sehn. –

Schinkel, über dessen tiefe Kenntniße u. angenehme Gesellschaft ich mich auf dieser Reise und fortwährend noch sehr freute, hat in seinem Benehmen mit den Herrn B. wahrhaft viel Takt und Gewandtheit gezeigt, vielleicht wäre alles mißlungen, wenn ein anderer an seiner Stelle gestanden hätte. Er ist nun dabey, des Ministers v. Altenstein Exzellenz u. Herrn Eichhorn die Relation unserer Geschäftsführung zu machen. [Eine Zeile ist durchgestrichen]. – Der Tag unserer Abreise ist noch nicht genau bestimmt, wird aber doch sehr nahe seyn. – Ich werde mich sehr freuen, zuweilen Nachricht Ihres Wohlergehens zu erhalten, u. mir erlauben, auch diese, zum Theile nur |10| obenhin berührten Punkte, von Zeit zu Zeit weiter auszuführen. Ueberdieß werden die Geschäfte in den Rhein Provinzen gewiß manche Gelegenheit darbiethen, wo es tröstlich seyn wird, sich bey einem wohlmeinenden und weisen Freunde Raths erhohlen zu können.

Schließlich will ich aber auch noch meine lieben Landsleute, die Herrn Boisserée und Bertram, wenn Sie erst nach Berlin kommen werden, ihrer freundlichen Aufnahme empfehlen. Sind sie auch in mancher Hinsicht seltsam und eigenthümlich, so haben sie doch auch wieder so viel gutes und angenehmes, daß man Ihnen etwas zu gut halten kann. Thibaut mag nachtheilig auf sie gewirkt haben; allein, ganz haben sie sich ihm doch nicht ergeben, sondern sprechen sich oft sehr laut gegen ihn aus und ärgern sich an seiner zu großen Leidenschaftlichkeit. Wilke erklärt sich sehr laut gegen Thibaut. Schon der Entschluß der Herrn B. nach Berlin zu kommen, zeigt, daß Thibaut wenigstens nichts über sie vermag; wüßte er ihren Entschluß in diesem Augenblicke, er würde vielleicht noch alles thun, um sie davon abzubringen. Allein, er ist gar nicht davon benachrichtigt, um keinen Rath, um keine Meinung gefragt worden.

Uebrigens freuen sich hier alle Professoren um der großen Einigkeit und des guten Benehmens, welches auf der Universität herrscht. Der Studenten sind ziemlich viele, und darunter, wie mir scheint, weit mehr anständige, solide Leute, als zu meiner Zeit. –

Jenes Schimpfen u. Raisonniren, daß einstweilen nur die 800, u. einige 50 Handschriften von Rom gekommen, u. die Fürsten die Schuld haben, daß nicht auch die übrigen 4.000 der Bibliotheca palatina noch zurückgegeben wurden, scheint mir von Herrn Hofrath Creutzer herzurühren. Er wiederholte mir wenigstens diese Klage fast in den nehmlichen Ausdrücken; wogegen ich ihm dann recht ernst seine Unbilligkeit bewieß, da ja der Pabst auch nicht Ein Stück zu geben hätte gezwungen werden können. Wilke klagt überhaupt über den kalten Undank, mit welchem man Ihn u. die Handschriften hier aufgenommen. – –

Leben Sie recht wohl. Grüßen Sie Clemens und ihre lieben Kinder recht freundlich, und erlauben Sie mir, mich zu nennen Ihren Freund

Eberhard von Groote

Eberhard von Groote an Joseph von Groote, Heidelberg, 7. August 1816

Haus Londorf, Herr von Groote, Familienbriefe, 1.1., Nr. 45

|1| Heidelberg, den 7. August 1816.

Erst am Geburtstage des Königs sind wir mit unsern Sachen hier zum Schluß gekommen, d.h. wir haben eine Entscheidung; welche, wird erst die Zeit näher lehren, u. wir wollen darüber reden. Nöthiger Weise von hier aus noch zu machende Berichte an das Ministerium hielten uns noch ein Paar Tage hin, so daß nun unsre Abreise erst auf morgen früh bestimmt ist. Wir reisen von hier über Wurms [Worms] nach Maynz, dann nach Trier und von da über Coblenz den Rhein hinab. Wie lange dieß währen wird, kann ich noch nicht bestimmen, und ich will daher von Trier aus wieder schreiben. Jetzt denke ich mir ungefähr so: den 8ten von hier nach Maynz, den 9ten in Maynz, den 10ten von Maynz nach Trier, den 11ten, längstens den 12ten in Trier; dann den 13ten nach Coblenz, den 14ten in Coblenz und den 16ten bis Bonn, wo wir uns vielleicht treffen können.

Wir sind hier nun ordentlich herumgestiegen, um die Gegend zu sehn. Der Oberbaurath war mit Boisserées einen Tag in Schwetzingen, einen andern in Mannheim; wir waren zusammen in Neckarsteinach, zu Rohrbach, u. feyerten des KönigsGeburtstag Abends ganz fideliter auf dem Schloß. Meine Besuche habe ich hier nicht zu weit ausgedehnt; denn was hilft es am Ende, eine Menge Volks zu besuchen, und ihnen langweilig ein Stück aus seiner bisherigen Biographie zu erzählen u. ein noch langweiligeres aus der Ihrigen zu hören, wobey man einschlafen könnte. – Ich hätte dir früher schreiben |2| sollen, nicht wahr? Aber ich dachte immer, es sollte hier so lang nicht werden, und ich könnte dir eher sagen, wann wir in unsern Gegenden eintreffen werden. –

Geyr will wissen, du treibest in Köln ganz verfluchtes Zeug, seyst verkeilt, bis über die Ohren, u. komme ich nicht bald, so könne ich die Ehre haben, dich im Ehebette zu finden. Was Henker! Dann peitsche ich dich wieder heraus! Mach doch so kein Zeug und fliege nicht, ehe dir die Flügel gewachsen sind. Unternimm nichts, was du nicht durch führen kannst, u. bleibe bey deinen Leisten; hebe keinen Stein, den du nicht tragen kannst; gieb niemand einen Finger, der die ganze Hand verlangen könnte. Denke, daß aus Scherz Ernst werden kann, und wer die Gefahr liebe, darin umkomme. Mische dich nicht in Fremde Händel; fische aber auch nicht im Trüben, denn es ist nichts so fein gesponnen, es kommt ans Licht der Sonnen. Denke nicht, daß neue Besen gut kehren, und frisch begonnen, schon halb gewonnen sey. Ach, Glück und Glas, wie bald bricht das; heute roth, morgen todt. Vor gethan und nach bedacht, hat manchen in groß Leid gebracht. Traue, schaue, wem! Wem aber nicht zu rathen ist, dem ist auch

nicht zu helfen und das bist du! Darum will ich auch keine meiner schönen, guten Lehren mehr an dich verschwenden, du Undankbarer, sondern dir gute Nacht sagen.
Vale. Ebbo

Eberhard von Groote an Jakob Grimm, Köln, 15. September 1816

Mit Kürzungen gedruckt in: Alexander Reifferscheid (Hg.), Eberhard von Groote. Mitteilungen aus seinem Briefwechsel mit G.Fr. Benecke, J.Fr. Böhmer, M. und S. Boisserée […] aus den Jahren 1815–1859, Bonn 1875, S. 28–33

Köln, den 15. 7bris [September] 1816.
Nach einem langen, unstäten Treiben durch die Welt, weiß ich es in diesem Augenblick wirklich selbst nicht mehr recht, ob ich Ihnen auf einen, oder vielleicht gar auf zwei Ihrer freundlichen Briefe bin die Antwort schuldig geblieben, lieber, werther Freund. […][1]
In Berlin hatte ich mich bey meinen früheren Freunden, und manchen neuen Bekannten der zuvorkommendsten Aufnahme zu freuen; besonders war ich viel bey Savignys, und es war mir sehr leid, daß sich die Ankunft der v. Arnim so sehr verzögerte, daß ich sie in Berlin nicht mehr erwarten konnte. Ich reiste den 5. Juli weg, und den 7. oder 8. wurden Arnims erwartet. Auch Ihren Bruder habe ich leider nicht gesehn, da er, soviel ich weiß, gar nicht über Berlin zurückgekehrt ist. Der Auftrag mit Schinkel zu reisen, war mir äußerst angenehm. Ich habe mit ihm manches alte Bauwerk und viele Kunstsammlungen gesehn, und mich sehr über seine Urtheile gefreut. Schinkels näherer Auftrag ging freylich an die Herrn Boisserée in Heidelberg, und aus diesem Grunde machten wir daselbst einen Halt von vollen 3 Wochen. Die Resultate dieser Sendung lassen sich noch nicht bestimmen; denn wenngleich die Herrn Boisserée im Ganzen nicht abgeneigt schienen, auf die äußerst liberalen Anträge der Preußischen Regierung einzugehen, so waren ihre Bedingungen doch auch wieder in mancher Hinsicht von der Art, daß es die große Frage seyn wird, ob man in Berlin darauf eingehen mag; und so ist noch Alles im Ungewissen, soviel aber sicher, daß die Herrn im ersten Jahr ihre Sammlung noch nicht von Heidelberg wegbringen werden. Inzwischen war es für die Sache im Allgemeinen und für jeden von uns sehr interessant, daß Schinkel die Sammlung und die Zeichnungen angesehen hat. Von Beyden war er ganz entzückt, und konnte sich kaum wieder davon trennen. Ueber den Kölner Dom

---
[1] Auslassung in der Abschrift Reifferscheids.

hat er mit Sulpitz genaue Rücksprache genommen, und wir dürfen hoffen, daß schon recht bald alles wird angeordnet seyn, was wenigstens zur Erhaltung dieses kostbaren Bauwerkes erforderlich ist.

Meinen Aufenthalt in Heidelberg habe ich mir noch in anderer Hinsicht, so gut ich konnte, zu Nutzen gemacht. Ich habe nehmlich durch die Güte des Herrn Prof. Hofrath Wilken die noch nicht einmal alle öffentlich aufgestellten deutschen Handschriften der Palatinischen Bibliothek nach Lust durchsehen, und, was ich wollte und was mir zunächst zu meinem Plan taugte, abschreiben können. Darüber muß ich Ihnen nun noch etwas sagen. Sie werden wissen, daß sich unter denselben eine sehr kostbare Handschrift des Titurels befindet. Diese ist in kl. Folio auf prachtvolles Pergament, mit ziemlich großer und breiter Schrift, äußerst klar geschrieben. Nun hatte Wilken in Rom auf einem Manuscript, welches uns nicht gehörte, eine lose Pergamentdecke von ½ Folio Bogen gefunden und mitgebracht, welche mit den nehmlichen Buchstaben, in ganz gleicher Form, und ich möchte behaupten, ganz gleichzeitig von derselben Hand, ein Fragment in dem Versmaaß des Titurels geschrieben enthielt, wovon ich Ihnen hier eine möglichst genaue Abschrift beilege. Was es ist, weiß ich nicht, so wenig als wer der Albrecht seyn mag, der sich darin meldet. Es wäre mir lieb, Ihr Urtheil darüber zu hören, und stelle es Ihnen ganz anheim, welchen Gebrauch Sie davon zu machen für gut finden werden. Görres, dem ich es zeigte, stellte dabey die Vermuthung auf, daß der Titurel wohl ursprünglich in anderem Versmaaß dürfte gedichtet und von Wolfram nur übersetzt worden seyn. Dieser Albrecht, der sich in diesem Fragment so sehr entschuldigt, und dem Wolfram Lob spricht, habe nun nach diesem, etwa noch eine neue Uebersetzung, oder eine Abkürzung oder Verbesserung desselben Gedichtes versucht. Vergessen Sie nicht, mir etwas darüber zu schreiben. –

Ich habe Görres bei meiner Durchreise in Coblenz recht wohl gesehen, und ich entsinne mich, daß er unter andern äußerte, er habe nicht gewußt, daß Sie jene Strophen des Niebelungen Lieds bekannt machen wollten; er habe Ihnen sonst noch einige schicken können, die eigentlich nothwendig dazu gehörten. – Außerdem habe ich mich nun in Heidelberg noch sehr erfreut, ein großes, prachtvolles, sehr dickes Manuscript des Lancelot vom See, das erste deutsche, das ich sah, mit angehängter Geschichte des heiligen Gral, ferner mehrere Handschriften des König Artus, schöne Handschriften mit Miniaturen, einige griechische Sachen, und endlich zwei Handschriften von Tristan zu finden. Diese beschäftigten mich, wie Sie denken können, eigentlich am meisten, und ich habe auch alles, was mir dienen konnte, daraus mitgenommen. Die eine ist auf Papier, wie mir scheint, höchstens aus der letzten Hälfte des 15. oder aus dem 16. Jahrhundert und höchst wahrscheinlich eine Uebersetzung eines der vielen altfranzösischen Auszüge dieses Gedichts, deren wir in Paris so viele sahen. Sie ist in Versen, mit illuminirten Zeichnungen versehen, aber viel kürzer als alle mir bekannte Handschriften des Tristan. Die andere aber ist auf Pergament, vielleicht eine der ältesten, und insoweit die vollständigste, welche mir bis jetzt vorgekommen, da sie nicht, wie alle andern, hier und dort der Kürze wegen, eine ganze Stelle wegläßt, zusammenzieht, oder abändert, sondern nur, bloß aus Nachlässigkeit des Abschreibers, hier und da einen Vers zu wenig giebt, was sich aber natürlich aus andern Handschriften leicht ergänzen läßt. Sie hat die Fortsetzung des Ulrich von Turheim, und dieß war erst das zweite Exemplar, welches ich von dieser Fortsetzung bis jetzt fand. Ich hatte zwar meine Handschrift nicht bey mir, entdeckte aber bald, daß die Heidelberger viel vollständiger war, und ließ mich daher die Mühe nicht verdrießen, mir die Fortsetzung ganz abzuschreiben. Da ich nun diese Abschrift hier mit meiner Handschrift vergleiche, finde ich, daß die Heidelberger um mehr als 1.200 Verse reicher ist. Die meinige enthielt nehmlich 2.346 Verse, die Heidelberger 3.724 Verse. Dennoch fehlen hier und dort auch wieder einzelne Verse in der Heidelberger, so daß ich erst durch Verbindung beider Handschriften eine vollständige zu liefern im Stande bin. –

Sie wissen, daß v. d. Hagen eine Ausgabe des ganzen Gedichtes beabsichtigt. In der letzten Zeit meines Aufenthaltes in Berlin erhielt ich Briefe von ihm, in welchen er mich dringend einlud, ihn auf seiner großen Reise durch Deutschland, die Schweiz und Italien zu begleiten. Dieß erlaubten nun freylich meine Verhältnisse nicht; zugleich aber machte er mir den Vorschlag, den Tristan mit ihm gemeinschaftlich herauszugeben, und zwar so, daß ich dazu eine freye, ungebundene Uebersetzung des ganzen Gedichtes, die sich zum Volksbuch eigne, er aber die genaue Bearbeitung des Gedichts, mit philosophischer, historischer und philologischer Critik liefere, wozu er denn natürlich die Vergleichung aller bisher bekannten Handschriften benutzen zu können wünscht.

In Berlin habe ich zum Theil meine Frühstunden dazu benutzt, sorgfältig meine ganze Handschrift von 1328 in ein Buch mit recht breitem Rande sauber abzuschreiben. Diese Abschrift liegt nun vollendet vor mir und ich habe mir vorgenommen, nun nach und nach in dieses Buch noch alle Varianten, alles mangelhafte und fehlende, nachzutragen, um so das Ganze langsam zum Ziele zu führen. In einer künftigen Ausgabe würde ich immerhin rathen, die Fortsetzung von Vribert ausschließlich zu geben, weil diese nach meiner Meinung die Mähren bei weitem am vollständigsten und am schönsten liefert. Ich habe bey v.d. Hagen angefragt, wie er es mit der Fortsetzung zu halten denkt, allein, er hat mir darauf nicht geantwortet. Ist er auch der Meinung, nur die Vribertsche zu geben, so würde nichts im Wege stehen, die des Ulrichs, Ihrem früheren Wunsche gemäß, allein herauszugeben. – Was aber v d. Hagens Vorschlag betrifft, das Gedicht ungebunden als Volksbuch, oder überhaupt auch nur als Handbuch beym Schulgebrauch, zur Abwechslung mit den Niebelungen, herauszugeben, so weiß ich nicht, ob ich dazu werde stimmen können. Denn einmal scheint mir das ganze Buch viel zu schlüpfrig, zu unsittlich in seinem ganzen Gewebe, als daß man es, wie die Niebelungen, den Schülern, oder gar in neuer Sprache, dem Volke hingeben dürfte. Auch hierüber möchte ich wohl Ihre Meinung wissen.

Die in Paris zurückgenommenen Bücher sind immer noch in Aachen. Schon mehrmals habe ich darauf angetragen, sie hierhin zu schaffen, und unser Oberpräsident, Graf Solms Laubach, hat mir auch versichert, er werde ehestens mir ein Commissorium ausfertigen, um sie abzuholen. Mit diesen erhielt ich dann das 4. Manuscript, und (die Müllersche Sammlung mit eingerechnet) das 5. Exemplar zum Vergleich. Könnten Sie etwa Ihre Wiener Notizen auf eine kurze Zeit entbehren, so sollte es mich sehr freuen, sie durchzusehn, und würde sie bald mit Dank zurückstellen. –

Dumbeck scheint sich nunmehr mit Benecke wenigstens soweit vereinigt zu haben, daß sie den Wigolais entweder ganz gemeinschaftlich herausgeben, oder so daß Benecke den Text, und Dumbeck das Glossar und Wörterbuch dazu liefert. So ist denn auch zu erwarten, daß etwas recht gutes erscheinen wird.

Auf unserer Reise habe ich mit Schinkel vorzüglich noch in Trier ganz herrliche Sachen gesehen. Ich glaube, daß die dortige Bibliothek in Rücksicht uralter Drucke nun mit zu den reichsten gehört. Auch einige Manuscripte habe ich dort gesehn, namentlich eins von Conrat v. Wirzburg, die Lebensbeschreibung des Heiligen Silvester, wie er sagt, aus dem Lateinischen übersetzt, welches ich bis jetzt nie gesehen hatte. Ich bin neugierig, was sich in der wiederaufgefundenen, altberühmten bibliotheca Cusana noch entdecken wird. –

Görres scheint über seine künftigen Verhältnisse noch ganz unentschieden. Er besucht nun seinen Bruder in Nancy, und will noch diesen Herbst zu uns nach Cöln kommen. – Schinkel hatte über unsre alte Stadt außerordentliche Freude. Ueberall hat er Plane und Anschläge gegeben, wie die Kirchen erhalten und das Verdorbene wiederhergestellt werden soll. Besonders für den Dom möchte es wohl zu wünschen seyn, daß wir Schinkel einige Zeit hier festhalten könnten. Allein, er ist schon über 8 Tage von hier über Aachen nach Brüssel und Antwerpen, will noch nach Rotterdam, dann längs dem Rhein wieder bis zu uns reisen, und sodann seine Rückreise nach Berlin antreten. Ob er nach Cassel kommen wird, ist noch nicht gewiß; thut er dieß aber, so wird er Sie gewiß besuchen. –

Meine neuen Geschäfte bey der hiesigen Regierung wollen mir noch nicht so recht behagen. Wir sollen Preußisch werden, in der ganzen Strenge des Worts; und das will schlecht gelingen, weil wir dazu zu viel von unserer Rheinischen Art und Weise ablassen müssen. Allein, die fremden Ankömmlinge haben alle oberste Leitung an sich gebracht, und regieren frisch hinein, wie es aber am Ende ausgehen soll, das mag Gott wissen. Ich sitze als Assessor in der Regierung, und thue, was ich vermag; allein, der Fremden sind zu viele, und es wird immer ein trauriges Jahrzehend noch hingehen, ehe das gute, was sich endlich gebären soll, wirklich genossen werden kann. Da muß man sich privatim für sich, so gut es gehn kann, schadlos zu halten suchen, bis es im öffentlichen besser wird.

Leben Sie nun wohl, mein sehr lieber Grimm, grüßen Sie Ihren Bruder freundlich, und erlauben Sie mir die Bitte, nun, so lange wir jeder an unserer Stelle noch ruhig stehen, uns durch Briefe recht oft von unserm Treiben zu benachrichtigen. Vale. Eberhard von Groote.

Carové ist seinem Wunsche gemäß, wieder auf Wartegeld gesetzt, und geht in diesen Tagen wahrscheinlich nach Heidelberg.

Eberhard von Groote an Karl Friedrich Schinkel, Köln, 6. Oktober 1816

Staatsbibliothek Berlin, Handschriftenabteilung

|1| Cöln, den 6. 8bris [October] 1816.

Beyliegende Briefe erhielt ich von Aachen, und da ich nicht vermuthen kann, daß Sie dieselben früher als in Berlin erhalten können, so schicke ich Sie dahin. Vom 29. September schrieb mir Sulpitz Boisserée, der sich sehr über das, was Sie ihm wegen des Doms geschrieben, freut. Wahrscheinlich hatte Er Ihren späteren Brief noch nicht erhalten, und machte Sich deswegen noch Hoffnung, Sie in Frankfurt zu sehn. Dort wünschte Er mit Ihnen über den Dom noch gar Vieles mündlich zu besprechen, was Er nicht alles zu schreiben Zeit gewinnen könne. Außerdem hat Er mir in Seinen Angelegenheiten nichts gesagt, sondern verlangt nur, daß ich Ihm über unsre hiesigen Verhältniße bald Nachricht geben solle, was auch geschehen wird. –

Wenn Sie Ihrem letzten Reiseplan, wie ich vermuthe, treu geblieben sind, so kommen [richtig: werden] Sie fast mit diesen Briefen zugleich in Berlin eintreffen. Ich wünsche, daß Sie die Ihrigen alle recht wohl gefunden haben, und bitte mir bald einige Nachricht darüber aus; auch wie es Ihrer und meiner lieben Frau geht, die ich herzlich zu grüßen bitte. –

Hier sind zwischen dem Poltron[1] Roitzsch und dem Herrn Justiz Kommissar Simon schändliche Szenen vorgefallen, bey denen Ersterer eine sehr schlechte Rolle spielte, so daß ich fast nicht weiß, ob man mit Ihm noch als ein honetter Mann an Einem Tische sitzen kann; ich mag das Zeug nicht genauer erzählen, weil es mir gar zu sehr zuwider ist. –

Am Dom soll künftige Woche angefangen werden; Herr Redtel versprach mir, heute oder morgen gewiß darüber an Sie zu schreiben. – Sind denn die Nachrichten über die Veränderungen im Ministerium offiziell, welche man in den öffentlichen Blättern liest? –

---

[1] Poltron: Feigling.

Grüßen Sie auch Beuth von mir, und bitten Sie Ihn, mir bald zu sagen, wie es Ihm geht. Ich habe schon unter dem 7ten vorigen Monats an Ihn geschrieben, und hoffe nicht, daß ich Ihm wegen meines Wagens beschwerlich falle. Leben Sie wohl. Im Laufe der Geschäfte werde ich mich freuen, Ihnen zuweilen über unser Treiben Nachricht zu geben. Nochmahl herzlichen Gruß an alle die Ihrigen, von mir, Vater, Brüdern u. Schwestern.

Eberhard von Groote

Eberhard von Groote an Sulpiz Boisserée, Köln, 10. Oktober 1816

Historisches Archiv der Stadt Köln, Best. 1018, A 118

|1| Köln, den 10. 8bris [October] 1816.

Lieber Freund

Durch Schinkels letzten Brief, den er, so viel ich weiß, noch in den Paar Tagen seines Hierseyns nach der Rückkunft aus Holland, abgeschickt hat, wirst du hoffentlich frühe genug von dessen geändertem Reiseplan benachrichtigt worden seyn. Aufträge wegen öffentlichen Gebäuden in Arnsberg bestimmten Ihn, von hier dorthin zu reisen, u. ein langer Brief, den ich schon aus Cassel vom 2. laufenden Monats von ihm erhielt, enthielt zwar eine schreckliche Schilderung der Wege durch das Herzogthum Westphalen, zugleich aber auch eine sehr romantische Beschreibung des Landes selbst, seiner Eigenthümlichkeit, und seiner gutmüthigen u. zugleich tüchtigen Bewohner, die Schinkel zu den kräftigsten u. originellsten Stämmen Deutschlands zählen möchte. – Ich hätte es wohl gewünscht, daß Ihr noch einmal hättet zusammentreffen und über Eure Sachen, u. über die wichtigen Dinge, die nun hier beginnen sollen, noch manches besprechen und überlegen können. Nun mußt du nur bald wieder an Schinkel in Berlin schreiben, und ihn uns überhaupt recht warm halten helfen.

Hier haben wir's an nichts fehlen lassen. Durch seine Dazwischenkunft scheinen wir doch für's erste wenigstens von den langweiligen Planen zur Verschönerung der Stadt, durch neue Spaziergänge und englische Parthien, befreit. Er hat in seinem Berichte klar dargethan, wie sowohl für die Schönheit und den Glanz der Stadt, als auch für den laut ausgesprochenen Sinn, des wo nicht vornehmsten, doch besten Theils der Einwohner, nichts besseres, Rühmlicheres, herrlicheres geschehen könne, als alles, was man auf- u. beybringen könne, auf den Dom zu legen. Um ihn solle man einen schönen Sammelplatz für das Volk anlegen, welches sich freuen würde, sein altes Heilthum und alles zu sehn, was man zur Erhaltung u. Vollendung desselben vornehmen werde. Auf ihn solle man nur für's erste etwas Nahmhaftes verwenden, u. daran würde sich nachher schon manches andere knüpfen lassen. |2| Diese Anstrengungen schienen freilich von Anfang seltsam genug, weil man sich in den von Herrn Wey entworfenen Verschönerungs Plan, der den zum Theil öden Theil der Stadt beym Zeughaus, der Kupfergaß, Apernstraße etc. umfassen sollte, ganz verliebt hatte, u. schon Geldsammlungen dazu machen wollte. Nun aber scheint er einstweilen aufgegeben, und desto eifriger wird an die Erhaltung der guten alten Sachen gedacht. Es ist mir eine wahre Lust zu hören, wie die fremden Ankömmlinge aus den luftigen Prunkstädten, hier urtheilen: Ach, sagen sie, mit den Promenaden würde es doch schlecht gelingen. Hätten die Kölner Sinn dafür, sie hätten sich deren lange anlegen können; aber da sitzen sie lieber in ihren, wenn gleich kleinen, Gärtchen hinter den Häusern, und fühlen gar nicht das Bedürfniß, sich öffentlich umher zu treiben. Ein Kirchenfest aber geht ihnen über alles, u. eine Prozession oder eine illuminirte Kirche zu sehn, hat so viel Reitz, daß fast die Straßen bey solcher Gelegenheit zu eng werden. – Das mag wohl mehr oder weniger der Fall seyn, und auch ich glaube, daß das Volk lieber auf dem Domplatz wandelt, wenn erst dort wieder gebaut wird, als in den hineingezwängten Spaziergängen, die ja doch am Ende gar sehr an die französische Liebhaberey zu dergleichen Machwerk erinnern.

Ich will dir nun sagen, was für's Erste geschehen ist. Die Reparatur des Hauptdaches des hohen Chors schien unbedingt das Nothwendigste. Dazu ist nun auch der Anschlag fertig, u. die Arbeit wird nächstens beginnen. Wie mir der Baurath Redtel, der das Ganze leitet, sagt, ist das Gesteiger[1] allein, welches zu diesem Zwecke, u. zwar von gemiethetem Holze, in die Kirche gesetzt werden muß, zu 600 und einigen 70 Berliner Thl. angeschlagen. Gleichzeitig wird dann auch das äußerst schadhafte Dach des Thurms hergestellt; ob der Krahn wieder hinauf kommen wird, ist noch nicht entschieden, da er viel kosten würde, u. doch zunächst nicht so wichtig ist. –

Auch an der Kirche zu Altenberg wird die Arbeit nun beginnen. Du weißt, daß dieß köstliche Gebäude vor einem Jahr fast |3| zu Grunde gegangen wäre. Das Dach ist ganz herabgebrannt, so daß die Gewölbe dem Wetter bloß stehn. Das schöne Dormitorium ist ganz zerstört, so wie mehrere der neueren Nebengebäude. Als ich mit dem Grafen Solms vor einiger Zeit dort war, beschloß Er gleich die Herstellung der Kirche, um so mehr da sie, laut Bericht der dortigen Bürgermeister u. Vorsteher, sehr wohl zur Pfarrkirche könne gebraucht werden. Zu dem Holzbedarf hat sich ein billiger Liferant gefunden; die Fuhren übernehmen die umliegenden Dörfer umsonst. Ueberdieß ist in den ganzen Provinzen eine Collekte veranstaltet, die wohl nicht unbedeutend ausfallen wird. Die Hauptkosten aber bestreitet die Regierung, da der Minister uns ohne weiters

---

[1] Gesteige: Gerüst.

angewiesen hat, alles zu verfügen, was zur Erhaltung eines so wichtigen Monuments erfordert werde. – Der Baurath Redtel ist zwar (inter nos dictum)² ein Philistriger Kerl, der aus Liebe für die Sache und aus Gefühl für die Kunst des Alterthums aus sich schwerlich etwas thun würde. Allein, eine tüchtige Schule und Praxis hat Er, so wie die Meisten dieses Faches im Preußischen. Sie sind recht ausgelernte u. eingesetzte Handwerksleute, wenn gleich ohne Geschmack u. ohne die leiseste Begeisterung. Aber Schinkel hat ihn tüchtig in der Furcht; u. würde ihm warm machen, wenn er nur das Mindeste versäumte. Auch hat sich Schinkel im Einzelnen alles so angesehn, daß es jedem schwer werden würde, ihm nun noch etwas vor zu lügen. Schinkel selbst hat viel der Sinnigkeit und Treue, wenn auch nicht der eigentlichen frommen Wärme, wie sie unsre Alten mögen gehabt haben. Zu dem aber, was nun geschehen soll, reicht ersteres hin, da nichts mehr erzeugt und erfunden werden darf, sondern es an der Erkenntniß und Achtung des Bestehenden genug ist. –

Wir erwarten den Fürsten StaatsKanzler mit dem Ende des Mondes. Solltest du etwas wissen, was du ihm noch speziell empfohlen haben möchtest, so theile es mir schleunigst mit, da wir dazu aufgefordert sind, ihm in einen Hauptbericht alle näheren Bedürfniße des Landes vorzulegen. |4| Stein ist hier. Er war gestern mit seiner Tochter u. einer andern Dame bey mir, den Le Brun zu sehn. Er sprach freundlich über manche Dinge, u. da ich in Coblenz einmal am Tische des Generals ziemlich laut über die Universität in seinem Beysein geredet hatte, so fing er gleich wieder davon an, während er mir geschäftig die oberen Westenknöpfte auf, u. wieder zu knöpfte. Schon die Masse, sagte er, wird nun, gleichsam in Magnetischer Kraft, in Köln alles zusammen ziehen; da sie einmal schon so viel haben, kann die Universität ihnen nun auch nicht fehlen. Schmedding scheint sehr gut auf Ihn gewirkt zu haben, der, nachdem wir ihn hier nach Möglichkeit in die Beitze genommen, Ihn so recht warm in Nassau besuchte. Ich habe immer unbändigen Respekt vor Stein, wenn ich ihn nur sehe; aber es wird mir dennoch sehr leicht, ihm geradezu zu sagen, wie ich es meine. –

Wegen deinen beyden Aufträgen zu Aachen u. zu Darmstadt habe ich dem Grafen gesprochen, u. es sind dazu schon die nöthigen Vorkehrungen getroffen. Nach Aachen werde ich wohl selbst kommittirt werden, vielleicht auch nach Darmstadt. Hätte doch Sack mir nicht die in Paris reklamirten Bücher so durcheinander geworfen. Ich möchte sie nun so gerne hier haben und durchsehn, aber nun liegt ein Theil in Aachen, ein anderer ist nach Düsseldorff geschickt; Gott weiß warum? –

Ich möchte ausser meinen Regierungs Geschäften jetzt gerne so etwas recht praktisches für unsre Geschichte anfangen, kann aber immer noch den rechten Faden nicht greifen, wo ich es anfangen soll. An Liebe u. rechter Ausdauer für die Sache würde es mir nun weniger als je fehlen, denn die Ruhe ist mir nach dem

---

² inter nos dictum: unter uns gesagt.

vielen Umtreiben sehr willkommen. Rathe du mir etwas, lieber alter Freund, u. sage mir überhaupt auch bald etwas von deinen nächsten Planen, u. wie es um Berlin steht. –
Die alte ehrliche Dorfschenke [Max von Schenkendorf] ist immer noch nicht hier. Wir alle freuen uns sehr auf ihn, besonders der Vater, der ihn ganz ausserordentlich lieb hat. Grüße Melchior u. Bertram freundlich. Ich hoffe, ihr habt mir nicht übel genommen, daß ich Euch den Geheimrath Pistor empfolen habe; er ist ein wackerer Mann. Was aber sagt ihr von dem windigen Zeune? Gott befohlen! Joseph u. die Meinigen grüßen freundlich. –
Ebbo.

Eberhard von Groote an Friedrich Carl von Savingy, Köln, 11. Oktober 1816

Universitätsbibliothek Marburg, Nachlass Friedrich Carl von Savigny, Ms. 725/373

|1| Köln, den 11. 8bris [October] 1816.

Hochwohlgeborener Herr
Hochgeehrtester Freund

Ich erlaube mir, Ihnen dieß Blatt von einem jungen Herrn v. Rolshausen, dem Sohn eines Gutsbesitzers aus unserer Nachbarschaft, überreichen zu lassen. Er war früher in Wirtzburg, trat vor dem letzten Feldzuge unter die Rheinischen Landwehren, und wünscht nun seine Studien in Berlin fortzusetzen. Er ist ein netter und honetter Mensch, dafür kann ich einstehn, hat guten Willen, frisches Blut, leidliches Geld und frohen Muth, und wird Ihnen unendlichen Dank wissen, wenn Sie, und Frau v. Savigny, deren Protektion ich Ihn gerne gehorsamst empfehlen möchte, Sich auch nur von weitem Seiner annehmen wollen. Das Uebrige mag Er sich selbst erbitten, und nach Kräften zu verdienen suchen.
Nachdem ich Ihnen aus Heidelberg zu schreiben die Ehre hatte, setzte ich meine Reise mit Herrn Schinkel bald nach Trier und Coblenz fort. In Trier glaubte Schinkel sich nicht nur zu Römischen Alterthümern und Kunstschätzen, sondern sogar [in] Italische Landschaft und zu Italischen Menschen versetzt, so sehr schien ihm alles den Charakter jenes Landes durchaus zu tragen. – Görres schien uns damals noch ganz unentschieden über seine Zukunft. Er schien mit den Seinigen recht wohl und vergnügt, und schimpfte mit Gelegenheit wohl tüchtig los, doch ohne weitern persönlichen Antheil an irgend einem politischen Treiben zu verrathen. Ganz vertieft und verliebt ist er in seine altdeutschen Bilder, deren er seit Kurzem sehr gute gesammelt hat. Er machte bald nachher eine

Fußreise nach Nancy, und wollte uns hier in Köln noch vor dem Winter mit seiner ganzen Familie besuchen.

|2| Für uns Kölner war Schinkels Anwesenheit hierselbst von äußerster Wichtigkeit. Zur nöthigsten Herstellung des Domgebäudes, dessen Herrlichkeit er wahrhaft angestaunt hat, machte Er alsbald einen ausführlichen Plan, und schon sind alle Anstalten zur Arbeit getroffen. Ueberhaupt war hier Schinkel recht in seinem Element, und für Köln wäre nichts so sehr zu wünschen, als Ihn auf längere Zeit hier behalten [zu] können. Ich glaube, er wäre der Mann, die Fortsetzung des Domes zu Stande zu bringen. Durch Brabant und Holland reiste er nur sehr schnell, weil er nur sehr schlechtes Wetter hatte, u. er alles dort zu übertrieben theuer fand. Uebrigens ist er auch von der Schönheit dieser Länder sehr erfreut gewesen, und hat sehr viel Interessantes dort gesehn. Am 27ten vorigen Monats hat er seine Rückreise nach Berlin angetreten, u. nach seinen Briefen an mich aus Kassel vom 2. October kann Er nun schon längst in Berlin eingetroffen seyn. Es wird Sie gewiß unterhalten, Seine Reisebeschreibung von Ihm selbst zu hören.

Seither bin ich nun auch in meinen neuen Geschäftskreis getreten, und finde mich im Ganzen zwar noch etwas neu, doch zufrieden darin. Der Director der Abtheilung I, der ich zugetheilt bin, scheint ein sehr tüchtiger Geschäftsmann zu seyn, lebt aber leider gar sehr zurückgezogen, u. hält sich von allen Einheimischen sehr getrennt. Unter den übrigen Räthen sind gewiß sehr geschickte Leute, allein, ich kann nicht sagen, daß ich bis jetzt Einen gefunden hätte, dessen näherer Umgang mir wünschenswerth geschienen hätte. Haxthausen ist, wie Sie Ihn auch in Berlin gesehn haben, nicht ohne guten Willen, doch ohne die rechte Gabe, etwas zu Stande zu bringen. Graf Solms scheint sehr zufrieden, so wie seine ganze Familie. Er ist ein wackerer Mann, von dem besten Willen und voll Feuer und Kraft. Die meisten fremden Angestellten sind noch untröstlich über ihre Versetzung hierhin, besonders finden viele |3| Frauen die Stadt ganz unerträglich. Der Minister von Ingersleben war jüngst hier, und scheint mit seinem Aufenthalt in Coblenz sehr unzufrieden. Der gänzliche Mangel an Gesellschaft und Unterhaltung soll die ganze Familie fast zur Verzweiflung bringen. – In diesem Augenblick ist der Minister Stein bey uns. Er hat mehrmals nicht undeutlich geäußert, daß Er wohl hier wohnen möchte. Das wünschte ich auch. – Er wollte die Ankunft des Fürsten StaatsKanzlers noch bezweifeln, worauf jedoch bey der Regierung schon alle Vorbereitungen getroffen werden. Käme Seine Durchlaucht wirklich, so wäre allerdings darauf zu denken, Ihr das Beste des Landes auf rechte Art an's Herz zu legen.

Leben Sie wohl, verehrter Freund, u. grüßen Sie freundlich für mich Frau von Savigny, Clemens, Frl. Bettine, Franz und Carlchen. Erlauben Sie mir, daß ich Ihnen meinen Rolshausen nochmal empfehle.

Ganz Ihr Eberhard von Groote, Regierungs Assessor.

Eberhard von Groote, Bericht, die Bildung einer Central Kommission für Kunst und Alterthum in den Rheinprovinzen betreffend, Köln, 6. November 1816

Landesarchiv NRW R, BR 0002 Nr. 404, Bl. 56–58[1]

|56r| An den Königlichen Oberpräsidenten Grafen von Solms Laubach Hochgeboren

Indem ich mich beehre Euer Hochgeboren in der Anlage No. 1 einen übersichtlichen Auszug aus den, von der Königlichen Regierung in Aachen eingesandten, Akten, die polizeylichen Maaßregeln zur Sicherung öffentlicher Anlagen, Kunstgegenstände etc. betreffend, gehorsamst vorzulegen, darf ich Hochdieselbe nicht erst aufmerksam machen, daß alles, was zum Zwecke, den die Rubrik der Akten angiebt, bisheran geschehen, nur von sehr geringem Erfolg gewesen ist.

Nichts scheint in dem gegenwärtigen Augenblicke dringenderes Bedürfniß, als die schleunige Ernennung einer Central-Commission für Kunst und Alterthum, damit dem hier und da noch immer fortwährenden Zerstörungs Geiste, und der Veräußerungslust, welche theils in niedrigem Interesse, theils in dem Mangel an Liebe und Achtung für die Werke der Vorzeit, theils auch in irrigen Begriffen von moderner Kunst und deren Werthe, ihren Grund hat, mit Ernste und Nachdruck Schranken gesetzt werden.

Daher geht mein unmaaßgeblicher Vorschlag dahin, daß diese Kommission in Köln ihren Sitz habe, wo sie aus 5 bis 6 offiziell zu ernennenden Mitgliedern bestehen könnte. Ausserdem aber müßten in dem ganzen Bezirk der Regierung korrespondirende Mitglieder, und dazu etwa in |56v| jedem Kreise ein von den Landräthlichen Commissarien vorzuschlagendes Subjekt ernannt werden.

Ferner wären alle zu dem hiesigen Oberpräsidium gehörenden Regierungen, von der Ernennung dieser Central-Kommission zu benachrichtigen, und zu ersuchen, ähnliche Vereine zu bilden, welche sich sofort mit der hiesigen Central-

---

[1] Das Konzept zu diesem Bericht befindet sich in: HAStK, Best. 1553, A 1/40 f.; es ist mit kleineren Abweichungen gedr. in: R. Feldmann, Anfänge von Denkmalpflege im Rheinland 1814–1816. Zur geplanten Bildung einer „Zentralkommission für Kunst und Altertum" in Köln, in: Jahrbuch des Kölnischen Geschichtsvereins, Nr. 59, 1988, S. 235–240. Die Anlage zum Bericht ist im Folgenden nicht wiedergegeben: E. von Groote, Anlage 1; Uebersicht der von der Königlichen Regierung in Aachen übersendeten Akten, die polizeylichen Maaßregeln zur Sicherung öffentlicher Anlagen, Kunstgegenstände u.s.w. betreffend (Landesarchiv NRW R, BR 0002, Nr. 404, Bl. 60 f.). Vgl. Grootes Konzept zur Anlage: HAStK, Best. 1553 A 1/42 u. 43; gedr. in: Feldmann, Anfänge, S. 241–246.

Kommission in Verbindung setzen möchten. An die benachbarten Oberpräsidien aber könnte eine Anzeige dieser getroffenen Einrichtung geschehen.

Der Vorsitz bey dieser Kommission scheint mir am füglichsten dem Herrn Professor Wallraf übertragen werden zu können. Als Mitglieder aber dürften wohl für's Erste die Herrn Denoel, Fuchs Sekretär der Bürgermeisterey, Rektor Fochem, und Maler Fuchs in Vorschlag zu bringen seyn. Eines der Mitglieder würde das Sekretariat der Kommission übernehmen, und wäre mit dem Protokoll der Geschäftsführung zu beauftragen.

Zugleich mit der offiziellen Bekanntmachung der Ernennung dieser Commission scheint der Wirkungskreis derselben im allgemeinen gleich dahin bestimmt werden zu können:

a) daß in öffentlichen Gebäuden, Kirchen, Schlössern, oder in den Umgebungen derselben, auf öffentlichen Spaziergängen, Straßen, Plätzen, Kirchhöfen, an Denkmälern, Springbrunnen, und jeglichen Werken der Kunst und des Alterthumes, ohne vorhergegangene Genehmigung der Central-Commission, durchaus keine Veränderung vorgenommen werden dürfe. |57r|

b) daß es keinem Aufseher von öffentlichen Gebäuden, keinem Schloßbewahrer, keinem Pfarrer, Küster, oder anderem Kirchenvorstand, erlaubt seyn solle, was irgend zum Schmuck des Gebäudes gehört, Gemälde, Bildsäulen, Zierrath, Paramente, Gefäße, Bücher, Geräthe, wie es immer Namen hat, Monumente, Glocken, Fenster etc. etc. auf irgend eine Weise zu verändern, zu beschädigen oder zu veräußern, ohne dazu von der Centralkommission autorisirt worden zu seyn.

c) daß an alle Besitzer von Gegenständen der Kunst und des Alterthums die wohlgemeinte, dringende Aufforderung ergehe, nichts dieser Gegenstände, am wenigstens aber an Fremde, zu veräußern oder zu verbringen, ohne der Centralkommission davon Anzeige zu machen, und ihr zum allgemeinen Besten das Vorkaufsrecht zu gestatten.

d) Daß aber allen und jeden Beamten zur Pflicht gemacht werde, sobald sie von der Absicht, Gegenstände der Kunst, und vorzüglich des Römischen oder Deutschen Alterthums, ins Ausland zu verbringen, Kenntniß erhalten, davon die Central-Commission zu benachrichtigen, welche so dann den Versuch machen wird, die Ausführung dieser Gegenstände entweder amtlich, oder auf vermittelndem Wege zu verhindern.

e) Daß alle Gegenstände antiker Kunst, welche entweder bey dem Vestungsbau, oder bey was immer für anderer Gelegenheit, auf Domanial-Grundstücken, gefunden werden, an die Central-Commission abgeliefert werden müssen, die Verheimlichung oder Unterschlagung derselben aber, so wie ein wahrer Diebstal |57v| angesehen und bestraft werden soll.

f) Daß ferner der Central-Commission die Pflicht obliege, der Königlichen Regierung Vorschläge zur zweckmäßigen Aufstellung und nützlicher Verwendung aller in ihrem Bezirk vorhandenen öffentlichen Gegenstände der Kunst und des Alterthums zu machen, und auf Mittel zu denken, wie dieselben, theils in Sammlungen zum akademischen Gebrauche der Studirenden geordnet, theils in Archiven oder Antiquarien zu wissenschaftlichem Zwecke aufbewart, theils endlich zur Erbauung und zur Andacht des Volkes, zum Behuf der Religion erhalten und hergestellt werden können.

g) Daß sowohl die Ernennung der Mitglieder besagter Commission, als der eben beschriebene Kreis ihrer Geschäftsführung durch das Amtsblatt bekannt gemacht, den Herrn Landräthlichen Commissarien und Bürgermeistern aber die genaue Beachtung der obigen Anordnungen anempfolen werde.

Nur mit Hilfe einer solchen Kommission halte ich es für möglich, zur Erhaltung und nützlichen Aufstellung der Kunstwerke und Alterthümer in den hiesigen Provinzen, so wie zur Einrichtung zweckmäßiger Anstalten für historisch-antiquarische Sammlungen etwas thun zu können.

Ueber die Form der Geschäftsführung, über die Zahl, Art und Weise der Sitzungen u.s.w. wird wohl erst dann etwas Näheres angegeben werden können, wenn die Mitglieder der Central-Commission ernannt seyn werden, und sie sich über den Zweck, über die Verfassung und innere Organisation des Ganzen werden vereinigt haben. –

|58r| Schließlich muß ich Euer Hochgeboren nun noch die Bemerkung zu machen mir erlauben, daß sich über die Gegenstände der Kunst u. Wissenschaft, welche von den Franzosen aus den hiesigen Gegenden entführt wurden, und deren Werth ich um so mehr zu schätzen weiß, da ich selbst mit der Reklamation derselben zu Paris beauftragt war, in den von der Königlichen Regierung zu Aachen hierhingesandten Akten, gar nichts befindet.

Die größern hierzu gehörenden Gegenstände, Gemälde, Bildsäulen u.s.w. sind nach ihrer Zurückkunft sofort dahin zurückgegeben worden, wo sie sich früher befanden; oder wenigstens, wenn dieß nicht mehr thunlich war, wurde das Publikum von ihrer nunmehrigen Bestimmung in Kenntniß gesetzt.

Sehr wichtig aber sind die vielen alten, theils aus Köln, theils aus Trier und Aachen geraubten Urkunden und Dokumente; ferner der berühmte Codex aureus, aus der aufgehobenen Abtey Sanct Maximin bey Trier; u. endlich mehrere Verschläge voll alter Handschriften und Inkunabeln, welche letztere, wie ich aus guter Quelle erfahren habe, von dem Herrn General Gouverneur Sack, kurz bevor Er Aachen verließ, nach Düsseldorf gesandt worden sind. Der Herr Generalgouverneur hoffte damals noch in Düsseldorf seinen künftigen Aufenthalt nehmen, und dann die Untersuchung jener Werke unter seiner Aufsicht daselbst veranlassen zu können.

Allein, alle drey so eben berührten Punkte wurden von dem Königlich Preußischen Ministerio in Paris nur einstweilen dem GeneralGouvernement zu Aachen in Depositum geschickt, für die Zukunft aber der Universität am Rhein bestimmt, wo sie zusammen aufgestellt und näher untersucht werden sollten.

|58v| Billig wäre es also, daß dieselben nun bey dem hiesigen Oberpräsidio niedergelegt, um schon nach Möglichkeit geordnet, und zum künftigen Gebrauche aufbewart würden. Besonders würde ich dieß von den Büchern wünschen, deren großen literarischen Werth ich schon in Paris kennen lernte, obschon ich sie damals nur flüchtig durchblättern konnte.

Ueber alle diese Gegenstände liegen in Aachen die theils allgemeinen, theils, wie z.B. über die Bücher, ganz speziellen in Paris angefertigten Verzeichnisse, die auch abschriftlich den nach Düsseldorf geschickten Büchern beygelegt wurden.

Ich beehre mich daher Euer Hochgeboren in der Anlage den Entwurf zu einem Schreiben an den Chef-Präsidenten der Regierung, Herrn v. Reimann in Aachen vorzulegen, um denselben um die Uebersendung sämmtlicher dahin gehörenden Aktenstücke zu ersuchen, und so endlich die Zusammenstellung aller jener Gegenstände bey dem hiesigen Oberpräsidio vorzubereiten. Es wäre unverantwortlich, wenn diese, mit so vieler Mühe in Paris zurücknommenen Sachen, von profanen Händen entweder neuerdings der Vergessenheit Preis gegeben, oder auch nur die Benutzung derselben durch Mangel an Kenntniß verzögert werden sollte.

Ich habe die Ehre mich mit schuldiger Hochachtung zu nennen Euer Hochgeboren ergebenster Diener
  von Groote
  Cöln, 6./11.1816.

Eberhard von Groote an Sulpiz Boisserée, Köln, 24. Dezember 1816

Historisches Archiv der Stadt Köln, Best. 1018, A 118

|1| Köln, den 24. December 1816.

Lieber Freund!

Für die Bekanntschaft des v. Mühlenfels danke ich dir sehr. Er gefällt mit wohl, u. ich hoffe, näher mit ihm bekannt zu werden. Nach reiflicher Berathung mit Graf Solms und andern seiner Bekannten, die er hier fand, hat er sich entschlossen, die juristische Laufbahn zu beginnen, ist deshalb bey der Justiz-Immediat-Commission eingekommen, u. wird wohl bey einem der Collegien als Auscultator eintreten. Langsam wird hier zwar seine Beförderung fortschreiten; allein, Er scheint sich darüber zu trösten, u. schon froh zu seyn, erst sicher Fuß im Bügel zu haben. –

Wie es um Euere Sachen in Berlin stehe, wußte ich schon früher durch Briefe von Schinkel, mit dem ich in gutem Vernehmen u. fortwährender Mittheilung geblieben bin. Es geht da, wie mit allem Uebrigen, alles sehr langsamen Schritts, und es möchte wohl für Euch ebensowenig schnelle Entscheidung zu erwarten seyn als für Uns, die wir mit allen Dingen, Universität, Kunstanstalt, Akademie etc. immer noch beym Alten stehn. Nur die lieben Militaria gehen ihren gebieterischen, Alles niederdrückenden Gang fort, u. an sie wird verschwendet, was man dem andern abzwackt. Das ist das Bekannte, quod dolenter referimus,[1] und nun kommen dazu noch die theuren unglücklichen Zeitverhältniße, zu deren Milderung zwar, zu des Staates wahrem Ruhme, mit der größten Liberalität gewirkt wird, die aber |2| neuerdings so viel Zeit und Geld rauben, daß wieder für alles, worauf wir hofften, sich erst um so viel später guter Erfolg erwarten läßt. Doch läßt sich nicht läugnen, daß bisheran für alles, wofür den Ministerien Vorschläge gemacht wurden, augenblickliche Genehmigung erfolgte, und ich vermuthe, daß nur diejenigen Sachen aufgehalten werden, welche der unmittelbaren Bewilligung des Königes bedürfen.

Auch für unsre hiesigen Alterthümer ist bisher geschehen, was nur irgend möglich war. Im Dom wird schon seit 2 Monaten wacker gebaut. Vor der Glasthüre in Navi[2] ist ein starkes, schönes Gerüste erhoben, welches in seiner Anlage so bedeutend ist, daß das Volk der sichern Meinung ist, es werde damit der Anfang zur Fortbauung des Doms gemacht. Es dient aber bloß zur Heraufschaffung der schweren Balken, welche zum neuen Dachstuhl auf dem hohen Chor gebraucht werden sollen. Dieser, als das erste u. nothwendigste, wird auch nun ununterbrochen während des ganzen Winters fortgearbeitet werden, u. sodann unverzüglich zu den weitern Herstellungen geschritten. Es sind vorläufig 12.000 Berliner Thl. zum Dom angewiesen, u. es ist nicht zu zweifeln, daß auf den ersten Antrag des Regierungs Collegii auch mehr gegeben wird. Ich möchte wohl leiden, daß die Verhältniße sich so gemacht hätten, daß du ununterbrochen bey uns seyn könntest, um mit Rath u. That mitzu- |3| wirken; wenn gleich nicht zu läugnen ist, daß die Preußischen Baubeamte das Handwerksmäßige der Arbeit ganz vorzüglich los haben. Auch für Altenberg ist gesorgt. Der Finanzminister hat 2.000 Rth. auf die Regierungs-Haupt Kasse dazu angewiesen, u. eine Collekte durch die Preußischen Lande erlaubt, die vielleicht auch noch etwas eintragen wird. Die Kirche ist für den Winter geschützt, und soll zur Pfarrkirche angewiesen werden; Fuhren, u. nöthige Arbeiter, werden von dem Landkreise, worin die Kirche liegt, unentgeltlich geleistet.

Jüngst habe ich auf Aufforderung des Graf Oberpräsidenten den Entwurf zu einer Central-Commission für Kunst und Alterthum gemacht, welche hier eingesetzt werden soll. Ihr Zweck ist theils Schützung, Erhaltung u. Herstellung von

---

[1] quod dolenter referimus: was schmerzlich zu bemerken ist.
[2] im navi: im Kirchenschiff.

Allen im Regierungs Bezirk befindlichen Kunstschätzen, theils Berathung zur zweckmäßigen Aufstellung derselben für Kunstbildung u. Geschichte, u. besonders auch für die Erbauung des Volkes in Kirchen u. sonstiges. Leider haben die dringendern Geschäfte zur Unterstützung der dürftigen VolksKlasse, dem Grafen noch nicht erlaubt, dieß Geschäft mit Ernst anzugreifen und zu vollführen. Uebrigens lasse ich nicht ab, das Meinige dazu zu thun, und hoffe nun bald auch, die, leider immer noch theils in Aachen theils in Düsseldorf vertheilten, aus Paris gekommenen Bücher u. Handschriften hier zu vereinigen. An Rückgabe aller, noch vorhandenen, an bestehende Kirchen gehörende Güter, wird mit Ernst gearbeitet. Der König hat sich dahin geäußert, sie sollen nach- |4| gewiesen, u. sofort von den Domainen herausgegeben werden. Da könnte auch der Dom sich noch freuen. Alles dieß würde bessern Fortgang haben, wenn erst eine Bischöfliche Behörde neben dem Konsistorium in Thätigkeit gesetzt würde. Allein, auch daran wird nachdrücklich gearbeitet, da der Graf es sehr wohl einsieht, daß ohne solche Vermittlung die Geschäfte des Clerus mit den Ministerien nur unvollständig betrieben werden können. Unglücklich ist die Krassheit der hiesigen Pastores; sie begehen viel dummes Zeug; sie auf rechte Weise bey dem Consistorio oder sonst zu brauchen, ist unmöglich, da sie theils nicht wollen, theils nicht fähig dazu sind. Als tüchtiger Consistorial Rath ist seit einigen Tagen nun Herr Poll, Pastor von Neuß, eingetreten, von dem wir uns Viel Gutes versprechen. –

Unzufrieden bin ich mit den Inhabern der hiesigen Kunstsammlungen. Lieversberg erklärt immer fort, die seinige abgeben zu wollen, u. der Rektor Fochem, durch die langwierige Krankheit seiner alten Mutter und eigene Unpäßlichkeit, vielleicht auch, weil er seine Kräfte etwas zu sehr überstiegen hat, scheint ebenfalls allerley Verbindungen im Auslande angeknüpft zu haben, u. da seine Lust immer nur im Jagen und Ausspüren mehr, als im Genuß des Besitzens bestand, so scheint er nun schon wieder ganz heterogene Plane zu haben, u. ich werde mich nicht wundern, wenn er nächstens etwas gethan hat, was keiner vermuthete. Er hat neuerdings einige ganz unvergleichliche Sachen erhalten, |5| worunter ein großes Bild in der Manier des Todes Mariae zu dem Vortrefflichsten gehört, was ich je gesehen. Wenn nur unsere Plane so schnell vorwärts giengen, daß die Regierung sich der hiesigen Sammlungen, selbst mit Aufopferung bedeutender Summen versichern wollte; ich glaube dann sicher zu seyn, wenigstens alles, was wir noch haben, zu retten. –

Wallraf war eben wieder lange bey mir. Er ist wie immer, unzufrieden, planlos, u. voll Eitelkeit, u. deswegen ist schwer, mit ihm fertig zu werden. Der Mangel an einem einzigen festen Gesichtspunkt u. Ausdauer u. Wille bringt ihn zu nichts, u. so gern man wollte, ist ihm nichts zu helfen. Planlos kann man ihn eigentlich nicht nennen, denn er hat leider zu viele Plane, u. darum keinen Plan. Er stellt immer noch an seinen Sachen in den Jesuiten auf, worunter aber bekanntlich der größte Theil nur für ihn irgend ein historisches Interesse hat, für jeden andern aber ungenießbar ist. Wird nicht von oben mit ihm unterhandelt, so daß er sich einigen Zwang muß gefallen lassen, so sehe ich nicht mit ihm durchzukommen. Er schreibt noch eben so wenig wie sonst; u. den einzig wahren u. bleibenden Ruhm, den er sich durch ein tüchtiges Werk über die Statistik unsrer Stadt u. dergl. verschaffen könnte, wird er trotz alles seines Ehrgeitzes nie erwerben. –

Zu den wichtigsten neuen Entdeckungen, die seit kurzem gemacht wurden, gehört ein wahrhaft kostbarer Holzschnitt in 9 folio Blättern, die Stadt aus dem Gesichtspunkt von einem, wenigstens 200 Fuß in Deutz erhabenen Standpunkte genommen. Er ist |6| das kostbare Werk des Anton v. Worms, in Harzheim nur durch 12 Apostel bekannt. Es ist äußerst treu und ausführlich, die großen in den Wolken schwebenden Figuren, 3 Könige, Marsilius u. andere Patronen, ganz in Dürers Art u. Manier, auch völlig so gut. Es ist sonderbar, daß selbst Wallraf dieß Werk nie gesehn, nie davon gehört. Es ist von 1537 zu Ehren des Kaisers, der sich hier befand, gemacht. Es ist in Besitz des Herrn Regierungs Director Sotzmann, der ein rechter Kunstfreund, u. Besitzer vieler Kupferstiche, Holzschnitte, u. Zeichnungen ist. Er erhielt es neulich ganz zufällig von Silberberg, der es ihm nebst andern Sachen, zum Durchsehen zuschickte, u. kaufte es gleich für den Preis von 27 Fl. Ich habe lange nichts interessanteres und angenehmeres gesehn, als dieß Bild. –

Grüße Melchior u. Bertram, auch Görres u. die Seinen herzlich, wenn sie noch bey Euch sind. Thu mir auch die Liebe, Klein nebst meinem Gruß, zu sagen, daß die Frau von Harff sehr dringend wünsche, den Brief an Ihren Bruder in Wien zurückzuerhalten, da er Sachen enthält, die von großer Wichtigkeit seyen. Klein hat hier der guten Meinung, die man von ihm hatte, sehr durch die Unterbrechung seiner Reise nach Wien geschadet. Auch Graf Solms scheint es übel zu nehmen, daß Er Briefe u. Empfehlungen verlangt hat, die nun zu nichts dienen. Auch Carové grüße, und sage ihm, Wallraf habe mit viel Unwillen geklagt, daß Er ein Manuscript von ihm mitgenommen, u. nicht, wie er versprochen, gleich wieder geschickt habe. Die beyden würden wohl thun, zuweilen |7| etwas von sich hören zu lassen. –

Wenn du sofort vielleicht Sachen hier bey der Regierung oder sonst zu betreiben hast, so kannst du sie mir immer auftragen, ich will gerne alles besorgen, da sich die Geschäfte nicht so drängen, daß nicht zu dem einen oder Andern noch Zeit übrig bliebe. Am meisten beschäftigt mich nun noch die Anordnung und Berichtigung unserer Familiengeschäfte, die leider zu lange einer durchgreifenden Hand und kundiger Leitung entbehrt haben. Auch mit den Liquidationen gegen Frankreich habe ich für die Fundationen viel zu schaffen.

Unsere Sonntagsschulen sind wieder eingerichtet; zur gänzlichen Wiederherstellung des Collegii Catechistarum erwarten wir nur einen Bischof, der den StandPunkt desselben zu dem Seminarium u. Bischofssitz bestimme. Ueber Niebuhr's freundliche Aufnahme in Rom habe ich schon einige Briefe erhalten, die alles Gute hoffen lassen. Hast du schon Schenkendorfs kleine Weihnachts-

Gedichte zu diesem Jahr gesehn? Sie sind fromm und trostreich und treu wie Er selber.

Viel Glück zu den Festen! Euch allen. Ich grüße Euch auch noch viel tausendmal und wünsche bald etwas von Euch zu hören oder zu sehn. Der Rektor ist noch unwohl, und möchte Eure Meinung ob des Scorels gerne wissen. Gott befohlen, u. denkt, daß Ihr unser nicht vergessen sollt.

Ebbo.

Eberhard von Groote, Die von dem Herrn Bibliothekar Wyttenbach in Trier zurückgeforderten Bücher betreffend (Bericht), 31. Dezember 1816[1]

Landesarchiv NRW R, BR 0002 Nr. 404, Bl. 69 f.

|69r| Die von dem Herrn Bibliothekar Wyttenbach in Trier zurückgeforderten Bücher betreffend.

Unter den Büchern, welche im Jahr 1815 in Paris von den Franzosen zurückgegeben wurden, befanden sich auch 2 geschriebene Folio-Bände, enthaltend Wilthemii Luxemburgum Romanum, die aus der Bibliothek zu Trier genommen worden waren, und für diese nun von Herrn Wyttenbach zurückbegehrt werden.

Die Verfügung des mit der obersten Leitung des Reklamations-Geschäftes beauftragten Ministers, Herrn v. Altenstein Exzellenz, bestimmte zwar damals, daß alle aus öffentlichen Bibliotheken, Klöstern, Schlößern u.s.w. in den Rhein-Provinzen von den Franzosen geraubten Bücher, Handschriften, Dokumente, Kunstgegenstände etc. einstweilen bey dem Königlichen Generalgouvernement in Aachen niedergelegt, und für die künftige Universität am Rhein aufbewahrt werden sollten. Allein, diese Verfügung scheint auf die oben benannten Bücher um so weniger Anwendung finden zu können, als es klar erwiesen ist, daß dieselben aus einer, in Trier immer noch bestehenden, Bibliothek genommen sind, welche überdieß das Zeugniß verdient, daß sie von jeher, und vorzüglich durch die Bemühungen des würdigen Bibliothekars Wyttenbach zu den größten und vollständigsten in den Rhein Provinzen gehört.

Was aber die Zurückgabe der trierischen Bücher betrifft, so muß ich mir erlauben, deshalb auf die Bemerkungen zurückzukommen, welche ich früher schon, bey Gelegenheit der Plane zur Sammlung und zweckmäßigen Auf|69v|

---

[1] Die Randnotizen zu diesem Schreiben werden im Folgenden nicht wiedergegeben.

stellung der in den hiesigen Provinzen befindlichen Gegenstände der Kunst und Wissenschaft, zu machen mir die Freyheit nahm.

Es befinden sich nehmlich diese Bücher nebst den übrigen, aus Paris zurückgekommenen, noch in Aachen, oder wahrscheinlicher in Düsseldorf, wohin die meisten jener Gegenstände während der letzten Zeit des Königlichen Generalgouvernements, so wie auch die von des Königes Majestät für die künftige Universität bestimmten Gypsabgüsse gebracht wurden. Nach den Erkundigungen, welche ich jüngst von Herrn Kortüm, Direktor des Gymnasiums in Düsseldorf, einzuziehen Gelegenheit hatte, stehen sie daselbst in einem feuchten Saale, in verschlossenen, aber unversiegelten Kasten, wo, wenn auch nicht anderer Schaden zu befürchten ist, doch die Feuchtigkeit auf die Gypse schlimmen Einfluß haben dürfte.

Mehrere Gründe veranlaßen mich daher neuerdings zu dem gehorsamsten Antrag, daß alle jene Gegenstände baldigst hierhin zusammen gebracht werden möchten, nehmlich

a) kann nicht füglich früher dem billigen Gesuche des Herrn Wittenbach Genüge geschehen, ehe nicht jene Kasten untersucht, und die nach Trier gehörenden Bücher ausgemittelt sind,

b) sollten dieselben bis zur Bestimmung der Universität zufolge der Ministeriellen Verfügung bey dem Generalgouvernement aufgehoben bleiben, in dessen Stelle doch offenbar nun das hohe Königliche Oberpräsidium, nicht aber die Regierungen von Düsseldorf oder von Aachen getreten sind;

c) ist es zu erwarten, daß die Universität, wenn auch nicht nach Köln, wenigstens in den hiesigen Regierungsbezirk verlegt werden wird, daher also Düsseldorf |70r| auf keinen Fall auf jene Gegenstände Anspruch machen kann.

d) Endlich aber hat ein sehr großer Theil der Manuskripte und Dokumente reines Lokal-Interesse für Köln und dessen Umgebungen, welches die baldige nähere Untersuchung derselben hier doppelt wünschenswerth macht. Auch litte ihre Ueberlieferung gewiß keine Schwierigkeit, da sie nunmehr ganz ungenutzt hingestellt sind.

Meine unmaaßgebliche Meinung wäre also, die Regierung von Aachen, zur Nachweisung um die Aktenfaszikel: Div. IV. No. 11, 12, 15, 105, 106. Hauptrepertoir 2.38. Caps. 2. xx 25. und sofort dann die betreffenden benachbarten Regierungen um Uebersendung der bey ihnen deponirten Gegenstände zu ersuchen.

Cöln, den 31. December 1816.

Eberhard von Groote

Eberhard von Groote an Joseph von Groote, Elberfeld, 19. Februar 1816
(Haus Londorf, Herr von Groote, Familienbriefe, 1.1., Nr. 43)

Eberhard von Groote an Joseph von Groote, Heidelberg, 7. August 1816
(Haus Londorf, Herr von Groote, Familienbriefe, 1.1., Nr. 45)

Anhang

Bibliografie

Archive

Archiv Haus Londorf, Herr von Groote
Geheimes Staatsarchiv Preußischer Kulturbesitz Berlin
Historisches Archiv der Stadt Köln
Historisches Archiv des Erzbistums Köln
Landesarchiv Nordrhein-Westfalen Abteilung Rheinland
Privatarchiv der Grafen zu Solms-Laubach
Rheinisch Westfälisches Wirtschaftsarchiv
Stadtarchiv Hürth

In Tagebuch, Briefen und Schriften ausdrücklich genannte Literatur bzw. die Literatur, auf die sich Eberhard von Groote vermutlich bezog

Arndt, Ernst Moritz, Das Wort von 1814 und das Wort von 1815 über die Franzosen, o. O. 1815
Arnim, Achim von, Armuth, Reichthum, Schuld und Buße der Gräfin Dolores. Eine wahre Geschichte zur lehrreichen Unterhaltung armer Fräulein aufgeschrieben, Berlin 1810
Arnim, Achim von, Halle und Jerusalem, Studentenspiel und Pilgerabenteuer, Heidelberg 1811
Arnim, Achim von, Isabella von Ägypten, Erzählung, Berlin 1812
Arnim, Achim von, Die Appelmänner. Ein Puppenspiel, Berlin 1813
Arnim, Achim von, Schaubühne. Sammlung, Bd. 1, Berlin 1813
Brentano, Clemens, Die Gründung Prags, Lesedrama, Leipzig 1814
Büsching, Johann Gustav Gottlieb (Hg.), Wöchentliche Nachrichten für Freunde der Geschichte, Kunst und Gelahrtheit des Mittelalters, Bd. 1, Breslau 1816
Chateaubriand, François-René de, Souvenirs d'Italie, d'Angleterre et d'Amérique, London 1815
Denkschrift der Handelskammer zu Köln über die Aufhebung des Umschlags-Rechtes der Stadt Köln in Verbindung mit der ganz freien Schiffahrt auf dem Rheine, besonders in den Niederlanden, Köln 1816
Der arme Heinrich, in: Christoph Heinrich Myller, Samlung deutscher Gedichte aus dem XII., XIII. und XIV. Jahrhundert, Bd. 1, Berlin 1784
Die Edda-Lieder von den Nibelungen, zum erstenmal verdeutscht und erklärt durch Friedrich Heinrich von der Hagen, Breslau 1815
Dobeneck, Friedrich Ludwig Ferdinand von, Des deutschen Mittelalters Volksglauben und Heroensagen, hrsg. v. Jean Paul, 2 Bde., Berlin 1815
Fiorillo, Johann Dominicus, Geschichte der zeichnenden Künste in Deutschland und den vereinigten Niederlanden, Bd. 1, Hannover 1815

Galletti, Johann August, Geschichte von Spanien und Portugal, 3 Bde., Erfurt 1809–1810

Görges, Christoph Friedrich, Der von Heinrich dem Löwen, Herzoge von Sachsen und Bayern, erbauete Sanct Blasius Dom zu Braunschweig und seine Merkwürdigkeiten, wie auch die Erbbegräbnisse der Fürsten des Hauses Braunschweig-Lüneburg zu Braunschweig und Wolfenbüttel, Braunschweig 1815

Görres, Joseph, Glauben und Wissen, München 1805

Görres, Joseph, Ueber Jean Paul Friedrich Richter's Sämmtliche Schriften, in: Heidelbergische Jahrbücher der Litteratur, 1811, 4. Jg., Bd. 2, Nr. 76 (S. 1201–1216), Nr. 77 (S. 1217–1232), Nr. 78 (S. 1233–1239)

Goethe, Johann Wolfgang von, Ueber Kunst und Alterthum in den Rhein und Mayn Gegenden, 1. Heft, Stuttgart 1816

Grimm, Wilhelm (Hg.), Altdänische Heldenlieder, Balladen und Märchen, Heidelberg 1811

Hagen, Friedrich Heinrich von der/Johann Gustav Gottlieb Büsching (Hg.), Literarischer Grundriß zur Geschichte der Deutschen Poesie von der ältesten Zeit bis in das sechzehnte Jahrhundert, Berlin 1812

Helwig, Amalie von/Friedrich Baron de La Motte Fouqué (Hg.), Taschenbuch der Sagen und Legenden, Berlin 1812 u. 1817

Jean Paul, Vorschule der Aesthetik, nebst einigen Vorlesungen in Leipzig über die Parteien der Zeit, Hamburg 1804

Kluge, Carl Alexander Ferdinand, Versuch einer Darstellung des animalischen Magnetismus als Heilmittel, Berlin 1811

Koch, Johann Friedrich Wilhelm, Der Dom zu Magdeburg, Magdeburg 1815

La Motte-Fouqué, Friedrich Heinrich Karl Baron de, Undine, 1811

La Motte-Fouqué, Friedrich Heinrich von (Hg.), Frauentaschenbuch für das Jahr 1816, Nürnberg 1816

Leipziger Messkatalog von 1816, Schriften, welche künftig heraus kommen sollen, in: Allgemeines Verzeichnis der Bücher, welche von Ostern bis Michaelis von Michaelis bis Ostern neu gedruckt oder aufgelegt worden sind, 1816

L'Espinoy, Philippe de, Recherche des antiquitez et noblesse de Flandres, contenant l'histoire généalogique des comtes de Flandres, Erstveröffentlichung 1631

Lieder der alten Edda. Aus der Handschrift herausgegeben und erklärt durch die Brüder Grimm, Berlin 1815

Luther, Martin, Predigt, dass man Kinder zur Schule halten soll, 1530

Möser, Justus, Patriotische Phantasien, Berlin 1775–1786

Müller, Johannes von, Die Reisen der Päpste, Frankfurt a. M. 1782

Müllner, Adolph, Die Schuld, Leipzig 1816

Münter, Friedrich, Statutenbuch des Ordens der Tempelherren. Aus einer altfranzösischen Handschrift herausgegeben und erläutert, Theil I, Berlin 1794

Musenalmanach für das Jahr 1807 und 1808, hrsg. v. Leo Freiherrn von Seckendorf, Regensburg

[Mylius, Karl Joseph von], Einige Worte über den künftigen Sitz der Rheinischen Universität. Von einem Cölner, Köln 1816

Myller, Christoph Heinrich, Samlung deutscher Gedichte aus dem XII., XIII. und XIV. Jahrhundert, Berlin 1784–1787
Niebuhr, Barthold Georg, Römische Geschichte, Bd. 1 u. 2, Berlin 1811–1812
Paleotimi, Lucii, Antiquitatum Sive Originum Ecclesiasticarum Summa: Ex Probatissimis Scriptoribus Desumta. Accessit Noviter Ichnographia Veteris Templi Christianorum, Vindelicorum 1767
Picard, Bernard, Cérémonies et Coutumes religieuses des tous les peuples du monde, Amsterdam 1723–1743
[Rehfues, Philipp Joseph], Die Ansprüche und Hoffnungen der Stadt Bonn, vor dem Thron ihres künftigen Beherrschers niedergelegt, Bonn 1814
Reuter, Christian, Schelmuffskys wahrhafftige curiöse und sehr gefährliche Reisebeschreibung zu Wasser und Lande, 1696/1697
Sailer, Johann Michael, Aus Fenebergs Leben, München 1814
Saint-Martin, Louis-Claude de, Tableau Naturel des Rapports qui existent entre Dieu, l'Homme et l'Univers, Paris 1782
Savigny, Friedrich Carl von, Vom Beruf unsrer Zeit für Gesetzgebung und Rechtswissenschaft, Heidelberg 1814
Schenkendof, Max von, Auf den Tod der Kaiserin Maria Ludovica Beatrix. Vier Gesänge, Frankfurt a. M. 1816
Schiller, Friedrich, Kleinere prosaische Schriften: Aus mehrern Zeitschriften vom Verfasser selbst gesammelt und verbessert, Leipzig 1792
[Schleiermacher, Friedrich], Glückwünschungsschreiben an die Hochwürdigen Mitglieder der von Sr. Majestät dem König von Preußen zur Aufstellung neuer liturgischer Formen ernannten Commission, Berlin 1814
Schreiber, Aloys, Baden im Großherzogthum mit seinen Heilquellen und Umgebungen, Heidelberg 1811
Schreiber, Aloys (Hg.), Cornelia, Taschenbuch für deutsche Frauen auf 1816, Heidelberg 1815
Schreiber, Aloys, Anleitung auf die nützlichste und genußvollste Art den Rhein von Schafhausen bis Holland [...] zu bereisen, Heidelberg 1816
Solger, Karl Wilhelm Ferdinand, Erwin. Vier Gespräche über das Schöne und die Kunst, Berlin 1815
Sulzer, Johann Anton, Wahrheit in Liebe in Briefen über Katholicismus und Protestantismus an den Herrn D. Johann Heinrich Jung, genannt Stilling, Konstanz 1810
Tazitus, Kajus Kornelius über Lage, Sitten und Völker Germaniens. Aus dem Lateinischen von Friedrich Wilhelm Tönnies, Berlin 1816
Theuerdanc, Die geuerlicheiten und eins teils der geschichten des loblichen streytparen vnd hochberümbten helds und Ritters herr Tewrdanncks, Nürnberg 1517
Wallraf, Ferdinand Franz, Das berühmte Gemälde der Stadtpatronen Kölns, ein Werk altdeutscher kölnischer Kunst von 1410, in der hohen Domkirche daselbst, in: Taschenbuch für Freunde altdeutscher Zeit und Kunst, hrsg. v. Eberhard von Groote/ Friedrich Wilhelm Carové, Köln 1815, S. 349–389

Wallraf, Ferdinand Franz, Die Kreuzigung des Petrus von P. P. Rubens: Beschreibung der gestochenen Abbildung, in: Getreue nach dem Original fein in Kupfer gestochene Abbildung des [...] Altarblattes [...] die Kreuzigung des Apostel Petrus vorstellend, Köln 1815

Wegweiser für Fremde und Einheimische durch die königl. Residenzstädte Berlin und Potsdam und die umliegende Gegend, Berlin vierte, vermehrte und gänzlich umgearbeitete Auflage 1816

Wyttenbach, Johann Hugo, Versuch einer Geschichte von Trier, Trier 1810–1822

In Tagebuch, Briefe und Schriften erwähnte Schauspiele, Opern und Konzerte

Beethoven, Ludwig van, Fidelio, Oper, Uraufführung 1805

Beethoven, Ludwig von, opus 91, Wellingtons Sieg oder Die Schlacht bei Vittoria, Uraufführung 1813

Bonin, Christian Friedrich von, Die Drillinge (Les Trijumeaux). Lustspiel aus dem Französischen in vier Aufzügen, 1781

Dalayrac, Nicolas-Marie, Alexis ou L'erreur d'un bon père, Oper, Uraufführung 1798

Franul von Weißenthurn, Johanna, Die Radikalkur, Lustspiel, Wien 1809

Gardel, Pierre, Paul und Virginie. Ballet-Pantomime, Musik: Rodolphe Kreutzer, Uraufführung Paris 1806

Goethe, Johann Wolfgang von, Clavigo, Drama, 1774

Goethe, Johann Wolfgang von, Torquato Tasso, Drama, Uraufführung 1807

Händel, Georg Friedrich, The Messiah, Oratorium, Uraufführung 1742

Holly, Franz Andreas, Der lustige Schuster, Komische Oper, Uraufführung 1770

Jouy, Victor-Joseph Étienne de, Les Bajadères, Oper, Uraufführung 1810

Méhul, Étienne-Nicolas, Troubadour (Le prince troubadour ou Le grand trompeur des dames), Komische Oper, Libretto: Alexandre Duval, 1813

Kotzebue, August Friedrich Ferdinand von, Das Geständnis oder Die Beichte. Ein Lustspiel in einem Akt, Berlin 1806

Lessing, Gottfried Ephraim, Emilia Galotti, Drama, Uraufführung 1772

Mozart, Wolfgang Amadeus, Die Zauberflöte, Oper, Uraufführung 1791

Mozart, Wolfgang Amadeus, Requiem in d-Moll, 1791, Uraufführung 1793

Titus Maccius Plautus, Die Kriegsgefangenen (Captivi), Komödie, 2. Jahrhundert v. Chr.

Radziwill, Anton Heinrich, Compositionen zu Göthe's Faust, 1810–1830

Robert, Ludwig, Die Macht der Verhältnisse. Ein Trauerspiel in 5 Aufzügen; beendigt 1811, 1815 in Berlin aufgeführt, 1819 bei Cotta, Stuttgart und Tübingen, gedruckt

Sacchini, Antonio Gaspare Maria, Oedipe à Colone, Oper, 1786

Schiller, Friedrich von, Don Carlos. Infant von Spanien, Drama, Uraufführung 1787

Shakespeare, William, Romeo und Julia, Drama, 1597

Shakespeare, William, Heinrich IV., Drama, Uraufführung 1597

Shakespeare, William, König Lear, Drama, Uraufführung 1606
Weigl, Joseph, Ostade (oder Adrian von Ostade), Oper, Uraufführung 1807
Werner, Friedrich Ludwig Zacharias, Die Schuld oder der vier und zwanzigste Februar, Drama, Uraufführung 1809

In Tagebuch, Briefen und Schriften genannte Gemälde, die zweifelsfrei identifiziert werden konnten

Die im Tagebuch erwähnten Werke K. Fr. Schinkels sind jeweils in den Anmerkungen angegeben

Benedikt Beckenkamp, Jungfrau Maria, Ausschnittskopie aus: Stephan Lochner, Altar der Stadtpatrone/Dreikönigsaltar/Dombild, 1814; heute in der Gemäldegalerie der Staatlichen Museen zu Berlin

Dieric Bouts d. Ä., St. Christophorus, um 1465, auf dem rechten Flügel des Gemäldes Perle von Brabant/Anbetung der Könige; heute in der Alten Pinakothek, München

Lucas Cranach d. Ä., Die mystische Verlobung der Heiligen Katharina/Madonna mit Kind und den Heiligen Katharina und Barbara, 1520er Jahre; heute im Erfurter Dom

Lucas Cranach d. Ä. u. Lucas Cranach d. J., Kreuzigung Christi, 1553–1555; heute in der St. Peter und Paul-Kirche, Weimar

Albrecht Dürer, Grablegung/Die Beweinung Christi für die Familie Holzschuher, um 1500; heute als Leihgabe der Bayerischen Staatsgemäldesammlungen im Germanischen Nationalmuseum, Nürnberg

Albrecht Dürer, Trommler und Pfeifer, 1503–1505; heute im Wallraf-Richartz Museum & Fondation Corboud, Köln

Jan Gossaert (Johann Maubeuge/Mabuse), Madonna; 1816 im Besitz von Rühle von Lilienstern

Charles Lebrun, Die Familie Jabach, 1660; das Original ist heute im Metropolitan Museum, New York, die Kopie verbrannte im 2. Weltkrieg

Stephan Lochner, Altar der Stadtpatrone/Dreikönigsaltar/Dombild, um 1445; heute im Kölner Dom

Peter Joseph Lützenkirchen, Portrait von Ferdinand Franz Wallraf (nach Benedikt Beckenkamp), Schabkunstblatt, 1816; heute im Kölnischen Stadtmuseum

Peter Joseph Lützenkirchen, Portrait von Caspar Bernhard Hardy (nach Benedikt Beckenkamp), Schabkunstblatt, 1816; heute im Kölnischen Stadtmuseum

Meister des Heisterbacher Altars, Kreuzigungsaltar, um 1550; heute in der Staatsgalerie Bamberg

Meister des Sinziger Kalvarienberges, Kreuzigung Christi, Christi Himmelfahrt und Tod Mariens (Triptychon), um 1480; heute in der Kirche St. Peter, Sinzig

Hans Memling, Das Jüngste Gericht/Danziger Bild, um 1470; heute im Nationalmuseum in Danzig (Muzeum Narodowe w Gdańsku)

Hans Memling, Maria mit Kind, 1480–1490; heute in der Gemäldegalerie der Staatlichen Museen zu Berlin

Peter Paul Rubens, Die Kreuzigung des Heiligen Petrus, um 1638; heute in der Kirche St. Peter, Köln

Anton Woensam (Anton von Worms), Die große Ansicht von Köln, Holzschnitt, heute befindet sich ein Exemplar (ohne Datierung) im Wallraf-Richartz-Museum & Fondation Corboud; ein Exemplar des Druckes von 1531 ist im Kupferstichkabinett der Staatlichen Museen zu Berlin

Zeitungen und Zeitschriften

Allgemeine musikalische Zeitung, 1816
Amtsblatt der Königlichen Regierung zu Köln, 1816
Beiblatt der Kölnischen Zeitung, 1816
Berlinische Nachrichten von Staats- und gelehrten Sachen, 1816
Der Verkündiger, 1816
Dramaturgisches Wochenblatt in nächster Beziehung auf die königlichen Schauspiele zu Berlin, 1816
Heidelbergische Jahrbücher der Litteratur, 1811, 1816
Hermann. Zeitschrift von und für Westfalen, 1816
Journal des Nieder- und Mittelrheins, 1814, 1816
Journal für Literatur, Kunst, Luxus und Mode, 1816
Kölnische Zeitung, 1815, 1816
Morgenblatt für gebildete Stände, 1815, 1816
Rheinischer Merkur, 1816
Welt- und Staatsbote zu Köln, 1816
Zeitung für die elegante Welt, 1816

Gedruckte Quellen und Literatur

A

Adenauer, Konrad, Johann Peter Weyer (1794–1864), in: Rheinische Lebensbilder, Bd. 13, Köln 1993, S. 115–136

Adressbuch der Stadt Köln, Köln 1797, 1813 u. 1822 (abgekürzt: AK 1813, AK 1822)

Ahrendt, Tanja, 200 Jahre Kölner Gymnasial- und Stiftungsfonds. Die zentrale Verwaltung der Studienstiftungen und des alten Schulvermögens, in: Bildung stiften, hrsg. v. Kölner Gymnasial- und Stiftungsfonds, Köln 2000, S. 58–83

Allgemeiner Namen- und Wohnungs-Anzeiger von den Staatsbeamten, Gelehrten, Künstlern, Kaufleuten [...] in der Königl. Preuss. Haupt- und Residenz-Stadt Berlin. Für das Jahr 1818 und 1819, Berlin 1818 (abgekürzt: AB 1818)

Allgemeiner Straßen- und Wohnungs-Anzeiger für die Residenzstadt Berlin auf das Jahr 1812, Berlin 1812

Anzeige der Vorlesungen, welche im Sommerhalbenjahre 1816 auf der Großherzoglich Badischen Ruprecht-Karolinischen Universität zu Heidelberg gehalten werden sollen, 1816

Apel, Hans-Jürgen, Karl Friedrich August Grashof (1770–1841), in: Rheinische Lebensbilder, Bd. 11, 1988, S. 101–124

Arndt, Ernst Moritz, Erinnerungen aus dem äußeren Leben, Breslau 1939

Arndt, Ernst Moritz, Ernst Moritz Arndt's Reise durch Schweden im Jahr 1804, Berlin 1806

Arndt, Ernst Moritz, Nothgedrungener Bericht aus seinem Leben und aus und mit Urkunden der demagogischen und antidemagogischen Umtriebe , 2. Theil, Leipzig 1847

Arntz, Joachim, Der Appellhof zu Köln. Daten und Fakten, in: Der Appellhof zu Köln – Ein Monument deutscher Rechtsentwicklung, hrsg. v. Dieter Strauch/Joachim Arntz/Jürgen Schmidt-Troje, Bonn 2002, S. 45–57

Aus Gneisenaus Hauptquartier. Briefe von Clausewitz, Groeben und Gneisenau, in: Zeitschrift für Religion und Geistesgeschichte, Bd. 2, Nr. 3, 1949/50, S. 241–246

B

Bär, Max, Die Behördenverfassung der Rheinprovinz seit 1815, Bonn 1919

Baier, Christof, Handel mit „Spezerey" und Seide am königlichen Lustgarten. Die 1797 bis 1805 errichtete Berliner Börse, in: Die Königsstadt. Stadtraum und Wohnräume in Berlin um 1800, hrsg. v. Claudia Sedlarz, Hannover 2008, S. 169–198

Baier, Rudolf (Hg.), Briefe aus der Frühzeit der deutschen Philologie an Georg Friedrich Benecke, Leipzig 1901

Barry, Henry, Excursion to the Rhine. Eines englischen Landpfarrers Eindrücke von Köln im Jahre 1822 (Josef Giesen. Eines englischen Landpfarrers Eindrücke von Köln), in: Jahrbuch des Kölnischen Geschichtsvereins, Nr. 14, Köln 1932, S. 185–223

Barthelemy, Eric, Die rheinische Adelsfamilie von Groote und ihr Familienarchiv im Stadtarchiv Hürth, in: Hürther Heimat, Bd. 77, 1998, S. 7–13

Bartsch, Gisela, Johann Balthasar Kreuser (1795–1870) – ein Beitrag zu seiner Biographie, in: Jahrbuch des Kölnischen Geschichtsvereins, Nr. 62, 1991, S. 174–222

Bass, Hans-Heinrich, Hungerkrisen in Preußen während der ersten Hälfte des 19. Jahrhunderts, St. Katharinen 1991

Bayer, Josef (Hg.), Köln um die Wende des 18. und 19. Jahrhunderts (1770–1830). Geschildert von Zeitgenossen, Köln 1912

Baur, Wilhelm, Prinzeß Wilhelm von Preußen, geborene Prinzeß Marianne von Hessen-Homburg. Ein Lebensbild aus den Tagebüchern und Briefen der Prinzeß, Hamburg 1886

Becker-Jákli, Barbara, Die Protestanten in Köln. Die Entwicklung einer religiösen Minderheit von der Mitte des 18. Jahrhunderts bis zur Mitte des 19. Jahrhunderts, Köln 1983

Becker-Jákli, Barbara, Juden in Brühl, Brühl 1988

Becker-Jákli, Barbara (Hg.), Köln um 1825 – ein Arzt sieht seine Stadt. Die medizinische Topographie der Stadt Köln von Dr. Bernhard Elkendorf, Köln 1999

Behringer, Wolfgang, Tambora und das Jahr ohne Sommer. Wie ein Vulkan die Welt in die Krise stürzte, München 2015

Bellinger, Vanya Eftimova, Marie von Clausewitz. The Woman behind the Making of On War, Oxford 2015

Bellot, Christoph, Grafische Sammlung und physikalisches Kabinett des ehemaligen Kölner Jesuitenkollegs, in: Bildung stiften, hrsg. v. Kölner Gymnasial- und Stiftungsfonds, Köln 2000, S. 120–147

Bellot, Christoph, Ehemalige Jesuitenkirche St. Mariae Himmelfahrt Köln, Lindenberg 2015.

Bendel, Johann (Hg.), Köln-Mülheim in der Franzosenzeit oder Das Tagebuch des Hofkammerrats K. J. Z. Bertoldi, 1802–1824, Köln-Mülheim 1925

Benzenberg, Johann Friedrich, Der Dom in Cöln, Dortmund 1810

Berg, Urte von, Caroline Friederike von Berg. Freundin der Königin Luise von Preußen. Ein Portrait nach Briefen, Göttingen 2008

Bergmann, Ulrike, Die goldene Kammer in St. Ursula, in: Kölner Kirchen und ihre mittelalterliche Ausstattung, Bd. 2, Colonia Romanica XI, 1996, S. 225–231

Beschreibung des Badehauses an der Langen Brücke, Berlin 1804

Beusch, Carl Heiner, Adlige Standespolitik im Vormärz: Johann Wilhelm Graf von Mirbach-Harff (1784–1949), Münster 2001

Bezold, Friedrich von, Geschichte der Rheinischen Friedrich-Wilhelms-Universität von der Gründung bis zum Jahr 1870, Bonn 1920

Binding, Günther, Der Dom in der Entwicklung des Kölner Stadtbildes, in: Religion – Kunst – Vaterland. Der Kölner Dom im 19. Jahrhundert, hrsg. v. Otto Dann, Köln 1983, S. 11–19

Blauert, Elke, Susanne Henriette Eleonore Schinkel, in: MuseumsJournal, Berichte aus den Museen, Schlössern und Sammlungen in Berlin und Potsdam, Heft 1, 2012, S. 8 f.

Blöcker, Susanne, Matthias Joseph De Noel (1782–1842). Sammler und Bewahrer Kölnischer Altertümer, in: Lust und Verlust. Kölner Sammler zwischen Trikolore und Preußenadler, hrsg. v. Hiltrud Kier/Frank Günter Zehnder, Köln 1995, S. 457–472

Blum, Hans, Das Rheinland in der Buchillustration des 19. Jahrhunderts, in: Aus kölnischer und rheinischer Geschichte, hrsg. v. Hans Blum, Köln 1969, S. 275–294

Bock, Ulrich/Thomas Höltken, St. Ursula. 11 000 Jungfrauen im Veedel, in: Drunter und Drüber. Der Eigelstein, hrsg. v. Mario Kramp/Marcus Trier, Köln 2014, S. 82–87

Bode, Wilhelm/Kaiser-Friedrich-Museum Berlin (Hg.), Beschreibendes Verzeichnis der Gemälde im Kaiser-Friedrich-Museum, Berlin 1906

Boebé, Sabine, Schloß Gracht in Erftstadt-Liblar, Neuss 1990

Böhm, Elga, Was ist aus Wallrafs Sammlung geworden?, in: Wallraf-Richartz-Jahrbuch, Bd. 36 (1974), S. 229–272

Böhm, Elga, Matthias Joseph De Noel (1782–1849), in: Rheinische Lebensbilder, Bd. 7, Köln 1977, S. 109–131

Bönisch, Georg, Köln und Preußen, Köln 1982

Boisserée, Sulpiz, Briefwechsel/Tagebücher, Bd. I u. II, Neudruck nach der 1. Aufl. von 1862, hrsg. v. Heinrich Klotz, Göttingen 1970

Boiserée, Sulpiz, Tagebücher 1808–1854, hrsg. v. Hans-Joachim Weitz, Bde. I–V, Darmstadt 1978–1995

Boiserée, Sulpiz, Ansichten, Risse und einzelne Theile des Doms von Köln mit Ergänzungen nach dem Entwurf des Meisters nebst Untersuchungen über die alte Kirchen-Baukunst und vergleichenden Tafeln der vorzüglichsten Denkmale, Stuttgart 1821

Boiserée, Sulpiz, Geschichte und Beschreibung des Doms von Köln, nebst Untersuchungen über die alte Kirchenbaukunst, als Text zu den Ansichten, Rissen und einzelnen Theilen des Doms von Köln, Stuttgart 1823 (Textband)

Boiserée, Sulpiz/Melchior Boiserée/Johann Bertram, Die Sammlung Alt- Nieder- und Ober-Deutscher Gemälde der Brüder Sulpiz und Melchior Boiserée und Johann Bertram. Mit Nachrichten über die Altdeutschen Maler von den Besitzern; lithographirt von Johann Nepomuk Strixner, Stuttgart 1821

Boley, Karl H., Stiftungen v. Groote und v. Geyr, in: Stifter und Stiftungen des Kölner Gymnasial- und Stiftungsfonds, Teil 5, Köln-Porz 1981, S. 207–247

Bollenbeck, Karl Josef, Der Kölner Stadtbaumeister Johann Peter Weyer, Aachen 1969

Bollenbeck, Karl Josef, „Auf krummen Linien gerade geschrieben". Johann Peter Weyer. Architekt – Stadtbaumeister – Unternehmer, in: Johann Peter Weyer. Kölner Alterthümer, Kommentarband; hrsg. v. Werner Schäfke, unter Mitarbeit v. Ulrich Bock, Köln 1994, S. 17–40

Brandt, Hans-Jürgen, Eine katholische Universität in Deutschland? Das Ringen der Katholiken in Deutschland um eine Universitätsbildung im 19. Jahrhundert, Köln/Wien 1981

Braubach, Max, Verschleppung und Rückführung rheinischer Kunst- und Literaturdenkmale 1794 bis 1815/1816, in: Annalen des Historischen Vereins für den Niederrhein, Heft 176, 1974, S. 93–153

Braubach, Max, Franz Peter Cassel und Franz Schmitz. Zwei Kölner aus dem Umkreis Wallrafs und der Boiserées, in: Annalen des Historischen Vereins für den Niederrhein, Heft 177, 1975, S. 333–375

Braubach, Max, Ernst Moritz Arndt (1769–1860), in: Rheinische Lebensbilder, Bd. 7, Köln 1977, S. 83–107

Braunfels, Wolfgang, Sulpiz Boiserée (1783–1854), in: Rheinische Lebensbilder, Bd. 4, Düsseldorf 1970, S. 159–174

Brües, Eva, Karl Friedrich Schinkel. Lebenswerk. Die Rheinlande, Berlin 1968

Büsching, Johann Gustav Gottlieb, Reise durch einige Münster und Kirchen des nördlichen Deutschlands im Spätjahr 1817, Leipzig 1819

Busch, Anna, Hitzig und Berlin. Zur Organisation von Literatur (1800–1840), Hannover 2014

Buschmann, Joseph, Das höhere Schulwesen, in: Die Rheinprovinz 1815–1915. Hundert Jahre preußische Herrschaft am Rhein, Bd. 2, hrsg. v. Joseph Hansen, Bonn 1917, S. 26–56

Busse, Till, Die Marzellenstraße. Im Architektursalat, in: Drunter und Drüber. Der Eigelstein, hrsg. v. Mario Kramp/Marcus Trier, Köln 2014, S. 122–125

Butte, Wilhelm, Politische Betrachtung über die großen Vortheile, welche die von Frankreich ausgegangene Verwüstung Europas in der besseren Zukunft gewähren kann und soll, Leipzig 1814
Butte, Wilhelm, Ideen über das politische Gleichgewicht von Europa, mit besonderer Rücksicht auf die jetzigen Zeitverhältnisse, Leipzig 1814
Butte, Wilhelm, Erinnerungen an meine teutschen Landsleute, welche versucht seyn sollten aus Europa zu wandern, Köln 1816

C

Calaminus, Claus, 250 Jahre Schropp in Berlin 1742–1992, Berlin 1992
Caravaggio in Preussen: die Sammlung Giustiniani und die Berliner Gemäldegalerie, Berlin/Mailand 2001
Chézy, Helmina von, Gemähfde der Herren Boisserée und Bertram in Heidelberg, in: Die Musen. Eine norddeutsche Zeitschrift, hrsg. v. Friedrich de la Motte Fouqué und Wilhelm Neumann, 1812, 2. Quartal, S. 87–132
Chézy, Helmina von, Gemälde von Heidelberg, Mannheim, Schwetzingen, dem Odenwalde und dem Neckerthale. Wegweiser für Reisende und Freunde dieser Gegenden, Heidelberg 1816
Chézy, Helmina von, Gemähfde der Herren Boisserée und Bertram in Heidelberg, in: Die Sängerfahrt. Eine Neujahrsgabe für Freunde der Dichtkunst und Mahlerey, hrsg. v. Friedrich Förster, Berlin 1818, S. VII–XVII
Chézy, Helmina von, Die altdeutsche und altniederländische Malerkunst, in: Aehrenlese, hrsg. v. F. Schulze, Köln 1818, S. 62–81, 115–118
Chézy, Helmina von, Die altdeutsche und altniederländische Malerkunst. Geschichtliche Uebersicht alter Gemälde, im Besitz der Herren Fochem in Cöln, Wallraf ebendaselbst, Boisseree in Heidelberg, Freiherr von Mehring und Lieversberg in Cöln, Bettendorf in Aachen, Obrist Rühle von Liljenstern in Berlin, und einiger Gemälde in der Schloßgallerie zu Aschaffenburg, in: Aurikeln. Eine Blumengabe von deutschen Händen, hrsg. von Helmina von Chézy, Berlin 1818, Bd. 1, S. 300–362
Chézy, Helmina von, Unvergessenes. Denkwürdigkeiten aus dem Leben von Helmina von Chézy. Von ihr selbst erzählt, Teil 2, nach der Erstausgabe von 1858 neu hrsg. v. Karl-Maria Guth, Berlin 2013
Creutz, Max, Das Kölner Wohnhaus seit der Renaissance, in: Mitteilungen des Rheinischen Vereins für Denkmalpflege und Heimatschutz, Jg. 5, Düsseldorf 1911, S. 121–131
Czymmek, Götz, Ferdinand Franz Wallraf im Bild, in: Wallraf-Richartz-Jahrbuch, Bd. 69, 2008, S. 271–302

D

Dann, Otto, Die Dombau-Bewegung und die Kölner Gesellschaft in der ersten Hälfte des 19. Jahrhunderts, in: Religion – Kunst – Vaterland. Der Kölner Dom im 19. Jahrhundert, hrsg. v. Otto Dann, Köln 1983, S. 78–95
Deeters, Joachim (Bearb.), Ferdinand Franz Wallraf. Katalog zur Ausstellung des Historischen Archivs der Stadt Köln, Köln 1974

Deeters, Joachim (Bearb.), Der Nachlaß Ferdinand Franz Wallraf (Bestand 1105), Köln/Wien 1987

Delaroche, Hippolyte, Catalogue historique et raisonné de tableaux par les plus grands peintres d'Écoles d'Italie, composant la rare et célèbre Galerie du Prince Giustiniani, Paris 1812

Delaroche, Hippolyte, Historisches und beurtheilendes Verzeichniß von Gemälden der größten und berühmtesten Maler der italienischen, französischen, niederländischen und deutschen Schulen, woraus die ehemalige Giustinianische seltene und berühmte Gallerie bestand, Berlin 1816

Delbrück, Hans, (Hg.), Das Leben des Feldmarschalls Grafen Neithardt von Gneisenau. Fortsetzung des gleichnamigen Werks von Georg Heinrich Pertz, Bd. 5, Berlin 1880

Demian, Johann Andreas, Statistisch-politische Ansichten und Bemerkungen auf einer Reise durch einen Theil der neuen preussischen Provinzen am Nieder- und Mittelrheine, Köln 1815

Demps, Laurenz, Berlin-Wilhelmstraße. Eine Topographie preußisch-deutscher Macht, Berlin 1994

Deres, Thomas, Der Kölner Rat. Biographisches Lexikon, Bd. I, 1794–1919, Köln 2001

Deutschlands Forderungen an den deutschen Bund, Mainz 1816

D'hame, Anton Engelbert, Historische Beschreibung der berühmten Erz-Domkirche zu Cöln am Rhein nebst ihren Denkmälern und Merkwürdigkeiten, Köln 1821

Die Post zu Coblenz. Denkschrift zum Einzuge in das neue Reichs-Post u. Telegraphen-Gebäude am 15. November 1883, Coblenz 1883

Dietze, Annemie, Prolegomena zu einer historisch-kritischen und kommentierten Briefedition am Beispiel des von Groote'schen Briefwechsels, Hausarbeit zur ersten Staatsprüfung für das Lehramt an Gymnasien, Universität Wuppertal, 1976 (ungedrucktes Manuskript)

Dorn, Ulrike, Öffentliche Armenpflege in Köln von 1794–1871. Zugleich ein Beitrag zur Geschichte der öffentlichrechtlichen Anstalt, Köln/Wien 1990

Draaf, Rainer, Geschichte der Familie von Kempis bis zum Jahre 1881, in: Hürther Heimat, Nr. 71/72, 1993, S. 45–67

Dühr, Albrecht (Hg.), Ernst Moritz Arndt. Briefe, Bd. 1, Darmstadt 1971

E

Ebeling, Dietrich, Bürgertum und Pöbel. Wirtschaft und Gesellschaft Kölns im 18. Jahrhundert, Köln/Wien 1987

Eberty, Felix, Jugenderinnerungen eines alten Berliners, Berlin 1878

Eckert, K., Bernhard von Clairvaux. Glasmalereien aus dem Kreuzgang von Altenberg bei Köln, Wuppertal 1953

Ehrhardt, Wolfgang, Das Akademische Kunstmuseum der Universität Bonn unter der Direktion von Friedrich Gottlieb Welcker und Otto Jahn, Opladen 1982

Eichhoff, Johann Joseph, Topographisch-statistische Darstellung des Rheines. Mit vorzüglicher Rücksicht auf dessen Schifffahrt und Handlung, bisherigen Zustand seiner polizeilichen Verfassung, deren möglichen Verbesserung und Ausdehnung auf die übrigen großen Ströme, womit er theils schon in Verbindung steht, theils noch gebracht werden könnte, Köln 1814

Eichhoff, Johann Joseph, Pragmatisch-Geschichtliche Darstellung der Verhandlungen und Beschlüsse des Congress-Comitté für die Freiheit der Flüsse, Mainz 1819

Elsholtz, Franz, Wanderungen durch Köln am Rhein und seine Umgegend. In einer Reihe von Briefen an Sophie, Erstes Heft, Köln 1820

Ennen, Leonhard, Zeitbilder aus der neueren Geschichte der Stadt Köln, mit besonderer Rücksicht auf Ferdinand Franz Wallraf, Köln 1857

Ennen, Hubert, Die Olympische Gesellschaft zu Köln. Ein Beitrag zur Kölner Literaturgeschichte der Neuzeit, Würzburg 1880

Ennen, Leonard, Der Dom zu Köln von seinem Beginn bis zu seiner Vollendung. Festschrift gewidmet den Freunden und Gönnern aus Anlaß der Vollendung vom Vorstande des Central-Dombauvereins, Köln 1880

F

Feldmann, Reinhard, Anfänge von Denkmalspflege im Rheinland 1814–1816. Zur geplanten Bildung einer „Zentralkommission für Kunst und Altertum" in Köln, in: Jahrbuch des Kölnischen Geschichtsvereins, Nr. 59, 1988, S. 233–247

Fendt, Astrid/Claudia Sedlarz/Jürgen Zimmer (Hg.), Aloys Hirt in Berlin. Kulturmanagement im frühen 19. Jahrhundert, Berlin/München 2014

Fiegenbaum, Thea, Die Konkurrenz der Städte Köln und Bonn um eine Universität, in: Ferdinand Franz Wallraf (1748–1824) – Eine Spurensuche in Köln, hrsg. v. Gudrun Gersmann/Stefan Grohé, 2016 online gestellt

Fiegenbaum, Thea, Die Universitätsdenkschrift Wallrafs, in: Ferdinand Franz Wallraf (1748–1824) — Eine Spurensuche in Köln, hrsg. v. Gudrun Gersmann/Stefan Grohé, 2016 online gestellt

Fink-Lang, Monika, Joseph Görres. Die Biografie, Paderborn/München/Wien/Zürich 2013

Finzsch, Norbert, Obrigkeit und Unterschichten. Zur Geschichte der rheinischen Unterschichten gegen Ende des 18. und zu Beginn es 19. Jahrhunderts, Stuttgart 1990

Firmenich, Heinz, Staatliche Denkmalpflege im Regierungsbezirk Köln, in: 150 Jahre Regierungsbezirk Köln, Berlin 1966, S. 183–188

Först, Walter, Betrachtungen zur neueren Kulturgeschichte des Kölner Raumes, in: 150 Jahre Regierungsbezirk Köln, Berlin 1966, S. 45–61

Förster, Friedrich Christoph (Hg.), Die Sängerfahrt. Eine Neujahrsgabe für Freunde der Dichtkunst und Mahlerey, 1818

Förster, Otto H., Kölner Kunstsammler vom Mittelalter bis zum Ende des bürgerlichen Zeitalters. Ein Beitrag zu den Grundfragen der neueren Kunstgeschichte, Berlin 1931

Fouqué, Friedrich Heinrich Karl de la Motte, Blick auf eine Gemäldesammlung, in: Zeitung für die elegante Welt, Nr. 13, 19. Jan. 1826, S. 97–99

Fraquelli, Sybille, Im Schatten des Domes. Architektur der Neugotik in Köln 1815–1914, Köln/Weimar/Wien 2008

Frielingsdorf, Rudolf, Das Post- und Verkehrswesen der freien Reichsstadt Köln im 18. Jahrhundert, in: Annalen des Historischen Vereins für den Niederrhein, Heft 107, S. 92–137

Fuchs, Johann Baptist (1757–1827), Erinnerungen aus dem Leben eines Kölner Juristen, hrsg. v. Julius Heyderhoff, Köln 1912

G

Gädicke, Johann Christian, Lexicon von Berlin und der umliegenden Gegend. Enthaltend alles Merkwürdige und Wissenswerthe von dieser Königsstadt und deren Gegend. Ein Handbuch für Einheimische und Fremde, Berlin 1806

Gaus, Joachim, Neugotik und Denkmalsgedanke, in: Religion – Kunst – Vaterland. Der Kölner Dom im 19. Jahrhundert, hrsg. v. Otto Dann, Köln 1983, S. 29–46

Gerlach, Jürgen von, Leopold von Gerlach 1757–1813. Leben und Gestalt des ersten Oberbürgermeisters von Berlin und vormaligen kurmärkischen Kammerpräsidenten, Berlin 1987

Gerlach, Jürgen von, Von Gerlach. Lebensbilder einer Familie in sechs Jahrhunderten, Insingen 2015

Gerschler, Walter, Das preußische Oberpräsidium der Provinz Jülich-Kleve-Berg in Köln 1816–1822, Köln/Berlin 1967

Gersdorff, Dagmar von, Caroline von Humboldt. Eine Biographie, Berlin 2011

Gersmann, Gudrun/Hans Werner Langbrandtner (Hg.), Adelige Lebenswelten im Rheinland. Kommentierte Quellen der Frühen Neuzeit, Köln/Weimar/Wien 2009

Gersmann, Gudrun/Hans-Werner Langbrandtner (Hg.), Im Banne Napoleons. Rheinischer Adel unter französischer Herrschaft. Ein Quellenlesebuch, Essen 2013

Gersmann, Gudrun/Stefan Grohé (Hg.), Ferdinand Franz Wallraf (1748–1824) – eine Spurensuche in Köln, 2016 online gestellt

Gessinger, Joachim, Berlinische Gesellschaft für deutsche Sprache, in: Handbuch der Berliner Vereine und Gesellschaften 1786–1815, hrsg. v. Uta Motschmann, Berlin/München/Boston 2015, S. 151–156

Gethmann-Siefert, Annemarie, Die Sammlung Boisserée in Heidelberg. Anspruch und Wirklichkeit, in: Heidelberg im säkularen Umbruch. Traditionsbewußtsein und Kulturpolitik um 1800, hrsg. v. Friedrich Strack, Stuttgart 1987, S. 394–422

Gethmann-Siefert, Annemarie/Bernadette Collenberg, Die Kunstsammlung auf dem Weg ins Museum – Anspruch und Wirkung der Bildersammlung der Brüder Boisserée, in: Kunst und Verlust, Kölner Sammler zwischen Trikolore und Preußenadler, hrsg. v. Hiltrud Kier/Frank Günter Zehnder, Köln 1995, S. 183–191

Giersberg, Hans-Joachim, Schinkels Tätigkeit in den Rheinlanden, in: Schinkel im Rheinland, Düsseldorf 1991, S. 20–25

Giesen, Adolf, Eberhard von Groote. Ein Beitrag zur Geschichte der Romantik am Rhein, Gladbach-Rheydt 1929

Giesen, Josef, Der Maler P. J. Lützenkirchen, ein Freund Wallrafs, in: Jahrbuch des Kölnischen Geschichtsvereins, Nr. 8–10, 1927, S. 122–134

Görres, Joseph, Das Heldenbuch von Iran aus dem Schah Nameh des Firdussi, 2 Bde., Berlin 1820

Görres, Joseph, In Sachen der Rheinprovinzen und in eigener Angelegenheit, Stuttgart 1822

Gondorf, Bernhard, Die Burgen der Eifel und ihrer Randgebiete. Ein Lexikon der „festen Häuser", Köln 1984

Gothein, Eberhard, Geschichtliche Entwicklung der Rheinschiffahrt im XIX. Jahrhundert, Leipzig 1903

Gothein, Eberhard, Verfassungs- und Wirtschaftsgeschichte der Stadt Cöln vom Untergange der Reichsfreiheit bis zur Errichtung des Deutschen Reiches. Die Stadt Cöln im ersten Jahrhundert unter Preußischer Herrschaft. 1815 bis 1915, Bd. I., Teil 1, Cöln 1916

Gotthardt, Josef, Zur Gründungsgeschichte der Universität Bonn, in: Historisch-politische Blätter für das katholische Deutschland, Bd. 153, München 1914, S. 459–465

Grashof, Karl Friedrich August, Aus meinem Leben und Wirken: zugleich als Beitrag zur Geschichte der Rheinprovinz, Essen 1839

Grimm, Wilhelm, Konrads von Würzburg Silvester, Göttingen 1841

Grohé, Stefan, Wallrafs Geschmack, seine Sammlung und die Kölner Universität, in: Wallraf im Fokus. Wallrafs Erbe. Ein Bürger rettet Köln, Köln 2018, S. 38–47

Groote, Eberhard von, Epistola poetica à Jacobo montano post reditum ab academia ad amicos data, Heidelberg 1811 (unveröffentlichtes Manuskript)

Groote, Eberhard von, Der Exstudent und der Papiermüller. Ein Fastnachtsspiel im Jahre 1812, in: Willi Spiertz, Eberhard von Groote. Leben und Werk eines Kölner Sozialpolitikers und Literaturwissenschaftlers (1789–1864), Köln/Weimar/Wien 2007, S. 334–341

Groote, Eberhard von, Virginia. Römisches Trauerspiel, 1815 (unveröffentlichtes Manuskript)

Groote, Eberhard von/Friedrich Wilhelm Carové (Hg.), Taschenbuch für Freunde altdeutscher Zeit und Kunst auf das Jahr 1816, Köln 1815

Groote, Eberhard von, (Faust's) Versöhnung mit dem Leben. Meinen Jugendfreunden zum Andenken gewidmet, Köln 1816

Groote, Eberhard von, Über das preußische Postwesen, in: Rheinische Blätter, Nr. 4 u. Nr. 5, 6. u. 8. Jan. 1818

Groote, Eberhard von (Hg.), Tristan von Meister Gotfrit von Straszburg mit der Fortsetzung des Meisters Ulrich von Turheim, Berlin 1821

Grunewald, Eckhard, Friedrich Heinrich von der Hagen 1780–1856. Ein Beitrag zur Frühgeschichte der Germanistik, Berlin/New York 1988

H

Haberland, Irene, Zwischen Kunst und Kommerz – Illustrierte Rheinbücher vom 17. bis 19. Jahrhundert aus Beständen der Rheinischen Landesbibliothek Koblenz, Koblenz 2005

Häker, Horst (Hg.), Tagebuch der Prinzessin Marianne von Preußen, geb. von Hessen-Homburg 1. Januar–21. Juli 1822, Heilbronn 2006

Hagen, Friedrich Heinrich von der, Noch unbekannte Altdeutsche Handschriften: Gottfrieds, Heinrichs und Ulrichs Tristan, Gravenbergs Wigoleis, Eschenbachs und Ulrichs Wilhelm von Orange, Hugo's Renner, die Heimonskinder und Muskatblut, in: Büsching, Wöchentliche Nachrichten für Freunde der Geschichte, Kunst und Gelahrtheit, 35. Stück, 29. Aehrenmonat 1816, S. 133–141; 43. Stück, 24. Weinmonat 1816, S. 266–269 u. 58.–61. Stück, Hornung 1817, S. 123–131

Hahn, Matthias, Schauplatz der Moderne. Berlin um 1800 – Ein topographischer Wegweiser, Hannover 2009

Hansen, Joseph, Das politische Leben, in: Die Rheinprovinz 1815–1915. Hundert Jahre preußische Herrschaft am Rhein, Bd. 1, Bonn 1917, S. 611–861

Hattenhauer, Hans (Hg.), Thibaut und Savigny. Ihre programmatischen Schriften, 2. Aufl., München 2002

Heckmann, Uwe, Die Sammlung Boisserée. Konzeption und Rezeptionsgeschichte einer romantischen Kunstsammlung, München 2003

Hegel, Eduard, Das Erzbistum Köln zwischen Barock und Aufklärung vom Pfälzischen Krieg bis zum Ende der Französischen Zeit 1688–1814, Köln 1979

Hegel, Eduard, Das Erzbistum Köln zwischen der Restauration des 19. Jahrhunderts und der Restauration des 20. Jahrhunderts 1815–1962, Köln 1987

Hegel, Eduard, St. Kolumba in Köln: eine mittelalterliche Großstadtpfarrei in ihrem Werden und Vergehen, Siegburg 1996

Heidemann, Friedrich W., Handbuch der Post-Geographie der Königl. Preußischen Staaten in Verbindung mit einer Post-Charte der K. Preuß. Monarchie, Weimar 1819

Heine, Heinrich, Briefe aus Berlin, hrsg. v. Joseph A. Kruse, Frankfurt a. M./Leipzig 1991

Herres, Jürgen, „Und nenne Euch Preußen!" Die Anfange preußischer Herrschaft am Rhein im 19. Jahrhundert, in: Fremde Herrscher – fremdes Volk. Inklusions- und Exklusionsfiguren bei Herrschaftswechseln in Europa, hrsg. v. Andreas Gestrich und Helga Schnabel-Schüle, Frankfurt a. M. 2006, S. 103–137

Herres, Jürgen, Köln in preußischer Zeit 1815–1871, Köln 2012

Herres, Jürgen/Bärbel Holtz, Rheinland und Westfalen als preußische Provinzen (1814–1888), in: Rheinland, Westfalen und Preußen. Eine Beziehungsgeschichte, hrsg. v. Georg Mölich/Veit Veltzke/Bernd Walter, Münster 2011, S. 113–208

Herrmann, Alfred, Graf zu Solms-Laubach, Oberpräsident der Provinz-Jülich-Cleve-Berg, in: Annalen des Historischen Vereins für den Niederrhein, Heft 87, Köln 1909, S. 138–161

Herzfeld, Hans, Wilhelm Anton von Klewiz, in: Mitteldeutsche Lebensbilder, Bd. 1, Magdeburg 1926, S. 12–30

Heßelmann, Peter/Walter Gödden, August Freiherr von Haxthausen (1792–1866). Sammler von Märchen, Sagen und Volksliedern, Agrarhistoriker und Rußlandreisender aus Westfalen. Ausstellung der Universitätsbibliothek Münster, Münster 1992

Hirt, Aloys, Über die Gallerie Giustiniani. Vorgelesen in der öffentlichen Sitzung der Königlichen Akademie der Wissenschaften den 3ten Julius 1816, Berlin 1816

Hirt, Aloys, Bilderbuch der Mythologie, Archäologie und Kunst, 2. Heft, Berlin/Leipzig 1816

Historisches und beurtheilendes Verzeichniß von Gemälden der größten und berühmtesten Maler der italienischen, französischen, niederländischen und deutschen Schulen, woraus die ehemalige Giustinianische seltene und berühmte Gallerie bestand, Berlin 1816

Hochscheid, Reiner, Die Kölner Regierungspräsidenten im 19. Jahrhundert, in: Köln und Preußen. Kultur- und sozialgeschichtliche Skizzen des 19. Jahrhunderts, hrsg. v. Georg Bönisch, Köln 1982, S. 50–82

Höroldt, Dietrich, Die Rivalität der Universitätsstädte Köln und Bonn, in: Aus kölnischer und rheinischer Geschichte, hrsg. v. Hans Blum, Köln 1969, S. 189–214

Hohmann, Michael/Wolfgang Bunzel/Hans Sarkowicz (Hg.), Romantik an Rhein und Main. Eine Topografie, Darmstadt 2014

Holtz, Bärbel, Die Section für Cultus und öffentlichen Unterricht – ein Träger der Reform?, in: Krise, Reformen – und Kultur. Preußen vor und nach der Katastrophe von 1806, hrsg. v. Bärbel Holtz, Berlin 2010, S. 147–169

Holtz, Bärbel, Das Kultusministerium und die Kunstpolitik 1808/17 bis 1933, in: Das Kultusministerium auf seinen Wirkungsfeldern Schule, Wissenschaft, Kirchen, Künste und Medizinalwesen, Berlin 2010, S. 399–634

Hüffer, Hermann, Ein Brief Eberhards von Groote an Sulpiz Boisserée, in: Monatsschrift für rheinisch-westfälische Geschichtsforschung und Alterthumskunde, Jg. 1, 1875, S. 528–538

Huyskens, Albert, Die Aachener Gemäldesammlung Bettendorf, in: Aachener Kunstblätter, XIV, 1928, S. 37–63

I

Itinéraire de Cologne. Avec un plan de Cologne, hrsg. v. Th. F. Thiriart, Köln 1813

J

Jäck, Joachim Heinrich, Bamberg und dessen Umgebungen. Ein Taschenbuch, Erlangen 1813

Johann Peter Jakob Fuchs zum Gedenken. Seine vaterländische Wirksamkeit als Obersekretär und Archivar der Stadt Köln, in: Alt Köln. Heimatblätter für die Stadt Köln, Jg. 10, 1956, S. 40–42

Junecke, Hans/Martina Abri/Dieter Dolgner/Eva Börsch-Supan, Karl Friedrich Schinkel. Die preußische Provinz Sachsen, Berlin 2014

Jung, Claudia Anneliese, Die barocken Gartenanlagen von Schloss Gracht in Liblar, in: Die Gartenkunst, Nr. 23, 2/2011, S. 215–248

K

Kellenbenz, Hermann/Klara van Eyll, Die Geschichte der unternehmerischen Selbstverwaltung in Köln 1797–1914, Köln 1972

Keyserling, Leonie von, Studien zu den Entwicklungsjahren der Brüder Gerlach, 1913
Kier, Hiltrud/Ulrich Krings (Hg.), Köln: Die romanischen Kirchen im Bild. Architektur. Skulptur. Malerei. Graphik. Photographie, Köln 1984
Klaes, Silke, Die Post im Rheinland. Recht und Verwaltung in der Franzosenzeit (1792–1815), Köln/Weimar/Wien 2001
Klein, August, Die Bemühungen Kölns um die Wiedererrichtung seiner Universität (1798–1818), in: Festschrift zur Erinnerung an die Gründung der alten Universität im Jahre 1388, hrsg. v. Hubert Graven, Köln 1938, S. 329–383
Klein, August, Werner von Haxthausen (1780–1842) und sein Freundeskreis am Rhein, in: Annalen des Historischen Vereins für den Niederrhein, Heft 155/156, 1954, S. 160–183
Klein, August, Anfänge rheinischer Denkmalspflege, in: Aus Mittelalter und Neuzeit, hrsg. v. Josef Engel/Hans Martin Klinkenberg, Bonn 1957, S. 351–371
Klein, August, Die Kölner Regierungspräsidenten 1816–1966. Ihr Leben und Wirken, in: 150 Jahre Regierungsbezirk Köln, Berlin 1966, S. 62–70
Klein, August, Die Personalpolitik der Hohenzollernmonarchie bei der Kölner Regierung. Ein Beitrag zur preußischen Personalpolitik am Rhein, Düsseldorf 1967
Klein, August, Friedrich Graf zu Solms-Laubach. Preußischer Oberpräsident in Köln (1815–1822), Köln 1936
Klug, Clemens, Die mittelalterliche Herrlichkeit Kendenich, Hürth 1972
Klug, Clemens, Die Familie von Groote, Hürth 1988
Klug, Clemens, Die restaurierte Burg Kendenich, in: Hürther Heimat, Heft 51/52, 1984, S. 7–24
Klupsch, Tina, Johann Hugo Wyttenbach. Eine historische Biographie, Trier 2012
Köln und Bonn mit ihren Umgebungen. Für Fremde und Einheimische. Aus den besten, und vorzüglich aus noch unbenutzten Quellen bearbeitet. Erster Stadtführer Kölns, [hrsg. v. Karl Georg Jacob, Matthias Joseph de Noel, Johann Jakob Nöggerath], Köln 1828
Kohlrausch, Friedrich, Erinnerungen aus meinem Leben, Hannover 1863
Koltes, Manfred, Das Rheinland zwischen Frankreich und Preußen. Studien zur Kontinuität und Wandel am Beginn der preußischen Herrschaft (1814–1822), Köln/Wien 1992
Kramer, Johannes, Strassennamen in Köln zur Franzosenzeit (1794–1814), Gerbrun bei Würzburg, 1984
Kramp, Mario, Marzellenstraße und Trankgasse. Ursprung der Kölner Museen, in: Drunter und Drüber. Der Eigelstein, hrsg. v. Mario Kramp/Marcus Trier, Köln 2014, S. 114–121
Kramp, Mario/Michael Euler-Schmidt/Barbara Schock-Werner (Hg.), Der kolossale Geselle. Ansichten des Kölner Doms vor 1842 aus dem Bestand des Kölnischen Stadtmuseums, Köln 2011
Krischel, Roland, Die Rückkehr des Rubens – Kölns Kunstszene zu Beginn der preußischen Epoche, in: Lust und Verlust, Kölner Sammler zwischen Trikolore und Preußenadler, hrsg. v. Hiltrud Kier/Frank Günter Zehnder, Köln 1995, S. 91–112
Krischel, Roland, Kölner Maler als Sammler und Händler, in: Lust und Verlust, Kölner Sammler zwischen Trikolore und Preußenadler, hrsg. v. Hiltrud Kier/Frank Günter Zehnder, Köln 1995, S. 237–262

Kröger, Lisa, Wallrafs Straßenneubenennung, in: Ferdinand Franz Wallraf (1748–1824) – Eine Spurensuche in Köln, hrsg. v. Gudrun Gersmann/Stefan Grohé, 2016 online gestellt

Kronenberg, Mechtild, Zur Entwicklung des Kölner Kunsthandels, in: Lust und Verlust, Kölner Sammler zwischen Trikolore und Preußenadler, hrsg. v. Hiltrud Kier/Frank Günter Zehnder, Köln 1995, S. 121–140

Krüger, Enno, Die ‚altdeutsche' Bildersammlung der Boisserées, in: 200 Jahre Heidelberger Romantik, hrsg. v. Friedrich Strack, Berlin/Heidelberg/New York 2008, S. 517–528

Krüger, Jürgen, Rom und Jerusalem. Kirchenbauvorstellungen der Hohenzollern im 19. Jahrhundert, Berlin 1995

L

Landsberg, Ernst, Die Gutachten der Rheinischen Immediat-Justiz-Kommission und der Kampf um die rheinische Rechts- und Gerichtsverfassung 1814–1819, Bonn 1914

Langenn, Albert von, Merseburg in den ersten zehn Jahren unsers Jahrhunderts, in: Sachsengrün. Culturgeschichtliche Zeitschrift aus sämmtlichen Landen Sächsischen Stammes, Nr. 22, 1861, S. 241–247

Langbrandtner, Hans-Werner, Ahnengalerie, in: Adelige Lebenswelten im Rheinland. Kommentierte Quellen der Frühen Neuzeit, hrsg. v. Gudrun Gersmann/Hans-Werner Langbrandtner, Köln/Weimar/Wien, 2009, S. 192–199

Langbrandtner, Hans-Werner, Baukultur, in: Adelige Lebenswelten im Rheinland. Kommentierte Quellen der Frühen Neuzeit, hrsg. v. Gudrun Gersmann/Hans-Werner Langbrandtner, Köln/Weimar/Wien, 2009, S. 123–130

Laufner, Richard, Johann Hugo Wyttenbach (1767–1848), in: Rheinische Lebensbilder, Bd. 5, Köln 1982, S. 45–56

Liermann, Stephan, Heinrich Gottfried Daniels, der erste Präsident des Rheinischen Appellationsgerichtshofs in Köln, in: Recht und Rechtspflege in den Rheinlanden, hrsg. v. Josef Wolfram/Adolf Klein, Köln 1969, S. 57–77

Limper, Wilhelm, Wallraf und Grashof. Zugleich ein Beitrag zur Geschichte des kölnischen Schulwesens, in: Jahrbuch des Kölnischen Geschichtsvereins, Nr. 21, 1939, S. 111–141

Locker, Tobias, Die Bildergalerie von Sanssouci bei Potsdam, in: Tempel der Kunst. Die Geburt des öffentlichen Museums 1701–1815, hrsg. v. Bénédicte Savoy, Mainz 2006, S. 217–242

Lohmann, Wilhelm, Kurze Geschichte und topographische Beschreibung der Stadt Magdeburg und ihrer Merkwürdigkeiten wie auch der Umgegenden, Magdeburg 1817

Loos, Helmut, Beethoven-Wirkungen in Berlin, in: Urbane Musikkultur. Berlin um 1800, hrsg. v. Eduard Mutschelknauss, Hannover 2011, S. 231–252

Looz-Corswarem, Clemens von, An Düsseldorf vorbei. Die ersten Dampfschiffe auf dem Rhein 1816–1825, in: Düsseldorfer Jahrbuch, 86, 2018, S. 145–169

Lüttichau, Mario von, Le Brun. Everhard Jabach und sein Familienbild, in: Lempertz-Bulletin, Einleger, 01, 2018

M

Manstein, Marianne von, Die Sammlung der Brüder Boisserée und ihres Freundes Bertram, in: Biedermeier in Heidelberg 1812–1853, hrsg. v. Carl-Ludwig Fuchs/Susanne Himmelheber, Heidelberg 1999, S. 129–137

Marold, Karl (Hg.), Gottfried von Straßburg. Tristan, Bde. 1 u. 2, 4. Aufl., Neudruck, Berlin/New York, 2004

Marwitz, Luise von der (Bearb.), Vom Leben am preußischen Hofe 1815–1852. Aufzeichnungen von Caroline v. Rochow, geb. v. d. Marwitz und Marie de la Motte-Fouqué, Berlin 1908

Mast, Peter, Johann Wilhelm Süvern, in: Berlinische Lebensbilder. Wissenschaftspolitik in Berlin. Minister, Beamte, Ratgeber, hrsg. v. Wolfgang Treue/Karlfried Gründer, Berlin 1987, S. 107–118

Matthaei, Renate, Sulpiz Boisserée und die Vollendung des Kölner Doms. Eine Biographie, Norderstedt 2016

Meckelnborg, Christina (Bearb.), Die nichtarchivischen Handschriften der Signaturengruppe Best. 701 Nr. 1–190, ergänzt durch die im Görres-Gymnasium Koblenz aufbewahrten Handschriften A, B und C, Wiesbaden 1998

Meinecke, Andreas, Geschichte der preußischen Denkmalpflege 1815 bis 1860 (Acta Borussica. Neue Folge, 2. Reihe: Preußen als Kulturstaat, Abteilung II. Der preußische Kulturstaat in der politischen und sozialen Wirklichkeit, Bd. 4, Berlin 2013

Meiner, Jörg, Leben zwischen Zeiten und Stilen. Die Wohnung des preußischen Kronprinzen Friedrich Wilhelm (IV.) im Berliner Schloß, in: Die Königsstadt. Stadtraum und Wohnräume in Berlin um 1800, hrsg. v. Claudia Sedlarz, Hannover 2008, S. 199–214

Merlo, Johann Jacob, Zur Geschichte des Kölner Theaters im 18. und 19. Jahrhundert, in: Annalen des Historischen Vereins für den Niederrhein, Heft 50, 1890, S. 145–219

Merlo, Johann Jacob, Kölnische Künstler in alter und neuer Zeit. Neu bearbeitete und erweiterte Nachrichten von dem Leben und den Werken Kölnischer Künstler, hrsg. v. Eduard Firmenich Richartz/Hermann Keussen, Düsseldorf 1895

Mettele, Gisela, Das Bürgertum in Köln 1775–1870. Gemeinsinn und freie Association, München 1998

Michaelis, Rainer, Die Sammlung Giustiniani in Preußen. Aus der Gründerzeit der Berliner Museumsinsel, in: Jahrbuch Preußischer Kulturbesitz, 38, 2002, S. 113–127

Michel, Fritz, Die Kunstdenkmäler der Stadt Koblenz. Die profanen Denkmäler und die Vororte, Berlin/München 1954

Mölich, Georg, Preußische Kulturpolitik am Rhein nach der Besitzergreifung – eine Skizze, in: Lust und Verlust. Kölner Sammler zwischen Trikolore und Preußenadler, hrsg. v. Hiltrud Kier/Frank Günter Zehnder, Köln 1995, S. 163–167

Mosler, Bettina, Benedikt Beckenkamp (1747–1828). Ein rheinischer Maler, Köln 2003

Motschmann, Uta, Die Gesetzlose Gesellschaft (Nr. 1), in: Handbuch der Berliner Vereine und Gesellschaften 1786–1815, hrsg. v. Uta Motschmann, Berlin/München/Boston 2015, S. 769–774

Müller, Alwin, Die Geschichte der Juden in Köln von der Wiederzulassung 1798 bis um 1850, Köln 1984

Müller, Klaus, Köln von der französischen zur preußischen Herrschaft 1794–1814, Köln 2005

Müller, Klaus, Ferdinand Franz Wallraf. Gelehrter, Sammler, Kölner Ehrenbürger, Köln 2017

Münch, Bernhard, Die Regentenverwaltung. Stiftungen zur Zeit der alten Kölner Universität und Gymnasien, in: Bildung stiften, hrsg. v. Kölner Gymnasial- und Stiftungsfonds, Köln 2000, S. 34–39

Mutschelknauss, Eduard (Hg.), Urbane Musikkultur. Berlin um 1800, Hannover 2011

N

Nebelung, Alexandra, Exkurs: Das Jesuitenkolleg in Köln und seine Geschichte, in: Ferdinand Franz Wallraf (1748–1824) – Eine Spurensuche in Köln, hrsg. v. Gudrun Gersmann/Stefan Grohé, 2016 online gestellt

Nebelung, Alexandra (unter Mitarbeit von Mai Nguyen), Wallraf und die Brüder Boisserée: Ein Tauschgeschäft, in: Ferdinand Franz Wallraf (1748–1824) – Eine Spurensuche in Köln, hrsg. v. Gudrun Gersmann/Stefan Grohé, 2016 online gestellt

Neigebaur, Johann Daniel Ferdinand, Briefe eines preußischen Offiziers während seiner Gefangenschaft in Frankreich, in den Jahren 1813 und 1814, 2 Bde., Köln 1816/1818

Nerrlich, Paul (Hg.), Briefe von Charlotte von Kalb an Jean Paul und dessen Gattin, Berlin 1882

Nicolai, Friedrich, Beschreibung der Königlichen Residenzstädte Berlin und Potsdam, aller daselbst befindlicher Merkwürdigkeiten, und der umliegenden Gegend, Berlin 1786

Niebuhr, Barthold Georg, Lebensnachrichten über Barthold Georg Niebuhr aus Briefen desselben und aus Erinnerungen einiger seiner nächsten Freunde, Bd. 2, Hamburg 1838

Niebuhr, Barthold Georg, Briefe aus Rom (1816–1823), 1. Halbband, hrsg. v. Eduard Vischer, Bern/München 1981

Niehr, Klaus, Ästhetische Norm und nationale Identität. Fiorillo und die Kunst des Hochmittelalters in Deutschland, in: Johann Dominicus Fiorillo. Kunstgeschichte und die Romantische Bewegung um 1800, hrsg. v. Antje Middeldorf Kosegarten, Göttingen 1997, S. 328–335

Nienhaus, Stefan, Geschichte der deutschen Tischgesellschaft, Tübingen 2003

Nienhaus, Stefan, Deutsche Tischgesellschaft, in: Handbuch der Berliner Vereine und Gesellschaften, 1786–1815, hrsg. v. Uta Motschmann, Berlin/München/Boston 2015, S. 785–790

O

Ost, Hans, Bildnisse von Caspar Benedikt Beckenkamp. Mit einem Exkurs zur Gemäldesammlung des Clemens August Maria von Merle, in: Lust und Verlust. Kölner Sammler zwischen Trikolore und Preußenadler, hrsg. v. Hiltrud Kier/Frank Günter Zehnder, Köln 1995, S. 263–281

Ottenberg, Hans-Günter/Edith Zehm (Hg.), Briefwechsel zwischen Goethe und Zelter in den Jahren 1799 bis 1832 (Johann Wolfgang von Goethe, Sämtliche Werke nach Epochen seines Schaffens, Münchner Ausgabe, hrsg. v. Karl Richter, Bd. 20.1), München 1991

Otzen, Hans, Burgen und Schlösser rund um Bonn, Bonn 2000

P

Pabst, Klaus, Der Kölner Universitätsgedanke zwischen Französischer Revolution und Preußischer Reaktion (1794–1818), in: Kölner Universitätsgeschichte, Bd. II, Das 19. und 20. Jahrhundert, hrsg. v. Bernd Heimbüchen/Klaus Pabst u.a., Köln/Wien 1988, S. 1–99

Pagenstecher, C. H. Alexander, Als Student und Burschenschaftler in Heidelberg von 1816–1819. Erster Teil der Lebenserinnerungen, Leipzig 1913

Parthey, Gustav, Jugenderinnerungen, Bd. 1 u. 2, Berlin 1871

Pauli, Philipp August, Darmstadt. Eine historisch-topographische Skizze und Excursionen in die Umgegend, Darmstadt 1815

Peter Anton Fonck. Eine getreue und vollständige Darstellung seines Prozesses, hrsg. v. C. v. F., Braunschweig 1823

Peter Anton Fonck und seine Vertheidiger, zur Rechtfertigung der Oeffentlichkeit der Gerichte und der Geschworenen-Anstalt gewürdigt von Johann Paul Brewer, Professor zu Düsseldorf, Köln 1823

Piendl, Max, Das fürstliche Haus Thurn und Taxis. Zur Geschichte des Hauses und der Thurn und Taxis-Post, Regensburg 1980

Plassmann, Max, Virtuelle Ordnungen? Verzeichnisse, Inventare und Kataloge zu Wallrafs Sammlungen, in: Wallraf im Fokus. Wallrafs Erbe. Ein Bürger rettet Köln, Köln 2018, S. 102–108

Poll, Bernhard, Regierungspräsident August von Reiman (1771–1847), in: 150 Jahre Regierung und Regierungsbezirk Aachen. Beiträge zu ihrer Geschichte, hrsg. v. Regierungspräsident Aachen, Aachen 1967, S. 293–307

Pravida, Dietmar, Maikäferklub, in: Handbuch der Berliner Vereine und Gesellschaften 1786–1815, hrsg. v. Uta Motschmann, Berlin/München/Boston 2015, S. 456–461

Prestel, Christiane, Das ehemalige Palais Boisserée Hauptstraße 209 und das Haus Hauptstraße 207, in: Die Gebäude der Universität Heidelberg, Textband, hrsg. v. Peter Anselm Riedl, Berlin/Heidelberg 1987, S. 295–303

Puls, Michael, Caspar Bernhard Hardy (1726–1819), Mentor und Weggefährte Ferdinand Franz Wallrafs, in: Wallraf im Fokus. Wallrafs Erbe. Ein Bürger rettet Köln, Köln 2018, S. 58–69

Q

Quarg, Gunter, Handakten des Eberhard von Groote aus den Jahren 1815 bis 1821, in: Annalen des Historischen Vereins für den Niederrhein, Heft 190, 1987, S. 147–160

Quarg, Gunter, Die Sammlungen des Kölner Jesuitenkollegiums nach der Aufhebung des Ordens 1773, in: Jahrbuch des Kölnischen Geschichtsvereins, Nr. 62, 1991, S. 154–173

Quarg, Gunter, Ein Gutachten Eberhard von Grootes zur Frage der Wiederbegründung der Kölner Universität nach 1814, in: Jahrbuch des Kölnischen Geschichtsvereins, Nr. 60, 1989, S. 225–239

Quarg, Gunter, Naturwissenschaftliche Sammlungen in Köln, in: Lust und Verlust. Kölner Sammler zwischen Trikolore und Preußenadler, hrsg. v. Hiltrud Kier/Frank Günter Zehnder, Köln 1995, S. 315–321

Quednow, Carl Friedrich, Beschreibung der Alterthümer in Trier und dessen Umgebungen aus der gallisch-belgischen und roemischen Periode, Theil 1 und 2, Trier 1820

R

Raab, Heribert, Joseph Görres (1776–1848), in: Rheinische Lebensbilder, Bd. 8, Köln 1980, S. 183–204

Raab, Heribert (Hg.), Joseph Görres (1776–1848). Leben und Werk im Urteil seiner Zeit (1776–1876), Gesammelte Schriften, Ergänzungsband 1, Paderborn/München/Wien/Zürich 1985

Radbruch, Gustav, Paul Johann Anselm Feuerbach: Ein Juristenleben, Wien 1934

Rathgeber, Christina, Johann Heinrich Schmedding, in: Westfälische Lebensbilder, Bd. 18, Münster 2009, S. 23–35

Rave, Paul Ortwin, Anfänge preußischer Kunstpflege am Rhein, in: Wallraf-Richartz-Jahrbuch, Bd. 9, 1936, S. 181–204

Rave, Paul Ortwin, Karl Friedrich Schinkel. Berlin, Teil 1, Bauten für Kunst, Kirchen, Denkmalpflege, Berlin 1941

Reifferscheid, Alexander (Hg.), Eberhard von Groote. Mitteilungen aus seinem Briefwechsel mit G. Fr. Benecke, J. Fr. Böhmer, M. und S. Boisserée [...] aus den Jahren 1815–1859, Bonn 1875

Reifferscheid, Alexander (Hg.), Erinnerung an Eberhard von Groote, in: Monatsschrift für rheinisch-westfälische Geschichtsforschung und Alterthumskunde, Jg. 1, 1875, S. 30–44, 138–166, 539–560

Reimer, Doris, Passion & Kalkül. Der Verleger Georg Andreas Reimer (1776–1842), Berlin/New York 1999

Reisinger-Selk, Nicole, Heinrich Gottfried Wilhelm Daniels (1754–1827). Leben und Werk. Ein Jurist in drei Zeitaltern, Berlin/Münster 2008

Reuber, Ingrid Sibylle, Der Kölner Mordfall Fonk von 1816. Das Schwurgericht und das königliche Bestätigungsrecht auf dem Prüfstand, Köln/Weimar/Wien 2002

Rheinisches Conversations-Lexicon oder encyclopädisches Handwörterbuch für gebildete Stände, Bd. 7, Köln/Bonn 1827

Richartz, Johann Heinrich (Hg.), Ausgewählte Schriften von Ferdinand Wallraf. Festgabe zur Einweihungs-Feier des Museums Wallraf-Richartz, Köln 1861

Riemann, Gottfried, Schinkels Aufenthalte im Rheinland, in: Schinkel im Rheinland, Düsseldorf 1991, S. 33–51

Ritter, Margaret, Maximilian Friedrich Weyhe (1775–1846). Ein Leben für die Gartenkunst, Düsseldorf 2007

Rößner-Richarz, Maria/Monika Gussone, Erziehung der Töchter, in: Adelige Lebenswelten im Rheinland. Kommentierte Quellen der Frühen Neuzeit, hrsg. v. Gudrun Gersmann/Hans-Werner Langbrandtner, Köln/Weimar/Wien, 2009, S. 41–46

Rößner-Richarz, Maria/Monika Gussone, Verpachtung, in: Adelige Lebenswelten im Rheinland. Kommentierte Quellen der Frühen Neuzeit, hrsg. v. Gudrun Gersmann/Hans-Werner Langbrandtner, Köln/Weimar/Wien, 2009, S. 107–113

Rößner-Richarz, Maria/Hans-Werner Langbrandtner, Stadthof, in: Adelige Lebenswelten im Rheinland. Kommentierte Quellen der Frühen Neuzeit, hrsg. v. Gudrun Gersmann/Hans-Werner Langbrandtner, Köln/Weimar/Wien, 2009, S. 164–170

Rohde, Jens, Kasernen in Köln 1815–1915, Bonn 2008

Romeyk, Horst, Die leitenden staatlichen und kommunalen Verwaltungsbeamten der Rheinprovinz 1816–1945, Düsseldorf 1994

Rudorff, Ernst, Aus den Tagen der Romantik. Bildnis einer deutschen Familie, Leipzig 1938

S

Sachse, Margit, Als in Dyck Kakteen blühten ... Leben und Werk des Dycker Schlossherrn Joseph Altgraf und Fürst zu Salm-Reifferscheidt-Dyck (1773–1861), Pulheim 2005

Sautter, N.N., Die französische Post am Niederrhein bis zu ihrer Unterordnung unter die General-Postdirektion in Paris 1794–1799, in: Annalen des Historischen Vereins für den Niederrhein, Heft 65, 1898, S. 1–92

Savoy, Bénédicte (Hg.), Helmina von Chézy. Leben und Kunst in Paris seit Napoleon I., Berlin 2009

Savoy, Bénédicte, Kunstraub. Napoleons Konfiszierungen in Deutschland und die europäischen Folgen. Mit einem Katalog der Kunstwerke aus deutschen Sammlungen im Musée Napoleon, Wien/Weimar/Köln 2011

Schaden, Christoph, „Bei Haxthausen viel Bilder-Plunder ..." Das Schicksal des städtischen Regierungsrats und Kunstsammlers Werner Moritz von Haxthausen in Köln 1816–26, in: Lust und Verlust. Kölner Sammler zwischen Trikolore und Preußenadler, hrsg. v. Hiltrud Kier/Frank Günter Zehnder, Köln 1995, S. 205–213

Schäfke, Werner/Ingrid Bodsch (Hg.), Der Lauf des Rheines: Der Mittelrhein in illustrierten Reisebeschreibungen, Alben, Panoramen und Karten des 17. bis 19. Jahrhunderts, Köln/Bonn 1993

Schäfke, Werner (Hg.), Johann Peter Weyer. Kölner Alterthümer, Kommentarband; unter Mitarbeit v. Ulrich Bock, Köln 1994

Scharold, Carl Gottfried, Würzburg und die umliegende Gegend. Für Fremde und Einheimische mit dem Grundrisse der Stadt und andern Kupfern, Würzburg 1815

Schinkel im Rheinland, Begleitband zur Ausstellung im Stadtmuseum Düsseldorf und in Potsdam-Sanssouci, Düsseldorf 1991

Schläwe, Elisabeth/Sebastian Schlinkheider, Eine unruhige Nacht – Wallrafs Testament vom 25./26. Mai 1816, in: Letzter Wille mit großer Wirkung – Die Testamente Ferdinand Franz Wallrafs (1748–1824), hrsg. v. Elisabeth Schläwe/Sebastian Schlinkheider, 2018 online gestellt

Schläwe, Elisabeth/Sebastian Schlinkheider, Dreimal letzter Wille – Wallrafs Testamente im Resümee, in: Letzter Wille mit großer Wirkung – Die Testamente Ferdinand Franz Wallrafs (1748–1824), hrsg. v. Elisabeth Schläwe/Sebastian Schlinkheider, 2018 online gestellt

Schläwe, Elisabeth/Sebastian Schlinkheider, „Wenn nun der Wallraf stirbt, wer wird denn dann der Wallraf?" – ein Prolog, in: Letzter Wille mit großer Wirkung – Die Testamente Ferdinand Franz Wallrafs (1748–1824), hrsg. v. Elisabeth Schläwe/Sebastian Schlinkheider, 2018 online gestellt

Schlinkheider, Sebastian, Aus der Probstei ins Museum – Wallrafs Wille wird Wirklichkeit, in: Letzter Wille mit großer Wirkung – Die Testamente Ferdinand Franz Wallrafs (1748–1824), hrsg. v. Elisabeth Schläwe/Sebastian Schlinkheider, 2018 online gestellt

Schmidt, Siegfried, Das Gymnasium Tricoronatum unter der Regentschaft der Kölner Jesuiten, in: Anfänge der Gesellschaft Jesu und das erste Jesuitenkolleg in Köln, hrsg. v. Heinz Finger, Köln 2006, S. 71–186

Schmitt, Christine, Wallraf digital – vom Internet ins Museum, in: Wallraf im Fokus. Wallrafs Erbe. Ein Bürger rettet Köln, Köln 2018, S. 222–227

Schmitz, Christian, Die Vorschläge und Entwürfe zur Realisierung des preußischen Verfassungsversprechens 1806–1819. Eine rechtliche Bilanz zum Frühkonstitutionalismus der Stein-Hardenberg'schen Reformen, Göttingen 2010

Schmitz, Wolfgang, Privatbibliotheken in Köln zwischen Trikolore und Preußenadler, in: Lust und Verlust. Kölner Sammler zwischen Trikolore und Preußenadler, hrsg. v. Hiltrud Kier/Frank Günter Zehnder, Köln 1995, S. 355–371

Schmitz, Wolfgang, Die Kölner Gymnasialbibliothek. Buchbestände und Handschriften aus sechs Jahrhunderten, in: Bildung stiften, hrsg. v. Kölner Gymnasial- und Stiftungsfonds, Köln 2000, S. 84–93

Schoenen, Gerhard, Die Kölnischen Studienstiftungen, Köln 1892

Schönfuß, Florian, Mars im hohen Haus. Zum Verhältnis von Familienpolitik und Militärkarriere beim rheinischen Adel 1770–1830, Göttingen 2017

Schoeps, Hans Joachim (Hg.), Aus den Jahren preussischer Not und Erneuerung. Tagebücher und Briefe der Gebrüder Gerlach und ihres Kreises 1805–1820, Berlin 1963

Schoof, Wilhelm, Zwanzig neue Schenkendorfbriefe, in: Jahrbuch des Kölnischen Geschichtsvereins, Nr. 21, 1939, S. 164–194

Schoof, Wilhelm (Hg.), Briefe der Brüder Grimm an Savigny. Aus dem Savignyschen Nachlaß hrsg. in Verbindung mit Ingeborg Schnack, Berlin 1953

Schopenhauer, Johanna, Ausflucht an den Rhein und dessen nächste Umgebungen im Sommer des ersten friedlichen Jahres, Leipzig 1818

Schopenhauer, Johanna, Johann van Eyck und seine Nachfolger, Bd. I, Frankfurt a. M. 1822

Schopenhauer, Johanna, Ausflug an den Niederrhein und nach Belgien im Jahre 1828, 1. Theil, Leipzig 1831

Schorn, Ludwig, Über die Gemählde des Johann van Eck in der Sammlung der HH. Boisserée und Bertram, in: Archiv für Geographie, Historie, Staats- und Kriegskunst,

Nr. 117, 27. Sept., S. 478; Nr. 118, 29. Sept., S. 481 f.; Nr. 123, 11. Okt., S. 501 f.; Nr. 124, 13. Okt., S. 505 f.; Nr. 125, 16. Okt. 1820, 509 f.

Schrapel, Claudia, Fiorillos Sicht der „altdeutschen" Kunst und ihre Interdependenz mit der Kunst und der Kunstbetrachtung des frühen 19. Jahrhunderts, in: Johann Dominicus Fiorillo. Kunstgeschichte und die Romantische Bewegung um 1800, hrsg. v. Antje Middeldorf Kosegarten, Göttingen 1997, S. 306–327

Schreiter, Charlotte/Albrecht Pyritz (Hg.), Berliner Eisen. Die Königliche Eisengießerei Berlin. Zur Geschichte eines preußischen Unternehmens, Berlin 2007

Schultz, Franz, Das literarische Leben, in: Die Rheinprovinz 1815–1915. Hundert Jahre preußische Herrschaft am Rhein, Bd. 2, hrsg. v. Joseph Hansen, Bonn 1917, S. 385–409

Schwann, Mathieu, Geschichte der Kölner Handelskammer, Köln 1906

Schwarz, Johann, Das Armenwesen der Stadt Köln vom Ende des 18. Jahrhunderts bis 1918, Köln 1922

Simons, Peter, Illustrierte Geschichte von Deutz, Kalk, Vingst und Poll. Ein Beitrag zur Geschichte des kurkölnischen Amtes Deutz, Cöln-Deutz, 1913

Smets, Wilhelm, Taschenbuch für Rheinreisende. Historisch, topographisch und poetisch bearbeitet von W. Smets, Koblenz 1818

Sotzmann, Johann Daniel Ferdinand, Ueber des Antonius von Worms Abbildung der Stadt Köln aus dem Jahre 1531, Köln 1819

Spiertz, Willi, Eberhard von Groote. Leben und Werk eines Kölner Sozialpolitikers und Literaturwissenschaftlers (1789–1864), Köln/Weimar/Wien 2007

Steckner, Cornelius, Kölner Sammlungen in Reisehandbüchern, in: Lust und Verlust. Kölner Sammler zwischen Trikolore und Preußenadler, hrsg. v. Hiltrud Kier/Frank Günter Zehnder, Köln 1995, S. 169–178

Steckner, Cornelius, Kölner Bilder nach Bildern, in: Lust und Verlust. Kölner Sammler zwischen Trikolore und Preußenadler, hrsg. v. Hiltrud Kier/Frank Günter Zehnder, Köln 1995, S. 179–181

Steckner, Cornelius, Wallraf als Conservateur des Monuments de Cologne, in: Wallraf im Fokus. Wallrafs Erbe. Ein Bürger rettet Köln, Köln 2018, S. 166–176

Steffens, Martin, K. F. Schinkel 1781–1841. Ein Baumeister im Dienste der Schönheit, Köln 2003

Steffens, Wilhelm (Hg.), Briefwechsel Sacks mit Stein und Gneisenau (1807/17), Stettin 1931

Stolberg-Stolberg, Friedrich Leopold, Geschichte der Religion Jesu Christi, Hamburg 1806–1818

Strack, Friedrich, Das Palais Sickingen-Boisserée und seine Bewohner, in: Heidelberger Jahrbücher, Bd. XXV, Berlin/Heidelberg/New York 1981, S. 123–146

Strack, Friedrich, Die Sammlung Boisserée in Heidelberg. Künstleratelier und Bildungsanstalt, in: Die Bildersammlung der Brüder Boisserée. Von privater Kunstbegeisterung zur kulturellen Akzeptanz der Kunst (Kunst als Kulturgut Bd. I), hrsg. v. Annemarie Gethmann-Siefert, München 2011, S. 165–182

Stracke, Gottfried, Köln: St. Aposteln, Köln 1992
Strauch, Dieter, Französisches Recht im Rheinland, in: Der Appellhof zu Köln – Ein Monument deutscher Rechtsentwicklung, hrsg. v. Dieter Strauch/Joachim Arntz/Jürgen Schmidt-Troje, Bonn 2002, S. 19–44
Sydow, Anna von (Hg.), Wilhelm und Caroline von Humboldt in ihren Briefen 1788–1833, Berlin 1935

T
Tauber, Christine, Über Kunst und Altertum, in: Goethe Handbuch. Supplement 3: Kunst, hrsg. v. Andreas Beyer/Ernst Osterkamp, Stuttgart, 2011, S. 414–429
Tausch, Harald, „Wo Liebhaber und Künstler patriotisch kunstverständig zusammen gewirkt". Wallraf – Goethe – Boisserée, in: Wallraf im Fokus. Wallrafs Erbe. Ein Bürger rettet Köln, Köln 2018, S. 210–218
Thiele, Gerhard, Gneisenau. Leben und Werk des Königlich-Preußischen Generalfeldmarschalls. Eine Chronik, 2. Aufl., Berlin 2007
Thier, Andreas, Kultur, Reform und Staatlichkeit in Preußen um 1800, in: Krise, Reformen – und Kultur. Preußen vor und nach der Katastrophe von 1806, hrsg. v. Bärbel Holtz, Berlin 2010, S. 123–146
Thierhoff, Bianca, Ferdinand Franz Wallraf (1748–1824). Eine Gemäldesammlung für Köln, Köln 1997
Tomasek, Tomas, Einführung in das Werk, in: Gottfried von Straßburg. Tristan, Bd. 1 u. 2; hrsg. v. Karl Marold, 4. Aufl., Neudruck, Berlin/New York 2004, S. VII–XLIV
Trempler, Jörg, Karl Friedrich Schinkel. Baumeister Preußens. Eine Biographie, München 2012
Trippen, Peter Paul, Die Familie von Groote, in: Beiträge zur Kölnischen Geschichte, Sprache, Eigenart, Bd. 3, Heft 15/16, 1919, S. 205–226
Trippen, Peter Paul, Der letzte Thurn und Taxis'sche Oberpostmeister von Köln als „Emigrant" im Siegtale, in: Hürther Heimat, Nr. 59/60, 1987, S. 5–21
Trippen, Peter Paul (Hg.), Hauptsächliche Begebenheiten der Jahre 1802–1816. Aus dem „Journal" des letzten kurkölnischen Generaleinnehmers Cornel Joseph Freiherr Geyr von Schweppenburg (1754–1832), in: Jahrbuch des Kölnischen Geschichtsvereins, Nr. 19, 1937, S. 312–335

U
Universitäts- und Addreß-Calender von Heidelberg auf das Jahr 1816. Für Fremde und Einheimische, Heidelberg Januar 1816
Urbanek, Regina, „... Zur Vermehrung der Gottesdienste und zur Verbesserung der Goldenen Kammer von St. Ursula, in: Köln in unheiligen Zeiten. Die Stadt im Dreißigjährigen Krieg, hrsg. v. Stefan Lewejohann, Köln 2014, S. 214–221

V

Varrentrapp, Conrad, Johannes Schulze und das höhere preußische Unterrichtswesen in seiner Zeit, Leipzig 1889

Verzeichniß der Vorlesungen, welche von der Universität zu Berlin im Winterhalbenjahre 1815 bis 1816 vom 16ten Oktober an gehalten werden

Verzeichniß der Vorlesungen, welche von der Universität zu Berlin im Sommerhalbenjahre 1816 vom 17. April an gehalten werden

Vey, Horst, Johann Peter Weyer, seine Gemäldesammlung und seine Kunstliebe, in: Wallraf-Richartz-Jahrbuch, Bd. 28, 1966, S. 159–254

Vogts, Hans, Die Kunstdenkmäler der Stadt Köln. Die profanen Denkmäler, Düsseldorf 1930

Vogts, Hans, Das Kölner Wohnhaus bis zur Mitte des 19. Jahrhunderts, Bd. I u. II, Neuß 1966

Voß, Herbert/Uta Motschmann, Gesetzlose Gesellschaft (Nr. 2), in: Handbuch der Berliner Vereine und Gesellschaften 1786–1815, hrsg. v. Uta Motschmann, Berlin/München/Boston 2015, S. 774–784

W

Wacker, Bernd (Hg.), Joseph Görres, Der Dom zu Köln und das Münster von Strassburg, Paderborn/München/Wien/Zürich 2006

Wagner, Rita, Kölner Kunstsammler und Global Player. Von der Sternengasse nach Paris – Die Familie Jabach, in: Köln in unheiligen Zeiten. Die Stadt im Dreißigjährigen Krieg, hrsg. v. Stefan Lewejohann, Köln 2014, S. 116–125

Wagner, Rita, Weltkunst in der Sternengasse; in: Museen Köln, Bild der Woche, 2014 online gestellt

Wagner, Rita, Geschlechter, Bürger, Freimaurer. Leben rund um den Heumarkt, in: Drunter und Drüber: Der Heumarkt, hrsg. v. Mario Kramp/Marcus Trier, Köln 2016, S. 126–133

Wallraf, Ferdinand Franz, Beschreibung der Kreuzigung Petri von Peter Paul Rubens, in: Taschenbuch auf das Jahr 1805 für Liebhaber und Liebhaberinnen des Schönen und Angenehmen, hrsg. v. Carl Gottlob Cramer, Köln 1805, S. 51–68

Wallraf, Ferdinand Franz, Das berühmte Gemälde der Stadtpatrone Kölns, ein Werk altdeutscher kölnischer Kunst von 1410, in der hohen Domkirche, in: Eberhard von Groote/Friedrich Wilhelm Carové (Hg.), Taschenbuch für Freunde altdeutscher Zeit und Kunst auf das Jahr 1816, Köln 1815, S. 349–387

Wallraf, Ferdinand Franz, Beschreibung der gestochenen Abbildung, in: Getreue nach dem Original fein in Kupfer gestochene Abbildung des prachtvollen von den Franzosen im Jahre 1794 hinweggenommenen Altarblattes unserer St. Peters-Pfarrkirche, die Kreuzigung des Apostels Petrus vorstellend, Gemälde von Rubens. 11 Fuß hoch und 8 Fuß breit auf Tuch, oben gerundet. Nebst Beschreibung und zur Feier für dessen Wiedererhaltung, Köln 1815

Wallraf im Fokus. Wallrafs Erbe. Ein Bürger rettet Köln, Köln 2018

Wechssler, Sigrid, Die Restauratoren und das Restaurieren der Sammlung Boisserée, in: Die Bildersammlung der Brüder Boisserée. Von privater Kunstbegeisterung zur kulturellen Akzeptanz der Kunst (Kunst als Kulturgut Bd. I), hrsg. v. Annemarie Gethmann-Siefert, München 2011, S. 263–279

Wedel, Hasso von, Heinrich von Wittgenstein (1797–1869). Unternehmer und Politiker in Köln, Köln 1981

Wegener, Gertrud, Literarisches Leben in Köln 1750–1850, Teil 1 (1750–1814) Köln 2000, Teil 2 (1815–1840), Köln 2005

Weidner, Marcus, Landadel in Münster 1600–1760. Stadtverfassung, Standesbehauptung und Fürstenhof, Teil 2, Münster 2000

Weinhold, Kurt, Verlag M. DuMont-Schauberg, Köln. Die Geschichte eines Zeitungshauses 1620–1945, Köln 1969

Weitz, Hans-J., Die Sammlung Boisserée in den Tagebüchern des Sulpiz, in: Die Bildersammlung der Brüder Boisserée. Von privater Kunstbegeisterung zur kulturellen Akzeptanz der Kunst (Kunst als Kulturgut Bd. I), hrsg. v. Annemarie Gethmann-Siefert, München 2011, S. 61–84

Westfehling, Uwe (Bearb.), Der erste Kölner Stadtführer aus dem Jahre 1828, Köln 1982

Weyden, Ernst, Das Haus Overstolz zur Rheingasse, genannt Tempelhaus. Historische Skizze und Beschreibung seiner innern Ausschmückung, Köln 1842

Weyden, Ernst, Köln am Rhein vor fünfzig Jahren. Sitten-Bilder nebst historischen Andeutungen und sprachlichen Erklärungen, Köln 1862

Wilhelmy-Dollinger, Petra, Die Berliner Salons. Mit kulturhistorischen Spaziergängen, Berlin/New York 2000

Wilhelmy-Dollinger, Petra, Singen, Konzertieren, Diskutieren. Musikalische Aktivitäten in den Salons der „Berliner Klassik", in: Urbane Musikkultur. Berlin um 1800, hrsg. v. Eduard Mutschelknauss, Hannover 2011, S. 141–169

Wilken, Friedrich, Geschichte der Bildung, Beraubung und Vernichtung der alten Heidelbergischen Büchersammlungen. Ein Beytrag zur Literärgeschichte vornehmlich des funfzehnten und sechszehnten Jahrhunderts; nebst einem meist beschreibenden Verzeichniß der im Jahr 1816 von dem Pabst Pius VII. der Universität Heidelberg zurückgegebenen Handschriften, und einigen Schriftproben, Heidelberg 1817

Willich, Ehrenfried von, Aus Schleiermachers Hause. Jugenderinnerungen seines Stiefsohnes Ehrenfried von Willich, Berlin 1909

Wirminghaus, A., Das Verkehrswesen, in: Die Rheinprovinz 1815–1915. Hundert Jahre preußische Herrschaft am Rhein, Bd. 1, hrsg. v. Joseph Hansen, Bonn 1917, S. 561–610

Wirtler, Ulrike, Das Haus Overstolz zur Rheingasse, in: Johann Peter Weyer. Kölner Alterthümer, Kommentarband; hrsg. v. Werner Schäfke, unter Mitarbeit v. Ulrich Bock, Köln 1994, S. 246–254

Wolff, Arnold (Hg.), Sulpiz Boisserée, Ansichten, Risse und einige Theile des Domes von Köln, Neuaufl. Köln 1979

Wolff, Arnold, Dombau in Köln: Photographen dokumentieren die Vollendung einer Kathedrale, Stuttgart 1980

Wolff, Arnold, Die Baugeschichte der Domvollendung, in: Religion – Kunst – Vaterland. Der Kölner Dom im 19. Jahrhundert, hrsg. v. Otto Dann, Köln 1983, S. 47–77

Wolff, Arnold, Ansichten, Risse und einzelne Theile des Doms von Köln. Das „Domwerk" des Sulpiz Boisserée, in: Die Bildersammlung der Brüder Boisserée. Von privater Kunstbegeisterung zur kulturellen Akzeptanz der Kunst (Kunst als Kulturgut Bd. I), hrsg. v. Annemarie Gethmann-Siefert, München 2011, S. 281–298

Wolff, Arnold (Hg.), Sulpiz Boisserée. Der Briefwechsel mit Moller, Schinkel und Zwirner; unter Verwendung der Vorarbeiten von Elisabeth Christern und Herbert Rode, Köln 2008

Wolff-Wintrich, B., Kölner Glasmalereisammlungen des 19. Jahrhunderts, in: Lust Verlust. Kölner Sammler zwischen Trikolore und Preußenadler, hrsg. v. Hiltrud Kier/Frank Günter Zehnder, Köln 1995, S. 341–354

Wrede, Adam, Joseph Görres und Eberhard von Groote. Ein Beitrag zur Geschichte der Romantik am Rhein, in: Literarische Beilage der Kölnischen Volkszeitung, Nr. 26, 28. Jan. 1926

Wunderlich, Heinke, Studienjahre der Grafen Salm-Reifferscheidt (1780–1791). Ein Beitrag zur Adelserziehung am Ende des Ancien Régime, Heidelberg 1984

Z

Zimmermann, Rolf Christian, Der Kölner Dom in der Literatur der klassisch-romantischen Zeit, in: Religion – Kunst – Vaterland. Der Kölner Dom im 19. Jahrhundert, hrsg. v. Otto Dann, Köln 1983, S. 20–28

Abkürzungen

AB	Adressbuch Berlin
AK	Adressbuch Köln
Allg. musikal. Zeitung	Allgemeine musikalische Zeitung
Bd.	Band
Bde.	Bände
Berlin. Nachr.	Berlinische Nachrichten von Staats- und gelehrten Sachen
Best.	Bestand
Bl.	Blatt
bzw.	beziehungsweise
dergl.	dergleichen
Dr.	Doktor
Dramat. Wochenbl.	Dramaturgisches Wochenblatt in nächster Beziehung auf die königlichen Schauspiele zu Berlin
ebd.	ebenda
etc.	et cetera
Fl.	Florin: Gulden
Fr., fr.	Francs
franz.	französisch
GG., g. Gr., GGr.	Gute Groschen
Gr.	Groschen
GStA PK	Geheimes Staatsarchiv Preußischer Kulturbesitz Berlin
HAStK	Historisches Archiv der Stadt Köln
Jh., Jh.s	Jahrhundert, Jahrhunderts
Köln. Zeitung	Kölnische Zeitung
kr.	Kreuzer
Mlle	Mademoiselle
No.	Nummer
Nr.	Nummer
Pfd.	Pfund
pp.	Platzhalter für Namen oder Titel
preuß.	preußisch
Prof.	Professor
r	recto, Vorderseite
Rh., rh.	rheinisch
Rt., Rth., Rthl.	Reichsthaler
S.	Seite
S., Sls.	Sols
Stb., Stbr.	Stüber
Thl., Thlr.	Taler

u.a.	unter anderen, unter anderem
U.	Uhr
U., u.	und
u.s.f.	und so fort
u.s.w.	und so weiter
v.	von: als Adelspräfix
v	verso, Rückseite
vgl.	vergleiche
vol.	Volume
z.B.	zum Beispiel
z.T.	zum Teil

Zeichen für:

Pfennig	₰
Pfund	℔

Dank

Die Edition des Tagebuchs Eberhard von Grootes ist nur durch die Unterstützung zahlreicher Einrichtungen möglich. In erster Linie danke ich der Gesellschaft für rheinische Geschichtskunde, dem Historischen Archiv der Stadt Köln, dem Kölner Gymnasial- und Stiftungsfonds, dem Landschaftsverband Rheinland und seinem Archiv sowie den Vereinigten Adelsarchiven im Rheinland.

Seit Beginn des Editionsprojekts ist mein wichtigster Berater Jürgen Herres. Er stellt mir großzügig seine Vorarbeiten zur Verfügung, lässt mich sein gesammeltes Material nutzen und ist jederzeit bereit, mir mit Informationen und Ratschlägen weiterzuhelfen. Ich kann ihm gar nicht genug danken.

Dankbar bin ich Florian Hofmann, der mit großem Engagement an der Transkription des Tagebuchtextes mitgearbeitet hat.

Ich danke den vielen Mitarbeiterinnen und Mitarbeitern von Archiven, Bibliotheken und Museen, die mir Dokumente zur Verfügung stellten und mich bei meinen Recherchen kompetent und freundlich berieten. Ich danke vor allem Marion Fey, Rita Wagner, Mario Kramp, Hans-Werner Langbrandtner, Max Plassmann, Beatrix Alexander, Bärbel Holtz und Evelyn Bertram-Neunzig. Bei besonderen Problemen konnte ich auf die Unterstützung von Joachim Deeters zählen. Johannes Wachten half bei der Übersetzung von gelegentlich sehr unklaren und schwer lesbaren lateinischen und altgriechischen Textstückchen. Des Weiteren bin ich Astrid Sürth, Björn Raffelsiefer, Rotraut Jaschke, Eric Barthelemy und Ralf Frede dankbar.

Für ihre professionelle Kompetenz, die mir das Arbeiten erheblich erleichtert, bin ich Ulrike Kaltenbrunner, Anja Breer, Aristoteles Alexandridis, Volker Klein und Walter Schurig dankbar, für freundschaftliche Ermutigungen Martin Rüther und Hildegard Wrobel-Sachs. Darüber hinaus danke ich Emanuel Stein in Israel, der meinen Erzählungen zu Eberhard von Groote seit Jahren zuhört. Da seine Vorfahren aus Brühl und Umgegend stammen, sind sie vor 200 Jahren vermutlich Mitgliedern der Familie von Groote begegnet.

Für die Fertigstellung dieses zweiten Bandes danke ich Julia Beenken und Kirsti Doepner beim Böhlau Verlag sowie dem pagina-Team.

Ich danke auch der Familie von Groote für das Interesse, mit der sie die Arbeit an der Veröffentlichung des Tagebuchs ihres Vorfahren verfolgt.

Man ganz besonderer Dank gilt Jürgen Müller, dem dieses Buch gewidmet ist.

Meinem Mann bin ich wie immer für alles dankbar.

Köln, Dezember 2019 Barbara Becker-Jákli

Personenregister

Für dieses Register wurden biografische, familiengeschichtliche und genealogische Darstellungen, Aufsätze, Lexika und Webseiten genutzt.
Die Namen der Personen, die in den Aufzeichnungen Eberhard von Grootes mehr als hundert Mal erwähnt werden – nahe Verwandte und Mitglieder seines engen Umfelds – sind im Folgenden aufgeführt, aber nicht mit Seitenzahlen ausgewiesen. Aufgeführt werden gelegentlich auch Personen, die Groote in seinen Texten nicht nennt, die aber zum Verständnis seiner Kontakte wichtig sind.
Es wurden für Berlin und Köln vor allem folgende zeitgenössische Adressbücher verwendet:
Für Berlin: Allgemeiner Namen- und Wohnungs-Anzeiger von den Staatsbeamten, Gelehrten, Künstlern, Kaufleuten […] in der Königl. Preuss. Haupt- und Residenz-Stadt Berlin. Für das Jahr 1818 und 1819, Berlin 1818 (zitiert: AB 1818/19)

Für Köln: Itinéraire de Cologne. Avec un plan de Cologne, hrsg. v. Th.F. Thiriart, Köln 1813 (zitiert: AK 1813)
Adress-Buch oder Verzeichniss der Einwohner der Stadt Cöln, hrsg. v. Th.F. Thiriart, Köln 1822 (zitiert: AK 1822)

A
Ackermann, Herr · 267
Ackermann, Jacob Fidelis (1765–1815), Mediziner; lehrte seit 1805 Anatomie u. Physiologie an der Universität in Heidelberg · 274
Alberti, Familie · 146
vermutlich die Familie von
Alberti, Carl (1763–1829), Staatsbeamter, Mitglied des Staatsrats; Allgemeiner Straßen- u. Wohnungs-Anzeiger 1812: Acherstr. 8; AB 1818/19: Behrenstr. 69
Albrecht, Mietkutscher in Heidelberg · 265
Albrecht, Daniel Ludwig (1765–1835), Jurist, Staatsmann; seit 1810 Leiter des Königlichen Zivilkabinetts, seit 1817 Mitglied des Staatsrats · 131
Alfter, Referendar · 362
Alopaeus, David Maksimovic von (1769–1831), kaiserlich-russischer Geh. Rat; 1813 bis 1831 Gesandter am preuß. Hof; verh. mit Jeannette von Wenckstern · 213
Alopeus
Alopaeus, Jeannette von, geb. von Wenckstern (1783–1869); verh. mit David Maksimovic von Alopaeus · 213
Altenstein, Karl Sigmund Franz Freiherr vom Stein zum (1770–1840), Jurist, Staatsmann, Reformer des preuß. Bildungswesens; 1808 bis 1810 Finanzminister, 1813 bis 1815 Zivilgouverneur von Schlesien, 1817 bis 1838 Minister der geistlichen, Unterrichts- u. Medizinalangelegenheiten · 36, 38, 52, 115, 122, 125, 140, 174, 189, 205–207, 225, 233, 244, 257–259, 264, 273, 281, 283–286, 291, 314–316, 339, 345, 347, 519, 538
Alvensleben, Albrecht Graf von (1794–1858), Jurist; 1816 Student an der Berliner Universität; seit Beginn der 1830er Jahre Geh. Justizrat u. Mitglied des Staatsrats, 1835 bis 1842 preuß. Finanzminister · 99, 164, 167, 172, 186, 193, 197, 220
Ammons, in Düsseldorf · 499
André, Andreä
Andreae, Karl Christian (1783–1868), Samt- u. Seidenfabrikant, Kaufmann in Köln u. Mülheim a.Rh., Teilhaber der Firma Christoph Andreae; AK 1813: fabricant de velours, Rue Maximin 24; AK 1822: Seiden- u. Samtfabrikant, Maximinstr. 24 · 80
Anton von Worms, Anton Woensam (um 1500–1541), Grafiker, Holzschneider, Maler; berühmt für seine Kölner Stadtansicht von 1531 · 399, 537
Arndt, Ernst Moritz (1769–1860), politischer Schriftsteller, Theologe, Historiker u. Dichter; 1812 bis 1816 Mitarbeiter von Friedrich Karl vom u. zum Stein, lehrte seit 1818 an der Bonner Universität; 1820 wegen demokratischer Einstellung entlassen, 1840 rehabilitiert; 1848/49 Mitglied der Natio-

nalversammlung; heiratete 1801 in 1. Ehe Charlotte Quistorp (1780–1801), 1817 in 2. Ehe Anna Maria Schleiermacher (1786–1869), Schwester von Friedrich Ernst Daniel Schleiermacher • 11, 21 f., 30, 47, 53, 55, 57, 70, 77, 81, 106, 124, 151, 193, 195, 199, 200, 206, 209, 468 f., 480, 497, 506

Arndts

Arends, Christian; 1816 Regierungssekretär in Köln; AK 1822: Arends, Assessor u. Kassa-Rat bei der Königlichen Regierung, Drususgasse 11 • 377, 387

Arnim, Achim Ludwig von (1781–1831), Schriftsteller, Lyriker; verh. mit Bettina Brentano • 105, 158–161, 164, 166, 172, 178, 181, 197, 469, 484, 521

Arnim, Bettina von, geb. Brentano (1785–1859), Schriftstellerin; verh. mit Achim von Arnim, Schwester von Clemens Brentano u. Kunigunde von Savigny • 166

Arnim, Lieutenant • 130

Arnold, Pianist • 132, 215, 281

Artaria

Artaria & Fontaine, Buchhandlung, Musik- u. Kunstverlag der Familie Artaria in Mannheim • 266 f.

Asseburg, Sophie von • 94

Auer, Herr von • 107

Auer, Wilhelm von (1748–1830), Vater von Ferdinand Wilhelm August von Auer • 409

Auer, Ferdinand Wilhelm August von (1786–1877), seit 1814 Mitglied der Rhein. Schifffahrtskommission in Mainz, 1816 bis 1832 Regierungsrat in Köln; „Neupreuße"; AK 1822: Königlicher Regierungsrat, Hohe Str. 154 • 317, 340, 345, 355, 359, 362, 365, 368, 372, 376, 384, 387, 390, 397 f., 403, 409, 411

Axer, Friedrich (1782–1837), Gastwirt, Weinhändler; führte in Jülich den Gasthof Haus zu den heiligen drei Königen • 48

B

Babo, Lambert Joseph Leopold Freiherr von (1790–1862), Gutsbesitzer in Weinheim • 267, 273

Bachem, Herr • 66

Bachem, Verlag, Buchhandlung • 12, 335, 392

Bachem, Johann Peter (1785–1822), Verleger, Buchhändler; seit 1814 in Köln, 1815 mit Marcus DuMont Gründung der DuMont-Bachem'schen Buchhandlung, Brückenstr. 4585 (Nr. 8); 1818 Trennung der Partnerschaft u. Gründung der Firma J.P. Bachem, Verlag u. Buchhandlung auf der Hohe Straße; AK 1822: Peter Bachem, Buchdrucker u. Buchhändler, Hohe Str. 136 • 191

Baerensprung

Bärensprung, Friedrich Wilhelm Leopold von (1779–1841), preuß. Beamter; Regierungsrat; 1814 bis 1831 Berliner Bürgermeister, 1832 bis 1834 Oberbürgermeister von Berlin • 173

Baersch

Bärsch, Georg Friedrich (1778–1866), Rittmeister, Historiker; 1816 beim Oberpräsidium in Köln tätig; 1816 bis 1818 Landrat im Kreis Lechenich; seit 1819 Landrat des Kreises Prüm, seit 1834 Regierungsrat der Bezirksregierung Trier; verh. in 1. Ehe mit Juliane Wilhelmine Eltze • 340, 367 f., 374, 389, 397

Bärsch, Juliane Wilhelmine, geb. Eltze (1786–1836); verh. mit Georg Friedrich Bärsch • 374

Bardenleben, Karl Moritz Ferdinand (1777–1868), preuß. Militär; 1814 Ernennung zum Major, 1815 zum Obristlieutenant, 1842 zum Generallieutenant • 199

Barry, Henry (1782–nach 1846), engl. Pfarrer, Reisender, Schriftsteller • 33, 63, 350, 382

Bartels, Herr • 396

Bassano, Duchesse; verh. mit Hugues-Bernard Maret, Duc de Bassano (Herzog von Bassano) • 239

Bassewitz, Adelheid Henriette von, geb. von Gerlach (1784–1865), seit 1801 verh. mit Friedrich Magnus von Bassewitz; Cousine von Leopold, Ludwig, Otto u. Wilhelm von Gerlach • 239

Basswitz

Bassewitz, Friedrich Magnus von (1773–1858), 1810 bis 1842 Regierungspräsident in Potsdam, 1825 bis 1840 Oberpräsident von Brandenburg; seit 1801 verh. mit Adelheid Henriette von Gerlach • 238

Batt, Georg Anton (1775–1839), Historiker, Sammler, Erzieher der Söhne von Lambert Joseph Leopold von Babo • 267

Baumann *siehe* Braumann

Beck, Herr von der · 85
Beckenkamp, Benedikt (1747–1828), Kölner Maler; AK 1813: peintre en portraits, Rue St. George 1/St. Georgsstr. 1; AK 1822: Portrait- u. Historienmaler, St. Georgsstr. 1 · 133, 200, 391, 406
Becker, Elias von (1673–1739), Oberpostmeister in Köln; verh. mit Maria Esther Genovefa von Berberich; Urgrossvater Eberhard von Grootes · 328
Becker, Franz Felix von (1722–1786), seit 1745 Thurn- u. Taxischer Postverwalter in Köln; Ernennung 1747 zum Oberpostmeister, 1754 zum Oberpostdirektor, 1770 zum Fürstlichen Thurn- u. Taxischen Geh. Rat; Heirat 1750 mit Maria Ursula von Herwegh; Grossvater mütterlicherseits Eberhard von Grootes · 328 f., 332
Becker, Maria Esther Genovefa von, geb. von Berberich (1692–1751); verh. mit Elias von Becker; Urgrossmutter Eberhard von Grootes · 328
Becker, Maria Ursula Walburgis von, geb. von Herwegh (1726–1785), seit 1750 verh. mit Franz Felix von Becker; Grossmutter Eberhard von Grootes · 332
Becker
Bekker, Immanuel (1785–1871), Altphilologe, Hellenist; lehrte seit 1810 an der Berliner Universität; seit 1815 Mitglied der preuß. Akademie der Wissenschaften 124, 196, 210
Begas, Carl Joseph (1794–1854), Maler, Begründer der Berliner Malerschule; aufgewachsen in Köln; 1813 mit Johann Peter Weyer Reise nach Paris u. Eintritt in die École des Beaux Arts, Schüler von Antoine Jean Gros; 1821 Umzug nach Berlin, 1822 bis 1824 Aufenthalt in Rom · 47, 77
Bereis
Beireis, Gottlieb Christoph (1730–1809), Arzt, Physiker, Sammler; lehrte an der Universität in Helmstedt · 181
Belderbusch, Anton Maria Karl Graf von (1758–1820), 1772 Kurkölnischer Kämmerer; seit 1805 Maire/Bürgermeister von Bonn, ab Mai 1816 Kommissarischer Landrat in Bonn, 1818 Ernennung zum Landrat · 73, 148
Belitz, Berittz
Beelitz, Carl Ludwig (1774–1841), Jurist; 1806 bis 1814 Kammergerichtsrat, seit 1815 Direktor des Königlichen Stadtgerichts in Berlin; AB 1818/19: Unter den Linden · 72, 153, 206, 220
Bellem, Huissier · 392
Below, Gustav Friedrich Eugen von (1791–1852), preuß. Militär, Diplomat; 1815 Generalstabsoffizier, 1816 Adjutant des Kronprinzen Friedrich Wilhelm, ab 1840 Adjutant von König Friedrich Wilhelm IV. · 102, 198 f.
Benecke, Georg Friedrich (1762–1844), Philologe, Mediävist; seit 1814/15 Professor u. Bibliothekar an der Universität in Göttingen · 169, 210, 524
Benzenberg, Johann Friedrich (1777–1846), Physiker, Landvermesser, Schriftsteller · 77 f.
Berg, Halfe · 390
Berg, Karl Ludwig Graf von (1754–1847), Jurist; Geh. Justizrat, Kammerherr am preuß. Hof; verh. mit Caroline Friederike von Haeseler · 101, 192
Berg, Caroline Friederike Gräfin von, geb. Haeseler (1760–1826), Hofdame von Luise von Preußen, Salonnière; verh. mit Karl Ludwig von Berg, Scheidung 1801; Mutter von Luise Sophia Carolina von Voß; AB 1818/19: Kammerherrin, Unter den Linden 2/Wilhelmstraße · 101, 120, 134, 138, 147, 156, 158 f., 162, 179, 183, 188, 191, 202, 212, 220, 231
Berg, Luise Sophia Carolina siehe Voß, Luise Sophia Carolina
Berger, Frau von · 214
Berger, Carl Ludwig (1777–1839), Komponist, Pianist · 117, 120, 130, 134, 137, 139, 153, 168, 181
Berger, Johann Wilhelm (1790–1858), Architekt, Baubeamter; um 1816 für seinen Schwager Karl Friedrich Schinkel tätig; Bruder von Susanne Henriette Eleonore Schinkel, geb. Berger · 242, 244, 246 f., 313 f.
Berkem, Graf von, bayerischer Gesandtschaftssekretär · 173
Bertoldi, Karl Joseph Zacharias; Steuereinnehmer u. bergischer Hofkammerrat, Pächter der Rheinfähre, Tagebuchautor; Adresse um 1816: Mülheim a.Rh., Mülheimer Freiheit 36 (Zum Lämmchen) · 355

Bertram, Johann Baptist (1776–1841), Kunsthistoriker, Kunstsammler; enger Freund von Sulpiz u. Melchior Boisserée, Mitbegründer u. Mitbesitzer der Boisserée'schen Kunstsammlung • 35, 109 f., 112, 140, 243 f., 255, 257, 267, 273, 276–278, 280 f., 283–287, 360, 369, 444, 512 513 514 516 517 519 529 537

Best, Maria Gabriele Ursula Josepha Antoinetta Walburga, geb. von Beywegh (gest. 1823), verh. mit dem Arzt Dr. Paul Best (1752–1806) • 373

Best, Maria Walburga (1801–1861), Tochter von Paul Best u. Gabriele Ursula Josepha Antoinetta Walburga von Beywegh • 373

Bethoven

Beethoven, Ludwig van (1770–1827), Komponist • 128, 171, 192, 204

Bethmann Hollweg, Moritz August von (1795–1877), Jurist, preuß. Politker; 1816 Schüler von Carl von Savigny; seit 1823 Professor an der Berliner, seit 1829 an der Bonner Universität; 1858 bis 1862 Minister der geistlichen, Unterrichts- und Medizinalangelegenheiten • 142, 157, 161, 182, 208 f., 211, 231

Bettendorf, Anne Marie Marguerite von; verh. mit Johann Wilhelm Franz von Bettendorf; AK 1813: veuve, rentière, Rue Haute 53/Hohe Str. 53 • 337, 367

Bettendorf, Franz Theodor (1743–1809), Weinhändler, Kunstsammler in Aachen; verh. mit Johanna Maria Thekla Denys • 52

Bettendorff

Bettendorf, Jakob Leopold (1779–1839), Tuchfabrikant, Kunstsammler in Aachen; Sohn von Franz Theodor Bettendorff u. Johanna Maria Thekla Denys • 52

Bettendorf, Johann Wilhelm Franz von (1746–1812), Kaufmann in Köln; 1800 bis 1801 Munizipalrat; verh. mit Anne Marie Marguerite; Inhaber des Hauses Hohe Str. 53 • 337

Bettendorf, Johanna Maria Thekla, geb. Denys (gest. 1821); verh. mit Franz Theodor Bettendorf • 52

Beuth, Christian Peter Wilhelm (1781–1853), Staatsbeamter; Reformer der preuß. Gewerbepolitik; seit 1814 Geh. Oberfinanzrat in der Abteilung Handel, Gewerbe u. Bauwesen im Finanzministerium, seit 1830 Direktor dieser Abteilung; blieb unverheiratet; Adresse 1816: Georgenstr. 17 • 45, 98, 111, 116–120, 123, 125, 127, 130 f., 133, 136–138, 144, 146–148, 155, 157, 160, 162, 164, 166, 170 f., 173, 175, 180, 185 f., 191, 194–196, 200, 202–204, 207–209, 211, 213, 217 f., 221–223, 225–234, 238–241, 243, 247, 255, 262–265, 267, 345 f., 436, 439, 442, 444, 449, 452 f., 457, 462 f., 469, 480, 488 f., 500, 504, 510–513, 526

Beywegh, Herr von • 349, 351, 373, 397
vermutlich

Beywegh, Eberhard Anton von (1739–1833), 1800 bis 1813 Departementalsrat des Roer-Departements; AK 1813: rentier, Rue Haute 113/Hohe Str. 113; AK 1822: Rentner, Hohe Str. 113

Bizarro, spanischer Gesandter • 140

Bläsing

Blaesing, Christian Moritz (1786–1834), Schriftsteller, Übersetzer; um 1816 beim Kommissariat des Generalgouvernements tätig, später bei der Regierung in Aachen • 63

Blanchard, Johann Wilhelm (1765–1832), Jurist; Professor an der alten Kölner Universität, Mitglied des Rats bis 1797, 1803 Präsident des Kölner Tribunals; 1815 Dozent in den Kölner Propädeutischen Lehrkursen; 1820 Landgerichtspräsident in Köln; AK 1813: Président du tribunal de 1ère instance; Place de la Métropole 1/Domkloster 1 • 395

Blankensee, Blankensée • 172, 193
vermutlich

Blankensee, Georg Friedrich Alexander Graf von (1792–1867), preuß. Diplomat, Musiker, Schriftsteller; arbeitete 1816 in Berlin mit Helmina von Chézy zusammen, ab 1820 mit Carl Maria von Weber

Blücher, Gebhard Leberecht, Fürst von Wahlstatt (1742–1819), Generalfeldmarschall; 1815 Kommandant der preuß. Armee • 28, 48, 126, 139, 157, 178, 180, 191, 225, 267

Blumenbach, Johann Friedrich (1752–1840), Mediziner, Zoologe, Anthropologe; lehrte an der Universität in Göttingen • 75

Bochem, Johann Christian; seit 1804 Sekretär des Verwaltungsrats der Kölner Sekundärschule; seit 1815 Rendant des Verwaltungsrats des Kölner Verwaltungs- u. Stiftungsrats; AK 1813: secrétaire contrôleur près l'administration du Collège, Rue du Lycée 15/Marzellenstr. 15; AK 1822: Rendant des Schul- u. Stiftungs-Fonds, Marzellenstr. 32 · 20, 391, 396

Bock, Maler, Restaurator · 132

Boecker, Johann Arnold, Kaufmann; seit ca. 1810 verh. in 1. Ehe mit Magdalena Boisserée, in 2. Ehe mit Maria Anna Francisca Josepha Boisserée; Schwager von Melchior u. Sulpiz Boisserée; AK 1813: commissionaire, négotiant et maître de forge de fer, Rue des Teinturiers 16/Blaubach 16; AK 1822: Handlung in Gewürzen, Kommission u. Spedition, Blaubach 16 · 333

Boecker, Maria Anna Francisca Josepha (Marianne), geb. Boisserée (um 1777–1838), heiratete um 1810 Johann Arnold Boecker; Schwester von Melchior u. Sulpiz Boisserée · 333

Boeckers · 339

Böckers · 345

Boecking, Herr · 338

Böcking, Boeking

Boecking, Louis (1786–1843), Mühlenbesitzer; Bruder von Richard Bernhard Boecking · 85, 129, 354, 364, 443

Boecking, Richard Bernhard (1781–1824), Fabrikant in Monschau; von Mai 1816 bis 1824 Landrat in Monschau; Bruder von Louis Boecking · 129, 443

Bodewils *siehe* Podewils

Bodené, Johann Peter, Gastwirt in Siegburg · 375

Boehme

Böhme, Jakob (1575–1624), Philosoph, Mystiker · 159, 378

Boelling

Bölling, Moritz Friedrich Heinrich von (1775–1824), Jurist, Staatsbeamter; 1816 Kommissar des Generalgouvernements; 1816 Mitglied der Immediat-Justiz-Kommission, 1819 bis 1824 Generaladvokat, dann Generalprokurator am Appellationsgerichtshof in Köln; AK 1822: Geh. Oberrevisionsrat u. erster Generaladvokat am Appellationsgerichtshof, Cäcilienstr. 4 · 22–27, 34 f., 50 f., 80 f., 215, 426 f., 430, 507

Böttger, Major · 206

Boisserée, Gebr.

Hier: Melchior u. Sulpiz Bosserée

Boisserées

hier: Melchior u. Sulpiz Bosserée

Boisserée, Anna Maria Elisabeth, geb. Cornille (1777–1845), verh. mit Johann Bernhard Caspar Boisserée; Schwägerin von Melchior u. Sulpiz Boisserée

Boisserée, Johann Bernhard Caspar (1773–1845), Jurist, Kaufmann in Köln; 1798 bis 1800 Mitglied der Munizipalverwaltung; 1800 bis 1815 Beigeordneter, 1815 bis 1843 Mitglied des Stadtrats, 1828 Mitglied des Provinziallandtages; Sohn von Nicolaus Boisserée u. Maria Magdalene Brentano; Bruder von Melchior u. Sulpiz Boisserée; verh. mit Anna Maria Elisabeth Cornille; Schwager von Adam Joseph Schülgen; AK 1813: adjoint du maire et négociant; Rue des Teinturiers 14/Blaubach 14; AK 1822: Kaufmann in Wechseln, Gewürzen, Kommission u. Spedition, Blaubach 14 · 267, 271, 333, 339

Boisserée, Johann Sulpiz Dominikus (1783–1854), Kunstsammler, Kunstschriftsteller; 1810 Umzug mit Melchior Boisserée u. Johann Baptist Bertram nach Heidelberg, 1819 nach Stuttgart; 1827 Verkauf der Kunstsammlung an Ludwig I. von Bayern u. Umzug nach München; 1835 Ernennung zum bayerischen Generalkonservator u. Oberbaurat, 1845 Rückkehr in das Rheinland; Sohn von Nicolaus Boisserée u. Maria Magdalene Brentano 1828; Heirat mit Augusta Mathilde Rapp

Boisserée, Maria Anna Francisca Josepha *siehe* Boecker, Maria Anna Francisca Josepha

Boisserée, Maria Magdalene, geb. Brentano (1743–1790); verh. mit Nicolaus Boisserée

Boisserée, Melchior Hermann Joseph Georg (1786–1851), Ausbildung zum Kaufmann; Kunstsammler u. Kunstschriftsteller; gemeinsam mit seinem Bruder Sulpiz Aufbau einer bedeutenden Kunstsammlung; 1810 Umzug mit Sulpiz Boisserée u. Johann Baptist Bertram nach Heidelberg, 1819 nach Stuttgart; 1827 Verkauf der Kunstsammlung an Ludwig I. von Bayern; Sohn von Nicolaus Boisserée u. Maria Magdalene Brentano

Boisserée, Nicolaus (1736–1792); verh. mit Maria Magdalene Brentano
Boisserée, Katherina Theresia *siehe* Schülgen, Katharina Theresia • 333
Boisserée, Wilhelm Johann (1775–1813), Sohn von Nicolaus Boisserée u. Maria Magdalene Brentano; Bruder von Melchior u. Sulpiz Boisserée; verh. in 2. Ehe mit Josephine Uphoff; AK 1813: Receveur de l'arrondissement de Cologne, Rue St. Jean 39/Johannstr./Johannisstr. 39
Boisserée Uphof
Boisserée, Josephine, geb. Uphoff (1783–1856), 2. Ehefrau von Wilhelm Johann Boisserée; AK 1813: Rue St. Jean 39/Johannstr./Johannisstr. 39; AK 1822: Witwe, Rentnerin, Frankenplatz 1 u. 3 • 333, 342
Bolder, Johann, Schlossermeister in Köln; AK 1813: serrurier, Rue de l'Aigle 7/Eigelstein 7; AK 1822: Schlosser, Eigelstein 7 • 394
Boos von Waldeck, Familie • 303
Borsch
Borsche, Samuel Gottfried (1767–1821), Staatsbeamter, seit 1810 Mitglied des Staatsrats; Direktor im Finanzministerium der Domänen- u. Forstverwaltung • 214, 216, 502, 506
Bossuet, Jacques Bénigne (1627–1704), franz. Bischof, Geschichtsphilosoph • 196
Bonin, Christian Friedrich, von (1755–1813), Dramatiker, Schriftsteller • 203
Bonni, Bony
Bonny, beliebtes Berliner Kaffeehaus im Tiergarten, Treffpunkt der Maikäferei • 99, 163, 168–170, 174, 179, 196, 212, 214
Bork, Major • 56
Bonsché
Bouché, Gärtnerfamilie in Berlin • 129 f.
Bouts, Dieric der Ältere (1410–1475), niederl. Maler • 287
Brandenburg, Julie Gräfin von (1793–1848), illegitime Tochter von Friedrich Wilhelm II. u. Sophie von Dönhoff; heiratete 1816 ferdinand Friedrich Fürst von Pleß, späterer Herzog von Anhalt-Köthen • 162, 189
Brantenstein
Brandenstein, Friedrich August Karl von (1786–1857), preuß. Militär; 1815 im Generalstab des III. Armeekorps unter General von Thielmann, Anfang 1816 Versetzung in den Großen Generalstab, 1836 Ernennung zum Generalmajor • 153 f., 194, 206
Brandenstein, Lieutenant • 305
Brandis, Christian August (1790–1867), Philosoph, Philosophiehistoriker; lehrte 1816 an der Berliner Universität; am 18. Juni 1816 Ernennung zum Sekretär des Gesandten Barthold Georg Niebuhr in Rom; lehrte seit 1821 an der Bonner Universität • 170, 228 f., 454
Brandt, Caroline (1792–1852), Schauspielerin, Sängerin; heiratete 1817 Carl Maria von Weber • 210 f., 215, 219 f., 224, 229, 233
Brassert
Brassart, Gerhard Anton, Eigentümer eines Geschäfts für Antiquitäten u. naturhistorische Objekte in Köln; AK 1813: marchand en objects d'antiquité et d'histoire naturelle, Rue du Lycée 76/Marzellenstr. 76 • 382, 411
Braumann, Ludwig, Schneider in Köln; AK 1813: tailleur, Rue Ste. Ursule 23/Ursulastr. 23 • 198, 403, 413
Bredow, Herr von • 220
möglicherweise
Bredow, Christoph August von (1780–1844), preuß. Gutsbesitzer
Brentano, Clemens (1778–1842), Schriftsteller; Bruder von Bettina von Arnim, Kunigunde von Savigny u. Magdalene Maria von Guaita; Adresse 1816: Mauerstr. 34 • 62, 98 f., 114, 132 f., 135–142, 144–147, 149 f., 152, 154 f., 158 f., 161 f., 164, 166 f., 171 f., 174–176, 179, 181–183, 185–188, 190, 192–197, 224, 231, 238, 444, 449, 453, 476, 484
Brentano, Franz (1765–1844), Kaufmann in Frankfurt a.M., Halbbruder von Clemens Brentano u. Kunigunde von Savigny • 132
Brentano, Magdalena Maria, genannt Meline (1788–1861), Schwester von Bettina von Arnim, Clemens Brentano u. Kunigunde von Savigny; verh. mit Georg Johann Friedrich von Guaita • 132, 252
Bretzner, Christoph Friedrich (1748–1807), Schriftsteller, Lustspieldichter • 93
Breuer, der große • 194, 481, 485
Breughel, niederl. Malerfamilie • 271
Brouhon, Ludwig (1747–1831), kath. Geistlicher; Privatlehrer Eberhard von Grootes; Kanonikus an den Stiftskirchen St. Cäcilien u.

St. Ursula, Lehrer am Laurentianer-Gymnasium, Präses der von Groote'schen Katecheten-Stiftung, Domprediger; seit 1812 Präses des Erzbischöflichen Priesterseminars, seit 1815 Mitglied des Stiftungsrats des Kölner Verwaltungs- und Stiftungsrats; seit 1823 Domkapitular; AK 1822: Domhof 45 • 79, 137, 173, 344, 348, 355, 380, 383, 391 f., 395, 406, 488

Bruch, Christian Gottlieb (1771–1836), seit 1803 erster lutherischer Pfarrer in Köln, 1815 Lehrer in den Propädeutischen Lehrkursen, Mitglied der Olympischen Gesellschaft; AK 1813: ministre du culte Luthérien, Rue de la Paix 14/Hinter St. Anton 14; AK 1822: evangelischer Prediger u. Konsistorialrat, An den Antonitern 16 • 349, 427

Brühl, Jenny Gräfin von, geb. von Pourtalis (1795–1884), preuß. Hofdame, Oberhofmeisterin; seit 1814 verh. mit Karl Friedrich Moritz Paul von Brühl; AB 1818/19: im Königlichen Schloß, 1. Portal, Nr. 6 • 125, 202, 232

Brühl, Karl Friedrich Moritz Paul Graf von (1772–1837), seit 1815 Nachfolger von August Wilhelm Iffland als Generalintendant der königlichen Theater in Berlin; seit 1827 Generalintendant der Berliner Museen; verh. mit Jenny von Pourtalis • 97, 186, 213, 215

Bülow, Friedrich Carl von (1789–1853), Jurist, Diplomat; studierte ab 1807 Jura in Frankfurt a.O., dann in Berlin; Sohn von Friedrich August Wilhelm von Bülow (1762–1827); heiratete 1818 in 1. Ehe Amalie vom Stein zum Altenstein; enger Freund der Brüder von Gerlach • 99, 115, 135, 143–145, 147, 149, 153, 158, 160, 162–164, 166 f., 169 f., 172–176, 191–197, 200–203, 205–209, 212, 214–216, 218–220, 224 f., 499

Bülow, Ludwig Friedrich Viktor Hans Graf von (1774–1825), Jurist, Staatsbeamter; 1808 bis 1811 Finanzminister im Königreich Westfalen, seit 1813 preuß. Finanzminister, ab 1817 Leiter des Ministeriums für Handel u. Gewerbe; Bruder von Burghard Leberecht August von Bülow; Cousin des Staatskanzlers Karl August von Hardenberg; Adresse 1816: Leipzigerstraße; AB 1818/19: Am Zeughause 1 • 27, 215 f., 379, 496

Bülow, Burchard Leberecht August von (1771–1816), Jurist, Staatsbeamter; 1815 Hauptmann der Landwehr in Düsseldorf, 1816 Regierungsrat in Düsseldorf; 1816 im Rhein ertrunken; Bruder von Ludwig Friedrich Viktor Hans von Bülow • 206, 489

Bürgers • 378, 381

möglicherweise

Bürgers, Johann Joseph (1755–1821), Jurist; AK 1813: Juge de paix de la 4ème section, Rue Marie-Louise 19/Gereonstr. 19; AK 1822: Notar, Gereonstr. 19

Bürgers, Arnold Victor; 1816 Mitglied der Handelskammer; AK 1813: négociant, commissaire et expéditeur, Rue de la Porte de Mars 14/Ober Marspforten 14; AK 1822: Kaufmann in Gewürzen, Spedition u. Kommission, St. Marienplatz 28 • 203, 207, 214–216, 228, 230, 342, 486 f., 496, 499, 502, 506

Burgsdorf

Burgsdorff, Wilhelm Friedrich von (1772–1822), Kunstliebhaber, Reisender, Förderer von Ludwig Tieck • 197

Bury, Johann Friedrich (1763–1823), Maler, Portraitmaler; Adresse 1816: Linden 20 • 221, 369

Büsching • 232, 463

Büsching, Johann Gustav Gottlieb (1783–1829), Jurist, Archäologe, Mediävist, Philologe; 1816 Habilitation in Breslau • 64, 91–93, 96, 121, 165, 196, 201, 239, 395, 467, 481

Büschler, Heinrich (gest. 1851), Buchdrucker, Buchhändler, Zeitungsverleger in Elberfeld • 85, 432 f.

Buschmann, Anton Ignaz von (1776–1832), 1813 bis 1815 Beigeordneter der Stadt Köln; 1816 Ernennung zum Landrentmeister bei der Regierung Köln; verh. in 1. Ehe mit Elisabetha Augusta Raitz von Frentz zu Schlenderhan (gest. 1823); in 2. Ehe mit Elisabeth von Marien; AK 1813: rentier, Quartier des Orfèvres 1; AK 1822: Königlicher Land-Rentmeister des Regierungsbezirks Köln, Minoritenstr. 9 • 78, 351

Butte, Wilhelm (1772–1833), Theologe, Staatswissenschaftler, Statistiker; vor 1816 Professor in Landshut; seit 1816 Regierungsrat in Köln; „Neupreuße"; ab 1826 Professor an der Bonner Universität, Mit-

glied der Olympischen Gesellschaft; AK 1822: Regierungsrat, Gereonsdriesch 10 • 317, 321, 336, 344, 349, 361 f., 372, 374, 389
Buttman, Offizier • 302

C
Caesar, von; 1816 Geh. Regierungsrat u. Geh. Legationsrat in Köln; „Neupreuße"; starb am 9. Sept. 1816 • 316
C. Magnus
Carolus Magnus *siehe* Kaiser Karl der Große
Canitz, Lieutenant • 47
möglicherweise
Canitz, Karl Wilhelm Ernst von (1787–1850), Offizier in den Befreiungskriegen
Canstein, von • 331
Caravaggio, Michelangelo da (1571–1610), ital. Maler • 201
Carmel
Carmelo, Gitarrenvirtuose, Komponist • 65
Carové, Friedrich Wilhelm (1789–1852), Jurist, Germanist, Religionsphilosoph; 1809 bis 1811 Advokat am Kaiserlichen Appellationsgerichtshof in Trier; bis 1816 verschiedene Verwaltungstellen; von Februar bis August 1816 Einnehmer der Rheinschifffahrtsgebühren in Andernach; 1816 Beginn des Philosophiestudiums in Heidelberg, 1818 Promotion; Tätigkeiten als Privatgelehrter u. Schriftsteller; Förderer der studentischen Reformbewegung u. der internationalen Friedensbewegung; Sohn von Johann Philipp Alexander Carové u. Felicitas Perpetua von Kriffenstein • 19, 29, 51, 56–59, 61–64, 66 f., 69–72, 77–81, 166, 175, 181, 264 f., 308 f., 336, 340, 342, 345, 347, 440, 465, 469, 499, 525, 537
Carové, Johann Philipp Alexander (1759–1823), kurtrierischer Hofbeamter, Inspektor u. Haupteinnehmer des Rheinschifffahrts-Oktroi; seit 1783 verh. mit Felicitas Perpetua von Kriffenstein; Vater von Friedrich Wilhelm Carové; AK 1813: inspecteur de l'octroi de navigation, Petite Cour du Palais 38; AK 1822: Inspektor u. Haupteinnehmer des Rheinschifffahrts-Oktroi, Thurnmarkt 42 • 336
Carracci • 201
Carracci, Agostino 1557–1602), ital. Maler, Kupferstecher

oder
Carracci, Annibale (1560–1609), ital. Maler, Kupferstecher
Caspars zu Weiss, Johann Hermann Joseph von (1744–1822), kath. Geistlicher; seit 1796 Domkapitular; 1801 Wahl zum Generalvikar des Erzbistums Köln; leitete bis 1805 den rechtsrhein. Rest des Kölner Erzbistums von Arnsberg aus, wohnte danach in Deutz, später wieder in Köln; Sohn von Franz von Caspars u. Maria Elise von Mylius; AK 1813: ecclésiastique, Enclos St. Géréon 16; AK 1822: Caspers, erzbischöflicher Generalvikar, Gereonskloster 16 • 58, 64, 85, 128, 137, 140, 146, 166, 168, 170, 174, 180, 322, 333, 344, 348, 355, 363, 372, 391, 435, 443 f., 459, 464 f., 498, 502
Cassel, Franz Peter (1784–1821), Mediziner, Botaniker, Naturwissenschaftler; Sohn des konvertierten Arztes jüdischer Herkunft Reiner Joseph Anton Alexander Cassel; Schüler Ferdinand Franz Wallrafs, Promotion 1805 in Paris, 1806 bis 1817 Lehrer an der Kölner Sekundärschule; 1815 Lehrer in den Propädeutischen Lehrkursen, Mitglied der Olympischen Gesellschaft, seit 1817 Professor an der Universität in Gent; Adresse 1816 vermutlich wie sein Vater: AK 1813: Rue Haute 51/Hohe Str. 51; AK 1822: Hohe Str. 49 • 34, 68, 318, 350, 375, 378, 384
Cassel, Reiner Joseph Anton Alexander (1747–1840), Arzt; jüdischer Herkunft, zum Katholizismus konvertiert; AK 1813: docteur en médicine, Rue Haute 51/Hohe Str. 51; AK 1822: ausübender Arzt, Hohe Str. 49 • 350
Catalani, Angélica (1780–1849), italien. Sängerin, Koloratursopranistin • 99, 219, 220, 224, 229, 233, 508
Chateaubriant
Chateaubriand, François-René de (1768–1848), franz. Staatsmann, Schriftsteller • 147, 195, 218, 222, 225, 348
Catel, Charles-Simon (1773–1830), franz. Komponist • 136
Chézy, Antoine-Léonard von (1773–1832), franz. Orientalist, Sanskritforscher; seit 1799 Konservator der orientalischen Handschriften an der Nationalbibliothek in Paris; 1805 bis 1810 verh. mit Wilhelmine Christiane von Klencke • 188

Chézy, Helmina (Wilhelmine) Christiane von, geb. von Klencke (1783–1856), Schriftstellerin, Dichterin, Journalistin; 1799 bis 1800 verh. mit Gustav von Hastfer, 1805 bis 1810 mit Antoine-Léonard von Chézy; Adresse in Berlin 1816: am Dönhoff'schen Platz · 11, 43 f., 60, 98, 132, 188, 255, 257
Chissels, von siehe Ghisels, von
Chladny
Chladni, Ernst Florens Friedrich (1756–1827), Physiker, Astronom · 130
Churprinzessin von Cassel · 185
Claren, Bernard (1763–1824), kath. Geistlicher; Vikar am Stift St. Maria im Kapitol, nach 1802 Seelsorger an der Pfarre St. Maria im Kapitol; Marienplatz 15 · 404
Classen · 221
vermutlich
Classen, Reiner Joseph (1761–1844), Historiker, Schriftsteller; reichsstädtischer Schreinsschreiber, Fiskal-Gerichtsschreiber; nach 1815 Domäneninspektor; 1824 bis 1844 Mitglied des Stadtrats; Sohn des Kölner Schreinschreibers u. Historikers Matthias Classen (1726–1816); AK 1822: Königlicher Domänen-Inspektor, Neumarkt 45
Clausewitz, Carl Philipp Gottfried von (1780–1831), preuß. Militär, Militärtheoretiker; von Herbst 1815 bis 1818 Stabschef beim Generalkommando in Koblenz; 1818 bis 1830 Verwaltungsdirektor der Allgemeinen Kriegsschule in Berlin; 1831 Chef des Generalstabs unter General von Gneisenau · 28 f., 49 f., 74–76, 154, 305, 472
Clausewitz, Marie Sofia von, geb. Gräfin von Brühl (1779–1836), seit 1810 verh. mit Carl Philipp Gottfried von Clausewitz; nach seinem Tod Oberhofmeisterin der Prinzessin Marianne von Preußen · 29, 32, 50, 72, 74–76, 100, 124, 157, 472
Coburg, Herr von · 249
Cockerill, James (1787–1837), Unternehmer, Textil- u. Maschinenfabrikant · 238
Cockerill, John (1790–1840), Unternehmer, Textil- u. Maschinenfabrikant · 238
Coëssin, François-Guillaume (1780–1843), franz. Schriftsteller, Utopist · 378
Colbe siehe Kolbe, Carl Wilhelm
Cols, Coels, von · 322, 392
vermutlich
Coels von der Brügghen, Friedrich Hugo Joseph von (1784–1856) Jurist; Mai 1816 Ernennung zum Landrat von Blankenheim, 1818 bis 1831 Polizeidirektor in Aachen
Cönen, Wilhelm, Kaufmann; ermordet im Nov. 1816 · 406, 408
Commer, Schreinermeister; Adresse 1816: Schildergasse 56 · 377
Conrad von Wirtzburg siehe Konrad von Würzburg
Consalvi, Ercole (1757–1824), Kardinal, Diplomat; Vertreter des Vatikans beim Wiener Kongress · 270
Constantin siehe Kaiser Konstantin
Coref, Coreff siehe Koreff, Johann Ferdinand
Cornelius · 189 f., 480
vermutlich
Cornelius, Peter von (1783–1867), Maler; seit 1811 Aufenthalt in Rom, 1819 bis 1824 Direktor der Kunstakademie in Düsseldorf, 1825 bis 1841 Leiter der Akademie der Bildenden Künste in München
Cornille · 472
Cramer siehe Kramer, Hermann Joseph
Cramer, Demoiselle, Sängerin in Berlin · 156
Cramer, Andreas Wilhelm (1760–1833), Jurist, Professor u. Bibliothekar in Kiel; seit 1810 Etatsrat; verh. mit Charlotte Zachariä · 183–185, 343
Cramer, Charlotte, geb. Zachariä (geb. 1764); verh. mit Andreas Wilhelm Cramer
Cranach · 90, 96, 142, 241, 243 f., 271
Cranach, Lucas der Ältere (1472–1553), Maler, Zeichner · 243
Cranach, Lucas der Jüngere (1515–1586), Maler, Zeichner · 243, 245
Crantz · 85
Crell · 173
möglicherweise
Grell, Otto (1773–1831), preuß. Beamter, Sänger; Mitglied der Berliner Sing-Akademie
Creutzer, Kreutzer
Creuzer, Georg Friedrich (1771–1858), Philologe, Mythologe, Archäologe; lehrte seit 1804 an der Universität in Heidelberg, hier Begründer des archäologischen Instituts · 276, 279, 519

D
Dähling, Heinrich (1773–1850), Maler, Zeichner · 128
Dahlen, Joseph · 54

d'Alayrac
Dalayrac, Nicolas-Marie (1753–1809), franz. Komponist • 162
Dallach, J.G., Restaurateur; Hinter dem Gießhause Nr. 4, AB 1818/19: Französische Str. 42 • 118, 120
Daniels, Heinrich Gottfried Wilhelm (1754–1827), Jurist; 1805 bis 1813 stellv. Generalprokurator am Kassationshof in Paris, 1813 bis 1817 Generalprokurator am Appellationsgerichtshof in Brüssel; 1817 Mitglied des Staatsrats; 1819 bis 1827 Erster Präsident des Rhein. Appellationsgerichtshofs in Köln; seit 1781 verh. mit Maria Elisabeth Pümmerl (1756–1825); AK 1822: Königlich Geh. Staatsrat u. erster Präsident des Appellationsgerichtshofs, Glockengasse 30 • 21, 221
Daub, Carl (1765–1836), evang. Theologe, seit 1795 Professor an der Universität in Heidelberg; verh. mit Wilhelmina Charlotte Sophia Blum • 274, 283
Deutzenberg
Dautzenberg, F., bis 1817 Eigentümer der Gebäude Stolkgasse/Unter Sachsenhausen 6 u. 8 • 316
De Groote, de Groote, DeGroote, deGroote, Dgroote *siehe* Groote
Dekotte, J., Gastwirt; AK 1813: Traiteur, Place St. André 8/An St. Andreas 8; AK 1822: Decotte J.W., An den Dominikanern 6 • 335
Delassov, Herr *siehe* Lassaulx, Johann Claudius von • 305
Delbrück, Johann Friedrich Ferdinand (1772–1848), Philosoph, Pädagoge, preuß. Beamter; seit 1809 Regierungsrat in Königsberg, 1816 Ernennung zum Schulrat in Düsseldorf, ab 1818 Professor an der Bonner Universität • 348
Delius, Daniel Heinrich von (1773–1832), Jurist; Staatsbeamter; ab April 1816 bis 1825 Regierungspräsident in Trier, 1825 bis 1832 Regierungspräsident in Köln • 109, 289, 296, 302
Demian, Johann Andreas (1770–1845), österr. Geograf, Statistiker, Schriftsteller • 12, 60, 62, 65, 80, 308, 310–312, 336, 338, 348, 375
DeNoel, De Noel, Denoël
Denoel, Matthias Joseph (1782–1849), Kaufmann, Maler, Schriftsteller, Mundartdichter, Kunstsammler; Mitbegründer der Olympischen Gesellschaft; Erneuerer des Kölner Karnevals 1823; erster Konservator des Wallrafianums; Vorstandsmitglied des Dombauvereins, Direktor des Kunstvereins; Neffe von Jakob Johann Nepomuk Lyversberg; AK 1813: Rue Royal 2/Königstr. 2; AK 1822: Warenmakler, Königstr. 2 • 12, 366, 532
Denon, Domenique-Vivant de (1747–1825), Diplomat, Maler, Kunstsammler, organisierte die Auswahl der Kunstwerke, die aus den besetzten Ländern nach Paris gebracht wurden; seit 1804 Generaldirektor der franz. Museen • 132
Dessau, Erbprinz von • 185
Devrient, Ludwig (1784–1832), Schauspieler; 1808 erstes Engagement an der Königlichen Oper Berlin; 1809 bis 1819 verh. in 2. Ehe mit der Schauspielerin Friederike Schaffner, die von 1815 bis 1853 am BerlinerTheater engagiert war • 99, 150, 202 f., 240, 437, 455
D'hame... 376, 394
D'hame, Anton Engelbert, Schriftsteller • 313
D'hame, Johann Nepomuk Konstantin (1767–1838), Arzt; 1815 Dozent in den Propädeutischen Kursen, 1816 bis 1818 Regierungs- u. Medizinalrat in Köln; „Neupreuße"; AK 1813: Quartier des Orfèvres 26; Sept. 1816: Breite Str. 103; AK 1822: ausübender Arzt, Marzellenstr. 24 • 317
D'hamen, Dr. • 358
Diderici
Dieterici, Karl Friedrich Wilhelm (1790–1859), Staatswissenschaftler, Statistiker; 1815 Offizier im Hauptquartier des Generalfeldmarschall von Blücher; dann im Ministerium der geistlichen, Unterrichts- und Medizinalangelegenheiten tätig; 1831 Ernennung zum Geh. Oberregierungsrat, lehrte seit 1834 an der Berliner Universität • 119 f., 144, 182, 187, 209
Dihl
Diel, Franz Christian; AK 1813: directeur de messageries, Rue des Cloches 15/Glockengasse 15 (Bureau correspondant avec l'entreprise génerale des messageries Imperiales á Paris); 1816 Betreiber der Postwagen-Expedition für die Wagen von u. nach Aachen u. Koblenz, Glockengasse 15 • 72, 328

Diericke, Friedrich Otto von (1743–1819), Generallieutenant; seit 1809 Präses der Generalordenskommission; AB 1818/19: Letzte Str. 63 · 176, 178

Diest, Heinrich Ludwig Friedrich Arnold von (1785–1847), seit 1815 russischer Militärattaché in Berlin, später als Obrist in der preuß. Armee; seit 1843 Generalleutnant; heiratete am 13. Febr. 1816 Adolfine Johanna Adelheid Henriette von Gerhardt; AB 1818/19: Leipziger Str. 29 · 189 f., 208, 227, 233, 244, 246

Diest, preuß. Offizier · 244

Diez

Dietz, Michael, 1816: Generalpostmeister; AK 1822: Königlicher Oberpostamtssekretär, Glockengasse 44 · 355

Diez, Herr · 130

Dobeneck, Friedrich Ludwig Ferdinand von (1770–1810), Schriftsteller · 128, 130

Dönhoff, Alexander von (1683–1742), preuß. Militär · 159

Dönhoff, Sophie Juliane Gräfin von (1768–1834), seit 1790 in morganatischer Ehe verh. mit Friedrich Wilhelm II. · 189

Doernberg

Dörnberg, Familie von · 63, 199

Doernberg

Dörnberg, Julie von, geb. von Münster-Meinhövel (1776–1839), seit 1796 verh. mit Wilhelm Kaspar Ferdinand von Dörnberg · 62

Dörnberg, Selma Tusnelda von (1797–1876), Tochter von Wilhelm Kaspar Ferdinand u. Julie von Münster-Meinhövel; 8. Juni 1816 Heirat mit Carl von der Groeben · 48, 64

Doernberg

Dörnberg, Wilhelm Kaspar Ferdinand, Freiherr von (1768–1850), Militär, Diplomat; Teilnehmer an den Befreiungskriegen, in der Schlacht von Waterloo verwundet; danach in hannoverschen Diensten; 1818 bis 1850 Gesandter in St. Petersburg; seit 1796 verh. mit Julie von Münster-Meinhövel · 48 f., 61, 63 f., 426

Dohna Gräfin von · 100

Dohna, Alexander von · 124

möglicherweise

Dohna-Schlobitten, Alexander Fabian Graf von (1781–1850), preuß. Militär

Dominichino (1581–1641), italien. Maler · 201

Droßdyk, Herr von · 267

Droste zu Vischering, Kaspar Max, Freiherr von (1770–1846), 1795 Ernennung zum Weihbischof im Bistum Münster, 1825 bis 1846 Bischof von Münster · 355

Droste-Hülshoff, Annette von (1797–1848), Dichterin, Schriftstellerin, Komponistin · 86

Droz, Kastellan in Sanssoucis · 239

Dümmler, Ferdinand (1777–1846), Verleger, Buchhändler; Besitzer der Ferd. Dümmlerschen Verlagsbuchhandlung in Berlin; Adresse 1816: Unter den Linden 47 · 138, 152, 172 f., 178, 191–193, 199, 226, 444, 453, 484, 505

Düssel, Mitglied der Glaser u. Glasmalerei-Familie Düssel · 342

Düssel, Georg, Glaser u. Spiegelmacher; AK 1813: vitrier et miroitier, Rue de l'Université 7/Am Hof 7 · 342

Dumbek

Dumbeck, Aloys Franz Joseph (1791–1842); Altphilologe, Historiker, Lyriker; seit 1815 Geschichtslehrer am Kölner Marzellengymnasium, 1817 Berufung an die Universität in Löwen · 62, 70, 345, 458, 469, 524

Dumont, Herr · 409

Dumont, DuMont-Schauberg

DuMont, Marcus Theodor (1784–1831), Drukker, Verleger der Kölnischen Zeitung; gründete 1815 mit Johann Peter Bachem den DuMont-Bachem'schen Verlag, Brückenstr. 8; 1818 Trennung der Geschäftspartner u. Gründung der Firma M. DuMont-Schauberg; Mitglied der Olympischen Gesellschaft; seit 1805 verh. mit Katharina Schauberg (1779–1845); AK 1813: imprimeur; Rue du Pont romain 8/Brückenstr. 8; ab Herbst 1816: Hohe Str. 133; AK 1822: Buchdrucker u. Buchhändler, Hohe Str. 133 · 21, 26, 45, 56, 58 f., 62, 66, 71 f., 77–79, 82, 335, 392, 399 f., 432, 438, 443, 465

DuMont, Johann Michael (1745–1818), kath. Geistlicher, Jurist; lehrte an der alten Kölner Universität, Dechant an St. Aposteln, seit 1806 Dompfarrer; seit 1815 Mitglied im Verwaltungsrat des Kölner Verwaltungs- und Stiftungsrats; Onkel von Marcus Theodor DuMont; AK 1813: curé du Dôme; Rue des Francs 4/Trankgasse 4 (Domdechanei) · 137, 146, 173, 349, 488

Dürer, Albrecht (1471–1528), Maler, Kupferstecher • 52, 130, 201, 204 f., 251, 273, 285, 489
Dusberg, die schöne • 409
Duval, Alexandre (1767–1842), franz. Schriftsteller, Theaterdirektor • 140
Dyck, Anthonis van (1599–1641), niederl. Maler • 239

E
Eberhart
Eberhard, Gottlieb, Baumeister, Bauinspektor in Coburg • 248
Eberty, Georg Friedrich Felix (1812–1884), Jurist, Schriftsteller • 100, 180
Eckardt • 390
Eckendal • 407
Eckerdahl, von, Hauptmann • 403
Ehrmann, Johann Christian (1749–1827), Arzt, Schriftsteller in Frankfurt a.M. • 121, 272 f., 278
Eichhof
Eichhoff, Johann Joseph (1762–1827), Koch, Schriftsteller, franz. Verwaltungsbeamter, Politiker; seit 1800 Maire von Bonn, 1805 Ernennung zum Inspektor der franz. Rheinschifffahrts-Verwaltung, 1811 zu deren Generaldirektor; 1814/15 auf dem Wiener Kongress als Experte für die Rheinschifffahrt; AK 1813: Directeur de l'Octroi de Navigation du Rhin; Rue des Francs 21/Trankgasse 21 • 128, 309
Eichhorn • 124 f., 174, 191, 196, 476
Eichhorn, Frau • 159, 167
Eichhorn, Eleonore Philippine Amalie, geb. Sack (1783–1862), Tochter des Hofpredigers Friedrich Samuel Gottfried Sack (1738–1817); verh. mit Johann Albrecht Friedrich Eichhorn • 224
Eichhorn, Johann Albrecht Friedrich (1779–1856), Jurist, Staatsmann; 1815 in der Verwaltung der besetzten franz. Provinzen tätig, seit 1815 Geh. Legationsrat im Außenministerium; 1817 bis 1848 Minister der geistlichen, Unterrichts- und Medizinalangelegenheiten, 1840 bis 1848 Mitglied des Staatsrats; seit 1811 verh. mit Eleonore Philippine Amalie Sack (1783–1862); Cousin von Karl Friedrich Eichhorn; AB 1818/19: Markgrafenstr. 303 • 36–39, 97, 99, 114 f., 121 f., 125, 134, 153, 159–161, 166 f., 188 f., 194 f, 196, 199 f., 204, 206 f., 209 f., 216, 218 f., 221–227, 229, 231–233, 237, 258 f., 286, 315, 437, 447, 460 f., 469, 504, 506, 519
Eichhorn, Carl Friedrich (1781–1854), Jurist, Rechtshistoriker, Staatsbeamter; lehrte 1811 bis 1816 u. 1832 bis 1834 an der Berliner Universität, 1817 bis 1829 in Göttingen; 1831 Ernennung zum Geh. Legationsrat, seit 1838 Mitglied des Staatsrats;; Cousin von Johann Albrecht Friedrich Eichhorn; seit 1810 verh. mit Luise Heinrich (1789–1860) • 142, 145, 150 f., 161, 168–170, 172–176, 178–180, 182 f., 185–190, 194–196, 199 f., 204, 206 f., 209 f., 218 f., 222, 225 f., 228, 231, 450
Eichmann, Henriette siehe Kohlrausch, Henriette • 127
Eick
Eyck, van, flämische Malerfamilie • 146, 264 f., 281, 284 f., 314, 369
Eick
Eyck, Jan/Johann van (um 1390–1441), flämischer Maler • 52, 284, 288, 294, 339, 517
Einsiedel, Friedrich Hildebrand von (1750–1828), Jurist, Schriftsteller, Übersetzer • 219
Elkendorf, Bernhard (1789–1846), Mediziner; seit 1819 Stadtphysikus der Stadt Köln; Adresse 1816: Lichhof 5; AK 1822: ausübender Arzt u. Stadt-Physikus, St. Marienplatz 15 • 12, 54, 69 f., 77, 79, 314, 333, 343, 347, 349, 371, 401, 404
Elsholtz, Franz von (1791–1872), Schriftsteller, Reisender; 1816 Regierungssekretär in Köln; 1839 Erhebung in den Adelsstand; AK 1822: Unter Fettenhennen 5 • 11 f., 55, 341
Ende, Friedrich Albrecht Gotthilf, Freiherr von (1765–1829), preuß. Militär u. Militärreformer; 1815 bis 1825 als Generalmajor Kommandant von Köln; AK 1822: Generalmajor u. erster Kommandant, Am Hof 5 • 69 f., 376
Engelberg, Catharina von; AK 1813: veuve, rentière; Rue des Peintres 49/Schildergasse 49; AK 1822: Witwe, Rentnerin, Schildergasse 49 • 391
Engelmann, Joseph (1783–1845), Verleger, Buchhändler in Heidelberg • 254
Engels, Paul, Halfe, Pächter in Kendenich • 346, 352, 372, 386, 404 f.

Erb, Karl August (1791–1873), Jurist, Mathematiker; lehrte seit 1814 an der Universität in Heidelberg · 191
Erdmannsdorf, Friedrich August von (1772–1827), Jurist; 1815 bis 1822 Regierungspräsident in Kleve · 109
Ernst, Simon Peter (1744–1817), kath. Geistlicher, Historiker; seit 1787 Pfarrer in Afden · 393 f., 400
Erp siehe Erb, Karl August
Erzbischof Ernst II. von Sachsen (1464–1513) · 94
Erzbischof Kuno II. von Falkenstein (um 1320–1388), 1362 bis 1388 Erzbischof u. Kurfürst von Trier · 304
Erzbischof Werner von Königstein (gest. 1418), 1388 bis 1418 Erzbischof u. Kurfürst von Trier · 304
Erzherzog Anton Viktor von Österreich (1779–1835), 1801 Wahl zum Bischof von Münster u. zum Erzbischof u. Kurfürst von Köln, trat das Amt nicht an; 1816 bis 1818 Vizekönig von Lombardo-Venetien · 464
Erzherzog Johann Baptist Josef von Österreich (1782–1859), Militär; Bruder von Kaiser Franz I. · 284
Eulenburg, Grafen von · 209
Eunicke, Johanna (1798–1856), Sängerin, Schauspielerin; 1813 bis 1825 an der Berliner Oper; Mitglied der Sing-Akademie · 149, 177, 456

F
Falkenstein, Herr von · 171, 188
Fallenstein, Offizier · 473
Farina möglicherweise Farina, Jean Marie Joseph (1785–1865), Kölnisch-Wasser Fabrikant · 401
Fasbänder
Faßbänder, Förster · 398, 404
Fauth, Franz Heinrich (1766–1820), Jurist, Papierfabrikant; seit 1806 Maire von Gladbach, seit ca. 1815 Bürgermeister von Bensberg u. Gladbach · 341
Felgentreff, Friedrich Ludwig (geb. um 1780), Kanzleidirektor in Berlin · 218
Feneberg, Johann Michael (1751–1812), kath. Geistlicher, Pädagoge · 158, 161, 163 f., 168
Fichte, Johanna Marie, geb. Rahn (1755–1819); Witwe von Johann Gottlieb Fichte (1762–1814) · 221

Fichte, Immanuel Hartmann von (1786–1879), Theologe, Philosoph; Sohn von Johann Gottlieb Fichte u. Johanna Marie Rahn · 221
Fils · 61
möglicherweise
Filz, Johann Heinrich (1779–1855), kath. Geistlicher; seit 1807 Pfarrer an St. Jakob; nach dem Tod von Johann Michael Dumont 1818 Ernennung zum Dompfarrer; AK 1813: Curé de St. Jacques, Marché aux Pastel 19/Waidmarkt 19; AK 1822: Filz, Dompfarrer, Trankgasse 4 (Domdechanei)
Fink, Heinrich Joseph; AK 1822: Eisenhändler, Heumarkt 60 · 432
Firmenich, Johann Laurenz (1770–1832), Jurist, Advokat-Anwalt beim Landgericht; 1827 bis 1832 Mitglied des Stadtrats; AK 1813: avocat-avoué; Rue du Pont romain 10/Brückenstr.10; AK 1822: Advokat u. Anwalt am Landgericht, Brückenstr. 10 · 80 f.
Fiorillo, Johann Dominicus (1748–1821), Maler, Kunsthistoriker · 12, 68, 286, 312
Fischer, Rotgießer siehe Vischer, Peter
Fischer, der junge · 140
Fischer · 153, 210, 213
Fischer, Anton Joseph (1780–1862), Sänger, Komponist; Sohn von Ludwig Franz Josef Fischer · 140
oder
Fischer, Ludwig Franz Josef (1745–1825), Sänger; 1788 bis 1815 in Berlin tätig · 140
Fochem, Apollonia Gertraude, geb. von Baumann (gest. 1817); verheiratet mit Lambert Fochem; Mutter von Gerhard Cunibert Fochem; wohnhaft bei ihrem Sohn am St. Katharinengraben 3 · 402
Fochem, Gerhard Cunibert (1771–1847), kath. Geistlicher, bis 1817 Rektor der von Groote'schen Elendskirche, 1817 Ernennung zum Pfarrer von St. Ursula; Kunstsammler u. Kunsthändler; AK 1813: ecclésiastique, Fossé Ste. Catherine 3; 1816: Am St. Katharinengraben 3; AK 1822: Pfarrer in St. Ursula, Ursulaplatz 14 · 23, 45, 47, 53, 55, 58 f., 61, 63–65, 67, 69, 72, 75, 77, 79, 114, 146, 166, 169, 181, 194, 196, 200, 203, 213, 217 f., 231 f., 252, 255, 262–265, 267, 277, 314 f., 324, 333, 339, 341–343, 347, 349, 354–356, 358,

360–362, 364, 369–374, 378, 382–386, 389, 393–397, 402 f., 406, 439, 453, 459, 463, 466–468, 475, 479–481, 483 f., 486, 488, 500, 502–507, 512 f., 532, 536, 538
Schreibweisen: Fock, Focke, Focké, Foke · 155, 169 f., 171 f., 178 f., 182, 192 f., 195, 197, 202–210, 219, 222 f., 232 f., 470 f.
Kinder des Ehepaars Johann Dietrich Focke (1751–1813) u. Elisabeth Dorothea Franziska Grusemann (1757–1823). Die Familie wohnte zeitweise im Haus der Familie von Gerlach, Hinter der katholischen Kirche 1. Die Namen können meist nicht bestimmten Familienmitgliedern zugeordnet werden.
Focke, Carl Adolf Heinrich (1785–1868), Staatsbeamter; 1816 zum Regierungsrat in Stettin ernannt · 507
Focke, Carl Friedrich Wilhelm (1799–1883)
Focke, Caroline Helene Charlotte (1796/97–1865) · 214
Focke, Christian Georg Reinhard Arnold, genannt Reinhold (1787–1819), Jurist
Focke, Friedrich Heinrich Adolf (Fritz) (1793–1867), Jurist; Sohn von Johann Dietrich Focke u. Elisabeth Dorothea Franziska Grusemann; enger Freund von Ernst Ludwig von Gerlach
Focke, Sophie Christiane Henriette Wilhelmine (Marie) (1790–1866)
Foerster
Förster, Friedrich Christoph (1791–1868), Philosoph, Schriftsteller, Historiker; nahm an den Befreiungskriegen u. an den Reklamationen in Paris 1815 teil; lehrte 1816 bis 1817 Kriegsgeschichte an der neugegründeten Vereinigten Artillerie- u. Ingenieurschule in Berlin, Unter den Linden; später in leitender Stellung bei den Königlichen Museen in Berlin; 1818 Heirat mit Laura Gedike, Tochter von Friedrich Gedike; AB 1818/19: Oberwallstr. 8 · 60, 126, 139 f., 170, 172
Fonck, Martin Wilhelm (1752–1830), kath. Geistlicher; seit 1803 Generalvikar in Aachen, seit 1825 Domprobst in Köln; Onkel von Peter Arnold Fonck · 58, 408 f.
Fonk
Fonck, Peter Arnold (1780–1832), Kaufmann, Fabrikant, Kunstsammler; Besitzer des ehemaligen von Groote'schen Palais' Glockengasse 3; Mitglied der Olympischen Gesellschaft; 1816 Mitglied der Handelskammer; seit 1816 Mittelpunkt des „Mordfalles Fonck"; AK 1813: fabricant de céruse et négotiant commissionaire; Rue des Cloches 3/Glockengasse 3 · 107 f., 408 f., 353
Fouque, die Fräulein · 152
Fouqué, Caroline Philippine de la Motte, verwitwete von Rochow, geb. von Briest (1774–1831), Schriftstellerin, Dichterin, Salonnière; heiratete in 1. Ehe Friedrich Heinrich Adolf Ludwig von Rochow (1770–1799), in 2. Ehe Friedrich Heinrich Karl de la Motte Fouqué
Fouquet, Lamotte-Fouqué, de la Motte-Fouqué
Fouqué, Friedrich Heinrich Karl, Freiherr de la Motte (1777–1843), Dichter, Schriftsteller; heiratete 1798 Caroline Philippine von Briest · 49 f., 85, 97, 132, 139, 190, 220, 400, 457
Frandorf, Kriegsrat · 209, 213, 497, 500
Franke
Frank, Baumeister; 1816 bis 1849 Regierungs- u. Baurat in Koblenz · 304 f.
Franul von Weißenthurn, Johanna (1772–1847), Schauspielerin, Schriftstellerin · 96
Fregsleben, Hauptmann · 408
Frentz, Frenz, von
Mitglieder der kölnisch-rhein. Adelsfamilien Raitz von Frentz zu Schlenderhan oder Raitz von Frentz zu Kellenberg · 73, 82, 331
Fretter · 279
Freund, Georg Christian (1793–1819), Mechaniker; baute 1815/16 zusammen mit Carl Philipp Heinrich Pistor eine der ersten Dampfmaschinen in Berlin · 238
Friedlaender, Dr. · 286
Friedrich Magnus
Friedrich II., genannt der Große (1712–1786), 1740 bis 1786 König von Preußen
Friedrich Wilhelm I. (1688–1740), 1713 bis 1740 König von Preußen
Friedrich Wilhelm II. (1744–1797), 1786 bis 1797 König von Preußen
Friedrich Wilhelm III. (1770–1840), 1797 bis 1840 König von Preußen; verh. mit Luise zu Mecklenburg-Strelitz; Wohnsitz: Palais des Kronprinzen, Unter den Linden
Friedrich von Worms, genannt Dalberg (1459–1506); verh. mit Katharina von Gemmingen (gest. 1517) · 293

Fries
Frieß, Christian Adam (1766–1847), Bankier, Krappfabrikant, Gemäldesammler in Heidelberg • 286 f.
Friesleben • 397
Frohberg • 387
Fronto, Marcus Cornelius (um 100–um 170 n.Chr.), röm. Jurist, Rhetoriker • 170
Fuchs • 226, 356, 473
Fuchs, Johann Baptist (1757–1827), Jurist; seit 1782 Advokat in Köln, Kaiserlicher Hofrat; ab 1803 Advokat am Appellationsgerichtshof in Trier u. in Lüttich; 1810 Eröffnung einer Advokatur in Köln; seit 1811 Vermögensverwalter der Grafen zur Lippe-Biesterfeld; 1816 Ernennung zum Regierungsrat; „Neupreuße"; 1781 Heirat mit Sabina Neukirch; AK 1813: avocat-avoué, Quartier des Orfèvres 40; AK 1822: Regierungsrat, Unter Goldschmied 40 • 69, 80, 182, 317, 344, 347, 374, 376, 391
Fuchs, Johann Peter Jakob (1782–1857), Jurist; seit 1815 Stadtsekretär; seit 1819 Leiter des Stadtarchivs, einer der Testamentsvollstrecker von Ferdinand Franz Wallraf; Mitglied der Olympischen Gesellschaft; Sohn von Johann Baptist Fuchs; verh. mit Maria Theresia Josepha Walburga Plasman; AK 1822: erster Sekretär am Oberbürgermeisteramt, Ehrenstr. 4 • 28, 54, 78, 104 f., 123, 178, 312, 318–321, 338, 368, 380, 386, 394, 400, 402, 412, 532
Fuchs, Maximilian Heinrich (um 1767–1846), Maler, Architekturzeichner, Restaurator; AK 1813: peintre en tout genre; Rue des Etoiles 64/Sternengasse 64; AK 1822: Maler, Sternengasse 64; Okt. 1816: Johannstr. 24/Johannisstr. 24 bei Dr. Kerp • 33, 61, 280, 339, 403, 532
Führer • 77, 80, 343
Führer, Matthias, Schneider; AK 1813: tailleur; Quartier des Orfèvres 25/Unter Goldschmied 25 • 31
oder
Vincent, Schneider; AK 1813: tailleur et marchand de draps; Rue Large 14/Breite Str. 14; AK 1822: Schneider, Breite Str. 14 • 31
Fürstenberg-Heiligenberg, Franz Egon von (1626–1682), 1650 Ernennung zum Ersten Minister im Kurfürstentum Köln; seit 1663 Bischof von Straßburg u. Dompropst in Köln • 331

Fürstenberg-Stammheim, Franz Egon Graf von (1797–1859), Politiker, Mäzen • 309

G
Gadée
Gadé, Jean Joseph; Jurist; AK 1813: advocat-avoué; Rue des Cavernes 14/In der Höhle 14; AK 1822: Advokat u. Anwalt am Appellationsgerichtshof in Köln, In der Höhle 14 • 365, 367, 387, 397, 401, 411
Gädicke, Johann Christian (1763–1837), Schriftsteller, Verleger, Autor des 1806 erschienenen Lexicon von Berlin; Adresse 1816: Heiligengeiststr. 27
Gaensler *siehe* Gensler, Johann Caspar
Gaetano, Scipio (1550–1588), italien. Maler • 201
Gallian, Mietkutscher in Heidelberg • 265
Gall, Elisa Gertrud Benigna von (gest. 1824), heiratete 1817 Joseph Adolph Nückel • 378
Gall, Gottfried Joseph von (1756–1826), Jurist; bis 1797 Mitglied des Rats, 1809 bis 1814 Munizipalrat, 1814 bis 1826 Mitglied des Stadtrats; AK 1813: rentier; Quartier des Orfèvres 48; AK 1822: Rentner, Unter Goldschmied 48 • 378
Galletti, Johann Georg August (1750–1828), Historiker, Geograf • 87
Gardel, Pierre (1758–1840), franz. Tänzer, Choreograf • 162, 177, 184, 213
Gatterer, Christoph Wilhelm Jacob (1759–1838), Staatswissenschaftler, Forstfachmann; lehrte seit 1787 an der Universität in Heidelberg, 1805 Ernennung zum Oberforstrat • 257
Gaudi, Friedrich Wilhelm Leopold von (1765–1823), Militär; 1817 Ernennung zum Generalleutnant • 100
Gedicke
Gedike, Laura (1799–1864), Tochter des Theologen und Pädagogen Friedrich Gedike (1754–1803); heiratete 1818 friedrich Christoph Förster • 139 f., 213
Gelenius, Aegidius (1595–1656), kath. Geistlicher, Historiker • 400
Gelenius, Johannes (1585–1631), kath. Geistlicher, Historiker • 400
Gemmingen, Katharina von (gest. 1517); verh. mit Friedrich von Worms, genannt Dalberg • 293

Gensler, Johann Caspar (1768–1821), Jurist; lehrte seit 1815 als Nachfolger von Christoph Reinhard Martin an der Universität in Heidelberg · 274

Gerhardt, Adolfine Johanna Adelheid Henriette von (1795–1832), heiratete am 13. Febr. 1816 Heinrich Ludwig Friedrich Arnold von Diest · 189

Gerhard, Familie von · 208

vermutlich

Gerhardt, Johann Karl von (1752–1829); Vater von Adolfine Johanna Adelheid Henriette von Gerhardt

Gerlach, von · 124, 134, 137 f., 141, 145,147, 149, 154, 157, 166, 169, 172, 182, 186, 194, 200, 212, 220, 225, 229, 499

Gerlach, Fräulein von · 239

Gerlach, Brüder von

Söhne von Carl Friedrich Leopold von Gerlach u. Agnes von Raumer: Wilhelm von Gerlach, Leopold von Gerlach, Ernst Ludwig von Gerlach, Otto von Gerlach. Die Brüder sind in den Texten nicht immer zu identifizieren

Gerlach, die drei Brüder · 99, 141, 144, 153, 170, 179, 197, 200

Gerlach, Agnes von, geb. von Raumer (1761–1831); verh. mit Carl Friedrich Leopold von Gerlach · 145

Gerlach, Carl Friedrich Leopold von (1757–1813), Staatsbeamter; verh. mit Agnes von Raumer · 145

Gerlach, Ernst Ludwig von (1795–1877), 1816 Jurastudent bzw. Jurist in der Ausbildung; preuß. Politiker, Richter; AB 1818/19: Kammergerichts-Referendar, Hinter der katholischen Kirche 1 · 11, 115, 134, 137 f., 149, 152, 155, 158–161, 163, 169 f., 174 f., 180, 192, 195 f., 208, 212, 214, 216, 219, 222

Gerlach, Leopold von (1790–1861), preuß. Militär, Politiker; 1815 im Generalstab des Generalfeldmarschall von Blücher; 1826 Adjutant des Prinzen Wilhelm, 1849 Generaladjutant von Friedrich Wilhelm IV.; AB 1818/19: Hauptmann, Hinter der katholischen Kirche 1 · 31 49, 63, 75, 134, 180, 183, 196, 200

Gerlach, Otto von (1801–1849), 1816: Schüler; evang. Theologe, Hofprediger; Adresse 1816: Hinter der katholischen Kirche 1 · 134

Gerlach, Wilhelm von (1789–1834), Jurist; 1830 Ernennung zum Vizepräsident des Oberlandesgerichts in Frankfurt a.O.; AB 1818/19: Kammergerichts-Assessor; Hinter der katholischen Kirche 1 · 134, 196, 201, 208, 212

Gerning, Johann Isaak von (1767–1837), Schriftsteller, Diplomat, Sammler · 476

Gervasi, Baron von · 411

Geyr zu Schweppenburg, von · 20, 47 f., 50, 58–60, 72, 82, 311, 343, 345 f., 351 f., 360, 371 f., 374 f., 384, 386 f., 390, 395, 403 f., 410

Geyr zu Schweppenburg, Frau von · 57, 61, 214, 346, 350 f., 396, 501, 507

Geyr zu Schweppenburg, Herr von · 50, 351, 395–397, 427

Geyrs zu Schweppenburg, von, Auf dem Domkloster · 72

Geyr zu Schweppenburg, Anna Maria Franziska von, geb. von Becker (1763–1820), 2. Ehefrau von Cornelius Joseph Ägidius Johann Lambert von Geyr zu Schweppenburg; Schwester der Mutter Eberhard von Grootes, also seine Tante

Geyr zu Schweppenburg, Carl von · 70

Geyr zu Schweppenburg, Cornelius Joseph Ägidius Johann Lambert Freiherr von, (Spitzname in der Familie: St. Joseph) (1754–1832), letzter kurkölnischer Generaleinnehmer, Besitzer der Güter Röttgen u. Müddersheim sowie des Hauses Breite Str. 92/98; 1805 bis 1809 Munizipalrat in Köln, 1817 bis 1832 Mitglied des Stadtrats, 1826 bis 1830 stellv. Mitglied des Provinziallandtages; seit 1788 verh. in 1. Ehe mit Maria Adelgunde von Beywegh (1763–1789), in 2. Ehe mit Anna Maria Franziska von Becker, Schwester der Mutter Eberhard von Grootes; C.J. von Geyr zu Schweppenburg war also Eberhard von Grootes Onkel; Schwiegervater von Karl Joseph von Mylius; die Familie von C.J. von Geyr zu Schweppenburg wohnte im Palais Breite Str. 92/98; AK 1813: rentier; Rue Large 98; AK 1822: Rentner, Breite Str. 98 · 21, 48, 335, 351, 372, 403 f., 410, 508

Geyr zu Schweppenburg, Everhard Anton Heinrich Freiherr von (1793–1873), seit 1815 Student in Heidelberg; 1832 bis 1846 Mitglied des Stadtrats; Sohn von Cornelius

Joseph von Geyr zu Schweppenburg u. seiner 2. Ehefrau Maria Anna Franziska von Becker; heiratete 1823 Maria Eva Lyversberg, Tochter von Jakob Johann Nepomuk Lyversberg; Cousin Eberhard von Grootes · 263 f., 267–269, 272, 279, 283, 358, 369, 372–374, 466, 520

Geyr zu Schweppenburg, Joseph Heinrich Emanuel von (1774–1814), Sohn von Hermann Maximilian Josef Anton von Geyr zu Schweppenburg; verh. mit Maria Agnes Hendrickx; AK 1813: Rue Large 98/Breite Str. 98 · 59

Geyr Henricks, Geyr Hendriks, Geyr Hendrix

Geyr zu Schweppenburg, Maria Agnes von, geb. Hendrickx (geb. 1798); verh. mit Joseph Heinrich Emanuel von Geyr zu Schweppenburg · 59, 63 f., 355, 387

Geyr zu Schweppenburg, Maria Agnes Walburga von siehe Mylius, Maria Agnes Walburga von

Geyr zu Schweppenburg, Maria Antoinette Josephine Caroline Henriette (Nette) von (1797–1863), Tochter von Cornelius Joseph von Geyr zu Schweppenburg u. seiner 2. Ehefrau Maria Anna Franziska von Bekker; blieb unverh.; Cousine Eberhard von Grootes · 63, 350

Geyr zu Schweppenburg, Maria Henriette Konstantine Walburga (Jette) von (1791–1859), Tochter von Cornelius Joseph Ägidius Johann Lambert von Geyr zu Schweppenburg u. seiner 2. Ehefrau Maria Anna Franziska von Becker; heiratete Oberrevisionsrat Ernst Leist; Cousine Eberhard von Grootes · 63, 335, 350, 392, 459, 508

Geyr zu Schweppenburg, Max von; wohnhaft in Wesseling · 322, 367

Geyr zu Schweppenburg, Maximilian Hermann Josef Anton von (1803–1835), Sohn von Joseph Heinrich Emanuel von Geyr zu Schweppenburg u. Marie Agnes Hendrickx; heiratete 1830 Agnes Everhardina Walburga von Geyr zu Schweppenburg (1804–1889)

Geyr zu Schweppenburg, Maximilian Joseph von (1799–1887); Sohn von Cornelius Joseph von Geyr zu Schweppenburg u. seiner 2. Ehefrau Maria Anna Franziska von Becker; Bruder von Friedrich Wilhelm (Fritz) von Geyr zu Schweppenburg (1802–1859)

u. Agnes Everhardina Walburga von Geyr zu Schweppenburg; Cousin Eberhard von Grootes; heiratete 1827 Maria Franziska von Bylandt-Rheydt

Chissels, Familie von

Ghisels, Johann Nicolaus Franz Xavier von (1789–1866); AK 1813: Rue Haute-Porte 11/Hohe Pforte 11; AK 1822: Rentner, Hohe Pforte 11 · 411

Gilbert, Abt des Klosters Maria Laach · 308

Gilbert, Ludwig Wilhelm (1769–1824), Mathematiker, Chemiker, Physiker; lehrte seit 1814 an der Universität in Leipzig · 161, 174

Giustiniani, Vincenzo Marchese (1564–1637), italien. Kunstsammler · 201

Gladny siehe Chladni

Glasenap, Capitain · 95

Gneisenau, August Wilhelm Anton Graf Neidhardt von (1760–1831), preuß. Militär, Militärreformer; 1815 bis 1816 Generalkommandeur am Rhein in Koblenz, seit 1818 Mitglied des Staatsrats, 1825 Ernennung zum Generalfeldmarschall · 11, 18 f., 22, 24–26, 28–32, 37, 39, 44, 49, 51, 71, 74–78, 81, 107, 115, 124 f., 130, 154, 158, 182, 192, 198, 206, 258 f., 261, 267, 329, 426 f., 429–432, 435, 445 f., 489, 515

Gneisenau, Emilie Neidhardt von (1809–1855), Tochter von August Wilhelm Anton Graf Neidhardt von Gneisenau u. Karoline Juliane von Kottwitz · 130

Gneisenau, Karoline Juliane Neidhardt von, geb. von Kottwitz (1772–1832); verh. mit August Wilhelm Anton Graf Neidhardt von Gneisenau · 78, 81, 120, 130, 140, 157

Godard, Claude; AK 1813: sellier carossier, Place des Victoires 9/Neumarkt 9; AK 1822: Sattler, Neumarkt 9 · 78–81

Goebel, Dr. · 359

Goesike siehe Göschen, Johann Friedrich Ludwig

Goerissen · 50

möglicherweise

Gorissen, Martin, Gastwirt u. Getreidehändler in Aachen

Goeschen

Göschen, Johann Friedrich Ludwig (1778–1837), Jurist, Rechtshistoriker; lehrte seit 1811 an der Berliner Universität, seit 1822 an der Universität in Göttingen · 138, 142, 186, 192, 277

Göthe
Goethe, Johann Wolfgang von (1749–1832), Schriftsteller · 12, 33 f., 36 f., 54, 63, 67, 102, 110 f., 115, 121 f., 130, 136, 139 f., 145, 150, 152, 158 f., 171 f., 174 f., 190 f., 193 f., 199, 201, 204, 218, 234, 236, 241–244, 247, 253, 257, 261, 264, 269, 271–273, 284 f., 287, 293, 303, 310, 315, 339 f., 353, 369, 391, 400, 406, 449, 459–462, 475–477, 481, 513, 515, 517 f.
Goetschmann · 340
Götze
Goetze, August Wilhelm (1792–1876), Jurist; enger Freund von Ernst Ludwig von Gerlach · 99, 102, 137 f., 144–147, 149, 153 f., 157–164, 166 f., 169–176, 178 f., 182 f., 186 f., 188, 191–198
Goldbeck, Heinrich Julius von (1733–1818), Jurist; Staatsbeamter, 1778 Ernennung zum Präsidenten des Kammergerichts, 1789 zum Staatsminister; seit 1795 Großkanzler u. Chefpräsident der Gesetzgebungskommission · 269
Gonsalvi *siehe* Consalvi
Gontar, Mademoiselle · 475
Goerres
Görres, Johann Joseph von (1776–1848), Publizist, Historiker; lehrte 1806 bis 1808 an der Universität in Heidelberg, 1808 Rückkehr nach Koblenz, 1814 bis 1816 Herausgeber des Rhein. Merkurs, 1819 flucht nach Straßburg; Rückkehr zum Katholizismus u. Sprecher der kath. Bewegung; lehrte ab 1827 an der Universität in München; 1839 geadelt; seit 1801 verh. mit Maria Catharina von Lassaulx · 29–31, 44, 55, 57, 64, 66, 74–76, 79, 94, 100, 105, 111, 119, 132, 194, 204, 206 f., 220–222, 268, 276, 290 f., 303–305, 307, 333, 438, 480, 522, 524, 529, 537
Görres, Maria Katharina von, geb. von Lassaulx (1779–1855), Tochter des Kurtrierischen Hof- u. Regierungsrats Adam von Lassaulx u. Schwester von Görres' Verleger Franz Joseph von Lassaulx; seit 1801 verh. mit Johann Joseph von Görres · 29, 74
Görres, Sophie, Tochter von Johann Joseph von Görres u. Maria Katharina von Lassaulx · 307
Gossaert, Jan (um 1478–1532), niederl. Maler · 146, 245, 265

Gosselin, Constance Hippolyte (geb. 1793), Tänzerin des Ballets der Pariser Oper; seit 1815 verh. mit dem Tänzer Auguste Anatole Petit, daher auch Madame Anatole genannt · 136, 177, 184
Gossen, Franz Heinrich (1776–1834), 1816 Ernennung zum Geh. Regierungsrat in Köln; "Neupreuße"; AK 1822: Regierungsrat, Gereonstr. 42 · 317
Gossler
Goßler, Wilhelm Christian (1755–1836), April 1816 Ernennung zum Geh. Regierungsrat in Köln; "Altpreuße"; AK 1822: Königlicher Geh. Regierungsrat, Mühlenbach 30 · 316, 344, 372
Gottfrit
Gottfried von Straßburg (2. Hälfte 12. Jh.–Anfang 13. Jh.), mittelalterlicher Dichter · 45, 114, 165, 218, 225, 260, 269, 279
Gouaita
Guaita, Magdalena Maria (Meline), geb. Brentano (1788–1861); verh. mit Georg Johann Friedrich von Guaita (1772–1851); Schwester von Clemens Brentano u. Bettina von Arnim, geb. Brentano · 252, 518
Graf von Coburg *siehe* Herzog Johann Casimir von Sachsen-Coburg
Grashof, Karl Friedrich August (1770–1841), Theologe, Mathematiker, Pädagoge; 1814 bis 1816 provisorischer Direktor des öffentlichen Unterrichts am Niederrhein beim Generalgouvernement in Aachen, 1815 provisorischer Direktor des in Köln eröffneten Gymnasiums, Übersiedlung nach Köln; 1816 Berufung zum Konsistorial- u. Schulrat im Konsistorium Köln; ab 1826 Konsistorial- u. Schulrat an der Schulabteilung der Kölner Regierung; verh. mit Dorothea Luisa Brüder; AK 1822: Konsistorialrat, Severinstr. 225 · 21, 35, 57, 70, 78, 172, 348 f., 352, 355, 378, 436
Grashof, Dorothea Luisa, geb. Brüder (1778–1848), seit 1797 verh. mit Karl Friedrich August Grashof · 57, 61, 70, 352, 378
Graun, Carl Heinrich (1704–1759), Komponist · 156
Grimm, Jakob Ludwig Karl (1785–1863), Philologe, Schriftsteller, Begründer der Germanistik; 1814 bis 1815 als Vertreter von Hessen-Kassel beim Wiener Kongreß, 1815 in Paris, beauftragt mit der Reklamation ge-

raubter Kunstwerke; ab 1816 mit seinem Bruder Wilhelm Karl Grimm Bibliothekar in Kassel, lehrte seit 1830 an der Universität in Göttingen, 1841 bis 1848 an der Berliner Universität; 1848/49 Abgeordneter in der Frankfurter Nationalversammlung • 11, 53, 56, 74, 110, 114, 119, 166, 169 f., 186, 209, 263, 298, 302, 311, 349, 351, 358, 379, 465–469, 473, 484, 521–525

Grimm, Ludwig Emil (1790–1863), Maler, Kupferstecher; Bruder von Jakob Ludwig Karl u. Wilhelm Karl Grimm • 74, 307

Grimm, Wilhelm Karl (1786–1859), Philologe, Schriftsteller, Begründer der Germanistik; seit 1816 gemeinsam mit seinem Bruder Jakob Ludwig Karl Bibliothekar in Kassel, lehrte seit 1831 an der Universität in Göttingen, 1841 bis 1852 an der Berliner Universität • 64, 74, 166, 169 f., 209, 263, 298

Schreibweisen: Groeben, Gröben

Groeben, Carl Graf von der (1788–1876), preuß. Militär; 1815 bis 1817 in Koblenz stationiert, 1843 Generaladjutant von Friedrich Wilhelm III.; Sohn von Ernst Wolfgang Albrecht von der Groeben (1740–1818) u. Albertine Luise Ernestine von Ostau (1756–1812); 8. Juni 1816 Heirat mit Selma Thusnelda von Dörnberg; Bruder von Friedrich Wilhelm August Ernst von der Groeben • 28 f., 31, 48–52, 57, 60–65, 71–76, 120, 157, 180, 189, 426 f., 438, 503, 507

Groeben, Ernst Leonhard Anton Julius Graf von der (1806–1877), Sohn von Wilhelm Ludwig von der Groeben (1765–1829) u. Friederike von der Groeben-Ponarien • 157, 199

Groeben, Friederike von der, geb. von der Groeben-Ponarien (1779–1859), Tochter von Ernst Wolfgang Albrecht von der Groeben (1740–1818) u. Albertine Luise Ernestine von Ostau (1756–1812); 1796 Heirat mit Wilhelm Ludwig von der Groeben; Schwester von Carl von der Groeben • 120, 124, 144, 147 f., 157, 189, 208, 214, 219 f., 438, 507

Groeben, Friedrich Wilhelm August Ernst (Fritz) von der (1786–1846); Sohn von Ernst Wolfgang Albrecht von der Groeben u. Albertine Luise Ernestine von Ostau; Bruder von Carl von der Groeben • 189, 193, 199, 207 f., 215, 219 f., 507

Groeben, Ida Gräfin von der, geb. von Auerswald (1791–1868), pietistische Schriftstellerin; 1811 bis 1813 verh. mit Wilhelm Johann Heinrich von der Groeben • 49

Groeben, Selma Thusnelda von der, geb. Freiin von Dörnberg (1797–1876), Tochter von Wilhelm von Dörnberg (1768–1850); 8. Juni 1816 Heirat mit Carl von der Groeben

Groeben, Wilhelm Johann Heinrich Graf von der (1784–1813), Sohn von Ernst Wolfgang Albrecht von der Groeben u. Albertine Luise Ernestine von Ostau; Bruder von Carl, Friedrich Wilhelm August Ernst von der Groeben u. Friederike von der Groeben; verh. mit Ida von Auerswald • 49

Groeben, Wilhelm Ludwig von der (1765–1829), preuß. Militär, seit 1810 Hofmarschall des Prinzen Wilhelm, seit 1823 Oberburggraf des Königreichs Preußen; Sohn von Friedrich Gottfried von der Groeben (1726–1799) u. Sophie Caroline von Waldburg; verh. mit Friederike von der Groeben-Ponarien; AB 1818/19: Königlicher Hofmarschall, Schloßportal 2 • 100, 120, 124, 129, 132, 147, 157, 160, 169, 185, 190, 193, 207 f., 214 f., 219 f., 507

Grollmann

Grolman, Karl Wilhelm Georg von (1777–1843), preuß. Militär; 1815 Generalquartiermeister der Armee, 1814, 1815 bis 1819 Direktor im Kriegsministerium, 1832 bis 1835 Kommandierender General in Posen; Sohn von Heinrich Dietrich von Grolman; verh. in 1. Ehe mit Sophie von Gerlach (1787–1807); 1816 Heirat in 2. Ehe mit Hedwig von Rotenhan; Schwager der Brüder von Gerlach; AB 1818/19: Generalmajor, Behrenstraße • 155

Schreibweisen: De Groote, de Groote, DeGroote, deGroote, DGroote, von Groote

Groote, Agatha de, geb. von Junckerstorff (1860–1749), Tochter von Franz von Junckerstorff u. Ursula Richmodis von Schnellen/Snellen; seit 1704 verh. mit Franz de Groote (gest. 1721) • 330 f., 353, 386

Groote, Carolus Alexander Joseph Felix (Carl) von (1792–1860), Bruder Eberhard von Grootes

Groote, Caspar Joseph Heinrich Gregor Spoletus (Caspar) von (1798–1878); um 1816 Schüler, Student; Jurist; Geh. Oberjustizrat

u. Generaladvokat am Appellationsgerichtshof in Köln; heiratete in 1. Ehe 1831 Luise Pauline Coomans (1805–1840); in 2. Ehe 1842 Gudela Christine Coomans (1802–1885); Bruder Eberhard von Grootes

Groote, Eberhard Anton Rudolph Hermann Joseph Melchior von (1789–1864), Autor des Tagebuchs; Mitte 1816: Ernennung zum Regierungsassessor in Köln; heiratete 1818 Maria Franziska Walburga von Kempis; Adresse 1816: Marzellenstr. 82; AK 1822: Regierungsassessor, Glockengasse 9

Groote, Everhard Anton Hermann Joseph Melchior von (1756–1820), kaiserlicher Oberpostmeister; Sohn von Franz Jakob Gabriel von Groote u. Maria Kolumba von u. zum Pütz; verh. mit Maria Henriette Carolina Josepha Walburga von Becker; Vater Eberhard von Grootes; AK 1813: rentier, Rue du Lycée 82/Marzellenstr. 82 (franz. Nummerierung Nr. 3074)

Groote, Franz de (1661–1721), Kölner Bürgermeister; Sohn von Heinrich de Groote u. Anna Brassart, seit 1704 verh. mit Agatha von Junckerstorff • 330

Groote, Franz Maria Jacob Gabriel (Jacob) von (1792–1853), Sohn von Heinrich Joseph Anton Hermann Balthasar von Groote u. Maria Walburga Adelgunde von Herrestorff; heiratete 1826 Anna Margarete Gertrude Sieger (1802–1781); Cousin Eberhard von Grootes • 395, 398

Groote, Heinrich de, der Ältere (1585–1651), heiratete 1616 Sibilla Duisterloe

Groote, Heinrich de, der Jüngere (1629–1694), Kölner Bürgermeister; verh. in 1. Ehe mit Anna Brassart, in 2. Ehe mit Anna Elisabeth Fourment

Groote, Heinrich Joseph Anton Melchior von (in der Familie genannt: Bürgermeister de Groote) (1762–1823), 1797 Bürgermeister der Stadt Köln; seit 1789 verh. mit Maria Walburga Adelgunde von Herrestorff; Bruder Everhard Anton von Grootes; Onkel Eberhard von Grootes

Groote, Jacob de, der Ältere (1588–1663), Kaufmann; Bruder von Heinrich de Groote dem Älteren; ohne Nachkommen • 330, 391, 407 f.

Groote, Jacob de, der Jüngere (1627–1681), Kaufmann; Sohn von Heinrich de Groote dem Älteren u. Sibilla Duisterloe • 330, 390 f., 404, 412

Groote, Joseph Cornelius Alois Anton (Joseph) von (1791–1866), Jurist, seit 1815 Mitglied des Verwaltungsrats des Kölner Verwaltungs- und Stiftungsrats; seit Mitte 1816 Assessor beim Kölner Konsistorium; später: Konsistorialrat; erzbischöflicher Kanzler beim Generalvikariat Köln; heiratete 1821 Margarete Auguste Schaaffhausen (1802–1890), Tochter des Bankiers Johann Abraham Anton Schaaffhausen u. Maria Theresia Lucie de Maes; Bruder Eberhard von Grootes u. sein enger Vertrauter; AK 1822: Königlicher Konsistorialrat, Stolkgasse 4

Groote, (Maria) Franz Jakob Gabriel von (1721–1792), Kölner Bürgermeister; verh. mit Maria Ursula von u. zum Pütz; Großvater Eberhard von Grootes • 331

Groote, Maria Henrica Agnes Walburga (Wally) von (1794–1853); Schwester Eberhard von Grootes

Groote, Maria Henriette Carolina Josepha Walburga von, geb. von Becker (1759–1815); seit 1784 verh. mit Everhard Anton Hermann Joseph Melchior von Groote; Mutter Eberhard von Grootes

Groote, Maria Henriette Therese Clementine Walburga (Therese) von (1800–1881); Tochter von Everhard Anton Hermann Joseph Melchior von Groote u. Maria Henriette Carolina Josepha Walburga von Becker; Erbin von Kendenich; heiratete 1821 ihren Schwager August Philipp Johann Josef von Kempis; Schwester Eberhard von Grootes

Groote, Maria Walburga Adelgunde von, geb. von Herrestorff (1771–1840); verh. mit Heinrich Joseph Anton Melchior von Groote (1766–1823); Tante Eberhard von Grootes

Groote, Nicolaus de (1631–1669), Mitglied des Ordens der Kreuzbrüder; Sohn von Heinrich de Groote dem Älteren u. Sibilla Duisterloe • 387, 390

Gürrlich

Gürlich, Joseph August (1761–1817), Organist, Dirigent, Komponist; seit 1816 Kapellmeister der Königlichen Kapelle in Berlin • 153

Gutenberg, Johannes (um 1400–1468), Buchdrucker, Verleger • 302

Gymnich, die Damen von • 360
Gymnich, Clementina Freifrau von, geb. Gräfin von Velbruck (gest. 1818); verh. mit Clemens August von Gymnich (gest. 1806); AK 1813: veuve, rentière, Place des Victoires 1/Neumarkt 1; Gymnicher Hof • 349, 390

H
Haass • 401
möglicherweise
Haas, Haaß Johann Baptist (1790–1876), Jurist
oder
Haas, Hermann Joseph; Jurist; AK 1822: Landgerichtsrat, Domkloster 5
Hämmling, Hämling *siehe* Memling, Hans
Händel, Georg Friedrich (1685–1759), Komponist • 410
Hagen, Fräulein von • 363
Hagen, die kleine Eone von • 408
Hagen, von dem, vom
Hagen, Ludwig Philipp Wilhelm Freiherr vom (1770–1842), Staatsbeamter; um 1815 Geh. Regierungsrat im Finanzministerium Berlin; 1816 Ernennung zum 1. Regierungsdirektor in Köln u. zum Leiter der Abt. II; „Altpreuße"; 1817 Ernennung zum Regierungsvizepräsidenten, 1818 zum Regierungspräsidenten in Köln, 1825 Versetzung nach Erfurt; AK 1822: Königlicher Regierungs-Chef-Präsident, Brückenstr. 5 • 316, 343 f., 349, 369
Hagen, Friedrich Heinrich von der (1780–1856), Germanist; lehrte an den Universitäten in Berlin u. Breslau • 56, 64, 114 f., 163, 165, 170, 217, 219 f., 325, 379, 467 f., 504 f., 523
Haisdorf, Haisdorff, von
Haysdorf, Freiherr von; seit 1816 Oberpostdirektor in Aachen • 24, 49–51
Hake, Karl Georg Albrecht Ernst von (1769–1835), preuß. Militär; seit Mai 1816 Kommandierender General am Rhein als Nachfolger von General von Gneisenau; 1819 bis 1833 Kriegsminister • 31
Halberg
Hallberg-Broich, Theodor Karl Alexander Franz von (1768–1862), Schriftsteller, Reisender • 410 f.
Hamacher, Oekonom • 358
Hamm, Jakob (1745–1831), kath. Geistlicher; Domkapitular, Lehrer für Kirchenrecht in Köln; AK 1813: ecclésiastique; Rue Ste. Colombe 3/Kolumbastr. 3; AK 1822: Geistlicher, Kolumba Kirchhof 3 • 54, 380 f., 389
Hansen • 167
Hansen, Caspar Jacob; kath. Geistlicher; Vikar an St. Gereon, später Buchhändler, Antiquar, Auktionator; Adresse 1805 bis 1823: Burgmauer 7/Ecke Burgmauer/Pfaffenpforte • 389
Hardenberg, Friedrich von, genannt Novalis (1772–1801), Dichter • 158
Hardenberg, Karl August Fürst von (1750–1822), preuß. Politiker, Reformer; 1810 bis 1822 Staatskanzler; seit 1807 verh. in 3. Ehe mit Charlotte Schöneknecht; AB 1818/19: Behrenstr. 55 • 18, 25–27, 30, 32, 37, 40 f., 55, 71, 75, 77, 79, 98, 104, 112 f., 115, 120, 123, 125, 136, 152, 154, 160 f., 193 f., 196, 198, 200, 204, 208, 210, 212, 220 f., 223 f., 258, 261, 281, 286, 324 f., 329, 351, 364, 366, 404, 410, 426–430, 433, 436, 441 f., 446, 460, 470, 483 f., 486, 489, 496, 499, 501, 504, 528, 530
Hardi
Hardy, Caspar Bernhard (1726–1819), kath. Geistlicher, Domvikar, Wachsbossierer, Maler; AK 1813: ecclésiastique; Enclos Sainte Marguerite 13/Margarethenkloster 4 • 53 f., 391 f., 410
Harff, von
Mitglieder der Familie von Harff zu Dreiborn • 60, 342, 362, 366, 388, 395, 411
Harff zu Dreiborn, Clara Elisabeth von, geb. von Kerpen (1751–1825), seit 1774 verh. mit Franz Ludwig von Harff zu Dreiborn (1747–1814); AK 1822: Rentnerin, Johannstr. 59/Johannisstr. 59 (Harffer Hof) • 60, 69, 342, 537
Harff zu Dreiborn, Clemens Wenceslaus Philipp Joseph Freiherr von (1775–1835), Sohn von Franz Ludwig u. Clara Elisabeth von Harff zu Dreiborn; verh. mit Anna Katharina Kirschgens • 60, 403
Harff zu Dreiborn, Elisabeth Antonia (Betty) von (1787–1863), Tochter von Franz Ludwig von Harff zu Dreiborn u. Clara Elisabeth von Kerpen; heiratete 1825 Werner Moritz von Haxthausen
Harff zu Dreiborn, Franz Ludwig Freiherr von (1747–1814), seit 1774 verh. mit Clara Eli-

sabeth von Kerpen; AK 1813: Baron de l'Empire, rentier; Rue St. Jean 59/Johannisstr. 59 (Harffer Hof) • 60, 342

Harff zu Dreiborn, Maria Charlotte Antoinette von (1777–1853), Tochter von Franz Ludwig von Harff zu Dreiborn u. Clara Elisabeth von Kerpen; heiratete 1795 Adam Friedrich Schenk von Stauffenberg • 342

Hartung • 73

Haxthausen, von, der jüngste

Haxthausen, August Franz Freiherr von (1792–1866), Jurist, Agrarwissenschaftler, Sammler von Volksliedern; 1815 bis 1818 Studium an der Universität in Göttingen; 1834 Ernennung zum Geh. Regierungsrat; Sohn von Werner Adolph von Haxthausen u. Marie Anne von Wendt zu Pappenhausen; Bruder von Werner Moritz von Haxthausen u. Carl Moritz Maria von Haxthausen; blieb unverheiratet

Haxthausen, Moritz Maria Elmerhaus von (1775–1841), seit 1806 Landrat in Brakel; Bruder von Werner Moritz von Haxthausen; seit 1807 verh. mit Sophia Louise Albertine von Blumenthal (1785–1864)

Haxthausen, Werner Moritz Freiherr von (1780–1842), Jurist, Philologe, Kunstsammler, Staatsbeamter; 1815 bis 1826 Regierungsrat in Köln, leitete das Referat Armenwesen; „Neupreuße"; Erhebung durch den bayerischen König in den Grafenstand; Sohn von Werner Adolph von Haxthausen u. Marie Anne von Wendt zu Papenhausen; Bruder von August Franz Ludwig, Dorothea Wilhelmine, Fernandine, Carl Moritz von Haxthausen; heiratete 1825 Elisabeth von Harff zu Dreiborn; Adresse 1816: Hohe Str. 53; AK 1822: Bayengasse 27/Bayenstraße (Bremter Hof, Pützsche Haus)

Haxthausen, Dorothea Wilhelmine von siehe Wolff-Metternich, Dorothea Wilhelmine von

Haesel • 170

vermutlich

Hensel, Wilhelm (1794–1861), Maler; AB 1818/19: Alte Jakobstr. 93

Haesel, die kleine Gräfin • 188

Haesinger, Frau • 391

Hasler, die kleine Gräfin • 150, 155

Hauf, Prof.

Hauff, J.K.Fr., Lehrer am Kölner Gymnasium • 68

Haugwitz, Paul Graf von (1791–1856), preuß. Militär; Obristlieutenant, Schriftsteller; seit 1815 verh. mit Lucie von Maltzan (1796–1834) • 200

Hecht, Julius Gottfried Conrad (1771–1837), Jurist, Staatsbeamter, Botaniker u. Reisender; seit 1809 Rat in Potsdam; 1816 Regierungsrat • 227, 229, 234, 238, 240 f., 243, 247, 255, 262 f., 265, 267, 510 f., 513

Hedeman, Hedemann, Lieutenant • 60, 64, 67 f., 72, 79, 334–336, 353, 368, 372, 382, 392, 399, 403, 406–408, 410

Hedemann, Adelheid von, geb. von Humboldt (1800–1856), Tochter von Caroline u. Wilhelm von Humboldt; seit 1815 verh. mit August Georg Friedrich von Hedemann • 158, 160

Hedeman

Hedemann, August Georg Friedrich von (1785–1859), preuß. Militär; seit 1813 Generalstabschef des Prinzen Wilhelm; seit 1815 Obristlieutenant u. 1. Adjutant des Prinzen Wilhelm; seit 1815 verh. mit Adelheid von Humboldt (1800–1856); 1848 Ernennung zum Kommandierenden General; AB 1818/19: Charlottenstr. 31 • 100, 127, 140, 158, 180

Schreibweisen: Heereman, Heeremann, von Zuydtwick, von Zuydtwyck

Heereman von Zuydtwyck, Familie • 60, 392

Heereman von Zuydtwyck, Frau von • 72, 394, 396

Heereman von Zuydtwyck, Engelbert Anton Alois (1769–1810), seit 1805 verh. mit Fernandine von Haxthausen; Palais Zuydtwyck, Gereonstr. 12/18 • 60, 373

Heereman von Zuydtwyck, Fernandine, geb. von Haxthausen (1781–1851), 1805 Heirat mit Engelbert Anton Alois Heereman von Zuydtwyck; Schwester von Werner Moritz von Haxthausen; Palais Zuydtwyck, Gereonstr. 12/18 • 60, 337, 373

Heereman von Zuydtwyck, Maria Charlotta, geb. von Eltz-Rübenach (1766–1836), seit 1784 verh. mit Theodor Joseph Heereman von Zuydtwyck; AK 1813: Rue Marie-Louise 18/Gereonstr. 12/18; AK 1822: Charlotte Heereman von Zuydtwyck, Witwe, Rentnerin; Palais Zuydtwyck, Gereonstr. 12/18 • 403

Heereman von Zuydtwyck, Theodor Joseph

Ludwig (1763–1813), Sohn von Franz Ernst Hyazinth Heereman von Zuydtwyck (1714–1780) u. Maria Anna Catharina von Wrede (1739–1811); heiratete 1784 Maria Charlotte von Eltz-Rübenach; Besitzer von Schloss Wahn · 403

Hegel, Georg Wilhelm Friedrich (1770–1831), Philosoph · 267, 278

Hegi, Franz (1774–1850), Schweizer Maler, Kupferstecher, Radierer · 287

Hensler, Dora (1770–1860) · 136, 228, 237, 241, 246 f.

Schreibweisen: Heimann, Heyman, Heymann Heyman · 80

Heimann, Johann Friedrich Carl (1757–1835), Kaufmann, Fabrikant; 1805 bis 1814 Munizipalrat in Köln; 1814 bis 1832 Mitglied des Stadtrats; 1797 u. 1799 Präsident des Kölner Handelsvorstandes; in 1. Ehe verh. mit Christine Martini (1761–1803); in 2. Ehe mit Marie Susanne Trombetta (1779–1854); Vater von Johann Philipp Heimann; AK 1813: négociant en épiceries et en vins, fait la banque; Rue de Mars 15/Obenmarspforten 15; AK 1822: Kaufmann in Spedition, Kommission, Kolonialwaren u. Rheinweinen aller Gattungen; Schiesspulver-Fabrikant, Obenmarspforten 15 · 197, 221, 483

Heimann, Johann Philipp (1779–1832), Kaufmann; 1816 Ernennung zum Kommerzienrat; Präsident des Kölner Handelsgerichts; seit 1815 Mitglied des Stftungsrats des Kölner Verwaltung- u. Stiftungsrats; Sohn von Johann Friedrich Carl Heimann u. Christine Martini; verh. mit Klara Anna Therese Kertell; AK 1822: Kaufmann in Kolonialwaren, Wein, Spedition u. Kommission; kaufte im Mai 1816 das Haus Trankgasse 9 von Franz Joseph zu Hohenlohe-Schillingsfürst · 221

Heimsöth

Heimsoeth, Johann Marcus Leonhard (1780–1855), Jurist; Gerichtsschreiber am Kölner Handelsgericht, Mitglied der Olympischen Gesellschaft; AK 1813: greffier du tribunal de commerce; Rue de l'Université 5/Am Hof 5; AK 1822: Gerichtsschreiber am Handelsgericht, Am Hof 3 · 386–388

Heine, Heinrich (1797–1856), Dichter, Schriftsteller · 122, 126, 175 f.

Heinen, Hermann Josef (1756–1840), kath. Geistlicher; Hauslehrer der Familie von Groote, 1811 Pfarrer in Rheindahlen, 1814 in Hasselsweiler · 61

Heinrich von Freiberg (2. Hälfte des 13. Jahrhunderts), Dichter · 269, 523

Heinrich der Löwe (um 1130–1195), Herzog von Bayern u. Sachsen · 90

Heinsberg, Goswin Joseph Anton von (1766–1830), Jurist; bis 1796 Mitglied des Rats, 1796 bis 1797 Mitglied der Munizipalverwaltung, 1801 bis 1814 Munizipalrat, ab 1809 Direktor der Kölner Sekundärschule, seit 1815 Mitglied im Verwaltungsrat des Kölner Verwaltungs- u. Stiftungsrats; 1814 bis 1821 Mitglied des Stadtrats; AK 1813: principal du collège de Cologne, juge suppléant au tribunal de 1ère instance; Rue Large 137/Breite Str. 137 · 73, 353, 361

Heinsberg, Fräulein Th. von · 353

Heinsius, Daniel (1580–1655), Historiker, Lyriker, Bibliothekar an der Universität in Leiden · 267

Heise, der kleine · 463

Heise, Arnold Georg (1778–1851), Jurist; Vertreter der historischen Rechtsschule; lehrte an der Universität in Heidelberg, ab 1814 in Göttingen; war ab 1818 in hannoverschem Staatsdienst · 150, 157, 159, 161, 373

Hellermann · 163, 461

vermutlich

Hellermann, Johann Joseph; in Französischer Zeit im Kanton Mülheim a.Rh. tätig

Hellwig, Carl Friedrich Ludwig (1773–1838), Musiker in Berlin · 156

Helwig

Helwig-Imhof, Amalie von, geb. von Imhof (1776–1831), Schriftstellerin, Übersetzerin, Salonnière; lebte ab 1816 meist in Berlin, Behrenstr. 23 · 190, 255, 400

Hemling, Hemmeling, Hemmling *siehe* Memling, Hans

Hendel-Schütz, Henriette, geb. Schüler (1772–1849), Sängerin, Schauspielerin, Pantomimin · 86, 203

Hepp, Schaffner · 277

Hepp, Schaffnerin · 281

Herbig, Friedrich Wilhelm (1787–1861), Historienmaler; AB 1818/19: Krausenstr. 48 · 182

Hermes, Justus Gottfried (1740–1818), evang.

Theologe, Schriftsteller; 1797 bis 1818 Pfarrer an der Kirche St. Gertraud am Spittelmarkt (Spittelkirche); AB 1818/19: An der Spittelbrücke 19 • 138, 144, 156, 192

Herklots, Karl Alexander (1759–1830), Jurist, Übersetzer, Theaterdichter; Adresse 1816: Charlottenstr. 57 • 136, 162

Herstadt

Herstatt von der Leyen, Friedrich Peter (1775–1851), Bankier, Seidenfabrikant; 1815 bis 1817 Beigeordneter des Bürgermeisters, 1816 Ernennung zum Kommerzienrat, 1817 bis 1826 Mitglied des Kölner Stadtrats; AK 1813: chef de la maison de Jean David Herstatt; Rue Haute-Porte 25; AK 1822: Bankier, Hohe Pforte 25–27 • 165, 461

Herteberg, Herr von • 208

Herwegh, von • 280, 407

Herwegh, Anna Lucia Philippa von siehe Kempis, Anna Lucia Philippa von

Herwegh, Franz Jakob Joseph Freiherr von (1773–1848); 1801 bis 1814 Munizipalrat in Köln, 1800 bis 1816 Beigeordneter, 1814 bis 1846 Mitglied des Stadtrats; 1813 bis 1825 Präsident der städtischen Armenverwaltung; 1826 bis 1841 Mitglied des Provinziallandtages; seit 1800 verh. mit Maria Agatha von Weise; AK 1813: rentier; Rue de la Porte de Mars 7/Oben Marspforten 7; AK 1822: Rentner, Oben Marspforten 7 • 361 f., 386, 392, 428

Herwegh, Maria Agatha von, geb. von Weise (1773–1847), seit 1800 verh. mit Franz Jakob Joseph von Herwegh; Trägerin des Louisenordens • 363

Herwegh, Maria Ursula Walburgis siehe Becker, Maria Ursula Walburgis

Herzberg, Graf • 142

Herzog von Cambridge

Adolph Friedrich von Großbritannien, Irland u. Hannover, Herzog von Cambridge (1774–1850), Militär; am 24. Okt. 1816 Ernennung zum Generalstatthalter des Königreichs Hannover; 1831 bis 1837 Vizekönig von Hannover; Sohn des britischen Königs Georg III. • 230

Herzog Ernst I. von Sachsen-Coburg-Gotha (1784–1844), Vater des britischen Prinzgemahls Albert u. Onkel der britischen Königin Victoria • 235, 249

Herzog Ferdinand Friedrich von Anhalt-Köthen siehe Pleß, Ferdinand Friedrich Fürst von

Herzog Johann Casimir von Sachsen-Coburg (1564–1633) • 249

Herzog Wilhelm in Bayern (1752–1837), 1803 bis 1806 Statthalter im Herzogtum Berg • 250

Herzöge von Braunschweig • 90, 91

Herzöge von Sachsen-Jena • 241

Heusch, Gerard Joseph, Färber in Aachen; verh. mit Françoise Heusch • 49

Heymann siehe Heimann

Hildebrand • 162

vermutlich

Hildebrandt, Ernst, Strumpf-Fabrikant; AB 1818/19: Schloßfreiheit 5

Himmen

Hymmen, Louis/Ludwig Anton Eberhard von (1784–1854), Jurist; 1816 Ernennung zum Landrat des Siegkreises, 1820 bis 1854 Landrat in Bonn • 473

Hirt, Aloys (1759–1837), Archäologe, Architekturhistoriker; lehrte seit 1810 an der Berliner Universität, einer der Initiatoren der Berliner Museen u. der Bauakademie; Adresse 1816: Letzte Str. 2 • 59 f., 142, 174

Hoestermann, 1816: Generalsekretär beim Gouvernementskommissariat in Aachen • 51

Hof, Aufwärter der Olympischen Gesellschaft • 391

Hofer, Frau von • 150

Hoffman aus Düsseldorf • 271

Hofman • 304

Hofmann

Hoffmann, Ernst Theodor Amadeus (1776–1822), Schriftsteller, Musiker, Zeichner • 85, 97 f., 181, 229, 344, 473

Hoffmann, Josef (1764–1812), Kölner Maler, Sammler; Sohn von Valentin Hoffmann; Adresse 1816: Herzogstr. 4 • 33, 229, 339

Hohlweg, Holweg siehe Bethmann Hollweg

Holly, Franz Andreas (1747–1783), böhmischer Komponist • 89

Hirn, Frau • 407

vermutlich

Hirn, Elisabeth, Witwe

Horn, Adam Georg Friedrich von (1772–1832), preuß. Militär; 1811 Ernennung zum Hauptmann, später Obristlieutenant; seit

1815 verh. mit Antoinette von Korff, geb. Graun · 119, 125, 157, 212
Hornstein, Alexander von · 362, 394
Holzapfel
Holtzapfel, Friedrich, Kaffetier; AB 1818/19: Behrenstr. 56 · 206
Houttem
Houtem, Heinrich van (1786–1850), Textilfabrikant in Aachen · 50, 52
Hugo von Trimberg (um 1230–1313), Pädagoge, Dichter · 135
Hoven, Frau von · 156 f.
Humbold, Humboldt · 127, 143, 158 f., 167, 185
Humboldt, Adelheid von *siehe* Hedemann, Adelheid von
Humbold
Humboldt, Caroline von, geb. von Dacheröden (1766–1829); verh. mit Wilhelm von Humboldt · 136, 141, 145, 150, 155, 174, 484
Humboldt, Wilhelm von (1767–1835), Staatsmann, Kulturpolitiker, Sprachforscher; 1803 bis 1808 preuß. Gesandter beim Vatikan, 1816 Vertreter Preußens beim Deutschen Bund in Frankfurt a.M., seit 1817 Botschafter in London; verh. mit Caroline von Dacheröden · 270
Hummel, Johann Erdmann (1769–1852), Maler, Grafiker · 142, 369
Hummel, Johann Nepomuk (1778–1837), österr. Komponist, Klaviervirtuose · 204
Huiser, Huyser
Hüser, Heinrich (1782–1847), preuß. Militär; 1815 Adjutant des Generals von Gneisenau; 1822 Ernennung zum Obristlieutenant, 1843 zum Generallieutenant · 130, 134, 151, 165, 197, 200, 221
Hüssen
Huyssen, Johann Friedrich (1782–1871), Kaufmann, Textilfabrikant; Mitglied der Olympischen Gesellschaft; AK 1813: fabriquant et filateur de coton; Rue du Roi de Rome 24/Unter Sachsenhausen 24 · 378

I
Imhof
Imhoff, Johann Arnold Joseph (1756–1824), Registrator, Archivar, Buchhändler; Adresse um 1816: An St. Laurenz u. Unter Goldschmied 38; AK 1822: Inhaber einer Leihbibliothek, Stadtregistrator, Portalsgasse 2 · 394

Imhof
Imhoff, Peter Joseph (1768–1844), Bildhauer; AK 1813: Rue des Bobineurs 26/Spulmannsgasse 26; AK 1822: Bildhauer, Cäcilienstr. 7 · 54
Imhof
Imhoff-Schwartz, Cornelius Urban; AK 1813: marchand-papetier; Rue Large 105/Breite Str. 105; AK 1822: Buchhändler, Buchdrucker, Inhaber einer Leihbibliothek, Schildergasse 105 · 341, 444
Ingenheim, Gustav Adolf Wilhem Graf von (1789–1855), Kunstsammler, Maler; Sohn von Friedrich Wilhelm II. und dessen Mätresse Julie von Voß; Halbbruder von Friedrich Wilhelm III.; Voßischer Palais, Wilhelmstr. 78 · 137 f., 142, 214, 219
Ingersleben, Major · 243
Ingersleben, Karl Heinrich Ludwig Freiherr von (1753–1831), Staatsbeamter, Politiker; seit 1812 Oberpräsident der Provinz Pommern, seit 1816 Oberpräsident des Großherzogtums Niederrhein u. Präsident der Regierung in Koblenz, seit 1822 der ganzen Rheinprovinz; verh. mit Ulrika Albertine Sophia Ottilie Adamine von Brause; Amtsitz in Koblenz · 39, 104, 107, 109, 290, 303 f., 354, 530
Ingersleben, Ulrika Albertine Sophia Ottilie Adamine von, geb. Brause (1765–1846), verh. mit Karl Heinrich Ludwig von Ingersleben · 304

J
Jabach · 390, 395, 476
Jabach, Everhard IV (1618–1695), Kaufmann, Kunstsammler; 1648 Heirat mit Anna Maria de Groote, Tochter von Heinrich de Groote · 353
Jabach, Everhard V (1656–1721), Sohn von Everhard IV Jabach und Anna Maria de Groote · 353
Jacob, Johann Georg; Gymnasiallehrer, Schriftsteller in Köln · 12
Jacobi · 77, 198
Jacobi, Regierungsrat · 220
Jacobi · 124, 151, 161, 198
vermutlich
Jacobi, Johann Friedrich (1765–1831), Politiker, Staatsbeamter, Schriftsteller; 1815 Revisor für das Steuer- u. Zollwesen in den

Rheingebieten, März 1816 Ernennung zum Präsidenten der Zentralkommission für die Rheinschifffahrt
Jacobi
Jakobi, preuß. Kriegskommissar; 1815 in Paris mit den Reklamationen befasst; Adresse 1816: Neue Schönhauserstr. 16 • 65, 310
Jacoby
Jakoby, Ludwig David (geb. 1769–nach 1832), Kunsthändler, Kunstsammler in Berlin; AB 1818/19: Unter den Linden 35 • 137, 139, 221
Jahn, Friedrich Ludwig (1778–1852), Lehrer, Begründer der Turnbewegung, Burschenschaftler; Adresse 1816: Kochstraße • 118 f., 174, 180, 226
Jansen, Janson, Rittmeister; Adjutant von Generalmajor Friedrich Albrecht Gotthilf von Ende • 401, 354
Jasmund, Carl Wilhelm Friedrich Theodor Gustav Freiherr von (1782–1847), württembergischer Staatsbeamter; seit 1814 Militär in preuß. Dienst, 1815/16 Adjutant von General von Gneisenau in Koblenz; verh. mit Emma Marie Hedwig Blumenbach • 74
Jasmund, Emma Marie Hedwig von, geb. Blumenbach (1783–1819), verh. mit Carl Wilhelm Friedrich Theodor Gustav von Jasmund • 75
Jean Paul, eigentlich Johannes Paul Friedrich Richter (1763–1825), Schriftsteller, Pädagoge • 75, 164, 169, 214, 275
Johannes Baibus de Janua (Johannes Baibus von Genua), Domenikaner, Sprachforscher; Verfasser des Catholicon • 301
Jordans
Jordan, Johann Ludwig von (1773–1848), Jurist, preuß. Diplomat; 1814 Ernennung zum Geh. Legationsrat, 17. Jan. 1816 Erhebung in den Adelsstand • 126, 210, 471
Josti
Josty, Gasthaus, Café, Zuckerbäckerei; An der Stechbahn 1 • 126, 128, 134, 141, 168
Junkersdorf, Familie von • 387
Junckerstorff, Agatha von siehe Groote, Agatha de
Jung, Herr • 142

K
Kadenitz, Capitain • 127
Kämpfer, Kaempfer, Kaempher, Speiselokal im Tiergarten • 219 f.

Kämpfer, Kaempfer, Kaempher, Lieutenant • 156 f., 174–176, 178
Kaiser, lehrte 1816 an der Universität in Heidelberg, Sekretär der Universitätsbibliothek • 279
Kaiser Conrad/Konrad III. (um 1093–1152), verh. mit Gertrud von Sulzbach (um 1110–1146) • 251
Kaiser Ferdinand I. (1503–1564), römisch-deutscher Kaiser 1558 bis 1564 • 399
Kaiser Franz II. von Österreich (1768–1835), römisch-deutscher Kaiser 1792 bis 1806, als Franz I. seit 1804 Kaiser von Osterreich • 37, 267, 280 f.
Kaiser Heinrich II. (973–1024), römisch-deutscher Kaiser; verh. mit Cunigunde/Kunigunde von Luxemburg (um 980–circa 1033) • 250 f.
Kaiser Karl der Große, Carolus Magnus (747/748–814)
Kaiser Konstantin (um 280–337), 306 bis 337 röm. Kaiser • 295 f., 298, 303, 310
Kaiser Maximilian I. (1459–1519), 1508 bis 1519 römisch-deutscher Kaiser • 205
Kaiser Otto I. (912–973), seit 962 römisch-deutscher Kaiser; verh. mit Editha von Wessex • 93–95
Kaiser, russischer • 60
Kaiserin Editha, Prinzessin von Wessex (910–946), verh. mit Kaiser Otto I. • 94
Kaiserin Maria Ludovica Beatrix von Österreich (1787–1816); verh. mit Kaiser Franz I. • 222
Kalb, Charlotte von, geb. Marschalk von Ostheim (1761–1843), Schriftstellerin • 214, 231
Kalb, Edda von (1790–1874), seit 1809 Hofdame der Prinzessin Marianne von Preußen; Tochter von Charlotte von Kalb; wohnte 1816 im Berliner Schloss; AB 1818/19: Hof- u. Staatsdame, im Schloss, Portal Nr. 2 • 100, 214 f., 231 f.
Kalb, Leonhard, Bankier in Frankfurt a.M. • 264
Kallenberg • 221
Karové siehe Carové
Karsch, Anna Louisa (gen. Karschin) (1722–1791), Dichterin; Mutter von Caroline Louise von Klencke, geb. Karsch; Großmutter von Helmina von Chézy • 60
Kassel siehe Cassel, Franz Peter

Kastner, Karl Wilhelm Gottlob (1783–1857), Physiker, Chemiker; lehrte von 1812 bis 1818 an der Universität in Halle · 241

Katz, Franz (1782–1851), Maler, Zeichenlehrer; Inhaber einer Zeichenschule in Köln, Mitglied der Olympischen Gesellschaft; AK 1813: peintre et maître de dessin; Rue (grande) des Boutiques 23/Große Budengasse 23; 1816: Am Hof 24; Brückenstr. 5; AK 1822: Maler in Miniatur u. Zeichnungslehrer, Hohe Str. 132 · 343, 476

Kelleter, Frau
Mitglied der Fabrikantenfamilie Kelleter · 51

Kempis · 361, 374

Kempis, Familie von · 263

Kempis, Fräulein von · 89

Kempis, Anna Lucia Philippina von, geb. von Herwegh (1768–1833), Tochter von Melchior von Herwegh u. Franziska von Hilgers; seit 1793 verh. mit Maximilian Joseph von Kempis; ab 1818 Schwiegermutter Eberhard von Grootes · 374

Kempis, Maximilian Joseph von (1757–1823), Jurist, kurkölnischer Hofrat; 1797 Ernennung zum Präsidenten der Munizipalverwaltung; 1815 bis 1823 Ratsmitglied; seit 1793 verh. mit Anna Lucia Philippina von Herwegh; ab 1818 Schwiegervater Eberhard von Grootes; AK 1813: rentier; Rue des Cloches 9/Glockengasse 9; AK 1822: Rentner, Glockengasse 7 · 374

Kempis, Philipp Johann Josef von (1794–1868), Sohn von Maximilian Joseph von Kempis u. Anna Lucia Philippina von Herwegh; heiratete 1821 seine Schwägerin Maria Henriette Therese Clementine Walburga von Groote; ab 1818 Schwager Eberhard von Grootes · 263, 265, 267, 272 f., 373 f.

Kempis, Maria Franziska Walburga von (1797–1868), Tochter von Maximilian Joseph von Kempis u. Anna Lucia Philippina von Herwegh; heiratete 1818 Eberhard von Groote · 353

Kerll, August Ludwig Christoph (1782–1855), Staatsbeamter, Mitglied des Staatsrats, Oberfinanzrat · 238–240

Kesselstatt, Johann Philipp Franz Graf von (1754–1828), 1795 bis 1828 Domdechant von Trier · 74

Kettelholt, Herr von · 214

Kettlers · 86

Kettler, die beiden Fräulein · 82, 395

Kickbusch

Kiekebusch, Ludwig von (gest. 1821), preuß. Militär; um 1816 Obristlieutenant, bis 1817 Kommandant von Trier · 297

Klein · 55, 57, 64, 69, 79, 334

Klein, Pächter, Halfe · 381 f., 384, 386, 389 f., 393 f., 397, 400, 404, 411

Klein, Bernhard (1793–1832), Musiker, Komponist · 347, 537

Klein, Heinrich Josef, kath. Geistlicher, Vikar; seit 1815 Mitglied des Stiftungsrats des Kölner Verwaltungs- u. Stiftungsrats; AK 1813: ecclésiastique; Rue des Peintres 79/Schildergasse 79; AK 1822: Geistlicher, Schildergasse 79 · 61, 383, 409

Kleist, von · 207, 209

Kleist, von, Rittmeister · 210

Klencke, Caroline Louise von, geb. Karsch (1754–1802), Dichterin; Tochter von Anna Louise Karsch; Mutter von Helmina von Chézy · 60

Kleudgen, Damian von; 1816 Hofgerichtsrat, Syndikus der Universität in Heidelberg · 286

Klewiz

Klewitz, Wilhelm Anton von (1760–1838), Jurist, Verwaltungs- u. Steuerrechtler, Staatsbeamter; 1816 Ernennung zum Wirklichen Geh. Rat; 1816/17 Reise durch die Rheinlande; seit 1817 Finanzminister, seit 1824 Oberpräsident der Provinz Sachsen; seit 1794 verh. mit Karoline Henriette Augusta Rumpff · 147, 321, 403, 410

Klewitz, Karoline Henriette Augusta von, geb. Rumpff; seit 1794 verh. mit Wilhelm Anton von Klewitz · 403

Klewitz, Karoline Wilhelmine von (1795–1823), heiratete Friedrich Ferdinand Leopold von Seydewitz · 147

Kluge, Carl Alexander Ferdinand (1782–1844), Mediziner, Chirurg; Anhänger des Magnetismus, lehrte seit 1814 Chirurgie an der Militärakademie in Berlin; seit 1829 Direktor der Charité; Adresse 1816: Charité · 57, 58, 61, 63, 209, 213, 497

Kohlrausch, Heinrich (1780–1826), Mediziner; seit 1810 Arzt an der Charité; 1815 Heirat mit Henriette Eichmann; Adresse 1816: Friedrichstraße · 127, 128, 168

Kohlrausch, Heinrich Friedrich Theodor (1780–1867), Pädagoge, Schriftsteller; seit 1814 Lehrer am Lyzeum/Gymnasium in Düsseldorf, 1818 Ernennung zum Konsistorial- u. Schulrat in Münster • 168

Kohlrausch, Henriette, geb. Eichmann (1781–1842); verh. mit Heinrich Kohlrausch 127

Klöcker, Johann Laurenz (gest. 1816), Postangestellter; verh. mit Gertrud Bruchmann; AK 1813: employé à la poste aux lettres; Rue des Harnois 33/Hämergasse 33 • 390

Klöcker, Gertrud, geb. Bruchmann; verh. mit Johann Laurenz Klöcker • 390

Köller, Kaufmann; Adresse 1816: Am Malzbüchel • 384

Koenen, 1815 bis 1817 Präsident des Appellationsgerichtshofs in Köln • 394

Königin der Niederlande
Friederike Luise Wilhelmine von Preußen (1774–1837), Tochter von König Friedrich Wilhelm II. u. Friederike von Hessen-Darmstadt; heiratete 1791 den späteren König der Niederlande Wilhelm I. • 176, 179, 216, 220, 230, 307, 475

Königsegg, Graf • 397

Körfgen

Koerfgen, Johann Wilhelm (1769–1829), Jurist; 1804 bis 1814 Generalsekretär des Roer-Departements in Aachen, dann für die preuß. Verwaltung tätig; 1816 Bevollmächtigter der Staatsgläubiger des ehemaligen Roer-Departements • 395, 397

Körner, Anna Maria Wilhelmine, geb. Stock (1762–1843); verh. mit Christian Gottfried Körner; Mutter von Theodor Körner • 141

Körner, Christian Gottfried (1756–1831), Jurist, Schriftsteller; verh. mit Anna Maria Wilhelmine Stock, Vater von Theodor Körner • 141, 220

Körner, Theodor (1791–1813), Dichter, Dramatiker; Sohn von Christian Gottfried Körner u. Anna Maria Wilhelmine Stock • 141, 216, 227

Köster

Koester, Christian Philipp (1784–1851), Maler, Restaurator • 286

Kolbe, Carl Wilhelm der Jüngere (1781–1853), Historienmaler; seit 1815 Mitglied der Königlich preuß. Akademie der Künste; Adresse 1816: Hausvogteiplatz 12 • 179, 182, 185, 190

Conrad von Wirtzburg, Konrat von Würzborg
Konrad von Würzburg (um 1230–1287), Dichter • 10, 168, 198, 298

Koreff, Johann Ferdinand (David) (1783–1851), Arzt, Schriftsteller; jüdischer Herkunft, 1816 in Berlin lutherisch getauft; seit 1816 Professor an der Berliner Universität; Leibarzt u. Vertrauter Karl August von Hardenbergs; lebte seit 1822 in Paris • 98, 120, 125, 127, 150, 209 f., 275

Kortüm, Karl Johann Wilhelm (1787–1859), Pädagoge; 1813 bis 1827 Direktor des Lyzeums, bzw. des Gymnasiums in Düsseldorf, seit 1822 Konsistorial- u. Schulrat in Düsseldorf; 1830 Berufung zum Ministerialrat in Berlin • 168, 411, 539

Kozebue
Kotzebue, August Friedrich Ferdinand von (1761–1819), Schriftsteller, Dramatiker; wurde 1819 ermordet • 203, 220

Kraft, Major • 212

Kraft

Krafft, Johann Gottlob (1789–1830), evang. Theologe; seit 1814 als reformierter Pfarrer in Köln, 1815 Ernennung zum Mitglied des Konsistoriums für die Provinz Jülich-Kleve-Berg; AK 1822: evangelischer Pfarrer u. Konsistorialrat, An den Antonitern 14 • 349

Krafft, Sophie Christine, geb. Strauß (gest. 17. Sept. 1816), verh. mit Johann Gottlob Krafft

Kramp • 174

Kramer, Hermann Joseph; Jurist; seit 1815 Mitglied des Stiftungsrats des Kölner Verwaltungs- u. Stiftungrats; AK 1813: juge au tribunal de 1ère instance; Rue Thomas d'Aquin 14/An den Dominikanern 14; AK 1822: Advokat u. Anwalt am Appellationsgerichtshof in Köln, Schildergasse 99 • 383, 394 f.

Kranach siehe Cranach

Kraus, von • 390

vermutlich

Krauss, Ignaz von; AK 1813: rentier, Place des Victoires 27/Neumarkt 27

Krause • 278

Krause in Berlin • 229, 238

Krausens • 242

Kräuser, Kraeuser siehe Kreuser, Johann Peter Balthasar

Kreilsheim • 48

Kreilsheim, Frau von · 96
Krel, Krell *siehe* Kerll, August Ludwig Christoph
Kreuser, Johann Peter Balthasar (1795–1870), Historiker, Altphilologe, Schriftsteller; seit 1814 Lehrer an der Kölner Sekundärschule, seit 1815 am Kölner Marzellengymnasium, 1817 bis 1820 Studium in Berlin, danach bis 1860 Lehrer am Marzellengymnasium · 59, 85, 348, 358
Kreutzer *siehe* Creuzer, Georg Friedrich
Kreuzer
Kreutzer, Rodolphe (1766–1831), franz. Komponist, Violinist; seit 1816 Königlicher Kapellmeister in Paris, seit 1817 Leiter der Pariser Oper · 162, 184, 213
Kreyer, Jean; seit 1794 Postdirektor in Köln · 20
Kronprinz von Bayern · 53
Kronprinz von Preußen *siehe* Prinz Friedrich Wilhelm von Preußen
Krüger, Frau · 240, 242
Krüger, Geh. Kriegsrat; im März 1816 Ernennung zum Regierungsdirektor in Merseburg · 241
Kunz, Bursche · 144 f.
Kurfürst u. Erzbischof von Köln Clemens August I. (1700–1761), im Amt von 1723 bis 1761 · 310
Kurfürst u. Erzbischof von Köln Joseph Clemens (1671–1723), im Amt 1688 bis 1723 · 310
Kurfürst u. Erzbischof von Köln Maximilian Franz (1756–1801), im Amt 1784 bis 1801 · 407
Kurfürst u. Erzbischof von Köln Maximilian Friedrich (1708–1784), im Amt 1761 bis 1784 · 310
Kurprinzessin von Hessen · 216

L
Laar · 85, 432 f.
Laar, Eller · 85, 433
Le Brun
Lebrun, Charles (1619–1690), franz. Maler, Kupferstecher, Architekt · 253, 353, 356, 364, 390, 528
Lador, Frau, Leiterin einer Mädchenschule in Berlin · 143
Lamprecht · 118, 120, 125, 134, 150, 168, 170, 230
Lamprecht, Karl Friedrich Andreas von (1786–1824), preuß. Militär; Sohn von Georg Friedrich von Lamprecht · 117
oder
Lamprecht, Friedrich Wilhelm Ferdinand (1788–1865), preuß. Militär, Ingenieur; Sohn von Georg Friedrich von Lamprecht · 117
oder
Lamprecht, Gustav Eduard Ferdinand von (1790–1864), Staatsbeamter · 117
Lamprecht, Georg Friedrich von (1760–1820), Jurist, Staatsbeamter, Oberkriegskommissar; AB 1818/19: Kronenstr. 46 · 117
Lange · 57
Lange, Dr., Berlin
möglicherweise
Lange, Philologe; Adresse 1816: Alte Leipzigerstr. 16 · 121
Lange, Doktorin, Berlin · 164
Lange, Friedrich; 1816 Ernennung zum Assessor beim Konsistorium, 1817 zum Konsistorialrat in Koblenz · 72
Langerman
Langermann, Johann Gottfried (1768–1832), Staatsbeamter · 218
Langhans, Carl Gotthard (1732–1808), Architekt; seit 1788 Direktor des Oberhofbauamtes in Berlin · 125, 149, 205
Lanzendorf, Helmine (1799–um 1845), Stieftochter von Lucia Anna Wilhelmine Christina von Pappenheim · 154
La roche, La Roche, Laroche · 138, 186, 191, 232
La Roche, Georg Carl von (1766–1839), Staatsbeamter, Oberbergrat, seit 1810 Direktor des Oberbergamtes in Berlin; Sohn von Georg Michael Frank La Roche u. Marie Sophie von Marie Sophie Gutermann von Gutershofen; Bruder von Maximiliane Brentano, geb. La Roche u. daher Onkel von Clemens Brentano u. Kunigunde von Savigny, geb. Brentano; verh. mit Friederike Eleonore von Stein zu Lausnitz; AB 1818/19: Georgenstr. 19 · 138
La Roche, Friederike Eleonore von, geb. von Stein zu Lausnitz (1772–1838); verh. mit Georg Carl von La Roche · 138, 141, 150, 157, 161
Lassaulx, Familie · 29
Lassaulx, Johann Claudius von (1781–1848), Architekt; seit 1816 Stadt- u. Bezirksbauinspektor in Koblenz · 290, 305

Lassaulx, Maria Katharina von *siehe* Görres, Maria Katharina von
Leibniz, Gottfried Wilhelm (1646–1716), Philosoph, Mathematiker · 89
Leiningen, Feodora zu (1807–1872), Tochter von Emich Carl Fürst zu Leiningen und Marie Louise Victoire zu Leiningen, geb. von Sachsen-Coburg-Saalfeld · 248
Leiningen, Marie Louise Victoire Fürstin zu, geb. von Sachsen-Coburg-Saalfeld (1786–1861), Schwester von Herzog Ernst I. von Sachsen-Coburg-Gotha (von Sachsen-Coburg-Saalfeld); heiratete 1803 in 1. Ehe Emich Carl Fürst zu Leiningen (1763–1814); 1818 in 2. Ehe Eduard August, Herzog von Kent and Strathearn; Mutter der 1819 geborenen Victoria, der späteren Königin von England · 248
Lemm, Friedrich Wilhelm (1782–1837), Schauspieler · 145
Lempertz, Johann Peter; AK 1822: Weinzäpfer u. Kaffeeschenk, Domhof 9 · 65, 68, 322 f., 347, 392
Lenné, Peter Joseph der Ältere (1756–1821), Botaniker, Gartenarchitekt · 198
Lessing, Gotthold Ephraim (1729–1781), Schriftsteller, Dramatiker; Bibliothekar in Wolfenbüttel · 91, 215
Leyden, Lucas von (1494–1533), niederl. Maler, Kupferstecher · 285, 314
Leyen, Herr von der · 165, 461
Leyen, Familie von der · 308
Leykam, der junge · 254
Leykamp
Leykam, Franz Sebastian Georg Freiherr von (1754–1821), kurkölnischer Gesandte u. Rat, tätig in Hessen; weitläufiger Verwandter Eberhard von Grootes; seit 1783 verh. mit Maria Sibylle Theresia zum Pütz (1754–1784), Tochter u. Erbin von Everhard Joseph Melchior zum Pütz; war Eigentümer des Leykamschen Hauses (Oberstolzenhaus) · 254, 359
Lichtenstein, Martin Hinrich Karl (1780–1857), Mediziner, Zoologe, Forschungsreisender; Gründer u. Direktor des Zoologischen Museums in Berlin; lehrte seit 1811 an der Berliner Universität; Adresse: Georgenstr. 19, bzw. im Universitätsgebäude · 181, 211, 220
Lieber, Richard, Eigentümer eines Gasthofs mit Festsaal; AK 1822: Weinzäpfer, Komödienstr. 34 · 63
Liebelein
Lieblein, Franz Joseph (1776–1817), Domänenrentmeister in Bergheim, Sammler · 47, 53
Lieversberg, Liversberg *siehe* Lyversberg
Lippe, Lippe-Biesterfeld zur · 21, 59, 69, 70, 381
Lippe, die beiden · 404
Lippe, Gräfin · 63
Lippe-Biesterfeld, Bernhardine Agnete Klara Luise zur, geb. von Sobbe (1784–1843); verh. mit Johann Carl zur Lippe-Biesterfeld · 69, 382
Lippe-Biesterfeld, Dorothea Christiana Modeste Gräfin zur, geb. von Unruh (1781–1854), seit 1803 verh. mit Wilhelm Ernst zur Lippe-Biesterfeld · 47, 396, 400
Lippe-Biesterfeld, Johann Carl Graf zur (1778–1844), Sohn von Carl Ernst Kasimir zur Lippe-Biesterfeld u. Ferdinande Henriette Dorothea von Bentheim-Tecklenburg; Bruder von Wilhelm Ernst zur Lippe-Biesterfeld; verh. mit Bernhardine Agnete Klara Luise von Sobbe; AK 1813: rentier, Rue des Teinturiers 30/Blaubach 30; AK 1822: Rentner, Blaubach 30 (Lippe'scher Palais) · 59, 69, 382, 403
Lippe-Biesterfeld, Wilhelm Ernst Graf zur (1777–1840), Sohn von Carl Ernst Kasimir zur Lippe-Biesterfeld (1735–1810) u. Ferdinande Henriette Dorothea von Bentheim-Tecklenburg (1734–1779); aufgewachsen mit seinem Bruder Johann Carl in Köln bei ihrem Onkel Friedrich Wilhelm zur Lippe-Biesterfeld u. dessen Frau Elisabeth von Meinertzhagen in Köln; 1797 bis 1799 Studium an der Universität in Göttingen; seit 1803 verh. mit Dorothea Christiana Modeste von Unruh. Das Ehepaar hatte 1816 fünf Kinder; AK 1813: rentier, Rue Haute 47/Hohe Str. 47; AK 1822: Wilhelm Ernst Graf zur, Hohe Str. 47 · 47, 63, 69 f., 400
Lochner, Stephan (um 1410–1451), Kölner Maler; Anfang des 19. Jh.s als Meister Wilhelm bezeichnet · 59, 67, 92
Loë, von · 335, 370, 403, 409
Loë, Herr u. Frau von · 370
Loë, von, der kleine · 395, 408
Loë, Franz Carl Freiherr von (1789–1838),

franz. Offizier, 1815 preuß. Rittmeister; Sohn von Edmund Gerhard Anton Aspherus von Loë-Imstenraedt u. Marie Alexandrine von Merveldt; Bruder von Juliane von Loë · 363

Loë, Friedrich Karl Alexander Clemens Graf von (1787–1849), bis 1810 Militär in franz. Diensten; 1813 bis 1817 Maire/Bürgermeister in Weeze; Sohn von Edmund Gerhard Anton Aspherus von Loë-Imstenraedt u. Marie Alexandrine von Merveldt; heiratete am 14. Mai 1816 Maria Louise von Wolff-Metternich zur Gracht · 207

Loë, Juliane (Julie) von (1797–1865), Tochter von Edmund Gerhard Anton Aspherus von Loë-Imstenraedt u. Marie Alexandrine von Merveldt; Schwester von Franz Carl Loë, Maximilian von Loë u. Friedrich Karl Alexander von Loë; heiratete 1820 Nikolaus Zichy von Zich · 363, 370, 406

Loë, Maria Louise von siehe Wolff-Metternich zur Gracht, Maria Louise von

Loë, Maximilian von (1801–1850), 1817 bis 1821 Studium an den Universitäten in Heidelberg u. Göttingen; ab 1837 Landrat des Kreises Siegen; Sohn von Edmund Gerhard Anton Aspherus von Loë-Imstenraedt u. Marie Alexandrine von Merveldt · 406

Lombard · 120, 163
möglicherweise
Lombard, Adolf Ludwig (1765–1822), Diplomat, Staatsbeamter; in den 1790er Jahren Legationssekretär, später Geh. Kriegsrat; AB 1818/19: Leipziger Str. 6

Lorrain, Claude (1600–1682), franz. Maler · 201, 253

Lüttgen, Herr, Unter Fettenhennen 17 · 68
Luck, General · 102, 199
möglicherweise
Luck, Hans Philipp August von (1775–1859), preuß. Militär; Ernennung 1815 zum Generalmajor, 1842 zum General

Lützenkirchen, Peter Joseph (1775–1820), Maler, Kupferstecher · 391 f., 410, 476

Lützow, Leopold Wichard Heinrich Freiherr von (1786–1844), Obristlieutenant; seit 1815 verh. in 1. Ehe mit Bertha von La Roche (1793–1830), Tochter von Georg Carl von La Roche u. Friederike Eleonore von Stein zu Lausitz; AB 1818/19: Leipziger Str. 109 · 161, 175, 186, 206, 225

Luini, Bernardino (um 1480–1532), italien. Maler · 360

Lunighaus, Luninghausen, Kanonikus · 391 f.

Luther, Martin (1483–1546), Theologe, Reformator · 242 f., 249, 270, 458

Lyversberg, Anna Elisabeth, geb. Bennerscheid (1770–1832); verh. mit Jakob Johann Nepomuk Lyversberg · 57, 264

Lyversberg, Jakob Johann Nepomuk (1761–1834), Kaufmann, Kunstsammler; 1805 bis 1814 Munizipalrat, 1814 bis 1832 Mitglied des Stadtrats; 1826, 1828, 1830 stellv. Mitglied des Provinziallandtags; Mitglied des Handelsvorstandes u. der Handelskammer; seit 1793 verh. mit Anna Elisabeth Bennerscheid; Onkel von Matthias Joseph Denoel; ab 1823 Schwiegervater von Everhard Anton von Geyr zu Schweppenburg; AK 1813: rentier, Place de la Bourse 10/Heumarkt 10; AK 1822: Heumarkt 10 · 21, 28, 51, 53, 55, 57, 64, 71 f., 77, 79 f., 82, 155, 259, 264–267, 269, 314 f., 339, 342, 347, 354, 358, 366, 382–384, 388, 536

Lyversberg, Maria Eva; Tochter von Jakob Johann Nepomuk Lyversberg u. Anna Elisabeth Bennerscheid; heiratete 1823 Everhard Anton Heinrich von Geyr zu Schweppenburg · 269

M
Maas, Demoiselle, Schauspielerin in Berlin · 153

Maas
Maass, Franz, Postmeister · 73 f.
Maass, Frau von · 118
Mabuse, Johann von siehe Gossaert, Jan
Maerken, Frau · 281
Maerken
Maercken, Franz Gottfried von (1768–1833), Jurist; 1798 bis 1814 Richter am Tribunal in Köln; ab 1814 bis Mai 1816 Unterpräfekt/Kreisdirektor des Generalgouvernements Nieder- u. Mittelrhein/Niederrhein; ab April 1816 bis 1833 Landrat im Kreis Gladbach · 22–26, 34, 81, 426, 430

Maevis, Rudolph; AK 1822: kath. Geistlicher, Andreaskloster 31 · 396 f.

Mai, Angelo (1782–1854), italien. Kardinal, Philologe · 170

Maltzahn

Maltzan, Joachim Cäsar Eugen, Graf von (1765–1845), Kammerherr des Prinzen Wilhelm; AB 1818/19: Unter den Linden 45 · 120, 123, 231, 239

Maltzan, Joachim Alexander Casimir Graf von, Freiherr von Wartenberg u. Penzlin *(*1764–1850) · 123

Manskirch, Manskirsch, Mitglieder der Malerfamilie Manskirsch · 72

Manskirsch, Bernhard Gottfried (1736–1817), Maler; seit 1769 Hofmaler des Kölner Kurfürsten; Sohn von Jakob Manskirsch; wohnte seit 1790 in Köln, Aufm Eigelstein 83 · 72

Manskirsch, Franz Joseph (1768–1830), Portrait- u. Landschaftsmaler; Sohn von Bernhard Gottfried Manskirsch; Enkel von Jakob Manskirsch · 72

Manskirsch, Jakob (1710–1766), Maler · 72

Marie Louise von Österreich (1791–1847), seit 1810 verh. mit Napoleon Bonaparte, daher franz. Kaiserin · 60

Markgräfin von Baden · 274

Martin, Christoph Reinhard (1772–1857), Jurist; lehrte bis 1815 an der Universität in Heidelberg, dann an der Universität in Jena · 269, 274, 277

Martens, Major · 172, 179

Marx, Christ · 411

Marwitz, Alexander von der (1787–1814), preuß. Militär, 1814 in der Schlacht bei Montmirail getötet · 124

Massow · 153, 197

möglicherweise

Massow, Ludwig von (1794–1859), preuß. Militär; seit 1820 Hofmarschall am Berliner Hof, ab 1837 Intendant der königlichen Gärten, seit 1843 Mitglied des Staatsrats

Matthisson, Friedrich von (1761–1831), Schriftsteller · 204

Maubeuge, Johann, auch Mabuse, Johann *siehe* Gossaert, Jan

Maurer, Wilhelm August (1792–1864), Schauspieler; von 1810 bis 1819 an den Königlichen Schauspielen Berlin tätig, ab 1819 in Stuttgart · 240

Maus, Bernhard Joseph; Konditor; AK 1813: pâtissier-confiseur, Quartier des Chapeliers 27/Unter Hutmacher 27; 1816: Heumarkt, Nr. 1720; AK 1822: Zuckerbäcker, Unter Hutmacher 27 · 54, 323

Mayer

Meyer, Bartholomäus, Bäcker; AK 1813: boulanger, Quartier des Orfèvres 10/Unter Goldschmied 10; AK 1822: Bäcker, Unter Goldschmied 10 u. 12 · 375

Méhul, Étienne-Nicolas (1763–1817), franz. Komponist · 140

Melanchthon, Philipp (1497–1560), Theologe, Philosoph · 170

Memling, Hans (1435–1494), niederl. Maler · 52, 59, 88, 132, 146, 287 f., 294, 314

Menging, von, österr. General · 248

Merheim, Hauptmann · 170

Merheim

Merrem, Daniel Karl Theodor (1790–1859), Arzt; seit 1816 Medizinalrat, seit 1818 Regierungs- u. Medizinalrat in Köln; Adresse 1816: Auf dem alten Markt 44; AK 1822: Regierungsrat u. ausübender Arzt, Zeughausgasse 2 · 394

Merlo, Nikolaus (gest. 1820); Notar; AK 1813: notaire impérial, Rue du Temple 15/Unter Fettenhennen 15; AK 1822: Witwe Maria Katharina Merlo, Unter Fettenhennen 15 · 71, 77, 81, 387, 392, 395–397

Mertens, von · 198

Mertens, Major · 212

Metternich, Klemens Wenzel Lothar Fürst von (1773–1859), Politiker, Diplomat; österr. Außenminister u. Staatskanzler · 281

Metternich *siehe* Wolff-Metternich zur Gracht

Meyer, von Landshut · 271

Meyer

Mayer, Johann Carl Heinrich (1767–1828), Mediziner; führte seit 1798 eine Praxis in Berlin; heiratete 1806 in 2. Ehe Sophie Gottliebe Gedike, Tochter von Friedrich Gedike u. Schwester von Laura Gedike · 139

Michaelis, Lieutenant · 150

Michael Angelo

Michelangelo (1475–1564), italien. Maler, Bildhauer, Architekt · 201

Migazzi, österr. Administrator der Pfalz · 267

Mihrbach, von · 366

vermutlich

Mirbach-Harff, Johann Wilhelm Graf von (1784–1849), Jurist, Besitzer von Schloss Harff; 1840 Erhebung in den Grafenstand; verh. mit Antoinette Augusta Franziska Walburga von Wolff-Metternich zur Gracht (1797–1858)

Milder-Hauptmann, Anna Pauline (1785–1838), Sängerin; 1816 bis 1829 an der Königlichen Hofoper in Berlin · 99, 128, 149, 153, 184, 204, 210, 223 f., 456, 508
Mirbach · 79
Mirbach, Louis · 64
Mirbach, Huissier · 398
möglicherweise
Myrbach, François, Huissier; AK 1813: huissier du tribunal de commerce, Rue des Arquebusier 34/Röhrergasse 34
oder
Myrbach, Nicolaus, Huissier; AK 1813: huissier du tribunal de commerce; Rue des peintres 96/Schildergasse 96
Mittag, 1816: Post-Organisations-Commissarius in Koblenz, 1818 bis 1838 Oberpostdirektor
Molke, Graf · 170
möglicherweise
Moltke, Karl Graf von (1773–1858), dänischer Diplomat
Möllinger, Christian (1754–1826), Uhrmacher; seit 1790 Oberhofuhrmacher des preuß. Königs · 118
Möser, Carl (1774–1851), Konzertmeister, Violinist; seit 1813 in Berlin tätig · 204
Möser, Justus (1720–1794), Schriftsteller, Politiker · 195
Moll · 73
möglicherweise
Moll, Johann Jacob; AK 1813: Juge suppléant au tribunal de Commerce, Rue du Cirque 9/Kleine Sandkaule 9; 1816 Mitglied der Handelskammer
Moller, Georg (1784–1852), Architekt, seit 1810 Oberbaurat im Großherzogtum Hessen-Darmstadt · 236, 252 f., 513
Moncheron, Isaac de (1667–1744), niederl. Landschaftsmaler, Radierer · 287
Monné
Mone, Franz Josef (1796–1871), 1816 Student der Philologie u. Geschichte an der Universität in Heidelberg; lehrte dort ab 1819, seit 1835 Direktor des Badischen Generallandesarchivs in Karlsruhe · 279
Monhaupt, von · 93
vermutlich
Monhaupt, Eberhard Franz Ernst Friedrich von (1775–1835), preuß. Militär; 1814 Ernennung zum Obrist, seit 1829 Generalmajor u. Kommandant der Festung Wesel
Mons, Gräfin von · 437, 453, 462
Mons, Graf · 462
Mons, Graf von, Lieutenant · 160, 164, 175–177, 226, 233
Monschaw, von · 21, 352, 374
Monschaw, Maria Franz Rudolph von (1760–1841), kurpfälzischer Major, ab 1815 Beigeordneter in Köln; dann Oberbürgermeister; seit 1787 verh. in 1. Ehe mit Josephine von Mercken, seit 1794 in 2. Ehe mit Maria Ursula Carolina von Erlenwein; Sohn von Johann Heinrich Joseph von Monschaw u. Maria Catharina Regina von Bentzel zu Sternau; 1797: In der Rheingasse 949; AK 1813: rentier, Rue Haute 81/Hohe Str. 81; AK 1822: Hohe Str. 81 · 406
Monschaw, Frau von · 72
Monschaw, Maria Ursula Carolina von, geb. von Erlenwein; seit 1794 verh. mit Maria Franz Rudolph von Monschaw
oder
Monschaw, Maria Catharina Regina von, geb. von Bentzel zu Sternau (gest. 1821); verh. mit Johann Heinrich Joseph von Monschaw (1725–1794); 1797: In der Rheingasse 949
Mosler
Moseler, Johann; AK 1813: pâtissier-confiseur, Place de Mars 4/Marsplatz; AK 1822: Moseler, Witwe, Zuckerbäckerin, Marsplatz 4 · 57, 62, 66
Mosler, Karl Josef Ignaz (1788–1860), Maler, Kunsthistoriker · 378
Mozart, Wolfgang Amadeus (1756–1791), Komponist · 99, 112, 177, 227, 322
Mühlenfels, Ludwig von (1793–1861), Jurist; Literaturhistoriker; 1816 Promotion an der Universität in Heidelberg · 402 f., 407, 411, 534
Mülheim, Johann Balthasar Joseph von (1701–1775), mehrfach Kölner Bürgermeister; Bauherr des Palais Gereonstr. 12/18 · 60
Müller, Johannes (1752–1824), Maler, Kupferstecher in Nördlingen · 266 f.
Müller, Johannes von (1752–1809), Schweizer Historiker · 75
Müller, Johann Friedrich Wilhelm (1782–1816), Kupferstecher in Dresden · 266, 280

Müllner, Amandus Gottfried Adolf (1774–1829), Jurist, Schriftsteller, Dramatiker • 150, 186
Münch, Herr von • 50–52, 207, 339, 343, 371, 375, 427, 487, 497, 500
vermutlich
Münch-Bellinghausen, Franz Theodor Freiherr von (geb. 1787), Landrat des Kreises Mülheim, Regierungsrat in Köln; Sohn von Johann Joachim Georg von Münch-Bellinghausen u. Johanna Alide Walburga von Kempis; AK 1822: Regierungsassessor, Oben Marspforten 21
Münster, Gräfin von
Mitglied der westfälischen Adelsfamilie von Münster • 202
Mum, Mumm, Familie • 367, 373, 381
Mumm, Frau • 72, 368
vermutlich
Mumm, Anna Christina Gertrud, geb. Schlösser (geb. 1755); verh. mit Elias Mumm
Mumm, Elias (1751–1839), Weingroßhändler; verh. mit Anna Christina Gertrud Schlösser; AK 1813: marchand de vin, Ruisseau du Moulin 14/Mühlenbach 14; AK 1822: Weinhändler, Mühlenbach 14 • 116, 368
Mumm, Lenchen • 368
vermutlich
Mumm, Magdalena Friederika Elisabeth (1797–1838), Tochter von Elias Mumm u. Anna Christina Gertrud Schlösser; heiratete 1818 in Köln Friedrich Günther
Murphy, James Cavanah (1760–1814), irischer Architekt, Zeichner, Spezialist für maurische Architektur; schuf die Zeichnungen zur Publikation: Arabian Antiquities of Spain, London 1813–1816 • 267 f.
Muscaplut
Muskatblut (um 1390–nach 1438), Dichter, Minnesänger • 45, 47, 58, 61, 165
Mylius, Anton Ulrich von (geb. 1804), Sohn von Caspar Joseph Carl von Mylius u. Henriette von Wyhe
Mylius, Balthasar Angelus Aloysius von (1743–9. Nov. 1816), kath. Geistlicher • 381
Mylius, Caspar Joseph Carl Freiherr von (genannt General) (1749–1831), Militär im kaiserlichen Dienst, Besitzer von Schloss Reuschenberg; Sohn von Johann Heinrich Arnold von Mylius (1709–1774) u. Maria Albertine Josefa Sydonie von Lampertz (gest. 1788); heiratete 1781 in 1. Ehe Maria Anna Henriette Walburga von Groote (1759–1785), Schwester von Eberhard von Grootes Vater; 1802 in 2. Ehe Henriette von Wyhe (1768–1823); Bruder von Hermann Josef von Mylius; Onkel Eberhard von Grootes u. Onkel von Karl Joseph von Mylius; AK 1822: pensionierter General in österreichischen Diensten, Gereonsdriesch 13
Mylius, Clara Salesia von (1784–1865), Tochter von Caspar Joseph Carl von Mylius u. Maria Anna Henriette Walburga von Groote
Mylius, Hauptmann
vermutlich
Mylius, Eberhard Gereon Freiherr von (1784–1865), Militär im kaiserlicher Dienst; Sohn von Caspar Joseph Carl von Mylius u. Maria Anna Henriette Walburga von Groote, Cousin von Karl Joseph von Mylius u. von Eberhard von Groote
Mylius, Georg Friedrich von (1741–22. Jan. 1816), Domkapitular in Köln u. Erzpriester in Aachen; AK 1813: rentier, Place de la Métropole 6/Domkloster 6
Mylius, Hermann Anton Balthasar Hubert von (geb. 24. Jan. 1816), Sohn von Karl Joseph von Mylius u. Maria Agnes Walburga Antonetta von Geyr zu Schweppenburg
Mylius, Karl Joseph Freiherr von (1778–1838), Jurist, Politiker; 1804 Präfekturrat in Aachen, ab 1812 Senatspräsident am Appellationsgerichtshof in Düsseldorf; 1815 bis 1819 Kommissarischer Oberbürgermeister von Köln; Präsident der Kölner Handelskammer; seit 1819 Dirigent (Vorsitzender) des Verwaltungsrats des Kölner Verwaltungs- u. Stiftungsrats; ab 1831 Senatspräsident am Appellationsgerichtshof in Köln; Sohn von Hermann Joseph von Mylius (1738–1786) u. Maria Elisabeth Walburga von Heinsberg (1742–1805); seit 1812 verh. mit Maria Agnes Walburga Antonetta von Geyr zu Schweppenburg; 1816 hatte das Ehepaar drei Kinder: Eberhard Franz, geb. 1813; Josephine Dorothee, geb. 1814; Hermann Anton Balthasar Hubert, geb. 1816); Neffe von Caspar Joseph Carl von Mylius; AK 1822: Geh. Appellations- u. Gerichtsjustizrat; Machabäerstr. 17 (Haus des Grafen von Hompesch)

Mylius, Maria Agnes Walburga Antonetta von, geb. von Geyr zu Schweppenburg (1789–1872), Tochter von Cornelius Joseph Ägidius Johann Lambert von Geyr zu Schweppenburg u. dessen 1. Ehefrau Maria Adelgunde von Beywegh (1763–1789); seit 1812 verh. mit Karl Joseph von Mylius

Mylius, Eugen Franz Alois von (1776–1849), Major, Sohn von Hermann Joseph von Mylius (1738–1786) u. Maria Elisabeth Walburga von Heinsberg (1744–1805); Bruder von Karl Joseph von Mylius

Myller, Christoph Heinrich (1740–1807), Herausgeber mittelalterlicher Dichtung · 114, 192, 275

N

Nägli, Naegli, Naegeli

Naegele, Franz Carl Joseph (1778–1851), Arzt, Gynäkologe; lehrte seit 1807 an der Universität in Heidelberg; seit 1806 verh. mit Johanna Maria Anna May (1784–1857) · 26 f., 272, 274

Nagel zur Gaul, Franz Adolph Joseph Freiherr von (1741–1821); seit 1815 Dirigent des Verwaltungsrats des Kölner Stiftungs- u. Verwaltungsrats; 1806 Heirat in 2. Ehe mit Maria Franzisca Nicoletta von Weise (um 1761–1822); AK 1813: rentier, Rue des Peintres 70/Schildergasse 70 · 47, 362, 402

Nageler

Nagler, Karl Ferdinand Friedrich von (1770–1846), Staatsbeamter, Politiker, Kunstsammler; seit 1804 Geh. Legationsrat, seit 1821 Präsident des Generalpostamts, von 1823 bis 1836 General-Postmeister, seit 1823 Mitglied des Staatsrats; Schwager von Karl Friedrich vom Stein zum Altenstein · 180, 204 f., 489

Napoleon Bonaparte (1769–1821), franz. Kaiser von 1804 bis 1815 · 28 f., 60, 328

Neigebauer

Neigebaur, Johann Daniel Ferdinand (1783–1866), Jurist, Schriftsteller, Reisender; Staatsbeamter; Offizier in den Freiheitskriegen, 1814/15 im Generalgouvernement Aachen tätig; 1816 Oberlandesgerichtsrat in Kleve, 1820 in Hamm, 1822 in Münster; 1832 Landgerichtsdirektor in Fraustadt · 21, 33 f., 50 f., 53, 81, 105, 343, 401 f.

Nell, Christoph Philipp Bernhard von (1753–1826), Kaufmann, Bankier in Trier · 165, 300

Nelles, Peter, Gastwirt in Bergheim · 53

Netz, August von; Militär; Freund u. Reisebegleiter Eberhard von Grootes · 48, 51 f., 54–56, 59, 61, 64, 72, 77–88, 93, 95 f., 116–119, 126–128, 131, 135–138, 140 f., 143–146, 150, 152–157, 160, 174, 178–181, 213–216, 353 f., 356 f., 407, 427, 433, 439, 442, 454, 470, 472, 502, 505

Neuberg, Maler · 74

Neuhöffer, Wilhelm Franz; 1808 bis 1842 Bürgermeister von Deutz · 376

Neumann, Balthasar (1687–1753), Baumeister · 249

Nicolai, Friedrich (1733–1811), Verleger, Buchhändler, Schriftsteller · 84, 127, 129, 145

Nikolovius

Nicolovius, Georg Heinrich Ludwig (1767–1839), Staatsbeamter, leitete seit 1808 die Kultusabteilung im Innenministerium · 106, 120, 124, 126, 132, 140, 144, 150 f., 159, 174, 186, 202, 209, 215, 231, 237, 241, 495

Nibuhr, Niebur

Niebuhr, Barthold Georg (1776–1831), Historiker, Diplomat; lehrte seit 1810 an der Berliner Universität; 1816 bis 1823 Gesandter beim Vatikan, lehrte seit 1825 an der Universität in Bonn; heiratete 1816 in 2. Ehe Margarete Lucie Hensler; Adresse 1816: Behrenstr. 69 · 120, 135 f., 138, 140, 143, 146, 149, 151 f., 155, 158 f., 170, 185, 195, 206, 228 f., 231, 237, 241, 246 f., 270, 435, 441, 444, 446, 485, 497

Niebuhr, Margarete Lucie, geb. Hensler (1787–1831), heiratete 1816 Barthold Georg Niebuhr · 206

Niederstaedter, Mademoiselle · 368

Niedlich, Johann Gottfried (1766–1837), Maler, Zeichner · 148

Niemayer · 161

Nieuwenhuys · 264

Nöggerath, Joseph Jakob (1788–1877), Geologe, Mineraloge, Schriftsteller; ab 1814 preuß. Bergrat, lehrte seit 1818 an der Bonner Universität · 12

Novalis, Friedrich Leopold Freiherr von Hardenberg (1772–1801), Dichter · 158

Nückel, der jüngste • 378
Nückel, Johann Caspar (1756–1814), Jurist; bis 1795 Mitglied des Rats; Professor an der alten Kölner Universität, Fiskalrichter; AK 1813: avocat-avoué, Quartier des Orfèvres/Unter Goldschmied • 81
Nückel, Joseph Adolph (1788–1847), Jurist; Sohn von Johann Caspar Nückel; AK 1822: Advokat u. Anwalt am Appellationsgerichtshof in Köln, Unter Goldschmied 48 • 80 f., 353, 361–363, 370, 372, 378, 381, 387, 390 f., 395, 400, 404 f., 410, 412
Nussbaum, Jacob; Lehrer am Marzellengymnasium; AK 1822: Marzellenstr. 32 • 358, 400

O
Offermann, Heinrich Anton, Posthalter in Bergheim • 374
Oettingen-Baldern, Franz Wilhelm Graf von (1726–1798), Probst, Groß-Statthalter des Erzstifts Köln • 32
Oettinger, von • 375, 385
Oetzel, Lieutenant • 401
Oetzel, O'Etzel, später von Etzel, Franz August (1784–1850), preuß. Militär, Apotheker, Landvermesser; 1815 Offizier im Generalstab des Generalfeldmarschalls von Blücher, Mitarbeiter des militärisch-topografischen Bureaus zur Aufnahme der Rheinprovinzen in Koblenz; seit 1820 in Berlin, lehrte dort an der Kriegsschule; Tätigkeit in der Entwicklung der Telegrafie • 127, 138, 154
Olbers, Olvers
Olfers, Ignaz Franz Werner Maria (1793–1872), Mediziner, Diplomat, Naturwissenschaftler; seit 1839 Generaldirektor der Königlichen Museen in Berlin; Heirat 1823 mit Hedwig von Staegemann • 131, 139, 156, 170
Onghers, Oswald (1628–1706), flämischer Maler • 252
Ophof • 393
Ophof, Madame • 397
Oppenheim, Salomon (1772–1828), Gründer der Bank Sal. Oppenheim Jr. & Cie. in Köln; AK 1813: banquier, Rue des Boutiques 8/Budengasse 8; AK 1822: Bankier u. Kaufmann, in Kommission u. Spedition, Große Budengasse 8 • 351
Ostade, Adriaen van (1610–1685), niederl. Maler • 175

Otfrid von Weißenburg (um 790–875), Mönch, Dichter • 270
Otto, Carl Ludwig Heinrich; preuß. Postbeamter; Generalpostamts-Sekretär; Kanzlei-Direktor im General-Postamt • 200

P
Paleotimus, Lucius (18. Jh.), Theologe, Historiograf • 68, 401, 403, 411
Palm, Huissier • 356
Pappenheim, Adelheid Gräfin von (1797–1849), Schriftstellerin, Malerin; Tochter von Karl Theodor Friedrich von Pappenheim u. Lucia Anna Wilhelmine Christina von Hardenberg-Reventlow; heiratete den Fürsten Heinrich von Carolath-Beuthen • 154, 160
Pappenheim, Karl Theodor Friedrich Graf von (1771–1853), seit 1813 Generalmajor, seit 1824 Generallieutenant; verh. mit Lucia Anna Wilhelmine Christina von Hardenberg-Reventlow; Schwiegersohn von Karl August von Hardenberg • 123, 154
Pappenheim, Lucia Anna Wilhelmine Christina Gräfin von, geb. von Hardenberg-Reventlow (1776–1854); verh. in 1. Ehe mit Karl Theodor Friedrich von Pappenheim, lebte seit 1802 getrennt von ihm; 1817 Scheidung; in 2. Ehe verh. mit Hermann von Pückler-Muskau • 154, 160
Papst Clemens II. (Suidger von Mayendorf) (gest. 1047), 1040 Ernennung zum Bischof von Bamberg; Papst von 1046 bis 1047 • 250
Papst Innozenz III. (1161–1216), Papst von 1198 bis 1216 • 228
Papst Nicolaus I. (820–867), Papst von 858 bis 867 • 228
Parthey, Gustav Friedrich (1798–1872), Buchhändler, Kunsthistoriker; Enkel von Friedrich Nicolai • 127–129, 140, 180, 224, 232
Pauli, Kölner Posthalter- u. Fuhrunternehmerfamilie • 20, 328
Pauli, Witwe; Posthalterin; 1816: Hohe Pforte Nr. 896 • 328
Paulus, Halfe, Pächter in Kendenich • 80, 370, 372, 455
Peipers, Dr. • 197
Peipers, Goswin Friedrich (1771–1822), Arzt; Sohn von Heinrich Wilhelm Joseph Peipers; AK 1813: docteur en médicine, Rue des Cloches 27/Glockengasse 27; AK 1822: ausübender Arzt, Sternengasse 5

oder
Peipers, Heinrich Wilhelm Joseph (1741–1814), Arzt; AK 1813: docteur en médicine, Rue des Étoiles 5/Sternengasse 5
Perger, Johann Heinrich Joseph Gustav (1783–1853), seit Juni 1816 landrätlicher Kommissar in Trier, ab April 1817 bis 1847 Landrat in Trier • 289
Perthes, Friedrich (1772–1843), Verleger, Buchhändler • 290, 307
Pestel, Philipp von (1765–1835), 1816 bis 1831 Regierungspräsident in Düsseldorf, 1831 bis 1834 Oberpräsident der Rheinprovinz • 109
Petit, Auguste Anatole (1789–1857), franz. Tänzer, Choreograf; seit 1815 verh. mit der Tänzerin Constance Hippolyte Gosselin • 136, 162, 177, 184
Pfeil, Herr von • 70
Pfeil, Fräulein von • 360
Phuel
Pfuel, Ernst Heinrich Adolf von (1779–1866), preuß. Militär; 1815 Obrist im Generalstab des Generalfeldmarschall von Blücher, Kommandant in Paris; lehrte seit Anfang 1816 an der Berliner Allgemeinen Kriegsschule; 1825 Ernennung zum General; 1830 Kommandant der Festung Köln • 125, 127, 134, 155, 180, 194, 219
Philippsborn
Philipsborn, Johann Karl Heinrich (1783–1848), Staatsmann, seit 1816 vortragender Rat im Außenministerium, 1820 Ernennung zum Geh. Legationsrat; jüdischer Herkunft • 129, 443
Pick, Franz (1750–1819), kath. Geistlicher, Sammler • 310
Pilgeram, Pilgram, Caspar Heinrich, Pächter bei der Kitzburg • 389, 406
Pirkheimer • 489
vermutlich
Pirckheimer, Willibald (1470–1530), Jurist, Künstler, Sammler • 489
Pistor, Carl Philipp Heinrich (1778–1847), Staatsbeamter, Mechaniker, Astronom, Wegbereiter der optischen Telegrafie; seit 1813 Hersteller wissenschaftlicher Instrumente, 1816 Geh. Postrat; verh. in 2. Ehe mit Charlotte Hensler-Alberti; AB 1818/19: Mauerstr. 34 • 12, 114, 146, 154, 228, 230, 238, 354–356, 474, 509, 529

Pistor, Charlotte, geb. Hensler-Alberti (1776–1850); verh. mit Carl Philipp Heinrich Pistor; Tochter von Johanna Alberti (1755–1827) u. Stieftochter des Komponisten Johann Friedrich Reichardt (1742–1814) • 146
Plank
Planck, Gottlieb Jakob (1751–1833), evang. Theologe, Prediger, Historiker; lehrte von 1784 bis 1833 an der Universität in Göttingen, 1805 bis 1827 Generalsuperintendent in Göttingen • 240
Plautus, Titus Maccius (ca. 250–ca.184 v.Chr.), röm. Komödiendichter • 219
Plebe
Plehwe, Hans Rudolph von (1794–1835), preuß. Lieutenant • 200
Pleß, Ferdinand Friedrich Fürst von (1769–1830), seit 1797 fürst von Pleß, seit 1818 Herzog von Anhalt-Köthen; heiratete 1816 Julie von Brandenburg, illegitime Tochter Friedrich Wilhelms II. von Preußen • 189 f.
Podewils, von, Major/Capitain • 126, 368
Poisl
Poißl, Johann Nepomuk (1783–1865), Komponist; arbeitete 1816 mit Karl Friedrich Schinkel u. Carl Maria von Weber zusammen • 153
Poll, Jakob (1768–1838), kath. Geistlicher; Pfarrer in Poll, Ernennung 1816 zum Konsistorialrat in Köln • 348, 409, 411, 536
Poussin, Nicolas (1594–1665), franz. Maler • 201
Prinz August Ferdinand von Preußen (1730–1813), Bruder Friedrichs II. • 102, 153
Prinz August Friedrich Wilhelm Heinrich von Preußen (1779–1843), Militär; Cousin von König Friedrich Wilhelm III.; Bruder von Luise von Radziwill; Schwager des Fürsten Radziwill • 221
Prinz Bernhard • 247
Prinz Carl von Meklenburg
Mecklenburg-Strelitz, Carl zu (1785–1837); preuß. Militär, Schriftsteller; Bruder von Königin Luise • 145
Prinz Ferdinand Georg August von Sachsen-Coburg-Saalfeld (1785–1851), Militär; Bruder von Herzog Ernst von Sachsen-Coburg-Saalfeld; heiratete im Jan. 1816

Prinzessin Maria Antonie Gabriele von Koháry (1797–1862) · 248
Prinz Friedrich Wilhelm von Preußen (1795–1861), Kronprinz, von 1840 bis 1861 als Friedrich Wilhelm IV. König von Preußen; Sohn von König Friedrich Wilhelm III. u. Königin Luise · 10, 63, 100–102, 117 f., 145, 185, 197–199, 210, 220, 223, 239, 295, 300, 310, 359, 484, 513, 517
Prinz Georg von Meklenburg
Mecklenburg-Strelitz, Georg zu (1779–1860); Bruder von Königin Luise · 145
Prinz Heinrich von Preußen (1726–1802), preuß. General, Diplomat; Bruder Friedrich II. von Preußen
Prinz von Homburg · 162
Bruder von Prinzessin Marianne von Preußen, geb. Prinzessin von Hessen-Homburg
Prinz von Pless *siehe* Pleß, Ferdinand Friedrich Fürst von
Prinz Radziwill *siehe* Radziwill, Anton Heinrich Fürst von
Prinz Salm · 408
Prinz Salm-Krautheim · 403
Prinz Solms-Lich, Solms-Lych
Solms-Hohensolms-Lich, Friedrich Alexander Prinz zu (1763–1830), preuß. Militär · 147
Prinz Wilhelm
Prinz Friedrich Wilhelm Karl von Preußen (1783–1851), preuß. Militär; 1824 bis 1829 Gouverneur der Festung Mainz, 1830 bis 1831 Generalgouverneur der Rheinprovinz u. Westfalens; Bruder von König Friedrich Wilhelm III. von Preußen; seit 1804 verh. mit Marianne Prinzessin von Hessen-Homburg · 101, 123, 129, 192, 218, 229, 231, 483
Prinzessin Charlotte
Friederike Luise Charlotte von Preußen (1798–1860), Tochter von Friedrich Wilhelm III. u. Luise; 1817 Heirat mit dem späteren Zaren Nikolaus I. · 192
Prinzessin Friederike · 162
Prinzessin Friedrich · 226
Prinzessin Luise *siehe* Radziwill, Friederike Dorothea Luise Philippine von
Prinzessin Marianne (Marie Anna Amalie) von Preußen, geb. Prinzessin von Hessen-Homburg (1785–1846), seit 1804 verh. mit Prinz Friedrich Wilhelm Karl von Preußen, Bruder von Friedrich Wilhelm III.; seit dem Tod von Königin Luise erste Dame am Hof · 76, 101, 117, 123, 150, 193, 214, 217, 481
Prinzessin Wilhelm *siehe* Prinzessin Marianne von Preußen
Pütz, Arnold zum · 352
möglicherweise
Pütz, Johann Arnold Freiherr von u. zum
Puttkammer, Herr von · 93, 95
Puttkammer, Offizier · 162
Puttlitz, von
Putlitz, Carl Friedrich Jacob Freiherr von (1775–1822), Jurist; seit 1815 Oberlandesgerichtsrat in Münster; verh. in 2. Ehe mit Sophie Beyer · 155
Putlitz, Sophie von, geb. Beyer; verh. mit Carl Friedrich Jacob Freiherr von Putlitz · 155

Q
Quast, Otto Christian Leopold von (1765–1842), Staatsbeamter; Geh. Oberfinanz-, Kriegs- u. Domänenrat · 220
Quedo, Queno
Quednow, Carl Friedrich (1780–1836), Architekt, Sammler, Historiker; seit 1802 Bauinspektor in Potsdam, seit 1816 Regierungsbaurat in Trier; Cousin von Karl Friedrich Schinkel · 288 f., 295 f., 298–302
Quentell, Peter (gest. 1546), Buchdrucker, Verleger in Köln · 399

R
Schreibweisen: Radzivil, Radzivill, Radziwil, Radziwill:
Radziwill, Familie · 145, 152, 156, 162, 175, 192 f., 220
Radziwill, junger Major · 166
Radziwill, die Prinzen · 202
Radziwill, Anton Heinrich Fürst von (1775–1833), preuß. u. polnischer Politiker, Musiker, Komponist; 1815 Ernennung zum Generalleutnant u. preuß. Statthalter im Großherzogtum Posen; seit 1796 verh. mit Louise Friederike von Preußen; Wohnsitz der Familie von Radziwill in Berlin: Palais Radziwill, Wilhelmstr. 77 · 102, 139, 152, 155, 161, 192, 215, 219 f., 224
Radziwill, Louise/Luise Friederike Fürstin von, geb. von Preußen (1770–1836), Salonnière; Tochter von Prinz August Ferdinand. u. dessen Frau Luise; seit 1796 verh. mit Fürst Anton Heinrich von Radziwill · 102, 119,

125, 141, 147, 152, 158, 162, 166, 192 f., 195, 202, 213, 218–220, 229, 232, 348, 437–439, 465, 484

Ramdohr, Caroline von (1814–1880), Tochter von Friedrich Wilhelm Basilius Ramdohr u. Dorothea Denecke · 120, 270

Ramdohr, Dorothea von, geb. Denecke; seit 1812 verh. mit Friedrich Wilhelm Basilius von Ramdohr · 120

Ramdohr, Friedrich Wilhelm Basilius von (1757–1822), preuß. Diplomat, Schriftsteller, Maler; 1810 bis Sommer 1816 Diplomat am Vatikan, dann Gesandter in Neapel; verh. in 2. Ehe mit Dorothea Denecke · 120, 270

Rappart

Rappard, Carl von (1794–1852), 1816 Jurastudent in Berlin; Sohn Wilhelm von Rappards; Freund Ernst Ludwig von Gerlachs, lebte zeitweise bei der Familie von Gerlach; AB 1818/19: Königstr. 28 · 99, 139, 161, 183, 200, 207 f., 211, 216, 220

Rappard, Wilhelm von (1758–1828), Jurist, Geh. Kammergerichtsrat; Präsident der Seehandlung; Vater Carl von Rappards; AB 1818/19: Königstr. 28 · 158, 161

Rauch, General · 459

vermutlich

Rauch, Gustav von (1774–1841), preuß. Militär; seit 1837 Kriegsminister

Rauch, Christian Daniel (1777–1857), Bildhauer · 147, 128, 131, 160, 187, 227, 240

Raumer, Friedrich Ludwig Georg (Fritz) von (1781–1873), Historiker, Jurist, Staatswissenschaftler; Cousin der Brüder von Gerlach, wohnte zeitweise im Haus der Familie von Gerlach · 174, 181, 200, 208, 217, 220, 228

Rafael

Raphael (1483–1520), italien. Maler · 201, 239, 266, 277, 378

Recke, Charlotte Elisabeth (Elisa) von der, geb. von Medem (1754–1833), Reisende, Schriftstellerin, Dichterin von Kirchenliedern; Adresse 1816: Unter den Linden · 145

Rector *siehe* Fochem, Gerhard Cunibert

Redel

Redtel, Carl Wilhelm (1783–1853), Architekt; Schüler von Karl Friedrich Schinkel; 1816 Ernennung zum Regierungs- u. Baurat in Köln; „Altpreuße"; 1818 Versetzung nach Potsdam · 312, 316, 340, 343–345, 356 f., 362, 372, 377, 390, 400, 525, 527 f.

Reden, Henriette von · 379

Reichardt, Johann Friedrich (1742–1814), Komponist, Kapellmeister, Musikschriftsteller; Adresse 1816: Mauerstr. 35 · 146

Reiche, Hauptmann von · 87

vermutlich

Reiche, August Friedrich Ludwig von (1775–1854), preuß. Militär, Militärschriftsteller; 1811 Ernennung zum Capitain; zeitweise Lehrer des Kronprinzen Friedrich Wilhelm; 1815 Obristlieutenant, seit 1842 General

Reichenbach, Kastellan im Neuen Schloss, Potsdam · 239

Reimann

Reiman, Johann Gottfried August von (1771–1847), Jurist; Staatsbeamter; seit 1814 im Generalgouvernement Aachen tätig; von März 1816 bis 1834 Regierungspräsident in Aachen; heiratete 1804 in 2. Ehe Anna Albertine von Tschirschky; Schwager von Generalgouverneur Johann August Sack · 109, 324, 326, 543

Reimer, Georg Andreas (1776–1842), Berliner Verleger, Buchhändler, Eigentümer der Realschulbuchhandlung Reimer/Reimersche Buchhandlung u. des Verlags G. Reimer; Adresse der Realschulbuchhandlung bis 1816: Kochstr. 16 (Ecke Kochstraße/Friedrichstraße), ab 1816 wohnte Reimer im Schwerin'schen Palais, Wilhelmstr. 73 · 21, 79, 119–121, 124, 128–130, 134 f., 137, 151, 158, 167, 190, 199 f., 206 f., 218 f., 221, 224, 228 f., 233, 484, 505

Reinhard · 269

Reitzenstein, Major von · 87

Rektor *siehe* Fochem, Gerhard Cunibert

Reni, Guido (1575–1642), italien. Maler, Radierer · 201

Renié-Grety, André-Marie, franz. Architekt; tätig für Herzog Ernst I. von Sachsen-Coburg-Gotha · 235, 248

Renner, Dr. · 263, 266

Reuß

Reuss, Graf · 143, 200

Reuter, Christian (1665–um 1712), Schriftsteller · 137

Rhamdor, von *siehe* Ramdohr, von

Rhon, de *siehe* Ron, de
Ribbentrop, Friedrich Wilhelm Christian (1768–1841), Jurist, preuß. Militär; Generalintendant der Armee; AB 1818/19: Kochstraße · 198, 220, 230, 437
Riegler · 353
Riegeler, Johann Michael, Kaufmann; AK 1813: marchand de vin en gros, Rue des Francs 19/Trankgasse 19
oder
Riegeler, Philipp Jacob (geb. um 1776), Kaufmann; 1816 Mitglied der Handelskammer, 1815 bis 1841 Beigeordneter der Stadt Köln
Ringseisen
Ringseis, Johann Nepomuk von (1785–1890), Arzt; 1812 bis 1816 Studienreise durch Europa; seit 1817 Arzt in München, Leibarzt des bayerischen Kronprinzen bzw. Königs; 1818 Medizinalrat, seit 1837 Abgeordneter der bayerischen Ständekammer · 29, 47, 144, 192
Risst
Rist, Gottfried (um 1789–1824), Zeichner, Kupferstecher in Stuttgart · 378
Ritter, Herr · 209
Ritz, Peter Ludwig Wilhelm (1789–1858), 1816 Regierungsrat in Aachen · 50 f., 427
Robert, Ludwig (Markus Levin) (1778–1832), Schriftsteller; Bruder von Rahel Varnhagen von Ense · 98, 183
Robespierre, Maximilien de (1758–1794), Jurist, Revolutionsführer · 418
Rochow, Gustav Adolf Rochus von (1792–1847), Staatsmann, Innenminister; 1816 Rittmeister; Sohn von Friedrich Heinrich Adolf Ludwig von Rochow (1770–1799) u. Caroline von Briest (1774–1831); heiratete 1818 Karoline von der Marwitz · 120, 192
Rochow, Karoline von, geb. von der Marwitz (1792–1857), 1814 bis 1818 Hofdame der Prinzessin Marianne von Peußen; heiratete 1818 Gustav Adolf Rochus von Rochow · 11, 101 f., 120, 189
Roedelheim, Roetelheim *siehe* Solms-Roedelheim
Röders · 124
Roeder, der jüngere; Bruder von Carl Ferdinand Heinrich von Roeder · 192
Röder
Roeder, Carl Ferdinand Heinrich von (1787–1856), preuß. Militär; im Nov. 1816 Ernennung zum 2. Adjutanten des Kronprinzen Friedrich Wilhelm, später zum Flügeladjutanten von König Friedrich Wilhelm; seit 1817 Major, seit 1833 Obristlieutenant · 130, 141, 154, 172 f., 182 f., 192, 197, 218
Rohtert *siehe* Rothert
Roitsch
Roitzsch, Jurist, Staatsbeamter; 1816 Geh. Regierungsrat in Köln; „Altpreuße"; 1816 aus Köln abberufen · 316, 335, 344, 347, 361 f., 525
Rolshausen, Georg Karl Friedrich (1795–1868), Sohn von Maximilian Felix von Rolshausen u. Maria Anna von u. zu Franckenstein; heiratete 1818 franziska Henrica Aloysia von u. zu Franckenstein (1800–1872) · 69, 361–363, 367, 529 f.
Rolshausen, Maximilian Felix Freiherr von (1764–1817), seit 1800 Mitglied des Departementrats; 1803 Präsident der Kantonsversammlung Kerpen; 1791 Heirat mit Maria Anna von u. zu Franckenstein (1772–1835); Vater von Georg Karl Friedrich von Rolshausen · 358, 362
Rolshoven · 411
Romano, Giulio (1499–1546), italien. Architekt, Maler
Romberg, Bernhard (1767–1841), Violoncellist, Cellist, Komponist; seit 1805 Mitglied der Berliner Hofkapelle, von 1816 bis 1822 Hofkapellmeister · 132, 148, 153, 215
Rommerskirchen, Heinrich (1770–1823), Verleger, Buchhändler; AK 1813: imprimeur-libraire, Rue du Temple 13/Unter Fettenhennen 13; AK 1822: Buchdrucker, Buchhändler, Unter Fettenhennen 13 · 12, 21, 53, 110, 191, 402
Rhon, Frau de · 272, 356
möglicherweise
Ron, Marianne Katherine de, geb. von Imhoff (1782–1840), seit 1810 verh. mit dem Bankier Carl Gustav de Ron (geb. 1780)
Ronier · 308
Rosa, Salvator (1615–1673), italien. Maler, Dichter · 201
Rosenberg von, Kammerjunker · 248
Rothenschild
Mitglied der Bankiersfamilie Rothschild in Frankfurt a.M. · 232

Rother, Christian von (1778–1849), Staatsbeamter; Oberrechnungsrat; seit 1815 Wirklicher Geh. Oberfinanzrat · 181, 187, 470

Rothert, Polizeiinspektor, Polizeikommissar · 89

Ruben, Karl (1772–1843), Maler, Zeichenlehrer · 301

Rubens, Peter Paul (1577–1640), niederl. Maler · 61, 80, 148, 239, 282, 350, 404 f.

Ruckstuhl, Karl Joseph Heinrich (1760–1841), Schweizer Schriftsteller, Pädagoge; 1816 Anstellung als Lehrer am Bonner Gymnasium · 124, 167, 171 f., 179, 373, 465, 474

Rühl, Rül

Rühle von Lilienstern, Otto August (1780–1847), preuß. Militär, Militärschriftsteller, Kunstsammler; seit 1813 Obristlieutenant, seit 1816 im Generalstab in Berlin, seit 1835 Generallieutenant · 52, 61, 69, 142, 146, 199, 206, 209, 227, 473, 487

Rütten · 378, 397

möglicherweise

Rütten, Matthias August, kath. Geistlicher

S

Sacchini, Antonio Gaspare Maria (1730–1786), italien. Komponist · 184

Sachs, Hans (1494–1876), Dichter · 205

Sack, die Prediger · 340

Sack, Ernst Heinrich (1775–1847), Staatsbeamter; 1816 Kommissar des Generalgouvernements in Koblenz, Mai 1816 Ernennung zum Geh. Regierungsrat in Aachen; Bruder von Johann August Sack · 31, 74, 194

Sack, Johann August (1764–1831); Jurist, Staatsbeamter; seit Mitte 1815 bis 28. März 1816 Leiter der Generalgouvernements Mittel- u. Niederrhein u. des Generalgouvernements Jülich-Kleve-Berg; 1816 als Oberpräsident nach Pommern versetzt; seit 1799 verh. mit Marianne Gertrude Johanne von Reiman; wohnhaft in Aachen im ehemaligen bischöflichen Palais, Ursulinenstraße · 22–27, 31, 33 f., 38–41, 47, 49–51, 53, 57, 64, 71, 74, 77 f., 80, 105 f., 115 f., 148 f., 151, 161, 182, 189, 218–221, 230, 238, 324, 330, 412, 428 f., 441, 458, 499, 507, 528, 533

Sailer, Johann Michael (1751–1832), kath. Theologe, Bischof, Schriftsteller · 158, 161, 168

Salm, Graf · 121, 136, 151, 160, 171, 179, 195, 206, 214, 485, 499

Salm-Reifferscheidt, Sigismund zu (1735–1798) · 59

Salm-Reifferscheidt-Dyck, Familie zu · 59 f.

Salm-Reifferscheidt-Dyck, Joseph Franz Maria Graf zu (1773–1861), im Juni 1816 gefürstet; Adresse: Auf dem Eigelstein 37, Salm'scher Hof, Salm-Dyckscher Hof · 59, 213, 351

Salm-Reifferscheidt-Dyck, Franz Joseph August Graf zu (1775–1826), im Juni 1816 gefürstet · 213, 351

Sand · 50

Sandt, von · 221

Sandt, Bromeus · 386

Sandt, Gottfried Alexander Maria Hubert von, Jurist, 1816 Generaladvokat am Appellationsgerichtshof in Düsseldorf; AK 1822: Generaladvokat am Rhein. Appellationsgerichtshof; Zeughausstr. 9, ab 1819 Am Römerturm · 386

Sartorius

Sartoris, Frau von, geb. Le Fort; 1816: Witwe, Hofdame, Oberhofmeisterin der Luise von Radziwill · 193, 195

Sartorius, Amtsmännin; Besitzerin des Sickinger Hofs in Heidelberg; seit 1810 Vermieterin von Räumen an die Brüder Boisserée; Adresse: Sickinger Hof, Hauptstr. 27 · 256, 268

Savigny, Carl Friedrich von (1814–1875), Sohn von Friedrich Carl von Savigny u. Kunigunde Brentano · 530

Savigny, Bettina von (1805–1835), Tochter von Friedrich Carl von Savigny u. Kunigunde Brentano · 156, 530

Savigny, Franz von (1808–1852), Sohn von Friedrich Carl von Savigny u. Kunigunde Brentano · 156

Savigni

Savigny, Friedrich Carl von (1779–1861), Jurist, Staatsbeamter, Begründer der Historischen Rechtsschule; lehrte seit 1810 an der Berliner Universität; 1817 Mitglied des Staatsrats; 1842 bis 1848 Minister für Gesetzgebungsrevision; Schwager von Clemens Brentano; Adresse 1816 unklar: Oberwallstr. 3 oder bereits Pariser Platz 3; AB 1818/19: Pariser Platz 3 · 76, 97 f., 106, 124 f., 132, 135, 137 f., 142, 144 f.,

148–157, 159–162, 166, 168–170, 173, 178, 182–186, 188, 191 f., 194, 197, 206–213, 216, 218, 221, 225 f., 228, 230 f., 233 f., 259 f., 277, 279, 284–286, 363, 367, 435, 437, 450, 454, 463, 469, 473, 476, 484 f., 512–519, 521, 529–530

Savigny, Kunigunde (Gunda) von, geb. Brentano (1780–1863); verh. mit Friedrich Carl von Savigny, Schwester von Clemens Brentano · 132, 138, 141 f., 145, 149–151, 155, 157, 160, 163, 166, 170 f., 174, 178 f., 181, 183, 185, 191 f., 194, 197, 214, 216, 218, 221, 231, 252, 529 f.

Schaffhausen, Schafhausen

Schaaffhausen, Johann Abraham Anton (1756–1824), Bankier; bis 1794 Mitglied des Rats, 1810 bis 1814 Munizipalrat, 1801 bis 1824 Präsident des Handelsgerichts; 1814 bis 1824 Mitglied des Stadtrats, seit 1815 Mitglied des Verwaltungsrats des Kölner Verwaltungs- u. Stiftungsrats; Mitglied der Olympischen Gesellschaft; heiratete 1794 in 1. Ehe Maria Anna Giesen, 1800 in 2. Ehe Maria Theresia Lucie de Maes (1777–1867); seit 1821 Schwiegervater von Joseph Cornelius Alois Anton von Groote; seit 1829 Schwiegervater von Johann Heinrich Joseph von Wittgenstein; AK 1813: banquier, Rue des Francs 25/Trankgasse 25; AK 1822: Bankier, Trankgasse 25 · 21, 60, 70, 165, 346, 362, 366, 371, 387, 390, 409, 411, 461, 488

Schaefer, Offizier · 91

Schaefer

Schaeffer, Karl Friedrich (1779–1837), Architekt; seit 1805 Lehrer an der Kunstakademie in Düsseldorf · 357

Schack, Ferdinand Wilhelm Carl von (1786–1831), preuß. Militär; seit 1814 Obristlieutenant u. Adjutant des Kronprinzen Friedrich Wilhelm; seit 1810 verh. mit Wilhelmine Auguste von Schütz; AB 1818/19: im Königlichen Schloss, Portal Nr. 2 · 197 f., 359

Schack, Wilhelmine Auguste, geb. von Schütz (1790–1862), Tochter des Geh. Oberfinanzrats Georg Karl Gotthelf von Schütz; verh. mit Ferdinand Wilhelm Carl von Schack · 359

Scharnhorst, Gerhard Johann David von (1755–1813), preuß. Militär, Militärreformer · 48, 124

Scharnhorst, Heinrich Wilhelm Gerhard von (1786–1854), preuß. Militär; seit 1813 im Generalstab des Generalfeldmarschalls von Blücher; 1816 Major beim Generalkommando in Koblenz; 1849 Ernennung zum Gouverneur von Rastatt; ältester Sohn von Gerhard Johann David von Scharnhorst; heiratete 1818 Agnes von Gneisenau, Tochter von General von Gneisenau · 28, 48

Schelver, Franz Joseph (1778–1832), Mediziner, Naturphilosoph, Botaniker, Schriftsteller; lehrte seit 1806 in Heidelberg; Anhänger des Mesmerismus · 268, 272, 275, 411

Schenkendorff, Schenke, Dorfschenke

Schenkendorf, Gottlob Ferdinand Maximilian Gottfried von (1783–1817), Jurist, Staatsbeamter, Dichter; 1815 für das Generalgouvernement Nieder- u. Mittelrhein in Aachen u. Köln tätig, seit Ende 1815 Regierungsrat in Koblenz; Heirat 1812 mit Henriette Elisabeth, geb. Dittrich · 28–30, 56, 61, 64, 74–76, 81, 222, 361, 367–375 377–379, 381–383, 386, 408 f., 438 f., 456, 465, 476, 529, 537

Schenkendorf, Henriette Elisabeth von, geb. Dittrich, verwitwete Barclay (1774–1840); verh. mit Gottlob Ferdinand Maximilian Gottfried von Schenkendorf · 367, 369

Schetz, Mademoiselle · 57

Schaetz, Obristlieutenant · 393

Scheuren, Aegidius Johann Peter Joseph (1774–1844), Maler, Lithograf in Aachen · 50, 52

Schieffer, Heinrich (1780–1847), Kaufmann, Sammler; Sohn von Johann Wilhelm Schieffer u. Maria Pleunissen · 80 f., 344

Schieffer, Johann Wilhelm (gest. 1791), Kaufmann · 344

Schieffer, Maria, geb. Pleunissen; verh. mit Johann Wilhelm Schieffer · 344

Schilberg

Schillberg, kath. Geistlicher, Vikar · 385, 393

Schiller, Friedrich von (1759–1805), Schriftsteller · 63, 154, 215, 240

Schillings · 67, 72

vermutlich

Schillings, Joseph Thimoteus (1786–1871); preuß. Oberförster in Eschweiler u. Düren; Freund der Brüder Melchior u. Sulpiz Boisserée

Schilter, Johann (1632–1705), Jurist, Historiker, Altertumsforscher · 469

Schinckel
Schinkel, Karl Friedrich (1781–1841), Architekt, Maler, Stadtplaner, Bühnenbildner; seit 1810 Angestellter bei der Berliner Oberbaudeputation, 1815 Ernennung zum Geh. Oberbaurat, 1830 zum Geh. Oberbaudirektor u. Leiter der Oberbaudeputation; verh. mit Marie Susanne Berger; Adresse 1816: Friedrichstr. 99
Schinkel, Marie Susanne Eleonore (1810–1857), Tochter von Karl Friedrich Schinkel u. Susanne Eleonore Henriette Berger · 115, 222
Schinkel, Susanne Henriette Eleonore, geb. Berger (1782–1861), seit 1809 verh. mit Karl Friedrich Schinkel · 115, 222, 242 f., 246 f.
Schirmer, Friedrich; 1815 u. 1816 Theaterdirektor · 63
Schlaefke, Carl (geb. 1766), Staatsbeamter; 1816 bis 1825 Regierungsrat in Köln; „Altpreuße"; AK 1822: Gereonstr. 29 · 316, 344, 362
Schlegel, August Wilhelm (1767–1845), Literaturhistoriker, Übersetzer der Werke William Shakespeares · 193 f., 217
Schlegel, Dorothea Friederike, geb. Brendel Mendelsohn (1764–1839), Schriftstellerin, Übersetzerin; Tochter von Moses Mendelsohn; seit 1804 verh. mit Karl Wilhelm Friedrich Schlegel · 264, 269
Schlegel, Karl Wilhelm Friedrich (1772–1829), Schriftsteller, Historiker, Philologe · 217, 286, 517
Schleiermacher, Anne Maria Louise (Nanny) (1786–1869), Halbschwester von Friedrich Ernst Daniel Schleiermacher; heiratete 1817 Ernst Moritz Arndt · 124
Schleyermacher
Schleiermacher, Friedrich Ernst Daniel (1768–1838), evang. Theologe, Philosoph; 1815 bis August 1816 Rektor der Berliner Universität; Adresse 1816: Kanonierstr. 4; später Wilhelmstr. 73 (Reimer'scher Palais) · 31 f., 98, 120, 124, 129 f., 132, 135 f., 141, 143, 149, 151, 155, 158, 168, 175, 179, 196, 199, 202, 207, 209 f., 229, 233, 438
Schleyermacher
Schleiermacher, Henriette, geb. von Mühlenfels (1788–1840), seit 1809 verh. mit Friedrich Ernst Daniel Schleiermacher · 199

Schlieffen, General von · 220
vermutlich
Schlieffen, Martin Ernst von (1732–1825), General, Schriftsteller, Gartenarchitekt
Schlosser · 59
Schlosser · 67
Schlosser, Johann Friedrich Heinrich (1780–1851), Jurist, Kaiserlicher Rat, Schriftsteller in Frankfurt a.M. · 354
Schlosser · 475
vermutlich
Schlosser, Christian Friedrich (1782–1829), Schriftsteller, Politiker; Bruder von Johann Friedrich Heinrich Schlosser
Schmalz, Amalie (1771–1848), Sängerin, Schauspielerin · 153, 233
Schmalz, Theodor Anton Heinrich (1760–1831), Jurist, Staatswissenschaftler; lehrte 1816 an der Beriner Universität; Adresse 1816: Hinter der katholischen Kirche 1 · 30
Schmidding
Schmedding, Johann Heinrich (1774–1846), Jurist, Dichter, Theologe, Staatsbeamter; seit 1809 Staatsrat für Kirchenangelegenheiten im Innenministerium, lehrte 1816 an der Berliner Universität; ab 1817 im Ministerium der geistlichen, Unterrichts- u. Medizinalangelegenheiten tätig, zuständig für die kath. Kirche; AB 1818/19: Leipziger Str. 109 · 119, 127 f., 131, 137, 149, 152 f., 159, 168, 174 f., 179 f., 195, 225, 229, 347–349, 365, 436, 465, 501 f., 506, 528
Schmitz, Herr · 352
Schmitz, Franz Palmatius (1780–1821), Arzt, Sammler; seit 1819 Medizinalrat beim Medizinalkollegium Köln; Heirat am 1. Mai 1816 mit Walburga Gertrudis Schülgen; AK 1813: docteur en médicine, Rue Haute 134/Hohe Str. 134 · 38, 55, 59, 80, 278, 280, 350, 466, 472
Schmitz, Johann Wilhelm (1774–1841), kath. Geistlicher; seit 1812 Sekretär von Johann Hermann Joseph von Caspars zu Weiss, 1816 Ernennung zum apostolischen Pronotar, 1822 bis 1825 Kapitularvikar für die rechtsrhein. Gebiete des Erzbistums Köln als Nachfolger von Caspars; AK 1813: ecclésiastique, Rue du Lycée 48/Marzellenstr. 48; AK 1822: Gereonskloster 16 · 344

Schmitz, Peter (1760–1822), Architekt, Stadtbaumeister in Köln; Vorgänger von Johann Peter Weyer; AK 1813: architecte de la ville, Rue de l'Arsenal 12/Zeughausstr. 12; AK 1822: Baumeister, Quatermarkt 3 · 78, 312, 357

Schmitz, Peter Joseph; 1816 Ernennung zum Assessor bei der Kölner Regierung; AK 1822: Appellationsgerichtsrat, Johannstr. 39/Johannisstr. 39 · 207, 488

Schmitz, Walburga Gertrudis, geb. Schülgen; Tochter von Adam Joseph Schülgen u. Katharina Theresia Boisserée; Nichte von Melchior u. Sulpiz Boisserée; heiratete am 1. Mai 1816 franz Palmatius Schmitz

Schmitz-Grollenburg, Franz Edmund Joseph Ignaz Philipp Freiherr von (1776–1844), seit März 1816 Abteilungsdirektor bei der Regierung in Koblenz, 1817 Ernennung zum Regierungsvizepräsidenten in Koblenz, 1818 zum Regierungspräsidenten · 304

Schmolensky · 130

Schneider, Eulogius (1756–1794), kath. Geistlicher; lehrte an der alten Bonner Universität; 1791 Entlassung; Anhänger der Franz. Revolution, Ankläger am Revolutionstribunal in Straßburg; hingerichtet in Paris am 1. Apr. 1794 · 418

Schneiders, Jungfrau · 401

Schoiffer

Schöffer, Peter (um 1425–1503), Buchhändler, Drucker in Mainz · 302

Schoeler, General · 155

vermutlich

Schoeler, Moritz Ludwig Wilhelm von (1771–1855), preuß. Militär; seit 1810 im Kriegsministerium tätig; 1816 Generalmajor

Schoen

Schön, Heinrich Theodor von (1773–1856), Staatsbeamter; 1809 Ernennung zum Geh. Staatsrat, 1816 zum Oberpräsidenten von Westpreußen, seit 1824 Oberpräsident der Provinz Preußen · 155, 159, 161, 166 f., 179

Schoen, Martin *siehe* Schongauer, Martin

Schoenberger

Schönberger, Lorenz Adolf (1768–1846/47), Landschaftsmaler · 253

Schoenermark, Hauptmann · 194, 208, 473, 503

Schoenwald, Schoenewald

Schönewald; 1816 Assessor bei der Kölner Regierung · 343, 347, 361, 363

Schongauer, Martin (um 1450–1491), Maler · 251

Scholl, Karl Adam von, 1809 bis 1817 Bürgermeister von Hürth · 398

Scholtes

Schultes, Johann Melchior, Buchbinder; AK 1813: relieur, Rue du Duc 5/Herzogstr. 5; AK 1822: Buchbinder, Herzogstr. 5 · 373

Schopenhauer, Johanna, geb. Trosiner (1766–1838), Schriftstellerin, Reisende, Salonnière; 1785 bis 1805 verh. mit Heinrich Floris Schopenhauer; Mutter von Adele u. Arthur Schopenhauer · 11, 30, 191, 237, 253 f., 256 f., 262, 264, 274 f., 282, 285, 292 f., 353

Schreiber, Aloys Wilhelm (1761/63–1841), Schriftsteller · 49, 73 134, 254, 262, 266, 268, 289 f., 292–295, 298, 300, 303–310, 312, 359

Schroeder

Schröder, Franz, Kaufmann u. Fabrikant in Krefeld; 1816 in den Mordfall Fonck verwickelt · 408

Schropp, Simon (1751–1817), Kartenstecher u. Verleger; Geschäft 1816: „Schropp, der Post gegenüber"; AB 1818/19: Schropp & Comp., Jägerstr. 24 · 213

Schubart · 396

Schubert, Ferdinand (geb. 1788), Dichter; Registrator u. Sekretär bei der Kölner Regierung; AK 1822: Regierungsregistrator, Blaubach 43 · 318, 370, 403

Schuckman, Schukmann

Schuckmann, Friedrich von (1755–1834), Jurist, Staatsrechtler, Staatsbeamter; 1814 bis 1819, nach kurzer Unterbrechung bis 1830 Innenminister; 1819 bis 1830 auch Polizeiminister; in 1. Ehe verh. mit Leopoldine Margarethe von Roeder · 23, 27, 31, 41, 105, 109, 119, 123 f., 135, #160, 81, 185, 217, 333, 460, 501, 504, 506

Schülgen, Adam Joseph (1768–1819), Kaufmann, Fabrikant; 1805 bis 1809 Munizipalrat, 1790 Heirat mit Katharina Theresia Boisserée; Schwager von Melchior und Sulpiz Boisserée; Adresse 1816: Sternengasse 10 · 460

Schülgen, Heinrich Severin Apollinaris

(1798–1856), 1816 Student in Heidelberg; Sohn von Adam Joseph Schülgen u. Katherina Therese Boisserée; heiratete 1827 Maria Franziska Aloysia Bartmann; Neffe von Melchior und Sulpiz Boisserée • 263, 265, 268, 271 f., 274, 366, 369
Schülgen, Katherina Theresia, geb. Boisserée (1770–1817), Tochter von Nicolaus u. Maria Magdalena Boisserée; 1790 Heirat mit Adam Joseph Schülgen; Schwester von Melchior u. Sulpiz Boisserée • 333
Schülgen, Walburga Gertrudis *siehe* Schmitz, Walburga Gertrudis
Schütt, Cornelius (um 1590–1660), flämischer Maler, Schüler von Peter Paul Rubens • 359
Schulsky, in Koblenz • 74, 304
Die Namen Schultz, Schultze, Schulz, Schulze sind oft nicht zuzuordnen
Schultz • 338, 354
Schultze • 197
Schulz • 267
Schulze • 176, 400
Schultz, Schulz
Schulze, Johannes Karl (1786–189), Theologe, Pädagoge; März 1816 Ernennung zum Konsistorial- u. Schulrat in Koblenz, 1818 Berufung in das Ministerium der geistlichen-, Unterrichts- u. Medizinalangelegenheiten • 305
Schultze, Schulze, Dr. • 182 f., 198
möglicherweise
Schultz, Christoph Friedrich Ludwig (1781–1834), Jurist, Philologe, Staatsbeamter
Schulz, Schultze, Postkommissar in Köln • 220, 225, 228, 328, 508–510
Schupanzi
Schuppanzigh, Ignaz Anton (1776–1830), österr. Violinist, Dirigent • 170 f.
Schütz, Frau *siehe* Hendel-Schütz, Henriette
Schütz, von • 162, 167, 216
Schütz, Friedrich Karl Julius (1779–1844), Historiker; verh. mit Henriette Hendel • 86
Schütz, Rechnungsrat • 140
Schütz, Staatsrat • 301
Schwerin • 93
Schwerin, die Grafen von • 388
Schoreel
Scorel, Jan van (1495–1562), niederl. Maler • 72, 267, 538
Sebald • 156

vermutlich
Sebald, Amalie (1787–1846), Sängerin
Sebastiano del Piombo (1485–1547), italien. Maler • 201
Seber, Franz Joseph (1777–1827); Gymnasiallehrer, Schriftsteller; 1815 Ernennung zum Direktor des Marzellengymnasiums; lehrte seit 1819 an der Bonner Universität, seit 1825 an der Universität in Löwen • 70, 488
Segebart, Segebarth, Segewart
Seegebarth, Johann Friedrich von (1747–1823), Staatsbeamter; 1803 Geh. Oberfinanz-, Kriegs- u. Domänenrat; 1808 bis 1821 Generalpostmeister • 180, 228, 437, 474, 509
Seideler, Seidler
Seidler-Wranitzky, Karoline (1790–1872), österr. Sängerin • 224, 232
Seidewitz
Seydewitz, Friedrich Ferdinand Leopold von (1787–1872), Staatsbeamter, 1816 Regierungsrat, 1818 Geh. Oberregierungsrat in Magdeburg; 1826 bis 1834 Vizepräsident der Provinz Sachsen, 1834 bis 1848 Regierungspräsident des Bezirks Stralsund • 147, 182 f., 369, 452
Seiler *siehe* Sailer, Johann Michael
Senf, Herr von • 248 f.
Sickingen, Familie von • 256
Siegel • 75
Siegen, Rektor • 370
Siegenhorn, Lieutenant • 370
Sieger, in Berlin • 145
Sieger, Herr • 66, 387, 389
Sieger, Michael Hermann von; 1797: Geh. Rat, Jülich-Bergischer Stände-Sekretär, Oberappellationsrat in Düsseldorf; Eigentümer des Hauses Marzellenstr. 82 (franz. Nummerierung Nr. 3074) • 19 f.
Sieveking, Karl (1787–1847), Historiker, Jurist, Diplomat • 137, 174
Silberberg, Carl Wilhelm (geb. 1757), Kunsthändler in Frankfurt a.M. • 399
Silberschlag • 120, 129, 156, 171, 185, 188
vermutlich
Silberschlag, Friedrich Wilhelm (1760–1838), Jurist, Staatsbeamter
Simon, Familie • 340
Simons
Simon, August Heinrich (1780–1857), Jurist, Staatsbeamter; 1816 Justizkommissar beim

Kammergericht; Ernennung zum Beisitzer der 1816 gegründeten Immediat-Justiz-Kommission in Köln; jüdischer Herkunft · 129, 167, 174 f., 185, 190, 194, 221, 231, 233, 318, 333, 339, 347, 351, 361 f., 366, 368, 371, 374 f., 377, 381, 389, 394, 406, 409, 411, 525

Sitt, Johann Jacob; AK 1822: Advokat u. Anwalt beim Landgericht, St. Marienplatz 7 · 367, 373, 377 f., 387, 395, 402

Sittmann, Leonard; AK 1813: cabaretier, Rue Théophanie 5; AK 1822: Weinzäpfer, Vor den Siebenburgen 5 · 65, 371

Skork, Capitain · 119
vermutlich
Skork, Ernst von; Militär, Schriftsteller

Sleidanus, Johannes (1506–1556), luxemburgischer Jurist, Schriftsteller · 302

Smets, Wilhelm (1796–1848), kath. Geistlicher, Publizist; 1814 Hauslehrer in der Familie von Mylius, ab 1819 Studium der Theologie, 1822 Priesterweihe in Köln, 1822 bis 1825 Kaplan an der Dompfarre, später Religionslehrer am Marzellengymnasium; 1844 Kanonikus am Dom in Aachen · 11 f., 53, 58, 61, 73, 293, 304, 309, 313, 336

Smidtbauer
Schmittbaur, Joseph Aloys (1718–1809), Komponist, Musikpädagoge, 1775 bis 1777 Domkapellmeister in Köln · 490

Solger, Karl Wilhelm Ferdinand (1780–1819), Philosoph; Adresse 1816: Friedrichstr. 160 · 129, 169

Solms, die jungen
Söhne von Friedrich Ludwig Christian zu Solms-Laubach u. Henriette von Degenfeld-Schönburg · 230

Solms, Carl *siehe* Solms-Roedelheim, Carl Friedrich Ludwig Christian zu

Solms-Laubach, Elisabeth Charlotte Ferdinande zu, geb. Prinzessin von Isenburg (1753–1829); verh. mit Georg August Wilhelm zu Solms-Laubach; Mutter von Friedrich Ludwig Christian zu Solms-Laubach · 321, 407

Solms-Laubach, Friedrich Ludwig Christian Graf zu (1769–1822), Jurist, Staatsbeamter; 1814 bis 1815 Berater Hardenbergs auf dem Wiener Kongress, seit April 1816 Oberpräsident u. Regierungspräsident in Köln; „Neupreuße"; Dez. 1817 Niederlegung des Präsidiums der Kölner Regierung, ab 1818 erster Kurator der neuen Universität in Bonn; verh. mit Henriette von Degenfeld-Schönburg; Adresse: Oberpräsidium, Glokkengasse 3; AK 1822: Oberpräsident der Provinz Jülich, Kleve u. Berg, Glockengasse 3

Solms-Laubach, Henriette zu, geb. Gräfin von Degenfeld-Schönburg (1776–1847), seit 1797 verh. mit Friedrich Ludwig Christian zu Solms-Laubach · 103 f., 107, 109, 118, 123, 334, 408

Solms-Roedelheim, Friedrich Ludwig Heinrich Adolf (Fritz) Graf zu (1797–1859) · 399, 401, 403, 408,

Solms-Roedelheim, Vollrat Franz Carl Ludwig Graf zu (1762–1818); Vater von Friedrich Ludwig Heinrich Adolf u. Carl Friedrich Ludwig Christian zu Solms-Roedelheim · 401

Solms-Roedelheim, Carl Friedrich Ludwig Christian (Carl) Graf zu (1790–1844); 1815 in preuß. Militärdienst, dann Verwaltungsausbildung bei Friedrich Friedrich Ludwig Christian zu Solms-Laubach in Köln; seit 1818 Standesherr im Großherzogtum Hessen; 1824 Heirat mit Louise Amalie zu Erbach-Schönberg · 405

Solms-Roetelheim, Graf · 340

Sombart, Ludwig Bernhard (1775–1834), seit 1816 Regierungsrat in Köln; „Altpreuße"; Adresse 1816 vermutlich: Maximinstr. 19 · 316, 349, 389

Sotzman
Sotzmann, Johann Daniel Ferdinand (1781–1866), Jurist, Staatsbeamter, Kunsthistoriker; 1816 bis 1819 Regierungsdirektor in Köln; „Altpreuße"; 1819 Ernennung zum Geh. Oberfinanzrat in Berlin · 316, 326, 335, 339 f., 344 f., 347, 357 f., 364, 375, 379, 395, 399, 402 f., 463, 488, 537

Sotzmann, Daniel Friedrich (1754–1840), Kartograf, Sammler; Vater von Johann Daniel Ferdinand · 399

Spiegel, Ferdinand August von (1764–1835), 1824 bis 1835 Erzbischof von Köln · 58

Spiess, Spietz
Spies-Büllesheim, Ludwig Joseph Fortunatus Freiherr von (1785–1860), Jurist; 1816 bis 1820 Landrat des Kreises Mülheim am

Rhein; 1817 Heirat mit Caroline Anna Huberta Raitz von Frentz zu Schlenderhan (1792–1855) · 340 f., 378
Spiess, Carl · 373
Sprickmann, Anton Matthias (1749–1833), Schriftsteller, Jurist · 86
Stadler, Georg; AK 1813: marchand d'étoffes, Grand marché 44; 1816: Alter Markt 44; AK 1822: Rentner, Alter Markt 44 · 57
Schreibweisen: Stägemann, Staegeman, Staegemann, Stegemann
Staegemann, Friedrich August von (1763–1840), Jurist, Staatsbeamter, Dichter; 1816 Nobilierung; seit 1796 verh. mit Johanna Elisabeth Fischer · 98, 106, 123, 126, 128, 133 f., 137, 139, 142, 151, 154 f., 160, 174, 178, 181, 185 f., 192, 198, 212 f., 218, 220, 225, 227, 232, 441, 451, 459
Staegemann, Hedwig von (1799–1891), Schriftstellerin, Salonnière in Berlin; Tochter von Friedrich August Staegemann u. Johanna Elisabeth Fischer; heiratete 1823 Ignaz Franz Werner Maria von Olfers · 139 f., 150, 160, 162, 181
Staegemann, Johanna Elisabeth von, geb. Fischer (1761–1835), Salonnière in Berlin; bis 1818: Jägerstr. 11; verh. mit Friedrich August von Staegemann · 139, 155
Stägemayer · 372
Stauffenberg, Frau von · 342
Stauffenberg, Adam Friedrich Schenk von; verh. mit Maria Charlotte Antoinette von Harff zu Dreiborn · 342
Stauffenberg, Maria Charlotte Antoinette von, geb. von Harff zu Dreiborn; Tochter von Franz Ludwig von Harff zu Dreiborn u. Clara Elisabeth von Kerpen; verh. mit Adam Friedrich Schenk von Stauffenberg · 342
Steffens, Henrich (1773–1845), Philosoph, Naturwissenschaftler, Schriftsteller · 381
Stein, E. · 63
Stein, Friedrich Karl vom u. zum (1757–1831), Staatsmann, Reformator; 1807 bis 1808 Staatskanzler, 1816 Rückzug aus der offiziellen Politik · 39, 63, 75, 110, 115, 124, 162, 264, 279, 285, 364–366, 371, 515, 528, 530
Steinecke
Steinaecker, Heinrich von, Obristlieutenant; heiratete im Mai 1816 Elisabetha Henrietta Augusta von Wittgenstein; Schwester von Johann Heinrich Joseph (Henri) von Wittgenstein · 176, 293
Steingass
Steingaß, Johann Baptist Joseph (1790–1854), Historiker, Pädagoge; lehrte 1818/19 an der Bonner Universität; 1824 Heirat mit Sophie Görres, Tochter von Johann Joseph von Görres u. Maria Katharina von Lassaulx · 307, 352
Sternfels, von · 265
Saint-Martin, Louis-Claude de (1743–1803), franz. Philosoph, Mystiker · 380
Stockhausen, Franz Anton (1792–1865), Komponist · 55, 58, 68, 71, 78
Stolberg, Christian Graf von (1796–1815), Freund der Brüder von Gerlach; 1815 in der Schlacht von Ligny getötet · 144
Stolberg-Stolberg, Friedrich Leopold Graf zu (1750–1819), Jurist, Schriftsteller, Übersetzer · 368 f., 387, 400, 404
Stobwasser, Lackwarenfabrik in Berlin · 176
Stolzenberg, Carl Friedrich Freiherr von (1782–1845), 1816 bis 1820 Regierungs- u. Forstrat, Oberforstmeister in Köln; „Altpreuße" · 316, 339, 362, 374, 377, 390, 392, 395, 397, 407
Stolzenberg, Elisabeth Therese, geb. Dufour (1786–1885), verh. mit Carl Friedrich von Stolzenberg · 374
Storke
Storck, Philipp Adam (1780–1822), Pädagoge, Historiker, Publizist · 404 f.
Stosch, Caroline von, geb. von Woltersdorf (1785–1848), verh. mit Theodor Ferdinand von Stosch · 74
Stosch, Theodor Ferdinand von (1784–1857), preuß. Militär, Adjutant von General von Gneisenau in Koblenz; verh. mit Caroline von Woltersdorf · 11, 28 f., 74, 305
Stur
Stuhr, Peter Feddersen (1787–1851), Historiker, Religionswissenschaftler · 134, 196, 229, 260
Stürmer, Johann David Heinrich (1789–1856), Sänger · 165
Stürmer
Sturm, Karl Christian Gottlob (1781–1826), Agrarwissenschaftler; Gründer u. Leiter landwirtschaftlicher Institute; lehrte an der Universität in Jena, ab 1819 in Bonn · 242–244

Sturz, Stürz · 48 f., 52, 426 f.
Stürtz, Johann Franz Heinrich, Gastwirt und Fahrunternehmer in Aachen
oder
Stürtz, Joseph, Gastwirt und Fahrunternehmer in Aachen
Süvern, Johann Wilhelm (1775–1829), Pädagoge, Philologe, Staatsbeamter; seit 1809 Staatsrat in der Sektion für Unterricht u. Kultus; Adresse 1816: Taubenstr. 12 · 22 f., 35, 41 f., 66, 119, 127 f., 131, 135, 137, 149, 151, 160 f., 168, 178, 185, 202, 207, 220, 229, 231, 279, 436, 466, 472, 488, 495
Sulzer, Johann Anton (1752–1828), Theologe, Philosoph, Schriftsteller · 79

T
Tazitus
Tacitus, Publius Cornelius (um 58 n.Chr.–um 120), röm. Politiker, Historiker · 152 f., 409
Telle, Constantin Michel (um 1763–1846), franz. Tänzer, Choreograf; seit 1813 Balletmeister am Königlichen Schauspiel in Berlin · 136
Tenniers · 281 f.
Teniers, David der Ältere (1582–1649), niederl. Maler
oder
Teniers, David der Jüngere (1610–1690), niederl. Maler
Thelott, Ernst Carl (1760–1834), Kupferstecher, Maler · 77, 200, 406
Tieck, Ludwig (1773–1853), Schriftsteller, Dichter, Übersetzer · 128, 197, 217
Tiedeman
Tiedemann, Friedrich (1781–1861), Mediziner, Physiologe; 1816 als Nachfolger von Jacob Fidelis Ackermann an die Heidelberger Universität als Direktor des Anatomischen Instituts berufen; verh. mit Jenny Rosa von Holzing (1781–1871) · 274
Tiedge, Christoph August (1752–1841), Dichter; enger Freund von Elisa von der Recke · 145
Thielemann, Thilemann, Thielman
Thielmann, Johann Adolph Freiherr von (1765–1824), preuß. Militär; 1815 Generallieutenant, 1816 Kommandierender General; seit 1791 verh. mit Wilhelmine von Charpentier · 69–71, 297, 347, 375, 473, 508
Thielmann, Wilhelmine von, geb. von Charpentier (1772–1842), seit 1791 verh. mit Johann Adolph von Thielmann · 69
Tilemann Elhen von Wolfhagen (um 1347–um 1405), Chronist; Verfasser der Limburger Chronik · 302
Thibaut, Anton Friedrich Justus (1772–1840), Jurist; lehrte seit 1805 an der Universität in Heidelberg · 259, 264, 267, 271 f., 277, 279, 401 f., 514, 519
Tippelskirch, General von · 297
Titian
Tizian (um 1490–1576), italien. Maler · 201, 266
Tönnies, Friedrich Wilhelm, Übersetzer · 152
Thomas à Kempis/Thomas von Kempen (13/80–1471), Theologe, Mystiker · 269
Tossetti, Tossetty
Tosetti, Thomas Jacob, Kaufmann, Kunstsammler; AK 1813: négociant-épicier en gros, commissionaire et expediteur, Place clovis 5/Elogiusplatz; AK 1822: Kaufmann in Spedition u. Kommission, Elogiusplatz 5 · 356, 384
Trütschler
Trützschler, von, Major; preuß. Militär; 1815 Adjutant im Generalstarb des III. preuß. Armeekorps unter Johann Adolph von Thielmann · 154, 176, 197
Tümmler *siehe* Dümmler
Thurn und Taxis, von · 20, 113, 200, 329, 482
Thurn u. Taxis, Karl Alexander Fürst von (1770–1827) · 53, 113, 328
Thurn und Taxis, Therese Mathilde Amalie Fürstin von, geb. von Mecklenburg-Strelitz (1773–1818); verh. mit Karl Alexander von Thurn und Taxis · 50, 509

U
Ulfilas: Bischof Wulfila (um 311–383 n.Chr.) · 165
Ulrich von Türheim/Türheym (um 1195–1240), Dichter, Verfasser des Tristan · 45, 114, 225, 260 f., 269, 271, 272, 468

V
Valckenberg, Peter Joseph (1764–1834), Weinhändler; seit 1813 Maire, seit 1816 Bürgermeister von Worms · 279

Valentini, Georg Wilhelm von (1775–1834), preuß. Militär; 1815 Ernennung zum Generalmajor, 1824 zum Generalleutnant · 219

Varnhagen von Ense, Rahel, geb. Levin (1771–1833), Salonnière, Schriftstellerin · 98, 183

Varrenhagen

Varnhagen von Ense, C. von, Musikerin, Pianistin · 392

Velten, Hauptmann · 240

Vergil (70–19 v.Chr.), röm. Dichter · 158

Verkenius · 67

möglicherweise

Verkenius, Erich Heinrich (1776–1841), Jurist, Musiker; seit 1803 Richter in Köln, Ende 1816 Untersuchungsrichter im Mordfall Fonck; seit 1820 Kammerpräsident beim Landgericht; AK 1813: juge-instructeur, Rue du Temple 11/Unter Fettenhennen 11; AK 1822: Landgerichtsrat, Unter Fettenhennen 11

Vernier, François (1736–1815), franz. Militär; Munizipalrat in Köln · 461

Verschaffelt, Peter Anton von (1710–1793), flämischer Architekt, Bildhauer · 266

Victoria (1819–1901), britische Königin 1837 bis 1901 · 248

Vinck, Vink, Vinke

Vincke, Friedrich Ludwig von (1774–1844), Staatsbeamter, Wirtschafts- u. Sozialreformer; seit 1813 Gouverneur des Zivilgouvernements zwischen Weser u. Rhein, von 1815 bis 1844 Oberpräsident der Provinz Westfalen; Verwaltungssitz war seit Mitte 1814 das Schloss in Münster · 87 f., 179, 206, 383, 404, 470

Vischer, Peter der Ältere (1455–1529), Erzgießer, Rotgießer, Bildhauer in Nürnberg · 94

Voltaire (1694–1778), franz. Philosoph · 239

Voelker · 59 f.

vermutlich

Völcker, Gottfried Wilhelm (1775–1849), Porzellanmaler in der Königlichen Porzellan-Manufaktur in Berlin, 1833 bis 1848 deren Direktor

Voss

Voß, August Friedrich Wilhelm Heinrich Graf von (1779–1832); Sohn von Friedrich Wilhelm August von Voß (1753–1779) u. Henriette Amalie von Rochow (1765–1816); verh. mit Luise Sophia Carolina von Berg · 101, 129

Voss, Herr von, Graf von · 99, 130, 134, 142, 146, 153, 155 f., 158–161, 170, 182, 195, 208, 216, 219

vermutlich immer

Voß, Carl Otto Friedrich Graf von (1786–1864), Jurist, Staatsmann; 1834 Oberjustizrat, 1847 Wirklicher Geh. Rat, Mitglied des Staatsrats; Sohn von Otto Carl Friedrich von Voß u. Karoline Maria Finck von Finckenstein; enger Freund der Brüder von Gerlach; Adresse 1816: Voßisches Palais, Wilhelmstr. 78

Voss

Voß, Luise Sophia Carolina Gräfin von, geb. von Berg (1780–1865); Tochter von Karl Ludwig Graf von Berg u. Caroline Friederike von Haeseler; 1800 Heirat mit August Friedrich Wilhelm Heinrich von Voß; Adresse 1816: Wilhelmstr. 78 · 101, 120, 129, 134, 141, 143, 147, 152 f., 155–159, 162, 170, 175, 179, 188, 202, 209, 220, 222

Voß, Otto Carl Friedrich Graf von (1755–1823), Staatsmann; 1822 Ernennung zum Vizepräsidenten des Staatsrats; seit 1780 verh. mit Karoline Maria Finck von Finckenstein (1751–1828); Vater von Carl Otto Friedrich von Voß; Bruder von Julie von Ingenheim; Adresse 1816: Voßisches Palais, Wilhelmstr. 78

Voß, Töchter

Voß, Mathilde Sophie von (1803–1838) u. Voß, Marie Auguste Luise von (1807–1889), Töchter von August Friedrich Wilhelm Heinrich u. Luise Sophia Carolina von Berg · 156

Vribert *siehe* Heinrich von Freiberg

Vrints-Berberich, Alexander Konrad Freiherr von (1764–1843), seit 1786 Oberpostdirektor des Fürsten Thurn u. Taxis, seit 1808 Generalpostdirektor in Frankfurt a.M. · 329

Vulpius, Christian August (1762–1827), Schriftsteller · 400

W

Wach, Karl Wilhelm (1787–1845), Maler · 128

Waldburg-Zeil, Franz Thaddäus Joseph Fürst von (1778–1845); heiratete 1818 in 2. Ehe Antoinette von der Wenge zur Beck, 1820 in

3. Ehe deren Schwester Maria Theresia von der Wenge zur Beck · 86
Wallis, George Augustus (1761–1847), engl. Maler; lebte 1812 bis 1817 in Heidelberg · 287
Wallraf, Ferdinand Franz (1748–1824), Gelehrter, Kunstsammler, Stifter; AK 1813: Rue de l'Université 1/Am Hof 1; AK 1822: Professor der schönen Künste u. Wissenschaften, Am Hof 1 (Domprobstei)
Walther
Walter, Ferdinand (1794–1879), Jurist; studierte seit 1814 an der Universität in Heidelberg Jura; lehrte seit 1819 an der Bonner Universität · 271
Waltheri
Walthery, Mathieu Joseph; Gastwirt in Aachen · 50
Wangenheim, Karl August Freiherr von (1778–1850), Jurist, Staatsmann; bis 1804 in Coburg, 1806 bis 1817 im Königreich Württemberg tätig, 1816/17 als Kultusminister · 235, 247
Warburg, Moses, Geldwechsler; Adresse 1806: Packhofstr. 4 · 228
Wassow, Offizier · 339
Weber, Bernhard Anselm (1764–1821), Komponist; seit 1792 Kapellmeister in Berlin 149
Weber, Carl Maria von (1786–1826), Pianist, Komponist, Kapellmeister; 1813 bis 1816 Operndirektor in Prag; 1817 Heirat mit Caroline Brandt · 11, 99, 153, 185, 210 f., 215 f., 219, f., 223 f., 229 f., 233
Weigl, Joseph (1766–1846), österr. Dirigent, Komponist · 175
Weiss
Weiß, Gaspare, Caspary; Eigentümer der Kunsthandlung Gaspare Weiß u. Comp., Unter den Linden 34 · 127, 133, 137, 442, 444
Weissenthurn siehe Franul von Weißenthurn
Weitsch, Friedrich Georg (1758–1828), Maler, seit 1798 preuß. Hofmaler, Rektor der Berliner Kunstakademie · 221
Weitz, Johann Peter, genannt Pater Anastasius (1753–1817), kath. Geistlicher, Karmelitermönch · 68
Wenge, von/von der · 57 f., 61, 87, 311, 335
Wenge zur Beck, Antoinette (Nette, Nettchen) Freiin von der (1790–1819); Tochter von Clemens August Franz von der Wenge zur Beck u. Maria Ludovica von Eynatten; heiratete 1818 franz Thaddäus Joseph Fürst von Waldburg-Zeil · 86 f., 140, 185, 361, 392, 395 f., 407
Wenge zur Beck, Clemens August Franz Freiherr von der (1740–1818), kurkölnischer Geh. Rat, General der münsterschen Truppen, Gouverneur der Stadt Münster, Geh. Kriegsrat; Eigentümer von Schloss Beck; Sohn von Florenz Johann Theodor Raban von der Wenge (1702–1775) u. Maria Caroline Clara Charlotte von Harff (1707–1740); verh. in 1. Ehe mit Maria Ludovica von Eynatten (1748–1803), in 2. Ehe mit Klara Pocke (1783–1856); wohnhaft: Stadthof in Münster, Hörsterstr. 20 · 86 f.
Wenge zur Beck, Franziska Clementine Maria Freiin von der (1778–1844), Tochter von Clemens August Franz von der Wenge zur Beck u. Maria Ludovica von Eynatten; heiratete in 2. Ehe 1801 Maximilian Friedrich von Ketteler (1779–1832); Kinder: Anna Maria von Ketteler (1803–1884) u. Wilderich Max Karl von Ketteler (1809–1873)
Wenge zur Beck, Friedrich Florens Raban (Fritz) Freiherr von der (um 1770–1850), Militär in österr. Diensten; Sohn von Clemens August Franz von der Wenge zur Beck u. Maria Ludovica von Eynatten; seit 1808 Besitzer des Stadthofs in Münster, Hörsterstr. 20 · 87, 361
Wenge zur Beck, Levin Johann Wilhelm Franz Freiherr von der (1772–1822), kath. Geistlicher; Domkapitular in Münster u. Halberstadt; Sohn von Clemens August von der Wenge u. Maria Ludovica von Eynatten · 47, 56–58, 349, 361, 400, 407, 511
Wenge zur Beck, Maria Franziska Freiin von der (1775–1800), Tochter von Clemens August Franz von der Wenge zur Beck u. Maria Ludovica von Eynatten; heiratete 1795 Maximilian Werner Joseph Anton von Wolff-Metternich zur Gracht (1770–1839); Tochter: Maria Luise Wolff-Metternich zur Gracht (1800–1837) · 86
Wenge zur Beck, Maria Theresia (Tresette) Freiin von der (1798–1864), Tochter von Clemens August Franz von der Wenge zur Beck u. Maria Ludovica von Eynatten; heiratete 1820, nach dem Tod ihrer Schwester Antoinette, deren Witwer Franz Thaddäus Joseph Fürst von Waldburg-Zeil · 86, 361

Wenge zur Beck, Mathilde Clementine Marie Freiin von der (1786–1869), Tochter von Clemens August Franz von der Wenge zur Beck u. Maria Ludovica von Eynatten; heiratete nach dem Tod ihrer Schwester Maria Franziska von der Wenge zur Beck 1805 deren Witwer Maximilian Werner Joseph Anton von Wolff-Metternich zur Gracht. Das Ehepaar hatte drei Kinder: Levin Wilhelm Anton (1811–1869), Maximilian Felix (1814–1871) u. Maria Felicitas Walburga (1822–1870) · 86

Wermeskirch, Gasthof in Mannheim · 266

Werner, Friedrich Ludwig Zacharias (1768–1823), Dramatiker, Lyriker; seit 1814 kath. Geistlicher · 96, 136

Wertier, die Fräulein · 207

Westenberg, Ortwin (1667–1737), Jurist · 135

Westphal, Westphalen, von · 348, 354

Weyden, Ernst (1805–1869), Lehrer, Schriftsteller · 33, 310, 335

Weyer, Heinrich Josef (1766–1831), Kaufmann, Grundstücksmakler; Vater von Johann Peter Weyer; AK 1813: marchand d'étoffes, tient dépôt d'eau-de-Cologne sous la raison de J.W. Farina, Rue grande des Boutiques 25/Große Budengasse 25; AK 1822: Kaufmann u. Destillateur von Kölnisch Wasser, Große Budengasse 25 · 78

Weyer, Johann Peter (1794–1864), Architekt, Kunstsammler; 1813 bis 1816 Architekturstudium in Paris, seit 1816 Gehilfe des Stadtbaumeisters Peter Schmitz, 1822 bis 1844 Kölner Stadtbaumeister; Adresse 1816: Große Budengasse 25; AK 1822: beigeordneter Stadtbaumeister, An St. Agatha 5 · 78, 312, 357, 488

Weyhe, Maximilian Friedrich (1775–1846), Gartenarchitekt; 1801 bis 1803 in Köln, seit 1804 vorwiegend in Düsseldorf tätig · 314, 357

Wilke

Wilken, Friedrich (1777–1840), Historiker, Orientalist, Bibliothekar; lehrte 1805 bis 1817 an der Universität in Heidelberg, amtierte seit 1808 als Direktor der Heidelberger Universitätsbibliothek; lehrte ab 1817 an der Berliner Universität u. war Oberbibliothekar der Königlichen Bibliotheken; verh. mit Caroline Tischbein (1783–1843), einer Tochter des Malers Johann Friedrich August Tischbein · 259–261, 268–274, 283, 514, 517, 519, 522

Willkens, Wilkens · 216, 225, 228–230, 506

Wilckens, Gustav Ferdinand (1771–1847), Staatsbeamter, Oberfinanzrat; AB 1818/19: Krausenstr. 30

oder

Wilckens, Heinrich Albert (1772–1835), Staatsbeamter, Mitglied des Staatsrats; AB 1818/19: Kochstr. 22

Willich, Ehrenfried von (1807–1880), Jurist; Staatsbeamter; Sohn von Ehrenfried von Willich u. Henriette von Mühlenfels; Henriette von Willich heiratete in 2. Ehe Friedrich Ernst Daniel Schleiermacher; Ehrenfried von Willich wuchs als Stiefsohn Schleiermachers auf · 124

Wilmes, Willmes · 78, 360, 372

vermutlich

Willmes, Engelbert (1786–1866), Maler, Radierer, Kunstsammler, Kunsthändler; AK 1822: Maler u. Kunsthändler, An der Rechtschule 8

Wilmes

Willmes, Peter Ludwig (1790–1867), Schriftsteller · 31, 358

Windeck, Notar u. Gastwirt in Deutz · 375 f.

Winterfeld, Offizier · 52

Winters, Johann Christian/Christoph (1772–1862), Schneider, Puppenspieler; gründete 1802 ein Stockpuppenspiel (Vorläufer des Kölner Hänneschen-Theaters) · 380

Wirnt von Gravenberg (12./13. Jh.), Dichter · 53

Witte, Familie · 348

Witte, Johann Heinrich Carl (1800–1883), Jurist, Dante-Forscher, Übersetzer; als Wunderkind berühmt; 1813 Promotion zum Dr. phil., 1816 Abschluss seines Jurastudiums an der Universität in Heidelberg, 1817 Habilitation an der Berliner Universität · 271, 273, 348

Wittenbach *siehe* Wyttenbach, Johann Hugo

Wittgenstein · 228

Wittgenstein, Henrietta Elisabetha Augusta von; Schwester von Johann Heinrich Joseph von Wittgenstein; heiratete im Mai 1816 Obristlieutenant Heinrich von Steinaecker · 176

Wittgenstein, Johann Heinrich Joseph (Henri) von (1797–1869), Jurist, Unternehmer; um 1816 Student; seit 1825 Mitglied der Kölner Armenverwaltung; 1831 bis 1846 Mitglied des Stadtrats, 1842 bis 1843 Vorsitzender des Zentral-Dombau-Vereins; 1848 Kölner Regierungspräsident, 1850 bis 1868 Kölner Stadtverordneter; Sohn von Johann Jakob Hermann von Wittgenstein u. Theresia von Haes; 1829 Heirat mit Therese Franziska Schaaffhausen · 176, 473

Wittgenstein, Johann Jakob Hermann von (1754–1823), Kaufmann, Unternehmer; 1783 bis 1795 Bürgermeister von Köln, 1796/97 Präsident der Munizipalverwaltung, 1803 bis 1815 Maire von Köln, 1803 bis 1815 Präsident der Kölner Handelskammer, 1815 bis 1823 Mitglied des Stadtrats; verh. mit Theresia von Haes, verwitwete von Coels (1758–1835); AK 1813: Trankgasse 9/später Nr. 6 (Wittgenstein'scher Hof); AK 1822: Rentner, Trankgasse 6 · 21, 60, 72, 176, 407

Wittgenstein-Sayn-Hohenstein, Wilhelm Ludwig Georg Fürst zu (1770–1851), Jurist, Staatsmann; seit 1810 Oberkammerherr, ab 1814 Polizeiminister · 221, 510

Wittich, von, Hofmeister · 403

Wittich, Hauptmann · 401

Wohlgemuth

Wolgemut, Michael (1434–1519), Maler · 489

Wolfarth, Wolffart, Wolffarth

Wolfart, Karl Christian (1778–1832), Mediziner; Vertreter des Mesmerismus; lehrte an der Berliner Universität; Adresse 1816: Französische Str. 36 · 58, 127, 150, 154–156, 225, 275, 454

Wolff, Jude in Berlin · 226

Wolff · 120, 137, 150

vermutlich

Wolf, Friedrich August (1759–1824), Altphilologe, Historiker; lehrte seit 1783 an der Universität in Halle, seit 1810 an der Berliner Universität

Wolf

Wolff, Anna Amalie Christiane, geb. Malcolmi (1783–1851), Schauspielerin; 1791 bis 1816 in Weimar, danach in Berlin tätig · 175, 203, 475

Wolff-Metternich zur Gracht, von · 21, 87, 208, 335, 346, 363, 395, 350–352, 364, 376, 395

Wolff-Metternich zur Gracht, Dorothea Wilhelmine von, geb. von Haxthausen (1780–1854); Tochter von Werner Adolph von Haxthausen u. Maria Anna von Wendt zu Papenhausen; heiratete 1800 franz Philipp Wenzel von Wolff-Metternich; Schwester von Werner Moritz von Haxthausen · 86

Wolff-Metternich zur Gracht, Franz Philipp Wenzel von (1770–1852), preuß. Landrat; Sohn von Klemens August von Wolff-Metternich zur Gracht (1738–1818) u. Maria Theresia von Hamm u. Ahr (1742–1782); verh. mit Dorothea Wilhelmine von Haxthausen · 86

Wolff-Metternich zur Gracht, Levin Wilhelm Anton Graf von (1811–1869), Sohn von Maximilian Werner Joseph Anton von Wolff-Metternich zur Gracht u. Mathilde Clementine Marie von der Wenge zur Beck · 346

Wolff-Metternich zur Gracht, Maria Louise Gräfin von (1800–1837), Tochter von Maximilian Werner Joseph Anton von Wolff-Metternich zur Gracht u. Maria Franziska von der Wenge zur Beck; heiratete am 14. Mai 1816 friedrich Karl Alexander Clemens von Loë; das Ehepaar lebte zeitweise auf Schloss Wissen bei Kleve · 86, 207, 335, 367

Wolff-Metternich zur Gracht, Mathilde Clementine Marie von, geb. von der Wenge zur Beck (1786–1869), verh. mit Maximilian Werner Joseph Anton Wolff-Metternich zur Gracht · 86

Wolff-Metternich zur Gracht, Maximilian Werner Joseph Anton Graf von (1770–1839), Sohn von Johann Ignaz Franz Wolff-Metternich zur Gracht (1740–1790) u. Maria Antonette Franziska Sophia Walburga Felicitas von der Asseburg (1744–1827); heiratete 1795 in 1. Ehe Maria Franziska von der Wenge zur Beck, 1805 in 2. Ehe deren Schwester Mathilde Clementine Marie von der Wenge zur Beck; wohnhaft: Metternicher Hof, Brückenstr. 5 · 86 f., 346

Wolfram von Eschilbach

Wolfram von Eschenbach (um 1170–um 1220), Minnesänger, Dichter · 135, 205, 268

Wucherer · 240
Wüstenhof, Postmeister in Unna · 85
Wyttenbach, Johann Hugo (1767–1848), Pädagoge, Historiker, Bibliothekar, Sammler in Trier; ab 1799 Biblothekar u. Lehrer an der Zentralschule in Trier, dann Direktor der Sekundarschule u. Lehrer am Gymnasium; Gründer der Trierer Stadtbibliothek · 289, 297 f., 301, 355, 412, 538 f.

Y
York, der junge · 206
Young, Edward (1683–1765), engl. Dichter · 222

Z
Zelle, Sänger · 156
Zelter, Carl Friedrich (1758–1832), Maurermeister, Komponist; seit ca. 1800 Leiter der Berliner Sing-Akademie, 1809 Gründer der Berliner Liedertafel; Adresse: Münzstr. 1 · 111, 130, 136, 139, 145, 149 f., 152, 156, 158, 171, 201, 293

Zeune, Johann August (1778–1853), Geograf, Germanist, Pädagoge; Gründer u. Leiter der Berliner Blindenanstalt; lehrte seit 1810 an der Berliner Universität; Adresse 1816: auf dem Georgenkirchhof · 99, 114, 119, 122 f., 162, 165, 196, 201, 206, 357–359, 395, 411 f., 481, 529
Zick, Johann Rasso Januarius (1730–1797), Architekt, Maler · 304
Zschock, Familie
Zschock, Albert Peter Heinrich von (1768–1845), Staatsbeamter, Kriegsrat, Geh. Oberfinanzrat; verh. mit Friederike Philippine Pistor; Allgemeiner Straßen- u. Wohnungs-Anzeiger 1812: Wilhelmstr. 69 · 146
Zumpütz · 383
Zuydtwyck, Zydtwick *siehe* Heereman von Zuydtwyck
Zuydtwyck Els, Frau von *siehe* Heereman von Zuydtwyck, Maria Charlotta

Ortsregister

Nicht mit Seitenzahlen ausgewiesen sind: Berlin, Heidelberg, Köln und Preußen

A
Aachen • 22–25, 33–35, 39, 47–53, 57 f., 65, 72, 80 f., 109, 178, 314, 324–328, 330, 351, 361 f., 386 f., 395, 397, 402, 405 f., 408, 411 f., 426, 427–429, 501, 510, 524, 525, 528, 531, 533 f., 536, 538 f.
Amsterdam • 64, 510
Andernach • 71, 73, 78, 80, 290 f., 307–309, 469
Antwerpen • 88, 273, 294, 510, 524
Apollinarisberg • 290 f., 309
Arnstadt • 235, 246
Aschaffenburg • 235, 252
Assmannshausen • 290, 306

B
Bamberg • 235, 245, 247–250, 510 f., 513
Barmen • 85
Bayern • 235, 276, 284, 384, 515
Belle Alliance • 216, 503
Bergheim • 48, 53
Berlin
 – Alexanderplatz • 216
 – An der Stechbahn • 117, 126, 176
 – Behrenstraße • 135, 176, 195, 206, 225
 – Breite Straße • 120, 126, 134, 143, 439
 – Brüderstraße • 84, 126, 129, 143
 – Charlottenstraße • 121, 143
 – Dönhoff-Platz • 143, 159, 216
 – Dorotheenstraße • 127
 – Friedrichstraße • 119, 134, 143, 195, 205, 238
 – Georgenkirchhof • 123
 – Georgenstraße • 116, 133, 138, 229, 449, 469
 – Hausvogteiplatz • 190
 – Hinter der katholischen Kirche • 145, 169
 – Jägerstraße • 213
 – Jakobstraße • 174
 – Kanonierstraße • 124
 – Kochstraße • 119, 225
 – Krausenstraße • 225
 – Kronenstraße • 195
 – Leipziger Straße • 120, 238
 – Letzte Straße • 127, 184, 186
 – Markgrafenstraße • 121, 143, 226
 – Mauerstraße • 143, 146, 195, 238
 – Münzstraße • 130
 – Packhofstraße • 228
 – Pariser Platz • 125
 – Schlossfreiheit • 117, 162
 – Unter den Linden • 39, 84, 101, 112, 116–118, 120, 127, 131, 133 f., 136, 139, 144, 146, 154, 160 f., 168, 172, 183, 185, 187 f., 190, 194, 196, 199, 201 f., 206, 208–210, 212, 214, 218, 222, 229 f.
 – Wilhelmplatz • 154, 216, 238
 – Wilhelmstraße • 102, 119, 124, 129, 138, 143, 145, 151, 162, 226
Bickberg • 293
Bingen • 288, 290 f., 293 f., 305 f.
Blankenheim • 322
Bonn • 17 f., 23, 26 f., 32, 36, 40 f., 72 f., 123, 136, 148, 291, 310, 328, 331, 347, 352, 373 f., 407, 418 f., 421 f., 441, 477, 448, 520
Boppard • 290, 306
Bornheim • 331
Brabant • 227, 287, 316, 530
Brandenburg • 84, 95 f.
Braunschweig • 83, 90
Brühl • 20, 64, 337 f., 350, 352, 398 f., 411
Brüssel • 49, 510, 524
Bückeburg • 89

C
China • 275
Coburg • 235, 242, 244, 246–250, 513
Compiègne • 47
Coswig • 234, 240

D
Danzig • 62 f., 132, 167 f.
Darmstadt • 43, 236 f., 251–254, 267, 280, 285, 293, 384, 437, 513, 515, 518, 528
Dessau • 212, 234, 240
Deutz • 64, 83, 85, 311, 344, 347, 350, 357, 359, 361, 368, 370, 375 f., 432, 537
Dransdorf • 331 f., 354, 367, 396 f.
Düsseldorf • 19, 31, 39, 44, 49, 63, 72, 75,

77, 85, 103, 109, 168, 180, 206, 271,
325 f., 357 f., 361, 370, 376, 395, 397,
406, 411, 473, 499, 501, 510, 533 f., 536,
539

E
Ebrach · 235, 251
Ehrenbreitstein · 75, 290, 304–306
Elberfeld · 83, 85, 432 f., 541
Elbing · 132, 166 f., 167
England · 264, 272
Erftstadt-Liblar · 346
Erfurt · 235, 237, 241, 243–246
Europa · 9, 37, 65, 131, 239, 305, 336 f.

F
Fontainebleau · 394
Frankfurt · 133, 209, 231, 480
Frankfurt a.M. · 17, 38, 40, 107, 120, 132,
174, 182, 184 f., 232, 237, 252, 285, 329,
354, 399, 436, 453, 475 f., 484, 499, 518,
525
Frankreich · 31, 53, 58, 65, 80, 149, 203,
208, 213, 227, 239, 244, 284, 292, 297,
321, 326 f., 329, 330, 333, 336, 351, 386,
406, 418, 421, 455, 480, 494, 537
Frauenberg · 290, 307, 346
Freienwalde · 246

G
Gemarke · 85
Glienicke · 161, 198, 210, 216
Godesberg · 253, 309 f., 322, 407
Göttingen · 92, 373
Gracht, Schloss Gracht · 346, 360, 362 f.,
367, 370, 460, 479
Gräfenhausen · 253
Griechenland · 131
Großgörschen · 49, 172

H
Hagen · 85, 404 f.
Halberstadt · 84, 90–93
Halle · 230, 234, 240, 275, 381, 472, 499,
510 f., 513
Hamm · 83, 85 f.
Hamburg · 334
Hanau · 476
Hannover · 83, 89 f., 230, 384
Hermülheim · 397
Hessen · 288, 503

Hildburghausen · 246
Holland · 196, 227, 321, 345, 445, 459, 467,
483, 526, 530
Hürth · 331, 398

I
Ilmenau · 235, 244, 246
Ingelheim · 288, 294
Italien · 37, 128, 131, 147, 189, 201, 217,
459, 479, 505, 523

J
Jena · 234, 240–242, 275, 277, 513

K
Karlsbad · 210, 258, 489, 499
Kassel · 114, 119, 166, 169, 186, 199, 263,
363, 379, 390, 467, 484, 496, 503, 524,
526, 530
Kendenich · 19, 80, 209, 328, 331, 346, 352,
356 f., 362, 370, 372, 380 f., 384, 386 f.,
389–395, 397 f., 403 f., 411, 432, 474
Kitzburg · 20, 66, 331 f., 337 f., 371, 389,
394, 410, 455, 474, 507
Klausen · 288, 294
Kleve · 39, 109, 116, 328, 467, 510
Koblenz · 10, 28–32, 37, 39, 48 f., 56, 61, 64,
66, 71–76, 79, 104, 107, 109, 157, 158,
167, 198, 202, 252, 272, 288, 290 f., 293,
302–306, 309, 321, 328, 333, 356, 363,
371, 374, 401, 427, 431, 438 f., 456,
471 f., 489, 506, 510, 520, 522, 528–530
– Köln
– Alter Markt · 57, 336
– Bayengasse/Bayenstraße · 337
– Blaubach · 59
– Breite Straße · 20, 30, 48, 59, 62, 73, 120,
341, 403, 409
– Brückenstraße · 56, 80
– Burgmauer · 334, 389
– Domhof · 65, 68, 347 f., 392
– Domkloster · 72
– Ehrenstraße · 282
– Eigelstein · 59
– Elogiusplatz · 356
– Gereonsdriesch · 342
– Gereonstraße · 60, 373
– Glockengasse · 20, 48, 60, 72, 107 f., 328,
349, 351, 353, 355, 374, 409
– Große Budengasse · 343
– Hämergasse · 390

- Herzogstraße · 373
- Heumarkt · 54, 57, 63, 293, 323, 339
- Hohe Pforte · 328
- Hohe Straße · 47, 56, 337, 349 f.
- Johannisstraße · 342
- Katharinengraben · 61
- Komödienstraße · 63, 401
- Machabäerstraße · 47
- Margarethenkloster · 53
- Marzellenstraße · 19, 33, 315, 328, 348 f., 353, 359, 382
- Maximinstraße · 80
- Neumarkt · 62 f., 66, 68, 78, 314, 339, 343, 349, 397
- Obenmarspforten · 361
- Schildergasse · 47, 387, 391
- Schnurgasse · 65, 371
- Severinstraße · 57
- Sternengasse · 61, 353, 393
- St. Apernstraße · 301, 334, 527
- St. Marienplatz · 404
- Stolkgasse · 316
- Trankgasse · 60, 73
- Unter Fettenhennen · 53, 68, 71
- Unter Goldschmied · 30, 80 f., 375
- Unter Sachsenhausen · 316
- Vor den Siebenburgen · 371
- Wallraf-Platz · 32
- Zeughausstraße · 301, 334, 340
- Konz · 301

L
Ladenburg · 264
Langenfeld · 83, 85, 432
Leipzig · 141, 149, 174, 370, 436, 453, 499
Leiwen · 302
Liblar · 346, 363 f., 398
Ligny · 44
Löwen · 70
London · 156, 194, 272, 353
Lüttich · 49, 507
Lützen · 172

M
Magdeburg · 84, 91, 93–95, 131, 147, 162, 169 f., 183, 212, 439, 452, 466, 473, 503
Mannheim · 211, 232, 260, 262–266, 278, 280, 291 f., 472, 520
Mainz · 98, 197, 272, 288, 291–294, 302, 368, 510, 520
Mechelen · 166, 466

Merseburg · 169, 234, 240–242
Minden · 83, 88
Mülheim am Rhein · 50, 80, 265, 340 f., 352, 355, 371, 431
München · 273, 278, 490
Münster · 69, 83, 85–88, 92, 133, 139, 156, 179, 203, 207, 321, 401, 433, 470, 514

N
Nassau · 276, 285, 371, 515, 528
Naumburg · 234, 241 f., 247
Neapel · 156
Neckarsteinach · 520
Nenndorf · 89
Neuss · 348, 409, 510, 536
Niederlande · 17, 83, 128, 196, 284, 316, 467, 494, 510
Niedermennig · 290, 307 f.
Nimwegen · 510
Nürnberg · 94, 205, 247, 273, 285

O
Oberwesel · 291, 339, 356
Oggersheim · 288, 292
Oppenheim · 292 f.
Österreich · 267, 284, 384, 498, 515
Osnabrück · 83, 87 f.

P
Palien · 299
Paris · 12, 17 f., 20–22, 24, 33, 36 f., 40, 43, 45, 47, 49 f., 52, 56, 58, 65, 67, 70, 76, 77 f., 80, 97, 114, 119, 122, 126 f., 131 f., 137, 140, 144, 148, 151, 154, 156, 162, 166, 172, 176–178, 188, 198, 200 f., 211, 213, 239, 248, 253, 260, 267 f., 272 f., 278, 302, 308, 325–327, 351, 353, 378, 380, 396, 411, 418, 426 f., 437 f., 440 f., 445, 447, 449, 467, 469, 474 f., 501, 503, 508, 522, 524, 528, 533 f., 536, 538 f.
Peine · 90
Potsdam · 84, 95–97, 116, 130, 136, 141, 145, 185, 198, 216, 222, 231, 234, 238–240, 265, 460, 483, 499, 511, 513

R
Remagen · 73, 76, 290, 309
Rohrbach · 274, 283 f., 287, 520
Rom · 87, 124, 128, 140, 151, 156, 189, 229, 231, 237, 260, 268–271, 274, 276, 279, 288, 295, 441, 444, 446, 464, 479 f., 488, 498, 519, 522, 537

Rotterdam · 99, 205, 489, 510, 528
Rüdesheim · 290, 306
Rügen · 57, 227
Russland · 514

S
Sachsen · 234, 237
Sanssouci · 239 f.
Schweden · 57, 70, 217, 223, 226 f., 480, 497, 504, 510
Schweiz · 217, 465, 505, 523
Schwetzingen · 273, 520
Siegburg · 375 f., 385
Simmern · 293 f.
Sinzig · 290, 309
Spa · 484
Spanien · 87, 89 f., 268, 369
Stralsund · 57
Straßburg · 253, 331, 357, 418
St. Goar · 306

T
Trier · 13, 39, 72, 74, 109, 165, 194, 272, 274, 288 f., 291–303, 309, 355, 412, 436, 480, 520, 524, 529, 533, 538 f.

U
Unna · 85
Utrecht · 65, 67

V
Vatikan · 79, 136, 260, 270

W
Walberberg · 356, 391, 411
Waterloo · 215
Wavre · 44
Weimar · 67, 111, 121, 175, 219, 234, 237, 241–244, 437, 510 f., 513
Weinheim · 264
Wesel · 500
Wesseling · 322, 367
Westfalen · 69, 87, 198, 404 f., 526
Wien · 103, 120, 150, 174, 267, 273, 537
Wittlich · 294, 303
Wolfenbüttel · 91
Worms · 279, 288, 291 f., 520
Württemberg · 276, 384, 514 f.
Würzburg · 235, 247, 250–252

X
Xanten · 467

Z
Ziegenhain · 275